marketing contemporâneo

CB036735

Dados Internacionais de Catalogação na Publicação (CIP)
(Câmara Brasileira do Livro, SP, Brasil)

Boone, Louis E.
   Marketing Contemporâneo / Louis E. Boone, David
L. Kurtz ; tradução Roberta Schneider. – São Paulo:
Cengage Learning, 2011.

   2. reimpr. da 1. ed. de 2009.
   Título original: Contemporary marketing.
   Bibliografia.
   ISBN 978-85-221-0564-9

   1. Marketing 2. Propaganda I. Kurtz, David L..
II. Título.

08-06607   CDD-658.8

Índice para catálogo sistemático:

1. Marketing 658.8

marketing contemporâneo

Tradução da 12º edição americana

Louis E. Boone
University of South Alabama

David L. Kurtz
University of Arkansas

Revisão Técnica
Braulio Oliveira

Doutor em Administração pela FEA/USP
Bacharel e Mestre em Administração pela Universidade Mackenzie
Professor do Programa de Mestrado em Administração da FEI
Professor Convidado da FIA.

CENGAGE
Learning®

Austrália • Brasil • Japão • Coreia • México • Cingapura • Espanha • Reino Unido • Estados Unidos

CENGAGE
Learning®

Marketing Contemporâneo

Louis E. Boone
David L. Kurtz

Gerente Editorial: Patricia La Rosa

Editora: Tatiana Pavanelli Valsi

Supervisora de Produção Editorial: Fabiana Albuquerque
    Alencar

Pesquisa Iconográfica: Heloisa Moutinho Avilez

Produtora Editorial: Gisele Gonçalves Bueno Quirino de
    Souza

Título Original: Contemporary Marketing – 12th ed.
(ISBN 0-324-23673-5)

Tradução: Vertice Translate – Roberta Schneider

Revisão Técnica: Braulio Contendo de Oliveira

Copidesque: Marcos Soel Silveira Santos

Revisão: Maria Aparecida Bessana, Cristiane Mayumi
    Morinaga e Isabella Gallardo

Diagramação: Ponto & Linha

Capa: Gabinete de Artes

© 2006 de South-Western, uma divisão da Cengage
Learning Edições Ltda.
© 2009 Cengage Learning Edições Ltda.

Todos os direitos reservados. Nenhuma parte deste livro
poderá ser reproduzida, sejam quais forem os meios
empregados, sem a permissão, por escrito, da Editora.
Aos infratores aplicam-se as sanções previstas nos
artigos 102, 104, 106 e 107 da Lei nº 9.610, de 19 de
fevereiro de 1998.

Esta editora empenhou-se em contatar os responsáveis
pelos direitos autorais de todas as imagens e de outros
materiais utilizados neste livro. Se porventura for
constatada a omissão involuntária na identificação de
algum deles, dispomo-nos a efetuar, futuramente, os
possíveis acertos.
A Editora não se responsabiliza pelo funcionamento dos
links contidos neste livro que possam estar suspensos.

Para informações sobre nossos produtos, entre em
contato pelo telefone **0800 11 19 39**

Para permissão de uso de material desta obra, envie
seu pedido para **direitosautorais@cengage.com**

© 2009 Cengage Learning. Todos os direitos
reservados.

ISBN-13: 978-85-221-0564-9
ISBN-10: 85-221-0564-2

Cengage Learning
Condomínio E-Business Park
Rua Werner Siemens, 111 – Prédio 11 – Torre A –Conjunto 12
Lapa de Baixo – CEP 05069-900 – São Paulo – SP
Tel.: (11) 3665-9900 – Fax: (11) 3665-9901
SAC: 0800 11 19 39

Para suas soluções de curso e aprendizado, visite
www.cengage.com.br

Impresso no Brasil
Printed in Brazil
1 2 3 4 5 6 7   12 11 10 09 08

Sumário

Capítulo 2

Capítulo 6

Capítulo 7

Parte 3
Seleção de Mercado-Alvo 267

Capítulo 8

PESQUISA DE MARKETING, SISTEMAS DE APOIO A DECISÕES E PREVISÃO DE VENDAS. 269

Capítulo 9

SEGMENTAÇÃO DE MERCADO, MERCADOS-ALVO E POSICIONAMENTO **305**

Capítulo 10

MARKETING DE RELACIONAMENTO, GESTÃO DE RELACIONAMENTO
COM O CLIENTE (CRM) E MARKETING ONE-TO-ONE **339**

Capítulo 14

MARKETING DIRETO E REVENDEDORES DE MARKETING: VAREJISTAS E ATACADISTAS

Capítulo 16

PROPAGANDA E PUBLICIDADE **561**

Capítulo 17

É tão atual como as manchetes de hoje. Uma marca de qualquer livro de Boone e Kurtz é o seu foco em como aplicar os conceitos de marketing nas questões de negócio atuais. Além disso, a posição do livro no tocante ao benchmarking como mensurador sobretudo da qualidade tem sido reconhecida por autores membros dos Estados Unidos e Canadá que votaram no primeiro texto de marketing para receber o prestigiado prêmio McGuffey Award de Excelência e Longevidade.

Mas esta edição vai além, assegurando-se de sua precisão e qualidade. Os professores têm esperado qualidades adicionais de um livro de Boone e Kurtz: completo, cobertura de fácil entendimento com estilo atualizado de escrita, que desperta o interesse dos estudantes, fazendo-os interagir com este livro-texto. E quando os estudantes perguntam:

> **Em poucas palavras**
>
> Primeiro, seremos os melhores, e depois, seremos os primeiros.
> Grant Tinker (1926-)
> Diretor de televisão norte-americano

- "Por que é impossível para um livro de princípios de marketing cobrir o assunto em menos que 660 páginas sob 19 capítulos?"
- "Existem livros-texto de marketing que incluem cobertura de qualidade sobre a importância da ética empresarial?"

você pode simplesmente apontar para este livro. Desde a primeira edição, *Marketing Contemporâneo* tem estado no topo. Não há livro impresso de princípio de marketing que tenha sido usado por tantos estudantes – tanto nos Estados Unidos como no exterior. E o melhor, continua sendo o melhor.

O QUE HÁ NESTE LIVRO

PRINCIPAL EXPANSÃO DA ABORDAGEM DA ÉTICA NO MARKETING

No levantamento das recentes crises de ética empresarial, os programas de negócios das faculdades e universidades estão examinando seus currículos e avaliando o grau e a qualidade de suas disciplinas de ética. Um número grande de universidades está abrindo novos cursos ou expandindo os eletivos existentes em ética. Ainda, outros defendem a integração da ética em todos os cursos que contêm a administração como parte central em seus currículos. Muitas estão atualmente engajadas na revisão extensiva dos conteúdos dos cursos para determinar a adequação da cobertura atual.

Este livro oferece a professores e estudantes um tratamento minucioso das disciplinas de ética que influenciam o marketing, tanto de uma perspectiva macro como em relação aos aspectos específicos de marketing. O valor da ética de marketing é apresentando no Capítulo 1 e, depois, seguido com uma análise detalhada no Capítulo 3, que foca especificamente as questões de responsabilidade ética e social. Os tópicos discutidos incluem problemas éticos na pesquisa de marketing, decisões de produto, política de preços, distribuição e estratégia de comunicação.

O Capítulo 4 analisa a disciplina de ética envolvendo o marketing on-line e a internet. Os tópicos examinados incluem questões sobre direitos autorais e há uma longa discussão das questões sobre privacidade e potencial uso indevido de informação do cliente por empresas de e-commerce. A importância de agir de forma ética como a chave do desenvolvimento efetivo nos relacionamentos de marketing é discutida no Capítulo 10. Uma seção separada no

Capítulo 16 examina a ética nas propagandas e edições éticas nas relações públicas. Questões éticas na venda pessoal e promoção de vendas são examinadas em uma seção do Capítulo 17.

Todos os capítulos incluem uma coluna especial sobre a prática do assunto, chamada *Resolvendo uma questão ética*. Essa seção foi desenvolvida para facilitar os debates sobre questões éticas em sala de aula. Começa com um breve cenário e segue-se uma série de pontos prós e contras com o objetivo de debater o tema abordado.

A cobertura extensiva da ética empresarial feita pelo livro está maior ao final do Capítulo 19 nos *Exercícios de ética*, com cenários de casos curtos que podem ser utilizados como tarefa extraclasse, ou, então, como base para discussão em sala.

TEXTO NA MEDIDA

Uma reclamação comum de professores e estudantes é que os livros de princípios de marketing são muito longos para cobrirem um único tema. Ao mesmo tempo, eles estipulam rapidamente que não querem uma versão fraca no formato de versão "básica".

Nas duas edições anteriores (não publicadas no Brasil), os autores trabalharam cuidadosamente para criar um livro "na medida certa" de 19 capítulos e 660 páginas que fornecesse o rigor e o entendimento esperados pelos professores, mas ainda era curto o suficiente para cobrir o assunto. Nesta edição, conseguimos realizar este objetivo. Pensamos que professores e estudantes concordarão.

ABORDAGEM SOBRE CARREIRA EM MARKETING REVISADA E AMPLIADA

Esta edição responde aos estudantes de hoje sobre os interesses na carreira com *Planejando uma Carreira em Marketing*, totalmente reescrita e modificada, agora no início do livro. Este *Prólogo*, muito especial, oferece idéias práticas para ajudar os estudantes a se prepararem para uma carreira empresarial bem-sucedida.

CASOS

Muitas revisões das edições anteriores exigiram casos alternativos para fornecer mais flexibilidade para diferentes trabalhos de um termo acadêmico a outro. Esta edição inclui casos em todos os capítulos, fornecendo ao professor a flexibilidade de ajustar-se ao tempo apertado e às múltiplas seções ou o uso de diferentes trabalhos de caso para diferentes termos.

DICAS DE ETIQUETA

Os estudantes de marketing de hoje precisam saber como se comportar nos vários ambientes de negócios e sociais. Nesta edição, todos os capítulos contribuem para com o banco de dados de etiqueta do estudante, envolvendo os seguintes tópicos:

- Como se vestir para uma entrevista de emprego
- Como cumprimentar
- Como perder e ganhar com profissionalismo

- Fazer do seu próximo jantar de negócios um sucesso de marketing
- Como ser um bom ouvinte
- Tatuagens no local de trabalho – podem atrapalhar sua carreira?
- Fazer e não fazer nos convites de negócios

Como notamos, os autores se esforçaram para manter o *Marketing Contemporâneo* verdadeiramente "contemporâneo". Queremos que nossos leitores tenham a mais atualizada informação de marketing disponível.

Então, veja também mais novidades desta edição.

MUDANÇAS ESTRUTURAIS

Os autores conduziram uma revisão completa da estrutura de *Marketing Contemporâneo*, que traz numerosos atrativos para o usuário.

Materiais ao Final dos Capítulos Extremamente Ampliados – e Diversificados

Uma das nossas maiores mudanças estruturais está nos materiais ao final de cada capítulo. Mostramos a seguir esse novo formato organizacional para a revisão do capítulo, trabalhos para o estudante e outras atividades em sala de aula:

- *Revisão.* Além da revisão de cada objetivo de aprendizagem do capítulo, uma série de perguntas de revisão – aquelas computadas pela maioria das perguntas dos capítulos em edições anteriores – está agora incluída como parte da revisão de capítulo em vez de ser lição de casa.
- *Projetos e exercícios em grupo.* Inclui questões para discussão.
- *Aplicando os conceitos do capítulo.* Múltiplos trabalhos tornam os estudantes ativamente envolvidos com o conteúdo do capítulo.
- *Exercícios sobre ética.* Oferecem uma descrição detalhada de assuntos éticos atuais de uma empresa real, com duas ou mais perguntas detalhadas que podem ser usadas como um trabalho escrito durante a aula ou como ponto focal de discussões.
- *Exercícios na internet.* Três novos exercícios de conteúdo relacionado à internet são incluídos em cada capítulo.
- *Casos* e *Questões para discussão* aparecem ao final de todos os capítulos.

Marketing – Verificação de Conceito

São inseridas duas ou três questões para revisão, seguindo o assunto principal em cada capítulo. Esse atributo deixa os estudantes avaliarem seu progresso conforme completam cada tarefa após a leitura.

MUDANÇAS DE CONTEÚDO

Quando o editor Merriam-Webster atualizou seu dicionário *Collegiate Dictionary*, uma tarefa principal de seus editores foi decidir quais novos termos tinham ficado proeminentes o bastante para merecerem um lugar na edição nova. Entre os termos que tiveram destaque estavam *MP3*, *Linha Digital de Assinantes (DSL)* e *Tecnologia de Informação* (também mais bem conhecida pela abreviação *TI*).

Assegurar que os estudantes apresentados ao marketing estudando pelo *Marketing Contemporâneo* estejam expostos aos termos de marketing mais atuais é uma das muitas responsabilidades que assumimos quando desenvolvemos esta edição. E vários conceitos novos foram somados, incluindo:

marketing viral	vantagem competitiva sustentável
marketing local	Wi-Fi
blog (ou weblog)	identificação por freqüência de rádio (RFID)
marketing one-to-one	relacionamentos virtuais
bots (*shopbots*)	*offshoring*
equipe de vendas virtual	

Além dessas terminologias, o livro está repleto de novos conceitos. Está claro que é o mais atual no mercado. Considere apenas algumas das novidades introduzidas nesta edição:

- Identificação por freqüência de rádio (RFID) é uma inovação tecnológica importante e espera-se que substitua códigos de barra e ofereça novas eficiências de marketing. O RFID usa microplaquetas de computador minúsculas para rastrear o estoque e monitorar a supply chains.
- O *offshoring* – movimento de trabalhos domésticos fora dos Estados Unidos – tem atraído significativa atenção sobre como as nações se esforçam para criar cargos adicionais de alto salário para seus recursos humanos domésticos.
- O Capítulo 2, de planejamento estratégico, agora cobre as vantagens tanto do primeiro quanto do segundo movimento. Além disso, a discussão do modelo das Cinco Forças de Porter foi acrescentada ao capítulo. Um apêndice especial, "Criando um Plano de Marketing Efetivo", segue agora este capítulo e comporta uma análise detalhada dos elementos de um plano de marketing atual.
- O marketing one-to-one – discutido em detalhes no Capítulo 10, o capítulo relacionado ao marketing – carrega a segmentação mais atualizada: pessoas-alvo. O Capítulo 10 também foi fortalecido com seções novas em co-marketing e co-branding.

CARACTERÍSTICAS ADICIONAIS DESTA EDIÇÃO

Marketing Contemporâneo está cheio de inovações. Aqui estão algumas outras novas atrações excitantes:

NOVO! O rápido crescimento do segmento de mercado hispânico-americano e sua atual posição como o maior segmento étnico nos Estados Unidos são discutidos em detalhes no capítulo sobre segmentação de mercado. Os outros principais segmentos étnicos – inclusive os afro-americanos e asiático-americanos – também são examinados nesse e em outros capítulos.

AMPLIADO! A administração de setores, o principal desenvolvimento organizacional entre empresas com extensas linhas de produto, é discutida em detalhes no Capítulo 12.

NOVO! Todas as 19 vinhetas de abertura de Resolvendo uma questão ética são novas, e, também, todas as seções Sucesso de Marketing e Falha de Marketing nesta nova edição.

AGRADECIMENTOS

Nas edições anteriores, os autores beneficiaram-se imensamente com os comentários e sugestões de mais de mil revisores e colegas. Essa contribuição veio com os grupos de discussão, editores, contribuições para materiais de texto adicionais, sugestões por e-mail, conferência transmitida em rede, visitas a universidades e conversas informais. Embora o formato, todas essas idéias ajudaram a moldar o *Marketing Contemporâneo* como um livro que serve como o ponto de referência para outros... e que tem sido usado por mais de dois milhões de estudantes.

Os colaboradores desta edição incluem:

Keith Absher
University of North Alabama

Alicia T. Aldridge
Appalachian State University

Amardeep Assar
City University of New York

Tom F. Badgett
Angelo State University

Joe K. Ballenger
Stephen F. Austin State University

Michael Bernacchi
University of Detroit Mercy

David Blanchette
Rhode Island College

Barbara Brown
San Jose State University

Reginald E. Brown
Louisiana Tech University

Marvin Burnett
St. Louis Community College – Florissant

Scott Burton
University of Arkansas

Howard Cox
Fitchberg State University

James Coyle
Baruch College

Elizabeth Creyer
University of Arkansas

Geoff Crosslin
Kalamazoo Valley Community College

William Demkey
Bakersfield College

Michael Drafke
College of DuPage

Joanne Eckstein
Macomb Community College

John Frankel
San Juan College

Robert Georgen
Trident Technical College

Robert Googins
Shasta College

Arlene Green
Indian River Community College

Joel Haynes
State University of West Georgia

Mabre Holder
Roane State Community College

Andrew W. Honeycutt
Clark Atlanta University

Dr. H. Houston
California State University – Los Angeles

John Howe
Santa Ana College

Tom Jensen
University of Arkansas

Marcella Kelly
Santa Monica College

Stephen C. King
Keene State College

Kathleen Krentler
San Diego State University

Laddie Logan
Arkansas State University

Kent Lundin
College of the Sequoias

Patricia Macro
Madison Area Tech College

Frank Markley
Arapahoe Community College

Tom Marshall
Owens Community College

Dennis C. Mathern
The University of Findlay

Lee McGinnis
University of Nebraska

Michael McGinnis
Pennsylvania State University

Norma Mendoza
University of Arkansas

Mohan Menon
University of South Alabama

Anthony Miyazaki
University of Miami

Jerry W. Moorman
Mesa State College

Linda Morable
Richland College

Diane Moretz
Ashland University

Eugene Moynihan
Rockland Community College

Margaret Myers
Northern Kentucky University

Thomas S. O'Connor
University of New Orleans

Nita Paden
Northern Arizona University

George Palz
Erie Community College – North

George Prough
University of Akron

Warren Purdy
University of Southern Maine

Salim Qureshi
Bloomsburg University

Thomas Read
Sierra College

Joel Reedy
University of South Florida

Dominic Rella
Polk Community College

Ken Ridgedell
Southeastern Louisiana University

Fernando Rodriguez
Florida Community College

Lillian Roy
McHenry County College

Arthur Saltzman
California State – San Bernardino

Elise T. Sautter
New Mexico State University

Jonathan E. Schroeder
University of Rhode Island

Farouk Shaaban
Governors State University

John Sondey
South Dakota State University

James Spiers
Arizona State University

David Starr
Shoreline Community College

Bob Stassen
University of Arkansas

Sue Taylor
Belleville Area College

Lars Thording
Arizona State University – West Campus

Rajiv Vaidyanathan
University of Minnesota

Sal Veas
Santa Monica College

Charles Vitaska
Metro State College of Denver

Cortez Walker
Baltimore City Community College

Roger Waller
San Joaquin Delta College

Mary M. Weber
Emporia State University

Vicki L. West
Southwest Texas State University

Elizabeth White
Orange County Community College

David Wiley
Anne Arundel Community College

William Wilkinson
Governors State University

James Williams
Richard Stockton College of New Jersey

Mary Wolfindarger
California State University – Long Beach

Joyce Wood
North Virginia Community College

Os colaboradores das edições anteriores incluem:

Keith Absher
Kerri L. Acheson
Zafar U. Ahmed
M. Wayne Alexander
Bruce Allen
Linda Anglin
Allen Appell
Paul Arsenault
Dub Ashton
Amardeep Assar
Tom F. Badgett
Joe K. Ballenger
Wayne Bascom
Richard D. Becherer
Tom Becker
Richard F. Beltramini
Robert Bielski
Carol C. Bienstock
Roger D. Blackwell
Jocelyn C. Bojack
Michele D. Bunn
James Camerius
Les Carlson
John Carmichael
Jacob Chacko
Robert Collins
Elizabeth Cooper-Martin
Deborah L. Cowles
Howard B. Cox
John E. Crawford
Michael R. Czinkota
Kathy Daruty
Grant Davis
Gilberto de los Santos
Carol W. DeMoranville
Fran DePaul
Gordon Di Paolo
John G. Doering
JeffreyT. Doutt
Sid Dudley
John W. Earnest
Philip E. Egdorf
Michael Elliot
Amy Enders
Bob Farris
Lori Feldman

Sandra M. Ferriter
Dale Fodness
Gary T. Ford
Michael Fowler
Edward Friese
Sam Fullerton
Ralph M. Gaedeke
G. P. Gallo
Nimish Gandhi
Sheryl A. Gatto
Robert Georgen
Don Gibson
David W. Glascoff
James Gould
Donald Granbois
John Grant
Paul E. Green
William Green
Blaine Greenfield
Matthew Gross
Robert F. Gwinner
Raymond M. Haas
John H. Hallaq
Cary Hawthorn
E. Paul Hayes
Hoyt Hayes
Betty Jean Hebel
Debbora Heflin-Bullock
John (Jack) J. Heinsius
Sanford B. Helman
Nathan Himelstein
Robert D. Hisrich
Ray S. House
George Housewright
Donald Howard
Michael D. Hutt
Gregory P. Iwaniuk
Don L. James
James Jeck
Candida Johnson
David Johnson
Eugene M. Johnson
James C. Johnson
Harold H. Kassarjian
Bernard Katz
Stephen K. Keiser

Michelle Keller

J. Steven Kelly

James H. Kennedy

Charles Keuthan

Maryon King

Randall S. Kingsbury

Donald L. Knight

Linda S. Koffel

Philip Kotler

Terrence Kroeten

Russell Laczniak

Martha Laham

L. Keith Larimore

Edwin Laube

Ken Lawrence

Frands J. Leary, Jr.

Mary Lou Lockerby

James Lollar

Paul Londrigan

David L. Loudon

Dorothy Maass

James C. Makens

Lou Mansfield

Warren Martin

James McCormick

Carl McDaniel

Michael McGinnis

James McHugh

Faye McIntyre

H. Lee Meadow

Mohan Menon

William E. (Gene) Merkle

John D. Milewicz

Robert D. Miller

Laura M. Milner

Banwari Mittal

Harry J. Moak

J. Dale Molander

John F. Monoky

James R. Moore

Thomas M. Moran

Susan Logan Nelson

Colin F. Neuhaus

Robert T. Newcomb

Jacqueline Z. Nicholson

Tom O'Connor

Robert O'Keefe

Sukgoo Pak

Eric Panitz

Dennis D. Pappas

Constantine Petrides

Barbara Piasta

Dennis D. Pitta

Barbara Pletcher

Carolyn E. Predmore

Arthur E. Prell

Bill Quain

Rosemary Ramsey

Thomas C. Reading

Gary Edward Reiman

Glen Riecken

Arnold M. Rieger

C. Richard Roberts

Patrick J. Robinson

William C. Rodgers

William H. Ronald

Bert Rosenbloom

Barbara Rosenthal

Carol Rowery

Ronald S. Rubin

Don Ryktarsyk

Rafael Santos

Duane Schecter

Dennis W. Schneider

Larry J. Schuetz

Bruce Seaton

Howard Seigelman

Jack Seitz

Steven L. Shapiro

F. Kelly Shuptrine

Ricardo Singson

Norman Smothers

Carol S. Soroos

James Spiers

Miriam B. Stamps

William Staples

David Steenstra

Bruce Stern

Robert Stevens

Kermit Swanson

G. Knude Swenson

Cathy Owens Swift

Clint B. Tankersley

Ruth Taylor

Donald L. Temple

Vern Terpstra

Ann Marie Thompson
Howard A. Thompson
John E. Timmerman
Frank Titlow
Rex Toh
Dennis H. Tootelian
Fred Trawick
Richard Lee Utecht
Rajiv Vaidyanathan
Toni Valdez
Peter Vanderhagen
Dinoo T. Vanier

Gayle D. Wasson
Donald Weinrauch
Fred Weinthal
Susan B. Wessels
John J. Whithey
Debbora Whitson
Robert J. Williams
Nicholas C. Williamson
Cecilia Wittmayer
Van R. Wood
Julian Yudelson
Robert J. Zimmer

Por fim, esta edição jamais seria realidade sem nosso time editorial, de produção, marketing e vídeos altamente competente na South-Western/Thomson Learning. Sinceros agradecimentos vão para Jack W. Calhoun, vice-presidente e diretor editorial; Dave Shaut, vice-presidente e editor-chefe; Melissa Acuña, editora; Neil Marquardt, editor executivo; Rebecca von Gillern, editora de desenvolvimento; Amy Hackett, editora de produção; Vicky True e Kristen Meer, especialistas em vídeo e tecnologia; Nicole Moore, gerente de marketing; e Michelle Lizaso, assistente editorial. Obrigado também ao Ronn Jost do Lachina Publishing Services.

Somos muito gratos pelas várias sugestões e contribuições de dúzias de pessoas que administram o curso de introdução ao marketing regularmente e estão em uma posição privilegiada para fazer comentários sobre o que funciona melhor – e sobre o que não funciona. Toda recomendação fez diferença na criação da nova edição.

Também gostaríamos de expressar nosso apreço por nossos assistentes de pesquisa e editorial, Karen Hill e Mikhelle Taylor. Seus esforços incansáveis ao nosso lado são muito apreciados.

Além disso, aplaudimos as contribuições dos professores de alta qualidade que participaram na produção dos suplementos de *Marketing Contemporâneo*, um excelente e inovador pacote de ensino e aprendizagem:

Geoff Crosslin
Kalamazoo Valley Community College
Doug Hearth
University of Arkansas
Marcella Kelly
Santa Monica College

Thomas S. O'Connor
University of New Orleans
Fernando Rodriguez
Florida Community College
Sal Veas
Santa Monica College

Louis E. Boone e David L. Kurtz

Sobre os autores

Gene Boone nasceu no início da Segunda Guerra Mundial e teve uma infância relativamente tranqüila até 1956, quando recebeu um disco de vinil de 45 rpm do Elvis Presley chamado *Heartbreak hotel*, da RCA Victor. Em um ano, ele já tinha descoberto Buddy Holly, Little Richard e Chuck Berry – e quis mais. Assim, decidiu combinar o colegial e uma atuação como DJ por meio período, durante dois anos, em uma estação de rádio local. A lista de seleção musical não existia naqueles dias e, desde que os ouvintes enfurecidos não telefonassem com a exigência de que o gerente da estação disparasse em você, era possível tocar qualquer coisa de que gostasse. Um grupo de amigos DJs apresentou a ele artistas que foram rapidamente acrescentados à sua crescente lista de favoritos: os incríveis cantores de *blues* John Lee Hooker e B. B. King, as maravilhosas canções, verdadeiras poesias, de Simon & Garfunkel, a mistura vocal única de Everly Brothers, cujo trabalho impactou os grupos que conduziram a Invasão Britânica dos anos 1960; e a música certeira com sentimentos profundos feita pelo filho de um fazendeiro de algodão em Arkansas – um homem chamado Johnny Cash.

Mas poucas pessoas passam a vida inteira tocando músicas em uma estação de rádio pequena, e, depois da graduação, ele começou a procurar algo divertido que pagasse um pouco mais. Professor de faculdade pareceu ser uma ocupação que o manteria em ambientes convenientes e, talvez, o ajudasse a conhecer mulheres (assumindo que elas consideravam jaquetas de *tweed* atraentes). Ninguém lhe falou, até que fosse tarde demais, que ele estudaria mais outros oito anos na faculdade para conseguir sua ambição – mais oito anos! –, porém ele lutou por isso. Ele está contente com o que fez porque foi capaz de influenciar (pelo menos um pouco) a vida de seus milhares de estudantes jovens, de meia-idade e mais velhos em uma meia dúzia de universidades ao longo dos Estados Unidos, como também na Austrália, na Inglaterra e na Grécia. Essas atuações provaram ser quase tão divertidas quanto o primeiro emprego.

Mas seu amor pela música, que nunca morreu, foi reacendido durante uma aula noturna de princípios de marketing há várias décadas, na University of Southern Mississippi, na qual um de seus alunos – sentado na fileira de trás – faria logo a música que o uniu para sempre às bebidas com sabor de tequila e ao canto dos pássaros tropicais. De estatura baixa e fala macia, Jimmy Buffett nem de longe se parecia com um astro da música pop, mas após décadas ele demonstrou consistentemente o quanto tinha aprendido sobre o marketing naquele curso de outono de um semestre.

Nos seus dias de colegial, ninguém em Salisbury, Maryland, tinha dúvidas sobre o aluno **Dave Kurtz**. De fato, era um estudante medíocre, tão ruim que seu pai o conduziu para uma educação mais elevada encontrando para ele uma sucessão de árduos trabalhos de verão. Graças a Deus, a maioria deles foi apagada de sua memória, mas alguns demoraram, como a colheita de pêssegos, o carregamento de melancias nos caminhões que iam para o mercado e o trabalho como ajudante de instalador de tubulação. Infelizmente, esses trabalhos tiveram impacto zero em sua posição acadêmica. Pior ainda para o ego de Dave, ele não era melhor do que a média como atleta colegial de futebol americano e na caminhada de trilha.

Mas quatro anos na faculdade Davis & Elkins, em Elkins, Virgínia do Oeste, deram uma virada em sua vida. Excelentes professores ajudaram Dave a conseguir um embasamento acadêmico sadio. Sua média de notas decolou – o suficiente para conseguir ser aceito pela faculdade de Administração na University of Arkansas, onde conheceu Gene Boone. Após a graduação, os dois estabeleceram a carreira de co-autores, com mais de cinqüenta livros escritos. Gene e Dave começaram também a se envolver em diversas iniciativas empresariais.

Hoje, Dave Kurtz voltou a lecionar na University of Arkansas depois da passagem por Ypsilanti, Michigan; Seattle; e Melbourne, Austrália. É o avô orgulhoso de cinco netinhos "perfeitos" e um esportista com um handicap no golfe muito alto para se mencionar. Dave e sua esposa Diane vivem em Rogers, Arkansas, onde mantêm docência universitária na Sam M. Walton College of Business próximo a Fayetteville.

PLANEJANDO UMA CARREIRA EM MARKETING

ESTUDO SOBRE MARKETING
ALCANÇA OUTROS PROGRAMAS ACADÊMICOS

À medida que for encontrando mais e mais estudantes de marketing nos próximos meses, você provavelmente se surpreenderá com a diversidade de interesses – sem falar nos interesses profissionais – de seus companheiros. Muitos deles farão este curso como um pré-requisito para as diferentes especializações do programa de Administração de sua faculdade. E provavelmente você também encontrará uma maior diversidade acadêmica do que nunca. São estudantes formados em belas artes, design de interiores, serviços de lazer, gestão hoteleira, gestão esportiva e marketing esportivo. Porém, cada um deles está tão interessado quanto você em aprender sobre marketing e sobre como aplicá-lo à sua área de interesse.

Hoje, o marketing é reconhecido como uma ferramenta inestimável em todos os tipos de indústria (setor de atividade), não apenas em áreas tradicionais que envolvem produtos para consumo como acessórios de moda, automóveis e TVs de tela plana. No momento, estratégias e conceitos de marketing são colocados em prática mais freqüentemente para divulgar:

- *pessoas* (como celebridades e candidatos políticos)
- *organizações* (inclusive como as sem fins lucrativos, hospitais e clínicas médicas)
- *lugares* (como cidades disputando para sediar convenções e torneios esportivos, atrair novos empreendimentos, turistas e residentes permanentes)
- *causas* (como proteção ambiental e direitos dos homossexuais)
- *eventos* (como shows, ralis e eventos esportivos)

A crescente popularidade dos cursos de Marketing em programas de gestão esportiva é um bom exemplo. Esses programas eram antes encontrados quase que exclusivamente em hotelaria, turismo, serviços de lazer e programas de gestão esportiva à parte. Recentemente, têm-se expandido a um número crescente de programas de marketing de escolas de Administração como reconhecimento ao interesse de estudantes em aplicar conhecimentos de marketing e negócios à carreira esportiva – e como reconhecimento à necessidade de identificar mercados-alvo e elaborar fusões em marketing para satisfazer clientes (fãs) em uma carreira esportiva de sucesso.

Programas acadêmicos em gestão esportiva combinam treinamento prático e acadêmico em esportes profissionais, promoção e marketing esportivo, gestão de eventos e instalações, gestão de esportes amadores, fabricação e venda de produtos esportivos, gestão de clubes esportivos, comunicação e mídia esportivas, e representação de atletas. Esses programas incluem também uma extensa rede de cursos relacionados a ciência, ciências humanas, matemática e tecnologia, contabilidade, comunicação e aplicações computacionais.

Programas individualizados estão disponíveis para muitos esportes. Programas de gestão de golfe funcionam em cooperação com o PGA – organização sem fins lucrativos composta por mais de 28.000 homens e mulheres, profissionais do golfe – que promove o jogo e, ao mesmo tempo, melhora os padrões da profissão. Eles são oferecidos atualmente por 16 faculdades e universidades norte-americanas, incluindo a Penn State, a Mississippi State, a New Mexico State, a Florida State e a Ferris State (Michigan). Os cursos geralmente incluem estágios ou experiências práticas em clubes privados, resorts ou outras instalações para golfe. O programa completo de estudos inclui workshops, seminários e cursos específicos como Operações de Torneios e Merchandising, Serviços de Alimentação e Bebida e Redação para Negócios. E, claro, os conceitos de marketing que você aprenderá neste curso estão entre as primeiras lições que especialistas em marketing esportivo aprendem quando estudam negócios relacionados ao esporte.[1]

Visão geral

Parabéns por decidir fazer este curso! Afinal de contas, o marketing é um elemento presente em nossas vidas. De uma forma ou de outra, ele atinge todas as pessoas. Ao começar esse estudo, você deve estar ciente de três fatores importantes sobre o marketing.

OS CUSTOS DE MARKETING SÃO UM COMPONENTE IMPORTANTE DE SEU ORÇAMENTO TOTAL

Aproximadamente 50% dos custos totais dos produtos que você compra são custos de marketing. Em resumo, metade dos R$ 30 pagos por aquele CD de sucesso destina-se não para o disco de plástico, a capa, o encarte ou o ato físico de imprimir as músicas no CD, mas para custos de marketing. O mesmo se pode dizer do preço de um novo monitor de tela plana para seu computador, de seu tocador de DVD e de um carro caríssimo que você tanto quer comprar.

Porém, não são somente os custos que indicam o valor de marketing. O alto padrão de vida do qual alguém e seus familiares e amigos desfrutam é, em grande parte, uma função dos eficientes sistemas de marketing do seu país. Quando considerados dessa perspectiva, os custos de marketing parecem mais razoáveis. Por exemplo, um marketing eficiente pode expandir as vendas gerais e, dessa maneira, distribuir os custos fixos de produção para mais unidades produzidas e reduzir os custos totais de produção.

> **Em poucas palavras**
>
> A pessoa que sabe como terá sempre um emprego. A pessoa que sabe *por que* será sempre seu próprio chefe.
> Diane Ravitch (nasc. 1938)
> Pedagoga estadunidense

O MARKETING OFERECE A OPORTUNIDADE DE CONTRIBUIR COM A SOCIEDADE E COM UMA EMPRESA INDIVIDUAL

As decisões de marketing afetam o bem-estar de todos. Quanta qualidade deve ser acrescentada a um produto? As pessoas comprarão um produto melhor se ele custar o dobro da versão atual? Todas as comunidades devem adotar programas de reciclagem? Visto que a ética e a responsabilidade social são fatores cruciais para profissionais de marketing em um ambiente empresarial marcado pelo fracasso ético e legal de várias empresas conhecidas e de seus líderes, é fundamental que profissionais de marketing se empenhem para atender às expectativas do governo e de clientes com relação ao comportamento ético. Ao ler o item de "Resolvendo uma questão ética" presente em todos os capítulos, você ficará mais ciente do papel de elevados padrões éticos em todas as dimensões do marketing e poderá analisar questões éticas nem sempre simples, como preços de remédios com receita médica, privacidade na internet, propagandas infantis e práticas invasivas como *spams,* propagandas *pop-up* e telemarketing.

O marketing não influencia apenas diversos aspectos de nossa vida diária; decisões relacionadas a atividades de marketing também afetam o bem-estar de todas as pessoas. Oportunidades de avançar para cargos relacionados de maior responsabilidade em que decisões devem ser tomadas surgiram mais cedo no marketing do que na maioria das profissões. A combinação de desafios e oportunidades transformou o marketing em um dos ramos mais conhecidos da área acadêmica.

Um estudo realizado pela Korn/Ferry International, empresa de recrutamento executivo, revelou que o melhor caminho para alcançar o topo da escada corporativa começa na equipe de marketing de uma empresa. A crescente economia global exige líderes de marketing comprovados para vencer a luta em aumentar a participação de uma empresa no mercado mundial – por isso, três em cada oito CEOs possuem conhecimentos sobre marketing. O setor de finanças, que por muito tempo foi o fator mais importante na carreira de altos executivos, caiu para terceiro lugar, e executivos que cumpriram tarefas internacionais – muitas delas relacionadas ao marketing – ficaram em segundo lugar.

Em poucas palavras

Se eu pudesse viver novamente, eu seria um comerciante em vez de cientista. Eu acho que o comércio
é algo nobre.
Albert Einstein (1879-1955).
Físico alemão

VOCÊ PODE ESCOLHER UMA CARREIRA EM MARKETING

Ao serem questionados sobre seu conceito de emprego inicial ideal depois da graduação, os estudantes, em sua maioria, mencionam salário e oportunidade de promoção e crescimento profissional. Embora a remuneração

quase sempre seja uma questão importante, aqueles que procuram emprego no século XXI também querem sentir-se reconhecidos por suas conquistas, ter novas responsabilidades e trabalhar em ambientes onde possam aprender constantemente. Muitos também consideram importante trabalhar para uma organização com ambiente agradável que ofereça qualidade de vida elevada.

Nos Estados Unidos, entre as diversas trajetórias profissionais escolhidas por recém-formados em Administração, o marketing é o setor de empregos mais procurado pela mão-de-obra norte-americana, e o crescimento de trabalhos nesse ramo deve acelerar. O departamento norte-americano de estatísticas do trabalho estima que o número de empregos em marketing, propaganda e gestão em relações públicas aumentará muito mais rapidamente do que a média de outras profissões. Todas as organizações bem-sucedidas – com ou sem fins lucrativos – reconhecem a necessidade de um marketing eficiente para alcançar sua meta de satisfazer o cliente, e por isso contratam especialistas de marketing altamente motivados e com formação profissional para elaborar e implementar programas focados no cliente.

SUA BUSCA POR UMA CARREIRA GRATIFICANTE E BEM-SUCEDIDA

Escolher uma carreira pode ser a decisão mais importante de sua vida. Por isso, o livro *Marketing Contemporâneo* começa com discussões sobre a melhor forma de tomar decisões relacionadas à carreira e sobre como se preparar para um *cargo inicial* – seu primeiro emprego duradouro após terminar os estudos. Em seguida, abordamos várias carreiras em marketing e discutimos oportunidades de emprego em áreas relacionadas a cada parte principal do texto.

Até recentemente, era mais difícil encontrar cargos iniciais em uma empresa. Não só a economia como também o mercado de trabalho sofreu com os atentados de 11 de setembro de 2001. Hoje, as condições econômicas estão melhorando, e as perspectivas de trabalho estão mais favoráveis para a maioria dos estudantes. No entanto, você precisa fazer o possível para melhorar suas oportunidades profissionais. Um passo importante já foi dado: matricular-se em um curso que utiliza este livro. Você precisará continuar sendo criativo em sua busca por empregos. Mas como você sabe, não falta criatividade nas universidades do País.

Nos próximos meses, você receberá informações sobre as principais áreas funcionais do marketing. À medida que for aprendendo conceitos de marketing, será capaz de identificar áreas de trabalho que poderá considerar interessantes.

Um emprego ideal é aquele que o faz querer ir trabalhar todas as manhãs. Trata-se de uma atividade que lhe agrade e para a qual você é bem remunerado por um nível superior de desempenho e que gera satisfação.

Alguns empregos – ou até mesmo os estágios realizados por estudantes que os consideram empregos – são tão atraentes que se tornam tema de concursos, com candidatos em disputa ferrenha entre si. O SportsCenter da ESPN criou um concurso no qual os finalistas disputariam o emprego dos sonhos como âncora do telejornal.

Sua formação ampliará suas perspectivas para encontrar e manter o emprego certo. Recentemente, um funcionário comum que trabalhava em tempo integral, com 18 anos ou mais e ensino médio completo, recebia menos do que US$ 23 mil por ano. Por outro lado, um funcionário com ensino superior completo recebia mais de US$ 40 mil por ano – praticamente o dobro do salário do funcionário com ensino médio. Pessoas com melhor formação também encontram emprego mais facilmente do que as outras.[2] Ser aplicado nas aulas, aumentar sua experiência com atividades voluntárias relacionadas a sua carreira, com empregos de verão e de meio período e com bons estágios – além de escolher a especialização certa – são elementos que melhorarão essas estatísticas salariais quando você iniciar sua carreira.

Além de ir às aulas, tente ganhar experiência por meio de um emprego e/ou da participação de organizações no *campus*. Estágios, empregos temporários e de meio-período cautelosamente selecionados, atividades voluntárias no *campus* e em sua comunidade também podem conferir-lhe uma experiência prática inestimável enquanto você estuda. Em meio à concorrência do recente mercado de trabalho, quando a taxa de desemprego entre os jovens norte-americanos subiu para 12%, a experiência de trabalho, muitas vezes, serviu como diferencial para pessoas em busca emprego aos olhos de empregadores.[3] A experiência relacionada ao trabalho – inclusive estágios – geralmente é importante para estudantes tradicionais que entraram na faculdade imediatamente após terem terminado o ensino médio e que possuem pouca ou nenhuma experiência de trabalho.

Este Prólogo com enfoque em carreiras oferece um resumo das tendências e oportunidades disponíveis para futuros profissionais de marketing em um ramo profissional cada vez mais diversificado. Descreve os elementos essenciais de um currículo eficiente e discute as últimas tendências na procura por empregos via internet. Por último, oferece uma lista de importantes fontes de informação sobre marketing que contêm respostas a várias perguntas típicas feitas por candidatos. Essas informações ajudarão, de maneira valiosa, no planejamento de sua carreira se seus planos profissionais envolverem o marketing ou mesmo se você decidir especializar-se em outra área.

Muitos cargos de marketing sobre os quais você lê são descritos aqui. Particularmente, os resumos sobre os cargos descrevem o trabalho, as responsabilidades e as tarefas tipicamente solicitadas, bem como a trajetória profissional para cada uma dessas posições relacionadas ao marketing.

Fazer o marketing de suas habilidades para um futuro empregador é o mesmo que vender um produto a um cliente. Cada vez mais, pessoas em busca de emprego estão "vendendo" suas habilidades via internet, deixando de lado intermediários, como agências de empregos, e nivelando o campo de ação de candidatos e empregadores. O maior desafio de quem busca emprego via internet é saber como se apresentar ao mercado.

Apesar dos amplos bancos de dados e ferramentas sofisticadas de grandes sites de busca de emprego, que devem receber milhares de visitas diárias, as pessoas mais espertas em busca de emprego geralmente gastam melhor seu tempo pesquisando em sites que oferecem listas mais específicas.[4]

Em muitos casos, estudantes que almejam entrevistas com empregadores específicos ou em certas regiões vão diretamente à região do empregador ou visitam o site da região para saber sobre as vagas disponíveis. A maioria dos empregadores inclui um site de empregos como parte de sua home page. Alguns oferecem simulações virtuais de como é trabalhar na empresa. Por exemplo, o site da empresa Rent-a-Car apresenta perfis de jovens gerentes auxiliares ao realizarem atividades de trabalho diárias.

Após gastar US$ 1,8 milhão em um único ano para contratar entre 12.000 e 14.000 pessoas, a Lockheed Martin decidiu aproveitar melhor o site de sua empresa para recrutar candidatos a emprego. Foi contratado o mesmo número de funcionários novos no ano seguinte, mas sua abordagem de redução de custos possibilitou que as vagas fossem ocupadas e seus gastos fossem de apenas US$ 750 mil com a divulgação de empregos.[5]

Sua procura por emprego via internet pode enfocar cargos em uma área ou em um local específicos ou tais cargos podem ser divulgados em grandes sites como o Monster.com, no qual há poucas limitações, se houver alguma, quanto a empresas ou locais. Em qualquer um dos casos, o segredo para conseguir o emprego desejado é mostrar ao mercado quem você é e o que você pode fazer. Embora poucas pessoas recém-formadas sejam contratadas diretamente com base no que respondem na internet, em geral essa abordagem é um passo importante para buscar empregadores em um interesse específico e solicitar entrevistas que podem levar a ofertas de emprego.

No início de sua carreira, você aplicará muitos princípios e conceitos discutidos no texto, inclusive como realizar o seguinte: estabelecer um mercado-alvo, explorar o valor da marca, posicionar um produto e usar técnicas de pesquisa de marketing. Mesmo em trabalhos que pareçam distantes do marketing, esses conhecimentos o ajudarão a permanecer concentrado no aspecto mais importante dos negócios: o consumidor.[6]

DESTACANDO-SE EM MEIO À MULTIDÃO DOS QUE PROCURAM EMPREGO

Em um mercado de trabalho concorrido, os empregadores podem dar-se ao luxo de serem exigentes ao decidirem quais candidatos serão aprovados, entrevistados e quais possivelmente preencherão uma vaga. E, freqüentemente, as experiências em liderança e de trabalho acumuladas do candidato serão critérios decisivos para determinar se ele ou ela é considerado, de fato, como um funcionário potencial.

Os estudantes geralmente decidem continuar seus estudos após se formarem e começam um MBA ou um outro programa especialmente adaptado a seus objetivos profissionais. Por exemplo, estudantes interessados em uma carreira de pesquisa de marketing podem decidir fazer um curso específico nessa área, oferecido por um crescente número de universidades. Estudantes que decidem ampliar sua formação em programas de especialização devem procurar orientação sobre programas específicos com professores que ensinam nessa área. Por

Em poucas palavras

O verdadeiro terror é acordar de manhã e descobrir que a sua turma do ensino médio está comandando o país.

Kurt Vonnegut Jr. (nasc. 1922)
Escritor norte-americano

exemplo, um professor universitário de pesquisa de marketing provavelmente saberá sobre programas de mestrado nesse campo oferecidos por diferentes universidades.

Outras atividades que aumentam seu valor pessoal são estágios e trabalhos voluntários. Estágios têm sido descritos como um elo crucial para preencher a lacuna educacional entre teoria e prática. Ajudam a transportar estudantes do presente acadêmico ao futuro profissional. Oferecem aos estudantes a oportunidade de aprender como a teoria da sala de aula é aplicada em ambientes reais de negócios.

Um estágio é uma parceria entre o estudante, a instituição acadêmica e a agência ou local de estágio. Todas essas partes assumem responsabilidades decisivas, desempenham funções específicas e obtêm benefícios resultantes de seu envolvimento. Além disso, estágios podem servir como uma rede de contatos crucial e como ferramentas de busca de empregos. Em alguns casos, estágios precedem oportunidades de emprego específicas, permitindo que os estudantes demonstrem competência técnica e, ao mesmo tempo, promovendo o treinamento de funcionários a custos razoáveis para empresas ou para organizações sem fins lucrativos.[7] Estudantes interessados em mesclar o marketing com uma carreira esportiva consideram estágios praticamente essenciais para obter cargos iniciais. Aproximadamente 90% das organizações esportivas oferecem estágios em diversos departamentos e áreas.[8]

SEU CURRÍCULO

Elaborar um currículo é uma tarefa que quase todos em busca de emprego não gostam de fazer, sendo sempre adiada para a última hora. "Afinal de contas", o pensamento geralmente é, "eu não farei entrevistas por mais um ano". Entretanto, essa tarefa torna-se menos desanimadora com a orientação de sua faculdade ou de um consultor profissional, com o crescente número de livros e artigos sobre como preparar currículos e com inúmeros pacotes de software que exigem um pouco mais do que apenas preencher formulários.[9]

ERROS EM CURRÍCULOS

Os seguintes erros foram identificados em currículos, solicitações de emprego e cartas de apresentação recebidos por Robert Half, o fundador da Accountemps:

- "Eu trabalhei nos mais fariados setores."
- "Atento a detales."
- "Eu tenho uma ótima desposição."
- "Estou acostumado a trabalhar sob preção."
- "FORMAÇÃO: alguma."

O currículo é provavelmente o documento mais importante que alguém em busca de emprego pode fornecer a um possível empregador, pois, em geral, corresponde às únicas referências escritas disponíveis mediante as quais se pode avaliar e selecionar um candidato. É um resumo conciso de realizações pessoais, profissionais e acadêmicas que apresenta afirmações sólidas sobre o candidato à vaga.

Há três modelos básicos de currículo. O *currículo cronológico* organiza as informações em ordem cronológica inversa, destacando o nome de cargos e organizações e descrevendo responsabilidades assumidas e tarefas desempenhadas. Esse modelo destaca a continuidade e o crescimento profissional. O *currículo funcional* salienta realizações e pontos fortes do candidato, com menos ênfase em cargos e no histórico de trabalhos, e normalmente omite descrições de cargos. Na Figura 1, há um exemplo de currículo funcional elaborado por uma pessoa recém-formada. Alguns candidatos utilizam o modelo de *currículo mesclado*, que enfatiza primeiro as habilidades e, em seguida, o histórico de trabalhos. Esse modelo destaca o potencial do candidato e serve para estudantes que possuem pouca experiência diretamente relacionada com os cargos que desejam ocupar.

Muitos currículos contêm nomes completos, além de endereços residenciais, e-mails e telefones. Se seu e-mail contiver nomes como "CaraMacho" ou "BonecaDeNeve", substitua-o por um relacionado com seu nome verdadeiro ou com o local onde vive para que os empregadores o levem a sério.

Geralmente, depois se faz uma descrição dos objetivos profissionais. Em seguida, são fornecidas informações acadêmicas; depois, experiência e histórico de trabalhos. Candidatos com pouca experiência de trabalho e nenhum

Jorge Paz
Two Seaside Drive, Apt. 3A
Los Angeles, CA 90026
Fone: (XX) 5555-7092
JPAZ@hotmail.com

Objetivo
Fazer parte de uma empresa com enfoque no crescimento, e que valorize
funcionários extremamente produtivos. À procura de uma oportunidade que leve a
um cargo superior nos negócios.

Experiência Profissional
Administração
Responsabilidades administrativas em um escritório de compras do varejo onde
coordenei atividades relacionadas a vendas. Supervisão de compradores auxiliares.

Gestão de Produtos
Experiência na compra de produtos de fitness, recreação, esportes e artigos
residenciais.

Planejamento
Líder de uma equipe responsável por revisar o programa de avaliação de vendas
anuais da empresa.

Resolução de Problemas
Elaboração bem-sucedida de um programa para aumentar as margens de lucro de
produtos relacionados ao tênis, ao golfe e à pescaria.

Experiência de Trabalho
Comprador Superior
Southern California Department Stores; de 2005 até o momento atual

Comerciante
Pacific Discount Stores, um setor da Southern California Department Stores;
2003-2005

Formação
Bacharel em Administração
Duas especializações, em marketing e em varejo
Universidade Estadual da Califórnia – San Bernardino 2001-2005

Conhecimentos de Informática
Conhecimento avançado de computadores compatíveis com IBM e software
relacionado, incluindo planilhas, gráficos, editoração eletrônica e processamento de
texto.
Pacotes: Excel, Lotus 1-2-3, Harvard Graphics, PowerPoint, Microsoft Word.
Familiarizado com Adobe PageMaker e Macintosh.

Idiomas
Fluente em espanhol oral e escrito.

Figura 1
Currículo Funcional.

estágio normalmente destacam interesses e atividades pessoais. Toda e qualquer atividade extracurricular e profissional, bem como estágios, trabalhos e experiências acadêmicas, devem ser incluídos no currículo. A maioria dos currículos termina com listas de referências.

Não importa se o currículo é tradicional, em papel, ou se está divulgado na internet; o importante ao elaborar um currículo eficaz é apresentar as informações mais relevantes clara e concisamente de maneira a destacar suas melhores qualidades.

CARTA DE APRESENTAÇÃO

A carta de apresentação é a maneira pela qual um candidato se apresenta a um empregador. Assim como o embrulho de um presente, uma carta de apresentação deve chamar a atenção e despertar o interesse para seu conteúdo, e precisa estar endereçada a uma pessoa específica. Deve fornecer informações com objetivos específicos, apresentar o cargo específico ao qual você está candidatando-se, onde ficou sabendo sobre esse cargo e por que está interessado nele. Também, descrever aspectos positivos de sua personalidade, como lealdade, responsabilidade, disposição, competência técnica, sem que você pareça exibido ou arrogante.[10]

> **Em poucas palavras**
>
> Um currículo é um balancete sem passivos.
> Robert Half (1918-2001)
> Executivo americano de uma agência de empregos

Em seguida, sua carta de apresentação deve indicar especificamente quando você fará um novo contato. E terminar com palavras de agradecimento por você ter sido considerado para o cargo. Assegure-se de que sua carta de apresentação está clara e bem escrita em termos ortográficos e gramaticais, pois os empregadores, muitas vezes, a utilizam para avaliar sua capacidade de comunicação escrita. Finalmente, assine a carta com caneta azul ou preta.

Anote em sua agenda quando enviará sua carta de apresentação e seu currículo e o faça. Caso tenha mencionado que telefonaria, aproveite esse momento para fazer mais perguntas e estabeleça uma possível data para entrevista.

CARTAS DE REFERÊNCIA

Cartas de referência servem como reconhecimento de seu desempenho no ambiente acadêmico e de trabalho. As melhores referências fornecem informações relevantes para a indústria desejada ou para a especialidade de marketing, bem como opiniões sobre sua competência, capacidade e personalidade. As referências podem ser obtidas de empregadores atuais ou antigos, supervisores de trabalhos voluntários, professores universitários e outras pessoas capazes de comprovar sua competência acadêmica e profissional.

Uma carta de referência eficiente geralmente contém o seguinte:

1. Tipo de relacionamento existente entre o autor da carta e o candidato à vaga, e desde quando se conhecem.
2. Descrição do potencial de crescimento profissional e acadêmico do candidato.
3. Relação de realizações importantes.
4. Avaliação de características pessoais (que tipo de colega de trabalho o candidato será).
5. Resumo dos talentos e pontos fortes que se destacam no candidato.

Uma vez que as cartas de referência exigem tempo e esforço, é útil enviar um currículo e quaisquer outras informações relevantes para a recomendação, em um envelope com endereço. Quando solicitar cartas de referência, permita que os autores das cartas tenham bastante tempo para redigi-las – cerca de um mês é um prazo comum.

Além de incluir uma carta de apresentação, currículo e cartas de referência, os candidatos podem acrescentar cópias de históricos escolares, amostras de textos ou outros exemplos de trabalhos concluídos. Por exemplo, caso esteja se candidatando a uma vaga para relações públicas, propaganda ou marketing esportivo, você pode incluir amostras de textos com fins profissionais, gráficos, fitas de áudio/vídeo e DVDs como apoio aos textos escritos para comprovar sua competência. Projetos de trabalho e pesquisa que resultaram em artigos publicados ou não-publicados também podem melhorar seu portfólio.

LIDANDO COM SISTEMAS AUTOMÁTICOS

Os empregadores estão rapidamente passando a adotar sistemas automatizados (sem papel) de localização de candidatos e processamento de currículos. Como resultado, se você elaborar uma carta de apresentação e um currículo compatíveis com a tecnologia, terá vantagem sobre candidatos cujos currículos e cartas de apresentação não podem ser adicionados ao banco de dados da empresa. Além disso, lembre-se de que currículos são geralmente enviados por e-mail.

Empregadores que analisam currículos eletrônicos e currículos divulgados em alguns dos milhares de sites que atualmente contêm vagas de emprego geralmente economizam tempo utilizando computadores para pesquisar palavras-chave em títulos de cargos, descrições de cargos ou currículos, restringindo, assim, a pesquisa. Na verdade, a palavra *gerente* é a principal nas pesquisas das empresas. Independentemente do cargo que você procura, o segredo para um currículo eletrônico eficiente é empregar palavras e frases precisas, enfatizando substantivos em vez de verbos de ação que você provavelmente utiliza em um currículo impresso. Por exemplo, uma empresa que procura por um gerente de contas de marketing com experiência nos programas Lotus 1-2-3, Microsoft Word e Microsoft Excel provavelmente pesquisará na internet apenas por currículos que contêm o nome do cargo e os três programas.

> **Em poucas palavras**
>
> Seja breve para que eles leiam; claro para que eles gostem; original para que eles não esqueçam e, acima de tudo, preciso, para que sejam guiados por sua luz.
> Joseph Pulitzer (1847-1911)
> Jornalista estadunidense

CONHECENDO MELHOR AS OPORTUNIDADES DE EMPREGO

Você deve estudar cuidadosamente as várias oportunidades de emprego que tiver identificado. Obviamente, vai gostar mais de algumas do que de outras, mas deve examinar diversos fatores ao avaliar cada possibilidade de emprego:

1. Reais responsabilidades no emprego
2. Características da indústria
3. Tipo de empresa
4. Localização
5. Salário e oportunidades de promoção
6. Como o trabalho pode contribuir com suas oportunidades profissionais a longo prazo

Muitos candidatos levam em consideração apenas as características mais notáveis de um emprego, como sua localização e o salário oferecido. Entretanto, uma análise completa deve oferecer uma perspectiva equilibrada sobre a oportunidade de emprego como um todo, incluindo fatores a longo prazo e a curto prazo.

ENTREVISTAS DE EMPREGO

O primeiro objetivo de sua procura por empregos é conseguir uma entrevista com um potencial empregador, a qual exige muito planejamento e preparação de sua parte. Você precisa começar a entrevista com um bom conhecimento sobre a empresa, seu setor e seus concorrentes. O diretor executivo da *National Association of Colleges and Employers* (Associação Nacional de Faculdades e Empregadores) afirma: "Todos os anos, os empregadores mencionam que pesquisar sobre a organização é o conselho mais importante que eles podem oferecer aos candidatos".[11]

Prepare-se pesquisando as seguintes informações da empresa:

• Quando a empresa foi fundada?
• Qual é sua posição atual no setor?

- Qual é sua situação financeira?
- Em que mercado ela compete?
- Como a empresa está organizada?
- Quais são seus concorrentes?
- Quantas pessoas ela emprega?
- Onde ficam suas instalações de produção e seus escritórios?
- Ela possui um código de ética escrito? Como é administrada?

Essas informações são úteis sob vários aspectos. Em primeiro lugar, um conhecimento amplo sobre a empresa provavelmente fará com que você se sinta confiante durante a entrevista. Em segundo lugar, pode ajudá-lo a evitar uma decisão equivocada com relação a um emprego. Em terceiro, é capaz de ajudá-lo a impressionar o entrevistador, que poderá tentar descobrir o quanto você sabe sobre a empresa para avaliar seu grau de interesse. Candidatos que não conseguem obter tais informações, muitas vezes, arriscam-se a não serem considerados para uma próxima etapa.

Em poucas palavras

O futuro pertence àqueles que acreditam na beleza de seus sonhos.
Eleanor Roosevelt (1884-1962)
Primeira-dama dos Estados Unidos (1933-1945)

Porém, onde você encontra essas informações sobre a empresa? Primeiro, o centro de informações sobre carreiras de sua faculdade provavelmente possui informações detalhadas sobre possíveis empregadores. Seus professores de administração e marketing também podem fornecer dicas. Além disso, o bibliotecário de sua faculdade ou universidade pode orientá-lo sobre fontes úteis para pesquisa sobre uma empresa. Você pode também escrever diretamente para a empresa. As empresas geralmente possuem sites informativos; outras publicam folhetos sobre carreiras. Por fim, peça pela contribuição de amigos e parentes. Eles mesmos ou pessoas que eles conhecem podem ter tido alguma experiência na empresa.

Os entrevistadores freqüentemente dizem que a má comunicação é a principal causa de uma entrevista de emprego malsucedida. Ou o candidato não está adequadamente preparado para a entrevista ou não está confiante. Lembre-se de que o entrevistador certamente perceberá se você é capaz de comunicar-se diretamente com base na seqüência de perguntas e respostas que fazem parte do encontro. Você deve ser específico ao responder e fazer perguntas, além de expressar suas preocupações clara e positivamente. As perguntas mais freqüentes em uma entrevista incluem:

- "Por que você quer esse emprego?"
- "Onde você se vê daqui a dez anos?"
- "Quais são seus pontos fortes?"
- "Quais são seus pontos fracos?"
- "Por que eu deveria contratá-lo?"

É importante saber o nome da pessoa (ou das pessoas) que realizará(ão) a entrevista, quais as responsabilidades de trabalho do(a) entrevistador(a) e quem será responsável pelas decisões finais de contratação. Em muitos casos, as pessoas que realizam entrevistas iniciais de emprego trabalham no setor de recursos humanos da empresa, e fazem recomendações para os gerentes sobre quais candidatos parecem mais apropriados para a vaga. Os gerentes que comandam as unidades nas quais o candidato seria empregado participam mais tarde do processo de contratação. Algumas decisões de contratação resultam de entrevistas de emprego realizadas tanto pela equipe de recursos humanos como pelo supervisor direto do funcionário em perspectiva. Entretanto, com mais freqüência, supervisores diretos tomam decisões sozinhos ou com a ajuda de altos funcionários que serão colegas de trabalho do novo contratado no mesmo departamento. O departamento de recursos humanos raramente tem autoridade para realizar sozinho contratações para cargos profissionais de marketing.

Lembre-se de que a preparação para uma entrevista não termina aqui. Você precisa saber vestir-se para a ocasião, como explica o tópico "Dicas de etiqueta".

dicas de etiqueta

Como se vestir para sua entrevista de emprego

CONSEGUIR uma entrevista de emprego é um grande passo para começar sua carreira. Aproveitar ao máximo a chance de causar uma boa impressão – e de conhecer um pouco sobre a empresa na qual você possivelmente trabalhará – começa com uma boa apresentação pessoal. Isso significa estar preparado; demonstrar confiança, vontade, segurança e ter boa aparência. A seguir estão algumas dicas de como se vestir para a entrevista. A menos que você esteja candidatando-se para um emprego incomum – e, nesse caso, você pode adiantar-se e descobrir qual traje é apropriado –, as seguintes sugestões lhe serão úteis.

1. Vista roupas discretas. Um traje social preto e moderno é a melhor opção para homens e mulheres, com uma discreta camisa ou blusa de mangas compridas. Os homens devem usar uma gravata discreta que combine. Jóias e maquiagem devem ser bem leves, quase imperceptíveis.
2. Certifique-se de que suas roupas estão limpas e bem passadas, de que meias-calças não estão rasgadas e de que suas meias não estão furadas.
3. Use sapatos limpos e bem engraxados.
4. Certifique-se de que suas unhas estão limpas e curtas. Se você usa esmalte, escolha uma cor discreta.
5. Use pouco perfume ou colônia.
6. Não tenha moedas e chaves em seus bolsos para evitar barulho, nem aparelhos salientes como celulares ou pagers.
7. Deixe em casa piercings de nariz, de sobrancelha e outros adornos corporais menos convencionais.
8. Seu cabelo deve estar limpo, arrumado e curto (para homens) ou preso (para mulheres). Os homens devem estar barbeados.
9. Traga uma pasta ou maleta (as mulheres podem trazer um desses itens no lugar de bolsas).

Parecer profissional é o primeiro passo para ter bom desempenho em uma entrevista – e conseguir um emprego. Portanto, pense primeiro no que o entrevistador gostaria de ver em um candidato à vaga e vista-se adequadamente. Assim, tanto você quanto o entrevistador se sentirão mais à vontade.

Fontes: *Dress for interview success*. Disponível em **www.collegegrad.com/jobsearch/**. Acesso em 30 jun./2004; HANSEN, Randall S. When job hunting: dress for succes. *Quintessential Career*. Disponível em **www.quintcareers.com**. Acesso em 30 jun. 2004; LUBLIN, Joann S. Dated suit, dirty nails can tip the balance if you're job hunting. *The Wall Street Journal*, p. B1, 1 jun. 2004.

Em geral, o entrevistador fala pouco durante a entrevista. Essa abordagem, denominada *entrevista com final aberto*, força o candidato a falar sobre si mesmo e seus objetivos profissionais. Se você parecer desorganizado, o entrevistador pode eliminá-lo apenas por isso. Ao enfrentar esse tipo de entrevista, expresse seus pensamentos claramente e não desvie o foco da conversa. Fale por cerca de 10 minutos e então faça algumas perguntas específicas aos entrevistadores. Vá preparado com perguntas a serem feitas. Ouça cuidadosamente as respostas. Lembre-se de que, se estiver preparado para a entrevista, ela se transformará em uma troca mútua de informações.

Uma primeira entrevista bem-sucedida provavelmente resultará em um convite para uma nova entrevista. Em alguns casos, esse convite incluirá um pedido para que você faça uma série de testes. A maioria dos estudantes obtém ótimos resultados nesses testes, pois praticaram muito em sala de aula!

Não é incomum que candidatos recebam uma oferta de emprego atraente após terem sido rejeitados uma vez ou mais anteriormente. Estudantes de uma universidade do Arizona, certa vez, obtiveram suas cartas de rejeição de supostos empregadores, analisaram-nas e elegeram a empresa que escreveu a pior carta de rejeição. Apresentamos a seguir trechos das cinco finalistas:

• "Após termos analisado cuidadosamente suas qualificações e experiência, não conseguimos identificar nada que você possa fazer por nós...."
• "Temos certeza de que você pode ser útil em algum outro lugar...."

- "...mas temos certeza de que você encontrará algo que possa fazer."
- "Minha consciência não me permite encorajá-lo...."
- "Infelizmente, precisamos ser seletivos...."[12]

DECISÕES DE EMPREGO

Os empregadores que ainda o(a) consideram um(a) candidato(a) viável agora o(a) conhecem muito bem. Você também deveria conhecer muito bem a empresa. A principal finalidade de outras entrevistas é determinar se você é capaz de trabalhar de maneira eficaz dentro da organização.

Se continuar causando uma boa impressão durante as entrevistas posteriores, um cargo na empresa poderá ser oferecido a você. Vale lembrar que sua decisão em aceitar a oferta depende de como a oportunidade atende aos seus objetivos profissionais. Escolha seu emprego inicial do melhor modo possível e aprenda com sua decisão. Aprenda as responsabilidades de sua função o mais rápido e completamente possível; então comece a procurar maneiras de melhorar o seu desempenho e o de seu empregador.

CARGOS EM MARKETING

O objetivo básico de qualquer empresa é vender seus produtos ou serviços. Responsabilidades de marketing variam em indústrias e organizações. Em uma pequena empresa, o dono ou presidente pode assumir muitas responsabilidades de marketing. Mas uma grande empresa precisa de uma equipe experiente de gerentes de propaganda, marketing e vendas para coordenar essas atividades. A Tabela 1 identifica os capítulos diretamente relacionados às responsabilidades de cada cargo. Perceba também que títulos específicos de diferentes cargos em marketing podem variar entre as empresas. Por exemplo, a pessoa que ocupa o cargo de marketing mais importante dentro de uma empresa pode ser chamada de vice-presidente de vendas e marketing, diretor de marketing ou gerente sênior de marketing. Descrições de cargos e trajetórias profissionais típicas de oito importantes funções em marketing são apresentadas na Tabela 2.

Tabela 1 Capítulos que descrevem responsabilidades de diferentes cargos em marketing

CARGO EM MARKETING	MARKETING CONTEMPORÂNEO CAPÍTULO(S) QUE MAIS DIRETAMENTE SE RELACIONA(M) AO CARGO EM MARKETING
Gerentes de Marketing, Propaganda, Produtos e Relações Públicas	Capítulos 1 – 2 (marketing) Capítulos 11 – 12 (produtos) Capítulos 15 – 16 (propaganda e relações públicas)
Representantes de Vendas e Gerentes de Vendas	Capítulo 17
Especialistas em Propaganda	Capítulos 15 – 16
Especialistas em Relações Públicas	Capítulos 15 – 16
Gerentes e Agentes de Compras	Capítulo 6
Compradores no Atacado e no Varejo e Gerentes de Mercadoria	Capítulo 14
Analistas de Pesquisa de Marketing	Capítulo 8
Logística: Recepção de Material, Cronograma, Envio e Funções de Distribuição	Capítulo 13

Tabela 2 Descrições de Cargos e Trajetórias Profissionais de Oito Importantes Funções em Marketing

GERENTES DE MARKETING, PROPAGANDA, PRODUTOS E RELAÇÕES PÚBLICAS

A gestão de marketing abrange uma variedade de cargos, incluindo vice-presidente de marketing, gerente de marketing, gerente de vendas, gerente de produto, gerente de propaganda, gerente de promoção e gerente de relações públicas. O vice-presidente dirige as políticas gerais da empresa e todos os outros profissionais de marketing se comunicam com ele através de canais. Gerentes de venda dirigem as atividades de profissionais de vendas ao determinarem territórios, estabelecerem metas, desenvolverem programas de treinamento e supervisionarem gerentes de vendas locais e suas equipes. Gerentes de propaganda supervisionam departamentos de mídia, serviços contábeis e atividades de criação. Gerentes de promoção dirigem programas promocionais que combinam propaganda com incentivos de compra elaborados para aumentar as vendas de serviços e mercadorias da empresa. Gerentes de relações públicas são responsáveis pela comunicação com os diversos públicos da empresa, pela direção dos programas de publicidade e pela supervisão dos especialistas responsáveis por implementar tais programas.

Descrição do Cargo

Como acontece com cargos de alta gerência na produção, em finanças e outras áreas, importantes cargos de gestão de marketing geralmente exigem muitas horas de trabalho e muitas viagens. Também é comum haver trabalho sob pressão. Para gerentes de vendas, transferências no emprego entre sedes e escritórios regionais podem interferir em suas vidas pessoais.

Trajetória Profissional

Normalmente se exige um diploma em Marketing ou em Administração, de preferência com enfoque em marketing, para se ocupar esses cargos. Em indústrias altamente técnicas, como a computacional, a química e a eletrônica, os empregadores geralmente preferem graduação em Engenharia aliada a pós-graduação em Administração. Estudantes de ciências humanas também podem encontrar muitas oportunidades, especialmente se tiverem bons conhecimentos de administração. A maioria dos gerentes provém de cargos como representantes de vendas, especialistas em marca ou produto e especialistas em propaganda, dentro de suas organizações. As habilidades ou características mais desejadas para esses cargos incluem alto grau de motivação, maturidade, criatividade, resistência ao estresse, flexibilidade e capacidade de comunicar-se de modo convincente.

REPRESENTANTES DE VENDAS E GERENTES DE VENDAS

Milhões de artigos são comprados e vendidos todos os dias. As pessoas que realizam essas atividades na empresa podem receber várias denominações – representante comercial, gerente de contas, representante do fabricante, engenheiro de vendas, agente de vendas, vendedor no varejo, representante de vendas no atacado e representante de vendas de serviços. Os gerentes de vendas geralmente são selecionados entre pessoas da atual força de vendas que demonstram ter capacidade administrativa necessária para liderar equipes de representantes de vendas. Além disso, muitas organizações exigem que todos os profissionais de marketing trabalhem no ramo por algum tempo para conhecer o mercado em primeira mão e para entender os desafios enfrentados pela equipe de atendimento.

> **Em poucas palavras**
>
> A melhor forma de conseguir o que você quer é ajudar outras pessoas a conseguirem o que querem.
> Zig Ziglar (nasc. 1927)
> Palestrante motivacional americano

Descrição do Cargo

Vendedores normalmente são responsáveis por elaborar listas de potenciais clientes, reunir-se com clientes atuais e potenciais para discutir sobre os produtos da empresa e, em seguida, responder perguntas e fornecer informações adicionais. Ao conhecerem as necessidades comerciais de cada cliente, os representantes de vendas podem identificar os produtos que melhor atendem a essas necessidades. Após a compra, eles provavelmente visitarão novamente os clientes que efetuaram a compra para garantir que os produtos estejam atendendo às necessidades de tais clientes e para explorar novas oportunidades comerciais ou referências fornecidas por clientes satisfeitos. Algumas vendas de produtos técnicos envolvem interações longas. Nesses casos, o vendedor pode trabalhar com vários clientes simultaneamente em uma ampla área geográfica. Os vendedores responsáveis por grandes territórios podem passar a maior parte dos dias de trabalho ao telefone, recebendo e enviando e-mails, ou no setor de vendas.

O trabalho de representante de vendas ou gerente de vendas pode ser gratificante para aqueles que gostam de interagir com pessoas, para os que se animam com competições e para indivíduos que se sentem estimulados pelo desafio de expandir as vendas em seus territórios. Profissionais de vendas bem-sucedidos – tanto representantes de vendas individuais quanto gerentes de vendas – devem ter metas definidas, motivação própria, ser convincentes e independentes. Além disso, paciência e persistência são qualidades importantes.

Trajetória Profissional

A base de conhecimentos necessária para o cargo de vendas varia de acordo com a linha de produtos e com o mercado. Grande parte dos trabalhos profissionais com vendas exige formação universitária e muitas empresas possuem seus próprios programas de treinamento que chegam a durar até dois anos para representantes de vendas em indústrias técnicas. Esse treinamento ocorre em sala de aula, no trabalho com um tutor ou, mais freqüentemente, aliando-se ambos os métodos. Gerentes de vendas geralmente são promovidos no trabalho; provavelmente são representantes de vendas bem-sucedidos com capacidade gerencial e comprometimento.

(continua)

(continuação)

Cargos em gestão de vendas começam em âmbito local ou municipal e, em seguida, avança-se para cargos de maior autoridade e responsabilidade, por exemplo, gerente de vendas da área, regional, nacional e internacional.

ESPECIALISTAS EM PROPAGANDA

Grande parte das empresas, especialmente aquelas que atendem ao mercado consumidor, mantém pequenos grupos de especialistas em propaganda que servem como elo entre profissionais de marketing e agências de publicidade externas. O líder dessa função às vezes é chamado de *gerente de comunicações de marketing*. Em uma agência de publicidade, os cargos incluem especialistas em serviços contábeis, em atividades de criação, e de mídia. Os cargos relacionados a serviços contábeis são ocupados por executivos de contas, que trabalham diretamente com os clientes. O departamento de atividades de criação de uma agência elabora os temas e as apresentações das propagandas. Esse departamento é supervisionado por um diretor de criação, que supervisiona o responsável editorial, o diretor de arte e os membros da equipe. O departamento de mídia é administrado por um diretor de mídia, responsável por supervisionar o grupo de planejamento que seleciona os mercados da mídia para as propagandas.

Descrição do Cargo

A propaganda pode ser uma das áreas mais fascinantes e criativas em marketing. Uma vez que alia o melhor das duas palavras – ou seja, os aspectos científicos e tangíveis do marketing junto com vocação artística e criativa –, a propaganda atrai pessoas com uma série de talentos.

Trajetória Profissional

Em uma agência, a maioria dos novos contratados começa como assistentes ou auxiliares do cargo que esperam ocupar, por exemplo, redator publicitário, diretor de arte e comprador de mídia. Freqüentemente, um funcionário recém-contratado deve receber de duas a quatro promoções antes de se tornar gerente dessas funções. Formação em ciências humanas, artes gráficas, Comunicação, Psicologia ou Sociologia, bem como treinamento em marketing, são recomendados para cargos iniciais em propaganda.

ESPECIALISTAS EM RELAÇÕES PÚBLICAS

Especialistas em relações públicas empenham-se para estabelecer e manter relacionamentos positivos com vários públicos. Eles podem ajudar a gerência a redigir discursos, marcar entrevistas, examinar arquivos da empresa, responder a pedidos de informações e administrar eventos especiais como patrocínios e feiras comerciais, que geram benefícios promocionais para a empresa.

Descrição do Cargo

Embora normalmente trabalhem uma média de 40 horas semanais, os profissionais de relações públicas ocasionalmente reorganizam seus horários normais para cumprirem prazos ou se prepararem para eventos importantes. De vez em quando, exige-se que estejam no trabalho ou disponíveis no caso de uma emergência ou crise. Cargos em relações públicas tendem a se concentrarem em cidades grandes perto dos principais centros da imprensa e dos estabelecimentos de comunicação. Entretanto, essa centralização está mudando por causa da crescente popularidade de novas tecnologias de comunicação, como *uplink* (ligação ascendente) por satélite, tecnologias *wireless* (sem fio) e internet, que possibilitam maior liberdade de movimento.

As características essenciais de um especialista em relações públicas incluem criatividade, iniciativa, bom senso e a capacidade de expressar pensamentos de maneira clara e simples – tanto na fala como na escrita. Recomenda-se também ser extrovertido, autoconfiante e entusiasmado.

Trajetória Profissional

Um diploma universitário aliado à experiência em relações públicas, geralmente adquirida por meio de um ou mais estágios, é um excelente preparo para trabalhar com relações públicas. Muitos especialistas em início de carreira são formados com especialização em Propaganda, Marketing, Relações Públicas ou Comunicação. Novos funcionários em maiores organizações provavelmente participarão de programas de treinamento formal. Aqueles que iniciam sua carreira em empresas menores quase sempre trabalham sob a orientação de funcionários experientes. Cargos iniciais abrangem, por exemplo, assistentes de pesquisa ou assistentes de contas. Uma possível trajetória profissional inclui uma promoção para executivo de contas, supervisor de contas, vice-presidente e, por fim, vice-presidente sênior.

GERENTES E AGENTES DE COMPRA

No mundo dos negócios do século XXI, as duas principais funções em marketing, compra e venda, são desempenhadas por especialistas treinados. Da mesma forma que toda organização está envolvida na venda de sua produção para atender a necessidades de clientes, todas as empresas também devem comprar mercadorias e serviços necessários para conduzirem seus negócios e gerarem artigos para venda.

(continua)

(continuação)

A tecnologia moderna transformou o papel do agente de compra. A transferência de tarefas rotineiras para computadores agora permite que especialistas em contratações ou escritórios de aquisições concentrem-se em produtos, fornecedores e negociações contratuais. A principal função desse cargo é comprar mercadorias, materiais, peças e componentes, suprimentos e serviços solicitados pela organização. Esses agentes garantem que os fornecedores ofereçam níveis de qualidade e quantidade compatíveis com as necessidades da empresa; também asseguram tais produtos a preços razoáveis, disponibilizando-os quando necessário.

Agentes de compra devem desenvolver boas relações de trabalho tanto com colegas nas organizações onde trabalham quanto com fornecedores. Uma vez que a popularidade de serviços terceirizados tem crescido, a escolha e a gestão de fornecedores tornaram-se tarefas cruciais do departamento de compras. No setor governamental, essa função é regida por leis rígidas, estatutos e regulamentos que mudam freqüentemente.

Descrição do Cargo
Em uma semana normal de trabalho, agentes de compra geralmente deslocam-se para estabelecimentos de fornecedores, seminários e feiras comerciais.

Trajetória Profissional
As organizações preferem candidatos com formação universitária para cargos iniciais na área de compras. É necessário ter sólida capacidade comunicativa e analítica para ocupar qualquer cargo em compras. Os recém-contratados iniciam suas carreiras matriculando-se em extensos programas de treinamento nos quais aprendem sobre procedimentos e operações. O treinamento pode incluir tarefas relacionadas ao planejamento de produção. A certificação profissional está tornando-se um critério essencial para obter promoções no setor privado e no setor público. Diversas associações que atendem às diferentes categorias de compra concedem certificações para agentes.

COMPRADORES NO VAREJO E NO ATACADO E GERENTES DE MERCADORIAS
Os compradores que trabalham para negócios no varejo e no atacado compram mercadorias para revender. Seu objetivo é encontrar as melhores mercadorias com os menores preços. Também influenciam a distribuição e o marketing dessas mercadorias. Compradores bem-sucedidos devem saber o que atrai os consumidores e o que seus estabelecimentos podem vender. Códigos de barra de produtos e terminais de pontos-de-venda permitem que organizações localizem, com precisão, as mercadorias que estão sendo vendidas e aquelas que não estão. Os compradores geralmente analisam esses dados para compreender melhor as exigências de consumidores. Também verificam as atividades de vendas e os preços da concorrência, além de observar condições econômicas gerais para antecipar padrões de consumo.

> **Em poucas palavras**
>
> Aquele que continua
> aprendendo permanece jovem.
> Henry Ford (1863-1947)
> Fabricante de automóveis americano

Descrição do Cargo
Compradores no varejo e no atacado e gerentes de mercadorias, com freqüência, precisam viajar bastante, pois muitos pedidos são feitos em viagens de compras para feiras e exposições. A capacidade de tomar decisões e saber planejar de maneira eficiente são pontos fortes nessa carreira. Além disso, o trabalho envolve a previsão de preferências do consumidor e a garantia de que a empresa mantém as mercadorias necessárias no estoque. Portanto, as pessoas que ocupam esses cargos devem possuir qualidades como desenvoltura, bom senso e autoconfiança.

Trajetória Profissional
A maioria dos compradores no varejo e no atacado iniciam suas carreiras como compradores assistentes ou estagiários. Lojas maiores procuram candidatos com formação universitária, e um amplo treinamento inclui experiência de trabalho em várias funções. Promoções geralmente são conseguidas quando compradores mudam para departamentos ou para novas localidades com maiores volumes – ou quando se tornam gerentes de mercadorias para coordenar ou supervisionar o trabalho de vários compradores.

ANALISTAS DE PESQUISA DE MARKETING
Esses especialistas de marketing oferecem informações que ajudam profissionais de marketing a identificar e a definir oportunidades. Eles geram, aperfeiçoam e monitoram o desempenho de marketing. Analistas de pesquisa de marketing delineiam métodos e procedimentos para se obter dados necessários e baseados em decisões. Após reunir os dados, os analistas avaliam essas informações e então fazem recomendações à gerência.

Descrição do Cargo
Empresas especializadas em pesquisa de marketing e consultoria em gestão empregam a maioria dos analistas de pesquisa de marketing. Pessoas que almejam uma carreira em pesquisa de marketing devem ser capazes de trabalhar com atenção a detalhes,

(continua)

(continuação)

demonstrar paciência e persistência, trabalhar com eficiência tanto individualmente como coletivamente, e agir de modo objetivo e sistemático. Para obter sucesso nessa área, é essencial ter conhecimento de informática e capacidade analítica.

Trajetória Profissional
Um bacharelado com ênfase em marketing é o suficiente como qualificação para muitos cargos iniciais em pesquisa de marketing. Por causa da importância de habilidades quantitativas e da necessidade de conhecimento para utilizar pacotes de software analíticos, tal formação deve incluir cursos de cálculo, álgebra linear, estatística, teoria da amostragem, planejamento de pesquisas, ciência da computação e sistemas de informação. Os estudantes devem tentar adquirir experiência em realizar entrevistas e pesquisas ainda na faculdade. Aconselha-se uma pós-graduação em Administração de Empresas ou uma disciplina relacionada ao assunto para aumentar as chances de ser promovido.

LOGÍSTICA: RECEPÇÃO DE MATERIAL, CRONOGRAMA, ENVIO E FUNÇÕES DE DISTRIBUIÇÃO
A logística oferece inumeráveis cargos profissionais. Títulos de cargos abrangidos por esse amplo tópico incluem executivo em gestão de materiais, recepção, cronograma e envio de materiais, coordenador de operações de distribuição, gerente do centro de distribuição e gerente de transporte. O cargo em logística inclui responsabilidades como controle e planejamento de estoque e produção, distribuição e transporte.

Descrição do Cargo
Essas funções exigem boa capacidade comunicativa e capacidade de trabalhar bem sob pressão.

Trajetória Profissional
O conhecimento de informática é altamente valorizado para esses cargos. Empregadores procuram por candidatos formados em engenharia (logística e transportes). Entretanto, estudantes de Marketing e outras disciplinas de Administração podem obter sucesso nessa área.

Parte 1

ESTRATÉGIAS DE MARKETING VOLTADAS AO CONSUMIDOR

Marketing: Satisfação na
Relação com o Consumidor

Capítulo 1

Objetivos

1 Explicar como o marketing cria utilidade por meio do processo de troca.

2 Contrastar atividades de marketing durante as quatro eras na história do marketing.

3 Explicar a importância de evitar a miopia em marketing.

4 Descrever as características do marketing sem fins lucrativos.

5 Identificar e explicar resumidamente cada um dos cinco tipos de marketing não-tradicionais.

6 Esboçar as mudanças no ambiente de marketing por causa da tecnologia.

7 Explicar a mudança do marketing orientado para transações ao marketing de relacionamentos.

8 Identificar os serviços universais do marketing.

9 Demonstrar a relação entre práticas éticas de negócios e sucesso no mercado.

A UNDER ARMOUR VAI A CAMPO

"É preciso ser um para reconhecer um." É um insulto que crianças gostam de jogar na cara umas das outras, mas um profissional de marketing aceita como um elogio. Um profissional de marketing que "pensa como o consumidor pensa" tem uma vantagem sobre a concorrência – sabe exatamente o que os consumidores querem ou precisam de novos produtos. Kevin Plank é um profissional assim. Ex-jogador de futebol americano da University of Maryland, Kevin Plank tem usado seu conhecimento obtido no campo para criar um negócio multimilionário.

Como jogador de futebol americano, Kevin não gostava das camisetas cinzas, grandes, que se juntavam embaixo do uniforme, absorviam umidade e deixavam sua pele pegajosa. Formado em Administração, ele achava que poderia ter uma idéia melhor. Então, experimentou tecidos novos, fazendo suas próprias camisetas de tecido elástico de lingerie feminina. Ele as entregou para alguns amigos do time experimentarem. Mesmo alguns tendo dado risadas no começo, saíram do campo elogiando o material leve das camisetas e o corte justo. Kevin Plank viu a oportunidade e seguiu em frente.

Kevin Plank sabia que "tecidos inteligentes" – materiais leves e de corte justo que também afastam a umidade da pele – já existiam. Alpinistas e ciclistas já os haviam descoberto. Mas ninguém havia comercializado esses produtos para jogadores de futebol. Então, ele foi ao distrito de roupas da cidade de Nova York e comprou tecido para fazer protótipos para suas novas camisetas. No verão após se formar, Kevin deu amostras a diretores atléticos de faculdades e mandou algumas para antigos colegas de time que viraram jogadores da National Football League (NFL – Liga Nacional de Futebol Americano). Quando o gerente de equipamento do time Atlanta Falcons, da NFL, viu as camisetas, fez um pedido. Outros pedidos vieram, juntamente com um negócio com a NFL Europa. Até então, Kevin Plank já havia ampliado seus negócios para incluir outros itens de roupas atléticas e deu a sua empresa o nome *Under Armour*. Kevin Plank atribui o começo de seu sucesso a "uma boa camiseta" e a seu acesso aos vestiários. "Esportes são um negócio que passa adiante. As pessoas procuram o que a elite está usando", explica. Depois a roupa foi mostrada no filme sobre futebol americano de Oliver Stone chamado *Any given Sunday* (*Um domingo qualquer*), e Kevin deu seguimento com um anúncio de meia página na revista *ESPN*. Ele calcula que o anúncio gerou US$ 600 mil em vendas.

Hoje, o logo legalizado *UA* aparece em uma grande variedade de produtos para homens e mulheres, inclusive bonés e toucas, meias e luvas, moletons, faixas de cabeça e protetores de pulso e bolsas. Sua campanha publicitária na TV, chamada *Protect this House* (Proteja esta casa), agitou os consumidores jovens. A Under Armour tem aproximadamente 6% dos US$ 37 bilhões do negócio de roupa esportiva, enquanto a Nike tem 25%. Mas a Under Armour domina completamente as vendas de *roupas de compressão* – vestuário atlético justo que absorve umidade. A empresa agora é a fornecedora oficial de vestuário da *Major League Soccer* (a Liga Principal de Futebol dos Estados Unidos) e da *U.S. Ski Team* (Equipe Estadunidense de Esqui). Em um negócio com a ESPN, a Under Armour será co-patrocinadora dos prêmios atléticos ESPY durante os próximos anos, e a rede já apresenta as roupas UA na sua série *Playmakers*. E em um acordo que fez Kevin Plank consolidar a sua marca, a Under Armour tornou-se o fornecedor de uniformes oficial da equipe de futebol americano da Universidade de Maryland.

Claramente, Kevin Plank é um homem que sabe fazer um jogo vencedor. Um dos técnicos de futebol da faculdade o encorajou a parar de se preocupar com seu negócio e se comprometer a jogar futebol americano. "Você tem o resto da vida para essas outras coisas", Kevin Plank lembra. Mas Plank disse que nunca poderia parar de pensar em estratégias de negócios. "Eu lembro de pensar sobre como seria divertido sentar à mesa e imaginar: 'Então, como vamos ganhar US$ 1?'" Sua empresa agora gera aproximadamente US$ 200 milhões por ano.[1]

• • • •

Visão geral

- "Aquele é meu restaurante favorito."
- "Sempre compro roupas nesta loja."
- "Só dirijo um tipo de carro."
- "Eles têm o melhor atendimento ao cliente."

Essas palavras soam bem ao ouvido de profissionais de marketing, como o barulho de uma multidão em um estádio de futebol. A fidelidade do consumidor é o lema do marketing do século XXI. Mas, hoje em dia, consumidores individuais e compradores corporativos têm tantos produtos e serviços para escolher – e tantas maneiras diferentes de comprá-los – que os profissionais de marketing precisam sempre buscar maneiras novas e melhores para atrair e manter os consumidores, como a indústria de alta tecnologia aprendeu, às vezes, de maneira difícil. Há apenas poucos anos, alguns fornecedores de serviços de tecnologia de informação, como armazenamento de dados e comunicações, prestavam pouca atenção às necessidades individuais de seus consumidores; agora, seu foco está claramente em seus consumidores. "As coisas mudaram fundamentalmente – para melhor", observa John W. Cummings, da Merrill Lynch & Co. Especialistas concordam que conquistar a lealdade dos consumidores é vital porque consumidores corporativos controlam quase 80% do US$ 1 trilhão gasto em tecnologia de informação todos os anos.[2] Outras empresas, como a Dell, foram construídas desde o começo com foco no consumidor individual. Como fundador da empresa e CEO, Michael Dell relembra: "Desde o começo, nossa empresa – do design à fabricação e às vendas – esteve voltada a ouvir o consumidor, responder ao consumidor e entregar o que o consumidor queria". O maior profissional de marketing de computadores dos Estados Unidos também identifica as características dos seus melhores consumidores e ativamente busca encontrar mais iguais.[3]

No mercado, avanços na tecnologia de comunicações permitem que informações sejam trocadas entre compradores e vendedores de modo mais rápido, mais barato e por mais canais de mídia do que antes, inclusive mídia de radiodifusão, impressa, de telecomunicações, serviços de computação online e internet. Empresas agora podem oferecer aos consumidores mais opções de produtos e mais locais de compra. Os consumidores de hoje podem visitar um shopping de tijolos e rejunte, contratar um comprador pessoal, pedir catálogos, assistir a canais de compra na televisão e pesquisar uma variedade tremenda de sites na internet.

A revolução da tecnologia continua a mudar as regras de marketing nessa primeira década do século XXI e continuará a fazer isso nos próximos anos. A força conjunta de telecomunicações e tecnologia de computação cria redes globais e baratas que transferem mensagens de voz, textos, gráficos e dados, em segundos. Essas tecnologias sofisticadas criam novos tipos de produtos, e também exigem novas abordagens do marketing de produtos existentes. A tecnologia

> ## Em poucas palavras
>
> A coisa que vemos que realmente nos diz mais sobre a situação financeira do consumidor é mercadoria fora do lugar. [Compradores] enchem suas cestas; aí o que fazem é tirar aquela mercadoria conforme pegam outras coisas. Quando a economia está mais difícil, temos de passar pela loja com mais freqüência.
>
> Lee Scott (nasc. 1949)
> CEO, lojas Wal-Mart

> ## Em poucas palavras
>
> Em uma placa na Dell lê-se: "Pense Consumidor". Dos funcionários, 90% lidam diretamente com consumidores. Quais são os atributos universais da marca Dell? Advocacia do consumidor.
>
> Mike George
> Diretor de marketing, Dell, Inc.

de comunicação contribui também para a globalização do mercado atual, em que empresas fabricam, compram e vendem além das fronteiras nacionais. Você pode dar um lance no eBay em um negócio potencial, comer um BigMac ou tomar uma Coca-Cola em quase qualquer lugar do mundo; seu aparelho de DVD ou CD provavelmente foi fabricado na China ou na Coréia do Sul. Veículos utilitários da Mercedes-Benz e da Hyundai são montados no Alabama, ao passo que muitos carros da Volkswagen são importados do México. O ramal telefônico do atendimento ao cliente da empresa com a qual você está lidando pode estar na Índia. Produtos prontos e componentes rotineiramente atravessam fronteiras internacionais, mas o marketing global de sucesso também requer conhecimento para adaptar produtos a gostos regionais. Uma loja de alimentos asiáticos em Austin, Texas, pode também vender comidas hispânicas como *tortillas* para satisfazer o gosto local de compradores que apreciam ambos.

Panoramas empresariais que mudam rapidamente criam novos desafios para as empresas, sejam das multinacionais gigantes ou butiques pequenas, com ou sem fins lucrativos. As organizações têm de reagir rapidamente a mudanças nos gostos do consumidor, a ofertas competitivas e a outras dinâmicas do mercado. Felizmente, as tecnologias de informação dão às organizações maneiras mais rápidas e mais novas de interagir e desenvolver relacionamentos duradouros com seus consumidores e fornecedores. Na verdade, tais ligações tornaram-se um elemento essencial no marketing hoje em dia.

No entanto, até com as inovações atuais, as empresas não necessariamente têm de depender exclusivamente de mensagens de alta tecnologia para atrair e criar consumidores leais. Uma pesquisa recente revelou que as lojas de sanduíches Panera Bread e Subway tiveram o nível mais alto de fidelidade entre restaurantes parecidos, com 12% de consumidores alegando fidelidade às suas marcas. Notas de fidelidade para os gigantes do *fast food* McDonald's e Burger King eram muito mais baixas, 6% e 4%, respectivamente. No entanto, a Panera e o Subway gastam muito menos em propaganda e outros métodos de comunicações de alta tecnologia para alcançar consumidores.[4]

Toda empresa deve servir às necessidades do consumidor – criar a satisfação do consumidor – para ter êxito.

Dois pesquisadores de satisfação do consumidor descreveram seu valor desta maneira: "A satisfação do consumidor passou a representar um fundamento importante para práticas empresariais voltadas ao consumidor no meio de uma multidão de empresas operando em Indústrias diversas".[5] Estratégias de marketing fornecem as ferramentas com as quais empresários identificam e analisam as necessidades dos consumidores e depois mostram a esses consumidores como a empresa pode suprir essas necessidades. Os líderes de mercado de amanhã serão empresas que podem aproveitar de maneira efetiva as grandes quantidades de *feedback* do consumidor e responder às suas necessidades com soluções.

Esta nova edição de *Marketing Contemporâneo* foca as estratégias que permitem que as empresas tenham êxito no mercado interativo de hoje. Este capítulo estabelece a base para o texto inteiro, examinando a importância de gerar satisfação por meio do relacionamento com o consumidor. As partes iniciais descrevem o desenvolvimento histórico do marketing e suas contribuições para a sociedade. Partes posteriores introduzem a revolução da tecnologia, os serviços universais de marketing e a relação entre práticas empresariais éticas e sucesso no mercado. No capítulo – e livro – inteiro haverá discussões sobre a fidelidade do consumidor e o valor do cliente ao longo do tempo.

O QUE É MARKETING?

1 Explicar como o marketing cria utilidade por meio do processo de troca.

Produção e marketing de produtos e serviços – seja uma nova safra de vegetais orgânicos ou serviços de TV a cabo digital – são a essência da vida econômica em qualquer sociedade. Todas as organizações desempenham esses dois serviços básicos para satisfazer seus compromissos com a sociedade, com seus clientes e com seus donos. Elas criam um benefício que os economistas chamam de **utilidade** – o poder de um produto ou serviço em satisfazer o desejo. A Tabela 1.1 descreve os quatro tipos básicos de utilidade: forma, tempo, lugar e propriedade.

Tabela 1.1 Quatro tipos de utilidade

TIPO	DESCRIÇÃO	EXEMPLOS	RESPONSÁVEL PELA FUNÇÃO ORGANIZACIONAL
Forma	Conversão de matérias-primas e componentes em produtos acabados e serviços	Conta corrente J.P. Morgan Chase; Lincoln Navigator; Macarrão "X" (nutrição para alunos que estão com fome, sem dinheiro e não podem ou não querem cozinhar)	Produção*
Tempo	Disponibilidade de produtos e serviços quando o consumidor quer	Fotografias digitais; garantia de óculos LensCrafters; UPS Next Day Air	Marketing
Lugar	Disponibilidade de produtos e serviços em locais convenientes	Máquinas de refrigerante do lado de fora dos postos de gasolina; creche no local de trabalho; bancos dentro dos mercados	Marketing
Propriedade (posse)	Capacidade de transferir título de produtos e serviços do profissional de marketing para o comprador	Vendas no varejo (em troca de pagamento em moeda ou no cartão de crédito)	Marketing

* O marketing fornece informações referentes às preferências do consumidor, mas a verdadeira criação da utilidade de forma é responsável pela função produção.

Utilidade de forma é criada quando a empresa converte matérias-primas e componentes em produtos ou serviços acabados. Pela combinação de vidro, plástico, metais, placas de circuitos e outros componentes, a Canon faz máquinas digitais e a Pioneer produz televisões de plasma. Com tecido e couro, a Prada produz sua linha de bolsas de alta costura. *Reality shows*, como *The apprentice (O aprendiz)* e *Survivor (No limite)*, começam com competidores, um apresentador, produtores, uma equipe técnica e equipamento, e um local de filmagem. Apesar de a função de marketing focar em influenciar consumidores e nas preferências da platéia, a função da produção da organização é responsável pela criação de utilidade de forma.

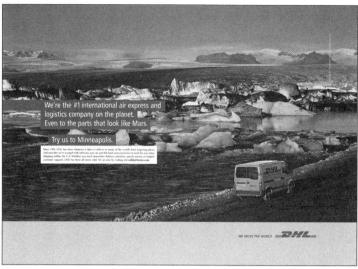

Figura 1.1
DHL: Fornecendo aos consumidores utilidade de tempo e lugar.

O marketing cria utilidades de tempo, lugar e propriedade. Utilidades de tempo e lugar ocorrem quando os consumidores encontram produtos e serviços disponíveis quando e onde querem comprá-los. O serviço de entrega na manhã seguinte da DHL enfatiza a combinação de utilidades de lugar e tempo como ilustrado na Figura 1.1. Distribuidores automáticos e lojas de conveniência fornecem utilidade de lugar para pessoas comprarem jornais, lanches e refrigerantes. A transferência de título a produtos ou serviços na hora da compra cria utilidade de propriedade. Em Las Vegas, os profissionais de marketing tinham a missão de atrair mais turistas, então, criaram um novo lema para focar a imagem de diversão da cidade: "O que acontece aqui, fica aqui". Eles acertaram em cheio. Um recorde de 35 milhões de turistas visitaram a cidade no ano em que a campanha do anúncio foi veiculada. A cidade espera que aquelas visitas se tornem relacionamentos duradouros.

Todas as organizações têm de criar utilidade para sobreviver. Desenhar e colocar no mercado produtos, serviços e idéias que satisfaçam o querer é o fundamento para a criação de utilidade. Recentemente, organizações começaram a elevar a função do marketing em suas hierarquias; os melhores executivos de marketing podem ser promovidos a posições de vice-presidente. Mas onde o processo começa? Na indústria de brinquedos, fabricantes tentam achar itens com os quais as crianças vão querer brincar – criando utilidade. Contudo, não é tão simples quanto parece. Na *Toy Fair*, uma feira de brinquedos que acontece todos os anos em Nova York, varejistas olham as diferentes barracas de fabricantes e fornecedores, procurando as próximas bonecas da Bratz ou bloquinhos Lego – tendências que viraram clássicos e geram milhões em renda todos os anos.

Durante muitos anos, empresas como Sirius Satellite Radio e XM Satellite Radio Holdings tentaram criar utilidade para consumidores com serviços de rádio por satélite. As estatísticas mostram que estão conseguindo: em 2002, a XM tinha 360 mil assinantes; até 2004, a empresa havia atraído mais de um milhão. Profissionais de marketing das duas empresas esperam atrair ainda mais clientes dos 100 milhões de lares e 200 milhões de automóveis, assim como caminhões barcos, *trailers*, trens, aviões e prédios de escritórios que existem nos Estados Unidos. Para isso, esses profissionais de marketing têm de persuadir consumidores de que o serviço de rádio via satélite possui uma utilidade para eles.[6]

Mas como uma organização cria um consumidor? Uma abordagem de três passos inclui: identificar as necessidades no mercado, descobrir quais necessidades a organização pode atender de modo favorável e desenvolver uma oferta para transformar compradores potenciais em consumidores. Especialistas em marketing são responsáveis pela maioria das atividades necessárias para criar os consumidores que a organização quer. Essas atividades incluem:

- identificar as necessidades do consumidor;
- desenvolver produtos e serviços que satisfaçam aquelas necessidades;
- dar informações sobre aqueles produtos e serviços para compradores em potencial;
- disponibilizar os produtos ou serviços em tempos e lugares que vão de encontro às necessidades do consumidor;
- fixar preços em produtos ou serviços que considerem custos, competição e a capacidade de compra do consumidor;
- fornecer o serviço necessário para garantir a satisfação do consumidor após a compra.[7]

AS DEFINIÇÕES DE MARKETING

A palavra *marketing* incorpora um âmbito de atividades e idéias tão amplo que escolher uma definição é, muitas vezes, difícil. Se alguém pedir para três pessoas definirem marketing, provavelmente três definições diferentes serão dadas. A exposição contínua a propaganda e vendas pessoais leva a maioria dos entrevistados a ligar marketing com vendas ou a pensar que as atividades de marketing começam após um produto ou serviço ser produzido. Mas marketing também envolve analisar as necessidades do consumidor, garantir informações precisas para desenhar ou produzir produtos ou serviços que estão de acordo com as expectativas do comprador, satisfazer preferências do consumidor e criar e manter relacionamentos com consumidores e fornecedores. Isso se aplica não só a empresa com fins lucrativos, mas também a milhares de organizações sem fins lucrativos que oferecem produtos e serviços.

A definição atual considera todos esses fatores. **Marketing** é o processo de planejar e executar a concepção, a fixação de preço, a promoção e a distribuição de idéias, produtos, serviços, organizações e eventos para criar e manter relacionamentos que satisfarão objetivos individuais e organizacionais.

O conceito expandido de atividades de marketing permeia todos os serviços organizacionais. Presume que o esforço de marketing irá proceder de acordo com as práticas éticas e irá servir de maneira efetiva aos interesses da sociedade e da organização. O conceito também identifica as variáveis de marketing – produto, preço, comunicação e distribuição – que se unem para fornecer satisfação ao consumidor. Além disso, presume que a organização começa com a identificação e a análise de segmentos do mercado consumidor que depois irá satisfazer com suas atividades de produção e marketing. Em outras palavras, o consumidor, cliente ou público determina o programa de marketing. A ênfase do conceito em criar e manter relacionamentos é consistente com o foco em negócios a longo prazo, vendas, compras e outras interações com consumidores e fornecedores que se satisfazem mutuamente. Finalmente, reconhece que os conceitos e as técnicas de marketing se aplicam às organizações sem fins lucrativos assim como a empresas com fins lucrativos.

O MERCADO GLOBAL DE HOJE

Vários fatores têm obrigado profissionais de marketing – e nações inteiras – a ampliar suas visões econômicas para inclui eventos fora de suas próprias fronteiras nacionais. Primeiro, acordos internacionais estão sendo negociados em uma tentativa de expandir o comércio entre nações. Segundo, o crescimento do comércio eletrônico e tecnologias relacionadas estão trazendo países antes isolados para o mercado de compra e vendeda no mundo inteiro. Terceiro, a interdependência das economias do mundo é uma realidade porque nenhuma nação produz todas as matérias-primas e os produtos prontos de que seus cidadãos precisam nem consome toda sua produção sem exportar um pouco para outros países. A evidência dessa interdependência é ilustrada pela introdução do euro como moeda comum para facilitar o comércio entre as nações da União Européia, a criação do Tratado de Livre Comércio da América do Norte (Nafta), e da Organização Mundial do Comércio (OMC).

A recessão na Europa afeta estratégias empresariais na América do Norte e nos países do Pacífico. Um declínio econômico nos Estados Unidos afeta a Bolsa de Valores no Japão. A descoberta recente no Estado de Washington, de uma única vaca louca que provinha do Canadá levou 16 nações – somando 90% das exportações de carne bovina dos Estados Unidos – a temporariamente barrar a passagem de carne bovina estadunidense por suas fronteiras. Profissionais de marketing como Optibrand Ltd. de Fort Collins, Colorado, responderam à necessidade de rastrear o gado do nascimento ao açougue com *tags* de identificação por radiofreqüência (RFID) e varreduras da retina – porque a estrutura das veias na retina de cada vaca é única.[8]

Para continuarem competitivas, as empresas devem buscar continuamente os locais mais eficientes de fabricação e os mercados mais lucrativos para seus produtos. Profissionais de marketing nos Estados Unidos agora encontram enormes oportunidades de servir consumidores não só nas nações industrializadas, mas também na América Latina e em economias emergentes no Leste Europeu, no Oriente Médio, na Ásia e na África, onde a elevação dos padrões de vida criam um aumento da demanda dos consumidores pelos produtos e serviços mais recentes. Expandir as operações além do mercado estadunidense dá às empresas locais acesso a 6 bilhões de consumidores internacionais. Além disso, empresas fundadas nessas economias emergentes estão começando a competir também. Desde sua aceitação na Organização Mundial do Comércio, no começo deste século, as exportações da China aumentaram mais de 18%. No entanto, empresas fundadas em economias emergentes geralmente ficam para trás como competidores mundiais. O Legend Group Ltd. é o maior fabricante de computadores da China, mas comanda menos de 2% do total do mercado mundial de computadores, comparado com a Dell (17%), a Hewlett-Packard (16%) e a IBM (5,3%). Isso acontece apesar de a China ser a nação mais populosa da terra – e, potencialmente, o maior mercado. Apesar disso, profissionais de marketing da Legend decidiram alcançar seus objetivos de crescimento a curto prazo focando nos consumidores mais influentes dos Estados Unidos.[9]

Empresas de serviços também têm um papel importante no mercado global de hoje. Apesar de a Bolsa de Valores de Nova York ter sua sede na cidade de Nova York, investidores movimentam nela mais de US$ 50 bilhões de todo o mundo, todos os dias. O serviço de correios dos Estados Unidos e transportadoras particulares, como FedEx, UPS e DHL, entregam pacotes e documentos no mundo inteiro em questão de horas. Viajar de avião é outro componente

Figura 1.2
Marketing de serviços: um componente importante do mercado global.

significativo do marketing internacional, em que as companhias aéreas locais competem diretamente com as internacionais. A Singapore Airlines, ilustrada na Figura 1.2, atende mais de 60 cidades pelo no mundo inteiro.

Os Estados Unidos também são um mercado atraente para competidores estrangeiros, por causa de seu tamanho e do alto padrão de vida de que os consumidores norte-americanos desfrutam, o que explica por que o Legend Group Ltd. da China alcançaria mais consumidores nos Estados Unidos. Empresas como Nissan, Sony e Sun Life, do Canadá, operam instalações de produção, distribuição, atendimento e varejo nos Estados Unidos. Propriedades estrangeiras de empresas norte-americanas têm aumentado também. Pillsbury e MCA são duas empresas bem conhecidas com matrizes estrangeiras. Até indústrias dominadas pelos norte-americanos, como as de software têm de lidar com a competição estrangeira. Apesar de as firmas dos Estados Unidos ainda dominarem aproximadamente 75% do mercado, empresas européias estão rapidamente ganhando espaço. Atualmente, fornecem aproximadamente 18% do mercado mundial (de US$ 100 bilhões) de pacotes de software.[10]

Em muitos casos, estratégias de marketing global são quase idênticas às usadas nos mercados domésticos. No entanto, cada vez mais, as empresas estão modificando seus esforços de marketing para alcançar mercados estrangeiros, fazendo mudanças significativas para se adaptarem aos gostos únicos ou a diferentes exigências culturais e legais no exterior. Muitas vezes, é difícil padronizar o nome de uma marca globalmente. Os japoneses, por exemplo, gostam de nomes de flores ou meninas para seus carros, nomes como Bluebird, Bluebonner, Violet e Gloria. Os norte-americanos, por outro lado, preferem nomes rústicos que têm a ver com a natureza, como Mountaineer, Expedition, Pathfinder e Highlander.

MARKETING
Verificação
de conceito

1. O que é utilidade?
2. Defina o termo *marketing*.
3. Por que os Estados Unidos são um mercado atraente para competidores estrangeiros?

QUATRO ERAS NA HISTÓRIA DO MARKETING

2 Contrastar atividades de marketing durante as quatro eras na história do marketing.

A essência de marketing é o **processo de intercâmbio**, no qual duas ou mais pessoas dão algo de valor uma à outra para satisfazer necessidades percebidas. Em muitos intercâmbios, as pessoas trocam dinheiro por produtos tangíveis, como DVDs, roupas, um laptop ou mantimentos. Em outros intercâmbios, usam dinheiro para pagar serviços não-tangíveis, como tratamento dentário, corte de cabelo ou shows. Em outros, trocam uma combinação de produtos tangíveis e serviços intangíveis, como em um restaurante, onde a comida e o serviço fazem parte da troca. Em outros casos, pessoas doam fundos ou tempo para uma causa, como sangue para a Cruz Vermelha, um novo teatro para uma escola ou fazer uma campanha para limpar rios poluídos.

Apesar de o marketing sempre fazer parte do negócio, sua importância tem variado muito. A Figura 1.3 identifica quatro eras da história do marketing: (1) da produção, (2) das vendas, (3) do marketing e (4) do relacionamento.

A ERA DA PRODUÇÃO

Antes de 1925, a maioria das empresas – até aquelas que operavam em economias bem desenvolvidas na Europa Ocidental e na América do Norte – focava estritamente na produção. Fabricantes enfatizavam a produção de artigos de qualidade e depois procuravam pessoas para comprá-los. A atitude prevalecente dessa era afirmava que um bom produto (um de alta qualidade física) se venderia sozinho. Essa **orientação para o produto** dominou a filosofia

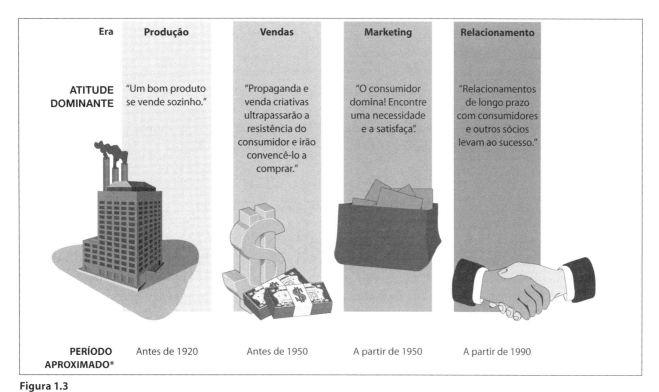

Era	Produção	Vendas	Marketing	Relacionamento
ATITUDE DOMINANTE	"Um bom produto se vende sozinho."	"Propaganda e venda criativas ultrapassarão a resistência do consumidor e irão convencê-lo a comprar."	"O consumidor domina! Encontre uma necessidade e a satisfaça".	"Relacionamentos de longo prazo com consumidores e outros sócios levam ao sucesso."
PERÍODO APROXIMADO*	Antes de 1920	Antes de 1950	A partir de 1950	A partir de 1990

Figura 1.3
As quatro eras da história do marketing.
* Nos Estados Unidos e em outras economias altamente industrializadas.

empresarial durante décadas; na verdade, o êxito empresarial freqüentemente era definido apenas em termos de vitórias de produção.

A era da produção não chegou em seu auge até o começo do século XX. A linha de produção em massa de Henry Ford exemplifica essa orientação. O lema de Ford, "Eles [consumidores] podem ter a cor que quiserem, desde que seja preta", refletia a atitude dominante em marketing. Deficiências de produção e demanda intensa do consumidor dominavam a era. É fácil entender como as atividades de produção tinham prioridade.

No entanto, construir um novo produto não é uma garantia de sucesso, e a história do marketing está repleta dos restos mortais de terríveis falhas nos produtos, apesar das grandes inovações. Na verdade, mais de 80% de produtos novos falham. Inventar um novo produto de sucesso não é o suficiente. Aquele produto também tem de suprir uma necessidade percebida no mercado. Caso contrário, até os produtos mais bem projetados e da mais alta qualidade falharão. Até a carruagem sem cavalo de Henry Ford demorou para pegar. As pessoas tinham medo de veículos motorizados, que cuspiam gás pelo escape, agitavam o pó nas ruas de terra, atolavam na lama e atrapalhavam o tráfego de cavalos. Além do mais, à maluca velocidade de 11 quilômetros por hora, causavam todo tipo de acidente e interrupção. Foi preciso marketing astuto por parte de alguns vendedores da época – e, conseqüentemente, uma necessidade percebida difundida – para mudar as idéias das pessoas sobre o produto.[11] Hoje, a maioria de nós não poderia imaginar a vida sem um carro e refinamos aquela necessidade na preferência por certos tipos de carros, variando de utilitários a carros esportivos.

A ERA DE VENDAS

Conforme as técnicas de produção nos Estados Unidos e na Europa tornaram-se mais sofisticadas, a produção cresceu desde a década de 1920 até o começo da década de 1950. Como resultado, fabricantes começaram a aumentar sua ênfase em forças de venda efetivas para encontrarem consumidores para sua produção. Nessa era, empresas tentaram igualar sua produção com o número potencial de consumidores que iriam querer. Empresas com uma

orientação para vendas presumem que consumidores resistirão a comprar produtos ou serviços não-essenciais, e a tarefa da propaganda e venda pessoal é convencê-los a fazê-lo.

Apesar de os departamentos de marketing terem começado a sair das sombras da produção, das finanças e da engenharia durante a era das vendas, a tendência era ficarem em posições subordinadas. Muitos executivos de marketing tinham o título de gerente de vendas. Mas vender é apenas um dos componentes do marketing. Como o professor de marketing Theodore Levitt uma vez destacou, "Marketing é tão diferente de vendas quanto química é de alquimia, astronomia de astrologia, xadrez de damas".

A ERA DO MARKETING

Rendas pessoais e exigências do consumidor por produtos e serviços caíram rapidamente durante a Grande Depressão, na década de 1930, situando o marketing em um papel mais importante. A sobrevivência organizacional exigiu que gerentes prestassem muita atenção aos mercados para seus produtos e serviços. Essa tendência acabou no começo da Segunda Guerra Mundial, quando racionamento e falta de produtos de consumo tornarem-se comuns. Os anos da guerra, no entanto, criaram apenas uma pausa em uma tendência emergente nos negócios: uma mudança no foco em produtos e vendas para a satisfação das necessidades do consumidor.

O APARECIMENTO DO CONCEITO DE MARKETING

O conceito de marketing, uma mudança crucial na filosofia de gerenciamento, pode ser mais bem explicado como uma mudança de um **mercado do vendedor** – um mercado em que havia mais compradores para menos produtos e serviços – para um **mercado do comprador** – um mercado no qual havia mais produtos e serviços do que pessoas dispostas a comprá-los. Quando a Segunda Guerra Mundial acabou, indústrias pararam de fabricar tanques e navios e começaram a produzir artigos para os consumidores novamente, uma atividade que, vista de maneira prática, parou no começo de 1942.

A chegada de um mercado do comprador forte gerou a necessidade de uma **orientação para o consumidor** pelas empresas. Elas precisam fazer o marketing dos produtos e dos serviços, não apenas produzi-los e vendê-los. Essa compreensão foi identificada como o aparecimento do conceito de marketing. O reconhecimento desse conceito e seu papel dominante nos negócios datam de 1952, quando a General Electric publicou uma nova filosofia de gerenciamento:

> [O conceito] introduz o [profissional de marketing] no começo em vez do final do ciclo de produção, e integra marketing em cada fase do negócio. Assim, o marketing, mediante estudos e pesquisas, estabelecerá para o engenheiro, o designer e o fabricante [pessoa], o que o consumidor quer em um determinado produto, que preço está disposto a pagar e onde e quando vai querer. O marketing terá autoridade no planejamento do produto, *timing* do produto e controle de estoque, assim como nas vendas, distribuição e manutenção do produto.[12]

O marketing não seria mais visto como uma atividade suplementar feita após a conclusão do processo de produção. Em vez disso, o profissional de marketing teria um papel principal no planejamento do produto. Marketing e vendas não seriam mais termos iguais.

O **conceito de marketing**, hoje completamente desenvolvido é uma orientação voltada ao consumidor na empresa inteira, com o objetivo de conseguir sucesso de longa duração. Todas as facetas – e todos os níveis, de alto a baixo – da organização têm de contribuir, primeiro, com a assessoria, e depois satisfazer as necessidades e vontades dos consumidores. Do gerente de marketing ao contador, passando pelo designer do produto, cada funcionário tem um papel em alcançar consumidores potenciais. Mesmo em épocas economicamente difíceis, quando as empresas tendem a enfatizar o corte de custos e o aumento de rendas, o conceito de marketing foca o objetivo de conseguir sucesso de longa duração em vez de lucros em curto prazo.[13] Já que a continuidade da empresa é um componente presumido do conceito de marketing, a orientação voltada ao consumidor, na empresa inteira, levará a maior lucro a longo prazo do que filosofias gerenciais voltadas a alcançar metas a curto prazo. Considere o café Starbucks, de sucesso altíssimo. Com sua orientação voltada ao consumidor, a empresa criou uma base de consumidores extremamente leal; o consumidor médio da Starbucks visita uma loja 18 vezes por mês. O ambiente acolhedor da Starbucks, com áreas confortáveis para sentar, incentiva consumidores a sentarem e ficarem um tempo – lendo, conversando com amigos, e pedindo mais um café. A Starbucks começou a oferecer conexão Wi-Fi em 2 mil lojas – mais uma razão para ficar mais e tomar café. Todas essas ações de marketing se traduzem naquilo que profissionais de marketing da Starbucks e o CEO, Howard Schultz, chamam de "consumidores entusiasticamente satisfeitos".[14]

Uma orientação de mercado forte – até que ponto uma empresa adota o conceito de marketing – geralmente melhora o sucesso de mercado e o desempenho geral. Também tem efeitos positivos no desenvolvimento de novos produtos e na introdução de produtos inovadores. Empresas que implantam estratégias voltadas ao mercado conseguem entender melhor as experiências, os hábitos de compra e as necessidades de seus consumidores. Essas empresas podem então, por isso, desenhar produtos com vantagens e níveis de qualidade compatíveis com as exigências do consumidor. Estratégias de marketing parecidas são bem-sucedidas em tempos de crise ou necessidade pública. Quando o *tsunami* atingiu o Sudeste da Ásia, o governo dos Estados Unidos prometeu ajuda e depois desenvolveu uma campanha para incentivar as doações para ajudar os sobreviventes, como discutido no box "Sucesso de marketing".

A ERA DO RELACIONAMENTO

A quarta era na história do marketing surgiu na última década do século XX e continua a crescer em importância hoje em dia. As organizações agora crescem na orientação voltada ao consumidor da era do marketing, focando o estabelecimento e a manutenção de relacionamentos com consumidores e fornecedores. Naturalmente, a Starbucks continuamente estabelece e intensifica seus relacionamentos com consumidores novos e já existentes. **Marketing de relacionamento** envolve relacionamentos de longo prazo, valorizados e desenvolvidos com o tempo, com consumidores e fornecedores. Alianças estratégicas e sociedades entre fabricantes, varejistas e fornecedores, com freqüência beneficiam a todos. Ryder System – dono daqueles caminhões amarelos de aluguel – fez alianças com firmas como o Delphi Automotive, o maior fornecedor de autopeças da América, e a Toyota Tsusho America, que fornece ferro, aço e têxteis para empresas automotivas. Ryder e Toyota formaram um empreendimento conjunto chamado TTR Logistics, no qual a Toyota Tsusho fornece os materiais e a Ryder gerencia o fluxo e o armazenamento desses e de outros materiais, como plásticos e fios. A Ryder espera que a aliança gere centenas de milhões de dólares nos próximos anos. Participantes em relacionamentos colaborativos geram uma estimativa de 25% a mais em vendas do que firmas independentes. Juntar-se com compradores potenciais de seus produtos também diminui os riscos de novos produtos que possam ser introduzidos sem aviso prévio. O conceito de marketing de relacionamento, que é o estado atual de marketing guiado pelo consumidor, é discutido mais adiante neste capítulo e no Capítulo 10.

CONVERTENDO NECESSIDADES EM DESEJOS

Todo consumidor tem de adquirir produtos e serviços de modo contínuo para suprir certas necessidades. Todo mundo precisa satisfazer as necessidades fundamentais de alimentação, roupas, moradia e transporte, comprando coisas ou, em algumas situações, usando temporariamente uma propriedade alugada ou um transporte contratado ou alugado. Focando os benefícios resultantes desses produtos e serviços, um marketing efetivo converte necessidades em vontades. A necessidade de ter roupa pode ser traduzida em um desejo (ou vontade) por roupa de marca. A necessidade de fazer uma viagem pode tornar-se um desejo de fazer um cruzeiro no Caribe ou visitar o *Outback* australiano.

MARKETING
Verificação
de conceito

1. O que é o processo de intercâmbio?

2. Qual é a grande distinção entre a era das vendas e a era do marketing?

3. Defina *marketing de relacionamento*.

Mas se a necessidade de transporte não for convertida em desejo por um *Durango* da Dodge ou um *Prius* da Toyota, poderá haver veículos parados na concessionária.

Um software mais fácil de usar permitiu milhões de consumidores não-técnicos a operar computadores pessoais, e conforme a queda de preço torna esses computadores mais em conta para a maioria dos lares, PCs transformaram-se em um acessório em muitas escolas, escritórios e lares. Preços caíram abaixo de US$ 1 mil, e essa posse, que já foi de prestígio, reduziu-se a uma comodidade. Agora que computadores são vistos como uma necessidade do lar, outras necessidades surgiram, como proteção e de roubo de identidade e informações pela internet. Empresas como Symantec buscam satisfazer à necessidade de proteção de privacidade com produtos como o antivírus, o *firewall* e os programas anti-spam da Norton. Empresas voltadas ao marketing que abordam os assuntos de privacidade, que podem resultar no roubo de identidade ou informações, focalizam em fornecer soluções para esses problemas. Enfatizam os benefícios do produto, em vez de enfatizar as características para mostrar o valor maior que os consumidores receberão das ofertas de seu produto.

Converter necessidades em desejos envolve ouvir os consumidores. Às vezes, profissionais de marketing acham que sabem o que os consumidores querem, mas aprendem uma lição difícil, como será discutido no box "Resolvendo uma questão ética".

EVITANDO A MIOPIA NO MARKETING

3   Explicar a importância de evitar a miopia no marketing.

O surgimento do conceito de marketing não foi privado de contradições. Um incômodo problema levou o estudioso de marketing Theodore Levitt a inventar o termo **miopia de marketing**. De acordo com Levitt, a miopia de marketing é uma falha da adminis-

---

Sucesso de marketing

Bush e Clinton: unidos por uma boa causa

Passado. Ninguém esperava que os ex-presidentes George H. W. Bush e Bill Clinton se unissem em qualquer assunto específico. Mas quando o catastrófico *tsunami* atingiu o Sudeste da Ásia em dezembro de 2004, arrasando vilas e porções inteiras de terra, matando quase 200 mil pessoas e deixando 5 milhões desabrigadas, o presidente George W. Bush pediu aos dois antigos adversários que se unissem em um esforço de arrecadação de fundos para socorrer os sobreviventes.

O Desafio. Os presidentes Bush e Clinton precisavam apresentar uma frente unida e passar uma mensagem universal de compaixão e urgência, para o público em geral assim como para corporações privadas, para arrecadar o máximo de dinheiro possível para a causa.

A Estratégia. Em uma entrevista à imprensa, o atual presidente George W. Bush apresentou seu pai e o presidente Clinton para lançar a campanha de arrecadação de fundos. "Juntamo-nos para expressar a compaixão de nosso país pelas vítimas de uma grande tragédia", ele disse. "Estamos aqui para pedir aos nossos co-cidadãos para se unirem no amplo esforço de ajuda humanitária." Então os dois antigos líderes apareceram em um comercial de serviço público, pedindo o apoio de cidadãos e empresas da nação inteira. Um mês depois, viajaram pela retração em reconhecer o escopo do negócio. A gestão orientada ao produto, em vez de orientada ao cliente, coloca em risco o crescimento futuro. Levitt cita muitas indústrias de serviços – como lavanderias e companhias elétricas – como exemplo de miopia de marketing.

A Tabela 1.2 ilustra como empresas de vários setores superaram o pensamento míope ao desenvolver idéias de negócios mais orientadas ao marketing que foca a satisfação da necessidade do consumidor.

Para evitar a miopia de marketing, as empresas devem definir completamente as metas organizacionais voltadas para as necessidades do consumidor. Essa abordagem pode ajudar uma empresa a se destacar em relação a outras em ambientes altamente competitivos, seja ela grande ou pequena. Charles Revson, fundador e presidente da grande marca de cosméticos Revlon, percebeu a necessidade de um maior enfoque nos benefícios do que nos produtos. Como Revson descreveu, "Em nossa fábrica, fazemos perfume; em nossa propaganda, vendemos esperança".

A loja Anthropologie não só vende roupa, mas oferece um estilo de vida completo a seus clientes. Os consumidores que entram em uma loja Anthropologie são agradados com uma calma música francesa e velas aromáticas. Quando passam

MARKETING
Verificação
de conceito

1. O que é miopia de marketing?
2. Dê um exemplo de como uma empresa pode evitar a miopia de marketing.

Tabela 1.2 Evitando a miopia de marketing focando-se nos benefícios

EMPRESA	DESCRIÇÃO DA MIOPIA	DESCRIÇÃO ORIENTADA AO MARKETING
Cingular	"Somos uma companhia telefônica."	"Somos uma empresa de comunicação."
JetBlue Airways	"Estamos no negócio de viagens aéreas."	"Estamos no negócio de transporte."
Morgan Stanley	"Estamos no negócio de mercado de valores."	"Estamos no negócio de serviços financeiros."
Sony	"Estamos no negócio de videogame."	"Estamos no negócio de entretenimento."

gião devastada para continuar a focar a atenção do público nas necessidades contínuas.

O Resultado. A estratégia de marketing foi simples, porém brilhante: juntar dois antigos adversários no apoio a uma causa comum. Sua mensagem de união ajudou a levantar doações para organizações de auxílio como a Cruz Vermelha, *Save the Children*, Fundo das Nações Unidas para a Infância (Unicef) e *America Cares*. Em todo os Estados Unidos, cidadãos comuns e pequena empresas s encontraram suas próprias maneiras de arrecadar dinheiro – de moedas doadas por crianças nas escolas a uma firma especializada em

impostos que fez uma doação por cada declaração de renda que preparou.

Fontes: TORCHIA, Christopher. Ex-presidents end tsunami area tour. *Yahoo! News*, 21 fev./2005, http://**story.news.yahoo.com**; California banks contribute to global tsunami relief effort. *Business Wire*, 5 jan./2005, http://**home.businesswire.com**; BAKER, Peter;, COOPERMAN, Alan. Bush puts father, Clinton to work. *The Washington Post*, 4 jan./2005. Disponível em **www.washington-post.com**; President asks Bush and Clinton to help raise funds for tsunami relief, comunicado à imprensa da Casa Branca, 3 jan. 2005. Disponível em **www.whitehouse.gov**; LOVEN, Jennifer. Bush, Clinton to lead tsunami fundraising. *PhillyBurbs.com*, 3 jan./2005. Disponível em **www.phillyburbs.com**; U.S. presidents in tsunami aid plea". *BBC News*, 3 jan./2005. Disponível em **http://news vote.bbc.co.uk**.

Resolvendo uma questão ética

ATÉ QUE PONTO DEVE-SE CENSURAR EM NOME DA DECÊNCIA?

Cada pessoa tem uma idéia diferente do que é engraçado ou insultante, informativo ou descritivo, e decente ou indecente. Mas quando o figurino de Janet Jackson "falhou", mostrando seu seio durante um show da MTV exibido para entreter milhares de torcedores – inclusive crianças – da *Super Bowl* (campeonato de futebol americano) durante o intervalo do jogo, a maioria das pessoas concordou que esse infortúnio foi inapropriado para um público familiar. Na verdade, o tumulto que sucedeu ao incidente praticamente abafou os resultados do jogo.

Surgiram críticas de todos os lados sobre questões de moralidade, decência e censura. No final das contas, a *Federal Communications Comission* (FCC – Comissão Federal de Comunicações) aplicou uma multa de US$ 550 mil à empresa matriz da emissora CBS, Viacom, por ter transmitido o incidente. A MTV não foi convidada para produzir o próximo show do intervalo. Um ano depois, a Fox Network fechou o novo contrato para transmitir a *Super Bowl*. A Fox tirou do ar um comercial do remédio para resfriado Airborne, que trazia o ator Mickey Rooney deixando a toalha cair de sua cintura acidentalmente em uma sauna, mostrando suas nádegas desnudas por um instante. Depois de receber críticas sobre o figurino rasgado de Janet Jackson, que ela mal conseguiu segurar, a Fox também cortou um segundo comercial desse tipo, que satirizava o episódio ocorrido com a cantora, e que foi exibido pelo site *Go Daddy*. E o show do intervalo foi apresentado pelo ex-Beatle Paul McCartney sem incidentes.

AS PROPAGANDAS E APRESENTAÇÕES ARTÍSTICAS CRIADAS PARA O PÚBLICO FAMILIAR DEVERIAM SER SUBMETIDAS A UMA AVALIAÇÃO CRITERIOSA – E TALVEZ À CENSURA?

SIM

1. "Nosso departamento de normas analisou o comercial [estrelado por Rooney] e o considerou inapropriado para ser exibido na televisão", disse Lou d'Ermilio da Fox Sports. A Fox não comentou sobre o comercial do *Go Daddy*.

2. As emissoras e os publicitários devem levar em consideração as necessidades e os desejos dos telespectadores – que também são consumidores – particularmente quando envolvem crianças. Se os telespectadores demonstram assombro em relação a certos tipos de propaganda, as empresas devem escutá-los.

NÃO

1. Os publicitários têm o direito de ser criativos. "Tínhamos de produzir algo que fizesse as pessoas gargalharem muito", explicou Rider McDowell da Airborne. O *Go Daddy* também quis chamar atenção.

2. A opinião do público varia muito sobre o que é aceitável ou inaceitável. A liberdade de expressão é um direito garantido pela Constituição dos Estados Unidos.

RESUMO

A Airborne fez uma queixa na FCC para revogar a decisão da Fox e determinar que a Fox exibisse o comercial. "É um comercial engraçado, que o público tem o direito de ver", disse McDowell. A FCC rejeitou o pedido da Airborne, dizendo que nunca aceitaria um pedido desses. O comercial da Airborne não foi ao ar, o comercial do *Go Daddy* foi cortado de seu segundo intervalo, Paul McCartney cantou algumas de suas músicas favoritas, e o New England Patriots ganhou a *Super Bowl*. Os profissionais de marketing aprenderam a ouvir as necessidades e os desejos dos consumidores e a prestar bastante atenção ao modo como as mensagens são transmitidas para as crianças.

Fontes: HINES, Matt. Go Daddy ad cut from second Bowl airing. *CNet News.com*, 8 fev./2005. Disponível em **http://news.com.com**; Fox rejects Super Bowl ad. *ABCNews*, 7 jan./2005. Disponível em **http://abcnews.go.com**; OLDENBURG, Ann. Butt out: Fox nixes Super Bowl backside ad. *USA Today*, p. 1C; SALANT, Jonathan D. Lawmakers cite Super Bowl halftime show in demands to stop indecency. *The San Diego Union-Tribune*. Disponível em **www.signonsandiego.com**, 11 fev./2004.

pela seção *banho* da loja, encontram luxuosos sabonetes, loções e até mesmo um exótico gabinete de remédios à venda. Quando passeiam pela seção *cama*, passam por lençóis macios, travesseiros e edredons e, claro, uma cama trabalhada a ferro disponível para venda. Em cada seção da loja, como em pequenas butiques, por exemplo, os clientes encontram livros, roupas, jóias, móveis e acessórios domésticos, todos combinando com o estilo Anthropologie. Os profissionais de marketing da Anthropologie querem que seus clientes sintam que comprar é como uma caça ao tesouro.[15]

AMPLIANDO AS FRONTEIRAS TRADICIONAIS DO MARKETING

As organizações de hoje – seja com ou sem fins lucrativos – reconhecem as necessidades universais de marketing e sua importância para o sucesso. Durante um intervalo comercial de televisão, os telespectadores podem ser expostos a uma propaganda do carro Altima da marca Nissan, um apelo para ajudar a alimentar crianças em outros países, uma mensagem de um candidato político e um comercial do McDonald's – tudo isso em cerca de dois minutos. Dois desses comerciais são pagos por empresas que tentam alcançar rentabilidade e outros objetivos. O apelo para levantar fundos para alimentar crianças e a propaganda política são exemplos de comunicações feitas por indivíduos e organizações sem fins lucrativos.

O MARKETING EM ORGANIZAÇÕES SEM FINS LUCRATIVOS

As organizações sem fins lucrativos operam tanto nos setores públicos como nos privados. As agências e os órgãos municipais, estaduais e federais obtêm renda da arrecadação de impostos para alcançar objetivos de serviços que não visam à rentabilidade.

4 Descrever as características do marketing sem fins lucrativos.

Em algumas organizações sem fins lucrativos, adotar o conceito de marketing pode significar fazer uma parceria com uma empresa com fins lucrativos para promover sua imagem ou sua mensagem. Nos Estados Unidos, a Home Depot fez uma parceria com a National Wildlife Federation (uma instituição de proteção à vida selvagem) para oferecer produtos ecologicamente corretos. Esses artigos levam o rótulo da National Wildlife Federation e são vendidos nas pontas-de-estoque da Home Depot. A cadeia de lojas de construção e decoração de casas, Lowe's, tem uma parceria semelhante com a National Geographic Society, reservando espaço nas prateleiras para casas e comidas de pássaros da National Geographic.[16]

Geralmente, as alianças formadas entre as organizações sem fins lucrativos e as empresas comerciais beneficiam as duas partes. A realidade de operar com verbas de milhões de dólares exige que as organizações sem fins lucrativos mantenham uma abordagem de negócios focada. Considere alguns exemplos atuais:

- As Casas Ronald McDonald trabalham com diversas organizações sem fins lucrativos nacionais e locais para ajudar crianças com doenças graves que passam por dificuldades e suas famílias.
- A luta contra o câncer de mama recebeu doações de muitas organizações, como Avon e Ford Motor Co., entre outras.

A diversidade de organizações sem fins lucrativos sugere a presença de inúmeros objetivos organizacionais além da rentabilidade. Adicionalmente a suas metas organizacionais, as organizações sem fins lucrativos diferenciam-se de muitas outras maneiras das empresas que visam ao lucro.

CARACTERÍSTICAS DO MARKETING SEM FINS LUCRATIVOS

A distinção mais óbvia entre as organizações sem fins lucrativos e as empresas que visam ao lucro – as comerciais – é o **resultado** financeiro, o jargão dos negócios que se refere à rentabilidade geral de uma organização. As organizações com fins lucrativos medem a rentabilidade em termos de vendas e receitas, e sua meta é gerar receita acima e além de seus custos para que todas as partes envolvidas lucrem, incluindo funcionários, acionistas e a própria organização. As organizações sem fins lucrativos esperam gerar a maior renda possível para financiar suas causas, seja alimentar crianças, preservar florestas ou ajudar mães solteiras a encontrar trabalho. Historicamente, as empresas sem fins lucrativos têm tido menos metas diretas e objetivos de marketing do que as com fins lucrativos, mas, nos últimos anos, muitos desses grupos têm reconhecido que, para ter sucesso, devem desenvolver mais meios rentáveis para fornecer serviços, e precisam competir com outras organizações por doação de dinheiro. O marketing pode ajudá-las a cumprir essas tarefas.

Há também outras distinções entre os dois tipos de organizações, cada uma das quais influencia as atividades de marketing. Como empresas que visam ao lucro, as organizações sem fins lucrativos podem comercializar mercadorias tangíveis e/ou serviços intangíveis. O Art Institute of Chicago oferece itens em sua loja e por mala-direta (bens tangíveis), bem como exposições especiais e aulas educativas (serviços intangíveis). Mas os negócios que não visam ao lucro tendem a focar o marketing em um único público: seus clientes. No entanto, as organizações sem fins lucrativos devem comercializar com variados públicos, o que complica a tomada de decisão sobre os mercados certos a visar. Muitas lidam com pelo menos dois públicos principais – seus clientes e seus patrocinadores – e, em geral, muitos outros. Candidatos políticos, por exemplo, visam tanto a votos como contribuições para a campanha. Uma faculdade ou universidade tem como alvo futuros estudantes, ex-alunos, corpo docente, funcionários, negócios locais e agências governamentais.

Um cliente ou usuário do serviço de uma instituição sem fins lucrativos pode exercer menos controle sobre o destino da organização do que os clientes de uma empresa com fins lucrativos. As crianças assistidas e protegidas pela *Save the Children* ou pela *Childreach* têm menos influência sobre a direção dessas organizações do que as ricas crianças norte-americanas que compram CDs no shopping da cidade. As organizações sem fins lucrativos também possuem algum grau de força de monopólio em certa área geográfica. Um contribuidor individual pode opor-se à inclusão de uma agência particular local do United Way, mas a agência ainda receberá uma porção dessa contribuição do doador.

Em outro problema potencial, um doador de recursos – seja de dinheiro, de trabalho voluntário ou de espaço – pode tentar interferir no programa de marketing para promover a mensagem que considere relevante. Ou restringir uma contribuição de maneira a dificultar seu uso pela organização. Durante uma importante campanha para levantar fundos para um novo centro de ciências, um ex-aluno pode fazer uma doação restrita somente ao teatro da universidade.

MARKETING
Verificação de conceito

1. Dê um exemplo de uma organização sem fins lucrativos do setor privado e de uma organização sem fins lucrativos do setor público.

2. Por que organizações com fins lucrativos e sem fins lucrativos, às vezes, fazem alianças?

3. Qual é a distinção mais óbvia entre uma organização sem fins lucrativos e uma organização comercial?

MARKETING NÃO-TRADICIONAL

5 Identificar e explicar resumidamente cada um dos cinco tipos de marketing não-tradicional.

Como o marketing evoluiu dentro de uma atividade organizacional, sua aplicação estendeu-se além das fronteiras tradicionais das organizações com fins lucrativos encar-

Tabela 1.3 Categorias de marketing não-tradicional

TIPO	BREVE DESCRIÇÃO	EXEMPLOS
Marketing pessoal	Esforços de marketing para cultivar a atenção e a preferência de um mercado-alvo para uma pessoa.	A celebridade Toby Keith; Peyton Manning, zagueiro do time de futebol americano Indianapolis Colts.
Marketing turíscico	Esforços de marketing para atrair visitantes a uma área particular; melhorar as imagens do consumidor de uma cidade, estado ou país; e/ou atrair novos negócios.	Las Vegas: o que acontece aqui, fica aqui.
Marketing de causa	Identificação e marketing de uma causa social, um conceito ou idéia junto a um mercado-alvo.	"Ler é fundamental." "Amigos não deixam amigos dirigirem embriagados." "Seja um mentor."
Marketing de evento	Marketing de atividades esportivas, culturais e beneficentes em um mercado-alvo.	NASCAR Pepsi 400 Corrida Susan G. Komen pela Cura
Marketing institucional	Marketing de organizações de benefício mútuo, organizações de serviço e governamentais que pretendem influenciar outras a aceitarem suas metas, receberem seus serviços ou contribuírem com eles de algum modo.	A Fundação United Way mostra o melhor que há em todos nós. Cruz Vermelha Americana: Juntos, podemos salvar uma vida.

regadas da criação e da distribuição de bens e serviços tangíveis. Em muitos casos, interesses mais amplos enfocam causas, eventos, pessoas, organizações e encontram-se no setor sem fins lucrativos. Em outros casos, abrangem diversos grupos de pessoas, atividades e organizações que visam ao lucro. A Tabela 1.3 lista e descreve cinco categorias principais de marketing não-tradicional: marketing pessoal, marketing turístico, marketing de causa, marketing de evento e marketing institucional. Essas categorias podem se sobrepor – a comunicação para uma organização pode também incluir uma causa; uma campanha promocional pode enfocar tanto um evento como um local.

MARKETING PESSOAL

Categoria de marketing não-tradicional, o **marketing pessoal** refere-se a esforços destinados a cultivar a atenção, o interesse e as preferências de um mercado-alvo para uma celebridade ou figura de autoridade. As celebridades podem ser pessoas reais: o ex-esquiador olímpico Picabo Street faz a publicidade da marca Chapstick; o grande pugilista George Foreman pode ser visto nas propagandas dos amortecedores Meineke, bem como em comerciais de sua churrasqueira; o ator James Earl Jones elogia os benefícios dos serviços de telefonia Verizon; Donald Trump promove seu *reality show O Aprendiz*. As celebridades podem ser personagens fictícios ou autoridades amplamente reconhecidas. As campanhas de candidatos à política e o marketing de celebridades são exemplos de marketing pessoal. No marketing político, os candidatos visam a dois mercados: tentam ganhar o reconhecimento e a preferência dos eleitores e conseguir ajuda financeira de doadores.

Em poucas palavras

Quão ruim pode ser um dia se você estiver no lugar certo, na hora certa?

Michael Bloomberg (nasc. 1942)
Prefeito da cidade de Nova York

Os grandes vencedores entre as celebridades com potencial de publicidade são os atletas profissionais. A lenda do basquete, Michael Jordan, ganha cerca de US$ 40 milhões por ano apoiando produtos como os óculos de sol Oakley e as cuecas Hanes; o jogador de golfe Tiger Woods empresta sua imagem a produtos que vão de Nike até às soluções de negócios da Accenture. Mas nenhum atleta é mais disputado hoje do que o jogador de beisebol Alex Rodriguez, do New York Yankees. Por anos, o melhor jogador – e com um contrato de longo prazo no valor de US$ 252 milhões, o jogador mais bem pago –, A-Rod passou a maior parte de sua carreira no Seattle Mariners e Texas Rangers antes de se mudar para Nova York em 2004. A Nike, que tem um contrato de publicidade de dez anos com Alex Rodriguez, está certa de tirar proveito da mudança do *superstar* para o campo Yankee. Logo após assinar o contrato, o próprio clube gravou uma mensagem de A-Rod em suas linhas telefônicas. Os profissionais do marketing estão entusiasmados com as chances de sucesso do contrato publicitário. Como um memorável informativo de esportes publicou: "Uma vez Yankee, as coisas acontecem. A marca Yankee é a marca de esportes número 1 do mundo".[17]

Com cinco prêmios *Grammy* recentemente colocados em suas prateleiras, Beyoncé Knowles é outra estrela cujo potencial de publicidade está crescendo. A PepsiCo tem Beyoncé como atração proeminente em suas propagandas e patrocina um festival de show de verão na rede de televisão WB.

MARKETING TURÍSTICO

Outra categoria de marketing não-tradicional é o **marketing turístico**, que tenta atrair clientes para uma área específica. Cidades, estados, regiões e países fazem propaganda de suas atrações turísticas para atrair visitantes. Também se autopromovem como bons locais para negócios. O marketing de local tornou-se mais importante na economia mundial em locais onde há concorrência por vantagens econômicas e aumento de emprego, comércio e investimento. Organizações tão variadas como o Zoológico de San Diego, o Álamo em San Antonio, as agências estaduais de turismo e convenções, e a autoridade portuária de Seattle, aplicam técnicas de marketing de local para atrair visitantes, moradores e novos negócios para suas áreas. A estratégia inclui a comunicação de imagens positivas, como simpáticos moradores e cenas bonitas; atrações especiais de marketing, como o edifício Empire State ou a torre Eiffel; e o enfoque na qualidade de vida (como educação, baixo índice de violência, água limpa e ar puro, cultura e recreação, acesso a compras e bom transporte público).

A cidade de Nova York foi longe ao contratar seu primeiro diretor de marketing, Joe Perello, para promover seu turismo e seus negócios. Vender a cidade não tem sido difícil – ele já recebeu ofertas para renomear a *Circuit City Hall*, sede do governo nova-iorquino, e para rotular uma garrafa de vodka com a sigla NYC (New York City), e recusou essas duas ofertas e muitas outras. Nova York atrai 35 milhões de turistas por ano, e muitas empresas comercializam ilegalmente seus produtos com um sabor de Nova York – como o café Chock Full o' Nuts, que vende uma combinação de New York Roast. Mas Joe Perello tem uma visão ampla. Ele quer aumentar o número de turistas para pelo menos 40 milhões por ano e estimular o crescimento de empregos e novos negócios. Quer que a cidade ganhe cerca de US$ 50 milhões por ano com renda de patrocínio. Sua primeira importante aliança de marketing foi um contrato com o Snapple Beverage Group, com o qual espera ter um rendimento de US$ 20 milhões por ano para a cidade. Como parte do contrato, a Snapple gastará US$ 12 milhões anualmente promovendo Nova York em todos os Estados Unidos. Por que isso é importante? "Nova York não tem uma questão de consciência", explica Perello. "A questão é que relevância temos para as pessoas da cidade do Kansas." Ele espera desenvolver outras relações como essa. "O potencial de receita é grande", diz, "mas não vou considerar isso um sucesso enquanto não tivermos grandes marcas falando sobre a cidade como nunca antes e em lugares onde se deve falar, como Sydney, Austrália. (...) Precisamos de empresas para contar essa história."[18]

MARKETING DE CAUSA

Uma terceira categoria de marketing não-tradicional, o **marketing de causa** refere-se à identificação e ao marketing de uma idéia, causa ou questão social para mercados-alvo selecionados. O marketing de causa abarca uma ampla gama de questões, incluindo alfabetização, condicionamento físico, controle de armas, planejamento familiar,

Figura 1.4
Marketing turístico e marketing de causa.

reforma penitenciária, controle da obesidade, proteção ambiental, eliminação de defeitos de nascença, prevenção de abusos contra crianças e punição de motoristas embriagados.

Uma prática de marketing cada vez mais comum é as empresas que visam ao lucro vincularem seus produtos a causas sociais. Agora essas empresas gastam um US$ 1 bilhão por ano com marketing de causa, uma prática iniciada essencialmente há apenas vinte anos com um programa da American Express, que vinculou o uso de seu cartão à restauração da Estátua da Liberdade. A divisão dos chocolates M&Ms, da marca Mars Inc., doa US$ 0,50 para a organização Special Olympics por embalagem que os consumidores enviam de volta à empresa. A Campanha Healthy Smiles 2010, da marca de creme dental Crest, patrocina a fundação *Boys and Girls Clubs of America*. A Avon há muito tempo é reconhecida por seu comprometimento com a luta contra o câncer de mama. Em uma década, a campanha arrecadou US$ 250 milhões para a causa, ao mesmo tempo que deu maior visibilidade aos produtos Avon. Recentemente, a organização sem fins lucrativos, Cause Marketing Forum, iniciou o *Cause Marketing Halo Awards*, que confere o prêmio de "liderança e importantes conquistas no campo do marketing de causa".

Pesquisas mostram que há grande apoio para o marketing relacionado a causa tanto por parte dos consumidores como dos funcionários das empresas. Uma pesquisa recente mostrou que 92% dos consumidores têm uma imagem mais positiva das empresas que apóiam importantes causas sociais, e quatro de cada cinco entrevistados disseram que escolheriam a marca que apóia uma causa se o preço e a qualidade de duas marcas fossem iguais. "Os consumidores procuram criar um relacionamento com as marcas, e não só uma transação comercial", observa um especialista em marketing de causa.[19] O marketing de causa pode ajudar a construir esses relacionamentos.

A Figura 1.4 ilustra dois tipos de marketing não-tradicional. A propaganda de marketing de local à esquerda lembra as pessoas de férias que, mais do que uma viagem de volta no tempo, espera por quem escolher passar as férias em Colonial Williamsburg. Pode-se viver aventuras de caïr o queixo no parque de diversões Busch Gardens que fica nos arredores da cidade. A mensagem memorável à direita faz um grande manifesto pela necessidade de travas de gatilhos e/ou outros dispositivos de segurança para manter as armas de fogo longe do alcance das crianças.

MARKETING DE EVENTO

O **marketing de evento** refere-se ao marketing de atividades beneficentes, culturais e esportivas para mercados-alvo selecionados. Também inclui o patrocínio de tais eventos por empresas que visam a aumentar sua divulgação e melhorar sua imagem ao vincularem seu nome e seus produtos aos eventos. Os patrocinadores esportivos tiveram bons resultados, aumentando o reconhecimento de sua marca, otimizando sua imagem, impulsionando o volume de compras e aumentando sua popularidade com os torcedores em segmentos que correspondem às metas de negócios do patrocinador.

Algumas pessoas podem dizer que o principal evento esportivo nos Estados Unidos é o campeonato de beisebol *World Series*. Outras podem argumentar que é a *Super Bowl*, à qual muito consumidores assistem só para ver a estréia de novos comerciais inovadores. Esses comerciais são caros e podem gerar US$ 2,3 milhões por 30 segundos de transmissão. E a NFL começa a promover o jogo – e seus astros potenciais – semanas antes. Os anunciantes em publicações, como a revista *Sports Illustrated,* engatam suas propagandas relacionadas ao futebol americano. Mas existe um lugar especial no coração de cada um para as Olimpíadas, tanto a de verão como a de inverno. Os países no mundo todo disputam o privilégio de sediar os jogos olímpicos. As redes de televisão concorrem pelo direito de fazer a cobertura dos jogos. Os profissionais de marketing investem milhões em campanhas especiais vinculadas ao evento. A Home Depot e a UPS, que orgulhosamente têm inúmeros atletas entre seus funcionários, fazem propagandas com atletas olímpicos dos Estados Unidos.

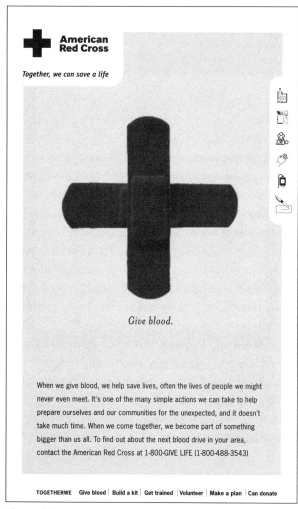

Figura 1.5
Marketing de organização da Cruz Vermelha estadunidense.

MARKETING INSTITUCIONAL

A categoria de marketing não-tradicional chamada **marketing institucional** envolve tentativas de influenciar outros a aceitar as metas de uma organização, a receber seus serviços ou contribuir de alguma forma com ela. O marketing institucional inclui organizações de benefícios mútuos (grupos de preservação, sindicatos trabalhistas e partidos políticos), organizações culturais e de serviços (faculdades e universidades, hospitais e museus) e organizações governamentais (serviços militares, polícia e bombeiros).

Os profissionais de marketing do Departamento de Defesa dos Estados Unidos recentemente adotaram uma abordagem não-convencional, direcionando sua mensagem de marketing às pessoas em posição para influenciar recrutas potenciais do Exército, como pais, professores e líderes religiosos. "Baseados em pesquisa de marketing, temos como alvo influenciadores de adultos, como pais e, especialmente, mães recentes", declarou um major da Força Aérea que trabalha no Programa de Estudos e Pesquisa de Mercado de Publicidade do Departamento de Defesa. "Visamos adultos que tenham aspirações, esperanças, sonhos e ambições para suas crianças." Essa abordagem abandonou as propagandas habituais de jovens fortes saltando de pára-quedas ou escalando montanhas. Em vez disso, foca no militarismo como um "futuro brilhante" para os alistados.[20]

Os profissionais de marketing institucional não fazem apenas apelos por dinheiro, trabalho ou outros recursos. Devem também tranqüilizar os doadores de que suas contribuições estão sendo administradas corretamente e eticamente. A Cruz Vermelha estadunidense sofreu prejuízo de curto prazo à sua imagem quando sua alocação de fundos foi questionada após os atentados terroristas de 11 de setembro. A Cruz Vermelha criou sua campanha "Together We Prepare" (Juntos Nós Preparamos) para responder aos novos interesses, ações, medos e questões dos Estados Unidos pós-11 de setembro. As propagandas dessa campanha, como o anúncio "Give Blood" (Doe Sangue) da Figura 1.5, demonstraram várias maneiras potenciais de como as pessoas podem preparar a si mesmas e a suas famílias para salvar vidas com a ajuda da Cruz Vermelha. Ao pedirem participação, essas propagandas sugeriram que as pessoas se olhassem como parte da Cruz Vermelha e incentivaram a renovação da confiança na organização. Durante seu primeiro ano de publicidade, a campanha "Together We Prepare" gerou US$ 32 milhões de valor estimado de mídia de colocação.

MARKETING
Verificação
de conceito

1. Identifique as cinco principais categorias de marketing não-tradicional.
2. Que categoria de celebridades com potencial de publicidade geralmente ganha mais dinheiro?
3. Como o marketing de causa beneficia as organizações que o empregam?

CRIATIVIDADE E PENSAMENTO CRÍTICO

Os desafios apresentados pelo ambiente de marketing complexo e tecnologicamente sofisticado exigem dos profissionais de marketing criatividade e habilidades de pensamento crítico. A **criatividade** é uma atividade humana que produz idéias ou conhecimentos originais, freqüentemente testando combinações de idéias ou dados para produzir resultados exclusivos. É uma habilidade extremamente valiosa para os profissionais de marketing, pois os ajuda a desenvolver novas soluções para os problemas de marketing observados. A criatividade tem sido parte da diligência humana desde sempre. Leonardo da Vinci idealizou o helicóptero ao observar folhas girando ao vento. O engenheiro suíço George de Mestral, depois de observar que os carrapichos grudavam em suas meias de lã graças aos minúsculos ganchos dessas sementes, inventou o Velcro. Muitas pessoas pensam que a criatividade é domínio apenas da juventude. Mas o célebre arquiteto I. M. Pei projetou o museu Rock and Roll Hall of Fame, em Cleveland, quando estava com 78 anos de idade.

O **pensamento crítico** refere-se ao processo de determinação da autenticidade, da precisão e do valor de informações, conhecimentos, reivindicações e argumentos. Os pensadores críticos não acreditam piamente nas informações e não as tomam simplesmente como certas. Ao contrário, analisam os dados e desenvolvem suas próprias opiniões e conclusões. O pensamento crítico requer disciplina e, às vezes, um período de resfriamento depois da grande inspiração criativa de uma nova idéia. Em muitos casos, é preciso analisar o que deu errado com uma idéia ou um processo e imaginar como seria o certo. James Lindsay, fundador da marca Rap Snacks Inc., teve a idéia de desenvolver um novo tipo de salgadinhos. Ele sabia que a indústria multibilionária era extremamente competitiva, mas, se tivesse sucesso, teria uma grande parte desse bolo. Mas não deu um passo maior que a perna antes de fazer sua tarefa: pensamento crítico. "Eu sempre tive curiosidade em relação à indústria dos salgadinhos", disse ele, um ex-representante de vendas da Warner-Lambert. "Se houvesse inconsistências no produto, eu tinha de ligar para a empresa e descobrir o porquê." Lindsay também conhece seu mercado – crianças da periferia que são fãs de rap. Então, quando sua empresa lançou a pipoca, a batata frita e o salgadinho de queijo, ele estampou os sacos com artistas famosos de rap, como Lil'Romeo, Master P e Nelly. Cada saco também contém as datas de lançamento dos CDs e mensagens positivas para as crianças. Naturalmente, Lindsay cobra uma taxa dos selos das gravadoras por

MARKETING
Verificação
de conceito

1. Defina *criatividade*.
2. Explique o conceito de pensamento crítico.
3. Por que esses dois atributos são importantes para os profissionais de marketing?

essa propaganda, que chega a 3 milhões de crianças por semana. E essa é a melhor parte: cada saco de Rap Snacks custa apenas US$ 0,25, contra os US$ 0,50 ou US$ 0,75 dos outros salgadinhos. Mas Lindsay também tem razões para oferecer esse preço. "Na periferia, as crianças têm US$ 0,25, mas nem toda criança tem US$ 1. É uma forma mais barata de desenvolver a fidelidade com a marca. Assim, sou capaz de crescer com a base de clientes."[21] Sendo um profissional de marketing, Lindsay usa tanto as habilidades de criatividade como as de pensamento crítico para desenvolver um produto e construir relacionamentos com consumidores e profissionais da indústria da música.

A REVOLUÇÃO TECNOLÓGICA NO MARKETING

6 Esboçar as mudanças no ambiente de marketing por causa da tecnologia.

Conforme passamos pela primeira década do século XXI, também entramos em uma nova era na comunicação, considerada por alguns tão importante quanto a da invenção da prensa no século XIV ou das primeiras transmissões de rádio e televisão no começo do século XX. **Tecnologia** é a aplicação em negócios de conhecimento baseado em descobertas científicas, invenções e inovações. As tecnologias de multimídia interativa, que vão de redes de computadores em serviços de internet até aparelhos sem fio, revolucionaram o modo como as pessoas armazenam, distribuem, recuperam e apresentam informações. Essas tecnologias ligam os funcionários, os fornecedores e os clientes em todo o mundo.

Avanços tecnológicos continuamente revolucionam o marketing. Agora que mais da metade de todas as casas e apartamentos dos Estados Unidos têm pelo menos um computador pessoal, os serviços on-line e a internet oferecem uma nova mídia pela qual as empresas podem comercializar produtos e oferecer atendimento ao cliente. Os departamentos de marketing e vendas podem acessar rapidamente enormes bancos de dados com informações sobre os clientes e seus parceiros de compra. Até mesmo o Exército dos Estados Unidos utiliza marketing de banco de dados parar entrar em contato com os recrutas potenciais. Diversas empresas criam bancos de dados que identificam recrutas potenciais qualificados com base na idade, na formação e nos interesses profissionais que elas depois fornecem para os recrutadores do Exército. Os bancos de dados são tão específicos que indicam até mesmo o meio de contato de preferência de uma pessoa. "Uma pessoa pode ser bastante responsiva a marketing interativo ou marketing por e-mail, mas não ser responsiva de forma alguma ao telemarketing", explica um diretor de propaganda da Força Aérea dos Estados Unidos.[22]

Os profissionais de marketing podem criar campanhas de marketing direcionadas e programas de publicidade divididos por áreas para consumidores que se localizam dentro de uma certa distância de uma loja e até mesmo dentro de regiões específicas da cidade. A tecnologia recentemente desenvolvida possibilitou que os profissionais de marketing tenham como alvo um consumidor particular que está na fila do supermercado ou em uma rua movimentada da cidade. A invenção de Woody Norris, um emissor de som hipersônico chamado de HSS (Hypersonic Sound), pode ser o sonho de um profissional de marketing. Com tecnologia que "emite ondas de ultra-som rigidamente focadas", o HSS pode transmitir uma mensagem audível para uma única pessoa localizada a cerca de 60 metros de distância do emissor. Ninguém que estiver ao lado dela ouvirá a mensagem e, se a pessoa parar do lado do alvo, o som desaparecerá. Pense nas implicações disso em um supermercado. Conforme você passa por um corredor, pode receber uma mensagem quando estiver em frente à prateleira de pipocas, outra mensagem em frente aos cereais

> ## *Em poucas palavras*
>
> Você não guarda um lançador para amanhã. Amanhã pode chover.
>
> Leo Durocher (1905-1991)
> Técnico de beisebol profissional

e outra ainda no corredor dos biscoitos. E não há alto-falantes. Os profissionais de marketing já estão correndo até a empresa Norris, American Technology Corp., para contratar a nova tecnologia. O Wal-Mart e o McDonald's estão em fase de teste, bem como a Disney. Diversas redes de supermercado não conhecidas estão ansiosas para também ter o produto. A DaimlerChrysler está estudando a possibilidade de instalar a tecnologia para que motoristas e passageiros possam ouvir dois diferentes sistemas de música sem que um interfira no outro. O HSS é capaz de fornecer o melhor em construção de relacionamento com um grande mercado.[23]

A tecnologia também pode criar conveniência – vantagem de tempo e lugar – ao mesmo tempo que aumenta a satisfação e cria a fidelidade do cliente. O *Speedpass* da Exxon é um exemplo perfeito. Nas bombas de auto-serviço da ExxonMobil, os clientes simplesmente acionam seu chaveiro *Speedpass* na direção de um olho eletrônico para efetuar o pagamento do combustível. Desse modo, abastecer torna-se rápido e fácil. Mas a ExxonMobil levou a tecnologia a um passo adiante. Em uma aliança com o McDonald's, em algumas localidades o portador de um *Speedpass* pode agora passar por uma janela de *drive-thru* e pagar por seu hambúrguer e batata frita como em um passe de mágica.[24]

MARKETING INTERATIVO

As tecnologias de mídia interativa combinam computadores e recursos de telecomunicações para criar softwares que os próprios usuários podem operar. Permitem que as pessoas digitalizem relatórios e desenhos e os transmitam, rapidamente e com baixo custo, através de linhas telefônicas, cabos coaxiais ou cabos de fibra óptica. As pessoas podem assinar novos serviços personalizados que enviam resumos e assuntos específicos diretamente para seu aparelho de fax ou computador. Podem comunicar-se por e-mail, mensagem de voz, fax, videoconferência e redes de computadores; pagar contas em serviços on-line de banco; e utilizar recursos on-line para obter informações sobre qualquer coisa, de peças de teatro até promoções de concessionárias de carros. Com tecnologia ainda mais recente, as pessoas podem fazer ligações telefônicas via internet utilizando o VoIP – Voz sobre IP. Cerca de 10% de todas as ligações de agora são transmitidas via VoIP por ser mais barato do que as linhas telefônicas tradicionais – apresentando um meio interativo potencialmente importante para os profissionais de marketing.[25]

Muitas empresas usam interatividade em seus programas de marketing. O **marketing interativo** refere-se às comunicações vendedor-comprador em que o cliente controla a quantidade e o tipo de informações recebidas de um profissional de marketing. Essa técnica possibilita acesso imediato a importantes informações do produto quando o cliente necessita. As técnicas interativas vêm sendo usadas há mais de uma década, sendo os folhetos de pontos-de-venda e as urnas de cupons uma forma simples de comunicação interativa. Quer provar um restaurante novo? Entre no site do restaurante e pegue um cupom que oferece aperitivo grátis. O marketing interativo também inclui comunicação eletrônica de duas vias utilizando uma variedade de mídias, como internet, CD-ROMs e quiosques de realidade virtual.

O marketing interativo permite que os profissionais de marketing e os consumidores personalizem sua comunicação. Os clientes podem visitar as empresas para obter informações, criando oportunidades para marketing one-to-one. O marketing interativo também possibilita grandes intercâmbios, nos quais os consumidores podem comunicar-se com um outro por e-mail ou quadros de boletim eletrônico. Essas conversações eletrônicas estabelecem relacionamentos inovadores entre os usuários e a tecnologia, fornecendo informações personalizadas com base nos níveis de conhecimento e interesses dos usuários. As tecnologias interativas favorecem intercâmbios de informações praticamente ilimitados. Podem ajudar a criar a satisfação do cliente e impulsionar sua fidelidade. A Delta Airlines utiliza a interatividade de várias formas para melhorar o atendimento ao cliente e sua satisfação. Primeiro, os viajantes podem adquirir suas passagens on-line. Segundo, podem obter o cartão de embarque, decidir de última hora mudar de poltrona ou verificar a bagagem utilizando um dos quiosques de auto-atendimento instalados no terminal do aeroporto. Terceiro, podem usar um telefone Delta Direct no aeroporto para fazer qualquer alteração de vôo.[26]

Nas promoções interativas, o cliente é quem tem o controle. Os clientes podem facilmente obter dicas sobre o uso de um produto e, com apenas um clique no botão sair, podem ir para outra área. Conforme as promoções interativas crescerem em número e popularidade, o desafio será atrair e reter a atenção do cliente.

Uma série de inovações tecnológicas tem dado importantes contribuições para a capacidade dos consumidores se tornarem os principais condutores do marketing interativo ao controlarem a quantidade e o tipo de informação que recebem. Essas inovações – a internet, a tecnologia de banda larga, as comunicações sem fio e o serviço de televisão interativa – são discutidas a seguir.

A INTERNET

A maior parte da discussão atual sobre o marketing interativo reside na internet. A **internet** (ou **net**) é uma rede global multifuncional composta de cerca de 50 mil redes diferentes ao redor do mundo que, dentro de limites, deixa qualquer pessoa acessá-la por um computador pessoal, enviar e receber imagens e textos de qualquer lugar.

A internet possibilita um modo eficiente de encontrar e compartilhar informações, mas, até a última década, a maioria das pessoas fora das universidades e dos órgãos governamentais a achava difícil de aprender e usar. Isso mudou em 1993 com o advento da tecnologia dos navegadores que possibilitou o acesso *point-and-click* (aponte e clique) à **World Wide Web** (www ou **web**). A web é um coleção interligada de fontes de informações graficamente valiosas dentro da internet maior. Os sites apresentam recursos de hipermídia, um sistema que permite armazenamento e acesso a textos, gráficos, áudios e vídeos em páginas (assim chamadas) vinculadas a outras de modo a integrar esses diferentes elementos de mídia. Quando um usuário clica sobre uma palavra destacada ou uma figura (ícone), o navegador converte o clique para os comandos do computador e traz a nova informação solicitada – texto, foto, gráfico, música ou vídeo – para o computador do usuário.

Em comparação com a mídia tradicional, os recursos de hipermídia da web oferecem inúmeras vantagens. Os dados são transmitidos em questão de segundos, sem que o usuário perceba que diversos computadores em diferentes lugares associam-se para executar um pedido. O controle interativo permite aos usuários ter acesso a outras fontes de informações por intermédio das páginas relacionadas, tanto no mesmo site como em outros, e facilmente navegar pelos documentos. Por ser dinâmica, os patrocinadores dos sites podem facilmente manter as informações atualizadas. Finalmente, as capacidades de multimídia aumentam a atratividade desses documentos.

BANDA LARGA

A **tecnologia de banda larga** – uma conexão *always-on* de internet (conexão permanente) que se realiza a uma velocidade de 200 kilobytes por segundo ou mais – pode transmitir grandes quantidades de dados de uma vez, fazendo o marketing on-line ainda mais rápido e fácil do que era há alguns anos. O número de casas com conexões de banda larga está crescendo rapidamente graças a esse aumento de velocidade e à redução de custo.

Os Estados Unidos certamente não são o único mercado que adotou a banda larga. Até mesmo economias emergentes, como a Coréia do Sul, descobriram seus benefícios. Cerca de 11 milhões de casas sul-coreanas – 70% dos cidadãos da nação – têm uma conexão de banda larga. A NCSoft, uma empresa de tecnologia coreana, atualmente é a maior rede de jogos on-line de banda larga, atendendo a 3,2 milhões de assinantes que pagam US$ 25 por mês. Os dois maiores servidores de conexão banda larga da Coréia, Hanaro e Korea Telecom, estão competindo intensamente para construir a infra-estrutura de internet sem fio mais avançada do mundo. Se isso acontecer, os clientes poderão usar os mesmos e-mail e identidade de rede em qualquer lugar em que estiverem – por meio de cabos ou pelo ar.[27]

SEM FIO

Cada vez mais consumidores têm conexões de internet **sem fio** ou **Wi-Fi** para seus laptops e computadores portáteis, o que é um desafio e uma oportunidade para profissionais de marketing. Essa forma de propaganda de alta tecnologia tem sido adotada mais lentamente pelos profissionais de marketing por causa do preço relativamente alto. Mas propagandas sem fio oferecem um potencial tremendo para atingir certos públicos. E como essas propagandas aparecem sozinhas na tela do usuário sem fio, merecem mais atenção do que uma propaganda de faixa tradicional. Mas, até agora, os servidores sem fio têm limitado a quantidade de propaganda sem fio que aceitam porque não querem assustar seus próprios clientes bombardeando-os com mensagens de propaganda.

SERVIÇO DE TELEVISÃO INTERATIVA

O serviço de **televisão interativa (iTV)** é outra nova tecnologia para profissionais de marketing e consumidores aproveitarem. O serviço de televisão interativa é um pacote que inclui um caminho de retorno para telespectadores interagirem com programas ou comerciais com um clique do controle remoto. Os 18 milhões de telespectadores nos Estados Unidos que têm iTV podem pedir mais informações sobre produtos ou até mesmo comprá-los sem ter de discar o telefone. Empresas como a Ford já incorporaram iTV em seus programas de marketing.[28]

COMO PROFISSIONAIS DE MARKETING USAM A REDE

A rede oferece aos profissionais de marketing uma forma poderosa, porém em conta, para alcançar consumidores do outro lado da cidade ou no exterior, a quase qualquer hora, com mensagens interativas. As técnicas on-line que as empresas usam para comercializar seus negócios se encaixam em quatro categorias amplas: vitrines virtuais, folhetos interativos, boletins on-line e ferramentas de atendimento ao consumidor.

- Vitrines virtuais permitem que consumidores vejam e comprem mercadorias. Amazon.com e eBay são dois dos maiores sites desse tipo. Lojas na rede podem ser operações independentes ou agrupadas em shoppings cibernéticos com links para dezenas de varejistas participantes. O provedor de internet Yahoo! opera um shopping assim. Após a correria inicial para estabelecer uma vitrine virtual, muitos varejistas desistiram porque perceberam que seus consumidores não estão interessados em comprar seus produtos on-line ou suas ofertas de produtos simplesmente não servem para compras on-line. Em vez disso, algumas empresas montam sites que agem com armazenamento de informações, fornecendo informações detalhadas do produto.
- Panfletos interativos que fornecem informações da empresa e do produto são aplicações populares de marketing na internet. Eles variam de folhetos eletrônicos simples de uma página a apresentações de multimídia.
- Boletins on-line fornecem notícias atuais, informações de indústria e contatos e links para consumidores internos e externos.
- A internet também é uma ferramenta de serviço ao cliente. Consumidores podem encomendar catálogos, obter informações sobre produtos, fazer pedidos on-line e mandar perguntas aos representantes da empresa.

A internet provavelmente é a inovação mais significativa afetando o marketing e os negócios nos últimos 50 anos. Usada corretamente, deve fornecer uma ferramenta indispensável em promover conexões, construir associações, entregar informações e criar comunidades on-line. No entanto, até agora, poucas empresas ganharam dinheiro na internet – e muitas perderam bastante. Grandes beneficiários têm sido firmas fazendo marketing de produtos ou serviços relacionados com a internet – por exemplo, equipamento de rede de computador; software como programas de acesso, de busca, de criação de páginas da internet e de e-mail; consultores e criadores de sites; provedores de acesso à internet e serviços on-line; e empresas oferecendo sites onde empresas podem fazer propaganda.

O comércio eletrônico business-to-business ultrapassou em muito o e-commerce envolvendo consumidores, movimentando cerca de 93% de todo o comércio na internet. Conforme a internet evolui, profissionais de marketing

MARKETING
Verificação
de conceito

1. O que é marketing interativo?

2. Por que tecnologias de banda larga e sem fio são importantes para profissionais de marketing?

3. Identifique quatro técnicas on-line que as empresas usam para vender seus negócios.

precisam explorar sua capacidade e aprender as melhores maneiras de usá-la de modo eficaz com outros canais de distribuição e mídias de comunicação. Entre outras perguntas que profissionais de marketing precisam fazer, estão:

- Que tipos de produtos e de serviços podem ser vendidos na internet com êxito?
- Quais características fazem um site de sucesso?
- A internet oferece um modo seguro de processar os pedidos dos clientes?
- Como as vendas pela internet afetam o varejo e a distribuição baseados em lojas e não-lojas tradicionais?
- Qual é o melhor uso dessa tecnologia na estratégia de marketing específica de uma empresa: promoção, construção de imagem ou vendas?

A importância da internet se reflete ao longo deste texto, e conforme os capítulos a seguir discutirem tópicos específicos de marketing, iremos rever a internet e suas tecnologias relacionadas para buscar respostas às perguntas que acabamos de fazer.

DO MARKETING ORIENTADO PARA TRANSAÇÃO AO MARKETING DE RELACIONAMENTO

7 Explicar a mudança do marketing orientado para transações ao marketing de relacionamento.

Conforme o marketing avança pelo século XXI, uma mudança significativa está acontecendo na maneira como empresas interagem com consumidores. A visão tradicional de marketing como um processo simples de troca, ou **marketing orientado para transação**, está sendo substituída por uma abordagem diferente, de prazo mais longo, que enfatiza construir relacionamentos com um consumidor por vez. Estratégias de marketing tradicionais focavam em atrair consumidores e fechar acordos. Os profissionais de marketing de hoje percebem que, apesar de ser importante atrair novos consumidores, é ainda mais importante estabelecer e manter um relacionamento com eles para que se tornem consumidores leais. Esses esforços têm de se expandir para incluir fornecedores e funcionários também. A longo prazo, esse relacionamento pode ser traduzido em **valor do cliente ao longo do tempo** – as rendas e os benefícios tangíveis e intangíveis que um cliente traz a uma organização em um período médio de vida, subtraindo o investimento que a firma fez para atrair e manter o cliente.

Profissionais de marketing da Sirius Satellite Radio calculam que o custo de adquirir um único cliente é de mais de US$ 500. Nas taxas de assinatura mensal atual são necessários então quase cinco anos para reaver esse investimento. Conseqüentemente, eles têm de continuar a fornecer um serviço de valor suficiente para reter esses assinantes por anos.

Como definido anteriormente neste capítulo, marketing de relacionamento refere-se ao desenvolvimento, ao crescimento e à manutenção de relacionamentos de intercâmbio de custo eficaz e de longo prazo com clientes individuais, fornecedores, funcionários e outros sócios para o benefício mútuo. Ele aumenta o âmbito de relacionamentos de marketing externos se incluir fornecedores, clientes e fontes de referência. Em marketing de relacionamento, o termo *cliente* adquire um novo significado. Funcionários servem clientes dentro de uma organização e fora também; funcionários individuais e seus departamentos são clientes e fornecedores uns dos outros. Eles têm de aplicar os mesmos padrões altos de satisfação do consumidor em relacionamentos entre departamentos que aplicam em relacionamentos externos com o consumidor. O marketing de relacionamento reconhece a importância crucial do marketing interno para o sucesso de planos de marketing externo. Programas que melhoram o atendimento ao cliente dentro de uma empresa também aumentam a produtividade e o ânimo dos funcionários, resultando em melhores relacionamentos com clientes externos.

O marketing de relacionamento dá a uma empresa novas oportunidades de ganhar um caráter competitivo elevando clientes em uma hierarquia de fidelidades, começando com clientes novos até compradores habituais, depois para apoiadores leais da firma e de seus produtos e serviços e, finalmente, a patronos que não só compram seus produtos, mas também os recomendam a outros, como demonstrado na Figura 1.6. A construção de relacionamento se inicia cedo no marketing, começando com produtos de alta qualidade e continuando com atendimento ao cliente excelente durante e após a compra. Também inclui programas que incentivam compras de repetição e nutrem a fidelidade do cliente. Profissionais de marketing podem tentar reconstruir relacionamentos danificados ou rejuvenescer clientes não-lucrativos com essas práticas também. Às vezes, modificar um produto ou adaptar o atendimento aos clientes para suprir suas necessidades pode fazer muito em relação à reconstrução de um relacionamento.

Ao converter clientes indiferentes em clientes leais, empresas geram vendas de repetição. Como destacado antes, o custo de manter clientes existentes é muito mais baixo do que o custo de encontrar novos, e esses clientes leais são os que dão lucro. Programas para incentivar a fidelidade do cliente não são novos. Recompensas a compradores freqüentes para tudo, de roupas a mantimentos, são exemplos populares. Firmas na indústria de serviço estão entre os líderes em construir tais relacionamentos. O Visa junta-se a resorts e hotéis Holiday Inn durante os meses de alta temporada. As propagandas da Holiday Inn visam as

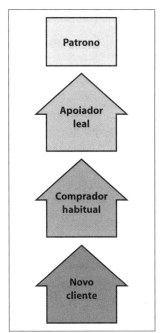

Figura 1.6
Convertendo novos clientes em patronos.

famílias, oferecendo um programa "crianças comem de graça, ficam de graça". Além disso, viajantes que usam seus cartões Visa para se hospedar em um dos mais de mil hotéis participantes recebem um livro de atividades para crianças com cupons valiosos. Clientes que usam seu Visa Holiday Inn para qualquer compra recebem pontos para *upgrades* e hospedagem gratuita na rede Holiday Inn.[29]

Relacionamentos de marketing eficazes, muitas vezes, dependem bastante de tecnologias de informação como bancos de dados de computadores que registram os gostos, preferências de preços e tipos de vida dos clientes. Essa tecnologia ajuda empresas a se tornarem profissionais de marketing one-to-one que reúnem informações específicas do consumidor e fornecem produtos e serviços personalizados. As firmas voltam seus programas de marketing para grupos apropriados em vez de depender de campanhas de marketing em massa. As empresas que estudam as preferências dos clientes e reagem de acordo obtêm vantagens competitivas distintas.

Mas o marketing de relacionamento não se apóia completamente em tecnologia de informação; também incorpora boas maneiras, ou etiqueta, como cumprimentar as pessoas adequadamente, apertando firme a mão. O recurso "Dicas de etiqueta" fornece algumas dicas sobre como desenvolver essa habilidade de valor.

MARKETING ONE-TO-ONE

Para atingir um nível alto de fidelidade, muitas empresas agora se dedicam ao **marketing one-to-one**, que é exatamente o que parece ser: um programa de marketing personalizado para construir relacionamentos a longo prazo com clientes individuais. Essa abordagem envolve identificar os melhores clientes da firma e aumentar sua fidelidade. Muitas das ferramentas discutidas anteriormente, como bancos de dados e programas de compras freqüentes, apóiam uma abordagem de marketing one-to-one. Além disso, profissionais de marketing têm encontrado todo tipo de novas maneiras de reenviar mensagens de marketing a consumidores e empresas individuais. Lembre-se de que, apesar de ser útil, a tecnologia não é necessária para toda comunicação de marketing one-to-one. Nos restaurantes T.G.I.

dicas de etiqueta

Como apertar a mão como um profissional

Você abraça seu melhor amigo. Você beija sua irmãzinha. Mas no mundo dos negócios, quando cumprimenta alguém, você aperta a mão. Isso acontece porque apertos de mãos – diferentemente de abraços e beijos – são aceitos mundialmente como um cumprimento amigável de negócios. Você deve dar a mão a um cliente ou colega de negócio quando são apresentados, quando faz um tempo que você não vê a pessoa, quando cumprimenta o anfitrião ou convidados, como um gesto de acordo, como um gesto de despedida ou quando mais alguém dá a mão. Acredite se quiser, seu aperto de mão fala muito sobre você. "Toda vez que aperto a mão de alguém, eu coleto literalmente um monte de informações", diz Robert E. Brown, co-autor de *The power of handshaking* (*O poder do aperto de mão*). Para fazer a melhor impressão com seu aperto de mão, aqui estão algumas dicas dos especialistas. A mesma etiqueta aplica-se a homens e mulheres.

1. Faça contato visual com a pessoa cuja mão você vai apertar.
2. Um bom aperto de mão envolve a mão inteira – não só os dedos. Deve ser firme, mas sem "esmagar os ossos". Isso passa confiança e uma atitude positiva em relação ao encontro. Um aperto de mão mole, por outro lado, pode indicar que você está incerto ou não está comprometido com o encontro.
3. Balance a mão levemente duas ou três vezes; não precisa exagerar. Então, solte a mão da pessoa.
4. Se você está apertando as mãos de pessoas em uma reunião onde bebidas estão sendo servidas, fique com a bebida na mão esquerda. Assim, você evitará dar um aperto de mão gelado e molhado a todos.

Fontes: WILLIAMS, Jowoanna. Networking like a pro. Suíte 101.comTM: Real People Helping Real People. Disponível em **www.suite101.com/article.cfm/3583/110685.** Acesso em 22 jun./2005; RAMSEY, Lydia. Seal the deal sales technique, About.com. Disponível em **http://sbinformation.about.com**. Acesso em 27 jan./2005; FRENCH, Anita. Handshakes leave impression. *The Morning News*, p. D1, D6, 19 dez. 2004.

Friday's, funcionários distribuem giz de cera e menus para pintar para toda criança que entra. Crianças menores também recebem balões quando estão prontas para sair do restaurante.

O HSS – descrito anteriormente neste capítulo –, que entrega mensagens para áreas bem definidas em um supermercado ou do lado de fora da vitrine, é um método de alta tecnologia de marketing one-to-one. Quando a rede de pizza e massas Sbarro estava procurando um modo de atingir os adolescentes, um de seus principais profissionais de marketing encontrou LidRock – uma firma que vende mini-CDs de música presos na parte interior da tampa plástica de refrigerantes. A Sbarro imediatamente pediu 500 mil tampas, estimando que levaria aproximadamente três meses para vender o estoque em suas 700 lojas. Todo adolescente que pedisse um refrigerante receberia uma tampa com CD. Mas a Sbarro esgotou o pedido inicial em apenas sete semanas e aumentou sua receita de bebidas em 30% no processo. Então, pediu mais 2 milhões, com uma mistura de música de Britney Spears, Bubba Sparxxx e Black Eyed Peas. "Estamos atingindo nosso público-alvo, [e] entrando em associação com a tecnologia e a música", disse o executivo de marketing Anthony Missano. "É emocionante!"[30]

Alguns profissionais de marketing descobriram como orientar comerciais de TV para bairros específicos e, basicamente, lares individuais. Visible World é uma firma de tecnologia de orientação de propaganda que segmenta telespectadores de televisão a cabo por seus padrões de compra. Usando seu próprio software, a Visible World pode ajudar agências de propaganda a preparar milhares de versões de um único comercial que pode ser alterado ou atualizado quase instantaneamente quando pedido. Com base em informações de um banco de dados sobre interesses, compras anteriores, número de pessoas na residência e fatores parecidos, a tecnologia da Visible World pode modificar um comercial para encaixá-lo em necessidades específicas. "É pegar a mídia de massa e transformar em uma mídia pessoal", diz um executivo de propaganda.[31]

Outra maneira de praticar marketing one-to-one é personalizando os produtos em si. A idéia não é nova, mas tem sido levada a outros níveis por profissionais de marketing dedicados. No Reflect.com, compradores podem personalizar cosméticos e produtos de tratamento de pele para satisfazer suas próprias necessidades. Clientes começam com um questionário on-line que inclui perguntas sobre tom de pele, textura do cabelo, preferências de fragrâncias e coisas parecidas. Depois que as perguntas são respondidas, uma equipe de técnicos no laboratório de São Francisco combina ingredientes ativos específicos com certas fórmulas de base para criar produtos personalizados. Em seguida, injetam uma fragrância de preferência se o cliente quiser uma. Por último, o cliente pode criar um marca individual para seus próprios produtos. "Você é a marca única", diz o CEO do Reflect.com, Richard Gerstein. Compradores que visitam o site Lands' End podem colocar sua medidas, responder a várias perguntas e receber uma calça jeans com ajuste personalizado três semanas depois. Um ano após o serviço ser lançado, quase a metade das calças jeans que a Lands' End vendia on-line era de ajuste personalizado.[32]

Alguns profissionais de marketing nem precisam depender de alta tecnologia para criar produtos personalizados. Maxine Clark, fundadora da Build-a-Bear Workshop, criou uma empresa baseada na idéia simples de que meninas adolescentes e pré-adolescentes iam querer escolher, encher e vestir seus próprios ursinhos de pelúcia. A Build-a-Bear Workshop agora tem cabines franqueadas em shoppings e outros locais de varejo em todos os Estados Unidos e a empresa oferece fazer festas de aniversário também. Qual é a meta suprema da empresa? "Criar memórias", diz Maxine Clark.[33]

O atendimento ao cliente é um aspecto importante do marketing one-to-one de sucesso. Talvez atendimento superior ao cliente não seja mais vital em qualquer outro lugar do que em restaurantes. No seu mundialmente conhecido *Inn*, em Little Washington na Virginia, os chefes-proprietários, Patrick O'Connell e Reinhardt Lynch, não medem esforços para servir seus clientes com o melhor de tudo. Quando um grupo chega ao restaurante, o garçom-chefe discretamente avalia o humor de seus clientes em uma escala de 1 a 10. Então, todos os funcionários vão a fundo para garantir que no final da noite seus convidados estejam com o melhor humor possível. "Ninguém deve sair daqui abaixo de um 9", comenta O'Connell. Funcionários do restaurante farão quase tudo – oferecer um champanhe de cortesia, sobremesa extra, uma visita de um dos proprietários à mesa, até um tour pela cozinha – para fazer seus convidados se sentirem confortáveis e felizes. "Consciência ao extremo é ótimo atendimento ao cliente", diz O'Connell. Apesar de os jantares de cinco pratos – que podem incluir figos pretos grelhados, medalhões de filé de vitela com cogumelos e um pedaço grande de bolo de chocolate com sorvete de banana gratinada – terem ganhado uma fama culinária, é o serviço que cria toda a experiência do jantar. O'Connell e Lynch focam em contratar funcionários com atitudes positivas, mesmo que não tenham muita experiência em restaurantes. "No negócio da hospitalidade, o desejo de agradar é o critério principal para o sucesso", explica O'Connell. "Descobrimos que, ao longo do tempo, pessoas boas podem aprender quase qualquer coisa."[34]

DESENVOLVENDO PARCERIAS E ALIANÇAS ESTRATÉGICAS

Mas o marketing de relacionamento não se aplica apenas a clientes e funcionários individuais. Também afeta grande variedade de outros mercados, até mesmo relacionamentos business-to-business com fornecedores e distribuidores da firma, assim como outros tipos de parecerias corporativas. No passado, empresas freqüentemente viam seus fornecedores como adversários com quem tinham de negociar preços ferozmente, jogando um contra o outro. Mas essa atitude mudou radicalmente conforme profissionais de marketing e seus fornecedores descobriram os benefícios de relacionamentos colaborativos.

A formação de **alianças estratégicas** – parcerias que criam vantagens competitivas – também está em alta. Elas podem tomar muitas formas, de parcerias de desenvolvimento de produtos que envolvem custos compartilhados para a pesquisa, o desenvolvimento e o marketing, a alianças verticais nas quais uma empresa fornece um produto ou componente a outra, que, por sua vez, o distribui ou vende sob sua marca própria. Recentemente, a PepsiCo formou uma aliança estratégica com a loja iTunes da Apple, oferecendo gratuitamente downloads legais de músicas para consumidores que comprassem garrafas de bebidas da Pepsi. As duas empresas lançaram o programa com um comercial na televisão que foi ao ar pela primeira vez durante o *Super Bowl*. A Build-a-Bear Workshop,

Figura 1.7
Aliança estratégica entre uma organização sem fins lucrativos e empresas com fins lucrativos.

MARKETING
Verificação
de conceito

1. Como o marketing
de relacionamento dá
um caráter competitivo
às empresas?
2. Defina marketing
one-to-one.
3. O que é uma
aliança estratégica?

descrita anteriormente, e o Limited Too, um varejista de roupas e acessórios para meninas adolescentes e pré-adolescentes, formaram uma aliança para promover a mercadoria um do outro. As duas lojas não apenas atendem o mesmo mercado, elas freqüentemente estão localizadas no mesmo shopping center.[35]

Organizações sem fins lucrativos freqüentemente fazem alianças estratégicas para aumentar a consciência e levantar fundos para suas causas. A Stride Rite e a Save the Children se uniram no esforço conjunto para aumentar a venda de calçados e arrecadar dinheiro para crianças carentes. A Figura 1.7 ilustra como a Share Our Strength somou forças com empresas como American Express e Jenn-Air® para fazer ações caritativas em alimentação em toda a América do Norte no programa chamado Taste of the Nation (O Sabor da Nação), cuja meta é arrecadar fundos para combater a fome e promover consciência nas empresas patrocinadoras.

CUSTOS E SERVIÇOS DO MARKETING

8 Identificar os serviços
universais do
marketing.

As empresas precisam gastar dinheiro para criar utilidades de tempo, lugar e propriedade. Numerosas tentativas foram feitas para se medir os custos de marketing em relação aos custos totais dos produtos, e a maioria das estimativas varia entre 40% e 60% dos custos totais. Em média, metade dos custos envolvidos em um produto como um lanche Subway, um mililitro de perfume Safari ou uma viagem para a Austrália pode ser atribuída diretamente ao marketing. Esses custos não estão associados com tecidos, matérias-primas e outros ingredientes, assar, costurar ou qualquer outra função de produção necessária para criar a utilidade de forma. O que, então, o consumidor recebe em troca por esses 50% de custo de marketing? Quais serviços o marketing desempenha?

Como a Figura 1.8 revela, o marketing é responsável pelo desempenho de oito serviços universais: comprar, vender, transportar, armazenar, padronizar e classificar, financiar, assumir riscos e garantir informações de marketing. Alguns serviços são desempenhados por fabricantes, outros, por varejistas, e ainda outros, por intermediários de marketing chamados **atacadistas**.

Comprar e vender, os primeiros serviços mostrados na Figura 1.8, representam **serviços de intercâmbio**. Comprar é importante para o marketing em vários níveis. Profissionais de marketing têm de determinar como e por que consumidores compram certos produtos e serviços. Para ter êxito, precisam tentar entender o comportamento dos consumidores. Além disso, varejistas e outros intermediários devem buscar produtos que agradam seus consumidores. Como geram utilidade de tempo, lugar e propriedade por meio dessas compras, profissionais de marketing têm de prever as preferências do consumidor para compras que serão feitas meses depois. Vender é a segunda metade do processo de intercâmbio. Envolve propaganda, venda pessoal e promoção de vendas em uma tentativa de combinar os produtos e serviços da firma com as necessidades do consumidor.

Transportar e armazenar são **serviços de distribuição física**. Transportar envolve o deslocamento físico de produtos do vendedor para o comprador. Armazenar envolve guardar produtos até que sejam necessárias para venda. Fabricantes, atacadistas e varejistas geralmente fazem esses serviços.

Os últimos quatro serviços de marketing – padronizar e classificar, financiar, assumir riscos e garantir informações de marketing – são, com freqüência, chamados de **serviços facilitadores** porque ajudam o profissional de marketing a fazer os serviços de intercâmbio e distribuição física. Padrões e classificações de controle de qualidade e quantidade, muitas vezes, estabelecidos por governos federais ou estaduais, reduzem a necessidade de compradores examinarem cada item. Tamanhos de pneus específicos, por exemplo, permitem que compradores peçam os tamanhos necessários e contem com tamanhos padronizados.

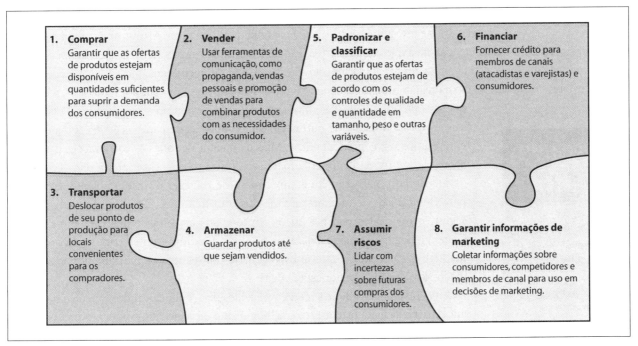

Figura 1.8
Oito serviços de marketing universal.

MARKETING
Verificação
de conceito

1. Quais são os dois
serviços de marketing
que representam
serviços de troca?

2. Quais são os
dois serviços que
representam serviços
de distribuição física?

3. Quais são os
quatro serviços
facilitadores?

Financiar é outro serviço de marketing porque compradores, muitas vezes, precisam de fundos para financiar estoques antes da venda. Os fabricantes freqüentemente fornecem financiamentos para seus consumidores atacadistas e varejistas. Alguns tipos de atacadistas oferecem serviços parecidos para seus consumidores de varejo. Por fim, varejistas, muitas vezes, permitem que seus consumidores comprem no crediário.

O sétimo serviço, assumir riscos, é parte da maioria dos empreendimentos. Fabricantes criam produtos e serviços baseados em pesquisas e em suas opiniões sobre o que os consumidores precisam. Atacadistas e varejistas adquirem seus estoques baseados em expectativas semelhantes de futuras demandas dos consumidores. Pessoas que correm riscos empresariais acomodam essas incertezas sobre comportamento futuro dos consumidores quando colocam produtos e serviços no mercado.

O serviço final de marketing envolve garantir informações de marketing. Profissionais de marketing coletam informações para satisfazer a necessidade por dados voltados às decisões sobre consumidores: quem são, o que compram, onde compram e como compram. Com a coleta e a análise de informações de marketing, profissionais de marketing também tentam entender por que consumidores compram alguns produtos e serviços e rejeitam outros.

RESPONSABILIDADE ÉTICA E SOCIAL: FAZER BEM FAZENDO O BEM

9 Demonstrar a relação
entre práticas éticas
de negócios e sucesso
no mercado.

Ética é o conjunto de padrões morais de comportamento esperados por uma sociedade. Em sua maioria, as empresas fazem o melhor possível para serem fiéis a um código ético de conduta, mas, às vezes, as organizações e seus líderes falham. Há alguns anos, a Enron, gigante da energia fundada no Texas, caiu, levando consigo a aposentadoria de seus funcionários e investidores. A firma de contabilidade da Enron, Arthur Andersen, foi acusada de picotar documentos relacionados com a queda da empresa. Em outro escândalo, executivos da Tyco foram acusados de usar milhões de dólares da empresa em benefício próprio. E o fabricante químico Monsanto foi condenado não só por poluir fontes de água e o solo na região rural do Alabama durante décadas, mas também por ignorar as evidências que seus próprios cientistas juntaram indicando a extensão e a gravidade da poluição.

Apesar dessas e de outras violações supostas de padrões éticos, a maioria dos empresários segue práticas éticas. Mais da metade de todas as corporações principais agora oferece treinamento ético para seus funcionários, e a maioria das declarações de missão corporativa inclui compromisso de proteger o meio ambiente, contribuir para comunidades e melhorar a vida dos trabalhadores. Este livro incentiva você a seguir os mais altos padrões éticos em toda sua carreira de negócios e marketing. Como a ética e a responsabilidade social são tão importantes para profissionais de marketing, cada capítulo deste livro contém um recurso de pensamento crítico chamado "Resolvendo uma questão ética".

A **responsabilidade social** envolve filosofias, políticas, procedimentos e ações de marketing cuja meta primária é o melhoramento da sociedade. Muitas empresas – tanto grandes quanto pequenas – incluem programas de responsabilidade social como parte de sua missão geral. Esses programas, muitas vezes, produzem benefícios como melhores relacionamentos com o consumidor, maior fidelidade do funcionário, sucesso no

MARKETING
Verificação
de conceito

1. Defina *ética*.

2. O que é
responsabilidade
social?

3. Por que esses
dois conceitos são
importantes para
profissionais de
marketing?

mercado e melhor desempenho financeiro. A Timberland Co., fabricante de botas, confecções de performance e acessórios, é bem conhecida pelos padrões éticos e programas socialmente responsáveis. A empresa doa grandes quantias de dinheiro para caridade todo ano, e seus funcionários recebem folgas pagas para serem voluntários em suas organizações favoritas – de abrigos de animais à pré-escola local. A empresa também aceita idéias para programas socialmente responsáveis de seus funcionários. Durante uma época de feriados recente, um funcionário apresentou o passeio *Trikes for Tots* (bicicletas para crianças), que arrecadou novos triciclos e bicicletas para crianças carentes.[36]

Para ajudar a reduzir o consumo de bebidas alcoólicas por menores, a Anheuser-Busch criou o *Operation ID* (Operação Identidade), um programa que ajuda varejistas a identificar identidades falsas e verificar as verdadeiras. A Figura 1.9 mostra a dificuldade de identificar menores consumidores de bebidas alcoólicas com base na aparência e como a Anheuser-Busch está tomando atitudes socialmente responsáveis voltadas para fazerem diferença.

Ganhadores recentes dos prêmios anuais de *Excellence in Corporate Philanthropy* (Excelência de Filantropia Corporativa) foram o gigante farmacêutico Pfizer e a empresa de brinquedos Hasbro. A Hasbro doou milhares de brinquedos para crianças no Afeganistão, país arrasado pela guerra, e para equipar salas de brinquedos em centenas de hospitais e orfanatos. Além disso, a empresa construiu mais de cem *playgrounds* nos Estados Unidos com superfícies de borracha para que crianças cadeirantes possam brincar com seus amigos e irmãos. O foco da Pfizer tem sido entregar medicamentos para HIV/Aids e outros remédios aos pobres. Durante os próximos cinco anos, fornecerá 135 milhões de doses do antibiótico Zitromax para combater o tracoma, a principal causa de cegueira evitável.[37]

Figura 1.9

Anheuser-Busch: mensagem persuasiva voltada a reduzir a ocorrência de consumo de bebida alcoólica por menores de idade.

Implicações estratégicas de marketing do século XXI

OPORTUNIDADES sem precedentes surgiram do comércio eletrônico e de tecnologias de computação nas empresas de hoje. Esses avanços e inovações permitiram que organizações alcançassem novos mercados, reduzissem custos de marketing e venda e melhorassem seus relacionamentos com consumidores e fornecedores. Graças à internet, o comércio cresceu no mercado global.

À medida que um novo universo para consumidores e organizações vai sendo criado, profissionais de marketing precisam aprender a ser criativos e pensar de maneira crítica sobre seu ambiente. Organizações com e sem fins lucrativos têm de ampliar o escopo de suas atividades para prevenirem resultados míopes em suas empresas.

Profissionais de marketing devem sempre buscar maneiras de criar clientes fiéis e construir relacionamentos de longo prazo com eles, muitas vezes em uma base one-to-one. Eles precisam ser capazes de prever as necessidades do cliente e satisfazê-las com produtos e serviços inovadores, e conseguir fazer isso mais rapidamente e melhor do que a concorrência. E eles têm de conduzir seu negócio de acordo com os mais altos padrões éticos.

····· REVISÃO

1 Explicar como o marketing cria utilidade por meio do processo de troca.

Utilidade é o poder de um produto ou serviço satisfazer um desejo. Há quatro tipos básicos de utilidade: forma, tempo, lugar e propriedade. A utilidade de forma é criada quando uma firma converte matérias-primas e componentes em produtos prontos e serviços. O marketing cria utilidades de tempo, lugar e propriedade.

1.1 Como um produto ou serviço satisfaz as vontades ou necessidades do consumidor?

1.2 Descreva as utilidades de tempo, lugar e propriedade.

2 Contrastar atividades de marketing durante as quatro eras na história do marketing.

Durante a era da produção, empresários acreditavam que produtos de qualidade se venderiam. A era das vendas enfatizava convencer pessoas a comprar. O conceito de marketing surgiu durante a era do marketing, na qual houve um foco da empresa inteira na orientação para o consumidor com o objetivo de conseguir sucesso a longo prazo. A era de relacionamento foca em estabelecer e manter relacionamentos com clientes e fornecedores. O marketing de relacionamento envolve relacionamentos de longo prazo e custo efetivo.

2.1 Como a era do marketing é diferente das eras de produção e venda?

2.2 Quais são alguns relacionamentos envolvidos no marketing de relacionamento?

3 Explicar a importância de evitar a miopia em marketing.

Miopia de marketing é a falha no gerenciamento para reconhecer a área de seus negócios. Para evitá-la, empresas têm de definir seus objetivos claramente para poderem focar em satisfazer as necessidades do cliente.

3.1 Como as empresas podem evitar a miopia de marketing?

4 Descrever as características do marketing sem fins lucrativos.

Organizações sem fins lucrativos operam tanto no setor público quanto no privado. A maior distinção entre empresas sem fins lucrativos e firmas comerciais é o essencial – se a empresa é ou não julgada por seus níveis de rentabilidade. Organizações sem fins lucrativos podem fazer marketing para públicos múltiplos. Um cliente ou usuário de um serviço de uma organização sem fins lucrativos talvez tenha menos controle sobre o destino da organização do que clientes de uma firma com fins lucrativos. Além disso, contribuintes de recursos para organizações sem fins lucrativos podem tentar exercer influência em suas atividades. Muitas vezes, falta uma estrutura organizacional clara para as organizações sem fins lucrativos, mas elas são conservadoras nos gastos.

4.1 Identifique as diferenças entre empresas com e sem fins lucrativos.

5 Identificar e explicar resumidamente cada um dos cinco tipos de marketing não-tradicional.

O marketing pessoal foca em esforços de marketing projetados para cultivar a atenção, o interesse e a preferência de um mercado-alvo para uma celebridade ou autoridade. O marketing de local tenta atrair visitantes, residentes potenciais e empresas para um lugar específico. O marketing de causa é a identificação e o marketing de um assunto, conceito ou idéia social. O marketing de eventos promove atividades esportivas, culturais, beneficentes ou políticas. O marketing de organização tenta influenciar outros a aceitar as metas ou os serviços da organização e contribuir com eles de algum modo.

5.1 Como os marketings de causa e de eventos podem ser reunidos em um único esforço de marketing?

5.2 Como os marketings de local e pessoal são parecidos?

6 Esboçar as mudanças no ambiente de marketing por causa da tecnologia.

A tecnologia agora constitui um dos principais elementos de ambiente de marketing. Marketing interativo, internet, banda larga, sem fio e iTV são todas tecnologias avançadas que podem ser usadas por profissionais de marketing. Essas novas tecnologias produziram novas indústrias e produtos, criaram novas oportunidades de propaganda, redefiniram a competição, impactaram significativamente as decisões de mix de marketing e resultaram em maior supervisão governamental.

6.1 Como o marketing interativo mudou o ambiente de marketing?

6.2 Identifique quatro maneiras como profissionais de marketing usam a internet.

7 Explicar a mudança do marketing orientado para transações ao marketing de relacionamentos.

O marketing de relacionamento representa uma mudança drástica na maneira de empresas interagirem com os clientes. O foco em relacionamentos dá à firma novas oportunidades de conseguir um novo caráter competitivo ao elevarem seus clientes na hierarquia de fidelidade de clientes novos até compradores habituais, e então a apoiadores fiéis e patronos. Após um grande período, esse relacionamento pode ser transformado em valor do cliente ao longo do tempo. O marketing de relacionamento efetivo, muitas vezes, depende de tecnologias de informação, marketing one-to-one e parcerias e alianças estratégicas.

7.1 Como a fidelidade do cliente é uma parte importante do marketing de relacionamento?

7.2 Como o marketing one-to-one ajuda a construir relacionamentos?

8 Identificar os serviços universais do marketing.

O marketing é responsável por oito serviços, divididos em três categorias: (1) serviços de troca (comprar e vender); (2) distribuição física (transportar e armazenar); e serviços facilitadores (padronizar e classificar, financiar, assumir riscos e garantir informações de mercado).

8.1 Identifique as duas metades do serviço de troca.

8.2 Quem geralmente desempenha os serviços de distribuição física?

8.3 Por que há quatro serviços chamados de facilitadores?

9 Demonstrar a relação entre práticas éticas de negócios e sucesso no mercado.

Ética é o padrão moral esperado pela sociedade. As empresas que promovem comportamento ético e responsabilidade social geralmente obtêm maior fidelidade do funcionário e melhor imagem pública. Essa imagem, muitas vezes, compensa por causa do crescimento dos clientes, já que muitos consumidores querem se associar a – e ser clientes de – tais firmas.

9.1 Quais são os benefícios do comportamento ético e socialmente responsável por parte de organizações?

PROJETOS E EXERCÍCIOS EM GRUPO

1. Considere cada uma das empresas a seguir e descreva como suas mercadorias e/ou seus serviços podem ser úteis de maneiras diferentes.
   a. loja para alugar bicicletas no fim de semana;
   b. cabine dentro de loja para visualizar e imprimir fotos;
   c. Disney World;
   d. eBay;
   e. shopping center.
2. Com um colega de classe, escolha uma empresa brasileira cujos produtos, em sua opinião, farão sucesso em certos mercados internacionais. A empresa pode ser de um grupo musical a uma loja de roupas – qualquer coisa que seja de seu interesse. Em seguida, elabore um plano sobre como comunicar-se com mercados internacionais e direcionar-se a eles.
3. Pesquise sobre uma empresa que existe há décadas, como a Ford, a Kraft Foods ou a Sony ou outra de sua escolha. Redija uma breve descrição sobre qual deve ter sido o foco de marketing da empresa em cada uma das seguintes etapas: produção (se apropriado), vendas, marketing e relacionamento. (As equipes também podem trabalhar juntas e escolher uma pessoa para descrever por escrito cada etapa.)
4. Escolha uma empresa da lista a seguir que lhe interesse ou outra de sua preferência. Pesquise sobre tal empresa para saber qual parece ser o escopo de seus negócios. Redija uma breve descrição do escopo dos negócios da empresa atualmente. Faça uma projeção de como seria daqui a cinco anos, em sua opinião.
   a. Natura;
   b. Casas Bahia;
   c. Hotéis da Marriott;
   d. IBM;
   e. Submarino.
5. Que tipo de marketing não-tradicional cada uma das opções a seguir ilustra?
   a. esforços do presidente Bush para atrair eleitores suficientes para sua reeleição;
   b. uma propaganda de revista de duas páginas com foto de uma praia em Cancún, México;
   c. um cartaz informando amantes de música sobre um futuro show do Kid Rock;
   d. um anúncio do Ibama para recrutamento;
   e. uma propaganda na rádio aconselhando adolescentes a não beberem.
6. Escolha uma organização sem fins lucrativos, como SOS Mata Atlântica, Casa Vida, AACD, Projeto Tamar, Pastoral da Criança, Viva Rio ou outra e elabore uma propaganda da organização ou da causa que transmita a mensagem de marketing da organização. Lembre-se de especificar o público ao qual a mensagem se destina.
7. Escolha um produto que você realmente gostaria de ter, mas ainda não tem – determinado carro, aparelho de som, roupa ou equipamento esportivo. Elabore um plano descrevendo como profissionais de marketing poderiam empregar o marketing interativo para alcançar você e outros consumidores semelhantes.
8. Com base em seu trabalho no Exercício 7, descreva como as diferentes tecnologias poderiam estabelecer e construir um relacionamento com você e outros consumidores semelhantes.
9. Reúna-se com um ou mais colegas de classe para formar uma aliança estratégica. Cada grupo representa uma organização – um será uma com fins lucrativos e o outro será uma sem fins lucrativos. Identifique em que tipo de negócio sua empresa se enquadra e elabore um plano para uma

propaganda, um evento ou outro tipo de promoção que beneficiaria ambas as organizações.

10. Separem-se em dois grupos para discutir a conduta ética ou socialmente responsável de uma organização de seu interesse, como Wal-Mart, Timberland, Ministério do Desenvolvimento Social e Combate à Fome ou outras. Pesquise sobre a organização na internet para obter informações úteis para sua discussão.

APLICANDO OS CONCEITOS DO CAPÍTULO

1. Por que a satisfação do cliente e a fidelidade do consumidor são aspectos importantes do atual e ampliado conceito de atividades de marketing?

2. Descreva vários fatores que têm forçado os países a estender suas perspectivas econômicas para eventos fora de suas próprias fronteiras nacionais. Por que empresas brasileiras estão procurando ativamente mercados internacionais? Por que o Brasil é um mercado atraente para concorrentes estrangeiros?

3. Qual a diferença entre criatividade e pensamento crítico? Qual a função de cada um deles na estratégia geral de marketing de uma organização?

4. Como profissional de marketing, como você pode utilizar o marketing one-to-one para ampliar o mercado de uma das seguintes opções?
   a. uma cadeia de restaurantes mexicanos
   b. uma linha de trajes de banho
   c. um novo filme de ação/suspense

EXERCÍCIOS SOBRE ÉTICA

Enquanto você está sendo entrevistado para trabalhar como profissional de marketing de uma grande empresa que fabrica produtos alimentícios – como miojo ou bolachas –, o entrevistador sai do escritório. Do lugar onde está sentado, você pode ver uma pilha de papéis na mesa dele com propagandas de um concorrente que fabrica produtos semelhantes. Você tem uma entrevista agendada com o concorrente na semana seguinte.

1. Você olharia rapidamente as propagandas – e quaisquer anotações de marketing que as acompanham – enquanto o entrevistador está fora do escritório? Por quê?

2. Em sua próxima entrevista, você contaria ao concorrente que viu as propagandas? Por quê?

3. Quando o entrevistador voltasse, você mencionaria as propagandas e faria comentários sobre elas? Por quê?

EXERCÍCIOS NA INTERNET

1. **Marketing de eventos**. Visite o site de um evento esportivo como o da Federação Paulista de Futebol (**www.futebolpaulista.com.br**), da Confederação Brasileira de Tênis (**www.cbtenis.com.br**), da Confederação Brasileira de Surf (**www.cbsurf.com.br**) ou outros sites. Elabore um breve relatório que identifique o evento esportivo, a eficácia das informações apresentadas e avalie a relação entre o profissional de marketing e o evento que está sendo promovido.

2. **Marketing sem fins lucrativos.** Quase todas as organizações sem fins lucrativos possuem sites. Dois exemplos são a Fundação Gol de Letra (**www.goldeletra.org.br**) e o Instituto Sou da Paz (**www.soudapaz.org**). Visite o site de pelo menos duas organizações sem fins lucrativos. Compare como cada uma delas utiliza a internet como apoio a sua missão e o papel que o marketing desempenha. Que site você considera o mais eficiente? Argumente sua resposta.

3. **Marketing de relacionamento**. Visite o site de uma grande rede de hotéis, como a Marriott (**www.marriott.com. br**). Elabore um relatório que demonstre como a rede de hotéis tem aplicado alguns princípios do marketing de relacionamento discutidos no capítulo. Lembre-se de explicar resumidamente por que o marketing de relacionamento é tão importante para uma empresa como a Marriott.

Observação: Os endereços de sites na internet mudam com freqüência. Se você não encontrar os sites mencionados, será necessário acessar a homepage da organização ou da empresa e então realizar sua pesquisa ou usar uma ferramenta de busca como o *Google*.

C|A|S|0 1.1   Como os Rolling Stones continuam agitando

Os Rolling Stones fazem músicas sobre relacionamento há 40 anos. E essa é a questão: não importa se você gosta das canções da banda de rock britânica ou se acha o Mick Jagger muito velho para fazer o que ele continua fazendo. No entanto, Jagger foi condecorado pela rainha da Inglaterra, o que é incomum para qualquer CEO. Os Rolling Stones são uma empresa de muito sucesso, pois têm construído relacionamentos durante anos com milhares de fãs que ouvem suas músicas e compram ingressos para seus shows; com patrocinadores de shows e profissionais da indústria da música; e com várias parcerias musicais. Mick Jagger é um excelente profissional de marketing. Afinal de contas, poucas bandas duram quatro anos, mas Mick, Keith e o restante da banda estão juntos há mais de quatro décadas! De fato, os Stones fizeram 4 das 15 turnês de rock norte-americanas de maior sucesso de todos os tempos – incluindo a turnê número 1, chamada *Voodoo lounge*, em 1994, que arrecadou US$ 121,2 milhões. Desde 1989, a banda tem gerado mais de US$ 1,5 bilhão em rendimentos brutos.

Formar relacionamentos cooperativos com outras empresas é uma parte importante da estratégia de marketing dos Stones. O grupo tem acordos de patrocínio com empresas como a Anheuser-Busch, a Microsoft, a Sprint e a E*Trade. Há também os negociantes, os patrocinadores, os donos de estabelecimentos e outras pessoas que possuem relações comerciais com a banda.

Porém, o mais importante são os fãs – consumidores que há décadas compram discos, fitas, CDs da banda e ingressos para shows. Até agora, o grupo conquistou centenas de milhares de fãs, a maioria deles *baby boomers* – no entanto, cada uma das canções dos Rolling Stones é como uma mensagem de marketing exclusiva para cada fã. Uma geração inteira cresceu, terminou os estudos, iniciou carreira e vive sua vida adulta ao som de canções como *Jumping Jack Flash*, *Shattered*, *Under my thumb* e *Stealing my heart*. É impossível que o marketing se torne mais pessoal do que isso.

A tecnologia tem ajudado o império dos Stones a crescer no decorrer dos anos, no entanto a banda é um dos últimos grupos de rock renomados a render-se à internet. Isso porque muitas músicas do grupo foram gravadas há mais de 30 anos, antes mesmo que canções fossem distribuídas via internet. Mas Jagger é fã da internet como meio de comunicação e entretenimento há anos. Ele financiou uma empresa chamada Jagged Internetworks, que oferece serviço de vídeos. Disponibilizar a música dos Stones na internet é um artifício de marketing que deverá alcançar tanto fãs jovens quanto antigos. Além dos vários gerentes financeiros e gerentes de promoção, os Rolling Stones possuem seu próprio especialista em tecnologia da informação (TI), Todd Griffith. Griffith é responsável pelo site da banda: **www.rollingstones.com**, que inclui tudo, de e-mails individuais dos membros da banda a representações visuais de locais de shows usados pela equipe técnica, feitas com auxílio do computador. Há aproximadamente um ano, Griffith descobriu até mesmo como reduzir o número de tomadas e cabos necessários em locais de shows, utilizando redes sem fio, um feito notável.

Os Rolling Stones provaram ser mais do que uma banda de rock. "Temos de descobrir o que fazer quando a paixão começa a gerar dinheiro", explica o guitarrista Keith Richards. "Você não começa simplesmente a tocar sua guitarra achando que vai dirigir uma organização que talvez gere milhões de dólares." Mas eles têm feito milhões. Quando questionados sobre quanto tempo planejam continuar tocando, Richard responde no ato: "Para sempre".

Questões para discussão

1. Qual a importância da fidelidade dos clientes para o sucesso dos Rolling Stones? Explique sua resposta.
2. De que maneira a tecnologia pode ajudar ou prejudicar os esforços de marketing da banda nos próximos anos?
3. O grupo tem evitado a miopia de marketing? Por quê? Como ele poderá fazer isso no futuro?

Fontes: Site da banda: **www.rollingstones.com.** Acesso em 4 jan./2005; GAITHER, Chris. Stones to open vaults to net downloads. *The Boston Globe*, 18 ago./2003. Disponível em **www.boston.com**; NARAINE, Ryan. Real gets Rolling Stones; Best Buy deal. *Internetnews.com*, 18 ago./2003. Disponível em **www.internetnews.com**; REID, Rebecca. Rolling Stones marry Hi-Fi and Wi-Fi for concert shows. *ComputerWorld*, 30 jul./2003. Disponível em **www.computerworld.com**; KURIAN, Boby. UB to sponsor Rolling Stones' Indian summer. *The Hindu Business Line*, 17 fev. 2003. Disponível em **www.blonnet.com**; SERWER, Andy. Inside the Rolling Stones Inc. *Fortune*, p. 58-72, 30 set./2002.

Planejamento Estratégico
e o Processo de Marketing

Objetivos

1. Diferenciar planejamento estratégico de planejamento tático.
2. Explicar como os planos de marketing diferem nos vários níveis de uma organização.
3. Identificar as etapas do processo de planejamento de marketing.
4. Descrever técnicas e ferramentas de planejamento bem-sucedidas, incluindo o modelo das Cinco Forças de Porter, as estratégias "entrar primeiro" e "seguidor", a análise SWOT e a janela estratégica.
5. Identificar os elementos básicos da estratégia de marketing.
6. Descrever as características ambientais que influenciam decisões estratégicas.
7. Descrever os métodos de planejamento de marketing, incluindo a análise de portfólio de negócios e a matriz do BCG.

THE FIRST TEE® FAZ OS JOGADORES DE GOLFE DAREM A PRIMEIRA TACADA

O golfe é tradicionalmente considerado um esporte exclusivo, com muitos clubes particulares "somente para sócios" espalhado pelos Estados Unidos. Porém, mesmo em campos públicos há outras barreiras que impedem a ampla participação das pessoas: a falta de acesso aos campos de golfe, os altos custos de equipamentos e as *green fees* – taxas cobradas para uso do campo que podem variar de US$ 30 a centenas de dólares para cursos mais conceituados – restringem a atração do público pelo golfe. O golfe também demorou a reagir ao problema de imagem; apenas em 1990 a *Professional Golf Association* (PGA – Associação de Golfe Profissional) da América parou de promover torneios em clubes particulares que proibiam mulheres e minorias de se tornarem sócias. Recentemente, entretanto, a indústria do golfe acordou diante da estagnação das vendas, da falta de interesse do público em geral e do baixo crescimento. Tudo isso está começando a mudar – talvez vagarosamente no começo, mas os representantes e amantes do golfe esperam que um novo programa estratégico impulsione a bola de golfe para "atingir o buraco 18".

O programa, chamado *The First Tee*, é uma iniciativa criada pela Fundação Mundial de Golfe, cuja missão é "causar impacto na vida de jovens ao oferecer estabelecimentos para aprendizagem e programas educacionais que promovam o desenvolvimento do caráter e valores enriquecedores por meio do golfe". O

The First Tee enfoca crianças e valores positivos, como a integridade e o bom relacionamento nos esportes, que podem ser aprendidos em jogos de golfe. Além de oferecer aos jovens a oportunidade de aprenderem algo novo e adquirirem confiança em si mesmos, o programa também os coloca em contato com um esporte que podem praticar pelo resto de suas vidas. Seus fundadores esperam que esses jovens jogadores se tornem a próxima geração de golfistas.

Em cada estabelecimento do *The First Tee*, jogadores iniciantes com idade entre 8 e 18 anos não aprendem apenas a aperfeiçoar suas tacadas; eles também participam da *Life Skills Experience* (Experiência para a Vida), que os ensina a estipular metas, a ser responsáveis por seus atos e a agir com cortesia. Nem toda criança se inscreve no programa para jogar golfe; na verdade, muitas o fazem por outros motivos. "Inicialmente, eu só vinha aqui porque era de graça e eles davam refrigerantes", diz um adolescente que mora a apenas algumas quadras do *The First Tee* de San Diego. "Deixei de vir por um longo período, ficava muito em casa sem fazer nada. Mas eu continuava passando por perto e via as crianças tentando acertar a bola, boas no que faziam. Não sei por que, mas queria fazer isso também. Agora gosto de tudo relacionado ao golfe. Desde que comecei a jogar, não tenho me metido em muita encrenca e melhorei na escola." Os pais também adoram o programa. "Há algo

especial entre as crianças e o golfe; elas se divertem, fazem amizades e se dão bem", diz Soky Nou, uma mãe do Camboja que traz seus dois filhos para o *The First Tee* de San Diego.

Até agora, a estratégia do *The First Tee* tem sido um sucesso de marketing. Desde sua fundação em 1997, o programa desenvolveu mais de 200 estabelecimentos para a aprendizagem de golfe em 39 estados norte-americanos e em quatro outros países: Canadá, Austrália, Nova Zelândia e Cingapura. A *The United States Golf Association* (Associação de Golfe dos Estados Unidos), a PGA da América, a LPGA (Associação Feminina de Profissionais de Golfe), o PGA TOUR e o *Augusta National Golf Club* são as Parcerias Fundadoras do *The First Tee*. Mais de 200 jogadores da PGA TOUR, da *Champions Tour* e da LPGA são associados ao programa, e aproximadamente 500 mil crianças tiveram pelo menos algum tipo de contato com o *The First Tee*. O programa também formou aliança com o Wal-Mart e com o Champions Tour da PGA TOUR. O Wal-Mart patrocina o *Open* de Golfe do *The First Tee* em Pebble Beach, no famoso campo da Califórnia, que reúne membros do *The First Tee* e outros jogadores iniciantes com jogadores do *Champions Tour*. Richard Ferris, diretor do conselho de políticas do PGA TOUR, resume a popularidade e o sucesso precoce do *The First Tee* assim: "Há uma razão para todo o apoio recebido: Trata-se da causa certa".[1]

Visão geral

- Um número cada vez maior de mulheres compra caminhões. Deveríamos incluir recursos nos caminhões planejados especificamente para nossas clientes?

- Há menos clientes freqüentando nossos restaurantes nos fins-de-semana. Deveríamos renovar nosso cardápio? Reduzir nossos preços? Fazer promoções especiais? Atualizar a decoração do ambiente?

- Pesquisas recentes de marketing mostram que não estamos alcançando nossos clientes-alvo – consumidores na casa dos 20 anos. Deveríamos procurar outra agência de publicidade?

PROFISSIONAIS de marketing enfrentam questões estratégicas diariamente – faz parte do trabalho deles. O mercado muda constantemente como resposta a alterações nos gostos e expectativas dos consumidores, a desenvolvimentos tecnológicos, ações de concorrentes, tendências econômicas, eventos políticos e jurídicos, bem como a inovações de produtos e pressões exercidas por membros do canal. Embora as causas dessas alterações geralmente não sejam controláveis por profissionais de marketing, um planejamento eficaz pode antecipar muitas alterações. O golfe profissional criou um plano para lidar com o abalado interesse pelo esporte – e obteve grande sucesso.

Este capítulo fornece uma base importante para se analisar todos os aspectos do marketing ao demonstrar a importância de reunir informações confiáveis para a criação de um plano eficiente. Essas atividades proporcionam estruturas às empresas, possibilitando que elas empreguem as forças inigualáveis que possuem. O planejamento de marketing identifica os mercados que uma empresa pode atender melhor, bem como a combinação mais adequada de abordagens para satisfazer os clientes nesses mercados. O foco deste capítulo é o planejamento, e analisaremos detalhadamente o papel das pesquisas de marketing e das tomadas de decisões no Capítulo 8.

PLANEJAMENTO DE MARKETING: A BASE PARA ESTRATÉGIA E TÁTICA

Todo mundo planeja. Planejamos quais cursos queremos fazer, qual filme queremos ver e que roupa vestir para uma festa. Planejamos onde queremos morar e qual carreira seguir. Os profissionais de marketing também fazem planos. O **planejamento** é o processo que antecipa condições e eventos futuros, determina a melhor maneira de atingir objetivos organizacionais. Entretanto, antes mesmo de o planejamento de marketing começar, uma organização deve definir seus objetivos. O planejamento é um processo contínuo que inclui a identificação de objetivos e, em seguida, a determinação de ações por meio das quais uma empresa pode atingi-los. O processo de planejamento cria especificações a serem seguidas por profissionais de marketing, por executivos, pela equipe de produção e por todas as outras pessoas da organização para que se atinjam os objetivos organizacionais. Ele também define pontos de verificação para que pessoas dentro da organização possam comparar o desempenho atual com expectativas, visando indicar se as atividades atuais estão impulsionando a organização a alcançar seus objetivos.

Em poucas palavras

Se uma pessoa assiste a três jogos de futebol americano sucessivamente, deve-se declará-la legalmente morta.
Erma Bombeck (1927-1996)
Escritora e humorista estadunidense

O planejamento é importante para grandes e pequenas empresas. Por causa dos milhões de dólares necessários para o lançamento de um novo automóvel no mercado, os fabricantes de automóveis dedicam-se a todos os tipos de atividades de planejamento. O Grupo Chrysler gastou US$ 400 milhões para atualizar sua minivan *Town & Country*, incluindo a introdução de sua nova tecnologia *Stow and Go*, que torna ainda mais fácil aos consumidores alterarem o ajuste dos bancos no carro – utilizando bancos traseiros dobráveis que se recolhem facilmente ao chão – e oferece tampa para o compartimento de cargas. Como parte do processo de planejamento, as empresas de automóveis também constroem carros *conceituais* – veículos que ainda não estão prontos para o mercado – exibidos e apresentados em feiras como a Feira Internacional de Automóveis anual. Se houver consumidores suficientes com interesse no carro – por exemplo, por votação na internet –, o carro será produzido para o mercado. A Mazda introduziu recentemente uma minivan conceitual chamada Flexa, na qual viajantes aventureiros podem levar suas bicicletas no teto, dentro do veículo.[2]

Por outro lado, Jennifer Melton e Brennan Johnson começaram seu empreendimento, chamado Cloud Star Corp., com um plano simples. Jennifer começou a preparar comida para seu pastor alemão em casa após notar que

Em poucas palavras

Planos não significam nada,
o planejamento é tudo.
Dwight D. Eisenhower (1890-1969)
34º presidente dos Estados Unidos

Em poucas palavras

Se hoje alguém está sentado
sob a sombra, é porque há
muito tempo alguém plantou
uma árvore.
Warren E. Buffett (nasc. 1930)
Investidor estadunidense

seu animal de estimação era alérgico a rações comerciais. Ao perceber que outros cães tinham o mesmo tipo de problema, Melton e Johnson desenvolveram sua própria linha de delícias caseiras isentas de muitos ingredientes freqüentemente encontrados em rações comerciais. Em alguns anos, acrescentaram à sua linha de produtos xampus e condicionadores para cães. Muito de seu planejamento baseou-se no *feedback* de clientes. "Grande parte de nosso crescimento e das decisões sobre em que área atuar resulta do que ouvimos de clientes e do que eles querem de nós", explica Melton.[3]

O **planejamento de marketing** – atividades de planejamento para alcançar objetivos de marketing – estabelece a base para qualquer estratégia de marketing. Linhas de produtos, decisões sobre preços, seleção de canais de distribuição adequados e decisões relacionadas a campanhas promocionais dependem de planos elaborados dentro da organização de marketing.

Uma tendência importante no planejamento de marketing enfoca o marketing de relacionamento, que consiste nos esforços de uma empresa para desenvolver relações de longo prazo e rentáveis com fornecedores e clientes individuais para benefício mútuo. Bons relacionamentos com clientes podem fortalecer empresas com armas estratégicas vitais. Muitas empresas atualmente incluem, em seus planos, estratégias e metas voltadas para a construção de relacionamentos. Profissionais de marketing de relacionamento normalmente mantêm bancos de dados para rastrear preferências de clientes. Esses profissionais de marketing também lidam com planilhas de produtos para responder perguntas relacionadas a preços e ao desempenho de marketing.

PLANEJAMENTO ESTRATÉGICO *VERSUS* PLANEJAMENTO TÁTICO

1. Diferenciar planejamento estratégico de planejamento tático.

O planejamento geralmente é classificado de acordo com seu escopo ou amplitude. Alguns planos extremamente amplos concentram-se em objetivos organizacionais de longo prazo que afetarão significativamente a empresa por um período de cinco anos ou mais. Outros planos mais direcionados abordam objetivos de unidades individuais de negócios em períodos mais curtos.

O **planejamento estratégico** pode ser definido como o processo para determinar as metas primordiais de uma organização e para, em seguida, adotar medidas que, no fim, atingirão essas metas. Esse processo inclui obviamente a distribuição dos recursos necessários. A palavra *estratégia* originou-se de um termo grego que significa "arte geral". O planejamento estratégico tem um impacto vital no destino de uma empresa, pois oferece orientação a longo prazo aos responsáveis por tomadas de decisões.

O planejamento estratégico é complementado pelo **planejamento tático,** que orienta a implementação de atividades especificadas no planejamento estratégico. Diferentemente dos planos estratégicos, os planos táticos em geral envolvem ações de curto prazo voltadas para atividades atuais e do futuro próximo que uma empresa deve concluir para implementar estratégias maiores. Em sua estratégia para conseguir espaço no mercado de fraldas, a Procter & Gamble certa vez adotou duas táticas testadas e comprovadas contra a concorrente Kimberly-Clark: a P&G convenceu lojistas a reduzirem os preços de Pampers *e* lançou uma campanha mostrando que os pacotes da Pampers continham mais fraldas do que os pacotes das fraldas *Huggies*® da Kimberly-Clark. Nesse ínterim, a Kimberly-Clark tinha instituído um aumento de preços das *Huggies*®, reduzindo a quantidade de fraldas no pacote. A tática da P&G funcionou. A participação no mercado da empresa aumentou ao passo que a participação da Kimberly-Clark diminuiu. Tal fato também ilustra como erros em decisões estratégicas e no planejamento tático podem custar caro.[4]

PLANEJANDO EM DIFERENTES NÍVEIS ORGANIZACIONAIS

O planejamento é uma grande responsabilidade para todo gerente, por isso, gerentes em todos os níveis organizacionais dedicam parte de suas horas de trabalho ao planejamento. Entretanto, o tempo gasto para planejar atividades e os tipos de planejamento variam.

2. Explicar como os planos de marketing diferem nos vários níveis de uma organização.

A alta administração – a diretoria, os presidentes (CEOs), os diretores operacionais (COOs) e os vice-presidentes funcionais, como os diretores de marketing – gasta a maior parte de seu tempo dedicando-se ao planejamento do que os gerentes de supervisão e gerentes de nível intermediário. Além disso, gerentes superiores geralmente concentram suas atividades de planejamento em questões estratégicas de longo prazo. Ao contrário, gerentes de nível intermediário – como executivos de propaganda, gerentes de vendas regionais e gerentes de pesquisa de marketing – tendem a se concentrar no planejamento operacional, que inclui a criação e a implementação de planos táticos para suas próprias unidades. Supervisores freqüentemente dedicam-se ao desenvolvimento de programas específicos para alcançar metas nas áreas pelas quais são responsáveis. A Tabela 2.1 resume os tipos de planejamento adotados em vários níveis organizacionais.

Para ser mais eficiente, o processo de planejamento inclui a contribuição de diversas fontes: funcionários, fornecedores e clientes. Alguns especialistas em marketing defendem o desenvolvimento de uma rede de *influenciadores* – pessoas capazes de influenciar a opinião de outras com sua autoridade, visão ou experiência – para contribuir com e divulgar os planos e produtos da empresa.[5] Porém, contribuições valiosas podem vir de praticamente qualquer lugar. O CEO da General Electric, Jeffrey Immelt, acredita que sua empresa de US$ 132 bilhões pode empregar algumas

MARKETING
Verificação de conceito

1. Defina planejamento.
2. Dê um exemplo de planejamento estratégico e de planejamento tático.

Tabela 2.1 Planejamento em diferentes níveis administrativos

NÍVEL ADMINISTRATIVO	TIPOS DE PLANEJAMENTO ENFATIZADOS NESTE NÍVEL	EXEMPLOS
Alta Administração		
Diretoria	Planejamento estratégico	Objetivos organizacionais; estratégias fundamentais; planos de longo prazo; orçamento total
Presidentes (CEOs)		
Diretores operacionais (COOs)		
Vice-presidentes de divisões		
Gerentes intermediários		
Gerente-geral de vendas	Planejamento tático	Planos trimestrais, semestrais e anuais; procedimentos e políticas de divisão
Gerente de unidades de negócios		
Diretor de pesquisa de marketing		
Gerentes de supervisão		
Gerentes de venda local	Planejamento operacional	Planos diários e semanais; orçamentos das unidades; procedimentos e regras dos departamentos
Supervisor – escritório de telemarketing		

de suas melhores práticas comprovadas para intensificar relacionamentos entre clientes e fornecedores e melhorar processos. Entre as práticas mais importantes da empresa está o compartilhamento de informações. Gerentes e fornecedores compartilham informações sobre inovações na produtividade. A GE oferece uma troca aberta de informações sobre mercados globais como a Índia e a China, e os clientes podem ter acesso a algumas informações do mercado e a dados de pesquisas.[6]

ETAPAS DO PROCESSO DE PLANEJAMENTO DE MARKETING

3. Identificar as etapas do processo de planejamento de marketing.

O processo de planejamento de marketing começa no nível corporativo com a definição da missão de uma empresa. Em seguida, determinam-se os objetivos da empresa, seus recursos são avaliados e as oportunidades e os riscos ambientais são verificados. Com base nessas informações, os profissionais de marketing de cada unidade de negócios elaboram uma estratégia de marketing, implementam tal estratégia com base em planos operacionais e obtêm *feedback* para monitorar e adaptar estratégias quando necessário. A Figura 2.1 mostra as etapas básicas do processo.

Em poucas palavras

Vi muitas pessoas que são extremamente boas em executar ações, mas péssimas em escolher o que é importante. São excelentes em fazer com que coisas insignificantes sejam realizadas. Seu histórico de realizações triviais é impressionante.

Peter F. Drucker (nasc. 1909)

Teórico, consultor e professor de administração

DEFININDO A MISSÃO E OS OBJETIVOS DA ORGANIZAÇÃO

O processo de planejamento começa com atividades para definir a **missão** da empresa, a finalidade essencial que a diferencia de outras empresas. A declaração da missão especifica as metas gerais e o escopo operacional da empresa e fornece diretrizes gerais para futuras medidas administrativas. Alterações nessa declaração refletem filosofias de gestão e ambientes empresariais mutáveis.

Embora o autor Peter Drucker alerte para o fato de que uma declaração de missão eficaz deve ser suficientemente breve para "caber numa camiseta", as empresas geralmente se definem com declarações um pouco maiores. Uma declaração pode ser extensa e formal ou breve e informal. A seguir há alguns exemplos:

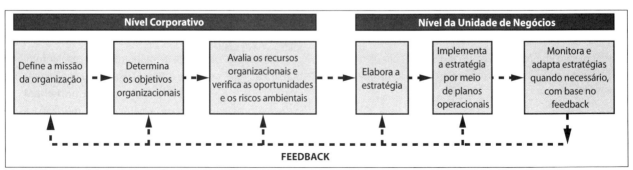

Figura 2.1
O processo de planejamento de marketing.

Bass Pro Shops: "Ser o melhor comerciante de produtos recreativos para espaços ao ar livre, inspirar pessoas a amar, a aproveitar e a preservar o maravilhoso espaço externo".[7]

Hotéis Ritz-Carlton: "Ser considerado o líder do mercado e de quali-dade na indústria hoteleira mundial. Somos responsáveis por gerar resul-tados rentáveis e excelentes com os investimentos que nos são confiados, satisfazendo clientes de forma eficiente".[8]

National Collegiate Athletic Association (NCAA – Associação Atléti-ca Universitária Nacional dos Estados Unidos): "A NCAA esforça-se para manter o atletismo universitário como parte integral do programa acadê-mico e o atleta como parte integral do corpo discente".[9]

Kellogg's: "Construímos grandes marcas e tornamos o mundo um pou-co mais feliz oferecendo o melhor a você".[10]

Em poucas palavras

Uma pequena invenção a cada dez dias, uma grande invenção a cada seis meses.
Thomas A. Edison (1847-1931)
Inventor do fonógrafo e da lâmpada incandescente, entre outras coisas

Uma organização expõe seus **objetivos** ou metas básicos na declaração completa de sua missão. Esses obje-tivos, por sua vez, orientam o desenvolvimento de planos e objetivos de marketing complementares. Planos conce-bidos de forma adequada devem apresentar intenções específicas como:

- Gerar lucro de 10% nos próximos 12 meses.
- Conseguir 20% de participação no mercado até 2010.
- Introduzir 50 novas lojas no próximo ano.
- Desenvolver 12 novos produtos em 24 meses.

AVALIANDO RECURSOS ORGANIZACIONAIS E VERIFICANDO OPORTUNIDADES E RISCOS AMBIENTAIS

A terceira etapa do processo de planejamento de marketing envolve a avaliação dos pontos fortes, fracos e das oportunidades disponíveis em uma organização. Recursos organizacionais incluem a capacidade de produção da empresa, seu marketing, finanças, tecnologias e funcionários. Os planejadores de uma organização identificam seus pontos fortes e fracos. Os pontos fortes os ajudam a definir objetivos, a desenvolver planos para atingir tais objetivos e a aproveitar as oportunidades de marketing.

O Capítulo 3 abordará fatores ambientais que afetam oportunidades de marketing. Efeitos ambientais podem surgir tanto de dentro da organização como de fatores externos. Por exemplo, os avanços tecnológicos proporcio-nados pela internet transformaram o modo como as pessoas se comunicam e fazem negócios no mundo todo. Na verdade, a própria internet criou categorias de negócios totalmente novas.

ELABORANDO, IMPLEMENTANDO E MONITORANDO UMA ESTRATÉGIA DE MARKETING

Assim que os profissionais de marketing de uma firma descobrem as melhores opor-tunidades para sua empresa, podem desenvolver um plano de marketing destinado a atender aos objetivos gerais. Um bom plano de marketing envolve uma estratégia de marketing eficiente, flexível e adaptável.

Uma **estratégia de marketing** é um programa geral que abrange toda a em-presa para selecionar um mercado-alvo específico e então satisfazer os clientes desse mercado com uma cuidadosa combinação de elementos do mix de marketing – pro-duto, distribuição, comunicação e preço –, sendo cada um deles um subconjunto da estratégia geral de marketing.

4. Descrever técnicas e ferramentas de planejamento bem-sucedidas, incluindo o modelo das Cinco Forças de Porter, as estratégias "entrar primeiro" e "seguidor", a análise SWOT e a janela estratégica.

Nas duas etapas finais do processo de planejamento, os profissionais de marketing colocam em ação a estratégia de marketing; em seguida, monitoram o desempenho para garantir que os objetivos estejam sendo alcançados. Às vezes, as estratégias precisam ser modificadas se o produto ou o real desempenho da empresa não estiverem de acordo com os resultados esperados. Quando o McDonald's lançou suas porções *Supersize* (tamanho gigante), seus profissionais de marketing certamente acharam que seria um sucesso. Oferecer aos clientes maiores porções de algo que eles já apreciavam parecia a oportunidade perfeita para aumentar as vendas. Hoje, o gosto dos clientes mudou – em vez de pedir porções maiores de batatas fritas, eles estão pedindo saladas e iogurte. O documentário *Supersize me*, uma crítica ao *fast food*, e alguns outros processos levantados contra a empresa alegando riscos à saúde decorrentes da ingestão de *Big Macs* e *Mcnuggets* apontaram os aspectos negativos de seu cardápio. Portanto, em uma nova era na qual as pessoas se preocupam com a alimentação em excesso, a obesidade e a redução da ingestão de carboidratos, o McDonald's começou a abandonar o programa *Superzise* e a introduzir seu novo programa de marketing, o "Saiba se Alimentar, Seja Ativo". Os fãs do McDonald's ainda encontram suas preferências no cardápio – em tamanhos pequeno, médio e grande. Mas, além disso, podem comprar frutas, iogurte e saladas.[11]

ESTRATÉGIAS BEM-SUCEDIDAS: FERRAMENTAS E TÉCNICAS

Podemos identificar várias técnicas e ferramentas de planejamento de marketing bem-sucedidas. Esta seção aborda quatro delas: o modelo das Cinco Forças de Porter, as estratégias "entrar primeiro" e "seguidor", a análise SWOT e a janela estratégica. Todas as estratégias de planejamento objetivam criar uma **vantagem competitiva sustentável** para uma empresa, da forma que outras empresas simplesmente não consigam oferecer o mesmo valor a seus clientes, mesmo que se esforcem muito para isso.

MODELO DAS CINCO FORÇAS DE PORTER

Há alguns anos, o renomado estrategista empresarial e um dos acadêmicos da área de negócios mais conhecidos do mundo Michael E. Porter identificou cinco forças competitivas que influenciam estratégias de planejamento, em um modelo denominado **As Cinco Forças de Porter**. Recentemente, Porter atualizou seu modelo para incluir o impacto da internet nas estratégias utilizadas nos negócios. Como ilustra a Figura 2.2, as cinco forças são os novos concorrentes, o poder de barganha dos compradores, o poder de barganha dos fornecedores, a ameaça de produtos substitutos e a rivalidade entre concorrentes.

Novos concorrentes potenciais às vezes são impedidos pelos custos ou pela dificuldade de entrarem no mercado. É muito mais caro e complicado começar a construir aeronaves do que oferecer serviços de currículos pela internet. Na verdade, a internet diminui as barreiras para a entrada no mercado em muitos setores.

Se os clientes possuem poder de barganha considerável, podem influenciar muito a estratégia de uma empresa. A internet pode aumentar o poder de compra dos clientes oferecendo informações que eles não conseguiriam acessar facilmente de outra maneira, como alternativas de fornecedores e comparações de preços. Atualmente, tem-se discutido vigorosamente se os consumidores norte-americanos devem ou não ser autorizados a comprar medicamentos com receita em farmácias do Canadá, onde os preços são significativamente menores.[12] Antes, os consumidores norte-americanos compravam todos os seus medicamentos com receita nos Estados Unidos, onde os fabricantes de medicamentos controlavam os preços. Agora os consumidores estão tendo acesso a sites do Canadá, como o CanadaMeds.com e o RxNorth.com, ou apenas atravessando a fronteira do Canadá – embora os órgãos

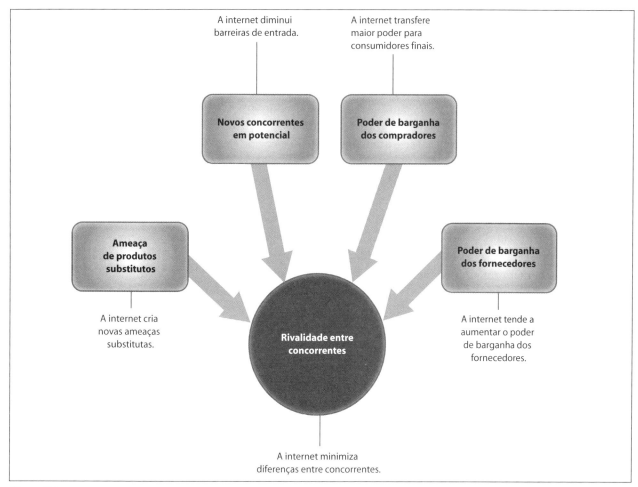

Figura 2.2
Modelo das Cinco Forças de Porter.
Fonte: Adaptado de: Shutterstock / Kheng Guan Toh.

públicos de execução da lei, no momento, tenham outra perspectiva. Isso se transformou em um assunto particularmente controverso entre pessoas mais velhas e moradores de estados na fronteira com o Canadá.

O número de fornecedores disponíveis de um fabricante ou varejista afeta seu poder de barganha. Se um restaurante de frutos do mar no Centro-Oeste tem apenas um fornecedor de lagostas no Estado de Santa Catarina, esse fornecedor possui um poder de barganha significativo. Contudo, restaurantes de frutos do mar localizados ao longo do litoral catarinense possuem muitos fornecedores de lagostas disponíveis, o que confere a seus fornecedores um menor poder de barganha.

Se os clientes têm a oportunidade de substituir os produtos de uma empresa com mercadorias ou serviços de uma indústria ou empresa concorrente, os profissionais de marketing da empresa provavelmente terão de adotar medidas para encontrar um novo mercado, alterar preços ou competir de outras maneiras para manter sua vantagem. Quando os clientes começaram a se preocupar com a quantidade de açúcar em sua dieta, a indústria do açúcar sofreu com a introdução de substitutos, como os adoçantes Equal e Splenda.

As quatro forças anteriores influenciam a rivalidade entre concorrentes. Além disso, questões como custos e a diferenciação ou a falta de diferenciação de produtos – com a internet – influenciam as estratégias utilizadas por empresas para se destacarem de suas concorrentes. Com a crescente disponibilidade de informações, que tende a nivelar o campo de ação, a rivalidade fica acirrada entre os concorrentes, que tentam se diferenciar em meio à multidão.

ESTRATÉGIAS "ENTRAR PRIMEIRO" E "SEGUIDOR"

Algumas empresas gostam de adotar a estratégia "**entrar primeiro**" – para tentar obter maior participação no mercado e desenvolver relacionamentos de longo prazo sendo as primeiras a entrarem no mercado com um produto. Ser a primeira pode significar também entrar em novos mercados com produtos existentes ou criar inovações significativas que de fato transformam um produto antigo em um novo. Naturalmente, essa estratégia apresenta riscos – empresas seguidoras podem aprender com os erros das primeiras. O site de leilões on-line eBay foi um empreendimento pioneiro que provou ser extremamente bem-sucedido. Não foi apenas o primeiro site do gênero como também é o site de comércio eletrônico mais rentável do mundo.[13] A Amazon.com, que ganhou fama como o maior vendedor on-line de livros com elevados descontos, recentemente se expandiu e possui uma nova categoria de produtos: jóias. Hoje, o site da empresa oferece tudo, de uma pulseira de pérolas de US$ 45 a um colar brilhante de platina decorado com diamantes de US$ 93 mil.[14] Por outro lado, a Apple – que adotou com sucesso a estratégia "entrar primeiro" em diversas ocasiões – fracassou terrivelmente com seu *palmtop* Newton. Empresas como a Microsoft têm prosperado com a estratégia "**seguidor**", estando atentas às inovações das primeiras e melhorando tais inovações para ganhar vantagem no mercado.

ANÁLISE SWOT

Uma importante ferramenta de planejamento estratégico, a **análise SWOT**, ajuda planejadores a conhecer pontos fortes e fracos organizacionais internos com ameaças e oportunidades externas. (SWOT é uma abreviação de *strengths* [pontos fortes], *weaknesses* [pontos fracos], *opportunities* [oportunidades] e *threats* [ameaças]). Esse método de análise oferece aos gerentes uma visão crítica dos ambientes internos e externos da organização e ajuda-os a avaliar o cumprimento da missão básica da empresa.

Os pontos fortes de uma empresa refletem suas **competências centrais** – o que ela sabe fazer bem. Competências centrais são capacidades que os clientes valorizam e os concorrentes acham difícil de copiar. O Wal-Mart contou com sua força no mercado de varejo de baixo custo ao construir lojas menores para serem adaptadas a áreas urbanas (veja o box "Sucesso de marketing").

Sucesso de marketing

Lojas urbanas do Wal-Mart

Histórico. Quando você pensa no Wal-Mart, geralmente pensa em sucesso. Afinal de contas, o supercomplexo Wal-Mart requer cerca de 20 acres de propriedade e ocupa aproximadamente 19 mil metros quadrados de espaço, onde existe de tudo: de móveis para a varanda a papinhas de criança. No entanto, recentemente, o Wal-Mart vem encolhendo para se adaptar a certos mercados e, ao mesmo tempo, continuar crescendo.

O desafio. O Wal-Mart identificou consumidores urbanos como possíveis consumidores do que a empresa faz melhor – oferecer grande variedade de mercadorias a preços baixos todos os dias. Porém, adaptar-se a espaços urbanos não é tão fácil, pois os imóveis têm ficado mais caros e a disponibilidade de grandes lotes de terra tem diminuído. Além disso, algumas comunidades – como muitas na Califórnia – estipulam que uma única loja não pode ocupar mais do que 9 mil metros quadrados.

A estratégia. Entre na "Loja Urbana" do Wal-Mart, um lugar com mais de 9 mil metros quadrados com uma variedade de produtos praticamente igual à dos supercomplexos, incluindo comida, artigos domésticos, eletrônicos e brinquedos. Além disso, os profissionais de marketing do Wal-Mart têm dado destaque a produtos de saúde e beleza, espaço para revelação de fotos, departamento de serviços de celulares e mais produtos destinados

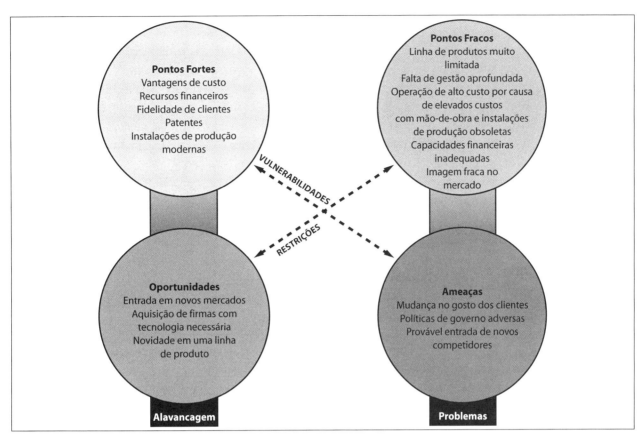

Figura 2.3
Análise SWOT.

Como mostra a Figura 2.3, aliar uma força interna com uma oportunidade externa cria uma situação co-nhecida como *alavancagem*. Profissionais de marketing enfrentam problemas quando ameaças ambientais atacam

às preferências locais, como comida hispânica. Os únicos servi-ços e mercadorias inexistentes nessas lojas são os contratados – como a Tire & Lube Express – e os que ocupam muito espaço.

O resultado. A primeira loja urbana foi construída em Tampa, na Flórida, em apenas 10 acres de propriedade. Especialistas acreditam que essas lojas serão a nova onda do Wal-Mart no futuro, embora a corporação ainda planeje construir mais mil supercomplexos completos. Mas a empresa poderia construir o dobro de lojas urbanas – e em 10 anos poderia representar cerca de 21% do mercado de supermercados dos Estados Uni-dos em comparação com os 11% atuais.

Fontes: Our retail divisions, site do Wal-Mart, **www.walmartstores. com.** Acesso em 24 fev./2005; FRENCH, Anita. Smaller Wal-Marts on horizon. *The Morning News*, p. 1D, 8D, 11 jul. 2004; BOWDEN, Bill. Wal-Mart may build 850 Urban 99 stores. *Arkan-sasBusiness.com*, 6 jul./2004. Disponível em **http://arkansas business.com**; TROY, Mike. Wal-Mart's new 99 center packs in the potential. *DSN Retailing Today*, 9 fev./2004. Disponível em **www.findarticles.com**; TROY, Mike. The business of big-mini supercenters – Wal-Mart. *DSN Retailing*, 26 jan./2004. Disponível em **www.findarticles.com**.

os pontos fracos de sua organização. Planejadores antecipam restrições quando fraquezas internas ou limitações impedem que sua organização aproveite oportunidades. Essas fraquezas internas podem gerar vulnerabilidade em uma empresa – ameaças ambientais para sua força organizacional. A Malden Mills, fabricante de tecidos *Porlafleece* e *Polartec*, pode identificar vários pontos fortes: crescimento de 200% na última década; clientes em mais de 50 países; operações das fábricas estadunidenses; alta visibilidade, com seções individuais na *People*, aparições no *Dateline* e no *60 Minutes* e produtos apresentados nos catálogos da REI e Lands'End; além de uma retenção de funcionários e clientes superior a 95%. Suas oportunidades incluem ser a primeira a entrar no mercado com um novo tipo de tecido de alta qualidade. Seus pontos fracos incluem continuar fabricando nos Estados Unidos, pagar maiores salários aos funcionários e lidar com as conseqüências de um incêndio devastador que interrompeu a produção e elevou os custos. Uma grande ameaça apareceu na forma de maior concorrência de empresas que podem fabricar produtos a menores custos, embora os produtos dos concorrentes possam apresentar menor qualidade.[15]

A JANELA ESTRATÉGICA

MARKETING
Verificação
de conceito

1. Explique resumidamente cada uma das Cinco Forças de Porter.
2. Quais são as vantagens e as desvantagens da estratégia "entrar primeiro"?
3. Quais são os quatro componentes da análise SWOT? O que é uma janela estratégica?

O sucesso dos produtos é influenciado também pelas condições do mercado. O professor universitário Derek Abell sugeriu o termo **janela estratégica** para definir os períodos limitados durante os quais as exigências principais de um mercado e as competências específicas de uma empresa estão na melhor combinação.[16] A visão por meio de uma janela estratégica mostra aos planejadores como relacionar possíveis oportunidades às capacidades das empresas. Essa visão requer uma análise completa (1) das condições ambientais externas atuais e futuras, (2) das capacidades internas atuais e planejadas da empresa e (3) de como, se e quando a empresa pode conciliar, de fato, as condições ambientais e suas capacidades, implementando uma ou mais estratégias de marketing.

ELEMENTOS DA ESTRATÉGIA DE MARKETING

5. Identificar os elementos básicos da estratégia de marketing.

O sucesso de um produto no mercado – seja uma mercadoria palpável, um serviço, uma causa, uma pessoa, um lugar ou uma organização – depende de uma estratégia de marketing eficaz. Uma coisa é desenvolver um ótimo produto, mas se os clientes não entenderem sua mensagem, o produto fracassará. Uma estratégia de marketing eficaz atinge os compradores certos na hora certa, convence-os a experimentar o produto e desenvolve um sólido relacionamento com eles ao longo do tempo. Os elementos básicos de uma estratégia de marketing compõem-se (1) do mercado-alvo e (2) das variáveis do mix de marketing: produto, distribuição, comunicação e preço, que se combinam para atender às necessidades do mercado-alvo. O círculo exterior da Figura 2.4 apresenta características ambientais que fornecem a estrutura em que estratégias de marketing são planejadas.

O MERCADO-ALVO

Uma organização focada no cliente começa sua estratégia geral com uma descrição detalhada de seu **mercado-alvo**: grupo de pessoas às quais a empresa decide dirigir seus esforços de marketing e, por fim, seus produtos. As lojas de departamento Kohl's atendem a um mercado-alvo composto de consumidores que compram para si mesmos e para suas famílias. Outras empresas, como a Boeing, comercializam a maioria de seus produtos para compradores empresariais, como a American Airlines e autoridades governamentais. No entanto, outras empresas oferecem mercadorias e serviços para compradores do varejo e do atacado. Em todos os casos, porém, os profissionais de marketing identificam seus mercados-alvo da maneira mais precisa possível. Embora o conceito de dividir mercados em segmentos específicos seja discutido mais detalhadamente no Capítulo 9, é importante entender como estipular um mercado como meta desde o princípio. Considere os seguintes exemplos:

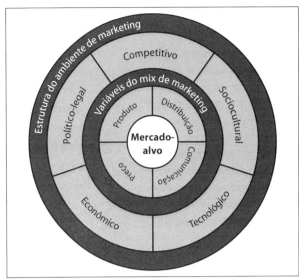

Figura 2.4
Elementos da estratégia de marketing e sua estrutura ambiental.

- O alvo da Just My Size são mulheres que vestem tamanho extragrande (que representam mais da metade das estadunidenses), elaborando trajes informais, lingerie, meias e jeans extragrandes.
- O alvo da Solutionz, fundada e administrada pelo estudante de Administração Kirk Fernandez, são agências governamentais, escolas e empreendimentos que precisam de soluções para conferências, que sua empresa oferece. A idéia de seu empreendimento surgiu depois que ele assistiu a algumas feiras comerciais por videoconferência e percebeu que não havia nenhuma empresa líder no mercado que oferecesse esse tipo de tecnologia às organizações.[17]

A diversidade tem um papel cada vez maior na determinação de mercados-alvo. De acordo com o U.S. Census Bureau (Departamento do Censo dos Estados Unidos), a crescente população de hispânicos naquele país ultrapassou a de afro-americanos. O censo registra cerca de 40 milhões de hispânicos no país, um aumento de 58% na última década. Com esse crescimento fenomenal, os profissionais de marketing devem prestar atenção a esses e a outros mercados – inclusive mulheres, idosos e filhos de *baby boomers* – ao desenvolverem produtos e serviços para os consumidores. O alvo do Wal-Mart tem sido o mercado hispânico tanto nos Estados Unidos como do outro lado da fronteira com o México, onde possui 607 lojas.[18]

A Timberland, fabricante de calçados e vestuário para atividades ao ar livre, vem gastando mais tempo e esforços desenvolvendo e comercializando produtos para mulheres em vez de enfocar mais o mercado masculino. Nos últimos anos, uma equipe de seis mulheres replanejou a linha de produtos da Timberland para atrair mais as mulheres. Novos estilos incluem uma série de mocassins de couro macio chamada *Chauffeur* e um conjunto de sapatos sociais tradicionais denominado *The New Hampshire Collection* (onde fica a sede). "Tomamos o conceito da Timberland e a inspiração de espaços ao ar livre e tornamos o produto mais moderno e feminino", explica Meredith Collura Applegate, gerente de marketing do departamento de calçados femininos da Timberland.[19]

VARIÁVEIS DO MIX DE MARKETING

Após selecionarem um mercado-alvo, os profissionais de marketing conduzem as atividades de sua empresa com o objetivo de satisfazer o segmento em questão em termos de lucratividade. Embora precisem controlar milhares de variáveis para alcançar esse objetivo, o processo de tomada de decisões de marketing pode ser conduzido com base em quatro estratégias: produto, distribuição, comunicação e preço. O pacote completo forma o **mix de marketing** – a fusão de quatro elementos estratégicos para atender às necessidades e preferências de um mercado-alvo

Em poucas palavras

Os Estados Unidos não são como um cobertor – um pedaço de pano sem retalhos, da mesma cor, textura e tamanho. Os Estados Unidos são mais como uma colcha – muitos retalhos, muitas cores, muitos tamanhos; tudo tecido e sustentado por uma ameaça em comum.

Rev. Jesse Jackson (nasc. 1941)
Líder estadunidense pelos direitos civis

específico. Embora a classificação em quatro seja útil para estudos e análises, lembre-se de que o mix de marketing pode – e deve – ser uma combinação constantemente mutável de variáveis para a obtenção do sucesso.

A Figura 2.4 ilustra o foco das variáveis do mix de marketing na escolha central do mercado-alvo. Além disso, decisões sobre produto, distribuição, comunicação e preço são afetadas pelos fatores ambientais mostrados no círculo externo da figura. As variáveis ambientais podem desempenhar um papel importante no sucesso de um programa de marketing, e os profissionais de marketing devem considerar os prováveis efeitos de tais variáveis.

Estratégia de Produto

Em marketing, a palavra *produto* significa mais do que uma mercadoria, serviço ou idéia. Produto é um conceito amplo que também inclui satisfazer todas as necessidades do consumidor com relação à mercadoria, ao serviço ou à idéia. Portanto, a **estratégia de produto** envolve mais do que apenas decidir quais mercadorias e serviços a empresa deveria oferecer a um grupo de consumidores. Também inclui decisões sobre atendimento ao cliente, design da embalagem, nomes de marcas, marcas registradas, patentes, garantias, ciclos de vida de produtos, posicionamento de produtos no mercado e desenvolvimento de novos produtos, como fez a Quaker quando lançou uma campanha promocional de lanches rápidos. Marca registrada famosa, a Quaker mostrava na embalagem desse novo produto um biscoito fresquinho recheado com frutas saborosas. Os lanches rápidos visam dois segmentos do mercado: pais ocupados que não têm tempo de preparar um café da manhã completo, mas desejam ver seus filhos comendo algo saudável antes de ir para a escola, e crianças que, por outro lado, não tomam café da manhã ou o substituem por guloseimas. A propaganda destaca a capacidade da Quaker em proporcionar alimentos saudáveis, práticos e de muita qualidade em uma situação vantajosa para ambas as partes, em que todos ficam satisfeitos.

O crescente número de mulheres que viajam a negócios motivou a indústria de viagens a modificar suas ofertas, acrescentando diversos serviços elaborados para aumentar a satisfação entre mulheres e hóspedes em hotéis. Com base nas sugestões do Conselho Consultivo de Mulheres que Viajam a Negócios da Wyndham Hotéis & Resorts, a rede introduziu vários recursos em sua estratégia de produto:

- comodidades como esponjas de banho e cabides em quartos de hotéis;
- mesas para várias pessoas em restaurantes de hotéis para quem viaja sozinho e prefere comer acompanhado;
- telefonemas de advertência cinco minutos antes dos serviços de quarto para avisar hóspedes antes de as refeições serem servidas;
- companhias para exercício e, após uma corrida, uma garrafa de água gelada, frutas frescas e toalhas macias.

Essa estratégia permite que a Wyndham satisfaça mais os clientes desse mercado crescente. Até 1970, as mulheres representavam apenas 1% de pessoas que viajam a negócios; hoje, o número cresceu para 50%.[20]

Estratégia de Distribuição

Profissionais de marketing desenvolvem **estratégias de distribuição** para garantir que consumidores encontrem os produtos em quantidades apropriadas e na hora e no local certos. Decisões de distribuição envolvem meios de transporte, armazenagem, controle de estoque, processamento de pedidos e seleção de canais de marketing. Canais de marketing são compostos de instituições como varejistas e atacadistas – intermediários que podem estar envolvidos na transferência de produtos do fabricante ao consumidor final.

A tecnologia está abrindo novos canais de distribuição em muitas indústrias. Softwares, que são produtos feitos de arquivos de dados digitais, são perfeitamente convenientes para a distribuição eletrônica. Porém, todos os outros tipos de produtos são comprados e vendidos pela internet também. Ao influenciar de tudo, da armazenagem ao processamento de dados, a tecnologia tornou possível o sucesso da Amazon.com e do eBay. Embora essas empresas operem de maneiras diferentes, ambas contam com a tecnologia para várias tarefas de distribuição.[21]

A distribuição é o ponto perfeito para que muitas empresas formem alianças. O departamento de música da Sony fechou um contrato com o Grupo Universal Music para formar a Duet, uma indústria de música on-line que disponibilizará, legalmente via internet, milhares de canções para os consumidores. O Wal-Mart, abordado mais detalhadamente no Capítulo 13, está tentando, com seus fornecedores, implementar um novo sistema de rastreamento e identificação chamado *identificação por freqüência de rádio (RFID)*, pequenos chips de computador colocados em palhetas para rastrear e identificar produtos conforme eles são movidos de um lugar para outro. O sistema reduz custos com mão-de-obra, ajuda a evitar perdas causadas por artigos fora do estoque e ajuda a reduzir o número de produtos perdidos por roubo. Contudo, pode ser que os fornecedores do Wal-Mart tenham de gastar de US$ 13 milhões a US$ 23 milhões para a instalação do sistema e não vejam os resultados da medida por certo tempo.[22]

Estratégia de Comunicação

A comunicação é o elo entre vendedores e compradores. Organizações utilizam métodos variados para transmitir mensagens sobre suas mercadorias, seus serviços e idéias. Podem transmitir mensagens diretamente por intermédio de vendedores ou indiretamente por propagandas e promoções. A Figura 2.5 mostra uma nova comunicação de um produto utilizado desde os primórdios da humanidade: o leite. A comunicação une duas idéias em uma única mensagem de marketing: leite e perda de peso. O chá é também outro produto antigo que tem recebido atenção especial dos profissionais de marketing. Restaurantes e lojas atualmente têm divulgado chás especiais e de alta qualidade como o chá de rooibos e o chá branco. Cada chá tem seu próprio sabor e propriedades – o chá oolong supostamente elimina o apetite, ao passo que o rooibos contém grande concentração de antioxidantes que combatem o câncer. Estabelecimentos como a casa de chá Elaine's Tea Shoppe, em Ohio, atraem clientes ao divulgar misturas personalizadas, como o UnWrinkle Me, uma combinação de chás brancos que supostamente melhora o tom da pele de quem o bebe.[23]

Ao desenvolverem estratégias de comunicação, os profissionais de marketing mesclam vários elementos comunicacionais para se comunicarem mais eficientemente com seu mercado-alvo. Muitas empresas utilizam uma abordagem chamada **comunicações integradas de marketing (IMC**, em inglês) para coordenar todas as atividades promocionais com o objetivo de que o consumidor receba uma mensagem unificada e consistente. Os consumidores podem receber boletins informativos, atualizações por e-mail, cupons de desconto, catálogos, convites para eventos patrocinados por empresas e diversos outros tipos de comunicações de marketing sobre um produto. As concessionárias da Toyota enviam por correio lembretes sobre serviços e manutenção a seus clientes. Os supermercados Shaw colocam cupons de desconto em jornais locais. Um candidato político pode enviar trabalhadores voluntários a uma vizinhança para convidar eleitores para uma festa de recepção especial.

Estratégia de Preços

A **estratégia de preços** lida com os métodos para estabelecer preços justificáveis e rentáveis. Está sujeita a e é controlada rigorosamente por considerável avaliação pública. Um dos muitos fatores que influenciam a estratégia de preços de profissionais de marketing é a concorrência. A indústria computacional está muito familiarizada com reduções

Figura 2.5
Promovendo os saudáveis benefícios do leite.

em preços feitas tanto por concorrentes atuais como por aqueles que acabaram de entrar no mercado. Após anos de crescimento estável, o mercado ficou saturado de computadores baratos, reduzindo ainda mais as margens de lucro. Há muita concorrência na indústria de transporte aéreo e na automobilística também. A Hyundai introduziu a primeira garantia de 161 mil quilômetros por dez anos, na indústria automobilística, e normalmente vende seus produtos a um preço inferior aos veículos produzidos nos Estados Unidos e no Japão. A Hyundai Santa Fe possui preços em torno de US$ 18 mil, cerca de US$ 5 mil – US$ 10 mil a menos que utilitários esportivos produzidos por empresas japonesas e norte-americanas.[24] Na indústria de celulares, a concorrência é acirrada. Para atrair consumidores, a Sprint recentemente anunciou que os usuários podem aproveitar minutos mais baratos à noite, duas horas mais cedo do que era permitido antes. Os consumidores da Sprint com planos a partir de US$ 35 podem aproveitar minutos mais baratos à noite por US$ 5 adicionais ao mês.[25]

Uma boa estratégia de preços deve ser proveitosa para os clientes, construindo e fortalecendo seu relacionamento com uma empresa e seus produtos. A mensagem da Figura 2.6 estimula os consumidores a imaginar um relógio suficientemente moderno para adolescentes, resistente o bastante para a prática de esportes, e oferece o produto por um preço menor que o esperado. Os clientes obtêm o produto de que precisam a um preço excelente, sendo beneficiados.

O AMBIENTE DE MARKETING

Profissionais de marketing não tomam decisões sobre mercados-alvo e variáveis do mix de marketing do nada. Eles precisam considerar a natureza dinâmica das cinco dimensões do ambiente de marketing mostradas anteriormente na Figura 2.4: fatores competitivos, político-legais, econômicos, tecnológicos e socioculturais.

Preocupações sobre o ambiente natural resultaram em novos regulamentos com relação à poluição da água e do ar. Engenheiros mecânicos, por exemplo, transformaram preocupações públicas e questões legais em oportunidades ao desenvolverem carros híbridos. Esses novos modelos são abastecidos com energia dupla: um motor a gasolina e um motor elétrico. A Toyota foi a primeira a entrar no mercado com o *Prius*, que depende tanto de um motor elétrico como de um motor a gasolina como segurança. Outro produto, o sistema de Redução de Dióxido de Carbono por Corrente de Elétrons, desenvolvido recentemente, elimina moléculas de poluição atmosférica. Esse sistema poderia ser comercializado para usinas movidas a carvão tanto nos Estados Unidos como na China.[26] Percebe-se que o ambiente de marketing é fértil para inovadores e empreendedores.

Os negócios estão, cada vez mais, voltados para terras estrangeiras com o intuito de conquistar mercados com novo crescimento. Há décadas a General Mills fabrica muita coisa, de cereais a lanches, mas basicamente

6. Descrever as características ambientais que influenciam decisões estratégicas.

para mercados internos. Quando a empresa quis expandir-se internacionalmente, em vez de começar do zero, decidiu formar parceria com a Nestlé em um empreendimento denominado *Cereal Partners Worldwide* (CPW). A General Mills era especialista em cereais e a Nestlé já era conhecida na Europa. Até agora, a estratégia tem tido sucesso. Desde sua formação, a CPW tem expandido suas operações para 75 mercados diferentes, com 21% da participação em negócios internacionais relacionados a cereais.[27]

A tecnologia também mudou o ambiente de marketing, em parte, com o advento da internet. Nesse texto, você encontrará exemplos de como a internet e outros desenvolvimentos tecnológicos estão mudando constantemente o modo como as empresas fazem negócios. E conforme a tecnologia força essas mudanças, outros aspectos ambientais devem reagir a tais alterações. Naturalmente, há controvérsias legais sobre quem é dono de quais inovações. A Amazon.com ganhou recentemente uma batalha judicial impedindo que sua rival Barnes & Noble utilizasse o sistema de verificação "um clique" (patenteado pela Amazon) que permite aos compradores fazer pedidos com um único clique do mouse em vez de fornecer novamente informações da fatura quando estiverem prontos para concluir uma venda. De modo interessante, a tecnologia se transforma muito mais rapidamente do que os procedimentos de patentes, que podem deixar alguns empreendimentos para trás. O fundador e presidente da Amazon, Jeff Bezos, sugeriu que as patentes de internet e software tivessem um tempo de vida menor do que outras – talvez por causa das rápidas mudanças na tecnologia – e que o público pudesse comentar sobre elas antes de serem emitidas.

A concorrência nunca está distante da mente do profissional de marketing. Na verdade, alguns especialistas inventaram a frase **regra de três**, significando que, em uma indústria, as três empresas mais fortes e mais eficientes controlam de 70% a 90% do mercado. A seguir, apresentamos alguns exemplos, sendo todos eles empresas norte-americanas:

Figura 2.6
Timex: Oferecendo estilo e durabilidade aos clientes – a um preço mais baixo.

Em poucas palavras

Se você não for o número 1 ou o número 2... conserte, venda ou feche.
John F. Welch Jr. (nasc. 1935)
Diretor e presidente aposentado da General Electric

- *Restaurantes de fast food*: McDonald's, Burger King, Wendy's
- *Fabricantes de cereais*: General Mills, Kellogg's, Post
- *Tênis para corrida*: Nike, Adidas, Reebok
- *Indústria aérea*: American, United, Delta
- *Indústria farmacêutica*: Merck, Pfizer, Bristol-Myers Squibb[28]

MARKETING
Verificação
de conceito

1. Quais são os dois componentes de toda estratégia de marketing?

2. Identifique os quatro elementos estratégicos do mix de marketing.

3. Quais são as cinco dimensões do ambiente de marketing?

Embora possa parecer uma batalha difícil para as centenas de empresas restantes em qualquer um desses setores, cada uma delas pode encontrar uma estratégia para ganhar espaço competitivo. Recentemente, a Costco aumentou a concorrência na indústria funerária ao oferecer caixões para venda, o que é discutido no item "Resolvendo uma questão ética".

Na indústria aérea, extremamente competitiva, empresas de desconto como a JetBlue e a Southwest têm conseguido prosperar, ao passo que algumas das maiores empresas aéreas, como a USAirways, foram à falência. A JetBlue agrada aos consumidores que valorizam preços e trabalha oferecendo serviços que as empresas maiores reduziram ou eliminaram completamente. A JetBlue promete uma tripulação cordial, grandes compartimentos para bagagens de mão, bancos de couro e TV ao vivo via satélite em todos os assentos. Recentemente, a JetBlue foi classificada em uma pesquisa como a melhor empresa aérea dos Estados Unidos. Trata-se de "trazer a humanidade de volta a viagens áreas", diz o CEO David G. Neeleman.[29]

O ambiente sociocultural inclui vários fatores, até mesmo a diversidade cultural. Como profissional de marketing, você encontrará e conversará com vários tipos

dicas de etiqueta

Como estabelecer uma rede de contatos

É difícil ficar calmo quando você está inquieto ou indeciso por causa de certa situação, em especial, quando se trata de uma reunião de negócios na qual você não conhece praticamente ninguém. Se estiver com medo, ficará calado ou, pior, falará alguma besteira. Entretanto, como profissional de marketing, você precisa mostrar o melhor de si. Imagine que está em um jantar, em uma conferência, em uma recepção ou em uma feira comercial. Antes de se sentir acuado, siga algumas das seguintes dicas, dadas por especialistas, sobre como se socializar facilmente com clientes, colegas e até mesmo concorrentes.

1. Antes do evento, tente saber o máximo que puder sobre as pessoas que estarão presentes, especialmente sobre as que você pretende encontrar.
2. Tente não carregar muita bagagem, como bolsas grandes ou pastas cheias. Assim, estará livre para cumprimentar com as mãos ou para aceitar qualquer material informativo oferecido a você por um cliente ou possível empregador.
3. Preste atenção em sua linguagem corporal. Mantenha uma postura correta e não cruze os braços. Se parecer que está mais confiante, você se sentirá, de fato, assim.
4. Vista-se apropriadamente para o evento – trajes sociais para reuniões durante o dia, talvez um pouco mais informais para as de fins de tarde (mas não use roupas de balada). Esteja bem arrumado(a).
5. Não interrompa o fluxo de uma conversa. Em vez disso, apresente-se a alguém que parece estar sozinho. Quem sabe? A pessoa poderá vir a se tornar um contato importante. Ou, então, peça a um colega que conhece a pessoa para apresentar você a ela. Espere pelo momento oportuno para aproximar-se de alguém que deseja conhecer.
6. Quando encontrar alguém, ofereça um aperto de mão, mesmo que já conheça a pessoa. Apresente-se pela primeira vez ou novamente. Diga por que está presente e pergunte à pessoa se ela está gostando do evento. Ouça o que a outra pessoa diz; assim, colherá informações e desenvolverá um relacionamento.
7. Quando uma conversa terminar, agradeça à pessoa por ter falado com você, dirigindo-se a ela pelo nome. Diga que você gostou da conversa. Se apropriado, vocês podem trocar cartões ou outras informações para contato.

Fontes: How to work a room. *Fox Business Insider*, **www.sbm.temple.edu**. Acesso em 15 fev./2005; Networking 101. *Massachusetts Institute of Technology*, web.mit.edu/career/www/workshops/networking/etiquette.htm. Acesso em 9 mar./2004; Networking etiquette & tactics. *Virtual Technocrats*, 4 dez./2001. Disponível em **www.virtualtechnocrats.com**. Acesso em 9 mar./2004; RAMSEY, Lydia. Etiquette tip: appearances aren't deceiving in business. *Savannah Morning News*, 13 out./2001. Disponível em **www.savannahnow.com**. Acesso em 9 mar./2004.

CAIXÕES NA COSTCO?

Se você já foi alguma vez a um estabelecimento de descontos como a Costco ou o Sam's Club, sabe que pode encher seu carrinho com coisas um tanto estranhas. Essas lojas dão verdadeiro significado ao conceito de "ponto único de compras" – é possível ver um novo suéter de *cashmere* ao lado de um pacotinho de amendoins. Recentemente, porém, a Costco deu um passo ousado no setor varejista: oferecer caixões à venda. Trabalhando com a Universal Casket Co., a Costco agora oferece seis modelos de porte médio por US$ 799,99 cada um, com entrega em menos de 48 horas. Os clientes fazem sua escolha em uma banca especial dentro da loja. A maioria parece não se incomodar em ter de passar com seu carrinho perto da nova banca, mas a mudança irritou alguns – a saber, aqueles que trabalham com empreendimentos funerários. Caixões são comprados, na maioria das vezes, com a intermediação de agentes funerários, embora a legislação permita a venda empreendida por terceiros. Os clientes podem comprar caixões diretamente dos fabricantes, em lojas de artigos funerários e pela internet. Agora a Costco introduziu uma nova espécie de concorrência: lojas de desconto.

CAIXÕES DEVERIAM SER VENDIDOS EM LOJAS DE DESCONTO?

SIM

1. Os clientes gostam da idéia de poder comprar um caixão quando não estão sob o estresse associado à perda de um ente querido. Quando estão enfrentando uma crise, podem se sentir pressionados a comprar algo que não querem ou de que não precisam. "Lembro que minha mãe precisava comprar um caixão feito de araucária, mas saiu da funerária com um de mogno", recorda um consumidor.

2. Permitir que caixões sejam vendidos em lojas de desconto, como a Costco, gera uma competição saudável para a indústria funerária. Agentes funerários têm a opção de enfocar em serviços, variedades, preços e outros aspectos do mix de marketing para atrair clientes.

NÃO

1. Os clientes deveriam comprar caixões com vendedores informados da indústria funerária para saber exatamente o que estão adquirindo. "Outras [lojas] tentaram e descobriram que o público se sente verdadeiramente à vontade em comprar caixões de agentes funerários", observa David Walkinshaw da *National Funeral Directors Association* (Associação Nacional de Diretores Funerários dos Estados Unidos).

2. Comprar caixões em lojas, no fim das contas, aumenta outros custos associados com o planejamento funerário. "Se o caixão for comprado em uma loja, a parcela do centro de lucros do agente funerário desaparecerá e ele deverá responder por isso", adverte George Lemke da *Casket and Funeral Supply Association* (Associação de Caixões e Artigos Funerários).

RESUMO

A Costco já percebeu que gerar competição irá, na verdade, aumentar os preços. A empresa propôs um acordo à indústria funerária, compondo alianças com agentes funerários locais. Quando os clientes ligam para o número fornecido na banca da loja para comprar um caixão, "são colocados em contato com funerárias que fazem parte do programa", diz um gerente da Costco. Entretanto, as famílias não precisam utilizar os serviços desses agentes funerários. A Costco sustenta que está gerando maior respeito entre seus clientes. "Espero que não haja morte alguma nas famílias, mas, se houver, espero que possamos ajudar as pessoas", diz Bonnie Busch da divisão do Centro-Oeste da Costco.

Fontes: MASTROPOLO, Frank. License requirement keeps casket prices high, *ABC News*. Disponível em **www.abcnews.com**. Acesso em 27 jan./2005; PARK, Carol. Dying to close the sale. *The Business Press*, 11 jan./2005. Disponível em **www.thebiz press.com**; BABWIN, Don. Costco puts caskets in shoppers' baskets. *Marketing News*, p.50, 15 set./2004.

de pessoas que possuem experiências distintas. Caso seja extrovertido ou tímido, pode aproveitar algumas dicas oferecidas no item "Dicas de etiqueta" para facilitar essas interações.

O ambiente de marketing proporciona uma estrutura para todas as atividades de marketing. Profissionais de marketing consideram dimensões ambientais quando desenvolvem estratégias para segmentar e escolher mercados e quando estudam o comportamento de compras de organizações e consumidores.

MÉTODOS DE PLANEJAMENTO DE MARKETING

7. Descrever os métodos de planejamento de marketing, incluindo a análise de portfólio de negócios e a matriz do BCG.

Um número crescente de empresas tem descoberto os benefícios do planejamento de marketing eficaz, por isso vêm desenvolvendo métodos para ajudar nessa importante função. Esta seção aborda dois métodos úteis: o conceito de unidades estratégicas de negócios e a matriz de participação de mercado/de crescimento de mercado.

ANÁLISE DE PORTFÓLIO DE NEGÓCIOS

Apesar de haver pequenas empresas oferecendo apenas alguns artigos a seus clientes, organizações maiores freqüentemente oferecem e comercializam muitos produtos para mercados amplamente diversificados. O Bank of America oferece uma série de produtos financeiros para empreendimentos e consumidores; a Kraft Foods abastece prateleiras de supermercados com tudo, de macarrão a maionese. Gerentes superiores de empresas maiores precisam de um método para identificar linhas de produtos que merecem maiores investimentos, bem como linhas que não estão atendendo às expectativas. Então, eles realizam uma **análise de portfólio**, por meio da qual avaliam as divisões e os produtos de sua empresa para determinar quais são os mais fortes e os mais fracos. Assim como os analistas financeiros reavaliam seus portfólios de ações e títulos e decidem quais devem manter e quais devem descartar, os planejadores de marketing também devem avaliar seus produtos, as regiões onde operam e outras variáveis do mix de marketing. Esse é o momento de introduzir o conceito de UEN.

Unidades estratégicas de negócios (UENs) são unidades de negócios fundamentais dentro de empresas diversificadas. Cada UEN possui seus próprios gerentes, recursos, objetivos e concorrentes. Uma divisão, linha de produtos ou um único produto pode definir os limites de uma UEN. Cada UEN adota sua própria missão e desenvolve seus próprios planos, sem depender de outras unidades da organização.

Unidades estratégicas de negócios concentram a atenção de gerentes de empresas para que eles possam atender, de maneira eficiente, à mutável demanda dos consumidores, dentro de certos mercados. As empresas, muitas vezes, precisam redefinir suas UENs conforme as condições do mercado. Você pode achar que uma empresa dedicada à construção de robôs não possui muitas UENs. No entanto, o *iBot* foi lançado há mais de dez anos por dois membros do laboratório de inteligência artificial do MIT (Instituto de Tecnologia de Massachusetts), Colin Angle e Helen Greiner, e por seu diretor, Rodney Brooks. Eles contrataram engenheiros e construíram de enceradeiras industriais a bolas de brinquedo que "resmungavam" quando eram jogadas em cantos escuros. Cada projeto foi tão específico que acabou tornando-se uma unidade de negócios. Ao longo dos anos, as unidades de negócios chegaram a doze, diminuíram e então cresceram novamente. Estruturar a empresa dessa forma era parte do plano estratégico dos fundadores para diluir o risco. "Nós nos envolvemos em todas essas atividades porque não possuíamos nada eficiente", explica o CEO Colin Angle. "E não sabíamos o que seria algo eficiente, a não ser deixar a decisão para Darwin. Especificar o ramo dessa empresa muito cedo teria acabado com ela." Finalmente, eles descobriram um "algo eficiente" – *Roomba*, um aspirador de pó robotizado, que recentemente apareceu nas listas de melhores produtos da *Time*, da *BusinessWeek* e da *USA Today*.[30]

A MATRIZ DO BCG

Para avaliar cada uma das unidades estratégicas de negócios de sua organização, profissionais de marketing precisam de algum tipo de ferramenta gerencial que contribua para o desempenho de portfólios. Uma estrutura amplamente utilizada foi desenvolvida pelo Boston Consulting Group. Essa **matriz de participação de mercado/ de crescimento de mercado** coloca as UENs em um gráfico de quatro quadrantes que compara a participação no mercado – a porcentagem do mercado controlada por uma empresa – com o potencial de crescimento no mercado. A posição de uma UEN no eixo horizontal indica sua participação no mercado em comparação com a do principal concorrente da indústria. A posição no eixo vertical indica a taxa de crescimento anual do mercado. Após representar graficamente todas as unidades de negócios de uma empresa, os planejadores as dividem de acordo com os quatro quadrantes da matriz. A Figura 2.8 ilustra essa matriz, classificando os quatro quadrantes como vacas leiteiras, estrelas, abacaxis e oportunidades. As unidades em cada quadrante requerem uma estratégia de marketing exclusiva.

Estrelas representam unidades com grande participação no mercado em mercados de alto crescimento. Esses produtos ou negócios são líderes no mercado e têm alto crescimento. Embora gerem renda muito alta, precisam de maior convergência de dinheiro para financiar maior crescimento. O famoso *iPod* da Apple é o tocador digital portátil campeão de vendas, mas, pelo fato de a tecnologia mudar rapidamente, a Apple terá de continuar investindo em maneiras de atualizar e melhorar o tocador.[31]

Vacas leiteiras lideram as participações no mercado em mercados de baixo crescimento. Profissionais de marketing para esse tipo de UEN querem manter essa condição por mais tempo possível. A atividade gera fortes fluxos de caixa, mas, em vez de investir muito nas próprias promoções e capacidade de produção da unidade, a empresa pode utilizar esse dinheiro para financiar o crescimento de outras UENs com maiores potenciais de crescimento.

Oportunidades atingem baixas participações em mercados de alto crescimento. Profissionais de marketing precisam decidir se continuam a apoiar esses produtos ou negócios, uma vez que oportunidades tipicamente requerem muito mais dinheiro do que geram. Se uma oportunidade não pode tornar-se uma estrela, a empresa deve abandonar o mercado e visar a outros mercados com maior potencial. Até agora, a loja de música on-line iTunes da

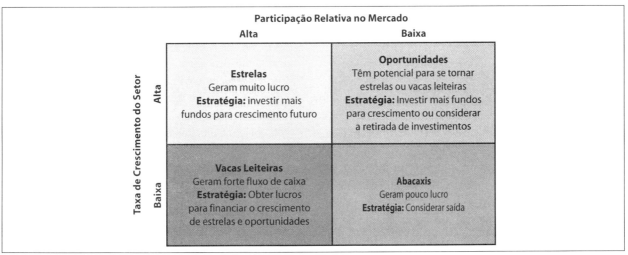

Figura 2.8
Matriz de participação de mercado/de crescimento de mercado.

MARKETING

· Verificação
de conceito

1. O que são UENs?
2. Identifique os quatro quadrantes na matriz do BCG?

Apple não se tornou uma fonte de lucros, mas é importante para o sucesso do *iPod*, vendendo milhões de canções para amantes de música. Além disso, a Apple assinou um contrato com a Hewlett-Packard (HP) para vender *iPods* e carregar iTunes em milhões de computadores produzidos pela HP. Portanto, a iTunes pode deixar de ser uma oportunidade e se tornar uma estrela.[32]

Abacaxis controlam apenas pequenas participações em mercados de baixo crescimento. As UENs dessa categoria prometem perspectivas insatisfatórias para o futuro e os profissionais de marketing devem abandonar esses negócios ou linhas de produtos o mais rapidamente possível. Em alguns casos, esses produtos podem ser vendidos a outras empresas, onde são mais convenientes.

Implicações estratégicas do marketing no século XXI

O planejamento nunca foi tão importante para os profissionais de marketing como atualmente, quando o século XXI acelera com avanços tecnológicos. Profissionais de marketing precisam planejar com cautela, precisão e rapidez se querem que suas empresas obtenham vantagem competitiva no mercado global de hoje. Eles precisam definir a missão de suas organizações e entender os diferentes métodos para formular estratégias de marketing bem-sucedidas. Devem considerar uma população mutável e diversificada e o ambiente de negócios sem fronteiras criado pela internet. Devem ser capazes de avaliar se é melhor ingressar em um mercado ou se é melhor esperar. Precisam reconhecer quando obtiveram uma estrela ou um abacaxi; quando persistir e quando desistir. Embora pareça assustador, o planejamento pode diminuir o risco e a preocupação de trazer novas mercadorias e serviços para o mercado.

····· REVISÃO

1. Diferenciar planejamento estratégico de planejamento tático.

O planejamento estratégico é o processo para identificar os objetivos principais de uma organização e adotar modos de ação visando a esses objetivos. O planejamento tático orienta a implementação das atividades especificadas no planejamento estratégico.

1.1 Indique se as frases a seguir ilustram planejamento estratégico ou tático:
   a. O Wal-Mart decide ingressar no mercado japonês.
   b. Uma padaria local decide introduzir o café em sua lista de produtos.

2. Explicar como os planos de marketing diferem nos vários níveis de uma organização.

A alta administração passa mais tempo dedicando-se ao planejamento estratégico do que gerentes de nível intermediário e de supervisão, que tendem a enfocar planos táticos, mais restritos para suas unidades. Gerentes de supervisão são mais propensos a desenvolver planos específicos elaborados para atender às metas que lhes foram atribuídas.

2.1 Resuma em uma ou duas frases um plano estratégico no qual um gerente superior de uma unidade de negócios possa estar envolvido.
2.2 Indique em uma ou duas frases um plano tático que possa ser enfocado por um gerente de nível intermediário.

3. Identificar as etapas do processo de planejamento de marketing.

As etapas básicas do processo de planejamento de marketing são: definir a missão e os objetivos da organização, analisar recursos organizacionais, avaliar oportunidades e riscos ambientais, e formular, implementar e monitorar a estratégia de marketing.

3.1 Qual a diferença entre a missão de uma empresa e seus objetivos?
3.2 Defina estratégia de marketing.

4. Descrever técnicas e ferramentas de planejamento bem-sucedidas, incluindo o modelo das Cinco Forças de Porter, as estratégias "entrar primeiro" e "seguidor", a análise SWOT e a janela estratégica.

As Cinco Forças de Porter são identificadas como os cinco fatores competitivos que influenciam estratégias de planejamento: novos concorrentes potenciais, poder de barganha dos compradores, poder de barganha dos fornecedores; ameaça de produtos substitutos e rivalidade entre concorrentes. Com a estratégia "entrar primeiro", uma empresa tenta obter a maior participação no mercado sendo a primeira a entrar; com a estratégia "seguidor", uma empresa percebe as inovações e as dificuldades de empresas que entraram primeiro no mercado e as aperfeiçoam para ganhar vantagem. A análise SWOT (forças, fraquezas, oportunidades e ameaças) ajuda planejadores a comparar forças e fraquezas organizacionais internas com ameaças e oportunidades externas. A janela estratégica identifica os períodos limitados durante os quais os requisitos essenciais de um mercado e as competências de uma empresa estão na melhor combinação.

4.1 Sobre qual das Cinco Forças de Porter os consumidores têm maior influência?

4.2 Cite exemplos de empresas que tiveram sucesso com as estratégias "entrar primeiro" e "seguidor".

4.3 Ao utilizarem a janela estratégica, quais são os três fatores que os profissionais de marketing devem analisar?

5. **Identificar os elementos básicos da estratégia de marketing.**

O desenvolvimento de uma estratégia de marketing é um processo com duas etapas: (1) selecionar um mercado-alvo e (2) elaborar um mix de marketing eficiente para satisfazer o alvo escolhido. O mercado-alvo corresponde ao grupo de pessoas às quais a empresa decide dirigir seus esforços de marketing. O mix de marketing combina quatro elementos estratégicos para atender às necessidades e preferências de um mercado-alvo específico. Esses elementos são: estratégia de produtos, estratégia de distribuição, estratégia de comunicação e estratégia de preços.

5.1 Por que é tão importante para uma empresa identificar um mercado-alvo?

5.2 Dê um exemplo de cada uma das quatro estratégias do mix de marketing.

6. **Descrever as características ambientais que influenciam decisões estratégicas.**

Os cinco elementos do ambiente de marketing são: competitivo, político-legal, econômico, tecnológico e sociocultural. Os profissionais de marketing devem estar cientes da crescente diversidade cultural no mercado global.

6.1 Indique uma das formas pelas quais a tecnologia mudou o ambiente de marketing nos últimos cinco anos.

6.2 Por que é importante que os profissionais de marketing conheçam o ambiente sociocultural onde planejam realizar negócios?

7. **Descrever os métodos de planejamento de marketing, incluindo a análise de portfólio de negócios e a matriz do BCG.**

A análise de portfólio de negócios avalia as divisões e os produtos de uma empresa, inclusive unidades estratégicas de negócios (UENs). A UEN concentra a atenção de gerentes de empresas para que eles possam atender, de forma eficiente, à mutável demanda dos consumidores, dentro de certos mercados. A matriz do BCG coloca as UENs em um gráfico de quatro quadrantes que compara a participação no mercado com o potencial de crescimento no mercado. Os quatro quadrantes são vacas leiteiras, estrelas, abacaxis e oportunidades.

7.1 Qual o outro nome para UENs?

7.2 Descreva as características de cada um dos quatro quadrantes da matriz do BCG.

PROJETOS E EXERCÍCIOS EM GRUPO

1. Escolha uma empresa cujas mercadorias e serviços você conhece. Com pelo menos mais um colega de sala, elabore uma declaração de missão para essa empresa.

2. Após ter elaborado a declaração de missão para a empresa, defina pelo menos cinco objetivos.

3. Elabore uma análise SWOT para você mesmo, apresentando seus pontos fortes, pontos fracos, oportunidades e ameaças.

4. Selecione uma empresa e identifique seu mercado-alvo. Uma grande empresa poderá ter mais de um mercado-alvo. Elabore uma proposta concisa de estratégia de marketing para que esse mercado-alvo seja alcançado.

5. Com um colega de sala, escolha uma empresa cujos produtos vocês já compraram. Crie duas propagandas para um dos produtos da empresa (ou linhas de produtos). Uma das propagandas deverá enfocar o produto em si – suas características, embalagem ou marca. A outra deverá enfocar preços. Apresente suas propagandas na sala de aula para serem discutidas. Qual propaganda é mais eficaz para o produto? Por quê?

6. Individualmente, ou com um colega de sala, pesquise sobre uma empresa que existe há muito tempo, como a Ford, a General Electric ou a DuPont. Utilize sua pesquisa para determinar como a tecnologia tem mudado o ambiente de marketing da empresa selecionada. Apresente suas descobertas na sala de aula.

7. Imagine que você é um profissional de marketing de um grande fabricante de brinquedos. Altos executivos da empresa estipularam que o crescimento em mercados internacionais é essencial. Escreva um memorando para seu gerente explicando de que maneira o ambiente sociocultural pode afetar a estratégia de marketing da empresa.

8. Com um ou mais colegas de sala, pesquise na internet empresas que criaram UENs bem-sucedidas. Em seguida, elabore uma propaganda para uma dessas UENs.

9. Retome a empresa que você escolheu no Exercício 4. Pesquise mais sobre seus produtos para que você possa criar uma matriz do BCG hipotética para alguns produtos da empresa. Quais produtos são estrelas? Quais são vacas leiteiras e oportunidades? Existem abacaxis?

APLICANDO OS CONCEITOS DO CAPÍTULO

1. Do ponto de vista do marketing, por que é importante que uma organização defina suas metas e seus objetivos?

2. Quais as vantagens e desvantagens existentes quando uma empresa se distancia de suas principais competências?

3. Descreva um produto que considera particularmente vulnerável à substituição. Se você fosse profissional de marketing desse produto, que medidas adotaria para defender a posição de seu produto no mercado?

4. Imagine que você é profissional de marketing de uma linha de cosméticos de luxo. Que fatores do ambiente de marketing podem afetar sua estratégia de marketing? Por quê?

5. Imagine que você é profissional de marketing de uma pequena empresa que está tentando ingressar em uma das indústrias dominantes que ilustram a "regra de três". Que estratégia de marketing você deve escolher? Por quê?

EXERCÍCIOS SOBRE ÉTICA

Imagine que você trabalha para uma empresa que fabrica pranchas de surfe. Como membro da equipe de marketing, ajudou a elaborar uma análise SWOT para a empresa e descobriu coisas boas e não tão boas sobre ela. Os pontos fortes incluem fidelidade, modelo patenteado e preços competitivos. A empresa está sediada no Sudeste e o dono vê uma oportunidade de ingressar no mercado do Nordeste. No entanto, você está preocupado com os pontos fracos da empresa – a linha de produtos é limitada, e suspeita que ela não possui recursos financeiros para expandir no momento e o dono continua controlando tudo.

1. Você deveria falar com seu gerente sobre suas preocupações ou ficar calado? Por quê?

2. Você procuraria um emprego em outra empresa ou continuaria fiel à empresa onde trabalha? Por quê?

EXERCÍCIOS NA INTERNET

1. **Análise das Cinco Forças de Porter.** A análise da indústria das Cinco Forças de Porter foi brevemente descrita no capítulo. Você pode aprender mais sobre as Cinco Forças de Porter ao visitar o site cujo endereço vem a seguir. Analise o material apresentado e, com um parceiro, aplique as Cinco Forças de Porter a uma indústria específica, por exemplo, uma companhia aérea ou lojas de alimentos. **www.quickmba.com/strategy/poter.shtml**

2. **Planejamento estratégico** *versus* **planejamento tático.** Nos últimos anos, a Eastman Kodak implementou várias mudanças importantes em suas práticas comerciais. Uma delas foi abandonar um de seus mercados tradicionais como câmeras de filme e, ao mesmo tempo, alcançar outros, como imagens digitais. Visite o site da Kodak (**www.kodak.com.br**) e outras fontes on-line de notícias sobre negócios (como o *Yahoo!* Finanças, **http://br.finance.yahoo.com**). Elabore um relatório com um resumo das recentes mudanças na Kodak. Essas mudanças resultam de planejamento estratégico ou tático? Utilizando a Kodak como exemplo, explique brevemente como o planejamento tático ajuda no planejamento estratégico.

3. **Métodos de planejamento de marketing.** Um dos métodos de planejamento de marketing discutido no capítulo é a matriz de participação de mercado/de crescimento de mer-

cado. (Figura 2.8). Escolha uma empresa que opera em vários mercados bem definidos (como a General Electric, a Johnson & Johnson ou a 3M). Visite o site da empresa e faça uma lista de cada um de seus principais setores. Em seguida, tente classificar cada setor em termos de atração no mercado e pontos fortes comerciais. Que unidades você classifica como estrelas? Esteja pronto para defender suas conclusões.

www.ge.com.br
www.jnjbrasil.com.br
www.3m.com/intl/br/espe

Observação: Os endereços de sites na internet mudam com freqüência. Se você não encontrar os sites mencionados, será necessário acessar a homepage da organização ou da empresa e então realizar sua pesquisa ou utilizar uma ferramenta de busca como o *Google*.

C | A | S | O 2.1

A estratégia da Starbucks: afinal de contas, o mundo é pequeno

Se sua estratégia é crescer, você também deveria chegar ao máximo. É o que a Starbucks está fazendo – alcançando mercados internacionais como se isso fosse a coisa mais natural a ser feita. Para alguns especialistas, *é* o melhor plano para uma empresa à qual analistas de *Wall Street* têm-se referido como "a última história de grande crescimento". Outros são um pouco mais céticos. Por que, por exemplo, um fabricante de café norte-americano tentaria lançar sua bebida para concorrer com o mundialmente famoso expresso francês? "O café dos Estados Unidos é pura água. Nós o chamamos de *jus des chausettes*", comenta com desdém Bertrand Abadie, cineasta de documentários. (Para os que não falam francês fluentemente, saibam que ele chamou seu café favorito da Starbucks de "suco de meia".) Há também a China – uma nação com cerca de 1 bilhão de consumidores de chá. Como a Starbucks pretende converter uma nação cuja bebida favorita tem sido o chá nos últimos 4.500 anos? Outros países também estão sendo considerados, como o Japão e a Espanha. "Estamos adotando uma visão ampla de que as oportunidades são muitas e de que agora é só o começo", explica o CEO da Starbucks, Howard Schultz.

A Starbucks tem um plano. Atualmente, a empresa possui cerca de 6.500 estabelecimentos no mundo todo e aproximadamente um quarto delas fica em 29 países, excluindo-se os Estados Unidos e o Canadá. Segundo Schultz, nos próximos anos, a empresa sediada em Seattle pretende aumentar esse número para 25 mil estabelecimentos no mundo, sendo 15 mil deles fora da América do Norte. "Estamos construindo uma marca, não uma moda passageira", explica ele. A marca Starbucks inclui de seus sabores especiais a seu logotipo – uma sereia em um fundo verde –, que já é uma das imagens de produto mais famosas nos Estados Unidos.

Parte da estratégia da empresa é atingir consumidores mais jovens em todo o mundo. Os consumidores de café de vinte e poucos anos na Áustria vêem a Starbucks como algo novo e saboroso. "As cafeterias em Viena são boas, mas antigas. A Starbucks é moderna", diz um editor de jornal. Na Espanha,

os novos estabelecimentos da Starbucks estão fervendo com adolescentes, jovens adultos e turistas. "Não vamos alcançar a todos, mas vejo uma geração mais jovem de espanhóis e de pessoas de todos os tipos", nota o CEO Schultz. A empresa está vendendo também um pouco de luxo em muitos desses países, onde a renda média é menor do que nos Estados Unidos. Um *latte* médio custa 20 *yuan*, ou aproximadamente US$ 2,65, em Xangai, na China – um luxo para uma residência cuja renda mensal pode girar em torno de US$ 143. Mas os consumidores chineses consideram isso um prazer acessível.

Examinar os locais certos para estabelecimentos internacionais também faz parte do planejamento da Starbucks. Na China, profissionais de marketing literalmente ficam fora de locais potenciais com contadores portáteis registrando todos os possíveis clientes que passam. Casais modernos e jovens obtêm registros estimulantes. Esses consumidores representam a classe média emergente na China – pessoas com um pouco de dinheiro extra para gastar e o desejo de possuir bens de consumo. A Starbucks analisa o tráfego de pedestres de um local e pesquisa onde estarão as áreas mais novas e mais modernas nos próximos anos. Então, os profissionais de marketing descobrem onde os consumidores vivem, trabalham e se divertem. Finalmente, elaboram um plano para o novo estabelecimento.

Alianças estratégicas podem ser um fator vital para o sucesso máximo da Starbucks no mundo. No Japão, a empresa fez uma parceria com um fabricante de bolsas local, a Sazaby Inc. Na Espanha, uniu suas forças com o Grupo Vips, a segunda maior rede de restaurantes familiar do país. E na França, executivos da Starbucks conversaram com várias empresas, apesar de Schultz negar que está procurando por um sócio direto. "Muitas dessas conversas não eram sobre parceria e sim sobre aprender a como realizar negócios na França e sobre compartilhar experiências", ele insiste.

Crescer não é simples ou fácil e a Starbucks terá de perseverar em um ambiente de marketing incerto no mundo todo.

Alguns especialistas acusam a Starbucks e outras empresas de tentar "vender a cultura americana" para consumidores internacionais e prevêem que a novidade vai perder forças logo. A empresa também enfrentou tumultos políticos. Consumidores boicotaram um estabelecimento da Starbucks no Líbano em protesto à guerra entre os Estados Unidos e o Iraque; a Starbucks foi a obrigada a fechar seus estabelecimentos em Tel Aviv por causa dos violentos conflitos entre palestinos e israelenses. Há também céticos na França. "A primeira cafeteria foi fundada em Paris há mais de 300 anos", diz um estudioso francês. "A Starbucks não competirá com os cafés franceses. Em um café, não se bebe apenas café; as pessoas vão a um café para ter contato social. Em um grande local cheio de consumidores, isso fica difícil."

Entretanto, Schultz continua otimista. "Talvez possamos ser um grande exemplo de algo norte-americano que respeita a cultura francesa. E queremos construir essa ponte". Talvez a Starbucks consiga fazer que o mundo todo se sente e beba uma xícara de café americano.

Questões para discussão

1. Elabore uma breve análise SWOT da Starbucks enfocando seus planos de crescimento internacional. Você acha que essa estratégia é boa para a empresa? Por quê?

2. Identifique as dimensões do ambiente de marketing com maior probabilidade de afetar a estratégia da Starbucks de crescimento global e explique por quê.

Fontes: SERWER, Andy. Hot Starbucks to go. *Fortune*, p. 61-74, 26 jan./2004; KNOX, Noelle. Paris Starbucks hopes to prove U.S. coffee isn't sock juice. *USA Today*, p. B3, 16 jan./2004; REBOURS, Laurent. Starbucks opens first French shop to American Joe. *USA Today*, 15 jan./2004. Disponível em **www.usatoday.com**; FOWLER, Geoffrey A. Starbucks' road to China. *The Wall Street Journal*, p. B1, B3, 14 jul./2003; SINGER, Jason; FACKLER, Martin. In Japan, adding beer, wine to latté list. *The Wall Street Journal*, p. B1, B3, 14 jul./2003; WU, Amy. Starbucks'world won't be built in a day. *Forbes.com*, 27 jun./2003. Disponível em **www.forbes.com**; EDWARDS, Gavin. The logo. *Rolling Stone*, p. 110, 15 maio/2003; JUNG, Helen. Lattés for all: Starbucks plans global expansion. *The News Tribune*, 20 abr./2003. Disponível em **www.globalexchange.org**.

Criando um Plano de Marketing Eficiente

Visão Geral

"Quais são a nossa missão e os nossos objetivos?"
"Quem são os nossos clientes?"
"Que tipos de produtos oferecemos?"
"Como podemos oferecer um excelente atendimento ao cliente?"

Estas são algumas das questões abordadas por **planos de marketing** – descrição detalhada dos recursos e ações necessários para alcançar objetivos de marketing determinados. O Capítulo 2 discutiu o **planejamento estratégico** – processo que antecipa eventos e condições do mercado e determina

Em poucas palavras

O que você quer alcançar ou evitar? A resposta para essa pergunta são objetivos. Como você pretende alcançar os resultados que deseja? A resposta é estratégia.
William E. Rothschild
Autor americano e consultor de planejamento estratégico

a melhor maneira de uma empresa alcançar seus objetivos organizacionais. O planejamento de marketing engloba todas as atividades que visam a atingir objetivos de marketing, estabelecendo uma base para a elaboração de uma estratégia de marketing. Este apêndice trata detalhadamente do plano de marketing formal, que faz parte do plano de negócios gerais de uma organização. No final, você verá como é um plano real de marketing. São apresentados todos os componentes do plano de uma empresa hipotética chamada Blue Sky Clothing.

COMPONENTES DE UM PLANO DE NEGÓCIOS

O **plano de negócios** de uma empresa é um de seus mais importantes documentos. Ele coloca no papel todos os objetivos da organização, como serão alcançados, como o negócio garantirá o financiamento necessário e quanto dinheiro a empresa espera ganhar durante um período específico. Embora planos de negócios variem em duração e formato, a maioria contém, pelo menos, algum dos seguintes componentes:

- Um *resumo executivo* responde brevemente, no plano, perguntas do tipo quem, o que, quando, onde, como e por quê. Embora o resumo apareça no início do plano, normalmente é redigido por último, após os executivos da empresa terem analisado os detalhes de todas as outras seções.
- Uma seção de *análise competitiva* enfoca o ambiente no qual o plano de marketing será implementado. Embora essa seção esteja mais intimamente relacionada com o plano de negócios completo, os fatores que influenciam de modo específico o marketing provavelmente serão incluídos aqui.

- A *declaração de missão* resume a visão, os objetivos gerais e o propósito da organização. Essa declaração fornece a base para um planejamento maior.

- O plano geral de negócios inclui uma série de planos *componentes* que apresentam objetivos e estratégias para cada área funcional da empresa. Eles geralmente incluem o seguinte:

O *plano de marketing*, que descreve estratégias para informar clientes potenciais sobre as mercadorias e os serviços oferecidos pela empresa, bem como estratégias para desenvolver relacionamentos a longo prazo. No final deste Apêndice, é apresentado um exemplo de plano de marketing da Blue Sky Clothing.

O *plano de financiamento*, que apresenta uma abordagem realista para se garantir os fundos necessários e administrar fluxos de caixa.

O *plano de produção*, que descreve como a organização fará para desenvolver seus produtos da maneira mais eficiente e rentável possível.

O *plano de facilidades*, que descreve o ambiente físico e os equipamentos necessários para implementar o plano de produção.

O *plano de recursos humanos*, que avalia as necessidades humanas da empresa para alcançar objetivos organizacionais, incluindo uma comparação entre os funcionários atuais e essas necessidades, e estabelece processos para garantir uma equipe adequadamente treinada caso haja uma lacuna existente entre as habilidades de funcionários atuais e as necessidades futuras.

> ### *Em poucas palavras*
>
> Não faça pequenos planos; eles não são mágicos a ponto de agitar o sangue humano e provavelmente não serão realizados. Faça grandes planos; tenha grandes metas com relação à esperança e ao trabalho, lembrando-se de que um diagrama lógico e nobre, uma vez registrado, não morrerá.
>
> Daniel H. Burnham (1846-1912)
> Arquiteto americano
> e planejador urbano

Esse formato básico abrange o processo de planejamento utilizado por quase todas as organizações de sucesso. Não importa se uma empresa opera no setor de serviços, varejo, atacado ou fabricação (ou uma combinação deles), os componentes descritos aqui provavelmente aparecerão em seu plano de negócios geral. Independentemente do tamanho ou da longevidade de uma empresa, um plano de negócios é uma ferramenta essencial para seus donos, pois os ajuda a enfocar os elementos essenciais de seus negócios. Mesmo empresas pequenas que estão apenas começando precisam de um plano de negócios para obter financiamento. A Figura 1 mostra o esboço de um plano de negócios da Blue Sky Clothing.

CRIANDO UM PLANO DE MARKETING

Tenha em mente que um plano de marketing deve ser criado levando-se em consideração os outros elementos do plano de negócios de uma empresa. Além disso, um plano de marketing, muitas vezes, origina-se do plano de negócios, reafirmados o resumo executivo, a análise competitiva e a declaração de missão, para oferecer a quem lê uma visão geral da empresa. O plano de marketing é necessário por várias razões:

- Para se obter financiamento, pois os bancos e a maioria dos investidores requerem um plano de negócios detalhado – incluindo o plano de marketing – antes de considerarem a aplicação de um empréstimo ou um investimento de capital de risco.
- Para oferecer orientação sobre os negócios gerais da empresa e suas estratégias de marketing.
- Para apoiar o desenvolvimento de objetivos organizacionais de curto e longo prazo.
- Para orientar funcionários no alcance desses objetivos.
- Para servir como padrão com base no qual o progresso da empresa pode ser medido e avaliado.

Além disso, no plano de marketing a empresa registra por escrito seu compromisso com os clientes e com a construção de relacionamentos duradouros. Após criar e implementar o plano, profissionais de marketing devem reavaliá-lo periodicamente para medir seu sucesso ao fazer que a empresa alcance seus objetivos. Se mudanças forem necessárias, devem ser feitas o mais rapidamente possível.

FORMULANDO UMA ESTRATÉGIA GERAL DE MARKETING

Antes de criar um plano de marketing, os profissionais de marketing de uma empresa formulam uma estratégia geral de marketing. Uma empresa pode utilizar várias ferramentas no planejamento de marketing, incluindo a

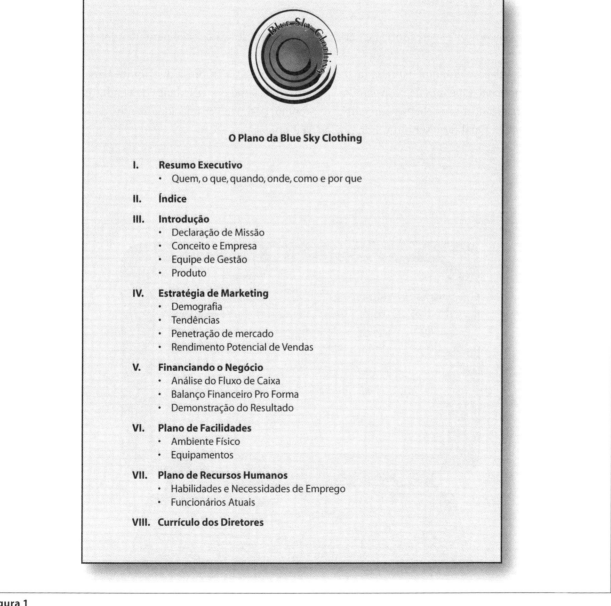

O Plano da Blue Sky Clothing

I.   **Resumo Executivo**
  • Quem, o que, quando, onde, como e por que

II. **Índice**

III. **Introdução**
  • Declaração de Missão
  • Conceito e Empresa
  • Equipe de Gestão
  • Produto

IV. **Estratégia de Marketing**
  • Demografia
  • Tendências
  • Penetração de mercado
  • Rendimento Potencial de Vendas

V.   **Financiando o Negócio**
  • Análise do Fluxo de Caixa
  • Balanço Financeiro Pro Forma
  • Demonstração do Resultado

VI. **Plano de Facilidades**
  • Ambiente Físico
  • Equipamentos

VII. **Plano de Recursos Humanos**
  • Habilidades e Necessidades de Emprego
  • Funcionários Atuais

VIII. **Currículo dos Diretores**

Figura 1
Esboço de um Plano de Negócios.

análise do portfólio de negócios e a matriz BCG. Seus executivos podem conduzir uma análise SWOT, aproveitar uma janela estratégica, estudar o modelo das Cinco Forças de Porter conforme se relaciona com seus negócios ou considerar a adoção de uma estratégia "entrar primeiro" ou "entrar depois", que estão descritas no Capítulo 2.

Além das estratégias de planejamento discutidas no Capítulo 2, os profissionais de marketing provavelmente discutirão a **análise de planilha**, que delineia uma grade de colunas e fileiras que organizam informações numéricas em formato padronizado e de fácil compreensão. A análise de planilha ajuda os planejadores a responder a várias perguntas do tipo "e se" relacionadas às operações e ao financiamento da empresa. A planilha eletrônica mais famosa é o Microsoft Excel. Uma análise de planilha ajuda os planejadores a antecipar o desempenho de marketing dados conjuntos específicos de circunstâncias. Por exemplo, uma planilha eletrônica pode apresentar os resultados de diferentes decisões sobre os preços de um novo produto, como mostra a Figura 2.

Assim que as estratégias de planejamento são determinadas, os profissionais de marketing começam a praticar os detalhes da estratégia de marketing. Os elementos dessa estratégia incluem identificar o mercado-alvo, estudar o ambiente de marketing e criar um mix de marketing.

Após identificar o mercado-alvo, os planejadores de marketing podem desenvolver o mix de marketing ideal para alcançar seus clientes potenciais:

- *Estratégia de produtos.* Que mercadorias e serviços a empresa deve oferecer para atender às necessidades de seus clientes?
- *Estratégia de distribuição.* Em qual(is) canal(ais) e instalações físicas a empresa distribuirá seus produtos?
- *Estratégia promocional.* Que mix de propagandas, promoção de vendas e atividades de vendas pessoais a empresa empregará para alcançar seus clientes inicialmente e, então, desenvolver relacionamentos de longo prazo?
- *Estratégia de preços.* Qual deve ser o nível de preços da empresa?

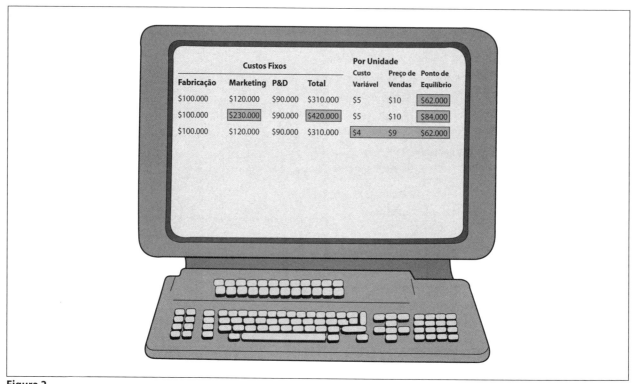

Figura 2
Como a Análise de Planilha funciona.

O RESUMO EXECUTIVO, ANÁLISE COMPETITIVA E DECLARAÇÃO DE MISSÃO

Visto que esses três elementos do plano de negócios muitas vezes reaparecem no plano de marketing, é útil descrevê-los aqui. Lembre-se de que o resumo executivo responde a perguntas do tipo "quem, o que, quando, onde, como e por quê" para o negócio. O resumo executivo da *National Collegiate Athletic Association* (*NCAA* – Associação Atlética Nacional de Colegiados dos Estados Unidos) incluiria uma referência ao atual processo de planejamento estratégico, que envolve "a elaboração de uma direção estratégica completa baseada no equilíbrio entre os princípios contínuos da associação e o que a associação pretende tornar-se dentro de 10 a 30 anos".[1] Haveria respostas a perguntas como quem está envolvido (organizações e pessoal principais), qual a duração do plano e como os objetivos serão atendidos.

> **Em poucas palavras**
>
> O marketing é apenas uma forma civilizada de guerra na qual a maioria das batalhas é ganha com palavras, idéias e pensamento disciplinado.
> **Albert W. Emery (nasc. 1923)**
> Executivo americano de agência publicitária

     A análise competitiva enfoca o ambiente em que o plano de marketing deve ser implementado. A análise competitiva do estabelecimento comercial Costco provavelmente concentraria seus esforços para manter sua vantagem sobre o Sam's Club do Wal-Mart e o BJ's. A análise pode delinear os esforços da Costco para aumentar sua participação no mercado com relação ao Sam's Club do Wal-Mart e o BJ's por meio de sua estratégia: oferecer mercadorias de alta qualidade a preços muito baixos. Consumidores podem comprar amendoins ou papel higiênico em grande quantidade na Costco, assim como podem fazê-lo no Sam's Club e no BJ's – mas eles também podem escolher uma bolsa da Coach, um vaso de cristal da Lalique ou uma garrafa de champanhe da Dom Perignon.[2]

     A declaração de missão registra em palavras o propósito geral de uma organização e o motivo de sua existência. Ling Chai, formada nas Universidades de Beijing e Princeton, fundou a Jenzabar Inc., uma pequena empresa com sede em Massachusetts que oferece um software educativo baseado na web e serviços para faculdades. Ela descreve a missão de sua empresa desta forma: "Todos os dias estamos ajudando milhões de estudantes, o corpo docente e os administradores nos *campi* para conectá-los e melhorar sua produtividade, suas experiências de aprendizagem e a comunicação uns com os outros". Em menos de uma década desde que foi concebida, os produtos da Jenzabar são utilizados em uma de cada cinco universidades dos Estados Unidos.[3]

DESCRIÇÃO DA EMPRESA

No começo do plano de marketing – em geral, depois do resumo executivo e antes da declaração de missão –, é incluída uma descrição da empresa. Essa descrição pode conter um breve histórico ou algumas de suas experiências anteriores, os tipos de produto que ela oferece ou planeja introduzir no mercado, sucessos ou conquistas recentes – em resumo, contém alguns parágrafos com informações, muitas vezes, encontradas na homepage de seu site.

DECLARAÇÃO DE METAS E COMPETÊNCIAS CENTRAIS

O plano então inclui uma declaração sobre as metas e competências centrais da empresa – as coisas que ela faz muito bem ou melhor do que qualquer outra. As metas devem ser específicas e mensuráveis e podem ser divididas em objetivos financeiros e não-financeiros. Uma meta financeira pode ser a introdução de 75 novas franquias nos próximos doze meses ou a obtenção de US$ 10 milhões em rendimentos. Uma meta não-financeira pode ser a entrada no mercado europeu ou a introdução de uma nova linha de produtos ano sim, ano não. A Handango, uma fornecedora de softwares para PDAs (assistentes pessoais digitais) e celulares, com sede no Texas, passou por um crescimento de

30% em cada trimestre nos três últimos anos e agora atende 6 milhões de clientes. Uma de suas metas financeiras é dar continuidade a esse crescimento; uma meta não-financeira é aumentar sua base de clientes para 8 milhões.[4]

As competências centrais são os elementos que fazem que uma empresa se destaque das outras no mercado. A Costco, mencionada anteriormente, começou da mesma forma que os outros estabelecimentos comerciais do setor até que seus profissionais de marketing perceberam que os clientes que atraíam tinham mais dinheiro para gastar do que pensaram no começo – então, a empresa começou a abastecer suas prateleiras com vários artigos de luxo além dos produtos principais oferecidos por outros estabelecimentos. Agora, uma de suas competências centrais é a capacidade de oferecer as melhores mercadorias a preços significativamente menores do que os das lojas tradicionais. Uma das lojas Costco vendeu um anel de diamante de US$ 106 mil recentemente, mas isso foi considerado uma barganha em comparação com o preço normal no varejo. Uma de suas metas financeiras é vencer a concorrência em vendas em duas frentes: de outras lojas de desconto, como Wal-Mart e BJ's, e de outras sofisticadas lojas de departamento, como a Saks da Quinta Avenida. Uma das metas não-financeiras é ser notada como uma loja de qualidade, mas sem preços altos.[5]

Empreendimentos pequenos, muitas vezes, começam com uma única competência central e constroem seus negócios e reputação a partir dessa competência. É importante que uma nova empresa identifique sua competência central no plano de marketing para que os investidores ou bancos entendam por que deveriam emprestar dinheiro para ela iniciar suas atividades ou avançar para o estágio seguinte. Quando Todd Graves e Greg Silvey tentaram arrecadar fundos para abrir um restaurante de tiras de frango empanado, com sede em Louisiana, alguns investidores privados decidiram emprestar dinheiro para eles por perceberem sua capacidade em demonstrar o quanto acreditavam em sua competência central: o sabor e a qualidade de suas ofertas de frango e o crescimento esperado desse tipo de negócio com frangos fritos ou assados. A dupla arrecadou o suficiente para abrir seu primeiro restaurante Raising Cane. Hoje, dez anos mais tarde, eles são donos de mais catorze restaurantes, todos situados em Louisiana. Sua meta é transformar o Raising Cane em uma franquia internacional – com cada estabelecimento servindo deliciosas tiras de frango.[6]

ESBOÇO DO AMBIENTE DE MARKETING

Todo plano de marketing bem-sucedido leva em consideração o ambiente de marketing – os fatores competitivos, econômicos, político-jurídicos, tecnológicos e socioculturais que afetam a maneira como a empresa formula e implementa sua estratégia de marketing. Planos de marketing podem abordar essas questões de formas diferentes, mas a meta é apresentar informações que descrevam a posição da empresa ou a situação em que ela se encontra no ambiente de marketing. As lanchonetes In-N-Out, com sede na Califórnia, existem desde 1948. A empresa começou a crescer só na última década, com a introdução de dez novas lanchonetes por ano em toda a Califórnia e alguns estabelecimentos espalhados por Nevada e pelo Arizona. Todas as lanchonetes pertencem à organização; não há franquias. O cardápio é simples – hambúrgueres, fritas, refrigerantes e milk-shake. A co-fundadora Esther Snyder, que está no começo de seus oitenta anos, ainda é a CEO. A In-N-Out possui seguidores fiéis que agora abrangem várias gerações.[7] Portanto, um plano de marketing para a In-N-Out incluiria a avaliação de redes concorrentes, como o Burger King e o McDonald's; quaisquer avanços tecnológicos que afetariam fatores como a preparação dos alimentos; questões sociais como preferências alimentares dos clientes e a tendência do Wraps (culinária saudável) e outros produtos com baixo teor de carboidratos; questões político-jurídicas como normas sobre alimentos; além de questões econômicas que afetem a estratégia de preços.

Um método para delinear o ambiente de marketing no plano de marketing é incluir uma análise SWOT, descrita no Capítulo 2. A análise SWOT identifica os pontos fortes e fracos da empresa, as oportunidades e ameaças dentro do ambiente de marketing. Uma análise SWOT para a In-N-Out identificaria tais pontos fortes, como sua base de clientes de longo prazo e sua invejável capacidade de criar uma vantagem que os concorrentes não conseguem copiar, de acordo com o pesquisador da indústria Paul Westra.[8] Seus pontos fracos podem incluir seu cardápio limitado e o pequeno número de estabelecimentos. Uma grande oportunidade tem a ver com o fato de que a

In-N-Out possui pouquíssimos estabelecimentos e pode ampliar em quase todos os lugares sem desvalorizar seu próprio negócio. As ameaças incluem a concorrência de cadeias muito maiores. Uma análise SWOT pode ser apresentada em gráfico para que seja fácil visualizá-la como parte do plano de marketing. O plano de marketing modelo deste apêndice inclui uma análise SWOT para a Blue Sky Clothing.

O MERCADO-ALVO E MIX DE MARKETING

O plano de marketing identifica o mercado-alvo para os produtos da empresa. A Premier Cru, uma pequena empresa que fabrica discos – não CDs – decidiu visar às estações de rádio como seu mercado inicial. Por quê? O motivo é que muitos DJs preferem o som que vem de discos de vinil.[9] O mercado-alvo da Under Armour Performance Apparel são atletas, qualquer tipo de atleta. A Under Armour fabrica camisetas com um tecido que elimina a umidade da pele. Os atletas usam essas peças de roupa por baixo de seus uniformes ou trajes esportivos para se manterem secos e confortáveis durante exercícios físicos ou jogos. Em dez anos, a Under Armour garantiu contratos com a *National Hockey League* e com a Grande Liga de Beisebol americanas, bem como com outras ligas esportivas, e seus produtos estão disponíveis em 4.500 lojas de todos os Estados Unidos.[10]

O plano de marketing também discute o mix de marketing que a empresa escolheu para seus produtos. Quando a Nokia lançou seu *N-Gage*, um aparelho portátil com jogos, utilizou um mix de marketing que incluía produto, distribuição, promoção e estratégias de preços. Ao ampliar sua famosa linha de produtos de comunicação incluindo um celular com jogos, a Nokia colocou seu novo produto em competição direta com máquinas de jogos feitas pela Nintendo e pela Sony. A distribuição do *N-Gage* provou ser complicada: a Nokia precisou fazer acordos com lojas que vendem jogos – não apenas telefones – sem ignorar seus principais clientes da indústria de celulares. A Nokia pretende gastar um valor estimado em US$ 100 milhões promovendo o novo aparelho. O preço de varejo do *N-Gage* é US$ 300 – mais alto do que o de aparelhos concorrentes, mas ele é repleto de mais recursos, como telefone, mensagens de texto, rádio FM e tocador de MP3.

Talvez, surpreendentemente, a Nokia não tenha direcionado o *N-Gage* só a adolescentes e jovens de vinte e poucos anos, especialistas em jogos. Os profissionais de marketing da Nokia também visaram a outros grupos de consumidores, inclusive socialites e executivos. E, como parte de sua estratégia de marketing geral, a gigante de telecomunicações finlandesa recentemente dividiu sua organização em quatro unidades de negócios principais: redes móveis, telefones celulares em geral, dispositivos sem fio para entretenimento e produtos relacionados à indústria de celulares. "De maneira estratégica, a Nokia está fazendo a coisa certa ao tentar ampliar os mercados que lhe interessam", observa o analista financeiro Tim Luke da Lehman Brothers.[11] Todas essas estratégias estariam incluídas no plano de marketing da Nokia para o *N-Gage*.

ORÇAMENTO, CRONOGRAMA E MONITORAMENTO

Todo plano de marketing requer um orçamento, um cronograma para ser implementado e um sistema para monitorar o fracasso ou o sucesso da empresa. Em geral, um orçamento traz a análise dos custos incluídos conforme o plano de marketing é implementado, compensado pelas vendas, lucros e prejuízos durante a evolução do programa.

A maioria dos planos de marketing de longo prazo abrange um período de dois a cinco anos, embora as empresas que negociam em indústrias de fabricação de automóveis, produtos farmacêuticos ou madeiras possam ampliar seus planos de marketing no futuro, uma vez que, em geral, leva-se mais tempo para desenvolver esses produtos. No entanto, os profissionais de marketing da maioria das indústrias terão dificuldades em obter estimativas e previsões para mais de cinco anos em razão das muitas incertezas do mercado. As empresas também podem optar por desenvolver planos de curto prazo para cobrir atividades de marketing em um único ano.

O plano de marketing, seja ele de longo ou de curto prazo, prevê quanto tempo levará para que as metas definidas no plano sejam atingidas. Uma meta pode ser o lançamento de um certo número de lojas novas, o crescimento da participação no mercado ou a expansão da linha de produtos. Por fim, o programa de marketing é monitorado e avaliado por seu desempenho. Geralmente, localizam-se metas de vendas mensais, trimestrais e anuais; determina-se a eficiência com que certas tarefas são concluídas; avalia-se a satisfação do cliente, etc. Todos esses fatores contribuem para a revisão geral do programa.

Em poucas palavras

Você deve ser rápido e adaptável, caso contrário uma estratégia é inútil.
Lou Gerstner (nasc. em 1942)
Ex-presidente da IBM

Em determinado momento, uma empresa pode optar por implementar uma *estratégia de saída*, um plano de contingência para quem está deixando o mercado. Um modo comum de uma grande empresa fazer isso é liquidar uma unidade de negócios. Algumas dessas estratégias foram implementadas recentemente. Após tentar, durante vários anos, conquistar uma competência que a distinguisse na concorrência com a Dell ao estabelecer algumas lojas decoradas com decoração malhada, a Gateway recentemente considerou a experiência um fracasso caro e fechou as lojas. Enfrentando a concorrência crescente no mercado de computadores portáteis PDA de *smartphones* cada vez mais sofisticados, a Sony Electronics anunciou recentemente que não tem planos de lançar novas versões de seus cinco modelos *Clie* vendidos nos Estados Unidos.[12]

Outro exemplo da implementação de uma estratégia de saída originou-se do ícone de jeans Levi Strauss, que declarou que estava explorando a possibilidade de vender o departamento de Dockers para ajudar a pagar uma dívida enorme. A venda do departamento de Dockers, que gera US$ 1,4 milhão em rendimentos anuais, ajudaria a Levis a sair do mercado de roupas informais masculinas e se concentrar em seu principal mercado de jeans.[13] Empresas menores podem sair ao se fundirem com outras empresas. A Snapple, que começou como uma pequena empresa de bebidas, foi vendida para a Cadbury.

AMOSTRA DO PLANO DE MARKETING

As páginas a seguir contêm o exemplo de um plano de marketing para a Blue Sky Clothing. Em determinado momento de sua carreira, você provavelmente se envolverá – ou pelo menos contribuirá – com a redação de um plano de marketing. E provavelmente lerá muitos planos de marketing durante sua carreira de negócios. Tenha em mente que o plano da Blue Sky é um exemplo isolado; não há um formato único utilizado por todas as empresas. Além disso, o plano da Blue Sky foi resumido para facilitar a anotação e a ilustração das características mais importantes. Deve-se lembrar de que o plano de marketing é um documento elaborado para apresentar informações coesas e concisas sobre os objetivos de marketing da empresa para gerentes, instituições de empréstimos e outros envolvidos na criação e na implementação da estratégia geral de negócios da empresa.

PLANO DE MARKETING DE CINCO ANOS
BLUE SKY CLOTHING, INC.

SUMÁRIO

RESUMO EXECUTIVO

Este plano de marketing de cinco anos da Blue Sky Clothing foi criado por dois fundadores para garantir fundos adicionais para o crescimento e para informar os funcionários sobre a direção e a situação atual da empresa. Embora tenha sido fundada há apenas três anos, a Blue Sky Clothing tem encontrado uma demanda maior do que se esperava com relação a seus produtos, e pesquisas mostram que o mercado-alvo de consumidores interessados em esporte e as lojas de artigos esportivos gostariam de comprar mais roupas casuais do que a Blue Sky Clothing oferece atualmente. Também estão interessados em ampliar sua linha de produtos, bem como introduzir novas linhas de produtos. Além disso, a Blue Sky pretende explorar oportunidades de vendas on-line. O ambiente de marketing tem sido bem receptivo às mercadorias de ótima qualidade da empresa – roupas casuais em cores modernas com logotipos e slogans que refletem os interesses dos apaixonados pelo campo e por ambientes ao ar livre. Nos próximos cinco anos, a Blue Sky pode aumentar sua distribuição, oferecer novos produtos e ganhar novos clientes.

> O resumo executivo apresenta o "quem, o que, onde, quando, como e por quê" do plano de marketing. A Blue Sky existe há apenas três anos e tem tanto sucesso que agora precisa de um plano de marketing formal para obter mais financiamento de bancos ou de investidores particulares para expandir e lançar novos produtos.

DESCRIÇÃO DA EMPRESA

A Blue Sky Clothing foi fundada há três anos pelos empresários Lucy Neuman e Nick Russell. Neuman é formado em Marketing e trabalhou vários anos na indústria de vestimentas. Russell administrava um empreendimento de aventuras chamado Go West! que organiza viagens em grupos para locais em Wyoming, Montana e Idaho, antes de vendê-lo para um sócio. Neuman e Russell, que são amigos desde a época da faculdade, decidiram desenvolver uma linha de roupas para o mercado com um exclusivo, embora universal, atrativo para os apaixonados por ambientes ao ar livre.

A Blue Sky Clothing reflete a paixão de Neuman e Russell por ambientes ao ar livre. As camisetas originais de algodão, os bonés de beisebol, os casacos e os coletes da empresa apresentam logotipos de esportes diferentes – como caiaque, montanhismo, ciclismo, patinação e hipismo. Porém todos os artigos mostram o slogan da empresa: "Vá Brincar ao Ar Livre". A Blue Sky vende roupas tanto masculinas como femininas, nas cores mais quentes e com os nomes mais legais, como rosa matutino, vermelho pôr-do-sol, roxo crepúsculo, rosa desértico, verde cacto, azul oceano, branco pico da montanha e cinza rochoso.

As roupas da Blue Sky atualmente são vendidas por pequenas lojas do varejo especializadas em roupas e equipamentos esportivos. A maioria dessas lojas concentra-se no norte da Nova Inglaterra, na Califórnia, na região noroeste

> A descrição da empresa resume a história da Blue Sky – como e por quem ela foi formada, quais são seus produtos e por que eles são singulares. Ela começa a "vender" a quem lê as possibilidades de crescimento da Blue Sky.

e em alguns estados do sul dos Estados Unidos. A alta qualidade, as cores modernas e a mensagem exclusiva das roupas renderam à Blue Sky clientes entre
25 e 45 anos. As vendas triplicaram só no ano passado e a Blue Sky atualmente
está tentando expandir sua capacidade de fabricação.

A Blue Sky também está comprometida em retribuir à comunidade, contribuindo com programas de conservação local. Por fim, a empresa gostaria de desenvolver e financiar seus próprios programas ambientais. Esse plano demonstrará
como a Blue Sky pretende introduzir novos produtos, expandir sua distribuição,
entrar em novos mercados e retribuir à comunidade.

METAS E MISSÃO DA BLUE SKY

> É importante expor as metas e a missão da empresa, inclusive as metas financeiras e não-financeiras. As metas da Blue Sky incluem lucros e o crescimento da empresa, bem como a capacidade de contribuir com a sociedade por meio de programas de preservação.

A missão da Blue Sky é ser líder na fabricação e comercialização de roupas personalizadas e casuais para clientes que amam ambientes ao ar livre. A Blue Sky
quer inspirar as pessoas a saírem com mais freqüência e desfrurar esses momentos com familiares e amigos. Além disso, a empresa empenha-se em elaborar
programas de preservação do ambiente natural.

Durante os próximos cinco anos, a Blue Sky procurará atingir as seguintes metas financeiras e não-financeiras:

- *Metas financeiras*
  1. Obter financiamento para expandir as capacidades de fabricação, au-
     mentar a distribuição e introduzir duas novas linhas de produtos.
  2. Aumentar os rendimentos em pelo menos 50% ao ano.
  3. Doar pelo menos US$ 25 mil por ano para organizações de preservação.

- *Metas não-financeiras*
  4. Introduzir duas novas linhas de produtos – roupas com logotipo perso-
     nalizado e bagagens leves.
  5. Entrar em novos mercados geográficos, incluindo os estados america-
     nos do Sudoeste, Nova York, Nova Jersey e Pensilvânia.
  6. Desenvolver um bom site e manter relacionamentos firmes com varejis-
     tas.
  7. Desenvolver seu próprio programa de preservação para ajudar as comu-
     nidades a arrecadarem dinheiro para a compra de espaços abertos.

COMPETÊNCIAS CENTRAIS

> Essa seção lembra aos funcionários e às pessoas de fora da empresa (como possíveis credores) exatamente o que a Blue Sky faz tão bem e como planeja conseguir uma vantagem competitiva sustentável diante de suas rivais. Perceba que aqui e durante todo o plano, a Blue Sky enfoca os relacionamentos.

A Blue Sky procura utilizar suas competências centrais para alcançar uma vantagem competitiva sustentável, diante da qual os concorrentes não podem oferecer
aos consumidores o mesmo valor que a Blue Sky oferece. Até agora a Blue Sky
desenvolveu competências centrais: (1) na oferta de um produto de alta qualidade
e diferenciado cuja imagem é reconhecida pelos consumidores; (2) na criação de
um senso de comunidade entre clientes que compram os produtos; e (3) no desenvolvimento, entre os varejistas, de uma reputação de fabricante confiável, entregando a quantidade de produtos solicitados dentro do prazo. A empresa pretende

aperfeiçoar essas competências mediante esforços de marketing que aumentem o número de produtos oferecidos bem como os pontos de distribuição.

Ao estabelecer relacionamentos sólidos com clientes, varejistas e fornecedores de tecidos e outras mercadorias e serviços, a Blue Sky acredita que pode gerar uma vantagem competitiva sustentável com relação a seus rivais. Nenhuma outra empresa de fabricação de roupas pode dizer para seus clientes com tanta convicção "Vá Brincar ao Ar Livre!".

ANÁLISE SITUACIONAL

O ambiente de marketing da Blue Sky apresenta oportunidades irresistíveis. Ele também contém alguns desafios que a empresa acredita poder superar com sucesso. A Tabela A ilustra uma análise SWOT da empresa conduzida por profissionais de marketing para destacar os pontos fortes e fracos, as oportunidades e ameaças da empresa.

> A análise situacional oferece uma visão geral do ambiente de marketing. Uma análise SWOT ajuda profissionais de marketing e outras pessoas a identificarem claramente os pontos fortes, fracos, oportunidades e ameaças de uma empresa. Novamente, os relacionamentos são enfocados. A Blue Sky também realizou uma pesquisa sobre o mercado de roupas para ambientes externos, sobre concorrentes e sobre consumidores para determinar a melhor maneira de atrair clientes e mantê-los.

Pontos Fortes
Os dedicados fundadores da Blue Sky entendem o mercado-alvo e o produto.
A Blue Sky conseguiu distribuir produtos em vários mercados com rápida aceitação.
A empresa possui pouquíssimas dívidas, com grande potencial de crescimento.
A Blue Sky trabalha com um único fabricante, assegurando máximo controle de qualidade.

Pontos Fracos
Os fundadores da Blue Sky podem perder de vista o possível alcance de seus negócios.
Um número limitado de consumidores nos Estados Unidos conhece a marca Blue Sky.
A empresa possui um fluxo de caixa limitado.
A Blue Sky conta com um único fabricante, o que limita a capacidade de produção se a empresa desejar expandir-se.

VULNERABILIDADES

RESTRIÇÕES

Oportunidades
Os leais consumidores da Blue Sky provavelmente comprarão novos produtos.
Existem lacunas no mercado que podem ser preenchidas com novos produtos, como bagagens e roupas personalizadas.
A Blue Sky tem a chance de se expandir pelos Estados Unidos e atingir novos mercados.
A empresa pode alcançar maior número de consumidores por meio de seu site.

Ameaças
Os consumidores podem enjoar do conceito; a empresa precisa mantê-lo inovador.
Grandes concorrentes como REI, Timberland e Patagonia podem absorver os dólares dos consumidores ou lançar uma linha de produtos semelhante.
A venda de roupas nos Estados Unidos tem sido geralmente pequena nos últimos anos.
Os relacionamentos com varejistas podem se deteriorar se eles acharem que enfrentam concorrência interna na forma de vendas próprias.

Alavancagem

Problemas

Tabela A
Análise SWOT da Blue Sky Clothing, Inc.

A análise SWOT apresenta uma breve descrição da posição da empresa no mercado. Em apenas três anos, a Blue Sky desenvolveu alguns pontos fortes impressionantes enquanto aguardava novas oportunidades. Seus dedicados funda-

dores, o crescente número de clientes fiéis à marca e uma sólida gestão financeira colocam a empresa em uma boa posição de crescimento. Entretanto, enquanto cogita a expansão de sua linha de produtos e a entrada em novos mercados, a Blue Sky precisará proteger-se contra a miopia de marketing (fracasso em reconhecer o escopo de seu negócio) e deslizes de qualidade. Conforme a empresa finaliza planos referentes a novos produtos e à expansão de vendas por internet, sua equipe de gestão também precisará proteger-se contra concorrentes que tentam copiar os produtos. No entanto, a construção de sólidos relacionamentos com clientes, varejistas e fornecedores deverá ajudar a vencer os concorrentes.

CONCORRENTES NO MERCADO DE ROUPAS PARA AMBIENTES EXTERNOS

A indústria varejista de artigos para ambientes externos vende mercadorias que valem cerca de US$ 5 bilhões anualmente, de roupas a equipamentos. O mercado de roupas para ambientes externos tem muitas portas. A L. L. Bean, a REI, a Timberland, a Bass Pro Shops, a Cabela's e a Patagonia estão entre as mais reconhecidas empresas que oferecem esse tipo de produtos. Concorrentes menores, como a Title IX, que oferece roupas esportivas femininas, e a Ragged Mountain, que vende roupas para quem esquia e caminha, também agarraram parte do mercado. A perspectiva da indústria em geral – e da Blue Sky em particular – é positiva por vários motivos. Em primeiro lugar, os consumidores estão participando e investindo em atividades recreativas próximas de suas casas. Em segundo, os consumidores estão buscando maneiras de aproveitar seu tempo livre com amigos e familiares sem gastar muito. Em terceiro, os consumidores estão confiando mais na economia e estão dispostos a gastar mais.

Embora todas as empresas apresentadas anteriormente possam ser consideradas concorrentes, nenhuma oferece produtos modernos e práticos como os da Blue Sky – e nenhuma possui os slogans e logotipos personalizados que a Blue Sky pretende oferecer no futuro próximo. Além disso, a maioria desses concorrentes vende roupas para atividades esportivas em tecidos bem elaborados. Com exceção das jaquetas e dos coletes de feltro, as roupas da Blue Sky Clothing são feitas com algodão, o que dá mais alta qualidade, podendo ser vestidas tanto em trilhas para caminhada como na cidade. Por fim, os produtos da Blue Sky são oferecidos a preços razoáveis, por isso podem ser adquiridos em quantidades variadas. Por exemplo, uma camiseta da Blue Sky é vendida por US$ 15,99 em comparação com uma ótima camiseta de marca do concorrente vendida por US$ 29,99. Os consumidores podem substituir facilmente um conjunto de camisetas de uma estação à outra e escolher as cores mais recentes, sem precisar pensar na compra.

Uma pesquisa realizada pela Blue Sky revelou que 67% dos consumidores entrevistados preferem substituir suas roupas casuais e esportivas mais freqüentemente do que as outras roupas, portanto se interessam pelos preços acessíveis dos produtos da Blue Sky. Além disso, visto que a tendência em praticar atividades saudáveis e preocupar-se com o ambiente natural continua, os consumidores se identificam, cada vez mais, com a filosofia da Blue Sky, bem como com as contribuições da empresa com programas socialmente responsáveis.

O MERCADO-ALVO

O mercado-alvo dos produtos da Blue Sky é composto de consumidores ativos que têm de 25 a 45 anos – pessoas que gostam de caminhar, escalar formações rochosas, andar de bicicleta, surfar, patinar, andar a cavalo, praticar *snowboard*, esquiar, caiaque e outras atividades afins. Em resumo, elas gostam de "Ir Brincar ao Ar Livre". Podem não ser especialistas nos esportes que praticam, mas aproveitam bastante ambientes externos.

Esses consumidores ativos representam um grupo demográfico composto de indivíduos bem-sucedidos e com boa formação; são solteiros ou casados e com filhos. A renda doméstica normalmente varia de US$ 60 mil a US$ 120 mil por ano. Apesar da renda considerável, esses consumidores pesquisam preços e constantemente procuram obter valor em suas compras. Independentemente da idade (estejam eles no topo ou na base da faixa desejada), possuem vida ativa. De certa forma, são influenciados por *status*, mas não em demasia. Gostam de ser associados com produtos de alta qualidade, mas não estão dispostos a pagar um preço alto por determinada marca. Os atuais clientes da Blue Sky geralmente moram na Nova Inglaterra, na região Sul, na Califórnia e na região Noroeste. Entretanto, uma das metas futuras da empresa é atingir consumidores de Nova York, Nova Jersey e Pensilvânia, bem como do Sudoeste dos Estados Unidos.

O MIX DE MARKETING

A discussão a seguir trata de alguns detalhes do mix de marketing proposto para os produtos da Blue Sky.

ESTRATÉGIA DE PRODUTO. A Blue Sky atualmente oferece uma linha de roupas para ambientes externos de alta qualidade, incluindo camisetas de algodão, bonés de beisebol e jaquetas e coletes de feltro. Todos contêm seu logotipo e seu slogan: "Vá Brincar ao Ar Livre". A empresa pesquisou as cores mais populares para seus artigos e deu a elas nomes de que os consumidores gostam muito – vermelho pôr-do-sol, rosa matutino, verde cacto, rosa desértico e cinza rochoso, entre outros. Nos próximos cinco anos, a Blue Sky pretende ampliar sua linha de produtos e incluir roupas personalizadas. Os clientes poderão escolher um logotipo que represente seu esporte – por exemplo, escaladas – e acrescentar um slogan para combinar com o logotipo, como "Chegue ao Topo". Um boné de beisebol com o desenho de um ciclista pode conter o slogan "Dê uma Virada". No começo, haveria dez novos logotipos e cinco novos slogans; mais tarde seriam acrescentados outros. Por fim, alguns slogans e logotipos seriam excluídos e novos seriam introduzidos. Essa estratégia fará que o conceito continue novo e impedirá que ele se dilua em meio a tantas variações.

A segunda maneira da Blue Sky ampliar sua linha de produtos é oferecer bagagens leves – dois tamanhos de malas esportivas, dois tamanhos de bolsas de pano e mochilas. Esses artigos também viriam em cores modernas e básicas, com opções de logotipos e slogans. Além disso, todos os produtos viriam com o logotipo da Blue Sky.

Os clientes da Blue Sky são pessoas ativas entre 25 e 45 anos. No entanto, isso não significa que alguém com 62 anos que prefira ler não seja também um potencial cliente. Ao identificar onde os clientes existentes moram, a Blue Sky pode planejar seu crescimento com novos estabelecimentos.

A parte mais poderosa do mix de marketing da Blue Sky envolve promoções de vendas, relações públicas e estratégias de marketing não-tradicionais, como o comparecimento a eventos ao ar livre e a organização de atividades como caminhar durante o dia e andar de bicicleta.

ESTRATÉGIA DE DISTRIBUIÇÃO. Atualmente, os produtos da Blue Sky são comercializados em lojas especializadas locais, espalhadas pelo litoral da Califórnia, na região Noroeste, por todo o Sul e no norte da Nova Inglaterra. Até agora, os produtos da Blue Sky não foram distribuídos nas cadeias de roupas e artigos esportivos. O clima e a estação costumam direcionar as vendas em lojas especializadas, que vendem mais camisetas e bonés em épocas de temperatura mais elevada e mais coletes e jaquetas de feltro nos meses mais frios. A Blue Sky consegue muitas informações sobre as tendências gerais da indústria em diferentes áreas geográficas e em diferentes estabelecimentos do varejo por meio de sua organização comercial, a *Outdoor Industry Association*.

Nos próximos três anos, a Blue Sky quer ampliar sua distribuição para lojas especializadas do varejo em todo o país, concentrando-se, em seguida, na região Sudoeste, em Nova York, Nova Jersey e Pensilvânia. A empresa ainda não decidiu se será vantajoso vender por intermédio de uma importante cadeia nacional, como a REI ou a Bass Pro Shops, já que esses estabelecimentos são considerados concorrentes.

Além disso, a Blue Sky pretende ampliar suas vendas on-line ao oferecer a linha de produtos personalizados apenas via internet, diferenciando, assim, as ofertas da internet e as ofertas das lojas especializadas. Por fim, será possível colocar cabines de internet em algumas das lojas mais rentáveis para que os consumidores possam solicitar produtos personalizados. Independentemente de seus planos de expansão, a Blue Sky pretende monitorar e manter relacionamentos sólidos com membros de canais de distribuição.

ESTRATÉGIA DE COMUNICAÇÃO. A Blue Sky comunica-se com clientes e lojistas sobre seus produtos de diversas maneiras. Informações sobre a Blue Sky – da empresa e de seus produtos – estão disponíveis na internet, por correspondência direta e ao vivo. Os esforços de comunicação da empresa também procuram diferenciar seus produtos dos artigos dos concorrentes.

A empresa mantém contato pessoal com os lojistas para estabelecer os produtos em suas lojas. Esse contato, seja ao vivo ou por telefone, ajuda a transmitir a mensagem da Blue Sky, a demonstrar as qualidades exclusivas de seus produtos e a construir relacionamentos. Os representantes de vendas da Blue Sky visitam todas as lojas duas ou três vezes por ano e oferecem treinamento dentro delas sobre os produtos, para novos lojistas ou para aqueles que desejam se atualizar. Conforme a distribuição se expandir, a Blue Sky irá adaptar-se para atender a demandas maiores, aumentando a equipe de vendas para garantir que suas lojas sejam visitadas mais vezes.

Atualmente, as promoções de vendas e as relações públicas compõem o conjunto de estratégias promocionais da Blue Sky. A equipe de vendas da Blue Sky trabalha com lojistas para oferecer promoções de vendas de curto prazo ligadas a eventos e competições. Além disso, Nick Russell está trabalhando com vários estabelecimentos que vendem artigos de viagens para oferecer à Blue Sky produtos em promoção. A empresa também está comprometida com o marketing de causa, contribuindo com programas ambientais e, como conseqüência, têm surgido boas relações públicas.

Métodos de marketing não-tradicionais que requerem pouco dinheiro e muita criatividade também servem perfeitamente à Blue Sky. Como a Blue Sky é uma organização pequena e flexível, pode facilmente implementar idéias, como a distribuição de água grátis, adesivos e cupons de desconto em eventos ao ar livre. No próximo ano, a empresa pretende implementar os seguintes esforços de marketing:

- Criar a Turnê Blue Sky, na qual vários funcionários se revezam em viagens pelos Estados Unidos, em áreas de acampamento, para distribuir artigos promocionais, como adesivos da Blue Sky e cupons de desconto.
- Comparecer a eventos, como corridas de caiaque e canoas, ciclismo e competições de escaladas, com nosso caminhão da Blue Sky, para distribuir água grátis, adesivos e cupons de desconto para blusas ou chapéus da Blue Sky.
- Organizar caminhadas da Blue Sky, com saída das lojas participantes.
- Realizar uma competição da Blue Sky para selecionar um slogan e um logotipo a serem acrescentados na linha personalizada de produtos.

ESTRATÉGIA DE PREÇO. Como discutido anteriormente neste plano, os produtos da Blue Sky recebem preços considerando-se a concorrência. A empresa não está preocupada em estipular preços elevados para exibir luxo ou prestígio, nem está tentando atingir as metas com preços baixos ao vender grandes quantidades de produtos. Pelo contrário, os preços são valorizados para que os clientes se sintam à vontade para comprar novas roupas e substituir as velhas, mesmo que seja somente porque gostam das novas cores. A estratégia de preço também faz dos produtos da Blue Sky bons presentes – para aniversários, formaturas ou qualquer ocasião. As roupas personalizadas serão vendidas por US$ 2 ou US$ 4 a mais do que as roupas normais da Blue Sky. Os preços das bagagens serão competitivos, com um bom valor na comparação com a concorrência.

ORÇAMENTO, CRONOGRAMA E MONITORAMENTO

Embora tenha um histórico pequeno, a Blue Sky vem experimentando um aumento constante nas vendas desde que chegou ao mercado três anos atrás. A Figura A mostra esses três anos, além de vendas previstas para os próximos três anos, incluindo a introdução de duas novas linhas de produtos. Dados financeiros adicionais estão incluídos no plano geral de negócios da empresa.

A Figura B mostra o cronograma para a expansão de lojas e para a introdução de duas novas linhas de produtos. A implementação de cada uma dessas tarefas será monitorada rigorosamente e seu desempenho será avaliado.

Na Figura B, a Blue Sky prevê a continuidade de suas operações em um futuro próximo e não faz planos de sair do mercado. Pelo contrário, a empresa pretende ampliar sua presença no mercado. No momento, ela não tem planos de incorporar-se a outra empresa ou de oferecer ações publicamente.

Um plano real conterá detalhes financeiros mais específicos, que serão incluídos no plano geral de negócios. Para mais informações, veja o apêndice "Análise Financeira em Marketing" na página A-1 deste livro. Além disso, a Blue Sky declara que, nesse estágio, não pretende sair do mercado incorporando-se a outra empresa nem oferecer ações publicamente.

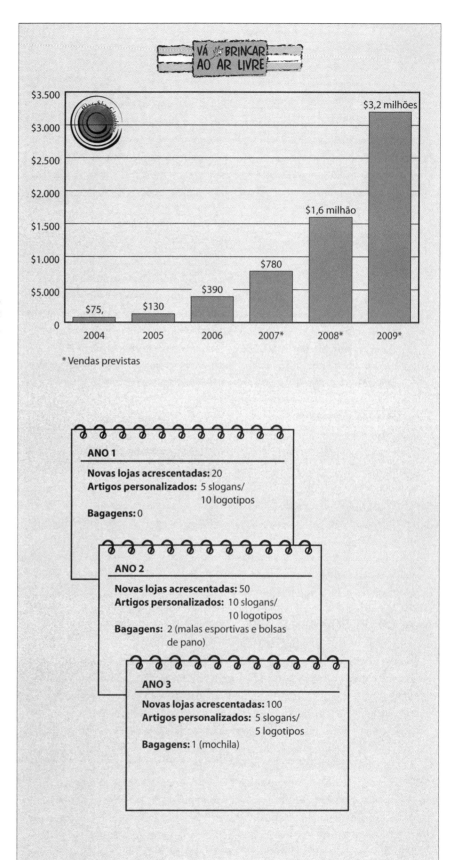

Figura A
Vendas anuais da Blue Sky Clothing:
2004-2009.

Figura B
Cronograma dos três primeiros anos
do plano de marketing.

O Ambiente de Marketing, a Ética e a Responsabilidade Social

Capítulo 3

Objetivos

1. Identificar os cinco componentes do ambiente de marketing.

2. Explicar os tipos de concorrência que os profissionais de marketing enfrentam e os passos necessários para a criação de uma estratégia competitiva.

3. Descrever de que maneira o governo e outros grupos regulamentam as atividades de marketing e como os profissionais de marketing podem influenciar o ambiente político-legal.

4. Indicar os fatores econômicos que afetam as decisões de marketing e o poder de compra dos consumidores.

5. Discutir o impacto do ambiente tecnológico nas atividades de marketing de uma empresa.

6. Explicar como o ambiente sociocultural influencia o marketing.

7. Descrever o papel do marketing na sociedade e identificar as duas questões sociais mais importantes no marketing.

8. Identificar os quatro níveis da pirâmide de responsabilidade social.

O FUTURO DO HÓQUEI PROFISSIONAL

Quando os proprietários das equipes de hóquei profissional suspenderam os jogadores da *National Hockey League* (NHL – Liga Nacional de Hóquei) em uma disputa salarial, os fãs não foram os únicos que sofreram. "É um desastre", disse, a respeito da greve, Jim Root, vice-presidente da Gerry Cosby & Co., loja de roupas que fica perto do Madison Square Garden, em Nova York. Um vendedor de produtos esportivos em Detroit admitiu que as vendas de roupas de hóquei haviam "acabado... Obviamente, se eles não estão jogando, não estão vendendo".

De acordo com uma fonte do setor, a venda das mercadorias da equipe caiu em aproximadamente 55% nos primeiros meses da suspensão. "Uma das coisas fundamentais para a venda de produtos licenciados é a visibilidade", disse Mike May, da associação de fabricantes de produtos esportivos dos Estados Unidos. "Se a equipe não é visível, ela está afastada dos olhos, do coração, do bolso e da sorte".

Posteriormente, veio a notícia de que toda a temporada havia sido cancelada, o que conferiu aos profissionais do hóquei a honra duvidosa de ser a primeira equipe estadunidense de esporte profissional a perder uma temporada inteira por causa de uma questão trabalhista. Os proprietários das lojas de produtos esportivos – e também os franqueados, manobristas de estacionamento e profissionais de relações públicas da NHL, assim como as vendas de ingressos e o marketing, cujas receitas dependem da temporada de hóquei – todos sofreram com o fracasso dessas negociações trabalhistas. Talvez a questão principal seja se o próprio hóquei profissional é capaz de recuperar seus fãs desafetos. Quer estejam do lado dos jogadores, que estão sendo solicitados a aceitar grandes cortes salariais, quer estejam do lado dos proprietários, que dizem estar perdendo milhões de dólares com esse esporte, os fãs do hóquei podem ser os que mais sofrem com o impasse. Quanto tempo levará até que sua paciência se transforme em apatia? Como comentou um jornalista esportivo que cobria os acontecimentos, "não há nada pior do que alguém que não se importa". Outro jornalista reclamou que as duas partes em disputa viam o hóquei "apenas como um negócio, e não como um esporte".

Embora o vaivém das negociações e conversações entre a equipe e o pessoal do sindicato estivesse encoberto de sigilo, os proprietários solicitavam que as folhas de pagamento se limitassem a US$ 42,5 milhões por equipe, e que apenas quatro equipes tivessem folhas de pagamento acima dessa quantia. O sindicato dos jogadores procurava obter US$ 49 milhões por ano. Os proprietários, muitos dos quais possuem ações de estádios e campos altamente lucrativos, afirmaram estar perdendo US$ 224 milhões sobre a receita de aproximadamente US$ 2,2 bilhões, com mais da metade das equipes declarando perdas em uma temporada recente.

Alguns daqueles que acompanham esse setor disseram que os proprietários só podiam culpar a si mesmos – que a equipe havia crescido com demasiada rapidez e havia sido ávida demais ao tentar ganhar dinheiro com receitas televisivas e corporativas, em vez de alavancar sua pequena base de fãs.

O sindicato dos jogadores, que recusou as cifras dos proprietários, ofereceu várias propostas de cortes salariais, e acabou oferecendo uma redução de 24%. A idéia que está por trás do teto salarial é vincular os salários dos jogadores às receitas da equipe, conceito ao qual o sindicato se opõe. "Nós continuamos a ter filosofias significativamente diferentes", disse o diretor sênior da associação dos jogadores.

Cada nova rodada de conversações foi anunciada como um esforço no sentido de salvaguardar a temporada para os fãs. Mas, em quase todos os casos, muitos dos jogadores continuaram jogando em equipes da Europa e em equipes secundárias dos Estados Unidos por uma fração daquilo que teriam ganhado durante a temporada da NHL. Um jornalista de esportes comentou que os fãs já tinham arranjado outros interesses. "Fazer que essas pessoas tornem a investir seu tempo na NHL não será fácil", escreveu ele, "especialmente se elas estão fazendo economia e participando de outras atividades mais compensadoras".

O maior desafio para a NHL, portanto, pode ser a recuperação e a manutenção dos fãs após o cancelamento da temporada. "O silêncio dos fãs, pelo menos nos Estados Unidos, tem sido ensurdecedor", disse o presidente de uma firma de consultoria esportiva. "Essa deveria ser a maior preocupação. Como faremos que esses fãs voltem a ter paixão pela NHL?"

Parece estar claro que, não importa o que aconteça por trás dessas portas fechadas, no momento em que a NHL voltar, o ambiente terá passado por profundas mudanças. Os fãs estarão afastados e gastarão seu dinheiro com outras coisas; os jogadores estarão separados de seus colegas de equipe e treinadores após meses seguidos; e todos os patrocinadores e outras empresas que foram afetadas pela suspensão precisarão ser reconquistados, e sua boa vontade e sua lealdade terão de ser recuperadas. Como disse o professor Andrew Zimbalist, do Smith College, a respeito da suspensão, "Quando as pessoas não vão ao campo da Pepsi em Denver, é porque estão gastando seu dinheiro em outras modalidades de entretenimento, seja num restaurante, seja numa pista de boliche, ou num teatro ou cinema. A principal perda, aqui, ocorre na esfera social ou cultural, e não na esfera econômica". Portanto, a principal questão que o hóquei profissional tem para responder a longo prazo é: "quem se importa?".[1]

Visão geral

Mudar é um fato da vida para todas as pessoas, incluindo os profissionais do marketing. Adaptar-se à mudança em um ambiente tão complexo como o da NHL e, ao mesmo tempo, manter o vínculo com os fãs pode ser bem difícil.

Embora uma parte da mudança possa ser resultado de crises, freqüentemente ela é gradual. Por exemplo, não se podia encontrar nenhum canal de aluguel de vídeos em 1975 nos Estados Unidos, mas, até 2005, mais de 21 mil estavam abertos para negócio – com mais prateleiras dedicadas a DVDs do que a fitas de vídeo. Nesse mesmo período, o número dos canais de venda de computadores explodiu, aumentando mais de 12 vezes. Os telefones celulares substituíram os telefones dos automóveis – e transformaram-se do cinza comum em um arco-íris de cores e estilos, freqüentemente oferecendo, ao mesmo tempo, dispositivos de vídeo. Os salões de beleza reinventaram-se como *day spas*. O atual estilo de vida estressado dos norte-americanos levou os consumidores a terceirizar os afazeres domésticos aborrecidos, contribuindo para o crescimento de indústrias que vão de restaurantes a serviços de limpeza e jardinagem.

Além de planejar as mudanças, os profissionais de marketing devem estabelecer objetivos para atender às preocupações dos clientes, empregados, acionistas e do público em geral. A competição da indústria, as restrições jurídicas, o impacto da tecnologia no desenho de produtos e as preocupações sociais são alguns dos muitos fatores importantes que moldam o ambiente de negócios. Todos têm potencial impacto nos produtos e serviços de uma empresa. Embora as forças externas estejam freqüentemente fora do controle do gerente de marketing, os tomadores de decisão, ainda assim, devem considerar essas influências em conjunto com as variáveis do mix de marketing para desenvolver – e ocasionalmente modificar – os planos e as estratégias de marketing que levam tais fatores em consideração.

Este capítulo se inicia com a descrição de cinco forças que atuam no ambiente externo de marketing – forças competitivas, político-legais, econômicas, tecnológicas e socioculturais. A Figura 3.1. identifica-as como a base para a tomada de decisões que envolvem os quatro elementos do mix de marketing e o mercado-alvo. Essas forças fornecem o quadro de referência para todas as decisões de marketing. O segundo foco deste capítulo é a ética do marketing e a responsabilidade social. Essa seção descreve a natureza das responsabilidades do profissional de marketing para com o negócio e para com a sociedade em geral.

Em poucas palavras

Não utilizarás de injúria.
Não cobiçarás o gramado do vizinho.
Não roubarás a bola do vizinho.
Não levantarás falso testemunho na contagem final.
Regras básicas para o *Grand Rapids*, Michigan, torneio de golfe dos ministros.

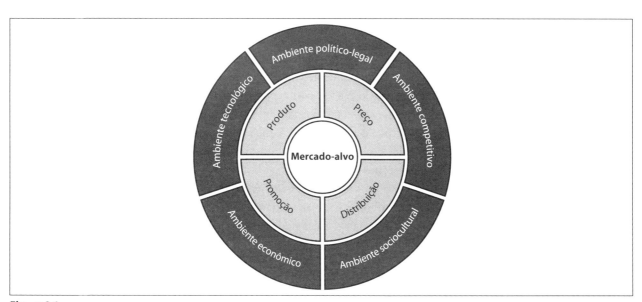

Figura 3.1
Elementos do mix de marketing dentro de um modelo ambiental.

ANÁLISE DO AMBIENTE E GESTÃO DO AMBIENTE

1. Identificar os cinco componentes do ambiente de marketing.

Os profissionais de marketing devem monitorar com cuidado, continuamente, as tendências e evoluções fundamentais no ambiente de negócio. A **análise do ambiente** é o processo de coletar informações relativas ao ambiente externo e interno de marketing para identificar e interpretar tendências potenciais. O objetivo é examinar as informações e decidir se essas tendências representam oportunidades importantes ou se apresentam grandes ameaças à empresa. A empresa pode então determinar a melhor reação a uma mudança ambiental específica.

Depois que o primeiro caso da doença da vaca louca foi confirmado nos Estados Unidos, em fins de dezembro de 2003, alguns consumidores ficaram com medo de comer carne das fazendas comerciais por causa das preocupações com o tipo de ração utilizada, o processo de produção e sua possível relação com a doença – rara, mas mortal. Fornecedores da assim chamada "carne orgânica" em ação, adotando táticas de marketing mais agressivas para mostrar aos consumidores que sua carne não trazia risco de doenças. Os produtores rapidamente apontaram para o fato de que sua carne *in natura*, produzida sem os hormônios de crescimento artificiais ou a maior parte dos antibióticos, provinha de gado alimentado com dieta vegetariana e era monitorada durante todo o processo de produção, o que a tornava segura. Os produtores tradicionais de carne bovina não acreditavam que essa carne orgânica, freqüentemente originária de pequenas fazendas familiares e consideravelmente mais cara do que seus próprios produtos, viesse a ter um ganho permanente em sua minúscula fatia do mercado de carne dos Estados Unidos. Mas a fazenda orgânica atualmente é um dos segmentos agrícolas que mais crescem nesse país. "Acreditamos que há consumidores que desejam saber de onde vem a carne que comem e como é produzida", diz Ernie Reeves, da Blue Ridge Premium Beef.[2]

A análise ambiental é um componente vital da **gestão ambiental** eficaz. A gestão ambiental envolve os esforços dos profissionais de marketing para atingir os objetivos organizacionais, prevendo e influenciando os ambientes competitivo, político-legal, econômico, tecnológico e sociocultural. No ambiente político-legal, os gerentes que estão procurando modificar as regulamentações, as leis ou as restrições de tarifas podem fazer lobby com os legisladores ou contribuir com as campanhas de políticos por quem têm simpatia. Uma empresa da oposição, a gigante produtora de tabaco Altria, que mudou seu nome corporativo (Philip Morris), está reunindo apoio entre os plantadores de tabaco para fazer lobby em favor de uma lei que leve a indústria do tabaco a submeter-se ao poder de regulamentação da *Food and Drug Administration* (*FDA* – Administração de Alimentos e Medicamentos). Agora, os diretores da empresa favorecem a mudança por causa da necessidade de se criarem padrões de manufatura e marketing que se apliquem a todas as empresas de tabaco.[3]

Para muitos concorrentes domésticos e internacionais, competir com os líderes estabelecidos da indústria freqüentemente envolve **alianças estratégicas** – parcerias com outras empresas nas quais os parceiros combinam recursos e capital para criar vantagens competitivas em um novo mercado. As alianças estratégicas são especialmente comuns no marketing internacional, em que as parcerias com empresas locais fornecem experiência regional para uma companhia que está expandindo suas operações no exterior. Os membros de tais alianças compartilham os riscos e os lucros. As alianças são essenciais em países como a China e o México, cujas leis locais exigem que as empresas estrangeiras que fazem negócios lá trabalhem com empresas domésticas.

Por meio da pesquisa bem-sucedida e dos esforços de desenvolvimento, as empresas podem influenciar as mudanças em seus próprios ambientes tecnológicos. Um grande avanço na pesquisa pode levar à redução dos custos de produção ou a um produto tecnologicamente superior.

Embora as mudanças no ambiente de marketing possam estar acima do controle individual dos profissionais de marketing, os gerentes continuamente buscam prever seu impacto nas decisões de marketing e modificar as operações para atender às necessidades do mercado, que mudam constantemente. Até mesmo mudanças ambientais modestas podem alterar os resultados dessas decisões.

MARKETING
Verificação de conceito

1. Como a análise do ambiente beneficia os profissionais de marketing?

2. A análise do ambiente beneficia os consumidores? Por que ou como?

3. O que os gerentes podem fazer para administrar o ambiente sociocultural?

O AMBIENTE COMPETITIVO

À medida que as organizações lutam para satisfazer os clientes, a troca interativa cria o **ambiente competitivo**. As decisões de marketing de cada empresa influenciam as reações do consumidor no mercado. Elas também afetam as estratégias de marketing dos concorrentes. Como conseqüência, os tomadores de decisão devem monitorar constantemente as atividades de marketing dos concorrentes – seus produtos, canais, preços e esforços de comunicação.

Poucas organizações detêm posições de **monopólio** como as únicas fornecedoras de determinado produto ou serviço no mercado. Os serviços públicos dos Estados Unidos, como gás natural, fornecimento de eletricidade, água e TV a cabo, tradicionalmente aceitavam uma considerável regulamentação das autoridades locais que controlavam os fatores relacionados ao marketing, como taxas, níveis de serviço e cobertura geográfica. Em troca, os serviços públicos obtiveram direitos exclusivos de servir a um grupo específico de consumidores. O **movimento de desregulamentação** das últimas três décadas acabou com a proteção ao monopólio total para a maior parte dos serviços públicos. Os compradores de hoje podem escolher entre fornecedores alternativos de TV a cabo e internet, operadoras de telefonia celular e operadoras de longa distância, e até empresas de gás e energia elétrica. O constante fluxo de solicitações das empresas de telefonia de longa distância fornece provas quase diárias do aumento de concorrência nessa indústria, que antigamente era monopolizada.

Alguns profissionais de marketing, assim como a gigante farmacêutica Merck and Pfizer, conseguem obter monopólios temporários a partir de patentes de drogas em cujo desenvolvimento investem milhões de dólares. Quando a FDA aprova uma nova droga contra a artrite, um remédio melhor para a pressão sangüínea ou até mesmo uma pílula para estimular o crescimento dos cabelos, os fabricantes costumam receber direitos exclusivos de produzir e comercializar o produto durante a validade da patente. Muitas empresas, por serem as primeiras a comercializar o produto e depois por manterem sua posição de liderança quando drogas que o imitam chegam ao mercado, conseguem obter monopólios virtuais. Cada uma das milhões de bolas de beisebol utilizadas pelas principais equipes norte-americanas é feita pela Rawling Sports Goods.[4]

Por meio de megafusões na indústria, geralmente em escala global, algumas empresas procuram dominar os mercados sem abrir mão dos controles que regulamentaram a penalidade dos monopólios. Como resultado das fusões, as indústrias de automóveis, tabaco, contabilidade e telecomunicações são todas dominadas por três ou quatro gigantes. Em vez de buscar o domínio do mercado, as corporações preferem cada vez mais compartilhar o bolo com alguns poucos rivais. Chamada pelos economistas de **oligopólio**, essa estrutura com número limitado de vendedores, em uma indústria na qual os altos custos de *startup* formam barreiras para manter os novos concorrentes do lado de fora, garante que as corporações se mantenham inovadoras enquanto impede os novos concorrentes de entrar no mercado. Em uma das várias ações antitruste em curso que estão sendo realizadas contra a Microsoft, a RealNetworks, Inc., criadora do software executor de mídia *RealPlayer*, alega que a Microsoft "usou seu poder de monopólio para restringir o modo como os fabricantes de PC instalam executores de mídia concorrentes" e está pedindo US$ 1 bilhão ou mais para compensar os danos.[5]

TIPOS DE COMPETIÇÃO

Os profissionais de marketing enfrentam três tipos de competição. A forma mais *direta* ocorre entre os produtos semelhantes, como quando um posto Shell é aberto do outro lado da rua onde há um BR ou Texaco. O mercado de telefones celulares, que cresce com rapidez, disponibiliza aos consumidores fornecedores alternativos como Tim, Vivo ou Claro. Por exemplo, um em cada sete consumidores nos Estados Unidos utiliza um telefone celular como único meio de fazer chamadas; por não usar linhas fixas, consegue economizar até US$ 10 por mês com os impostos cobrados pelo serviço de telefonia local já incluídos.[6]

2. Explicar os tipos de competição entre os profisionais de marketing diante dos passos necessários para desenvolver uma estratégia de marketing competitiva.

A gigante de telecomunicações Motorola, que foi suplantada pela finlandesa Nokia quando explodiu o mercado de telefones celulares, deu o troco com uma nova linha de telefones atraentes e elegantes que servem como dispositivos de comunicação e também como acessórios modernos. A Motorola espera que seu desenho agressivo, com o lançamento de aparelhos 3G – tecnologia inovadora que oferece acesso instantâneo à internet –, recuperará a participação de mercado perdida.

Na corrida pelo dinheiro dos adolescentes norte-americanos, a cadeia de lojas Hot Topic está derrotando os varejistas de produtos para jovens como a Gap e a American Eagle. Ao oferecer produtos inusitados e estranhos – como o anel para a língua que brilha no escuro –, a loja atende ao gosto de quase um quinto dos alunos do ensino médio, aqueles que se consideram "alternativos". Localizada em centros de compras em bairros de fácil acesso, a Hot Topic mantém contato com as escolhas da moda, solicitando comentários e sugestões dos clientes. Os compradores também verificam as últimas tendências nos concertos de rock, festas rave e nos programas da MTV, assistindo à sua programação uma hora por dia.[7]

Um segundo tipo de competição é o *indireto*, e envolve produtos que são facilmente substituídos. Na indústria de entrega de documentos de negócios, os serviços de *courier* e de entrega de mensagens de um dia para outro competem com e-mail e caixa postal. Na indústria de *fast-food*, a pizza compete com sanduíches. Os parques de diversão – os locais tradicionais para férias familiares – agora competem com viagens de aventura ao ar livre, – experiências emocionantes como rafting, mergulho, participação em escavações arqueológicas ou rapel.

Uma mudança como o aumento de preço ou a melhoria dos atributos de um produto também pode afetar a demanda de produtos substitutos. Uma forte queda no custo da energia solar não apenas fará subir a demanda de energia solar, mas também afetará negativamente a demanda de fontes de energia como o aquecimento a óleo, a eletricidade e o gás natural. A indústria de petróleo British Petroleum (BP) fez um movimento competitivo no mercado de energia solar para ampliar sua base de produtos, de modo a incluir fontes de energia renováveis.

Mas até mesmo um produto "verde", como é o caso dos painéis solares, não está livre de controvérsias. A questão típica envolve a estética: os vizinhos acham que os dispositivos de telhado para a captação de energia solar são feios. Esses dispositivos tiveram grande popularidade nos Estados Unidos na década de 1990, quando seus custos caíram muito – graças à nova tecnologia, assim como aos incentivos fiscais estaduais e federais a seu uso. Mas sua instalação resultou em dezenas de processos por parte das associações de proprietários de residências nas cidades do Cinturão do Sol, da Flórida à Califórnia.[8]

Um substituto – o acesso à internet conhecido como "fidelidade sem fio", ou Wi-Fi (*wireless*) – sobe como um foguete. Embora os analistas da indústria prevejam que cada laptop e computador portátil logo poderá receber Wi-Fi, é difícil prever quantas pessoas desejarão usá-lo. Muitas empresas, grandes e pequenas, estão explorando os mercados locais de Wi-Fi por conta própria, criando redes de áreas locais conectadas ao rádio para criar as "zonas quentes" onde os usuários que pagam taxas fazem conexão. Mas algumas das primeiras empresas que se arriscaram no mercado falharam ou até mesmo fracassaram. A Wi-Fi paga deve competir com os serviços gratuitos oferecidos pelo McDonald's e pela Starbucks e por alguns governos locais.[9]

O último tipo de concorrência ocorre entre todas as organizações que competem pelas compras dos consumidores. A análise econômica tradicional vê a competição como uma batalha entre empresas na mesma indústria (competição direta) ou entre produtos e serviços substituíveis (competição indireta). Os profissionais de marketing, porém, estão conscientes de que todas as empresas competem por uma quantia limitada de recursos. A concorrência nesse sentido significa que um Toyota ou uma TV de plasma *wide screen* competem com uma temporada de mergulho em Fernando de Noronha. Quanto ao dinheiro que o comprador gasta em entretenimento, um CD do Roberto Carlos compete com duas entradas para um jogo de futebol para a Libertadores.

Como o ambiente competitivo freqüentemente determina o sucesso ou o fracasso de um produto, os profissionais de marketing devem avaliar constantemente as estratégias de marketing. As ofertas de novos produtos com avanços tecnológicos como celulares com câmeras fotográficas e internet, as reduções de preços, as promoções especiais, os requisitos de serviço ou outras variações competitivas devem ser monitorados. Então, os profissionais de marketing devem decidir se ajustam um ou mais componentes do mix de marketing para competir.

DESENVOLVENDO UMA ESTRATÉGIA COMPETITIVA

O profissional de marketing de toda empresa bem-sucedida deve criar uma estratégia eficaz para lidar com o ambiente de competição. Uma empresa pode competir em uma ampla gama de mercados em muitos lugares do mundo. Outra pode especializar-se em segmentos específicos do mercado, como aqueles determinados pela localização geográfica dos clientes, pela idade ou pelas características de sua receita. Determinar uma estratégia competitiva implica responder às seguintes perguntas:

1. Devemos competir?
2. Em caso afirmativo, em qual mercado?
3. Como devemos competir?

A resposta à primeira pergunta depende dos recursos, objetivos e lucro potencial esperado da empresa. Uma empresa pode decidir não empreender ou não continuar operando uma iniciativa potencialmente bem-sucedida, mas que não considere seus recursos, objetivos ou expectativas de lucro. A fabricante de semicondutores Texas Instruments transferiu sua unidade de negócios de produtos de defesa eletrônicos, que produz radares e sensores de mísseis e sistemas de visibilidade noturna, para uma empresa aérea para a qual essa unidade fazia mais sentido. A gigante Merck, em uma jogada para vender a Medco, sua lucrativa subsidiária de gestão de benefícios farmacêuticos, mencionou a decisão de concentrar-se em seu negócio-chave – o desenvolvimento de remédios avançados.[10]

A resposta à segunda pergunta – em que mercados devemos competir? – requer que o profissional de marketing reconheça os limites de recursos de sua empresa (pessoal de vendas, orçamento para publicidade, capacidade de desenvolvimento de produtos e outros). Ele deve aceitar a responsabilidade pela alocação desses recursos às áreas de maior oportunidade.

Algumas empresas obtêm acesso a mercados ou a novas tecnologias por meio de fusões e aquisições. A fusão da Cingular Wireless e da AT&T Wireless não apenas criou a maior empresa de telefonia celular nos Estados Unidos, como também permitiu que a nova empresa melhorasse sua tecnologia para telefones celulares, expandisse sua cobertura de território para os usuários e fornecesse mais clareza nas chamadas – tudo isso com concomitante redução de custos de pessoal administrativo.[11]

A resposta à terceira pergunta – como devemos competir – requer que o profissional de marketing tome decisões relativas a produto, distribuição, comunicação e preço que dêem à empresa uma vantagem competitiva no mercado. As empresas podem competir em várias bases, incluindo qualidade de produto, preço e serviço ao cliente. A empresa Curves aprendeu a competir no mercado de academias de ginástica oferecendo instalações otimizadas e objetivas para atender às necessidades de suas clientes – e por preços altamente competitivos (ver "Sucesso de marketing").

COMPETIÇÃO BASEADA EM TEMPO

Com a maior competição internacional e as rápidas mudanças na tecnologia, um número cada vez maior de empresas está usando o tempo como arma competitiva estratégica. A **competição baseada em tempo** é a estratégia de desenvolver e distribuir bens e serviços mais rapidamente que os concorrentes.

Embora a opção de vídeo em telefones celulares tenha chegado tarde ao mercado dos Estados Unidos, a nova característica foi um grande sucesso, atraindo novos clientes para a Verizon Wireless, a T-Mobile e outros concorrentes em telefonia celular. Até 2005, a maior parte dos concorrentes havia acrescentado essa opção, e 34 milhões de americanos possuíam um videofone.[12] A flexibilidade e a capacidade de resposta rápida dos concorrentes permitiram-lhes melhorar a qualidade dos produtos, reduzir os custos e expandir as ofertas de produtos para satisfazer a novos segmentos do mercado e realçar a satisfação do consumidor.

MARKETING
Verificação
de conceito

1. Faça a distinção entre competição direta e indireta e forneça dois exemplos.
2. O que é competição baseada no tempo.

Nos mercados que mudam com rapidez, como o de produtos eletrônicos para o consumidor e o da indústria de computação, a competição baseada em tempo é fundamental. A demanda dos clientes por velocidade impulsiona o pessoal de desenvolvimento a trabalhar em várias gerações de sua tecnologia simultaneamente. Em meados da década de 1990, a capacidade dos gráficos 3D de alta velocidade chegou a um excedente de custo de US$ 300 mil e foi reservada para aplicações de alta tecnologia, como produção de imagens na medicina ou simulações de vôo. Atualmente, programas gráficos muito mais sofisticados estão disponíveis no *PlayStation2* da Sony ou no *Xbox* da Microsoft por menos de US$ 200. A velocidade em que as mudanças ocorrem na internet é tão grande que os profissionais de marketing contam o tempo em "anos de internet", na verdade períodos de apenas algumas semanas ou meses.

O AMBIENTE POLÍTICO-LEGAL

Antes de começar a jogar, aprenda as regras do jogo! Não é uma boa idéia começar a praticar um novo jogo sem primeiro entender as regras, mas algumas pessoas no mundo dos negócios não conhecem o ambiente político-legal do marketing – as leis e suas interpretações, que exigem que as empresas operem em determinadas condições competitivas e protejam os direitos do consumidor. A ignorância quanto a leis, decretos e regulamentos ou o não-cumprimento deles podem resultar em multas, publicidade negativa e processos caros de danos civis.

Por exemplo, o modelo jurídico vigente nos Estados Unidos foi construído gradualmente, como reação a questões que eram importantes na época em que as leis individuais foram criadas. Os administradores precisaram de considerável diligência para entender a relação que elas estabeleciam com as decisões de marketing. Inúmeras leis e regulamentações afetam essas decisões, e muitas delas são vagamente afirmadas e reforçadas de maneira inconsistente por autoridades diferentes.

sucesso de marketing

Curves: entre, exercite-se e saia

Histórico. Os americanos são hoje as pessoas mais gordas do planeta, e até mesmo os restaurantes de *fast food* estão começando a buscar maneiras de entrar na onda da comida saudável. Sempre houve academias de ginástica. Mas as caras instalações de um spa estão fora do alcance de muitas pessoas, e as complicadas e exigentes rotinas de exercícios são responsáveis por um baixo índice de retenção de clientes.

O desafio. Gary e Diane Havin, fundadores da Curves International, queriam atingir um segmento de mercado específico, mulheres ocupadas que querem se exercitar, e oferecer-lhes um programa de exercícios que elas pudessem cumprir e prometesse perda de peso, tonificação muscular, mais energia e simplesmente mais diversão.

A estratégia. A Curves, que começou a fazer comunicação somente há cerca de dois anos, oferece um serviço único e barato – um programa estruturado de 30 minutos com música em 8 – 10 máquinas de exercício que fornecem alongamento, exercícios aeróbicos e treinamento de força. As horas na academia são poucas e as instalações são pequenas; não há chuveiros, ornamentação, massagistas ou lanchonetes. Uma voz gravada orienta o

As regulamentações criadas em âmbitos regional, estadual e federal afetam as práticas de marketing, assim como as ações das agências de regulamentação independentes. Esses requisitos e proibições tocam em todos os aspectos da tomada de decisões no marketing: design, rótulo, embalagem, distribuição, publicidade e promoção de produtos e serviços. Para dar conta do ambiente político-legal, que é vasto, complexo e muda constantemente, muitas grandes empresas mantêm departamentos jurídicos internos. As pequenas empresas freqüentemente buscam aconselhamento profissional com advogados externos. Todos os profissionais de marketing, porém, devem conhecer as principais regulamentações que afetam suas atividades.

REGULAMENTAÇÃO GOVERNAMENTAL NORTE-AMERICANA

A história da regulamentação governamental norte-americana pode ser dividida em quatro fases: leis que mantêm um ambiente competitivo; leis que regulamentam a concorrência; leis que protegem os consumidores; e leis de desregulamentação de indústrias específicas. A Tabela 3.1 enumera e descreve rapidamente as principais leis federais que afetam o marketing. A legislação referente a práticas de marketing específicas, como desenvolvimento de produto, embalagem, rótulo, garantia de produto e acordo de franquia, será discutida nos próximos capítulos.

3. Descrever como o governo e outros grupos regulam a atividade de marketing e como os profissionais de marketing podem influenciar o ambiente político-legal.

CONTROLANDO O AMBIENTE POLÍTICO-LEGAL

A maioria dos profissionais de marketing obedece às leis e regulamentações porque seu não-cumprimento pode prejudicar a reputação de uma empresa e seus lucros. Porém, a maioria deles também luta contra os regulamentos que considera injustos, por exemplo, as operadoras da Bell regional entraram com processos para proteger seu território contra a competição de operadoras de longa distância e operadoras a cabo, e a GTE reclamou que a desregulamentação

progresso dos clientes durante o exercício e, quando eles terminam, vão embora.

O resultado. Essa empresa privada é a maior franquia de academias e a franquia que cresce mais rapidamente no mundo, representando uma em cada quatro academias de ginástica nos Estados Unidos e obtendo US$ 750 milhões por ano com seus 2 milhões de associados. Novas franquias estão sendo abertas a uma média de duzentas por mês, e as taxas de franquia são sedutoramente baixas. Ao manter seus espaços de varejo pequenos e ao recusar-se a permitir que uma

nova franquia se apresente como intrusa no mercado das já existentes, os Heavins tornou possível para seus proprietários enfocar o serviço, e não o recrutamento de associados. E serviço é o que faz os associados voltarem sempre em suas sete mil localidades.

Fontes: Site da empresa, **www.curvesinternational.com**, acessado em 22 fev./2005; TESORIERO, Heather Won. A slim gym's fat success, *Time*, 5 maio/2003; LERNER, Jill. Fitness chain curves makes Boston push, *Boston Business Journal*, 29 ago./2003, **www.biz journals.com/boston/**; WHITE, Brian. Curves growing franchise network, *Philadelphia Business Journal*, 1 ago./2003, **www. bizjournals.com/philadelphia/**.

Tabela 3.1 Principais leis federais norte-americanas que afetam o marketing

DATA	LEI	DESCRIÇÃO
A. Leis que mantêm um ambiente competitivo		
1890	*Sherman Antitrust Act* (Lei Sherman Antitruste)	Proíbe a restrição de mercado e o monopólio; identifica um sistema de marketing competitivo como objetivo da política nacional.
1914	*Clayton Act* (Lei Clayton)	Fortalece a *Sherman Act* restringindo práticas como a discriminação de preços, a negociação exclusiva, os contratos vinculados e os conselhos de diretoria combinados, nos quais o efeito "possa ser o de diminuir substancialmente a competição ou de apresentar uma tendência para a criação de monopólio"; essa lei foi emendada pela *Celler Kefauver Antimerger Act* (Lei Antifusões Celler Kefauver) para proibir grandes compras de ativos que pudessem diminuir a competição em determinada indústria.
1914	*Federal Trade Commission Act (FTC –* Lei da Comissão Federal de Comércio)	Proíbe os métodos de concorrência injustos; estabelece a *Federal Trade Commission*, agência administrativa que investiga as práticas de negócios e impõe a *FTC Act*.
1938	*Wheeler-Lea Act* (Lei Wheeler-Lea)	Emenda a *FTC Act* para banir as práticas injustas adicionais; dá jurisdição à FTC sobre publicidade falsa e enganosa.
1998	*Digital Millenium Copyright Act* (Lei de Copyright do Milênio Digital)	Protege os direitos de propriedade intelectual, proibindo a cópia ou o download de arquivos digitais.
2001	*Air Transportation Safety and System Stabilization Act* (Lei de estabilização de Sistemas e Segurança do Transporte Aéreo)	Criada como reação aos ataques terroristas que enfraqueceram a indústria aeronáutica; concedeu, às companhias aéreas, US$ 5 milhões em dinheiro e US$ 10 milhões em garantias de empréstimo para mantê-las operando.
B. Leis que regulamentam a concorrência		
1936	*Robinson-Patman Act* (Lei Robinson-Patman)	Proíbe a discriminação de preço nas vendas para atacadistas, varejistas ou outros produtores; proíbe a venda por preços irrazoavelmente baixos para eliminar a competição.
1993	*North American Free Trade Commerce Agreement (Nafta* – Acordo Norte-Americano de Livre Comércio)	Acordo de comércio internacional entre o Canadá, o México e os Estados Unidos concebido para facilitar o comércio, removendo tarifas e outras barreiras ao comércio entre os três países.
C. Leis que protegem os consumidores		
1906	*Federal Food and Drug Act* (Lei Federal de Alimentos e Medicamentos)	Proíbe a adulteração e a renomeação de marcas de alimentos e drogas envolvidas no comércio interestadual; reforçada pela *Food, Drug, and Cosmetic Act* (Lei de Alimentos, Drogas e Cosméticos) de 1938 e pela *Kefauver-Harris Drug Amendment* (Emenda de Drogas Kefauver-Harris) de 1962.
1970	*National Environment Policy Act* (Lei Nacional de Política Ambiental)	Cria a Agência de Proteção Ambiental para lidar com vários tipos de poluição e com as organizações que geram poluição.
1971	*Public Health Cigarette Smoking Act* (Lei sobre o Tabagismo para a Saúde Pública)	Proíbe a publicidade de tabaco no rádio e na televisão.
1972	*Consumer Product Safety Act* (Lei de Segurança de Produtos ao Consumidor)	Criou a Comissão de Segurança de Produtos ao Consumidor, que tem autoridade para especificar padrões de segurança para a maior parte dos produtos.
1998	*Children's Online Privacy Protection Act* (Lei de Proteção à Privacidade Infantil On-line)	Dá poderes à FTC para criar regras relativas a como e quando os profissionais de marketing devem obter permissão dos pais antes de fazer perguntas a crianças para pesquisa de mercado.
1999	*Anticybersquatting Consumer Protection Act* (Lei Antiinvasão do Espaço Cibernético para Proteção ao Consumidor)	Elimina a compra de má-fé de domínios cujos nomes são idênticos ou similares a marcas registradas existentes, gerando confusão.
2001	*Electronic Signature Act* (Lei de Assinatura Eletrônica)	Confere às assinaturas eletrônicas o mesmo peso jurídico que às assinaturas feitas à mão.

DATA	LEI	DESCRIÇÃO
2001	*Aviation Security Act* (Lei de Segurança da Aviação)	Exige que as companhias aéreas tomem medidas de proteção extras para proteger os passageiros, incluindo a instalação de portas de *cockpit* reforçadas, melhor filtragem de bagagem e mais treino de segurança para o pessoal do aeroporto.

D. Leis de desregulamentação de indústrias específicas

1978	*Airline Deregulation Act* (Lei de Desregulamentação da Aeronáutica)	Confere considerável liberdade a linhas aéreas comerciais para estabelecer tarifas e escolher novas rotas.
1980	*Motor Carrier Act and Staggers Rail Act* (Lei de transportes Motorizados e Lei Ferroviária de Escalonamento)	Desregulamenta significativamente as indústrias de caminhões e ferrovias, permitindo que negociem tarifas e serviços.
1996	*Telecommunications Act* (Lei de Telecomunicações)	Desregulamenta significativamente a indústria de telecomunicações, removendo barreiras à concorrência nos mercados de televisão, transmissão a cabo e telefonia local e de longa distância.
2003	*Amendments to the Telemarketing Sales Rule* (Emendas à Regra de Vendas de Telemarketing)	Criou o *Do Not Call Registry* (registro de proibição de chamadas), que proíbe chamadas de telemarketing aos números de telefone registrados; restringiu o número e a duração das chamadas de telemarketing que geram espaço aéreo ocioso com o uso de discadores automáticos; impediu o faturamento não autorizado; e exigiu que os profissionais de telemarketing fornecessem informações sobre sua identidade ao fazer as chamadas. Os profissionais de telemarketing devem consultar a lista trimestral de proibição de chamadas e aqueles que infringirem as regras devem receber uma multa de US$ 11 mil por ocorrência. Estão excluídos das restrições do registro as instituições de caridade, as pesquisas de opinião e os candidatos políticos.

do serviço de telefonia local era inconstitucional. Outras empresas se apressaram para obter vantagens com as novas oportunidades. O Grupo Furst, empresa de telefonia de longa distância, sem linhas ou equipamentos, compra blocos de tempo de longa distância das principais operadoras por tarifas muito reduzidas e revende-os por minuto com desconto. Agora, a Bells regional e as operadoras de longa distância estão competindo agressivamente para manter seus clientes. Também estão trabalhando com **revendedores fiéis**, como a Furst, para reter clientes em pequenos negócios que, de outra maneira, perderiam.

Grupos de consumidores e comitês de ação política dentro das indústrias podem tentar influenciar o resultado da legislação proposta ou mudar as leis existentes engajando-se em boicotes ou lobby político. Os grupos que fazem lobby freqüentemente contam com o apoio de clientes, empregados e fornecedores para apoiar seus esforços.

MARKETING
Verificação de conceito

1. Que agência no Brasil detém os poderes regulatórios mais amplos para influenciar as atividades de marketing? Descreva sua missão.

O AMBIENTE ECONÔMICO

A saúde geral da economia influencia a quantia que os consumidores gastam e aquilo que eles compram. Essa relação também funciona ao contrário. A compra do consumidor desempenha um papel importante na saúde da economia; de fato, os gastos do consumidor sempre compõem cerca de dois terços de toda a atividade econômica.

4. Esboçar os fatores econômicos que afetam as decisões de marketing e o poder de compra dos consumidores.

Como toda atividade de marketing é dirigida para a satisfação dos desejos e das necessidades do consumidor, os profissionais de marketing devem entender como as condições econômicas influenciam o comportamento de compra do consumidor.

O **ambiente econômico** do marketing consiste em forças que influenciam o poder de compra do consumidor e as estratégias de marketing. Elas incluem o estágio do ciclo de negócio, a inflação e a deflação, o desemprego, a receita e a disponibilidade de recursos.

ESTÁGIOS NO CICLO DE NEGÓCIOS

Historicamente, a economia teve a tendência de seguir um padrão cíclico que consiste em quatro estágios: prosperidade, recessão, depressão e recuperação. Não houve depressões nos Estados Unidos desde a década de 1930, e muitos economistas argumentam que a sociedade é capaz de impedir futuras depressões por meio do uso inteligente de várias políticas econômicas. A boa tomada de decisões por parte das agências governamentais, dos grupos de indústrias e dos principais negócios deve garantir que uma possível recessão dê lugar a um período de recuperação, e não a um mergulho maior na depressão.

As compras do consumidor diferem em cada estágio do **ciclo de negócios**, e os profissionais de marketing devem ajustar suas estratégias a elas. Em épocas de prosperidade, os gastos do consumidor se mantêm em um ritmo acelerado, e os compradores estão dispostos a gastar mais por versões premium de marcas famosas. Os profissionais de marketing reagem expandindo linhas de produtos, aumentando os esforços promocionais e expandindo a distribuição para aumentar a participação no mercado, e elevando os preços para aumentar as margens de lucro. Conforme a economia começou a recuperar-se da recessão dos primeiros anos do século XXI, os gastos do consumidor aumentaram rapidamente. Alguns analistas se referiram a essas ações como um exemplo do assim chamado *efeito de riqueza*. Diante de uma recessão, os consumidores mudam seus padrões de compra para enfatizar produtos mais básicos e funcionais com preços baixos nas etiquetas. Eles limitam viagens, refeições em restaurantes, entretenimento e compras de conveniência, como férias caras, preferindo gastar dinheiro em aluguel de DVDs e comida feita em casa.

Nos períodos de recessão, aumentam as vendas de marcas mais baratas de produtos alimentares e de produtos para a casa, assim como de rótulos próprios. Para competir, os profissionais de marketing consideram baixar os preços, eliminar produtos marginais, melhorar o serviço ao cliente e aumentar os gastos promocionais de modo a estimular a demanda. Eles também podem lançar produtos com alta relação custo-benefício que provavelmente apelarão aos compradores voltados para custo.

No estágio de recuperação, a economia emerge da recessão e o poder de compra do consumidor aumenta. Mas, embora os consumidores tenham dinheiro para gastar, a cautela freqüentemente restringe seu desejo de comprar. Em geral, conforme a recuperação ocorre, os consumidores tornam-se mais indulgentes, comprando mais produtos de conveniência, e bens e serviços a preços mais altos.

A recuperação continua sendo um estágio difícil para as empresas que estão acabando de sair de uma crise, pois requer que elas tenham lucros enquanto tentam calibrar a demanda incerta do consumidor. Muitas dão conta disso mantendo os custos baixos. Algumas enxugam a folha de pagamento e fecham as filiais. Outras cortam os orçamentos das viagens de negócios. A DaimlerChrysler reduziu os gastos com passagens aéreas em dois terços em um único ano. As teleconferências e videoconferências ocuparam o lugar de viagens que não eram essenciais. Alguns setores lutam mais que outros durante os períodos de recuperação.

Os ciclos de negócios, como outros aspectos da economia, são fenômenos complexos que parecem desafiar o controle tanto dos agentes do governo como dos profissionais de marketing. O sucesso depende de planos flexíveis que possam ser ajustados para satisfazer às exigências do consumidor durante os vários estágios do ciclo de negócios.

INFLAÇÃO E DEFLAÇÃO

Uma importante restrição aos gastos do consumidor, que pode ocorrer durante qualquer etapa do ciclo de negócios, é a **inflação** – aumento dos preços causado por alguma combinação de excesso de demanda e aumento nos custos de matéria-prima, componentes, recursos humanos ou outros fatores de produção.

A inflação desvaloriza o dinheiro reduzindo o poder de compra do consumidor por meio de aumentos de preços persistentes. Esses preços que sobem aumentam os custos dos profissionais de marketing, como gastos com salários e com matérias-primas, e os preços mais altos resultantes podem, portanto, afetar negativamente as vendas.

Se a inflação é tão ruim, será que seu oposto, a *deflação*, é melhor? À primeira vista, pode parecer que sim. Os preços em queda significam que os produtos são mais acessíveis. Mas a deflação pode ser uma longa e prejudicial espiral descendente, que causa uma queda livre nos lucros dos negócios, retornos mais baixos sobre a maior parte dos investimentos e demissões em massa.

DESEMPREGO

O **desemprego** é definido como a proporção de pessoas na economia que não têm emprego e estão procurando trabalho ativamente. O desemprego aumenta durante as recessões e cai nos estágios de recuperação e prosperidade do ciclo de negócios. Assim como a inflação, o desemprego afeta o marketing, modificando o comportamento do consumidor. A menos que o seguro-desemprego, as economias pessoais e os benefícios sindicais efetivamente compensem os ganhos perdidos, os desempregados têm relativamente pouca receita para gastar. Mesmo que essas proteções compensem inteiramente as pessoas pelos ganhos perdidos, é provável que seu comportamento de compra mude. Em vez de comprometer fundos limitados com novas compras, elas podem decidir restringir os seus gastos.

A busca por empregos por meio da internet entrou no mercado que anteriormente era controlado por agências de empregos e anúncios de jornais. A internet agora é responsável por aproximadamente 15% da publicidade de emprego, mais do que os poucos 2% de alguns anos atrás. Milhares de grandes e médios empregadores incluem uma seção de "faça parte da nossa equipe" em seus próprios sites. As recrutadoras on-line crescem rapidamente.

RECEITA

A receita é outro determinante importante do ambiente econômico do marketing, porque influencia o poder de compra do consumidor. Ao estudar estatística e tendências, os profissionais de marketing podem avaliar o potencial do mercado e criar planos para segmentos de mercado específicos. Uma alta de receita representa um potencial para o aumento geral das vendas. Porém, os profissionais de marketing estão mais interessados na **receita discricionária**, a quantia que as pessoas têm para gastar depois de comprar os itens necessários como comida, vestuário e apetrechos para a casa.

As mudanças na receita média afetam fortemente a receita discricionária. Historicamente, períodos de grandes inovações são acompanhados por grande melhoria do padrão de vida e aumento de receita.

DISPONIBILIDADE DE RECURSOS

Os recursos não são ilimitados. A escassez – temporária ou permanente – pode resultar de várias causas, incluindo a falta de matérias-primas, componentes, energia ou mão-de-obra. Uma preocupação contínua dos executivos e dos agentes do governo dos Estados Unidos é a dependência que o país tem em relação ao petróleo importado e o risco de que as importações de petróleo possam ser reduzidas pelos países exportadores que tentam influenciar a política externa americana. Além disso, uma forte demanda em escala global pode acarretar pedidos que excedam os estoques de petróleo e de gás natural disponíveis, sobrecarreguem a capacidade de manufatura ou ultrapassem o tempo de resposta necessário para movimentar a linha de produção. Nos dois últimos anos, os compradores de gasolina sofreram o declínio da receita discricionária quando os preços de gás chegaram a mais de US$ 0,5 por litro. Independentemente da causa, a falta de produtos exige que os profissionais de marketing reorientem seu raciocínio.

Uma reação é o **demarketing**, processo de reduzir a demanda do consumidor por determinado produto a um nível que a empresa possa atender razoavelmente. As companhias de petróleo divulgam sugestões para economia de consumo de gasolina, e as empresas de serviços públicos encorajam os proprietários de imóveis a instalar mais aquecimento solar para reduzir os custos com aquecimento. Muitas cidades desencorajam o tráfego nas áreas centrais, aumentando as tarifas de estacionamento e as multas de trânsito, e promovendo o transporte público e o rodízio de veículos.

A falta de produtos apresenta, para os profissionais de marketing, um conjunto exclusivo de desafios. Eles podem ter de alocar suprimentos limitados e realizar uma atividade totalmente diferente do objetivo tradicional do marketing, o de expandir o volume de vendas. As faltas podem exigir que os profissionais de marketing decidam se devem estender o fornecimento limitado para todos os clientes ou limitar as compras de alguns deles, de modo que a empresa possa satisfazer inteiramente os outros.

Hoje, os profissionais de marketing também inventaram maneiras de lidar com uma demanda mais alta para quantidades fixas de recursos. A Reynolds Metal Co. lida com menor fornecimento de alumínio estabelecendo programas de reciclagem que incluem distribuidoras automáticas que fazem pagamento em dinheiro. Essas distribuidoras automáticas "ao contrário" permitem que as pessoas insiram latas vazias nas máquinas e recebam dinheiro, selos e/ou cupons de desconto para a compra de mercadorias ou serviços.

O AMBIENTE ECONÔMICO INTERNACIONAL

Na economia global atual, os profissionais de marketing também têm de monitorar o ambiente econômico de outros países. Assim como ocorre nos Estados Unidos, uma recessão na Europa ou no Japão muda os hábitos de compra. A mudança nas taxas de moeda estrangeira, comparada ao dólar americano, afeta as decisões de marketing. Os problemas na economia da Ásia prejudicam empresas como a BP, cujas vendas externas chegaram a quase 20% em apenas dois anos. Até mesmo a grande empresa de refrigerantes Coca-Cola Co. não está imune. Com 75% de seu lucro operacional gerado no exterior, as flutuações da moeda têm o potencial de prejudicar o desempenho geral. Sua rival, a PepsiCo obtém apenas um quinto de seus ganhos com vendas internacionais.[13]

Em sua maioria, entretanto, as empresas dos Estados Unidos vêm investindo os ganhos de receita em operações internacionais. As empresas de tecnologia são as maiores beneficiárias. Combinadas, a Lucent Technologies, a Dell e a Seagate Technology representam mais de US$ 12 bilhões de vendas anuais fora dos Estados Unidos.

Na China, onde o mercado de telefones celulares mostra um índice de crescimento fenomenal de 50%, enquanto a demanda decresce na Europa, as empresas de tecnologia prevêem um mercado igualmente explosivo para o acesso à internet sem fio. De fato, recentemente as exportações gerais para a China subiram muito, e a economia chinesa logo pode tornar-se o segundo motor de crescimento mais importante.[14]

MARKETING
Verificação de conceito

1. Quais são os estágios do ciclo de negócios?

2. O que é a inflação e como ela afeta as decisões de compra dos consumidores?

3. Como o ambiente econômico internacional afeta os profissionais de marketing no Brasil?

O AMBIENTE TECNOLÓGICO

O **ambiente tecnológico** representa a aplicação, ao marketing, do conhecimento das ciências, invenções e inovações. A tecnologia leva a novos produtos e serviços para os consumidores; ela também melhora os produtos existentes, oferece melhor serviço ao cliente e freqüentemente reduz os preços por meio de novos métodos de produção e distribuição eficientes em custos. A tecnologia pode rapidamente tornar os produtos obsoletos (o e-mail, por exemplo, desgastou rapidamente a carta e o mercado de fax), mas também pode gerar rapidamente novas oportunidades de marketing.

5. Discutir o impacto do ambiente tecnológico sobre as atividades de marketing das empresas.

Como discutimos no Capítulo 1, a tecnologia está revolucionando o ambiente de marketing, transformando o modo como as empresas promovem e distribuem serviços. As inovações tecnológicas criam não apenas novos produtos e serviços, mas também indústrias inteiramente novas. Entre os novos negócios que estão se desenvolvendo como resultado da internet, encontram-se os criadores de sites, novos tipos de empresas de software, agências de publicidade interativas e empresas que permitem aos clientes fazer transações financeiras seguras por meio da internet. O uso industrial e medicinal de laser, a transmissão de eletricidade por supercondutores, os produtos de comunicação sem fio, as sementes e plantas melhoradas pela biotecnologia e as proteínas processadas geneticamente que lutam contra as doenças são alguns exemplos adicionais dos avanços tecnológicos.

Às vezes, a tecnologia pode tratar de preocupações sociais. Em resposta à pressão da Organização Mundial de Comércio (OMC) e do governo norte-americano, os fabricantes de automóveis japoneses foram os primeiros a usar tecnologia para desenvolver veículos mais eficientes no gasto de combustível e reduzir as emissões de gases perigosos, com ofertas como o Toyota *Prius* e uma versão híbrida do Honda *Civic*. Os japoneses já estão desenvolvendo sua segunda geração de "veículos híbridos" que combinam um motor a gasolina convencional com um motor elétrico movido a bateria, e o veículo utilitário esporte híbrido *Escape*, da Ford Motor Co., promete fazer até 16 km por litro na cidade.[15] O Caso 3.1 descreve algumas das estratégias que os fabricantes de automóveis escolheram para dar conta da mudança de tecnologia.

A indústria, o governo, as faculdades e as universidades e outras instituições sem fins lucrativos desempenham seus papéis no desenvolvimento de novas tecnologias –, mas as melhorias freqüentemente têm seu preço. Um recente estudo descobriu, por exemplo, que o custo de salvar uma vida insulando-se as cabinas de aviões para proteger as pessoas contra o fogo seria de US$ 300 mil, ao passo que o fortalecimento das portas laterais dos automóveis custaria US$ 1,1 milhão por vida salva. A roupa de cama infantil à prova de fogo salvaria vidas por US$ 2,2 milhões cada uma para que os regulamentos de segurança fossem implementados.[16]

Os esforços de pesquisa e desenvolvimento por parte da indústria privada representam uma importante fonte de inovação tecnológica. A Pfizer, empresa farmacêutica global com base nos Estados Unidos, descobre, desenvolve, manufatura e comercializa remédios inovadores, gastando bilhões de dólares em pesquisa todos os anos. Entre seus mais anunciados avanços estão o medicamento Lipitor, que reduz o colesterol e é a droga mais receitada e mais vendida nos Estados Unidos; o Viagra, tratamento revolucionário para disfunção erétil; e o Trovan, um dos antibióticos mais receitados nesse país. A Pfizer Animal Health dos Estados Unidos desenvolve vacinas para animais, aditivos alimentares e o primeiro medicamento norte-americano contra artrite especificamente para cachorros. A fim de maximizar a força de suas linhas de produção, a Pfizer investe quase US$ 3 bilhões em pesquisa e desenvolvimento anualmente. Sua força de vendas americana, que dobrou de número em apenas três anos, classificou-se como a número 1 em qualidade geral nos últimos quatro anos.

Outra importante fonte de tecnologia é o governo federal, incluindo o Exército. Os *air bags* originaram-se dos assentos ejetáveis da Força Aérea; os computadores digitais foram inicialmente concebidos para calcular as trajetórias de artilharia; e o forno de microondas é um derivativo dos sistemas militares de radar.

Embora os Estados Unidos sejam há muito tempo os líderes mundiais em pesquisa, a competição de rivais na Europa, no Japão e em outros países asiáticos é intensa. Mesmo que as empresas norte-americanas tenham lançado em primeira mão as tecnologias que estão por trás dos computadores pessoais, dos sistemas de rede e da internet, as empresas japonesas capitalizaram sua capacidade de transferir essas tecnologias para produtos comerciais. Por exemplo, a Sony e a JVC comercializaram os gravadores de videocassete (tecnologia americana) em um dos novos produtos mais bem-sucedidos das duas últimas décadas. As empresas chinesas, que sempre operaram como subcontratantes para as empresas dos Estados Unidos, estão agora trabalhando para construir suas próprias marcas internacionais – assim como os atuais concorrentes japoneses fizeram há trinta anos.[17]

Figura 3.2
Como os avanços da tecnologia atendem às necessidades dos consumidores.

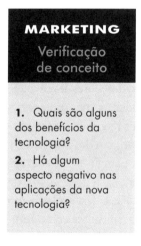

MARKETING
Verificação de conceito

1. Quais são alguns dos benefícios da tecnologia?
2. Há algum aspecto negativo nas aplicações da nova tecnologia?

6. Explicar como o ambiente sociocultural influencia o marketing.

APLICANDO A TECNOLOGIA

O ambiente tecnológico deve ser monitorado de perto por várias razões. Uma delas é que a aplicação criativa de novas tecnologias não apenas oferece às empresas uma margem competitiva definida, mas também pode beneficiar a sociedade. Como mostra a Figura 3.2, a First Solar, com matriz em Scottsdale, no Arizona, desenvolveu um sistema de refrigeradores movidos a energia solar – supridos por painéis de captação solar no topo – para ajudar os índios navajo americanos que estão em áreas remotas a manter seus suprimentos de alimentos sem ter de fazer longas viagens a cada dois dias para obter blocos de gelo. Os navajo estavam longe de quaisquer redes de energia e não podiam aproveitar as fontes de energia típicas. Por isso, a First Solar desenvolveu os refrigeradores para aproveitar a energia solar, que é abundante no Arizona.[18]

Os profissionais de marketing que monitoram a nova tecnologia e a aplicam com sucesso também podem enfatizar o serviço ao cliente. Grandes avanços em comunicações eletrônicas têm oferecido aos consumidores a conveniência de fazer compras sem sair de casa, assim como bancos 24h em caixas automáticos e via internet. Alguns restaurantes fornecem serviço mais rápido equipando os atendentes com computadores palmtop que transmitem os pedidos dos clientes ao pessoal da cozinha.

Os próximos capítulos discutirão com mais detalhes como as empresas aplicam as tecnologias – assim como as bases de dados, a troca eletrônica de dados e as técnicas promocionais interativas – para criar uma vantagem competitiva.

O AMBIENTE SOCIOCULTURAL

Os aspectos do estilo de vida dos consumidores ajudam a moldar o **ambiente sociocultural do marketing** – a relação entre o marketing, e a sociedade e sua cultura.

Para continuar competitivos, os profissionais de marketing devem ser sensíveis às mudanças demográficas da sociedade e às mudanças de valores. Essas variáveis afetam as reações dos consumidores a diferentes produtos e práticas de marketing.

Outra consideração sociocultural é a importância cada vez maior da diversidade cultural. Por exemplo, os Estados Unidos são uma sociedade mista composta de vários submercados, cada um com seus valores, características culturais, preferências de consumidores e comportamentos de compra exclusivos. A empresa de publicidade Dieste Harmel é especializada no mercado hispânico. Quando as pesquisas mostraram que os consumidores hispânicos comiam apenas a metade dos salgadinhos que os consumidores não-hispânicos, a Dieste pôs-se a trabalhar. A campanha resultante apresentou duas estrelas da música latina e criou uma atmosfera divertida, de festa, em torno do produto do cliente, o Doritos. As vendas subiram 25%. Melhor ainda, uma campanha relacionada incluiu a Pepsi, cujas vendas no mercado hispânico triplicaram.[19]

O contexto sociocultural freqüentemente exerce uma influência mais pronunciada na tomada de decisões internacionais de marketing do que nas domésticas. Aprender a respeito de diferenças culturais e societárias entre os países é fundamental para o sucesso de uma empresa no exterior. As estratégias de marketing que funcionam no Brasil com freqüência fracassam quando são aplicadas diretamente em outros países, e vice-versa. Em muitos casos, os profissionais de marketing devem redesenhar os pacotes e modificar os produtos e mensagens publicitárias para adequar-se aos gostos e preferências de diferentes culturas. O Capítulo 7 explora os aspectos socioculturais do marketing internacional.

O CONSUMERISMO

Os valores societários em constante mudança levaram ao **consumerismo**, definido como uma força social dentro do ambiente de marketing que ajuda e protege o comprador exercendo pressões morais, jurídicas e econômicas nos negócios. Atualmente, todos – os profissionais de marketing, a indústria, o governo e o público – estão muito conscientes do impacto do consumerismo na economia e no bem-estar geral das nações.

Nos últimos anos, os profissionais de marketing testemunharam o aumento do ativismo do consumidor. Nenhuma organização ou indústria está imune a ele. Os profissionais de marketing de atum enlatado foram criticados por promover a venda de atum apanhado em redes, que também prendem e matam golfinhos. As empresas privadas de segurança aeroportuária foram substituídas por equipes federais como reação ao aumento da preocupação com a ameaça de ataques terroristas. As pessoas protestam contra as iniciativas de permitir a extração de petróleo nos refúgios da vida selvagem no Alasca. O boicote, outra maneira pela qual os consumidores tornam conhecidas suas objeções, aumentou nos últimos anos de modo que incluíse empresas de quase todas as indústrias: Nike, McDonald's, Disney, Monsanto e British Airways foram todas enfocadas. Às vezes, basta a ameaça de boicote para produzir resultados.

Mas as empresas nem sempre cedem às exigências dos consumidores. O sistema econômico não pode funcionar se exigências excessivas impedem as empresas de atingir objetivos de lucro razoáveis. Essa escolha entre agradar a todos os consumidores e permanecer viável define um dos dilemas mais difíceis que os negócios enfrentam. Dadas essas restrições, o que os compradores têm o direito de esperar do competitivo sistema de marketing?

A resposta citada com mais freqüência veio de um discurso do presidente americano John F. Kennedy, mais de quatro décadas atrás. Embora essa lista não chegue a ser uma declaração definitiva, oferece boas regras que explicam os **direitos básicos do consumidor**:

1. *O direito de livre escolha.* O consumidor deve poder escolher dentro de uma gama de produtos e serviços.
2. *O direito de ser informado.* O consumidor deve receber instruções e informações suficientes sobre os produtos para poder ser um comprador responsável.
3. *O direito de ser ouvido.* O consumidor deve poder exprimir sua desaprovação legítima às partes adequadas que estão envolvidas na compra – isto é, vendedores, grupos de assistência ao consumidor e entidades municipais e estaduais que cuidam das questões do consumidor.
4. *O direito à segurança.* O consumidor deve ter a garantia de que os produtos e serviços que está adquirindo não são prejudiciais com o uso normal. Os produtos e serviços devem ser concebidos de tal maneira que o consumidor médio possa usá-los com segurança.

Esses direitos compõem o modelo conceitual da maior parte da legislação criada durante os primeiros quarenta anos do movimento dos direitos do consumidor nos Estados Unidos. Entretanto, a questão de como lhe oferecer as melhores garantias continua sem resposta. Às vezes, as autoridades estaduais ou federais intervêm. A "lei do limão" na Califórnia oferece, às concessionárias de automóveis, apenas três oportunidades para consertar um defeito no automóvel. Depois dos ataques terroristas de 11 de setembro, as linhas aéreas foram imediatamente solicitadas a instalar portas de titânio nas cabines de vôo. A regulamentação para rotular os alimentos obriga à informação de detalhes como data de validade, ingredientes e valores nutricionais nas embalagens de alimentos.

Durante anos, estudos demonstraram que os automóveis estão mais seguros, mais bem projetados e mais bem construídos do que nunca. Mas por que o número de *recalls* continua aumentando? Exige-se que os fabricantes de automóveis notifiquem os clientes quando determinam que um veículo é defeituoso ou não atende à regulamentação de segurança federal. O recente aumento nos *recalls* de automóveis vem sendo estimulado pelas leis de segurança mais rigorosas que foram criadas como resposta a uma série de mortes em capotamentos com *Ford Explorers* que usavam pneus Firestone. Outro fator que muito contribui para isso consiste nos sistemas de computação avançados que agora permitem que as concessionárias localizem os problemas mais cedo. Conseqüentemente, a maior parte dos *recalls* é voluntária. O consumidor logo terá mais fornecedores à sua escolha para selecionar o tipo de serviço telefônico, de linha fixa tradicional ou sem fio, sem ter de abrir mão de seu número no processo. Novas regulamentações nos Estados Unidos permitem que o cliente que troca o aparelho fixo pelo celular mantenha seu número de telefone contanto que a empresa de telefonia sem fio forneça serviços à mesma área. Uma porcentagem menor de clientes que mudam na outra direção pode manter seu número de telefone. Chris Murray, conselheiro legislativo da revista *Consumer Reports*, espera que a mudança melhore o serviço e faça os preços caírem. "A telefonia sem fio é a única esperança de curto prazo para a verdadeira escolha do consumidor", diz ele.[20]

O ambiente sociocultural para as decisões de marketing está expandindo-se em amplitude e importância. Hoje, nenhum profissional de marketing pode iniciar uma decisão estratégica sem considerar as normas, os valores, a cultura e a demografia da sociedade. Entender como essas variáveis afetam as decisões é tão importante que algumas empresas criaram um novo cargo – tipicamente, o de gerente de pesquisa de políticas públicas – para estudar o impacto futuro das mudanças no ambiente da sociedade em suas organizações.

MARKETING
Verificação de conceito

1. O que é o consumerismo?
2. O que os profissionais de marketing fazem para proteger o direito do consumidor de ser ouvido?
3. Como os direitos de proteção do consumidor beneficiam os profissionais de marketing?

AS QUESTÕES ÉTICAS NO MARKETING

7. Descrever o papel do marketing na sociedade e identificar as duas maiores questões sociais no marketing.

Os cinco ambientes descritos neste capítulo até o momento não descrevem inteiramente o papel que o marketing desempenha na sociedade e os conseqüentes efeitos e responsabilidades de suas atividades. Como o marketing está intimamente conectado com várias questões públicas, ele atrai um exame atento e constante do público. Além do mais, já que o marketing funciona como interface entre uma organização e a sociedade na qual ela opera, os profissionais de marketing freqüentemente detêm a maior parte da responsabilidade de lidar com as questões sociais que afetam suas empresas.

O marketing opera em um ambiente externo à empresa. Ele interage com esse ambiente e, por sua vez, recebe a ação das influências ambientais. As relações com os clientes, os empregados, o governo, os fornecedores e a sociedade como um todo formam a base das questões sociais que os profissionais de marketing contemporâneos enfrentam. Embora essas preocupações freqüentemente surjam do processo de troca, produzem efeitos que coincidem com as funções primárias de vendas e distribuição do marketing. A relação do marketing com seu ambiente externo tem um efeito significativo no sucesso final da empresa. Ele deve descobrir continuamente novas maneiras de lidar com as questões sociais que o sistema de competição enfrenta.

As diversas questões sociais que os profissionais de marketing enfrentam podem ser divididas em duas categorias principais: a ética do marketing e a responsabilidade social. Embora a sobreposição e os problemas de classificação sejam óbvios, esse modelo simples fornece uma base para o estudo sistemático de tais questões.

Os abusos em relação à ética costumam resultar em tantos prejuízos – para os clientes, os empregados, os investidores e o público em geral – que os governos criaram leis para puni-los. A onda de fraude corporativa e de conflitos de interesse em *Wall Street* e no *Big Business* na última década ainda está sendo tratada sob a forma de julgamentos em tribunais e acusações dos infratores. Após as acusações de executivos famosos como Sam Waksal, fundador e CEO da ImCLoneSystems, Scott D. Sullivan da WorldCom, e Andrew S. Fastow da Enron, começaram os julgamentos estaduais e federais. A diva americana Martha Stewart foi condenada em um julgamento que chamou a atenção e que se desenrolou poucas semanas após a condenação do fundador da Adelphia Communications Corp., John Rigas, e de seu filho. Em 2005, ocorreram os julgamentos do fundador e CEO da WorldCom, Bernard J. Ebbers; de Mark Schwartz e L. Dennis Kozlowski, da Tyco International; do fundador da Enron, Ken Lay, e seu CEO, Jeffrey K. Skilling; e de Richard M. Scrushy, da HealthSouth Corp.[21]

As influências no meio ambiente aumentaram diretamente a atenção para a **ética do marketing**, definida como o padrão de conduta e os valores morais do profissional de marketing. A ética diz respeito às questões do que é certo e do que é errado: à responsabilidade dos indivíduos e das empresas para fazer o que é moralmente certo. Como mostra a Figura 3.3, cada elemento do mix de marketing estabelece seu próprio conjunto de questões éticas. Antes que qualquer melhoria do sistema de marketing possa ser realizada, cada um desses elementos deve ser avaliado.

É evidente o reconhecimento cada vez maior da importância da ética do marketing por parte dos executivos de ética corporativa em tempo integral em empresas que incluem desde a Dun & Bradstreet, a Dow Corning e a Texas Instruments até o fisco americano. As *Federal Sentencing Guidelines for Organizations* (Diretrizes Federais de Condenação para as Organizações) fornecem um modelo para a avaliação da má conduta nas atividades de negócio, como a fraude ou o estabelecimento de preços. As diretrizes de condenação atuam como um incentivo para as corporações

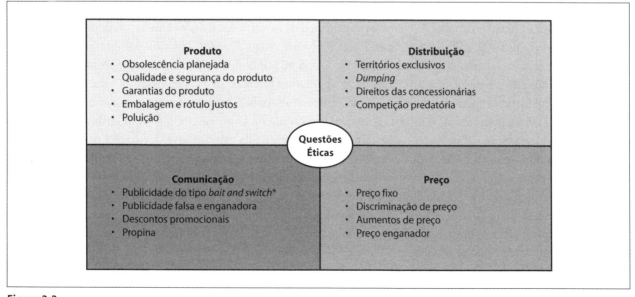

Figura 3.3
Questões éticas no marketing.
* Literalmente, "jogar a isca e mudar": tática de vendas que consiste em atrair os compradores anunciando uma pechincha e depois persuadi-los a comprar outro artigo mais caro. (NT)

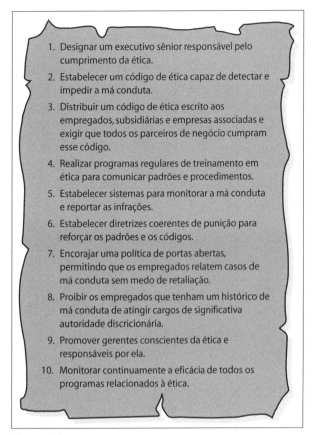

Figura 3.4
Dez passos para que as corporações melhorem os padrões de ética nos negócios.

Fonte: Adaptado de FERRELL, FRAEDRICH O. C.. John; FERRELL, Linda. *Business ethics: ethical decision making and cases*. 6. ed., p. 61-62 e 172-173. *Copyright* © 2005 de Houghton Mifflin Company.

implementarem programas eficazes de cumprimento da ética – se elas forem a julgamento, a existência de um programa como esse pode ajudar a reduzir as multas ou sentenças. Um modelo passo-a-passo para a construção de um programa eficaz é mostrado na Figura 3.4.

Em um julgamento contra a Wal-Mart, um júri federal norte-americano descobriu que a maior varejista do mundo forçava os empregados, em dezoito lojas do Oregon, a fazer horas extras sem remuneração, prática que, segundo a empresa, vai contra suas políticas. A remuneração dos empregados ainda está sendo determinada. Nesse meio tempo, a maior varejista do mundo enfrenta cerca de 36 processos semelhantes em todo o país, de modo que as violações éticas como essa, caso sejam verdadeiras, podem tornar-se caras, não apenas em termos monetários, mas em termos de prejuízo à sua reputação.[22]

Garantir práticas éticas significa prometer, aos clientes e parceiros de negócio, não sacrificar a qualidade e a justiça em favor do lucro. Em compensação, as organizações esperam maior lealdade dos clientes para com suas marcas.

Mas as questões que envolvem a ética do marketing nem sempre são claras. A questão da publicidade de cigarros, por exemplo, vem dividindo as fileiras dos executivos responsáveis pela publicidade. É certo que os publicitários promovam um produto que, embora seja legal, provoque danos à saúde?

Durante anos, os processos contra a conduta antiética infestaram a indústria de tabaco. No maior acordo civil da história dos Estados Unidos, os fabricantes de tabaco concordaram em pagar US$ 260 bilhões a 46 Estados. Quatro outros Estados – Flórida, Minnesota, Mississippi e Texas – tinham acordos separados que totalizavam outros US$ 40 bilhões. O acordo isenta as empresas de tabaco das reivindicações dos estados de custear o tratamento dos fumantes doentes. Já os fabricantes de cigarros não podem mais anunciar em cartazes, nem usar personagens de desenhos animados em anúncios, nem vender mercadorias que não contenham tabaco com marcas ou logos de tabaco. Um estudo da University of Michigan atribui aos processos e às resultantes restrições à publicidade – especialmente a eliminação da campanha de Joe Camel para adolescentes – a redução do fumo entre adolescentes em até 9% em um único ano. Campanhas agressivas antifumo realizadas pelos estados e pagas com o dinheiro dos acordos antitabagistas foram outro fator-chave. Entretanto, pesquisadores relataram que a prática do fumo aumentou quatro vezes entre universitários em um período recente de cinco anos. Os consumidores também estão acusando os profissionais de marketing que trabalham com cigarros, embora alguns processos coletivos contra as empresas de tabaco tenham sido eliminados dos tribunais porque "envolvem demasiadas questões individuais para serem julgadas como processos coletivos". Um analista diz que "o tabaco ainda é um negócio altamente rentável, e as empresas vão permanecer competitivas umas em relação às outras. Você pode não ser capaz de colocar um cartaz de um metro e meio na rua, mas ainda pode enviá-lo para os fumantes pelo correio. Eu esperaria ver mais ênfase no marketing direto ao consumidor".[23]

As pessoas desenvolvem padrões de comportamento ético com base em sistemas de valores próprios que as ajudam a lidar com questões éticas na vida pessoal. Entretanto, o local de trabalho pode gerar sérios conflitos quan-

Questionário sobre Ética no Local de Trabalho
A difusão da tecnologia no local de trabalho fez surgir várias questões éticas, e muitas das antigas questões ainda podem estar pendentes. Compare suas respostas com as dos americanos entrevistados nas páginas 117-8.

Tecnologia no escritório
1. É errado usar o e-mail para questões pessoais?
   ❏ Sim   ❏ Não
2. É errado utilizar o equipamento do escritório para ajudar seus filhos ou sua esposa a fazer trabalho escolar?
   ❏ Sim   ❏ Não
3. É errado jogar jogos de computador no equipamento do escritório durante o horário de trabalho?
   ❏ Sim   ❏ Não
4. É errado usar o equipamento do escritório para fazer compras pela internet?
   ❏ Sim   ❏ Não
5. É antiético atribuir um erro que você cometeu a um problema tecnológico?
   ❏ Sim   ❏ Não
6. É antiético visitar sites pornográficos usando equipamento do escritório?
   ❏ Sim   ❏ Não

Presentes e entretenimento
7. Até que valor o presente de um fornecedor ou cliente torna-se um problema?
   ❏ US$ 25   ❏ US$ 50   ❏ US$ 100
8. O presente de US$ 50 para um chefe é inaceitável?
   ❏ Sim   ❏ Não

9. O presente de US$ 50 de um chefe é inaceitável?
   ❏ Sim   ❏ Não
10. Quanto a presentes de fornecedores: é correto aceitar duas entradas para futebol no valor de US$ 200?
   ❏ Sim   ❏ Não
11. É correto aceitar duas entradas para o teatro no valor de US$ 120?
   ❏ Sim   ❏ Não
12. É correto aceitar uma cesta de natal no valor de US$ 100?
   ❏ Sim   ❏ Não
13. É correto aceitar um vale-presente de US$ 25?
   ❏ Sim   ❏ Não
14. Você pode aceitar um prêmio de US$ 75 ganho em uma rifa durante a conferência de um fornecedor?
   ❏ Sim   ❏ Não

Verdades e mentiras
15. Por causa da pressão do trabalho, você já mentiu que estava doente ou cometeu abusos relacionados a isso?
   ❏ Sim   ❏ Não
16. Por causa da pressão do trabalho, você já assumiu o crédito pelo trabalho ou pela idéia de outra pessoa?
   ❏ Sim   ❏ Não

Figura 3.5
Teste a sua ética no local de trabalho.
Fonte: *Ethics Officer Association*, Belmont, Massachussetts; *Leadership Group*, Wilmette, Illinois; as pesquisas tomaram como amostra um grupo de trabalhadores de todos os níveis em grandes empresas em todos os Estados Unidos. Reproduzido com permissão da *Ethics and Compliance Officer Association*.

do os indivíduos descobrem que suas crenças éticas não estão necessariamente alinhadas com as de seus empregadores. Por exemplo, os empregados podem achar que não há problema em fazer compras on-line durante a hora do almoço utilizando um computador da empresa, mas a empresa pode decidir que não é assim. O questionário na Figura 3.5 enfatiza outros dilemas éticos do cotidiano.

Como esses conflitos podem ser resolvidos? As pessoas podem ser influenciadas, não apenas pela ética individual e organizacional, mas também por uma terceira base de autoridade ética – um código de ética profissional que transcenda os sistemas de valores organizacionais e individuais. Uma associação de profissionais pode exercer uma supervisão coletiva para limitar o comportamento individual de um profissional de marketing.

Qualquer código de ética deve antecipar os vários problemas que os profissionais de marketing têm a probabilidade de encontrar. As questões de promoção tendem a receber a maior atenção, mas as considerações éticas também influem na pesquisa de marketing, na estratégia de produtos, na estratégia de distribuição e na política de preços.

PROBLEMAS ÉTICOS NA PESQUISA DE MARKETING

A invasão da privacidade pessoal vem-se tornando um problema crítico na pesquisa de marketing. A proliferação de bases de dados, a venda de listas de endereços e a facilidade com que as informações dos clientes podem ser reunidas por meio da tecnologia da internet vêm aumentando as preocupações do público. A questão da privacidade será explorada com mais detalhes no Capítulo 4. Do ponto de vista da ética, uma prática de pesquisa de mercado particularmente problemática é a promessa de recompensa em dinheiro ou de ofertas grátis como compensação por informações que podem ser vendidas a profissionais de marketing direto. É comum os consumidores fornecerem informações demográficas em resposta a um anúncio de e-mail ou a uma revista favorita.

As questões de privacidade vêm aumentando com a mesma rapidez que o número de empresas na internet – e os consumidores estão contra-atacando. Após uma recente investigação da *Federal Trade Commission* (FTC – Comissão Federal de Comércio) a respeito de práticas de pesquisa com o consumidor, a empresa DoubleClick.com, que fazia publicidade on-line, pagou US$ 1,8 milhão para resolver processos de classe coletivos estaduais e federais americanos.

Além disso, a DoubleClick enviou mais de 300 milhões de anúncios, convidando os consumidores a aprender a proteger mais sua privacidade on-line.[24]

Em poucas palavras

Não há incompatibilidade entre fazer a coisa certa e fazer dinheiro.
William Clay Ford Jr. (nasc. 1958)
CEO da Ford Motor Co.

Nos Estados Unidos, várias agências, incluindo a FTC, oferecem assistência aos consumidores da internet. Para obter informações a respeito de como deixar de receber correspondência indesejada e chamadas de telemarketing, veja o site em inglês www.ftc.gov/privacy. A *Direct Marketing Association* (Associação de Marketing Direto) também fornece serviços, como "serviços preferenciais de correio, telefone e e-mail", para ajudar os consumidores a retirar seu nome das listas-alvo dos profissionais de marketing. O registro na lista *Do Not Call* do governo americano para proteger o número de telefone está disponível via telefone ou no site **www.donotcall.gov**. *UnlistMe* e *Junkbusters* são serviços gratuitos na internet que também ajudam os consumidores norte-americanos a retirar seu nome de malas-diretas e listas de telemarketing.

A *radio-frequency identification* (RFID – identificação de radiofreqüência) é uma antiga tecnologia que está tendo novos usos. Em dezenas de aplicações, os leitores da RFID já utilizam as ondas de rádio para escanear chips anexados a qualquer coisa, de carros que passam por cabines de pedágio até obras-primas de museus, animais de estimação e gado, rastreando sua localização e seus movimentos. Alguns consumidores afirmam que já estão alarmados com a possibilidade de que os leitores RFID possam coletar e correlacionar informações a respeito de compras sem que o comprador sequer esteja ciente disso. Já há salvaguardas sendo preparadas. "Os especialistas fanáticos pela privacidade vão esfregar as mãos com isso, e eu sou solidário a eles", diz o futurista Paulo Saffo, "mas a RFID é boa demais para parar".[25].

PROBLEMAS ÉTICOS NA ESTRATÉGIA DE PRODUTOS

A qualidade dos produtos, sua obsolescência planejada, a semelhança das marcas e as questões de embalagem são de fundamental importância para o sucesso de uma marca. Não é de surpreender que as pressões da competição tenham forçado alguns profissionais de marketing a adotar práticas de embalagem que possam ser consideradas enganosas ou antiéticas. Pacotes maiores ajudam a obter espaço nas prateleiras e exposição aos consumidores no supermercado. Pacotes de tamanhos diferenciados tornam difícil a comparação dos preços. As garrafas com fundo côncavo dão a impressão de conter mais líquido do que realmente têm. Será que essas práticas se justificam em nome da competição ou será que podem ser consideradas enganosas? Os mandados regulatórios parecem estar estreitando a gama de livre-arbítrio nessa área.

Quando os tamanhos das refeições servidas a crianças se relacionaram a preocupações cada vez mais sérias com a obesidade, os restaurantes de *fast food* – liderados pela gigante da indústria, o MacDonald's – decidiram modificar suas estratégias de produto e enxugar seus cardápios. Em 2003, o McDonald's acrescentou saladas e passou a fornecer mais frutas, legumes e iogurtes com seus Lanches Felizes. Embora os executivos da empresa negassem que sua decisão tivesse sido influenciada por um documentário altamente divulgado, *Supersize me*, no qual o cineasta come apenas comida do McDonald's por um mês e engorda 11 quilos, era evidente que as porções gigantescas estavam em desacordo com as preocupações sociais. Até 2005, o McDonald's havia eliminado a opção gigante de batatas fritas e refrigerantes em todas as suas mais de 13 mil filiais nos Estados Unidos. A antiga embalagem de batatas fritas gigante de 198 gramas continha 610 calorias. Atualmente, a maior porção pesa 28 gramas a menos e contém 540 calorias.

Aproximadamente vinte estados norte-americanos restringem hoje o acesso de estudantes a *junk food* (comida demasiadamente rica em calorias e de má qualidade nutritiva), e outros doze estão considerando eliminar totalmente ou limitar produtos obtidos em máquinas de vendas. O Departamento de Agricultura do Texas reagiu a relatórios que apontam que 38% dos alunos da quarta série no estado têm excesso de peso banindo frituras e leite integral das escolas públicas.[26]

A madeireira Boise Cascade recentemente concordou em parar de comprar madeira proveniente de florestas virgens em todo o mundo e parar de extrair madeira de florestas virgens também nos Estados Unidos. Além

> **Em poucas palavras**
>
> Ninguém é forçado a comer no McDonald's.
> Robert W. Sweet
> Juiz federal dos Estados Unidos (rejeitando um processo coletivo que procurava obter compensação de danos do McDonald's por causar obesidade).

disso, a empresa planeja pressionar seus fornecedores para seguir seu exemplo e acompanhar a origem do papel e da madeira que recebem. "Acho que eles sabem que sua marca para o consumidor não sobreviverá se for associada à destruição de antigas florestas", diz Jennifer Krill, organizadora da *Rainforest Action Network* (Rede de Ações em Favor das Florestas Tropicais), que solicitou boicotes a Boise em um esforço para vencer uma mudança na política. A Boise pode, de fato, ter perdido alguns clientes antes de adotar essa nova postura, incluindo a empresa de cópias Kinko's Inc., que já está evitando utilizar produtos de papel provenientes de florestas ameaçadas de extinção.[27]

PROBLEMAS ÉTICOS NA ESTRATÉGIA DE DISTRIBUIÇÃO

Duas questões éticas influenciam as decisões de uma empresa em relação à sua estratégia de distribuição:

1. Qual é o grau adequado de controle do canal?
2. Uma empresa deve distribuir seus produtos em canais marginalmente rentáveis que não tenham fonte de fornecimento alternativa?

É comum que a questão do controle de canais surja das relações entre fabricantes e concessionárias de franquias. Por exemplo, será que uma concessionária de automóveis, um posto de gasolina ou um canal de *fast food* devem ser coagidos a comprar peças, materiais e serviços complementares da controladora?

A segunda questão diz respeito à responsabilidade dos profissionais de marketing de prestar serviços a segmentos de mercado insatisfeitos até mesmo quando o potencial de lucro é pequeno. Será que os profissionais de marketing devem prestar serviços a lojas de varejo em áreas de baixa receita, atender usuários de pequenas quantidades do produto da empresa ou atender um mercado rural decadente? Esses problemas são de difícil resolução porque freqüentemente envolvem mais indivíduos do que segmentos do público em geral. Um primeiro passo importante é garantir que a empresa reforce continuamente suas políticas de canal.

PROBLEMAS ÉTICOS NA ESTRATÉGIA DE COMUNICAÇÃO

A comunicação é o componente do mix de marketing que dá origem à maior parte das questões éticas. A venda pessoal sempre foi alvo de críticas. Desde os primeiros comerciantes até os vendedores ambulantes, os caixeiros-viajantes e os atuais vendedores de carros usados, todos foram acusados de realizar más práticas de marketing que vão do exagero dos méritos dos produtos até o engano direto. Brindes e propinas são abusos comuns da ética.

Os meios pelos quais os profissionais de marketing enfocam grupos demográficos específicos não têm padrões de ética. Os fabricantes de remédios prescritos rotineiramente fazem propaganda de seus produtos para os médicos que os recomendam aos pacientes. Mas a Biovail Corp, um grande fabricante de remédios canadense, foi acusada de pagar US$ 1.000 a cada um dos milhares de médicos dos Estados Unidos que prescreveram seu Cardizem LA, um remédio para o coração. O governo, preocupado com a possibilidade de tais pagamentos influenciarem a escolha dos médicos, vem publicando diretrizes para o cumprimento das leis federais contra fraude e abuso. Elas banem esse tipo de remuneração quando seu propósito primário é encorajar as vendas. A Biovail alega que cumpre todos os regulamentos.[28]

A indústria farmacêutica vem atraindo com freqüência a atenção por suas práticas questionáveis de publicidade. Cada vez mais, a comunicação televisiva dirigida aos consumidores sugere que os espectadores devam assumir um papel proativo no cuidado com a saúde da família, exigindo que seus médicos receitem os remédios que vêem anunciados. Os oponentes alegam que tal comunicação coloca uma pressão indevida sobre os médicos para prescreverem remédios de marcas baratas em vez de receitarem medicamentos que não são drogas ou alternativas que podem ser adquiridas no balcão. As receitas orientadas para o consumidor não apenas podem levar a um uso de drogas desnecessário ou até prejudicial, elas também forçam o aumento do custo da cobertura de seguros. A indústria farmacêutica alega que a publicidade direta ao consumidor educa os pacientes e, ao mesmo tempo, coloca os médicos no controle do tratamento.[29]

Em outra controvérsia promocional, a KFC Corp. recentemente descreveu suas refeições da Kentucky Fried Chicken como alimentação saudável, criando uma série de anúncios nos quais os clientes diziam que a comida tinha poucas calorias e ajudava-os a perder peso. A KFC teve de retirar a campanha com a controvérsia barulhenta que se seguiu.

PROBLEMAS ÉTICOS NA POLÍTICA DE PREÇOS

A política de preços é provavelmente o aspecto mais regulamentado da estratégia de marketing de uma empresa. Como resultado, a maior parte do comportamento antiético em relação a preços também é ilegal. A Schering-Plough Corp, por exemplo, está sob investigação por oferecer produtos farmacêuticos sem nenhum custo ou com desconto muito alto para planos de saúde que incluem seus medicamentos nas listas de remédios pelos quais as empresas são reembolsadas.[30] Alguns aspectos da política de preços, porém, ainda estão abertos a abusos da ética. Por exemplo, será que alguns clientes devem pagar mais por determinada mercadoria se os custos de distribuição são mais altos em sua área? Será que os profissionais de marketing têm a obrigação de avisar fornecedores e clientes a respeito de mudanças nas políticas de retorno, preço e desconto?

MARKETING
Verificação de conceito

1. Qual é a relação entre as práticas éticas e o lucro?

2. Quais são algumas das questões de privacidade inerentes à pesquisa de marketing?

3. De que maneira a política de preços se torna uma questão ética?

Quatro terremotos devastadores afetaram o Estado da Flórida nos Estados Unidos, destruindo casas e outras propriedades, e fazendo milhares de pessoas abandonarem a costa em busca de abrigo. Como se a morte e a destruição não bastassem, alguns negócios antiéticos aproveitaram a situação e cobraram preços exorbitantes por seus produtos e serviços durante a emergência. As leis da Flórida proibiram os negócios de impor aumentos de preço "sem consciência" durante os desastres, mas o procurador-geral da Flórida, Charlie Crist, recebeu milhares de queixas a respeito de preços extorsivos e práticas de comércio injustas em todos os produtos, de tarifas de hotel e suprimentos de emergência, como geradores, até telhados e serviços de poda de árvores. Algumas cadeias de hotéis dobraram ou triplicaram suas tarifas para os flagelados. Uma das unidades do *West Palm Beach Days Inn* pagou recentemente US$ 70 mil para cobrir processos por ter cobrado preços abusivos de consumidores durante um estado de emergência. Uma estação de rádio perto do hotel afirmou que todos os quartos eram alugados por US$ 49,99 por noite, mas que o Days Inn cobrou US$ 144 de uns cinquenta consumidores. "É impensável que alguém queira tentar tirar vantagem dos vizinhos em uma hora dessas", disse Crist.[31]

O modo de lidar com todas essas questões é desenvolver uma ética profissional para a política de preços dos produtos. As questões éticas envolvidas na política de preços para os mercados altamente competitivos e cada vez mais computadorizados serão discutidas em detalhes nos capítulos 18 e 19.

A RESPONSABILIDADE SOCIAL NO MARKETING

Como demonstram vários dos exemplos deste capítulo, as empresas podem beneficiar-se de suas contribuições à sociedade e, ao mesmo tempo, minimizar o impacto negativo que causam nos ambientes natural e social. A **responsabilidade social** exige que os profissionais de marketing aceitem a obrigação de dar o mesmo peso aos lucros, à satisfação do consumidor e ao bem-estar social quando avaliam o desempenho de sua empresa. Eles devem reconhecer a importância dos benefícios relativamente qualitativos para o consumidor e a sociedade, assim como das medidas quantitativas de vendas, receita e lucro pelas quais as empresas tradicionalmente medem o desempenho do marketing.

8. Identificar os quatro níveis da pirâmide da responsabilidade social.

A responsabilidade social permite uma mensuração mais fácil do que a ética do marketing. A legislação governamental pode criar ações socialmente responsáveis. O ativismo do consumidor também pode promover a responsabilidade social dos negócios. Somente as ações determinam a responsabilidade social, e uma empresa pode comportar-se com responsabilidade, mesmo sob coerção. As exigências do governo podem forçar as empresas a realizar ações socialmente responsáveis em questões de política ambiental, reclamações a respeito de produtos enganosos e outras áreas. Além disso, os consumidores, por meio de seu poder de repetir ou não as compras, são capazes de forçar os profissionais de marketing a fornecer informações relevantes e honestas, assim como preços justos. O comportamento eticamente responsável, por sua vez, requer mais do que ações adequadas; intenções éticas também devem motivar essas ações. As quatro dimensões da responsabilidade social – econômica, legal, ética e filantrópica – são mostradas na Figura 3.6. As duas primeiras dimensões foram reconhecidas há muito tempo, mas as obrigações éticas e a necessidade de os profissionais de marketing serem bons cidadãos corporativos aumentaram de importância nos últimos anos.

O lugar exato das decisões socialmente responsáveis nas organizações sempre foi uma questão importante. Mas quem deve aceitar responsabilidade específica pelos efeitos sociais das decisões de marketing? As respostas vão do gerente de vendas distrital até o vice-presidente de marketing, o CEO da empresa e até mesmo a diretoria. Provavelmente, a avaliação mais válida afirma que todos os profissionais de marketing, independentemente de seu cargo na organização, são responsáveis pelos aspectos sociais de suas decisões.

Em "Dicas de etiqueta" discute-se o uso cada vez maior da irreverência em nossa sociedade. Sua difusão no local de trabalho vem provocando fortes reações daqueles que se sentem ofendidos, levando os negócios a reagir, por sua vez, com novas políticas sobre uso e abuso da linguagem. No fim das contas, porém, as pessoas precisam ser sensíveis às impressões que os outros têm do uso de palavras de baixo calão. Apenas assim pode ocorrer a verdadeira comunicação.

AS RESPONSABILIDADES DE MARKETING

O conceito de responsabilidade social dos negócios costuma ocupar as relações dos gerentes com clientes, empregados e acionistas. Em geral, os gerentes sempre se sentiram responsáveis por fornecer produtos de qualidade por preços razoáveis aos clientes, salários adequados e ambientes de trabalho decentes aos empregados e lucros aceitáveis aos acionistas. Apenas ocasionalmente o conceito estende-se às relações com o governo e raramente ao público em geral.

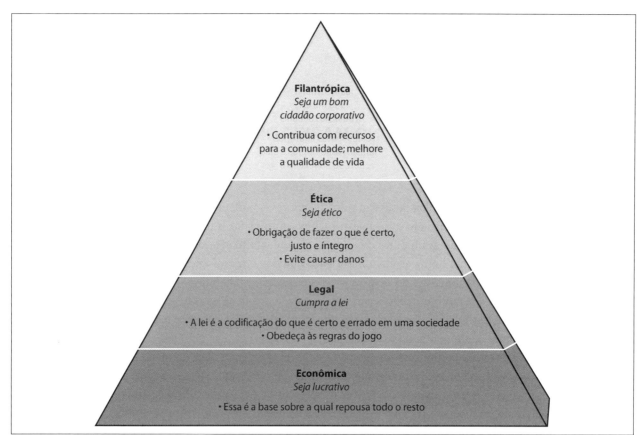

Figura 3.6
A pirâmide de quatro passos da responsabilidade social corporativa.
Fonte: CARROLL, Archie B. The pyramid of corporate social responsibility: toward the moral management of organizational stakeholders, *Business Horizons* 34, jul./ago. 1991.

Atualmente, a responsabilidade corporativa expande-se para cobrir todo o modelo social. Uma decisão de adiar temporariamente a instalação de um dispositivo de controle de poluição poderia satisfazer ao sentido de responsabilidade tradicional. Os clientes continuariam a receber um fornecimento ininterrupto dos produtos da fábrica, os empregados não enfrentariam demissões e os acionistas ainda receberiam retornos razoáveis por seus investimentos. Entretanto, a ética de negócios contemporânea não aceitaria essa escolha como socialmente responsável.

Da mesma maneira, uma empresa que comercializa alimentos com baixo valor nutritivo pode satisfazer ao conceito tradicional de responsabilidade, mas esse comportamento é questionável se analisado da perspectiva contemporânea. Isso não quer dizer que todas as empresas deveriam distribuir apenas alimentos de alto valor nutritivo; significa apenas que o modelo de avaliação anterior não é mais considerado abrangente em termos de escopo ou de tempo. A recente popularidade do pôquer nos Estados Unidos resultou em novos programas de televisão que mostram celebridades participando de jogos de altas apostas. Mas o jogo tem muitas conseqüências sociais. Em "Resolvendo uma questão ética", são discutidos os prós e contras de televisionar e glamurizar o pôquer.

As decisões contemporâneas de marketing devem considerar todo o modelo societário, não apenas nos Estados Unidos, mas em todo o mundo. Fabricantes e distribuidores de roupas foram colocados sob fogo cerrado por comprarem de fornecedores estrangeiros que forçam os empregados a trabalhar em condições perigosas, pagam menos do que o salário necessário à sobrevivência ou não cumprem as leis contra o trabalho infantil. As empresas gigantescas da indústria farmacêutica, por exemplo, que se recusam a permitir o desenvolvimento de versões de baixo custo de suas drogas patenteadas para combater epidemias como a Aids, a malária ou a tuberculose foram acusadas de ignorar o alcance global da responsabilidade corporativa. Os profissionais de marketing também devem levar em conta os efeitos de longo prazo de suas decisões e o bem-estar das futuras gerações.

Os processos de manufatura que afetam negativamente o meio ambiente ou desperdiçam os recursos de energia naturais são alvos fáceis de crítica.

Há vários métodos pelos quais os profissionais de marketing podem ajudar suas empresas a comportar-se de maneira socialmente responsável. O Capítulo 1 discutiu o marketing de causa social como um canal pelo qual as empresas podem promover causas sociais – e, ao mesmo tempo, beneficiar-se, associando suas pessoas e seus produtos a empreendimentos que valem a pena. O marketing socialmente responsável envolve campanhas que encorajam as pessoas a adotar comportamentos que trazem benefícios sociais, seja a condução segura de automóveis, seja a ingestão de alimentos mais nutritivos, seja a melhoria das condições de trabalho de pessoas que estão do outro lado do mundo. Campanhas como essas podem não apenas ajudar a sociedade, mas também afetar positivamente o produto final da empresa.

MARKETING E ECOLOGIA

A ecologia – relação entre os organismos e seus ambientes naturais – vem se tornando uma força motriz para influenciar o modo como os negócios operam. Muitos líderes da indústria e do governo consideram a proteção do meio ambiente o maior desafio que as corporações de hoje enfrentam. Da poluição da água, do processamento do lixo e da chuva ácida até o desgaste da camada de ozônio e o aquecimento global, as questões ambientais afetam a todos. Elas influenciam todas as áreas de tomada de decisão de marketing, do planejamento de produtos até as relações públicas, abarcando tópicos como a obsolescência planejada, o controle da poluição, a reciclagem do lixo e a conservação de recursos.

A DuPont adotou o objetivo de ter negócios que possam sustentar-se para sempre sem desgastar os recursos naturais. Após se comprometer a reduzir o lixo, as emissões e o uso de energia, essa indústria – que, antes, era conhecida como poluidora – foi ainda mais longe. Recentemente isolou sua unidade de gás e petróleo, a Conoco, para comprar a Pioneer Hi-Bred International, que produz sementes para cultivo de alimentos e material de manufatura renovável, como o milho que pode ser manufaturado para produzir camisetas. O vice-presidente corporativo da DuPont para segurança, saúde e meio ambiente, Paul Tebo, diz que a empresa faz a seguinte pergunta a respeito de todas as suas decisões estratégicas: "Como você relaciona a economia com as necessidades ambientais e sociais, de modo que todas elas façam parte de suas estratégias de negócio?". A pergunta não respondida da DuPont é quanto os empregados, consumidores e investidores ficarão impressionados com sua nova missão. Mas, como diz Tebo, "quanto mais próximos estivermos de nos alinhar com os valores sociais, mais rapidamente cresceremos".[32]

> ### *Em poucas palavras*
>
> A poluição do ar está tornando os cabelos da Mãe Natureza prematuramente grisalhos.
> Irv Kupcinet (1912-2003)
> Colunista de jornal americano

Quando criam novas ofertas que atendem às conveniências do consumidor oferecendo produtos de vida extremamente curta, como fraldas descartáveis, canetas esferográficas, lâminas de barbear e câmeras, os profissionais de marketing ocasionalmente são acusados de oferecer intencionalmente produtos com durabilidade limitada – em outras palavras, de praticar a **obsolescência planejada**. Além dos artigos orientados para a conveniência, outros produtos tornam-se obsoletos quando mudanças rápidas na tecnologia criam alternativas superiores. Na indústria de computadores, trata-se exatamente de realizar melhorias que tornem os produtos obsoletos. Como resposta às pilhas cada vez maiores de computadores obsoletos, que chegam a aproximadamente 2 milhões de toneladas de lixo por ano, a Dell iniciou um programa para a reciclagem de computadores de qualquer fabricante, e não apenas aqueles que levam o nome Dell. Por uma pequena tarifa, a empresa manda buscar o equipamento e o entrega a centros de reciclagem que são seguros para o meio ambiente, ou então doa o equipamento ainda útil para pessoas e organizações em desvantagem econômica. O programa poupa o meio ambiente de poluição adicional e de produtos químicos passíveis de causar câncer, como chumbo, cádmio, berilo e retardadores de chamas.[33]

Os legisladores da Califórnia, de Massachusetts, Nebraska e Carolina do Sul propuseram leis para forçar os fabricantes a aceitar de volta o "e-lixo" – computadores usados e outros produtos tecnológicos que contêm produtos químicos tóxicos.[34]

dicas de etiqueta

Cuidado com sua linguagem!

Faz muito tempo que o produtor do clássico do cinema *E o vento levou...* pagou uma multa de US$ 5 mil por ter permitido que Rhett Butler dissesse a Scarlett O'Hara "Francamente, minha cara, não estou nem aí"[1]. As atitudes contra os palavrões agora estão muito mais relaxadas, e é questionável se as palavras que já foram banidas da televisão, do cinema e do rádio são até mesmo consideradas profanas atualmente.

Mas não há dúvida de que o vocabulário colorido e até mesmo vulgar está em alta, até mesmo no ambiente de trabalho, e que as explicações para a incapacidade dos americanos de controlar o uso de palavras de baixo calão são abundantes. Tudo, desde a "raiva da escrivaninha" até a mudança cultural, já foi apontado como causa. A professora de lingüística Donna Jo Napoli, da Swarthmore College, diz que a linguagem ainda nos choca, mas que "acabamos de alterar quais são as coisas que nos chocam. Um insulto racial, por exemplo, atinge-nos em cheio", ao passo que as palavras tabus utilizadas pelos candidatos à Presidência no calor da campanha podem nem sequer fazer-nos levantar a sobrancelha.

Mas algumas empresas estão realizando ações contra os xingamentos e o uso de palavrões, desenvolvendo políticas antipalavrões (que não violam os direitos da liberdade de expressão), aconselhando os ofensores ou até mesmo despedindo-os se uma ofensa é bastante séria. E, embora a blasfêmia possa fazer parte da vida diária, muitos a consideram ofensiva, e ela raramente produz uma boa impressão ou resultados positivos no ambiente de trabalho. Como disse um colunista de negócios, "a única palavra começada com 'f' que alguém deve usar no local de trabalho é "fabuloso".

Aqui vão algumas dicas e idéias para você ter em mente a respeito de seu modo de falar no trabalho.

1. Lembre-se de que a principal função da linguagem no trabalho é comunicar informações e idéias, e não exprimir raiva.
2. Tenha em mente que a vulgaridade não substitui a clareza e a completude na comunicação.
3. Seja consciente de que os outros têm crenças culturais e padrões diferentes, inclusive podem achar que os palavrões são ofensivos, e isso merece atenção e respeito.
4. Resista à tentação de ser "igual aos outros". Se você trabalha em um ambiente onde a vulgaridade é a norma, pode não ser capaz de mudar substancialmente o comportamento dos outros, mas pode controlar o seu.
5. Lembre-se de que os padrões de comportamento nos negócios são mais formais do que em casa ou em ambientes de socialização. Ajuste sua linguagem para estar de acordo.
6. Se alguém ofendê-lo com uma linguagem que visa a chocar, não responda da mesma maneira. Não responda de maneira alguma à linguagem, apenas à mensagem.
7. Saiba que muitos gerentes descobrem que atraem mais atenção e respeito quando eliminam a linguagem inadequada no trabalho.
8. Se a linguagem rude de uma pessoa o ofende constantemente, peça calmamente a ela para parar com isso. Explique com simplicidade e educação que você considera as expressões utilizadas ofensivas e peça a cooperação dela, mas não espere uma mudança instantânea ou permanente. Os hábitos de linguagem são difíceis de mudar.
9. Em alguns locais de trabalho, um duplo padrão pode permitir que os homens usem vulgaridade para penalizar as mulheres que fazem o mesmo. Se você é do sexo masculino, considere se está contribuindo para uma situação injusta com sua própria maneira de usar a linguagem. Se você é mulher, veja a sugestão 4. Se a situação atrapalha a realização de seu trabalho, considere a possibilidade de discuti-la com seu chefe ou o departamento de recursos humanos.
10. Lembre-se de que você não perderá nada se aderir ao antigo adágio "Pense antes de falar".

Fontes: *Ask Annette*, Salary.com, **www.salary.com**, acessado em 28 jan./2005; MITCHELL, Mary. Business etiquette: avoid these mistakes, *ULiveandLearn*, **www.uliveandlearn.com**, acessado em 18 jan./2005; JONES, Del. Watch your language, ladies, *USA Today*, 24 nov./2004, **www.usatoday.com**; Every where we turn, people are cursing up a storm, *Chicago Tribune*, 4 mar./2004, **www.chicagotribune.com**.

No original, "Frankly, my dear, I don't give a damn". Expressão considerada ofensiva.

Resolvendo uma questão ética

JOGOS OCUPAM MUITO TEMPO NA TV?

O pôquer é a última moda na televisão a cabo, com torneios que atraem grandes audiências. Há até mesmo uma série popular de ficção a respeito do pôquer no canal ESPN. Mas o jogo, em todas as suas formas, tem um lado obscuro potencial. Com as oportunidades de apostas tornando-se cada vez mais fáceis em cassinos, bares e boliches, na internet e até mesmo em torneios organizados em residências, algumas pessoas questionam se essa ênfase no jogo televisionado, que atrai uma grande audiência jovem, é uma idéia assim tão boa. Um estudo recente descobriu que um entre cada seis jovens joga pelo menos uma vez por semana, e educadores descobriram "estudantes agenciadores de apostas" gerenciando operações de jogo de todos os tipos em muitas escolas. "A TV – a ESPN – está sempre ligada", disse um garoto de dezesseis anos. "Você vê pessoas com uns US$ 2 milhões em dinheiro na mesa – quem é que não vai querer jogar pôquer depois de ver isso?"

Na maior parte dos estados, o jogo é legal apenas para os maiores de dezoito anos. Mas alguns pais ficam felizes em fomentar noitadas de pôquer e torneios informais, pois preferem saber onde seus filhos e amigos estão passando seu tempo e exercendo sua autoridade para continuar apostando dentro de limites razoáveis. Por sua vez, uma senadora estadual teme a possibilidade da geração do vício no jogo entre os jovens. "É incompreensível para mim que os pais achem que algo de bom possa vir do [pôquer]", disse ela. "Os pais não têm nenhuma idéia do que pode acabar acontecendo no futuro? Por que mostrar qualquer vício às crianças?"

Histórias de alerta são abundantes, com adolescentes aparecendo até mesmo em encontros dos Jogadores Anônimos para tentar ficar livres dos hábitos dispendiosos que criaram. Será que os produtores de televisão estão reforçando esses hábitos ao criar programas orientados para o pôquer que apelam para os jovens? Os publicitários deveriam apoiá-los?

JOGOS DEVEM OCUPAR TANTO TEMPO NA TV?

SIM

1. O pôquer é um evento social e um bom assunto para a televisão de entretenimento.

2. O pôquer é neutro, como qualquer outro jogo de azar; fica a cargo da audiência (e de seus pais, se ela é composta de crianças ou adolescentes) usá-lo ou abusar dele.

NÃO

1. A programação de TV pode influenciar audiências impressionáveis e fazer o jogo parecer glamuroso.
2. Os adolescentes estão aprendendo a jogar e a apostar, e a levar essas distrações para a escola, prejudicando sua educação e correndo o risco de viciar-se no jogo.

RESUMO

"A popularidade dos programas sobre o pôquer vem criando um monstro totalmente novo para nós no que diz respeito à regulamentação", disse um representante do *Department of Inspections and Appeals of Iowa* (Departamento de Inspeções e Apelações de Iowa). As leis ambíguas concernentes ao jogo em vários estados estão repentinamente sob novo escrutínio à medida que a moda alimentada pela televisão faz furor. Um operador de quadras de boliche cujos torneios semanais de pôquer foram fechados por reguladores de jogo do estado disse que seus clientes "são apenas pessoas que assistem ao pôquer na TV, e elas querem sair e jogar e ser como as pessoas da TV". Embora a influência dos programas possa ser logo esclarecida (juntamente com a regulamentação), uma das perguntas não respondidas é o que os publicitários devem fazer quanto ao marketing de seus produtos por meio de emissões desse tipo, especialmente se sua mercadoria destina-se a jovens.

Fontes: PAUL, Laura. High stakes: teens gambling with their futures, *Teenagers Today*, **http://teenagerstoday.com**, acessado em 28 jan./2005; BAKST, Brian. Poker, gambling laws collide, *The Morning News*, 21 jan./2005, p. 6B; CRAVEN, Scott. Teens Ante up at home as poker enjoys a revival, *The Arizona Republic*, 14 jan./2005; **www.azcentral.com**; McFARLAND, Art. Teen gambling: growing concerns over an expensive problem for many teens, *ABC 7 Eyewitness News*, 18 fev. 2004, **http://abclocal. go.com**; WALTERS, Amye. Teen poker craze", *ABC 7 Chicago*, 27 out./2004, **http://abclocal.go.com**.

Figura 3.7
Iron Eyes Cody: ensinando gerações de americanos a se
preocupar com o meio –ambiente.

A preocupação pública com a poluição de recursos naturais, como a água e o ar, afeta mais algumas indústrias, como a farmacêutica ou a manufatura de produtos pesados, do que outras. Entretanto, o sistema de marketing gera anualmente bilhões de toneladas de materiais de embalagem como vidro, metal, papel e plástico que se juntam às pilhas cada vez maiores de lixo e resíduos de todo o mundo. Reciclar esses materiais – como faz a Dell com os computadores – para reutilização é outro aspecto importante da tecnologia. A reciclagem pode beneficiar a sociedade poupando recursos naturais e energia, e também aliviando um importante fator na poluição ambiental – a produção de lixo.

O impacto de mensagens publicitárias poderosas e altamente criativas na mudança de atitude do consumidor nunca foi demonstrado com mais força do que na Figura 3.7. Apresentada pela primeira vez há trinta anos pela agência de publicidade Marstellar Inc. para o *Ad Council* (Conselho de Publicidade), a entidade de serviços públicos da indústria, um norte-americano nativo – o próprio símbolo da dignidade e do respeito pelo mundo natural – é levado às lágrimas por poluentes no ar, na água e na terra. A mensagem tornou a imagem de Iron Eyes Cody, o modelo em lágrimas do anúncio, um ícone da publicidade e provocou, nos norte-americanos, a vergonha e a responsabilização pelo meio ambiente.[35]

Como diz o ditado, o lixo de uma pessoa é o tesouro de outra. A Yokohama Metals recupera telefones celulares usados para extrair o ouro, a platina e a prata neles incrustados. São necessários 125 mil telefones para produzir uma única barra de ouro que vale US$ 10 mil. Já a empresa suíça Metech International transforma o hardware dos computadores usados em ouro. Em apenas um ano, a empresa recuperou mais de três toneladas de ouro no valor de US$ 35 milhões e outros metais preciosos, inclusive prata, platina e paládio.[36]

A produção de lixo nuclear é uma questão atual de segurança pública. O estado de Nevada perdeu uma longa luta contra os planos do governo de abrir um armazém nacional nas entranhas da isolada montanha Yucca, a aproximadamente 160 km de Las Vegas. Os ataques terroristas de 11 de setembro ofereceram, aos simpatizantes do depósito nacional proposto, um impulso inesperado. Abrigados em mais de 100 usinas de energia em todo o país, os materiais radioativos apresentam um considerável risco de segurança nacional como possíveis alvos para os terroristas. Os simpatizantes do armazém de Nevada também argumentam que a montanha Yucca é fundamental para a construção da capacidade de energia nuclear dos Estados Unidos – o meio pelo qual a nação poderá um dia atender às suas necessidades de energia.[37]

Muitas empresas reagem à preocupação cada vez maior do consumidor com as questões ecológicas por meio do **marketing verde** – produção, promoção e recuperação dos produtos sensíveis ao meio ambiente. Na revolução do marketing verde que ocorreu no início da década de 1990, os profissionais de marketing rapidamente associaram suas empresas e produtos a temas ecológicos. Esperava-se que o mercado de alimentos e bebidas orgânicos, por exemplo, crescesse entre US$ 12 e US$ 13 bilhões até 2007, segundo o *Natural Marketing Institute* (Instituto do Marketing Natural). "Até 60% da população [está] disposta a comprar produtos orgânicos", diz Holly Givens, diretor de comunicação da *Organic Trade Association*.[38]

MARKETING
Verificação
de conceito

1. Defina
responsabilidade
social
2. O governo
pode exigir práticas
socialmente
responsáveis?
3. O que é o
marketing verde?

Implicações estratégicas do marketing no século XXI

O gerenciamento dos negócios governamentais é afetado por muitas tendências importantes que estão moldando os negócios no século XXI e deverá reagir a elas. As decisões de marketing que os negócios tomarem exercerão influências nas mudanças e sofrerão influências das mudanças que ocorrerem nos ambientes competitivo, político-legal, econômico, tecnológico e sociocultural. A ética e a responsabilidade social do marketing continuarão desempenhando importantes papéis nas transações de negócios em sua cidade natal e em todo o mundo.

À medida que a internet e as rápidas mudanças na tecnologia que ela representa forem inteiramente absorvidas no ambiente competitivo nos próximos anos, a competição se tornará ainda mais intensa do que é hoje. A maior parte da competição resultará de inovações na tecnologia e nas descobertas científicas. Os negócios no século XXI serão impulsionados pelas tecnologias de informação e sustentados pela criatividade e pela atividade empresarial. A biotecnologia – indústria cujo crescimento foi alimentado como resposta às ameaças terroristas da guerra biológica – ainda está na primeira infância. Espera-se sua explosão na próxima década. Os cientistas poderão criar materiais átomo por átomo, replicando muito do que a natureza é capaz de fazer e mais ainda. Na economia do século XX, os principais setores industriais incluíam varejo, serviços financeiros e manufatura. Mas, hoje, esses setores freqüentemente não se encaixam na economia em rede. A idéia do que significa ser uma empresa de varejo mudará em cinco anos, quando 1 bilhão de pessoas estiverem conectadas à internet. O agrupamento de serviços na internet irá muito além dos serviços financeiros que hoje

fazem parte do dia-a-dia. Por exemplo, quando um garoto de 14 anos comprar um CD digital na internet, o dinheiro digital será transferido de seu hard drive para o do artista que o gravou, eliminando assim a necessidade de um banco ou de uma empresa de cartões de crédito. O dinheiro acabará sendo relegado a números criptografados nos disk drives e em carteiras digitais.

O crescimento dinâmico não pode ser deixado inteiramente por conta da auto-regulamentação. Os próximos 10 anos produzirão um grande volume de regras e regulamentações para controlar os ambientes de marketing, que forçarão os negócios a mudarem aspectos de suas operações. Por exemplo, a nova legislação para controlar emissões perigosas que desgastam a camada de ozônio levará a processos de manufatura eficazes no que diz respeito à energia e a uma nova onda de automóveis movidos a energia alternativa.

Os consumidores sentirão o impacto de mudanças ambientais em todos os aspectos de sua vida. O novo século está abrigando novas gerações de consumidores que esperam produtos de alta qualidade e baixo custo prontamente disponíveis para a demanda. Cada empresa, para ser bem-sucedida, será forçada a construir relações de modo a atrair e reter clientes fiéis.

Subjacente a todas as mudanças nos ambientes de negócio e nos elementos de mix de marketing, há uma exigência de que as empresas atuem de maneira ética e socialmente responsável. Os profissionais de marketing terão de ir além daquilo que é legalmente certo e errado, integrando o comportamento ético em todas as suas ações. As empresas que olham para a frente colherão amanhã os benefícios do comportamento socialmente responsável que apresentarem hoje.

• • • • REVISÃO

1. Identificar os cinco componentes do ambiente de marketing.

Os cinco componentes do ambiente de marketing são: (1) *o ambiente competitivo* – o processo interativo que ocorre no mercado à medida que as organizações procuram satisfazer os mercados; (2) *o ambiente político-legal* – as leis e interpretações das leis, que exigem que as empresas operem em condições competitivas e protejam os direitos do consumidor; (3) *o ambiente econômico* – fatores ambientais que resultam das flutuações dos negócios e das resultantes

variações nos índices de inflação e nos níveis de emprego; (4) *o ambiente tecnológico* – aplicações, ao marketing, do conhecimento baseado em descobertas da ciência, nas invenções e nas inovações; e (5) *o ambiente sociocultural* – o componente do ambiente de marketing que consiste na relação entre os profissionais de marketing e a sociedade e sua cultura.

1.1. Descreva sucintamente cada um dos cinco componentes do ambiente de marketing. Dê um exemplo de cada um.

1.2. Qual é a relação entre o ambiente político e o jurídico?

2. **Explicar os tipos de concorrência que os profissionais de marketing enfrentam e os passos necessários para a criação de uma estratégia competitiva.**

Há três tipos de competição: (1) competição direta entre os profissionais de marketing de produtos semelhantes; (2) competição entre produtos ou serviços que possam ser substituídos um pelo outro; e (3) competição entre todas as organizações que disputam o poder de compra do consumidor. Para desenvolver uma estratégia competitiva, os profissionais de marketing devem responder às seguintes questões: (1) Devemos competir? A resposta depende dos objetivos e dos recursos disponíveis da empresa, assim como de seu potencial de lucro esperado; (2) Se devemos competir, em que mercados? Essa pergunta requer que os profissionais de marketing tomem decisões relativas a produto, política de preços, distribuição e promoção que dêem uma vantagem competitiva à sua empresa; (3) Como devemos competir? Essa pergunta requer que os profissionais de marketing tomem as decisões técnicas envolvidas no estabelecimento de uma estratégia competitiva abrangente.

2.2. Explique os tipos de competição que os profissionais de marketing enfrentam.

2.3. Que passos os profissionais de marketing devem dar para criar uma estratégia competitiva?

3. **Descrever de que maneira o governo e outros grupos regulamentam as atividades de marketing e como os profissionais de marketing podem influenciar o ambiente político-legal.**

As atividades de marketing são influenciadas por leis que exigem que as empresas operem em condições competitivas e protejam os direitos do consumidor. As agências de regulamentação do governo reforçam essas leis e desenvolvem procedimentos para identificar e corrigir práticas injustas de mercado. Os grupos de defesa dos interesses do consumidor públicos e privados e os grupos de auto-regulamentação da indústria também afetam as atividades de marketing. Os profissionais de marketing podem tentar influenciar a opinião pública e as ações legislativas por meio de publicidade, comitês de ação política e lobbying político.

3.2. Dê um exemplo de uma lei que afeta:

a. a estratégia de produto

b. a estratégia de preços

c. a estratégia de distribuição

d. a estratégia de comunicação.

4. **Indicar os fatores econômicos que afetam as decisões de marketing e o poder de compra dos consumidores.**

Os fatores econômicos primários são: (1) o estágio no ciclo de negócios, (2) a inflação e a deflação, (3) o desemprego, (4) a receita e (5) a disponibilidade de recursos. Todos são de vital importância para os profissionais de marketing por causa de seus efeitos na disposição do consumidor para comprar e sua percepção relativa a mudanças nas variáveis de mix de marketing.

4.1. Que fatores econômicos importantes afetam as decisões de marketing?

4.2. Explique como cada uma dessas forças produz efeito sobre essas decisões.

5. **Discutir o impacto do ambiente tecnológico nas atividades de marketing de uma empresa.**

O ambiente tecnológico consiste em aplicações, ao marketing, de conhecimento baseado em descobertas da ciência, invenções e inovações. Esse conhecimento pode fornecer oportunidades de marketing: ele resulta em novos produtos e melhora os já existentes, e é uma fonte freqüente de reduções de preço por meio de novos métodos ou materiais de produção. As aplicações tecnológicas também apresentam uma ameaça, porque podem tornar os produtos obsoletos da noite para o dia. O ambiente tecnológico exige que os profissionais de marketing se adaptem continuamente a mudanças, já que seu escopo de influência tem alcance no estilo de vida dos consumidores, nos produtos dos concorrentes, nas demandas dos usuários industriais e nas ações regulatórias do governo.

5.1. Identifique de que maneiras o ambiente tecnológico afeta as atividades de marketing. Cite exemplos.

5.2. Qual é o papel da pesquisa e do desenvolvimento no setor privado?

6. **Explicar como o ambiente sociocultural influencia o marketing.**

O ambiente sociocultural se relaciona com as atitudes de membros da sociedade em relação aos bens e serviços e às políticas de preços, promoções e estratégias de distribuição. Ele influencia a prontidão da sociedade como um todo para aceitar novas idéias de marketing. Também tem impacto na legislação que regulamenta os negócios e o marketing. Embora o ambiente sociocultural afete todas as decisões de marketing domésticas, também é uma força que influencia ainda mais a estratégia de marketing internacional. A sociedade exige que os negócios se preocupem com a qualidade de vida. O consumerismo é a força social dentro do ambiente designada para ajudar e proteger o consumidor exercendo pressões econômicas, jurídicas e morais nos negócios. Os direitos do consumidor incluem: (1) o direito de escolher livremente, (2) o direito de ser informado, (3) o direito de ser escutado e (4) o direito de estar seguro.

6.1. Identifique de que maneiras o ambiente sociocultural afeta as atividades de marketing. Cite exemplos.

6.2. Quais são os direitos do consumidor e como eles afetam os profissionais de marketing?

7. **Descrever o papel do marketing na sociedade e identificar as duas questões sociais mais importantes no marketing.**

O marketing opera em um ambiente externo à empresa, construindo relações com os consumidores, os empregados, os fornecedores, o governo e a sociedade como um todo. Essas relações têm um efeito significativo no grau de sucesso relativo que a empresa obtém. As duas questões sociais mais importantes do marketing são a ética e a responsabilidade social. A ética do marketing descreve os padrões de conduta e os valores morais dos profissionais de marketing. A responsabilidade social é a aceitação, por parte do profissional de marketing, da obrigação de considerar o lucro, a satisfação do consumidor e o bem-estar social de igual valor quando avalia o desempenho da empresa.

7.1. O que é a ética do marketing?

7.2. Descreva os problemas éticos relacionados com:

    a. pesquisa de marketing

    b. estratégia de produtos

    c. estratégia de distribuição

    d. estratégia de comunicação

    e. estratégia de preços

7.3. O que é responsabilidade social? Dê um exemplo.

8. **Identificar os quatro níveis da pirâmide de responsabilidade social.**

As quatro dimensões da responsabilidade social são (1) *econômica* – a lucratividade é a base sobre a qual repousam os outros três níveis da pirâmide; (2) *jurídica* – cumprir a lei, a codificação de certo e errado da sociedade; (3) *ética* – fazer o que é certo e justo, e evitar causar danos; (4) *filantrópica* – ser um bom cidadão corporativo, contribuindo para a comunidade e melhorando a qualidade de vida.

8.2. Identifique cada uma das quatro dimensões da responsabilidade social.

8.3. Quais as duas dimensões que surgiram mais recentemente?

PROJETOS E EXERCÍCIOS EM GRUPO

1. Descubra exemplos de como os profissionais de marketing, em sua comunidade, podem desempenhar cada uma das seguintes responsabilidades:

    a. econômica

    b. legal

    c. ética

    d. filantrópica

2. Escolha dois profissionais de marketing concorrentes que você conhece (porque você utiliza os produtos deles, porque já trabalhou com eles, ou por alguma outra razão). Faça uma lista de todas as maneiras como competem e descreva aquilo que você acredita que seja a estratégia competitiva de cada um. 3. Que tipos de empresas ou indústrias você acha que são as mais capazes de agüentar contratempos econômicos? Pesquise uma dessas empresas ou indústrias em sua comunidade e compare sua estratégia de marketing durante a recessão e durante a recuperação. Em que medida as duas estratégias diferem?

4. Algumas empresas de serviços como hotéis, companhias aéreas e teatros, lidam com a disponibilidade de recursos tentando atender à demanda do consumidor por suas ofer-

tas no decorrer do tempo. Enumere todos os exemplos que conseguir daquilo que empresas como essas podem utilizar para limitar a demanda.

5. Cite dois exemplos que comprovem que o ambiente tecnológico tenha produzido benefícios positivos para os profissionais de marketing. Forneça dois exemplos do efeito prejudicial do ambiente tecnológico nas operações de marketing de uma empresa.

6. Identifique uma questão social crítica enfrentada por sua comunidade local. Em equipe, pesquise todos os lados da questão em jornais, na internet, pelo contato com grupos ativistas locais e reveja suas publicações. Como essa questão afeta os profissionais de marketing de sua área? Forneça exemplos específicos. Descreva o que você descobriu em uma apresentação oral ou por escrito.

7. Você acha que as empresas que fazem marketing de produtos para crianças têm alguma responsabilidade ética especial quando anunciam? Justifique sua resposta. Encontre dois exemplos de campanhas de marketing que parecem apoiar sua posição e dois exemplos de campanhas que não a apóiam.

APLICANDO OS CONCEITOS DO CAPÍTULO

1. Freqüentemente, exige-se das empresas condenadas por negligência que paguem restituição, assim como os preju-

ízos causados. Os custos podem ser bastante altos. Identifique uma compensação financeira recente aplicada a uma empresa negligente como punição por prejuízos causados. A quem o dinheiro deve ser pago? Quem ganha e quem perde nesse caso?

2. Milhares de empregados assalariados que foram solicitados a fazer horas extras sem remuneração agora estão processando suas empresas, exigindo uma quantia em dinheiro de horas extras a que seus empregadores dizem que não têm direito. Os processos alegam que os empregos desses trabalhadores haviam sido indevidamente classificados, que eles não são "criativos" e, portanto, têm direito ao pagamento extra. Quais são algumas das implicações econômicas para uma empresa que enfrenta um possível pagamento de remuneração? Que efeito esses julgamentos têm nos concorrentes dessa empresa?

3. Os padrões das emissões de combustível para motocicletas nos Estados Unidos entraram em vigor em 2006, sob as regras adotadas pela *Environmental Protection Agency* (EPA –

Agência de Proteção Ambiental). Antes, não havia controle das emissões de motocicletas, mas, até mesmo com as novas leis, as motos "sujas" (para uso *off-road*) serão isentas, e os fabricantes que produzem menos de 3 mil veículos por ano terão dois anos extras para adaptar-se. Os novos padrões acrescentarão aproximadamente US$ 75 ao custo médio de uma motocicleta segundo a EPA, mas US$ 250 segundo o *Motorcycle Industry Council* (Conselho da Indústria de Motocicletas). Por que você acha que os fabricantes de motocicletas não adotaram padrões de emissões voluntariamente? Eles deveriam ter feito isso? Justifique sua resposta.

4. Suponha que você e uma amiga queiram abrir uma empresa que fornece jantares com peixe congelado. Quais são algumas das perguntas a respeito do ambiente competitivo que vocês gostariam que fossem respondidas antes de iniciar o serviço? Como vocês determinarão quem serão seus prováveis concorrentes? Como vocês os alcançarão?

EXERCÍCIOS DE ÉTICA

Algumas empresas de varejo protegem seu estoque contra roubo trancando as instalações depois do expediente, mesmo que o pessoal de manutenção e outros empregados fiquem dentro das lojas trabalhando a noite toda. Os empregados reclamaram por serem proibidos de deixar as instalações durante as horas de funcionamento e pelo fato de, em caso de emergência, como doença ou machucado, perderem muito tempo esperando a chegada de um gerente autorizado a destrancar as portas. Embora os empregados tenham acesso a uma saída de emergência, em alguns casos eles afirmam que são demitidos se a

utilizarem. Os empregadores alegam que os gerentes que têm as chaves ficam nas instalações (ou a poucos minutos delas) e trancar os empregados garante a própria segurança deles e, ao mesmo tempo, corta os altos custos de "afundamento".

1. Em que circunstâncias (se houver alguma) você acha que é apropriado trancar os empregados à noite?

2. Se você acha que essa prática é apropriada, que salvaguardas acredita que devem ser adotadas? Que responsabilidades os empregadores e empregados têm em tais circunstâncias?

EXERCÍCIOS NA INTERNET

1. **Criação de uma estratégia competitiva.** Escolha uma empresa de bens de consumo conhecida, como a Gilette (**www.gilette.com**) ou a Procter and Gamble (**www.pg.com**). Escolha um dos produtos da empresa e analise como ela respondeu a cada uma das questões-chave quando desenvolveu sua estratégia de competição para o produto que você selecionou.

2. **Publicidade direta de remédios ao consumidor.** Uma questão controversa é se os fabricantes de produtos farmacêuticos são demasiado agressivos ao anunciarem a prescrição de drogas diretamente ao consumidor. Utilize o *Google* ou outra ferramenta de busca na internet para procurar artigos e estudos recentes a respeito de publicidade direta de remédios ao consumidor. Quais são as questões éticas que os fabricantes de produtos farmacêuticos, a comuni-

dade médica e os órgãos de regulamentação do governo enfrentam?

3. **Responsabilidade social.** Muitas empresas enfatizam suas atividades para promover a responsabilidade social. Visite os sites da Natura (**www2.natura.net**), do Bradesco (**www.bradesco.com.br**), ou outra instituição. Resuma as atividades que cada empresa utiliza para promover a responsabilidade social. Especule como a promoção da responsabilidade social está ligada à estratégia geral de marketing da empresa.

Nota: Os endereços de sites na internet mudam com freqüência. Se você não encontrar os sites mencionados, será necessário acessar a homepage da organização ou da empresa e então realizar sua pesquisa ou utilizar uma ferramenta de busca como o *Google*.

RESPOSTAS AO QUESTIONÁRIO DE ÉTICA

1. 34% disseram que é errado utilizar o e-mail pessoal nos computadores da empresa.

2. 37% disseram que é errado utilizar o equipamento do escritório para fazer o trabalho escolar.

3. 49% disseram que é errado jogar jogos de computador durante o trabalho.

4. 54% disseram que é errado fazer compras pela internet durante o trabalho.

5. 61% disseram que não é ético culpar a tecnologia pelo seu erro.

6. 87% disseram que não é ético visitar sites pornográficos durante o trabalho.

7. 33% disseram que US$ 25 é a quantia a partir da qual o presente de um fornecedor ou cliente começa a se tornar problemático, ao passo que 33% disseram que a quantia é US$ 50 e 33% disseram que é US$ 100.

8. 35% disseram que um presente de US$ 50 para o chefe é inaceitável.

9. 12% disseram que um presente de US$ 50 do chefe é inaceitável.

10. 70% disseram que as entradas para o jogo de futebol de US$ 200 são inaceitáveis.

11. 70% disseram que as entradas para o teatro de US$ 120 são inaceitáveis.

12. 35% disseram que a cesta de alimentos de US$ 100 é inaceitável.

13. 45% disseram que o certificado de US$ 25 é inaceitável.

14. 40% disseram que o prêmio de US$ 75 da rifa é inaceitável.

15. 11% confessaram que mentiram a respeito de estarem doentes para não irem trabalhar.

16. 4% confessaram que assumiram crédito pelo trabalho ou pelas idéias dos outros.

C | A | S | O 3.1 — Será que Detroit está perdendo a corrida para os veículos híbridos?

Sabe-se que os motoristas americanos esperam semanas por um novo carro que tenha o conjunto certo de opções ou a cor que desejam. Mas, de repente, estão fazendo fila para um carro japonês que tem um novíssimo tipo de motor desenhado para proteger o meio ambiente, o Toyota *Prius*.

Há anos, a Toyota vem desenvolvendo o motor híbrido, que se baseia em uma tecnologia de computador para misturar um motor a gás com um motor impulsionado por bateria elétrica. De fato, a segunda geração do *Prius*, com um pedido adiantado de 10 mil automóveis e publicidade girando em torno do fato de o ator Leonardo Di Caprio ter tomado a decisão de comprar um deles, resultou em uma lista de espera de seis meses para uma das 47 mil unidades fabricadas em 2004. Nomeado o Carro do Ano pela revista *Motor Trend*, o híbrido de US$ 21 mil obteve o louvor dos motoristas e também dos engenheiros. "No início, eles [os consumidores] acham que ele vai ter relativamente pouca potência, que seu desempenho fará muitas concessões", diz Paul Anecharico, gerente-geral de vendas da Bill Kidd's Toyota em Maryland. "Mas quando dirigem o carro, descobrem que não é esse o caso, e ficam surpresos com seu desempenho." E John Hanson, gerente nacional de comunicação corporativa da Toyota, diz: "Estamos implorando por mais produtos".

Com uma carroceria mais larga e mais longa e muito mais espaço interno, o novo *Prius* oferece um passeio confortável, com um consumo de combustível duas vezes mais eficiente que o apresentado por outros carros de tamanho médio – aproximadamente 22 km por litro. Ele é mais rápido, mais limpo e mais seguro do que o modelo anterior. Tamanho, potência e motor que funciona de maneira limpa são o foco dos esforços de marketing da Toyota para o carro, que deve recuperar seus custos de desenvolvimento e começar a ganhar dinheiro para a empresa em poucos anos se continuar sendo vendido nas atuais proporções.

A Honda já produziu seu *Civic* híbrido, que custa cerca de US$ 20 mil e faz de 16 a 18 km por litro. Mas onde estão os fabricantes dos Estados Unidos? A Ford Motor Co. foi a primeira e talvez a única empresa norte-americana a mergulhar no mercado de híbridos. Sua primeira geração do *Escape*, já adiada uma vez, será a primeira SUV híbrida nas estradas se tudo correr como planejado. Por um preço de aproximadamente US$ 26 mil, o *Escape* fará cerca de 16 km por litro. Mas a SUV híbrida da Toyota, a RX400H, pode chegar ao mercado primeiro, fornecendo à fabricante japonesa grande vantagem de vendas no mercado, assim como na tecnologia do motor híbrido. "Se a Toyota tiver sucesso", diz um especialista em híbridos de uma fabricante rival, "eles terão uma vantagem de 10-15 anos na frente".

Onde estão os outros fabricantes dos Estados Unidos? Apesar dos preços do petróleo, que estão cada vez mais altos, a DaimlerChrysler parece estar apegada aos motores a diesel, contando com melhorias tecnológicas, ao passo que a General Motors está apostando em carros movidos a hidrogênio. A Toyota considera a tecnologia de motores híbridos algo que chegou para ficar. Em contraste, a GM acredita que os híbridos são um passo para se chegar aos veículos movidos a hidrogênio. Ela está liderando o caminho com o seu *Hy-Wire*, um modelo ainda experimental com um motor elétrico movido a células de combustível de hidrogênio e controles manuais computadorizados altamente responsivos, como os de um avião. Mas o *Hy-Wire* ainda está longe de chegar ao mercado. Suas células de combustível custam cerca de US$ 50 mil por carro, dez vezes mais do que é viável para um carro de linha de produção, e alimentam uma viagem de apenas 130 km.

Questões para discussão

1. Que diferenças você acha que os profissionais de marketing da Ford, da DaimlerChrysler, da General Motors e das empresas japonesas Honda e Toyota vêem nos ambientes econômico e tecnológico que enfrentam?

2. Você acha que a Toyota escolheu uma estratégia eficaz para seu ambiente competitivo? Justifique sua resposta.

Fontes: NEWMAN, Richard J. Red-hot and green, *U.S News & World Report*, 23 fev.-1 mar./2004, p. D6; AMADON, Ron. Honda Civic hybrid, *CBS Market Watch*, 24 jan./2004, **http://cbs.marketwatch.com**; TAYMAN, John. It's easy being green, *Business 2.0*, dez./2003, p. 132-5; ARMSTRONG, Larry. Green – and red-hot, too, *BusinessWeek*, 1 dez. 2003, p. 116; FREEMAN, Sholnn. Toyota's Prius hybrid named Motor Trend's 'car of the year', *The Wall Street Journal*, 26 nov. 2003, p. D3; KERWIN, Kathleen; WELCH, David. Detroit is missing the boat, *BusinessWeek*, 27 out./2003, p. 44-6; GUYER, Lillie. $ 2.50 a gallon gas? Not a problem, *Advertising Age*, 14 abr. 2003, p. S-6.

Comércio Eletrônico:
o Marketing na Era Digital

Capítulo 4

Objetivos

1. Definir comércio eletrônico (e-commerce) e dar exemplos de cada função da internet.
2. Descrever como os profissionais de marketing usam a internet para alcançar seus objetivos empresariais.
3. Explicar como o marketing on-line beneficia as organizações, os profissionais de marketing e os consumidores.
4. Identificar os produtos e os serviços comercializados com maior freqüência na internet e as características demográficas do consumidor on-line típico.
5. Identificar os principais canais de marketing on-line.
6. Explicar como os profissionais de marketing usam as ferramentas interativas como parte de suas estratégias de marketing on-line.
7. Discutir como um site eficaz pode aumentar o relacionamento com os clientes.
8. Descrever como medir a eficiência dos esforços do marketing on-line.

O MARKETING ESPORTIVO ON-LINE

Como quase tudo na internet, as informações e notícias de esportes variam muito, da cobertura internacional dos times mundiais ao comentário de dois adolescentes contratados pelo pai de alguém para transmitir os jogos colegiais de basquete para um público local. E há milhares de empreendimentos de comércio eletrônico relacionados a esportes no meio, e cada um deles a só um clique de distância.

O que todos têm em comum são suas capacidades de unir os fãs de esportes pelo mundo e seu crescente potencial para servir de canais de marketing atrativos para bens e mercadorias relacionados aos esportes e, de modo crescente, para a cobertura completa dos jogos.

No fim de uma pequena escala de marketing esportivo on-line estão iniciativas como a College Sports Stuff.com, uma loja que os aposentados Ken e Pat Gates administram em casa e a qual está se aproximando dos US$ 100 mil de vendas por ano. Outro exemplo é a produtora Randolph Country Sports Productions, originalmente iniciada por Jim Byrd para fornecer transmissões de rádio e notícias para fãs dos eventos esportivos dos colégios locais em Winchester, Indiana. Mas, atualmente, os crescentes negócios de Byrd também são operações on-line, com transmissões ao vivo na rádio bem como na internet. Byrd vende publicidade on-line para cobrir seus custos. Em um recente campeonato colegial de basquete, com a ajuda de seu filho e alguns amigos, ele transmitiu os jogos de noventa meninos e meninas. Ele também faz a cobertura das partidas de futebol no outono e de basquete na primavera, além de produzir um noticiário todo fim de semana. Todas as transmissões podem ser vistas no site de Byrd. Embora o número de usuários que assistem às transmissões no site seja inferior a cem, ouvintes de tão longe quanto Kentucky e Flórida sintonizam a rádio para ouvir sobre as façanhas de suas sobrinhas, seus sobrinhos e amigos. "Eu gosto muito de ouvir aqueles caras narrando cada jogada", diz um ouvinte que cresceu em Winchester e agora mora na Europa. "Me faz sentir como se eu estivesse lá."

Esse tipo de conexão "você está lá" com os eventos que acontecem em tempo real é um dos maiores atrativos que os profissionais de marketing esportivo on-line podem oferecer aos visitantes de seus sites. Naturalmente, os fãs de esportes há muito tempo sabem que os resultados dos jogos de um grande campeonato são disponibilizados on-line de bem longe, até mesmo antes dos noticiários da noite. Mas isso é apenas o começo do que podem encontrar na internet. Produtos esportivos, assinaturas de revistas, torneios, vídeos e destaques dos jogos, comunidades de torcedores e até pacotes de viagens direcionados a esportes são todos comercializados on-line.

Do outro lado da escala da Randolph Country Sports Productions, o MLB. com (o site da maior liga de beisebol), por exemplo, agora oferece ampla variedade de conteúdo pago, incluindo vídeos completos de jogos selecionados dos quais possui direitos exclusivos – e, portanto, rentáveis. "Esporte combina com a internet porque ela é um meio sob demanda", diz o presidente do MLB. com. "A sensação de assistir a um jogo em tempo real pela internet pode ser tão emocionante quanto assistir ao vivo." O site MLB.com tem cerca de um milhão de visitantes por mês e o NFL.com, o site da *National Football League* (Liga Nacional de Futebol), tem cerca de 10 vezes esse número. Na verdade, uma fonte da indústria estima que cerca de 51 milhões de usuários da internet dos Estados Unidos entram em um site de esportes todo mês, muitos em busca de informações gerais e outros por conteúdo cada vez mais sofisticado. Parte desse conteúdo, como do MLB.com, não é gratuita.

No entanto, as taxas não estão intimidando os usuários de internet, o que leva os especialistas da indústria a prever que a futura rentabilidade do marketing esportivo on-line reside em disponibilizar conteúdo exclusivo pelo qual os usuários – normalmente, aqueles com mais tempo livre e maior renda – estão dispostos a pagar. Um estudo recente, encomendado pela organização *Online Publishers Association*, concluiu que os usuários de internet dos Estados Unidos gastaram cerca de US$ 748 milhões em conteúdo pago de todos os tipos durante um período de seis meses. Isso significa um aumento de quase 25% em relação ao mesmo período do ano anterior: notícias animadoras para os profissionais de marketing esportivo ainda que o esporte não seja o mais lucrativo da categoria. Essa posição de destaque é compartilhada pelas propagandas pessoais e os sites de paquera, além das notícias de investimentos e negócios. Não obstante, com a rápida adoção do acesso de banda larga, a maioria dos usuários pode facilmente assistir ao tipo de vídeo de alta qualidade que busca. No entanto, ninguém espera que essas transmissões substituam os tão lucrativos contratos entre os campeonatos profissionais de esportes e as redes de emissoras de televisão. Mas estima-se que logo haverá mais de 113 milhões de fãs de esportes acessando a banda larga no mundo todo, e o número talvez chegue a 300 milhões até o fim de 2008.

O MSN e a Fox Sports enxergam esse potencial. Essas duas empresas operam em um site de marca compartilhada (**http://foxsports.msn.com**) que fornece notícias, estatísticas, resultados dos jogos, *fantasy leagues*, editoriais, vídeos esportivos, videoclipes "por trás das cenas" do programa *The Best Damn Sports Show*, análises e comentários dos jogos, e até conteúdo personalizado, além das propagandas pagas executadas antes e depois dos videoclipes. O site também oferece propagandas tradicionais de publicitários e outras opções de propagandas on-line. A Fox transmite mais de 6 mil jogos profissionais e colegiais a cada ano, ao passo que o MSN tem mais de 350 milhões de usuários por mês em todo o mundo. Um especialista previu: "Este acordo entre o MSN e a Fox levará os vídeos de esportes a um público ainda maior". Os profissionais de marketing esportivo on-line podem ser um nicho, mas está crescendo.[1]

Visão geral

As dramáticas mudanças econômicas e societárias das economias globais dos últimos dez anos vêm roubando a atenção de quase todas as pessoas em cada indústria, dos negócios bancários e viagens de avião ao atendimento ao cliente e comunicações. Atualmente, o marketing sabe o segredo para criar uma vantagem competitiva. As mudanças demográficas e de estilo de vida transformaram mercados de massa homogênea em mercados muito mais personalizados, até mesmo interações *one-to-one*. Desregulamentação, rápidas mudanças tecnológicas e a estabilidade relativa de sua economia fizeram dos Estados Unidos um líder mundial em comércio eletrônico.

Durante os últimos dez anos, o marketing tornou-se uma ferramenta de ponta para o sucesso na internet, as organizações que visam ao lucro não são os únicos beneficiados. Organizações de todos os tipos estão começando a enfatizar o papel do marketing para alcançar metas estabelecidas. Faculdades e universidades, instituições de caridade, museus, orquestras sinfônicas e hospitais agora empregam o conceito de marketing discutido no Capítulo 1: fornecer aos clientes os produtos e serviços que eles querem comprar e quando querem comprá-los.[2] O marketing continua a desempenhar sua função de vincular compradores e vendedores, mas agora o faz mais rapidamente e com maior eficácia que antes.

Com apenas alguns tiques do relógio e alguns cliques no mouse, a internet revoluciona qualquer aspecto da vida. Surgiram novas palavras – como *streaming video*, Wi-Fi, blog, internet, extranet e intranet – e outras ganharam novos significados não imaginados há poucos anos: Web, Net, internauta e servidor, banner e navegador, on-line e off-line. Os negócios eletrônicos transformaram a realidade virtual em realidade. Com um computador e um telefone, um comércio fica aberto 24h por dia, sete dias por semana para fornecer praticamente qualquer coisa para qualquer pessoa em qualquer lugar, incluindo roupas, comidas, informações, entretenimento e remédios. Você pode pagar sua conta de telefone celular, fazer reservas de viagens, colocar um currículo em um quadro de empregos ou até mesmo comprar um carro usado – talvez por um preço menor do que encontraria pessoalmente.

E aqui reside uma importante explicação para o sucesso do e-commerce: os consumidores gostam tanto desse tipo de comércio, que indústrias inteiras mudaram o modo de conduzir suas práticas de negócios e marketing. A mania de compartilhamento de arquivos de música está transformando a indústria da música e aumentando a flexibilidade do comprador conforme mais e mais empresas oferecem downloads legais de músicas de sucesso. A indústria do cinema não fica muito atrás. Da mesma maneira, o turismo também sofreu uma remodelagem. O site expedia.com atualmente é a maior agência de viagens de lazer do mundo, mas seu sucesso saiu caro para algumas agências não-virtuais, forçadas a fechar suas portas. Um importante fator para a Dell ter-se tornado fabricante líder de computadores é ter construído seus esforços de produção e vendas na internet. As instituições financeiras, de empresas de hipotecas a corretoras de ações, descobriram o poder da internet.

Os profissionais de marketing da internet podem atingir consumidores individuais ou ter como alvo organizações no mundo todo por meio de uma imensa estrutura de tecnologia de comunicações e computadores. Em poucos anos, mais de meio milhão de empresas de grande e pequeno porte conectaram-se a canais de marketing eletrônico. O valor de serviços e produtos de consumidores vendidos on-line está crescendo muito mais rapidamente do que todas as vendas a varejo.

Este capítulo analisa a natureza dos negócios e comércio eletrônicos, e explora as diversas forças que estão transformando o marketing. Depois de definir e-commerce e e-marketing, o capítulo prossegue com uma discussão sobre a internet e a Web. Mais adiante, explica-se a transição de economias industriais para economias eletrônicas, os benefícios on-line que o marketing proporciona e os desafios que ele apresenta. São citados alguns sucessos e fracassos. Também analisamos os compradores e os vendedores que popularizam a Web e como os profissionais de marketing constroem um relacionamento com os clientes. Em seguida, discutimos as diversas ferramentas de

Em poucas palavras

No dia da corrida, as pessoas pedem para você assinar alguma coisa bem antes de você entrar no carro, pois assim podem dizer que pegaram seu último autógrafo.
A. J. Foyt (nasc. 1935)
Piloto de carros americano

marketing digital e como os profissionais de marketing utilizam os sites para atingir metas organizacionais. Por último, analisa-mos o potencial do marketing on-line e os desafios associados ao alcance desse potencial.

●●●●

O QUE É E-COMMERCE?

1. Definir e-commerce e dar exemplos de cada função dele na Internet.

Inúmeros termos têm sido usados para descrever as atividades de marketing pratica-das na internet ou por meio de ferramentas eletrônicas, como *smart phones* e quios-ques interativos. Entre os mais populares está o **comércio eletrônico** ou **e-commerce** (também conhecido como *e-business*), que visa aos clientes coletando e analisando informações de negócios, conduzindo transações de clientes e mantendo relacionamentos on-line com clientes por meios de redes de telecomunicações. O e-commerce proporciona uma base para lançar novos negócios, ampliando o alcance das empresas existentes e construindo e preservando relacionamentos com clientes.

O componente de e-commerce de particular interesse para os profissionais de marketing é o **marketing eletrônico (e-marketing)**, o processo estratégico de criação, distribuição, promoção e precificação de produtos e serviços para um mercado-alvo pela internet ou por meio de **ferramentas digitais**, como tablet PCs e tecnolo-gia Bluetooth da Apple que permitem conexões sem fio de curto alcance entre área de trabalho e notebooks.[3] O e-marketing é o meio pelo qual se alcança o e-commerce. Ele abarca atividades como:

1. Baixar legalmente músicas do site iTunes da Apple Computer.
2. Comprar um laptop usado no site de leilão on-line eBay.
3. Acessar a versão on-line da *Business Week* pela rede sem fio de sua faculdade para concluir uma tarefa de pesquisa na sala de aula.
4. Pesquisar novos modelos de carro no site Edmunds.com e fazer cotação de preço em várias revendedoras.

A aplicação dessas ferramentas eletrônicas ao marketing do século XXI tem o potencial de reduzir bastante os custos e aumentar a satisfação dos clientes ao ampliar a velocidade e a eficácia das interações de marketing. Como o e-commerce é uma importante função da internet, o e-marketing é um componente integrante do e-commerce.

Um termo estreitamente relacionado, mas um pouco mais restrito do que e-marketing, é marketing on-line. Enquanto o marketing eletrônico pode envolver tecnologias digitais não-computacionais que abrangem de DVDs a *smart phones*, o marketing on-line refere-se a atividades de marketing que conectam compradores e vendedores eletronicamente por sistemas computacionais interativos.

O e-commerce oferece incontáveis oportunidades para os profissionais de marketing conquistarem consu-midores. Esse distanciamento radical das operações físicas tradicionais proporciona os seguintes benefícios para os profissionais de marketing, como é mostrado na Tabela 4.1.

1. *Alcance global*. A internet elimina as proteções geográficas de negócios locais. O eBay, por exemplo, é atualmente o maior revendedor de carros usados dos Estados Unidos.[4] Compradores e vendedores de todo o país encon-tram-se nesse mercado virtual de carros usados onde mais de US$ 7 bilhões de veículos usados são comprados e vendidos anualmente.
2. *Marketing one-to-one (personalização)*. Somente alguns computadores Dell estão esperando por seus clientes a qual-quer hora. O processo de produção começa quando se recebe um pedido e termina um dia ou dois depois quando o PC é enviado ao cliente. Essa abordagem não só satisfaz melhor as necessidades do cliente, como também reduz nitidamente a quantidade de estoque que a Dell tem de carregar.[5]

Tabela 4.1 Possibilidades do e-commerce

POSSIBILIDADE	DESCRIÇÃO	EXEMPLO
Alcance global	A habilidade de alcançar qualquer pessoa conectada a um PC em qualquer lugar do mundo.	eBay – o site de leilão on-line – liga compradores e vendedores de todo o mundo.
Marketing one-to-one	Produtos criados para satisfazer às especificações do cliente, também chamado de personalização.	A Land's End oferece aos compradores on-line camisetas, calças e jeans.
Marketing interativo	Comunicações comprador-vendedor por meio de canais como a internet e os quiosques interativos.	As lojas Best Buy têm uma "Estação de Criação Computacional" que permite aos clientes projetar e encomendar computadores personalizados.
Right-time marketing	A habilidade de fornecer um produto na mesma hora em que o cliente necessita.	Os clientes da UPS podem fazer, on-line, pedidos de serviços e rastrear os envios 24h por dia, sete dias por semana.
Marketing integrado	Coordenação de todas as atividades promocionais para produzir uma mensagem promocional unificada e orientada ao cliente.	A Southwest Airlines usa os slogans "Um símbolo de liberdade" e "Agora você está livre para viajar por todo o país" tanto nas promoções on-line como nas off-line.

3. *Marketing interativo.* Clientes e fornecedores negociam preços on-line praticamente da mesma forma que fariam em um mercado de pulgas local ou em uma revendedora de carros. O resultado é a criação de um produto ideal a um preço justo que satisfaz ambas as partes.
4. *Right-time marketing.* Varejistas on-line, como a Amazon.com e a Buy.com, podem fornecer produtos quando e onde os clientes querem.
5. *Marketing integrado.* A internet permite a coordenação de todas as comunicações e atividades promocionais para criar uma mensagem promocional unificada e orientada ao cliente.

Além desses benefícios listados, é crescente a evidência de que uma efetiva presença on-line melhora o desempenho de operações tradicionais. Por exemplo, um estudo feito pela empresa de pesquisas de e-commerce Jupiter Media Metrix concluiu que metade de todos os visitantes on-line usa um site varejista principalmente para pesquisar antes de comprar um produto na loja física do varejista.[6]

MARKETING
Verificação de conceito

1. Defina e-commerce. Diferencie e-commerce e e-marketing.
2. Dê três exemplos de e-marketing.
3. Quais são os principais benefícios do e-marketing?

INTERATIVIDADE E E-COMMERCE

A abordagem do e-commerce de compra e venda foi adotada por milhares de pessoas no mundo todo porque oferece benefícios substancialmente superiores às práticas tradicionais de marketing. As comunicações bidirecionais permitem aos profissionais de marketing fornecer os itens precisos desejados por seus clientes. Ao mesmo tempo, os compradores podem continuar a refinar suas especificações do produto até encontrarem uma oportunidade de compra que atenda suas exatas necessidades.

Um dos maiores varejistas on-line é a Amazon.com. Como muitas outras empresas bem-sucedidas de mercado eletrônico na internet, ela utiliza um conceito chamado **marketing interativo**. Essa abordagem, que consiste em comunicações comprador-vendedor nas quais o cliente controla a quantidade e o tipo de informações recebidas de uma empresa, vem sendo usada por profissionais de marketing há mais de uma década. Folhetos de pontos-de-venda e urnas de cupons dos supermercados são formas simples de marketing interativo. No entanto, quando ferramentas digitais, como a internet, são incluídas nos esforços de marketing interativo, de igual modo os resultados são infinitamente melhores para vendedores e compradores.

Digamos, por exemplo, que você decidiu dedicar-se a sua paixão por cafés especiais comprando uma máquina de expresso. Tudo o que você precisa é de um computador e uma conexão de internet. Você não tem que pegar o carro e ir até o shopping. Pode avaliar alternativas de máquinas usadas verificando nas páginas da eBay. Pode usar o *Google* ou outro site de busca para identificar varejistas on-line de máquinas novas, ou entrar no site *Yahoo! Shopping*. Nesse site, você não só pesquisa diferentes modelos, mas também compara os preços entre dezenas de vendedores on-line. Em seguida, pode fazer seu pedido e receber o produto em sua casa. Mas sites de mercado eletrônico como a Amazon.com. ou a Land's End não param por aí. É possível registrar-se no site, cadastrando permanentemente seu endereço para envio de produtos e dados do cartão de crédito. Com base em suas últimas compras e preferências pessoais, muitos sites até mesmo lhe enviarão sugestões personalizadas de novos produtos. Essas empresas querem que você sinta que sua compra é tão pessoal quanto seria em uma loja tradicional.

A INTERNET

Em poucas palavras

A Net é 10,5 na escala Richter de mudança econômica.
Nicholas Negroponte (nasc. 1945)
Escritor americano e diretor do MIT Media Laboratory

Embora as comunicações bidirecionais entre compradores e vendedores representem vendas mais pessoais e ocorram eletronicamente desde a invenção do telefone, a Idade de Ouro da interatividade começou há poucas décadas. Seu princípio pode ser vinculado à criação da **internet (Net)**, uma coleção global de redes de computadores ligadas pelo propósito de trocar dados e informações. A Net originalmente serviu cientistas e pesquisadores do governo norte-americano, mas evoluiu para um meio de comunicação popular e multifacetado para residências e negócios. Usuários podem trocar dados entre si em todo o mundo em formatos que variam de um simples texto a imagens gráficas e *streaming video*, que permite vídeos maiores – ou ao vivo – para serem assistidos depois de baixados em um computador.

O Crescimento da Internet

Na última década, o número de usuários ativos da internet nos Estados Unidos cresceu dramaticamente de menos de 20 milhões para mais de 132 milhões hoje. Em todo o mundo, o número de usuários ativos da internet é superior a 30 milhões.[7] Enquanto a inovação enfraqueceu, a internet tornou-se uma presença significativa no cotidiano da maioria dos norte-americanos.[8]

Intranets e Extranets

As tecnologias da internet proporcionaram uma plataforma para **intranets**, redes corporativas internas que permitem aos funcionários de uma empresa a comunicação entre si e o acesso às informações corporativas. **Extranets**, por outro lado, são redes corporativas que permitem comunicação entre uma empresa e clientes, fornecedores e parceiros comerciais selecionados fora da empresa. Empresas que usam tanto extranets como intranets se beneficiam ainda mais com a comunicação on-line. A gigante do varejo Wal-Mart utiliza uma extranet chamada *Retail Link* para comunicar-se com seus mais de 11 mil fornecedores. Os fornecedores podem ter acesso a uma variedade de dados de estoque e vendas. A *Retail Link* ajuda tanto o Wal-Mart como seus fornecedores a gerenciar estoques com mais eficiência, além de melhorar as comunicações.

A WORLD WIDE WEB

A internet proporciona um modo eficiente de encontrar e compartilhar informações, mas, no início, a maioria das pessoas fora das universidades e dos órgãos governamentais a achava difícil de usar. Isso mudou em 1989 quando Tim Berners, no *European Laboratory for Particle Physics* (Laboratório europeu de física de partículas) em Genebra, Suíça, desenvolveu a **World Wide Web**. Originalmente pensada como um sistema interno de gestão de documentos, a Web rapidamente cresceu e tornou-se uma coleção de centenas de milhares de computadores interligados, chamados servidores de Web, que operam dentro da internet. Esses computadores estão localizados em todo o mundo e contam com circuitos de internet de alta velocidade e softwares para permitir aos usuários passar de servidor para servidor, dando a impressão de que a Web é um único grande computador. A Web, com o desenvolvimento de softwares especializados chamados navegadores – como o *Netscape* e o *Microsoft Internet Explorer* –, fez a internet ser acessível a milhares de usuários no mundo todo.

A Web pode acumular tantas informações em diversas mídias que se tornou um meio revolucionário para os profissionais de marketing conquistarem consumidores de seus mercados-alvo e para as comunicações bidirecionais entre compradores e clientes potenciais. Mais da metade dos usuários habituais da internet já comprou pelo menos um produto on-line. Milhares de outros visitantes, ainda que atualmente não estejam comprou on-line, usam a Web para ajudar a tomar decisões de compra.

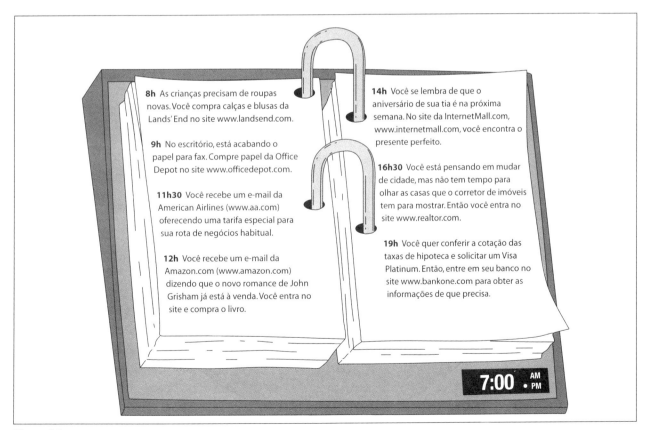

Figura 4.1
Um dia típico na Web.

Como as pessoas usam a Web? A Figura 4.1 ilustra como um consumidor típico pode passar horas on-line durante um dia. Muitas dessas interações funcionam como um meio de comunicação – como enviar correio eletrônico ou postar mensagens em quadros de avisos eletrônicos. Outras interações envolvem a coleta de informações sobre preços de passagens de avião, presentes para amigos ou para a família, uma casa nova, uma hipoteca ou um cartão de crédito. Algumas outras interações – como uma compra de roupa da REI ou um pedido de suprimentos de impressora da *Office Depot* – seriam consideradas comércio eletrônico. A Web pode desempenhar sua função de entretenimento, por exemplo, quando um visitante lê a resenha de um *best-seller* no site BN.com (*Barnes & Noble*) ou assiste no *Quicktime.com* ao trailer de um filme que irá estrear no cinema.

QUATRO FUNÇÕES DA WEB

Como mostra a Figura 4.2, a Web tem quatro funções principais: comunicação, informação, entretenimento e e-commerce. Vamos analisar o papel de cada uma delas no marketing contemporâneo.

Comunicação

Tanto para as pessoas como para as empresas, uma das mais populares aplicações da internet nos Estados Unidos é o e-mail. Na verdade, atualmente os e-mails excedem em número o correio normal em mais de 10 para 1. É fácil de

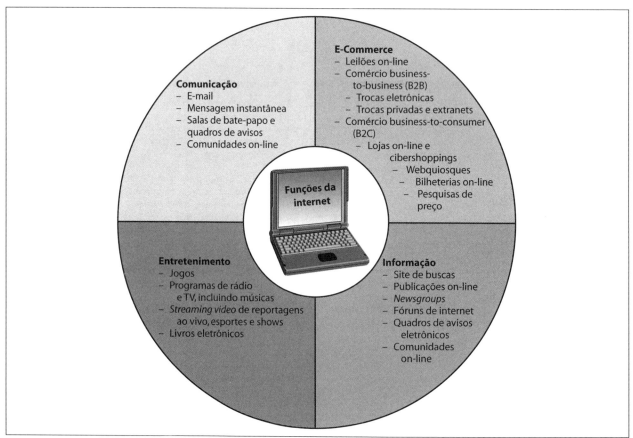

Figura 4.2
Quatro funções da internet.

entender sua popularidade: o e-mail é fácil de usar, chega rapidamente ao destinatário, que o pode ler quando for conveniente. Da mesma forma, arquivos – como planilhas do *Microsoft Excel* e as fotos do *Adobe Photoshop* – podem ser facilmente enviados como anexos nas mensagens de e-mail. O quadro "Dicas de etiqueta" analisa o que se deve e não se deve fazer na comunicação por e-mail e fax.

Uma adaptação mais recente do e-mail é a **mensagem instantânea**. Com essa aplicação, quando alguém envia uma mensagem, ela é imediatamente exibida na tela do computador do destinatário. O emissor e o destinatário respondem um ao outro, podendo comunicar-se em tempo real. No entanto, diferentemente das mensagens de e-mail normais, as mensagens instantâneas têm de ser relativamente curtas – apenas algumas frases.

Outros meios populares de comunicação são as salas de *bate-papo* e os *quadros de avisos*. Esses métodos promovem um fórum onde um grupo de pessoas pode compartilhar informações. Quando alguém envia uma mensagem, ela é exibida para todos verem. Os usuários entram em sessões de bate-papo, ou deixam mensagens nos quadros de avisos, sobre os assuntos que lhes interessam. As comunidades on-line resultantes são não apenas satisfatórias, mas podem se tornar uma importante força para os negócios. Muitas empresas patrocinam tais comunicações como parte do atendimento ao cliente. Por exemplo, o site da Whole Latte Love – uma loja on-line de cafeteiras – dispõe de um quadro de avisos para cada um dos principais produtos que vende. Os clientes podem postar perguntas no quadro do produto correspondente. As respostas são postadas tanto pelos funcionários da Whole Latte Love como por outros clientes. Normalmente, são postados onde comprar peças de reposição para uma máquina antiga de expresso e a maneira certa de limpar uma cafeteira.

Informação

Para muitos usuários, obter informações é uma das principais razões para ficarem on-line. Os usuários da internet podem conseguir informações consultando mecanismos de buscas que pesquisam por assuntos digitados pelo usuário, ou visitando edições on-line de publicações e novas organizações. Sites governamentais disponibilizam uma grande quantidade de dados gratuitos no domínio público. Outra área da internet de rápido crescimento consiste em sites que oferecem serviços educacionais on-line.

Entretenimento

Os usuários da internet encontram muito entretenimento on-line, incluindo de transmissões de shows pela internet a jogos on-line. Os provedores de entretenimento on-line podem oferecer preços competitivos, velocidade e serviços ilimitados. Estão disponíveis on-line jogos, programas de rádio, trailers de filmes e clipes de música, só para citar algumas das opções de entretenimento. Parte do conteúdo é grátis, sendo os custos cobertos pela publicidade, e outra parte é disponibilizada mediante uma taxa. O popular serviço *iTunes* da Apple Computer cobra US$ 0,99 por música baixada.[9] Fabricantes de consoles de videogame – Microsoft, Nintendo e Sony – parecem estar convencidos de que os jogos on-line são a próxima grande fase dos videogames. O console *Xbox* da Microsoft tem uma porta de *Ethernet* que permite aos usuários se conectarem rapidamente à internet. Um cabo *Ethernet*, ligado a uma porta, é um método comum de conectar um computador ou outro aparelho à Web ou a outra rede de computadores. Espera-se que os novos consoles da Nintendo e da Sony, dentro de poucos anos, tenham um recurso semelhante.

O entretenimento na internet tem levantado inumeráveis questões legais e éticas, incluindo discussões sobre os materiais de direitos autorais. O caso bastante documentado da indústria de discos contra a *Napster* é apenas um exemplo. Um juiz decretou que o serviço gratuito de download de músicas do *Napster* foi uma clara violação dos direitos autorais e efetivamente fechou a empresa. O *Napster* voltou oferecendo um serviço de download de músicas baseado em taxas como o *iTunes* da Apple. Quanto aos direitos autorais e outras questões legais e éticas, no entanto, é improvável que consigam acabar com o entretenimento na internet.

dicas de etiqueta

Etiqueta de e-mail e fax

Por ser tão rápido e informal, comunicar-se por e-mail ou fax é quase a mesma coisa que conversar. É muito fácil esquecer não só que essas mídias são mais permanentes do que uma conversa, mas também que as regras tradicionais de correspondência escrita devem ser aplicadas. A seguir estão algumas sugestões importantes.

PARA E-MAIL

1. Preencha o campo "assunto" de sua mensagem para que o destinatário saiba, antes de abri-la, se o tema é urgente e do que trata o e-mail.
2. Se você estiver zangado, escreva sua mensagem e depois de 24 horas, quando estiver mais calmo, reconsidere o que escreveu antes de enviá-la.
3. Evite digitar toda sua mensagem em caixa alta. Isso é interpretado on-line como xingamento e nunca é adequado em um ambiente de negócios.
4. Não use muitos *emoticons* (ícones de expressões faciais) em e-mails comerciais. Lembre-se de que geralmente se perde sutileza em correio eletrônico.
5. Antes de clicar em "Enviar", revise sua mensagem para ver se há erros, certifique-se de que realmente você anexou seus arquivos, e verifique duas vezes se está enviando a mensagem para a pessoa certa.

PARA FAX

1. Anexe uma folha de rosto (ou uma etiqueta ou texto padrão na primeira página de sua mensagem) indicando o nome e o número de fax do destinatário, seu nome e número de fax, o número de páginas que você está enviando, um número de telefone para ligar caso ocorram problemas de transmissão, e o assunto da mensagem.
2. Evite usar fax para documentos grandes que podem ser enviados pelo serviço noturno.
3. Verifique a hora local de seu destinatário antes de enviar. As pessoas que trabalham em casa ficariam gratas em receber fax somente durante seu horário de expediente.
4. Certifique-se de que a impressão de seu original está legível, grande e clara.

PARA E-MAIL E FAX

1. Evite enviar e-mail e fax quando as informações são sensíveis, confidenciais, pessoais ou legais. Lembre-se de que essas duas formas de comunicação podem facilmente ser lidas e copiadas por outros.
2. Diga ao destinatário o que você precisa como resposta: uma confirmação de que sua mensagem foi recebida? Uma resposta escrita? Ação dentro de certo intervalo de tempo?
3. Evite encaminhar piadas, abaixo-assinados, cartas de corrente, e outros lixos eletrônicos no trabalho. Esses envios contribuem para o crescente problema de spam.
4. Seja cortês, enviando mensagens curtas. Se a questão em discussão for grande ou complexa, prefira uma reunião ou uma ligação telefônica.

Fontes: Fax etiquette", www.sciessence.com/FaxEtiquette.html, acessado em 3 jan. 2005; **http://support.stenograph.com/ w4w/faxetiq.html**l, acessado em 3 jan. 2005; Internet etiquette, *Heritage Bank Newsletter*, jul./ago. 2003; Shelly Golly, Fax etiquette, **www.stenograph.com**, 2002.

E-Commerce

Atualmente, o e-commerce é a principal função da Web. De acordo com estatísticas recentes, quatro de cada cinco sites são dedicados a algum aspecto do e-commerce. Praticamente todas as organizações têm algum tipo de presença na Web, de corporações multinacionais a pequenos empreendimentos empresariais e de vendedores de mercadorias a provedores de serviços. De organizações sem fins lucrativos, como o Greenpeace, a empresas com fins lucrativos, como Tiffany – marca de jóias mundialmente conhecida –, competem por espaço na Web e por "globos oculares" – ou seja, pela atenção dos consumidores.

A Web facilita as atividades de marketing, incluindo compra e venda de produtos e serviços, criando relacionamentos, aumentando o tamanho do mercado total (número de clientes, receitas anuais e cobertura geográfica), e reduzindo os custos de marketing ao substituir intermediários com canais de distribuição direta. Este capítulo focaliza a função do e-commerce da internet, como ele estimula o crescimento do marketing eletrônico. A Web, o âmbito mais popular da internet, tornou-se parte integrante da vida da maioria dos consumidores tanto nos Estados Unidos como em outros países altamente desenvolvidos.

A maioria das pessoas geralmente imagina a Web como um cibershopping gigante de lojas de varejo vendendo milhões de produtos on-line. No entanto, os provedores de serviços também são importantes participantes do e-commerce. Entre eles estão: sites de entretenimento; especialistas on-line em aluguel de carro, acomodação e viagem de avião; sites de aluguel

Figura 4.3
Sites de relacionamento para diversão e lucro.

e venda de imóveis; e financiadoras. Bancos tradicionais e corretoras ampliaram muito seus serviços on-line. Além disso, novos provedores de serviços on-line estão rapidamente atraindo clientes que querem fazer mais de seus serviços de banco e negócios de investimento a quaisquer hora e dia mais convenientes. Da mesma forma, as companhias aéreas descobriram o poder da Web. A Gol vende mais da metade de suas passagens on-line, liderando a indústria de vendas por esse canal de baixo custo.

A Figura 4.3 descreve uma crescente presença comercial on-line: sites de relacionamento. O cenário de relacionamentos on-line, como o de mercados de pulgas, é um daqueles mercados fragmentados onde a internet pode brilhar. Afinal, oferece velocidade, anonimato e a habilidade de conectar-se a um grande número de compradores e vendedores. Ao solicitar que o assinante preencha um questionário de equiparação de compatibilidade, o site eHarmony.com procura melhorar a qualidade de seus encontros e aumentar a satisfação do cliente. Esse crescente segmento on-line, iniciado pela pioneira do setor Match.com, é discutido mais a fundo no Caso 4.1.

A Web também proporciona grandes oportunidades para o e-commerce business-to-business (B2B). Atualmente, estima-se que um terço de todas as transações de B2B seja efetuado on-line, totalizando mais de US$ 2 trilhões anualmente. Cisco Systems, IBM e Intel estão entre as empresas que geram bilhões de dólares por ano em receita de vendas on-line.

Não é preciso dizer, entretanto, que nem toda idéia de e-commerce funciona. O cenário on-line está cheio de falhas pontocom. A Figura 4.4 descreve alguns dos mais notórios desastres pontocom. Além disso, algumas das previsões de rentabilidade e crescimento sobre a internet e o e-commerce feitas na década de 1990 agora parecem ter sido excessivamente otimistas. A primeira década do século XXI está vendo um renascimento do e-commerce, embora a passos muito mais lentos do que na década de 1990.

ACESSANDO A INTERNET

Da mesma maneira que um explorador conta com uma bússola e um mapa para procurar um destino desejado, os profissionais de marketing e seus clientes devem depender de instrumentos de navegação para localizar sites e encontrar informações relevantes em um banco de dados. A via básica para ficar on-line é por meio de um **provedor de acesso à internet (ISP – *Internet Service Provider*)**. Um ISP, como o MSN, fornece acesso direto à internet tanto para consumidores individuais como para empresas. Grandes ISPs, como a American Online (AOL), deixam os usuários acessarem a internet por intermédio de seus próprios sites on-line especialmente projetados. Esses sites podem ser imaginados como portas que se abrem para um enorme centro de comunicações chamado internet.

A maioria dos usuários de internet ainda conecta via linhas telefônicas usando uma conexão discada. As conexões discadas, no entanto, estão sendo gradualmente substituídas por conexões de banda larga muito mais rápidas. Os dois tipos mais comuns são o DSL (sigla de *Digital Subscriber Line* – linha de assinante digital), que se conecta via linha telefônica, e os modems por cabo.

Um número crescente de telefones celulares oferece pelo menos uma capacidade limitada para acessar a internet. Os chamados *smart phones*, que são uma combinação de telefone celular e computador de bolso, facilitaram ainda mais o acesso à internet e o envio e recebimento de e-mail.

O acesso à internet sem fio é possível em um crescente número de lugares, incluindo aeroportos, hotéis, bibliotecas públicas, *campi* de faculdades e até em um Starbucks. O acesso **Wi-Fi** – abreviatura para **wireless fidelity** (fidelidade sem fio) – corta o fio de plug-in da internet oferecendo aos usuários on-line móveis acesso à internet sem fio – a uma distância de mais de 9 km. Companhias aéreas, como Lufthansa e British Airways, já estão oferecendo esse recurso tanto a um preço de tarifa fixa como a um preço calculado. Vôos que duram menos de três horas atualmente custam uma taxa fixa de US$ 14,95 ou US$ 7,95 para a primeira meia hora, mais US$ 0,25 por minuto adicional.[10] Conectar-se à internet estando fora de casa ou do escritório nunca foi tão fácil.

Em questão de meses, os usuários de internet móvel terão uma alternativa de acesso Wi-Fi sem ter de buscar por *hot spots* de pré-fiação em aeroportos, cafés e outros lugares.

As primeiras portas de acesso à internet foram basicamente os **mecanismos de busca**. Com o passar do tempo, essas entradas tornaram-se portais ao adicionarem serviços de compras e aplicativos de softwares, como e-mail e calendário on-line do conteúdo dos sites.

Além de servir como portas de acesso à internet, os portais estão abrindo caminho para se tornarem a principal abertura para os negócios de consumidores. No momento, a maior parte do faturamento dos portais vem das taxas de assinantes e publicidade. As compras on-line geram apenas uma pequena porcentagem da receita do site do portal, mas essa porcentagem está crescendo. O Yahoo!, por exemplo, oferece um shopping virtual que consiste em centenas de lojas. As lojas pagam o aluguel do Yahoo! pelo "imóvel" nas páginas do shopping Yahoo.

MARKETING
Verificação de conceito

1. Explique o que é marketing interativo.
2. Diferencie intranet e extranet.
3. Mencione quatro funções da Web e dê um exemplo de cada uma delas.

E-COMMERCE E A ECONOMIA

2. Descrever como os profissionais de marketing usam a internet para atingir os objetivos da empresa.

Os primeiros anos do século XXI estão testemunhando a mudança de uma economia industrial centenária para sua sucessora eletrônica – uma economia baseada nas informações, na internet e em outras tecnologias on-line relacionadas. Muitas pessoas vêem o e-commerce como um componente principal de crescimento para a maior parte desse novo século. A cada ano, desde que a Web se abriu pela primeira vez para a atividade comercial em 1993, o impacto do e-commerce sobre os consumidores e os negócios continuou a crescer. Até 2010, o e-commerce abarcará mais de 5% do total dos produtos domésticos dos Estados Unidos.[11]

A Web é agora utilizada tanto por pequenas empresas anteriormente desconhecidas como por grandes corporações multinacionais. Reflita sobre os seguintes exemplos de sucesso de e-commerce:

1. Mais de 70 mil estudantes estão atualmente fazendo cursos on-line na University of Phoenix. A Web ajudou a instituição com fins lucrativos a tornar-se a maior faculdade particular dos Estados Unidos.[12]
2. O site da Orquestra Sinfônica de Boston atrai mais de 7 mil visitantes por dia e as vendas on-line de ingressos atualmente passam de US$ 4 milhões por ano. A orquestra atribui à Web o grande aumento de número de freqüentadores jovens e compradores de ingressos.[13]
3. Mais de 64 milhões de americanos utilizaram a internet no último ano para obter informações de viagem. Quarenta e dois milhões de pessoas reservaram suas passagens de viagem on-line, gastando em média US$ 2.600 cada uma.[14]

Mas conduzir os negócios de forma bem-sucedida e rentável na internet requer mais do que criar um site. Modernos gráficos, áudio e vídeo, e páginas de informações não garantem um sucesso maior do que o dos cartões de negócios, fantasias ou catálogos de empresas. Um site deve proporcionar uma plataforma para a comunicação entre organizações, clientes e fornecedores. Os negócios agora leiloam para fornecedores de serviços públicos, bancos parceiros de empresas de informática e grupos musicais que vendem diretamente de seus sites para os fãs. Novos negócios e novas maneiras de conduzir os negócios na Web vêm contribuindo para um crescimento geral da economia. As próximas seções deste capítulo descrevem o atual estado do e-commerce business-to-business (B2B).

MARKETING ON-LINE BUSINESS-TO-BUSINESS

O site da FedEx não foi projetado para ser chamativo. Não há gráficos atraentes ou videoclipes *streaming*, apenas muitas informações práticas para auxiliar os clientes da empresa. O site permite aos clientes verificar taxas, comparar serviços, agendar coletas e entregas de pacotes, rastrear envios e encomendar suprimentos. Essas informações são vitais para os clientes da FedEx, que, em sua maioria, são pessoas envolvidas com negócios. Os clientes acessam o site várias vezes por dia.

Ao contrário do segmento business-to-consumer (B2C) do mercado on-line, as interações B2B envolvem compradores e vendedores profissionais – pessoas cujo desempenho é avaliado por suas decisões de compra e venda. Conseqüentemente, o marketing B2B em geral não precisa da mesma sofisticação e do mesmo *glamour* como o segmento B2C.

Embora a maioria das pessoas esteja familiarizada com empresas on-line de B2C como a Amazon.com e eBay, as transações B2C são dificultadas por suas correlatas de B2B, que compram e vendem tanto serviços quanto mercadorias, como papel, plásticos, produtos químicos e materiais de escritório. As transações de e-commerce B2B totalizam US$ 2,4 trilhões de acordo com a Forrester Research. Segundo algumas estimativas, 80% de toda a atividade e-commerce envolve transações B2B.[15]

O site de leilão on-line global eBay oferece um canal de marketing alternativo aos profissionais de marketing tanto de B2B como de B2C. O pico de utilização do site aumentou 29 vezes desde 1999, com um importante novo crescimento na França, no Reino Unido, na China, no Brasil e na Índia. No Brasil, o site Mercado Livre é associado ao eBay.

As primeiras atividades de e-commerce B2B tipicamente consistiam em uma empresa que criava um site e oferecia produtos para qualquer comprador que quisesse fazer compras on-line. Mais recentemente, as pessoas estão comprando e vendendo por meio de **trocas eletrônicas**, mercados da Web que atendem às necessidades de uma indústria específica. Um exemplo de troca eletrônica é a FreeMarkets, onde os fornecedores competem pelos negócios de compradores corporativos que adquirem qualquer coisa, de engrenagens a placas de circuito impresso. A FreeMarkets foi fundada por Glen Meakem, um ex-executivo da General Electric. Meakem percebeu que os fabricantes gastam aproximadamente US$ 5 trilhões por ano em peças industriais e que o processo de compra para esses itens em geral é muito ineficiente. Ele desenvolveu um sistema por meio do qual os fornecedores se comprometem a entregar peças a partir de cronogramas padronizados, com condições de pagamento idênticas e controle de estoque. A única variável é o preço. A FreeMarkets consulta os compradores e seleciona fornecedores para que, quando ocorrer um leilão, eles estejam familiarizados com o processo. O leilão em si normalmente dura menos de uma hora. Além de seus serviços de leilão, a FreeMarkets também oferece ampla gama de outros produtos na Web voltados para melhorar a eficácia de aquisição. A Royal Mail – serviço postal nacional do Reino Unido – estima economizar cerca de US$ 4 milhões por utilizar os produtos da FreeMarkets.[16]

Uma das tarefas menos agradáveis do vice-presidente de vendas da Fujitsu, Don McMahan, é ter de regatear com os compradores relutantes para tentar livrar-se de centenas de scanners Fujitsu de alta qualidade reformulados. A um tempo atrás, ele possivelmente teria recorrido a tradicionais liquidantes terceirizados para encontrar compradores para esse estoque em excesso. Hoje, no entanto, recorre ao eBay. Depois de doze meses de ter contratado pela primeira vez o gigante on-line, McMahan vendeu todos os setecentos scanners que colocou em seu site Fujitsu Scanner Outlet. A maioria de seus clientes eBay é de pequenos empresários que ele não teria alcançado por seus canais de vendas comuns.[17]

Como comentado anteriormente, o e-commerce B2B totaliza cerca de US$ 2,4 trilhões em todo o mundo e deve continuar a crescer rapidamente nos próximos anos. Espera-se que os Estados Unidos permaneçam com o maior mercado de e-commerce B2B, com transações crescentes a uma taxa anual de cerca de 68%. No entanto, espera-se que o e-commerce B2B cresça ainda mais rapidamente na Europa Ocidental (a uma taxa anual de 91%) e na região da Ásia-Pacífico, onde a expectativa é de que as transações e-commerce B2B cresçam a uma taxa anual de mais de 100% durante os próximos anos.[18]

Só os fabricantes de bens duráveis respondem por quase metade de todas as vendas de e-commerce B2B. Os atacadistas de bens empresariais, como materiais de escritório, eletrônicos e equipamentos científicos, estão em segundo lugar nesse mercado. Ainda que continuem fornecendo muitos serviços pessoalmente, profissionais como médicos, representantes e contadores estão encontrando novas maneiras de usar a internet para conquistar antigos e potenciais clientes, bem como se comunicar em seus campos de atuação.

Sucesso de marketing

Overstock.com rende muito

Histórico. A eBay colocou um modelo de leilões on-line e cresceu rapidamente para tornar-se o lugar aonde quase todo mundo vai para comprar e vender on-line. Facilita bilhões de transações comerciais, não guarda estoque e construiu uma comunidade virtual de vendedores, alguns que ganham toda sua renda vendendo itens na eBay.

O desafio. Apesar da base crescente de compradores fiéis, o varejista competidor Overstock.com segue atrás do Yahoo! Auctions e do zShops da Amazon.com em seus esforços de pegar uma porção do mercado lucrativo da eBay. Mas a eBay recentemente aumentou os preços que cobra de vendedores em até 60%, provocando a ira de muitos, até mesmo de seus maiores vendedores que pertencem à *Professional eBay's Seller's Alliance* (*Pesa* – Aliança de Vendedores Profissionais da eBay). Reagindo ao aumento do preço, a Pesa declarou: "De modo geral, nossos membros estão relatando que pagarão até 22% a mais à eBay do que antes do aumento. Que é sem precedente e terá implicações amplas no mercado ... Nós já vemos os maiores vendedores da eBay começando a focar sua atenção em outros canais baseado neste e em outros problemas".

Pequenas e grandes empresas vêm desenvolvendo sistemas e softwares necessários para fazer do marketing B2B on-line uma realidade. Muitas até mesmo criaram novas unidades de negócios para satisfazer às necessidades de clientes e fornecedores on-line. Há muitas pequenas empresas recém-estabelecidas nessa indústria, mas firmas maiores e mais consolidadas também têm presença significativa. A IBM, por exemplo, presta serviços de e-commerce a centenas de outras empresas. Os serviços de e-commerce geram à IBM mais de US$ 30 bilhões de receita anualmente, mais de um terço da receita total dos gigantes de computadores.[19] Enquanto a maioria das pessoas considera a Amazon.com apenas um varejista on-line, a empresa também se estabeleceu como uma das maiores empresas de serviços de e-commerce que fornece softwares e serviços relacionados a uma ampla variedade de empresários.[20]

Um importante objetivo tanto do marketing on-line como do off-line é permitir aos clientes atuais e aos potenciais distinguirem rapidamente a empresa e seus produtos das ofertas da concorrência. Gerentes de compras podem pesquisar na Web os melhores negócios, de materiais de escritório a plásticos, escolhendo entre centenas de diferentes fornecedores do mundo todo. Mas o que fazem os fornecedores? Como eles se posicionam na Web para que os compradores corporativos os vejam, ou melhor, façam uma compra? A maioria dos profissionais de marketing on-line começa anunciando sua empresa nas páginas amarelas da internet, como o site SuperPages.com da Verizon, que funciona praticamente como seus concorrentes impressos. Um gerente de compras pode buscar por "fornecedores de impressora a laser" no site SuperPages.com e fazer uma lista dos sites relevantes. Muitas indústrias têm seus próprios guias de compras on-line, como o *Thomas Register of American Manufacturers*.

É claro que os profissionais de marketing on-line precisam certificar-se de que suas empresas estão nos principais mecanismos de busca, como *Google*. Mas, em geral, isso não é suficiente. Uma única busca por um produto – digamos, aço – poderia resultar em milhares de sites, muitos dos quais podem até mesmo não ser relevantes. Para superar esse problema, os profissionais de marketing on-line pagam taxas aos sites de busca para que suas páginas ou propagandas abrem instantaneamente quando um usuário digitar certas palavras nos mecanismos de busca ou para se certificarem de que suas empresas apareçam como os primeiros resultados da busca.[21] Isso é chamado de **marketing de busca**.

Bons profissionais de marketing B2B on-line atendem seus clientes pensando como um comprador. Entrevistam seus clientes regulares para saber mais exatamente como usam a internet e onde encontram as informações necessárias para tomar decisões de compra. Essas informações podem ser usadas para criar estratégias que atraiam novos clientes e melhorem o relacionamento com clientes antigos.

A estratégia. A Overstock.com agiu rapidamente para aproveitar a reação dos vendedores da eBay, oferecendo-lhes um incentivo financeiro adicional por mudarem para uma casa nova. A Overstock.com diminuiu seus preços de listagem em 52% e ofereceu US$ 10 de crédito para qualquer um que visitasse seu site de leilão no mesmo dia em que o aumento de preço na eBay entrou em vigor.

O resultado. O número de leilões listados no site da Overstock mais do que dobrou. Alguns observadores predisseram que o aumento para a Overstock.com seria temporário se ela não conseguisse fornecer um mercado grande o suficiente para os vendedores desiludidos com a eBay, mas, enquanto isso, o valor das ações da empresa também aumentou. Se ela poderá manter os vendedores, ou se a eBay irá reconquistá-los diminuindo suas taxas ou oferecendo alguma outra vantagem, ainda será visto.

Fontes: Site da empresa, **www.overstock.com**, acesso em 2 fev. 2005; MANN, Bill. Overstock overtaking eBay?, *The Motley Fool*, **www.fool.com**, 20 jan. 2005; LECLAIRE, Jennifer. Overstock. com cuts fees to lure eBayers", *E-commerce Times*, 19 jan. 2005, **www.ecommerecetimes.com**.

Benefícios do Marketing On-line B2B

As vantagens das estratégias on-line de business-to-business sobre métodos tradicionais de conectar compradores e vendedores estão apenas começando a ser notadas. Profissionais de marketing on-line podem encontrar novos mercados e consumidores. Além disso, a economia de custos é percebida em quase todos os aspectos da estratégia de marketing on-line da empresa conforme o marketing eletrônico repõe a abordagem principal. Finalmente, o marketing on-line reduz muito o tempo envolvido em atingir os mercados-alvo. Muitos redatores comerciais rotulam e-commerce de *comércio fácil*, porque ferramentas de marketing on-line permitem a troca direta de informações, como o preenchimento de um pedido e atendimento ao consumidor, de um modo direto, sem intermediários de marketing. A comunicação com fornecedores, clientes e distribuidores pela internet pode ser mais econômica e eficiente do que cartas, telefonemas, fax e chamadas de vendas pessoais.

O número de sites continua a aumentar, com a maior parte do crescimento decorrendo do lançamento de novos sites comerciais. Uma homepage cria a frente de loja on-line de uma empresa aonde consumidores potenciais e já existentes vão para obter informações sobre produtos e a empresa. Um site deve capturar a personalidade da empresa e servir como uma ferramenta eficaz de relações públicas. A Web aumenta as operações de uma organização ao reduzir distâncias e eliminar fusos horários e fronteiras políticas. Tanto organizações sem fins lucrativos quanto as com fins lucrativos estão aproveitando esses benefícios. Por exemplo, o estado da Carolina do Norte instituiu um programa chamado *NC E-Procurement*. O programa combina o uso de tecnologia da internet com práticas tradicionais de compra para modernizar o processo de compra e reduzir custos. Agências governamentais locais e estaduais, escolas públicas e faculdades e universidades patrocinados pelo estado podem usar o sistema para comprar uma variedade de produtos de vendedores aprovados pelo governo. De acordo com o site, o "E-Procurement tem reduzido o preço de produtos e serviços com descontos em volume, e também habilita economias de custos operacionais e administrativas com a modernização do processamento e interações com vendedores/fornecedores". Um município da Carolina do Norte relatou economizar mais de 30% em materiais de impressão usando o E-Procurement.[22]

MARKETING DE CONSUMIDOR ON-LINE

3. Explicar como o marketing on-line beneficia organizações, profissionais de marketing e consumidores.

Assim como o e-commerce é uma função importante da internet, o marketing on-line é um componente integrante do e-commerce. Para ter uma idéia do quanto o mercado consumidor on-line tem-se tornado competitivo, veja o box "Sucesso de marketing". Durante anos, o varejista de roupa de catálogo Lands' End gerou basicamente todos os seus pedidos por telefone ou correio. Há alguns anos, a empresa decidiu voltar-se ao marketing on-line para aumentar as vendas e reduzir os custos. Como demonstrado na Figura 4.5, os profissionais de marketing da Lands' End alertam consumidores sobre seus novos serviços on-line, como seu modelo virtual que permite que seus consumidores "experimentem" roupas antes de comprá-las. Os consumidores on-line podem comunicar-se com representantes de atendimento ao consumidores em tempo real. Dois consumidores podem até fazer compras no site simultaneamente – como se estivessem em uma loja de bloco e cimento. Como as seções a seguir explicam, tanto consumidores quanto profissionais de marketing gostam dos benefícios do marketing on-line.

O marketing on-line é inerentemente marketing interativo. Obviamente, expande o alcance dos profissionais de marketing em conectar-se a consumidores; no entanto, para ser mais eficaz, tem de fazer parte de uma estratégia de marketing geral antes de criar valor para os consumidores. Um ponto a lembrar é que, tão rapidamente quanto uma empresa pode subir e tornar-se uma estrela no espaço sideral, se seu site on-line não for lançado de maneira correta nem operar com eficiência, ela pode apagar-se. Muitos dos grandes desastres pontocom descritos na Figura 4.4 falharam em lançar de modo correto ou operar eficazmente seus sites.

Outro ponto a lembrar é que, basicamente, há dois tipos de sites B2B: sites de compra e sites de informações. A Williams-Sonoma tem um site de compras. Os consumidores podem ver informações de produtos e fazer pedidos

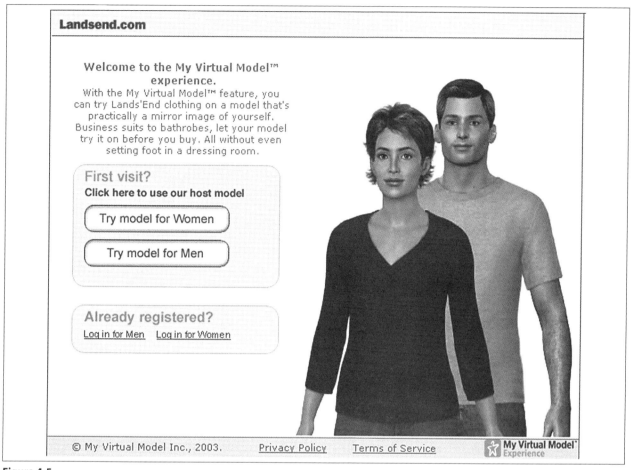

Figura 4.5
Site da Lands' End.

on-line. Em contraste, o site da Toyota é apenas de informações. Os consumidores podem ver informações de produtos detalhadas, comparar alternativas de financiamento e até pedir uma cotação de preço da concessionária local. Eles *não podem*, no entanto, comprar um carro novo on-line.

Consumidores que fazem compras on-line podem apontar uma quantidade de vantagens do marketing on-line. A Figura 4.6 mostra os resultados de uma pesquisa recente na qual se pediu aos consumidores para citarem as razões pelas quais fizeram compras on-line durante um período de compras de festas. Os benefícios percebidos para compradores on-line se encaixam em três categorias: preços mais baixos, conveniência e personalização. Os profissionais de marketing devem garantir que seus sites ofereçam os consumidores essas vantagens básicas sobre experiências tradicionais de compras. Além disso, sites devem fornecer altos níveis de segurança e privacidade, ser fáceis de navegar e fornecer informações que o consumidor pode usar em fazer comparações de produtos e decisões de compras. Além disso, é importante para os e-tailers ouvir seus consumidores e estarem dispostos a fazer mudanças em seus sites com base nesse *feedback*.

Preços mais Baixos

Vários produtos custam menos on-line. Muitas das melhores ofertas de passagens e hotéis, por exemplo, podem, muitas vezes, ser encontradas no sites de viagem na internet. Se você ligar para o 0800 da Delta Airlines, antes de falar com um agente, uma voz gravada o convidará a visitar a Delta.com "onde tarifas mais baixas podem estar disponíveis".

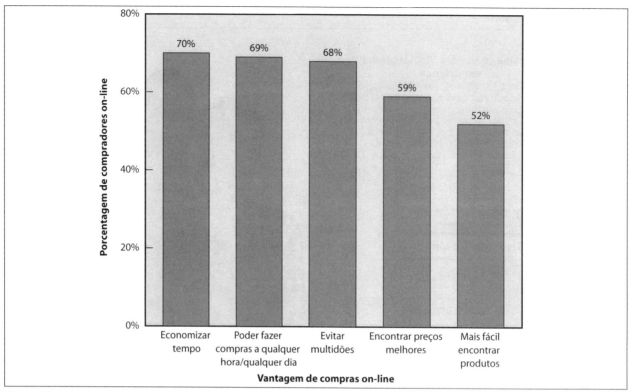

Figura 4.6
Motivos para fazer compras on-line.
Obs.:   Foi pedido que compradores on-line listassem todos os motivos pelos quais escolhiam fazer compras on-line.
Fonte: GREENSPAN, Robyn. E-Tailers will see green, *Click Z Network*, **www.clickz.com**, acessado em 9 mar. 2004.

Visitantes da BN.com – a loja on-line da livraria Barnes & Noble –encontram muitos *best-sellers* com descontos de até 40%. Nas lojas tradicionais, os best-sellers são marcados com descontos de apenas 30%. Não é surpresa para qualquer um que já pesquisou a internet buscando o melhor preço de um software ou CD recém-lançado que quase 60% dos compradores citaram preços mais baixos como uma motivação para compras on-line.[23]

A internet é um método ideal para compradores astutos compararem preços de dezenas – até centenas – de vendedores. Compradores on-line podem comparar aspectos e preços à vontade, sem serem pressionados por um vendedor ou terem de se adequar aos horários de funcionamento da empresa. Uma das ferramentas mais novas do e-commerece, *bots*, auxilia consumidores em comparação de compras. *Bots* – abreviação de robôs (*robots*, em inglês) – são programas de busca que verificam em centenas de sites informações reunidas e agrupadas e as devolve ao remetente. Digamos, por exemplo, que você está procurando um novo monitor de computador. No Shopping.com, pode especificar o tipo e o tamanho do monitor que procura, o site mostra uma lista dos monitores mais bem classificados e a oferta do e-tailer com o melhor preço de cada um, juntamente com impostos e custo de frete aproximados. O site até classifica os *e-tailers* pela experiência do consumidor e diz se há um modelo específico no estoque ou não.

Conveniência

O segundo fator influenciando o crescimento das compras on-line é a conveniência para o comprador. Inclusos nas suas expectativas de conveniência estão um site fácil de usar e políticas de devolução convenientes.

Cibercompradores podem pedir produtos ou serviços do mundo inteiro a qualquer hora do dia ou da noite. A maioria dos *e-tailers* permite que os consumidores cadastrem suas informações de cartão de crédito e frete para uso rápido em compras futuras. Os usuários são obrigados a escolher um nome de usuário e a senha. Aos usuários cadastrados pede-se que digitem sua senha quando fazem outro pedido. *E-tailers* geralmente mandam uma mensagem de e-mail confirmando um pedido e o valor cobrado no cartão de crédito do comprador. Outro e-mail é mandado uma vez que o produto é enviado, com um número caso o consumidor queira usá-lo para rastrear o pedido durante o processo de entrega.

Muitos sites farão produtos personalizados para combinar com requisitos de consumidores individuais. A Nike oferece aos compradores on-line a oportunidade de personalizar um tênis de corrida, definindo aspectos como a sola, a quantia de amortecimento e a largura. O tênis personalizado custa aproximadamente US$ 10 a mais do que um tênis comparável – porém, não personalizado – nas prateleiras de um varejista local da Nike. Os compradores também podem personalizar calças sociais masculinas e femininas e camisas masculinas no Landsend.com.

Personalização

Enquanto o marketing eletrônico freqüentemente opera com pouca ou nenhuma interação humana, os profissionais de marketing do ciberespaço sabem o quanto a personalização é importante para a qualidade da experiência de compras. A satisfação do consumidor é muito afetada pela capacidade de o profissional de marketing oferecer um serviço modelado a muitos consumidores individuais. Mas cada pessoa espera não apenas certo nível mínimo de atendimento ao cliente, como também tipos específicos de atendimento que se encaixam em suas necessidades ao fazer certa compra. Em conseqüência, a maioria dos principais varejistas on-line atualmente oferece aspectos personalizados nos seus sites.

Os primeiros anos do e-commerce viram profissionais de marketing da internet atirando para todo lado em um esforço de conseguir o maior número de consumidores possível. Hoje, a ênfase voltou-se para o marketing one-to-one, criando consumidores fiéis que são mais propensos a fazer compras repetidas. Como o marketing personalizado funciona on-line? Digamos que você compra um livro na Amazon.com e se cadastra no site. Esse site irá dar a você as boas-vindas em sua próxima compra utilizando seu nome. Usando software especial que analisa suas compras anteriores, também surgirão outros livros de que talvez você goste. Você até tem a opção de receber e-mails periódicos da Amazon.com informando sobre novos produtos que estão relacionados a compras anteriores ou tópicos que você especificou. Muitos outros dos *e-tailers* principais oferecem tipos parecidos de marketing personalizado.

BENEFÍCIOS DE MARKETING ON-LINE DE CONSUMIDORES

Muitos dos mesmos benefícios conseguidos por profissionais de marketing B2B on-line também são percebidos por profissionais de marketing de produtos do consumidor que dependem da internet para seus negócios. Como a Figura 4.7 indica, os profissionais de marketing podem usar seus sites para construir relacionamentos fortes, reduzir custos, aumentar a eficácia, criar um campo mais nivelado e atingir presença global.

A Construção de Relacionamentos

A construção de relacionamentos com os consumidores é crucial para o sucesso de marketing on-line e off-line. Como uma seção anterior explicou, a personalização é um componente da construção de relacionamentos on-line. Se uma compradora visita um site que vende acessórios e compra um vestido e uma bolsa, da próxima vez que ela entrar no site, pode ser recebida com um anúncio atraente mostrando um cinto ou sapatos que combinam com sua última compra. Dessa maneira, os profissionais de marketing podem criar uma experiência de compra one-to-one que, muitas vezes, leva ao aumento nos níveis de satisfação do consumidor e a compras repetidas. A fidelidade de

Figura 4.7
Os benefícios do marketing B2C on-line.

marca faz parte de muitos relacionamentos off-line que podem ser transferidos para sites on-line. Na verdade, os consumidores esperam que os sites imitem o tradicional mundo do varejo. Eles gostam de ser cumprimentados quando entram em uma loja ou em um site.

Pequenos negócios, com orçamentos menores ainda, podem usar a internet para encontrar consumidores em lugares não esperados e construir relacionamentos com eles. Provando que a internet age como um grande equalizador, pequenas empresas de credenciamento com nomes como L&M, E-Z e U-Save são responsáveis por quase metade das reservas através da Orbitz em Orlando. Pessoas de férias são responsáveis por uma porção cada vez maior do négocio de aluguel de carros – e o preço de aluguel de um dia por menos de US$ 35, contra US$ 66 pela Avis, é o suficiente para fazer consumidores econômicos mudarem para marcas desconhecidas.[24]

Rick Brown, presidente da *Newspaper Collectors Society of America*, faz leilões on-line para vender jornais históricos a colecionadores. Alguns anos atrás, ele vendeu um recibo do século XIX de uma farmácia em Canton, Maine. Geralmente, isso não venderia bem, mas provou ser altamente desejável aos moradores de Cantão que estavam estabelecendo uma sociedade histórica local. Outro negociante de antiguidades teve dificuldades no começo para vender um catálogo de 1903 de peças de bicicletas da França, mas o vendeu rapidamente após colecionadores franceses descobrirem o site do negociador.[25] Após terem recebido serviço rápido e eficiente de negociadores on-line, os consumidores, muitas vezes, voltam em busca de outros objetos raros que possam estar procurando.

O atendimento ao consumidor é a chave para construir fortes relacionamentos com o consumidor no marketing tradicional e on-line. Como a internet tem o poder de criar comunicação bilateral instantânea entre empresas e seus consumidores, muitas pessoas se sentem bem ao fazer compras on-line, acreditando que alguém está do outro lado com respostas imediatas para suas perguntas e soluções para seus problemas. Infelizmente, essa ainda é uma área na qual melhorias são necessárias: uma resposta rápida e personalizada a perguntas de e-mails de consumidores atuais e futuros. Uma pesquisa recente revelou que os vendedores levam em média 25 horas para mandar respostas personalizadas a perguntas de e-mails. Laura Freeman, presidente da E-tailing Group, Inc, observou que, enquanto o desempenho do atendimento ao consumidor melhorou de modo geral, e-tailers "têm de ficar vigilantes em como o atendimento geral ao consumidor irá ter um impacto significativo em sua marca".[26]

> ## Em poucas palavras
>
> A internet é o desenvolvimento mais emocionante da minha carreira profissional.
> John F. Welch Jr. (nasc. 1935)
> Presidente e CEO aposentado, General Electric

Maior Eficiência

Para corporações maiores e empresas pequenas, as vendas feitas inteiramente por um site com freqüência geram margens de lucro muito maiores do que vendas de canais tradicionais ou catálogos, lojas de varejo ou centros telefônicos. No entanto, até mesmo se uma venda não for fechada on-line, os profissionais de marketing que educam seus consumidores on-line no final economizam dinheiro e aumentam a produtividade das vendas porque vendedores não têm mais de passar seu tempo respondendo a perguntas de rotina.

Redução de Custos

Os profissionais de marketing vem concluindo que o e-commerce pode reduzir notavelmente os custos de começar e operar uma empresa. Scott Smith, gerente de inventário na Ace Hardware, diz que desde que sua empresa instalou um programa de colaboração de comércio na internet, o custo de tirar produtos das prateleiras do armazém caiu aproximadamente 18% e os custos de recebimento de inventário, 20%.[27]

Um Campo mais Nivelado

Donos de empresas de minorias acreditam que o anonimato fornecido pela internet permitiu que tivessem êxito com base em seus próprios méritos em um mundo onde a discriminação ainda existe. Roosevelt Gist, um afro--americano dono de uma concessionária de carros, relata que alguns consumidores brancos pediam outro vendedor quando ele se aproximava no showroom. Hoje, Gist ainda vende carros, mas no ciberespaço. Ele gerencia a Auto-Network.com, um fórum on-line para pesquisar, comprar e vender automóveis. O site recebe milhares de visitantes por mês, nenhum dos quais tem a chance de prejulgar Gist baseado em raça.[28]

MARKETING ON-LINE É MARKETING INTERNACIONAL

Outra vantagem para profissionais de marketing business-to-consumer e business-to-business é o alcance global da internet, permitindo comunicações baratas com consumidores em lugares distantes. Um profissional de marketing que quer entrar em contato com consumidores na Austrália, por exemplo, pode achar as taxas de correio para o dia seguinte ou ligações internacionais proibitivas, mas o baixo custo e a velocidade das ferramentas de marketing on--line, como fax e e-mail. tornam o marketing global uma realidade. Mais de um terço dos lares australianos tem computadores, e o australiano típico passa mais tempo acessando sites do que qualquer pessoa, exceto os americanos.

A cultura pode provar ser uma barreira que impede o marketing on-line no exterior. Os profissionais de marketing, especialmente na Ásia, enfrentam tais barreiras. Hoje, a maioria do sites de e-commerce ainda está em inglês, o que, muitas vezes, restringe o acesso de consumidores asiáticos. Mais ainda, muitos consumidores asiáticos estão menos familiarizados e se sentem menos confortáveis com compras por telefone ou via catálogo do que compradores na América do Norte. Conseqüentemente, eles são mais hesitantes em aceitar como seguro fazer compras on-line. Por outro lado, a Ásia é um mercado atraente para profissionais de marketing on-line. O número de usuários da internet na Ásia está crescendo rapidamente. A China, por exemplo, agora tem mais usuários de internet regulares do que qualquer país no mundo, exceto os Estados Unidos.[29]

Apesar de mais de 100 milhões de europeus terem estado on-line em 2005, eles usam a internet para fazer compras muito menos do que os consumidores americanos. Os conectados europeus são muito mais propensos a valorizar a internet como uma forma de trabalhar em casa, atualizar-se sobre a política local, escolher destinos de férias e fazer cursos. Até na Noruega, Suécia e Dinamarca, onde a penetração da internet é a mais alta da Europa com aproximadamente metade de todos os lares, o e-commerce, muitas vezes, fica atrás de usos como e-mail e serviços de informação.

Em um ambiente de negócios cada vez mais global, o e-commerce permite que empresas como Pacific Internet e Europe Online criem uma estrutura regional para transações de negócios. A Pacific Internet juntou-se à Initiative

Internet e à Sumitomo (ambas com sede no Japão) e à Supernet Hong Kong, usando Hong Kong e Cingapura como centros. A Figura 4.8 lista uma amostra de sites internacionais que chamam o mundo para seu mercado doméstico. Os profissionais de marketing não podem esquecer que, apesar de a internet não ter limitações geográficas, os países têm. Assuntos de infra-estrutura, economia, restrições legais e políticas entram em jogo quando profissionais de marketing tentam entrar no mercado internacional. Enquanto profissionais astutos pensam de modo global, também devem lembrar que o e-commerce é uma experiência local em cada país.

Apesar de o e-commerce estar crescendo rapidamente, o comércio global on-line ainda fica atrás do ritmo do marketing on-line nos Estados Unidos. As rendas com propaganda na internet na Europa não chegarão aos níveis atuais dos Estados Unidos por pelo menos mais cinco anos. Alguns países têm barreiras de infra-estrutura. Por exemplo, a maioria das ligações telefônicas na Europa, inclusive chamadas locais, é medida e cobrada com base na duração da chamada, o que torna mais caro, para consumidores europeus, passar mais tempo na internet se usam uma conexão discada. Além disso, uma porcentagem menor de europeus usa conexões de banda larga para entrar na internet em comparação com americanos e canadenses. Entretanto, a maioria dos profissionais de marketing reconhece o enorme potencial dos mercados de internet internacionais, e muitos estão correndo para expandir sua presença on-line internacional. Por exemplo, a eBay atualmente opera mais de vinte sites de países diferentes. A Amazon.com Reino Unido é um dos maiores sites de e-commerce na Europa, e o Yahoo! Japão domina o marketing on-line na terra do Sol Nascente.

QUESTÕES DE SEGURANÇA E PRIVACIDADE

Os consumidores preocupam-se que as informações sobre eles ficarão disponíveis para outros sem sua permissão. Na verdade, as questões relacionadas à privacidade e segurança ainda são consideradas impedimentos ao crescimento do e-commerce. Metade dos compradores on-line abandona seus carrinhos antes de completar as transações. Um fator significativo nessa interrupção do processo de compra do consumidor, de acordo com a pesquisa feita pela firma de pesquisa WebTrends, é que os compradores acham que os sites pedem informações pessoais demais.[30]

Os consumidores estão especialmente preocupados com a segurança de informações de cartão de crédito. As preocupações com a privacidade de números de cartão de crédito levaram ao uso de sistemas de pagamentos seguros. Além dos sistemas de segurança, os sites de e-commerce requerem senhas como uma forma de autenticação — isto é, para verificar que a pessoa usando o site é verdadeiramente aquela autorizada a acessar a conta. Nos últimos anos, as **assinaturas eletrônicas** têm-se tornado um rápido modo de acessar contratos legais, como hipotecas de casas e apólices de seguro, on-line. Com a e-assinatura, um indivíduo obtém um tipo de identificação eletrônica e a instala em seu browser. Assinar o contrato envolve olhar e verificar a identidade do comprador com esse software.

Graças aos métodos de coleta de dados automáticos chamados de *cookies*, os profissionais de marketing on-line podem seguir trilhas eletrônicas que usuários da internet usam quando vão de um site a outro. Como resultado, esses profissionais de marketing têm informações consideráveis sobre os hábitos de compra e visualização de

http://netsprint.pl	Versão polonesa da *Infoseek*.
http://us.starmedia.com	A *Star Media Network* nas línguas espanhola e portuguesa.
www.uol.com.br	Universo Online, o maior portal de internet atendendo o Brasil.
www.sina.com.tw	Sinanet.com, que tem como alvo mais de 60 milhões de chineses morando fora da China e de Taiwan.
www.sify.com	Oferecendo aos usuários de linhagem indiana "Tudo o que você quer saber sobre a Índia".

Figura 4.8
Exemplos de sites globais.

visitantes on-line. Os *cookies* não só tornam possível colocar pop-ups sobre produtos relevantes quanto às visitas recentes do usuário na internet, como também têm o potencial de invadir a privacidade do computador do usuário. Os programas de *spyware* mais novos são outro problema crescente. Como os *cookies*, esses programas de *spyware* rastreiam o que os usuários de computadores fazem on-line, podem ajustar as configurações de seu *browser* e fazer seus computadores virarem geradores de propaganda na internet, tudo sem o usuário saber. Pessoas que navegam na internet com freqüência, inconscientemente, fazem download de programas *spyware* ao baixarem outros programas ou arquivos ou até quando visitam certos sites.[31]

A maioria dos consumidores quer garantias de que qualquer informação que forneçam não será vendida a outros sem sua permissão. Em resposta a essas preocupações, os comerciantes on-line têm tomado algumas medidas para proteger as informações do consumidor. Muitas empresas na internet assinaram com organizações de privacidade na internet, como TRUSTe. Ao colocarem o logo TRUSTe em seus sites, indicam que prometeram revelar como coletam dados pessoais e o que farão com as informações. Mostrar proeminentemente uma política de privacidade é uma forma eficaz de conquistar a confiança do consumidor. Como a Figura 4.9 descreve, a emissora global de cartão de crédito Visa acrescentou *Verified by Visa* (Verificado pela Visa), um número de verificação de senha especial deve ser colocado antes da compra de produtos on-line – um serviço fornecido para proteger os cartões Visa de uso não autorizado on-line.

Figura 4.9
Visa: ajudando a proteger compras on-line de uso não autorizado.

Apesar disso, uma política não é melhor do que a empresa que a publica. Os consumidores não têm nenhuma garantia sobre o que acontece se uma empresa é vendida ou fecha. A agora extinta Toysmart.com prometeu aos consumidores que nunca dividiria seus dados pessoais com outras pessoas. Mas quando a empresa foi parar no tribunal por falência, considerou vender seu banco de dados, um de seus bens mais valiosos. E a Amazon.com já disse abertamente aos consumidores que se ela ou parte de seu negócio forem comprados em algum momento, seu banco de dados será um dos bens transferidos.[32]

Alguns aspectos de privacidade podem tornar-se um aspecto necessário de sites se as preocupações dos consumidores continuarem a crescer. Também podem tornar-se necessários legalmente. Os governos federais e estaduais estão se envolvendo. Nos Estados Unidos, a *Children's Online Privacy Protection Act* (*Coppa* – Lei de Proteção à Privacidade On-line das Crianças) requer que os sites que visam às crianças menores de treze anos de idade obtenham "consentimento verificável dos pais" antes de coletar quaisquer dados que poderiam ser usados para identificar ou contatar usuários individuais, inclusive nome e endereços de e-mail. Ameaçada com uma ação legal da *Federal Trade Comission* (Comissão Federal de Comércio), a Toysmart.com concordou em honrar sua política de privacidade e não vender qualquer parte de

MARKETING
Verificação
de conceito

1. Qual é maior, e-commerce B2B ou B2C?

2. Quais são alguns benefícios do e-marketing B2B?

3. Liste os motivos pelos quais muitos consumidores preferem fazer compras on-line.

seu banco de dados exceto sob severas restrições.[33] Além disso, um projeto de lei recentemente introduzido no Senado dos Estados Unidos tornaria ilegal o uso da internet para instalar programas no computador do usuário sem consentimento. O senador do Oregon Ron Wyden, um dos proponentes do projeto, argumenta que "os usuários de computadores devem ter a segurança de saber que sua privacidade não está sendo violada por softwares parasitas que secretamente entraram em seus discos rígidos".[34]

QUEM SÃO OS COMPRADORES E VENDEDORES ON-LINE?

Conforme o crescimento do e-commerce continua, torna-se mais fácil de usar e muito mais amplo na atração ao consumidor. Nos últimos cinco anos, vendas no varejo on-line mais do que triplicaram para um valor estimado em US$ 65 bilhões.

COMPRADORES ON-LINE

A Pew Internet and American Life Project regularmente coleta e analisa dados sobre uso de internet dos americanos, inclusive comportamento de compras on-line. Um relatório recente traça a seguinte imagem dos compradores on-line:

1. Três em cada cinco usuários da internet compram produtos on-line. Isso se traduz em mais de 67 milhões de compradores on-line. Desde 2000, o número de compradores on-line aumentou em mais de 63%.
2. Em um dia típico, aproximadamente 6 milhões de americanos compram um produto on-line, o dobro do número de compradores on-line na virada do século.
3. Os usuários da internet com níveis mais altos de educação, maior renda familiar e aqueles que moram em áreas urbanas ou suburbanas são mais propensos a comprar produtos on-line. Por exemplo, três de cada quatro usuários de internet morando em casas com renda anual acima de US$ 75 mil usam canais on-line para comprar produtos. Em contraste, menos da metade dos usuários morando em lares com renda anual de US$ 30 mil ou menos tentou fazer compras on-line.
4. Três de cada cinco usuários de internet brancos compram produtos on-line comparados com aproximadamente 58% de usuários de internet hispânicos e 45% dos usuários de internet afro-americanos.
5. Antes do século XXI, a maioria dos compradores on-line era de homens. Hoje, as mulheres são tão propensas quanto eles a comprar produtos on-line.
6. Consumidores mais jovens ainda são mais propensos a comprar produtos on-line se comparados com consumidores mais velhos.[35]

O usuário típico de internet ainda é relativamente jovem, altamente educado, urbano e mais influente, no entanto há evidências de que os demográficos de compradores on-line continuarão a mudar. Esses compradores on-line serão mais velhos, menos influentes e mais diversos etnicamente; em outras palavras, consumidores on-line parecerão cada vez mais com os consumidores off-line nos próximos anos. Um fator importante explicando tais tendências esperadas é a experiência on-line. Pesquisas mostram que, à medida que o nível de conforto das pessoas com funções on-line como e-mail e buscas aumenta, sua disponibilidade de fazer compras on-line também aumenta. Americanos mais jovens e influentes têm, em média, mais experiência na internet. Conforme o uso da internet entre membros de outros grupos demográficos os alcança, sua atividade de compras on-line também deve aumentar.

Por isso, os profissionais de marketing precisam constantemente estudar as composições em mudança da base de seus consumidores e desenvolver novas estratégias para refletir os demográficos em mudança dos compradores on-line. O box "Resolvendo uma questão ética" discute a influência crescente de compradores on-line – diários on-line, ou blogs.

Os profissionais de marketing também precisam estar continuamente atentos às maneiras como o e-commerce está mudando os consumidores. Uma coisa é que o marketing on-line alcança pessoas que geralmente não assistem televisão nem lêem revistas. Outra é que o marketing on-line está educando consumidores de maneiras que o marketing tradicional não pode – oferecendo mais informações (mais personalizado) mais rapidamente do que um vendedor de varejo, um panfleto do produto ou comerciais de televisão de 30 segundos. Os consumidores estão mais espertos, e, às vezes, mais exigentes, do que eram antes. Após descobrirem o quanto é fácil aprender sobre vinhos na winespectator.com, os consumidores podem ficar desapontados com a experiência de comprar vinhos em um supermercado ou adega.

Em poucas palavras

Por que estão me maltratando? Meu estômago está revirando.
Brianna LaHara (nasc. 1991)
Estudante de honra em Nova York (sobre estar entre os primeiros a ser processados pela indústria da gravação por compartilhar música na internet; sua mãe resolveu o processo por US$ 2 mil)

VENDEDORES ON-LINE

Percebendo que os consumidores teriam pouca ou nenhuma oportunidade de depender de muitos dos sentidos sensoriais – sentir o cheiro fresquinho do pão recém-saído do forno, tocar o tecido macio de uma nova blusa de cachemira, ou apertar frutas para avaliar se estão maduras –, os primeiros vendedores on-line focaram em oferecer produtos com os quais os consumidores estavam acostumados e tinham tendência de comprar com freqüência, como livros e músicas. Outras das primeiras ofertas on-line incluíam hardware e software de computadores e passagens aéreas.

4. Identificar os produtos e os serviços de marketing mais freqüentes na internet e as características demográficas do típico comprador on-line.

A Figura 4.10 lista os cinco produtos mais populares vendidos on-line durante um recente período de dois meses de compras de época de festas nos Estados Unidos. Os dados mostram como o mercado B2C mudou nos anos recentes.

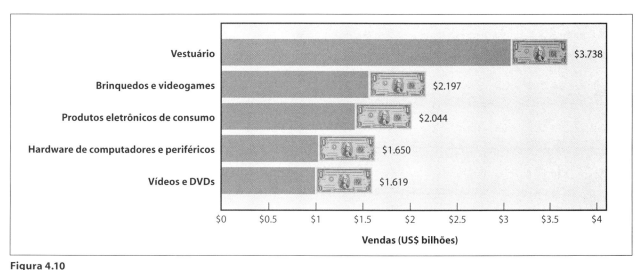

Figura 4.10
Produtos populares vendidos on-line nos Estados Unidos.
Fonte: RUSH, Laura. Women, comparison shopping helps boost e-commerce holiday revenues, *Click Z Network*, **www.clickz.com**, acessado em 9 mar. 2004. Reimpresso com permissão.

Resolvendo uma questão ética

BLOGS CORPORATIVOS E NORMAS ÉTICAS

BLOGS, os registros interativos na internet escritos por 8 milhões de americanos e um número pequeno, porém crescente, de empresas, pode virar o novo meio de marketing, ultrapassando e-mails e mensagens instantâneas conforme os leitores continuam a aumentar (em 58% em apenas um ano recente). Enquanto a maioria dos blogs é de registros simples da vida diária, alguns com centenas de milhares de leitores são altamente influentes. Alguns são voltados à política; outros focalizam novos produtos e sucessos e falhas crônicas do marketing corporativo. Os blogueiros bem conhecidos conseguem o sucesso ou o fracasso de um produto ou serviço ou de uma campanha política ou tirar o emprego de um executivo. Um executivo de relações públicas observa: "Agora você tem de levar os blogueiros na conversa também. Você não pode apenas levar a mídia tradicional".

Os profissionais de marketing, como Microsoft, GM, Stoneyfield Farms, Starbucks, Delta, Sun Microsystems e Macromedia, começaram a usar blogs de funcionários como marketing de graça e ferramentas de relações com os consumidores com poucos limites sobre o que os blogueiros podem dizer. "Eu preciso ser de confiança", diz o blogueiro da Microsoft Robert Scobie. "Se estou apenas dizendo, 'Use os produtos da Microsoft, eba, eba, eba,' parece um comunicado à imprensa, e eu perco toda a capacidade de ter uma conversa com o mundo todo."

Os blogs corporativos podem ter um resultado contrário, o que a Mazda descobriu quando criou um blog falso com links para vídeos mostrando seus carros em façanhas impossíveis. Os blogs populares enunciaram o site como falso, e a Mazda o retirou após três dias, chamando de "experiência de aprendizagem". Mas esse incidente e outros como demitir alguns dos blogueiros corporativos por postarem conteúdos ofensivos levantam a questão de se devia haver limites no que os blogueiros podem dizer.

OS BLOGUEIROS CORPORATIVOS DEVEM APOIAR A ADOÇÃO DE NORMAS ÉTICAS PARA BLOGS?

SIM

1. Normas éticas de honestidade, justiça, correção imediata de erros e divulgação completa são bons tantos para os consumidores quanto para os profissionais de marketing.

2. Se corporações adotam tais normas, podem incentivar blogueiros individuais a se considerarem responsáveis pelo que escrevem.

NÃO

1. Blogs são como uma conversa. Como um blogueiro proeminente disse: "Você não pode desenvolver um código de ética para conversas".

2. Os esforços de controlarem o conteúdo da internet não deram certos no passado.

RESUMO

Alguns blogueiros circulam suas próprias diretrizes éticas ou apóiam a adoção de códigos de ética das sociedades profissionais modificados. Muitos, porém, dizem que os indivíduos devem decidir por si o que é certo e errado. "Se eu estou sendo pago por um cliente, não coloco no blog a respeito. Isto é meu conjunto pessoal de normas", diz um blogueiro político. "Eu não vou obrigar mais ninguém a seguir minhas normas pessoais. Não vou tornar isso universal." Conforme os profissionais de marketing coorporativos entrarem nos crescentes rankings de blogueiros, no futuro próximo precisarão decidir por si quais normas aplicarem.

Fontes: JESDANUN, Anick. How bloggers handle ethics and disclosure varies greatly", *The Seattle Times*, 24 jan. 2005, **http://seattletimes.nwsource.com**; KIRKPATRICK, David; ROTH, Daniel. 10 tech trends: why there is no escaping the blog, *Fortune*, 10 jan. 2005, **www.fortune.com**; PRICE, Gary. New report, the state of blogs in the U.S., *Search Engine Watch*, 2 jan. 2005, **http://searchenginewatch.com**; RAINIE, Lee. The state of blogging, *Pew/Internet & American Life Project*, jan. 2005, PIP_blogging_data.pdf.

Alguns anos atrás, livros, música e passagens aéreas eram os produtos mais populares vendidos on-line. Hoje, são vestuário, brinquedos e videogames e produtos eletrônicos de consumo. Na verdade, as vendas de roupas on-line estão crescendo a uma taxa anual de mais de 40%.[36]

Nos anos por vir, as vendas on-line de vestuário, remédios com receitas e produtos do lar continuarão a crescer rapidamente conforme os demográficos dos usuários da internet mudarem. Como as mulheres – que gastam mais dinheiro com vestuário do que os homens – continuarão a se tornar uma parcela cada vez maior dos usuários de internet, as vendas de vestuário on-line propendem a continuar em alta. Da mesma forma, conforme a população de usuários on-line com mais de 55 anos crescer, as vendas de remédios com receitas crescerão. Produtos de cozinha, eletrodomésticos pequenos e grandes – que geralmente são comprados por mulheres e consumidores mais velhos – também passarão por forte crescimento nos próximos anos.[37]

CANAIS INTERATIVOS DE MARKETING

Tanto fabricantes quanto intermediários de marketing freqüentemente se voltam aos canais on-line para o marketing de seus produtos e serviços. Quer comprar um terno novo para uma entrevista de emprego? Precisa de um empréstimo estudantil para o ano que vem? Quer encontrar uma passagem aérea barata para o Colorado para ir esquiar nas férias?

Cada um desses profissionais de marketing – e mais milhares como eles – voltaram-se ao marketing on-line como uma alternativa mais rápida, mais barata e mais eficiente comparada com lojas de varejo tradicionais. Como a Figura 4.11 mostra, empresas que decidem pelo marketing on-line de seus produtos podem fazê-lo mediante uma alternativa ou uma combinação de alternativas principais on-line: sites da empresa, propaganda on-line em outros sites e como parte de comunidades on-line. Outros links de marketing interativo incluem quiosques na internet, cartões inteligentes e cupons ou amostras virtuais.

SITES DE EMPRESAS

Quase todos os profissionais de marketing têm seu próprio site que oferece informações gerais, compras eletrônicas e promoções, como jogos, concursos e cupons on-line. Digite o endereço da empresa na internet e a página inicial do site aparecerá na tela de seu computador.

MARKETING
Verificação de conceito

1. De quais maneiras as características demográficas do típico comprador on-line estão mudando? Que fator explica essas tendências demográficas?
2. Como o e-commerce está mudando o comportamento do consumidor?
3. Liste os produtos mais vendidos on-line.

5. Identificar os canais tradicionais do marketing on-line.

Figura 4.11
Canais de marketing on-line.

Há dois tipos de sites de empresas. Muitas empresas estabelecem **sites corporativos** para aumentaram sua visibilidade, promover seus produtos e serviços e fornecer informações para outros grupos interessados. Em vez de vender produtos diretamente, esses sites tentam construir a boa vontade do consumidor e auxiliar membros de canais em seus esforços de marketing. Por exemplo, o site das calças jeans Levi's oferece informações sobre o produto e a chance de assistir a comerciais recentes. Os consumidores que querem comprar as calças podem clicar no link de sites de varejistas.

Apesar de **sites de marketing** – o segundo tipo de sites de empresas – muitas vezes incluírem informações sobre a história da empresa, produtos, localizações e finanças, sua meta é aumentar as compras por visitantes ao site. Por exemplo, o site da Starbucks contém todas as informações tradicionalmente encontradas no site corporativo, mas também inclui uma loja on-line vendendo de tudo, de café a máquinas de expresso. Muitos sites de marketing tentam cativar os consumidores em interações que os levarão mais perto de uma demonstração, visita de teste, compra ou outro resultado de marketing. Alguns sites de marketing, como a Sony.com, são bem complexos. Os visitantes podem clicar em links para páginas da Sony Pictures Entertainment (com trailers de filmes e promoções), da Sony Music (clipes de áudio e vídeo mais notícias sobre gravações) e da Sony On-line Entertainment (jogos on-line e informações sobre jogos e videogames), dentre outras possibilidades.

Vitrines eletrônicas e cibershoppings

Um clique em www.harleydavidson.com.br levará você para uma visita virtual a essa empresa popular de motocicletas. Essa vitrine eletrônica é exatamente o que o nome implica – uma loja virtual onde os consumidores podem ver e pedir mercadoria de maneira muito parecida com estabelecimentos de varejo tradicionais. O comprador on-line da Harley-Davidson tem a seu dispor um localizador de lojas, formulários eletrônicos para encomendas de catálogos ou cadastro para um e-mail promocional, um diretório de lojas, milhares de itens on-line e compras on-line seguras. É oferecida ao comprador uma variedade de opções de frete, inclusive entrega no mesmo dia em certos mercados.

Seja como complemento a lojas de varejo existentes ou uma substituição virtual, as vitrines eletrônicas podem oferecer bastantes vantagens aos profissionais de marketing. Elas incluem a habilidade de expandir operações em diferentes cidades, estados ou países sem os grandes investimentos financeiros geralmente necessários para tal crescimento. Também há evidências de que uma vitrine eletrônica pode aumentar o desempenho de operações de tijolo e concreto. Além disso, as lojas virtuais fornecem grande flexibilidade já que a empresa fica aberta 24 horas por dia, eliminando, assim, as barreiras de fuso horário. A localização dos estoques pode ser centralizada, e os pedidos podem ser preenchidos rapidamente. Além do mais, a imagem da vitrine eletrônica é controlada pela qualidade, criatividade e originalidade do site e pela capacidade dos profissionais de marketing na internet de oferecerem satisfação ao consumidor.

As compras on-line tiveram um começo difícil. Muitos dos primeiros e-varejistas saírem de cena, e aqueles que sobreviveram aprenderam algumas lições difíceis sobre como satisfazer os consumidores. Enquanto muitos dos e-varejistas sobreviventes têm operações reais de sucesso, como a Talbots.com e a llbean.com, alguns como a Amazon.com e a Buy.com existem apenas no ciberespaço.

Uma abordagem comum é agrupar vitrines eletrônicas em **cibershoppings**, alguns dos quais podem ligar até quatrocentos varejistas on-line participantes. Como os shoppings reais, os cibershoppings geralmente têm um varejista popular nacional com alto tráfego de consumidores como um locatário principal. Outras lojas no shopping são escolhidas para fornecer boa variedade de ofertas de mercadorias para o comprador. Os operadores dos cibershoppings cobram de cada operador individual de vitrine eletrônica uma taxa – ou uma taxa mensal fixa ou por tabela baseada no número de visitas à vitrine eletrônica. Os cibershoppings também são operados pelos grandes portais de internet e ISPs. Na verdade, dois dos maiores cibershoppings do mundo são operados por AOL e Yahoo!.

As vitrines eletrônicas tornaram-se shoppings virtuais, onde os consumidores podem ver ou pedir mercadoria. Essas vitrines, muitas vezes, têm outras informações que podem interessar ao cliente, como fatos interessantes, a história das empresas e informações sobre investidores.

PROPAGANDA EM OUTROS SITES

Em vez de depender completamente de seus sites para atrair compradores, os profissionais de marketing on-line ampliam seu alcance no mercado colocando anúncios em sites que seus comprados em perspectiva provavelmente acessarão. **Anúncios de banner**, o tipo mais comum de propaganda na internet, em geral são pequenas mensagens em faixas colocadas em áreas altamente visíveis de sites bastante visitados. Anúncios pop-ups são janelas separadas que aparecem. Como observado anteriormente neste capítulo, outro tipo de propaganda on-line que está ganhando popularidade é o chamado marketing de busca. As firmas pagam aos sites de busca, como *Google*, uma taxa para que seus anúncios ou sites apareçam quando um usuário de computador coloca certas palavras no site de busca.

Muitos profissionais de marketing on-line defendem usar uma variedade de propaganda on-line e off-line combinada com outras formas de promoção interativa para melhores resultados. A Lands' End criou sua ferramenta interativa "Meu Modelo Virtual" para dar aos consumidores um modo de "experimentar" roupas e acessórios enquanto usam seus computadores. O consumidor coloca algumas informações básicas – como altura, peso e cor de cabelo – e o software cria um modelo personalizado. O modelo pode até ser salvo para uso futuro. Os profissionais de marketing da empresa podem também usar anúncios colocados em sites e portais populares para atingir sua base de clientes e mandar e-mails para consumidores fazendo propaganda de novos produtos ou promoções.

COMUNIDADES ON-LINE

Além de canais tão diretos como comercializar mercadoria pelo site da firma, muitas empresas usam fóruns na internet, grupos de notícias, quadros de aviso eletrônicos e comunidades na internet que chamam a atenção das pessoas com interesses em comum. Todas essas abordagens aproveitam o poder de comunicação da rede, que, como observamos anteriormente, ainda é o motivo principal pelo qual as pessoas entram na internet. Membros reunem-se on-line e trocam visões e informações sobre os tópicos de interesse. Essas comunidades podem ser organizadas para propósitos comerciais e não-comerciais.

As comunidades on-line adotam diversas formas, mas todas oferecem vantagens específicas aos usuários e profissionais de marketing. *Fóruns on-line*, por exemplo, são grupos de discussão na internet localizados em serviços comerciais on-line. Os usuários fazem o login e participam mandando comentários e perguntas ou recebendo informações de outros membros do fórum. Os fóruns podem operar como quadros de aviso eletrônicos, bibliotecas para armazenar informações, ou até como um tipo de diretório de anúncios classificados. Os profissionais de marketing, muitas vezes, usam fóruns para fazer perguntas ou trocar informações com consumidores. A Adobe, que desenha softwares, como Acrobat e Photoshop, opera um fórum de "usuário para usuário" em seu site como uma comunidade de apoio para seus consumidores. Os consumidores com interesses pessoais e profissionais em comum podem se reunir, trocar notícias de indústria e dicas práticas de produtos, compartilhar idéias e, de igual importância, criar publicidade para os produtos da Adobe.

Grupos de notícias são versões não-comerciais na internet de fóruns. Lá as pessoas postam e lêem mensagens sobre tópicos específicos. Dezenas de milhares de grupos de notícias estão na internet, e o número continua a aumentar. Os **quadros de aviso eletrônicos** são serviços on-line especializados que abordam um assunto específico ou uma área de interesse. Por exemplo, ciclistas podem verificar quadros de avisos on-line para ver os últimos equipamentos, novos lugares para andar ou condições de tempo atuais em locais populares de ciclismo. Grupos de notícias representam conversas, e quadros de avisos eletrônicos são mais como notificações. Os profissionais de marketing, muitas vezes, colocam anúncios de banners ou pop-ups em grupos de notícias ou nos quadros de aviso eletrônicos.

As comunidades on-line não são limitadas a consumidores. Também facilitam o marketing business-to-business. Participar em extranets ou comunidades de negócios, como Farms.com, ajuda empresas pequenas a desenvolver relacionamentos que ultrapassam os antigos limites de suas comunidades locais. Utilizar a internet para construir comunidades ajuda as empresas a encontrarem outras organizações para uso como referência, inclusive fornecedores, distribuidores e competidores interessados em fazer alianças. Os donos de empresas que querem crescer internacionalmente, com freqüência buscam conselhos de outros membros da sua comunidade on-line.

OUTRAS LIGAÇÕES DE MARKETING INTERATIVO

6. Explicar como os profissionais de marketing usam as ferramentas interativas como parte de suas estratégias de marketing on-line.

Uma variedade de ferramentas interativas de alta tecnologia é usada pelos profissionais de marketing eletrônico de hoje para alcançarem os segmentos-alvo de mercado. Essas ligações comprador-vendedor incluem quiosques interativos, smart cards, amostras e cupons virtuais e blogs. **Webquiosques** são computadores livres, geralmente localizados em lojas de varejo ou shopping centers. São dispositivos multimídia versáteis que fornecem informações por encomenda. Os lojistas podem dar uma passada por um quiosque e pegar cupons de desconto ou informações sobre produtos. Webquiosques são uma combinação de quiosques tradicionais e conexões de internet. Oficialmente conhecidos como "em estoque, venda pela internet", as metas desses quiosques são evitar que os clientes saiam de mãos vazias e proporcionar novos meios de compra, especialmente para os clientes que não tenham acesso à internet.

Alguns Webquiosques podem até mesmo tomar o lugar de compras on-line. Por exemplo, as lojas CompUSA têm quiosques "Software To Go" onde os clientes podem baixar um software com ou sem a ajuda de um vendedor. O exclusivo CD de software do cliente fica pronto em apenas alguns minutos e tem todas as instruções de uso no próprio CD para que não seja necesário guardar caixas e embalagens que vêm com os softwares tradicionais. Os quiosques "Software To Go" permitem à CompUSA competir com vendedores diretos de tradicionais software embalados, bem como com softwares de internet, que podem levar muitas horas para baixar.

A varejista CompUSA agradou os profissionais de marketing eletrônico colocando quiosques "Software To Go" em suas lojas. Esses quiosques oferecem download rápido de um software específico. O cliente, assim, economiza tempo, em comparação com os downloads da internet, e tem o benefício adicional de carregar menos embalagens e materiais de marketing do que no caso dos softwares embalados tradicionalmente.

Outra inovação e-commerce envolve **smart cards** – cartões de plástico semelhantes aos cartões de crédito em que são incluídos chips de computador que armazenam informações financeiras e pessoais. Para comprar um produto, o cartão é inserido em um leitor ou scanner de cartão, que debita eletronicamente a quantia de compra. O cartão pode ser "recarregado" periodicamente com dinheiro de uma conta corrente ou poupança. Muitos acreditam que os smart cards são o primeiro passo em direção à moeda eletrônica – um sistema de câmbio em que um consumidor pode criar contas em sites da internet e transferir dinheiro para as contas.

CompUSA, varegista de eqipamentos eletrônicos uniu-se ao e-marketing incluindo quaisquer "software to go" em suas lojas. Os quiosques oferecem dowload rápido de softwares a consumidores especiais. Economiza, assim, o tempo do cliente, se comparado aos dowloads via web, e adiciona benefícios ao economizar também com embalagens ou materais de marketing em relação aos tradicionais pacotes fechados de softwares.

Embora os smart cards há anos sejam populares na Europa e na Ásia, só passaram a ser usados nos Estados Unidos há pouco tempo; a Target foi o primeiro grande varejista a oferecer aos clientes um smart card de crédito. Esse cartão Visa especial contém um chip de computador que permite aos usuários baixar cupons da internet, ou dentro da loja, e depois usá-los para fazer compras na Target. Recentemente, no entanto, a empresa anunciou que iria desativar o smart card e substituí-lo por cartões Visa normais por causa da baixa demanda e do pouco uso. Alguns acreditam que a decisão da Target retardará o crescimento da tecnologia de smart card nos Estados Unidos, pelo menos no próximo semestre.[38]

Recentemente, muitas empresas tradicionais de marketing direto passaram a ficar on-line com **cupom virtual** e **amostra de ofertas on-line**. Os clientes podem encontrar cupons virtuais em seus computadores por critérios como negócios, localização e palavra-chave, e baixá-los em seu computador. Os consumidores on-line também podem cadastrar-se para receber cupons por e-mail.

Uma técnica promocional relativamente nova utiliza páginas Web tradicionalmente sem marketing chamadas blogs. Um **blog** (abreviatura para *Web log*) é uma página Web que serve como um diário pessoal de acesso público. Diferentemente de e-mail e mensagens instantâneas, os blogs deixam os leitores postar comentários e fazer perguntas direcionadas ao autor (chamado de "blogger"). Por muito tempo o meio favorito de humoristas, escritores novatos, entusiastas e pessoas com algum interesse pessoal, os blogs receberam considerável publicidade durante as eleições presidenciais de 2004 com um sucesso inesperado do *Blog for America* na arrecadação de fundos para o ex-candidato presidencial Howard Dean. Não surpreendentemente, centenas de profissionais de marketing começaram a buscar maneiras de incorporar essa abordagem em seus esforços de marketing on-line.

A Editora Crown da Random House agora envia livros para os bloggers revisarem. A Nokia enviou para um pequeno grupo de bloggers seu celular com câmera modelo 3650 para testarem e escrever sobre ele. Até agora, a maior campanha foi realizada por Dr. Pepper/Seven Up para sua nova bebida sabor leite, Raging Cow, direcionada para um público-alvo de 18 a 24 anos. Nesse caso, o "escritor" foi uma vaca que se cansou do leite branco, fugiu do estábulo e partiu para um *tour* em todo o país, apelando que para os leitores rompessem o hábito de beber leite branco em favor do novo produto. Os publicitários da Raging Cow ficaram satisfeitos com os resultados – e com o impressionante baixo custo dessa forma de *marketing subliminar*. Embora os leitores do blog representem apenas 1 de cada 25 membros da comunidade on-line, Dr. Pepper gastou apenas US$ 35 mil no esforço de marketing do blog.[39]

> **MARKETING**
> Verificação
> de conceito
>
> **1.** Explique as diferenças entre um site institucional e um site de marketing.
>
> **2.** Explique como os quadros de boletins eletrônicos podem ajudar as empresas a comercializar com eficácia seus produtos.
>
> **3.** O que é um Webquiosque? E um smart card? E um blog?

CRIANDO UMA PRESENÇA EFICIENTE NA WEB

Uma das tarefas preliminares na hora de começar um negócio ou entrar para um novo mercado é realizar uma pesquisa de marketing. Os profissionais de marketing avaliam cada empreendimento e-commerce proposto para assegurar que beneficie a empresa ao reduzir custos, satisfazer ainda mais o cliente e aumentar a receita. Para ter um negócio e-commerce bem-sucedido, também é essencial que as atividades de marketing estejam orientadas ao cliente. Outras áreas que devem ser avaliadas incluem o ambiente competitivo e os custos de atualização da infra-estrutura tecnológica da empresa. Uma estratégia de internet eficaz deveria criar valor acionista sustentável aumentando os lucros, acelerando o crescimento,

7. Discutir como um website eficaz pode estabelecer relacionamentos com os consumidores.

reduzindo o *time-to-market* (tempo para colocação no mercado) dos produtos, melhorando o atendimento ao cliente e a imagem da organização.

CONSTRUINDO UM SITE EFICIENTE

A maioria dos especialistas em Web concorda: "É mais fácil construir um site ruim do que um bom". Para serem eficazes, as estratégias de uma empresa devem enfocar a construção de relacionamentos pelo seu site. Por causa dos altos custos para ficar on-line, os publicitários devem conseguir o maior retorno possível de seus investimentos em sites. A construção de um site eficaz envolve três etapas básicas:

1. estabelecer uma missão para o site da empresa;
2. identificar o propósito do site;
3. satisfazer as necessidades e vontades dos clientes com um design claro.

O primeiro passo é *estabelecer uma missão* para o site. Uma missão de site envolve a elaboração de uma declaração para explicar os propósitos gerais da organização. Sem uma missão para direcionar os tomadores de decisão, a tecnologia não terá propósito. Delll, a maior fabricante de computadores do mundo, descreve sua missão em três pontos: ser mais fácil para os clientes fazerem negócios, reduzir o custo de negócios tanto para a Dell como para seus clientes, e reforçar o relacionamento do fabricante com seus clientes.

Em seguida, os publicitários devem *identificar o propósito* do site. É para fornecer principalmente informações e entretenimento, ou a única intenção é conectar compradores e vendedores? Priceline.com, que leiloa serviços de viagens como passagens aéreas e reservas de hotel, opera com a frase "Dê o seu preço", e proeminentemente a exibe em seu site. Os visitantes sabem exatamente o que devam fazer. Além disso, os publicitários devem se educar – nem tanto sobre os detalhes de tecnologia, mas sobre como os sites reforçam as comunicações dos clientes e como essas comunicações beneficiam a empresa.

Os publicitários também devem ser claros sobre como o propósito do site se ajusta à estratégia de marketing geral da empresa. Por exemplo, a Mattel, bem conhecida por produzir e comercializar brinquedos, como Barbie, bonecas Cabbage Patch e carrinhos Matchbox, vende a maioria de seus produtos em lojas de brinquedos e em departamentos de brinquedos de outras lojas, como a Target e o Wal-Mart. A empresa quer uma presença na internet, mas isso geraria inimizade entre seus membros de canais tradicionais ao tirar os varejistas dessa importante fonte de receita se vendesse brinquedos on-line para os consumidores. A Matell não pode perder a confiabilidade e o poder de compra desses gigantes varejistas e, por isso, vende on-line apenas produtos exclusivos, como as caras bonecas American Girl, que não são disponibilizadas para a maioria das lojas.

> ### Em poucas palavras
>
> Ao criar um site, é melhor ser discreto. Por exemplo, você terá maior *feedback* se colocar um botão "Clique aqui para fazer críticas sobre o site" do que um botão "Envie um e-mail com seus comentários".
>
> **Jim Sterne**
> Especialista americano
> em marketing de internet

Finalmente, *identificar – e satisfazer – as necessidades e vontades dos clientes* é um aspecto crítico para os profissionais de marketing tanto on-line como off-line. No entanto, os publicitários on-line devem considerar como suas estratégias precisarão ser adaptadas para continuar satisfazendo os clientes por meio de transações on-line. Os sites bem elaborados vão direto ao ponto, fornecem segurança e privacidade, e o mais importante, são fáceis de navegar. Os sites bem-sucedidos seguem convenções aceitas na internet e criam *layouts* familiares para que os clientes não se sintam perdidos. Eles também usam as combinações certas de cores. Muitas organizações terceirizam completamente seus serviços de internet, da construção do site até a criação de intranets e extranets.

GERENCIANDO UM SITE

Depois de criado, o site deve ser gerenciado com eficiência. Os profissionais de marketing devem atualizá-lo fre-qüentemente com novos produtos e serviços, e eliminar os itens que não estiverem vendendo bem e as referências de eventos já realizados. Alguns especialistas recomendam evitar datas para que o site pareça sempre atual. A gestão de um site envolve uma atenção constante não só ao conteúdo, mas também à apresentação técnica. Freqüentes atu-alizações de software podem ser necessárias para aproveitar as novas tecnologias que permitem níveis crescentes de interação com os clientes. Os profissionais de marketing também devem monitorar os custos associados aos sites. O lucro ainda é muito instável. Se os custos ultrapassarem a receita, deve-se reavaliar se o site está atingindo as metas esperadas ou se precisam ser implementadas mudanças para impulsionar sua eficácia.

A Amazon.com, uma das primeiras e maiores lojas de e-commerce do mundo, achou a rentabilidade do site ilusória e, conseqüentemente, passou a investir mais em seu site e ampliou suas ofertas de livros e música para ele-trônicos, brinquedos e utensílios domésticos. Além disso, fez alianças com outros varejistas para ampliar ainda mais suas ofertas de produtos. A Amazon.com. também foi o primeiro site comercial a usar um software que pudesse analisar as compras de um cliente e sugerir outros itens relacionados – um excelente meio de fazer marketing dire-cionado de um mercado. Para se manter em dia com as futuras necessidades tecnológicas, a Amazon.com adquiriu a Junglee Corp., que desenvolve tecnologias de compra com pesquisa, e a PlanetAll, um registro computadorizado de informações de clientes que fornece de endereço até data de aniversário. Os profissionais de marketing da empresa usam essa ferramenta personalizada de marketing para enviar e-mails com informações para os clientes. E parece estar funcionando: o lucro continua crescendo para os grandes negócios on-line.

MEDINDO A EFICIÊNCIA DO MARKETING ON-LINE

Como uma empresa consegue estimar o retorno de seu investimento em um site? Medir a eficiência de um site é um processo complicado que em geral depende da proposta do site. A Figura 4.12 mostra diversos modos populares de eficiência. É rela-tivamente fácil medir a rentabilidade em empresas que geram receitas diretamente a partir de pedidos de produtos, publicidade e vendas de assinatura pela internet. No

8. Descrever como medir a eficiência dos esforços do marketing on-line.

entanto, um pedido por telefone resultante de uma publicidade on-line ainda é considerado uma venda por telefone, e não venda por internet, mesmo que o pedido se origine de um site. Da mesma forma, um cliente que pesquisa um produto on-line antes de comprá-lo na loja não é considerado um cliente on-line.

Para muitas empresas, a receita não é o objetivo principal do site. Apenas cerca de 15% das grandes empresas usam os sites para gerar receita; o restante usa para expor seus produtos e oferecer informações sobre a organização. Para essas empresas, o sucesso é medido pelo aumento da popularidade e confiabilidade da marca, que supostamen-te se traduz em maior rentabilidade off-line.

Alguns padrões orientam os esforços para coletar e analisar dados de compra de clientes tradicionais; por exemplo, quantos habitantes da Flórida compraram um carro Toyota *Highlander* no ano anterior, quantos assistiram à *Super Bowl*, ou experimentaram os novos *wraps* de baixo carboidrato da rede Subway nos doze meses seguintes ao lançamento. No entanto, a internet apresenta diversos desafios para os profissionais de marketing. Embora as fontes de informações sejam cada vez melhores, é difícil ter certeza de quantas pessoas usam a rede, com que freqüência, e o que, na verdade, elas fazem on-line.

Algumas páginas Web têm contadores de número de visitas. No entanto, os contadores não podem dizer se a pessoa ficou algum tempo na página ou se apenas passou enquanto procurava outro site, ou até mesmo se é a primeira vez que ela visita o site.

Os publicitários normalmente medem o sucesso de suas propagandas em termos de **índice de resposta de um anúncio on-line**, que significa a porcentagem de pessoas que, clicando em um anúncio on-line, entraram no

Figura 4.12
Medidas da eficácia de um site.

MARKETING
Verificação
de conceito

1. Faça uma lista
dos três passos para
construir um site
eficiente.
2. Identifique as
questões-chave
associadas à gestão
adequada de um site.
3. Explique o que é
taxa de conversão.

site ou página pop-up com informações relacionadas à propaganda. A média de taxa de resposta é cerca de três quintos de 1%. Mesmo que essa taxa seja ainda mais baixa do que a taxa de resposta de 1% a 1,5% das propagandas feitas por mala-direta, a taxa de resposta de um anúncio on-line aumentou constantemente nos últimos dois anos, levando a um aumento de 49% do volume de propaganda on-line.[40]

Conforme o e-commerce ganha popularidade, estão sendo desenvolvidos novos modelos para medir sua eficácia. Uma medição básica é o **índice de conversão de vendas on-line**, a porcentagem de visitantes do site que fazem compras. Um índice de conversão de 3% a 5% é considerada uma média para os padrões de hoje. Uma empresa pode usar seu custo de propaganda, tráfego de site e dados do índice de conversão para descobrir o custo para atrair cada cliente. Por exemplo, uma empresa que gasta US$ 10 mil para atrair 5 mil visitantes para o seu site, com um índice de conversão de 4%, obterá 200 transações (0,04 x 5.000). Ela gastou US$ 10 mil para essas 200 transações, então o custo com propaganda é de US$ 50 por transação, o que significa que cada um desses clientes custa US$ 50 para comprar pela campanha publicitária.

Os publicitários de marketing eletrônico trabalham para impulsionar os índices de conversão ao garantir que seus sites façam um rápido download, sejam fáceis de navegar e cumpram o que prometem. A Coremetrics – empresa de consultoria de e-commerce – está ajudando a Sharper Image a entender melhor por que os clientes abandonam o carrinho de compras eletrônico antes de concluir as compras e qual é a resposta do cliente a ofertas especiais. Essas informações ajudarão a empresa a melhorar a navegação e o merchandising do site. De acordo com Susan Fischer, vice-presidente de operações de internet da Sharper Image, "O desafio é saber como fazer para que o site seja mais descontraído e fácil de usar e, ao mesmo tempo, aumentar os índices de conversão de vendas".[41]

Além de medir os índices de resposta e de conversão, as empresas podem estudar amostras de consumidores. Empresas de pesquisa, como a Comscore e a Relevant Knowledge, recrutam painéis de usuários de computador para rastrear o desempenho do site e avaliar a atividade da internet. Esse serviço é muito parecido com o da empresa AC Nielsen – uma das maiores firmas de pesquisa de marketing –, que monitora os índices de audiência de televisão. O serviço *WebTrends* fornece informações sobre os visitantes de um site, incluindo de onde são, o que vêem e quantos cliques, ou visitas ao site, são feitos em diferentes horas do dia. Outras pesquisas de usuários da internet investigam a popularidade da marca e as reações com relação aos sites e às marcas.

Implicações estratégicas do marketing no século XXI

Os profissionais de marketing têm um futuro brilhante, pois continuam beneficiando-se do enorme potencial do e-commerce. Canais on-line que parecem de vanguarda hoje serão ofuscados na próxima década por novas tecnologias, algumas das quais ainda nem foram inventadas. Antes de mais nada, o e-commerce dá autonomia aos consumidores. Por exemplo, hoje um número significativo de compradores de carro vai à concessionária munido de informações sobre preços e pacotes opcionais – informações obtidas na internet. E a porcentagem de compradores informados está apenas crescendo. Essa tendência não é sobre ser regida pelo mercado ou focada no cliente, mas, sim, sobre controle de consumidores. Algumas pessoas argumentam que a internet representa o triunfo máximo do consumismo.

A partir do final da Segunda Guerra Mundial, ocorreu uma mudança fundamental no paradigma da venda a varejo – da avenida principal de comércio, passando pelos shopping centers, até as superlojas. A cada vez que o paradigma mudava, surgia um novo grupo de líderes. Os líderes antigos geralmente perdiam os primeiros sinais de advertência porque eram fáceis de ser ignorados. Quando surgiram as primeiras lojas do Wal-Mart e da Home Depots, quantos realmente entenderam que impacto as superlojas e os chamados matadores de categoria teriam sobre a gestão da supply chain? Da mesma forma, os profissionais de marketing devem entender o impacto potencial da internet.

Inicialmente, alguns especialistas previram a morte do varejo tradicional. Isso ainda não aconteceu, e pode ser que nunca aconteça. Em vez disso, o que ocorreu foi uma evolução de marketing das organizações que adotaram as tecnologias da internet como parte essencial de suas estratégias de marketing. O e-commerce é movido pelas informações; os profissionais de marketing que efetivamente usam a abundância de dados disponíveis não apenas sobreviverão, como também terão sucesso no ciberespaço.

• • • • REVISÃO

1. **Definir comércio eletrônico (e-commerce) e dar exemplos de cada função da internet.**

   O e-commerce envolve a captação de clientes, coletando e analisando informações de negócios, conduzindo transações de clientes e mantendo relacionamentos on-line com clientes por meios de redes de computadores, como a internet. As quatro principais funções da internet são comunicação (como o e-mail), informação (pesquisa de sites governamentais e comerciais), entretenimento (como música on-line) e e-commerce (como venda de produtos no site de uma empresa).

   1.1. Dê dois ou três exemplos de e-marketing. Quais são os principais benefícios do e-marketing?

   1.2. Das quatro funções da internet, qual é a mais popular? Qual delas está crescendo mais rapidamente?

2. **Descrever como os profissionais de marketing usam a internet para alcançar seus objetivos empresariais.**

   Um site pode proporcionar uma plataforma para a comunicação entre organizações, clientes e fornecedores. Ele pode diferenciar uma empresa e seus produtos de ofertas da concorrência. O site pode ser utilizado para entrevistar os clientes e, assim, descobrir como usam a internet e onde encontram informações necessárias para tomar decisões de compra. Essas informações podem ajudar a planejar estratégias para atrair novos clientes e melhorar o relacionamento com os antigos.

2.1. Quais são algumas das vantagens do marketing on-line em transações B2B (business-to-business)? Quais são alguns de seus maiores desafios?

2.2. O que é pesquisa de marketing? Dê um exemplo.

3. **Explicar como o marketing on-line beneficia as organizações, os profissionais de marketing e os consumidores.**

   Os profissionais de marketing on-line podem encontrar novos mercados e consumidores que não poderiam ter sido atendidos adequadamente com as técnicas tradicionais. Eles também produzem diminuição de gastos em cada área do mix de marketing. O marketing on-line reduz significativamente o tempo envolvido em pesquisas de mercados-alvo. Suas ferramentas permitem a troca de informações diretamente sem o envolvimento dos intermediários de marketing. Os benefícios que compradores on-line obtêm das compras pela Web incluem preços mais baixos, conveniência e personalização. Os profissionais de marketing podem usar os sites para construir fortes relacionamentos, reduzir custos, aumentar a eficácia e alcançar uma presença global.

   3.1. O que é um *bot*? Como os consumidores usam os *bots* para encontrar preços mais baixos on-line?

   3.2. Diferencie um site de compras de um site de informações. Dê um exemplo de cada um.

   3.3. Qual é considerado o maior obstáculo para o crescimento futuro de compras on-line? Como os profissionais de marketing têm respondido a esse desafio?

4. **Identificar os produtos e serviços comercializados com maior freqüência na internet e as características demográficas do típico comprador on-line.**

Tradicionalmente, os usuários on-line tendem a morar em áreas urbanas, ganhar mais de US$ 75 mil por ano e ter diploma universitário. Entretanto, nos últimos anos, o típico usuário de internet tem ficado mais velho e menos rico. As mulheres também fazem compras on-line tanto quanto os homens. Todas essas tendências significam que o típico comprador on-line se assemelha cada vez mais ao consumidor comum. Os bens e serviços mais populares vendidos on-line incluem brinquedos e jogos, hardware de computador e vestuário. À medida que a demografia dos compradores on-line muda, também muda o mix de itens vendidos on-line. Por exemplo, à medida que a idade média dos usuários de internet aumenta, aumentam também as vendas on-line de medicamentos com receita.

4.1. Por que a demografia de compradores on-line tem mudado nos últimos anos? Qual grupo demográfico atualmente tem o menor percentual de usuários de internet fazendo compras on-line?

4.2. Que outros produtos provavelmente terão rápido crescimento de vendas on-line dadas as mudanças atuais de tendências demográficas?

5. **Identificar os principais canais de marketing on-line.**

Os principais canais de marketing on-line incluem sites de empresas, propagandas on-line em outros sites e comunidades on-line. Os sites de empresas podem ser tanto sites corporativos (contendo informações gerais financeiras e de produtos) ou sites de marketing (que permitem o e-commerce). Propagandas on-line em outros sites consistem tanto em anúncios do tipo banner quanto em anúncios pop-up. Os dois tipos de propagandas contêm links que levam ao site das empresas. Comunidades on-line consistem em fóruns on-line, boletins eletrônicos e grupos de notícias.

5.1. Explique as diferenças entre sites corporativos e sites de marketing. Qual dos dois é mais comum?

5.2. Como os profissionais de marketing usam as comunidades on-line para construir relacionamentos com os clientes?

6. **Explicar como os profissionais de marketing usam as ferramentas interativas como parte de suas estratégias de marketing on-line.**

Os profissionais de marketing alcançaram segmentos-alvo dos mercados utilizando uma variedade de ferramentas interativas. Webquiosques dão informações e cupons mediante solicitação. Os smart cards são utilizados como uma forma de dinheiro eletrônico para pagamentos. Cupons virtuais e ofertas de amostras on-line podem ser baixados de sites para computadores domésticos. Se usados corretamente, os blogs podem ser um modo eficaz de divulgar novos produtos e alcançar um público difícil de atrair.

6.1. Como os webquiosques funcionam? Onde eles estão normalmente localizados?

6.2. O que é um smart card? Em que partes do mundo os smart cards são mais usados?

7. **Discutir como um site eficiente pode aumentar o relacionamento com os clientes.**

Um site eficaz de uma empresa é voltado para o consumidor e segue três passos básicos: ter sua missão estabelecida, ter seu objetivo identificado e satisfazer às necessidades e as vontades dos consumidores por meio de um design claro. Sites bem projetados são diretos, fornecem segurança e privacidade e são fáceis de navegar. Os sites também devem ser mantidos cuidadosamente e ser atualizados. Os profissionais de marketing precisam sempre estar conscientes do custo de um site em relação aos rendimentos que ele gera.

7.1. Explique como estabelecer uma declaração de missão para o site de uma empresa.

7.2. Discuta como um site com um design claro deveria ser.

8. **Descrever como medir a eficiência dos esforços de marketing on-line.**

Um dos primeiros passos que os profissionais de marketing utilizavam para medir a eficácia dos esforços de web incluía contagem de acesso e visualizações da página. Medidas mais sofisticadas sobre a eficácia dos sites incluem índice de resposta de um anúncio on-line e índices de conversão. Os índices de respostas de um anúncio são os números de visitantes que clicam no link. O índice de conversão calcula o custo de anúncio por visitante.

8.1. O que é uma média do índice de resposta de um anúncio? Essa média tem crescido ou decrescido nos últimos anos?

8.2. Explique a diferença entre índice de resposta de um anúncio e índice de conversão. Por que o índice de conversão é considerado uma forma melhor de medir a eficácia de um site?

8.3. Suponha que uma empresa gaste US$ 100 mil para atrair 25 mil visitantes para seu site. Se o índice de conversão é de 5%, quanto a empresa gastou para conquistar cada consumidor?

PROJETOS E EXERCÍCIOS EM GRUPO

1. Selecione algumas empresas e explique os benefícios do marketing on-line para elas.
2. Em pequenas equipes, pesquise os benefícios de comprar os seguintes produtos on-line:
   a. monitores de computador
   b. passagens de avião
   c. roupas de trabalho masculinas
   d. DVDs muito populares
3. Suponha que sua equipe assumiu a tarefa de desenvolver o site de um grande varejista de roupas on-line que também possui lojas físicas. Pesquise as tendências demográficas em usuários da internet e compradores on-line. Como sua empresa deve responder? Quais mudanças devem ser feitas para a fachada da loja virtual? E para as lojas físicas?
4. Como os profissionais de marketing usam o conceito de comunidade para agregar valor aos produtos? Dê um exemplo real de cada um dos tipos de comunidades discutidos no capítulo.
5. Trabalhando em um grupo pequeno, suponha que seu grupo faça o design de sites de comércio eletrônico. Identifique uma empresa local que opere com pouca ou quase nenhuma presença on-line. Esboce uma proposta para essa empresa que explique os benefícios tanto de entrar para o universo on-line quanto de expandir significativamente sua presença on-line. Faça um esboço de como o site da empresa deveria ser e as funções que ele executaria.
6. Muitos consumidores relutam em comprar pela internet produtos perecíveis ou que eles normalmente gostam de tocar, sentir e cheirar antes de comprar. Sugira meios para que um profissional de marketing seja capaz de reduzir essa relutância.

7. Trabalhando com um colega, identifique e visite pelo menos dez sites de comércio eletrônico. Esses sites podem ser tanto B2C quanto B2B. Qual deles, na sua opinião, tem as taxas de conversão mais altas e mais baixas? Justifique suas escolhas e sugira algumas formas de como as taxas de conversão de todos esses sites poderiam ser melhoradas.
8. Identifique uma empresa local que tenha uma presença on-line sólida. Marque um horário para entrevistar a pessoa responsável pelo site da empresa. Faça a ela as seguintes perguntas:
   a. Como o site foi desenvolvido?
   b. A empresa desenvolveu o site internamente ou terceirizou o serviço?
   c. Com que freqüência a empresa faz mudanças no site?
   d. Na opinião da empresa, quais são as vantagens e desvantagens de estar on-line?
9. A maioria das faculdades e universidades usa a internet para fins de marketing. Visite o site da sua faculdade ou universidade e identifique como ela usa a internet para comercializar serviços aos alunos e a outras partes interessadas, assim como para os fãs das equipes esportivas da faculdade. Sugira maneiras para sua faculdade ou universidade melhorar seu site.
10. Órgãos governamentais e provedores de serviços de internet começaram a atacar agressivamente os spams – nome popular para e-mails não desejados. Trabalhando em uma equipe pequena, pesquise as restrições atuais para os spams. Alguns profissionais de marketing temem que os esforços para reduzir os spams dificultem o uso de e-mail para comercializar produtos e ameacem o crescimento do comércio eletrônico. Você concorda ou discorda? Por quê?

APLICANDO OS CONCEITOS DO CAPÍTULO

1. Verifique vários sites de leilão na internet e determine o preço atual de um autógrafo dos seguintes atletas:
   a. Ronaldo (futebol)
   b. Ronaldinho Gaúcho (futebol)
   c. Ayrton Senna (automobilismo)
   d. Pelé (futebol)
   e. Gustavo Kuerten (tênis)
   f. Hortência (basquete)

   Prepare uma lista de razões para as variações nos valores de mercado dos autógrafos dos diferentes atletas.
2. Como os perfis de compradores e vendedores on-line estão mudando?

3. Alguns profissionais de marketing afirmam que o marketing de busca é um meio mais eficaz de usar a internet para a publicidade do que os tradicionais anúncios pop-up e banner.

   Pesquise sobre o marketing de busca. Quais alguns dos seus benefícios?
4. Suponha que a adoção, pelo consumidor, de tecnologia banda larga não cresça conforme o esperado. Quais são algumas das implicações para o comércio eletrônico B2C? Como os profissionais de marketing deveriam reagir?
5. Suponha que você trabalha para uma empresa doméstica que comercializa produtos no mundo todo. Sua presença

on-line fora do Brasil é limitada. Descreva alguns passos que a empresa deveria dar para expandir sua presença on-line internacionalmente e aumentar o volume de transações de comércio eletrônico.

EXERCÍCIO DE ÉTICA

Um dos maiores obstáculos para o comércio eletrônico gira em torno de questões de privacidade. Praticamente todos os sites coletam dados de usuários. Os provedores de serviços de internet, por exemplo, têm a capacidade de ver aonde os usuários vão na internet e guardar essas informações. Aqueles que afirmam que mais leis e regulamentações sobre privacidade são necessários alegam que os usuários nunca sabem exatamente nem quais nem quando as informações estão sendo coletadas. Além disso, não há como determinar se os sites estão seguindo suas próprias políticas de privacidade. Por outro lado, alguns afirmam que as leis e regulamentações atuais são adequadas, pois fazem que seja ilegal, para as empresas, violar as políticas de privacidade ou falhar ao divulgar informações importantes. Além do mais, não há evidências de que as empresas de internet estejam silenciosamente passando informações "importantes" dos consumidores para outras partes. Deixando de lado os severos problemas legais, a privacidade na internet também levanta vários outros problemas éticos.

Suponha que sua empresa colete e guarde informações pessoais de seus consumidores on-line. A política de privacidade da empresa permite que ela forneça quantias limitadas daquelas informações para terceiros "selecionados".

1. Em sua opinião, essa política é apropriada e adequada?
2. Como você mudaria a política de privacidade para refletir suas preocupações éticas?
3. De uma perspectiva estritamente econômica, a política existente da empresa é adequada e apropriada?

EXERCÍCIOS NA INTERNET

1. **Marketing de busca**. Para ver como o marketing de busca funciona, visite a página do *Google* (**www.google.com. br**). Como termo de pesquisa, procure o nome de um produto padrão como prendedores de plástico, suportes de alumínio, ou chips de memória DRAM. Repare nos resultados da pesquisa. As empresas cujos sites estão listados primeiro ou na seção de "sponsored links" pagam ao *Google* por esse privilégio. Baseando-se em sua experiência, você concorda ou discorda da afirmação de que o marketing de busca é um meio de anúncio pela internet com melhor relação custo-benefício? Justifique sua resposta.

2. **Utilizando um shopping bot**. Visite dois dos maiores centros de compra pela internet, como o Compras.com (**www.compras.com.br**) ou o site de compras do Yahoo! (**www.yahoo.com.br**). Digite o nome de um produto que você está interessado em comprar. Quantos comerciantes associados oferecem esse produto? Em quanto os preços variam? Há informações suficientes – como os preços das taxas de entrega e avaliações dos consumidores – para aju-

dá-lo a fazer uma compra bem informada? Qual dos dois centros de compra você preferiu? Por quê?

3. **Tendências de uso da internet no mundo**. Uma fonte de estatística na internet é o Click Z Network, em inglês (**www.clickz.com**). Visite a seção de estatística do site da Click Z e leia a reportagem mais recente sobre tráfego internacional na rede.
   a. Quais cinco países, que não sejam os Estados Unidos, têm o maior número de usuários regulares de internet?
   b. Qual país teve o crescimento mais rápido de usuários regulares de internet o ano passado?
   c. Liste dois ou três outros fatos interessantes sobre tendências de uso da internet no mundo.

Observação: Os endereços de sites na internet mudam com freqüência. Se você não encontrar os sites mencionados, será necessário acessar a homepage da organização ou da empresa e então realizar sua pesquisa ou utilizar uma ferramenta de busca como o *Google*.

C|A|S|0 4.1   Match.com: o algoritmo do amor

Arranjar encontros tem uma história longa e venerável, que agora possui um novo parceiro – a internet.

Os namoros on-line dão mais faturamento que qualquer outro conteúdo legítimo da internet, ultrapassando tanto a música digital quanto sites de aconselhamento de negócios e de investimentos. Houve grande avanço desde 1995, quando a empresa pioneira Match.com entrou em cena. Ainda a líder, a Match responde por 55% do faturamento aproximado de US$ 300 milhões do setor, e permitiu que o namoro on-line tivesse grande avanço, deixando para trás o estigma de desespero ligeiramente desleixado que costumava ser associado aos anúncios pessoais na mídia impressa. A Match se aventurou nesse novo território determinada a refazer o mercado de encontros, transformando um nicho de mercado marcado por um estigma social em um jeito inteligente para os solteiros que lutam contra o tempo se conectarem com pessoas com quem sejam compatíveis. "Decidimos desde cedo que introduziríamos a categoria e não somente a Match.com", explica a vice-presidente de romance da empresa. Para provar que ser solteiro não é mais algo de que alguém deve envergonhar-se, a empresa tirou a palavra "solteiro" de sua homepage e introduziu um fluxo contínuo de melhorias e inovações no serviço. Nada permanece novo por muito tempo nesse mercado altamente competitivo; porém, boas idéias são copiadas muito rapidamente por dezenas de sites rivais que surgem. E o mercado atualmente é grande o suficiente para as empresas começarem a mirar em subgrupos, separando os solteiros por idade, interesses, crenças religiosas, grupo étnico e até animais de estimação.

Assim como suas concorrentes – que incluem AmericanSingles.com, Friendster, Spring Street Networks, Yahoo! Personals, sites especializados como o e-Harmony, 8minuteDating, LatinSingles.com, e páginas pessoais no site da badalada revista Salon.com –, a Match cobra em média aos usuários US$ 25 por mês de assinatura. Embora não possa verificar nenhuma das postagens que os assinantes fazem em seus perfis, a Match faz uma triagem de todas as mensagens por palavras-código como "discreto", que é normalmente usada para sinalizar um caso passageiro e não um namoro duradouro. Os membros podem colocar fotos pessoais e ver a dos outros, podem procurar encontros utilizando critérios como idade, renda e hobbies; e comunicar-se uns com os outros em salas de bate-papo, por e-mails ou mensagens instantâneas. O que acontece depois disso depende de cada um, é claro, mas a Match está trabalhando muito para tentar refinar a capacidade dos membros de encontrarem bons parceiros além desses critérios mais generalizados. Decepções ainda são comuns. Por exemplo, um membro da Match, que é homossexual, foi recentemente compatibilizado com seu próprio perfil.

O que todos da área gostariam de encontrar é o chamado *killer app*, aquele algoritmo de programação que poderia mais ou menos garantir que os casais se dariam bem após se conhecerem. Testes de personalidade parecem oferecer o maior potencial, mas criar um que seja rápido, fácil, divertido e funcione tem-se mostrado uma tarefa complicada. A Match orgulha-se de seu questionário de dez minutos que alega revelar as mais fortes características dos que o estão respondendo, como "Você pode ter uma curiosidade insaciável" ou "Você pode se entreter tanto em uma conversa que acaba falando mais do que todo mundo". De acordo com a diretoria da Match, mais de um milhão de pessoas já responderam o questionário, apesar de ele ainda não ser sofisticado o bastante para unir as pessoas que respondem ao teste a outras, baseando-se nos resultados.

Mas a Match aposta que desde que os namoros on-line se tornaram um modo mais do que aceitável de se encontrar pessoas, as coisas só podem melhorar. Em um futuro próximo, "será muito universal", diz o presidente Tim Sullivan. "Será natural usar a Match de alguma forma." A empresa já distribuiu incontáveis bonés de beisebol e caixinhas de fósforo como presentes de casamento para aqueles que se encontraram no site e se casaram. Esses casais representam a minoria, mas o consultor da Match, Mark Thomson, diz: "Talvez não sejamos bons em prever quem irá se casar, mas essa é uma boa maneira de fazer que você namore a pessoa certa".

Questões para discussão

1. A Match.com admite que cerca de 140 mil membros deixaram o site no último ano, mas a razão foi que "eles encontraram no site as pessoas que estavam procurando". Você acha que um serviço de namoro on-line pode sofrer por fazer muito sucesso? Justifique sua resposta Como ela pode garantir um fluxo de novos membros para repor aqueles que não utilizam mais o serviço?

2. Observadores do setor notaram que, ao contrário das listas pobres em informação das colunas pessoais ("homem branco solteiro procura mulher branca solteira na faixa dos trinta anos"), postar em sites de encontro pode oferecer grandes informações sobre um possível parceiro. Ainda assim, uma média de 10% dos usuários de serviços pessoais da internet não são solteiros, de acordo com uma pesquisa recente da Nielsen/NetRatings. Quanta responsabilidade um site como o Match.com deve ter pela validade do conteúdo que seus membros fornecem uns aos outros? Que tipos de proteção você acha que são possíveis? Apropriados?

3. Um dos problemas que a Match.com enfrenta como resultado de ser líder nesse setor é o fato de ter o maior banco de dados de solteiros na internet, o que significa que os usuários podem, algumas vezes, ser inundados por respos-

tas entre as quais deve fazer sua seleção. Como a Match pode garantir que seu tamanho permaneça uma vantagem e tirar o máximo de proveito de seus recursos?

Fontes: BOUNDS, Gwendolyn. In search of single men – must have pulse, *The Wall Street Journal*, 9 mar. 2004, p. B1, B4; EGAN, Jennifer. Love in time of no time, *The New York Times Magazine*, 23 nov. 2003; MULRINE, Anna. Love.com, *U.S News & World Report*, 29 set. 2003, p. 52-58; ORESTEIN, Susan. The love algorithm, *Business* 2.0, ago. 2003, p.117-121.

Parte 2

ENTENDENDO COMPRADORES E MERCADOS

Comportamento
do Consumidor

Capítulo 5

Objetivos

1 Distinguir entre comportamento do cliente e comportamento do consumidor.

2 Explicar como profissionais de marketing classificam influências comportamentais nas decisões do consumidor.

3 Descrever influências culturais, grupais e familiares no comportamento do consumidor.

4 Explicar cada um dos determinantes pessoais de comportamento do consumidor: necessidades e motivos, percepções, atitudes, aprendizagem e teoria do autoconceito.

5 Distinguir entre decisões de compra de alto envolvimento e de baixo envolvimento.

6 Esboçar os passos no processo de decisão do consumidor.

7 Diferenciar entre comportamento de resposta rotineira, resolução limitada de problema e resolução estendida de problema por consumidores.

FÃS DE ESPORTES: CONSUMIDORES QUE SE COMPORTAM MAL

Fãs de esportes devem ser leais aos seus times. Cada ano, esses consumidores gastam milhões de dólares em ingressos para jogos, estacionamento, cachorros-quentes, camisas e bonés do time – e pela chance de torcer pelos seus jogadores favoritos. Esperamos que alguns zombadores inofensivos insultem o outro time. Mas, nos últimos anos, muitas pessoas acreditam que o comportamento de alguns fãs ultrapassou os limites.

Enquanto o jogador do Maple Leaf, Tie Domi, sentava no banco do pênalti pagando tempo por uma infração durante um jogo de hóquei contra os Philadelphia Flyers, um fã começou a gritar insultos contra ele da arquibancada. Quando Domi jogou água no zombador, o homem passou pelo vidro de segurança em volta do banco e o atacou. Oficiais da NHL separaram a briga. Durante um jogo de futebol americano entre os Cleveland Browns e os Jacksonville Jaguars, fãs dos Browns começaram a atirar garrafas plásticas nos jogadores e oficiais do jogo porque ficaram bravos com um *reversed call* (chamada revertida – quando um time questiona a decisão do juiz e, após uma revisão, o juiz reverte sua decisão, favorecendo o time questionador). Após vários minutos de caos, o jogo foi cancelado. Jogadores, técnicos e oficiais correram para seus vestiários em meio a objetos jogados por fãs. Depois, o comissário Paul Tagliabue ordenou que o jogo fosse completado.

Uma briga ocorreu em um jogo da NBA entre os Detroit Pistons e os Indiana Pacers na qual fãs e jogadores bateram uns nos outros nas arquibancadas e na quadra de basquete. Cerveja, gelo, pipoca e até mesmo uma cadeira voaram entre os lados. O beisebol não é uma exceção, e na verdade vivenciou a pior tragédia: a morte de uma fã inocente. Quando o Boston Red Sox ganhou a Série do Campeonato da Liga Norte-Americana contra o New York Yankees, o caos dominou as ruas de Boston. Fãs histéricos escalaram postos de iluminação, jogaram garrafas, atearam fogo em carros. Enquanto a polícia tentava controlar a multidão, uma bala perdida de pimenta acertou o olho de uma universitária – e a matou.

O que faz consumidores de esportes agirem desse modo? "Acho que estamos vendo uma nação no limite", explica Richard Lapchick, diretor do Instituto de Diversidade e Ética da Universidade da Flórida Central. "Vivemos em um mundo pós-11 de setembro, com uma guerra no Iraque e uma economia incerta, e às vezes vemos essa ansiedade refletida nas ruas e às vezes nos nossos estádios." Lapchick também observa que um comportamento parecido entre atletas – insultos e socos – encoraja fãs a agirem da mesma maneira. "Alguns fãs sentem que têm direito de ser mais para frente," ele diz. "Acho que vimos um aumento desse tipo de comportamento" nos anos recentes. Outros observadores acreditam que esportes profissionais aceitam insultos e gestos feios dos fãs – à custa de seus próprios jogadores. "Os atletas são cercados por porcos gritantes, bocas sujas que acreditam que o preço que pagaram pelo ingresso lhes permite encher os jogadores de insultos", escreve o comentarista do *NBCSports.com* Mike Celizic. George Carl, um antigo técnico da NBA, comenta que o tom dos incômodos foi para o lado dos insultos pessoais. "Houve uma passagem para o individual", ele diz. "Quando isso acontece, você tem colapsos individuais." Rob Stratten, da Cidadania através de Alianças Esportivas, acha que a mentalidade de multidão está em ação nessas instâncias e que "as pessoas têm um limite maior em relação ao que acham que é o seu certo".

Alguns locais já começaram a tomar medidas para controlar a violência, como limitar a venda de bebidas alcoólicas ou proibi-la completamente. A NFL agora cerca os bancos dos jogadores com guardas de segurança e políciais que agem como um isolante entre jogadores e fãs. Antes de um jogo importante, a polícia pode entrar em uma comunidade e trabalhar com organizações e líderes de bairro para garantir melhor controle da multidão. Apenas algumas semanas após a tragédia em Boston, o Red Sox ganhou a *World Series* contra o St. Louis Cardinals – e as ruas de Boston estavam quase vazias.[1]

Visão geral ● ● ● ●

1 Distinguir entre comportamento do cliente e comportamento do consumidor.

Por que fãs se tornaram fiéis a times? Por que as pessoas preferem uma marca de refrigerante a outra? Pelo fato de as respostas afetarem diretamente todo e qualquer aspecto da estratégia de marketing, do desenvolvimento do produto ao preço e à comunicação, encontrá-las é a meta de todo profissional de marketing. Isso requer um entendimento do comportamento do consumidor, o processo pelo qual consumidores e compradores business-to-business tomam decisões de consumo. **Comportamento do cliente** inclui consumidores individuais que compram produtos e serviços para seu uso próprio e compradores corporativos que compram produtos empresariais.

Uma variedade de influências afeta tanto o indivíduo comprando para si quanto funcionários comprando produtos para suas empresas. Este capítulo enfoca no comportamento de consumo individual, que se aplica a todos nós. **Comportamento do consumidor** é o processo pelo qual o comprador final toma decisões de consumo de escovas de dente a carros ou viagens. O capítulo 6 irá mudar seu foco para decisões de compras empresariais.

O estudo do comportamento do consumidor é construído com base em um entendimento de comportamento em geral. Em seus esforços para entender por que e como consumidores tomam decisões de consumo, profissionais de marketing pegam emprestado conceitos da psicologia e da sociologia. A obra do psicólogo Kurt Lewin, por exemplo, fornece um esquema de classificação útil para influências no comportamento de consumo. O teorema de Lewin é

$$C = f(P,A)$$

Essa equação significa que comportamento (C) é a função (f) das interações das influências pessoais (P) e pressões exercidas pelas forças ambientais externas (A).

Essa equação geralmente é reescrita para se aplicar ao comportamento do consumidor da seguinte forma:

$$C = f(I,P)$$

O comportamento do consumidor (C) é a função (f) das interações das influências interpessoais (I) – como cultura, amigos, colegas de escola e de trabalho e parentes – e fatores pessoais (P) – como atitudes, aprendizagem e percepção. Em outras palavras, a opinião de outros e a formação psicológica de um indivíduo afetam seu comportamento de consumo. Antes de ver como os consumidores tomam uma decisão de consumo, primeiro temos de considerar como fatores interpessoais e pessoais afetam os consumidores.

Em poucas palavras

Um [fã] é uma pessoa que senta na quadragésima fileira na arquibancada e se pergunta por que um garoto de 17 anos não consegue acertar outro garoto de 17 anos com uma bola a uma distância de 40 metros... e depois, quando vai para o estacionamento, não consegue achar seu carro.
Chuck Mills (nasc. 1928)
Técnico de futebol americano

2 Explicar como profissionais de marketing classificam influências comportamentais nas decisões do consumidor.

DETERMINANTES INTERPESSOAIS DO COMPORTAMENTO DO CONSUMIDOR

Você não toma decisões de consumo no escuro. Talvez você não tenha consciência disso ainda, mas terá após esse curso, porque toda decisão de consumo que você toma é influenciada por uma variedade de fatores internos e externos. Essa seção foca influências interpessoais externas. Consumidores, muitas vezes, decidem comprar produtos ou serviços baseados no que acham que os outros esperam deles. Talvez queiram projetar imagens positivas para os colegas ou satisfazer desejos não expressos de membros da família. A figura 5.1 lista as razões que pessoas apresentaram, em uma pesquisa recente, para comprar produtos novos. Os profissionais de marketing reconhecem três categorias extensas de influências interpessoais no comportamento do consumidor: influências culturais, sociais e familiares.

INFLUÊNCIAS CULTURAIS

Cultura pode ser definida como valores, crenças, preferências e experiências passadas de uma geração a outra. Cultura é o determinante ambiental mais amplo do comportamento do consumidor. Profissionais de marketing precisam entender seu papel nas decisões que consumidores tomam, tanto nos Estados Unidos quanto no exterior. Também precisam monitorar tendências em valores culturais, assim como reconhecer mudanças nesses valores.

3 Descrever influências culturais, grupais e familiares no comportamento do consumidor.

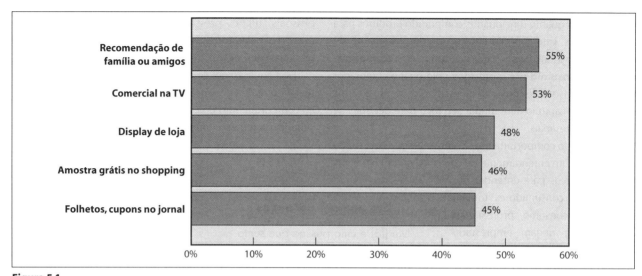

Figura 5.1
Por que as pessoas compram produtos novos.
Fonte: Dados de uma pesquisa feita por InsightExpress para Schneider & Associates/Stagnito Communications com 1.001 entrevistados, citado em USA today snapshot, *USA Today*, 16 fev. 2004, p. B1.

Estratégias de marketing e práticas empresariais que funcionam em um país podem ser ofensivos ou ineficientes em outro. Empresas tão diferentes quanto o gigante automotivo japonês Nissan e o fabricante de sorvete – situado no Texas – Blue Bell Creameries estão adaptando suas campanhas de marketing para apelar mais rapidamente ao crescente mercado hispânico. A Nissan está fazendo suas primeiras propagandas para a *minivan* Quest direcionadas especificamente aos hispânicos após descobrir que um em cada dois dos compradores no sudoeste é hispânico. Juntando-se ao fabricante de carros em sua incursão no mercado hispânico está uma multidão de outros anunciantes novos na televisão em língua espanhola, inclusive Target, Old Navy e Visa. Kellogg e Procter & Gamble estão acrescentando novos produtos e marcas às suas campanhas em língua espanhola já existentes. A Blue Bell, uma empresa familiar, vende seus 98 sabores da popular marca de sorvete Blue Bell em apenas 14 estados do sul. A empresa também desenvolveu sabores especiais como *tres leches con fresas* (três leites com morangos) e *naranja y piña* (laranja com abacaxi) especialmente para os mercados hispânicos no Texas e na Flórida.[2]

Valores centrais na cultura dos Estados Unidos

Alguns valores culturais mudam com o tempo, mas não os valores básicos centrais. A ética de trabalho e o desejo de acumular riquezas são dois valores centrais na sociedade norte-americana. Apesar de a estrutura típica da família e o papel de seus membros terem mudado nos anos recentes, a cultura norte-americana ainda enfatiza a importância da família e da vida no lar. Esse valor tornou-se mais forte em vista dos eventos de 11 de setembro. Os outros valores centrais incluem educação, individualismo, liberdade, juventude, atividade, humanitarismo, eficiência e praticidade. Cada um deles influencia o comportamento do consumidor.

Valores que mudam com o tempo também têm seus efeitos. A internet criou uma geração de adolescentes globalmente conscientes, que têm acesso a uma maior diversidade de informações e produtos. Eles também têm considerável poder de compra. O gigante dos eletrônicos Sony reconhece a importância desse grupo e pretende esforçar-se mais para construir consumidores fiéis entre eles. Uma estratégia é desenvolver e usar um banco de dados compreensível do consumidor para ter contato freqüente com adolescentes. De acordo com a missão da divisão de marketing de segmento do consumidor da empresa, a meta é "desenvolver um entendimento íntimo dos consumidores finais da Sony ... do berço à sepultura."[3]

Perspectiva internacional nas influências culturais

As diferenças culturais são especialmente importantes para profissionais de marketing internacional. Estratégias de marketing que provaram ser um sucesso em um país, muitas vezes não podem ser levadas a outros mercados internacionais por causa de variações culturais. A Europa é um bom exemplo, com muitas línguas diferentes e uma grande variedade de estilos de vida e preferências por produtos. Mesmo que o continente esteja tornando-se uma única unidade econômica, como resultado da expansão da União Européia e do uso difundido do euro como moeda corrente, divisões culturais continuam a definir mercados múltiplos.

Às vezes, as diferenças culturais podem constituir vantagens para o profissional de marketing. Apesar do desejo crescente dos fabricantes chineses de aumentar o alcance de suas próprias marcas em seus vastos mercados locais, pesquisa recente mostrou que jovens compradores chineses vêem marcas ocidentais como as que ditam a moda e favorecem muitos nomes como Coca-Cola, Nike e Disney sobre competidores locais, como o fabricante de produtos atléticos Li Ning ou o parque de diversões Happy Valley. Em sua maioria, os entrevistados identificaram--se como extremamente nacionalistas, mas não "vêem nenhuma relação direta entre patriotismo e comprar marcas nacionais em vez de internacionais", de acordo com uma empresa de pesquisa que participou do estudo.

Subculturas

Culturas não são entidades homogêneas como valores universais. Cada cultura inclui várias subculturas – grupos com modos de comportamento distintos. Entender as diferenças entre subculturas pode ajudar os profissionais de marketing a desenvolver estratégias de marketing mais eficazes.

Os Estados Unidos, como muitas nações, são compostos por subculturas significativas que variam por etnia, nacionalidade, idade, localização rural *versus* urbana, religião e distribuição geográfica. O estilo de vida do sudoeste enfatiza roupas informais, diversão ao ar livre e recreação ativa. Os mórmons evitam comprar ou usar tabaco ou bebidas alcoólicas. Judeus ortodoxos compram e consomem apenas comidas *kosher*. Entender essas e outras diferenças entre subculturas contribui para o sucesso do marketing de produtos e serviços.

A mistura étnica dos Estados Unidos está mudando. Até 2050, grupos de minorias raciais e étnicas constituirão metade da população do país[4]. Profissionais de marketing precisam ser sensíveis em relação a essas mudanças e às diferenças em padrões e hábitos de consumo nos segmentos étnicos da população. Empresas não podem mais ter sucesso vendendo produtos de tamanho único; elas têm de considerar as necessidades, os interesses e as preocupações do consumidor ao desenvolverem suas estratégias de marketing.

Os hispânicos, por exemplo, agora constituem quase 14% da população dos Estados Unidos, e quase um terço dos norte-americanos hispânicos tem menos de 18 anos. Até 2050, sua parcela na população norte-americana será quase o dobro – 24%.[5] Os membros mais novos desse grupo fizeram do programa bilíngüe *Dora the Explorer* (*Dora, a Aventureira*) da Nickelodeon o segundo mais popular programa de crianças da pré-escola na televisão comercial. Enquanto isso, hispânicos compram 15% de todos os ingressos de cinema vendidos no país, e – graças, em parte, a uma explosão de música latina no universo pop – também estão formando uma parcela crescente da audiência de rádio. A circulação da revista *People en Español* da Time Inc. vem dobrando em alguns anos tornando-a a revista de língua espanhola mais vendida nos Estados Unidos. No entanto, os hispânicos são um grupo altamente diversificado, cujos membros podem variar muito dependendo de que país ou região provêm.[6]

Os conceitos de marketing nem sempre atravessam fronteiras culturais sem mudanças. Por exemplo, novos imigrantes talvez não estejam familiarizados com cupons de descontos de alguns centavos e concursos. Profissionais de marketing precisam fornecer instruções específicas quando esses grupos são o alvo de tais comunicações.

De acordo com o Departamento do Censo dos Estados Unidos, as três maiores subculturas étnicas que crescem mais rapidamente no país são os hispânicos, os afro-americanos e os asiáticos. Apesar de nenhuma subcultura étnica ou racial ser inteiramente homogênea, pesquisadores descobriram que cada um desses três segmentos étnicos tem perfis de comportamento do consumidor identificáveis.

Consumidores hispânico-americanos: Profissionais de marketing enfrentam vários desafios para atrair os consumidores hispânicos. Os quase 40 milhões de hispânicos nos Estados Unidos não são um grupo homogêneo. Eles vêm de uma grande variedade de países, cada um com sua própria cultura. Dois terços vêm do México, 1 em cada 7 é da América Central ou do Sul, 1 em cada 12 é de Porto Rico, e quase 4% são cubanos.[7] As diferenças culturais entre esses segmentos freqüentemente afetam as preferências do consumidor.

O termo *hispânico* é um conceito amplo que inclui um grande espectro de identidades nacionais. "Há hispânicos brancos, negros e morenos", observa Esteban Torres, um antigo congressista da Califórnia. "Você é o que você pensa que é." Até a palavra *hispânico* não é universal; pessoas de Porto Rico e da República Dominicana em Nova York e cubanos na parte do sul da Flórida se chamam hispânicos, mas muitos mexicanos e pessoas da América Central no sudoeste dos Estados Unidos preferem ser chamados de latinos.

Mais importante do que as diferenças de nacionalidade são as diferenças no grau de **aculturação**, ou o grau no qual os recém-chegados se adaptaram à cultura norte-americana. A aculturação tem um papel vital no comportamento do consumidor. Por exemplo, profissionais de marketing não devem presumir que todos os hispânicos falam espanhol. Por volta da terceira geração após a imigração, a maioria dos norte-americanos hispânicos fala apenas inglês.

Os hispânicos podem ser divididos em três grupos principais em termos do grau de aculturação norte-americana:

- *Hispânicos basicamente não-aculturados* (cerca de 28% da população hispânica) tipicamente nasceram fora dos Estados Unidos e vivem no país há menos de dez anos. Em geral, têm a menor renda dos três grupos e dependem quase exclusivamente da mídia na língua espanhola.
- *Hispânicos parcialmente aculturados* (aproximadamente 59%) nasceram nos Estados Unidos ou vivem lá há mais de dez anos. A maioria é bilíngüe, falando inglês no serviço e espanhol em casa. Muitos têm renda média, e profissionais de marketing podem alcançá-los pela mídia nas línguas inglesa e espanhola.
- *Hispânicos altamente aculturados* (13%) detêm a renda mais alta dos três grupos. Geralmente nascidos e criados nos Estados Unidos, são falantes de inglês mas mantêm muitos valores e tradições culturais hispânicos.[8]

Pesquisas revelam vários outros pontos importantes:

- O mercado hispânico é grande e cresce rapidamente. Os Estados Unidos já são o lar da quinta maior população hispânica do mundo; apenas as populações de Argentina, Colômbia, México e Espanha são maiores.
- Os hispânicos geralmente são jovens, com idade média de 25 anos comparada com a idade média de 35 anos para a população geral dos Estados Unidos.
- Consumidores hispânicos estão geograficamente concentrados nos seguintes estados: Califórnia, Flórida, Novo México, Nova York e Texas. Na verdade, 42% da população do Novo México é de hispânicos. Quase a metade dos hispânicos morando nos Estados Unidos reside em cinco cidades: Chicago, Los Angeles, Miami, Nova York e São Francisco.

Os hispânicos quase sempre têm famílias maiores do que os não-hispânicos, o que os torna bons consumidores para produtos vendidos no atacado. Eles gastam mais com os filhos do que pais em outras subculturas gastam, principalmente com roupas. Também atribuem grande importância à manutenção do contato com parentes em outros países, tornando-os excelentes consumidores de cartões telefônicos, viagens aéreas e transferência de dinheiro. Além disso, os hispânicos vão mais a restaurantes de franquias de pizza e frango do que consumidores do mercado geral e levam juntos maiores grupos de familiares e amigos.

Consumidores afro-americanos: Um em cada 8 residentes dos Estados Unidos é afro-americano. O crescente mercado afro-americano oferece uma grande oportunidade para profissionais de marketing que entendam seus padrões de consumo. Um estudo recente mostra que o poder de compra dos afro-americanos cresceu 73% na última década, se comparado com 57% para consumidores em geral nos Estados Unidos.

A estrutura familiar pode variar para consumidores afro-americanos. A idade média da família afro-americana típica é aproximadamente cinco anos menor do que a média das famílias brancas. Isso cria diferenças em preferências de roupas, música, carros e muitos outros produtos. Também, é duas vezes mais provável que mulheres afro-americanas tomem a maioria das decisões de consumo para seus lares em comparação com mulheres não afro-americanas.

A Pesquisa Ariel/Schwab do Investidor Negro, patrocinada parcialmente pela Charles Schwab & Co., Inc., revelou que muitos investidores afro-americanos se sentem inseguros sobre seu conhecimento sobre aplicações e não confiam completamente em seus conselheiros financeiros. Talvez como resultado, afro-americanos inclinam-se a investimentos mais conservadores do que outros grupos. É mais provável que escolham imóveis e previdência privada e menos provável que apliquem seu dinheiro na bolsa de valores. No entanto, a pesquisa descobriu que o número de afro-americanos de renda alta que investem na bolsa de valores aumentou 30% desde 1998, ao passo que a posse de ações entre os brancos aumentou apenas 4%.

A Schwab usou essas informações para desenhar programas de investimento para afro-americanos. A empresa aliou-se a à Coalisão de Investidores Negros a fim de patrocinar seminários no país inteiro sobre investimentos para grupos de iniciantes, intermediários e avançados. A Schwab também está recrutando ativamente corretores de valores em conferências sediadas por grupos profissionais, como a Associação Nacional de Contadores Negros, a Associação Nacional de MBAs Negros e Negro no Governo, só para citar alguns. Até o momento, mais de 4.500 pessoas freqüentaram os seminários da Schwab.[9]

Assim como com qualquer outra subcultura, é importante que profissionais de marketing evitem abordar todos os consumidores afro-americanos do mesmo jeito; fatores demográficos como idade, língua e nível educacional devem ser considerados. Alguns afro-americanos são imigrantes recentes, outros, são descendentes de famílias que moram nos Estados Unidos há gerações. Há membros de todos os grupos econômicos – dos bem-sucedidos aos mais pobres. John Byrant fundou a Operação Esperança em um esforço para atrair bancos e outras empresas ao centro-sul de Los Angeles a fim de revitalizar a área e as minorias – inclusive os afro-americanos – que moram lá. Por causa dos esforços dessa organização, hoje dois cafés Starbucks e um Cinema Sony operam no bairro. Ainda, outros afro-americanos ocupam os níveis superiores da classe econômica. *O, The Oprah Magazine* (*O, a Revista da Oprah*) de Oprah Winfrey alcança um grupo mais rico de leitores (incluindo afro-americanos e brancos) do que seu programa diário os leitores da revista *O* têm renda anual média de US$ 63 mil e geralmente preferem marcas de alto padrão como Lexus, Donna Karan e Coach. A revista aproveitou o lançamento de maior sucesso já visto e agora têm 2,5 milhões de leitores fiéis e mais de US$ 140 milhões em renda.[10]

Consumidores asiático-americanos: O marketing para norte-americanos asiáticos apresenta muitos dos mesmos enfrentados para alcançar os hispânicos. Como os hispânicos, os aproximadamente 13 milhões de norte-americanos asiáticos se espalham entre grupos culturalmente diversos, muitos mantendo sua própria língua. A subcultura asiático-americana consiste em mais de vinte grupos étnicos, entre eles

A Adidas considera o público afro-americano um segmento de mercado importante para seu sucesso. A empresa pretende alcançar esse segmento com sua publicidade

chineses, filipinos, indianos, japoneses, coreanos e vietnamitas. Cada grupo traz sua própria língua, religião e seu sistema de valores para as decisões de consumo. Espera-se que eles cheguem a aproximadamente 40 milhões até o meio do século.[11]

Três jogadores de basquete chineses – Yao Ming, do Houston Rockets; Wang Zhizhi, do Los Angeles Clippers e Mengke Bateer, do Toronto Raptors – tornaram-se estrelas nas comunidades asiático-americanas, criando uma onda de interesse pelos jogos da NBA e levando a liga a desenvolver uma campanha de marketing que mira especificamente esse grupo.[12] Realizar eventos especiais e alcançar a comunidade fazem parte da campanha, juntamente com suplementos criados para duas das publicações chinesas mais populares nos Estados Unidos.

INFLUÊNCIAS SOCIAIS

Cada consumidor pertence a uma quantidade de grupos sociais. A primeira experiência de grupo de uma criança vem de fazer parte de uma família. Conforme as crianças crescem entram em outros grupos, como de amizades, do bairro, grupos da escola e organizações. Adultos também são membros de vários grupos no trabalho.

Fazer parte de grupos influencia as decisões e o comportamento de consumo dos indivíduos de modo evidente e sutil. Cada grupo estabelece certas normas de comportamento. **Normas** são valores, atitudes e comportamentos que o grupo considera apropriado para seus membros. Espera-se que os membros dos grupos cumpram essas normas, que podem afetar até não-membros. Indivíduos que buscam fazer parte de um grupo podem adotar seus padrões de comportamento e valores.

Diferenças no *status* e na atribuição no grupo também podem afetar o comportamento de consumo. *Status* é a posição relativa de qualquer indivíduo em um grupo; **atribuições** definem o comportamento que os membros de um grupo esperam de indivíduos que ocupam cargos específicos naquele grupo. Alguns grupos (como o Rotary Club ou Lion's Club) definem atribuições formais, e outros (como grupos de amizade) impõem expectativas informais. Os dois tipos dão a cada membro *status* e atribuições; ao fazerem isso, influenciam nas atividades daquela pessoa – inclusive seu comportamento de consumo.

A internet fornece uma oportunidade para indivíduos formarem e serem influenciados por novos tipos de grupos. Listas usenet e salas de bate-papo permitem que grupos se formem em torno de interesses em comuns. Algumas dessas "comunidades virtuais" on-line podem desenvolver normas e atribuições de membros parecidos com aqueles nos grupos no mundo real. Por exemplo, para evitar crítica, os membros devem observar regras para um protocolo próprio ao postar mensagens e participarem de chats.

O fenômeno Asch

Os grupos, muitas vezes, influenciam as decisões de consumo de um indivíduo mais do que é percebido. A maioria das pessoas tende a adquirir, em graus variados, as expectativas gerais de qualquer grupo que considera importante, com freqüência sem estar ativamente consciente dessa motivação. O impacto surpreendente dos grupos e das normas dos grupos no comportamento individual foi chamado de **fenômeno Asch**, que recebeu o nome do psicólogo S. E. Asch, que, com sua pesquisa, foi o primeiro a documentar as características do comportamento individual.

Asch descobriu que indivíduos se conformavam com a decisão da maioria mesmo quando tal decisão ia contra suas crenças. O fenômeno Asch pode ser um grande fator em muitas decisões de consumo, de escolhas grandes, como comprar uma casa ou um carro, à decisão de comprar ou não um par de sapatos em promoção.

Grupos de referência

A discussão do fenômeno Asch levanta o assunto de **grupos de referência** – grupos cujos padrões e estruturas de valores influenciam o comportamento de uma pessoa. Consumidores geralmente tentam coordenar seu comportamento de consumo com suas percepções dos valores de seus grupos de referência. A extensão da influência dos grupos de referência varia muito entre indivíduos. Uma forte influência de um grupo no consumo de um membro requer duas condições:

1. O produto comprado tem de ser algo que outros podem ver e identificar.
2. O item comprado tem de ser notável; deve destacar-se como algo diferente, uma marca ou um produto que nem todo mundo tem.

A influência dos grupos de referência afetaria significativamente a decisão de comprar um Jaguar, por exemplo, mas teria pouco ou nenhum impacto na decisão de comprar um pão de forma. O *status* do indivíduo dentro do grupo produz três subcategorias dos grupos de referência: um grupo de membros ao qual a pessoa realmente pertence, como um partido político; um grupo de ambição com o qual a pessoa deseja associar-se; e um grupo de dissociação com o qual o indivíduo não quer ser identificado.

As crianças, principalmente, são vulneráveis à influência de grupos de referência. Muitas vezes, elas baseiam suas decisões de consumo em forças externas como o que vêem na televisão, opiniões de amigos e produtos da moda entre adultos. Propagandas, principalmente endossadas por celebridades, podem ter um impacto muito maior em crianças do que em adultos, em parte porque as crianças querem muito fazer parte de grupos de aspiração.

Influências de grupos de referência aparecem em outros países também. Muitos jovens no Japão aspiram à cultura e aos valores norte-americanos. Comprar produtos decorados com palavras e frases em inglês – mesmo que erradas – ajudam-os a satisfazer esse sentimento.

> **Em poucas palavras**
>
> Um pai é um banqueiro fornecido pela natureza.
> Provérbio francês

Classes Sociais

A pesquisa do W. Lloyd Warner identificou seis classes dentro da estrutura social de cidades pequenas e grandes nos Estados Unidos: alta alta, alta baixa, média alta e média baixa, seguidas pela classe trabalhadora e a classe baixa. As classificações de classes são determinadas por ocupação, renda, educação, passado familiar e local de residência. Observe, porém, que a renda não é sempre a principal determinante: encanadores pagos de acordo com a tabela do sindicato recebem mais do que muitos professores universitários, mas seu comportamento de consumo pode ser bem diferente. Assim, profissionais de marketing provavelmente não concordariam com o ditado de que "um homem rico é um homem pobre com mais dinheiro".

Características de família, como profissão e renda de um ou ambos os pais, têm sido as influências principais na classe social. Conforme as carreiras e o poder de ganho das mulheres aumentaram nas últimas décadas, os profissionais de marketing começaram a prestar mais atenção a sua posição como compradores de influência.

As pessoas de uma classe social podem aspirar a uma classe mais alta e, por isso, exibem comportamento de consumo comum àquela classe em vez do da sua. Por exemplo, consumidores de classe média freqüentemente compram itens que associam às classes mais altas. As mais altas, propriamente ditas, constituem uma porcentagem muito pequena da população; contudo, um número maior de consumidores se presenteiam com produtos de prestígio, como tapetes antigos ou carros de luxo.

Figura 5.2
Canais alternativos de fluxo de comunicação.

Líderes de opinião

Em quase todo grupo de referência, alguns membros agem como **líderes de opinião**. Esses ditadores de moda são mais propensos a comprar produtos novos antes dos outros no grupo e, então, compartilhar suas experiências e opiniões verbalmente. Enquanto os outros decidem se vão tentar os mesmos produtos, são influenciados pelos relatos dos líderes de opinião.

Líderes de opinião generalistas são raros; em vez disso, indivíduos tendem a agir como líderes de opinião para produtos ou serviços específicos com base em seu conhecimento ou interesse naquele produto. Seu interesse motiva-os a buscarem informações de mídia em massa, fabricantes e outras fontes e, por sua vez, levá-las a outros líderes de opinião antes da disseminação ao público em geral. A Figura 5.2 mostra esses três tipos de fluxo de comunicação.

Alguns líderes de opinião influenciam o consumo dos outros apenas com suas ações, o que é principalmente verdadeiro no caso de decisões de moda. Quando a atriz Sarah Jessica Parker começou a usar um colar com uma ferradura enfeitada com diamantes durante sua série na televisão *Sex and the City*, o estilo do colar de repente virou uma mania entre mulheres e moças de todas as idades, variando de platina e diamantes a metal prateado e cristais.

INFLUÊNCIAS DE FAMÍLIA

Em sua maioria, as pessoas são membros de pelo menos duas famílias durante sua vida – aquela em que nascem e a que formam mais tarde na vida. O grupo familiar talvez seja o determinante mais importante de comportamento do consumidor por causa da interação íntima e contínua entre seus membros. Como em outros grupos, cada família geralmente tem normas de comportamento esperado e papéis e relacionamentos de *status* diferentes para seus membros.

A estrutura de família tradicional consiste em marido, esposa e filhos. No entanto, de acordo com a Agência de Censo dos Estados Unidos, essa estrutura mudou constantemente no último século. Em 1900, 80% dos lares eram liderados por casais casados; hoje, apenas 53% o são. Há um século, metade de todos os lares consistia de famílias extensas, com seis ou mais pessoas vivendo sob um mesmo teto; hoje, há apenas 10% de lares assim. Atualmente, três em cada cinco mulheres casadas e 69% das mulheres solteiras trabalham, em comparação com 6% de mulheres casadas e 44% de mulheres solteiras em 1900.[13] Essas estatísticas têm implicações importantes para os profissionais de marketing porque indicam uma mudança em quem toma as decisões de consumo. Ainda, os profissionais de marketing descrevem o papel de cada cônjuge em termos destas quatro categorias:

1. O *papel autônomo* é visto quando os cônjuges tomam decisões de modo independente. Itens de cuidados pessoais entrariam na categoria de decisões de consumo que cada um toma por si.
2. O *papel dominante do marido* ocorre quando ele geralmente toma certas decisões de consumo. Comprar uma apólice de seguro de vida é um exemplo típico.

3. *O papel dominante da esposa* ocorre quando ela toma a maioria de certos tipos de decisões de consumo. Vestuário infantil é um consumo geralmente dominante da esposa.

4. *O papel sincrético* refere-se a decisões em conjunto. A compra de uma casa segue um padrão sincrético.

O aparecimento de famílias com duas rendas fez mudar o papel das mulheres no comportamento de consumo. Atualmente elas têm mais a dizer sobre compras grandes da família, como automóveis e computadores. Estudos sobre as decisões de famílias também mostraram que, em lares com duas pessoas com renda, é mais provável que as decisões de consumo sejam tomadas em conjunto do que nos outros. Membros de lares com duas rendas, muitas vezes, fazem compra à noite e nos fins de semana.

A mudança nos papéis familiares criou um novo mercado de produtos e serviços que economizam tempo. O desejo de poupar tempo não é novidade – já em 1879 a Heinz fez a propaganda de seu ketchup pronto "para o descanso sagrado da mãe e das outras mulheres do lar" –, mas se tornou maior com o número crescente de pais que desempenham papéis múltiplos: criar a família, construir a carreira e administrar operações do lar. Essa falta de tempo explica o mercado crescente para substituições de refeições em casa, e cada vez mais mercados preparam e vendem refeições completas para viagem. Como a Figura 5.3 mostra, até os condimentos adquirem nova forma. O fabricante da mostarda French's também oferece uma variedade de guarnições para animar refeições rápidas e, no fim da propaganda, refere-se ao site "para mais dicas e receitas divertidas".

Figura 5.3
French's: enfatizando a marca conhecida em uma variedade de produtos com apelo aos afazeres domésticos.

Crianças e adolescentes no consumo familiar

Conforme os pais ficaram mais ocupados, delegaram algumas decisões de consumo da família aos filhos, principalmente aos adolescentes. Os filhos aprendem sobre os produtos e as tendências mais novos porque assistem muito à televisão e navegam bastante na internet, freqüentemente se tornando os especialistas da família em sobre o que comprar. Como resultado, ganharam sofisticação e assumiram novos papéis no comportamento de consumo das famílias.

Crianças e adolescentes representam um mercado enorme nos Estados Unidos – mais de 50 milhões de pessoas – e influenciam o que seus pais compram, de cereal matinal a automóveis. Os profissionais de marketing estão tão atentos aos US$ 175 milhões de gastos familiares que esse

Em poucas palavras

Feliz é o filho cujo pai morreu rico.
Anônimo

MARKETING
Verificação
de conceito

1. Cite os
determinantes
interpessoais de
comportamento do
consumidor.
2. O que é uma
subcultura?
3. Descreva o
fenômeno Asch.

segmento de mercado controla que a Procter & Gamble escolheu 280 mil adolescentes entre 13 e 19 anos para provarem e apoiarem seus produtos. Usando cupons, produtos de amostra e a distinção de estar sabendo do que é novo, a empresa construiu uma força de venda efetiva e não-paga. Conhecido como Tremor, o projeto ajuda a P&G a promover suas marcas como xampu Pantene, cosméticos CoverGirl e batatas Pringles. O marketing verbal se espalha dos membros do grupo Tremor para seus colegas via celular, e-mail, mensagem instantânea, salas de bate-papo, festas, conversas na escola, em festas e campos atléticos.[14]

Mesmo depois de crescerem, as crianças continuam a ter papéis no comportamento de consumo da família, freqüentemente por meio de recomendações de produtos para seus pais. As pessoas que fazem propaganda tentam influenciar esses relacionamentos ao mostrar filhos adultos com seus pais.

DETERMINANTES PESSOAIS DO COMPORTAMENTO DO CONSUMIDOR

4 Explicar cada um dos determinantes pessoais de comportamento do consumidor: necessidades e motivos, percepções, atitudes, aprendizagem, e teoria do autoconceito.

O comportamento do consumidor é afetado por alguns fatores internos e pessoais, além dos fatores interpessoais. Cada indivíduo tem necessidades, motivos, percepções, atitudes, respostas aprendidas e autoconceitos de consumo únicos. Esta seção aborda como esses fatores influenciam o comportamento do consumidor.

NECESSIDADES E MOTIVOS

O comportamento de consumo individual é guiado pela motivação de preencher uma necessidade percebida. Uma **necessidade** é um desequilíbrio entre estados reais e desejados de um consumidor. Uma pessoa que reconhece ou sente uma necessidade significativa ou urgente busca corrigir o desequilíbrio. Os profissionais de marketing tentam estimular esse sentimento de urgência fazendo uma necessidade ser "sentida" e, então, influenciando a motivação dos consumidores para satisfazer a suas necessidades comprando produtos específicos.

Motivos são o estado interno que dirige uma pessoa para a meta de satisfazer uma necessidade. O indivíduo toma uma ação para reduzir o estado de tensão e voltar ao estado de equilíbrio.

A hierarquia das necessidades de Maslow

O psicólogo Abraham H. Maslow desenvolveu uma teoria que caracterizou necessidades e as organizou em uma hierarquia. Maslow identificou cinco níveis de necessidades, começando com as necessidades fisiológicas e progredindo até a necessidade de auto-realização. Uma pessoa deve satisfazer, pelo menos parcialmente, as necessidades de níveis mais baixos, de acordo com Maslow, antes das necessidades mais altas poderem afetar seu comportamento. Em países desenvolvidos, onde rendas per capita relativamente elevadas permitem que a maioria das pessoas satisfaça suas necessidades básicas na hierarquia, necessidades de ordem mais alta podem ser mais importantes para o comportamento do consumidor. A Tabela 5.1 ilustra produtos e temas de marketing desenhados para satisfazer as necessidades em cada nível.

Necessidades fisiológicas: As necessidades no nível mais básico dizem respeito às exigências essenciais para a sobrevivência, como alimento, água, abrigo e roupas. A Coco-Cola Co. promove sua água engarrafada Dasani com o slogan "Você não pode viver sem ela", enfatizando que satisfaz às necessidades fisiológicas.

Necessidades de segurança: Necessidades de segundo nível incluem segurança, proteção contra danos físicos e não ser pego pelo inesperado. Para satisfazer essas necessidades, os consumidores podem comprar seguro de incapacidade ou dispositivos de segurança. A State Farm Insurance apela a essas necessidades dizendo: "Como um bom vizinho, a State Farm está aí".

Necessidades sociais/de pertencimento: A satisfação das necessidades fisiológicas e de segurança leva uma pessoa a cuidar das necessidades do terceiro nível – o desejo de ser aceito por pessoas e grupos importantes para determinado indivíduo. Para satisfazer a essa necessidade, as pessoas podem entrar em organizações e comprar produtos ou serviços que as fazem sentir-se como parte do grupo. A BMW apela ao desejo de ser aceito em um grupo socioeconômico alto usando o slogan "'Algum dia acaba de chegar" para descrever seu novo programa de financiamento, que torna os automóveis caros mais disponíveis para aqueles com a renda inferior.

Necessidades de prestígio: As pessoas têm um desejo universal por um sentimento de cumprimento e realização. Também querem ganhar o respeito dos demais e até exceder o desempenho dos outros uma vez que as necessidades mais básicas foram satisfeitas. Os automóveis Lexus reforçam a necessidade de prestígio de seus motoristas com suas propagandas, que vendem a "busca da perfeição" da empresa.

Necessidades de auto-realização: No último degrau da escada de Maslow das necessidades humanas está o desejo das pessoas de realizar seu potencial completo e encontrar realização expressando seus talentos e capacidades

Tabela 5.1 Estratégias de marketing baseadas na hierarquia

NECESSIDADES FISIOLÓGICAS	PRODUTOS	Vitaminas, suplementos de ervas, remédios, comida, equipamentos de exercício, academias
	Temas de marketing	Antiácido Pepcid – "Só um e a azia acabou"; lenços faciais Puffs –"Um nariz necessitado merece Puffs com certeza"; suco de oxicoco Ocean Spray – "Deseje a onda"
NECESSIDADES DE SEGURANÇA	PRODUTOS	Carros e acessórios automotivos, sistemas anti-roubo, planos de previdência, seguro, detectores de fumaça e monóxido de carbono, remédios
	Temas de marketing	Seguro Fireman's Fund – "A licença para continuar"; Grupo American General Financial – "Viva a vida que você imaginou"; Volvo – "Protege o corpo. Incendeia a alma"
PERTENCIMENTO	Produtos	Produtos de beleza, entretenimento, roupas, carros
	Temas de marketing	Roupas Old Navy – "Férias de primavera de costa a costa"; bancos Washington Mutual – "Mais interesse humano"; loja de roupas TJ Maxx – "Você deve ir"
NECESSIDADES DE PRESTÍGIO/*STATUS*	Produtos	Roupas, carros, jóias, hobby, serviços de spa de beleza
	Temas de marketing	Automóveis Lexus – "Busca da perfeição"; Van Cleef & Arpels – "O prazer da perfeição"; relógios Accutron – "Talvez seja digno da sua confiança"; eletrodomésticos Jenn-Air – "O sinal de um grande cozinheiro"
NECESSIDADES DE AUTO-REALIZAÇÃO	Produtos	Educação, eventos culturais, esportes, hobby, produtos de luxo, tecnologia, viagens
	Temas de marketing	Gatorade – "Está em você?"; Universidade DePaul – "Fazendo metas se tornarem realidade"; carros e caminhonetes Dodge – "Agarre a vida pelos chifres"; Linhas Aéreas Southwest – "Agora você está livre para passear pelo país"

únicos. Empresas especializadas em viagens de aventura exóticas visam a satisfazer as necessidades de auto-realização dos consumidores. Outros fornecedores de viagens, como a Smithsonian Study Tours, oferecem viagens educacionais especializadas com uma viagem. A Elderhostel organiza viagens parecidas para pessoas de meia-idade e idosos. Essas viagens geralmente envolvem um curso de estudo informal – seja culinária, história, antropologia ou golfe.

Maslow observou que uma necessidade satisfeita não motiva mais uma pessoa a agir. Uma vez que as necessidades fisiológicas foram cumpridas, o indivíduo passa adiante para buscar a satisfação de necessidades de ordem mais alta. Os consumidores são periodicamente motivados pela necessidade de satisfazer sede e fome, mas seus interesses logo voltam a focar a satisfação de necessidades sociais, de segurança e outras na hierarquia. As pessoas nem sempre progridem pela hierarquia; podem estabilizar-se em um certo nível. Por exemplo, algumas pessoas que passaram pela Grande Depressão se tornaram continuamente preocupadas com dinheiro depois.

Críticos apontaram uma variedade de falhas no raciocínio de Maslow. Por exemplo, algumas necessidades podem estar relacionadas com mais de um nível, e nem todo indivíduo progride pela hierarquia das necessidades na mesma ordem; alguns "pulam" as necessidades de prestígio e sociais e são motivados diretamente pelas necessidades de auto-realização. No entanto, a hierarquia das necessidades continua a ocupar um lugar seguro no estudo do comportamento do consumidor.

PERCEPÇÃO

Percepção é o significado que uma pessoa atribui a estímulos recebidos utilizando os cinco sentidos – visão, audição, tato, paladar e olfato. Certamente, o comportamento de um consumidor é influenciado por sua percepção de um produto ou serviço. Apenas recentemente pesquisadores reconheceram que a percepção das pessoas depende tanto do que querem perceber quanto dos verdadeiros estímulos. É por esse motivo que os chocolates Neiman Marcus e Godiva são percebidos de um modo tão diferente do de Wal-Mart e Hershey's, respectivamente.

A percepção de um objeto ou evento resulta da interação de dois tipos de fatores:

1. Fatores de estímulo – características de um objeto físico, como tamanho, cor, peso e formato.
2. Fatores individuais – características únicas do indivíduo, incluindo não só processos dos sentidos, mas também experiências com informações semelhantes e expectativas e motivações básicas.

Falha de marketing   Ruby Tuesday dá adeus às porções menores

Passado. Quando um estudo nutricional feito pela University of North Carolina foi publicado no *Journal of the American Medical Association* dizendo que as porções grandes servidas a consumidores nos restaurantes era um motivo pelo qual 44 milhões de norte-americanos eram obesos, organizações de saúde e consumidores foram ao ataque. A indústria dos restaurantes – especificamente a de *fast food*, conhecida por seus tamanhos "super" das porções – foi culpada pelas calamidades nutricionais dos consumidores dos Estados Unidos.

O problema de marketing. Ruby Tuesday, uma franquia popular com 700 restaurantes nos Estados Unidos e 35 restaurantes no exterior, decidiu responder às mudanças revisando seu menu e servindo porções menores de pratos de massas, batatas fritas e algumas entradas. Os profissionais de marketing acharam que os clientes iriam gostar da mudança – afinal, ainda poderiam comer em seu restaurante favorito sem se preocupar com o comprometimento de suas dietas.

Percepções de comida são altamente individuais. Apesar das recomendações dos nutricionistas, consumidores ainda vão querer bastante comida quando almoçam fora, como a Ruby Tuesday descobriu (veja o box "Falha de marketing").

FILTROS PERCEPTIVOS

O norte-americano padrão é constantemente bombardeado por mensagens de marketing. De acordo com o Food Marketing Institute (Instituto de Marketing de Alimentos), um supermercado típico agora tem 30 mil embalagens diferentes, cada uma servindo como um outdoor em miniatura competindo para atrair a atenção do consumidor. Mais de 6 mil comerciais por semana vão ao ar na TV. Programas no horário nobre têm mais de 15 minutos de propaganda a cada hora. Milhares de negócios montaram sites para vender seus produtos. Os profissionais de marketing também carimbaram suas mensagens em tudo, de sacos de pipoca em cinemas a sacolas para náusea dadas em aviões.

A bagunça do marketing levou consumidores a ignorarem muitas mensagens promocionais. As pessoas respondem seletivamente a mensagens que conseguem passar por seus **filtros perceptivos** – os processos de filtração mental pelos quais toda contribuição tem de passar.

Todos os profissionais de marketing lutam para determinar qual estímulo desperta respostas dos consumidores. Eles têm de aprender a cativar a atenção do consumidor por tempo suficiente para ele ler uma propaganda, ouvir um representante de vendas ou reagir a um display no ponto-de-venda. Em geral, profissionais de marketing procuram destacar uma mensagem e ganhar a atenção dos clientes em perspectiva.

Um modo de passar pela bagunça é colocando propagandas grandes. Dobrar o tamanho de um anúncio na mídia impressa aumenta seu valor de atenção em aproximadamente 50%. Os anunciantes usam cores para fazer os anúncios de jornais contrastarem com o preto e branco comum, fornecendo uma outra maneira efetiva de penetrar o filtro perceptivo do leitor. Outros métodos de realçar o contraste incluem colocar uma grande quantidade de espaço branco em torno de uma área impressa ou usar uma fonte branca em um fundo escuro. Ilustrações e fotos vívidas também podem ajudar a passar pela bagunça de anúncios impressos.

A cor é tão sugestiva que, na verdade, seu uso na embalagem de produtos e logos é, muitas vezes, resultado de um longo e cuidadoso processo de seleção. Vermelho é para chamar atenção, por exemplo, e laranja foi provado como um estímulo do apetite. Azul é associado com água, que é o motivo de muitos produtos de limpeza serem

O resultado. A experiência durou quatro meses. Clientes com fome logo ficaram descontentes com o que consideravam ser mesquinhez por parte da Ruby Tuesday. Expressaram seu descontentamento aos garçons, gerentes de restaurantes e oficiais da empresa on-line. A Ruby Tuesday, que antes tinha muito sucesso, passou por uma queda de 5% nas vendas.

Lições aprendidas. A redução das porções foi "feita porque achamos que nossos convidados responderiam bem a isso", diz Richard Johnson, vice-presidente sênior da rede. "Aprendemos que não responderam bem... Acho que aprendemos que as pessoas têm idéias estabelecidas sobre o que constitui valor quando comem fora."

Fontes: ONTIVEROS, Sue. Diners fail Ruby Tuesday", *Chicago Sun-Times*, 26 jan. 2005, **www.suntimes.com**; GAY, Lance. Cut in portion sizes big flop, *The Morning News*, 18 jan. 2005, p. 6D; GAY, Lance. What happens when restaurants cut portion sizes? *Scripps Howard New Service*, 13 jan. 2005, **www.shns.com/shns/index**.

azuis, e marrom denota força e estabilidade, como é destacado em anúncios da *United Parcel Services* (UPS). Verde implica produtos de alimentos saudáveis ou de baixa gordura, como a marca *Healthy Choice*.[15]

O conceito psicológico de conclusão também ajuda profissionais de marketing a criarem mensagens que se destacam. *Conclusão* é a tendência humana de perceber uma imagem completa a partir de um estímulo incompleto. Propagandas que permitem que consumidores façam isso freqüentemente têm êxito em passar pelos filtros perceptivos. Durante uma campanha da Kellogg promovendo o consumo de frutas com cereais, a empresa enfatizou esse ponto substituindo as letras *ll* por bananas. Em uma campanha com uma oferta de um cupom de 25 centavos, a Kellogg reforçou a idéia promocional substituindo a letra *o* pela imagem de uma moeda de 25 centavos.

O marketing boca-a-boca pode ser um modo altamente efetivo de passar pelos filtros perceptivos de consumidores. Veja os primeiros livros do *Harry Potter*. Apesar de a série apresentando um estudante inglês órfão que é mandado à escola de bruxaria agora ser um grande sucesso internacional, a popularidade inicial dos primeiros dois livros foi baseada na divulgação boca-a-boca. Antes de os profissionais de marketing dos Estados Unidos ficarem sabendo do jovem bruxo de óculos da Inglaterra, crianças estavam pedindo os livros nas livrarias locais, lendo-os e passando adiante para seus amigos.

Uma nova ferramenta que profissionais de marketing estão explorando é o uso da realidade virtual. Algumas empresas criaram apresentações baseadas em realidade virtual que fornecem mensagens e informações de marketing em formato tridimensional. Conseqüentemente, especialistas predizem, os consumidores poderão fazer *tours* virtuais aos locais de férias antes de agendarem suas viagem ou passar pelo interior de casas que pensam em comprar usando a realidade virtual. A tecnologia da realidade virtual pode permitir que profissionais de marketing penetrem nos filtros perceptivos dos consumidores de uma maneira que atualmente não é possível com outras formas de mídia.

Com a percepção seletiva trabalhando para filtrar mensagens competitivas, é fácil ver a importância dos esforços dos profissionais de marketing em criar fidelidade de marca. É menos provável que consumidores satisfeitos procurem informações sobre produtos da concorrência. Mesmo quando a propaganda competitiva é forçada sobre eles, são menos aptos que outros a ultrapassar seus filtros perceptivos e ver aqueles esses outros apelos. Consumidores fiéis simplesmente se desligam para a informação que não está em conformidade com suas crenças e expectativas existentes.

Percepção subliminar

Quase cinquenta anos atrás, um cinema em Nova Jersey tentou aumentar as vendas da lanchonete exibindo as palavras *Coma Pipoca* e *Beba Coca-Cola* entre imagens do filme *Férias de amor*, da atriz Kim Novak. As mensagens passavam na tela a cada cinco segundos com a duração de 1/300 de um segundo a cada vez. Os pesquisadores relataram que essas mensagens, apesar de curtas demais para serem reconhecidas em nível consciente, resultaram no aumento de 58% na venda de pipoca e de 18% na venda de Coca. Após as descobertas serem publicadas, agências de propaganda e grupos de proteção do consumidor ficaram intensamente interessados em **percepção subliminar** – o recebimento inconsciente de informações.

A propaganda subliminar é voltada ao nível subconsciente de atenção para evitar os filtros perceptivos da platéia. A meta da pesquisa original foi influenciar as compras do consumidor enquanto mantinha-os desinformados da fonte da motivação para comprar. Todas as tentativas posteriores de duplicar as descobertas do teste, no entanto, não tiveram êxito.

Apesar de a propaganda subliminar ter sido condenada universalmente por ser manipuladora, é muito improvável que possa levar à compra, a não ser àquelas pessoas que já teriam a tendência de comprar. Três razões garantem que esse fato continuará sendo verdadeiro:

1. fatores de estímulo fortes são necessários apenas para conseguir a atenção do consumidor em perspectiva;
2. apenas uma mensagem muita curta pode ser transmitida;
3. o limiar de consciência varia muito entre os indivíduos. As mensagens transmitidas no limiar da consciência para alguém nem serão percebidas por algumas pessoas e serão aparentes demais para outras. A mensagem sub-

liminarmente exposta "Beba Coca-Cola" pode passar despercebida por alguns espectadores, enquanto outros podem ler como "Beba Pepsi-Cola", "Beba Chocolate" e até "Dirija com Cuidado".

Apesar de medos iniciais, pesquisas mostraram que mensagens subliminares não podem obrigar os receptores a comprarem produtos que não iriam querer conscientemente sem as mensagens.

Em anos recentes, a comunicação subliminar passou à programação de fitas de auto-ajuda. Essas fitas tocam sons que o ouvinte escuta conscientemente como música relaxante ou ondas do mar; subconsciente e imperceptivelmente, entre outros sons, eles ouvem milhares de mensagens subliminares. Os americanos gastam milhões de dólares por ano em fitas subliminares que devem ajudá-los a parar de fumar, perder peso ou atingir um monte de outras metas. Infelizmente, o *National Research Council* (Conselho Nacional de Pesquisa dos Estados Unidos) recentemente concluiu que as mensagens subliminares fazem pouco para influenciar o comportamento pessoal.

ATITUDES

A percepção de estímulos recebidos é muito afetada por atitudes. Na verdade, a decisão de um consumidor de comprar um item é fortemente baseada em suas atitudes sobre o produto, a loja ou o vendedor.

Atitudes são resistências pessoais às avaliações, emoções ou tendências de ações, favoráveis ou não, sobre algum objeto ou idéia. Conforme se formam com o passar do tempo, com as experiências individuais e os contatos de grupos, as atitudes se tornam altamente resistentes a mudanças. Os bancos que tentaram implementar o novo *Ato Check 21* encontraram resistência dos consumidores, como descrito no quadro "Resolvendo uma questão ética".

Como atitudes favoráveis provavelmente afetam as preferências de marcas, os profissionais de marketing estão interessados em determinar as atitudes dos consumidores em relação às suas ofertas. Por esse motivo, várias maneiras para mensurar atitudes em escala foram desenvolvidas.

Componentes de atitude

Uma atitude tem componentes cognitivos, afetivos e comportamentais. O componente *cognitivo* refere-se às informações e ao conhecimento do indivíduo sobre um objeto ou conceito. O componente *afetivo* lida com sentimentos ou reações emocionais. O componente *comportamental* envolve tendências a agir de certa maneira. Por exemplo, ao decidir se fará compras em uma loja de atacado, um consumidor pode obter informações sobre o que a loja oferece de propagandas, visitas de teste e opiniões da família, de amigos e de colegas (componente cognitivo). O consumidor talvez também possa receber contribuição afetiva ao ouvir o que outros dizem sobre sua experiência de compra nesse tipo de loja. Outras informações afetivas podem levá-lo a julgar sobre o tipo de pessoas que parecem fazer compras lá – e se representam um grupo com o qual ele gostaria de ser associado. O consumidor, no final, pode decidir comprar alguns produtos enlatados, cereal e produtos de padaria lá, mas continuar a depender do supermercado normal para os principais produtos alimentícios (componente comportamental).

Os três componentes relacionam-se de um modo relativamente estável e equilibrado. Juntos, compõem uma atitude geral sobre um objeto ou uma idéia.

Mudando atitudes do consumidor

Já que uma atitude favorável do consumidor fornece uma condição vital para o sucesso do marketing, como uma empresa pode levar compradores em potencial a adotarem tais atitudes com seus produtos? Os profissionais de marketing têm duas escolhas: (1) tentar produzir atitudes de consumidores que irão motivar a compra de

Resolvendo uma questão ética

CHEQUE 21: AJUDANDO BANCOS A LIBERAR CHEQUES MAIS RAPIDAMENTE

Com a passagem da *Check Clearing for the 21st Century Act* (Lei de Compensação de Cheques para o Século XXI, apelidada de Cheque 21), os bancos não precisam mais mandar cheques uns para os outros para liberarem os fundos do cheque do consumidor. Agora, os bancos podem converter o cheque em uma imagem eletrônica e transmitir a imagem rapidamente pelo sistema. A nova prática pode economizar aos bancos bilhões de dólares em transporte e custos de processamento e eliminar atrasos causados por situações nas quais o transporte em si é parado (por exemplo, por causa de uma nevasca ou ruas inundadas). Mas isso também significa que os consumidores não têm mais o luxo do "lançamento" – aqueles dias entre emitir o cheque e o cheque cair na conta – e não receberão seus cheques originais cancelados com seu extrato do banco. Em vez disso, receberão uma imagem substituta de cada cheque.

O CHEQUE 21 VIOLA OS DIREITOS DOS CLIENTES DE BANCOS COMO CONSUMIDORES?

SIM

1. "Com o Cheque 21, o Congresso impôs algo aos consumidores. Os consumidores que falaram que queriam receber seus cheques originais de volta não concordaram [com a mudança]," diz o professor de direito Mark Budnitz. "Agora o Congresso diz 'Não nos importa. Tome um cheque substituto em vez disso'."
2. Os bancos poderão arrecadar taxas por cheques devolvidos e saque a descoberto muito mais rapidamente do que no passado, aumentando assim a quantia de dinheiro que ganham com tais taxas, à custa dos consumidores.

NÃO

1. O Cheque 21 atualiza todo o sistema de emissão de cheques. "O sistema de cheques inteiro está sendo trazido da época do pombo-correio para a era do computador," argumenta John Hall da *American Bankers Association* (Associação Norte-americana de Banqueiros). "O sistema atual é desajeitado, obsoleto e está ficando mais eficiente com despesas gerais mais baratas."
2. É do interesse do banco continuar a oferecer bom atendimento ao consumidor, ou correrá o risco de perder o cliente. As leis também protegem os consumidores. "Há regras do Código Comercial Uniforme e responsabilidades potenciais que podem pressionar para [os bancos] responderem rapidamente," explica Nessa Feddis, da *American Bankers Association*. "Além disso, há as pressões de atendimento ao consumidor. Os bancos têm um bom histórico em resolver disputas de modo rápido."

RESUMO

Enquanto alguns bancos adotaram a nova prática rapidamente, outros decidiram demorar um pouco. "Muitos bancos não estão fazendo por causa de custos", observa John Hall da *American Bankers Association*. "É muito caro e leva tempo." Betty Riess, do *Bank of America*, concorda. "Começaremos a trocar um volume limitado de imagens de cheques depois de a lei entrar em vigor... A adoção final da troca de imagem... pode demorar uma questão de anos para a indústria e o Bank of America."

Fontes: CROMPTON, Kim. Check 21 debuts quietly for institutions here, *Spokane Journal*, 27 jan. 2005, **www.spokanejournal.com**; BRUCE, Laura New law ends checking traditions, *Bankrate.com*, 27 jan. 2005, **http://biz.yahoo.com**; BLOCK, Sandra. If Check 21 starts Thursday, does the bouncing start Friday?, *USA Today*, 26 out. 2004, p. 3B; CLARK, Kim. Marked for extinction, *U.S. News & World Report*, 20 set. 2004, p. 38-9.

um produto específico ou (2) avaliar atitudes de consumidores existentes e depois fazer os aspectos do produto apelarem a elas.

Se os consumidores vêem um produto ou serviço existente de modo não-favorável, o vendedor pode escolher redesenhá-lo ou oferecer novas opções. Os fabricantes norte-americanos de automóveis lutaram durante anos para mudar as atitudes dos consumidores sobre a maneira como carros norte-americanos são feitos, seu desempenho e sua aparência. A General Motors gastou décadas – e milhões – trabalhando para superar os problemas de qualidade e teve sucesso em muitas áreas. Mas as vendas de sua *Hummer* H2 caíram desde o pico inicial, com consumidores reclamando da péssima visão pelo vidro traseiro, um interior apertado, mão-de-obra de má qualidade e, principalmente, o alto consumo – aproximadamente 4,5 a 5,5 quilômetros por litro. O H2 SUT e o H3 focarão em satisfazer as reclamações com interiores mais amplos e consumo melhorado, assim como aumentarão o apelo da Hummer para um novo segmento de mercado, motoristas com menos de quarenta anos que gostam de sua personalidade rústica.[16]

Modificando os componentes de atitude

As atitudes freqüentemente mudam em resposta a inconsistências entre os três componentes. As inconsistências mais comuns aparecem quando informações novas mudam os componentes cognitivos ou afetivos de uma atitude. Os profissionais de marketing podem trabalhar para modificar atitudes fornecendo evidências dos benefícios do produto e corrigindo concepções erradas. Podem também tentar mudar as atitudes engajando os compradores em novos comportamentos. Amostras grátis, por exemplo, são capazes de mudar atitudes por fazerem os consumidores experimentarem um novo produto.

Às vezes, novas tecnologias podem incentivar consumidores a mudar suas atitudes. Algumas pessoas, por exemplo, têm receio de comprar roupas pelo correio porque temem que não sirvam direito. Para abordar essas preocupações, a e-varejista Lands' End (agora parte da Sears) introduziu um recurso de "modelo virtual" em seu site. As pessoas que o visitam respondem a uma série de perguntas sobre altura, proporções corporais e cor do cabelo, e o software cria uma figura tridimensional refletindo suas respostas. Os consumidores podem então vestir o modelo eletrônico com roupas da Lands' End para ter uma idéia de como vários conjuntos ficariam neles. É claro que, para o modelo eletrônico estar correto, os compradores têm de colocar as informações sobre seu corpo corretamente em vez de apenas dependerem da própria percepção de si mesmos.

APRENDIZAGEM

O marketing está tão preocupado com o processo pelo qual as decisões do consumidor mudam com o tempo quanto com o *status* atual dessas decisões. **Aprendizagem**, no contexto do marketing, refere-se a mudanças imediatas ou esperadas no comportamento do consumidor como resultado da experiência. O processo de aprendizagem inclui o componente de **direção**, que é qualquer estímulo forte que impele à ação. Medo, orgulho, desejo pelo dinheiro, sede, fuga da dor e rivalidade são exemplos de direções. A aprendizagem também depende de uma **dica** – isto é, qualquer objeto em um ambiente que determina a natureza da resposta do consumidor para uma direção. Exemplos de dicas são uma propaganda no jornal para um novo restaurante tailandês – uma dica para uma pessoa com fome – e uma placa do posto Shell perto de uma estrada – uma dica para um motorista que precisa de gasolina.

> **Em poucas palavras**
>
> Um homem que carrega um gato pelo rabo aprende algo que não pode aprender de outro jeito.
> Mark Twain (1835-1910)
> Autor norte-americano

Uma **resposta** é a reação individual a um grupo de dicas e direções. As respostas podem incluir reações como comprar *Frontline*, prevenção contra pulgas e carrapatos para animais de estimação, comer na Pizza Hut ou decidir matricular-se em uma universidade ou faculdade específica da comunidade.

Reforço é o aumento na direção que resulta de uma resposta apropriada. Conforme a resposta se torna mais gratificante, cria um laço mais forte entre a direção e a compra do produto, provavelmente aumentando compras futuras pelo consumidor. O reforço é o raciocínio por trás dos programas de compras freqüentes, que recompensam compradores por sua fidelidade. Esses programas podem oferecer pontos como prêmio, milhagens de viagem, e coisas semelhantes. O Fidelidade TAM é o programa de acúmulo de pontos da TAM.

Aplicando a teoria da aprendizagem nas decisões de marketing

A teoria da aprendizagem tem algumas implicações importantes para os estrategistas de marketing, especialmente para os envolvidos com produtos de consumo embalados. Os profissionais de marketing precisam encontrar um modo de desenvolver, aos poucos e com o passar do tempo, um resultado desejado, como o comportamento de compra repetida. **Desenvolvimento** é o processo de aplicar uma série de recompensas e reforços para permitir que um comportamento mais complexo se desenvolva.

Em poucas palavras

É apenas nas nossas decisões que somos importantes.
Jean-Paul Sartre (1905-1980)
Filósofo, dramaturgo
e romancista francês

Tanto a estratégia promocional quanto o produto em si têm um papel no processo de desenvolvimento. Os profissionais de marketing querem estimular a motivação dos consumidores em se tornarem compradores regulares de certa mercadoria. Seu primeiro passo para fazer os consumidores experimentarem o produto pode ser oferecer uma amostra grátis que inclui um cupom com um desconto grande para a próxima compra. Esse exemplo usa uma dica como o procedimento de desenvolvimento. Se o item se desempenhar bem, a resposta de compra é reforçada e seguida por uma instigação – o cupom.

O segundo passo é atrair o consumidor a comprar o item com pouco risco financeiro. O cupom de desconto incluso na amostra grátis leva a essa ação. Suponha que a embalagem que o consumidor compra tem outro cupom de desconto de valor menor. Mais uma vez, o desempenho satisfatório do produto e o segundo cupom irão fornecer o reforço.

O terceiro passo é motivar a pessoa a comprar o item de novo por um preço módico. Um cupom de desconto atinge essa meta, porém dessa vez o pacote comprado não inclui um cupom adicional. O único reforço vem do desempenho satisfatório do produto.

O teste final vem quando o consumidor resolve se vai comprar um item em seu preço real sem um cupom de desconto. A satisfação com o desempenho do produto fornece o único reforço contínuo. O comportamento de consumo repetido é literalmente desenvolvido pela aplicação efetiva da teoria da aprendizagem em um contexto de estratégia de marketing.

MARKETING
Verificação
de conceito

1. Identifique os determinantes pessoais de comportamento do consumidor.

2. Quais são as necessidades humanas categorizadas por Abraham Maslow?

3. Qual é a diferença entre percepção e aprendizagem?

TEORIA DO AUTOCONCEITO

O **autoconceito** do consumidor – as múltiplas imagens de uma pessoa sobre sua personalidade – tem um papel importante em seu comportamento. Digamos que uma moça se vê como inteligente, ambiciosa e a caminho de uma carreira de sucesso em marketing. Ela vai querer comprar roupas e jóias atraentes para refletir essa imagem de si. Digamos que um senhor se acha jovem para sua idade; talvez ele compre um carro esportivo e roupas da moda para refletir seu autoconceito. O autoconceito da pessoa como competidora pode afetar como responde a ganhar ou perder, como é descrito no box "Dicas de etiqueta".

O conceito surge de uma interação de muitas influências – tanto pessoais quanto interpessoais – que afetam o comportamento de consumo. As necessidades,

dicas de etiqueta

PARA PROFISSIONAIS DE MARKETING

Como Perder – e Ganhar – Dignamente

Suponhamos que você se encontra em uma situação em que seu chefe convida um grupo de funcionários – ou pior ainda, só você – para participar de um jogo de golfe, tênis ou algum outro esporte. É um problema se você não souber jogar. Nessa situação, você pode explicar que não conhece o jogo e recusar. Se seu chefe insiste, pelo menos ele sabe dos seus limites. Mas, e se você joga o esporte muito bem – talvez até melhor do que seu chefe? Você deve derrotar seu superior ou recuar um pouco em seu jogo para deixá-lo ganhar? Infelizmente, os especialistas discordam se ganhar ou perder é melhor, mas oferecem alguns bons conselhos para ajudar a decidir.

1. "Grandes quantidades de pesquisa psicológica mostram que, como regra, as pessoas gostam de quem é semelhante a elas", diz a colunista da *Fortune* Anne Fisher. Ela afirma que um chefe competitivo irá apreciar um funcionário competitivo e recomenda que este jogue com toda a sua habilidade. "As chances são, se esse CEO é o verdadeiro tipo tigre-competitivo, de sua determinação de acabar com ele indicá-lo como um a fim".

2. Outros avisam aos funcionários para seguirem seu instinto natural – e, se tiverem medo de enfurecer o chefe ao jogar melhor do que ele, então dêem um tempo. "Confie no seu especialista interior sobre isso", diz Joshua Estrin, presidente da empresa de consultores de gerenciamento Concepts for Success. "Você provavelmente pode prever se o cara vai ficar um pouco irritado se perder ou se vai mostrar-se um ignorante furioso. Quando chegar a algo tão simples quanto entregar o jogo para manter a paz, faça-o. Nós escolhemos nossas batalhas. Por que gastar energia confrontando seu chefe em uma situação em que se trata apenas de ego?"

3. Se você não tem certeza de qual é o melhor caminho, pode continuar a recusar os convites para jogar, dizem os especialistas. Com o tempo, o chefe deve entender a indireta e passar adiante.

4. Se você resolver jogar, mantenha um jogo amigável mesmo que se torne competitivo. Talvez sugira almoçar ou jantar ou pelo menos tomar um lanche e beber alguma coisa depois, para você poder enfatizar a camaradagem e a diversão do jogo.

5. Independentemente de quem ganhou, cumprimente seu chefe pelas boas jogadas ou pelos passes em vez de focar nos erros. Talvez você até possa pedir conselhos de como melhorar seu jogo. E aprenderá muito sobre a pessoa para quem você trabalha.

Fontes: Mini-cases from Lockheed Martin Corporation, *The Online Ethics Center for Engineering and Science at Case Western Reserve University*, **http://onlineethics.org**, acessado em 1º fev. 2005; FISHER, Anne. Ask Annie. *Fortune*, 24 jan. 2005, p. 36; DAHLE, Cheryle. Going one-to-one with the boss, *The New York Times*, 26 dez. 2004,**www.nytimes.com**.

motivações, percepções, atitudes e a aprendizagem do indivíduo estão no centro de sua concepção de si. Também influências familiares, sociais e culturais afetam o autoconceito.

O autoconceito da pessoa tem quatro componentes: eu real, auto-imagem, eu pelo espelho e eu ideal. O *eu real* é uma visão objetiva da pessoa total. A *auto-imagem* – a maneira como a pessoa se vê – pode divergir da visão objetiva. O *eu pelo espelho* – a maneira como a pessoa acha que os outros a enxergam – pode também divergir bastante da auto-imagem, porque as pessoas freqüentemente escolhem projetar para os outros uma imagem diferente da das suas percepções do eu real. O *eu ideal* serve como um conjunto pessoal de objetivos, como é a imagem à que a pessoa aspira. Ao comprar produtos e serviços, os indivíduos provavelmente escolherão produtos que os aproximam das suas auto-imagens ideais.

O PROCESSO DE DECISÃO DO CONSUMIDOR

5 Distinguir entre decisões de compra de alto envolvimento e de baixo envolvimento.

Os consumidores completam um processo passo a passo para tomar decisões de compra. A quantidade de tempo e esforço que dedicam a um processo de compra específico depende da importância do item desejado para o consumidor.

Compras com alto nível de conseqüências sociais e econômicas potenciais são vistas como **decisões de compra de alto envolvimento**. Comprar um carro novo ou decidir qual faculdade freqüentar são dois exemplos de decisões de alto envolvimento. Compras de rotina que impõem percepção de poucos riscos ao consumidor são **decisões de compra de baixo envolvimento**. Comprar um chocolate em uma máquina é um bom exemplo.

Os consumidores geralmente investem mais tempo e esforço em decisões de compra para produtos de alto envolvimento do que em produtos de baixo envolvimento. Alguém comprando uma casa irá visitar vários imóveis, comparar os preços que estão pedindo, pedir financiamento, ter a casa escolhida inspecionada e até pedir para amigos e familiares visitarem-na a casa antes de assinar a papelada final. Alguns compradores investem esse mesmo esforço ao escolher entre um chocolate da Nestlé e um da Hershey's. Acredite se quiser. Entretanto, eles ainda passarão pelos passos do processo de decisões do consumidor – mas em uma escala mais compacta.

A Figura 5.4 mostra os seis passos no processo de decisões do consumidor. Primeiro, o consumidor reconhece um problema ou uma necessidade não satisfeitos e então procura produtos ou serviços que os preencham, e avalia as alternativas antes de tomar uma decisão de compra. O próximo passo é o ato de compra em si. Após completar a compra, o consumidor avalia se fez a escolha certa. Muito do marketing envolve guiar o consumidor pelo processo de decisão em direção a um item específico.

Os consumidores aplicam o processo de decisão em resolver problemas e aproveitar oportunidades. Tais decisões permitem que eles corrijam diferenças entre seus estados atuais e desejados. O *feedback* de cada decisão serve como uma experiência adicional em ajudar a guiar decisões subseqüentes.

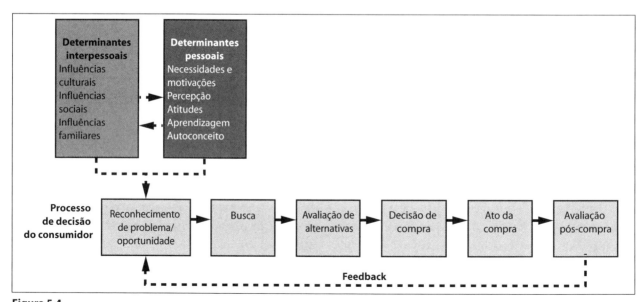

Figura 5.4
Modelo integrado do processo de decisão do consumidor.
Fonte: BLACKWELL, Roger, MINIARD, Paul W.; ENGEL, James F. *Consumer behavior.* 10. ed. Mason: South Western, 2004.

RECONHECIMENTO DE PROBLEMAS OU OPORTUNIDADES

Durante a primeira etapa do processo de decisão, o consumidor torna-se consciente de uma discrepância significativa entre a situação existente e a desejada. Talvez o consumidor perceba que tem pouca comida na geladeira. Ao identificar o problema – geladeira vazia –, ele pode resolvê-lo com uma ida ao mercado. Às vezes, o problema é mais específico. O consumidor pode ter a geladeira cheia, mas não ter mostarda ou maionese para fazer um sanduíche. Esse problema também requer uma solução.

6 Esboçar os passos no processo de decisão do consumidor.

Suponhamos que o consumidor está descontente com uma compra específica – digamos, uma marca de cereal. Ou talvez queira uma mudança em vez do mesmo cereal toda manhã. Isso é o reconhecimento de um outro tipo de problema ou oportunidade – o desejo de mudança.

E se o nosso consumidor acaba de ganhar um aumento no trabalho? Talvez ele vá querer experimentar as refeições prontas *gourmet* para viagem oferecidas pelo mercado local. Essas refeições são mais caras do que as compras que nosso consumidor fez no passado, mas agora estão ao alcance dele financeiramente. A tarefa principal do profissional de marketing durante essa fase do processo de tomar decisões é ajudar os compradores em potencial na identificação e no reconhecimento de problemas ou necessidades em potencial. Essa tarefa pode ser realizada em forma de propaganda, promoções ou assistência de vendas pessoal. Um funcionário de supermercado pode sugerir entradas ou sobremesas para acompanhar o jantar *gourmet* para viagem de nosso comprador.

BUSCA

Durante o segundo passo do processo de decisão, o consumidor reúne informações sobre a obtenção do estado desejado de negócios. Essa busca identifica meios alternativos de solução de problemas. As compras de alto envolvimento podem induzir buscas por informações extensas, enquanto compras de baixo envolvimento requerem pouca atividade de busca.

A busca pode incluir fontes internas e externas de informação. Uma busca interna é uma revisão mental de informação guardada pertinente à situação do problema. Talvez o consumidor se lembre de uma experiência prévia ou de observações de certo tipo de produto. Ou talvez seja a recordação de uma propaganda em uma revista ou um comercial. Na busca externa, o consumidor reúne informações de fontes externas, que podem incluir parentes, amigos, colegas, vitrines de lojas, representantes de vendas, folhetos e publicações de teste de produtos como *Consumer Reports*. A internet tornou-se uma fonte popular de informações também. Como conduzir uma busca externa requer tempo e esforço, os consumidores freqüentemente usam uma busca interna para tomar uma decisão de compra.

> **Em poucas palavras**
>
> Por favor, encontre um economista unilateral para não ouvirmos sempre "por outro lado".
> Herbert Hoover (1874-1964)
> 31º presidente dos Estados Unidos

A busca identifica marcas alternativas a serem consideradas e possivelmente compradas. O número de alternativas que o consumidor realmente considera ao tomar uma decisão de compra é conhecido como **conjunto evocado**. Em algumas buscas, os consumidores já conhecem as marcas que merecem mais consideração; em outras, as buscas externas desenvolvem mais informações. O número de marcas inclusas no conjunto evocado pode variar dependendo da situação e da pessoa. Por exemplo, uma necessidade imediata pode limitar o conjunto evocado, ao passo que alguém que tem mais tempo para tomar uma decisão talvez possa expandir o conjunto evocado para escolher entre uma variedade maior de opções.

Os consumidores agora escolhem entre mais produtos do que antes. Essa variedade pode confundir e complicar a análise necessária para diminuir a variedade de suas escolhas. Em vez de comparar uma ou duas marcas, um consumidor freqüentemente enfrenta um arranjo atordoante de marcas e submarcas. Os produtos que antes só incluíam uma ou duas categorias – café normal *versus* descafeinado – agora estão disponíveis em muitas formas diferentes – *cappuccino*, *latté*, café com sabores, expresso, café gelado, só para citar algumas possibilidades.

Os profissionais de marketing tentam influenciar decisões durante o processo de compra fornecendo informações persuasivas sobre suas ofertas em formatos úteis para o consumidor. Como discutimos anteriormente, os profissionais de marketing encontram um desafio difícil ao passar pela bagunça que distrai os consumidores. Eles precisam encontrar maneiras criativas de penetrar no conjunto evocado de alternativas do consumidor.

AVALIAÇÃO DE ALTERNATIVAS

O terceiro passo do processo de decisão do consumidor é avaliar o conjunto evocado de alternativas identificado durante a etapa de pesquisa. Realmente, é difícil separar completamente o segundo e o terceiro passos porque alguma avaliação ocorre conforme o processo de pesquisa progride; os consumidores aceitam, discutem, distorcem, ou rejeitam as informações que chegam à medida que as recebem.

O resultado do estágio de avaliação é a escolha de uma marca ou produto no conjunto evocado ou, possivelmente, a decisão de renovar a busca por alternativas adicionais se todas aquelas identificadas durante a pesquisa inicial se mostraram insatisfatórias. Para completar a análise, o consumidor precisa desenvolver um conjunto de critérios de avaliação para guiar a seleção. O **critério de avaliação** é um conjunto de fatores que o consumidor considera na escolha entre as alternativas. Esses critérios podem ser tanto fatos objetivos (testes governamentais de consumo de gasolina de um automóvel) quantos subjetivos (uma visão favorável de roupas DKNY). Os critérios de avaliação comuns incluem preço, nome da marca e país de origem. Os critérios de avaliação podem também variar de acordo com idade, renda, classe social e cultura do consumidor. Compradores de automóveis que planejam selecionar um dos chamados carros "retrô" apresentados nos últimos anos pode incluir modelos populares, como o *PT Cruiser* da Chrysler ou a entrada recente da BMW do British Morris MiniCar popularizado nos filmes do *Austin Powers*.

Fazer test-drive de um carro novo é parte do estágio de avaliação no processo de decisão de compra do consumidor.

A Porsche reforça a qualidade de seus carros – e a satisfação de seus consumidores com suas compras.

Os profissionais de marketing tentam influenciar o resultado desse estágio de três maneiras. Primeiro, tentam educar consumidores sobre atributos que vêem como importante na avaliação de uma classe específica de produtos. Também identificam quais critérios de avaliação são importantes para um indivíduo e tentam mostrar por que uma marca específica preenche tais critérios. Finalmente, tentam induzir o consumidor a expandir o conjunto evocado para incluir o produto do marketing.

Uma agente de viagem pode perguntar a um cliente sobre o orçamento de viagem e as preferências de recreação da família. Pode também tentar explicar as diferenças entre dois destinos que o cliente não levou em conta, apontando considerações importantes, como tempo e atividades. Por último, a agente pode sugerir outros destinos ou resorts para aumentar a possibilidade de escolhas.

DECISÃO DE COMPRA E ATO DA COMPRA

Os estágios de busca e avaliação alternativa do processo de decisão resultam na eventual decisão de compra e no ato de comprar. Nesse estágio, o consumidor avaliou cada alternativa do conjunto evocado com base em seu conjunto pessoal de critérios de avaliação e reduziu as alternativas a uma.

O consumidor então decide o local da compra. Os consumidores geralmente escolhem lojas considerando características como localização, preço, variedade, funcionários, imagem da loja, desenho físico e serviços. Além disso, a seleção da loja é influenciada pela categoria do produto. Alguns consumidores escolhem a conveniência das compras em casa por telefone ou correio em vez de ir até lojas de varejo para completar a transação. Os profissionais de marketing podem facilitar a decisão de compra e o ato de compra ajudando os consumidores a conseguirem financiamento ou entrega.

AVALIAÇÃO PÓS-COMPRA

O ato da compra produz um de dois resultados. O comprador sente satisfação pela remoção da discrepância entre os estados existente e desejado ou insatisfação com a compra. Os consumidores geralmente ficam satisfeitos se as compras são o que esperavam.

Às vezes, no entanto, os consumidores passam por algumas ansiedades pós-compra chamadas de **dissonância cognitiva**. Esse estado psicologicamente nada agradável resulta de um desequilibro entre conhecimentos, crenças e atitudes. Um consumidor pode passar por dissonância após escolher um automóvel específico em vez de vários outros modelos quando alguns dos modelos rejeitados têm características desejadas que o escolhido não apresenta.

A dissonância é mais propensa a aumentar (1) conforme o preço em dinheiro da compra aumenta, (2) quando as alternativas rejeitadas têm características desejáveis que as alternativas escolhidas não têm e (3) quando a decisão de compra tem um efeito grande no comprador. Em outras palavras, a dissonância é mais propensa a ocorrer com compra de alto envolvimento do que com aquelas que requerem baixo envolvimento. O consumidor pode tentar diminuir a dissonância procurando propagandas ou outras informações para apoiar a alternativa escolhida ou buscando confiança de conhecidos que são compradores satisfeitos do produto. O indivíduo também pode evitar informações que favorecem a alternativa rejeitada. Alguém que compra um Toyota é mais propenso a ler propagandas da Toyota e evitar propagandas da Honda e da Nissan.

Os profissionais de marketing podem ajudar os compradores a diminuírem a dissonância cognitiva fornecendo informações que apóiam a alternativa escolhida. Concessionárias de automóveis reconhecem a possibilidade de "remorso do comprador" e freqüentemente seguem compras com cartas ou telefonemas dos funcionários oferecendo atenção pessoal para qualquer problema do consumidor. As propagandas que enfatizam a satisfação do consumidor também ajudam a reduzir a dissonância cognitiva.

Um método final para lidar com a dissonância cognitiva é mudar as opções dos produtos, restaurando, assim, o equilíbrio cognitivo. O consumidor pode, no final, decidir que uma das alternativas rejeitadas teria sido a melhor escolha, e jurar comprar o item no futuro. Os profissionais de marketing tiram proveito disso com campanhas de propaganda que focam nos benefícios de seus produtos ou com slogans que dizem algo do tipo "Se você não está satisfeito com ele, tente o nosso".

CLASSIFICANDO OS PROCESSOS DE RESOLUÇÃO DE PROBLEMAS DO CONSUMIDOR

Como mencionado antes, os processos de decisão do consumidor para produtos diferentes requerem quantidades variadas de esforços de solução de problemas. Os profissionais de marketing reconhecem três categorias de comportamento de resolução de problemas: resposta rotineira, resolução limitada de problema e resolução estendida de problema.[17] A classificação de uma compra específica nessa estrutura claramente influencia o processo de decisão do consumidor.

7 Diferenciar entre comportamento de resposta rotineira, resolução limitada de problema e resolução estendida de problema por consumidores.

MARKETING
Verificação
de conceito

1. Cite os passos no processo de decisão do consumidor.
2. O que são critérios de avaliação?
3. Descreva a dissonância cognitiva.

Comportamento de resposta rotineira

Os consumidores fazem muitas compras rotineiramente ao escolherem uma marca preferida ou uma de um grupo limitado de marcas aceitáveis. Esse tipo de resolução rápida de problema do consumidor é chamado de **comportamento de resposta rotineira**. Uma compra de rotina de uma marca de refrigerante é um exemplo. O consumidor já estabeleceu um critério de avaliação e identificou as opções disponíveis. A busca externa limita-se, em tais casos, ao que é característico para produtos de extremo baixo envolvimento.

Resolução limitada de problema

Considera a situação na qual o consumidor tem critérios avaliativos previamente estabelecidos para um tipo específico de compra, mas então encontra uma marca nova e desconhecida. A introdução de um novo xampu é um exemplo de uma situação de **resolução limitada de problema**. O consumidor conhece os critérios avaliativos para o produto, mas não aplicou esses critérios para avaliar a marca nova. Tais situações exigem quantias moderadas de tempo e esforço para buscas externas. A resolução limitada de problema é afetada pelo número de critérios de avaliação e marcas, pela extensão da busca externa e pelo processo de determinação de preferências. Os consumidores tomando decisões de compra nessa categoria de produtos são propensos a sentirem envolvimento no meio do limite.

Resolução estendida de problema

A **resolução estendida de problema** resulta quando as marcas são difíceis de caracterizar ou avaliar. O primeiro passo é comparar um item com itens semelhantes. O consumidor precisa entender as características do produto antes de avaliar alternativas. A maioria dos esforços de resolução estendida de problema envolve longas buscas externas. Decisões de compra de alto envolvimento geralmente requerem resolução estendida de problema.

Implicações estratégicas do marketing no século XXI

Os profissionais de marketing que pretendem ter sucesso com os consumidores de hoje em dia entenderão como seu mercado potencial se comporta. Considere a nova geração surgida pelos eventos trágicos de 11 de setembro e a guerra resultante do terrorismo, durante a qual os consumidores tinham a tendência de se isolar, ou ficar perto de casa.

As influências culturais terão um grande papel no relacionamento dos profissionais de marketing com os consumidores, especialmente conforme firmas conduzem negócios em uma escala global, mas também conforme tentam alcançar as populações diversas nos Estados Unidos. Além disso, as características da família estão mudando – mais mulheres estão no mercado de trabalho –, o que projeta uma mudança no modo como as famílias tomam decisões de compra. Talvez a alteração mais surpreendente nos gastos familiares seja poder – e dinheiro – que crianças e adolescentes agora controlam no mercado. Esses consumidores jovens estão ficando cada vez mais envolvidos e, em alguns casos, sabem mais sobre certos produtos, como eletrônicos, do que seus pais, influenciando, com freqüência, as decisões de compra. Isso é verdade até mesmo com compras de alto envolvimento como o carro da família.

Os profissionais de marketing trabalharão constantemente para mudar ou modificar os componentes das atitudes dos consumidores sobre seus produtos para obterem uma atitude e uma decisão de compra favoráveis. Finalmente, eles irão refinar seu entendimento do processo de decisão do consumidor e usar seu conhecimento para desenhar estratégias de marketing efetivas.

1 **Distinguir entre comportamento do cliente e comportamento do consumidor.**

O termo *comportamento do cliente* refere-se tanto a consumidores individuais quanto a compradores corporativos. Em contraste, comportamento do consumidor refere-se ao comportamento de consumo de consumidores individuais apenas.

1.1. Qual é a diferença entre comportamento do cliente e comportamento do consumidor? Dê um exemplo de cada um.

2 **Explicar como profissionais de marketing classificam influências comportamentais nas decisões do consumidor.**

As influências comportamentais nas decisões dos consumidores são classificadas como pessoais ou interpessoais. Essas categorias resultaram da obra de Kurt Lewin, que desenvolveu um modelo geral de comportamento que pode ser adaptado ao comportamento do consumidor.

2.1. Como os determinantes pessoais e interpessoais do comportamento do consumidor variam?

2.2. Quais são alguns valores centrais na cultura dos Estados Unidos?

3 **Descrever influências culturais, grupais e familiares no comportamento do consumidor.**

As influências culturais, como ética de trabalho ou o desejo de acumular riquezas, são as que vêm da sociedade. Valores centrais podem variar de cultura para cultura. Influências sociais ou grupais incluem classe social, líderes de opinião e grupos de referência com os quais os consumidores talvez gostariam de ser associados. As influências familiares podem vir de pais, avós ou filhos.

3.1. Por que um entendimento de subculturas é importante para profissionais de marketing?

3.2. Quais são os três maiores grupos étnicos e minorias raciais nos Estados Unidos?

3.3. Como grupos de referência são diferentes de líderes de opinião?

4 **Explicar cada um dos determinantes pessoais de comportamento do consumidor: necessidades e motivos, percepções, atitudes, aprendizagem, e teoria do autoconceito.**

Uma necessidade é um desequilíbrio entre o estado atual e o estado desejado do consumidor. Um motivo é o estado interior que direciona a pessoa para a meta de satisfazer uma necessidade. A percepção é o significado que alguém atribui a estímulos recebidos utilizando os cinco sentidos.

Atitudes são resistências pessoais às avaliações, emoções ou tendências de ações, favoráveis ou não, sobre algum objeto ou idéia. Na teoria do autoconceito, a visão de uma pessoa de si mesma tem um papel no comportamento de consumo. Na compra de produtos e serviços, os indivíduos são propensos a escolher produtos que os levam para mais perto da sua auto-imagem ideal.

4.1. Identifique e descreva resumidamente a hierarquia das necessidades de Maslow. Como os profissionais de marketing podem usar essa hierarquia para criar estratégias de marketing de sucesso?

4.2. O que são filtros perceptivos? Quais estratégias os profissionais de marketing podem usar para passar por eles?

4.3. Como o autoconceito do consumidor influencia seu comportamento de consumo?

5 **Distinguir entre decisões de compra de alto e de baixo envolvimento.**

As compras com níveis altos de conseqüências sociais ou econômicas potenciais são chamadas de decisões de compra de alto envolvimento. Exemplos incluem comprar um carro novo ou uma casa. Compras de rotina que impõem poucos riscos ao consumidor são chamadas de decisões de compra de baixo envolvimento, por exemplo, escolher um chocolate ou um jornal.

5.1. Diferencie produtos de alto envolvimento de produtos de baixo envolvimento.

5.2. Categorize cada um dos seguintes itens como produtos de alto ou baixo envolvimento: xampu, computador, revista, carro, lanche, sistema de entretenimento.

6 **Esboçar os passos do processo de decisão do consumidor.**

O processo de decisão do consumidor consiste em seis etapas: reconhecimento de problema ou oportunidade, busca, avaliação de alternativas, decisão de compra, ato da compra, avaliação pós-compra. O tempo envolvido em cada estágio do processo de decisão é determinado pela natureza das compras individuais.

6.1. Identifique e descreva resumidamente as seis etapas do processo de decisão de compra do consumidor. Cite um exemplo de cada etapa.

6.2. O que faz a dissonância cognitiva aumentar? Como os consumidores tentam reduzi-la?

7 **Diferenciar entre comportamento de resposta rotineira, resolução limitada de problema e resolução estendida de problema por consumidores.**

Comportamento de resposta rotineira refere-se às compras

repetidas feitas de uma mesma marca ou grupo limitado de itens. A resolução limitada de problema ocorre quando um consumidor tem critérios previamente estabelecidos para uma compra, mas então encontra uma nova marca ou modelo. A resolução estendida de problema ocorre quando marcas são difíceis de categorizar ou avaliar. Decisões de compra de alto envolvimento geralmente requerem resolução estendida de problema.

7.1. Dê exemplos de cada tipo de resolução de problema do consumidor: resposta rotineira, resolução limitada de problema e resolução estendida de problema.

PROJETOS E EXERCÍCIOS EM GRUPO

1. Escolha um colega para ser seu parceiro. Separadamente, listem o que vocês acham que são os valores centrais na sua cultura. Então comparem suas listas. Quais valores são parecidos? Quais são diferentes? Quais influências vocês acham que criaram as diferenças?

2. Pense na sua participação nas compras da família. Quanta influência você tem nas decisões de sua família? Essa influência mudou com o tempo? Por que mudou ou não mudou? Descreva sua experiência com uma compra familiar recente.

3. Com outro colega, crie uma propaganda de uma página usando estímulos como cor e tamanho para conseguir uma resposta dos consumidores. Apresente sua propaganda à sala para ver a resposta. Os colegas a acharam eficiente? Por quê?

4. Selecione uma propaganda impressa e identifique seus componentes cognitivos, afetivos e comportamentais, assim como sua atitude em relação à propaganda. Discuta a propaganda com a sala.

5. Encontre uma propaganda que usa a teoria do autoconceito para promover seu produto. Descreva brevemente como a propaganda usa a auto-imagem, o eu pelo espelho ou o eu ideal para promover o produto, ou apresente o que encontrou para a sala.

6. Pense sobre a última grande compra que você fez (ou imagine uma que gostaria de fazer). Encontre várias propagandas que apelariam a você durante a fase de busca de seu processo de decisão de compra e várias que você evitaria ou deixaria de lado depois de sua compra por causa da dissonância cognitiva. Como essas propagandas são diferentes umas das outras? Um conjunto é mais eficaz ou mais informativo do que o outro? Relate à sala suas descobertas sobre essa comparação.

7. Escolha um parceiro e selecione um produto de consumidor como pasta de dente ou detergente. Trabalhem separadamente, façam uma lista pequena de afirmações que expressem suas atitudes positivas e/ou negativas sobre o produto e a marca que vocês escolheram. Troque as listas e façam uma nova lista indicando como vocês, como um profissional de marketing, responderiam à lista do seu colega, escolhendo atitudes negativas ou reforçando as positivas. Compartilhem suas listas com a sala.

8. A propaganda na internet ainda está no começo. Você já respondeu a uma propaganda em um pop-up? Por que sim ou não? Qual produto ou serviço você comprou? Prepare uma lista de qualidades que você acha que caracterizam uma propaganda de sucesso na internet e compartilhe com sua sala.

9. Você é um líder de opinião em qualquer grupo ao qual pertence ou para qualquer tipo de produto ou serviço? Você conhece alguém que é? Descreva um líder de opinião que você conhece (ou você mesmo nesse papel) e enfatize as qualidades e as ações que fazem outras pessoas protelarem a opinião daquele líder.

10. Suponha que você está tomando a decisão sobre um item caro como um *home theater*. Quais características de seu autoconceito, se houver alguma, você acha que entrariam em jogo nessa decisão? Faça uma lista delas e sugira características do produto que se relacionam com elas.

APLICANDO OS CONCEITOS DO CAPÍTULO

1. Crie um diário de marketing. Anote toda mensagem de marketing que você perceber nas próximas 24 horas (faça um esforço especial para diminuir seu filtro perceptivo e grave o máximo de mensagens possíveis). Indique o produto, o meio, o tipo de compra (alto ou baixo envolvimento) e o tipo de apelo usando as necessidades de Maslow como guia. Também tente observar como a mensagem tentou atravessar seu filtro perceptivo. Quais são de maior sucesso e por quê? Resuma suas descobertas e relate-as à sala.

2. Crie um diário de consumo. Anote toda vez que você comprar alguma coisa nas próximas 48 horas, seja grande ou pequena. Anote que tipo de decisão de compra você tomou:

resposta rotineira, resolução limitada de problema ou resolução estendida de problema. Indique se você usou alguma ou todas as etapas no processo de decisão do consumidor e se passou por dissonância cognitiva após a compra. Tente observar se sua compra foi uma resposta a um determinante pessoal ou interpessoal do comportamento do consumidor. Você observa algum padrão em suas decisões de compra? O que você acha que ele diz sobre os tipos de decisões que você toma com mais freqüência?

3. Pense sobre uma compra com a qual você teve uma experiência negativa. Talvez um item que não teve o desempenho de acordo com suas expectativas ou um serviço que não foi o prometido. O que teria de mudar para você experimentar esse produto ou serviço de novo? Componha uma mensagem de marketing – um anúncio impresso ou de rádio, um roteiro para um comercial curto de televisão, um folheto, ou outra forma à sua escolha. Use a peça para demonstrar o que seria necessário para mudar sua atitude negativa sobre o produto.

4. Suponha que você é responsável por ajudar a fazer o marketing de um novo produto como carros híbridos ou internet sem fio ou um novo serviço como postagem eletrônica pronta para impressão. Faça um pouco de pesquisa sobre uma oferta assim e prepare um perfil do líder de opinião ideal para a oferta. Descreva o líder com o máximo de detalhes realistas possíveis e descreva em termos gerais como você o encontraria e alcançaria. Apresente seu perfil para a sala.

EXERCÍCIOS DE ÉTICA

Marketing diretamente para crianças tornou-se uma estratégia controversa, principalmente na televisão, porque vários programas são voltados aos muito novos. Alguns críticos acham que muitas propagandas direcionadas a crianças as iludem e se aproveitam de sua incapacidade de distinguir entre fantasia e realidade. Os profissionais de marketing dizem que os pais cujos filhos pedem o que vêem anunciado ainda podem dizer não se não quiserem comprar. Pesquise alguns artigos que ilustram os dois lados do assunto. Então selecione um produto infantil específico (brinquedo, jogo, filme, bala ou comida, por exemplo) e observe a estratégia de marketing do vendedor (propagandas, comerciais, cupons, concursos, e assim por diante).

1. Qualquer característica da campanha apóia a idéia de que propagandas para crianças devem ser cuidadosamente regulamentadas?

2. Escreva um relatório sobre suas observações, explique por que você chegou à sua conclusão e cite sua pesquisa.

EXERCÍCIOS NA INTERNET

1. **Processo de decisão do consumidor.** Pressuponha que você quer comprar um automóvel. Siga os primeiros três passos do modelo do processo de decisão do consumidor mostrado no texto (reconhecimento de problema/oportunidade, busca e avaliação das alternativas). Use a internet para auxiliar seu processo de decisão. Sites importantes incluem aqueles de fabricantes de automóveis, como a GM (**www.gm.com.br**) e Honda (**www.honda.com.br**), assim como sites de autos independentes, MSN (**www.msnauto.com.br**) e Mercado Livre (veiculos.mercadolivre.com.br). Compare e contraste seus resultados com os de um amigo.

2. **A hierarquia das necessidades de Maslow.** Como observado neste capítulo, produtos diferentes são desenhados para satisfazer a necessidades múltiplas. Escolha cinco produtos bem conhecidos e visite o site do produto ou do fabricante. Com base na maneira como as informações são apresentadas no site, qual das necessidades de Maslow você acha que o produto está tentando satisfazer? Está tentando satisfazer mais de uma? Você se surpreendeu com alguma de suas descobertas?

Observação: Os endereços de sites na internet mudam com freqüência. Se você não encontrar os sites mencionados, será necessário acessar a homepage da organização ou da empresa e então realizar sua pesquisa ou utilizar uma ferramenta de busca como o *Google*.

C|A|S|O 5.1   Cabela's: Marketing para o consumidor
que odeia fazer compras

Alguns profissionais de marketing ficariam felizes apenas em conseguir fazer que os consumidores "Eu odeio fazer compras" entrassem em suas lojas. Mas Cabela's, o varejista de produtos esportivos, não atrai apenas alguns compradores hesitantes – principalmente homens – de quilômetros de distância para suas oito lojas. Ele fez daquelas lojas destinos de sucesso em todos os Estados Unidos.

A loja em Michigan, por exemplo, é a maior atração turística do estado. Seis milhões de pessoas visitam-na todo ano, mais do que as visitas a Nova York para fazer compras em um ano típico. A loja da Cabela's em Minnesota fica em segundo lugar, perdendo apenas para o Mall of America em questão de força de atração do turista no estado. A loja de Sidney, em Nebraska, revitalizou a cidade antes deprimida de 6 mil habitantes, onde nem o Wal-Mart abriu uma loja. A aproximadamente 240 quilômetros de Denver, Sidney agora se orgulha de novos restaurantes, hotéis e outros negócios para atender os visitantes e compradores da Cabela's, e tem duzentos empregos a mais do que moradores. Também é a segunda maior atração turística de Nebraska. "O impacto de desenvolvimento econômico da Cabela's está fora das tabelas," diz o prefeito de Sidney.

Cabela's começou fazendo marketing de catálogo em 1961, e abriu sua primeira loja de varejo, em Sidney, trinta anos depois. Na época, diz o presidente Jim Cabela: "Nós não esperávamos que a loja tivese lucro". Jim e seu irmão, Dick Cabela, *chairman* da empresa, pretendiam que a loja fosse apenas um show room para chamarizes, iscas, linhas, molinetes, botas, camuflagem, sapatos para cachorros, barracas, barcos, coletes para pescar, arcos, munição e todo tipo de equipamento de caça e pesca do catálogo que um homem da natureza poderia querer, com dezenas de armas novas, usadas e antigas. Pensando nesse propósito, esbanjaram nos gastos em mobiliar o estabelecimento de varejo, enchendo o piso de venda com displays de vida selvagem à altura de museus e aproximadamente 400 troféus empalhados valendo dezenas de milhares de dólares, arrumados em poses de ação reais em cenários decorados autenticamente. Quatro aquários enormes, com 30 mil litros cada um mostram uma variedade de peixes de água doce. Havia até um canil e curral para os cavalos e cachorros dos caçadores que passavam para comprar enquanto caçavam.

Como seu concorrente, Lojas Bass Pro, que também mantém operações de varejo e por catálogo, a Cabela's compete bem com lojas de desconto, mas oferece a seus clientes a vantagem de uma seleção muito maior, principalmente de itens mais caros. "Eu teria de ir a duas ou três lojas diferentes para encontrar todas as marcas que têm na Cabela's", diz Jason Gies, que dirigiu 240 quilômetros para visitar a Cabela's e comprar uma rara arma Remington lá. A grande variedade de itens, os displays de vida selvagem e as ofertas de roupas e presentes cuidadosamente escolhidas para mulheres e crianças incentivam os clientes a ficar por horas, enchendo os carrinhos com mercadoria. Famílias inteiras, assim como colegas de caça ou pesca e ônibus cheios de crianças, vão passar a manhã, a tarde ou até o dia inteiro. Os clientes geralmente encontram o que procuram.

Outra maneira de a Cabela's cuidar de seu consumidor típico – o homem que odeia multidões e fazer compras – é oferecendo serviços de alta qualidade. As lojas têm o atendimento de funcionários bastante informados, que passam por testes sobre a mercadoria vendida na loja. E as ofertas nos departamentos de roupas competem bem com os estilos e preços encontrados em lojas de departamento de prestígio elevado, algumas das quais são difíceis de encontrar nas áreas rurais que a Cabela's favorece. "A Cabela's é o único lugar por perto que tem roupas elegantes", diz uma cliente na loja de Sidney.

A Cabela's descobriu que os clientes rurais dirigirão quilômetros para aproveitar um pouco de ambiência, bom atendimento e roupas com estilo. A esposa do morador de Wyoming, John Brown, o convenceu a fazer compras apenas duas vezes durante seu casamento de 35 anos. Mas quando vai à Cabela's, ele diz, "Aqui sou igual a uma criança em loja de doce".

Perguntas para discussão

1. Quais são alguns dos filtros perceptivos que a Cabela's superou nos consumidores em suas lojas de varejo? Como isso foi feito?
2. Como você acha que influências familiares ou sociais afetam os clientes masculinos hesitantes que visitam a Cabela's?
3. Você acha que a experiência de compra dentro da loja da Cabela's satisfaz alguma das necessidades da hierarquia de Maslow? Quais e por quê?

Fontes: DOVEY, Laurie Lee. Cabela's outfitting America, *America's 1st Freedom*, mar. 2004, p. 40-41, 55; site da empresa, **www.cabelas.com**, acessado em 23 fev. 2004; HELLIKER, Kevin. Rare retailer scores by targeting men who hate to shop, *The Wall Street Journal*, 17 dez. 2002, p. A1.

Marketing

Business-to-Business (B2B)

Capítulo 6

Objetivos

1 Explicar cada um dos componentes do mercado business-to-business (B2B).

2 Descrever as principais abordagens para a segmentação de mercados.

3 Identificar as principais características do mercado B2B e sua demanda.

4 Discutir a decisão de fazer, comprar, arrendar.

5 Descrever as principais influências no comportamento de compra em mercados B2B.

6 Esboçar as etapas do processo de compras corporativas.

7 Classificar situações de compras corporativas.

8 Explicar o conceito de centro de compras.

9 Discutir os desafios e as estratégias de marketing para compradores governamentais, institucionais e internacionais.

MAJESTIC ATHLETIC ACERTA UMA

Velocidade, foco e performance – essas qualidades nos fazem pensar em grandes atletas, incluindo jogadores da *Major League Baseball* (*MLB* – Grande Liga de Beisebol). Mas também descrevem uma pequena empresa familiar da Pensilvânia, chamada Majestic Athletic. Fundada na década de 1950 por Faust Capobianco II e sua esposa Mary, confeccionava moda feminina. Porém, quando outros fabricantes de roupas começaram a transferir suas operações para o exterior por acusa de mão-de-obra e outros custos de produção, o filho dos Capobianco – Faust Capobianco III – recomendou uma mudança para artigos esportivos e uniformes de times. Ele fundou a Majestic Athletic em 1976 e ainda é *chairman* da empresa, enquanto sua esposa e seu filho atuam na parte administrativa.

A Majestic vende seus produtos para outras empresas e organizações, que vão de varejistas e universidades à MLB. Apesar de ser minúscula comparada a gigantes do esporte, como a Nike – as vendas da Majestic são de cerca de US$ 150 milhões por ano, ao passo que a Nike vende US$ 12 bilhões –, a MLB recentemente concedeu à Majestic um contrato de exclusividade para fabricar *todos* os uniformes para suas trinta equipes. A Majestic bateu a Adidas, a Rawlings e a Russel no contrato, no valor estimado de US$ 500 milhões. Por que a MLB assumiu um risco desses com uma empresa pequena?

A Majestic é conhecida por reconhecer oportunidades e agarrá-las à velocidade da luz. Quando os Texas Rangers venderam Alex Rodriguez (A-Rod) aos Yankees em uma das maiores negociações na história do beisebol, a Majestic entregou cópias de camisas – com o número 13 de A-Rod – para lojas de varejo a tempo para a coletiva de imprensa anunciando a venda. "Os picos de demanda para essas coisas são medidos em horas, não dias," observa Mitchell, CEO da Modell, uma cadeia de lojas de artigos esportivos. "Ser capaz de mudar de direção à medida que a notícia acontece é fundamental", afirma Marshal Cohen, que acompanha o mercado da moda para uma empresa de pesquisa de marketing.

A Majestic também oferece excelente atendimento ao consumidor. Antes de receber o contrato para todos os uniformes, a empresa estava fazendo abrigos para a MLB. E fez um trabalho tão bom que "dentro de um ano eu tinha todos os nossos clubes clamando pela Majestic", recorda Howard Smith, gerente de produtos ao consumidor da MLB. Faust Capobianco IV explica que manter operações nos Estados Unidos é um componente-chave para o serviço ao consumidor. "Os concorrentes que utilizam basicamente a fabricação no exterior têm maior dificuldade para reagir a oportunidades inesperadas", afirma.

A Majestic concentra-se no beisebol, o que deixa a Liga bastante satisfeita. Quando céticos perguntaram a Howard Smith, da MLB, por que ele havia escolhido a Majestic para fornecer os uniformes das equipes, ouviram dele: "A escolha foi fácil. Noventa por cento do tempo da Majestic é gasto comigo. A Nike não pode fazer isso". E mais: "Em primeiro lugar, acima de tudo e para sempre, eles são uma empresa de beisebol. Eles colocaram todos os seus ovos em uma cesta, e foram recompensados ganhando cada vez mais a nossa confiança, a confiança de nossos jogadores".

Capobianco coloca a questão desta forma: "Quando acordamos todas as manhãs, respiramos MLB". Essa filosofia é uma grande tacada para a Majestic.[1]

Visão geral

Estamos todos cientes do mercado consumidor. Como consumidores, estamos envolvidos em comprar itens necessários quase todos os dias de nossa vida. Além disso, não podemos deixar de notar a imensa quantidade de mensagens de marketing voltadas para nós em uma variedade de meios. Mas o mercado de business-to-business é, na verdade, significativamente maior. As empresas americanas compram mais de US$ 300 bilhões por ano apenas em suprimentos de escritório e manutenção. Agências governamentais contribuem ainda mais para o mercado business-to-business; o orçamento do Ministério da Defesa dos Estados Unidos para um ano recente foi de aproximadamente US$ 400 bilhões.[2] O comércio mundial business-to-business realizado pela internet agora totaliza mais de US$ 2 trilhões.[3] Seja realizado em transações face a face, via telefone, ou pela internet, os empresários lidam todos os dias com decisões complexas de compras envolvendo múltiplos tomadores de decisão. Tais decisões variam de simples repedidos de itens solicitados anteriormente a compras complexas para as quais os materiais são terceirizados do mundo todo. Conforme ilustrado pela vinheta de abertura, isso

Em poucas palavras

Quando você está batendo na bola, ela vem até você como se fosse uma laranja. Quando não está, ela parece uma ervilha.

George Scott (nasc. 1944)
Jogador profissional de beisebol americano

envolve a construção sólida de relacionamentos entre organizações como a Majestic Athletic e a *Major League Baseball*. A satisfação e a fidelidade do consumidor são importantes fatores no desenvolvimento desses relacionamentos a longo prazo.

Este capítulo discute o comportamento de compra no mercado de negócios ou organizacional. O **marketing business-to-business**, ou **marketing B2B**, lida com compras corporativas de bens e serviços para apoiar a produção de outros produtos, facilitar as operações diárias da empresa, ou revenda. Mas você pode perguntar: "Como posso distinguir entre compras de consumidor e transações B2B?". Na verdade, é bastante simples. Apenas faça a si mesmo duas perguntas:

1. Quem está comprando o bem ou o serviço?
2. Por que a compra está sendo feita?

A compra do consumidor envolve compras feitas por pessoas como você e eu. Compramos itens para uso e desfrute próprios – não para revenda. Em contraste, as compras B2B são feitas por organizações, governos e intermediários comerciais para serem revendidas, combinadas com outros itens para criar um produto final para revenda, ou usadas nas operações cotidianas da organização. Então, responda às duas perguntas – "Quem está comprando?" e "Por quê?" – e terá a solução.

NATUREZA DO MERCADO DE NEGÓCIOS

As empresas normalmente vendem menos produtos padronizados a compradores corporativos do que a consumidores finais. Se você pode comprar um telefone celular para uso pessoal, uma empresa geralmente precisa comprar um sistema inteiro de comunicação – o que envolve maior customização, tomada de decisão mais complexa e, normalmente, mais tomadores de decisão. Então, o processo de compra e venda se torna mais complexo. O atendimento ao consumidor é extremamente importante para compradores B2B. A comunicação desempenha um papel muito menor no mercado de negócios do que no mercado consumidor, embora propagandas em revistas de negócios ou publicações comerciais sejam comuns. Os profissionais de marketing anunciam principalmente para falar de novos produtos, melhorar a imagem e a presença da empresa e atrair clientes potenciais que passariam então a tratar com um vendedor.

A venda pessoal tem um papel muito maior nos mercados de negócios do que nos de consumo, os canais de distribuição são mais curtos, o relacionamento com o consumidor tende a durar mais e as decisões de compra podem envolver múltiplos tomadores de decisão. Todos esses fatores provavelmente se aplicariam no caso da Canon. A Tabela 6.1 compara as práticas de marketing comumente usadas tanto no marketing B2B como no de bens de consumo.

Assim como os consumidores finais, uma organização compra produtos para atender a necessidades. Contudo, sua necessidade primária – atender às demandas de seus próprios consumidores – é semelhante entre as empresas. Um fabricante compra matérias-primas como polpa de madeira, tecido ou grãos para criar o produto da empresa. Um atacadista ou varejista compra os produtos fabricados – papel, vestuário ou cereais – para revender. A Mattel compra de tudo, de plástico a tintas, para produzir seus brinquedos; o Wal-Mart compra brinquedos prontos para vender ao público. As empresas também compram serviços de outras empresas. Uma firma pode comprar serviços jurídicos e de contabilidade, um serviço de limpeza de escritório, um serviço de call center e um serviço de recrutamento. A Kelly Services é uma empresa de staff temporário que está no mercado desde 1946. A Kelly seleciona e fornece pessoal temporário para uma grande variedade de setores, incluindo educação, finanças, saúde, setor automotivo, científico e de tecnologia da informação. A empresa atualmente atende a 200 mil consumidores corporativos em 26 países.[4] Compradores institucionais, como agências governamentais e organizações sem fins lucrativos, compram coisas para atender às necessidades de seus membros, sejam elas vans ou alimentos.

Fatores ambientais, organizacionais e interpessoais estão entre as muitas influências nos mercados B2B. Considerações sobre orçamento, custo e lucro têm seu papel nas decisões de compras corporativas. Além disso, o processo de compra de negócios tipicamente envolve interações complexas entre várias pessoas. Os objetivos de

Tabela 6.1 Comparação entre o marketing business-to-business e o marketing do consumidor

	MARKETING BUSINESS-TO-BUSINESS	MARKETING DO CONSUMIDOR
Produto	De natureza relativamente técnica, forma exata normalmente variável, serviços de acompanhamento muito importantes.	Forma padronizada, serviço importante mas menos do que para produtos comerciais.
Comunicação	Ênfase na venda pessoal.	Ênfase na publicidade.
Distribuição	Relativamente curta, canais diretos para comercializar.	O produto passa por vários elos intermediários em direção ao consumidor.
Relacionamento com os clientes	Relativamente duradouro e complexo.	Contato comparativamente pouco freqüente, relacionamento de duração relativamente curta.
Processo de tomada de decisão	Membros diversos da organização tomam a decisão.	O indivíduo ou a unidade familiar toma a decisão.
Preço	Concorrência de licitação para itens únicos, preços de tabela para itens padrão.	Preço de tabela

uma organização também devem ser considerados no processo de compra B2B. Seções mais adiante neste capítulo irão explorar esses tópicos em mais detalhes.

Algumas empresas se concentram inteiramente nos mercados de negócios. Por exemplo, a Hoechst vende produtos químicos para fabricantes que os utilizam em uma variedade de produtos. A Advanced Micro Devices faz chips de memória para os mercados de telefones celulares e provedores de internet. A Computer Associates, a Oracle e a Sybase são fornecedoras de software especializadas em aplicativos de negócios. Outras firmas vendem tanto para mercados de consumo como corporativos. A Netscape, mais conhecida por fornecer seu navegador de internet para consumidores, na verdade tem cerca de 80% de seu faturamento proveniente de consumidores corporativos. Ela oferece uma linha completa de sofisticados softwares de rede para empresas como 3M e Chrysler. Observe também que estratégias de marketing desenvolvidas em marketing de consumo costumam ser adequadas para o setor de negócios. Os consumidores finais normalmente são os usuários finais de produtos vendidos no mercado corporativo e, conforme explicado mais adiante neste capítulo, podem influenciar a decisão de compra.

O mercado B2B é diverso. As transações podem variar de pedidos pequenos, como caixas de clipes de papel ou toner para impressora para um *home office*, a transações grandes, como a encomenda de milhares de peças para um fabricante de automóveis ou geradores de turbina para uma usina hidrelétrica. Conforme mencionado anteriormente, as empresas também são grandes compradoras de serviços, como telecomunicações, consultoria em informática e serviços de transporte. Quatro categorias principais definem o mercado de negócios: (1) o mercado comercial, (2) setores de revenda, (3) organizações governamentais e (4) instituições sem fins lucrativos.

COMPONENTES DO MERCADO DE NEGÓCIOS

1 Explicar cada um dos componentes do mercado business-to-business (B2B).

O **mercado comercial** é o maior segmento do mercado de negócios. Inclui todas as pessoas e empresas que adquirem produtos para apoiar, direta ou indiretamente, a produção de outros bens e serviços. Quando a Hewlett-Packard compra chips de computador da Intel, quando a Sara Lee compra trigo para transformar em farinha para servir de ingrediente em seus pães e quando um supervisor de fábrica encomenda lâmpadas e materiais de limpeza para uma planta no Tennessee, essas transações acontecem no mercado comercial. Alguns produtos auxiliam na produção de outros itens (os chips de computador). Outros são fisicamente usados na produção de um bem ou serviço (o trigo). Outros, ainda, contribuem para as operações diárias da empresa (os suprimentos de manutenção). O mercado comercial inclui fabricantes, fazendeiros e outros membros de setores de produção de recursos, empreiteiras de construção e provedores de serviços como transporte, serviços públicos, financiamento, seguro e corretagem de imóveis.

O segundo segmento do mercado corporativo, os **setores de revenda**, inclui varejistas e atacadistas, conhecidos como **revendedores**, que operam nesse setor. A maioria dos produtos de revenda, como roupas, eletrodomésticos, equipamentos esportivos e peças automotivas, são produtos acabados que os compradores vendem aos consumidores finais. Em outros casos, os compradores podem incluir algum processamento ou reembalagem antes de revenderem os produtos. Um mercado varejista de carnes pode comprar uma peça de carne e depois cortar pedaços individuais para seus consumidores. Vendedores de madeira e varejistas de tapetes podem comprar a granel e depois fornecer quantidades e tamanhos que atendam às especificações dos consumidores. Além de produtos de revenda, esses setores compram computadores, prateleiras e outros produtos necessários para operar seus negócios. Esses bens, assim como itens de manutenção, e serviços especializados como instalação de scanner, inserções em jornais e propaganda em rádio, representam compras corporativas. Stephen e Michael Maharam, quarta geração de proprietários da indústria têxtil Maharam, vendem tecidos de escritório para revestimento de baias ou cadeiras de trabalho. Os dois irmãos também levaram a empresa centenária a novos mercados. Reavivaram padrões antigos dos famosos designers de móveis Charles e Ray Eames e se uniram a designers atuais para produzir novas linhas de móveis e acessórios vendidos aos consumidores por meio de varejistas do mercado de luxo.[5]

A categoria governamental do mercado de negócios inclui unidades domésticas de governo – federais, estaduais e municipais –, além de governos estrangeiros. Esse importante segmento de mercado faz uma grande variedade de compras, que variam de rodovias a serviços sociais. A principal motivação das compras governamentais é fornecer algum tipo de benefício público, como defesa nacional ou controle da poluição. Porém, as agências governamentais também se tornaram criativas no que se refere a vendas – departamentos de polícia municipais e agências estaduais e federais estão vendendo remessas de navio não reclamadas, bens confiscados e itens encontrados em cofres e não reclamados no eBay. Com sorte, é possível comprar um iate personalizado, um relógio caro ou DVDs em um leilão na internet.[6]

Instituições sem fins lucrativos, tanto públicas como privadas, são o quarto componente do mercado de negócios. Essa categoria inclui ampla gama de organizações, como hospitais, igrejas, centros médicos especializados, faculdades e universidades, museus e agências sem fins lucrativos. Algumas instituições – como de ensino superior – devem seguir rigorosamente procedimentos padronizados de compras, mas outras têm práticas menos formais de compras. Os profissionais de business-to-business costumam encontrar vantagens em estabelecer divisões separadas para vender a compradores institucionais.

MERCADOS B2B: A CONEXÃO À INTERNET

Embora o uso dos mercados de internet por parte dos consumidores receba a maior parte da atenção pública, mais de 90% de todas as vendas pela internet são transações B2B.[7] Muitos profissionais de marketing business-to-business criaram portais particulares que permitem que seus clientes comprem itens necessários. Páginas de serviço e customizadas são acessadas mediante senhas fornecidas pelo pessoal de B2B. Leilões on-line e mercados virtuais oferecem outras formas de compradores e fornecedores se conectarem uns aos outros pela internet.

No início do boom da internet, empresas novas correram para conectar compradores e vendedores sem levar em consideração princípios básicos de marketing, como mirar em seu mercado e garantir que as necessidades dos consumidores fossem atendidas. Como resultado, muitas dessas empresas foram à falência. Mas aquelas que sobreviveram – e as novas que aprenderam com os erros das antigas – ganharam uma presença de mercado muito mais forte. Por exemplo, elas reconhecem que seus consumidores de negócios têm muita coisa em risco e esperam maior valor e utilidade dos bens e serviços que adquirem. Um estudo recomenda "às empresas que desejam" comprar um negócio pela internet devem concentrar-se em "melhorar – não substituir – relacionamentos tradicionais".[8]

A internet também abre mercados estrangeiros aos compradores. Uma dessas firmas, uma empresa de algodão chamada The Seam, sobreviveu ao *boom* na internet e agora está expandindo-se para o exterior – em particular, para a China. "Você tem de olhar para a China", explica Kevin Brinkley, vice-presidente de marketing e negócios na The Seam. "Tem tanta coisa acontecendo no consumo mundial e na produção [de algodão] lá que precisamos levar em consideração." A firma também está considerando expandir-se para o Brasil.[9]

DIFERENÇAS NOS MERCADOS DE NEGÓCIOS ESTRANGEIROS

Conforme a The Seam se muda para outros países, seus profissionais de marketing devem considerar o fato de que mercados de negócios estrangeiros podem diferir em razão de variações em regulamentações governamentais e práticas culturais. A The Seam começou seus esforços na China discutindo, com membros do governo, como a firma pode envolver-se com a *China National Cotton Exchange* (Bolsa Nacional de Algodão da China).[10] Alguns produtos comerciais precisam de modificações para terem sucesso em mercados estrangeiros. Na Austrália, no Japão e na Grã-Bretanha, por exemplo, os motoristas dirigem do lado esquerdo da pista. Os automóveis precisam ser modificados para se adaptarem a essas diferenças.

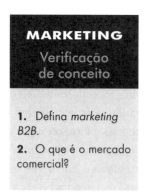

Os profissionais de marketing devem estar dispostos a adaptar costumes locais e práticas de negócios quando operam no exterior. Eles também devem pesquisar preferências culturais. Fatores tão enganadoramente simples como o horário de uma reunião e métodos para se dirigir a associados podem fazer a diferença. Uma empresa precisa até mesmo considerar que cores de tinta usar para documentos, pois as corem podem ter significados diferentes em países diferentes.

SEGMENTANDO MERCADOS B2B

2 Descrever as principais abordagens para a segmentação de mercados business-to-business (B2B).

Os mercados business-to-business incluem grandes variedades de consumidores. Portanto, os profissionais de marketing devem identificar os diferentes segmentos de mercado a que atendem. Ao aplicarem conceitos de segmentação a grupos de consumidores de negócios, os profissionais de marketing de uma empresa podem desenvolver uma estratégia que melhor se encaixe nas necessidades de um segmento em particular. O processo global de segmentar mercados de negócios divide os mercados com base em diferentes critérios, normalmente características organizacionais e aplicações de produtos. Entre as principais formas de segmentar mercados de negócios encontram-se a demográfica (tamanho), o tipo de consumidor, a aplicação pelo usuário final e a situação de compra.

SEGMENTAÇÃO POR CARACTERÍSTICAS DEMOGRÁFICAS

Assim como nos mercados de consumidores, as características demográficas definem critérios úteis de segmentação para mercados de negócios. Por exemplo, as empresas podem ser agrupadas por tamanho, com base no faturamento de vendas ou no número de funcionários. Os profissionais de marketing podem desenvolver uma estratégia para atin-

Figura 6.1
Direcionamento a pequenas empresas.

gir as corporações da *Fortune 500* com procedimentos complexos de compras e outra estratégia para firmas pequenas nas quais as decisões são tomadas por uma ou duas pessoas. Para ganhar seus negócios, a American Express criou sua unidade de serviços para pequenas empresas, fornecendo informações e assistência para empreendedores e proprietários de pequenas empresas. A capacidade de imprimir cores rapidamente e com alta qualidade é uma meta desejada nos negócios, independentemente do tamanho das companhias. A FedEx atende a empresas de todos os portes, mas se concentra nas pequenas empresas do anúncio na Figura 6.1

SEGMENTAÇÃO POR TIPO DE CONSUMIDOR

Outra abordagem útil de segmentação agrupa os prospectos de acordo com o tipo de consumidor. Os profissionais de marketing podem aplicar esse conceito de várias maneiras. Podem agrupar consumidores em categorias amplas – fabricante, provedor de serviço, agência governamental, organização sem fins lucrativos, atacadista ou varejista – e também por setor. Esses grupos podem ser ainda divididos usando-se outras abordagens de segmentação discutidas nesta seção.

A **segmentação baseada no consumidor** é uma abordagem relacionada normalmente usada no mercado de business-to-business. Compradores corporativos tendem a ter exigências muito mais precisas – e complexas – para bens e serviços do que os consumidores finais. Como resultado, os produtos comerciais geralmente se encaixam em segmentos de mercado mais estreitos do que os produtos de consumo. Esse fato leva algumas empresas a projetarem bens e serviços para atender a especificações de compra mais detalhadas. A Tetra Tech FW Inc., sediada em Pasadena, fornece uma variedade de serviços ambientais, incluindo desenvolvimento, projeto, engenharia e recuperação de tecnologia para organizações em todo o mundo. Como os seus consumidores incluem agências governamentais e também empresas privadas – e como as necessidades dos consumidores são diferentes –, a Tetra Tech FW oferece uma gama de programas para se adequar a cada tipo de consumidor. Por exemplo, fornece serviços de consultoria para concessionárias públicas, ajuda as comunidades a limpar fontes de água poluídas, e até conduz missões para limpar locais públicos e privados de arsenais não explodidos.[11]

Sistema de Classificação Industrial da América do Norte (NAICS)

Na década de 1930, o governo americano estabeleceu um sistema uniforme para subdividir o mercado de negócios em segmentos detalhados. O sistema *Standard Industrial Classification* (SIC – Padrão de Classificação Industrial) padronizou esforços para coletar e relatar informações sobre a atividade industrial nos Estados Unidos.

Os códigos SIC dividiam as empresas em amplas categorias industriais: agricultura, silvicultura e pesca; mineração e construção; manufatura; serviços de transporte, comunicação, elétricos, de gás e sanitários; atacado; varejo; serviços financeiros, de seguros e imobiliários; administração pública; e estabelecimentos não-classificáveis. O sistema atribuiu a cada grande categoria nessas classificações seu próprio número de dois dígitos. Números de três e quatro dígitos dividiam ainda mais cada setor em segmentos menores.

Por quase setenta anos, os profissionais de B2B usaram códigos SIC como uma ferramenta para segmentar mercados e identificar novos clientes. O sistema, contudo, ficou desatualizado com a implementação do Acordo de Livre Comércio da América do Norte (Nafta). Cada membro do Nafta – Estados Unidos, Canadá e México – tinha seu próprio sistema para medir a atividade comercial. A nova Área de Livre Comércio da América do Norte exigia um sistema de classificação conjunto que permitiria aos profissionais de marketing comparar setores de negócios entre as nações-membro. De fato, os profissionais de marketing precisavam de uma ferramenta de segmentação que pudessem usar entre as fronteiras. O **Sistema de Classificação Industrial da América do Norte (NAICS)** substituiu o SIC e fornece mais detalhes do que havia anteriormente. O NAICS criou novos setores de serviços para melhor refletir a economia do século XXI. Eles incluem informação; assistência médica e social e serviços profissionais, científicos e técnicos.

SEGMENTAÇÃO POR APLICAÇÃO DO USUÁRIO FINAL

Uma terceira base de segmentação, a **segmentação por aplicação do usuário final**, concentra-se na maneira exata em que um comprador de negócios irá usar um produto. Por exemplo, um fabricante de equipamentos de impressão pode atender mercados que variam de uma concessionária pública local ou um fabricante de bicicletas ao Ministério da Defesa Americano. Cada uso final do equipamento pode ditar especificações únicas de performance, design e preço. A Praxair, fornecedora de gases industriais, pode segmentar seus mercados de acordo com o usuário. Fabricantes de aço e vidro podem comprar hidrogênio e oxigênio, ao passo que fabricantes de alimentos e bebidas precisam de dióxido de carbono. A Praxair também vende criptônio, um gás raro, para empresas que produzem laser, iluminação e janelas térmicas. Muitas empresas de pequeno e médio porte também segmentam mercados de acordo com a aplicação do usuário final. Em vez de competir em mercados dominados por grandes firmas, elas se concentram em segmentos de mercado de uso final específicos.

SEGMENTAÇÃO POR CATEGORIAS DE COMPRAS

As empresas têm diferentes estruturas para suas funções de compras, e os profissionais de marketing B2B devem adaptar suas estratégias segundo as características desses compradores corporativos. Algumas empresas designam departamentos de compras centralizados para atender a toda a firma, e outras permitem que cada unidade trate de suas próprias compras. Um fornecedor pode tratar com um agente de compras ou muitos tomadores de decisão em vários níveis. Cada uma dessas estruturas resulta em diferentes comportamentos de compras.

Quando a situação de compra é importante para os profissionais de marketing, eles normalmente consideram se o cliente já fez compras antes ou se esse é seu primeiro pedido. Como a Staples renovou seu foco em clientes de pequenas empresas, os profissionais de marketing da firma querem atingir novos clientes em potencial informando-os sobre a adição de 450 produtos voltados a suas necessidades. Uma vez que esses novos clientes se estabeleçam, os profissionais de marketing podem concentrar-se em continuar a fornecer soluções de escritório, estabelecer programas de repedidos, enviar lembretes e fornecer outros serviços.[12]

Cada vez mais, empresas que desenvolveram sistemas de **gestão de relacionamento com o cliente (CRM)** – estratégias e ferramentas que reorientam uma organização inteira para se concentrar na satisfação dos clientes – estão sendo capazes de segmentar consumidores em termos do estágio do relacionamento entre a empresa

MARKETING
Verificação
de conceito

1. Quais são as quatro principais formas pelas quais os profissionais de marketing segmentam os mercados de negócios?

2. O que é NAICS?

e o consumidor. Uma empresa de B2B, por exemplo, pode desenvolver diferentes estratégias para clientes recém-conquistados e para clientes existentes para os quais ela espera vender novos produtos. De maneira semelhante, construir fidelidade entre clientes satisfeitos exige uma abordagem diferente de desenvolver programas para "salvar" relacionamentos em risco. A CRM será discutida com mais profundidade no Capítulo 10.

CARACTERÍSTICAS DO MERCADO B2B

Os negócios que atendem tanto aos mercados B2B quanto aos de consumo devem compreender as necessidades de seus consumidores. Contudo, várias características diferenciam o mercado de negócios do mercado consumidor: (1) concentração geográfica de mercado, (2) portes e números de compradores, (3) procedimentos de decisões de compras e (4) relacionamento comprador-vendedor. As seções a seguir consideram como esses traços influenciam o marketing business-to-business.

3. Identificar as principais características do mercado B2B e sua demanda.

CONCENTRAÇÃO GEOGRÁFICA DE MERCADO

O mercado de negócios dos Estados Unidos é mais geograficamente concentrado do que o de consumo. Os fabricantes convergem em determinadas regiões do país, tornando essas áreas os alvos principais para profissionais de marketing de negócios. Por exemplo, os estados do Meio-Oeste que compõem a região Central Norte-Leste-Ohio, Indiana, Michigan, Illinois e Wisconsin – lideram a nação em termos de concentração de manufatura, seguidos pelas regiões do Atlântico Médio e do Atlântico Sul.

Certos setores localizam-se em áreas particulares para estar perto dos consumidores. As empresas podem optar por adotar seus escritórios de vendas e centros de distribuição nessas áreas para fornecer atendimento mais atencioso. Faz sentido que a região de Washington seja ocupada por empresas que vendem ao governo federal.

Na indústria automobilística, os fornecedores de componentes e peças em geral constroem fábricas perto de seus clientes. A Ford recentemente estabeleceu uma unidade pioneira para fornecedores perto de sua fábrica em Chicago. A unidade permite que os fornecedores produzam ou montem produtos próxima a planta, reduzindo custos, controlando o estoque de peças e aumentando a flexibilidade.[13] À medida que a tecnologia baseada na internet continua a aumentar, permitindo que as empresas realizem negócios mesmo com fornecedores distantes, os profissionais de marketing podem tornar-se menos geograficamente concentrados. Muito do gasto governamental, por exemplo, agora é direcionado pela internet.

TAMANHOS E NÚMEROS DE COMPRADORES

Além da concentração geográfica, o mercado de negócios apresenta um número limitado de compradores. Os profissionais de marketing podem valer-se de uma enorme quantidade de informações estatísticas para estimar o porte e as características dos mercados de negócios. O governo federal é a maior fonte única dessas estatísticas. A cada cinco anos, ele conduz tanto um *Censo de Fabricantes* quanto um *Censo de Varejo e Atacado*, que fornecem informações detalhadas sobre estabelecimentos comerciais, produção e empregos. Várias unidades governamentais e organizações comerciais também operam sites que contêm informações úteis.

A fábrica de montagem da Ford em Chicago tem uma unidade próxima a ela para seus fornecedores. A unidade de fabricação de Chicago atualmente possui nove fornecedores Ford, além de empresas de logística e fornecimento de ferramentas.

Muitos compradores em mercados de compradores limitados são grandes organizações. O mercado internacional de motores para jatinhos é dominado por três fabricantes: a United Technology's Pratt & Whitney, a General Electric e a Rolls-Royce. Essas empresas vendem motores para a Boeing e para o consórcio europeu Airbus Industrie. Esses fabricantes de aeronaves competem pelo setor de transportadoras de passageiros, como a Northwest Airlines, a British Airways, a KLM e a Singapore Airlines, com o de transportadoras de carga, como a DHL, a Federal Express e a United Parcel Service.

Associações comerciais e publicações de negócios fornecem informações adicionais sobre o mercado de negócios. Firmas privadas como a Dun & Bradstreet publicam relatórios detalhados sobre empresas individuais. Esses dados servem como um ponto de partida útil para a análise de um mercado de negócios. Encontrar dados em uma fonte como essa exige um entendimento do NAICS, que identifica muitas das informações estatísticas disponíveis.

O PROCESSO DE DECISÃO DE COMPRA

Em poucas palavras

Eu preferiria ter um milhão de amigos a um milhão de dólares.
Edward V. Rickenbacker (1890-1973)
Aviador americano

Para vender eficazmente para outras organizações, as empresas devem entender a dinâmica do processo de compras corporativas. Fornecedores que atendem mercados business-to-business devem trabalhar com múltiplos compradores, principalmente quando vendem para grandes clientes. Tomadores de decisão em vários níveis podem influenciar os pedidos finais, e o processo global é mais formal e profissional do que o processo de compra do consumidor. Os compradores normalmente precisam de um intervalo de tempo maior porque o B2B envolve decisões mais complexas. Os fornecedores devem avaliar as necessidades dos clientes e desenvolver propostas que atendam a exigências e especificações técnicas. Em geral, as decisões exigem mais de uma rodada de concorrência e negociação, sobretudo para compras complexas.

RELACIONAMENTOS COMPRADOR-VENDEDOR

Uma característica particularmente importante do marketing B2B é o relacionamento entre compradores e vendedores. Esses relacionamentos costumam ser mais complexos do que os com o consumidor, e exigem maior comunicação entre os funcionários das organizações. Atender satisfatoriamente a um grande consumidor pode significar a diferença de milhões de dólares para uma empresa.

O marketing de relacionamento envolve o desenvolvimento de relacionamentos de longo prazo e valor agregado. Um dos principais objetivos dos relacionamentos business-to-business é fornecer vantagens que nenhum outro fornecedor pode oferecer – por exemplo, menor preço, entregas mais rápidas, maior qualidade e confiabilidade, características personalizadas do produto, ou prazos de financiamento mais favoráveis. Para o profissional de marketing de negócios, oferecer essas vantagens significa expandir os relacionamentos externos da empresa para incluir fornecedores, distribuidores e outros parceiros organizacionais. Também inclui gerenciar relacionamentos internos entre departamentos. A Pitney Bowes recentemente ajudou o St. Jude Children's Research Hospital a

dicas de etiqueta

Transforme seu jantar de negócios em um sucesso de marketing

Não apóie os cotovelos sobre a mesa. Coloque o guardanapo no colo. Não deixe a colher na taça de sorvete vazia. Você tem um jantar de negócios, e está desesperadamente tentando lembrar tudo o que seus pais lhe disseram sobre boas maneiras à mesa. Relaxe. Não é tão difícil se você tiver em mente que o objetivo das boas maneiras é fazer com que você e todos ao seu redor sintam-se confortáveis. E o objetivo de um jantar de negócios são negócios. Vamos supor que o jantar seja em um belo restaurante, e você irá encontrar-se com seu chefe e dois ou três clientes que representam outra empresa. Aqui vão algumas dicas de dois especialistas que farão você parecer um profissional:

1. Chegue pontualmente. Você não quer que seu chefe ou seus clientes fiquem esperando por você. Cumprimente a todos cordialmente, aperte mãos, e se apresente novamente aos clientes, se necessário.
2. Deixe que seu chefe indique os lugares na mesa. Se houver homens e mulheres no grupo, é comum alternar homens e mulheres ao redor da mesa.
3. Se outras pessoas na mesa pedirem bebidas alcoólicas, é apropriado que você também peça – porém nunca mais de uma. Se ninguém pedir, peça água, chá gelado, ou algo assim. Seu chefe é o anfitrião, e provavelmente irá pedir ao atendente para anotar os pedidos dos clientes primeiro.
4. Quando fizer seu pedido, não peça o prato mais caro do cardápio. E não peça nada que seja difícil de comer – como lagosta ou espaguete. Da mesma maneira, não peça nada que leve muito tempo para preparar ou que seja trazido à mesa em chamas. A sua atenção deve concentrar-se nos clientes, não na comida.
5. Você pode comer pão, milho na espiga, um hambúrguer ou sanduíche com as mãos, mas a maioria dos pratos deve ser comida com garfo e faca, incluindo batatas fritas e pizza, a menos que você esteja em um ambiente extremamente informal.
6. Todos cometem deslizes de vez em quando. Em vez de chamar a atenção para um pequeno incidente, saia dele o mais rapidamente possível. Se você derrubar um talher no chão, discretamente sinalize para o atendente e peça outro talher.
7. Deixe que seu chefe conduza a conversa, mas se a mesa parecer dividida em pares, converse com a pessoa que estiver ao seu lado, ainda que não a conheça bem. Concentre a conversa na outra pessoa, perguntando-lhe sobre sua visão do setor no qual ela trabalha.
8. Se seu chefe for o anfitrião do jantar, ele irá pagar a refeição. Se você for o anfitrião, é seu dever fazê-lo. Cartões de crédito são o método mais discreto. Adicione uma gorjeta para o atendente.

Fontes: Test your business etiquette, *Career Center*, **www.collegeview.com/career**, acessado em 24 fev. 2005; LAMBERT, Jason. Dinner etiquette, *ArticleInsider.com*, **www.articleinsider.com**, acessado em 6 fev. 2004; PAYNE, Kimball. Crash course in business mannners; don't reach for that extra roll, *Knight Ridder/Tribune Business News*, 29 mar. 2003, **www.hotel-online.com**.

desenvolver um programa chamado Gestão de Entrega e Rastreamento de Pacotes de Entrada. Quando um pacote chega ao hospital por meio de serviços de entrega, como FedEx ou correios, pode ser rastreado internamente até que chegue a seu destino final – seja o destinatário um paciente ou um funcionário do hospital.[14]

A cooperação próxima, por intermédio de contatos informais como o jantar de negócios descrito em "Dicas de etiqueta" ou sob termos especificados em parcerias contratuais e alianças estratégicas, permite que as empresas atendam às necessidades dos compradores em termos de produtos de qualidade e atendimento ao cliente. Isso é válido tanto durante como após o processo de compra. A Goodyear, que equipa veículos policiais com seus pneus Goodyear Eagle, usou sua propaganda para promover os objetivos de seu cliente, construindo, assim, um relacionamento comprador-vendedor. A Tetra Tech FW, mencionada anteriormente, tem programas formais de Qualidade de Atendimento ao Cliente e Visão Compartilhada, que visam a envolver os consumidores em uma comunicação contínua, elevando sua satisfação.[15]

Os relacionamentos com organizações sem fins lucrativos são tão importantes quanto aqueles entre duas organizações comerciais.

AVALIANDO OS MERCADOS DE NEGÓCIOS INTERNACIONAIS

Os padrões de compras de negócios diferem de um país para outro. Atingir esses mercados representa um desafio em particular para os profissionais de marketing B2B. É evidente, como explicado anteriormente, que o NAICS está corrigindo esses problemas nos países do Nafta.

Além de dados quantitativos, como porte do mercado potencial, as empresas também devem ponderar cuidadosamente suas características qualitativas. Esse processo envolve considerar valores culturais, estilos de trabalho e, geralmente, as melhores formas de entrar em mercados internacionais. Por exemplo, após vencer em seus esforços para voar para a China, a transportadora internacional UPS promoveu a introdução de seus primeiros vôos com briefings de mídia, comerciais de TV, anúncios impressos e *outdoors* e malas-diretas. As mensagens são entregues usando caracteres chineses que representam atributos como velocidade e confiabilidade. Os sites da empresa usam o mandarim.

A Liftomatic Materials Handling, uma pequena empresa que faz equipamentos para manejar barris no chão de fábrica, estima que o mercado chinês responda por um quarto de seu faturamento. A empresa descobriu que os chineses não estão dispostos a investir em novos produtos sem ter acesso a uma demonstração deles, portanto a Liftomatic depende fortemente de demonstrações ao vivo ou em vídeo. Feiras comerciais, anúncios impressos, um site em chinês, tudo isso visa a melhorar a comunicação entre a empresa norte-americana e seu cliente chinês.[16]

Sucesso de marketing

A Cemex sela o mercado

Passado. O cimento não é um produto glamouroso, mas o setor de construção precisa dele – e muito. A Cemex, do México, é a terceira maior fabricante de cimento do mundo, controlando cerca de metade do cimento vendido apenas no México.

O desafio. Como refazer uma velha indústria? A Cemex tem um século de idade, mas a empresa baseada em Monterrey está determinada a atender às demandas do setor de construção atual com conhecimentos tecnológicos.

A estratégia. Como o cimento é uma *commodity*, com pouca diferença entre os produtos concorrentes, a estratégia da empresa é se concentrar nas operações que a diferenciam das outras: empresas: seus processos de fabricação e entrega. A Cemex investiu em um novo sistema de informação que gerencia toda sua produção, recursos humanos e entregas em 33 países. As betoneiras são equipadas com computadores e receptores de satélite. Cada escritório ao redor do mundo utiliza os mesmos hardwares e softwares, então todos estão

No atual mercado internacional, as empresas normalmente praticam a **terceirização global**, que envolve contratos para a compra de bens e serviços de fornecedores ao redor do mundo. Essa prática pode resultar em economias de custos substanciais. A FedEx, por exemplo, estima economizar mais de 30% nos preços de hardware e software de computadores ao lançar concorrências internacionais. A Applica é uma empresa de business-to--business que fabrica pequenos aparelhos como ferros e secadores de cabelo para grandes varejistas como o Wal-Mart. A Applica utiliza tecnologia baseada na internet para conectar dados de vendas do Wal-Mart diretamente ao chão de fábrica no México, onde os ferros são feitos sob encomenda. Ao conectar operações de manufatura diretamente às vendas do cliente, a Applica é capaz de reduzir os estoques ao mesmo tempo que produz em regiões de baixo custo ao redor do mundo.[17]

A terceirização global exige que as empresas adotem nova mentalidade; algumas devem até mesmo reorganizar suas operações. Entre outras considerações, a terceirização de negócios a partir de vários pontos internacionais deve alinhar o processo de compras e minimizar diferenças de preços em função de custos de mão-de--obra, impostos, taxas e flutuações de câmbio. A Cemex, do México, usou tecnologia para alinhar suas operações e aumentar seus negócios no mundo, conforme descrito na seção "Sucesso de marketing".

MARKETING
Verificação de conceito

1. Por que a segmentação geográfica é importante no mercado B2B?

2. De que maneiras o relacionamento comprador-vendedor é importante no marketing B2B?

3. O que é terceirização global?

DEMANDA DO MERCADO DE NEGÓCIOS

A discussão da seção anterior sobre as características dos mercados de negócios demonstrou diferenças consideráveis entre técnicas de marketing para produtos de consumidor e de negócios. As características de demanda também diferem nesses mercados. Nos mercados de negócios, as principais categorias de demanda incluem demanda derivada, demanda conjunta, demanda inelástica, demanda volátil e ajustes de estoque. A Figura 6.2 resume essas diferentes categorias de demanda no mercado de negócios.

em sintonia. A Cemex também tem um ativo negócio on-line que vende cimento seco, ensacado, para milhares de pequenos distribuidores.

O resultado. Com a nova tecnologia, a Cemex reduziu seu tempo de entrega para obras locais para cerca de 30 minutos – antes eram 3 horas – mesmo durante o horário de pico na Cidade de México. Seu negócio on-line agora responde por mais de 20% de suas vendas de cimento. O CEO Lorenzo Zambrano está orgulhoso dos novos esforços de sua velha empresa. "Somos os primeiros a aderir a novas tecnologias", ele diz. "A liberdade de informação realmente muda a cultura."

Fontes: Cemex, *Vision*, **www.vision.com**, acessado em 2 fev. 2005; Cemex raises cement prices 5 percent in Mexico, *Reuters Limited*, 1º fev. 2002, **www.reuters.com**; LICHFIELD, Gideon. Cemex, *Wired*, jul. 2002, **www.wired.com**.

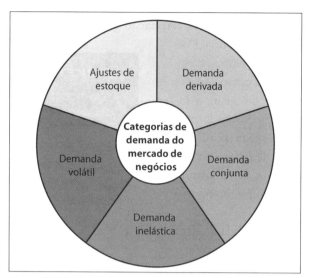

Figura 6.2
Categorias de demanda do mercado de negócios

Após o susto da doença na vaca louca nos Estados Unidos, as importações de carne bovina em vários países foram temporariamente banidas. Muitos esperavam que o susto afetasse o consumo de carne, mas pesquisas recentes mostram que o consumo nos Estados Unidos não foi atingido. A indústria de carnes usa anúncios como este para estimular a demanda por seus produtos.

DEMANDA DERIVADA

O termo **demanda derivada** refere-se à relação entre a demanda pelos produtos de uma empresa e suas compras de recursos, como maquinário, componentes, suprimentos e matérias-primas. A demanda por chips microprocessadores é *derivada* da demanda por computadores pessoais. Se mais empresas e pessoas compram novos computadores, a demanda por chips aumenta; se menos computadores são vendidos, a demanda por chips diminui. Nos últimos anos, declínios mundiais nas vendas de computadores pessoais reduziram a demanda por chips. Em resposta, o fabricante de chips Intel reduziu os preços de seus processadores Pentium 4 de última geração pela metade. Porém, à medida que a demanda por computadores em mercados existentes nos Estados Unidos e em novos mercados como a Ásia começaram a aumentar, também aumentou a demanda pelos produtos Intel. A Intel estava pronta para o retorno com novos produtos, como o processador Pentium M e um chip Wi-Fi. Também veio com uma importante atualização do Pentium 4 com base em seu núcleo Prescott de 90 nanômetros.[18]

Compradores corporativos compram duas categorias gerais de produtos de negócios: itens de capitais e itens de despesa. A demanda derivada afeta a ambos. Itens de capitais são ativos de negócios de longa data que devem ser depreciados com o passar do tempo. *Depreciação* é um termo contábil que se refere ao débito de uma parte do custo de um item capital como uma dedução em relação ao faturamento anual de uma empresa com o objetivo de determinar sua receita líquida. Exemplos de itens de capitais incluem grandes instalações, como novas unidades fabris, prédios comerciais e sistemas de informática.

Itens de despesa, ao contrário, são consumidos em períodos curtos de tempo. Os contadores debitam o custo de tais produtos da receita no ano da compra. Exemplos de itens de despesa incluem os suprimentos necessários para operar o negócio, de clipes de papel a lubrificantes de máquinas.

DEMANDA VOLÁTIL

A demanda derivada cria volatilidade na demanda do mercado de negócios. Suponha que o volume de vendas de um posto varejista de gasolina esteja aumentando em uma proporção anual de 5%. Agora imagine que a demanda por essa marca de gasolina diminua para um aumento anual de 3%. Essa redução pode convencer a empresa a manter suas bombas atuais de gasolina e substituí-las apenas quando as condições de mercado melhorarem. Dessa maneira, mesmo mudanças modestas na demanda do consumidor por uma marca de gasolina iriam afetar significativamente o fabricante de bombas.

DEMANDA CONJUNTA

Outra importante influência na demanda de mercado de negócios é a **demanda conjunta**, que ocorre quando a demanda por um produto de negócios está relacionada à demanda por outro produto de negócios usado com o primeiro item. Tanto madeira quanto concreto são necessários para a construção da maioria das casas. Se houver falha no fornecimento de madeira, a queda na construção de residências provavelmente afetará a demanda por concreto. Outro exemplo é a demanda conjunta por energia elétrica e grandes motores de turbina. Se os consumidores decidirem economizar energia, a demanda por novas usinas elétricas cai, assim como a demanda por componentes e peças de reposição para turbinas.

DEMANDA INELÁSTICA

Demanda inelástica significa que a demanda de todo um setor não irá mudar significativamente em virtude de uma alteração de preço. Se o preço da madeira cair, uma empresa de construção não irá necessariamente comprar mais madeira de seus fornecedores, a menos que outro fator – como juros menores para hipotecas – faça que mais consumidores comprem novas casas.

AJUSTES DE ESTOQUE

Ajustes em estoques e políticas de estoque também podem afetar a demanda de negócios. Suponha que os fabricantes de um determinado setor considerem que um fornecimento de matérias-primas de sessenta dias seja o nível de estoque ideal. Agora imagine que as condições econômicas ou outros fatores induzam essas empresas a aumentarem seus estoques para um fornecimento de noventa dias. A mudança irá bombardear o fornecedor de matéria-prima com novos pedidos.

Além disso, políticas de estoque **just-in-time (JIT)** buscam aumentar a eficiência ao cortar estoques a níveis absolutamente mínimos e ao exigir que os fornecedores entreguem insumos à medida que o processo de produção precise deles. A política JIT permite que as empresas prevejam melhor de que suprimentos irão precisar e quando, reduzindo de modo substancial os custos de produção e armazenamento. A ampla implementação de JIT tem tido um impacto substancial no comportamento de compra das organizações. As empresas que praticam JIT tendem a fazer pedidos a relativamente poucos fornecedores. Em alguns casos, a JIT pode levar ao **fornecimento exclusivo** de certos itens – em outras palavras, a compra de todo o estoque de um produto de uma firma de um único fornecedor. A troca eletrônica de dados (EDI) e políticas de estoque de resposta rápida têm produzido resultados semelhantes nos

MARKETING
Verificação
de conceito

1. Como a demanda derivada cria uma demanda volátil?

2. Dê um exemplo de demanda conjunta.

3. Como a política JIT II pode fortalecer os relacionamentos de marketing?

setores comerciais. A última tendência de estoque, **JIT II**, leva os fornecedores a colocarem representantes nas dependências do cliente para trabalhar como parte de uma equipe integrada, de fornecedor no ambiente do cliente. Os fornecedores planejam e fazem pedidos com o cliente. Esse alinhamento do processo de estoque melhora o controle do fluxo de mercadorias.

Embora ajustes de estoque sejam fundamentais no processo de manufatura, são igualmente vitais para atacadistas e varejistas. Talvez a gestão de estoque não seja mais complexa em nenhum outro lugar do que no Wal-Mart, o maior varejista do mundo, com mais de US$ 250 bilhões em vendas por ano. Sem nenhum sinal de desaceleração, fornecedores como Procter & Gamble e Unilever – gigantes por si sós – trabalham de perto com o Wal-Mart para monitorar e ajustar os estoques conforme necessário. "Um dos motivos pelos quais a P&G e o Wal-Mart têm um relacionamento tão positivo é que ambos são fortemente orientados por dados", explica um ex-executivo sênior da P&G. Outros fornecedores, como Remington, Revlon e Hershey Foods, geram pelo menos 20% de sua receita total com o Wal-Mart, portanto, a gestão de estoque também é fundamental para essas empresas.[19]

A DECISÃO DE FAZER, COMPRAR OU ARRENDAR

4 Discutir a decisão de fazer, comprar, arrendar.

Antes que uma empresa possa decidir o que comprar, deve decidir primeiro *se* vai comprar. Compradores corporativos devem descobrir a melhor maneira de adquirir produtos necessários. Na verdade, uma firma que está considerando a aquisição de um produto acabado, peça ou serviço tem três opções básicas:

1. Fazer a mercadoria ou fornecer o serviço internamente.
2. Comprá-lo de outra organização.
3. Arrendá-lo de outra organização.

Fabricar o produto em si, se a empresa tiver capacidade para fazê-lo, pode ser o melhor caminho, pois é capaz de gerar grande economia de dinheiro se a divisão interna de manufatura não incorrer em custos com despesas indiretas que um fornecedor externo iria cobrar de qualquer modo.

Por outro lado, a maioria das empresas não consegue fabricar todos os bens de que precisa. Em geral, seria muito caro manter os equipamentos, pessoal e suprimentos necessários. Portanto, comprá-los de um fornecedor externo é a escolha mais comum. A Hewlett-Packard fabrica 23 tipos diferentes de impressoras coloridas para atender a praticamente qualquer necessidade comercial – de impressoras a laser coloridas e acessíveis a jatos de tinta de alta performance. Sua ampla gama de produtos, combinada a seu histórico de mais de vinte anos fornecendo para empresas, tornou-a líder no mercado de impressoras B2B. As empresas também podem procurar fora de suas dependências produtos e serviços que antigamente produziam internamente, uma prática chamada *terceirização* que descreveremos em mais detalhes na próxima seção.

Em alguns casos, contudo, uma empresa pode optar por arrendar produtos. Essa opção dispersa os custos se comparada aos custos únicos (*lumpsum*) para compras à vista. A empresa paga pelo uso do equipamento durante um certo tempo. Uma pequena empresa pode arrendar uma copiadora por alguns anos e fazer pagamentos mensais. Ao final do prazo de arrendamento, pode comprar a máquina por um preço pré-combinado ou substituí-la por um modelo diferente sob um novo arrendamento. Essa opção proporciona uma flexibilidade útil para um negócio em expansão, permitindo que ela faça *upgrades* facilmente à medida que suas necessidades mudam.

As empresas também podem arrendar sistemas informáticos sofisticados e equipamentos pesados. Por exemplo, algumas companhias aéreas preferem arrendar aeronaves em vez de comprá-las em um primeiro momento, já que os arrendamentos de curto prazo permitem que elas se adaptem rapidamente a mudanças na demanda dos passageiros.

O CRESCIMENTO DA TERCEIRIZAÇÃO E DO OFFSHORING

Muito provavelmente, se você ligar para um call center de uma empresa como a America Online, sua chamada será atendida por alguém na Índia. A Accenture e a IBM têm presença de tecnologia da informação lá também. Para as firmas baseadas nos Estados Unidos que querem ficar mais perto de casa mas aproveitar os benefícios de alocar algumas de suas operações em outro país, o México e o Canadá são locais atraentes. No mercado altamente competitivo de hoje, as empresas buscam locais fora dos Estados Unidos para aumentar sua eficiência e reduzir custos em praticamente tudo, de gestão de correspondência, atendimento ao consumidor, recursos humanos e contabilidade, tecnologia da informação, manufatura e distribuição. A **terceirização**, que utiliza fornecedores externos para produzir bens e serviços anteriormente produzidos internamente ou no próprio país, é uma tendência que continua a crescer. As empresas terceirizam por vários motivos: (1) precisam reduzir custos para se manter competitivas; (2) precisam melhorar a qualidade e a velocidade da manutenção e do desenvolvimento de softwares; (3) a terceirização começou a oferecer mais valor do que nunca.[20]

A terceirização permite que as empresas concentrem seus recursos em seus *negócios principais*. Também possibilita acesso a talentos especializados ou *expertise* que não existe dentro da firma. As funções de negócios terceirizadas com mais freqüência incluem tecnologia da informação (TI) e recursos humanos. Muitos hospitais e organizações de saúde gastam mais de um terço de seus orçamentos de TI em consultoria e serviços de suporte terceirizados.[21] Embora a maior parte da terceirização seja feita por empresas baseadas na América do Norte, a prática está rapidamente se tornando um lugar-comum na Ásia, Europa e América Central. Nos Estados Unidos, uma firma chamada Paychex é um dos maiores fornecedores nacionais de soluções terceirizadas de folha de pagamento, recursos humanos e benefícios para outras empresas, com aproximadamente meio milhão de clientes. A maioria dos clientes da Paychex é de firmas de pequeno e médio porte, mas ela também tem uma divisão chamada Major Market Services, que atende organizações maiores.[22]

A indústria de software atualmente fatura US$ 200 bilhões por ano nos Estados Unidos. Mas muitas firmas estão terceirizando seus negócios para outros países, em particular, a Índia. Alguns especialistas acreditam que a terceirização de TI para a Índia irá crescer até 30% em um ano. Uma razão é o custo da mão-de-obra – um operador de call center em início de carreira ou um programador com diploma universitário ganha em torno de US$ 10 mil por ano. Outra razão é o grande volume de trabalhadores com boa escolaridade e que falam inglês. Além disso, atualmente há uma deficiência de estudantes técnicos nos Estados Unidos. O CEO da Microsoft, Stephen A. Ballmer, adverte que "Os Estados Unidos são o número 3 do mundo, e estão ficando rapidamente atrás do número 1 [Índia] e do número 2 [China] em termos de formandos em ciência da computação".[23]

A barreira do idioma na China ainda é um obstáculo para empresas dos Estados Unidos e da Europa que consideram a terceirização, e os especialistas observam que o Leste Europeu está tornando-se uma localidade de terceirização cada vez mais popular. Gigantes como Boeing, BMW, General Motors, Siemens e Nortel contratam pequenas firmas de programação na Bulgária, ao passo que a IBM, a Hewlett-Packard, a Oracle e a Alcatel possuem centros de suporte ou laboratórios de software na Romênia. A gigante alemã de software SAP AG tem um laboratório de pesquisa búlgaro com 180 engenheiros que escrevem softwares Java para produtos inovadores da SAP ao redor do mundo. "Há um nível excepcionalmente alto de talentos no Leste Europeu", afirma Kasper Rorsted, diretor de gestão da Hewlett-Packard para Europa, Oriente Médio e África.[24]

Apesar da tendência atual, vários analistas afirmam que os programadores norte-americanos podem ser tão bem-sucedidos, senão mais, do que seus concorrentes estrangeiros caso dominem as habilidades pessoais necessárias para construir relacionamentos com clientes de negócios. As firmas estão procurando pessoas capazes de gerenciar equipes que possam estar espalhadas pelo mundo.[25]

A terceirização pode ser uma estratégia inteligente se uma empresa escolher um fornecedor capaz de fornecer produtos de alta qualidade e talvez a um custo mais baixo do que seria conseguido pela empresa sozinha. Essa prioridade permite que a empresa terceirizadora se concentre em suas principais competências. A terceirização bem-sucedida exige que as organizações examinem os contratos cuidadosamente e gerenciem relacionamentos. Alguns fornecedores agora disponibilizam garantias de desempenho para assegurar a seus clientes que eles irão receber serviços de alta qualidade que atendam a suas necessidades.

Nos últimos anos, uma fogueira política foi acendida por uma forma de terceirização diferente: a transição de empregos com altos salários dos Estados Unidos para localidades de custos mais baixos, prática comercial chamada de *offshoring*. Essa realocação de processos de negócios para uma localidade de menor custo pode envolver o *offshoring* de produção ou de serviços. A China emergiu como o destino preferido para *offshoring* de produção, ao passo que a Índia emergiu como o *player* dominante em *offshoring* de serviços.

Os líderes corporativos argumentam que os negócios globais devem trabalhar continuamente para atingir os menores custos possíveis com o objetivo de se manterem competitivos. Depois que o estado de Indiana cancelou um contrato de US$ 15 milhões para atualizar seu sistema de computadores porque trabalhadores da Índia estariam trabalhando em um projeto governamental, Stuart Anderson, diretor-executivo de um "*think tank*" baseado em Washington voltado para questões comerciais, apontou que nenhuma empresa em Indiana havia mandado uma cotação para o trabalho. "Não faz sentido que os contribuintes de Indiana, por exemplo, paguem mais por serviços para que pessoas na Flórida ou em algum outro lugar possam conseguir mais empregos." Mas Sandra Romero, senadora representante de Washington, introduziu um projeto de lei banindo trabalhadores de fora dos Estados Unidos de trabalhos estaduais em resposta a solicitações de funcionários estaduais. "Eles estão muito preocupados", ela disse. "Como os funcionários estaduais podem competir com funcionários de 50 centavos a hora em mercados estrangeiros como a Índia, por exemplo?".[26]

PROBLEMAS COM TERCEIRIZAÇÃO E *OFFSHORING*

Em poucas palavras

Quando eu for presidente, e com sua ajuda, vamos banir cada benefício, cada fenda, cada recompensa que instigue qualquer empresa Benedict Arnold ou CEO a levar o dinheiro e os empregos para outros países e passar a conta ao povo americano.

John Kerry (nasc. 1943)
Candidato presidencial em 2004 (ao receber um endosso da AFL-CIO)

A terceirização e o *offshoring* também têm seus lados negativos. Muitas empresas descobrem que sua economia de custos é menor do que os fornecedores prometem. Também, empresas que assinam contratos de vários anos podem achar que sua economia ficou reduzida depois de um ou dois anos. Quando há tecnologia proprietária envolvida, a terceirização dá margem a preocupações de segurança. De maneira semelhante, empresas que protegem dados e relacionamentos de consumidores podem pensar duas vezes antes de confiar funções como atendimento ao cliente a fontes externas.

Em alguns casos, a terceirização e o *offshoring* podem reduzir a capacidade de uma empresa de responder rapidamente ao mercado, ou desacelerar esforços para trazer novos produtos ao mercado. Os fornecedores que não conseguem entregar produtos prontamente ou fornecer serviços necessários podem afetar adversamente a reputação de uma empresa com seus clientes.

Outro grande perigo da terceirização e do *offshoring* é o risco de perder contato com os clientes. Quando a gigante de telecom Sprint percebeu que dados de clientes de seus fornecedores de tecnologia terceirizados não estavam sendo colocados na ativa de modo rápido o suficiente, decidiu romper com seus fornecedores externos. No lugar deles, softwares de CRM customizados foram capazes de obter dados sobre mais de 10 milhões de contas de negócios, fazendo a Sprint economizar US$ 1 milhão no primeiro ano.[27]

A terceirização e o *offshoring* são tópicos polêmicos nos sindicatos, sobretudo na indústria automobilística, já que a porcentagem de peças feitas internamente tem caído de modo vertiginoso. Essas práticas podem gerar conflitos entre trabalhadores externos não filiados a sindicatos e empregados nacionais sindicalizados, que temem perder seus empregos. Iniciativas gerenciais para terceirizar empregos podem levar

MARKETING
Verificação de conceito

1. Identifique dois benefícios potenciais da terceirização.
2. Identifique dois problemas potenciais da terceirização.

a greves e paralisações de fábricas. Ainda que não causem uma ruptura no local de trabalho, a terceirização e o offshoring são capazes de ter um impacto negativo no moral e na fidelidade dos funcionários.

O PROCESSO DE COMPRA COMERCIAL

Suponha que a CableBox Ltd, uma empresa fictícia fabricante de decodificadores de TV para fornecedoras de TV a cabo, decida atualizar suas instalações fabris com US$ 1 milhão em novos equipamentos de montagem automatizados. Antes de falar com fornecedores de equipamentos, ela deve analisar suas necessidades, determinar metas que o projeto precisa atingir, desenvolver especificações técnicas para os equipamentos e estabelecer um orçamento. Após receber as propostas dos fornecedores, deve avaliá-las e selecionar a melhor. Mas o que significa *melhor* nesse contexto? O menor preço ou o melhor contrato de garantia e manutenção? Quem na empresa é responsável por tais decisões?

5 Descrever as principais influências no comportamento de compra em mercados B2B.

O processo de compra de negócios é mais complexo do que o processo de compra do consumidor. As compras de negócios estão dentro do orçamento, dos custos e das considerações de lucro formais de uma organização. Além do mais, decisões de compras institucionais e B2B normalmente envolvem muitas pessoas, com interações complexas entre os indivíduos e as metas da organização. Para entender o comportamento do comprador corporativo, os profissionais de marketing de negócios precisam ter um conhecimento das influências no processo de decisão de compra, dos estágios no modelo de compra corporativa, dos tipos de situações de compras de negócios e das técnicas para a análise da decisão de compra.

INFLUÊNCIAS NAS DECISÕES DE COMPRAS

Decisões de compras B2B reagem a várias influências, algumas externas à empresa e outras relacionadas à estrutura e ao pessoal internos. Além de fatores específicos do produto, como preço de compra, instalação, operação e custos de manutenção, além do serviço do fornecedor, as empresas precisam considerar influências ambientais, organizacionais e interpessoais mais amplas.

Fatores ambientais

Condições ambientais como questões econômicas, políticas, regulamentares, competitivas e tecnológicas influenciam decisões de compras comerciais. A CableBox pode querer adiar a compra de novos equipamentos em tempos de desaceleração econômica. Durante uma recessão, as vendas para empresas de TV a cabo podem cair, pois as pessoas hesitam em gastar dinheiro com esse tipo de serviço. A empresa iria olhar para a demanda derivada por seus produtos, possíveis mudanças em suas fontes de materiais, tendências de empregos e fatores semelhantes antes de se comprometer com um gasto tão grande de capital.

Fatores políticos, regulamentares e competitivos também têm seu papel na influência da decisão de compra. A aprovação de uma lei congelando os preços de serviços de TV a cabo iria afetar a demanda, assim como a introdução de um decodificador menos caro de um concorrente. Por fim, a tecnologia desempenha um papel importante nas decisões de compra. Alguns anos atrás, televisões com predisposição para TV a cabo diminuíram a demanda por dispositivos externos instalados sobre o aparelho, e receptores de satélite menores, mais potentes, entraram no mercado da TV a cabo, reduzindo a demanda derivada. Mas os consumidores ainda precisam dos aparelhos externos para acessar canais *premium* e filmes, mesmo com o serviço digital. A CableBox também pode tirar proveito dos avanços tecnológicos. À medida que mais pessoas querem conexões rápidas de internet, a adição de modens a cabo a sua linha de produtos pode configurar uma oportunidade de crescimento.

Fatores organizacionais

Os profissionais de marketing B2B bem-sucedidos entendem as estruturas organizacionais, as políticas e os sistemas de compras de seus clientes. Uma empresa com um departamento de aquisição centralizado opera diferentemente de uma que delega as decisões de compras para unidades divisionais ou geográficas. Tentar vender para a loja local quando comerciantes no escritório central tomam todas as decisões seria uma clara perda de tempo para os vendedores. O comportamento de compra também difere entre as empresas. Por exemplo, a compra centralizada tende a enfatizar relacionamentos de longo prazo, ao passo que a compra descentralizada se concentra mais em resultados a curto prazo. Habilidades pessoais de vendas e preferências de usuário têm muito mais peso em situações descentralizadas de compras do que em compras centralizadas.

Com quantos fornecedores uma empresa deve negociar? Como as operações de compras gastam mais da metade de cada dólar que suas empresas ganham, a consolidação de relacionamentos com fornecedores pode levar a grandes economias de custos. Contudo, uma linha tênue separa a maximização do poder de compra da dependência excessiva de poucos fornecedores. Muitas empresas trabalham com **múltiplas fontes** – compras de vários fornecedores. A dispersão de pedidos assegura contra a falta de um produto caso um fornecedor não consiga entregá-lo no prazo. Contudo, lidar com muitos vendedores pode ser contraproducente e tomar muito tempo. Cada empresa deve estabelecer seus próprios critérios para essa decisão.

Influências interpessoais

Várias pessoas podem influenciar as compras B2B, e pode-se gastar um tempo considerável tentando-se obter a resposta e a aprovação de vários membros da organização. Tanto forças individuais como em grupo estão atuando aqui. Quando comitês tratam de compras, devem despender tempo para obter uma aprovação unânime ou por maioria. Da mesma maneira, cada comprador individual traz para o processo de decisão preferências individuais, experiências e preconceitos.

Os profissionais de marketing de negócios devem saber quem irá influenciar, em uma organização, as decisões de compra para seus produtos, e devem conhecer cada uma de suas prioridades. Para escolher um fornecedor para uma prensa industrial, por exemplo, um gerente de compras e os representantes dos departamentos de produção, engenharia e controle de qualidade da empresa podem decidir por um fornecedor em conjunto. É possível que cada uma dessas pessoas tenha um ponto de vista diferente que os profissionais de marketing devem entender.

Boise Cascade, em colaboração com uma empresa de treinamento, realizou uma campanha de marketing para incentivar as empresas a usar seu serviço e catálogo on-line como uma fonte única para suprimentos de escritório. Um *flyer* colorido foi incluído em seu catálogo de mala-direta, que atingiu 300 mil compradores potenciais. O *flyer* foi projetado para seduzir os usuários finais de Boise – assistentes administrativos. Um ponto focal da campanha foi a avaliação de personalidade on-line que permitiu que os usuários do catálogo obtivessem uma compreensão melhor de si mesmos e de seus colegas de trabalho ao "identificar por cores" suas personalidades. Depois ele dava dicas de como trabalhar melhor com outros tipos de cores. O *flyer* foi tão popular que os assistentes administrativos o passaram por todo o escritório, com o catálogo de Boise, criando uma rede informal de pessoas que influenciavam a compra de suprimentos de escri-

Em poucas palavras

Diga-me com quem andas
e te direi quem és.
Provérbio russo

tório. Além disso, um quiz interativo no site Boise Web ganhou mais novos clientes por intermédio de correntes de e-mail.[28]

Para tratar eficientemente as preocupações de todas as pessoas envolvidas na decisão de compra, equipes de vendas devem conhecer muito bem as características técnicas de seus produtos. Também devem interagir bem com funcionários dos diversos departamentos envolvidos na decisão de compra. Representantes de vendas para produtos médicos – tradicionalmente chamados "detalhadores" – costumam visitar hospitais e consultórios médicos para discutir as vantagens de seus novos produtos e deixar amostras com o corpo clínico.

O papel do comprador profissional

Várias grandes organizações tentam fazer suas compras com procedimentos sistemáticos, empregando compradores profissionais. Nos setores comerciais, esses compradores, normalmente chamados de **mercadores**, são responsáveis por assegurar produtos necessários nos melhores preços possíveis. A Nordstrom tem compradores para sapatos e roupas que serão depois vendidos aos consumidores. A Ford tem compradores para componentes que serão incorporados a seus carros e caminhões. A unidade de compras ou mercadorias de uma empresa dedica todo seu tempo e esforço para determinar necessidades, localizar e avaliar fornecedores alternativos e tomar decisões de compra.

6 Esboçar as etapas do processo de compras corporativas.

As decisões de compra para itens de capitais diferem significativamente daquelas para itens de despesa. As firmas, em geral, compram itens de despesas rotineiramente com poucos atrasos. Itens de capitais, contudo, envolvem grandes comprometimentos de fundos e em geral passam por uma análise substancial.

Um modo pelo qual uma firma pode tentar alinhar o processo de compras é por intermédio da **integração de sistemas**, ou centralização da função de aquisição. Uma empresa pode designar uma divisão-chefe para tratar de todas as compras. Outra pode optar por designar um fornecedor principal como o integrador de sistemas. Esse fornecedor assume a responsabilidade por lidar com todos os fornecedores de um projeto e por apresentar o pacote inteiro ao comprador. Nos setores comerciais, esse fornecedor costuma ser chamado de **capitão da categoria**.

Um profissional de marketing de negócios pode estabelecer uma organização de vendas para atender a contas nacionais que lide só com compradores em sedes corporativas concentradas geograficamente. Uma organização de vendas em campo à parte pode atender a compradores em dependências regionais de produção.

Compradores corporativos normalmente usam a internet para identificar fontes de fornecedores. Eles visualizam catálogos on-line e sites para comparar as ofertas de fornecedores e para obter informações de produto. Alguns usam intercâmbio pela internet à medida que estendem sua rede de fornecedores.

MODELO DO PROCESSO DE COMPRA CORPORATIVA

Uma situação de compra corporativa ocorre em uma seqüência de atividades. A Figura 6.3 ilustra um modelo de oito etapas de um processo de compra corporativa. As etapas adicionais surgem porque a aquisição comercial introduz novas complexidades que não afetam os consumidores. Embora nem toda situação de compra exija todas essas etapas, a figura fornece uma boa visão geral do processo como um todo.

Etapa 1: Antecipar ou reconhecer um problema/necessidade/oportunidade e uma solução geral

Tanto as decisões de compras de negócios quanto as de consumidor começam quando o reconhecimento de problemas, necessidades ou oportunidades aciona o processo de compra. Talvez o sistema informático de uma firma se tenha tornado obsoleto ou um representante contábil demonstre um novo serviço que poderia melhorar o desempenho da empresa. As organizações podem decidir contratar um especialista externo em marketing quando suas vendas estagnam.

O problema pode ser simples, como precisar fornecer uma boa xícara de café aos funcionários de uma firma. "Essas pessoas precisam de café, e quando saem do escritório para tomar um café, horas de trabalho são perdidas", afirma Nick Lazaris, CEO da Keurig, uma empresa que vende uma máquina de café patenteada para corporações.[29]

Etapa 2: Determinar as características e a quantidade de um bem ou serviço necessário

O problema do café descrito na Etapa 1 se traduziu em uma oportunidade de negócio para a Keurig. A pequena firma foi capaz de oferecer um sistema de café que faria uma xícara perfeita de café por vez, segundo as preferências de cada funcionário. A PricewaterhouseCoopers se tornou uma das primeiras clientes da Keurig, seguida de outras firmas de contabilidade, escritórios de advocacia e consultórios médicos.[30]

Etapa 3: Descrever as características e a quantidade de um bem ou serviço necessário

Após determinar as características e a quantidade de produtos necessários, os compradores B2B devem traduzir essas idéias em especificações detalhadas. A PricewaterhouseCoopers e os clientes subseqüentes disseram à Keurig que queriam uma máquina de café individual, fácil de usar. O sistema Keurig fornece uma xícara de plástico contendo café moído que a pessoa simplesmente coloca na cafeteira – sem medir o tanto de água ou café necessário.[31] As empresas poderiam facilmente basear as exigências de quantidade do sistema Keurig no número de funcionários que bebem café ou na quantidade de espaço que eles ocupam.

Etapa 4: Buscar e qualificar fontes potenciais

Tanto consumidores quanto empresas buscam bons fornecedores para produtos desejados. A escolha de um fornecedor pode ser relativamente direta – como não havia nenhuma outra máquina semelhante, a PricewaterhouseCoopers não teve problemas para selecionar o sistema de café da Keurig. Outras buscas podem envolver uma tomada de decisão mais complexa. Uma empresa que quer comprar uma apólice de seguro de vida e saúde, por exemplo, deve pesar as provisões e os programas variáveis de muitos fornecedores diferentes.

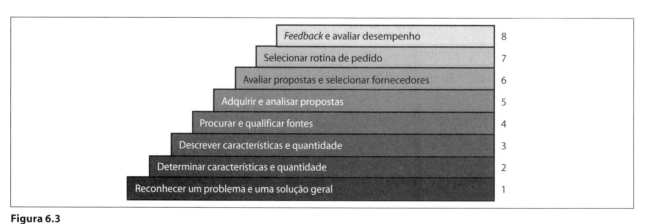

Figura 6.3
Etapas no processo de compras B2B.
Fonte: Baseado em HUTT , Michael D.; SPEH, Thomas W.. *Business marketing management:* a strategic view of industrial and organizational markets. 8. ed. Mason: South-Western, 2004.

Etapa 5: Adquirir e analisar propostas

A próxima etapa é adquirir e analisar as propostas dos fornecedores, que costumam ser submetidas por escrito. Se o comprador for uma agência pública ou governamental, essa etapa do processo de compra pode envolver concorrência por licitação. Durante esse processo, cada profissional de marketing deve desenvolver sua proposta, incluindo um preço, que atenda aos critérios determinados pelo problema, pela necessidade ou pela oportunidade do cliente. Embora a concorrência por licitação seja menos comum no setor de negócios, uma empresa pode adotar a prática de comprar materiais que não são padronizados, produtos complexos, ou produtos feitos segundo suas especificações.

Etapa 6: Avaliar propostas e selecionar fornecedores

Na próxima etapa do processo de compras, os compradores devem comparar as propostas dos fornecedores e escolher aquela que lhes parecer mais adequada a suas necessidades. Propostas de equipamentos sofisticados, como um grande sistema de computadores em rede, podem incluir diferenças consideráveis entre as ofertas de produto e a escolha final pode envolver negociações.

O preço não é o único critério para a seleção de um fornecedor. Fatores de relacionamento como comunicação e confiança também podem ser importantes para o comprador. Outros aspectos incluem confiabilidade, registro de entrega, tempo do pedido à entrega, qualidade e exatidão do pedido.

Recentemente, a United Airlines rompeu seu pacto de décadas com a Coca-Cola Company e decidiu mudar para a Pepsi como sua fornecedora de refrigerantes a bordo. Embora o pacote financeiro tenha sido um motivador-chave, as duas empresas também exploraram maneiras pelas quais a parceria poderia beneficiar seus negócios. Sessões de marketing para comissários de bordo e promoções de refrigerantes com bilhetes aéreos como prêmio estão entre as estratégias para fortalecer o relacionamento entre a PepsiCo e a United.[32]

Etapa 7: Selecionar uma rotina de pedidos

Uma vez escolhido um fornecedor, ele e o comprador devem descobrir a melhor maneira de processar compras futuras. Rotinas de pedido variam consideravelmente. A maioria dos pedidos, contudo, irá incluir descrições de produtos, quantidades, preços, prazo para entrega e para pagamento. Hoje, as empresas têm uma variedade de opções para enviar pedidos: documentos escritos, telefonemas, fax ou troca eletrônica de dados.

Etapa 8: Obter *feedback* e avaliar o desempenho

Na etapa final, os compradores medem o desempenho dos fornecedores. Às vezes esse julgamento envolve uma avaliação formal de qualidade do produto, entregas, preços, do conhecimento técnico e responsividade geral às necessidades do cliente de cada fornecedor. Em outras ocasiões, os fornecedores podem ser medidos de acordo com critérios como se eles reduziram os custos do cliente ou se reduziram a carga de trabalho de seus funcionários. Em geral, as empresas maiores têm mais probabilidade de usar procedimentos formais de avaliação, ao passo que empresas menores tendem a avaliações informais. Independentemente do método utilizado, os compradores devem dizer aos fornecedores como serão avaliados.

A Keurig recebeu o melhor tipo de *feedback* para seu sistema de café – mais de 12 mil pessoas em dois anos pediram à empresa para começar a fazer uma versão doméstica para sua máquina de café. Além disso, a Keurig começou a licenciar sua tecnologia de torradoras de café, como a Green Moutain, sediada em Vermont, que agora detém uma fatia de 40% da empresa. E as análises profissionais do sistema Keurig? "É rápido, simples e faz um trabalho muito bom", comenta Den Davids, co-fundador do CoffeeReview.com, um serviço de classificação de cafés on-line.[33]

Às vezes as empresas utilizam organizações independentes para coletar *feedback* de qualidade e resumir resultados. A J.D. Power and Associates conduz pesquisas e fornece informações a várias empresas para que elas possam melhorar a qualidade de seus produtos ou serviços.

CLASSIFICANDO SITUAÇÕES DE COMPRAS CORPORATIVAS

7 Classificar situações de compras corporativas

Conforme discutido anteriormente, o comportamento de compra do consumidor responde a várias influências de compra, como fatores ambientais, organizacionais e interpessoais. Esse comportamento de compra também envolve o grau de esforço que a decisão de compra demanda e os níveis dentro da organização onde ela foi tomada. Assim como o comportamento do consumidor, os profissionais de marketing podem classificar situações de compra B2B em três categorias gerais, da menos à mais complexa: (1) recompra direta, (2) recompra modificada e (3) nova compra. As situações de compras de negócios também podem envolver reciprocidade. As seções a seguir tratam de cada tipo de compra.

Recompra direta

A situação de compra mais simples é uma **recompra direta**, uma decisão de compra recorrente na qual um consumidor pede novamente um produto que tenha atendido a suas necessidades no passado. O comprador já gosta do produto e das condições de venda, portanto a compra não exige nenhuma informação nova. O comprador vê poucos motivos para acessar opções concorrentes, e, por essa razão, segue um formato de recompra rotineiro. Uma recompra direta é o equivalente no mercado de negócios ao comportamento de resposta rotinizado no mercado consumidor. Compras de itens de baixo custo, como clipes de papel e lápis para um escritório, são exemplos típicos de recompras diretas. Novos pedidos de café para a Keurig também seriam recompras diretas.

Os profissionais de marketing que mantêm bons relacionamentos com clientes por meio do fornecimento de produtos de alta qualidade, serviço superior e entregas rápidas podem ter bastante sucesso em longo prazo, garantindo recompras diretas por muito tempo.

Recompra modificada

Em uma **recompra modificada**, um comprador está disposto a reavaliar as opções disponíveis. É quando os compradores vêem alguma vantagem em considerar ofertas alternativas dentro de suas diretrizes de compras estabelecidas. Eles podem tomar essa atitude se seu fornecedor atual permitiu que uma situação de recompra se deteriorasse por causa de mau serviço ou problemas de entrega. Diferenças de preço, qualidade e motivação também provocam recompras modificadas. As recompras modificadas assemelham-se à resolução de problemas limitada nos mercados consumidores.

Os profissionais de marketing B2B querem induzir os consumidores atuais a fazerem recompras diretas, atendendo a todas as suas necessidades. Os concorrentes, por outro lado, tentam atrair esses compradores levantando questões que irão convencê-los a reconsiderar suas decisões.

Nova compra

A categoria mais complexa de compra de negócios é a **nova compra** – situações únicas ou de primeira compra que exigem um esforço considerável por parte dos tomadores de decisão. O equivalente no mercado consumidor da nova compra é o grau de resolução de problema. Um recente anúncio da Hewlett-Packard deu uma explicação detalhada sobre como a companhia irá ajudar a resolver o problema do armazenamento de informação, apesar das complexidades de orçamentos reduzidos, equipes menores e as dificuldades de prever futuras necessidades de armazenamento.

Uma nova compra quase sempre exige que o comprador analise cuidadosamente diferentes alternativas e fornecedores. Uma empresa que está entrando em um novo ramo deve buscar novos fornecedores de componentes. Quando a Linksys decidiu começar a fazer um roteador de quatro portas para consumidores que queriam conexões de internet mais rápidas em sua residência – mas que não queriam pagar o valor corrente de U$ 500 por um sistema –, teve de comprar novos componentes para o produto.[34] Essa nova compra exigiria várias etapas, cada uma resultando em um tipo de decisão. Tais decisões incluiriam o desenvolvimento de exigências de produto, a busca de fornecedores potenciais e a avaliação de propostas. Exigências de informação e tomadores de decisão podem completar todo o processo de compra, ou podem mudar de etapa para etapa.

Reciprocidade

A **reciprocidade** – comprar de fornecedores que também são clientes – é uma prática polêmica em várias situações de aquisição. Um fabricante de equipamentos para escritório pode favorecer um fornecedor de componentes em particular caso esse fornecedor tenha recentemente feito uma grande compra dos produtos do fabricante. Acordos de reciprocidade costumam ser comuns nos setores que apresentam produtos homogêneos com preços semelhantes, como os setores químico, de tintas, de petróleo, de borracha e de aço.

A reciprocidade sugere relações próximas entre os participantes no mercado corporativo. Ela pode aumentar ainda mais a complexidade do comportamento de compra B2B para novos fornecedores que estão tentando concorrer com fornecedores preferidos. Embora vendedores e compradores façam acordos de reciprocidade nos Estados Unidos, tanto o Ministério da Justiça quanto a *Federal Trade Comission* (Comissão Federal de Comércio) os encaram como tentativas de reduzir a concorrência. Fora dos Estados Unidos, contudo, os governos podem ter uma visão mais favorável sobre a reciprocidade. Compradores business-to-business no Canadá, por exemplo, enxergam a prática como positiva e difundida. No Japão, laços de proximidade entre fornecedores e clientes são comuns.

FERRAMENTAS DE ANÁLISE

Duas ferramentas que ajudam os compradores profissionais a melhorar as decisões de compra são análise de valor e análise do fornecedor. A **análise de valor** examina cada componente de uma compra na tentativa de excluir o item ou substituí-lo por outra coisa com melhor relação custo-benefício. Projetistas de aeronaves há muito tempo reconhecem a necessidade de fazer aviões o mais leves possíveis. A análise de valor respalda o uso do material sintético Kevlar da DuPont na construção de aeronaves, porque o material pesa menos que o metal que substitui. A conseqüente economia de combustível é significativa para os compradores desse mercado.

A **análise do fornecedor** realiza uma avaliação contínua do desempenho de um fornecedor em categorias como preço, capacidade de EDI, *backorders*, tempos de entrega, garantia de responsabilidade e atenção a solicitações especiais. Em alguns casos, a análise do fornecedor é um processo formal. Alguns compradores usam um *checklist* para avaliar o desempenho de um fornecedor. Um *checklist* rapidamente aponta fornecedores e fornecedores potenciais que não satisfazem as exigências de compra do comprador.

MARKETING
Verificação
de conceito

1. Identifique os três principais fatores que influenciam as decisões de compras.

2. Por que o processo de compras corporativas contém mais etapas que o processo de compra do consumidor?

3. Quais são as quatro classificações de situações de compras de negócios?

O CONCEITO DO CENTRO DE COMPRAS

8   Explicar o conceito de centro de compras.

O conceito de centro de compras fornece um modelo essencial para a compreensão do comportamento de compra B2B. O **centro de compras** de uma empresa compreende todos que estejam envolvidos em qualquer aspecto de sua atividade de compras. Um centro de compras pode incluir o arquiteto que projeta um novo laboratório de pesquisa, o cientista que trabalha em suas dependências, o gerente de compras que analisa propostas de fornecedores, o CEO que toma a decisão final e o vice-presidente de pesquisa que assina os contratos formais para o projeto. Os participantes do centro de compra, em qualquer aquisição, buscam satisfazer às necessidades pessoais, como participação ou *status*, assim como necessidades organizacionais. O centro de compras não faz parte da estrutura organizacional formal de uma firma. Trata-se de um grupo informal cuja composição e cujo tamanho variam de acordo com a situação de compra e com a empresa.

PAPÉIS DO CENTRO DE COMPRAS

Os participantes do centro de compras desempenham papéis diferentes no processo de decisão de compra. Os usuários são as pessoas que irão de fato usar o produto ou serviço. Sua influência sobre a decisão de compra varia de desprezível a extremamente importante. Os **usuários** às vezes iniciam ações de compra ao solicitar produtos, e também podem ajudar a desenvolver especificações de produto. Os usuários geralmente influenciam a compra de equipamentos de escritório. A Office Depot sabe disso. Recentemente, a empresa reprojetou suas lojas de material de escritório para torná-las mais atraentes para os compradores. O novo *layout* inclui um centro de soluções de negócio, onde compradores potenciais podem aprender sobre computadores e outros materiais de escritório que provavelmente irão utilizar no trabalho. Há também um avançado centro de cópia e impressão que oferece serviços comerciais especializados.[35]

Os **guardiões do portão** controlam as informações que todos os membros do centro de compras irão analisar. Eles podem exercer esse controle distribuindo dados de produto impressos ou anúncios, ou decidindo quais vendedores irão falar com quais pessoas do centro de compras. Um agente de compras pode permitir que alguns vendedores vejam os engenheiros responsáveis pelo desenvolvimento de especificações, mas negar o mesmo privilégio a outros. O gerente comercial de um grupo médico pode decidir aceitar ou passar adiante a literatura de um representante de vendas visitante.

Os **influenciadores** afetam a decisão de compra fornecendo informações para orientar a avaliação de alternativas ou estabelecendo especificações de compras. Os influenciadores costumam ser equipes técnicas, como engenheiros ou especialistas em controle de qualidade. Às vezes uma organização compradora contrata consultores externos, como arquitetos, que influenciam suas decisões de compra.

O **decisor** escolhe um bem ou serviço, embora outra pessoa possa ter a autoridade formal para fazê-lo. A identidade do decisor é o papel mais difícil para os vendedores definirem. O comprador de uma empresa pode ter a autoridade formal para comprar, mas seu CEO pode tomar a decisão real de compra. Alternativamente, um decisor pode ser um engenheiro de projeto que desenvolva especificações que apenas um fornecedor possa atender.

O **comprador** tem a autoridade formal para selecionar um fornecedor e para implementar os procedimentos para garantir o produto ou o serviço. Contudo, normalmente ele delega esse poder a membros mais influentes da organização. O gerente de compras quase sempre assume o papel do comprador e executa os detalhes associados a um pedido de compra.

Os profissionais de marketing B2B enfrentam a tarefa de determinar o papel específico e a influência relativa na tomada de decisão de cada participante do centro de compras. Os vendedores podem então customizar suas apresentações e informações para o papel exato que um indivíduo desempenha em cada etapa do processo de compras. Os profissionais de marketing B2B descobriram que seus contatos iniciais – e, em muitos casos, mais extensos –

com o departamento de compras de uma empresa freqüentemente não conseguem atingir os participantes do centro de compras que têm a maior influência, já que essas pessoas podem não trabalhar naquele departamento.

Considere a seleção de locais de encontro e convenções para associações comerciais ou profissionais. O tomador primário de decisão pode ser a diretoria de uma associação ou um comitê executivo, normalmente com informações do diretor-executivo ou um planejador de reunião; o planejador de reunião ou o executivo da associação podem escolher os locais das reuniões, às vezes com sugestões dos membros; finalmente, o comitê de reunião anual ou o comitê de programa da associação podem fazer a seleção do local da reunião. Como os funcionários mudam todos os anos, centros de controle podem mudar de ano para ano. O resultado é que os profissionais de marketing de destino e operadoras de hotéis estão constantemente avaliando como uma associação toma suas decisões sobre conferências.

CENTROS DE COMPRAS INTERNACIONAIS

Duas características distintas diferenciam os centros de compras internacionais dos domésticos. Primeiro, os profissionais de marketing podem ter dificuldade em identificar membros de centros de compras estrangeiros. Além de diferenças culturais nos métodos de tomada de decisão, algumas empresas estrangeiras não possuem equipes. Em países menos desenvolvidos, gerentes de linha podem tomar a maioria das decisões de compra.

Segundo, um centro de compras em uma empresa estrangeira normalmente inclui mais participantes do que os envolvidos em uma empresa norte-americana. Centros de compras internacionais empregam de uma a cinqüenta pessoas, e quinze a vinte participantes é o mais comum. Os profissionais de marketing B2B global devem reconhecer e acomodar essa maior diversidade de tomadores de decisão.

Centros de compras internacionais podem mudar em resposta a tendências políticas e econômicas. Muitas firmas da Europa já mantiveram dependências separadas em cada nação européia para evitar tarifas e atrasos de alfândega. Quando a União Européia suspendeu as barreiras comerciais entre as nações-membro, contudo, muitas empresas fecharam filiais distantes e consolidaram seus centros de compras. A Holanda foi uma das maiores beneficiárias dessa tendência.

Ainda assim, profissionais de marketing flexíveis e rápidos em responder a mudanças podem dar um salto sobre a concorrência em mercados estrangeiros se forem capazes de prontamente identificar o tomador de decisão no processo. Victor Tsao, da Linksys, assinou um grande acordo quando descobriu que o chefe de uma empresa manufatureira de Taiwan estava visitando sua cidade na Califórnia. Ele convidou o executivo para uma reunião às 22h30 em um sábado, durante a qual os dois discutiram um novo design para um dispositivo de informática para pequenas empresas. Eles se decidiram por um formato quadrado com as cores prata e cinza. Na segunda-feira, o design e o acordo estavam finalizados – antes que os concorrentes das duas empresas sequer ficassem sabendo da conversa.[36]

MARKETING
Verificação
de conceito

1. Identifique os cinco papéis desempenhados pelas pessoas no centro de compras.

2. Quais são alguns dos problemas enfrentados pelos profissionais de marketing nos Estados Unidos ao lidarem com centros de compras internacionais?

VENDA EM EQUIPE

Para vender de maneira eficaz a todos os membros do centro de compras de uma firma, muitos fornecedores usam a **venda em equipe**, combinando vários associados de vendas ou outros funcionários para auxiliar o principal representante da conta a atingir todos aqueles que influenciam a decisão de compra. A Fibre Containers, empresa que vende papelão ondulado para confecção de caixas, considera a venda em equipe particularmente útil para gerar química entre o vendedor e o comprador. Se um vendedor fica sabendo que as duas maiores preocupações de um cliente potencial são o desenho da caixa e cronogramas de pagamentos, uma reunião que inclua um designer e a pessoa do financeiro pode ajudar a desenvolver uma relação de confiança.[37]

A venda em equipe pode ser ampliada para incluir membros da rede de fornecimento da própria empresa do vendedor na situação de venda. Considere o caso de pequenos revendedores de aplicativos especializados de informática cujos clientes exijam altos níveis de conhecimento do produto e acesso a treinamento. Ao trabalharem com sua rede de fornecimento – por exemplo, fazendo alianças com fornecedores para oferecer treinamento ou serviço contínuo a clientes finais –, os revendedores são capazes de oferecer um grau mais alto de suporte.

DESENVOLVENDO ESTRATÉGIAS DE MARKETING BUSINESS-TO-BUSINESS EFICIENTES

9 Discutir os desafios e estratégias de marketing para compradores governamentais, institucionais e internacionais.

Um profissional de marketing de negócios deve desenvolver uma estratégia de marketing baseada no comportamento de compra de uma organização em particular e na situação de compra. Claramente, muitas variáveis afetam as decisões de compra organizacionais. Esta seção examina três segmentos de mercado cujas decisões representam desafios únicos para os profissionais de marketing B2B: órgãos governamentais, instituições sem fins lucrativos e mercados internacionais; todos eles podem ser afetados pela *American Job Creation Act* (Lei Americana de Criação de Empregos) de 2004, conforme descrito na seção "Resolvendo uma questão ética". Por fim, ela resume as diferenças entre estratégias de marketing de negócios e de consumidor.

DESAFIOS DOS MERCADOS GOVERNAMENTAIS

As agências governamentais – federais, estaduais e municipais – juntas formam o maior consumidor dos Estados Unidos. Mais de 85 mil órgãos governamentais compram grande variedade de produtos, incluindo materiais de escritório, móveis, concreto, veículos, graxa, aeronaves militares, combustível e madeira, para citar apenas alguns.

Para concorrer de maneira eficaz, os profissionais de marketing de negócios devem entender os desafios únicos de vender para órgãos governamentais. Um desafio ocorre porque as compras do governo em geral envolvem dezenas de partes interessadas que especificam, avaliam ou usam os bens ou os serviços comprados. Essas partes podem não trabalhar dentro do órgão governamental que oficialmente trata de uma compra.

As compras governamentais também são influenciadas por objetivos sociais, como programas de subcontratação de minorias. Entidades governamentais americanas, como os Correios, se esforçam para manter a diversidade entre seus fornecedores, em geral fazendo esforços especiais para comprar bens e serviços de empresas pequenas e de propriedade de minorias e mulheres. O governo também conta com seus maiores fornecedores para subcontratar empresas de minorias.[38]

As diretrizes contratuais criam outra importante influência na venda a mercados governamentais. O governo compra produtos mediante dois tipos básicos de contrato: contratos de preço fixo, nos quais o vendedor e o comprador fecham um preço definido antes de finalizar o contrato, e contratos de reembolso de custos, nos quais o governo paga o fornecedor por custos admissíveis, incluindo lucros incorridos durante a execução do contrato. Cada tipo de contrato tem vantagens e desvantagens para os profissionais de marketing B2B. Embora o contrato de preço fixo ofereça mais potencial de lucro do que a outra alternativa, também traz maiores riscos em razão de despesas imprevistas, aumentos súbitos de preços e mudanças nas condições políticas e econômicas.

Resolvendo uma questão ética

LEI AMERICANA DE CRIAÇÃO DE EMPREGOS DE 2004: QUEM REALMENTE SE DÁ BEM?

O nome faz parecer uma coisa tão simples: criar empregos nos Estados Unidos. Quando o Congresso aprovou a Lei Americana de Criação de Empregos de 2004, a intenção era oferecer isenção de impostos a empresas que gerassem mais empregos no setor manufatureiro. Mas nem bem a tinta secou no documento de 650 páginas e já começaram a aparecer buracos – e as isenções de impostos começaram a fluir para linhas de cruzeiro, ferrovias, shopping centers, e até para proprietários de pistas da Nascar. Contadores e advogados ficaram a postos para ajudar suas empresas a descobrirem o que "manufatureiro" englobava e calcular os lucros. "As linhas que seremos obrigados a traçar serão muito difíceis de policiar e suscetíveis a abuso. Isso irá gerar muita controvérsia, e até mesmo disputas judiciais", adverte Gregory F. Jenner, secretário assistente para políticas tributárias do Tesouro.

A LEI AMERICANA DE CRIAÇÃO DE EMPREGOS DE 2004 É JUSTA?

SIM

1. A Lei dá uma isenção de impostos única e especial para empresas com operações no exterior que estejam dispostas a trazer os lucros para os Estados Unidos em vez de deixá-los lá fora. Isso poderia criar até 500 mil novos empregos no país.
2. As atividades manufatureiras englobam ampla gama de atividades – e essas atividades deveriam ser reconhecidas independentemente do setor. Portanto, mineração, extração de petróleo e engenharia recebem uma isenção merecida da lei.

NÃO

1. Os setores são divididos. A preparação de alimentos em um restaurante como Ruby Tuesday não se qualifica como atividade manufatureira, mas a moagem de café na Starbucks, sim.
2. As empresas que de fato recebem isenções de impostos não precisam usar o dinheiro economizado para criar novos empregos.

RESUMO

A nova legislação não é simples nem econômica, apesar dos desejos arrebatadores de trabalhadores e eleitores norte-americanos. "O objetivo do sistema tributário é coletar a receita necessária ao menor custo para a população", observa o ganhador do Prêmio Nobel de economia Edward Prescott. "Se isso vai criar um número significativo de empregos nos Estados Unidos, não sabemos – a menos que esses empregos incluam contadores e advogados.

Fontes: SLOAN, Allan. This tax break's broken, *Newsweek*, 31 jan. 2005, p. 34; CLAUSING, Kimberly A. The American Jobs Creation Act of 2004, *Tax Policy Center*, 1º dez. 2004, **www.taxpolicycenter.org**; NOVACK, Janet. Burgers, Snow, and Pork, *Forbes*, 15 nov. 2004, p. 68; MURPHY, Cait. What the economy needs is *simpler* taxes, *Fortune*, 15 nov. 2004, p. 76; HOBAN, Mike. Jobs Creation Act: what's in a name?, *Northwest Indiana Times*, 16 out. 2004, **www.nwitimes.com**.

Procedimentos de compra governamental

Várias compras governamentais americanas passam pela *General Services Administration* (GSA – Administração Geral de Serviços), uma agência de gestão central envolvida em áreas como aquisição, gestão de propriedade, e gestão de recursos da informação. A GSA compra bens e serviços para uso próprio e para uso de outras agências governamentais. No seu papel essencial de gestora de negócios do governo federal, a agência gasta bilhões de dólares em produtos. A *Defense Logistics Agency* (DLA – Agência de Logística de Defesa) executa a mesma função no Ministério da Defesa.

Por lei, a maioria das compras federais deve ser concedida por meio de licitações, ou propostas de venda por escrito dos fornecedores. Como parte desse processo, os compradores governamentais desenvolvem especificações – descrições detalhadas de itens necessários – para os fornecedores da licitação. As compras do governo americano devem atender à *Federal Acquisition Regulation* (FAR – Regulamentação Federal sobre Aquisição), um conjunto de normas de 30 mil páginas originalmente criado para diminuir a burocracia nas compras governamentais. As normas da FAR ficaram ainda mais complicadas após inúmeras exceções emitidas por vários órgãos do governo. Diversas restrições adicionais foram feitas para evitar gastos excessivos, corrupção e favoritismo. Como prestam serviços para vários órgãos governamentais, como o Ministério da Energia, a *Environmental Protection Agency* (Agência de Proteção Ambiental) e o Ministério da Defesa, grandes firmas de engenharia ambiental, como MACTEC, Tetra Tech FW e Weston Solutions, normalmente têm especialistas em aquisição e contrato em suas equipes. Esses especialistas mantêm-se atualizados sobre normas da FAR e realizam programas internos de garantia da qualidade e controle para assegurar que essas normas são seguidas por suas empresas.

Reformas recentes tentaram agilizar as compras e aumentar a flexibilidade. Elas incluem uma garantia maior de contratos rápidos, fáceis de usar, pré-negociados com múltiplos fornecedores; eliminação de especificações detalhadas para produtos comerciais de pronta entrega; redução de documentação impressa; e o uso de cartões de crédito emitidos pelo governo para fazer pequenas compras. Como um indicador do sucesso do governo em fazer seu sistema de aquisição mais responsivo e eficaz, considere a seguinte amostra do que a GSA comprou para os esforços de solidariedade para Nova York e o Pentágono dias após os ataques terroristas de 11 de setembro de 2001: 65 mil capas de proteção, 5 mil máscaras faciais, 3 mil respiradores, quatrocentos veículos, 250 telefones celulares, 2 mil computadores, trezentos aparelhos de fax, e mais de 1.200 itens de material de escritório.[39]

Os procedimentos de compra estaduais e municipais se parecem com os procedimentos federais. A maioria dos estados e muitas grandes metrópoles criaram escritórios de compras semelhantes à GSA. Especificações detalhadas e licitações abertas também são comuns nesse âmbito. Várias regulamentações de compras estaduais normalmente dão preferência a licitantes do próprio estado.

Os padrões de gastos governamentais podem diferir daqueles da indústria privada. Como o exercício fiscal do governo federal vai de 1º de outubro a 30 de setembro, vários órgãos gastam boa parte de seu orçamento de aquisição no quarto semestre, de 1º de julho a 30 de setembro. Eles acumulam seus fundos para cobrir despesas inesperadas, e, se não tiverem nenhuma, acabam ficando com dinheiro para gastar no fim do verão. As empresas entendem esse sistema e ficam de olho nos boletins governamentais para que possam participar das licitações nas compras anunciadas, que costumam envolver grandes importâncias de dinheiro.

On-line com o governo federal

Como seus colegas no setor privado, os profissionais de aquisição governamental estão aperfeiçoando os procedimentos de compras com novas tecnologias. Em vez de folhear pilhas de catálogos em papel e enviar pedidos de compras escritos à mão, os compradores governamentais preferem agora catálogos on-line que os ajudem a comparar ofertas de produtos concorrentes. Na verdade, os fornecedores descobrem que fazer negócio com o governo norte-americano é quase impossível se não abraçarem o comércio eletrônico.

Os fornecedores podem vender produtos para o governo federal por meio de três opções eletrônicas. Sites na internet constituem um método conveniente para a troca de informações entre ambas as partes. Os compradores governamentais localizam e pedem produtos, pagando com um cartão de crédito emitido no nível federal, e os fornecedores entregam os itens dentro de uma semana. Outra forma é por intermédio dos sistemas de pedidos eletrônicos patrocinados pelo governo, que ajudam a padronizar o processo de compras. O GSA Advantage permite que funcionários federais peçam produtos diretamente pela internet pelo preço preferido do governo. O *Electronic Posting System* (Sistema de Postagem Eletrônica) envia avisos automáticos de oportunidades a mais de 29 mil fornecedores cadastrados. O Sistema de Oportunidade Phoenix, desenvolvido pelo Ministério do Comércio, oferece um serviço semelhante para empresas de propriedade de minorias. Um programa piloto do Tesouro está testando um sistema de pagamento eletrônico para agilizar o pagamento de faturas de fornecedores.

Apesar desses avanços, vários órgãos governamentais permanecem menos sofisticados do que as empresas do setor privado. O Pentágono, por exemplo, ainda trabalha com procedimentos de aquisição desenvolvidos nos últimos cinquenta anos. Contudo, está introduzindo uma abordagem mais moderna para contratos de defesa, diminuindo o tempo necessário para desenvolver especificações e selecionar fornecedores. Em resposta aos eventos de 11 de setembro, o Ministério da Defesa assumiu um papel ativo na reinvenção do sistema federal de aquisições. Espera-se que os gastos governamentais para a atualização da tecnologia aumentem em 65% antes de 2010.[40]

DESAFIOS DOS MERCADOS INSTITUCIONAIS

As instituições sem fins lucrativos constituem outro mercado importante. Os compradores institucionais incluem uma variedade de organizações, como escolas, hospitais, bibliotecas, fundações, clínicas, igrejas e organizações não-governamentais.

Os mercados institucionais caracterizam-se por práticas de compras amplamente diversas. Alguns compradores institucionais se comportam como compradores corporativos porque leis e considerações políticas determinam seus procedimentos de compras. Muitas dessas instituições, como escolas e penitenciárias, podem até ser gerenciadas por agências governamentais.

As práticas de compras diferem entre instituições do mesmo tipo. Em um pequeno hospital, o nutricionista-chefe pode aprovar todas as compras de alimentos, ao passo que em um centro médico maior as compras de alimentos podem passar por um comitê composto do nutricionista e um gerente de negócios, um representante de compras e um cozinheiro. Outros hospitais podem pertencer a grupos de compras, talvez organizações de saúde ou cooperativas de hospitais locais. Outros, ainda, contratam empresas terceirizadas para preparar e servir todas as refeições.

Em uma única instituição, influências de compras múltiplas afetam as decisões. Muitas dessas instituições, compostas por profissionais como médicos, enfermeiros, pesquisadores e instrutores, também podem empregar gerentes de compras ou até mesmo departamentos inteiros de compras, e é possível haver conflitos entre esses tomadores de decisão. Funcionários profissionais podem preferir tomar suas próprias decisões de compras e lamentar ter deixado o controle para a equipe de compras. Esse conflito pode forçar um profissional de marketing de negócios a manter boas relações tanto com profissionais quanto com compradores. Um detalhador de uma empresa farmacêutica deve convencer médicos e enfermeiros sobre o valor, para os pacientes, de determinado medicamento, ao mesmo tempo em que convence o departamento de compras do hospital de que a empresa oferece preços competitivos, bons cronogramas de entrega e rápido atendimento. A Baxter Healthcare, um grande fabricante de produtos médicos, incluindo vacinas, sistemas de administração de medicamentos terapias de transfusão, entre outros, deve manter relacionamentos com hospitais, grupos de médicos e outros centros de saúde que atende, e também com seus fornecedores. Os profissionais de marketing da empresa precisam antecipar as necessidades dos clientes, garantir qualidade com e determinar cronogramas de entrega para realizar as compras com sucesso.[41]

Compras em grupo são um fator importante nos mercados institucionais porque várias das organizações se unem a associações cooperativas para juntar compras e obter descontos por volume. As universidades podem se unir à *Education and Institutional Purchasing Cooperative* (Cooperativa de Compras Institucionais e Educacionais); os hospitais podem pertencer a associações regionais; e cadeias de hospitais com fins lucrativos também podem negociar descontos por volume. As equipes de escritórios centrais normalmente cuidam das compras para todos os membros de uma cadeia assim.

Práticas diversas nos mercados institucionais constituem desafios especiais para profissionais de marketing B2B. Eles devem manter flexibilidade no desenvolvimento de estratégias para tratar com variedade de consumidores, de grandes cooperativas e cadeias a departamentos de compras de médio porte e instituições, além de pessoas físicas. Centros de compras podem trabalhar com membros, prioridades e níveis de *expertise* variados. Descontos e funções de distribuição eficazes desempenham um papel importante na obtenção – e na retenção – de instituições como clientes.

DESAFIOS DOS MERCADOS INTERNACIONAIS

Para vender com sucesso em mercados internacionais, os profissionais de marketing de negócios devem considerar as atitudes dos compradores e padrões culturais nas áreas onde operam. Nos mercados asiáticos, uma empresa deve manter presença local para vender produtos. Relacionamentos pessoais também são importantes para se fazer negócios na Ásia. Empresas que desejam expandir globalmente em geral precisam estabelecer *joint ventures* com parceiros locais. Profissionais de marketing internacional também devem estar prontos para responder a mudanças de valores culturais.

Indústrias locais, condições econômicas, características geográficas e restrições legais também devem ser consideradas no marketing internacional. Várias indústrias locais na Espanha são especializadas em vinho e alimentos; portanto, um fabricante de empilhadeiras pode comercializar veículos menores para empresas espanholas do que para empresas alemãs, que exigem empilhadeiras maiores e mais pesadas para atender às necessidades da grande indústria automobilística do país.

A **remanufatura** – produção para restaurar produtos desgastados para um estado de seminovo – constitui uma importante estratégia de marketing em um país que não pode comprar produtos novos. Países em desenvolvimento normalmente compram maquinários remanufaturados, que custam 35-60% menos do que equipamentos novos.

Implicações estratégicas do marketing no século XXI

Para desenvolver estratégias de marketing para o setor B2B, os profissionais de marketing devem primeiro entender as práticas de compras que regem o segmento que estão visando, seja ele o mercado comercial, indústrias de comércio, governo ou instituições sem fins lucrativos. Da mesma maneira, ao se vender para uma organização específica, as estratégias devem levar em conta os muitos fatores que influenciam a compra. Os profissionais de marketing B2B devem identificar pessoas que desempenham os vários papéis na decisão de compra. Também precisam entender como esse membros interagem uns com os outros, com outros membros de sua organização e com fornecedores externos. Os profissionais de marketing devem ter cautela ao dirigir seus esforços de marketing para sua organização, para influências ambientais mais amplas e para pessoas físicas, que operam dentro das limitações do centro de compras da empresa.

••• REVISÃO

1. Explicar cada um dos componentes do mercado business-to-business (B2B).

O mercado B2B é dividido em quatro segmentos: o mercado comercial, os setores de comércio, governos e instituições sem fins lucrativos. O mercado comercial é composto de pessoas físicas e empresas que adquirem produtos para serem usados, direta ou indiretamente, para produzir outros bens e serviços. Os setores de comércio são organizações, como varejistas e atacadistas, que compram para revender a terceiros. O objetivo principal das compras governamentais, em âmbito federal, estadual e local, é oferecer algum tipo de benefício público. O quarto segmento, instituições sem fins lucrativos, inclui uma gama diversificada de organizações, como hospitais, escolas, museus e agências sem fins lucrativos.

1.1. Qual é o maior segmento do mercado de negócios?
1.2. Que papel desempenha a internet no mercado B2B?
1.3. Que papel desempenham os revendedores no mercado B2B?

2. Descrever as principais abordagens para a segmentação de mercados business-to-business (B2B).

Os mercados de negócios podem ser segmentados por (1) demografia, (2) tipo de consumidor, (3) aplicação no usuário final e (4) situação de compra. O NAICS ajuda ainda a classificar tipos de consumidores.

2.1. De que maneira a segmentação baseada no consumidor pode ser benéfica para os profissionais de marketing B2B?
2.2. Descreva a segmentação por situação de compra.

3 Identificar as principais características do mercado B2B e sua demanda.

As principais características do mercado B2B são concentração geográfica, porte e número de compradores, procedimentos de decisão de compra e relacionamentos comprador-vendedor. As principais categorias de demanda são demanda derivada, demanda conjunta, demanda inelástica, demanda volátil e ajustes de estoque.

3.1. Como o tamanho e o número de compradores afetam os profissionais de marketing B2B?
3.2. Por que os relacionamentos comprador-vendedor são importantes no marketing B2B?
3.3. Dê um exemplo de cada tipo de demanda.

4 Discutir a decisão de fazer, comprar, arrendar.

Antes que uma empresa possa decidir o que comprar, deve decidir *se* irá comprar. Ela tem três opções: (1) fazer o produto ou serviço internamente; (2) comprá-lo de outra orga-

nização; ou (3) arrendá-lo de outra organização. As empresas podem terceirizar bens ou serviços anteriormente produzidos internamente e remanejar empregos de altos salários nos Estados Unidos para localidades de custo mais baixo – processo conhecido como *offshoring*. Cada opção tem seus benefícios e desvantagens, incluindo custo e controle de qualidade.

4.1. Por quais motivos uma empresa pode escolher uma opção que não seja fazer o produto ou serviço internamente?
4.2. Por que a terceirização está em alta?
4.3. Por que o *offshoring* é diferente da terceirização?

5 Descrever as principais influências no comportamento de compra em mercados B2B.

O comportamento de compras B2B tende a ser mais complexo do que o comportamento de compra individual. Mais pessoas e mais tempo estão envolvidos, e os compradores normalmente buscam várias fontes de fornecimento alternativas. A natureza sistemática das compras corporativas reflete-se no uso de gerentes de compras para direcionar tais esforços. Grandes compras corporativas podem exigir processos elaborados e demorados de tomada de decisão. As decisões de compra geralmente dependem de combinações de fatores como preço, atendimento, certeza do fornecimento e eficiência do produto.

5.1. Quais são alguns dos fatores ambientais que podem influenciar nas decisões de compra?
5.2. Identifique fatores organizacionais que podem influenciar as decisões de compra.
5.3. Descreva o papel do comprador profissional.

6 Esboçar as etapas do processo de compra corporativa.

O processo de compra corporativa é composto de oito etapas gerais: (1) antecipar ou reconhecer um problema/necessidade/oportunidade e uma solução geral; (2) determinar as características e a quantidade do bem ou serviço necessário; (3) descrever as características e a quantidade do bem ou serviço necessário; (4) buscar e qualificar fornecedores potenciais; (5) adquirir e analisar propostas; (6) avaliar propostas e selecionar fornecedor(es); (7) selecionar uma rotina de pedido; e (8) obter *feedback* e avaliar desempenho.

6.1. Por que existem mais etapas no processo de compra corporativa do que no processo de compra do consumidor?
6.2. Explique por que o *feedback* entre compradores e vendedores é importante para o relacionamento de marketing.

7 Classificar situações de compras corporativas.

As situações de compra corporativa são diferentes. A recompra direta é uma decisão de compra recorrente na qual um consumidor permanece com um item que o satisfez anteriormente. Na recompra modificada, o comprador está disposto a reavaliar as opções disponíveis. Uma nova compra refere-se a uma situação de compra única ou pela primeira vez que exige um esforço considerável dos tomadores de decisão. A reciprocidade envolve comprar de fornecedores que também são clientes.

7.1. Dê um exemplo de recompra direta e recompra modificada.

7.2. Por que uma nova compra é mais complexa do que as duas primeiras opções de compra?

8 Explicar o conceito de centro de compras.

O centro de compras inclui todas as pessoas que estão de alguma forma envolvidas em uma ação de compra corporativa. Existem cinco papéis nos centros de compras: usuários, guardiões do portão, influenciadores, decisores e compradores.

8.1. No centro de compras, com quem o profissional de marketing provavelmente irá deparar primeiro?

8.2. No centro de compras, quem tem autoridade formal para fazer uma compra?

8.3. Qual é o objetivo da venda em equipe?

9 Discutir os desafios e estratégias de marketing para compradores governamentais, institucionais e internacionais.

Uma compra governamental geralmente envolve dezenas de partes interessadas. Objetivos e programas sociais influenciam as compras governamentais. Muitas das compras do governo norte-americano envolvem diretrizes contratuais complexas e normalmente exigem especificações detalhadas e um processo de licitação.

Os mercados institucionais são desafiadores em razão das diversas influências e práticas de compra. A compra em grupo é um fator importante, já que muitas instituições se unem a associações cooperativas para obter descontos por volume. Um profissional de marketing institucional deve ser flexível o suficiente para desenvolver estratégias para lidar com ampla gama de consumidores. Descontos e distribuição eficaz desempenham um importante papel.

Um profissional de marketing de negócios internacionais eficiente deve ter conhecimento de atitudes e padrões culturais estrangeiros. Outros fatores importantes incluem condições econômicas, características geográficas, restrições legais e indústrias locais.

9.1. Descreva alguns dos fatores que orientam as compras do governo norte-americano.

9.2. Por que os mercados institucionais são particularmente desafiadores?

9.3. Descreva alguns dos desafios enfrentados por profissionais de marketing de negócios internacionais.

PROJETOS E EXERCÍCIOS EM GRUPO

1. Em pequenos grupos, pesquise o processo de compras pelos quais sua escola adquire os seguintes produtos:
   a. equipamentos de laboratório para um dos laboratórios de ciências
   b. o sistema de telecomunicações da escola
   c. alimentos para a cantina
   d. móveis
   O processo de compras é diferente para algum desses produtos? Em caso afirmativo, de que maneira?

2. Em grupos ou individualmente, escolha um produto comercial, como chips de computador, farinha, tinta ou equipamentos, e pesquise e analise seu potencial de mercado estrangeiro. Descreva suas descobertas para a classe.

3. Em pares ou individualmente, selecione uma empresa perto de você e peça para entrevistar a pessoa encarregada de compras. Em particular, pergunte a ela sobre a importância do relacionamento comprador-vendedor em seu setor. Descreva suas descobertas para a classe.

4. Em pares, selecione um produto comercial em uma destas duas categorias – capital ou despesa – e determine como a demanda derivada irá afetar as vendas do produto. Elabore um gráfico mostrando suas descobertas.

5. Em grupos, pesquise uma empresa como a Microsoft ou a Boeing para descobrir como ela usa a terceirização e/ou o *offshoring*. Depois descreva que benefícios e desvantagens você acredita que a empresa possa ter.

6. Imagine que você e seus colegas são compradores de uma empresa de que gostam. Delineie um processo de compras lógico para uma nova compra para sua organização.

7. Forme um grupo para realizar um esforço de venda em equipe hipotético para a embalagem de produtos fabricados por uma empresa alimentícia. Cada membro da equipe deve cobrir determinada tarefa, como design da embalagem, cronograma de entrega e cronograma de pagamento. Apresente seu plano de marketing para a classe.

8. Encontre um anúncio com uma mensagem de marketing voltada para um mercado institucional. Analise o anúncio para determinar como o profissional de marketing segmentou o mercado, quem no centro de compras pode ser o alvo do anúncio e quais outras estratégias de marketing podem estar aparentes.

9. Em grupo, pesquise a prática da remanufatura de produtos comerciais como maquinário para mercados estrangeiros. Que desafios os profissionais de marketing desse tipo de produto enfrentam?

APLICANDO OS CONCEITOS DO CAPÍTULO

1. Imagine que você é um atacadista de produtos de laticínio como iogurte e queijo, produzidos por uma cooperativa de pequenos fazendeiros. Descreva quais etapas você usaria para construir um relacionamento tanto com os produtores – fazendeiros – quanto com varejistas, como supermercados.

2. Descreva um setor que pode ser segmentado por concentração geográfica. Depois, identifique alguns dos tipos de empresas que podem estar envolvidas nesse setor. Lembre-se de que essas empresas podem estar envolvidas em outros setores também.

3. Imagine que você está encarregado de tomar a decisão de arrendar ou comprar uma frota de automóveis para o serviço de limusine no qual você trabalha. Quais fatores influenciariam sua decisão e por quê?

4. Você acha que a venda on-line para o governo federal beneficia os profissionais de marketing? Que podem ser algumas das desvantagens desse tipo de venda?

EXERCÍCIO DE ÉTICA

Suponha que você trabalha para um conhecido restaurante local, e um amigo seu é representante de contas de um fornecedor de equipamentos para restaurantes. Você fica sabendo que o dono do restaurante está pensando em atualizar alguns dos equipamentos da cozinha. Embora você não tenha nenhuma autoridade de compra, seu amigo lhe pediu para marcar uma reunião com o dono do restaurante. Você já ouviu boatos negativos sobre o serviço desse fornecedor.

1. Você marcaria uma reunião entre seu amigo e seu chefe?

2. Você mencionaria os rumores sobre o serviço para seu amigo ou para seu chefe?

3. Você tentaria influenciar a decisão de compra em alguma direção?

EXERCÍCIOS NA INTERNET

1. **American Express Small Business Network.** A American Express, nos Estados Unidos, oferece um serviço chamado Open, que fornece serviços financeiros e outros serviços para pequenas empresas. Visite o site da American Express, em inglês, e clique em *Small Business*. Faça uma lista de quatro ou cinco serviços – tanto financeiros como não-financeiros – oferecidos por meio do Open. Não se esqueça de anotar o que a American Express considera uma pequena empresa (*Small Business*).
www.americanexpress.com

2. **Vendendo para o Wal-Mart.** O Wal-Mart Stores é o maior varejista do mundo, e tem aproximadamente 11 mil fornecedores diferentes. Suponha que sua empresa gostaria de começar a vender produtos para o Wal-Mart. Acesse o site do Wal-Mart e clique em "Informações para Fornecedores". Leia as informações sobre os padrões de fornecedores e prepare um breve relatório com o que descobriu.
www.walmartbrasil.com.br

Observação: Os endereços de sites na internet mudam com freqüência. Se você não encontrar os sites mencionados, será necessário acessar a homepage da organização ou da empresa e então realizar sua pesquisa ou utilizar uma ferramenta de busca com o *Google*.

C | A | S | O 6.1

Siebel e Sun Microsystems mantêm
seus clientes satisfeitos

Uma coisa é falar sobre satisfação do cliente; outra é consegui-la. Para obter o máximo de satisfação entre clientes comerciais, os profissionais de marketing de duas empresas de software, a Siebel Systems e a Sun Microsystems, lançaram mão de um método antigo: deixá-los conversar uns com os outros.

As duas empresas instituíram programas de referência para seus clientes B2B nos quais clientes designados que já estejam satisfeitos com os serviços que recebem estão dispostos a se comunicar com clientes novos ou potenciais. Tanto na Sun quanto na Siebel, clientes apropriados são indicados – normalmente, pelos vendedores que os conhecem melhor. Então, esses clientes são contatados e respondem se gostariam de participar de um programa de referência. Se recusarem, tudo bem. Se aceitarem, têm várias opções sobre como gostariam de participar. Podem querer receber ligações ou visitas de clientes potenciais da Sun ou da Siebel; podem fazer parte de uma mesa-redonda ou café da manhã com consumidores; ou participar de conversas ou tours de mídia. Além do mais, eles provavelmente se encontrarão com executivos da Sun ou da Siebel com regularidade para atualizações. A EMI Industries recentemente recebeu ligações de – e concedeu entrevistas a – publicações de negócios para falar de suas experiências com a Siebel. A Target participou de um anúncio publicitário da Sun. Como isso ajuda a Sun a transmitir sua mensagem? "Um anúncio que diz que 'A Target economiza certa quantia por ano' significa mais do que apenas dizer 'Varejistas economizam'", explica Aaron Cohen, gerente sênior de programa da Sun.

O relacionamento de referência beneficia a todos. "Um programa de referência é uma excelente forma de gerenciar e monitorar a saúde de nossos clientes", observa Pamela Evans, diretora sênior de programas de consumidor e marketing corporativo da Siebel. "É possível rastrear sua atividade de referência, e reconhecer e recompensar os clientes que estão dando uma enorme contribuição a você." Os clientes têm como vantagens maior exposição, por exemplo, aparecer em campanhas. E clientes potenciais obtêm as informações de que precisam com credibilidade. Contudo, Michael Reagan, presidente da *National Association of Sales Professionals* (Associação Nacional dos Profissionais de Vendas), adverte que as empresas não deveriam abusar da receptividade dos clientes que se voluntariaram para o programa de referência. "Se eles disserem que estão fazendo muitas [referências], descubra se há algo errado com o número de referências... ou se há algum problema com o relacionamento. Você precisa dispor de outros meios de medição, como questionários de satisfação do cliente." Pamela Evans também avisa que não é uma boa idéia inscrever muitos clientes em pouco tempo no programa, sugerindo que é melhor estabelecer um relacionamento de longo prazo primeiro.

No fim, o programa de referência se resume simplesmente a relacionamento. Com um programa de referência, "você entende seus usuários. A satisfação deles, assim como sua receita, serão maiores se você se mantiver em contato estreito com os clientes por meio do programa de referência", afirma Evans.

Questões para discussão

1. De que maneiras os programas de referência geram valor agregado para os clientes B2B da Sun Microsystems e da Siebel?
2. Como os programas de referência ajudam a Sun Microsystems e a Siebel a preverem a demanda por seus produtos?

Fontes: site da Siebel, **www.siebel.com**, acessado em 9 fev. 2004; site da Sun Microsystems, **www.sun.com**, acessado em 9 fev. 2004; ARNOLD, Catherine. Reference programs keep B-to-B customers satisfied, *Marketing News*, 18 ago. 2003, p. 4-5.

Atendendo
a Mercados Globais

Capítulo 7

Objetivos

1 Descrever a importância do marketing internacional a partir das perspectivas da empresa individual e da nação.

2 Identificar os principais componentes do ambiente para marketing internacional.

3 Esboçar as funções básicas do GATT, da OMC, do Nafta, da proposta Alca e da União Européia.

4 Comparar as estratégias alternativas para entrar em mercados internacionais.

5 Diferenciar entre uma estratégia de marketing global e uma estratégia de marketing multidoméstico.

6 Descrever as estratégias de mix de marketing alternativo usadas em marketing internacional.

7 Explicar a atratividade dos Estados Unidos como mercado-alvo para mercados estrangeiros.

O MARKETING DE NOVA YORK COMO UMA CIDADE OLÍMPICA

Sediar os Jogos Olímpicos pode ser um sonho realizado para uma cidade de primeira classe – participar dos eventos. Várias cidades se beneficiaram com seus extraordinários esforços para abrigar os atletas, sediar os eventos e lidar com a enorme quantidade de espectadores e imprensa de todo o planeta. Ninguém tem mais consciência dessas possibilidades do que a cidade de Nova York, que recentemente participou da concorrência para sediar as Olimpíadas de 2012. Tendo sido bem-sucedida ou não, o processo de preparar a campanha de marketing e exibir a cidade para os tomadores de decisão do Comitê Olímpico permitiu que Nova York melhorasse sua imagem internacional e multicultural ainda mais.

Na década de 1980, as emocionantes cerimônias dos Jogos Olímpicos transformaram Barcelona, na Espanha, de uma pacata cidade provinciana em um destino turístico e de negócios bastante popular. Os Jogos de Sydney, em 2000, exibiram com sucesso a afamada hospitalidade australiana. As Olimpíadas de 2004, em Atenas, Grécia, tornaram-se históricas pelo número de recordes quebrados – e pelo número de preparações críticas concluídas no último minuto. O Comitê Organizador para os Jogos de Pequim 2008 irá valer-se da experiência adquirida por seus membros na observação dos eventos em Atenas, quando centenas de oficiais chineses tomaram notas. Nem todas as lições aprendidas foram sobre logística. Como disse um profissional de marketing chinês, "Os Jogos de Pequim não envolverão esportes, mas, sim, a criação de uma superbanda chamada China".

"Nova York" já é uma superbanda, sem sombra de dúvida. Mas isso não impediu que o NYC2012, comitê responsá-vel pela candidatura da cidade para sediar as Olimpíadas de 2012, fizesse uma megacampanha de marketing, incluindo anúncios com nova-iorquinos ilustres, como Regis Philbin e Jerry Seinfeld, e imagens imediatamente reconhecíveis dos táxis amarelos de NY e o *Yankee Stadium*. A campanha mostrou "cenários do dia-a-dia nova-iorquino para ilustrar a cidade como um lugar para onde pessoas do mundo todo vêm realizar seus sonhos, onde vêm para se superar, para concorrer com os melhores e buscar a glória máxima, assim como os atletas que participam dos Jogos Olímpicos", disse Daniel L. Doctoroff, vice-prefeito de Desenvolvimento Econômico e Reconstrução e fundador do NYC2012. "Para onde quer que você olhe, verá que os anúncios para os Jogos Olímpicos em Nova York estão em todo lugar. Esses anúncios trazem esse conceito à vida", acrescentou, embora aparentemente tem sido apenas durante a visita do Comitê Olímpico, no inverno de 2005, que os anúncios puderam atingir seu público-alvo.

Para a visita, membros do NYC2012 planejaram um cronograma fechado para os representantes olímpicos. Organizaram passeios por estádios esportivos atuais e planejados, colheram depoimentos sobre a sustentabilidade da cidade para os jogos feitos por grandes nomes do esporte, como Billie Jean King, Grete Waits, Bart Connor, Nadia Comaneci e Janet Evans. Bill Bradley disse aos visitantes que Nova York e os Jogos Olímpicos faziam um "par perfeito", e as apresentações mostraram não apenas a diversidade étnica da cidade, mas também sua disposição em se transformar em um ambiente olímpico. Eventos repletos de celebridades incluíram jantares com Meryl Streep, Whoopi Goldberg, Barbara Walters, Henry Kissinger e o artista conceitual Christo, e performances de Wynton Marsalis e Paul Simon.

"Não estamos tentando ser ninguém", disse Doctoroff. "Só podemos ser quem somos, e achamos que está ótimo. Estamos apenas tentando exibir a energia, a hospitalidade e o entusiasmo de Nova York do nosso jeito." Os depoimentos sobre diversidade incluíram um de Whoopi Goldberg. "Temos italianos servindo comida negra americana. Não vemos isso em nenhum outro lugar. Nós somos o mundo. Realmente somos."

Embora a visita de 2005 à cidade tenha dado aos tomadores de decisão pouco tempo para experiências inesperadas da diversidade da cidade, ela garantiu, de acordo com um porta-voz do NYC2012, "que a comissão visse os 28 locais de eventos do nosso plano, e escutasse, por meio de briefings, os dezoito temas em nosso livro de concorrência, em menos de quatro dias".

Mas teria sido melhor para a cidade se eles não tivessem se esforçado tanto? Alguns dos visitantes queriam experimentar a cidade mais diretamente, mas não tiveram tempo. "Aprendi mais sobre a diversidade da cidade no meu trajeto de táxi do aeroporto para o hotel do que com qualquer outra coisa que eles tenham nos mostrado em primeira mão até agora", queixou-se um correspondente de uma cadeia de jornais da África do Sul. E alguns observadores acreditam que a decisão do Comitê foi baseada mais em geopolítica do que em suas impressões sobre a cidade. Enquanto isso, os nova-iorquinos, o NYC2012, e seus equivalentes em cidades rivais, como Londres, Paris, Moscou e Madri, aguardavam ansiosos o resultado dos esforços de marketing para se tornarem a sede dos Jogos Olímpicos de 2012.[1]

Visão geral

Empresas americanas e estrangeiras, incluindo as sediadas na União Européia, estão cruzando barreiras nacionais em números nunca antes vistos na busca por novos mercados e lucros. O comércio internacional agora responde por pelo menos 25% do Produto Interno Bruto (PIB) dos Estados Unidos, comparado com 5% há trinta anos. A Figura 7.1 mostra os dez principais países com os quais os Estados Unidos fazem negócios. Esses dez países respondem por cerca de 70% das importações e por dois terços das exportações americanas.

O comércio internacional pode ser dividido em duas categorias: **exportação**, a comercialização de produtos e serviços produzidos internamente para o exterior, e a **importação**, a aquisição de bens e serviços estrangeiros. O comércio internacional é vital para uma nação e seus profissionais de marketing, por vários motivos. Ele expande mercados, possibilita as economias de produção e distribuição, permite que as empresas explorem oportunidades de crescimento em outras nações e as torna menos dependentes das condições econômicas de seu país natal. Muitos também acham que marketing global e comércio internacional podem ajudá-los a atender à demanda do consumidor, reduzir custos e fornecer informações valiosas sobre mercados em potencial ao redor do mundo.

> ## Em poucas palavras
>
> O Manchester United é o Yankees do futebol. Provavelmente, são os Yankees com anabolizantes.
>
> **Randy Bernstein**
> Proprietário, consultoria de esportes
> Premier Partnerships

Para os profissionais de marketing americanos, o comércio internacional é especialmente importante, já que as economias canadense e mexicana representam um mercado maduro para vários produtos. Fora da América do Norte, contudo, a história é outra. As economias em várias partes da África subsaariana, Ásia, América Latina, Europa e Oriente Médio estão crescendo rapidamente. Isso abre novos mercados para os produtos americanos, já que os consumidores dessas regiões têm mais dinheiro para gastar e a necessidade de bens e serviços norte-americanos por parte de empresas estrangeiras tem-se expandido. As exportações de bens de capitais de alta tecnologia são responsáveis por mais de um terço do total de exportações dos Estados Unidos no mundo todo – o maior segmento, no incrível patamar de US$ 291 bilhões.[2] O comércio internacional também gera empregos. As Nações Unidas estimam que 65 mil corporações transnacionais estejam em operação atualmente, com mais de 850 mil afiliadas estrangeiras. Essas afiliadas respondem por cerca de 54 milhões de empregos.[3] Seu próximo emprego, na verdade, pode envolver marketing global, já que trabalhos relacionados à exportação desempenham um importante papel na economia dos Estados Unidos.

Os profissionais de marketing internacional avaliam cuidadosamente os conceitos de marketing descritos nos capítulos

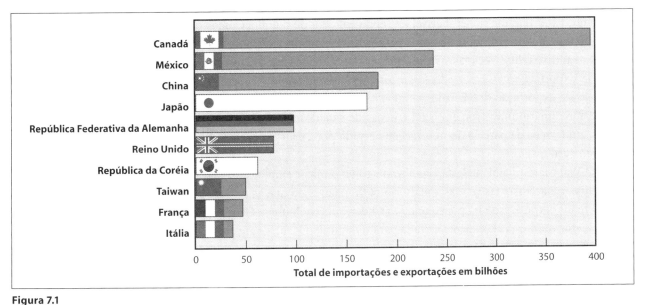

Figura 7.1
Os dez maiores parceiros de negócios dos Estados Unidos.
Fonte: Dados do *U.S. Census Bureau* (Censo Norte-americano), Top ten countries with which the U.S. trades, dez. 2004, www.census.gov. Reimpresso com permissão

anteriores. Contudo, transações que ultrapassam barreiras nacionais envolvem considerações adicionais. Por exemplo, diferentes leis, níveis variáveis de competência tecnológica, condições econômicas, regras culturais e de negócios e preferências do consumidor normalmente exigem novas estratégias. Empresas que querem comercializar seus produtos ao redor do mundo devem reconsiderar cada uma das variáveis de marketing (produto, distribuição, promoção e preço) em termos do mercado global. Para ter sucesso no marketing global, os profissionais de marketing de hoje respondem a perguntas do tipo: Como nossos produtos se enquadram em um mercado estrangeiro? Como podemos transformar ameaças potenciais em oportunidades? Quais alternativas estratégicas irão funcionar em mercados globais?

Muitas das respostas a essas perguntas podem ser encontradas estudando-se as técnicas usadas por profissionais de marketing internacional bem-sucedidos. Este capítulo primeiro considera a importância e as características do mercado global. Depois, examina o ambiente de marketing internacional, a tendência em direção a uma integração econômica multinacional e os passos dados pela maioria das empresas para entrar no mercado global. Em seguida, discute a importância de se desenvolver um mix de marketing internacional. O capítulo termina com uma análise dos Estados Unidos como um mercado-alvo para profissionais de marketing internacional.

A IMPORTÂNCIA DO MARKETING GLOBAL

1 Descrever a importância do marketing internacional pelas perspectivas indivuduais das empresas e pela perspectiva nacional.

Como revela a lista das dez maiores corporações do mundo, na Tabela 7.1, metade dessas empresas está sediada nos Estados Unidos. Para a maioria das empresas americanas – tanto de grande como de pequeno porte –, o mercado global está rapidamente se tornando uma necessidade. A demanda por produtos estrangeiros nas economias de rápido crescimento do Eixo do Pacífico e outras nações asiáticas oferece um exemplo dos benefícios de se pensar de modo global. Em um ano recente, as exportações dos Estados Unidos para a Ásia aumentaram 37%, chegando a cerca de US$ 200 bilhões – quase o dobro das exportações para a Europa. Esse aumento repentino se deve em parte ao fato de que os consumidores asiáticos acreditam que os produtos americanos têm mais qualidade e mais valor do que aqueles feitos em seus próprios países. Os profissionais de marketing internacional reconhecem como o slogan "Fabricado nos EUA" tem um poder incrível de venda ao redor do mundo. Como conseqüência, as vendas para outros países são uma importante fonte de renda para várias empresas americanas.

Nas últimas duas décadas, as exportações dos Estados Unidos cresceram em média 10% ao ano, e os campeões de exportação nesse período foram os produtos agrícolas. Outros produtos inclusos nas cinco maiores categorias de exportação dos Estados Unidos são maquinários elétricos, computadores e equipamentos para escritório, maquinário industrial em geral e peças de veículos automotivos. Entre as empresas líderes nos Estados Unidos, em termos da parcela de suas receitas gerada por exportação, estão Boeing, Intel, Motorola, Caterpillar e Sun Microsystems.

O Wal-Mart atualmente está classificado como o maior empregador privado do mundo (1,5 milhão de pessoas) e maior atacadista (as vendas anuais são 50% maiores do que as de Target, Sears, Costco e Kmart juntos). E, embora tenha ultrapassado há pouco tempo as líderes ExxonMobil e General Motors como a maior corporação da América, sua visão está claramente voltada para o domínio global. O gigante do varejo destina hoje bilhões de dólares a esforços de expansão internacional na Grã-Bretanha, no continente europeu, no Japão e na América do Sul. Após alguns tropeços iniciais com idiomas estrangeiros, costumes e regulamentações, a Bentonville, empresa sediada em Arkansas, está começando a ganhar sua luta internacional, planejando abrir quase uma loja por dia este ano. Impulsionado por sua gestão de estoque global altamente sofisticada e uma paixão por oferecer aos consumidores uma gama cada vez maior de produtos ao menor preço possível, o gigante do varejo representa 10% das importações de produtos americanos na China.[4]

Tabela 7.1 As 10 maiores do mundo classificadas por vendas.

CLASSIFICAÇÃO	EMPRESA	PAÍS DE ORIGEM
1	Wal-Mart Stores	Estados Unidos
2	ExxonMobil	Estados Unidos
3	General Motors	Estados Unidos
4	Royal Dutch/Shell Group	Holanda
5	British Petroleum (BP)	Reino Unido
6	Ford Motor Co.	Estados Unidos
7	DaimlerChrysler	Alemanha
8	Toyota Motor Corp.	Japão
9	General Electric	Estados Unidos
10	Mitsubishi	Japão

Fonte: Dados de The Global 2000: 2003, *Forbes*, 3 jul. 2003, **www.forbes.com**.

A rápida globalização dos negócios e a natureza sem fronteiras da internet permitiram que qualquer profissional de marketing se tornasse um profissional de marketing internacional. Contudo, tornar-se um profissional de marketing internacional da internet não é necessariamente fácil. Enquanto as empresas maiores têm a vantagem de mais recursos e maiores sistemas de distribuição, empresas menores podem construir seus sites por algumas centenas de dólares e trazer produtos ao mercado rapidamente. Beth e Lou Drucker começaram seu serviço de indicação de fornecedores para casamento em 1996 com US$ 3 mil. Recentemente, o casal passou a fazer negócios on-line pelo endereço www.newyorkmetroweddings.com. O site foi sucesso imediato e continua até hoje, com cerca de 300 mil visitantes por mês. Em doze meses, a empresa triplicou de tamanho.[5]

Assim como algumas empresas dependem de vendas internacionais e pela internet, outras adquirem matérias-primas no exterior como insumo para suas operações de manufatura domésticas. Um fabricante de móveis da Carolina do Norte pode depender da compra de mogno sul-americano, ao passo que varejistas de móveis do século XXI estão aproveitando a boa qualidade e estilo de produtos chineses e seus preços tradicionalmente baixos. As cinco maiores importações dos Estados Unidos são computadores e equipamentos para escritório, petróleo cru, vestuário, equipamentos de telecomunicações e produtos agrícolas.

EXPORTAÇÃO DE SERVIÇOS E VAREJO

A manufatura não tem mais a maioria absoluta da produção anual dos Estados Unidos. Atualmente, três em cada US$ 5 incluídos no PIB vêm de serviços – bancos, entretenimento, serviços técnicos e de negócios, varejo e comunicações. Apenas 40% da produção anual é derivada do setor manufatureiro. Essa profunda mudança de uma economia basicamente manufatureira para outra basicamente de serviços também se reflete nas exportações do país.

Além de produtos agrícolas e bens manufaturados, os Estados Unidos são os maiores exportadores do mundo de serviços e varejo. Dos aproximadamente US$ 290 bilhões em exportações anuais de serviços nos Estados Unidos, mais da metade vem de viagens e turismo – o dinheiro gasto por torneios estrangeiros que visitam o Turismo americano são o terceiro maior setor do país, aportando US$ 430 bilhões para a economia todos os anos, e é responsável pela criação de mais de US$ 6 bilhões em empregos relacionados a viagens e turismo. Com 102 milhões de turistas por ano, os Estados Unidos ficam atrás apenas da China em número de visitantes. Até 2020,

A cobertura global e a reputação internacional do nome Hilton se unem para gerar receitas adicionais de vendas nos Estados Unidos e ao redor do mundo à medida que tanto viajantes a negócios quanto a lazer, dos Estados Unidos e de outros países, escolhem acomodações para suas viagens. Os 160 elegantes hotéis, resorts e clubes Doubletree, todos membros da Família Hilton de Hotéis, oferecem diferentes serviços para atender a necessidades específicas dos viajantes, incluindo um *health club*, instalações completas para reunião e refeições e outras conveniências de luxo. Além disso, os hóspedes podem ganhar milhas aéreas e pontos em hotéis com o programa de recompensa Hilton HHonors. Esses valores agregados visam a aumentar a fidelidade do cliente por meio de recompensas para usuários freqüentes.

os turistas gastarão US$ 2 trilhões em suas viagens internacionais. Os profissionais de marketing de turismo buscam atrair e atender consumidores de forma global. O programa Hilton HHonors® permite que os viajantes ganhem tanto pontos em hotéis quanto milhas aéreas na mesma estada, em mais de 2.500 hotéis da Família Hilton em todo o mundo – incluindo os hotéis Hilton®, Conrad®, Doubletree®, Embassy Suites Hotels®, Hampton Inn®, Hampton Inn & Suites®, Hilton Garden Inn®, Hilton Grand Vacations Club®, Homewood Suites by Hilton® e Scandic.[6]

As exportações de serviço mais lucrativas dos Estados Unidos são de serviços comerciais e tecnológicos, como de engenharia, financeiro, de informática, jurídicos, de seguros e entretenimento.[7] As receitas de serviços pela internet no mundo todo cresceram incríveis 71%, chegando a quase US$8 bilhões durante um recente período de doze meses.

A indústria de serviços financeiros, que já tem grande presença fora da América do Norte, está expandindo-se globalmente por meio da internet. Quase metade da população ativa da rede no mundo visita um site de finanças pelo menos uma vez por mês, com serviços bancários e negociação de ações on-line em primeiro lugar. E mais de um em cada quatro europeus com acesso à internet atualmente utiliza os bancos on-line. Em 2005, aproximadamente 60 milhões de consumidores franceses, alemães, britânicos, italianos e espanhóis usavam serviços bancários on-line.[8] Uma rápida espiada no número cada vez maior de empresas estrangeiras listadas na Bolsa de Valores de Nova York ilustra a importância de serviços financeiros globais.

Vários exportadores de serviços globais são nomes domésticos nos Estados Unidos: American Express, AT&T, Citigroup, Disney e Allstate Insurance. Muitos ganham uma porcentagem substancial de sua receita com as vendas internacionais. Outros são empresas menores, como as de software, que encontraram mercados estrangeiros receptivos a seus produtos. Outras, ainda, são organizações sem fins lucrativos, como o serviço postal americano, que está tentando aumentar sua receita global por meio de um serviço de entrega mundial. O serviço concorre com firmas comerciais, como a DHL, a UPS e a Federal Express.

A indústria do entretenimento é outra grande exportadora de serviços. Filmes, programas de TV e grupos musicais costumam viajar pelos quatro cantos do mundo para entreter seu público. Quase um século de exposição a filmes, programas de TV e, mais recentemente, clipes musicais feitos nos Estados Unidos deixou os espectadores internacionais mais familiarizados com a cultura e a geografia americanas do que qualquer outro país do mundo. Contudo, alguns mercados são mais receptivos ao entretenimento americano do que outros, dependendo de suas barreiras lingüísticas e culturais. A Índia e alguns países asiáticos têm sua própria indústria de entretenimento, com suas próprias estrelas, e provavelmente se interessarão menos pelos produtos e estrelas dos Estados Unidos.

Varejistas americanos, de Victoria's Secret, Foot Locker e The Gap a Office Depot e Costco, estão abrindo lojas ao redor do mundo em um ritmo acelerado. A Amway Corp. abriu cerca de cem *outlets* varejistas na China depois que seu tradicional método de vendas diretas foi banido pelo governo, e o profissional de marketing para produtos de cuidados pessoais e domésticos está gerando vendas anuais de US$ 700 milhões com seus clientes chineses. A Krispy Kreme abriu sua primeira loja britânica nas dependências da loja de departamento Harrod's, e planeja abrir outras 25 nos próximos anos. A expansão da Starbucks para centenas de lojas na Alemanha, Espanha, Grã-Bretanha e no Japão tem sido agressiva, embora ainda não lucrativa. Mesmo assim, a empresa abriu seu primeiro café francês em Paris em 2004. E as 3.800 lojas do McDonald's no Japão estão ajustando sua marca para torná-la atraente a jovens profissionais com um menu rotativo de ofertas mais sofisticadas, como hambúrgueres vegetarianos e de tofu, e sanduíche de carne defumada com cebolas e tomates.[9]

BENEFÍCIOS DA GLOBALIZAÇÃO

Além da geração de receita adicional, as empresas expandem suas operações para fora de seu país natal para obter outros benefícios, incluindo novos *insights* sobre o comportamento do consumidor, estratégias de distribuição alternativas e anúncio rápido de novos produtos. Ao abrir escritórios e instalações de produção no exterior, os profissionais de marketing podem encontrar novos produtos, novas abordagens de distribuição, ou novas comunicações inteligentes que podem aplicar com sucesso em seu mercado doméstico ou em outros mercados internacionais.

Profissionais de marketing global costumam estar bem posicionados para competir com eficácia com concorrentes estrangeiros. Um grande segredo para se ter sucesso em mercados internacionais é a capacidade de uma firma de adaptar seus produtos às preferências e à cultura locais. A Toyota Motor Corp. recentemente teve de retirar anúncios em revistas e jornais em circulação durante uma campanha de marketing na China para sua SUV Prado Land Cruiser. Os leões de pedra dos anúncios deveriam "refletir a presença majestosa da Prado", mas lembravam alguns dos leões ao lado de uma ponte próxima a Pequim quando a invasão do Japão à China começou em 1937. E a palavra Prado pode ser traduzida por "governar pela força" ou "excesso de força" em chinês.[10]

Como as empresas devem realizar as funções de marketing de compras, venda, transporte, armazenagem, padronização e classificação, finanças, assunção de riscos e obtenção de informações de mercado tanto em mercados domésticos como globais, algumas podem questionar a sabedoria de se tratar o marketing internacional como um assunto distinto. Afinal, marketing internacional é marketing; uma empresa realiza as mesmas funções e trabalha pelos mesmos objetivos tanto no marketing doméstico quanto no internacional. Conforme o capítulo irá explicar, contudo, tanto as semelhanças quanto as diferenças influenciam as estratégias para marketing internacional e doméstico.

MARKETING
Verificação de conceito

1. Por que o marketing global se tornou uma necessidade para as empresas norte-americanas?

2. Cite alguns dos principais bens e serviços exportados pelos EstadosUnidos.

3. Relacione três benefícios da globalização.

O MERCADO INTERNACIONAL

Atualmente, é raro encontrar uma empresa americana que nunca se aventurou fora do seu mercado doméstico. Ainda que ela se concentre quase inteiramente no mercado doméstico, gigantesco por si só, pode procurar no exterior matérias-primas ou componentes ou enfrentar concorrência externa em seu mercado doméstico. Além disso, como a maioria dos profissionais de marketing doméstico mantém um site, eles podem receber perguntas sobre produtos ou pedidos de compradores internacionais que localizaram sua página na internet.

Aqueles que se aventuram no exterior podem descobrir que o mercado internacional é muito diferente do doméstico, ao qual estão acostumados. Tamanhos de mercado, comportamento de compras e práticas de marketing variam. Para ter sucesso, os profissionais de marketing internacional devem fazer a lição de casa, tirar proveito de semelhanças, e avaliar cuidadosamente todos os segmentos do mercado no qual esperam concorrer.

TAMANHO DO MERCADO

Desde o início da civilização até os anos 1800, a população mundial cresceu para cerca de um bilhão de pessoas. A população quase dobrou até os anos 1900 e, atualmente, há mais de 6 bilhões de pessoas no planeta. Segundo as projeções do censo americano, a população mundial irá aumentar para aproximadamente 8 bilhões até 2025. Noventa e seis por cento do aumento da população mundial ocorre em regiões menos desenvolvidas, como África, Ásia e América Latina. A taxa de crescimento populacional em países mais ricos, contudo, caiu para 0,4% ao ano – um quinto do crescimento anual de países menos desenvolvidos. O que tudo isso quer dizer é que, no próximo quarto de século, as empresas terão de adaptar seus bens e serviços para atender às necessidades e aos desejos de um número cada vez maior de consumidores jovens em países em desenvolvimento.

Um quinto da população mundial – 1,2 bilhão de pessoas – vive na China. A África está crescendo mais rapidamente, 2,8% ao ano, seguida pela América Latina, com 1,9%, e pela Ásia, com 1,7%. As taxas de natalidade médias estão diminuindo no mundo por causa de programas de planejamento familiar, mas as taxas de mortalidade estão caindo ainda mais rapidamente, e as pessoas estão vivendo mais. Embora a taxa de natalidade africana ainda seja alta – seis filhos por mulher –, as taxas de natalidade européias caíram consideravelmente, com os casais, em média, tendo apenas um ou dois filhos.[11] Todas essas informações são importantes para profissionais de marketing que estão de olho nesses mercados para seus produtos e serviços.

O mercado global é cada vez mais um mercado urbano. Hoje em dia, quase 50% das pessoas vivem em grandes cidades. Como resultado, as populações urbanas estão inflando: 39 cidades atualmente têm uma população de 5 milhões de pessoas ou mais. A Cidade do México, cujo influxo de residentes ultrapassou a população de Londres e de Tóquio, atualmente é classificada como a maior cidade do mundo. Espera-se que a capital mexicana cresça para 31 milhões até 2010. A urbanização cada vez maior irá expandir a necessidade de transporte, moradia, máquinas e serviços.

O tamanho e a urbanização crescentes do mercado internacional não necessariamente significam que todos os mercados estrangeiros oferecem o mesmo potencial. Outra influência importante no potencial de mercado é o estágio de desenvolvimento econômico de uma nação. Em uma economia de subsistência, como o Nepal ou o Sudão, a maioria das pessoas pratica agricultura e possui uma renda baixa, o que proporciona poucas oportunidades para negócios internacionais de qualquer magnitude. Em um país recém-industrializado, como o Brasil ou a Coréia do Sul, o crescimento das atividades manufatureiras cria uma demanda por produtos de consumo de bens industriais, como equipamentos de alta tecnologia. Nações industriais, incluindo Estados Unidos, Japão e países do Oeste Europeu, comercializam bens manufaturados e serviços entre si e exportam para países menos desenvolvidos. Embora esses países ricos correspondam a apenas uma pequena porcentagem da população do mundo, respondem por mais da metade da produção mundial.

À medida que uma nação se desenvolve, surge uma classe média cada vez mais afluente, escolarizada e cosmopolita. A classe média na Índia inclui aproximadamente 300 milhões de pessoas, número maior do que a população inteira dos Estados Unidos. Os produtores e profissionais de marketing de alimentos industrializados da Índia estão agora enfrentando uma concorrência global por causa de reformas econômicas e da liberalização de mercado. Mas os profissionais de marketing na Índia devem superar uma infra-estrutura subdesenvolvida, e a **infra-estrutura** é o alicerce da vida moderna e do marketing eficiente, incluindo redes de transporte e comunicações, serviços bancários e públicos. Além disso, com freqüência existem barreiras lingüísticas e diferenças culturais. Na outra extremidade da escala está o Japão, um país altamente industrializado e escolarizado com uma infra-estrutura sofisticada que inclui meios de transporte de alta velocidade, como o trem-bala. Como mostra a Figura 7.2, sistemas eficientes de transporte são componentes essenciais da infra-estrutura de países altamente industrializados.

Profissionais de marketing internacional percebem muito crescimento nos lares de renda média vistos nas economias em crescimento do Leste Asiático, como China, Malásia, Cingapura, Coréia do Sul e Tailândia, e também no México, na América do Sul e na África subsaariana. Esses novos consumidores de classe média possuem tanto desejo por bens de consumo, incluindo bens e serviços de luxo e entretenimento, quanto dinheiro para pagar por eles. Empresas chinesas que estão fabricando e exportando produtos de marcas ocidentais estão prestes a se beneficiar de seu crescente mercado doméstico. O turismo na Ásia é outra indústria que cresce rapidamente; a seção "Sucesso de marketing" descreve os esforços de recuperação após o desastre do *tsunami* de 2004.

COMPORTAMENTO DO COMPRADOR

O comportamento do comprador difere entre os países e, normalmente, entre os segmentos de mercado em um mesmo país. Os profissionais de marketing devem adaptar cuidadosamente suas estratégias de marketing segundo os costumes, os gostos e as condições de vida locais. Nem mesmo a Coca-Cola pode valer-se apenas do seu nome no exterior. No Japão, por exemplo, as vendas de Coca caíram recentemente, e, à medida que a população japonesa envelhece, a Coca pode continuar a perder consumidores.[12] Ainda assim, a Coca comanda cerca de metade do mercado global de refrigerantes e gera 60% de suas vendas em mercados internacionais, variando sua ênfase de produto em diferentes partes do mundo. No Japão, a empresa promove intensamente o Leaf, um novo produto de chá enlatado que se tornou uma febre no país. O motivo da mudança: os refrigerantes respondem por apenas 20% das vendas de bebidas não-alcoólicas no Japão.[13]

MARKETING
Verificação
de conceito

1. Quais características do mercado internacional são diferentes dos mercados domésticos nos Estados Unidos?

2. Defina infra-estrutura.

3. Quais são as seis diferentes áreas que devem ser estudadas pelos profissionais de marketing antes que aconselhem sua empresa a entrar no mercado estrangeiro?

Enquanto isso, a locadora de vídeos Blockbuster decidiu fechar todas as suas 24 lojas em Hong Kong. Em nome de custos operacionais elevados, a Blockbuster também pode cancelar seus planos de entrar no mercado chinês em virtude da imensa pirataria de vídeos e da difusão de cópias piratas vendidas a menos de US$ 1.[14] A pirataria é difícil de ser controlada no exterior e é alimentada, em parte, por um mercado tecnologicamente sofisticado que anseia pelos últimos lançamentos de filmes e games.

Diferenças em padrões de compras exigem que os executivos de marketing façam pesquisas consideráveis antes de entrar em um mercado estrangeiro. Às vezes, a própria organização do profissional de marketing ou uma empresa de pesquisa baseada nos Estados Unidos podem fornecer as informações necessárias. Em outros casos, apenas uma organização de pesquisa de marketing sediada no exterior pode dizer aos profissionais de marketing o que eles precisam saber. Independentemente de quem conduz a pesquisa, os pesquisadores precisam concentrar-se em seis áreas diferentes antes de aconselhar uma empresa a entrar em um mercado estrangeiro:

1. *Demanda*: Os consumidores estrangeiros precisam do bem ou do serviço da empresa?

2. *Ambiente competitivo*: Como as ofertas atualmente chegam ao mercado?

3. *Ambiente econômico*: Quais são as condições econômicas do país?

4. *Ambiente sociocultural*: Como os fatores culturais afetam as oportunidades de negócios?

5. *Ambiente político-legal*: Há alguma restrição legal que complique a entrada nesse mercado?

6. *Ambiente tecnológico*: Até que ponto as inovações tecnológicas são usadas pelos consumidores nesse mercado?

O AMBIENTE DE MARKETING INTERNACIONAL

2 Verificar os componentes principais do ambiente para o marketing internacional.

Assim como nos mercados domésticos, os fatores ambientais discutidos no Capítulo 3 têm uma poderosa influência no desenvolvimento de estratégias de marketing internacional. Os profissionais de marketing devem estar bastante atentos a mudanças em padrões de demanda, assim como a influências competitivas, econômicas, socioculturais, político-legais e tecnológicas que possam enfrentar no exterior.

Sucesso de marketing

Turismo tailandês resiste a *tsunami*

Passado. O turismo na Tailândia responde por aproximadamente um terço das receitas do país. Mas a indústria foi devastada pelo *tsunami* mortal que atingiu a nação no final de 2004. Ondas gigantescas destruíram praias populares e também comunidades rurais, matando milhares de pessoas, inclusive vários turistas ocidentais. Imediatamente após o desastre, as reservas de viagem para a Tailândia caíram mais da metade; contudo, as viagens "de negócios usuais" para Bali, Malásia, Japão, Coréia do Sul e áreas intocadas da Tailândia praticamente não foram afetadas. O CEO de uma das maiores empresas de passagens aéreas e reservas da Ásia afirmou: "Trata-se de uma crise humanitária, e não de uma crise econômica. Portanto, em termos de viagens, o que estamos vendo é que, embora os negócios tenham obviamente sido afetados na Tailândia, as viagens em geral, na verdade, não mudaram muito".

O desafio. Em Phuket, uma das mais populares áreas litorâneas da Tailândia, onde quase um quarto dos hotéis foi destruído, o jornal *Phuket Gazette* pediu fervorosamente aos turistas que não cancelassem seus planos de viagem para a Tailândia, e, embora sensibilidade e prudência sejam um comportamento adequado para turistas em férias após a ocorrência de um desastre natural, como o jornal aponta, os moradores das áreas afetadas enfrentam não apenas a dor, mas também o desemprego. "O maior castigo seria não voltar", concordou o presidente da *French Association of Tour Operators* (Associação Francesa de Operadoras de Turismo). "Se conseguirmos reempregar uma pessoa que seja, manteremos uma família viva."

A estratégia. O gerente de comunicações de marketing de uma grande agência de viagens em Cingapura

AMBIENTE ECONÔMICO INTERNACIONAL

O tamanho de uma nação, a renda *per capita* e o estágio de desenvolvimento econômico determinam sua potencialidade de expansão de negócios internacionais. Nações com baixa renda *per capita* podem ser mercados pobres para máquinas industriais caras, mas bons mercados para ferramentas agrícolas manuais. Essas nações não podem pagar pelos equipamentos técnicos que potencializam uma sociedade industrializada. Países mais ricos podem oferecer mercados de primeira para várias indústrias americanas, principalmente aquelas que produzem bens de consumo e serviços e produtos industriais avançados.

> **Em poucas palavras**
>
> O domínio econômico dos Estados Unidos já acabou. O que está surgindo é uma economia mundial. A Índia está tornando-se uma potência muito rapidamente.
>
> Peter F. Drucker (1909-2005)
> Teórico e pesquisador de negócios americano

Porém, alguns países menos industrializados estão crescendo rapidamente. A Índia e a China, por exemplo, podem tornar-se rivais dos Estados Unidos em termos de importância econômica em uma ou duas gerações. Embora a renda *per capita* dos Estados Unidos seja 8 vezes maior do que a da China e cerca de 11 vezes maior do que a da Índia, os dois países têm populações muito maiores, o que parcialmente compensa os números *per capita*. Sua capacidade de importar tecnologia e capital estrangeiro e também de treinar cientistas e engenheiros e investir em pesquisa e desenvolvimento, garante que seu crescimento será rápido e que as diferenças de renda com os Estados Unidos terminarão em pouco tempo. Atualmente, a China exporta cerca de US$ 100 bilhões a mais em bens e serviços por ano aos Estados Unidos do que importa. Em 2006, esperava-se que ela ultrapassasse os Estados Unidos e se tornasse a número 1 em usuários de internet, com 153 milhões de chineses on-line. O país está atualmente acelerando para dar início à produção automobilística para atender às demandas de uma classe média em crescimento quase tão grande quanto a população inteira dos Estados Unidos. Tanto a Índia como a China têm apresentado maiores índices de

afirmou que seus clientes em férias estavam escolhendo destinos continentais, como Bangkok e Chiang Mai (os dois na Tailândia) e estavam novamente viajando em grande número. E um porta-voz da *Pacific Asia Travel Association* (Associação de Viagens do Pacífico Asiático) afirmou que a indústria de turismo na Tailândia iria recuperar-se. "A mensagem que estamos tentando transmitir", disse ele, "é que fazer doações em dinheiro é bom porque precisamos de ajuda humanitária. Mas, a longo prazo, o que estamos sugerindo é que, se você realmente quiser fazer a diferença, venha passar suas férias na Tailândia, porque assim você mantém uma pessoa empregada; você irá devolver a auto-estima a ela".

O resultado. As áreas mais fortemente atingidas pelo *tsunami* estão de fato trabalhando rapidamente para terminar a limpeza e voltar a receber os visitantes com sua hospitalidade calorosa. "Acredito que todos se surpreenderão com a rapidez com que os tailandeses estão restabelecendo seus restaurantes, seus hotéis e seus bares na praia", afirmou o editor australiano da *Phuket Magazine*. Quando os turistas chegarem, a Tailândia estará pronta.

Fontes: LLEWELYN, Susan. A vacation in tsunami's wake?, *The Christian Science Monitor*, 12 jan. 2005. **www.csmonitor.com**; Asian tourism weathers tsunami, *Taipei Times*, 10 jan. 2005, **www.taipeitimes.com**; Tsunami hampers Thailand tourism industry, *ABC 7 News*, 30 dez. 2004, **www.wjla.com**.

crescimento econômico nos últimos anos do que os Estados Unidos, e alguns analistas projetam que, até a metade do século, uma economia integrada asiática poderia representar cerca de metade do PIB mundial.[15]

A infra-estrutura, discutida anteriormente, é outro importante fator econômico a ser considerado quando se planeja entrar em um mercado estrangeiro. Uma infra-estrutura inadequada pode restringir os planos do profissional de marketing de fabricar, promover e distribuir bens e serviços em determinado país. As pessoas que vivem em países abençoados por águas navegáveis geralmente se valem delas como alternativas baratas e relativamente eficientes para rodovias, ferrovias e o transporte aéreo. Os fazendeiros tailandeses utilizam os rios abundantes de seu país para transportar suas safras. Seus barcos chegam a se transformar em pequenos estabelecimentos varejistas nos chamados mercados flutuantes, como aquele localizado fora da capital Bangcoc.

Os profissionais de marketing esperam que as economias em desenvolvimento tenham redes de comunicações e serviços públicos abaixo do padrão. A China enfrentou inúmeros problemas ao estabelecer uma infra-estrutura industrial de comunicações para o século XXI. A resposta do governo chinês foi superar a necessidade por conexões telefônicas terrestres saltando de tecnologia e passando direto para os telefones celulares. Até 2007, esperava-se que a China tivesse 500 milhões de usuários de telefones celulares. Mas os usuários de telefones celulares chineses pagam apenas alguns centavos por minuto, uma das taxas mais baixas do mundo.[16]

A infra-estrutura de saúde de muitos países em desenvolvimento também é uma preocupação para profissionais de marketing internacional e seus funcionários. A NetJets garante aos executivos que voam nessa empresa aérea particular que serviços médicos de emergência estão disponíveis a eles em qualquer lugar do mundo, uma consideração importante em países com infra-estrutura médica menos desenvolvida.

Mudanças em taxas cambiais também podem complicar o marketing internacional. A taxa cambial é o preço da moeda de uma nação em comparação com a moeda de outro país. Flutuações em taxas cambiais tornam a moeda de uma nação mais ou menos valiosa comparada à de outras nações. Americanos em viagem pela Europa foram diretamente afetados por essas mudanças quando trocaram dólares por euros, e descobriram que o euro atualmente forte quer dizer que eles precisam de mais e mais dólares para comprar a moeda européia. Como resultado, a Europa se tornou um lugar mais caro para os americanos visitarem – seja como turistas ou viajantes a negócios. Os padrões de viagem de férias começaram a mudar, pois os turistas americanos estão cada vez mais optando por destinos domésticos ou países vizinhos, como Canadá e México, ou, ainda, as ilhas do Caribe, onde as taxas cambiais são constantes ou onde a moeda americana é aceita em hotéis, restaurantes e outros estabelecimentos locais.

No início deste século, a maioria dos membros da União Européia mudou para o euro em substituição aos francos, liras e xelins tradicionais. A idéia maior por trás da nova moeda é que a mudança para uma moeda única fortalecerá a competitividade da Europa no mercado global.[17] As moedas da Rússia e de vários países do Leste Europeu são consideradas *moedas fracas* que não podem ser prontamente convertidas em moedas fortes, como o dólar, o euro, ou o iene japonês. Os profissionais de marketing internacional que fazem negócios nesses países podem partir para a permuta, aceitando *commodities*, como petróleo ou madeira, como pagamento por exportações.

AMBIENTE INTERNACIONAL SOCIOCULTURAL

Antes de entrar em um mercado internacional, os profissionais de marketing devem estudar todos os aspectos da cultura daquela nação, incluindo idioma, educação, atitudes religiosas e valores culturais. Os franceses adoram

---

Em poucas palavras

Existem muitas definições para inferno, mas, para os ingleses, a melhor definição é que se trata de um lugar onde os alemães são policiais, os suecos são comediantes, os italianos são a defesa, os franceses constroem as estradas, os belgas são os cantores pop, os espanhóis controlam as ferrovias, os turcos cozinham, os irlandeses são garçons, os gregos estão no governo, e a língua comum é o holandês.

David Frost (nasc. 1939)
Autor e apresentador de TV inglês

dicas de etiqueta

Usar boas maneiras é um bom negócio global

Os riscos são grandes quando você está tentando causar uma boa impressão no exterior e não tem certeza de como os costumes comerciais diferem daqueles de seu país natal. Fazer muitos gestos com a mão na Tailândia pode parecer ridículo e, no Canadá, o gesto certo pode dizer a coisa errada, como o sinal da vitória (dedos médio e indicador levantados) com a palma da mão voltada para dentro em vez de para fora, o que pode ser considerado grosseiro. A melhor preparação é um estudo cuidadoso do país que você irá visitar, de sua cultura e de seus costumes.

A seguir, alguns exemplos de pequenas coisas que podem ter muita importância.

NA CHINA

1. Lembre-se de que relógios, guardanapos e as cores branca, azul e preta são associados à morte, e não devem ser usados como presentes.
2. Refeições à noite são as ocasiões mais populares para entretenimento de negócios. Aguarde um lugar para sentar e não espere discutir negócios durante a refeição.
3. Experimente tudo que lhe for servido, como uma cortesia, mas coma pouco, pois pode haver vários pratos.
4. Lembre-se de que marcar compromissos e chegar pontualmente são extremamente importantes.
5. Ofereça e receba cartões de visita com as duas mãos, e tenha consigo um porta-cartão para guardar todos os que receber.

NA ÁFRICA DO SUL

1. Vista-se bem em público em nome de seu anfitrião.
2. Lembre-se de que oferecer presentes de negócios não é a regra.
3. Lembre-se de que apertos de mãos variam entre os diferentes grupos étnicos.
4. Esteja preparado para um churrasco na piscina – chamado de *braaivleis* – ao jantar na casa de um sul-africano branco.

NO BRASIL

1. Vista-se de forma conservadora para os negócios, mas evite usar o amarelo e o verde juntos (essas são as cores da bandeira brasileira).
2. Marque reuniões de negócios com pelo menos duas semanas de antecedência.
3. Lembre-se de que tocar braços, cotovelos e costas é muito comum.
4. Seja pontual para reuniões de negócios em cidades grandes como Rio de Janeiro e São Paulo, mas espere conversas informais primeiro até que seu anfitrião introduza os tópicos de negócios.

Onde quer que você vá, lembre-se de que os costumes e as práticas americanos não são a regra mundial. Honra e dignidade são tão importantes em culturas asiáticas que alguns trabalhadores cometeram suicídio ao serem demitidos, ao estilo Donald Trump, de seu emprego. E mesmo os costumes mais arraigados podem mudar com o tempo. As saunas, que os homens finlandeses freqüentam nus, por muito tempo foram consideradas o lugar onde a maioria dos contatos comerciais era feita. Porém, como são fechadas para mulheres, as saunas podem agora estar perdendo espaço na tomada de decisões e no avanço da Finlândia.

Fontes: CHEN, Peter P. W. Prosperous entertaining – Part 1, *Executive Planet*, **www.executiveplanet.com**, acessado em 2 fev. 2005; International business etiquette and manners, **www.cyborlink.com**, acessado em 9 fev. 2004; HA, Jennifer Bensko. Board meeting at 4; nudity required, *Fortune*, 6 out. 2003, p. 30; Global firing etiquette, *Sales & Marketing Management*, set. 2003, p. 18.

Tabela 7.2 Os idiomas mais falados do mundo.

CLASSIFICAÇÃO	IDIOMA	NÚMERO DE FALANTES
1	Mandarim (chinês)	Mais de 1 bilhão
2	Inglês	508 milhões
3	Hindustani	497 milhões
4	Espanhol	392 milhões
5	Russo	277 milhões
6	Árabe	246 milhões
7	Bengali	211 milhões
8	Português	191 milhões
9	Malaio-indonésio	159 milhões
10	Francês	129 milhões

Fonte: Dados do *The ten most widely spoken languages in the world*, **www.soyouwanna.com**, acessado em 13 jan. 2004.

debates e sentem-se confortáveis com contatos olho-no-olho freqüentes. Na China, a humildade é uma virtude valorizada, as cores têm significado especial e atrasar-se é uma ofensa. A Suécia valoriza o consenso e não usa humor em negociações.[18] A seção "Dicas de etiqueta" traz mais exemplos de diferenças culturais que surgem em contatos de negócios no exterior – e quão fácil é ofender clientes, parceiros comerciais e outras pessoas quando não estamos cientes dessas diferenças.

O idioma desempenha um papel importante no marketing internacional. A Tabela 7.2 relaciona as dez línguas mais faladas do mundo. Os profissionais de marketing devem lembrar-se não apenas de usar o idioma (ou idiomas) apropriado para um país, como também garantir que a mensagem seja corretamente traduzida e transmita o significado pretendido. Abreviaturas, gírias e expressões podem causar mal-entendidos quando fazemos negócios no exterior. Entre as gafes mais engraçadas – e desastrosas – de linguagem cometidas por profissionais de marketing estão slogans de produtos traduzidos sem cuidado, como "Finger Lickin' Good", da Kentucky Fried Chicken, que foi traduzido para o chinês como "Coma seus dedos", e "It takes a tough man to make a tender chicken", da Perdue Farms Inc., que em espanhol ficou "É preciso um homem sexualmente excitado para deixar um frango amoroso".[19]

AMBIENTE TECNOLÓGICO INTERNACIONAL

Mais do que qualquer outra inovação desde o telefone, a tecnologia da internet possibilita que grandes e pequenas empresas estejam conectadas ao mundo inteiro. A internet transcende barreiras políticas, econômicas e culturais, chegando a todos os cantos do planeta. Ela possibilitou que varejistas tradicionais de materiais de construção acrescentassem novos canais de comércio eletrônico. Também ajuda nações em desenvolvimento a se tornarem mais competitivas em relação às nações industrializadas.

A internet é verdadeiramente um meio global que permite comunicações diretas e transações de negócios entre consumidores individuais e empresas multinacionais. É fundamental que os profissionais de marketing do século XXI entendam como a rede está reformulando valores sociais e culturais.

A tecnologia oferece desafios para profissionais de marketing internacional que vão além da internet e de outras inovações das telecomunicações. Uma questão importante que envolve os profissionais de marketing do setor alimentício que concorrem na Europa é a reengenharia genética. Embora as prateleiras dos mercados americanos estejam cheias de alimentos cultivados com organismos geneticamente modificados (OGM), a maioria dos americanos não sabe que está consumindo alimentos OGM porque não é necessário que essa informação conste nos rótulos. Na Inglaterra e em outros países europeus, onde alimentos OGM costumam ser chamados de *frankenfoods*, a história é bem diferente. Ativistas estão fazendo pressão por leis de rotulagem para informar os compradores que esses alimentos "não são cultivados naturalmente" e tirá-los do mercado completamente. Os profissionais de marketing de *commodities* agrícolas e produtos embalados já estão tomando medidas em resposta a essas preocupações. A Gerber recentemente reformulou seus alimentos para bebês para remover todos os ingredientes que contivessem OGM.[20]

AMBIENTE INTERNACIONAL POLÍTICO-LEGAL

Os profissionais de marketing global devem estar continuamente alinhados com as leis e regulamentações comerciais de cada país em que atuam. As condições políticas normalmente também influenciam o marketing internacional. A instabilidade política de lugares como Oriente Médio, Afeganistão, África, Europa Oriental, Espanha e América do Sul às vezes resulta em atos de violência, como a destruição da propriedade de uma empresa ou até mortes decorrentes de bombardeios ou outros atos terroristas. Como resultado, várias empresas ocidentais estabeleceram unidades internas de **avaliação de risco político (PRA – *Political Risk Assesment*)** ou recorreram a serviços de consultoria externos para avaliar os riscos políticos dos mercados nos quais operam. Além disso, a queda do comunismo e a transformação de indústrias estatais em empresas privadas e com fins lucrativos foram acompanhadas de uma tendência em direção a um comércio mais livre entre as nações.

O ambiente político também envolve condições de trabalho em diferentes países. O governo chinês não responde bem a manisfestações trabalhistas, principalmente quando saem às ruas em protesto. Poucos anos atrás, funcionários do governo prenderam o ativista trabalhista Zhang Shangguang por dez anos por "ameaçar a segurança do Estado". Em 2002, dezenas de milhares de trabalhadores de fábrica ocuparam prédios governamentais, exigindo que os funcionários públicos municipais pedissem demissão por causa de benefícios de trabalho não pagos e descontos no

> ### Em poucas palavras
>
> As novas rotas comerciais [do século XXI] são raios laser e feixes de satélite. As cargas não são seda ou especiarias, mas tecnologia, informações e idéias.
> Renato Ruggiero (nasc. 1930)
> Diretor-geral da Organização Mundial do Comércio

pagamento. Antigamente, protestos como esses provavelmente provocariam atos governamentais como agrupar as pessoas, prendê-las, silenciá-las com suborno e coisas do tipo. Mas o sucesso econômico global da China está trazendo mudanças. Mudanças constitucionais que permitem mais liberdade e flexibilidade das empresas privadas estão agora sendo consideradas pelo governo chinês. Embora essas medidas sejam promissoras, um clima de incerteza continua a existir para negócios e investidores estrangeiros em vários mercados internacionais. Ainda assim, muitos deles optam por fazer seus investimentos em um mercado com tanto potencial. A situação "não nos deteve", afirma Michael Dell, fundador e chairman da Dell Inc. "Nós [entendemos] o risco."[21]

O ambiente legal para empresas americanas que operam no exterior é resultado de três forças: (1) leis internacionais, (2) leis norte-americanas e (3) exigências legais dos países anfitriões. As leis internacionais são decorrentes de tratados, convenções e acordos entre as nações. Os Estados Unidos possuem vários **tratados de amizade, comércio e navegação (FCN**, em inglês) com outros governos. Esses acordos estipulam condições para vários aspectos de relações comerciais com outros países, como o direito de realizar negócios no mercado doméstico do parceiro do tratado. Outros acordos comerciais internacionais dizem respeito a padrões mundiais para vários produtos, patentes, marcas registradas, tratados de impostos recíprocos, controle de exportação, viagens aéreas internacionais e comunicações internacionais.

Desde a década de 1990, a Europa tem feito pressão por uma **certificação ISO (Organização Internacional de Normalização) obrigatória** – normas reconhecidas internacionalmente que garantam que os produtos, serviços e operações de uma empresa cumpram com níveis de qualidade preestabelecidos. A organização tem dois conjuntos de normas: a série ISO 9000 de normas define as exigências de qualidade para bens e serviços; a série ISO 14000 define padrões para operações que minimizem os danos ao meio ambiente. Atualmente, várias empresas americanas também seguem esses padrões de certificação. O Fundo Monetário Internacional (FMI), outro importante *player* no ambiente legal internacional, realiza empréstimos para nações que precisam deles para realizar negócios internacionais. Esses acordos facilitam todo o processo de marketing mundial. Contudo, não existem leis internacionais para corporações – apenas para governos. Portanto, os profissionais de marketing devem incluir provisões especiais em contratos, como o foro de qual país tem jurisdição.

A segunda dimensão do ambiente legal internacional, as leis americanas, inclui várias regulamentações comerciais, leis tributárias e exigências de importação/exportação que afetam o marketing internacional. Uma lei importante, a *Export Trading Company* (Lei da Empresa de Negociação de Exportação) de 1982, isenta as empresas de regulamentações antitruste para que possam formar grupos de exportação que ofereçam uma variedade de produtos a compradores estrangeiros. A lei procura facilitar a relação entre compradores estrangeiros e exportadores americanos. Uma lei polêmica de 1996, a Lei de Helms-Burton, tentou impor sanções comerciais contra Cuba. Sob essa lei, corporações e cidadãos americanos podiam processar empresas estrangeiras e seus executivos por usar bens expropriados dos Estados Unidos e fazer negócios em Cuba. A *Foreign Corrupt Practices Act* (Lei Estrangeira de Práticas Corruptas), que torna ilegal subornar um funcionário público estrangeiro na tentativa de realizar uma venda nova ou repetida no exterior, teve grande impacto no marketing internacional. A lei também indica que controles de contabilidade adequados devem ser instalados para monitorar o cumprimento interno. Violações podem resultar em multas de US$ 1 milhão para a empresa e multas de US$ 10 mil e cinco anos de prisão para os indivíduos envolvidos. Esta lei é controversa, sobretudo porque não define claramente o que constitui suborno. A Lei de Comércio de 1988 fez uma emenda a ela para incluir afirmações mais específicas de práticas proibidas.

Por fim, as exigências legais das nações anfitriãs afetam profissionais de marketing estrangeiros. Os profissionais de marketing internacional geralmente reconhecem a importância de obedecer a essas exigências legais, já que a menor violação pode pôr em risco o futuro do comércio internacional. Os profissionais de marketing devem navegar por um oceano de leis internacionais e estrangeiras relativas à prática de negócios na internet. A maioria das leis européias que regem o comércio eletrônico se concentra na privacidade do consumidor.

As exigências legais de países anfitriões podem criar obstáculos inesperados. Com as novas leis municipais de Pequim, capital da China, todas as empresas devem remover placas publicitárias colocadas em calçadas ou telhados. Isso inclui os famosos arcos dourados do McDonald's, que inundaram Pequim na última década. O McDonald's é um grande sucesso em Pequim, principalmente entre crianças e adolescentes. Mas cidadãos chineses idosos e de meia-idade em geral encaram a cadeia de *fast food* como uma vitória do capitalismo sobre a culinária tradicional chinesa. E os funcionários municipais, com o objetivo de melhorar a imagem de Pequim antes que a cidade recebesse os Jogos Olímpicos de 2008, decidiram que os arcos "não estão em harmonia com o ambiente e afetam a arquitetura da cidade". Cai Weiqian, gerente-geral do McDonald's de Pequim, está preocupado com os efeitos da nova lei em seus negócios. "70% de nossos negócios vêm de pessoas que vêem nossos luminosos" argumenta. "O *fast food* é de consumo imediato, e placas luminosas são importantes para atrair clientes." No entanto, um funcionário chinês do escritório de relações públicas do McDonald's de Pequim discorda. "Somos uma empresa que obedece a lei. Como o governo municipal ajustou suas regras, iremos seguir a nova regulamentação."[22]

Às vezes, desafios de marketing surgem em razão de leis em vigor nos Estados Unidos. A seção "Resolvendo uma questão ética" descreve uma situação altamente polêmica e amplamente divulgada na qual consumidores de medicamentos com receita estão recebendo ajuda inesperada com suas despesas médicas de empresários que estão testando as fronteiras da lei americana.

Resolvendo uma questão ética

OS AMERICANOS DEVEM PAGAR MAIS POR MEDICAMENTOS?

"É como ir à farmácia, só que é mais barato." É assim que Mary Lou Immenschuh descreve a experiência de importar suas drogas com receita médica do Canadá. É uma experiência que ela compartilha com milhões de outros americanos, que compram medicamentos do Canadá para obterem os mesmos comprimidos dos mesmos fabricantes nas mesmas embalagens que conseguiriam em seu país, mas por muito menos, às vezes até 50% menos.

"Economizo mais de 50%", afirma Jim Everett, que pesquisou regulamentações de drogas canadenses antes de se decidir por trocar de fornecedor. "São centenas de dólares por ano." Um motivo simples da economia é que, como Immenschuh observa, "o Canadá tem tantas regulamentações quanto nós... ele simplesmente não cobra tanto". No Canadá, uma lei federal estipula preços máximos para drogas patenteadas; cada província força os preços para baixo ao limitar os reembolsos.

Atender às receitas americanas tem-se tornado um negócio em expansão no Canadá, com consumidores atravessando a fronteira em bandos para comprar remédios em farmácias canadenses. Estima-se que milhões de outros utilizem farmácias na internet para comprar seus medicamentos on-line por um preço mais baixo. Alguns fornecedores canadenses estão agora processando milhares de receitas por dia para pacientes americanos.

Mas nem todos estão tão satisfeitos quanto os consumidores. Os fabricantes de medicamentos americanos estão preocupados com a perda de lucros, o governo diz que o ato de comprar remédios com receita no exterior é ilegal, e até mesmo alguns canadenses estão preocupados com a possibilidade da falta de medicamentos em seu país caso drogas populares sejam enviadas em excesso aos Estados Unidos.

Com os fabricantes de medicamentos norte-americanos fazendo *lobby* com o governo federal para coibir a prática, e sete grandes empresas farmacêuticas, incluindo a Pfizer e Merck & Co, cortando suas remessas para firmas canadenses que exportam para os Estados Unidos, alguns estados e cidades, como Minnesota, Wisconsin, Rhode Island, Boston e Washington estão fornecendo a seus cidadãos links para os sites de algumas farmácias canadenses na internet. Enquanto isso, Kansas, Missouri, Illinois e Wisconsin deram início a um programa chamado *I-Save Rx*, para a importação de drogas do Canadá, Inglaterra e Irlanda, países que não possuem barreiras lingüísticas com os Estados Unidos e com controles bastante rígidos sobre drogas. Alguns dos medicamentos no programa, na verdade, são feitos nos Estados Unidos e reimportados pelo programa.

O Canadá pode em breve assumir uma posição mais rígida em relação aos US$ 700 milhões em medicamentos que exporta todos os anos. Seu ministro da saúde afirma que "o Canadá não pode ser a farmácia dos Estados Unidos". Mas algumas pessoas afirmam que a projeção de escassez de medicamentos no Canadá não é real e seu governo está cedendo à pressão americana e seu *lobby* de medicamentos.

O GOVERNO DEVE EVITAR A VENDA DE MEDICAMENTOS CANADENSES E OUTROS MEDICAMENTOS IMPORTADOS NOS ESTADOS UNIDOS?

SIM

1. Se os lucros dos fabricantes de medicamentos americanos forem cortados, a pesquisa e o desenvolvimento de novos medicamentos, um processo extremamente caro, acabará sendo afetada.
2. As drogas feitas em outros países podem não ser tão seguras quanto aquelas feitas nos Estados Unidos, portanto, as importações de medicamentos devem ser evitadas.

NÃO

1. Os consumidores americanos estão pagando preços artificialmente altos pelas mesmas drogas que estão disponíveis em outros lugares. É injusto que os Estados Unidos subsidiem o resto do mundo.
2. As questões relacionadas à segurança e escassez são artificiais, criadas por empresas farmacêuticas para assustar os consumidores dos dois lados da fronteira.

RESUMO

O governo canadense pode em breve tomar uma decisão acerca de continuar fornecendo medicamentos através da fronteira ou talvez adotar políticas que exijam que os pacientes estrangeiros sejam examinados por um médico canadense, uma dificuldade séria para vários idosos americanos que são os maiores usuários de medicamentos com prescrição. Enquanto isso, se o fornecimento canadense secar, seja por causa da escassez real ou de limites de venda impostos, o *I-SaveRx* e outros fornecedores estão dispostos a se expandir para o Reino Unido, Irlanda, Austrália e Nova Zelândia. O *U.S. Food and Drug Administration* (FDA) continua fazendo objeções contra compras organizadas no exterior, pois afirma que não pode garantir a segurança de drogas importadas. Recentemente, mais de trinta pedidos de receita foram apreendidos pelo programa *I-SaveRx*, enviados pelo fornecedor canadense *CanadaRx*. Os clientes foram notificados por carta sobre a apreensão, e tiveram de se virar para substituir os produtos em falta. Um homem ficou sem seu medicamento de fortalecimento ósseo por duas semanas, até que uma segunda remessa pudesse ser enviada. A poeira ainda não baixou na ação do FDA.

Fontes: LANNAN, Maura Kelly. FDA seizes some prescription drug orders imported under I-Save-Rx plan, *The Kansas City Star*, 9 mar. 2005, **www.kansascity.com**; Washington's hand seen in looming drug import ban, *Minnesota Senior Federation*, fev. 2005, **www.front.mnseniors.org**; GRAHAM, Judith. Drug firms squeeze Canadian imports, *Chicago Tribune*, 30 jan. 2005, Seção 1, p. 1, 17; KEPPLER, David. Canada might end cheap-drug exports, *The State.com: South Carolina's Home Page*, 26 jan. 2005, **www.thestate.com**; States looking to Europe for drug imports, *MSNBC*, 14 jan. 2005, **www.msnbc.msn.com**.

BARREIRAS COMERCIAIS

Barreiras comerciais variadas também afetam o marketing global. Essas barreiras recaem em duas categorias principais: **tarifas** – impostos cobrados sobre produtos importados – e barreiras administrativas, não-tarifárias. Algumas tarifas impõem impostos fixos por libra, galão ou unidade; outras são calculadas de acordo com o valor do item importado. Barreiras administrativas são mais leves do que tarifas e podem aparecer de várias formas, como barreiras alfandegárias, cotas sobre importações, normas desnecessariamente restritivas para importações e subsídios à exportação. Como os acordos GATT e OMC (discutidos mais adiante neste capítulo) eliminaram tarifas para vários produtos, os países freqüentemente usam barreiras não-tarifárias para aumentar as exportações e controlar os fluxos de produtos importados. Os Estados Unidos e outras nações estão constantemente negociando tarifas e outros acordos comerciais. Um acordo de livre comércio entre os Estados Unidos e Guatemala, El Salvador, Nicarágua e Honduras foi assinado recentemente, depois que obstáculos de última hora sobre produtos têxteis foram superados. O acordo, que acaba com todas as barreiras comerciais entre os países participantes pelos próximos dez anos, é o sexto desse tipo assinado pelos Estados Unidos; os outros envolvem México e Canadá (Nafta), Israel, Jordânia, Chile e Cingapura.[23]

Tarifas

Os Estados Unidos são, há muito tempo, os campeões de livre comércio do mundo, mas recentemente, com as economias em retração de países estrangeiros industrializados e um número cada vez maior de países em desenvolvimento lutando para estabilizar suas economias, os legisladores americanos têm feito pressão para proteger as indústrias domésticas de problemas no exterior. Porém, ações destinadas a proteger negócios domésticos costumam ser uma faca de dois gumes. Com freqüência, também acabam penalizando consumidores domésticos, já que os preços costumam aumentar por causa de regulamentações protecionistas. Por exemplo, os Estados Unidos recentemente adotaram uma taxa de importação de 30% sobre concentrados de suco de laranja congelados; encargos sobre produtos de vidro e porcelana importados de até 38%; sapatos e botas de borracha, 20%; malas, 16%; e atum enlatado, 12,5%. Embora isso possa ou não criar um ambiente competitivo para os produtores domésticos, raramente os preços dos produtos são reduzidos para o consumidor.

As tarifas podem ser classificadas como "protetoras" ou "sobre os lucros". **Tarifas sobre os lucros** são destinadas a levantar fundos para o governo importador. Antigamente, a maioria da receita do governo americano provinha dessa fonte. **Tarifas protetoras**, que em geral são mais altas do que as tarifas sobre os lucros, são destinadas a aumentar o preço de varejo de um produto importado para que ele se iguale a ou ultrapasse o preço de um produto doméstico semelhante. Alguns países utilizam tarifas de forma seletiva para desestimular certas práticas de consumo e, dessa maneira, reduzir o acesso a seus mercados locais. Por exemplo, os Estados Unidos têm tarifas sobre itens de luxo, como relógios Rolex e caviar russo. Em 2002, o país impôs tarifas sobre importações de aço "para dar a nossa indústria doméstica uma oportunidade de se reestruturar e se consolidar, tornando-se mais forte e mais competitiva", afirmou um porta-voz da Casa Branca. Mas as tarifas aumentaram recentemente quando a Organização Mundial do Comércio (OMC) determinou que violavam acordos comerciais globais. A OMC também autorizou a União Européia e o Japão a retaliarem com penalidades itens como frutas cítricas, vestuário, arroz e maçãs importadas dos Estados Unidos.[24]

Em 1988, os Estados Unidos aprovaram a *Omnibus Trade and Competitiveness Act* (Lei de Competitividade e Comércio Omnibus) para remediar aquilo que percebiam como condições comerciais internacionais injustas. Sob as chamadas provisões Super 301 da lei, os Estados Unidos agora podem escolher países que injustamente impedem o comércio com empresas domésticas americanas. Se essas nações não abrirem seus mercados dentro de 18 meses, a lei exige retaliação na forma de tarifas americanas ou cotas sobre as importações dos violadores para o país.

Alguns países limitam a propriedade estrangeira nos setores de negócios. Tarifas também podem ser usadas para se ganhar poder de barganha com outros países, mas trazem o risco de afetar de modo adverso as fortunas de empresas domésticas. Nos últimos anos, grupos de nações comerciais concordaram em abolir tarifas sobre quinhentos produtos de alta tecnologia, como computadores, softwares, aparelhos de fax e produtos relacionados. A eliminação dessas tarifas significa economias anuais de até US$ 100 milhões para gigantes da comunicação como a IBM.

Barreiras administrativas

Além de adicionar taxas a produtos importados, os governos podem erguer inúmeras outras barreiras, de permissões especiais e exigências de inspeção detalhadas, a cotas sobre itens fabricados no exterior, na tentativa de deter o fluxo de produtos importados – ou acabar de vez com eles. Compradores europeus pagam um preço cerca de duas vezes maior por bananas do que os americanos. O motivo para os altos preços? Com uma série de controles de licença de importação, a Europa permite que menos bananas sejam importadas do que as pessoas desejariam comprar. E, o que é ainda pior, os países europeus estabeleceram um sistema de cotas destinado a apoiar o cultivo de banana em antigas colônias na África e na Ásia, o que restringe as importações de países latino-americanos.

Outras formas de restrições comerciais incluem cotas de importação e embargos. **Cotas de importação** limitam o número de unidades de produtos em certas categorias que podem cruzar a fronteira de um país. Essas cotas supostamente protegem a indústria doméstica e o emprego, além de preservar o intercâmbio internacional, mas nem sempre é assim que funciona. Desde o final da década de 1950, os Estados Unidos têm cotas que afetam a indústria do vestuário – envolvendo tanto determinados produtos têxteis quanto a fabricação de roupas em si. Contudo, empresas estrangeiras comumente encontram brechas nos sistemas de cotas e acabam não apenas com lucros altíssimos, mas também com uma abundância de empregos para seus próprios trabalhadores.

A cota máxima é o **embargo** – a proibição total da importação de um produto. Desde 1960, os Estados Unidos têm mantido o embargo contra Cuba em protesto à ditadura de Fidel Castro e a políticas como expropriação de propriedade e desrespeito aos direitos humanos. As sanções não apenas proíbem que as exportações cubanas (charutos e açúcar são os produtos mais conhecidos da ilha) entrem no país, mas também se aplicam a empresas que se beneficiam de propriedades que o governo comunista cubano expropriou de americanos após a revolução.[25] Contudo, vários executivos americanos importantes se opõem ao embargo. Eles sabem que estão perdendo a oportunidade de desenvolver o mercado cubano enquanto concorrentes estrangeiros estabelecem dependências de produção e marketing no país.

Outras barreiras administrativas incluem **subsídios**. A Airbus, um consórcio francês, alemão, britânico e espanhol para fabricação de aeronaves, costuma ser fortemente atacada por oficiais de comércio norte-americanos por ser tão amplamente subsidiada. Os europeus, por outro lado, argumentam que a Boeing e a Lockheed Martin se beneficiam de pesquisas feitas pela Nasa, pelo Pentágono e por outras agências norte-americanas. E, ainda, uma outra forma de bloquear o comércio internacional é criar tantas barreiras regulamentares que fique quase impossível atingir os mercados-alvo. A União Européia, por exemplo, possui mais de 2.700 conjuntos diferentes de exigências comerciais feitas por Estados, condados, cidades e provedores de seguros. As leis indianas contêm exigências ainda mais complexas.

O comércio estrangeiro também pode ser regulado por controle de câmbio mediante um banco central ou agência governamental. **Controle de câmbio** significa que as empresas que recebem câmbios estrangeiros provenientes de exportação devem vender moedas estrangeiras ao banco central ou a outra agência estrangeira, e os importadores devem comprar moeda estrangeira na mesma organização. A autoridade de controle de câmbio pode então alocar, expandir ou restringir o câmbio estrangeiro de acordo com a política nacional existente.

DUMPING

A prática de vender um produto em um mercado estrangeiro a um preço mais baixo daquele que é praticado no mercado doméstico do fabricante é chamada de *dumping*. Críticos do livre comércio geralmente argumentam que governos estrangeiros oferecem um suporte substancial a suas próprias empresas exportadoras. O apoio governamental pode permitir que essas empresas estendam seus mercados de exportação oferecendo preços mais baixos

Os produtores norte-americanos não são os únicos que estão lutando com a concorrência estrangeira. As vendas do produtor vietnamita de brinquedos de lata feitos a mão Nguyen Van Nham recentemente sofreram com uma onda de produtos importados chineses de plástico produzidos em massa. Mas o aumento do turismo no Vietnã ajudou a estabilizar o mercado para os coloridos navios, animais e outros brinquedos que ele produz com sua família.

no exterior. Em retaliação a esse tipo de interferência no livre comércio, os Estados Unidos acrescentam tarifas de importação a produtos nos quais empresas estrangeiras praticam *dumping* nos mercados americanos de forma que seus preços fiquem alinhados com aqueles de produtos produzidos internamente. Contudo, as empresas em geral reclamam que a cobrança de *dumping* deve passar por um processo investigativo e burocrático antes que o governo avalie os encargos de importação. As empresas americanas que se queixam de que o *dumping* ameaça seus negócios podem fazer uma reclamação para a *U.S. International Trade Commission* (ITC – Comissão de Comércio Internacional Norte-americana), que – em média – rejeita cerca de metade das reclamações que recebe.

Produtores de camarão americanos recentemente fizeram uma queixa à ITC e ao Departamento de Comércio pedindo por proteção contra seis países que, afirmam, estão praticando *dumping* no mercado americano de frutos do mar. As importações dos seis países – Tailândia, Vietnã, China, Índia, Brasil e Equador – aumentaram 28% nos últimos cinco anos e agora respondem por três quartos das importações anuais de camarão dos Estados Unidos. A indústria de produção de camarão dos Estados Unidos está buscando tarifas entre 57 e 267%. O que complica ainda mais a questão são queixas de que produtores estrangeiros de camarão utilizam métodos que não seriam ambientalmente aceitáveis nos Estados Unidos e o fato de que produtores de camarão americanos já estão recebendo subsídios federais para combater os preços em queda de sua produção.[26]

MARKETING
Verificação
de conceito

1. O que é taxa de câmbio?
2. O que representam as certificações ISO 9000 e 14000?
3. O que é uma tarifa?

INTEGRAÇÃO ECONÔMICA MULTINACIONAL

Uma tendência notável em direção à integração econômica multinacional tem-se desenvolvido nas últimas seis décadas, desde o final da Segunda Guerra Mundial. A integração econômica multinacional pode ser estabelecida de várias maneiras. A abordagem mais simples é estabelecer uma área de livre comércio na qual as nações participantes concordam com o livre comércio de produtos entre si, abolindo todas as tarifas e restrições comerciais. Uma **união alfandegária** estabelece uma área de livre comércio mais uma tarifa uniforme para comércio com países não-membros. Um **mercado comum** estende a união alfandegária ao procurar harmonizar todas as regulamentações governamentais que afetam o comércio. Apesar dos muitos fatores a seu favor, nem todos são entusiastas do livre comércio, em particular os americanos que ficam sabendo de empregos em seu país sendo terceirizados para nações com salários mais baixos, como Bangladesh, China, Índia e Bulgária, e receiam que seus empregos possam ser afetados. Portanto, é importante considerar os dois lados da questão. Embora se afirme que a produtividade e a inovação crescem mais rapidamente com o livre comércio, os trabalhadores americanos enfrentam demandas por cortes salariais e perdas de empregos potenciais à medida que mais empresas transferem suas operações para o exterior.[27]

GATT E ORGANIZAÇÃO MUNDIAL DO COMÉRCIO

O **Acordo Geral sobre Tarifas e Comércio (GATT)**, um acordo comercial entre 117 países que tem patrocinado várias rodadas importantes de negociações tarifárias, substancialmente reduzindo os níveis tarifários de todo o mundo, celebrou seu 50º aniversário em 1997. Em 1994, uma série de sete anos de conferências GATT, chamada

3 Esboçar as funções básicas do GATT, OMC, Nafta, a proposta da Alca, e a União Européia.

de Rodada do Uruguai, culminou em uma das maiores vitórias para o livre comércio em décadas. A redução de barreiras comerciais do novo acordo ajudou a economia americana a crescer em US$ 1 trilhão, e criou aproximadamente 2 milhões de novos empregos.

A Rodada do Uruguai reduziu as tarifas médias em um terço, ou mais de US$ 700 bilhões. Suas principais vitórias incluem:

- redução de subsídios agrícolas, o que abriu amplos novos mercados para exportadores americanos;
- maior proteção para patentes, direitos autorais e marcas registradas;
- inclusão de serviços sob regras comerciais internacionais, criando oportunidades para empresas financeiras, jurídicas e de contabilidade americanas;
- eliminação de cotas de importação para produtos têxteis e vestuário de nações em desenvolvimento, ação que custou aos trabalhadores têxteis milhares de empregos quando seus empregadores transferiram muitos dos empregos domésticos para países com baixos salários, mas beneficiou varejistas e consumidores americanos, já que essas cotas aumentaram os preços de vestuário em US$ 15 bilhões ao ano.

Uma conquista fundamental das rodadas do GATT foi o estabelecimento da **Organização Mundial do Comércio (OMC)**, uma organização com 136 membros que sucedeu o GATT. A OMC inspeciona os acordos GATT, media disputas e dá continuidade aos esforços de reduzir barreiras comerciais ao redor do mundo. Ao contrário do GATT, as decisões da OMC são obrigatórias.

Até hoje, contudo, a OMC fez apenas lentos progressos em relação às suas principais iniciativas políticas – liberalizar serviços financeiros, de telecomunicações e marítimos mundiais. Oficiais comerciais não concordam sobre a direção da OMC. Suas atividades têm-se concentrado mais na resolução de queixas do que na remoção de barreiras comerciais globais. Os Estados Unidos têm sido os queixosos mais ativos em disputas judiciais da OMC. Recentemente, a OMC anunciou uma decisão sobre reduções de impostos americanos e pacotes de software para empresas como Microsoft e Boeing, que têm operações significativas no exterior, essencialmente concedendo à União Européia permissão para impor tarifas punitivas de bilhões de dólares sobre as importações americanas. Contudo, tanto a União Européia quanto os Estados Unidos imediatamente deram início a discussões para resolver a situação e evitar uma guerra comercial, que poderia ter sido prejudicial a ambos.[28]

> **Em poucas palavras**
>
> Somos todos internacionalistas agora, gostemos ou não.
> Tony Blair (nasc. 1953)
> Ex-primeiro-ministro britânico

Grandes diferenças entre áreas desenvolvidas e em desenvolvimento criam um grande obstáculo ao progresso da OMC. Esses conflitos se tornaram aparentes na primeira reunião da OMC em Cingapura, no final da década de 1990. Nações asiáticas querem a suspensão de barreiras comerciais para seus produtos manufaturados, mas também querem proteger suas próprias empresas de telecomunicações. Além disso, opõem-se ao monitoramento da corrupção e de práticas trabalhistas por estrangeiros. Os Estados Unidos querem livre comércio para telecomunicações, mais controle sobre a corrupção, e o estabelecimento de padrões trabalhistas internacionais. A Europa quer regras padrão para investimentos estrangeiros e remoção de restrições de repatriação de lucros, mas não está tão preocupada com os direitos trabalhistas.

A China é a maior nação do mundo, com uma economia que tem crescido 10% anualmente nas últimas duas décadas. Como mercado, detém potencial enorme para exportadores. Mas as exportações da China apresentam um crescimento anual de menos de 2% como resultado da enormidade de barreiras e da burocracia que tornam a operação de firmas estrangeiras no país extremamente difícil. Recentemente, contudo, a liberação de direitos comerciais permitiu que novas empresas se envolvessem em exportação e importação, e o país foi admitido na OMC.

O ACORDO NAFTA

Uma acalorada polêmica continua uma década após a aprovação do Acordo de Livre Comércio da América do Norte (Nafta), entre os Estados Unidos, Canadá e México que remove restrições comerciais entre as três nações por um período de 14 anos. Os proponentes afirmam que o Nafta tem sido bom para a economia americana; críticos alegam que trabalhadores estadunidenses e canadenses perderam seu emprego para a mão-de-obra barata mexicana. O acordo une mais de 415 milhões de pessoas e um Produto Interno Bruto combinado de US$ 7,9 trilhões, fazendo dele, de longe, a maior zona de livre comércio do mundo.

O Nafta foi aprovado apesar de sérias preocupações em relação à perda de empregos das indústrias com salários relativamente altos nos Estados Unidos e no Canadá, à medida que os fabricantes transferiram suas instalações de produção para o México, onde os salários são mais baixos. Contudo, os seus apoiadores apontam que a disponibilidade de mão-de-obra barata tem permitido que o preço de alguns bens caia, deixando os americanos com mais dinheiro para gastar e estimulando a economia.[29]

Até hoje, o Nafta parece ter tido sucesso na promoção de um comércio mais intenso entre os Estados Unidos e o México, e na verdade aumentou os empregos e reduziu a inflação sem ferir os salários. O comércio entre os três países mais do que dobrou – de US$ 291 bilhões para US$ 678 bilhões – nos últimos dez anos. Embora a China seja mais noticiada por sua importância comercial internacional para os Estados Unidos, o primeiro e o segundo maiores parceiros comerciais do país estão em um dos lados de suas fronteiras. As empresas americanas exportam cerca de quatro vezes mais para eles do que para a China e o Japão, e 75% mais do que para a União Européia. Além disso, o Canadá e o México fornecem aos Estados Unidos 36% de suas importações de energia. O Canadá é, há muito tempo, o principal parceiro comercial dos Estados Unidos.[30]

Porém, nove de cada US$ 10 em exportações mexicanas são enviados aos Estados Unidos, e sua recente recessão tem impactado a economia mexicana. As exportações de produtos eletrônicos, têxteis, químicos e peças automotivas caíram consideravelmente. Não é nenhuma surpresa que a mão-de-obra não qualificada do México seja atualmente mais cara do que a da China; portanto, as empresas estão buscando a Ásia para instalar suas unidades de produção. Apesar do fato de a China ter sido admitida na OMC, o México não conseguiu firmar um acordo comercial bilateral com o país, e alguns analistas acreditam que o México possa perder sua vantagem natural como centro manufatureiro da América do Norte para a China.[31]

Recentemente, os Estados Unidos assinaram um acordo de livre comércio com o Chile – o primeiro entre os Estados Unidos e um país sul-americano – que entrou em vigor em 2004. O acordo eliminou de imediato tarifas em mais de 80% do comércio entre as duas nações. Outras barreiras comerciais serão eliminadas ao longo de um período de 12 anos. O comércio total entre os Estados Unidos e o Chile chega a aproximadamente US$ 6,5 bilhões ao ano. Esse pacto é um passo em direção a uma abrangente Área de Livre Comércio das Américas.

ÁREA DE LIVRE COMÉRCIO DAS AMÉRICAS

O Nafta foi o primeiro passo em direção à criação de uma Área de Livre Comércio das Américas (Alca), aumentando a amplitude de todo o Hemisfério Ocidental, do estreito de Bering, no Alasca, ao cabo Horn, na extremidade sul da América do Sul, compreendendo 34 países, uma população de 800 milhões de pessoas, e um Produto Interno Bruto combinado de mais de US$ 11 trilhões. A Alca seria a maior zona de livre-comércio no planeta e ofereceria tarifas baixas ou inexistentes, processos alfandegários alinhados e nenhuma cota, subsídio, nem outras barreiras para o comércio. Além dos Estados Unidos, Canadá e México, os países que se espera que se tornem membros da Alca proposta incluem Argentina, Brasil, Chile, Colômbia, Equador, Guatemala, Jamaica, Peru, Trinidad e Tobago, Uruguai e Venezuela. Os Estados Unidos são ferrenhos defensores da Alca, que ainda tem muitos obstáculos a superar na medida em que os países brigam por condições mais favoráveis a eles.

A UNIÃO EUROPÉIA

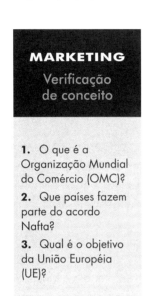

MARKETING
Verificação
de conceito

1. O que é a Organização Mundial do Comércio (OMC)?

2. Que países fazem parte do acordo Nafta?

3. Qual é o objetivo da União Européia (UE)?

O exemplo mais conhecido de comunidade econômica multinacional é a União Européia (UE). Como mostra a Figura 7.3, 25 países fazem parte da UE: Finlândia, Suécia, Dinamarca, Reino Unido, Irlanda, Holanda, Bélgica, Alemanha, Luxemburgo, França, Áustria, Itália, Grécia, Espanha, Portugal, Hungria, Polônia, República Checa, República Eslovaca, Eslovênia, Estônia, Letônia, Lituânia, Malta e Chipre.[32] Com uma população total de aproximadamente 500 milhões de pessoas, a UE forma um enorme mercado comum.

O objetivo da UE é acabar por remover todas as barreiras ao livre comércio entre seus membros, fazendo que fique tão simples e fácil comercializar produtos entre a Inglaterra e a Espanha quanto é atualmente entre New Jersey e a Pensilvânia. Outra questão envolvida é a normalização de regulamentações e exigências que as empresas devem cumprir. Em vez de ter de lidar com 25 conjuntos de normas e 25 moedas diferentes, as empresas terão de manejar menos coisas. Essa simplificação poderia reduzir os custos de fazer negócios na Europa, permitindo que as empresas se beneficiassem de economias de escala.

De alguma forma, a União Européia está fazendo progressos definitivos em direção a suas metas econômicas. Já sabemos que ela está esboçando eco-rótulos padronizados para certificar que produtos são manufaturados de acordo com determinados padrões ambientais, e também está traçando diretrizes que regem o uso de informações de consumo por parte de profissionais de marketing. Os profissionais de marketing também podem proteger marcas registradas em toda a União Européia com uma única aplicação e processo de registro por meio da *Community Trademark* (CMT), que simplifica a condução de

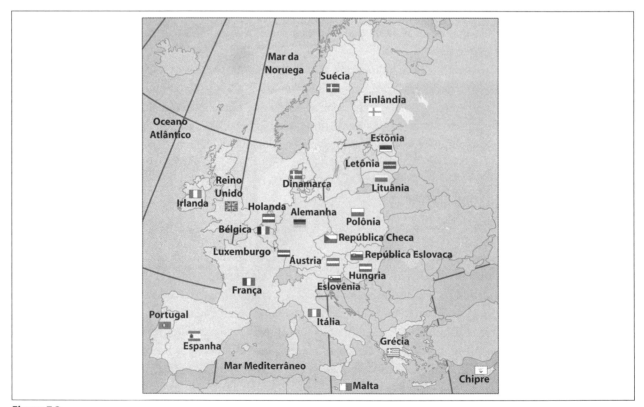

Figura 7.3
Os 25 membros da União Européia.

negócios e elimina a necessidade de registro para cada país-membro. Às vezes, contudo, é difícil obter aprovação para a proteção de marcas registradas.

Mesmo assim, os profissionais de marketing ainda enfrentam desafios ao vender seus produtos na União Européia. Os impostos alfandegários são diferentes, e não há um sistema postal uniforme. A postagem entre os países às vezes é bastante lenta. Na verdade, a Federation of European Direct Marketing (Federação Européia de Marketing Direto) está pressionando pela modernização e integração de sistemas postais. O uso de um telefone gratuito para vários países também não irá funcionar, já que cada país tem seu próprio sistema telefônico para códigos ou números. Além disso, quando o euro foi introduzido pela União Européia, três de suas nações decidiram manter suas próprias moedas nacionais, pelo menos temporariamente.

O México negociou com sucesso um acordo comercial com a União Européia que facilita que empresas européias estabeleçam suas operações nesse país, o que beneficia as empresas da União Européia ao lhes fornecer os mesmos privilégios desfrutados pelos Estados Unidos e pelo Canadá, além de trazer novos investidores para o México.

GLOBALIZAÇÃO

À medida que o século XXI avançar, a globalização irá afetar quase todos os setores e quase todas as pessoas em todo o mundo. Os profissionais de marketing tradicionais que decidirem tornar suas empresas globais podem fazer isso porque já possuem grandes fatias do mercado doméstico ou porque o mercado-alvo está muito saturado para oferecer algum crescimento substancial. Às vezes, avaliando os indicadores-chave do ambiente de marketing, os profissionais de marketing podem optar pela globalização no momento oportuno. A Zippo, empresa familiar de isqueiros sediada em Bradford, Pensilvânia, passou o último meio século buscando novos mercados para seus duráveis produtos à medida que o número de fumantes

Em poucas palavras

Chegará o dia em que você, França; você, Rússia; você, Itália; você, Inglaterra; você, Alemanha – todas as nações do continente – serão, sem perder suas qualidades distintivas, fundidas em uma fraternidade européia...
Victor Hugo (1802-1885)
Poeta, romancista e dramaturgo francês

Figura 7.4
Por que os profissionais de marketing optam pela globalização.
Fonte: Dados de *Shaping the value chain for outstanding performance*, pesquisa da PricewaterhouseCoopers com duzentas empresas européias líderes de mercado.

americanos caía consideravelmente e isqueiros de butano mais baratos derrubavam as vendas da Zippo. Atualmente, 60% das vendas anuais da Zippo, que totalizam US$ 140 milhões, vêm do exterior. Embora o isqueiro durável seja vendido a mais de US$ 30 – um terço do salário mensal médio chinês –, a Zippo se tornou um símbolo de *status* entre os 320 milhões de fumantes chineses. Para reduzir a venda de cópias piratas feitas na China, as promoções da Zippo enfatizam como procurar as marcas de um autêntico Zippo, como o número de série de cada isqueiro, e a comprá-los em grandes lojas de departamentos. E, embora os longos isqueiros multipropósito da Zippo vendidos nos Estados Unidos sejam feitos na China, o isqueiro clássico é produzido em Bradford. Neste caso, o rótulo "Made in America" tem um alto valor.[33]

Uma tarefa crítica enfrentada pelos profissionais de marketing internacional é o desenvolvimento de estratégias para entrar com sucesso em novos mercados estrangeiros. A Figura 7.4 identifica seis razões mencionadas pelas empresas para a globalização.

A maioria das grandes empresas – e muitas de pequeno porte – já participa do comércio global, e praticamente todos os profissionais de marketing domésticos, sejam de empresas grandes ou pequenas, reconhecem a necessidade de pesquisar sobre a comercialização de seus produtos no exterior. Não é um passo fácil de dar, pois exige avaliação e preparo cuidadoso.

PRIMEIROS PASSOS NA DECISÃO DA GLOBALIZAÇÃO

4 Comparar as estratégias alternativas para a entrada em mercados internacionais.

O primeiro passo em direção ao marketing global bem-sucedido é garantir o apoio da gerência superior. Sem o apoio e o entusiasmo de executivos seniores, os esforços de exportação provavelmente não terão sucesso. O defensor da globalização deve explicar e promover o potencial de mercados estrangeiros e facilitar o processo de marketing global.

O próximo passo é pesquisar o processo de exportação de mercados potenciais. O Departamento de Comércio americano patrocina uma linha direta gratuita que descreve os vários programas federais de exportação disponíveis atualmente. Conselheiros comerciais em 68 escritórios distritais oferecem conselhos sobre exportação, dados de mercado informatizados e nomes de contatos em mais de sessenta

Tabela 7.3 Fontes para analisar mercados estrangeiros

FONTE	DESCRIÇÃO
Departamento de Comércio Americano	Mantém o *National Trade Data Bank* (Banco de Dados do Comércio Nacional – relatórios de mercado sobre a demanda estrangeira de produtos específicos), produz catálogos e apresentações em vídeo, e participa de feiras comerciais.
The Green Book	Publicado pela *American Management Association* (Associação Gerencial Norte-americana), este guia relaciona todas as empresas de pesquisa de mercado e aquelas com competência internacional.
Esomar	A *European Society of Opinion and Market Research* (Sociedade Européia de Pesquisa de Mercado e Opinião) mantém uma listagem mundial de empresas.
Departamento de Estado Americano	Oferece guias comerciais compilados por embaixadas locais para quase todos os países do mundo.

países. Alguns serviços são gratuitos, e outros estão disponíveis a um custo razoável. A Tabela 7.3 descreve quatro importantes fontes para profissionais de marketing que querem analisar mercados estrangeiros.

ESTRATÉGIAS PARA ENTRAR EM MERCADOS INTERNACIONAIS

Após concluírem suas pesquisas, os profissionais de marketing devem escolher entre três estratégias básicas para entrar em mercados internacionais: importar e exportar; acordos contratuais como franquias, licenciamento e subcontratação; e investimento direto internacional. Como mostra a Figura 7.5, o nível de risco e o grau de controle da empresa sobre o marketing internacional são maiores à medida que o envolvimento aumenta. As empresas costumam usar mais de uma dessas estratégias de entrada. A L.L. Bean subcontrata uma empresa japonesa para cuidar da devolução de produtos, e também mantém um investimento direto em vários *outlets* varejistas japoneses em parceria com a Matsushita.

Uma empresa que traga produtos fabricados no exterior para vender internamente ou para serem usados como componentes em seus produtos é uma importadora. Ao tomar decisões de importação, o profissional de marketing deve avaliar a demanda local para o produto, levando em consideração fatores como:

- capacidade do fornecedor de manter níveis de qualidade acordados;
- capacidade de atender a pedidos que podem variar consideravelmente uns dos outros;
- tempo de resposta ao atender a pedidos;
- custos totais – incluindo taxas de importação, embalagem e transporte – comparados aos custos dos fornecedores domésticos.

Exportar, outra forma básica de marketing internacional, envolve um esforço contínuo de marketing dos produtos de uma empresa para consumidores em outros países. Muitas empresas exportam seus produtos como o primeiro passo para atingir mercados estrangeiros. O sucesso na exportação normalmente as incentiva a tentar outras estratégias de entrada.

Exportadores de primeira viagem podem atingir consumidores estrangeiros por meio de uma ou mais dentre três alternativas: empresas de negociação de exportação, empresas de gestão de exportação ou acordos de compensação. Uma empresa de negociação de exportação (ETC) compra produtos de fabricantes domésticos e os revende no exterior. Embora os fabricantes percam o controle sobre a comercialização e distribuição para a ETC, esta os ajuda a exportar por intermédio de um canal relativamente simples e barato, e, durante o processo, fornece *feedback* sobre o potencial de mercado estrangeiro para seus produtos.

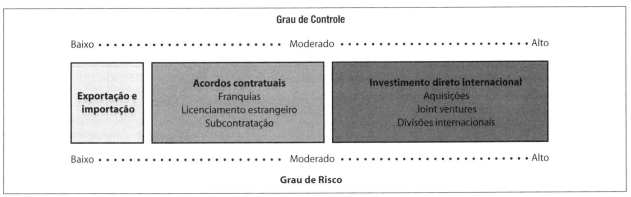

Figura 7.5
Níveis de envolvimento em marketing internacional.

A segunda opção, empresas de gestão de exportação (EMC), fornece ao exportador de primeira viagem a experiência em localizar compradores estrangeiros, lidar com a documentação necessária e garantir que seus produtos cumpram com as leis locais de rotulagem e testes. Contudo, o fabricante detém mais controle sobre o processo de exportação quando lida com uma EMC do que se fosse vender os produtos diretamente a uma empresa de negociação de exportação. Empresas menores podem obter auxílio para suas necessidades administrativas, como financiamento e preparação de propostas e contratos, com fornecedores EMC maiores.

A última opção, entrar no mercado estrangeiro mediante um acordo de compensação, une uma empresa pequena com uma grande empresa internacional. A pequena serve essencialmente como uma subcontratada em um projeto estrangeiro maior. Essa estratégia de entrada fornece aos novos exportadores experiência internacional, respaldados pela assistência do contratado primário em áreas como documentação de transações internacionais e financiamento.

ACORDOS CONTRATUAIS

À medida que a empresa ganha sofisticação em marketing internacional, pode firmar acordos contratuais que fornecem várias alternativas flexíveis para exportação. Tanto empresas grandes como pequenas podem beneficiar-se desses métodos. Franquias e licenciamento estrangeiro, por exemplo, são sempre boas formas de levar serviços para o exterior. A subcontratação pode estabelecer dependências de produção ou serviços. Patrocínios são outra forma de acordos de marketing contratual internacionais.

Franquia

Uma **franquia** é um acordo contratual no qual um atacadista ou varejista (o franqueado) concorda em atender às exigências operacionais de um fabricante ou outro franqueador. O franqueado recebe o direito de vender os produtos e usar o nome do franqueador, além de uma variedade de serviços de marketing, gestão e outros. Empresas de *fast food*, como o McDonald's, são franqueadoras ativas em todo o mundo.

Uma vantagem das franquias é a redução de risco ao se oferecer um conceito mais comprovado. Operações padronizadas normalmente reduzem custos, aumentando a eficiência operacional e fornecendo maior reconhecimento internacional. Contudo, o sucesso de uma franquia internacional depende de sua disposição em equilibrar práticas padrão e preferências de consumo locais. McDonald's, Pizza Hut e Domino's estão expandindo para a Índia com menus especiais contendo carneiro, frango e itens vegetarianos, em respeito a consumidores hindus e muçulmanos que não comem carne de porco ou bovina.

Licenciamento estrangeiro

Um segundo método de se globalizar mediante o uso de acordos contratuais é o **licenciamento estrangeiro**. Esse tipo de acordo concede a profissionais de marketing estrangeiros o direito de distribuir a mercadoria de empresa ou usar sua marca registrada, patente ou processo em uma área geográfica especificada. Esses acordos normalmente definem períodos de tempo limitados, após os quais são revistos ou renovados.

O licenciamento oferece várias vantagens sobre a exportação, incluindo acesso às informações de marketing dos parceiros locais e canais de distribuição e proteção de várias barreiras legais. Como o licenciamento não exige provisão de capital, muitas empresas, tanto grandes como pequenas, o consideram uma estratégia de entrada atraente. Assim como as franquias, o licenciamento permite que uma empresa entre rapidamente em um mercado estrangeiro com um produto ou conceito conhecido. O acordo também pode fornecer entrada a um mercado fechado para importações ou investimento direto internacional por causa de restrições governamentais.

Subcontratação

Uma terceira estratégia para se globalizar por meio de acordos contratuais é a **subcontratação**, na qual a produção de bens e serviços é atribuída a empresas locais. A utilização de subcontratados locais pode evitar enganos envolvendo a cultura e as leis locais. Os fabricantes podem subcontratar uma empresa local para produzir seus bens ou usar um distribuidor internacional para cuidar de seus produtos no exterior ou oferecer atendimento ao consumidor. A fabricação dentro de um país oferece proteção contra encargos de importação e pode ser uma alternativa de baixo custo que possibilita que o produto concorra com ofertas locais. A Sears subcontrata fabricantes locais no México e na Espanha para produzir vários dos produtos – principalmente roupas – vendidos em suas lojas de departamentos.

INVESTIMENTO DIRETO INTERNACIONAL

Outra estratégia para entrar em mercados globais é o investimento direto internacional em empresas, dependências de produção e marketing estrangeiras. Na posição de maior economia do mundo, a entrada e saída de investimento direto internacional dos Estados Unidos – total de investimentos de empresas americanas no exterior e investimentos de empresas estrangeiras nos Estados Unidos – são um terço maior do que na Alemanha e duas vezes maior do que no Japão, seus dois maiores concorrentes. No início deste século, o investimento direto dos Estados Unidos no exterior era de aproximadamente US$ 2,2 trilhões, com um alto número de aquisições no Reino Unido, na Holanda e no Canadá. Por outro lado, o investimento direto estrangeiro nos Estados Unidos cresceu para mais de US$ 2,1 trilhões. Três em cada US$ 4 de investimento estrangeiro nos Estados Unidos vêm da Europa e do Canadá.[34]

Embora altos níveis de envolvimento e potencial de alto risco sejam características de investimentos em países estrangeiros, as empresas que optam por esse método normalmente têm uma vantagem competitiva. O investimento direto pode assumir várias formas. Uma organização pode adquirir uma empresa em um país onde deseja fazer negócios, ou estabelecer uma divisão independente fora de suas fronteiras que seja responsável por produzir e comercializar em um país ou uma região geográfica. Recentemente, empresas européias têm adquirido empresas americanas como uma forma de entrar no mercado americano. Escritórios estrangeiros de venda, subsidiárias de marketing no exterior e escritórios e instalações fabris estrangeiras de empresas americanas envolvem investimento direto. A Motorola tem escritórios em Israel desde 1964, e continua a fortalecer sua presença no Oriente Médio.

As empresas também podem entrar no marketing internacional formando *joint ventures*, nas quais compartilham riscos, custos e gestão da operação estrangeira com um ou mais parceiros. Essas parcerias unem as empresas e os investidores a empresas nacionais nos países anfitriões. Enquanto algumas empresas optam por abrir suas próprias instalações no exterior, outras compartilham com seus parceiros. Empresas de serviço geralmente acham que *joint ventures* são a maneira mais eficiente de entrar em um mercado.

Embora as *joint ventures* ofereçam muitas vantagens, investidores estrangeiros têm encontrado problemas em vários locais ao redor do mundo, principalmente em economias em desenvolvimento. Barreiras comerciais menores, novas tecnologias, menores custos de transporte e maior acesso a informação significam que muitas outras parcerias estarão envolvidas no comércio internacional.

MARKETING
Verificação
de conceito

1. Quais são as três estratégias básicas para entrar em mercados internacionais?

2. O que é uma franquia?

3. Que direitos são concedidos pelo licenciamento estrangeiro?

DE CORPORAÇÃO MULTINACIONAL A EMPRESA GLOBAL

Uma corporação multinacional é uma empresa com operações e atividades de marketing significativas fora de seu país natal. Exemplos de multinacionais incluem General Electric, Siemens e Mitsubishi para equipamentos elétricos pesados, e Timex, Seiko e Citizen para relógios. Desde que se tornaram fortes no mercado internacional na década de 1960, as multinacionais evoluíram de maneira importante. Primeiro, essas empresas não são mais sediadas apenas nos Estados Unidos. Atualmente, é tão provável que uma multinacional esteja sediada no Japão, na Alemanha ou na Grã-Bretanha quanto nos Estados Unidos. Segundo, as multinacionais não consideram mais suas operações internacionais como meros auxiliares que executam as idéias de design, produção e engenharia concebidas em seu país. Em vez disso, estimulam a troca constante de idéias, capital e tecnologias entre todas as operações multinacionais.

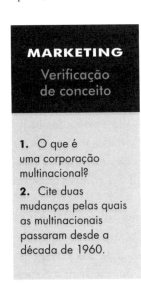

MARKETING
Verificação
de conceito

1. O que é uma corporação multinacional?
2. Cite duas mudanças pelas quais as multinacionais passaram desde a década de 1960.

As multinacionais costumam empregar forças de trabalho estrangeiras enormes em comparação a suas equipes norte-americanas. Mais da metade dos funcionários da Ford e da IBM estão localizados fora dos Estados Unidos. Essas forças de trabalho não são mais vistas meramente como fontes de mão-de-obra barata. Ao contrário, muitas multinacionais concentram atividades tecnicamente complexas em localidades espalhadas pelo mundo. A Texas Instruments realiza boa parte de sua pesquisa, desenvolvimento, design e fabricação no leste asiático. Na verdade, é cada vez mais comum que multinacionais norte-americanas tragam inovações de produto de suas instalações internacionais para os Estados Unidos.

As multinacionais transformaram-se em corporações globais que refletem a interdependência das economias mundiais, o crescimento da concorrência internacional, e a globalização de mercados. Um número cada vez maior de aquisições inclui multinacionais norte-americanas como alvo. Recentemente, o Deutsche Bank alemão adquiriu o Bankers Trust; a British Petroleum adquiriu a Amoco; e a Chrysler se tornou parte da Daimler-Benz alemã.

DESENVOLVENDO UMA ESTRATÉGIA DE MARKETING INTERNACIONAL

5 Diferenciar uma estratégia global de marketing e uma estratégia de marketing multidoméstico.

Ao desenvolver um mix de marketing, os profissionais de marketing devem escolher entre duas abordagens alternativas: uma estratégia de marketing global ou uma estratégia de marketing multidoméstico. Uma **estratégia de marketing global** define um mix de marketing padrão e o implementa com modificações mínimas em todos os mercados estrangeiros. Essa abordagem traz a vantagem de economias de escala para atividades de produção e marketing. Os profissionais de marketing da Procter & Gamble seguem uma estratégia de marketing global para as batatas fritas Pringles, sua marca líder de exportação. A P&G vende um produto com uma formulação consistente em cada país. Diferentemente dos salgadinhos Cheetos, da Frito-Lay, que vem em sabores adaptados ao gosto local, a P&G atende a 80% da demanda mundial com apenas seis sabores de Pringles. A marca conta com o mesmo design de embalagem no mundo todo. Essa abordagem padronizada economiza dinheiro, já que permite a produção em grande escala e reforça a imagem da marca. Da mesma forma, campanhas semelhantes ao redor do mundo aumentam o conhecimento da marca, com o slogan "Once you pop, you can't stop". A P&G pretende que todas essas táticas construam uma forte marca global para a Pringles.

Uma perspectiva de marketing global pode comercializar de modo eficiente alguns produtos e serviços a segmentos em muitos países que compartilham culturas e idiomas. Essa abordagem funciona especialmente bem para produtos com apelo forte, universal, como relógios Rolex, e marcas de alta tecnologia, como Microsoft. *Outlets* de publicidade globais, como edições internacionais de revistas de negócios e entretenimento populares e transmissões internacionais de canais de TV, como CNN, MTV e a rede financeira CNBC, ajudam os profissionais de marketing a transmitir uma única mensagem para milhões de telespectadores globais. Canais de televisão por satélite como StarTV chegam a 260 milhões de espectadores asiáticos em uma variedade de canais de esportes, notícias, filmes, música e entretenimento programados em oito idiomas.

Uma estratégia de marketing global pode ser altamente eficiente para produtos de luxo voltados a consumidores de classe alta em qualquer lugar do mundo. Os profissionais de marketing de relógios de luxo e diamantes, por exemplo, tipicamente usam propagandas com poucas ou nenhuma cópia – apenas a foto de um belo diamante ou relógio com o nome discretamente exibido na parte inferior.

Um grande benefício de uma estratégia de marketing global é seu baixo custo de implementação. A

Esse anúncio em espanhol do detergente *Tide* promove as qualidades mundialmente reconhecidas do produto: rápido poder de dissolução ("mesmo em água gelada") e capacidade de remover manchas.

maioria das empresas, contudo, acha necessário praticar segmentação de mercado fora de seus mercados domésticos e ajustá-los aos mixes de marketing de maneira a atender às necessidades únicas dos clientes em países específicos. Essa **estratégia de marketing multidoméstico** assume que as diferenças entre características de mercado e situações competitivas em certos países exigem que as empresas personalizem suas decisões de marketing para atingir de modo eficaz mercados individuais. (Essa estratégia às vezes é erroneamente chamada de marketing *multinacional*. Na verdade, uma corporação multinacional pode combinar as duas estratégias em seus planos de marketing internacionais.) Vários especialistas de marketing acreditam que a maioria dos produtos exija estratégias de marketing multidoméstico para lhes dar um apelo global realista. Diferenças culturais, geográficas e de idioma, entre outras, simplesmente impossibilitam o envio de uma mesma mensagem a vários países. Situações específicas podem permitir aos profissionais de marketing padronizar algumas partes do processo de marketing, mas customizar outras.

Até a Procter & Gamble, famosa por sua estratégia de marketing global "tamanho único", teve de criar uma estratégia de marketing multidoméstico para seu detergente *Tide* na China. A abordagem de preços típica da empresa, de elaborar produtos superiores e depois fixar preços ligeiramente acima da oferta local, demonstrou ser um obstáculo que vários lares chineses – dois terços deles com renda inferior a US$ 25 por mês – não conseguiram superar. Então a P&G mudou para uma estratégia de preço em faixas, oferecendo seu *Tide Clean White* por US$ 0,23, comparado com o *Tide Triple Action* por US$ 0,33. O *Clean White* não oferece benefícios como perfume e remoção de manchas, mas custa menos para ser produzido. Desse modo, a P&G conseguiu oferecer detergentes *Tide* a preços diferentes para diferentes segmentos de mercado.[35]

PRODUTO INTERNACIONAL E ESTRATÉGIAS PROMOCIONAIS

Os profissionais de marketing internacional podem escolher uma de cinco estratégias para selecionar a estratégia de promoção e produto mais adequada para um mercado estrangeiro específico: extensão direta, adaptação de promoção, adaptação de produto, adaptação dual e invenção de produto. Como indica a Figura 7.6, as estratégias se concentram em estender um produto doméstico e uma estratégia promocional para mercados internacionais ou ambos para atender às exigências exclusivas do mercado-alvo.

Uma empresa pode seguir uma estratégia de extensão direta de um produto e uma mensagem como parte de uma estratégia de marketing global, como a da Pepsi Cola. Essa estratégia permite economias de escala em produção e marketing. Da mesma forma, a implementação bem-sucedida gera reconhecimento universal de um produto para consumidores de país a país.

Em poucas palavras

Hong Kong irá tirar seu fôlego.
Manchete de um anúncio turístico
veiculado antes da epidemia de SARS,
cancelado pouco depois

Outras estratégias pedem por adaptação de produto, adaptação de promoção, ou ambas. Bicicletas, motocicletas e motores de popa primariamente fazem parte do mercado para veículos recreativos americanos, mas podem representar modos básicos e importantes de transporte em outros países. Em conseqüência, os fabricantes desses produtos podem adaptar suas mensagens promocionais mesmo se os venderem sem alterações. A Mattel Inc. recentemente descobriu que pode vender suas bonecas Barbie loiras e de olhos azuis tão bem na Ásia como nos Estados Unidos, graças à rápida expansão de canais de TV por satélite e a cabo que expõem milhões de crianças de todo o mundo aos mesmos ícones, da mesma maneira que o cinema e a internet. A campanha publicitária para a Barbie Rapunzel, com suas tranças loiras na altura do tornozelo, foi transmitida para o mundo em 35 línguas diferentes, e o site da Barbie da Mattel contém oito opções de idioma, mas a boneca é a mesma em todos os lugares.[36]

Às vezes, os profissionais de marketing internacional devem mudar tanto o produto como a mensagem promocional em uma estratégia de adaptação dual para atender às necessidades únicas de mercados internacionais específicos. Como parte desse esforço global para se adaptar aos gostos locais, os profissionais de marketing da Coca-Cola desenvolveram novos sabores de bebidas. Na Turquia, a empresa agora oferece uma bebida com sabor de pêra, e, na Alemanha, os consumidores desfrutam de uma Fanta com sabor de frutas vermelhas. Esses e outros novos sabores são projetados para agradar ao paladar de pessoas em diferentes países.[37]

Finalmente, uma empresa pode selecionar invenção de produto para aproveitar oportunidades únicas em mercados internacionais. Para atender às necessidades de usuários em países em desenvolvimento, um fabricante de eletrodomésticos pode introduzir uma máquina de lavar manual, ainda que esses produtos tenham-se tornado obsoletos em países industrializados há muito tempo.

Embora o Capítulo 12 discuta a idéia de branding em mais detalhes, é importante observar aqui a importância de um nome, uma imagem, um produto ou até mesmo um slogan de uma empresa reconhecidos em todo o mundo.

Figura 7.6
Alternativas de estratégias de produto e de comunicação internacionais.

		ESTRATÉGIA DE PRODUTO		
		MESMO PRODUTO	ADAPTAÇÃO DE PRODUTO	NOVO PRODUTO
ESTRATÉGIA DE PROMOÇÃO	MESMA PROMOÇÃO	**Extensão direta** Chiclete Wrigley Coca-Cola Câmeras e filme Eastman Kodak	**Adaptação de produto** Sopa Campbell Gasolina Exxon	**Invenção de produto** Máquinas de costura não-elétricas Máquinas de lavar operadas manualmente
	PROMOÇÃO DIFERENTE	**Adaptação de promoção** Bicicletas/motocicletas Motores de popa	**Adaptação dual** Café Alguns tipos de roupas	

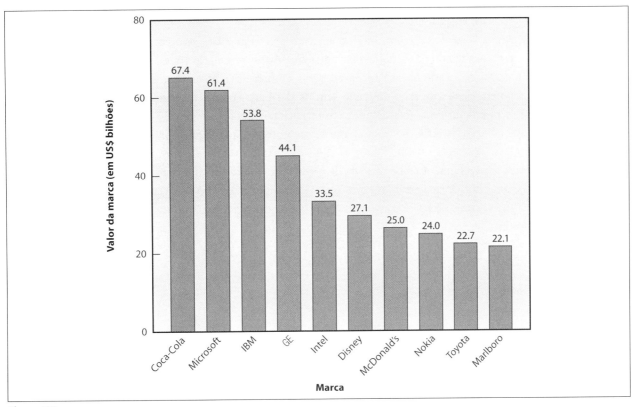

Figura 7.7
As dez marcas mais valiosas do mundo.
Fonte: Dados de The World's 10 most valuable brands, *BusinessWeek*, 4 ago.2003, www.businessweek.com

A Figura 7.7 identifica as dez marcas mais valiosas do mundo, classificadas pela Interbrand. Com exceção da Mercedes e da Nokia, todas são marcas de propriedade de empresas sediadas nos Estados Unidos.[38]

ESTRATÉGIA DE DISTRIBUIÇÃO INTERNACIONAL

A distribuição é um aspecto vital do marketing no exterior. Os profissionais de marketing devem adotar canais adequados e prever problemas extensivos de distribuição física. Os profissionais de marketing estrangeiros podem oferecer sistemas de transporte e armazenagem precários – ou simplesmente não oferecer nada. Os profissionais de marketing internacional devem adaptar-se pronta e eficientemente a essas situações para se beneficiarem das vendas internacionais.

Uma decisão de distribuição envolve duas etapas. Primeiro, a empresa deve optar por um método para entrar no mercado estrangeiro. Segundo, deve determinar como distribuir o produto dentro de um mercado estrangeiro através daquele canal de entrada.

ESTRATÉGIA DE PREÇO

A definição de preços pode afetar criticamente o sucesso de uma estratégia de marketing global para mercados estrangeiros. Restrições legais, competitivas, econômicas e políticas consideráveis costumam limitar as decisões de preços. Os profissionais de marketing global podem ter sucesso se compreenderem profundamente essas exigências.

As empresas precisam adaptar suas estratégias de preço a mercados locais e mudá-las quando as condições mudam. Até recentemente, remessas estrangeiras carregavam preços *premium* sem garantia de que o pacote seria entregue no prazo e em boas condições – ou sequer entregue. Após o *boom* do frete aéreo e serviços de entregas expressas na década de 1980, as entregas se tornaram mais confiáveis, mas os custos para muitas regiões eram exorbitantes. Para competir nesse povoado mercado sem perder participação, o serviço postal americano (USPS) começou a anunciar serviços de Postagem Expressa Internacional para mais de 175 países com taxas fixas de entrega. A Postagem Global Prioritária, por exemplo, oferece entregas imediatas a mais de trinta países-chave, a preços de até US$ 4.

Um importante desenvolvimento na estratégia de preços para marketing internacional tem sido o surgimento de organizações de marketing de *commodities* que buscam controlar preços por meio de ações coletivas. A Organização dos Países Exportadores de Petróleo (Opep) é um bom exemplo desse tipo de organização de exportação coletiva, e existem muitas outras.[39]

COUNTERTRADE

MARKETING
Verificação
de conceito

1. Qual é a diferença entre uma estratégia de marketing global e uma estratégia de marketing multidoméstico?

2. Quais os dois passos que devem ser dados pelos profissionais de marketing ao tomarem uma decisão de distribuição internacional?

3. O que é countertrade?

Em um número cada vez maior de países, a única maneira de um profissional de marketing obter acesso a mercados estrangeiros é por meio do **countertrade** – forma de exportação na qual uma empresa permuta produtos em vez de vendê-los por dinheiro. Países menos desenvolvidos às vezes impõem exigências de countertrade quando não possuem moeda estrangeira suficiente para comprar bens e serviços que desejam ou precisam de países exportadores. Esses países permitem que os vendedores troquem seus produtos apenas por produtos domésticos como um modo de controlar seus problemas de balança comercial.

O *countertrade* tornou-se popular há duas décadas, quando as empresas queriam fazer negócios em países do Leste Europeu e na antiga União Soviética. Esses governos não permitiam trocas de moeda, portanto essa forma de permuta facilitou o comércio. A PespiCo fez um dos maiores countertrades de sua história quando trocou US$ 3 bilhões em Pepsi Cola pela vodca russa *Stolichnaya*, um navio de carga e navios-tanque da antiga União Soviética.

É difícil estimar o volume real de countertrade como uma porcentagem do comércio mundial, mas a Associação Americana de *Countertrade* estima cerca de 25%. As empresas que fazem countertrade incluem nomes como General Electric e PepsiCo. Quase metade das empresas listadas na *Fortune 500* agora praticam countertrade em resposta à crescente concorrência global. Embora o *countertrade* ainda esteja crescendo cerca de 10% ao ano, sua taxa de aumento diminuiu.

OS ESTADOS UNIDOS COMO ALVO DE PROFISSIONAIS DE MARKETING INTERNACIONAIS

Profissionais de marketing estrangeiros consideram os Estados Unidos um alvo interessante. O país oferece uma grande população, altos níveis de renda independente, estabilidade política, uma atitude geralmente favorável a investimentos estrangeiros e uma economia relativamente bem controlada.

Entre os setores mais conhecidos nos quais fabricantes estrangeiros estabeleceram instalações manufatureiras norte-americanas, podemos citar o automotivo. A maioria das montadoras líderes mundiais construiu fábricas nos Estados Unidos: Honda, Hyundai e Mercedes-Benz no Alabama, BMW na Carolina do Sul, Toyota em Kentucky, Nissan e Honda em Tennessee, Mississippi e Ohio.

Muitos executivos estrangeiros estão transformando as declarações de missão de suas empresas para refletir sua mudança rumo à globalização. Fusao Sekiguchi, presidente e CEO da Venture Safenet, empresa japonesa que fornece engenheiros profissionais a empresas para trabalhos temporários, deseja expandir o alcance de sua companhia pelo mundo. "Com a oportunidade de desenvolver esse perfil de empresa, espero também compartilhar dicas úteis de negócios com investidores que estejam interessados no mercado japonês de recursos humanos, assim como espero muitas oportunidades de expandir meu negócio em uma escala global", escreveu ele em uma carta aberta no site da empresa.[40] Sekiguchi expandiu seu alcance para os Estados Unidos quando o cavalo de corrida que ganhou, Fusaichi Pegasus, venceu o Kentucky Derby há alguns anos.

Conforme discutimos anteriormente, o investimento estrangeiro continua a crescer nos Estados Unidos. Multinacionais estrangeiras provavelmente continuarão a investir em ativos americanos à medida que procuram produzir bens localmente e controlar canais de distribuição. Grandes empresas norte-americanas de propriedade de empresas estrangeiras incluem Random House, as revistas *Family Circle* e *Inc.*, e a Arista Records, todas de propriedade da Bertelsmann AG (Alemanha); Pillsbury, Green Giant e Heublein, da Grand Metropolitan (Reino Unido), e Ralph Lauren e Maybelline, de propriedade da L'Oreal (França). Empresas européias despejaram US$ 950 bilhões nos Estados Unidos em um recente período de doze meses, respondendo por três quartos de total de investimentos estrangeiros naquele ano.[41]

MARKETING
Verificação de conceito

1. Que características dos Estados Unidos tornam o país um alvo convidativo para profissionais de marketing estrangeiros?

2. Espera-se que os investimentos estrangeiros nos Estados Unidos aumentem ou diminuam?

Implicações estratégicas do marketing no século XXI

Esta primeira década do novo século está marcando uma nova era de marketing verdadeiramente global, em que praticamente todos os profissionais de marketing podem tornar-se profissionais de marketing global. As eras anteriores de mercados domésticos estão sendo amplamente relegadas a marketing de nicho. A internet tem desempenhado um papel fundamental nessas mudanças das práticas de marketing tradicionais do século passado. Os profissionais de marketing tanto de empresas pequenas e localizadas quanto de empresas gigantescas precisam reavaliar os pontos fortes e fracos das práticas de marketing atuais e realinhar seus planos para atender às novas demandas da era da informação.

Os profissionais de marketing são os pioneiros em trazer novas tecnologias a países em desenvolvimento. Seus êxitos e fracassos irão determinar a direção que o marketing global irá tomar, e a velocidade na qual ele será abraçado. Ações de profissionais de marketing internacional irão influenciar cada componente dos ambientes de marketing: competitivo, econômico, sociocultural, político-legal e tecnológico.

As maiores vantagens competitivas serão dos profissionais de marketing que capitalizarem sobre as semelhanças de seus mercados-alvo e se adaptarem às suas diferenças. Em alguns casos, as ações de profissionais de marketing hoje ajudam a determinar as regras e as regulamentações de amanhã.

Os profissionais de marketing precisam de uma visão flexível e ampla de um cliente cada vez mais complexo. Bens e serviços se tornarão mais customizados à medida que forem introduzidos em mercados estrangeiros. Produtos novos e melhores em mercados em desenvolvimento irão criar e manter relacionamentos para o futuro. A especialização mais uma vez será um conceito de negócios viável. O marketing acabou de entrar em uma nova fronteira de oportunidades sem limites. Assim como após as primeiras viagens espaciais, o mundo está mais diferente do que jamais poderíamos ter imaginado.

····· REVISÃO

1 Descreva a importância do marketing internacional a partir das perspectivas da empresa individual e da nação.

O marketing internacional expande o mercado de uma empresa, permite que as empresas cresçam e as torna menos dependentes da economia de seu próprio país para terem sucesso. Para a nação, o comércio global oferece uma fonte de matérias-primas necessárias e outros produtos não-disponíveis domesticamente em quantidades suficientes, abre novos mercados para a produção doméstica e transforma países e seus cidadãos em parceiros na busca por produtos de qualidade nos menores preços possíveis. As empresas consideram que o marketing global e o comércio internacional podem ajudá-las a atender à demanda do consumidor, reduzir certos custos, fornecer informações sobre mercados ao redor do mundo e aumentar os empregos.

1.1. Por que o comércio internacional é importante para profissionais de marketing americanos?

1.2. Por que ele é importante para profissionais de marketing em países em desenvolvimento e recém-industrializados?

2 Identificar os principais componentes do ambiente para marketing internacional.

Os principais componentes do ambiente internacional são: competitivo, econômico, sociocultural, político-legal e tecnológico.

2.1. Em que o mercado internacional é diferente do mercado doméstico?

2.2. Explique cada uma das três forças que impulsionam o ambiente legal para empresas americanas que atuam no exterior.

2.3. Identifique as duas principais categorias de barreiras comerciais para o marketing global. Dê um exemplo de cada um.

3 Esboçar as funções básicas do GATT, da OMC, do Nafta, da proposta Alca e da União Européia.

O Acordo Geral sobre Tarifas e Comércio é um acordo entre 117 países que reduziu as tarifas substancialmente. A Organização Mundial do Comércio inspeciona os acordos GATT, media disputas e tenta reduzir barreiras comerciais ao redor do mundo. O Acordo de Livre Comércio da América do Norte remove restrições comerciais entre Canadá, México e Estados Unidos. A proposta Área de Livre Comércio das Américas é uma área de livre comércio que cobre todo o Hemisfério Oeste. A União Européia é uma união aduaneira cujo objetivo é remover todas as barreiras ao livre comércio entre seus membros.

3.1. Descreva brevemente os seguintes acordos comerciais:
a. GATT
b. OMC
c. Nafta
d. Alca
e. União Européia

3.2. Identifique os países-membros do Nafta.

3.3. Em que partes da Europa estão localizados os dez mais novos membros da UE?

4 Comparar as estratégias alternativas para entrar em mercados internacionais.

Várias estratégias estão disponíveis para os profissionais de marketing, incluindo exportação, importação, franquias, licenciamento estrangeiro, subcontratação e investimento direto.

4.1. Descreva a importação e a exportação como estratégias para entrar em mercados internacionais.

4.2. Descreva as vantagens de franquias, licenciamento estrangeiro e subcontratação. Qual pode ser a melhor estratégia para uma rede de hotéis a preços razoáveis entrar em um mercado estrangeiro?

5 Diferenciar entre uma estratégia de marketing global e uma estratégia de marketing multidoméstico.

Uma estratégia de marketing global define um mix de marketing padrão e o implementa com modificações mínimas em todos os mercados estrangeiros. Uma estratégia de marketing multidoméstico exige que as empresas customizem suas decisões de marketing para atingir mercados individuais.

5.1. Defina estratégia de marketing global e estratégia de marketing multidoméstico.

5.2. Quais são os prós e os contras de cada uma?

6 Descrever as estratégias de mix de marketing alternativo usadas em marketing internacional.

Estratégias de comunicação e de produtos incluem: extensão direta, adaptação da comunicação, adaptação de produtos, adaptação dual e invenção de produto. Os profissionais de marketing também podem escolher entre estratégias de distribuição, preço e *countertrade*.

6.1. Explique as cinco estratégias promocionais e de produto usadas no marketing internacional e dê um exemplo de cada uma.

6.2. O que é *countertrade*? Por que essa prática está tornando-se cada vez mais popular?

7 Explicar a atratividade dos Estados Unidos como um mercado-alvo para mercados estrangeiros.

Os Estados Unidos têm uma grande população, altos níveis de renda independente, estabilidade política, atitude favorável ao investimento estrangeiro e uma economia relativamente controlada.

7.1. Por que os Estados Unidos são um alvo atraente para profissionais de marketing estrangeiro?

PROJETOS E EXERCÍCIOS EM GRUPO

1. Imagine que você e um colega são profissionais de marketing de uma das seguintes empresas: Amazon.com, Starbucks, Apple Computer, Burger King. Ou selecione sua própria empresa. Decidam se sua empresa irá se expandir internacionalmente entrando no mercado mexicano, indiano ou chinês. Então, façam um breve esboço descrevendo as questões que sua empresa deve levar em consideração, com base nas seis áreas de demanda, concorrência, economia, político-legal, sociocultural e tecnologia.

2. Suponha que você trabalhe para a Domino's Pizza, que já possui 3 mil lojas em mais de 46 países. Com um colega, identifique um país que a Domino ainda não atingiu e escrevam um breve plano para entrar no mercado desse país. Em seguida, criem um anúncio impresso para aquele mercado (vocês podem escrever o anúncio em seu idioma materno). Pode ser útil visitar o site da Domino para pegar algumas idéias.

3. Suponha que você seja um profissional de marketing de uma empresa altamente reconhecida, como IBM, Old Navy ou Nike. Decida se você acha que uma estratégia de marketing global ou uma multidoméstica seria melhor para seu produto. Então crie um anúncio impresso para seu produto refletindo sua decisão.

4. Pequim, capital da China, sediará os Jogos Olímpicos de 2008. Sozinho ou com um colega, identifique uma empresa que poderia beneficiar-se ao promover seus produtos ou serviços nos Jogos de Pequim. Descreva qual estratégia você utilizaria: extensão direta, adaptação de promoção ou produtos, adaptação dual ou invenção de produto.

5. Imagine que você seja consultor de uma das seguintes empresas. Escreva uma proposta aos profissionais de marketing dessa empresa para ajudá-la a entrar no mercado norte-americano.
   a. uma cadeia de restaurantes japoneses
   b. uma cadeia de parques temáticos europeus
   c. um produtor musical sul-americano
   d. um fabricante australiano de roupas e equipamentos esportivos

6. Sua empresa é uma fabricante bem-sucedida de telefones celulares que você gostaria de comercializar na Europa. O slogan de sua campanha publicitária nos Estados Unidos é "We put the world in your hands". Prepare um plano para garantir que seus anúncios sejam traduzidos corretamente para o holandês, alemão, grego, italiano, norueguês, polonês, português e espanhol.

7. Pesquise um caso recente de *dumping* não mencionado no texto. Escreva um relatório sobre o(s) produto(s) e questões envolvidos no caso, incluindo quaisquer resoluções até o momento.

8. Alguns membros da União Européia ainda não adotaram a moeda comum da organização, o euro. Selecione um desses países (Dinamarca, Suécia ou Grã-Bretanha) e prepare um relatório escrito resumindo os motivos pelos quais o governo decidiu manter sua própria moeda. Inclua quaisquer efeitos possíveis que isso possa ter sobre a participação no livre comércio com outros membros da UE.

APLICANDO OS CONCEITOS DO CAPÍTULO

1. Poucos elementos no ambiente de marketing internacional são mais difíceis de superar do que os inesperados, como os recentes surtos de SARS (síndrome respiratória aguda grave) e a gripe aviária em vários países asiáticos. Com consumidores domésticos e estrangeiros evitando as áreas afetadas, as empresas sofreram e planos de marketing foram reduzidos ou até mesmo interrompidos. Imagine que sua empresa seja do ramo de viagens. Como pode proteger-se dos efeitos desses eventos imprevisíveis? Quais elementos você incluiria em um plano de contingência para sua empresa?

2. Produtos alimentícios geneticamente modificados (GM) enfrentam grandes obstáculos na Europa, onde uma moratória de cinco anos para novas aprovações de produtos

agrícolas e alimentos modificados está chegando ao fim. Esboce os argumentos a favor e contra produtos GM. Quais fatores ambientais no mercado internacional estão em jogo nesse debate?

3. Cópias baratas – e ilegais – de filmes populares pirateados, como *O senhor dos anéis: O retorno do rei,* costumam estar disponíveis para venda na Ásia alguns dias depois de seu lançamento mundial nos cinemas. Empresas da indústria do entretenimento até agora tiveram pouco sucesso em deter o fluxo de cópias nas mãos dos consumidores. Você acredita que comunidades econômicas multinacionais deveriam ser mais eficientes no combate à pirataria? Por quê? Em caso afirmativo, quais medidas poderiam tomar?

EXERCÍCIO DE ÉTICA

Um argumento a favor da permissão de *dumping* é que essa prática às vezes oferece o melhor, ou único, mercado para pequenos fornecedores de países pobres. Sem capacidade de vender seus produtos tão barato, segundo argumentado, alguns fazendeiros e pescadores ficariam desamparados. Enquanto isso, fornecedores domésticos, que podem até estar protegidos pelo apoio do governo em relação a preços, têm um padrão de vida adequado e acesso a todo auxílio legal de que precisam para manter produtos *dumped* fora do mercado.

1. Você acha que o *dumping* deveria ser ilegal? Por quê?
2. Sua resposta mudaria se os produtos *dumped* fossem perecíveis, de forma que, se tivessem de ser enviados a outro destino para evitar *dumping*, estragariam e seus fornecedores não ganhariam nada?

EXERCÍCIOS NA INTERNET

1. **Expansão da UE.** A União Européia (UE) expandiu-se significativamente em 2004 ao adicionar dez países da Europa Central e do Leste Europeu e algumas antigas repúblicas soviéticas. Visite o site americano da UE em inglês (**www.eurunion.org**) e prepare um breve relatório descrevendo os objetivos da UE e os benefícios de se associar a ela. Relacione alguns dos desafios que você acredita que uma UE ampliada e forte representa para os profissionais de marketing desses países.

2. **Estratégias internacionais de comunicação.** Visite os sites de duas empresas internacionais de produtos para o consumidor, uma sediada nos Estados Unidos (como a Procter & Gamble) e uma sediada em outro país (como a Unilever). Analise os sites cuidadosamente e prepare duas listas. Na primeira, observe duas ou três diferenças nas estratégias promocionais que você descobriu entre os produtos das empresas vendidos nos Estados Unidos e os vendidos em outros países. A segunda lista deve registrar duas ou três semelhanças entre estratégias promocionais usadas pelas empresas em diferentes países. Você sentiu alguma diferença entre a empresa americana e a de estrangeira?

3. **Mercados internacionais de rápido crescimento.** Visite o site da Divisão de Estatísticas das Nações Unidas (**http://unstats.un.org**). Clique em "National Accounts". O site contém várias projeções sobre o crescimento econômico de nações individuais. Analise as projeções. Espera-se que cinco países apresentem o crescimento econômico mais rápido (PIB e renda pessoal) nos próximos dez anos. Quais são eles? Espera-se que cinco países apresentem o maior crescimento populacional nos próximos dez anos. Quais são eles? Escreva um breve relatório para uma empresa global de produtos para o consumidor delineando como ela pode beneficiar-se dessas tendências.

Observação: Os endereços de sites na internet mudam com freqüência. Se você não encontrar os sites mencionados, será necessário acessar a homepage da organização ou da empresa e então realizar sua pesquisa ou utilizar uma ferramenta de busca como o *Google*.

C|A|S|O 7.1   MTV Atualiza sua Estratégia Global

"Todos acham que temos um ótimo emprego [na MTV], mas passamos o tempo todo pensando, pensando. O tempo todo tentando nos reinventar. Temos de manter contato com os espectadores sem envelhecermos." Essas são as palavras do diretor de criação da MTV internacional, Cristián Jofré. Elas refletem o compromisso de marketing da MTV de compreender o ambiente ao seu redor mantendo-se à frente das tendências, continuamente "reinventando" sua popular programação musical a cabo e estendendo linhas de produtos. A MTV, uma unidade da Viacom, é extremamente boa em se reinventar, e recentemente também reinventou sua estratégia de marketing internacional.

Seu mercado norte-americano está quase saturado, mas, internacionalmente, ainda há espaço para crescimento. Na verdade, a diretoria da Viacom acredita que as operações internacionais da MTV podem fornecer até 40% de seu faturamento nos próximos anos. A MTVNI, a rede-mãe da MTV, já atinge mais de 380 milhões de assinantes em 166 países. A MTV sozinha consiste em 37 canais transmitidos em dezessete idiomas. Antigamente, sua programação internacional concentrava-se especificamente nos mercados locais, o que ajudou suas operações globais a crescerem de modo tão rapido que 80% de todos os espectadores da MTV estão fora dos Estados Unidos. A MTV Rússia, por exemplo, desenvolveu um programa chamado *12 espectadores furiosos*, no qual intelectuais discutem clipes musicais, e um programa brasileiro de viagem no estilo mochileiro é apresentado por uma popular modelo brasileira. Para seus espectadores fãs de críquete, a MTV Índia apresenta um programa de humor chamado *Ponto tolo*, no qual personagens demonstram o uso de equipamentos de críquete na vida cotidiana.

Porém, embora tenha tido sucesso, a estratégia da MTV de customizar a programação para mercados individuais também foi cara. As produções médias custam entre US$ 200 mil e US$ 350 mil para cada episódio de meia hora. Como afirma o diretor de programação da MTV alemã, "Quase todos os meses temos uma idéia e dizemos 'uau, essa idéia é ótima, mas não temos dinheiro para fazê-la'". A mudança de estratégia irá permitir que a operação internacional, a MTVNI, desenvolva programas que possam ser exibidos em mais de um mercado estrangeiro, criando, assim, uma programação com amplo apelo internacional que cruza fronteiras facilmente.

Entre os programas piloto em desenvolvimento está um no Reino Unido chamado *Heroes*, com pop stars entrevistando seus ídolos pessoais. Kelly Osbourne conversa com Deborah Harry (vocalista principal da banda Blondie, da década de 1980), por exemplo. Outro piloto é chamado *TimeZone* e irá apresentar shows de música e entrevistas em cinco pontos do mundo. *Mash* irá misturar dois vídeos após a resolução de problemas de direitos autorais, e tem o respaldo de um acordo de patrocínio no valor de US$ 75 milhões com a Motorola Inc.

Sob a nova estratégia, os diretores nacionais da MTVNI ainda tomarão as decisões sobre a programação local. Mas desenvolvedores de programas em vários mercados internacionais poderão cooperar no desenvolvimento de programas que tenham apelo imediato a mais de uma audiência, e terão um *pool* centralizado de dinheiro (com um aumento de "dezenas de milhões" de dólares) para trabalhar. Embora esse tipo de cooperação não seja inteiramente novo – muitos dos programas da MTV americana foram adaptados para audiências estrangeiras, por exemplo –, espera-se que a estratégia permita uma programação mais animada, cujo desenvolvimento costuma ser bastante caro. *Famous last minutes*, programa animado sobre os últimos momentos imaginários na vida de famosas estrelas do rock, está em sua fase piloto.

Para complementar sua nova estratégia de programação global, a MTVNI também irá expandir para outras operações destinadas ao público jovem. Ela adquiriu uma fatia de 50% de um canal a cabo francês sobre videogames, e espera conseguir outros acordos desse tipo.

Perguntas para discussão

1. Como você acha que o alcance global da internet atingiu o mercado jovem para o qual a MTV é voltada? Isso facilita ou dificulta o desenvolvimento de uma programação que cruza fronteiras? Por quê?

2. O que a MTVNI deveria fazer para garantir que tradições culturais e estilos variados de humor não afetem negativamente nenhum de seus novos programas internacionais?

Fontes: About Viacom, **www.viacom.com**, acessado em 9 fev. 2004; Highlights, site internacional da MTV, **www.mtv.com**, acessado em 9 fev. 2004; Cristián Jofré wants his MTV, **www. brandchannel.com**, 2 fev. 2004; GOLDSMITH, Charles. MTV seeks global appeal, *The Wall Street Journal*, 21 jul. 2003, p. B1.

Parte 3

SELEÇÃO DE MERCADO-ALVO

Pesquisa de Marketing, Sistemas de Apoio a Decisões e Previsão de Vendas

Capítulo 8

Objetivos

1. Descrever o desenvolvimento da função da pesquisa de marketing e suas principais atividades.
2. Explicar os passos do processo de pesquisa de marketing.
3. Diferenciar dados primários de dados secundários e identificar as fontes de cada tipo.
4. Explicar as diferentes técnicas de amostragem usadas por pesquisadores de marketing.
5. Identificar os métodos pelos quais os pesquisadores de marketing coletam dados primários.
6. Explicar os desafios de realizar uma pesquisa de marketing em mercados globais.
7. Resumir os mais importantes usos da tecnologia de informática na pesquisa de marketing.
8. Explicar como o uso da tecnologia da informação, particularmente dos Sistemas de Apoio a Decisões de Marketing (SADM), podem otimizar e aprimorar a pesquisa de mercado e seu impacto sobre a tomada de decisão.
9. Identificar os principais tipos de métodos de previsão.

A PESQUISA A FAVOR DA GANDER MOUNTAIN

Provavelmente você já experimentou uma simples, mas eficiente, estratégia de pesquisa de marketing adotada por muitos profissionais de marketing. Quando você passa pelo caixa, o funcionário pergunta seu CEP e o registra para os profissionais de marketing da empresa. Essa pequena informação diz à loja onde seus clientes moram – em que tipo de bairro vivem, a qual grupo de poder aquisitivo pertencem e perto de quais de seus concorrentes estão. Também diz ao profissional de marketing que distância os clientes estão dispostos a percorrer para comprar nessa loja. Tais informações ajudam a estabelecer uma imagem barata e muito básica dos clientes da loja.

A Gander Mountain, loja de artigos esportivos em Minnesota, coleta o CEP de seus clientes. Mas os esforços de pesquisa de marketing dessa rede de lojas em crescimento, que já se reergueu de uma falência, vão além do simples perfil fornecido pelo código postal.

Depois de sua falência, com a venda da maioria de suas lojas para a matriz Holiday Companies, a venda de sua divisão de catálogos e uma mudança de diretoria no final da década de 1990, a rede adquiriu novo controle e visão, começando a crescer. Seus profissionais de marketing sabem que as vendas de equipamentos de caça, pesca e acampamento normalmente aumentam durante declínios econômicos, pois mais pessoas passam suas férias de modo mais simples, perto de casa, expandindo-se o número de entusiastas de atividades ao ar livre que já são clientes da Gander Mountain e de outras lojas de equipamentos esportivos.

Os funcionários das setenta lojas Gander Mountain são pessoas apaixonadas por esportes. Escolhidos com cuidado e totalmente treinados, sabem tudo sobre os recursos e benefícios de todos os produtos que vendem, de armas e botas para trilha a sistemas de posicionamento global. Eles não só dão informações, fazem recomendações e realizam demonstrações do produto, como também se informam sobre o que os clientes querem. Precisam fazer isso porque, na Gander Mountain, os próprios funcionários selecionam as mercadorias da loja em que trabalham, baseados no que descobrem que seus clientes necessitam e desejam. "Não podemos achar que um grupo de pessoas que trabalha em um escritório em Minnesota saiba quais são todos os produtos relevantes para uma loja no Texas", diz Allen Dittrich, o vice-presidente executivo de merchandising da rede de lojas. "Passamos muito tempo com nossas equipes de loja e nos relacionando com nossos clientes para saber como melhor posicionar cada unidade". A rede empregou essa estratégia de pesquisa de marketing durante toda sua atual expansão para catorze estados norte-americanos. "Nosso trabalho é ter nas lojas o que eles querem, não o que nós pensamos que eles deveriam vender", diz Dittrich. Dessa forma, o pessoal de vendas bem treinado da Gander é uma grande ferramenta para descobrir o que cada loja e seus clientes querem. "Eles adoram caçar, pescar e acampar", diz o CEO Mark Baker dos funcionários da rede. "A animação deles é contagiante, e os clientes parecem tirar vantagem do conhecimento excepcional que demonstram."

Os funcionários também trabalham em parceria com fornecedores locais e nacionais para manter os níveis ideais de estoque e assegurar que as lojas tenham o que eles precisam, quando precisam e no preço justo. São bem informados sobre os preços dos concorrentes – entre outras coisas. Na verdade, sabe-se que os funcionários da Gander até mesmo compram de seus concorrentes para terem certeza de que têm o que seus clientes querem.

A Gander Mountain também entende que, seja por esporte ou hobby, os clientes sempre estão procurando algo novo, e é importante ser o primeiro a oferecer essa novidade. Assim, como uma forma de pesquisar tendências, ela testa antes de comercializar novos produtos de fornecedores de confiança. Se os clientes gostam de algo, são encomendadas mais unidades desse produto. Dittrich afirma: "Inovação. É do que mais precisamos. Se os fornecedores têm alguma coisa que querem testar, nós estamos prontos para aceitar. É só nos contar que compramos, colocamos em algumas lojas e deixamos o cliente responder".

A pesquisa de marketing da empresa ocorre com a inauguração de uma nova loja, um evento freqüente desde sua recuperação. A maioria de suas unidades está em shoppings que oferecem uma sólida base de clientes, alta visibilidade, fácil acesso e grande estacionamento, embora se saiba que seus clientes favoravelmente permitem à Gander certa flexibilidade para escolher os locais das lojas. Uma das recém-inauguradas, em Wichita, será o centro de um novo desenvolvimento no rio Arkansas. A loja terá um espaço para tiro com arco, um restaurante à margem do rio e um local para testar equipamentos de pesca na água. A Gander espera atrair 500 mil clientes por ano.[1]

Visão geral

Coletar informações sobre o que os clientes precisam e querem é uma tarefa desafiadora para qualquer profissional de marketing. A Gander Mountain usa contatos pessoais entre seus funcionários da loja e seus clientes como um modo de construir uma base de informações exclusiva para cada uma de suas lojas, de CEP a avaliações de clientes sobre novos produtos.

Em poucas palavras

Os Estados Unidos são bons em três coisas: basquete, fazer guerra e fazer compras.
Watts Wacker
Futurista, escritor e chairman americano, FirstMatter

Este capítulo analisa a função da pesquisa de marketing. Os profissionais de marketing utilizam a pesquisa para conhecer melhor seus clientes, direcionar segmentos de clientes e desenvolver relacionamentos de longo prazo com eles – todos, segredos para a rentabilidade. As informações coletadas nas pesquisas de marketing são a base de grande parte do

Pesquisa de marketing é o processo de planejar, coletar, analisar e utilizar informações para tomada de decisões de marketing. Os dados surgem de variadas fontes. Alguns resultados são obtidos de estudos bem planejados destinados a conseguir informações específicas. Outras valiosas informações vêm de relatórios da força de vendas, registros contábeis e relatórios publicados. Outros dados surgem de experiências controladas e simulações computacionais. A pesquisa de marketing, ao apresentar informações pertinentes em um formato útil, ajuda os profissionais de marketing a tomarem determinadas decisões.

material sobre segmentação de marketing discutido no próximo capítulo. Obviamente, a função da pesquisa de marketing é a fonte primária das informações necessárias para tomar decisões de marketing eficazes. Este capítulo também explica como as técnicas de pesquisa de marketing são aplicadas para fazer corretas previsões de vendas, um componente crítico do planejamento de marketing. O uso de sistemas de apoio a decisões também é discutido, bem como seu amplo impacto sobre o planejamento e a tomada de decisões de pesquisa de mercado.

A FUNÇÃO DA PESQUISA DE MARKETING

Antes de ver como se realiza a pesquisa de marketing, devemos primeiro examinar seu desenvolvimento histórico, as pessoas e organizações que ela envolve, além das atividades que abarca. Visto que a finalidade básica da pesquisa é saber mais sobre os clientes, é claro que ela é fundamental para a efetiva satisfação destes e para os programas de relacionamento com eles. As tecnologias de mídia, como internet e realidade virtual estão abrindo novos canais por meio dos quais os pesquisadores podem chegar às informações dos consumidores.

DESENVOLVIMENTO DA FUNÇÃO DA PESQUISA DE MARKETING

Mais de 125 anos se passaram desde que a pioneira N. W. Ayer realizou o primeiro projeto de pesquisa de marketing organizado, em 1879. Um segundo marco no desenvolvimento da pesquisa de marketing ocorreu 32 anos mais tarde, quando Charles C. Parlin organizou o primeiro departamento de pesquisa comercial dos Estados Unidos na Curtis Publishing Co., editora da revista *The Saturday Evening Post*.

1 Descrever o desenvolvimento das funções da pesquisa de mercado e suas atividades principais.

Parlin iniciou sua carreira de pesquisador de marketing contando latas de sopa no lixo da Filadélfia. E aqui contamos o que aconteceu. Parlin, um publicitário, estava tentando convencer a marca de sopa Campbell Soup Co. a fazer propaganda na *The Saturday Evening Post*. A Campbell Soup não concordava por acreditar que a maior parte dos leitores da *Post* era da classe trabalhadora, que preferia preparar sua própria sopa. Os profissionais de marketing da Campbell Soup tinham como mercado-alvo pessoas de maior poder aquisitivo, as quais poderiam pagar pela conveniência da sopa em lata. Para provar que a Campbell estava equivocada, Parlin começou a contar latas de sopa no lixo coletado em diversos bairros. Sua pesquisa revelou que as famílias da classe trabalhadora compravam mais sopa enlatada do que as famílias ricas, que tinham empregadas domésticas para cozinhar para elas. A Campbell Soup logo se tornou cliente da *Saturday Evening Post*. É interessante observar que ainda hoje o lixo serve de boa fonte de informações para os profissionais de marketing. Antes das recentes reduções no setor de alimentos, algumas companhias aéreas analisaram as sobras das refeições a bordo para determinar o que servir aos passageiros.

A maioria das primeiras pesquisas reunia pouco mais do que depoimentos por escrito de compradores dos produtos das empresas. Os métodos de pesquisa tornaram-se mais sofisticados durante os anos 1930 conforme o desenvolvimento de técnicas de estatísticas permitiram o aperfeiçoamento dos procedimentos de amostragem e maior precisão das descobertas das pesquisas.

Nos últimos anos, os avanços da tecnologia de informática mudaram significativamente o caráter da pesquisa de marketing. Além de acelerar o processo e ampliar a base de dados, os computadores têm auxiliado os profissionais de marketing a tomar decisões informadas sobre os problemas e as oportunidades. As simulações, por exemplo, permitem aos profissionais de marketing avaliar alternativas ao fazerem questões diretas. Em muitas empresas de bens de consumo, eles simulam apresentações de produtos mediante programas de computador para determinar se devem arriscar lançamentos de produtos em todo o mundo ou mesmo sujeitá-las a testes de marketing. Estamos apenas começando a ver o impacto dos sistemas de apoio a decisões de marketing (SADM), que permitem aos profissionais de marketing transformar dados em informações úteis.

QUEM REALIZA A PESQUISA DE MARKETING?

O tamanho e a forma organizacional da função da pesquisa de marketing estão normalmente ligados à estrutura da empresa. Algumas companhias organizam unidades de pesquisa para apoiar diferentes linhas de produtos, marcas ou áreas geográficas. Outras organizam suas funções de pesquisa de acordo com os tipos de pesquisa que precisam fazer, como análise de vendas, desenvolvimento de novo produto, avaliação de publicidade ou previsão de vendas.

Muitas companhias terceirizam suas necessidades de pesquisa e dependem de empresas de pesquisas de marketing independentes. Essas organizações independentes podem especializar-se em controlar apenas uma parte de um estudo maior, como entrevistar os consumidores. As empresas também podem contratar estudos de pesquisa totalmente terceirizados.

Os profissionais de marketing em geral decidem por realizar um estudo internamente ou por meio de uma organização externa com base nos custos. Outra importante consideração é a confiabilidade e a precisão das informações coletadas por uma organização terceirizada. Por coletarem dados de marketing o tempo todo, as informações que essas organizações externas reúnem geralmente são mais completas e precisas do que as coletadas por equipes internas com menos experiência. Em geral, uma empresa externa de pesquisa de marketing pode prestar assistência técnica com habilidade não-disponível nos departamentos de marketing da companhia. A interação com fornecedores externos também ajuda a assegurar que um profissional de marketing não realize um estudo apenas para validar um ponto de vista favorito ou uma opção preferida.

Os institutos de pesquisa de marketing variam em tamanho de empresas de um único proprietário a empresas nacionais e internacionais, como a ACNielsen, a Information Resources Inc. e a Arbitron. Eles podem ser

---

Em poucas palavras

Você pode dar às pessoas responsabilidade e autoridade, mas sem informações elas são impotentes. O conhecimento é a ferramenta mais poderosa.

Bill Gates (nasc. 1954)

Co-fundador, Microsoft Corp.

classificados como serviços sindicalizados, institutos de pesquisa integrais ou institutos de pesquisa de linhas especializadas, dependendo do tipo de serviço que oferecem aos clientes. Algumas organizações de serviço integral também estão dispostas a realizar atividades de serviço de linhas especializadas.

Serviços Sindicalizados

Uma organização que regularmente facilita uma série padronizada de dados para todos os clientes é chamada de **serviço sindicalizado**. A Mediamark Research Inc., por exemplo, opera um serviço sindicalizado de pesquisa de produto com base em entrevistas pessoais com adultos referente à sua exposição na mídia de propaganda. Os clientes são publicitários, agências de propaganda, revistas, jornais, emissoras de rádio e redes de TV a cabo.

Institutos de Pesquisa Integrais

Uma organização que fecha contratos com clientes para realizar projetos de pesquisa de marketing completos é chamada de **instituto de pesquisa integral**. Um instituto integral torna-se a ramificação de pesquisa de marketing do cliente, dando todos os passos no processo de pesquisa de marketing (discutidos mais adiante neste capítulo).

Instituto de Pesquisas de Marketing de Linhas Especializadas

Uma empresa de pesquisa de marketing que se especializa em números limitados de atividades, como conduzir entrevistas de campo ou realizar processamento de dados, é chamada de **instituto de pesquisa de marketing de linhas especializadas**. Trabalhando, quase exclusivamente, para os principais estúdios de cinema, a Nielsen National Research Group especializou-se em testar materiais promocionais e fazer o marketing de filmes cinematográficos. A empresa também elabora estudos para ajudar os clientes a desenvolver estratégias de publicidade e acompanhar a divulgação e o interesse. Os serviços sindicalizados podem também ser considerados um tipo de instituto de pesquisa de linhas especializadas.

PROGRAMAS DE MEDIÇÃO DE SATISFAÇÃO DO CLIENTE

MARKETING
Verificação
de conceito

1. Identifique as diferentes classificações dos institutos de pesquisa de marketing e explique como se diferenciam uns dos outros.

2. Que métodos de pesquisa podem ser usados para medir a satisfação do cliente?

Em suas pesquisas de marketing, as empresas normalmente enfocam o acompanhamento dos níveis de satisfação dos clientes atuais. Mas alguns profissionais de marketing têm tido valiosos insights ao acompanhar a insatisfação que leva clientes a abandonarem certos produtos e optarem por concorrentes. Algumas desistências dos clientes são apenas parciais; eles podem continuar um pouco satisfeitos com um negócio, mas não completamente satisfeitos. Tais atitudes poderiam levá-los a fazer seus negócios em outro lugar. Estudar as causas fundamentais da desistência dos clientes, mesmo as desistências parciais, pode ser útil para identificar áreas problemáticas que precisam de atenção.

O PROCESSO DE PESQUISA DE MARKETING

2 Explicar os passos do processo de pesquisa de mercado.

Como dito anteriormente, os empresários contam com a pesquisa de marketing para conseguir as informações de que precisam a fim de tomar decisões eficazes com relação às atuais e futuras atividades de sua empresa. As chances de tomar boas decisões aumentam quando as informações certas são fornecidas na hora certa durante a tomada de decisão. Para atingir essa meta, os pesquisadores de marketing geralmente seguem o processo de seis passos mostrado na Figura 8.1. Nas fases iniciais, os pesquisadores definem o problema, realizam uma pesquisa exploratória e formulam uma hipótese a ser testada. Em seguida, elaboram um projeto de pesquisa, seguido pela coleta dos dados necessários. Por fim, interpretam e apresentam as informações da pesquisa. As próximas seções apresentam com mais detalhes cada passo do processo de pesquisa de marketing.

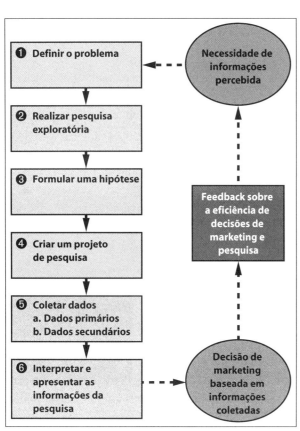

Figura 8.1
O processo de pesquisa de marketing.

DEFINIR O PROBLEMA

Uma anedota popular diz que problemas bem definidos são meio caminho andado. Um problema bem definido permite ao pesquisador enfocar a obtenção das informações exatas necessárias para a solução. Definir claramente a questão que a pesquisa precisa responder aumenta a velocidade e a exatidão do processo de pesquisa.

Os pesquisadores devem atentamente evitar confundir sintomas de um problema com o problema em si. Um sintoma apenas alerta os profissionais de marketing de que existe um problema. Por exemplo, suponha que um fabricante de pizzas congeladas veja sua participação de mercado cair de 8% para 5% em seis meses. A perda de participação de mercado é um sintoma de um problema que a empresa tem de solucionar. Para definir o problema, a empresa deve procurar as causas fundamentais de sua perda de participação de mercado.

Um ponto de partida lógico para identificar o problema pode ser avaliar o mercado-alvo e os elementos do mix de marketing da empresa. Suponha, por exemplo, que uma empresa recentemente tenha mudado suas estratégias promocionais. A pesquisa pode, então, buscar responder à seguinte pergunta: "O que devemos fazer para melhorar a eficácia de nosso mix de marketing?". Os profissionais de marketing também podem observar as possíveis mudanças ao redor da empresa. Talvez um novo concorrente tenha entrado nesse mercado. Os tomadores de decisões necessitarão de informações para ajudar a responder à seguinte pergunta: "O que devemos fazer para diferenciar nossa empresa do novo concorrente?".

Em poucas palavras

Quando eu era criança, sempre imaginava que havia animais debaixo da minha cama. Eu contei para o meu pai e ele resolveu o problema rapidamente. Ele cortou os pés da minha cama.

Lou Brock (nasc. 1939)
Jogador de basquete americano

Quando o McDonald's começou a fazer pequenas mudanças em algumas de suas receitas básicas em uma recente campanha de redução de custos, as reclamações de clientes foram ignoradas e, assim, marcaram um período de onze meses de declínio de vendas. A empresa sofreu sua primeira perda, que se tornou de capital aberto quando há mais de 35 anos atrás. Seu novo CEO, o falecido James Cantalupo, disse aos gerentes superiores da empresa: "Se vocês estão confusos sobre do que se trata, eu posso deixar claro: Trata-se de nosso clientes". A paixão de Cantalupo por entender os clientes, ouvindo suas opiniões, resumia-se a uma regra simples: "Eu fiz disso uma política: nunca deixar uma loja sem antes conversar com um cliente". Cantalupo expandiu sua política a toda a empresa, enviando novecentos funcionários para as lojas com a missão de detectar fatos para, assim, identificar problemas. Ele fez uma pesquisa separada com os clientes freqüentes e contratou empresas de pesquisa externas para também localizar erros e corrigi-los. Em pouco tempo o McDonald's focou-se no problema e melhorou a qualidade de seu cardápio. Em alguns anos, as vendas começaram a aumentar e o valor das ações da empresa mais do que dobrou.[2]

REALIZAR PESQUISA EXPLORATÓRIA

Uma vez que a empresa tenha definido a questão que quer responder, os pesquisadores podem iniciar uma pesquisa exploratória. A **pesquisa exploratória** procura descobrir a causa de um problema específico, discutindo-o com fontes informadas, tanto dentro como fora da empresa, e analisando os dados de outras fontes de informações. Os profissionais de marketing da Macaroni Grill, por exemplo, podem conversar com seus atacadistas, varejistas e clientes. Os executivos também podem pedir dados para a força de vendas ou procurar por indícios de mercado em toda parte.

> **Em poucas palavras**
>
> Reunir os fatos é o segredo para uma boa tomada de decisão. Cada erro que cometi – e todos nós erramos – aconteceu porque eu não tive calma. Não me esforcei o suficiente. Eu não era esperto o suficiente para reunir os fatos.
> Charles F. Knight (nasc. 1936)
> Presidente, Emerson Electric

Além da conversa com os funcionários, a pesquisa exploratória pode incluir uma avaliação dos registros da empresa, como análises de lucro e vendas e os dados competitivos disponíveis. Os pesquisadores de marketing em geral recorrem a coletas de dados internos como análise de situação. O termo *investigação informal* é normalmente usado para entrevistas exploratórias com pessoas informadas fora das empresas dos pesquisadores.

Utilizando Dados Internos

Os profissionais de marketing podem descobrir valiosos dados nos próprios registros internos da empresa. Fontes típicas de dados internos são registros de vendas, demonstrações contábeis e análises de custos de marketing. Os profissionais de marketing analisam os registros de desempenho de vendas para adquirir uma visão geral da eficiência da empresa e para achar indícios de problemas potenciais. Facilmente preparada a partir de faturas da empresa ou de um sistema computacional de banco de dados, essa **análise de vendas** pode fornecer dados importantes para a administração. O estudo normalmente compara vendas reais e vendas esperadas com base em uma previsão de vendas por território, produto, cliente e vendedor. Uma vez que a cota de vendas – o nível de vendas esperadas com as quais os resultados reais são comparados – tenha sido estabelecida, é um processo simples comparar os resultados reais com o desempenho esperado.

Outras possíveis falhas para a análise de vendas podem ser evitadas separando as transações por tipo de cliente, produto, método de vendas (postal, telefone ou contato pessoal), tipo de pedido (débito ou crédito) e tamanho do pedido. A análise de vendas é uma das mais baratas e mais importantes fontes de informações de marketing disponíveis para uma empresa. A Anheuser-Busch criou um método altamente preciso para acumular dados de vendas sobre ela mesma e sobre produtos dos concorrentes. Chamado de BudNet, o processo bastante cuidadoso conta com representantes de vendas e motoristas de distribuidores para facilitar uma quantidade incrível de detalhes sobre vendas de cerveja, estoque de prateleira e exposições em milhares de estabelecimentos em todos os Estados Unidos. A empresa coleta os dados diariamente para ter um quadro atualizado minuto a minuto sobre o que está vendendo, em que quantidade e tipo de embalagem e sob que tipo de promoções. "A Anheuser-Busch é a mais inteligente em calcular como usar [os dados]", diz um analista industrial. E, de fato, a empresa baseia os temas e as imagens em suas propagandas, e até mesmo suas estratégias de desenvolvimento de novo produto, nos dados que coleta por meio do BudNet.[3]

Os *dados contábeis*, conforme resumidos nas demonstrações financeiras da empresa, podem ser outra boa ferramenta para identificar questões financeiras que influenciam o marketing. Utilizando análise de proporção, os pesquisadores conseguem comparar o desempenho no ano atual e nos anteriores com os indicadores de desempenho da indústria. Esses exercícios sugerem possíveis problemas, mas só uma análise mais detalhada seria capaz de revelar as causas específicas das variações indicadas.

Uma terceira fonte de informações internas é a *análise de custo de marketing* – avaliação das despesas com tarefas, como vendas, armazenagem, publicidade e entrega, para determinar a rentabilidade de linhas de produtos, territórios e clientes particulares. As empresas geralmente analisam a alocação de custos para produtos, clientes e territórios. Os tomadores de decisões de marketing avaliam a rentabilidade de territórios e clientes particulares sobre a base das vendas produzidas e os custos incorridos na geração dessas vendas. Às vezes, os dados internos permitem criar perfis de clientes notavelmente detalhados, como ilustra o artigo "Resolvendo uma questão ética".

Assim como a análise de vendas e a pesquisa financeira, a análise de custo de marketing é mais útil quando fornece informações ligadas a outras formas de pesquisa de marketing. Mais adiante neste capítulo, uma seção tratará de com as tecnologias computacionais podem efetuar essas ligações e movimentar as informações entre as unidades de uma empresa.

FORMULAR UMA HIPÓTESE

Em poucas palavras

A grande tragédia da ciência é matar uma bonita hipótese por causa de um fato ameaçador
Thomas H. Huxley (1825-1895)
Biólogo e educador inglês

Depois de definir o problema e realizar uma investigação exploratória, o profissional de marketing precisa formular uma **hipótese** – uma explanação experimental para algum caso específico. Uma hipótese é uma formulação sobre o relacionamento entre variáveis que apresentam implicações claras para testar esse relacionamento. Ela estabelece a fase para uma pesquisa mais profunda por maiores esclarecimentos que os pesquisadores precisam testar.

Nem todos os estudos testam hipóteses específicas. No entanto, um estudo cuidadosamente projetado pode beneficiar-se com o rigor apresentado pelo desenvolvimento de uma hipótese antes de começar a coleta e a análise de dados.

CRIAR UM PROJETO DE PESQUISA

3 Distinguir entre dados primários e secundários, e identificar as fontes de cada um.

Para testar uma hipótese e achar soluções para os problemas de marketing, o profissional de marketing cria um **projeto da pesquisa**, um plano mestre ou um modelo para realizar a pesquisa de marketing. Ao planejar um projeto de pesquisa, os profissionais de marketing devem assegurar-se de que o estudo medirá o que eles pretendem medir. Uma segunda consideração importante sobre o projeto de pesquisa é a seleção de entrevistados. Os pesquisadores de marketing usam técnicas de amostragem (discutidas mais adiante no capítulo) para determinar quais clientes incluir em seus estudos.

Resolvendo uma questão ética

TODOS OS CLIENTES SÃO IGUAIS?

A Best Buy, gigante de eletrônicos, tem tido prejuízo com os aproximadamente 20% de clientes cujos hábitos de compra estão lhe custando dinheiro. Esses clientes devolvem produtos com a intenção de comprá-los de volta com descontos dados a mercadorias devolvidas e, assim, se abastecem de artigos com grandes descontos para depois vendê-los com lucro no eBay, e pesquisam na internet pelos preços mínimos que exigem que a Best Buy cumpra. Por isso, recentemente a Best Buy começou a investigar seu banco de dados para identificar esses clientes e tentar intimidá-los, não só retirando o nome deles da lista de marketing, mas também cobrando uma taxa de reabastecimento de 15% pela mercadoria devolvida, além de cortar suas ligações on-line a diversos serviços de referência que ofereciam buscas de descontos por uma taxa. A empresa também está cogitando vender na internet suas mercadorias devolvidas, em vez de colocá-las de volta nas prateleiras da loja onde podem ser recuperadas por um valor menor pelos compradores que as compraram de volta no primeiro lugar.

Com a competição de preços crescendo ainda mais, inclusive com relação ao Wal-Mart e à Dell, a Best Buy diz que seus esforços a ajudarão a continuar sendo competitiva e a fornecer um serviço melhor para os outros 80% de seus clientes.

UM VAREJISTA DEVERIA AFASTAR SEUS CLIENTES MENOS LUCRATIVOS?

SIM

1. As perdas causadas pelos clientes não-lucrativos podem eliminar os lucros produzidos pelo restante da base de clientes.

2. Esses clientes desperdiçam recursos da empresa que poderiam ser usados para melhorar o serviço e a seleção.

NÃO

1. Os clientes têm o direito de devolver produtos e não comprar nada se a seleção da loja não satisfizer suas necessidades.

2. As próprias políticas da loja estimulam as pessoas a comparar preços mesmo se, às vezes, não for lucrativo para o varejista.

RESUMO

A Best Buy acredita que a qualidade dos clientes é tão importante quanto a quantidade para manter uma linha de lucro saudável. Ela pretende tentar separar os clientes que lhe estão custando dinheiro daqueles que são lucrativos. "O que nós estamos tentando fazer é focar nos nossos clientes mais fiéis e prestar a eles o melhor serviço que podemos oferecer", diz o vice-presidente das lojas on-line e de marketing da rede. A maioria das outras lojas está tomando um rumo contrário, tentando transformar clientes não-lucrativos em clientes fiéis e lucrativos. O tempo irá dizer se a Best Buy escolheu a direção certa.

Fontes: Site da empresa, **www.bestbuy.com**, acessado em 14 mar. 2005; Niall McKay, Two-faced and tight-fisted, *CIO Insight*, 1º dez. 2004, **www.cioinsight.com**; McWILLIAMS, Gary. Analyzing customers, Best Buy decides not all are welcome, *The Wall Street Journal*, 8 nov. 2004, p. A1, A8; STEFFY, Loren. Some people become real shopping demons, *Houston Chronicle*, 13 jul. 2004, **www.Houstonchronicle.com**.

Algumas das maiores empresas de alimentos dos Estados Unidos empregam um projeto simples de pesquisa para testar novos produtos. Elas oferecem itens para o Wal-Mart primeiro. O maior varejista americano não cobra taxa dos produtores – o chamado *índice de exposição* – para estocar suas mercadorias. Assim, se o item foi vendido no Wal-Mart, outros varejistas tomarão conhecimento e reduzirão seus índices de exposição.[4]

COLETAR DADOS

Os pesquisadores de marketing reúnem dois tipos de dados: dados secundários e dados primários. **Dados secundários** são informações de fontes anteriormente publicadas ou compiladas. Os dados de censo são um exemplo. **Dados primários** referem-se a informações coletadas pela primeira vez especificamente para uma pesquisa de marketing. Um exemplo de dados primários são as estatísticas coletadas em um levantamento que pergunta aos clientes atuais suas preferências por melhorias do produto.

Os dados secundários oferecem duas importantes vantagens: (1) são quase sempre menos caros de reunir do que os dados primários; e (2) os pesquisadores normalmente gastam menos tempo para localizar e usar os dados secundários. Uma pesquisa que requer dados primários pode levar de três a quatro meses para ser concluída, ao passo que um pesquisador pode, em geral, reunir dados secundários em questão de dias.

Os dados secundários têm limitações que os primários não têm. Primeiro, as informações publicadas podem rapidamente tornar-se obsoletas. Um profissional de marketing que analisa a população de várias regiões pode descobrir que até mesmo o mais recente censo mostra-se ultrapassado por causa do rápido crescimento e de mudanças demográficas. Segundo, dados publicados coletados com um propósito não relacionado podem não ser completamente relevantes para as necessidades específicas dos profissionais de marketing. Por exemplo, os dados de censo não revelarão as preferências de marca dos clientes.

Ainda que a pesquisa para reunir dados primários possa custar mais e levar mais tempo, os resultados proporcionam informações mais detalhadas e ricas do que os secundários oferecem. A escolha entre dados secundários ou primários está ligada a custo, aplicabilidade e eficácia. Na verdade, muitos projetos de pesquisa de marketing associam dados primários e secundários para responder completamente às questões de marketing. Este capítulo analisa os métodos específicos de coletar tanto os dados primários como os secundários.

INTERPRETAR E APRESENTAR INFORMAÇÕES DE PESQUISA

Figura 8.2
A apresentação e o relatório de pesquisa: ligando o estudo ao usuário da pesquisa.

O passo final no processo de pesquisa de marketing é interpretar as descobertas e apresentá-las para tomadores de decisão em um formato que permita aos gerentes fazer julgamentos eficazes. Como a Figura 8.2 ilustra, possíveis diferenças em interpretações de resultados da pesquisa podem ocorrer entre os pesquisadores de marketing e seu público em razão de suas diferentes histórias, de seus diversos níveis de conhecimento e experiência. Tanto os relatórios orais como os escritos deveriam ser apresentados de um modo destinado a minimizar essas más interpretações.

Os pesquisadores de marketing e os usuários das pesquisas devem cooperar em todas as fases do processo de pesquisa. Inúmeros estudos são inutilizados porque a gestão teme restrições sobre a utilidade dos resultados, uma vez que ouvem longas discussões sobre limitações de pesquisas ou terminologia desconhecida. Os pesquisadores de marketing devem lembrar-se de direcionar seus relatórios para a gestão e não para outros pesquisadores. Devem elucidar suas conclusões em termos claros e concisos para que possam ser colocadas em ação. Os relatórios precisam restringir detalhes técnicos dos métodos de pesquisa em um apêndice, no caso de serem incluídos. Ao apresentar resultados de pesquisa aos principais executivos em uma única sessão, os pesquisadores podem assegurar-se de que todos entenderão as descobertas. Os tomadores de decisões podem, assim, rapidamente chegar a um consenso sobre o que significam os resultados e quais decisões devem ser tomadas.[5]

> **MARKETING**
> Verificação
> de conceito
>
> **1.** Quais são os seis passos do processo de pesquisa de marketing?
> **2.** Qual é a meta da pesquisa exploratória?
> **3.** Diferencie dados primários de dados secundários.

MÉTODOS DE PESQUISA DE MARKETING

Obviamente, a coleta de dados é uma parte integrante do processo de pesquisa de marketing. Uma das mais demoradas partes da coleta de dados é determinar qual método o profissional de marketing deve usar para obter os dados. Esta seção analisa os métodos mais comumente utilizados pelos quais os pesquisadores de marketing descobrem tanto dados secundários como primários.

> **Em poucas palavras**
>
> Quando você está mergulhando em números, precisa de um sistema para separar o joio do trigo.
> Anthony Adams (nasc. 1940)
> Vice-presidente, Campbell Soup, Co.

COLETA DE DADOS SECUNDÁRIOS

Os dados secundários surgem de muitas fontes. A quantidade esmagadora de dados secundários disponíveis a um pequeno ou a nenhum custo desafia os pesquisadores a selecionar apenas dados que sejam relevantes para o problema ou questão que estão sendo estudados.

Os dados secundários consistem em dois tipos: dados internos e dados externos. Os internos, como dito anteriormente, incluem registros de vendas, análise de desempenho de produto, relatórios de atividades da força de vendas e relatórios de custos de marketing. Os dados externos originam-se de uma variedade de fontes, incluindo registros governamentais, serviços sindicalizados de pesquisa e publicações da indústria. Os bancos de dados computadorizados possibilitam acesso a uma grande quantidade de dados, tanto internos como externos, de uma organização. As próximas seções sobre dados governamentais, dados privados e fontes on-line focalizam os bancos de dados e outras fontes de dados externos disponíveis para pesquisas de marketing.

Dados Governamentais

O governo federal é a mais importante fonte de dados de marketing dos Estados Unidos. Os dados de censo fornecem estatísticas governamentais as mais freqüentemente usadas. Realiza-se um censo populacional a cada dez anos, e ele é disponibilizado gratuitamente nas bibliotecas locais, em discos de computador e pela internet. A agência de recenseamento dos Estados Unidos também realiza um censo periódico sobre moradia, população, negócios, fabricantes, agricultura, minerais e governos.

O censo populacional dos Estados Unidos é uma fonte muito rica de informações valiosas para os profissionais de marketing. Ele agrupa a população em áreas geográficas bastante pequenas, possibilitando a determinação dos traços populacionais por blocos da cidade ou por trechos de recenseamento em grandes cidades. E divide as populações de áreas não-metropolitanas em áreas de quarteirões numerados (BNAs). As BNAs e os trechos de recenseamento são importantes para a análise de marketing porque realçam as populações de características semelhantes, evitando a diversidade dentro de fronteiras políticas, como as divisões dos países. Esses dados ajudam os profissionais de marketing, como os varejistas locais e incorporadoras de shopping centers, a reunir informações vitais sobre clientes em uma área imediata sem gastar tempo ou dinheiro para realizar levantamentos abrangentes. A agência de recenseamento utiliza uma variedade de técnicas de estatísticas para organizar casas em grupos homogêneos de pessoas que têm estilos de vida e hábitos de gastos parecidos e usam tipos parecidos de mídia.

Os pesquisadores de marketing acham fontes ainda mais valiosas no banco de dados de mapeamento computadorizado do governo, chamado de sistema *Tiger*, abreviatura de *Topographically Integrated Geographic Enconding and Referencing System* (Sistema de Referência e Codificação Geográfica Integrada Topograficamente). Esse sistema abrange características topográficas, como estradas de ferro, estradas e rios com dados de censo, por exemplo, valores da renda familiar. Os dados *Tiger* estão disponíveis em DVD, fazendo da agência de recenseamento um dos primeiros departamentos federais a usar essa tecnologia para publicar grandes quantidades de dados digitais. Os DVDs contêm um software de gestão de banco de dados e um software de mapeamento, tornando os dados *Tiger* altamente acessíveis aos profissionais de marketing.[6]

Os governos municipais e estaduais servem como importantes fontes adicionais de informações sobre emprego, produção e atividades de vendas. Além disso, os departamentos universitários de pesquisa econômica e empresarial freqüentemente coletam e disseminam valiosas informações.

Dados Privados

Muitas organizações privadas fornecem informações aos tomadores de decisões de marketing. Uma associação comercial pode ser uma excelente fonte de dados sobre atividades em uma indústria particular. A *Encyclopedia of Associations* da Gale Publishing, disponível em muitas bibliotecas, ajuda os profissionais de marketing a rastrear as associações comerciais que podem ter dados pertinentes para sua empresa. Além disso, a indústria da propaganda continuamente coleta dados sobre públicos alcançados por várias mídias.

As revistas comerciais e de negócios também publicam ampla gama de dados valiosos. As revistas de negócios gerais também podem ser boas fontes. De modo crescente, as publicações comerciais estão mantendo páginas Web que permitem arquivar pesquisas.

Diversas empresas americanas oferecem informações para negócios por meio de assinatura. *Roper Starch Worldwide* é um serviço global de banco de dados com dados de continuidade sobre informações comportamentais, de atitudes de consumo e estágios de vida de trinta países. A Roper também fornece os relatórios *Starch Readership Reports* que avaliam mais de 20 mil propagandas em 400 revistas.

Os sistemas eletrônicos que digitalizam códigos de barra UPC aceleram as transações de compra e também fornecem dados usados para controle de estoque, pedidos e entregas. A tecnologia de digitalização é amplamente usada por supermercadistas e outros varejistas, e as empresas de pesquisa de marketing, como a ACNielsen e a Information Resources Inc., armazenam esses dados em bancos de dados comercialmente disponíveis. Esses serviços de informações baseados em digitalizadores rastreiam as compras dos consumidores de ampla variedade de produtos codificados com UPC. Os varejistas podem usar essas informações para conquistar clientes com a mercadoria certa na hora certa.

O *SalesNet* da ACNielsen utiliza a internet para distribuir rapidamente dados digitalizados aos clientes. Os dados são processados assim que recebidos dos supermercados e, em seguida, encaminhados para os pesquisadores de marketing para que realizem análises mais aprofundadas. Ao mesmo tempo, os representantes da Nielsen resumem os dados em gráficos e planilhas eletrônicos e os colocam na internet para acesso imediato dos clientes.

FONTES ON-LINE DE DADOS SECUNDÁRIOS

As ferramentas do ciberespaço, às vezes, simplificam a busca por dados secundários. Centenas de bancos de dados e outras fontes de informações estão disponíveis on-line, tanto pela internet como por meio de serviços comerciais como a America Online. Um projeto de pesquisa de marketing bem plane-jado na internet pode custar menos e render resultados mais rapidamen-te do que uma pesquisa off-line. Por exemplo, a equipe de marketing do brinquedo de blocos de montar Lego precisou tomar uma rápida decisão sobre relançar ou não alguns de seus jogos clássicos. A empresa postou um quadro de boletim no site Lego.com, convidando seus dois milhões de vi-sitantes mensais a trocar opiniões e comentar seus clássicos Lego favoritos. Utilizando um software da Recipio, os resultados foram reunidos e analisa-dos em tempo real. Em duas semanas, a empresa tinha as informações de que precisava. Quase 40% dos participantes de dezoito anos de idade ou menos – o mercado-alvo, "a menina dos olhos" da Lego – teve como prefe-rência o relançamento das coleções *Guarded Inn* (castelos) e *Metroliner* (trens). Dentro de seis semanas, as vendas do *Metroliner* superaram as vendas anuais dos jogos Lego semelhantes.[7]

> **Em poucas palavras**
>
> Com tantas informações on-line, agora é excepcionalmente fácil simplesmente mergulhar e se afogar.
> **Alfred Glossbrenner**
> Autor americano

Um recente levantamento informou que mais de 70% dos institutos de pesquisa de marketing, atualmente, realizam alguma forma de pesquisa pela internet, e, entre eles, 50% já o fazem há um ano. Hoje, os especialistas da indústria estimam que cerca de metade de todas as pesquisas de marketing poderia facilmente ser feita on-line.[8]

A internet estimulou o crescimento dos agregadores de pesquisa – empresas que adquirem, catalogam, refor-matam, segmentam e depois revendem relatórios de pesquisa de grande qualidade que já tenham sido publicados. Os agregadores colocam dados valiosos ao alcance dos profissionais de marketing, que não podem perder tempo nem ultrapassar o orçamento ao encomendarem uma pesquisa personalizada. Visto que a tecnologia da Web facilita a pesquisa de seus bancos de dados, os agregadores são capazes de compilar relatórios detalhados e especializados rapidamente e com boa relação custo-benefício.[9]

As ferramentas de pesquisa da internet, como o *Google* e o Yahoo!, podem encontrar sites específicos ricos em informações. Os grupos de discussão também fornecem informações e insights que ajudam a responder a al-gumas questões de marketing. Além disso, uma mensagem em uma sala de bate-papo ou em um *newsgroup* (grupo de notícias) pode dar uma resposta que revele fontes de dados secundários antes desconhecidas. A *Usenet*, a maior rede de grupos de notícias, ostenta 500 milhões de mensagens postadas desde 1995. Ao contrário das mensagens das salas de bate-papo, essas opiniões não são solicitadas nem censuradas. Serviços on-line como o Survey.com e o PlanetFeedback reúnem dados de múltiplas fontes, organizados de acordo com os dados demográficos, a indústria, o produto ou inúmeras outras características.

Os pesquisadores devem, no entanto, avaliar cuidadosamente a validade das informações que encontram na internet. As pessoas sem conhecimento profundo do caso em questão podem postar informações em um grupo de notícias. Da mesma maneira, sites podem conter informações que tenham sido reunidas utilizando-se métodos de pesquisa questionáveis. A expressão *caveat emptor* (que o comprador tenha cuidado) deve guiar a avaliação de dados secundários na internet.

TÉCNICAS DE AMOSTRAGEM

Antes de iniciar um estudo para coletar dados primários, os pesquisadores de-vem primeiro identificar quais participantes serão incluídos no estudo. **Amostra-gem** é o processo de seleção dos entrevistados ou participantes da pesquisa. É um dos mais importantes aspectos do projeto de pesquisa, pois, se um estudo não

4 Explicar as diferentes técnicas de amostragem utilizadas por pesquisadores de marketing.

conseguir envolver os consumidores que refletem exatamente o mercado-alvo, é provável que a pesquisa produza conclusões equivocadas.

O grupo total de pessoas que o pesquisador quer estudar é chamado de **população** ou **universo**. Para um estudo de campanha política, a população seria todos os eleitores. Para uma pesquisa sobre uma nova linha de batons, a população seria todas as mulheres de uma certa faixa etária. A amostra é um grupo representativo escolhido dessa população. Os pesquisadores raramente coletam informações da população total de um estudo, pois isso resultaria em um censo. A não ser que a população total seja pequena, os custos de um censo são simplesmente altíssimos.

As amostras podem ser classificadas como amostras probabilísticas ou como amostras não-probabilísticas. **Amostra probabilística** é aquela que dá a cada membro da população a chance de ser selecionado. Os tipos de amostras probabilísticas incluem amostras aleatórias simples, amostras estratificadas e amostras por agrupamento.

Em uma **amostra aleatória simples**, cada membro do universo relevante tem oportunidades iguais de seleção. A época do sorteio que o Exército dos Estados Unidos fazia para convocar soldados para a Guerra do Vietnã é um exemplo. Os dias do ano eram sorteados e colocados em um alistamento. A colocação do dia do aniversário de uma pessoa nessa lista determinava sua probabilidade de ser convocada para o serviço militar. Em uma **amostra estratificada**, subamostras selecionadas aleatoriamente de diferentes grupos são representadas em uma amostra total. Amostras estratificadas fornecem grupos eficazes representativos que são relativamente homogêneos para uma certa característica para estudos como pesquisas de opinião, em que grupos de pessoas compartilham vários pontos de vista divergentes. Em uma **amostra por agrupamento**, os pesquisadores selecionam uma amostra de subgrupos (ou agrupamentos) dos quais sorteiam participantes. Cada agrupamento reflete a diversidade da população inteira que está sendo selecionada. Esse tipo de relação custo-benefício da amostra probabilística é amplamente usado quando a população inteira não pode ser listada ou enumerada.

Por outro lado, uma **amostra não-probabilística** conta com um julgamento pessoal em algum ponto do processo de seleção. Em outras palavras, os pesquisadores decidem quais grupos particulares estudar. Tipos de amostras não-probabilísticas são amostras por conveniência e amostras por cota. **Amostra de conveniência** é uma amostra não-probabilística selecionada entre participantes prontamente disponíveis, ou seja, as pessoas escolhidas estavam por acaso no lugar em que o estudo está sendo realizado. Pesquisas de intercepção em shoppings e pesquisas de opinião na TV com participação telefônica são bons exemplos. Os pesquisadores de marketing, às vezes, utilizam amostras por conveniência em pesquisa exploratória, mas não em estudos definitivos. Uma **amostra por cota** é uma amostra não-probabilística dividida para manter a proporção de certas características entre diferentes segmentos ou grupos, vista na população como um todo. Em outras palavras, a cada pesquisador de campo é designada uma cota que especifica o número e as características das pessoas a serem contatadas. Ela se diferencia de uma amostra estratificada, na qual os pesquisadores selecionam subamostras por meio de algum processo aleatório; em uma amostra por cota, eles selecionam a dedo os participantes. Um exemplo seria uma pesquisa de proprietários de carros importados que inclui dois proprietários Hyundai, dois proprietários Honda e quatro proprietários Volvo.

MÉTODOS DE PESQUISA PRIMÁRIA

5 Verificar os métodos pelos quais pesquisadores de marketing coletam dados primários.

Os profissionais de marketing utilizam uma variedade de métodos de realização de pesquisa primária, como é mostrado na Figura 8.3. Os principais métodos de coleta de dados primários são: observação, levantamentos e experiências controladas. A escolha entre esses métodos depende das questões que estão sendo estudadas e das decisões que os profissionais de marketing precisam tomar. Em alguns casos, os pesquisadores podem decidir associar várias técnicas durante o processo de pesquisa.

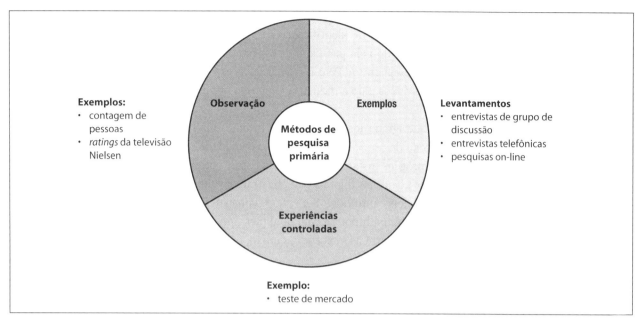

Figura 8.3
Tipos de pesquisa primária

Método de Observação

Em estudos observacionais, os pesquisadores visualizam a conduta em público dos sujeitos que estão sendo estudados. Os profissionais de marketing que tentam entender como os consumidores se comportam em certas situações consideram a observação uma técnica útil. As táticas de observação podem ser tão simples quanto contar o número de carros que passam por um local potencial para um restaurante *fast food*, ou verificar as placas dos carros no estacionamento de um shopping center próximo a uma divisa estadual para determinar de onde são os compradores.

Os avanços tecnológicos possibilitam maneiras cada vez mais sofisticadas de observar o comportamento do consumidor. A indústria televisiva conta com dados dos medidores pessoais, dispositivos de controle remoto eletrônico que registram os hábitos de audiência de TV dos membros de uma família para medir a popularidade dos programas. Os tradicionais medidores pessoais requerem que o telespectador pressione um botão toda vez que liga a TV, muda de canal ou sai da sala.

Os profissionais de marketing há muito tempo vêm preocupando-se em fazer que os telespectadores não se incomodem em apertar os botões do medidor de audiência nas horas certas, para não distorcerem os resultados da pesquisa. Em resposta a isso, o Instituto Arbitron testou recentemente um medidor portátil de audiência (PPM – *Portable People Meter*) que os participantes carregam o tempo todo. Durante todo o dia, o PPM capta e armazena códigos embutidos na programação de rádio e TV. À noite, o participante coloca o PPM em uma estação-base, a partir da qual os dados são enviados para a Arbitron. O PPM tem, ademais, um detector de movimento embutido para assegurar que o aparelho não seja abandonado no meio do teste.[10]

A Nielsen Media Research também apresentou um novo medidor eletrônico para capturar dados demográficos sobre os telespectadores, substituindo a combinação de medidores conversores e diários escritos à mão que usou nos últimos cinqüenta anos. O novo método também permite à empresa dobrar o tamanho das amostras para obter relatórios mais apurados.[11]

Filmar os consumidores em ação também está ganhando aceitação como técnica de pesquisa. Os fabricantes de artigos de cozinha podem gravar os consumidores cozinhando em sua própria cozinha para avaliar como usam seus utensílios e panelas. Um fabricante de escova de dentes pediu para que a empresa de marketing E-Lab filmasse os consumidores escovando os dentes e utilizando anti-séptico bucal em sua pesquisa para desenvolver produtos que deixam a sensação de limpeza e refrescância.

A TiVo, um serviço de gravação de vídeo digital, é pioneira em um método de coletar dados sobre seus espectadores, dos quais filtra todas as informações de identificação para manter os dados anônimos. A empresa não armazena nenhum registro do que foi assistido pela pessoa, e os espectadores podem optar por não participar do processo de coleta de dados, se assim o desejarem. A TiVo recebe de seus espectadores uma quantidade fixa de informações e planeja começar a vender os dados para a indústria televisiva por meio de uma parceria com a Nielsen Media Research.[12]

Em um esforço para entender o que agrada aos consumidores jovens, uma empresa de previsão de tendências chamada Look-Look recrutou um exército de cerca de 20 mil pessoas com idade entre 14 e 30 anos que enviam um fluxo constante de informações por mensagens instantâneas e *pagers*. Esses "entrevistados de campo" selecionados a dedo também carregam imagens de suas máquinas digitais que registram eventos, como festas, shows e eventos esportivos. E o fluxo de informações segue dois caminhos. "Por termos construído essa enorme rede", diz o fundador Sharon Lee, "temos a capacidade de testar [uma] hipótese com qualquer tipo de tamanho de amostra que queremos e conseguir uma resposta imediata. Sim, isso está acontecendo, ou não, não está".[13]

Pesquisa Interpretativa

Outro tipo de pesquisa primária é a **pesquisa interpretativa**, um método no qual um pesquisador observa um cliente ou grupo de clientes em seu ambiente natural e interpreta seu comportamento com base na compreensão das características culturais e sociais desse ambiente. Falaremos sobre pesquisa interpretativa de forma mais detalhada adiante.

Métodos de Pesquisa

Só a observação não pode proporcionar tudo das informações desejadas. Os pesquisadores devem formular questões para obter informações sobre atitudes, motivos e opiniões. Também é difícil obter informações demográficas exatas – como níveis de renda – a partir de observação. Para conseguir essas informações, os pesquisadores podem usar ou entrevistas ou questionários. Boas habilidades de compreensão auditiva são muito importantes para os entrevistadores, como discute o quadro "Dicas de etiqueta".

Entrevistas Telefônicas

As entrevistas telefônicas são um método rápido e barato de obter uma pequena quantidade de informações relativamente impessoais. Questões simples e claramente enunciadas são fáceis para os entrevistadores transmitirem por telefone e eficazes em conseguir respostas apropriadas. As pesquisas telefônicas têm índices de respostas relativamente altas, em especial com chamadas repetidas; ligar para um número uma vez rende uma taxa de resposta de 50% a 60%, mas, ao se ligar para o mesmo número cinco vezes, a índice de resposta aumenta para 85%. Para maximizar respostas e economizar custos, alguns pesquisadores utilizam discagem computadorizada e vozes digitalmente sintetizadas que entrevistam os participantes da pesquisa.

No entanto, as pesquisas telefônicas têm várias desvantagens. A mais importante, cerca de 44% de todas as pessoas atualmente convidadas a participar dessas entrevistas recusam o convite, em comparação com apenas 15% de vinte anos atrás. Entre suas razões, estão a preocupação com a privacidade de dados, uma associação negativa das pesquisas telefônicas com telemarketing, e a falta de gratificação financeira pela participação.[14] O Registro Nacional *Do Not Call* exclui ligações feitas com propósitos de pesquisa.[15]

Muitos entrevistados hesitam em informar por telefone suas características pessoais. Os resultados podem ser tendenciosos por causa da omissão de famílias típicas em que os adultos estão trabalhando fora de casa durante

dicas de etiqueta

Como ser um bom ouvinte

TÉCNICAS de levantamento de pesquisa de marketing, como entrevistas telefônicas, exigem habilidades de compreensão auditiva muito boas. Verifique esta lista de sugestões e lembre-se de que as regras de uma compreensão auditiva cuidadosa, como todas as formas de boa etiqueta empresarial, estão sempre em vigor.

1. Tenha apenas uma conversa por vez. Em uma conversa frente a frente, faça contato visual para demonstrar atenção exclusiva. Em uma conversa telefônica, aja como se a outra pessoa estivesse na sala conversando com você. Não verifique secretamente o e-mail enquanto estiver ao telefone!
2. Escute, em silêncio, até que a outra pessoa termine de falar. Não interrompa nem termine a frase das pessoas por elas.
3. Evite mudar de assunto; a outra pessoa pode interpretar isso como um sinal de que você não está prestando atenção e de que não está achando a conversa importante.
4. Certifique-se de que você tenha ouvido e entendido a mensagem da outra pessoa. Parafraseie e repita a mensagem, ou faça perguntas para esclarecer.
5. Tome notas da conversação, particularmente se for uma conversa importante na qual você está estabelecendo orçamentos de marketing, cronogramas de força de vendas ou outros compromissos.
6. Respeite a confidencialidade de informações privilegiadas.
7. Em entrevistas pessoais, observe a linguagem corporal da outra pessoa. Se a pessoa não olhar em seus olhos, se resmungar ou hesitar, pode estar sentido-se desconfortável com o assunto.
8. Tente tomar cuidado com as mensagens que você pode estar enviando com seus próprios gestos inconscientes (sorria, não cruze os braços e não fique muito em cima da pessoa se ela estiver sentada).
9. Por fim, sempre pense antes de falar.

Em um diálogo, ouvir é metade do caminho. Na verdade, as conversas podem geralmente ser mais úteis e interessantes se um ouve mais do que o outro fala. É sempre uma boa idéia ter este velho ditado em mente: "Se você acha que está falando demais, provavelmente está".

Fontes   Are you a good listener?, **www.effectivemeetings.com/productivity/**, acessado em 4 mar. 2005; How to be a good listener, University of Nebraska, Extensão Cooperativa, **www.extension.unl.edu/welfare/listener.htm**, acessado em 22 mar. 2004; Be a good listener!, **www.energyskills.com/sg/v1/InterviewArticle/.asp?ID=71**, acessado em 8 jul. 2005; How to be a good listener, **www.vt.essortmente.com/howtobeagood_rvlz.htm**, acessado em 22 mar. 2004.

o dia. Outras famílias, principalmente segmentos de mercado como mulheres solteiras e médicos, podem não ter número na lista telefônica. Embora a discagem aleatória computadorizada seja capaz de dar acesso a números não registrados, ela é restringida em diversos estados americanos.

A popularidade de sistemas de identificação de chamadas para evitar ligações indesejadas é outro obstáculo aos pesquisadores por telefone. Alguns especialistas legais acreditam que o uso de sistemas de identificação de chamadas viola o direito de privacidade da pessoa que faz ligação. Em um caso, um tribunal do estado da Pensilvânia estabeleceu que esse sistema é inconstitucional. Entretanto, as leis estaduais sobre os sistemas de identificação de chamadas variam. Algumas exigem que os fornecedores ofereçam um serviço de bloqueio para as pessoas que desejarem esquivar-se do sistema. A mensagem promocional da Harris Interactive na Figura 8.4 ressalta os problemas que os profissionais de marketing enfrentam para obter respostas de uma amostra representativa de entrevistados utilizando

Em poucas palavras

Quanto mais os bancos de dados registram sobre cada um de nós, menos existimos.
Marshall McLuhan (1911-1980)
Teórico de comunicações canadense

Figura 8.4
Problemas em usar o telefone para entrevistas de pesquisa de marketing

pesquisas telefônicas: consciência do consumidor da invasão de sua privacidade e o número de consumidores no Registro Nacional *Do Not Call*.

Outros obstáculos restringem amplamente a utilidade das pesquisas telefônicas. Em regiões onde é raro as pessoas terem telefone, os resultados das pesquisas serão altamente parciais. Entrevistas telefônicas também são difíceis em países onde há poucas listas telefônicas, cobram-se os clientes de linha fixa por minuto, ou onde o volume de ligações congestiona a capacidade limitada de linhas telefônicas.

Entrevistas pessoais

O melhor meio de obter informações detalhadas sobre os consumidores normalmente é a entrevista detalhada, visto que o entrevistador pode estabelecer conformidade com os entrevistados e explicar questões confusas ou vagas. Além de contatarem entrevistados em sua casa ou em seu local de trabalho, as empresas de pesquisa de marketing podem fazer entrevistas em um espaço alugado em algum shopping center, onde conseguem grande acesso aos compradores potenciais da mercadoria que estão estudando. Esses locais, às vezes, disponibilizam um espaço restrito para entrevistas, equipamentos de gravação e espaço para preparação de comida para testes de degustação. Como mencionado anteriormente, as entrevistas realizadas em shopping centers são tradicionalmente chamadas de **entrevistas de interceptação em shopping**. As áreas comerciais do centro das cidades e os aeroportos constituem outros valiosos locais para as pesquisas de marketing.

Grupos de Discussão

Os profissionais de marketing também coletam informações por meio da técnica popular de entrevistas de grupo de discussão. Um grupo de discussão é composto por 8 a 12 pessoas em um local para discutir um assunto de interesse. Diferentemente de outras técnicas de entrevistas que trazem à tona informações por intermédio de um formato de perguntas e respostas, os grupos de discussão geralmente estimulam uma discussão geral de um tema predeterminado. Os grupos de discussão podem proporcionar um rápido e relativamente barato insight das motivações e atitudes dos consumidores. Na época dos ataques terroristas de 11 de setembro, a Southwest Airlines foi capaz de promover uma campanha que refletiu o humor abalado do público norte-americano. Os grupos de discussão foram uma técnica-chave usada para avaliar rapidamente as condutas dos consumidores em relação à companhia após os ataques.

Em um grupo de discussão, o líder, ou moderador, em geral começa explicando o propósito da reunião e sugere um assunto de abertura. A principal finalidade do moderador, no entanto, é estimular a interação entre os membros do grupo para incentivar a discussão de inúmeros pontos. Ele, às vezes, pode interromper com perguntas para estimular e direcionar a discussão. O trabalho do moderador é difícil, exigindo preparação e habilidades de facilitação de grupo.

As sessões de grupo de discussão duram, em média, uma ou duas horas. Os pesquisadores normalmente gravam a discussão, e observadores com freqüência a assistem através de um vidro espelhado. Algumas empresas de pesquisa também permitem a seus clientes assistir aos grupos de discussão em ação por meio de sistemas de videoconferência.

Os grupos de discussão são uma ferramenta particularmente valiosa de pesquisa exploratória, desenvolvendo idéias de produto novo e testes preliminares de estratégias alternativas de marketing. Podem também auxiliar no desenvolvimento de questionários bem estruturados para pesquisa em larga escala.

No entanto, tais grupos apresentam desvantagens. Alguns pesquisadores temem que o ambiente do grupo de discussão seja improdutivo e artificial e possa não produzir respostas honestas às perguntas. Os participantes podem, por exemplo, sentir necessidade de identificar-se com outros membros do grupo e, dessa maneira, fornecer menos respostas verdadeiras. Outros pesquisadores sentem que o tamanho das amostras são pequenos demais para serem realmente representativos de grupos de população maiores. Além disso, outros questionam a consistência do processo de entrevista.[16]

Os pesquisadores estão descobrindo maneiras de recriar o ambiente de grupo de discussão pela internet. Com moderadores experientes, que têm habilidades técnicas para atuar fluentemente on-line, é possível obter valiosas informações qualitativas com muito menos custos do que se gasta para realizar uma sessão de grupo de discussão tradicional.

A empresa de pesquisa Greenfield Online usou um grupo de discussão para testar as reações em relação à reestruturação do site da marca de rum Captain Morgan. Os participantes "se reuniram" na sala de bate-papo privada da Greenfield. Um moderador postava perguntas e respondia a perguntas em um lado do separado tela, enquanto os participantes digitavam seus comentários do outro lado. Como os pesquisadores podem saber se os participantes on-line estão sendo verdadeiros? Os membros da equipe da Greenfield fazem uma verificação cruzada das respostas dos participantes de questionários de triagem anteriores com as informações que eles introduzem mais tarde quando registram o banco de dados. Em seguida, a empresa faz uma segunda verificação cruzada antes do grupo de discussão começar e encontra substitutos para os participantes cujas respostas parecem inconsistentes.

O GroupSpark é um novo programa que utiliza uma rede de computadores laptop para aceitar e tabular a resposta dos participantes do grupo de discussão. O método teve sucesso principalmente por eliminar o desconforto que algumas pessoas (em especial adolescentes) sentem em ambientes de grupos, oferecendo o anonimato que lhes permite serem mais sinceras, fazendo os profissionais de marketing economizarem tempo e dinheiro.[17]

Pesquisas pelos Correios

Embora as entrevistas pessoais forneçam informações bastante detalhadas, as considerações de custos normalmente fazem que uma organização não utilize entrevistas pessoais em um estudo de larga escala. Uma pesquisa por correio é uma alternativa de boa relação custo-benefício. As pesquisas pelos correios proporcionam um anonimato que pode incentivar os participantes a responderem francamente. Podem também ajudar os profissionais de marketing a acompanhar as atitudes do consumidor durante o progresso da pesquisa e, às vezes, proporcionam dados demográficos que podem ser úteis na segmentação de mercado.

Os questionários por correio, no entanto, realmente têm muitas limitações. Primeiro, as taxas de resposta são muito mais baixas do que nas entrevistas pessoais. Segundo, visto que os pesquisadores devem esperar os participantes responderem e enviarem de volta os questionários, as pesquisas por correio levam, em geral, consideravelmente mais tempo para serem realizadas. Uma terceira limitação é que os questionários não podem responder a questões imprevistas que ocorrem para os participantes conforme preenchem os formulários. Além disso, as questões complexas não podem ser apropriadas para um questionário por correio. Por fim, a menos que coletem, por outros meios, informações adicionais de não-participantes, os pesquisadores devem preocupar-se com possíveis tendências provenientes de diferenças entre participantes e não-participantes.

Os pesquisadores tentam minimizar essas limitações desenvolvendo e apresentando questionários cuidadosamente. Os pesquisadores podem elevar as taxas de resposta encurtando o tamanho dos questionários e oferecendo incentivos – cupons de desconto ou uma nota de dólar – aos participantes que preencherem e enviarem de volta os documentos da pesquisa.

Pesquisas por Fax

As baixas taxas de resposta e o grande tempo de seguimento associados com as pesquisas pelo correio estimularam o interesse na alternativa de enviar por fax documentos de pesquisa. Em alguns casos, os fax podem complementar as pesquisas por correio; em outros, são o método primário de contatar participantes. Por milhares de casas não terem aparelhos de fax, assegurar uma amostra representativa de participantes é uma difícil tarefa nas pesquisas por fax de consumidores finais. Como resultado, a maioria dessas pesquisas enfoca estudos de pesquisa relacionados a negócios.

Pesquisas On-line e outros Métodos pela Internet

A crescente população de usuários da internet estimulou os pesquisadores a realizarem pesquisas on-line. Pela Web, eles são capazes de acelerar o processo de pesquisa, aumentar os tamanhos de amostra, desconsiderar as fronteiras geográficas e reduzir drasticamente os custos. Enquanto um projeto de pesquisa padrão pode levar até oito semanas para ser concluído, um projeto totalmente on-line pode levar duas semanas ou menos. Menos invasiva do que as pesquisas telefônicas, a pesquisa on-line permite aos participantes responder quando quiserem. A novidade e a comodidade de responder on-line podem até mesmo aumentar as taxas de resposta. Questões adicionais e respostas maiores têm apenas um pequeno efeito – se há algum – sobre o custo de um estudo on-line, permitindo aos pesquisadores reunir informações mais detalhadas do que por meio das tradicionais pesquisas pelos correios. Além disso, uma vez que a pesquisa on-line já está em formato digital, normalmente exige menos preparação – por exemplo, digitar em um banco de dados – antes da análise.[18]

As empresas estão cada vez mais incluindo questionários em seus sites para pedir informações sobre dados demográficos, atitudes, comentários e sugestões dos consumidores para melhorar seus produtos e serviços ou para melhorar as mensagens de marketing. Os profissionais de marketing também estão provando os quadros de avisos eletrônicos como um dispositivo de coleta de informações. Em um site protegido por senha, os moderadores postam perguntas para selecionar participantes – normalmente, de 15 a 25 anos – por um período de tempo predeterminado. Os participantes têm a oportunidade de experimentar novos produtos e podem dar um *feedback* quando quiserem. Diferentemente das sessões de grupo de discussão, não há nenhuma dinâmica de grupo e, por isso, alguns pesquisadores acham que essas respostas são mais sinceras. Os quadros de avisos são em particular eficazes quando têm como alvo os participantes que não podem comprometer-se com sessões de grupo em tempo real ou com assuntos que são altamente sensíveis ou complexos.[19]

O crescimento da internet está gerando uma necessidade de novas técnicas de pesquisa para medir e capturar informações sobre os visitantes dos sites. Atualmente, nenhum padrão industrial define técnicas para medir o uso da Web. Alguns sites pedem para os usuários se registrarem antes de acessar as páginas; outros apenas fazem um acompanhamento do número de "visitas" ou do número de vezes que um visitante acessa uma página. Os profissionais de marketing vêm tentando associar um valor à "permanência" dos visitantes no site (visitas de site que duram mais) como um meio de medir sua eficiência. Outros usam *cookies*, que, como explicado no Capítulo 4, são identificadores eletrônicos depositados nos computadores dos usuários para rastrear o comportamento pelos clicks – os caminhos que os usuários seguem conforme navegam pelo site. No entanto, como os consumidores mudam de provedores de serviço de internet com freqüência, e existem softwares especiais para detectá-los e removê-los, os *cookies* têm perdido um pouco de sua eficiência.

Alguns softwares monitoram o conteúdo geral que uma pessoa está visualizando e exibem janelas de propagandas que possam ser de interesse. Por exemplo, um pesquisa utilizando a palavra-chave "carro" pode fazer que apareça uma propaganda da General Motors ou da Ford. A CMG Information Services oferece um serviço chamado Engage.Knowledge, que coleta perfis de usuários da internet a partir de inúmeros sites e organiza os dados em oitocentas categorias, incluindo esportes e hobbies. Os pesquisadores podem usar essas informações para desenvolver estratégias de marketing. A popularidade dos videogames propiciou a emergência de uma nova plataforma de publicidade, os "advergames". O YaYa LLC disponibiliza na internet jogos de alta qualidade tridimensional. Além disso, os usuários da internet podem receber um e-mail promocional convidando-os para jogar uma corrida patrocinada pela Honda, dirigindo uma réplica de um novo modelo de carro em uma emocionante pista de corridas virtual. Sendo o jogo uma ferramenta de pesquisa de marketing disfarçada, os jogadores devem registrar-se antes de começar a corrida – enviar dados pessoais, como idade, endereço, profissão e hobbies. Eles são beneficiados com um acesso gratuito em uma promoção para ganhar um Honda CR-V. Quatro de cinco usuários se registram – e muitos divulgam o jogo para os amigos. É claro que a Honda se beneficia com dados de mercado sobre um importante grupo demográfico – jovens e potenciais compradores de carros.[20]

Método de Pesquisa Experimental

O terceiro – e menos usado método de coletar dados primários é o **experimento controlado**. Um experimento de pesquisa de marketing é uma investigação científica na qual um pesquisador controla ou manipula um grupo de teste (ou grupos) e compara os resultados com os de um grupo de controle que não tenha recebido as manipulações ou os controles experimentais.

O uso mais comum desse método pelos profissionais de marketing é o **marketing de teste**, ou apresentar um novo produto em uma área específica e depois observar seu nível de sucesso. Até esse ponto, uma equipe de desenvolvimento de produto pode reunir *feedback* de grupos de discussão. Outras informações podem surgir de avaliações de compradores de produtos em competição. O marketing de teste é o primeiro estágio em que o produto atua em um ambiente de negócios verdadeiro.

O marketing de teste apresenta um novo produto apoiado por uma campanha de marketing completa para uma cidade selecionada ou área de cobertura de TV. Os profissionais de marketing procuram por um local com um tamanho controlável, onde os participantes relacionam seu perfil demográfico do mercado-alvo. Depois que o teste está em andamento por alguns meses e as vendas e a participação de mercado no mercado do teste tenham sido calculadas, os profissionais de marketing podem estimar o desempenho provável do produto em um lançamento completo.

A Anheuser-Busch realizou marketing de teste de seu baixo carboidrato Michelob Ultra em Denver, Tucson e na Flórida central. Uma resposta animadora levou a um lançamento nacional antes do que se esperava. Os anúncios teaser, que mostravam o famoso laço vermelho da Michelob, prometem que a nova marca fará os consumidores interessados em dieta "olhar para a cerveja como um novo produto totalmente light".[21]

Algumas empresas não aplicam o marketing de teste e passam diretamente do desenvolvimento de produto para a produção em larga escala. Elas mencionam três problemas com o marketing de teste:

1. O marketing de teste é caro. Uma empresa pode gastar mais de US$ 1 milhão, dependendo do tamanho da cidade do mercado em teste e do custo de comprar a mídia para fazer propaganda do produto.
2. Os concorrentes rapidamente ficam sabendo do novo produto. Ao realizarem o teste de mercado, os concorrentes podem desenvolver estratégias alternativas.
3. Alguns produtos não são bem ajustáveis ao marketing de teste. Poucas empresas fazem marketing de teste de bens duráveis, por exemplo carros, por causa dos grandes investimentos financeiros necessários para seu desenvolvimento, da necessidade de estabelecer redes de revendedores para distribuir os produtos e das exigências de peças e manutenção.

As organizações que decidem pular o processo de marketing de teste podem escolher diversas outras opções. Uma empresa pode simular uma campanha de marketing de teste por meio de um software de modelagem computacional. Ao ligar dados em produtos similares, ele pode desenvolver uma projeção de vendas para um novo produto. Outra companhia pode oferecer um item em apenas uma região dos Estados Unidos ou em outro país, adaptando promoções e fazendo propagandas com base nos resultados locais antes de ir para outras regiões demográficas. Outra opção pode ser limitar o lançamento de um produto a apenas uma rede varejista para controlar cuidadosamente e avaliar as promoções e os resultados.

REALIZANDO PESQUISA DE MARKETING INTERNACIONAL

6 Explicar os desafios da condição de pesquisa de marketing em mercados globais.

Conforme as corporações se expandem globalmente, precisam reunir mais conhecimentos correspondentes sobre os consumidores de outros países. Embora os pesquisadores de marketing sigam os mesmos passos básicos tanto para os estudos internacionais como para os nacionais, normalmente encaram alguns desafios bastante diferentes.

As organizações dos Estados Unidos podem usar muitos recursos secundários conforme pesquisam mercados globais. Uma importante fonte de informações é o governo americano, em particular o Ministério do Comércio. Esse departamento regularmente publica dois relatórios úteis, *Foreign Econonomic Trends and their Implications for the United States* (Tendências Econômicas Estrangeiras e suas Implicações para os Estados Unidos) (semestral) e *Overseas Business Reports* (Relatórios de Negócios Estrangeiros) (anual), que discutem as atividades de marketing em mais de cem países. O Departamento de Estado oferece guias de comércio de quase todos os países do mundo, compilados pelas embaixadas locais. Outras fontes governamentais incluem agências estaduais de comércio, centros de desenvolvimento de pequenas empresas e embaixadas americanas em várias nações.

Ao realizar uma pesquisa internacional, as empresas devem estar preparadas para lidar tanto com questões lingüísticas – transmitir sua mensagem da maneira mais eficaz – como com questões culturais – descobrir os interesses das pessoas do lugar e, ao mesmo tempo, evitar equívocos que poderiam, sem intenção, ofendê-las. As empresas também precisam observar bem o ambiente de negócios de um país, incluindo as condições econômicas e políticas, os regulamentos comerciais que afetam os estudos de pesquisa e a coleta de dados, e o potencial para um crescimento a longo e curto prazos. Muitos profissionais de marketing recomendam realizar pequenas pesquisas locais para investigar mercados estrangeiros.

Os negócios podem precisar adaptar seus métodos de coleta de dados para uma pesquisa primária em outros países, visto que alguns métodos não passam facilmente pelas fronteiras nacionais. As entrevistas pessoais, por exemplo, continuam sendo o método mais comum de realizar uma pesquisa primária fora dos Estados Unidos.

Enquanto as pesquisas por correio são um método comum de coleta de dados em países desenvolvidos, são inúteis em vários outros por causa dos baixos índices de alfabetização, serviços de correio ineficientes e falta de listas de endereços. As entrevistas telefônicas também podem não ser possíveis em outros países, especialmente naqueles onde muitas pessoas não possuem telefone. Os grupos de discussão às vezes são difíceis de realizar por causa de fatores sociais e culturais. Nos países latino-americanos, por exemplo, os consumidores altamente educados compõem uma minoria cuja opinião é valorizada e procurada, mas que têm menos tempo para se dedicar a prolongadas discussões em grupo. Os latino-americanos de classe média a baixa podem não estar acostumados a expor suas opiniões sobre produtos e se contêm diante da presença de outros, enquanto em alguns países, onde a violência e o seqüestros são comuns, consumidores influentes são relutantes em ter qualquer tipo de encontro com estranhos.[22]

Um número crescente de empresas de pesquisas internacionais tem experiência em conduzir estudos globais. Por exemplo, a Focus World International, cuja publicidade é mostrada na Figura 8.5, promete um atendimento especializado aos projetos de pesquisa pelo mundo.

PESQUISA INTERPRETATIVA

Mencionou-se anteriormente que a pesquisa interpretativa é um método que observa um cliente ou um grupo de clientes em seu ambiente natural e, em seguida, interpreta seu comportamento com base em um entendimento de características socioculturais de tal ambiente. A pesquisa interpretativa tem atraído considerável interesse nos últimos anos. Desenvolvida por antropólogos sociais como um método de explicar o comportamento que opera abaixo do nível do pensamento consciente, é capaz de fornecer discernimentos sobre o comportamento do consumidor e as maneiras como os consumidores interagem com as marcas. Os pesquisadores primeiro passam um amplo período de tempo estudando a cultura, e, por essa razão, os estudos são em geral chamados de estudos *etnográficos*. A palavra *etnográfico* significa que um pesquisador adota uma perspectiva cultural da população que está sendo estudada. Por isso, a pesquisa interpretativa na maioria das vezes é usada para interpretar o comportamento dos consumidores em uma cultura estrangeira, em que a língua, os ideais, os valores e as expectativas estão todos sujeitos a diferentes influências culturais. Mas a pesquisa etnográfica é também usada no âmbito nacional ao se observar o comportamento dos consumidores de diferentes grupos de pessoas.

Figura 8.5
Pesquisa de marketing em escala global.

     A pesquisa interpretativa centra-se em entender o significado de um produto ou a experiência de consumo da vida de um consumidor.[23] Seus métodos capturam consumidores interagindo com produtos em seus ambientes. Em outras palavras, capturam o que eles, na verdade, fazem, e não o que dizem fazer. Normalmente, as pessoas são filmadas em situações específicas, como socializando com amigos em um bar para pesquisa sobre consumo de bebidas, ou por períodos de tempo maiores para participantes pagos. Os participantes pagos são acompanhados por um cameraman, que grava suas movimentações e interações no dia-a-dia. A cervejaria South African Breweries, pertencente à Miller Brewing Co., encomendou uma equipe de pesquisa etnográfica da Ogilvy & Mather, uma das maiores agências de publicidade do mundo, para observar como os homens jovens se relacionavam uns com os outros e seu produto, Miller Lite. Depois de um extenso estudo pelos Estados Unidos, os pesquisadores descobriram que a Miller Lite era preferida por grupos de homens, ao passo que seu concorrente, Bud Lite, era vendido mais freqüentemente para homens sozinhos. Esse *insight* ajudou a Miller a desenvolver uma nova campanha publicitária para conquistar seu mercado.[24]

     Os profissionais de marketing descobriram muitas outras aplicações de pesquisas interpretativas. A companhia aérea Frontier Airlines perguntou a alguns de seus passageiros se poderia observar o comportamento deles no aeroporto internacional de Denver. Ela descobriu que os pais realmente gostam de mostrar a frota da

MARKETING
Verificação
de conceito

1. Quais são os principais métodos para coletar dados secundários?

2. Quais são os principais métodos para coletar dados primários?

3. Qual é o método mais comum de coleta de dados primários fora dos Estados Unidos?

MARKETING
Verificação
de conceito

1. Como uma
pesquisa interpretativa
normalmente é
realizada?
2. Quando a
pesquisa etnográfica
deve ser empregada?

companhia aérea para seus filhos, com seus distintivos animados com gatos, coelhos e raposas. Enquanto os grupos de discussão mostraram que os animais pintados ajudavam as pessoas a identificar a companhia aérea, sua popularidade real não era conhecida até que o estudo fosse realizado. Essa observação possibilitou uma campanha de marketing com animais animados pelo computador interagindo em situações de confraternização. Como um publicitário diz, a pesquisa interpretativa é "a diferença entre fazer você sentar em uma sala para lhe perguntar sobre seu consumo de café e o acompanhar por uma semana para ver como você realmente bebe café".[25]

O custo é uma questão restritiva da pesquisa interpretativa. Esse tipo de estudo demanda tempo e dinheiro – um projeto típico dura de quatro a seis semanas e custa cerca de US$ 50 a US$ 100 mil.[26] Por ser cara, é utilizada apenas quando uma empresa precisa de informações detalhadas sobre como os consumidores usam seus produtos.

TECNOLOGIA INFORMÁTICA EM PESQUISA DE MARKETING

7 Apresentar as aplicações mais importantes da tecnologia da informática em pesquisa de marketing.

Em um mundo de aceleradas mudanças, a capacidade de rapidamente coletar e analisar inteligência de negócios (*business intelligence*) pode criar uma vantagem estratégica substancial. Como observado anteriormente, os bancos de dados informáticos fornecem uma abundância de dados para a pesquisa de marketing, sejam eles mantidos fora da empresa ou designados especificamente para coletar importantes fatos sobre seus clientes. O Capítulo 10 explorará como as empresas estão impulsionando bancos de dados internos e tecnologia de gestão de relacionamento com o cliente como um meio de desenvolver relacionamentos a longo prazo com os clientes. Esta seção trata dos importantes usos da tecnologia de informática relacionada à pesquisa de marketing: sistemas de informações de marketing (SIM), sistemas de apoio a decisões de marketing (SADM), *data mining*, inteligência de negócios e inteligência competitiva.

SISTEMAS DE INFORMAÇÕES DE MARKETING (SIM)

Antigamente, muitos pesquisadores de marketing reclamavam que seus problemas de informações eram ter informações demais, e não de menos. Grandes quantidades de dados eram difíceis de usar e nem sempre eram relevantes. Às vezes, era quase impossível descobrir uma informação. Os modernos avanços tecnológicos tornaram obsoletas restrições como essas.

Um **sistema de informação de marketing (SIM)** é um sistema informático planejado e projetado para proporcionar aos tomadores de decisão um contínuo fluxo de informações relevantes para suas áreas de responsabilidade. Como componente do sistema de informações de gestão geral da organização, um sistema de informações de marketing lida especificamente com dados de marketing e suas questões.

Um SIM bem construído serve como um centro dos assuntos da empresa, que monitora continuamente o ambiente de mercado – tanto dentro como fora da organização – e facilita informações instantâneas. Os profissionais de marketing são capazes de armazenar dados para uso posterior, classificar e analisar esses dados e recuperá-los facilmente quando necessário.

SISTEMAS DE APOIO A DECISÕES DE MARKETING (SADM)

Um **sistema de apoio a decisões de marketing (SADM)** consiste em um software que ajuda os usuários a obterem e aplicarem rapidamente informações de um modo que sustenta as decisões de marketing. Levar o SIM um passo adiante permite aos gerentes explorar e fazer conexões entre essas diversas informações, como a situação do mercado, o comportamento dos consumidores, as previsões de vendas, as ações dos concorrentes e as mudanças ambientais. O SADM possui quatro características principais: é interativo, investigativo, flexível e acessível. Um SADM pode criar simulações ou modelos para ilustrar os prováveis resultados de mudanças em estratégias de marketing ou condições de mercado.

8 Explicar como o uso da tecnologia da informação, particularmente os sistemas de apoio às decisões de marketing (SADM), pode aprimorar e refinar a pesquisa de mercado e seu impacto em tomadas de decisão.

Enquanto um SIM fornece dados brutos, um SADM converte esses dados em informações úteis para uma tomada de decisão. Por exemplo, um SIM pode providenciar uma lista de vendas de produtos do dia anterior. Um gerente poderia usar um SADM para transformar esses dados brutos em gráficos que ilustram as tendências de vendas ou em relatórios que estimam os impactos de decisões específicas, como aumentar preços ou ampliar os negócios para novas regiões.

DATA MINING

Data mining (mineração de dados) é o processo de pesquisa por meio de arquivos de dados computadorizados para detectar padrões. Ele enfoca a identificação de relacionamentos que não são óbvios para os profissionais de marketing – de certo modo, responde a questões que os pesquisadores de marketing podem nem mesmo ter pensado em levantar. Os dados são armazenados em um enorme banco de dados chamado *depósito de dados*. Um software para o sistema de apoio a decisões de marketing geralmente é associado ao depósito de dados e usado para extrair dados. Uma vez que os profissionais de marketing identificam padrões e conexões, usam essa inteligência para verificar a eficiência de diferentes opções de estratégia.

> **Em poucas palavras**
>
> Torture os dados o quanto quiser, e eles não confessarão nada.
> Anônimo

Data mining é um modo eficaz de selecionar grandes quantidades de dados e compreendê-los. Esse método ajuda os profissionais de marketing a criar perfis de clientes, identificar com precisão as razões para a fidelidade dos clientes ou a falta dela, analisar os retornos potenciais das mudanças de preço ou promoções e fazer previsões de vendas. O Wal-Mart, por exemplo, minera seus dados de ponto-de-venda para compreender os hábitos de compra dos consumidores. Ao examiná-los, o varejista pode dizer quais produtos são comprados juntos e controlar as vendas tanto dos itens à disposição nas lojas como de ofertas especiais.[27] O *data mining* também oferece vantagens consideráveis na indústria hoteleira, nos negócios bancários, nos serviços públicos e em muitos outros, além de manter a promessa de dar respostas a específicas questões estratégicas, como "Quais clientes são mais prováveis de corresponder a nossa última campanha de marketing?".[28]

Os avanços nas aplicações de *data mining* permitem uma análise em tempo real dos fluxos de dados. O software Nora (Non-Obvious Relationship Awareness) da Systems Research & Development (SRD) foi projetado para ajudar os cassinos a identificar relacionamentos não evidentes entre dados de múltiplas fontes. Por exemplo, utilizando análise em tempo real, o software pode descobrir que um candidato a emprego compartilha um número de telefone com um criminoso conhecido, e emite imediatamente um alerta para o gerente de contratação. Dado um auxílio inesperado em razão dos ataques terroristas de 11 de setembro, o Nora recentemente recebeu fundos da CIA para criar conexões que ajudariam a identificar terroristas potenciais. Utilizando tecnologia *streaming* que faz a varredura de dados em tempo real, o software pode descobrir que alguém que está comprando uma passagem no balcão de uma companhia aérea recentemente comprou materiais explosivos controlados. Um alerta seria emitido antes que o passageiro embarcasse no avião.[29]

INTELIGÊNCIA DE NEGÓCIOS

Inteligência de negócios é o processo de coletar informações e analisá-las para melhorar as estratégias de negócios, as táticas e as operações diárias. Fazendo uso de avançadas ferramentas de software, os profissionais de marketing coletam informações tanto dentro como fora das organizações. A inteligência dos negócios pode, assim, dizer a uma empresa como está seu próprio departamento de vendas e em que nível estão seus principais concorrentes.

O segredo não é apenas coletar as informações, mas também organizá-las em um formato em que os funcionários possam compreendê-las e usá-las para tomar decisões e elaborar estratégias. O software ajuda o usuário a coletar, agrupar e reduzir relatórios com informações externas disponíveis na internet a partir de tais bancos de dados, como, digamos, Dun & Bradstreet está que apenas começando a ficar disponível. Um programa da IBM, chamado *WebFountain*, busca informações sobre as reações dos clientes a novos produtos, sondando as salas de bate-papo, os sites de propaganda, os sites dos concorrentes e novos sites. Em seguida, fornece um relatório para os profissionais de marketing sobre como o produto está sendo recebido.[30] O *WebFountain* pode também ajudar os bancos a identificar suspeitas de fraude. O Citibank é considerado o primeiro usuário desse aplicativo.[31] O quadro "Sucesso de marketing" descreve como a AC Nielsen recruta consumidores para o seu Painel de Consumidores Homescan.

MARKETING
Verificação
de conceito

1. Diferencie um SIM de um SADM.
2. O que é data mining?
3. Descreva o processo de coleta de inteligência de negócios.

INTELIGÊNCIA COMPETITIVA

Inteligência competitiva é uma forma de inteligência de negócios que enfoca a descoberta de informações sobre concorrentes utilizando fontes publicadas, entrevistas, observações de equipes de vendas e fornecedores na indústria, agências governamentais, arquivos públicos como aplicações de patente, e outras fontes secundárias, incluindo a internet. Seu objetivo é revelar as vantagens específicas que um concorrente tem, como lançamentos de novos produtos, novos recursos em serviços ou produtos atuais, ou novas estratégias promocionais e de marketing. Até mesmo a propaganda de um con-

Sucesso de marketing

A AC Nielsen busca hispânicos

Passado. A AC Nielsen, empresa de pesquisa de marketing entre cujos clientes estão a Procter & Gamble e a Kraft Foods, está ampliando seu Painel de Consumidores Homescan. Com mais de 91 mil famílias registradas, a empresa tornou-se uma grande fonte para o entendimento do comportamento de compra dos consumidores. No entanto, se esforçou para incluir um número representativo de famílias hispânicas. Embora seus números estejam crescendo e seu comportamento de compra esteja mudando, os consumidores hispânicos, às vezes, são resistentes à inclusão em tais programas.

O desafio. Convencer os consumidores hispânicos de que o representante do painel é legítimo e está apenas interessado em coletar informações de marketing é um desafio, como também o é superar a desconfiança de esposas e treinar os consumidores para usar o scanner com o qual eles inserem dados sobre suas compras. "É um trabalho duro até mesmo fazê-los abrir a porta", diz um recrutador. Manter famílias hispânicas no programa também tem provado ser difícil, sendo necessário substituir cerca de metade desses participantes a cada ano.

corrente pode dar dicas. Os profissionais de marketing usam a inteligência competitiva para tomar melhores decisões que fortaleçam sua própria estratégia competitiva atual.

PREVISÃO DE VENDAS

Uma informação fundamental de qualquer plano de marketing é a **previsão de vendas**, estimativa da receita de uma empresa para um período futuro específico. As previsões de vendas desempenham importantes papéis nas decisões de novo produto, nos cronogramas de produção, no planejamento financeiro, na aquisição e no planejamento de estoque, na distribuição e no planejamento de recursos humanos. Uma previsão imprecisa pode levar a decisões incorretas em cada uma dessas áreas. As técnicas de pesquisa de marketing são usadas para propiciar previsões eficazes de vendas. Uma previsão de vendas é também uma importante ferramenta para o controle de marketing porque estabelece padrões em relação aos quais se mede o desempenho real. Sem esses padrões, nenhuma comparação pode ser feita.

9. Identificar os principais tipos de métodos de previsão.

Em poucas palavras

É difícil fazer previsões, principalmente sobre o futuro.
Yogi Berra (nasc. 1925)
Jogador de beisebol americano

Os planejadores contam com previsões de vendas a longo prazo, médio prazo e curto prazo. Uma previsão de curto prazo normalmente abrange um período de até um ano, uma previsão de médio prazo abrange de um a cinco anos, e uma previsão de longo prazo estende-se por mais de cinco anos. Embora as previsões de vendas usem um conjunto de técnicas para predizer o futuro – abarcando de simulações de computadores a tendência de estudos identificados por futuristas –, seus métodos dividem-se em duas amplas categorias: previsões qualitativas e quantitativas.

As técnicas de **previsão qualitativa** contam com dados subjetivos que relatam opiniões, em vez de dados históricos precisos. Os métodos de **previsão quantitativa**, por outro lado, utilizam cálculos estatísticos, como extensões de tendências com base em dados do passado, simulações computacionais e modelos econométricos. Como mostra a Tabela 8.1, cada método apresenta benefícios e limitações. Conseqüentemente, a maioria das organizações usa uma combinação de ambas as técnicas.

A estratégia. A Nielsen contratou uma empresa de pesquisa de marketing multicultural a fim de recrutar famílias hispânicas para o painel Homescan, oferecendo pequenos incentivos em dinheiro, além de treinamento e suporte. Os representantes vão de porta em porta nos bairros hispânicos, fazendo propaganda pessoal e explicando o programa.

O resultado. Demorou três anos para que fossem registradas 1.500 famílias na área de Los Angeles, a um custo cinco vezes maior do que recrutar participantes não-hispânicos. O índice de bom resultado é de 1 entre 40 tentativas, mas o esforço continua.

Fontes: ACNielsen Homescan, **www.acnielsen.com**, acessado em 14 mar. 2005; Hispanic shopping habits change with acculturation, *Retail Traffic Magazine*, 1º dez. 2004, **www.retailtraffic mag.com**; AC Nielsen set to deliver first insights from significantly expanded Homescan Consumer Panel, 28 out. 2004, site da AC Nielsen, **www.us.acnielsen.com**; JORDAN, Miriam. Nielsen's search for hispanics is a delicate job, *The Wall Street Journal*, 11 out. 2004, p. B1, B6.

Tabela 8.1 Benefícios e limitações de várias técnicas de previsão

TÉCNICAS	BENEFÍCIOS	LIMITAÇÕES
Métodos qualitativos		
Opinião de especialistas	Opiniões de executivos de diversos departamentos; rápido; barato.	Os gerentes podem não ter conhecimento e experiência suficientes para fazer previsões significativas.
Técnica *Delphi*	O grupo de especialistas pode prever com precisão eventos a longo prazo, como revoluções tecnológicas.	Exige muito tempo; caro.
Composição de opiniões da força de vendas	Os vendedores têm conhecimento sobre concorrentes, produto, e clientes especializados; rápido; barato	Previsões imprecisas podem resultar de baixas estimativas de vendedores preocupados com suas influências sobre as cotas
Pesquisa das intenções dos compradores	Útil para prever vendas a curto e médio prazo para empresas de poucos clientes	Intenções de compras podem não resultar em compras reais; exige tempo; caro
Métodos quantitativos		
Teste de mercado	Fornece informações realistas sobre compras reais, em vez de intenções de compra.	Alerta os concorrentes para planos de novos produtos; exige tempo; caro.
Análise de tendências	Rápido; barato; eficaz com ambiente e demanda de clientes estáveis.	Tem em conta que o futuro continuará como o passado; ignora as mudanças ambientais
Tendência exponencial	Os mesmos benefícios da análise de tendências, mas com ênfase em dados mais recentes.	As mesmas limitações da análise de tendências, mas não tão rigoroso com relação à ênfase em dados recentes.

TÉCNICAS DE PREVISÃO QUALITATIVA

Os planejadores aplicam métodos de previsão qualitativa quando querem indicadores de especialistas e subjetivos. Técnicas de previsão qualitativa incluem a opinião de especialistas, técnica *Delphi*, composição de opiniões da força de vendas e pesquisa das intenções dos compradores.

Opinião de Especialistas

A técnica chamada de **opinião de especialistas** reúne e calcula a média das expectativas dos altos executivos de áreas como marketing, finanças, produção e compra. As altas gerências apresentam as seguintes capacidades para o processo: experiência e conhecimento sobre situações que influenciam as vendas, atitudes abertas com relação ao futuro e consciência das bases de suas expectativas. Esse método barato e rápido gera boas previsões de vendas e o desenvolvimento de novos produtos. No entanto, funciona melhor para previsões a curto prazo.

Técnica *Delphi*

Como a opinião de especialistas, a **técnica *Delphi*** solicita opiniões de muitas pessoas, mas também coleta dados de especialistas externos à empresa, como pesquisadores acadêmicos, em vez de contar apenas com executivos da organização. Na maior parte das vezes, ela é apropriadamente usada para prever questões a longo prazo, como revoluções tecnológicas, que poderiam afetar as vendas futuras e o mercado potencial para novos produtos.

A técnica *Delphi* funciona da seguinte maneira: uma empresa seleciona uma lista de especialistas e envia a cada um deles um questionário relativo a um futuro evento. Depois de reunir e avaliar as respostas, a empresa desenvolve outro questionário com base nesses resultados e o envia de volta às mesmas pessoas. O processo continua até que seja identificado um consenso. Embora as organizações tenham usado com sucesso a técnica *Delphi* para prever futuras revoluções tecnológicas, o método é caro e exige tempo.

Composição de Opiniões da Força de Vendas

A técnica de **composição de opiniões da força de vendas** desenvolve previsões com base na convicção de que os membros da organização que estão mais próximos ao mercado – aqueles com conhecimento competitivo, clientes e produtos especializados – oferecem as melhores expectativas a respeito das futuras vendas de curto prazo. Normalmente, ela funciona de baixo para cima. A gerência consolida as estimativas dos vendedores primeiro no âmbito municipal, depois no regional e, finalmente, no âmbito nacional para obter uma previsão agregada de vendas que reflita todos os três âmbitos.

No entanto, a abordagem da composição de opiniões da força de vendas apresenta algumas debilidades. Desde que os vendedores reconheçam o papel de suas previsões de vendas para determinar cotas de vendas em seus territórios, é provável que façam estimativas conservadoras. Além disso, suas perspectivas restritas a seus territórios geográficos limitados podem evitar que considerem o impacto sobre as vendas de tendências que se desenvolvem em outros territórios, de futuras inovações tecnológicas, ou das principais mudanças nas estratégias de marketing. Conseqüentemente, a composição de opiniões da força de vendas faz as melhores previsões em combinação com outras técnicas.

> **Em poucas palavras**
>
> É importante não ignorar previsões destoantes.
> Jib Fowles
> Professor de comunicação,
> Houston-Clear Lake University

Pesquisa das Intenções dos Compradores

Uma **pesquisa das intenções dos compradores** reúne dados por meio de questionários enviados por correio, *feedbacks* on-line, pesquisas de opinião por telefone e entrevistas pessoais para determinar as intenções de compras de um grupo representante de clientes atuais e clientes potenciais. Esse método ajusta-se a empresas que atendem a um número limitado de clientes, mas em geral demonstra ser não-aplicável às empresas que têm milhares de clientes. Além disso, as pesquisas de compradores coletam informações úteis apenas quando os clientes se colocam à disposição para revelar suas intenções de compra. Além disso, as intenções dos clientes não traduzem necessariamente as compras reais. Essas pesquisas podem ajudar uma empresa a prever vendas a curto e médio prazo, mas empregam métodos caros e que exigem tempo.

TÉCNICAS DE PREVISÃO QUANTITATIVA

As técnicas quantitativas procuram eliminar a subjetividade dos métodos qualitativos. Elas incluem métodos como teste de mercado, análise de tendências e tendência exponencial.

Teste de Mercado

Um técnica quantitativa, o teste de mercado com freqüência ajuda os planejadores a avaliarem as reações dos consumidores às ofertas de novos produtos. O procedimento geralmente começa por estabelecer um ou mais testes de mercado para medir as reações dos consumidores a um novo produto sob condições reais de mercado. Os testes de mercado também permitem que as pessoas que os realizam calculem os efeitos de diferentes preços, estratégias promocionais alternativas e outras variações do mix de marketing ao comparar os resultados de diferentes testes de mercado.

A principal vantagem dos testes de mercado é o realismo que proporcionam ao profissional de marketing. Por outro lado, essas experiências caras e que exigem tempo podem também revelar os planos de marketing para os concorrentes antes de a empresa lançar um produto para o mercado total.

Análise de Tendências

A **análise de tendências** desenvolve previsões de vendas futuras, analisando a relação histórica entre vendas e tempo. Implicitamente, tem em conta que as causas coletivas das vendas passadas continuarão a manifestar influências semelhantes no futuro. Quando dados históricos estão disponíveis, os planejadores podem rapidamente e de forma barata realizar a análise de tendências. O software podem calcular o aumento anual médio de mudança para os dados de vendas disponíveis. Esse aumento médio de mudança é, em seguida, projetado para o futuro a fim de alcançar a previsão de vendas. Assim, se as vendas de uma empresa vêm crescendo US$ 15,3 milhões por ano, esse total de vendas poderia ser adicionado ao total de vendas do ano anterior para se chegar à previsão do próximo ano.

É claro que a análise de tendências não pode ser usada se os dados históricos não forem disponibilizados, como em uma previsão de um novo produto. Além disso, ela faz a suposição perigosa de que os eventos futuros continuarão da mesma maneira que no passado. Qualquer variação dos determinantes de vendas futuras causará derivações da previsão. Em outras palavras, esse método faz previsões confiáveis durante períodos de crescimento constante e demanda estável. Se as condições mudam, as predições com base na análise de tendências podem tornar-se inúteis. Por essa razão, as previsões têm aplicado técnicas mais sofisticadas e modelos de novas e complexas previsões para adiantar os efeitos de várias mudanças possíveis no futuro.

MARKETING
Verificação
de conceito

1. Descreva o método opinião de especialistas.
2. O que é a técnica Delphi?
3. Como a técnica de tendência exponencial prevê vendas?

Tendência Exponencial

Um método mais sofisticado de análise de tendências, a técnica de **tendência exponencial** considera os dados de vendas de cada ano, dando maior relevância aos resultados provenientes dos anos mais recentes. Entretanto, a abordagem estatística utilizada na análise de tendências é aplicada aqui. Por exemplo, as vendas do ano anterior devem receber um peso de 1,5, ao passo que os dados de vendas dos últimos dois anos poderiam ganhar um peso de 1,4. A tendência exponencial é considerada a técnica de previsão quantitativa mais comumente usada.

Implicações estratégicas do marketing no século XXI

A pesquisa de marketing pode ajudar uma organização a desenvolver estratégias de marketing eficazes. Aproximadamente 75% dos novos produtos acabam não conseguindo atrair compradores suficientes para continuar sendo viáveis. Por quê? Uma das principais razões é falha do vendedor em entender as necessidades do mercado.

Considere, por exemplo, as centenas de empresas pontocom. Uma característica compartilhada por esses negócios deficientes é que virtualmente nenhum deles foi fundado com base em pesquisa de marketing. Bem poucos usaram as técnicas de pesquisa de marketing para avaliar o potencial do produto, e outros nem sequer estudaram as reações dos consumidores depois que os riscos foram identificados. Mesmo que a pesquisa não pudesse ter evitado cada fusão pontocom, ela poderia ter ajudado alguns desses negócios a sobreviver à economia decrescente em que foram lançados.[32]

A pesquisa de marketing, de maneira ideal, combina novos produtos a clientes potenciais. Os profissionais de marketing também conduzem pesquisas para analisar as vendas de seus próprios produtos e dos produtos de seus concorrentes para medir o desempenho de produtos atuais, orientar o desenvolvimento de campanhas promocionais e produzir otimizações,

e desenvolver e aperfeiçoar produtos. Todas essas atividades permitem aos profissionais de marketing regular suas estratégias de marketing e atrair clientes mais ativa e eficientemente.

Os pesquisadores de marketing têm à disposição uma ampla gama de técnicas com as quais podem coletar tanto dados quantitativos como qualitativos sobre os clientes, seus estilos de vida, comportamentos, atitudes e percepções. Uma enorme quantidade de dados pode ser rapidamente coletada, acessada, interpretada e aplicada para melhorar todos os aspectos das operações empresariais. Por causa da tecnologia de gestão de relacionamento com o cliente, essas informações não são mais generalizadas para traçar o perfil de grupos de clientes – elas podem ser analisadas para ajudar os profissionais de marketing a entender cada um dos clientes.

· · · · **REVISÃO**

1. **Descrever o desenvolvimento da função da pesquisa de marketing e suas principais atividades.**

   A pesquisa de marketing, ou a coleta e o uso de informações em tomadas de decisões de marketing, teve seu marco quando Charles C. Parlin, um vendedor de espaços para publicidade, contou latas de sopa vazias no lixo de Filadélfia em um esforço para convencer a Campbell Soup Company a fazer propaganda na revista *The Saturday Evening Post*. Atualmente, as atividades de pesquisa de marketing mais comuns são: (1) determinação do potencial de mercado, da participação de mercado e das características de mercado; e (2) realização de análises de vendas e estudos de produtos competitivos. A maioria das grandes empresas atualmente tem departamentos de pesquisa de marketing. No entanto, fornecedores ainda continuam sendo vitais para a função da pesquisa. Alguns executam a tarefa de pesquisa completa, ao passo que outros se especializam em uma área limitada ou fornecem serviços de dados específicos.

   1.1. Descreva o desenvolvimento e o *status* atual da função da pesquisa de marketing.

   1.2. Que papel Charles Parlin desempenhou no desenvolvimento da pesquisa de marketing?

   1.3. Quais são as diferenças entre instituto de pesquisa integral e instituto de pesquisa de marketing de linhas especializadas?

2. **Explicar os passos do processo de pesquisa de marketing.**

   O processo de pesquisa de marketing pode ser dividido em seis etapas específicas: (1) definição do problema, (2) realização de pesquisa exploratória, (3) formulação de hipóteses, (4) criação de um projeto de pesquisa, (5) coleta de dados e (6) interpretação e apresentação das informações da pesquisa. Um problema claramente definido enfoca a pesquisa do pesquisador para obter informações orientadas à decisão. A pesquisa exploratória refere-se a informações obtidas fora da empresa. Hipóteses, explicações de tentativas de casos específicos permitem aos pesquisadores estabelecer projetos de pesquisa específicos, isto é, as séries de decisões que, tomadas juntas, constituem os principais planos ou modelos para a realização das investigações. A fase de coleta de dados do processo de pesquisa de marketing pode envolver tanto dados primários (originais) como secundários (publicados anteriormente), ou ambos. Depois de os dados serem coletados, os pesquisadores devem interpretá-los e apresentá-los de modo que sejam significativos para a gestão.

   2.1. Identifique e explique as etapas do processo de pesquisa de marketing.

   2.2. Determine um estudo hipotético de todos os estágios desse processo.

3. **Diferenciar dados primários de secundários e identificar as fontes de cada tipo.**

   Dados primários podem ser coletados pelos próprios pesquisadores da empresa ou por empresas de pesquisa de marketing independentes. Os três métodos principais da coleta de dados primários são: observação, levantamento e experiência. Os dados secundários podem ser classificados como internos ou externos. Fontes de dados internos incluem registros de vendas, avaliações de produtos, relatórios da força de vendas e registros de custos de marketing. As fontes de dados externos incluem as fontes governamentais e as privadas, como revistas de negócios. Tanto os dados externos como os internos podem também ser obtidos por meio de bancos de dados de computadores.

3.1. Diferencie dados primários de dados secundários.

3.2. Quando os pesquisadores devem coletar cada tipo de dados?

3.3. Que tipo de informação que pode ser usada por profissionais de marketing é disponibilizada pelo governo?

4. **Explicar as diferentes técnicas de amostragem usadas por pesquisadores de marketing.**

As amostras podem ser categorizadas como probabilísticas e não-probabilísticas. Uma amostra probabilística é aquela em que cada membro da população tem uma chance conhecida de ser selecionado. As amostras probabilísticas incluem: amostras aleatórias simples, em que cada item do universo relevante tem uma oportunidade igual de ser selecionado; amostras estratificadas, construídas de modo que subamostras selecionadas aleatoriamente sejam representadas em uma amostra total; e amostras por agrupamento, em que áreas geográficas são selecionadas, nas quais são sorteados os participantes. Uma amostra não-probabilística é arbitrária e não permite aplicação de testes estatísticos padrão. As técnicas de amostragem não--probabilística incluem amostras por conveniência, em que são selecionados participantes prontamente disponíveis, e amostras por cota, divididas para que diferentes segmentos ou grupos sejam representados na amostra total.

4.1. O que é amostragem?

4.2. Explique as diferenças entre amostras probabilísticas e amostras não-probabilísticas e identifique os vários tipos de cada uma delas.

5. **Identificar os métodos pelos quais os pesquisadores de marketing coletam dados primários.**

Os dados de observação são coletados observando-se os clientes por meio de dispositivos como medidores de audiência e fitas de vídeo. Os dados de pesquisa podem ser coletados por entrevistas telefônicas, pesquisas por correio ou fax, entrevistas pessoais, grupos de discussão ou uma variedade de métodos on-line. As entrevistas telefônicas fornecem mais da metade de todos os dados primários de pesquisa de marketing. Elas proporcionam aos pesquisadores uma forma rápida e barata de obter pequenas quantidades de informações, mas, geralmente, informações pessoais ou não detalhadas. As entrevistas pessoais são caras, porém permitem aos pesquisadores obterem informações detalhadas dos participantes. As pesquisas por correio são um meio de realizar estudos nacionais a um custo razoável; sua principal desvantagem são taxas de respostas poten-

cialmente inadequadas. Os grupos de discussão extraem informações qualitativas e detalhadas que fornecem perspectivas não apenas sobre comportamento, mas também sobre as atitudes e percepções dos consumidores. As pesquisas on-line e outros métodos on-line podem produzir respostas rápidas, mas encontram obstáculos, como suficiência da amostra probabilística. O método experimental gera dados estatísticos verificáveis por intermédio do uso de grupos de controle e testes para revelar os benefícios reais dos benefícios percebidos.

5.1. Diferencie os seguintes métodos de coleta de dados primários: experiências e observações. Dê exemplos de cada um.

5.2. Defina e dê um exemplo de cada um dos métodos de coleta de dados de pesquisa. Sob quais circunstâncias os pesquisadores deveriam escolher uma abordagem específica?

5.3. Descreva o método experimental de coleta de dados primários e indique quando os pesquisadores deveriam usá-lo.

6. **Explicar os desafios de realizar uma pesquisa de marketing em mercados globais.**

Muitos recursos estão disponíveis para ajudar os mercados globais de pesquisa de organizações dos Estados Unidos. Os recursos governamentais incluem o Ministério do Comércio, as agências estaduais de comércio, os centros de desenvolvimento de pequenas empresas e embaixadas estrangeiras. As empresas privadas, como empresas de pesquisa de marketing e aquelas que distribuem pesquisas de outras fontes, são outro recurso. Redes eletrônicas oferecem fóruns de comércio internacional on-line, nos quais os profissionais de marketing podem fazer contatos no mundo todo.

6.1. Como se pode comparar o processo de pesquisa de marketing internacional com pesquisa de marketing nacional?

7. **Resumir os mais importantes usos da tecnologia de informática na pesquisa de marketing.**

Usos importantes de tecnologia de informática em pesquisa de marketing incluem: (1) um sistema de informações de marketing (SIM) – um sistema informático planejado para fornecer aos gerentes um contínuo fluxo de informações relevantes para suas necessidades específicas de tomadas de decisões e áreas de responsabilidade; (2) um sistema de apoio a decisões de marketing (SADM) – um componente de sistema de informações de marketing que liga um tomador de decisão a bancos de dados relevantes e ferramentas de análises; (3) *data mining* – o processo de pesquisar por meio de arquivos de informações dos consumidores ou depósitos de dados para detectar padrões que orientam a tomada de decisão de marketing; (4) inteligência de negócios – o processo de coletar informações e analisá-las para melhorar a estratégia comercial, as táticas e as operações diárias; e (5) inteligência competitiva – a forma de inteligência de negócios que enfoca descobrir informações sobre concorrentes utilizando fontes publicadas, entrevistas, observações de vendedores e fornecedores da indústria, de agências governamentais, de arquivos públicos como aplicações de patente, e outros métodos secundários, incluindo a internet.

7.1. Diferencie sistemas de informações de marketing, sistemas de apóio a decisões de marketing e *data mining*. Dê exemplos de cada um deles.

7.2. Qual é a meta do data mining e como os profissionais de marketing podem usá-lo?

7.3. Descreva inteligência de negócios.

8. **Explicar como o uso da tecnologia da informação, particularmente dos sistemas de apoio a decisões de marketing (SADM), podem otimizar e aprimorar a pesquisa de mercado e seu impacto sobre a tomada de decisão.**

Um sistema de apóio a decisões de marketing (SADM) é um componente de sistema de informações de marketing que não apenas liga um tomador de decisão a informações relevantes, como também proporciona otimizações importantes na área de análise. O SADM possui quatro características principais: é interativo, investigativo, flexível e acessível. Os SADM ajudam os tomadores de decisões a aplicar os dados coletados de um modo útil e relevante. Os tomadores de decisões podem usar as informações e dados coletados para criar uma simulação ou um modelo que ilustre os prováveis resultados. Essas imagens visuais, como gráficos e diagramas, ilustram a conexão entre os dados e o que é provável que aconteça em um dado cenário. Trata-se de uma ferramenta valiosa para decidir sobre estratégias de marketing ou para entender as condições de mercado.

8.1. O que é um sistema de apoio a decisões de marketing (SADM)?

8.2. Quais são as quatro características do SADM?

8.3. Como os SADM ajudam os tomadores de decisões a decidir sobre estratégias de marketing e a entender as condições de mercado?

9. **Identificar os principais tipos de métodos de previsão de vendas**

Existem duas categorias de métodos de previsão: (1) os métodos qualitativos são mais subjetivos, pois estão baseados em opiniões em vez de em dados históricos precisos. Eles incluem a opinião de especialistas, a técnica Delphi, a composição de opiniões da força de vendas e a pesquisa das intenções dos compradores; e (2) os métodos quantitativos incluem os testes de mercado, a análise de tendências e a tendência exponencial.

9.1. Compare métodos de previsão de vendas qualitativos e quantitativos.

PROJETOS E EXERCÍCIOS EM GRUPO

1. A ACNielsen oferece dados coletados por scanners ópticos provenientes de Reino Unido, França, Alemanha, Bélgica, Países Baixos, Áustria, Itália e Finlândia. Esses dados de scanner rastreiam as vendas de produtos codificados com CUP (Código Universal do Produto) nesses países. Formem pequenos grupos e imaginem que vocês são clientes da Nielsen nos Estados Unidos. Um grupo deverá ser uma rede varejista, outro, uma empresa na internet e outro, um fabricante de brinquedos. Discutam os tipos de questões de marketing que esses dados podem ajudar em sua resposta. Ao final, compartilhem as listas entre os grupos.

2. Montem dois grupos para debater o uso da internet para pesquisar novos mercados nacionais. Que outras opções estão disponíveis?

3. Atualmente, uma em cada três casas vendidas nos Estados Unidos provavelmente é uma casa fabricada. As novas casas fabricadas são construídas utilizando materiais de qualidade superior à dos usados antigamente. Como resultado, o mercado de casas fabricadas vem crescendo para incluir mais compradores influentes. A Southern Energy Homes, sediada no Alabama, tenta apelar para compradores de alto poder aquisitivo personalizando a construção de suas casas de acordo com as especificações do cliente. Que tipo de dados e informações a Southern Energy deveria coletar por meio de sua avançada inteligência de marketing para predizer a demanda por seus produtos? Funcionariam melhor métodos primários ou secundários? Mencione algumas fontes secundárias específicas de dados que a Southern Energy poderia estudar para encontrar uma útil inteligência de negócios.

4. Discuta alguns dos desafios que a Pizza Hut pode enfrentar ao realizar uma pesquisa de marketing em novos e potenciais mercados internacionais. Que tipo de pesquisa você recomendaria à empresa para escolher novos países para sua expansão?

5. Suponha que você é responsável pelo lançamento de uma nova linha de produtos para cuidados da pele destinada a adolescentes, com produtos diferentes para meninos e meninas. Você deveria coletar dados primários de uma amostragem de cada mercado antes de preparar sua campanha

de marketing. Peça para que uma equipe elabore o caso utilizando discussão em grupo e outra equipe crie um plano com apoio do uso de uma sala de bate-papo on-line. Apresente aos grupos os benefícios de cada método e as maneiras como cada equipe pretende superar as possíveis falhas de seu método. Em seguida, leve esse projeto um passo adiante discutindo com os grupos se um sistema de apoio a decisões poderia otimizar os dados coletados por cada método. Como um SADM poderia tornar os dados mais úteis?

6. A pesquisa interpretativa oferece aos pesquisadores de marketing muitas possibilidades, incluindo a oportunidade de melhorar os recursos de um produto, como embalagens para alimentos ou medicamentos de venda livre que são difíceis para os idosos ou portadores de deficiência abrirem. Mencione algumas outras maneiras de, na sua opinião, o método de observação ajudar a deixar as ofertas de produtos existentes mais atraentes ou mais úteis para tipos específicos de usuários. Que tipo de produtos você escolheria, e como os testaria?

APLICANDO OS CONCEITOS DO CAPÍTULO

1. Algumas empresas estão ampliando seus mercados ao atualizarem produtos clássicos para apelar aos gostos e preferências dos mais jovens. Por exemplo, a Wrigley's lançou dois novos sabores de suco de fruta e, assim, espera duplicar o sucesso dos produtos *Altoids* e *Mountain Dew*, transformando-os em marcas populares e revitalizadas. Que informações de mercado primárias e secundárias você gostaria de ter se estivesse pretendendo revigorar uma marca estabelecida em cada uma das seguintes categorias? Onde e como você obteria as informações?
   a. empregada doméstica
   b. ração para gatos
   c. spray modelador de cabelos
   d. eletrodomésticos
2. Os profissionais de marketing coletam informações primárias utilizando os chamados *compradores misteriosos* que visitam as lojas anonimamente (como se fossem clientes) e observam fatores críticos, como o visual e o ambiente da loja, a carteira de produtos e a qualidade do serviço, incluindo o tempo de espera e o atendimento dos funcionários. (O CEO da Staples já se passou por comprador misterioso e, algumas vezes, pediu para a mãe dele fazer isso.) Elabore uma lista de dados que você gostaria de obter de um comprador misterioso que sondaria uma rede de postos de gasolina do seu bairro. Crie um formato para agrupar as informações que se relacionam à sua necessidade de compilar os dados eletronicamente e à necessidade do

pesquisador em permanecer "secreto" enquanto visita as lojas.
3. Selecione um método de previsão de vendas (ou uma combinação de métodos) para cada uma das necessidades de informações a seguir e explique o motivo de suas escolhas.
   a. estimativas de necessidades de matéria-prima para o próximo trimestre dos gerentes de produção, compra, distribuição e armazenagem
   b. previsão de vendas para o próximo ano com base nos resultados do ano anterior
   c. previsão de vendas para o próximo ano com base em dados ponderados dos últimos cinco anos
   d. as vendas esperadas categorizadas por cidade ou por região
   e. o uso estimado de produtos para o próximo ano por consumidores representantes
   f. a provável reação do consumidor em relação a um novo produto
   g. uma estimativa de consenso de uma lista de especialistas
4. A internet proporciona fácil acesso a informações secundárias de marketing, mas também é um porta para o depósito quase ilimitado de informações primárias por meio de quadros de mensagens, salas de bate-papo, questionários por e-mail, grupos de notícias e formulários de registro em sites. Quais são alguns empecilhos específicos de cada um desses métodos para obter informações primárias dos clientes?

EXERCÍCIOS DE ÉTICA

Os grupos de consumidores, muitas vezes, criam dificuldades aos métodos de coleta de dados primários que os profissionais de marketing utilizam com os clientes. Eles se opõem a alguns meios, como formulários de registro de produto, certos tipos de jogos, concursos ou ofertas de produtos e *cookies* e questionários demográficos de sites de empresas. Os profissionais de marketing acreditam que tais ferramentas lhes oferecem um modo fácil de coletar dados de mercado. A maioria deles controla rigorosamente o uso de tais dados e nunca relaciona informações de identificação com os perfis demográficos e financeiros dos consumidores. No entanto, a possibilidade de abuso ou erro sempre existe.

Pesquise o código de ética da Associação Brasileira de Marketing Direto (ABEMD) e preste especial atenção às diretrizes para o uso da internet em pesquisa de marketing.

1. Com que eficácia você acha que a maioria dos sites corporativos informa os visitantes sobre o uso de *cookies* nos sites? (Verifique, por exemplo, os sites de algumas grandes empresas de produtos de consumo.) Você acha que os profissionais de marketing poderiam ou deveriam melhorar seu desempenho em proteger a privacidade dos visitantes dos sites sob esse aspecto? Em caso afirmativo, como?

2. Você acha que se trata de violação do código de ética os profissionais de marketing reunirem uma lista de endereços de clientes baseada nos cartões de registro do produto e garantia e a usarem para divulgar informações de um novo produto? Justifique sua resposta. Você mudaria de opinião se a empresa também enviasse a essa lista de membros ofertas de descontos especiais e avisos privados de vendas?

EXERCÍCIOS NA INTERNET

1. **Pesquisa de marketing na internet.** Como observado no capítulo, muitas organizações consideram eficiente e eficaz usar a internet para realizar uma pesquisa de marketing. Pesquise um site dessa área e faça uma lista das vantagens da pesquisa de marketing realizada na internet.

Observação: Os endereços de sites na internet mudam com freqüência. Se você não encontrar os sites mencionados, será necessário acessar a homepage da organização ou da empresa e então realizar sua pesquisa ou utilizar uma ferramenta de busca como o *Google*.

· · · · ●

C|A|S|O 8.1   A Pesquisa de Marketing Vai ao Cinema

Era certeza que isso iria acontecer: Hollywood descobriu o poder da internet. Antigamente, os estúdios faziam exibições-teste com públicos escolhidos aleatoriamente alguns meses antes da estréia, exibindo esses filmes gratuitamente em shopping centers, por exemplo, e depois coletando as opiniões dos espectadores. Posteriormente, essas informações, muitas vezes, faziam escritores, diretores e atores voltarem a filmar cenas revisadas, cenas novas, finais alternativos e até mesmo mudanças de enredo. Nos últimos tempos, as exibições-teste passaram a ser reprovadas, seja por causa do receio da desaprovação de boca em boca de um filme inacabado, ou porque as programações com prazos curtos não dão tempo para fazer qualquer alteração. Além disso, exibições-teste custam dinheiro que, muitas vezes, os estúdios não querem gastar com filmes que já ultrapassaram o orçamento. Mas isso não significa que escritores, diretores e patrocinadores não queiram ter o *feedback* do público.

Alguns filmes são exibidos privadamente, como foi o *Homem aranha*. Mas as reações de amigos e colegas podem não refletir opiniões imparciais. À parte os esforços da indústria cinematográfica, os fãs de cinema colonizaram a internet, criando sites de fãs e quadros de mensagem para filmes populares bem antes das estréias. Os fãs do filme *O senhor dos anéis* criaram vários sites para intercambiar informações, boatos e opiniões por mais de cinco anos, desde a fase de produção e incluindo os três anos em que a trilogia dos filmes foi lançada. Dezenas de outros filmes geraram sites parecidos, ainda que talvez nenhum deles seja de longa duração.

Inicialmente, muitas das informações dos sites como SuperHero-Hype.com, Aintitcool.com e DarkHorizons.com vieram de pessoas na indústria cinematográfica que tiveram acesso aos sets de filmagem e informações confidenciais. As empresas de cinema logo perceberam que não podiam controlar facilmente o que chegava ao público nessas fontes e inseriram cláusulas de confidencialidade em todos os contratos de trabalho. Agora, apesar dos constantes receios de que os sites se tornem nada mais do que portais de cópias roubadas de novos filmes, os estúdios estão percebendo que existe uma importante nova oportunidade para intercambiar na internet. Por exemplo, quando os fãs do popular super-herói dos quadrinhos Hulk souberam que, em sua versão para o cinema no filme de Ang Lee, ele poderia não usar as calças roxas de marca registrada do personagem, recorreram à internet para desabafar suas frustrações e queixas. Avi Arad – o chefe do Marvel Studios – e Lee atenderam às reclamações e Hulk foi apropriadamente vestido.

Outros produtores de cinema e estúdios também estão reagindo. A New Line Cinema, por exemplo, criou seu próprio site do filme *O senhor dos anéis* e colaborou com o grande site de fãs theonering.net, oferecendo notícias e informações exclusivas em troca de uma promessa de que o site não disponibilizaria qualquer material não autorizado. A parceria tem sido um sucesso para os fãs, bem como para o estúdio, e o diretor do filme, Peter Jackson, até mesmo participou de bate-papos on-line no site, que já chegou a receber 20 milhões de visitantes em um mês.

É claro que o receio de alguns produtores de cinema com relação à internet tem fundamento, pois algumas cópias de filmes vazam e são baixadas. Críticas negativas de novos filmes têm aparecido na internet antes da estréia, mas é discutível se elas são as únicas responsáveis por fracassos, como o caso do filme *Contato de risco*. Assim, a lição para Hollywood seja talvez apenas fazer filmes melhores.

Enquanto isso, a base de fãs na internet está aumentando. Um filme, *Hooligans*, criou um site de fãs antes mesmo de começar a ser gravado. Haveria melhor maneira de formar um público?

Questões para discussão

1. Você acha que os produtores de cinema e os estúdios deveriam cultivar ativamente a comunidade da internet? Justifique sua resposta. Que possíveis vantagens e desvantagens poderia ter uma estratégia como essa?

2. Descubra um filme que esteja prestes a estrear e tenha um site oficial. Que características tem o site? Quais são projetadas para fornecer informações para o público e quais são projetadas para capturar informações? Você acha que esse site demonstrará ser uma ferramenta de pesquisa de marketing bem-sucedida? Por quê?

3 Como os produtores de cinema podem controlar as informações que aparecem na internet? Eles deveriam tomar esses passos? Justifique sua resposta.

Fontes: BOWLES, Scott. Fans use their muscle to shape the movie, *USA Today*, 20-22 jun. 2003, p. 1A, 2A; BURR, Ty. Web buzz control is Hollywood's newest mission, *Boston Globe*, 24 jul. 2003; KING, Tom. Hollywood previews go private, *The Wall Street Journal*, 26 abr. 2002, p. W9.

Segmentação de Mercado, Mercados-alvo e Posicionamento

Capítulo 9

Objetivos

1. Identificar os componentes essenciais de um mercado.
2. Resumir o papel da segmentação de mercado no desenvolvimento de uma estratégia de marketing.
3. Descrever os critérios necessários para uma segmentação eficaz.
4. Explicar cada uma das quatro bases para segmentar mercados consumidores.
5. Identificar os passos do processo de segmentação de mercado.
6. Discutir quatro estratégias básicas para atingir mercados-alvo.
7. Resumir os tipos de estratégias de posicionamento.
8. Explicar as razões para posicionar e reposicionar produtos.

BOLICHE: É QUENTE NO PÓLO SUL, E NA ESCOLA

De repente você sente vontade de jogar boliche. Há várias possibilidades. Você pode pegar o carro e chegar à pista de boliche em menos de 30 minutos. Isso é possível porque cerca de 12 mil boliches recebem clientes espalhados no mundo todo. Mas suponha que você esteja na Antártida – e aí? Acredite se quiser, lá você também poderia jogar boliche, no McMurdo Lanes. Apesar de sua distante localização e das temperaturas abaixo de zero, a Antártida é a casa de aproximadamente mil cientistas, equipes de assistência técnica e militares que ficam na Estação McMurdo durante o verão, e de aproximadamente duzentos membros de tripulação durante o inverno. Nas horas vagas, eles gostam de jogar boliche.

Esses consumidores dificilmente têm o perfil de um tradicional jogador de boliche. Mas a popularidade do boliche cresceu tanto na última década que fica mais difícil determinar quem *não* joga boliche do que quem joga. Uma pesquisa de opinião pública mostrou que 85% da população dos Estados Unidos já jogou boliche pelo menos uma vez, e metade da população joga boliche pelo menos uma vez por ano. Os jogadores de boliche podem ser crianças ou idosos, adolescentes ou pré-adolescentes, grupos de amigos ou famílias, clubes ou ligas. Podem morar na cidade, nos subúrbios ou no interior. Eles podem morar no Nordeste ou no Sudeste.

Segundo o AMF, um dos maiores fabricantes de equipamentos de boliche – e pistas de boliche – do mundo, "[As pessoas] estão descobrindo que jogar boliche é um esporte que podem praticar com qualquer idade, em qualquer clima e em qualquer estação do ano. Elas podem gostar de como o boliche se ajusta à sua vida ocupada independentemente de quanto tempo para lazer tenham".

Os profissionais de marketing estão interessados em dois grupos de consumidores: aqueles que já jogam boliche regularmente e aqueles que nunca experimentaram jogar ou o fizeram apenas algumas vezes. Esses profissionais de marketing competem pela fidelidade dos jogadores regulares e tentam criar mensagens para transformar os jogadores de boliche ocasionais em jogadores ávidos. Os jogadores de boliche regulares podem ter acesso a vários centros diferentes da região em que moram e, por isso, os profissionais de marketing querem ter certeza de fornecer a melhor qualidade de pistas, serviços, comidas e bebidas. Os jogadores de boliche ocasionais podem escolher entre diversas atividades, como uma pista de corrida de carros, uma casa de fliperama ou um parque de diversão. Por isso, os profissionais de marketing precisam encontrar maneiras de fazer da própria experiência de jogar boliche uma atividade mais atrativa e irresistível. Os jogadores de boliche altamente habilidosos representam outra segmentação – aqueles que levam o esporte a sério. Esses consumidores esperam um nível ainda maior de serviços e produtos de ponta. O caminhão *Tour Services Truck* atende os competidores no circuito de boliche profissional, seguindo o tour da *Professional Bowlers Association* (Associação de Jogadores de Boliche Profissionais) de evento em evento. No caminhão, um famoso jogador de boliche pode pedir para furarem uma nova bola com furos especificados por ele. "É uma grande satisfação ver um cara vencer com uma bola que eu furei", diz o furador Jeff Mark.

Organizações como o *Ladies Classic Tour* procuram atrair novos membros, mantendo centros de amadores antes dos torneios. Essa organização "não leva o nome 'profissional'; nós queremos que os jogadores da equipe dos Estados Unidos, jogadores colegiados – todos que querem manter esse *status* de amador –

joguem conosco sem perder o *status* de amadores", explica o diretor-executivo Jim Goodwin.

O boliche recentemente passou a fazer parte da NCAA (*National Collegiate Athletic Association* – Associação Atlética Universitária Nacional), aumentando seu prestígio nas faculdades e universidades. "Ele nos deu legitimidade. Ele é enorme", declara um treinador. "Não dá para avaliar."

Ao reconhecer o valor de levar o esporte às crianças e aos adolescentes, ensiná-los a jogar boliche e incentivá-los no esporte, o ex-professor de educação física Bob Rea decidiu abordar sozinho o sistema de educação. Ele compreendeu rapidamente o modo como os professores de ginástica pensam e as crianças aprendem. Ele bateu nas portas, enviou cartas a escolas e aos líderes da indústria de boliche e foi à feira *Bowl Expo* em Las Vegas, onde a resposta para suas idéias estava sendo completamente dominada. Rea passou alguns dos meses seguintes participando de conferências de professores, apresentando *workshops* e treinando professores para ensinarem boliche para seus alunos. "Também estamos trabalhando diretamente com administradoras municipais de escolas para fazer conexão entre o programa e os boliches locais", declarou. "Se ele envolve um ingresso grátis para jogar para cada jovem que conclua o programa ou uma visita de estudo para a classe, estamos descobrindo um modo de atrair as crianças para os centros de boliche – e a partir daí, os proprietários serão capazes de fazer seu próprio marketing com ligas de prêmios, festas de aniversário, e assim por diante." Com a ajuda de pessoas como Rea, jogar boliche tornou-se o novo esporte do momento – nas escolas e nas geleiras da Antártida.[1]

Visão geral

CADA um de nós é único. Temos experiências diferentes, somos de famílias diferentes e temos diferentes interesses e metas. Você e seu melhor amigo podem comprar em lojas diferentes, ouvir músicas diferentes, praticar esportes diferentes e fazer cursos diferentes na faculdade. Suponha que você goste de beisebol, mas seu melhor amigo prefere o hóquei. Os profissionais de marketing para todos os tipos de eventos esportivos, que abrangem de tênis de mesa aos torneios de boliche profissional, querem atrair seu interesse, bem como o de seus amigos. Você participa ou é fã que assiste a jogos e partidas? Os profissionais de marketing de esportes olham para os clientes e clientes potenciais para saber quais são suas características, se podem identificar certos subgrupos e como podem oferecer melhor produtos que satisfaçam suas necessidades. Seus interesses e necessidades, seu estilo de vida e renda, a cidade onde você mora e sua idade, tudo contribui para sua disposição para tornar-se um fã de esportes. Todos esses fatores compõem um mercado. Um **mercado** é composto de pessoas com suficiente poder de compra, autoridade e disposição para comprar. E os profissionais de marketing devem usar sua experiência para entender o mercado de um produto ou serviço, se é uma entrada para um jogo de beisebol – ou um cachorro-quente com mostarda.

Muitos mercados incluem consumidores com diferentes estilos de vida, experiências e níveis de poder aquisitivo.

Em poucas palavras

A coisa mais bonita do mundo é um estádio lotado de gente.

Bill Veeck (1914-1986)
Proprietário de um time
de beisebol americano

Praticamente todo mundo compra pasta de dente, mas isso não significa que todos os consumidores de pasta de dente têm o mesmo estilo de vida, a mesma experiência ou a mesma renda. Então, é incomum que uma única estratégia de mix de marketing atraia todos os setores de um mercado. Ao identificar, avaliar e selecionar um mercado-alvo para fazer parte, como os consumidores que preferem a pasta de dente feita com ingredientes totalmente naturais ou os que querem uma fórmula para deixar os dentes mais brancos, os profissionais de marketing são capazes de desenvolver estratégias de marketing mais eficientes e eficazes. Por outro lado, alguns produtos, como carros esportivos de luxo ou artigos para pesca, são planejados para um mercado mais específico. Em qualquer caso, o **mercado-alvo** de um produto é o segmento específico de consumidores mais prováveis de comprar um produto em particular.

Hoje, mais do que nunca, o marketing toma uma dimensão global, incorporando muitos mercados-alvo. Para identificar tais mercados, os profissionais de marketing devem determinar maneiras úteis de segmentar diferentes populações e de comunicar-se com elas com sucesso. Este capítulo discute maneiras úteis de conseguir isso, explica as etapas do processo de segmentação de mercado e avalia estratégias para pesquisar mercados-alvo. Por último, trata-se do papel do posicionamento para o desenvolvimento de uma estratégia de mercado.

TIPOS DE MERCADOS

Normalmente, os produtos são classificados ou como produtos de consumo ou como bens empresariais. **Produtos de consumo** – como telefones celulares ou revistas de moda – são comprados por consumidores finais para uso pessoal. **Bens empresariais** são produtos ou serviços comprados para serem usados direta ou indiretamente na produção de outros produtos e serviços para revenda. Em sua maioria, os produtos e serviços comprados pelos consumidores individuais, como DVDs, livros de receita ou refeições em um restaurante, são considerados produtos de consumo. Borracha e algodão cru são exemplos de itens geralmente comprados por fabricantes e são, portanto, classificados como bens empresariais. A Goodyear compra borracha para fabricar pneus, os fabricantes têxteis, como a Burlington Industries, transformam o algodão cru em tecido.

No entanto, em muitos casos, um único produto pode servir para diferentes usos. Os pneus comprados para o carro da família constituem produtos de consumo. Mas os pneus comprados pela General Motors para montar seus carros *Chevy Suburban* são bens empresariais porque fazem parte de outro produto destinado à revenda. Ou um

1 Verificar os componentes essenciais de um mercado.

MARKETING
Verificação
de conceito

1. Diferencie um produto de consumo e um bem empresarial.
2. Dê outro exemplo de produto que poderia servir os dois mercados.

produto que foi uma vez um produto empresarial pode ser modificado para ser usado por consumidores, e vice-versa. Uma linha de roupas para cozinheiros profissionais vendida a restaurantes – um bem empresarial – poderia ser adaptada por seus fabricantes para tornar-se uma linha de roupas para uso doméstico, que é um produto de consumo. Se você quiser determinar a classificação de itens, é só pensar sobre quem irá comprar o produto e por que ou como o produto será usado. A garrafa de anti-séptico bucal que você compra no supermercado é um produto de consumo, mas, se uma grande rede de hotéis compra grandes quantidades do mesmo anti-séptico bucal de um atacadista, ele se torna um bem empresarial.

O PAPEL DA SEGMENTAÇÃO DE MERCADO

2 Delinear o papel da segmentação de mercado no desenvolvimento de uma estratégia de marketing.

3 Descrever o critério para uma segmentação eficaz.

Existem 6,5 bilhões de pessoas no mundo, e aproximadamente 300 milhões delas vivem nos Estados Unidos.[2] No mundo empresarial de hoje, há inúmeras variáveis de necessidades de consumidores, preferências e poder de compra para atrair todos os consumidores com um único mix de marketing. Isso não quer dizer que as empresas devem, na verdade, mudar os produtos para satisfazer às necessidades dos diferentes segmentos de mercado – embora geralmente o façam –, mas, sim, que devem tentar identificar os fatores que afetam as decisões de compra e, então, agrupar os consumidores de acordo com a presença ou a ausência desses fatores. Por fim, elas adaptam estratégias de mercado para satisfazer às necessidades de cada grupo.

Considere os veículos motores. Diferentemente de um século atrás, quando Henry Ford declarou que seus clientes poderiam encomendar qualquer cor de carro que quisessem – até então eram todos pretos –, hoje há uma marca, um modelo e uma cor para cada gosto e orçamento. Mas os fabricantes de carros precisam adaptar suas mensagens para diferentes mercados. E os profissionais de marketing espertos estão de olho nos mercados que mostram crescimento, como a população hispânica dos Estados Unidos, que agora é o maior grupo étnico no país, e a população nascida no pós-guerra que está envelhecendo, cujas necessidades por produtos e serviços está atualmente mudando. A Nissan Motor Company tem como alvo seus clientes americanos de origem hispânica com propagandas em espanhol, como a mostrada na Figura 9.1.

A divisão do mercado total em grupos menores e relativamente homogêneos é chamada **segmentação de mercado**. Tanto as organizações sem fins lucrativos como as que visam ao lucro praticam a segmentação de mercado.

CRITÉRIOS PARA UMA SEGMENTAÇÃO EFICAZ

A segmentação não garante automaticamente o sucesso no meio de marketing; em vez disso, é uma ferramenta para os profissionais de marketing utilizarem. Sua eficácia depende dos quatro requisitos básicos a seguir.

Primeiro, o segmento de mercado deve apresentar tamanho e poder de compra mensuráveis. Um exemplo perfeito são as mulheres. Com trabalhos, rendas e poder de tomada de decisão, as consumidoras mulheres representam uma forte fração do poder do compra. As mulheres equivalem à metade do mercado potencial para muitos dos novos produtos eletrônicos. Na verdade, em um ano recente, elas gastaram mais do que os homens – US$ 55 bilhões dos US$ 96 bilhões despendidos em equipamentos eletrônicos.[3] A loja de materiais de construção e decoração Lowe's reconhece a importância das mulheres para seu sucesso. Munida de uma pesquisa que mostra que as

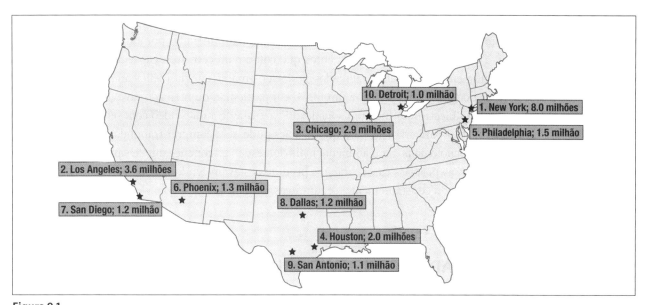

Figura 9.1

As dez maiores cidades dos Estados Unidos.

Fonte: *U.S. Census Bureau* (Agência de Recenseamento dos Estados Unidos), www.census.gov, acessado em 8 mar. 2004. Reproduzido com permissão. Reimpresso com permissão.

mulheres iniciaram mais de 80% dos projetos de reforma de suas casas – em especial os projetos grandes, como reformar a cozinha ou acrescentar um banheiro à casa –, a rede deu outro enfoque a seus esforços de marketing para atraí-las. A Lowe's deixou suas lojas mais confortáveis para a circulação, com corredores mais amplos, placas claras para direcionar os compradores e botões de chamada que os clientes podem usar para chamar um vendedor. A empresa também tem estoque de eletrodomésticos e artigos de decoração, que vão de quadros Laura Ashley até pisos laminados Pergo e banheiras Jacuzzi. Tais esforços reconstruíram a reputação da empresa e sua competitividade no mercado varejista de construção e decoração.[4]

Segundo, os profissionais de marketing devem descobrir um modo de promover eficazmente e atender o segmento de mercado. Visto que as mulheres são mais propensas do que os homens a pensar duas vezes antes de comprar alguma tecnologia – e geralmente se interessam pelo estilo e pela cor tanto quanto pela funcionalidade –, os profissionais de marketing precisam descobrir diferentes maneiras de atraí-las. Embora pesquisa recente da indústria de eletrônicos tenha revelado que três em cada quatro mulheres reclamaram dos vendedores que as ignoraram ou negociaram com elas de uma forma condescendente, a diretora de tecnologia da Evins Communications, Catherine Markman, está convencida de que praticamente qualquer aparelho eletrônico poderia ser vendido para mulheres com o tipo certo de marketing. Algumas empresas levam essa recomendação a sério: a Sharp redesenhou suas TVs de tela plana e também sua propaganda para agradar as mulheres. Em vez de se concentrar em canais de esportes, a Sharp agora promove sua TVs *AQUOS* em canais como Lifetime e Food Network, bem como em revistas de decoração, como a *Traditional Home*. "Quando ela passou a consumir eletrônicos, percebemos que a população feminina estava sendo um pouco ignorada", admite o vice-presidente de marketing da Sharp.[5]

Terceiro, os profissionais de marketing devem, em seguida, identificar os segmentos que são suficientemente grandes para dar a eles potencial de lucro de mercadorias. Se as mulheres – que representam mais da metade da população dos Estados Unidos – estão agora gastando US$ 55 bilhões por ano em compras de eletrônicos, há abundância de potencial de lucro para a indústria de eletrônicos. A Radio Shack declarou que atualmente as mulheres compreendem

MARKETING

Verificação de conceito

1. Defina *segmentação de mercado*.

2. Identifique os quatro critérios para uma segmentação eficaz.

40% de sua base de clientes, índice superior aos 20% de sete anos atrás. Desse modo, a Radio Shack está contratando mais gerentes mulheres para as lojas: cerca de mil de suas 7 mil lojas são administradas por mulheres.[6]

E, em quarto lugar, a empresa deve visar a segmentos que combinam com suas capacidades de marketing. Ter como alvo um grande número de pequenos mercados pode ser uma estratégia ineficiente, complexa e cara, então, as pequenas empresas podem decidir ser fiel a um nicho em particular, ou mercado-alvo. Para competir por negócios de mulheres, a Tri-City Electronics Inc., um sofisticado varejista de áudio-vídeo com sede na Carolina do Norte, instalou uma área recreativa para crianças para que as mães pudessem comprar tranqüilamente e substituiu a atmosfera industrial e de alta tecnologia por um ambiente mais doméstico e aconchegante. Os proprietários da loja também ofereceram visitas em suas próprias casas, onde os produtos estavam sendo usados. Eles disseram que as vendas para mulheres vêm crescendo constantemente, seguindo as mudanças.[7]

SEGMENTANDO MERCADOS CONSUMIDORES

4 Explicar cada uma das quatro bases na segmentação de mercados consumidores.

A segmentação de mercado tenta isolar as características que distinguem um certo grupo dos consumidores do mercado geral. Um entendimento das características do grupo – como idade, gênero, localização geográfica, poder aquisitivo e padrões de compra – desempenha um papel vital no desenvolvimento de uma estratégia de marketing bem-sucedida. Na maioria dos casos, os profissionais de marketing procuram identificar com precisão um número de fatores que afetam o comportamento de compra no segmento-alvo. Os profissionais de marketing da indústria de viagens consideram as tendências de emprego, as mudanças nos níveis de renda e os padrões de compra, idade, estilo de vida e outros fatores ao promover seus produtos e serviços. Para impulsionar as visitas aos parques temáticos, a Disney World passou a fazer propaganda para "pais cujos filhos já saíram de casa" e grupos de amigos, em vez de focar unicamente em famílias com crianças pequenas. Em seus esforços para atrair novos estudantes, as faculdades e universidades são afetadas pelo número de pessoas mais velhas que se formam no ensino médio e também pela mudança de atitudes com relação ao valor da educação superior e a tendência de matrículas de adultos mais velhos. Os profissionais de marketing raras vezes identificam segmentos totalmente homogêneos, em que todos os clientes potenciais são semelhantes; eles sempre deparam com algumas diferenças entre os membros de um grupo-alvo. Mas devem ser cuidadosos em assegurar que seus segmentos reflitam exatamente os consumidores.

Nas próximas seções, discutimos as quatro bases comuns para segmentar mercados consumidores: segmentação geográfica, segmentação demográfica, segmentação psicográfica e segmentação relacionada a produtos. Essas abordagens de segmentação podem dar uma importante orientação para estratégias de marketing, desde que identifiquem diferenças significativas no comportamento de compras.

SEGMENTAÇÃO GEOGRÁFICA

Os profissionais de marketing há muito tempo praticam a segmentação geográfica – dividir um mercado geral em grupos homogêneos com base em sua localização. A localização geográfica não garante que todos os consumidores de uma localidade tomarão as mesmas decisões de compra, mas essa abordagem de segmentação realmente ajuda a identificar alguns padrões gerais. A Figura 9.2 mostra as populações das dez maiores cidades dos Estados Unidos.

Uma espiada na distribuição da população mundial ilustra por que tantas empresas estão buscando clientes em todo o mundo. A China e a Índia, cada uma, têm mais de 1 bilhão de habitantes. Como nos Estados Unidos, a maior parte da população vive em zonas urbanas. As duas áreas metropolitanas com as maiores populações do mundo, Tóquio e Cidade do México, fazem Nova York parecer menor.[8]

No entanto, apenas o tamanho da população não pode ser razão suficiente para um negócio se expandir em um país específico. É preciso levar em conta também uma ampla variedade de variáveis econômicas. Alguns negócios podem decidir combinar seus esforços de marketing em países que compartilham uma população similar e padrões parecidos de consumo de produtos, em vez de tratar cada país como um segmento independente. Esse agrupamento está sendo feito com mais freqüência em toda a União Européia, já que a moeda e as leis comerciais das 25 nações-membros são unificadas.

Enquanto os números populacionais indicam o tamanho geral de um mercado, outros indicadores geográficos, como crescimento de número de empregos, também podem dar uma orientação útil aos profissionais de marketing, dependendo do tipo de produtos que vendem. Os fabricantes de carros podem segmentar regiões geográficas por renda familiar, pois é um importante fator na compra de um novo automóvel.

Figura 9.3
MasterCard: apelando para a nostalgia dos baby boomers pela música.

As áreas geográficas também variam em padrões de migração da população. Os dados de um censo indicaram que 40 milhões de norte-americanos moravam em um casa diferente da que tinham um ano antes – mais da metade deles se mudaram por "razões relacionadas a moradia", como o desejo de morar em uma casa ou apartamento melhor ou de ter a casa própria em vez de morar de aluguel.[9] Os dados de censos dos Estados Unidos indicam dois principais deslocamentos de população: migração para os estados do Cinturão do Sol do sudeste e sudoeste e para o oeste.

De agora até 2020, os estados em que se espera haver o mais rápido crescimento populacional são Nevada, Havaí, Califórnia e Washington.[10] No entanto, é importante observar outra tendência: as pessoas que moram na Costa Leste não estão necessariamente se mudando para a região oeste, e vice-versa. Os nova-iorquinos tendem a ir para o sul ou até mesmo para Connecticut ou Nova Jersey. Os californianos tendem a se mudar para outros estados da região oeste, em vez de irem para a região leste.[11]

O deslocamento da zona urbana para os subúrbios depois da Segunda Guerra Mundial criou uma necessidade de redefinir o mercado urbano. Essa tendência mudou radicalmente os padrões de varejo tradicionais das cidades e conduziu a um declínio de muitas áreas de compras do centro das cidades – embora tendências recentes tenham sido em direção à revitalização desses centros. Subseqüentemente, as divisas tradicionais das cidades tornaram-se quase inexpressivas para as propostas de marketing.

Em um esforço para responder a essas mudanças, o governo dos Estados Unidos agora classifica os dados urbanos utilizando três categorias:

- A categoria de **área estatística principal (AEP)** tornou-se efetiva em 2000 e refere-se coletivamente a áreas estatísticas micropolitanas e metropolitanas. Cada AEP deve conter pelo menos uma área urbana com uma população de 10 mil habitantes ou mais. Cada área estatística metropolitana deve ter pelo menos uma área urbanizada de 50 mil habitantes ou mais. Cada área estatística micropolitana deve ter pelo menos um grupo urbano com uma população entre 10 mil e 50 mil habitantes.

    – Uma **área estatística metropolitana** é uma área urbana independente com uma população no centro urbano de pelo menos 50 mil habitantes e uma população de área estatística metropolitana total de 100 mil ou mais. Os compradores em áreas estatísticas metropolitanas exibem homogeneidade econômica e social. Elas, geralmente, fazem divisa com municípios não urbanizados. São exemplos Rochester, em Nova York; Odessa--Midland, no Texas; e Kalamazoo-Battle Creek, em Michigan.

    – Uma **área estatística micropolitana** é uma área que tem pelo menos uma cidade de 10 mil a 49.999 pessoas – e pode ter muitas delas – e, proporcionalmente, parte desses residentes viajam diariamente para fora da área. Em 2000 o governo computou 567 microcidades nos Estados Unidos continental. Exemplos de microcidades incluem Granbury, Texas; Marion, Ohio; Alamogordo, Novo México; e Yazoo City, Mississippi.

- A categoria de **área estatística metropolitana consolidada (AEMC)** inclui 25 ou gigantes tão urbanos quamto Detroit-Ann Arbor-Flint, Michigan; Los Angeles-Riverside-município de Orange, Califórnia; e Filadélfia-Wilmington-Altantic City. (Observe que, no terceiro exemplo, três estados estão envolvidos – Pensilvânia, Delaware e Nova Jersey.) Uma AEMC deve incluir duas ou mais áreas estatísticas metropolitanas primárias, descrita a seguir.

- Uma **área estatística metropolitana primária (AEMP)** é um município urbanizado ou um conjunto de municípios com laços econômicos e sociais com áreas próximas. As AEMPs são identificadas em áreas de populações de mais de 1 milhão de habitantes. Olympia, Washington, faz parte da AEMP Seattle-Tacoma-Bremerton. Bridgeport, Connecticut, faz parte da AEMP Nova York-Norte de Nova Jersey-Long Island, e Riverside-San Bernardino, Califórnia, é uma AEMP dentro da AEMP de Los Angeles-Riverside, Condado de Orange.[12]

UTILIZANDO A SEGMENTAÇÃO GEOGRÁFICA

A demanda por algumas categorias de produtos e serviços pode variar de acordo com a região, e os profissionais de marketing precisam estar cientes de como essas regiões se diferenciam. Os profissionais de marketing das grandes marcas estão particularmente interessados em definir suas **regiões centrais**, as localidades onde atingem de 40% a 80% de suas vendas.

Uma localização residencial em uma área geográfica é uma importante variável de segmentação. Os moradores de uma cidade grande normalmente têm à disposição transporte público e podem descobrir que vivem bem sem carros, ao passo que aqueles que moram afastados das cidades ou em zonas rurais dependem de ter veículos próprios.

O clima é outro importante fator de segmentação. Os consumidores de regiões frias, por exemplo, tomam mais sopa do que as pessoas que moram em regiões mais quentes. Mas quanto a isso há uma surpresa: eles também tomam muito sorvete!

A segmentação geográfica faz distinções úteis quando existem necessidades ou preferências regionais. Um consumidor pode não querer investir em um ventilador de neve ou seguro contra enchente, mas pode *ter* de fazê-lo por causa da localização de sua casa. No entanto, é importante que os profissionais de marketing não considerem a localização geográfica o único método de segmentação, porque distinções entre os consumidores também existem em uma localização geográfica. Considere as pessoas que mudam de uma região para outra por razões profissionais ou familiares. Elas podem trazer consigo suas preferências de outras partes do país. Utilizar as múltiplas variáveis de segmentação é provavelmente uma estratégia muito melhor para ter como alvo um mercado específico.

SISTEMAS DE INFORMAÇÃO GEOGRÁFICA (SIGS)

Um domingo de campeonato *Super Bowl* é mais do que um evento esportivo – é também o maior dia de vendas do ano de uma marca de pizza como a Domino's. Em apenas um dia como esse, a Domino's entrega 900 mil pizzas em todos os Estados Unidos. A empresa construiu sua reputação de empresa número 1 do mundo em entregas de pizzas, o que significa que seu sistema de entrega deve ser o mais moderno e eficiente possível. As empresas de entregas normalmente planejam suas rotas utilizando bancos de dados estatísticos, mapas e relatórios. Essas fontes de fato fornecem informações, mas não em um formato rápido e fácil de usar. Por isso, a Domino's investiu em um sistema de informação geográfica. Antigamente usados sobretudo pelo Exército, os **sistemas de informação geográfica (SIGs)** são sistemas informáticos que montam, armazenam, manipulam e exibem dados por sua localização. Os SIGs simplificam o trabalho de analisar informações de marketing, relacionando dados com suas localizações. O resultado é um mapa geográfico revestido com dados digitais sobre consumidores em uma área em particular. Um número crescente de empresas se beneficia do uso de um SIG para localizar novos estabelecimentos, designar territórios de vendas, planejar centros de distribuição – e mapear as mais eficientes rotas de entrega. Embora os mais novos sistemas de informação geográfica fossem proibitivamente caros para quase todas as grandes empresas, recentes avanços tecnológicos tornaram o software SIG disponível por um preço muito reduzido, aumentando seu uso entre empresas menores. Os pesquisadores de marketing concordam, no entanto, que as empresas ainda não perceberam todo o potencial da tecnologia SIG.

MARKETING
Verificação de conceito

1. Sob quais circunstâncias os profissionais de marketing têm mais probabilidade de utilizar a segmentação geográfica?
2. O que é um sistema de informação geográfica (SIG)?

SEGMENTAÇÃO DEMOGRÁFICA

O método mais comum de segmentação de mercado – **a segmentação demográfica** – define os grupos de consumidores de acordo com as variáveis demográficas, como sexo, idade, renda, profissão, educação, tamanho da família e etapa do ciclo de vida da família. Essa abordagem é também chamada de *segmentação socioeconômica*. Os profissionais de marketing analisam grandes quantidades de dados disponíveis para concluírem um plano de segmentação demográfica. Uma das fontes primárias de dados demográficos nos Estados Unidos é a agência de recenseamento. A discussão a seguir considera as variáveis demográficas mais comumente usadas. Tenha em mente, no entanto, que, ao mesmo tempo que é útil, a segmentação geográfica também pode levar a uma estereotipagem – um preconceito sobre um grupo de pessoas – que pode alienar um mercado potencial ou fazer que profissionais de marketing percam completamente um mercado potencial. A idéia é usar a segmentação como um ponto de partida, e não como um ponto final.[13]

SEGMENTAÇÃO POR SEXO

O gênero é uma variável óbvia que ajuda a definir os mercados de certos produtos. Mas a segmentação por gênero pode enganar. Em alguns casos, a segmentação é óbvia – batom para mulheres, espuma do barbear para homens. Mas, nos últimos anos, as linhas têm se misturado de modo crescente. Como os papéis, os interesses e as preferências de homens e mulheres mudaram, da mesma forma mudaram suas necessidades de produtos. Assim, os profissionais de marketing de carros e caminhões, ferramentas elétricas, jóias e produtos de beleza tiveram de mudar o modo como segmentavam seus mercados. Quando se trata de produtos para reforma da casa, que vão de uma pia nova a um novo sofá, homens e mulheres tendem a dividir a responsabilidade pelas compras. "O que nós estamos vendo é a democratização do lar e uma mistura de papéis", observa Christopher Camps, diretor de marketing da This Old House Ventures, que realizou uma pesquisa de marketing sobre decisões de compra de produtos para reforma de casa. "Isso claramente prova que houve preconceitos que não refletem o mercado atual [...] A meta é certificar-se de que estamos falando para o mercado de hoje."[14]

Algumas empresas comercializam com sucesso os mesmos produtos – ou similares – tanto para homens como para mulheres. A Gillette comercializa sua lâmina descartável *Slim Twist* em duas cores, uma para homens, outra para mulheres; no entanto, é a mesma lâmina. "A única diferença é a cor", diz um especialista no produto da empresa.[15] Até mesmo os livros são comercializados diferentemente para homens e mulheres.

Os fabricantes de carros passaram a prestar mais atenção na influência de compra das mulheres. Eles agora não só têm as mulheres como público-alvo em sua publicidade, mas também levam em consideração as preferências das mulheres no design de veículos.

SEGMENTAÇÃO POR IDADE

A idade é outra variável que os profissionais de marketing usam para segmentar seus mercados. Tanto quanto o sexo, a idade parece fazer uma fácil distinção: papinhas para bebês, comunidades de aposentados para idosos. Mas, também como o sexo, as distinções tornam-se confusas conforme os papéis e as necessidades dos consumidores mudam, e, conforme a faixa de idade muda, ocorrem mudanças projetadas em cada grupo. A aspirina para bebês da St. Joseph não é mais comercializada apenas para os pais das crianças; agora também vem para consumidores idosos ou de meia-idade como ajuda na prevenção de doenças do coração.

Crianças em idade escolar – e outras ainda mais novas – exercem uma influência considerável sobre as compras da família, como os profissionais de marketing sabem muito bem, em particular no setor alimentício. Um estudo mostrou que um comercial de 30 segundos poderia influenciar as escolhas que as crianças fazem com apenas dois anos de idade.[16] Cereais matinais, salgadinhos, bebidas e sobremesas de todos os tipos são pensados para chamar a atenção das crianças, que, por sua vez, tentam convencer os pais a comprar esses produtos.

Agora vamos analisar mais a fundo três grupos cujas características têm provado ser de especial importância para os profissionais de marketing. Esses segmentos são adolescentes, *baby boomers* (pessoas nascidas no pós--guerra) e idosos.

Pré-adolescentes e Adolescentes

Os pré-adolescentes e os adolescentes são um mercado que cresce rapidamente. De acordo com a Teenage Research Unlimited, as compras que o adolescente em média faz – ou influencia – são de cerca de US$ 116 por semana. Multiplique isso por 52 e o resultado é mais de US$ 6 mil por ano.[17] Esse valor inclui não só compras que os adolescentes possam fazer sozinhos, mas também as compras da família, por exemplo, carros e aparelhos de DVD, que os adolescentes podem influenciar. Como um grupo, os pré-adolescentes e adolescentes gastam sozinhos mais de US$ 150 bilhões por ano nos Estados Unidos em todo tipo de produto, de salgadinhos a roupas e eletrônicos.[18] Esse grupo, comumente chamado de Geração Y, não é tão cético com relação à propaganda como sua contraparte mais velha – Geração X, aqueles que nasceram entre 1966 e 1976 – parece ser. Na verdade, diz Anne Zehren, editor de *Teen People*, "eles gostam de ser levados em conta no mercado. Gostam de ter alguém que preste atenção neles".[19]

Os publicitários das empresas de telefones celulares, como a Boost Mobile e a Virgin Mobile USA, estão ativamente tendo como alvo os milhões de adolescentes que possuem – ou querem possuir – um telefone celular. Mas, em vez de seguirem os métodos de marketing tradicionais, essas duas empresas descobriram maneiras inovadoras de atrair seus consumidores. Elas vendem por meio de lojas de surfe e de música, não fazem verificações de crédito nem exigem contratos obrigatórios, e permitem que os adolescentes comprem créditos pré-pagos de tempo de ocupação em estabelecimentos como 7-Eleven. Os observadores da indústria estão impressionados. "A Boost e a Virgin fizeram um trabalho fenomenal para alcançar a Geração Y", diz David Morrison, presidente da Twenty-something Inc., uma jovem empresa de consultoria de marketing. "Elas estão praticamente agarrando esse mercado."[20]

Outras empresas que têm sucesso fazendo marketing direcionado aos adolescentes são a Avon e a Gap, e até mesmo fabricantes de carros, como a Ford e a Toyota. Você vai ler sobre o Scion, o novo carro da Toyota voltado para a Geração Y, no caso no final deste capítulo. A Coca-Cola Company abriu *lounges* para adolescentes em Chicago e Los Angeles – chamados de Coke Red Lounges – onde os adolescentes podem assistir a clipes de música, ouvir seus CDs favoritos, jogar videogames e, claro, beber Coca. Na Grã-Bretanha, a empresa lançou o myCokeMusic.com, um site em que os adolescentes podem legalmente baixar mais de meio milhão de músicas. E na Espanha, onde a Geração Y mais velha costuma viver com os pais, a Coca oferece um site onde eles podem construir seu próprio apartamento virtual.[21]

Os profissionais de marketing podem aprender com um conceito sociológico chamado de **efeito** *cohort*, tendência das pessoas de uma geração de serem influenciadas e determinados por eventos significativos que ocorrem durante seus anos de formação – aproximadamente, de 17 a 22 anos de idade. Esses eventos ajudam a definir os valores centrais da faixa etária e, em conseqüência, moldam as preferências e o comportamento dos consumidores. Para os idosos – sobre os quais se discute mais adiante nesta seção –, o evento seria a Segunda Guerra Mundial ou a Guerra da Coréia, pois muitos deles pertenciam a essa faixa etária na época dessas guerras. Profissionais de marketing já rotularam as pessoas que tinham entre 17 e 22 anos de idade na época dos ataques terroristas de 11 de setembro de 2001 de **Geração 11/9**. Obviamente, as prioridades e os valores desse grupo mudaram, e essas mudanças ficarão mais claras conforme o tempo passar.

Baby Boomers

Baby boomers – pessoas nascidas entre 1946 e 1965 – são um segmento popular em que se investe por causa de seus números. Mais de dois em cada cinco adultos americanos nasceram nesse período. Os valores das pessoas dessa faixa etária são influenciados tanto pela época da Guerra do Vietnã como pela era da orientação das carreiras que se seguiu, bem como pelos direitos civis e os movimentos feministas.

Essas pessoas são um segmento lucrativo para milhares de profissionais de marketing. Os *baby boomers* com mais de cinqüenta anos de idade terão uma renda total disponível de US$ 1 trilhão nos próximos anos, motivo pelo qual os negócios estão tentando conquistar esse grupo. Os diferentes subgrupos dessa geração complicam as estratégias de segmentação e de mercados-alvo. Muitas dessas pessoas decidiram ter filhos até os quarenta anos, ao passo que outras nessa idade já são avós. Esses avós são mais saudáveis e fisicamente mais ativos do que seus avós eram, e esperam ter um papel ativo na vida de seus netos. Quando compram brinquedos, por exemplo, em geral adquirem produtos pensando em compartilhar experiências com os netos: jogos que lhes permitam brincar ou montar com eles.

Figura 9.3
A Princess Cruise Lines tem como mercado-alvo pessoas com rendas significativamente disponíveis.

Por serem saudáveis e ativos, gostam de viagens de aventura. Empresas como a Overseas Adventure Travel, que já direcionaram suas viagens para a América do Sul e África aos viajantes mais jovens, agora têm como público-alvo os *baby boomers* mais velhos e até mesmo os idosos que têm tempo, interesse e dinheiro para viajar.[22]

Referências nostálgicas que fazem os *baby boomers* se lembrarem de sua própria infância e adolescência são uma forma popular de atingir esse segmento. A publicidade do MasterCard na Figura 9.3 apela para a nostalgia dos *baby boomers* pela música.

Idosos

Os profissionais de marketing também reconhecem uma tendência chamada de *the graying of America* ("o envelhecimento da América"). Até 2025, um em cada cinco americanos terá mais de 65 anos de idade. Como os americanos estão vivendo mais, a média de idade da população dos Estados Unidos aumentou dramaticamente. A média de idade atual é de 35,2 anos, superior à média de 32,8 de uma década atrás.[23] E a expectativa de vida média naquele país aumentou para ambos os sexos: 74 anos de idade para os homens e 79 anos para mulheres.[24] Além disso, as pessoas com 65 anos podem esperar viver em média 18 anos a mais. Explicações para esse aumento no ciclo de vida incluem melhores medicamentos e estilos de vida mais saudáveis.[25]

Por serem mais saudáveis e estarem vivendo mais, os idosos querem que os profissionais de marketing saibam que eles estão mais ativos. Durante um recente grupo de discussão, a presidente da Amazon Advertising, Millie Olson, declarou que as participantes mulheres ficavam entediadas quando lhes eram mostradas propagandas retratando mulheres mais velhas fazendo um passeio ou sentadas em bancos de praças. A própria Olson disse preferir ver propagandas de remédio para artrite que mostrem mulheres fazendo ginástica, "e não casais de cabelo branco caminhando pela praia com o cachorro".[26]

Nos Estados Unidos, muitas pessoas com 55 anos ou mais controlam cerca de três quartos dos ativos financeiros totais do país. Suas rendas discricionárias e taxas da casa própria são maiores do que as de outros grupos etários. Elas representam cerca de 40% das vendas de carros novos e a maior parte dos dólares gastos em viagens. Esses números mostram por que muitos profissionais de marketing deveriam ter esse grupo como público-alvo. Alguns se referem a esses consumidores prósperos como WOOFs – *Well-Off Older Folks* (pessoas mais velhas e de alto poder aquisitivo). Embora muitos idosos realmente vivam com uma modesta renda fixa, os de boa situação financeira têm tempo e dinheiro para gastar com atividades de lazer e produtos de luxo.[27]

Tradicionalmente, uma forma de os profissionais de marketing conquistarem os idosos é por meio do desconto para idosos, seja em uma xícara de café no McDonald's, seja no ingresso para uma pista de esqui. Contudo, com mais idosos vivendo mais e recebendo esses descontos, algumas empresas estão recuando. No entanto, nem todos os profissionais de marketing concordam com essa abordagem de corte de custos porque os idosos certamente representam um grande grupo de clientes potencialmente fiéis.

SEGMENTANDO POR GRUPO ÉTNICO

De acordo com a agência de recenseamento dos Estados Unidos, a composição étnica e racial do país está mudando. Em razão do coeficiente de natalidade e imigração comparativamente alto entre alguns grupos minoritários, a agência de recenseamento prevê que, até 2050, apenas metade da população pertencerá à antiga maioria branca, e os hispânicos compreenderão quase um quarto da população americana, perto de 103 milhões.[28]

Os três maiores grupos raciais/étnicos que crescem mais rapidamente são hispânicos, afro-americanos e asiático-norte-americanos. Da perspectiva de um profissional de marketing, é importante observar que os gastos desses grupos estão crescendo mais rapidamente do que os das famílias americanas em geral.

Hispânicos e Afro-americanos

Os hispânicos e os afro-americanos atualmente são os maiores grupos minoritários raciais/étnicos dos Estados Unidos, com os hispânicos superando o número de afro-americanos em cerca de 40 milhões, de acordo com os mais recentes dados do censo.[29] A taxa de crescimento da população hispânica é quatro vezes a da população afro-americana e nove vezes a taxa de crescimento de brancos. Durante a década de 1990, aproximadamente 2 milhões de pessoas emigraram do México para os Estados Unidos. As projeções do censo prevêem que os hispânicos continuarão superando o número de afro-americanos.[30] Tão importante para os profissionais de marketing, a renda disponível dos hispânicos nos Estados Unidos aumentou em cerca de um terço em um período de dois anos – para US$ 652 bilhões em um ano recente –, o dobro da taxa do restante da população.[31]

Nos últimos anos, muitos profissionais de marketing têm concentrado seus esforços na população hispânica dos Estados Unidos, de restaurantes de *fast food* e lojas varejistas à *Major League Baseball* (MLB – Liga Americana de Beisebol). Os Florida Marlins, Los Angeles Dodgers e Arizona Diamondbacks normalmente transmitem as partidas em espanhol. Os Diamondbacks designam cinco noites da semana como noites hispânicas, com camisetas especiais e outras promoções.[32] Embora a MLB tenha feito um esforço significativo para atrair mais fãs hispânicos, uma pesquisa mostra que os hispânicos entre 18 e 64 anos de idade citam o futebol como seu esporte favorito, seguido das Olimpíadas, do boxe e do basquete. A MLB se mantém em quinto lugar.[33]

O mercado hispano-americano é extremamente importante para empresas como o Wal-Mart desenvolverem, pois esse grupo étnico é o maior dos Estados Unidos. O Wal-Mart espera que famílias como essa da foto sejam clientes satisfeitos. Para saudá-los, o Wal-Mart faz a propaganda em espanhol.

Os profissionais de marketing de vários produtos continuam tentando conquistar os hispânicos. O Hallmark lançou uma linha de 2.500 cartões de felicitações voltados para o mercado hispânico, e a Blockbuster agora tem placas bilíngües e mais vídeos em espanhol em suas lojas em São Francisco.[34]

São gastos cerca de US$ 2 bilhões por ano em publicidade para o mercado hispânico, cifra que segundo os especialistas continuará crescendo. "O mercado hispânico não é um país separado", diz Luis Garcia, fundador de uma agência de publicidade para o mercado hispânico. "Ele faz parte do mercado em geral."[35] A Procter & Gamble é a primeira da lista de empresas que fazem publicidade para o mercado hispânico, seguida por Philip Morris, General Motors, AT&T e McDonald's. A Johnson Publishing, editora das revistas *Ebony* e *Jet*, é o maior anunciante para os mercados afro-americanos, seguida pela Procter & Gamble, General Motors, Johnson & Johnson e L'Oréal.[36]

Os críticos advertem para que não sejam criados estereótipos quando se tenta conquistar esses dois grandes e lucrativos mercados. No entanto, as mensagens que algumas pessoas acham aceitáveis podem ser ofensivas para outras. A comediante afro-norte-americana Diane Amos faz a propaganda do Pinho-Sol há quase uma década. Ela chama as pessoas de "queridas" e tem um jeito atrevido. Alguns especialistas acreditam que retrata um estereótipo da mulher afro-americana da classe trabalhadora. Outros acreditam que ela trata bem os consumidores. "[Diane] é vista como amável, trabalhadora, assertiva e engraçada", argumenta Mary O'Connel, porta-voz da empresa. "Discordamos totalmente de que ela crie um estereótipo."[37] Os publicitários cuja meta é construir relacionamentos de longa duração com os consumidores precisam considerar essas questões cuidadosamente.

Asiático-americanos

Embora os asiático-americanos representem um segmento menor que as populações afro-americana e hispânica,

....

Em poucas palavras

A maioria de nós é imigrante de
algum lugar.
Arturo "Arte" Moreno
(nasc. 1946)
Proprietário do clube da MLB
(Liga Americana de Beisebol)
Anaheim Angels

....

são o segundo segmento da população dos Estados Unidos que mais cresce. A agência de recenseamento, que inclui as ilhas do Pacífico em seu segmento asiático, estima que esse grupo irá crescer para 23 milhões de pessoas até 2020. Os asiático-americanos são um alvo atraente para os publicitários, pois também têm a renda que cresce mais rapidamente. A renda média por família é consideravelmente maior do que a de qualquer outro grupo étnico, incluindo os caucasianos.[38]

A população asiático-americana está concentrada em menos regiões geográficas do que outros mercados étnicos. Metade da população asiática vive no Oeste e 95% moram em áreas metropolitanas.[39] As empresas conseguem reduzir seus custos para conquistar consumidores asiático-norte-americanos ao fazer propaganda em mercados locais apropriados em vez de em escala nacional. A primeira campanha publicitária asiático-norte-americana da Honda, chamada de "Caligrafia", foi lançada em Los Angeles.

Nativos Americanos

Outro importante grupo minoritário são os nativos americanos, cuja população atual é de cerca de 4 milhões, ou 1,2% do total da população dos Estados Unidos. Além das tribos das Grandes Planícies, do Sul e do Sudoeste, como os Cherokee, Choctaw e Navajo, a agência de recenseamento também inclui tribos nativas do Alasca, como os Inuit e Tlingit, nesse segmento populacional. A população americana nativa está crescendo duas vezes mais do que a população do país em geral – um aumento de 26% em uma década. Quatro em cada dez nativos americanos vivem na região Oeste, e três em cada dez vivem no Sul. Onze estados (listados em ordem decrescente) incluem 62% da população de nativos americanos: Califórnia, Oklahoma, Arizona, Texas, Novo México, Nova York, Washington, Carolina do Norte, Michigan, Alasca e Flórida.[40] Como um grupo, os nativos americanos tendem a ser mais novos do que a população como um todo, com uma média de idade de 27 anos.

A renda familiar dos nativos americanos tem aumentado nos últimos anos, com uma renda média de US$ 31.800, quase a média de US$ 31.700 dos hispânicos. Eles são proprietários de quase 200 mil negócios em todo o país, com mais de US$ 34 bilhões de receita.[41] Os grupos de nativos passaram a exercer poder político e econômico, o que os profissionais de marketing levaram a sério. A propriedade de seus negócios ampliou-se para grandes centros de entretenimento como Foxwoods – um grande resort e cassino em Connecticut, cuja propriedade e administração pertence à Mashantucket Pequot Tribal Nation (Pequot significa "pessoas raposas"). Milhares de turistas vão a Foxwoods todo ano para ficar em um dos 1.400 quartos e suítes, jogar golfe, jogos de azar e divertir-se. Os centros de entretenimento que os nativos americanos possuem geralmente são dínamos econômicos em algumas áreas mais rurais em que operam. Em todo o país, aproximadamente trezentos cassinos de propriedade de nativos geram receitas de cerca de US$ 15 bilhões por ano.[42] Além de centros de jogos e entretenimento, a San Manuel Bando of Mission Indians na Califórnia, por exemplo, possui ações que incluem um restaurante em Pasadena, dois edifícios comerciais em Irvine, uma planta de envasamento de água em Highland e o hotel Mariott Residence Inn em Washington, D.C.[43]

Pessoas de Etnia Mista

Os habitantes dos Estados Unidos que preenchem formulários de censo agora têm a opção de se identificar como pertencendo a mais de uma categoria racial. Os profissionais de marketing precisam estar cientes dessa

MARKETING DE ESTADO VERMELHO E ESTADO AZUL

A cobertura da mídia das últimas eleições presidenciais dos Estados Unidos dividiu o país em estados vermelhos e estados azuis – vermelho para aqueles que predominantemente votam para Partido Republicano, e azul para os que preferem os candidatos do Partido Democrata. Não surpreendentemente, alguns profissionais de marketing defendem a idéia de segmentar os mercados com base nas distinções entre vermelho e azul. As pesquisas mostram que os republicanos jogam mais boliche; que os republicanos são mais propensos a praticar esqui aquático do que os democratas; que os democratas visitam mais museus de arte do que os republicanos. Mas os críticos advertem que esse tipo de segmentação é baseado em estereótipos e pode não ser válido.

A SEGMENTAÇÃO EM ESTADO VERMELHO/ESTADO AZUL ESTEREOTIPA OS CONSUMIDORES PARCIALMENTE?

SIM

1. Ter como mercado-alvo um estado inteiro com base em um único voto político não só estereotipa os consumidores que têm tal preferência política como perde de vista os consumidores que votam em outro partido – ou consumidores que simplesmente não votam.

2. Segmentar os consumidores por suas preferências partidárias é uma grande armadilha, pois não se levam em conta outros fatores, como idade, renda, grupo étnico e estilo de vida. Também não é levado em conta o fato de que eles possam votar em outro partido na próxima eleição.

NÃO

1. A segmentação por estado vermelho e estado azul pode proporcionar dados valiosos para os profissionais de marketing se eles os interpretarem de forma inteligente. Por exemplo, os eleitores do estado azul tendem a mostrar interesse pelas questões ambientais. Então, os publicitários da indústria de automóveis podem beneficiar-se fazendo propaganda de produtos que enfatizam a economia de combustível. Desde que 59 milhões de eleitores do estado vermelho recentemente reelegeram um presidente republicano – expressando confiança na economia –, eles têm maior propensão para comprar um carro de luxo.

2. Os estados que têm o que um especialista em marketing chama de "inclinações profundas" em relação ao vermelho ou ao azul são mais fáceis de quantificar e, portanto, mais fáceis para os profissionais de marketing tê-los como mercado-alvo com mais precisão. O Texas é um forte estado vermelho. De acordo com as pesquisas, os profissionais de marketing de marcas como a Ford podem ter sucesso lá.

RESUMO

Os dados de eleição podem proporcionar informações úteis para os profissionais de marketing se eles entenderem *por que* os consumidores têm certas atitudes e valores. Se eles puderem analisar cuidadosamente os dados para determinar as respostas para essas questões, é mais provável terem sucesso ao formar mercados-alvo.

Fontes: ARNOLD, Catherine. Court the blues, *Marketing News*, 15 jan. 2005, p. 11-2; RIPLEY, Amanda. The great whiskey gap and other voter mysteries, *Time*, 20 dez. 2004, p. 27; WOOD, Craig. Red state/blue state marketing: is it valid?, *DirectMag.com*, 1º dez. 2004, **www.directmag.com**; LEVEY, Richard H. What the election means to direct marketers, *DirectMag.com*, 1º dez. 2004, **www.directmag.com**; DIONNE Jr., E. J. It's not just a red and blue America, *The San Diego Union Tribune*, 20 ago. 2004, **www.signonsandiego.com**.

mudança. Em alguns casos, isso beneficia os profissionais de marketing ao fazer estatísticas raciais mais precisas. Por outro lado, os profissionais de marketing podem achar difícil comparar as novas estatísticas com dados de censos anteriores.

SEGMENTANDO POR ESTÁGIOS DE CICLOS DE VIDA DA FAMÍLIA

Outra forma de segmentação demográfica emprega os estágios do **ciclo de vida da família** – o processo de formação e dissolução da família. O tema fundamental dessa abordagem de segmentação é que o estágio de vida, e não a idade, é o determinante primário de muitas compras dos consumidores. Conforme as pessoas passam de um estágio de vida a outro, tornam-se consumidores potenciais de tipos diferentes de produtos e serviços.

É provável que alguém solteiro montando um apartamento pela primeira vez seja um cliente prospectivo de móveis baratos e pequenos aparelhos elétricos. Esse consumidor certamente deve fazer um orçamento com cuidado, evitando gastos com itens de luxo. Por outro lado, um jovem solteiro que ainda mora na casa dos pais provavelmente terá mais dinheiro para gastar com produtos como aparelhos de entretenimento e de esporte, cosméticos e roupas. Quando as pessoas se casam, seus perfis de consumo mudam. Casais sem filhos são compradores freqüentes de presentes personalizados, ferramentas elétricas, móveis e moradia. Comer fora e viajar podem fazer parte do estilo de vida deles.

O nascimento do primeiro filho muda consideravelmente o perfil de consumo de qualquer casal: os pais têm de comprar berço, mesa de trocar fralda, roupinha de bebê, papinhas, cadeirinha para o carro e produtos similares. Os pais usualmente gastam menos com os próximos filhos porque já têm muitos produtos essenciais que adquiriram para o primeiro. Hoje, em média, as mulheres têm menos filhos do que há um século e, em geral, esperam mais para engravidar. Embora a idade média de as mulheres americanas terem o primeiro filho seja 25 anos, muitas esperam muito mais, geralmente até os 30 ou até mesmo 40 anos.[44] Isso significa que, se elas trabalham fora de casa, as mulheres mais velhas provavelmente têm maior estabilidade financeira e mais dinheiro para gastar.

As famílias normalmente gastam mais durante os anos em que os filhos estão crescendo – desde coisas para a casa, comida e roupa até cintos e faculdade. Dessa forma, elas geralmente procuram obter valor em tudo. Os profissionais de marketing podem criar clientes satisfeitos e fiéis nesse grupo oferecendo o melhor valor possível.

Depois que os filhos crescem e se tornam independentes – ou pelo menos se formam –, os pais passam a sofrer a "síndrome do ninho vazio". Eles podem ter uma renda disponível necessária para comprar produtos de excelente qualidade, já que as mensalidades da faculdade e a hipoteca estão pagas. Eles podem viajar mais, comer fora com mais freqüência, redecorar a casa, ou voltar a estudar. Podem presentear-se com um novo e mais luxuoso carro ou comprar uma casa de veraneio.[45] Nos últimos anos, os casais que têm filhos criados podem decidir vender sua casa e se tornarem clientes de comunidades de terceira idade ou aposentados. Ou requerer assistência domiciliar, ou mais produtos para tratamento da saúde.

Uma tendência observada pelos pesquisadores na última década é um aumento no número de filhos que voltaram a morar com os pais. Chamados de "bumerangues", alguns desses jovens trazem sua própria família. Outra tendência é o número crescente de avós que cuidam dos netos de forma regular – e se tornam consumidores novamente de produtos para bebês e crianças, como brinquedos, comida e aparelhos de segurança.

SEGMENTANDO POR TIPO DE FAMÍLIA

O primeiro senso dos Estados Unidos, em 1790, mostrou que a média de tamanho das famílias era de 5,8 pessoas. Hoje, esse número é inferior a três. O *U.S. Department of Commerce* (Ministério do Comércio dos Estados Unidos) menciona várias razões para a tendência a famílias menores: menores taxas de fertilidade (incluindo a decisão de ter menos filhos ou de não os ter), tendência dos jovens em adiar o casamento, a freqüência do divórcio e a propensão e o desejo de muitas pessoas para morar sozinhas.

Atualmente, as famílias nos Estados Unidos apresentam ampla diversidade. Elas incluem famílias com um casal casado e seus filhos; famílias formadas por divorciado ou viúvo; famílias de mãe ou pai solteiro, ou pais do mesmo sexo, ou avós; casais sem filhos; grupos de amigos; e famílias de uma única pessoa.

Casais sem filhos podem ser jovens ou mais velhos. Se são idosos, seus filhos podem já ter crescido e saído do ninho. De acordo com a agência de recenseamento dos Estados Unidos, alguns casais mais velhos estão escolhendo viver juntos em vez de se casar porque preferem manter suas finanças separadas e porque poderiam perder seus benefícios de pensão e saúde por se casarem.[46] Atualmente, cerca de 1 milhão desses casais vivem juntos.[47] Casais que são mais jovens e não têm filhos são considerados atrativos para os profissionais de marketing porque em geral têm altos níveis de renda para gastar. Esses casais tipicamente comem fora com freqüência, gastam bastante nas férias e compram carros de luxo.

> ### Em poucas palavras
>
> Duas grandes forças, envelhecimento e diversidade, restituíram as categorias tradicionais em muitos casos irrelevantes.
>
> Robert Lang
> Diretor do *Metropolitan Institute at Virginia Tech*

Casais do mesmo sexo que moram na mesma casa – com ou sem filhos – estão em alta. De acordo com o *Urban Institute* (Instituto Urbano), 22% dos casais gays e 34% dos casais lésbicos agora criam filhos.[48] Mais e mais empresas começam a oferecer benefícios de parceiros para casais do mesmo sexo. Aproximadamente três em cada dez grandes empresas já proporcionam tais benefícios.[49]

As pessoas moram sozinhas por uma variedade de razões – às vezes, por escolha e, às vezes, por necessidade, como divórcio ou viuvez. Em vista disso, os profissionais de marketing modificaram suas mensagens e seus produtos para satisfazer às necessidades das pessoas que vivem sozinhas. Os fabricantes de comida estão reduzindo o tamanho dos produtos, oferecendo mais alimentos de uma única porção que vão de sopa a macarrão e queijo.

SEGMENTANDO POR PADRÕES DE DESPESAS E RENDA

Parte das definições anteriores de *mercado* descreveu as pessoas com poder de compra. Assim, não é de surpreender que uma base comum para segmentar o mercado consumidor seja a renda. Os profissionais de marketing geralmente têm como alvo áreas geográficas conhecidas pela alta renda de seus moradores. Ou podem considerar a idade ou o tipo de família quando forem determinar o potencial do poder de compra. A propaganda da Princess Cruises na Figura 9.4 tem como mercado-alvo consumidores que podem ter férias de luxo.

Leis de Engel

Como os padrões de gasto variam com a renda? Mais de um século atrás, Ernst Engel, um estatístico alemão, publicou o que ficou conhecido como **leis de Engel** – três declarações gerais baseadas em seus estudos

Figura 9.4
Apelando aos íntimos e *fun seekers*.

sobre o impacto das mudanças de renda familiar sobre o comportamento de gastos dos consumidores. De acordo com Engel, conforme a renda familiar aumenta, acontece o seguinte:

1. Uma porcentagem menor de gastos destina-se à alimentação.
2. A porcentagem gasta com moradia e serviços domésticos e roupa continua a mesma.
3. A porcentagem gasta em outros itens (como recreação e educação) aumenta.

As leis de Engel ainda são válidas? Estudos recentes dizem que sim, com algumas exceções. Pesquisadores observam um declínio constante na porcentagem de renda total gasta com alimentação, bebidas e cigarro conforme a renda aumenta. Embora famílias de alto poder aquisitivo gastem muito mais com alimentos, suas compras representam um declínio nas porcentagens de seus gastos totais na comparação com famílias de baixa renda. A segunda lei continua parcialmente exata. No entanto, é importante notar que a porcentagem de gastos fixos para moradia e serviços domésticos aumentou nos últimos trinta anos, de maneira que uma família de duas rendas médias de hoje tem atualmente menos condições financeiras do que a família de uma renda média de três décadas atrás.[50] E a porcentagem gasta com roupas aumenta com o aumento de renda por causa da escolha. A terceira lei continua verdadeira, com exceção dos custos com cuidados pessoais e médicos, que parece ter diminuído conforme a porcentagem de aumento de renda.

As leis de Engel podem ajudar os profissionais de marketing a ter mercados-alvo de todos os níveis de renda. É interessante observar que, independentemente do ambiente econômico, os consumidores também compram produtos e serviços de luxo. Uma razão é que algumas empresas passaram a oferecer seus produtos de luxo em diferentes níveis de preço. A Mercedes-Benz tem seus modelos Classe C de preços mais baixos, enquanto a Tiffany vende um brinco de prata de lei da Elsa Peretti com corrente por US$ 100. Essas duas empresas continuam a oferecer seus itens de preços elevados da mesma forma, mas decidiram ampliar o mercado, atendendo consumidores cuja renda pode ser um pouco inferior àquela de pessoas consideradas realmente ricas.[51]

SEGMENTAÇÃO DEMOGRÁFICA NO EXTERIOR

MARKETING
Verificação
de conceito

1. Quais são as categorias de segmentação demográfica?

2. Explique por que o efeito *cohort* é importante para os profissionais de marketing.

3. Por que um profissional de marketing se interessaria em saber o estágio do ciclo de vida da família de uma pessoa?

Os profissionais de marketing geralmente enfrentam uma tarefa difícil para obter os dados necessários para segmentação demográfica no exterior. Muitos países não têm programas de censo agendados. Por exemplo, a contagem mais recente da população holandesa foi realizada há mais de duas décadas. A Alemanha deixou de contar de 1970 a 1987, e a França realiza um censo praticamente a cada sete anos. Em contraste, o Japão e o Canadá realizam censos a cada cinco anos. No entanto, as avaliações realizadas no meio de uma década não são tão completas como as contagens de fim de década.

Além disso, alguns dados estrangeiros incluem divisões demográficas não encontradas nos censos dos Estados Unidos. O Canadá coleta informações sobre religião, por exemplo. Por outro lado, alguns dos dados de segmentação padrão dos mercados americanos não estão disponíveis no exterior. Muitos países não coletam dados de renda. Grã-Bretanha, Japão, Espanha, França e Itália são alguns exemplos. Similarmente, os dados do ciclo de vida da família são difíceis de aplicar em esforços globais de segmentação demográfica. A Irlanda reconhece apenas três estados civis: solteiro, casado e viúvo; ao passo que os países da América Latina e a Suécia contam seus coabitantes não casados.

Uma fonte de informações demográficas globais é o *International Programs Center* (IPC – Centro de Programas Internacionais) na agência de recenseamento dos

Estados Unidos. O IPC fornece uma base de dados on-line em que se pode pesquisar no site da agência estatísticas populacionais de muitos países. Outra fonte são as Nações Unidas, que patrocina escritórios nacionais de estatística que coletam dados demográficos sobre vários países. Além disso, empresas privadas de pesquisa de marketing podem complementar os dados governamentais.

SEGMENTAÇÃO PSICOGRÁFICA

Os profissionais de marketing tradicionalmente se referem às características demográficas e geográficas como as bases primárias para dividir os consumidores em segmentos homogêneos de mercado. Não obstante, por muito tempo eles reconheceram a necessidade de retratar de maneira mais completa e natural os consumidores em desenvolvimento em seus programas de marketing. Como resultado disso, a segmentação psicográfica pode ser uma ferramenta útil para obter uma visão mais exata do comportamento de compra dos consumidores.

O QUE É SEGMENTAÇÃO PSICOGRÁFICA?

A segmentação psicográfica divide a população em grupos que têm semelhantes características psicológicas, valores e estilos de vida. O estilo de vida refere-se ao modo de viver da pessoa, ou seja, descreve como um indivíduo age no dia-a-dia. Os estilos de vida dos consumidores são combinações dos perfis psicológicos individuais, incluindo suas necessidades, seus motivos, percepções e atitudes. Um estilo de vida também leva a marca de muitas outras influências, como família, trabalho, atividades sociais e cultura. Uma expressão do estilo de vida são as tatuagens, como se discute no quadro "Dicas de etiqueta".

O método mais comum para saber quais são os perfis psicológicos de uma população é realizar uma pesquisa em larga escala, pedindo para que os consumidores concordem ou discordem quanto a uma coleção de algumas centenas de variáveis AIO. Essas **variáveis AIO** descrevem várias atividades, interesses e opiniões. Os dados resultantes permitem aos pesquisadores traçar perfis de estilo de vida. Assim, os profissionais de marketing podem desenvolver uma estratégia separada de marketing que se ajuste melhor à composição psicográfica de cada segmento de estilo de vida.

Os pesquisadores de marketing conduziram estudos psicográficos sobre centenas de produtos e serviços, que abrangeram de cerveja a viagem de avião. Hospitais e outros provedores de cuidados de saúde usam tais estudos para avaliar o comportamento e as atitudes do consumidor com relação aos cuidados com a saúde em geral, para saber quais são as necessidades dos consumidores em mercados particulares, e para determinar o que os consumidores acham dos institutos. Muitas empresas investem na pesquisa psicográfica em um esforço para saber o que os consumidores de vários segmentos demográficos e geográficos querem e necessitam.

VALS™

Um quarto de século atrás, a empresa de consultoria e pesquisa SRI International desenvolveu um sistema de segmentação psicográfica chamado VALS™. Essa sigla, em inglês, significa "valores e estilos de vida", e o formato original VALS classificou consumidores por suas opiniões com respeito a questões sociais. Uma década depois, a SRI revisou o sistema para melhor relacioná-lo com o comportamento de compra dos consumidores. Atributos psicológicos são usados no lugar de valores sociais. O sistema revisado está baseado em dois conceitos-chave: recursos e

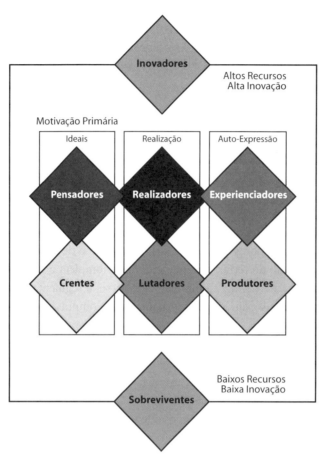

Figura 9.5
Estrutura VALS™.
Fonte: SRI Consulting Business Intelligence (SRI-BI); **www.sri-bi.com/VALS**.

automotivação. O **VALS™** divide os consumidores em oito categorias psicográficas. A Figura 9.5 apresenta os perfis para essas categorias e suas relações.

A estrutura VALS™ na figura mostra diferenças em recursos verticalmente. A estrutura primária é representada horizontalmente. A dimensão de recursos mede renda, educação, autoconfiança, saúde, vontade de comprar e nível de energia. As motivações primárias dividem os consumidores em três grupos: consumidores orientados por ideais e que defendem um conjunto de idéias e morais; consumidores orientados por realizações influenciados pelo que os outros pensam; e os consumidores orientados para auto-estima e que procuram por atividade física, variedade e aventura.

A SRI (BI) criou diversos sistemas de segmentação especializados com base nessa abordagem. O GeoVALS™, por exemplo, faz a estimativa da porcentagem de cada tipo VALS™ em cada CEP dos Estados Unidos. O Japan-VALS™ foi desenvolvido para ajudar as empresas a entender os consumidores japoneses. A SRI (BI) usa as informações de segmentação VALS2 com os profissionais de marketing em projetos de consultoria e em uma base de assinantes. Dados de mídia, serviços e produtos são disponibilizados pelos tipos VALS™ a partir dos bancos de dados das empresas.

Outras ferramentas disponíveis incluem o LifeMatrix, desenvolvido pela RoperASW e pela Mediamark Research. O LifeMatrix destrincha os números de centenas de variáveis pessoais que incluem visões políticas, religião e atitudes sociais e apresenta dez categorias psicográficas que refletem os estilos de vida atuais. Dependendo de suas próprias variáveis, você pode ser um "pai de prioridade" ou "tribo drogada". O LifeMatrix subdivide ainda mais as categorias, tirando conclusões sobre traços de personalidade, como "atencioso" e "altruísta".[52]

dicas de etiqueta

Tatuagens: elas podem limitar sua carreira profissional?

COMO sua roupa, seu cabelo e seus acessórios, uma tatuagem é uma expressão externa de seu estilo pessoal. Mas se você está planejando uma carreira em marketing, deveria pensar duas vezes sobre isso. Apesar da popularidade das tatuagens, os empregadores potenciais podem não apreciar o estilo. "Há também empresas profissionais por aí que não contratam pessoas que têm tatuagens visíveis", adverte Dianna Lankford, gerente da ManPower na região oeste do Tennessee, Estados Unidos. "Elas podem ter um visual despojado, mas ser consideradas carentes de profissionalismo." A seguir, alguns pontos a serem considerados antes de você tomar sua decisão:

1. Se você fizer uma tatuagem, pense bem, depois será muito difícil removê-la caso se arrependa.
2. Como um profissional de marketing, você é a fachada de seu empregador. Ao se encontrar com clientes ou fornecedores, você representa sua empresa. Embora muitas empresas defendam a diversidade e a criatividade de cada um, elas querem ter certeza de que seus profissionais de marketing apresentam uma imagem positiva.
3. A *Equal Employment Opportunity Comission* (EEOC – Comissão por Oportunidades Iguais de Emprego) garante que seus direitos civis no local de trabalho sejam protegidos. Naturalmente, os códigos de aparência – e políticas com relação a tatuagens – variam de empresa para empresa. O Starbucks proíbe que seus funcionários tenham tatuagens visíveis. "Nós nos esforçamos para ter uma aparência profissional limpa e asseada, apropriada para uma rede de produtos alimentícios", explica Cheri Libby, porta-voz do Starbucks. A mesma política é aplicada aos funcionários da Walt Disney World.
4. Suponha que você decida realmente fazer uma tatuagem. Os especialistas aconselham escolher um lugar do corpo que a roupa possa esconder facilmente. Também sugerem que se escolha uma tatuagem pequena, um desenho neutro, como uma flor ou uma lua com estrelas. "O conteúdo é [um] fator", diz a dra. Marie Russell, professora de medicina de emergência e patologia da University of Southern California. "Se [as tatuagens] têm desenhos de armas ou cifrões e certas palavras, sugerem um caráter repulsivo que você pode não querer estampar."

No longo caminho pela frente, você faz a escolha. Mas talvez esta seja a dica mais importante: tenha uma visão a longo prazo em sua decisão. Ao fazer uma tatuagem, "você definitivamente deve considerar seu trabalho e seu futuro", adverte Mike Brown, proprietário de um estúdio de tatuagens.

Fontes: ROBO, Regina M. *Body art in the workplace, Salary.com*, **www.salary.com**, *acessado em 4 fev. 2005; Ned B. Hunter, Workplace: tattoo taboo", Tucson Citizen, 28 set. 2004,* **www.tucsconcitizen.com***; CHEN, Hans H. Tat tactics: what companies think of your tattoos", 9 mar. 2001,* **www.vault.com***.*

SEGMENTAÇÃO PSICOGRÁFICA DE MERCADOS GLOBAIS

Como o Japan VALS sugere, os perfis psicográficos podem ultrapassar as fronteiras nacionais. A Roper Starch Worldwide, uma empresa de pesquisa de marketing, recentemente entrevistou 7 mil pessoas em 35 países. Com base nos dados coletados, a Roper identificou seis segmentos psicográficos de consumidores que existem em todos os 35 países pesquisados, embora em diferentes níveis:

- *Lutadores* – o maior segmento, valorizam mais as metas materiais e profissionais do que outros grupos. Um terço da população da Ásia e um quarto dos russos são esforçados. Há um pouco mais de probabilidade de serem homens do que mulheres.
- *Devotos* – valorizam o dever e a tradição. Embora esse segmento represente 22% de todos os adultos, são mais comuns na África, no Oriente Médio e estão em desenvolvimento na Ásia. São menos comuns na Europa Ocidental e nos países desenvolvidos da Ásia. Em todo o mundo, a maioria tem mais probabilidade de ser mulheres.

- *Altruístas* – enfatizam as questões sociais e o bem-estar social. Representando 18% de todos os adultos, esse grupo apresenta uma idade média de 44 anos e uma porcentagem um pouco maior de mulheres. Os altruístas são mais comuns na América Latina e na Rússia.
- *Íntimos* – valorizam as relações pessoais e familiares. São divididos praticamente de modo igual entre homens e mulheres. Um em cada quatro americanos ou europeus seria classificado como íntimo, mas somente 7% dos consumidores da Ásia em desenvolvimento fazem parte dessa categoria.
- *Fun seekers (caçadores de emoção)* – como você pode adivinhar pelo nome, enfocam o divertimento pessoal e as experiências prazerosas. Representam 12% da população mundial, com uma razão de homens-mulheres de 54 para 46. Muitos moram na Ásia desenvolvida.
- *Criativos* – o menor segmento, representam apenas 14% da população global. Esse grupo busca educação, tecnologia e conhecimento, e a proporção de homens e mulheres é aproximadamente igual. Muitos criativos vivem na Europa Ocidental e na América Latina.

Os pesquisadores da Roper observam que alguns princípios e principais crenças se aplicam a mais de um segmento psicográfico. Por exemplo, os consumidores em todos os 35 países citam a "família" como um dos cinco valores mais importantes, e "proteger a família" é um dos dez principais.[53]

UTILIZANDO A SEGMENTAÇÃO PSICOGRÁFICA

Ninguém sugere que a segmentação psicográfica seja uma ciência exata, mas ajuda os profissionais de marketing a quantificar aspectos da personalidade e dos estilos de vida dos consumidores e criar produtos e serviços para um mercado-alvo. Os sistemas de perfil psicográfico, como Roper e SRI, podem traçar imagens úteis das motivações psicográficas gerais dos consumidores. Esses perfis produzem descrições muito mais ricas de mercados-alvo potenciais do que outras técnicas podem alcançar. O detalhe otimizado ajuda a ligar a imagem de uma empresa e ofertas de produtos com os tipos de consumidores que usam seus produtos. Ed Keller, presidente da RoperASW, descreve como a segmentação psicográfica ajuda a refinar os perfis dos consumidores para os profissionais de marketing. Keller afirma que, se um fabricante de carros utiliza apenas dados demográficos para estudar um mercado, pode provavelmente identificar em 18% dos casos quais tipos de carro um consumidor irá comprar. Mas, "quando você combina atitudes, comportamentos, estágios de vida e valores das pessoas, pode-se prever em 82% dos casos que carro uma pessoa irá comprar da próxima vez.[54]

Identificar quais segmentos psicográficos são mais prevalentes em certos mercados ajuda os profissionais de marketing a planejar e promover com mais eficiência. Freqüentemente, os segmentos se sobrepõem. A propaganda da Canopy Walk na Figura 9.6 provavelmente apelaria aos íntimos e *fun seekers*.

A segmentação psicográfica é um bom complemento à segmentação por variáveis geográficas e demográficas. Por exemplo, os profissionais de marketing podem ter acesso a preferências médias de cada tipo de consumidor em televisão de rede, TV a cabo, formato de rádio, revistas e jornais. Como Ed Keller explicou anteriormente, os estudos psicográficos podem, dessa forma, refinar a descrição das características de segmentos para dar um perfil de estilo de vida mais elaborado dos consumidores no mercado-alvo da empresa. Um estudo psicográfico poderia ajudar os publicitários de produtos e serviços de Nova York a prever que tipos de consumidores de produtos seriam formados. Durante épocas econômicas incertas – e como resultado dos ataques terroristas de 11/9 – houve um aumento de compras de itens de luxo. "Sinto como se nada tivesse esperança", explica uma nova-iorquina de quarenta anos de idade. "Não sabemos se vamos ter emprego. Então decidimos viver o agora." Em resposta, essa consumidora tomou diversos rumos estranhos e passou a influenciar amigos.[55]

MARKETING
Verificação de conceito

1. O que é segmentação psicográfica?
2. Enumere as oito categorias psicográficas do VALS2.

SEGMENTAÇÃO COMPORTAMENTAL

A **segmentação comportamental** envolve a divisão de uma população de consumidores em grupos homogêneos com base em características de seu relacionamento com o produto. Essa abordagem de segmentação pode tomar várias formas:

1. Segmentar com base nos benefícios que as pessoas buscam quando compram um produto.
2. Segmentar com base nas taxas de uso de um produto.
3. Segmentar de acordo com a fidelidade da marca dos consumidores por um produto.

SEGMENTAR PELA BUSCA DE BENEFÍCIOS

Essa abordagem enfoca os atributos que as pessoas buscam e os benefícios que esperam receber de um produto ou serviço. Ela agrupa os consumidores em segmentos com base no que querem que um produto faça por eles.

Os consumidores que tomam os cafés especiais do Starbucks não buscam só uma dose de cafeína. Querem pagar mais para ter uma experiência agradável, que faça que se sintam mimados e apreciados. Mulheres que malham na Curves querem ter uma aparência melhor e se sentir saudáveis. Donos de animais de estimação que dão a seus gatos e cachorros Science Diet acreditam que estão oferecendo a eles uma ração saborosa e saudável.

Mesmo quando uma empresa oferece apenas uma linha de produto, os profissionais de marketing devem lembrar-se de considerar os benefícios do produto. Duas pessoas podem comprar o mesmo produto por várias razões diferentes. Uma caixa de bicarbonato de sódio Arm & Hammer poderia acabar servindo como um perfumador de refrigerador, um substituto para a pasta de dente, um antiácido ou um desinfetante para a casinha do gato.

SEGMENTANDO POR TAXAS DE USO

Os profissionais de marketing podem também segmentar um mercado inteiro agrupando pessoas de acordo com a quantidade de um produto que elas compram e usam. Os profissionais de marketing podem dividi-lo em segmentos de grande usuário, usuário moderado e pouco usuário. O **princípio 80/20** afirma que grande porcentagem dos rendimentos de um produto – talvez 80% – resulta de uma porcentagem fiel relativamente pequena dos cliente totais – talvez 20%. O princípio 80/20 é, muitas vezes, chamado de "Lei de Praedo". Embora as porcentagens não precisem corresponder exatamente a esses números, o princípio geral com freqüência apresenta uma verdade: relativamente poucos grandes usuários de um produto podem representar muito desse consumo.

Dependendo de suas metas, os profissionais de marketing podem ter como mercado-alvo grandes usuários, moderados ou pouco usuários, bem como não-usuários. Uma empresa pode tentar atrair grandes usuários de um outro produto que não seja das marcas que geralmente consomem para tentar uma nova marca. Não-usuários e pouco usuários podem ser clientes atrativos porque outras empresas os ignoram. Os índices de uso podem também ser relacionadas a outros métodos de segmentação, como segmentação demográfica ou psicográfica.

SEGMENTANDO POR FIDELIDADE À MARCA

Um terceiro método de segmentação relacionada ao produto agrupa consumidores de acordo com a força da fidelidade da marca que eles têm com relação ao produto. Um exemplo clássico de segmentação de fidelidade da marca são os programas de milhas das companhias aéreas. Originalmente, tinham como mercado-alvo os grandes usuários –

empresários viajantes – de programas de milhas, mas agora ajudam a atrair até mesmo viajantes esporádicos para companhias específicas. O sucesso desses programas resultou em esforços similares na indústria hoteleira, em livrarias e outros setores. As companhias aéreas também tentam desenvolver a fidelidade aumentando o tamanho da poltrona, oferecendo entretenimento a bordo e atendendo a mais destinos. Outras empresas tentam segmentar seu mercado desenvolvendo fidelidade da marca por um período de tempo, por meio dos estágios de vida dos consumidores. As crianças cujos pais compram roupas da marca Baby Gap, conforme crescem, podem passar a vestir Gap Kids e Gap.

MARKETING
Verificação
de conceito

1. Enumere alguns produtos para os quais os profissionais de marketing podem querer segmentar pelos benefícios buscados pelos consumidores.
2. O que é o princípio 80/20?

UTILIZANDO MÚLTIPLAS BASES DE SEGMENTAÇÃO

A segmentação é uma ferramenta que pode ajudar os profissionais de marketing a aumentar sua precisão em alcançar os mercados certos. Como outras ferramentas de marketing, a segmentação é provavelmente mais bem usada de maneira flexível – por exemplo, combinando técnicas de segmentação demográfica e geográfica e ligando segmentação relacionada ao produto com segmentação por renda e padrões de gastos. O ponto importante para se ter em mente é que segmentação é uma ferramenta para ajudar os profissionais de marketing a conhecer melhor seus clientes potenciais e, por fim, satisfazer suas necessidades com os produtos e serviços adequados.

O PROCESSO DE SEGMENTAÇÃO DE MERCADO

5 Identificar os passos no processo de segmentação de mercado.

Até agora, o capítulo discutiu várias bases nas quais as empresas segmentam mercados. Mas como os profissionais de marketing decidem que base ou bases de segmentação usar? As empresas podem empregar um método dirigido à gestão, em que os segmentos são predefinidos pelos profissionais de marketing com base em suas observações das características demográficas e comportamentais de prováveis usuários. Ou fazem uso de um método dirigido ao mercado, em que os segmentos são definidos perguntando aos clientes quais atributos são importantes. Depois os profissionais de marketing seguem um processo de quatro estágios.

DESENVOLVER UM PERFIL RELEVANTE PARA CADA SEGMENTO

Após identificar segmentos promissores, os profissionais de marketing deveriam entender os clientes de cada um. Essa análise mais profunda de clientes ajuda os gerentes a relacionarem com precisão as necessidades dos clientes com as ofertas de marketing da empresa. O processo deve identificar as características que tanto explicam as semelhanças entre os clientes em cada segmento como apresentam as diferenças entre segmentos.

A tarefa nesse estágio é desenvolver um perfil do cliente típico de cada segmento. Tal perfil pode incluir informações sobre padrões de estilo de vida, atitudes com relação aos atributos e marcas do produto, hábitos de uso do produto, localizações geográficas e características demográficas.

PREVER POTENCIAL DE MERCADO

No segundo estágio, a segmentação de mercado e a análise de oportunidade de mercado se combinam para produzir uma previsão de potencial de mercado em cada segmento. O potencial de mercado estabelece o limite máximo de demanda que empresas competidoras podem esperar de um segmento. Multiplicar por participação de mercado determina o potencial de vendas máximo de uma única empresa. Esse passo deveria definir uma decisão prévia positiva ou negativa de gestão porque o potencial de vendas totais em cada segmento deve justificar os recursos dedicados a uma futura análise.

Um exemplo de segmento que mostra enorme potencial de mercado são as crianças americanas de quatro a doze anos de idade. Os gastos agregados pelos consumidores nesse grupo de idade ou a seu favor dobraram a cada dez anos entre as décadas de 1960 e 1980 e triplicaram durante os anos 1990 para alcançar seu atual nível de US$ 24 bilhões por ano. Trinta anos atrás, as crianças gastavam mais de seu dinheiro em doces. Hoje, apenas um terço é gasto com comida e bebidas; o restante elas gastam com roupa e entretenimento.

PREVER PARTICIPAÇÃO DE MERCADO PROVÁVEL

Uma vez que o potencial de mercado tenha sido estimado, uma empresa deve prever sua participação de mercado provável. As posições de concorrentes em segmentos-alvo devem ser analisadas, e uma estratégia de marketing específica deve ser destinada a alcançar esses segmentos. Essas duas atividades podem ser realizadas simultaneamente. Além disso, ao se estabelecer uma tática e estratégia de marketing, uma empresa determina o nível esperado de recursos que deve despender – ou seja, os custos que terá para cobrir a demanda potencial de cada segmento.

A Kinko's, agora uma parte-chave da FedEx, atualmente tem mais de 1.200 lojas de fotocópias em dez países. A empresa costuma ser vista – e costuma se ver – apenas como uma loja de fotocópias em que os clientes podem rapidamente fazer cópias de seus relatórios, folders e manuscritos. Mas Gary Kusin, CEO da empresa, fez uma viagem pelos Estados Unidos para falar com clientes e descobriu que agora eles estão procurando "mais parceiros de negócios. Eles querem saber que podem nos ter como parceiros para soluções digitais de projetos maiores". Dessa forma, Kusin e seus gerentes precisam projetar como satisfazer suas necessidades e capturar o quanto possível desse segmento do mercado. "Bem agora", diz ele, "o maior serviço que podemos vender é a competência: a habilidade de ouvir nossos clientes para entender seus problemas, e aplicar nosso conhecimento para trazer soluções criativas."[56]

SELECIONAR SEGMENTOS DE MERCADO ESPECÍFICOS

MARKETING
Verificação de conceito

1. Identifique os quatro estágios do processo de segmentação de mercado.

2. Por que fazer previsões é importante para a segmentação de mercado?

As informações, análises e previsões acumuladas durante todo o processo de decisão de segmentação de mercado permitem à gerência assegurar o potencial de atingir as metas da empresa e justificar a alocação de recursos para o desenvolvimento de um ou mais segmentos. Previsões de demandas, com projeções de custos, determinam os lucros e o retorno sobre investimento (ROI, em inglês) que a empresa pode esperar de cada segmento. As táticas e a estratégia de marketing devem se destinar a reforçar a imagem da firma e, além disso, mantê-la dentro de suas capacidades organizacionais exclusivas.

Nesse ponto da análise, os profissionais de marketing valorizam mais do que benefícios e custos monetários; eles também consideram muitos fatores difíceis de medir, mas que são fatores críticos organizacionais e ambientais. A empresa pode carecer de pessoal especializado para lançar um investimento bem-sucedido sobre um atrativo segmento de mercado. Da mesma forma, uma empresa com 60% do mercado enfrenta possíveis problemas legais com a *Federal Trade Comission* (Comissão Federal de Comércio dos Estados Unidos) se aumenta sua concentração de mercado. Essa avaliação dos fatores financeiros e não-financeiros é um passo difícil, mas vital no processo de decisão.

ESTRATÉGIAS PARA ATINGIR OS MERCADOS-ALVO

6 Discutir quatro estratégias básicas para atingir os mercados-alvo.

Os profissionais de marketing gastam muito tempo e esforço no desenvolvimento de estratégias que melhor combinem as ofertas de produtos de suas empresas com as necessidades de mercados-alvo particulares. Uma combinação adequada é vital para o sucesso de marketing da empresa. Os profissionais de marketing identificaram quatro estratégias básicas para atingir a satisfação dos consumidores: marketing indiferenciado, marketing diferenciado, marketing concentrado e micromarketing.

MARKETING INDIFERENCIADO

Uma empresa pode produzir apenas um produto ou uma linha de produtos e promovê-lo para todos os clientes com um único mix de marketing. Diz-se que esse tipo de empresa pratica **marketing indiferenciado**, às vezes chamado de *marketing de massa*. O marketing indiferenciado foi muito mais comum no passado do que é hoje.

O marketing indiferenciado é eficiente do ponto de vista da produção, mas a estratégia também apresenta perigos inerentes. Uma empresa que tenta satisfazer a todo mundo no mercado com um produto padrão pode sofrer se os concorrentes oferecerem unidades especializadas para segmentos menores do mercado total e melhor satisfizerem segmentos individuais. Na verdade, as organizações que implementam estratégias de marketing diferenciado, marketing concentrado ou micromarketing podem capturar suficientes segmentos pequenos do mercado para frustrar a estratégia de marketing indiferenciado de outro concorrente.

MARKETING DIFERENCIADO

Diz-se que as empresas que promovem inumeráveis produtos com diferenciados mixes de marketing destinados a satisfazer segmentos menores praticam **marketing diferenciado**. Ao proporcionar aumento de satisfação para cada um dos mercados-alvo, uma empresa pode obter mais vendas seguindo uma estratégia de marketing diferenciada do que o marketing indiferenciado poderia gerar. Oscar Mayer, um profissional de marketing de uma variedade de produtos de carne, pratica o marketing diferenciado. Ele aumentou suas vendas apresentando um novo produto – *Lunchables* – dirigido a crianças. No entanto, em geral, o marketing diferenciado também aumenta os custos. Os custos de produção normalmente se elevam porque produtos adicionais e variações requerem espaço extra de armazenamento e maiores esforços para fazer a manutenção. Os custos promocionais também aumentam porque cada segmento demanda um mix promocional exclusivo.

Apesar dos maiores custos de marketing, no entanto, uma organização pode ser forçada a praticar marketing diferenciado para se manter competitiva. A indústria do turismo agora reconhece a necessidade de direcionar mercados menores de viajantes com interesses específicos. O *Elderhostel*, por exemplo, tem como público-alvo os idosos com viagens especializadas que podem enfocar história, caminhadas, golfe, culinária ou outros interesses especiais. A *Old Sturbridge Village* em Massachusetts tem como mercado-alvo pessoas interessadas na história americana.

MARKETING CONCENTRADO

Em vez de tentar comercializar seus produtos separadamente para diversos segmentos, a empresa pode optar por uma estratégia de marketing concentrado. Com o **marketing concentrado** (também conhecido como **marketing de nicho**), a companhia direciona seus esforços para satisfazer proveitosamente apenas um segmento de mercado. Essa abordagem pode funcionar para uma pequena empresa que não tenha os recursos financeiros de seus concorrentes e para uma que ofereça produtos e serviços altamente especializados. Kohl's, JCPenney e Wal-Mart vendem roupa infantil, mas a Hot Topic está diretamente direcionada para os pré-adolescentes e adolescentes que querem as mais recentes (ou mais modernas) tendências alternativas da moda e acessórios. A Hot Topic é uma rede varejista com aproximadamente quinhentas lojas em todos os Estados Unidos, e seus funcionários têm o mesmo visual de seus clientes: usam camiseta de banda de rock, maquiagem branca, casacos longos de vinil, cintos de correntes e muito, muito preto. Os adolescentes que não gostam de coisas de patricinhas e mauricinhos adoram a Hot Topic, cuja moda e clima são baseados na mais recente música alternativa.[57]

A General Motors está buscando uma estratégia de marketing concentrado – embora a tenha evitado algumas vezes no passado. Sobre a prancheta de desenho da empresa e em breve nos *showrooms* estarão o carro esportivo Pontiac Solstice, outro carro de estilo cupê ainda sem nome, a perua de estilo retrô HHR da Chevrolet e a pequena perua Chevy Nomad. A GM está apostando em que sua nova estratégia atrairá novos compradores e impulsionará seus lucros e sua imagem.[58]

Mas, apesar desses benefícios, o marketing concentrado tem seus perigos. Uma vez que a estratégia liga o crescimento de uma empresa a um segmento específico, as vendas podem diminuir se os novos concorrentes apelarem com sucesso para o mesmo alvo. Além disso, os erros em prever o potencial de mercado ou os hábitos de compras dos clientes levam a graves problemas, sobretudo se a empresa gastou substancialmente no desenvolvimento e na promoção do produto.

MICROMARKETING

A quarta estratégia de mercado-alvo, ainda mais estreitamente focada do que o marketing concentrado, é o **micromarketing**, que envolve ter como mercado-alvo os clientes potenciais em um nível muito básico, como por código postal, profissão específica ou estilo de vida. Enfim, o micromarketing pode ter como alvo até mesmo os próprios indivíduos. A vendedora de sua butique favorita de roupas pode entrar em contato com você quando certa mercadoria que ela acha que você irá gostar chegar à loja. A internet permite aos profissionais de marketing fazer micromarketing ainda mais eficaz. Ao rastrear específicas informações pessoais e demográficas, os profissionais de marketing podem enviar um e-mail diretamente aos consumidores com maior probabilidade de comprar seus produtos. Se você compra um livro pela Amazon.com, a empresa se oferecerá a lhe enviar notícias por e-mail sobre os livros que possam ser de seu interesse.

> **Em poucas palavras**
>
> Coloque todos os seus ovos em uma cesta, e cuide dela.
> Mark Twain (1835-1910)
> Autor americano

Mas fazer micromarketing, como marketing de nicho, pode tornar-se um excesso se as empresas gastarem muito tempo, esforço e dinheiro com marketing para revelar um mercado que é pequeno e especializado demais para ser lucrativo. Além disso, o micromarketing pode fazer uma empresa perder de vista outros mercados acessíveis.

SELECIONANDO E EXECUTANDO UMA ESTRATÉGIA

7 Resumir os tipos de estratégias de posicionamento.

Embora muitas organizações adotem alguma forma de marketing diferenciado, não há uma única melhor escolha que se ajuste a todas as empresas. Qualquer uma das alternativas pode provar ser mais eficaz em uma situação particular. Os determinantes básicos de uma estratégia de mercado específico são: (1) os recursos da empresa, (2) a homogeneidade do produto, (3) o estágio do ciclo de vida do produto e (4) as estratégias dos concorrentes.

8 Explicar as razões para posicionamento e reposicionamento de produtos.

Uma empresa com recursos limitados pode ter de escolher uma estratégia de marketing concentrado. Pequenas empresas podem ser forçadas a selecionar pequenos mercados-alvo por causa das limitações de sua força de venda e orçamentos com publicidade. Por outro lado, uma estratégia de marketing indiferenciado ajusta itens de venda percebidos pelos consumidores como relativamente homogêneos. Os profissionais de marketing de grãos, por exemplo, vendem níveis padronizados de produtos genéricos em vez de nomes de marcas individuais. Algumas empresas de petróleo implementam o marketing indiferenciado para distribuir seus combustíveis para o mercado de massa.

A estratégia da empresa pode também mudar conforme seu produto avança pelos estágios de seu ciclo de vida. Nos primeiros estágios, o marketing indiferenciado pode sustentar eficazmente o esforço da empresa em construir uma demanda inicial para o item. Nos últimos estágios, no entanto, as pressões competitivas forçam modificações nos produtos e no desenvolvimento das estratégias de marketing direcionadas aos segmentos do mercado total.

As estratégias de concorrentes também afetam a escolha de uma abordagem de segmentação. Uma empresa pode deparar com obstáculos para o marketing indiferenciado se seus concorrentes cultivam ativamente segmentos menores. Nesses casos, a concorrência normalmente força cada empresa a adotar uma estratégia de marketing diferenciada.

Depois de escolher uma estratégia para alcançar o mercado-alvo de sua empresa, os profissionais de marketing devem, então, decidir como melhor posicionar o produto. O conceito de **posicionamento** procura colocar um produto em certa posição, ou lugar, na mente dos compradores prospectivos. Os profissionais de marketing usam uma estratégia de posicionamento para diferenciar as ofertas de sua empresa das ofertas dos concorrentes e para criar promoções que comuniquem a posição desejada, como faz a Applebee's, o que será descrito no quadro "Sucesso de marketing".

Para atingir essa meta, os profissionais de marketing seguem um número de estratégias de posicionamento. As possíveis abordagens incluem posicionamento de um produto de acordo com as seguintes categorias:

Sucesso de marketing

Applebee's: um grande sucesso em pequenas cidades

Histórico. Quase em todo lugar dos Estados Unidos, os consumidores são bombardeados com escolhas de nomes de marcas de lanchonetes: T.G.I. Friday's, Ruby Tuesday e Chilli's, só para citar alguns. E tem a Applebee's, rede de 1.556 restaurantes, aproximadamente o dobro do número de restaurantes Chilli's.

Desafio de marketing. Como se conquistar o mercado de restaurantes simples? Você pode construir muitos restaurantes, como fez a Applebee's, mas tem de encontrar uma forma

de atrair clientes famintos, saciar a fome deles e fazer que voltem sempre.

A estratégia. A Applebee's posicionou-se como "O vizinho favorito dos Estados Unidos", com cada restaurante projetado como um atrativo e confortável lugar para comer na vizinhança para consumidores de todas as idades – oferecendo bom atendimento e preço razoável, mas pratos deliciosos, como *Oriental Chicken Salad, House Sirloin* e *Fiesta Lime Chicken*. Cada restaurante exibe fotos e objetos típicos do lugar. Além disso,

1. *Atributos* – Propagandas da linha *Talbot* de roupa para mulheres afirmam: "É um clássico". O carro *Chevy Tahoe* é "Como uma rocha".
2. *Preço/qualidade* – Os móveis *Chelsea House* parecem estar "refletindo um modo elegante de viver".
3. *Concorrentes* – A Hidden Valley Ranch diz: "Nós fizemos primeiro. Nós fizemos certo".
4. *Aplicação* – A Whirlpool quer "lavar sua limpeza mundial".
5. *Usuário do produto* – A Crane's faz seus artigos de papelaria "para o escritor que há em cada um de nós".
6. *Classe de produto* – A indústria de diamantes afirma: "Um diamante é para sempre".

Seja qual for a estratégia que escolham, os profissionais de marketing querem enfatizar as vantagens exclusivas de um produto e diferenciá-lo das opções dos concorrentes. Com a afluência dos descontos das companhias aéreas, cada uma dessas companhias precisa fazer mais do que simplesmente se posicionar como empresa que oferece descontos e preços mais baixos do que as maiores e mais caras. Assim, a Song diferencia-se ao oferecer 24 canais gratuitos da TV por satélite, estações de áudio e videogames de multijogadores em um único monitor. A companhia aérea JetBlue oferece cinco opções de petiscos grátis.[59]

Um **mapa de posicionamento** proporciona um ferramenta valiosa para auxiliar os gerentes a posicionar os produtos ao ilustrar graficamente as percepções dos consumidores de produtos concorrentes em um setor. Os profissionais de marketing podem criar um mapa de posicionamento competitivo com base em informações solicitadas pelos consumidores ou usando seu conhecimento acumulado sobre um mercado. Um mapa de posicionamento pode apresentar duas características diferentes – preço e qualidade percebida – e mostrar como os consumidores vêem um produto e seus principais concorrentes com base em tais características. O mapa de posicionamento hipotético da Figura 9.7 compara varejistas selecionados com base em possíveis percepções dos preços e da qualidade de suas ofertas.

Algumas mudanças no ambiente competitivo forçam os profissionais de marketing a **reposicionar** um produto – mudando a posição que ele ocupa na mente de compradores prospectivos relativa às posições de produtos concorrentes. Os profissionais de marketing dos restaurantes Bertucci's, famosos pela pizza no forno a lenha, fizeram uma mudança corajosa quando decidiram diminuir a produção do prato-marca da rede e, em vez disso, enfatizar pratos mais caros como frutos do mar, carne de vitela e carne de porco. A decisão foi tomada porque a rede sofreu uma queda nas vendas

MARKETING
Verificação de conceito

1. Explique a diferença entre estratégias de marketing diferenciado e indiferenciado.

2. Quais são os benefícios do marketing concentrado?

3. Quais são os quatro determinantes de uma estratégia de mercado específico?

a Applebee's decidiu situar muitos de seus restaurantes em zonas rurais, onde é o único restaurante de marca conhecida.

O resultado. A Applebee's é um grande acerto nos pequenos bairros e cidadezinhas do país. Como dois terços das cidades americanas têm populações de 50 mil habitantes ou menos, a estratégia da Applebee's para crescer entre essas comunidades é um trabalho brilhante de marketing. Mas os profissionais de marketing da Applebee's sabem que ainda precisam atingir altos padrões em pequenas cidades. "Temos de fazer um bom trabalho, pois se você não cuidar das pessoas, isso é uma antipropaganda", diz Steve Lumpkin, CEO Applebee's.

Fontes: site da empresa, **www.applebees.com**, acessado em 4 fev. 2005; MAcNEARLY, Jeremy. A cautious Applebee's, *The Montley Fool*, 18 jan. 2005, **www.fool.com**; GRAY, Steven. How Applebee's is making it big in small towns, *The Wall Street Journal*, 2 ago. 2004, p. B1, B4.

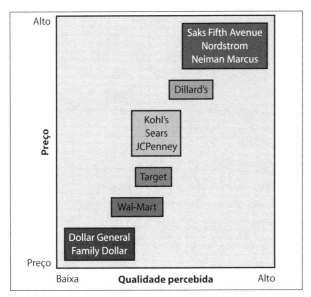

Figura 9.7
Mapa de posicionamento hipotético para varejistas selecionados.

de pizzas e os profissionais de marketing queriam apelar para um mercado mais amplo em vez de enfocar somente os consumidores de pizzas. Para apresentar as mudanças do cardápio, a empresa veiculou propagandas na televisão e no rádio com o slogan "Todo mundo come quando vem para a nossa casa".[60]

O reposicionamento pode até mesmo ser necessário para empresas e produtos que já tenham sucesso. Quando percebeu o potencial de fazer marketing de moda sofisticada em seu site de leilão, a eBay teve de se reposicionar de maneira diferente, de sua imagem original como câmara de compensação para a de cerâmica de alta qualidade e coleções de Barbies. Com essa finalidade, a empresa contratou Constance White, uma ex-jornalista de moda, para começar a estabelecer relacionamentos com estilistas e atacadistas de moda. Além disso, a eBay redesenhou suas páginas na internet para parecer mais atraente e de maior prestígio. Em um dia, a eBay agora recebe 53 mil pesquisas com

a palavra-chave Louis Vuitton e 34 mil pesquisas com Prada. Itens raros ou, por outro lado, altamente desejáveis, às vezes, aparecem, incluindo a bolsa Hermès Birkin. A média de oferta inicial para a Hermès é de US$ 10 mil.[61]

Implicações estratégicas do marketing no século XXI

Para se manterem competitivos, os profissionais de marketing de hoje devem identificar com precisão os clientes potenciais. Eles podem usar uma variedade de métodos para conseguir isso, de segmentar mercados por gênero até segmentar por localização geográfica. O truque é criar a melhor combinação de métodos de segmentação para identificar os mercados potenciais mais duradouros e lucrativos. Os profissionais de marketing também devem ser flexíveis, adaptando-se aos mercados conforme eles mudam – por exemplo, seguir uma geração

conforme ela cresce ou alcançar novas gerações renovando ou reposicionando produtos.

Maior vantagem competitiva terão as empresas que puderem identificar e atender os mercados sem segmentá-los a ponto de serem pequenos ou especializados demais para oferecer lucros. Os profissionais de marketing que podem alcançar, e comunicar-se com, os clientes certos têm maior chance de atraí-los e mantê-los do que os profissionais de marketing que pesquisam os clientes errados no lugar errado.

· · · · · **REVISÃO**

1. Identificar os componentes essenciais de um mercado.

Um mercado consiste em pessoas e organizações com o necessário poder de compras, disposição e autoridade para comprar. Os produtos de consumo são comprados pelos consumidores finais para uso pessoal. Bens empresariais são comprados para uso direto ou indireto na produção

de outros produtos e serviços. Certos produtos podem pertencer às duas categorias.

1.1. Dê um exemplo de produto de consumo e um de bem empresarial.

1.2. Os produtos que você mencionou poderiam encontrar um mercado também na categoria oposta? Explique.

2. **Resumir o papel da segmentação de mercado no desenvolvimento de uma estratégia de marketing.**

A segmentação de mercado é o processo de dividir um mercado total em diversos grupos homogêneos. É usada para identificar um mercado-alvo para um produto ou serviço. A segmentação é a chave para escolher uma estratégia de marketing.

2.1. Que tipos de organizações usam a segmentação de mercado?

3. **Descrever os critérios necessários para uma segmentação eficaz.**

A segmentação eficaz depende destes quatro requisitos básicos: (1) o segmento deve ter tamanho e poder de compra mensuráveis; (2) os profissionais de marketing podem encontrar um modo de promover e atender o mercado; (3) os profissionais de marketing devem identificar os segmentos grandes o suficiente para potencial de lucro; e (4) a empresa pode ter como alvo um número de segmentos que correspondam a suas capacidades de marketing.

3.1. Descreva um mercado que muito provavelmente forneceria tamanho e poder de compra mensuráveis.

3.2. Por que uma empresa menor decidiria dedicar-se exclusivamente a um mercado de nicho particular em vez de ter como mercado-alvo um segmento mais amplo?

4. **Explicar cada uma das quatro bases para segmentar mercados consumidores.**

Os mercados de consumo podem ser divididos com base em abordagens de segmentação relacionada ao produto, segmentação psicográfica, demográfica ou geográfica. A segmentação geográfica divide o mercado geral em grupos homogêneos de acordo com as localidades de população. A segmentação demográfica classifica o mercado em grupos baseados em certas características, como idade, sexo e nível de renda. A segmentação psicográfica utiliza perfis comportamentais desenvolvidos a partir de análises de atividades, opiniões, interesses e estilos de vida dos consumidores para identificar os segmentos de mercado. A segmentação relacionada ao produto envolve dividir a população em grupos baseados em características do relacionamento dos consumidores com o produto, incluindo benefícios, índices de uso e fidelidade da marca.

4.1. Além do tamanho da população, quais outros indicadores de características podem afetar a decisão de uma empresa de usar a segmentação geográfica?

4.2. Por que os profissionais de marketing prestam tanta atenção aos pré-adolescentes e adolescentes?

4.3. O que é VALS2?

4.4. Quais são os três tipos de segmentação relacionada ao produto?

5. **Identificar os passos do processo de segmentação de mercado.**

A segmentação de mercado é a divisão de mercados em grupos relativamente homogêneos. A segmentação segue uma seqüência de quatro passos: (1) desenvolver perfis de usuários; (2) prever o potencial de mercado geral; (3) estimar a participação de mercado; e (4) selecionar segmentos de mercado específico.

5.1. Por que é importante, para os profissionais de marketing, seguir um processo específico ao aplicar a segmentação de mercado?

6. **Discutir quatro estratégias básicas para atingir mercados-alvo.**

As quatro estratégias são: (1) marketing indiferenciado, que utiliza um único mix de marketing; (2) marketing diferenciado, que produz numerosos produtos, cada um com seu próprio mix; (3) marketing concentrado, que destina os recursos de marketing de toda a empresa a um segmento pequeno; e (4) micromarketing, direcionado aos clientes potenciais em níveis básicos, como código postal e profissão.

6.1. Quais são os benefícios e as desvantagens do marketing diferenciado?

6.2. Sob quais circunstâncias uma empresa pode usar o micromarketing?

7. **Resumir os tipos de estratégias de posicionamento.**

As estratégias de posicionamento incluem posicionar um produto ou serviço de açordo com atributos, preço/qualidade, concorrentes, aplicação, usuários do produto e classe do produto.

7.1. Como os profissionais de marketing escolhem que tipo de estratégia de posicionamento é melhor para seus produtos?

7.2. O que é um mapa de posicionamento?

8. **Explicar as razões para posicionar e reposicionar produtos.**

O posicionamento ajuda a criar uma impressão favorável de um produto na mente do consumidor e é utilizado para diferenciar um produto dos produtos dos concorrentes. As mudanças no ambiente competitivo podem exigir um reposicionamento para se manter ou até mesmo conseguir mais participação de mercado.

8.1. Além do aumento da concorrência, quais outros fatores podem fazer uma empresa reposicionar um produto?

PROJETOS E EXERCÍCIOS EM GRUPO

1. Sozinho ou em duplas, escolha um produto que poderia atender tanto ao mercado de consumo como o empresarial. Elabore um gráfico com os títulos "empresariais" e "de consumo" para mostrar as maneiras específicas em que seu produto poderia atender a cada um.

2. Escolha seu esporte favorito, que pratique ou ao qual apenas assista. Considere futebol, tênis, skate, golfe, *mountain bike* ou algum outro. Identifique os segmentos de mercado diferentes para seu esporte. Em seguida, escreva um breve plano para selecionar uma estratégia de segmentação para o esporte.

3. Uma vez selecionada uma estratégia de segmentação para seu esporte, teste a idéia em seu mercado-alvo. Se você selecionar jovens adolescentes, entreviste um ou dois deles para ver se estão interessados no esporte. Se selecionar pessoas que moram na periferia ou em uma região específica do país, experimente conversar com alguém que represente seu mercado. Apresente suas descobertas para a classe.

4. Encontre uma propaganda que utilize a segmentação relacionada ao produto como parte de sua estratégia para atrair consumidores. Apresente a propaganda para a classe, identificando seus aspectos específicos, como segmentação por busca de benefícios, segmentação por fidelidade da marca.

5. Identifique um produto que você ou alguns de vocês saibam que recebem tanto marketing de nicho como micro-marketing. Você acredita que o produto poderia ter um público maior? Justifique sua resposta.

6. Em duplas, pesquisem em várias mídias para encontrar um exemplo de cada tipo de posicionamento de produtos e serviços. Discutam suas descobertas com o restante da classe.

7. Sozinho ou com um colega, selecione um dos seguintes produtos. Decida como ele deveria ser posicionado e depois criem um slogan que reflita esse posicionamento. Você pode revisar os exemplos dados no capítulo. Crie uma propaganda impressa com seu slogan.
   a. geladeira
   b. restaurante que serve refeições de baixo teor de carboidratos
   c. prestadora de telefone celular
   d. motocicleta

8. Agora crie um mapa de posicionamento para seu produto.

9. Elabore um gráfico que mostre as maneiras como você pode reposicionar seu produto conforme ele muda, passando pelos vários estágios do ciclo de vida do produto.

10. Em duplas, escolham um produto que acreditam poder beneficiar-se com o reposicionamento – seja uma comida favorita (como pizza ou taco), uma forma de entretenimento (como um parque temático ou estação de rádio), um tipo de automóvel, ou algum aparelho eletrônico. Identifique as maneiras como os profissionais de marketing podem reposicionar o produto.

APLICANDO OS CONCEITOS DO CAPÍTULO

1. Faça uma descrição de sua família como um segmento de mercado utilizando fatores geográficos e demográficos.

2. Selecione um dos produtos a seguir e explique como você usaria a segmentação por renda e padrões de gastos para determinar seu mercado-alvo:
   a. campo de golfe
   b. aparelho de MP3
   c. refeições congeladas de supermercado
   d. parque de diversão

3. Qual dos seis segmentos de consumidores psicográficos da Roper Starch Worldwide você representa? Por quê?

4. Por que os profissionais de marketing utilizam menos marketing indiferenciado atualmente? Descreva uma situação em que o marketing indiferenciado pode, de fato, ser vantajoso.

5. Pense em um produto que realmente faça você se lembrar de sua infância – um doce, um brinquedo, um programa de televisão ou equivalente. Descreva como você reposicionaria esse produto para conquistar as crianças de hoje.

EXERCÍCIO DE ÉTICA

Imagine que você trabalha para uma grande loja de departamentos localizada nos arredores de uma grande cidade e queira atrair novos clientes – tanto nas cidades vizinhas como na própria cidade. Um colaborador afirma ter acesso aos dados étnicos sobre pessoas que moram nessas localidades. Os dados podem ajudar sua loja a saber como alcançar consumidores por meio de malas-diretas ou promoções na loja.

1. Você aceitaria e usaria os dados? Justifique sua resposta.
2. Você contaria a seu supervisor que teve acesso aos dados? Justifique sua resposta.
3. Se recusar usar os dados, que métodos alternativos você poderia utilizar para alcançar seu mercado?

EXERCÍCIOS NA INTERNET

1. **Como as empresas segmentam seus mercados.** Visite o site da Ford Brasil (**www.ford.com.br**) e da Procter & Gamble (**www.procter.com.br**). Como cada uma dessas empresas segmenta seus mercados (como geográfico, relacionado ao produto ou demográfico)? A empresa utiliza mais de um método de segmentação de produto?
2. **Segmentando por fidelidade da marca.** Visite o site da cervejaria Brahma (**www.brahma.com.br**). Prepare um breve relatório sobre como a Brahma utiliza sua loja on-line

para construir fidelidade da marca. Escolha outra empresa que você tenha ouvido falar e visite seu site. Como essa empresa utiliza seu site para aumentar a fidelidade da marca?

Observação: Os endereços de sites na internet mudam com freqüência. Se você não encontrar os sites mencionados, será necessário acessar a homepage da organização ou da empresa e então realizar sua pesquisa ou utilizar uma ferramenta de busca como o *Google*.

• • • • •

C|A|S|O 9.1   Scion: a próxima geração da Toyota

A nova geração de motoristas não quer parecer com seus pais andando em carroças. Eles não seriam vistos andando em uma charrete ou minivan, e até mesmo um carro utilitário traz a imagem de transportar um time de futebol inteiro pela cidade. Eles querem algo novo e diferente, algo moderno, um carro que represente quem são. Mas o alto preço da marca Hummer está fora do alcance para esses jovens que mal começaram a trabalhar. Então, a Toyota criou um novo carro para motoristas da Geração Y – e uma campanha de marketing para sua promoção.

Ele é chamado de *Scion*. Tem dois modelos: xA e xB. O xA é "é robusto, macio e pronto para rodar", de acordo com o colorido catálogo de marketing que também apresenta frases como "um sistema de som de verdade" e "o que move você". O xB parece uma caixa de sapato sobre rodas. Na verdade, ele é tão esquisito que chega a ser atraente – no mínimo, você atravessa a rua para dar uma outra olhadinha em alguns desses que estejam estacionado na rua. Os *Scions* chegam aos Estados Unidos como esqueletos e passam por uma customização que inclui decorações originais de painel e pára-lama manchado do jeito

que eles encomendam. A idéia é fazer que o carro seja tão único quanto o comprador que o adquiriu. Os dois modelos Scion têm um preço acessível – a partir de aproximadamente US$ 14 mil – que é a chance para os 65 milhões de americanos que nasceram entre 1977 e 1995 e estão agora tirando a carteira de motorista e começando a trabalhar. Como cerca de 3,5 milhões de consumidores da Geração Y tiram carteira de motorista a cada ano, os fabricantes de carros ficam em cima em um esforço para conquistar a atenção deles e desenvolver um relacionamento que, com o tempo, se transformará em fidelidade da marca.

A Toyota *não* quer que os pais da Geração Y – que têm a idade da geração *baby boomers* – comprem esse carro. Eles posicionaram o Scion de tal forma que ele fica praticamente escondido da geração mais velha. O motivo é que os profissionais de marketing da Toyota já tiveram um pouco de azar ao construir e fazer o marketing de carros para motoristas jovens – em vez deles, os pais compraram os carros. Esse foi o caso do *Echo*, um pequeno sedã com excelente confiança e eficiência de combustível, com um acabamento de um baixo preço de etiqueta, cerca de US$ 11 mil. O mais recente *Matrix* – uma peruinha a partir de US$ 15 mil – apelou mais para os motoristas da geração *baby boomers* e famílias jovens do que para a população da Geração Y, para quem foi projetado. Sendo assim, os profissionais de marketing da Toyota se afastaram das propagandas de tendências atuais e se concentraram em maneiras não-tradicionais de transmitir a mensagem para seus futuros clientes.

A propaganda impressa do *Scion*, que enfoca a juventude e o estilo de vida, se parece com uma revista de música: é cheia da arte urbana grafite; retrata os vendedores do *Scion*, artistas e astros do hip-hop; faz propaganda de outros produtos, como a revista *URB*; mostra a programação dos eventos promocionais do *Scion* como Exibição de Séries *Scion*; e um convite para visitar o site do *Scion*. O catálogo vem até com um CD que tem um mix de música, trailers de filmes, cenas de eventos do *Scion* – e algumas informações sobre os carros. Em vez de convidar os clientes da Geração Y diretamente para o showroom, os profissionais de marketing da Toyota levaram o Scion para os lugares que os motoristas jovens freqüentam. Eles estacionaram na frente de cafés próximos ao *campus* da faculdade e também na praia. Convidaram o pessoal de revistas modernas de hip-hop, como a *Yellow Rat Bastard*, para fazer um *test-drive* do *Scion* e falar sobre a experiência.

No final das contas, para que o Scion seja um sucesso, os motoristas da Geração Y terão de se esforçar e entregar todo o dinheiro que juntaram. Os números das vendas iniciais mostram que a idade média de um comprador do xB é 33 anos – que é treze anos mais jovem do que o proprietário médio da Toyota. Entretanto, se um baby boomer passeia pelo *showroom* e pega um folheto do carro, o vendedor da Toyota não o expulsa.

Questões para discussão

1. Se a Toyota fosse ampliar seu mercado-alvo para o *Scion*, que segmento ou segmentos ela poderia incluir?

2. Como você descreveria a estratégia de posicionamento que a Toyota fez para o *Scion*?

Fontes: Toyota's Scion: it's cheap, cute, built to hold gen Y, *Newsday. com*, 6 fev. 2004, **www.newsday.com**; *Scion*, catálogo da Toyota, verão/outono 2003; COPELAND, Michael V. Hits & misses, *Business 2.0*, set. 2003, p. 92; GARFIELD, Bob. Toyota finds attractive effort to push the plug-ugly Scion, *Advertising Age*, 4 ago. 2003, p. 29; FREEMAN; Sholan; SHIROUZO, Norihiko. Toyota's gen Y gamble, *The Wall Street Journal*, 30 jul. 2003, p. B1; FONDA, Daren. Baby, you can drive my car, *Time*, 30 jun. 2003, p. 46-8.

Marketing de Relacionamento, Gestão de Relacionamento com o Cliente (CRM) e Marketing One-to-one

Capítulo 10

Objetivos

1. Contrastar o marketing baseado em transações com o marketing de relacionamento.
2. Identificar e explicar os quatro elementos básicos do marketing de relacionamento, bem como a importância do marketing interno.
3. Identificar cada um dos três níveis do *continuum* do marketing de relacionamento.
4. Explicar como as empresas podem aumentar a satisfação do cliente e como elas constroem relacionamentos entre comprador e vendedor.
5. Discutir como os profissionais de marketing aplicam o marketing local e o marketing viral em seus esforços de marketing one-to-one.
6. Explicar o que é gestão de relacionamento com o cliente (CRM) e o papel da tecnologia na construção de relacionamentos com clientes.
7. Descrever o relacionamento comprador-vendedor no marketing business-to-business e identificar os quatro tipos de parcerias comerciais.
8. Descrever como o marketing business-to-business incorpora vendas para clientes nacionais, troca eletrônica de dados, estoques gerenciados por vendedores (VMI), revisão colaborativa (PPRC), administrando a cadeia de alimentos e criando alianças.
9. Identificar e avaliar as técnicas de avaliação e análise mais comuns em um programa de marketing de relacionamento.

TIMES DE BEISEBOL DE LIGAS INFERIORES FORJAM RELACIONAMENTOS DE GRANDES LIGAS

Não há nada como a tacada de um bastão de beisebol em um fim de tarde de agosto e a multidão vibrando enquanto o batedor passa pela primeira base e se dirige à segunda. Esses são os sons inconfundíveis do verão em um estádio de beisebol. Times da *Major League Baseball* (MLB – Liga Norte-americana de Beisebol) reivindicam os grandes estádios, preços altos de entradas e a glória da *World Series*. Porém, em todo o país, equipes de Ligas Inferiores – que estão cheios de aspirantes às grandes ligas – têm fãs fiéis. Como exemplos, temos os Lansing Lugnuts, Toledo Mud Hens, Montgomery Biscuits e New Hampshire Fisher Cats. Seus fãs voltam semana após semana para ver seus favoritos jogarem, talvez porque esses times se tornaram parte da comunidade local, como não podem fazer as grandes ligas. Eles constroem relacionamentos mais próximos com seus fãs, muitos dos quais são famílias com crianças pequenas.

Estádios de ligas inferiores ficam em vizinhanças acessíveis e seus mascotes servem para atrair a criançada – tem o Hornsby do Tulsa Drillers, o Tremor do Rancho Cucamonga Quakes e o Slugger do Portland Sea Dogs. Esses personagens são líderes de torcida para seus times, gerando entusiasmo, entregando prêmios e brincando com as crianças. O Wool E. Bull do Durham Bulls anda com seu carrinho ao redor do estádio, enquanto o Buster T. Bison do Buffalo Bisons pode ser visto pegando cachorro-quente e pipoca de clientes inesperados. Muitos mascotes também aparecem em eventos de caridade como embaixadores de seus times, continuando a gerar espírito comunitário.

Uma das vantagens de um estádio de beisebol de uma liga inferior é que se pode chegar lá facilmente – e há lugar para estacionar. Alguns times são atualmente tão bem-sucedidos que estão construindo novos estádios de milhões de dólares úteis às comunidades de diversas maneiras. A organização General Sports apresentou um estádio multiuso em Troy, Michigan, antes mesmo de um time ter-se estabelecido. O novo estádio pertencerá à cidade de Troy, que poderá utilizá-lo para atividades comunitárias até 265 dias no ano, de graça. A *General Sports* irá financiar a construção do estádio e o utilizará para um novo time de liga inferior nos outros cem dias do ano.

Equipes de ligas inferiores também enfocam o atendimento ao cliente. Enquanto fãs de times de grandes ligas aturam entradas caras, comidas e bebidas caras, certos comportamentos inoportunos entre jogadores e locais inacessíveis, os times de beisebol de ligas inferiores fazem o melhor para atender seus clientes, transformando-os em fãs fiéis. Novos times organizam concurso para escolha de nomes, fazendo que fãs sintam-se parte do processo. Foi assim que o Kansas City T-Bones, time de beisebol da Liga do Norte, recebeu seu nome – com o mascote Sizzle. Um concurso deu origem ao nome do New Hampshire Primaries, mas a administração do time recebeu tantas reclamações que organizou novo concurso. O resultado foi New Hampshire Fisher Cats. Naturalmente, produtos como bonés e casacos com logotipos ajudam a consolidar o relacionamento entre os fãs e os times. "Oferecer algo verdadeiramente exclusivo, que diferencia as pessoas de fãs de outros esportes quando elas usam esses produtos, é uma estratégia bem pensada", observa Dean Bonham, da consultoria de marketing do Bonham Group. Afinal de contas, fãs do Lugnuts devem ser capazes de reconhecerem-se, mesmo que estejam distantes do estádio em Lansing, Michigan.[1]

Visão geral

Como demonstram as experiências do beisebol de ligas inferiores, o marketing gira em torno de relacionamentos com clientes e com todo mundo que se envolve para criar um produto e introduzi-lo no mercado. A mudança do **marketing baseado em transações**, que enfoca trocas únicas e de curto prazo, para o marketing de relacionamento focado no cliente é uma das mais importantes tendências do marketing atual. As empresas sabem que não podem prosperar simplesmente identificando e atraindo novos clientes; para terem sucesso, precisam construir relacionamentos fiéis e vantajosos para ambas as partes, com clientes, fornecedores, distribuidores e funcionários antigos e novos. Essa estratégia traz bons resultados finais, pois manter clientes custa muito menos do que conseguir novos. Construir e administrar relacionamentos a longo prazo entre compradores e vendedores é a marca registrada do marketing de relacionamento. **Marketing de relacionamento** é o desenvolvimento, o crescimento e a manutenção de relacionamentos rentáveis e de muito valor com fornecedores, distribuidores, varejistas, clientes individuais e outros parceiros, para benefício mútuo ao longo do tempo.

O marketing de relacionamento baseia-se em promessas: a promessa de preços baixos, a promessa de alta qualidade, a promessa de entrega imediata, promessa de serviços superiores. Uma rede de promessas – na organização, entre esta e sua supply chains e entre compradores e vendedores – determina se um relacionamento crescerá ou não. Empresas são responsáveis por garantir que seus acordos sejam mantidos ou supera-

Em poucas palavras

As pessoas nos Estados Unidos costumavam pensar que, se as meninas fossem boas nos esportes, sua sexualidade seria afetada. Ser feminina significava ser líder de torcida, não uma atleta. A imagem sobre as mulheres está mudando atualmente. Você não precisa ser bonita para que as pessoas venham vê-la jogar. Ao mesmo tempo, ser uma boa atleta não significa não ser mulher.

Martina Navratilova (nasc. 1956)
Tenista tcheca

dos, e sua meta fundamental é conseguir satisfazer clientes.

Este capítulo analisa por que as organizações estão adotando relacionamento de marketing e gestão de relacionamento com o cliente, explora o impacto que essa mudança tem sobre produtores de mercadorias e serviços e sobre seus clientes e aborda maneiras de avaliar programas de relacionamento com o cliente.

• •··• •

MUDANÇA DO MARKETING BASEADO EM TRANSAÇÕES PARA O MARKETING DE RELACIONAMENTO

Desde a Revolução Industrial, a maioria dos fabricantes tem realizado operações orientadas para a produção. Eles têm se concentrado em elaborar produtos e, então, divulgá-los para os clientes esperando vender o suficiente para cobrir despesas e obter lucro. A ênfase é dada a transações e vendas individuais. No marketing baseado em transações, as trocas entre compradores e vendedores são caracterizadas por comunicações restritas e pouco ou nenhum relacionamento contínuo. O objetivo principal é induzir consumidores a comprarem mediante atrativos como preços baixos, conveniência ou embalagem. A meta é simples e de curto prazo: vender algo, agora.

1 Contrastar marketing baseado em transações e marketing de relacionamento.

Algumas mudanças de marketing continuam baseadas em transações. Em vendas de imóveis residenciais, por exemplo, o objetivo principal de corretores é efetuar vendas e receber comissões. Embora o corretor tente simular um relacionamento comprador-vendedor contínuo, na maioria dos casos a possibilidade de transações futuras é limitada. O máximo que um corretor pode esperar é representar o vendedor novamente em uma transação imobiliária subseqüente que pode ocorrer daqui a vários anos ou, mais provavelmente, obter boas referências para outros compradores e vendedores.

Hoje em dia, muitas organizações têm adotado uma abordagem alternativa. O marketing de relacionamento vê os clientes como parceiros iguais em transações de compradores-vendedores. Motivando clientes a entrar em um relacionamento de longo prazo no qual podem repetir compras ou adquirir várias marcas da empresa, profissionais de marketing conseguem entender as necessidades de clientes ao longo do tempo. Esse processo resulta em melhores produtos e em melhor atendimento ao cliente, levando ao aumento de vendas e a custos de marketing reduzidos. Além disso, profissionais de marketing descobriram que é mais barato manter clientes satisfeitos do que atrair novos clientes ou reconstruir relacionamentos abalados.

A mudança de transações para relacionamentos reflete-se na natureza mutável das interações entre clientes e vendedores. No marketing baseado em transações, as trocas com clientes geralmente são esporádicas e, em alguns casos,

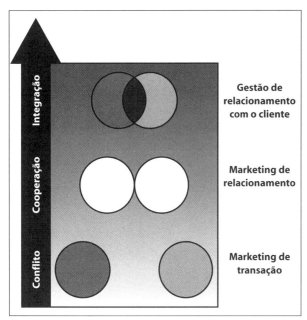

Figura 10.1
Formas de interação entre compradores e clientes em um *continuum* de conflitos à cooperação.

interrompidas por conflitos. Contudo, à medida que as interações passam a enfocar relacionamentos, os conflitos dão lugar à cooperação e os raros contatos entre compradores e vendedores passam a ser trocas contínuas.

Como ilustra a Figura 10.1, o marketing de relacionamento enfatiza a cooperação em vez de conflitos entre todas as partes envolvidas. Essa contínua troca colaborativa gera valor para ambas as partes e constrói a fidelidade do cliente. A gestão do relacionamento com o cliente vai além e integra as necessidades do cliente com todos os aspectos das operações da empresa e seu relacionamento com fornecedores, distribuidores e parceiros estratégicos. Reúne pessoas, processos e tecnologia com o objetivo de, a longo prazo, intensificar o valor do cliente com transações e interações que satisfaçam a ambas as partes.

Os profissionais do século XXI entendem agora que devem fazer mais do que simplesmente criar produtos e vendê-los. Em meio a tantas ofertas de mercadorias e serviços, os clientes buscam valor agregado em seus relacionamentos de marketing. Antigamente, os consumidores viam os bancos como lugares para guardarem seu dinheiro até que precisassem dele. As transações de um típico cliente de banco eram representadas por comprovantes de depósito, poupanças e contas bancárias movimentadas por cheques. A indústria dos bancos atual gira em torno de relacionamentos, inclusive os que envolvem hipotecas, economias de aposentadoria e cartões de crédito, além das tradicionais contas movimentadas por cheques e poupanças. A gigante bancária MBNA Corporation, com sede em Delaware, anunciou que irá introduzir cartões American Express em suas atuais ofertas de cartões de crédito, que incluem o MasterCard e o Visa. A nova oferta proporciona maior escolha aos clientes, consolida relacionamentos e torna a MBNA mais competitiva.[2]

A Tabela 10.1 resume as diferenças entre o restrito enfoque do marketing de transação e a visão mais ampla adotada pelo marketing de relacionamento. Os elos entre clientes e vendedores desenvolvidos no marketing de relacionamento duram mais e alcançam um espaço muito maior do que os elos desenvolvidos no marketing de

Tabela 10.1 Comparação entre marketing baseado em transações e estratégias de marketing de relacionamento

CARACTERÍSTICA	MARKETING DE TRANSAÇÃO	MARKETING DE RELACIONAMENTO
Orientação do tempo	Curto prazo	Longo prazo
Objetivo organizacional	Efetuar a venda	Ênfase na manutenção de clientes
Prioridade no atendimento ao cliente	Relativamente pequena	Componente essencial
Contato com clientes	Baixo a moderado	Freqüente
Grau de compromisso com o cliente	Baixo	Alto
Base para interações vendedor-cliente	Administração de conflitos	Cooperação, confiança
Fonte da qualidade	Essencialmente da produção	Compromisso da empresa toda

Fonte: Adaptado de CRISTOPHER, Martin; PAYNE ,Adrian; BALLANTYNE, David. *Relationship marketing*. Oxford: Butterworth Heinemann Ltd., 1993. p. 4.

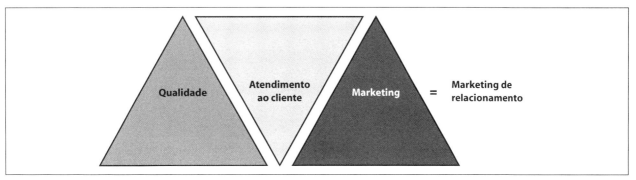

Figura 10.2
Integrando qualidade e atendimento ao cliente com outros elementos do mix de marketing para criar e manter o foco no marketing de relacionamento.

transação. Os contatos com clientes geralmente são mais freqüentes. Uma ênfase de toda a empresa no atendimento ao cliente contribui para satisfação deste.

ELEMENTOS DO MARKETING DE RELACIONAMENTO

Para construir relacionamentos de longo prazo, os profissionais de marketing precisam colocar os clientes no centro de seus esforços. A Figura 10.2 mostra que é necessário mesclar qualidade e atendimento ao cliente com elementos tradicionais do mix de marketing. Quando uma empresa integra atendimento ao cliente e qualidade com marketing, o resultado é uma orientação de marketing de relacionamento.

Porém, como as empresas conseguem esses relacionamentos de longo prazo? Elas os constroem com quatro elementos básicos:

2 Identificar e explicar os quatro elementos básicos do marketing de relacionamento, e a importância do marketing interno.

1. Reúnem informações sobre seus clientes. A tecnologia de banco de dados, discutida mais adiante neste capítulo, ajuda uma empresa a identificar clientes atuais e potenciais com características demográficas, de consumo e estilos de vida selecionados.
2. As companhias analisam os dados coletados e os utilizam para modificar seu mix de marketing com o objetivo de entregar diferentes mensagens e programas de marketing personalizados a clientes específicos.
3. Por intermédio do marketing de relacionamento, monitoram suas interações com os clientes. Então, são capazes de ter acesso ao nível de satisfação ou insatisfação dos clientes quanto a seus serviços. Profissionais de marketing podem calcular também custos para atrair novos clientes e descobrir quanto lucro será gerado por tais clientes durante o relacionamento. Há um *feedback* de informações e é possível buscar formas de agregar valor à transação comprador-vendedor para que o relacionamento se mantenha.
4. Com o software de gestão de relacionamento com o cliente (CRM – *Customer Relationship Management*), elas utilizam o conhecimento profundo que têm sobre clientes e as preferências deles para orientar todas as partes da organização, inclusive parceiros externos e internos, com o objetivo de construir uma singular diferenciação de empresas baseada em elos firmes e indestrutíveis com clientes. Tecnologias sofisticadas e a internet ajudarão nisso.[3]

Em poucas palavras

O time que confia – em seu líder e em seus membros – tem mais chances de obter sucesso.
Mike Krzyzewski (nasc. 1947)
Técnico de basquetebol,
Duke University

MARKETING INTERNO

Os conceitos de satisfação do cliente e marketing de relacionamento geralmente são discutidos em termos de **clientes externos** – pessoas ou organizações que utilizam as mercadorias ou os serviços de uma empresa. Porém, o marketing em organizações relativo à satisfação do cliente e a relacionamentos de longo prazo deve também tratar de **clientes internos** – funcionários ou departamentos na organização cujo sucesso depende de trabalhos de outros funcionários ou departamentos. Uma pessoa que processa um pedido de uma nova peça de equipamento é o cliente interno do vendedor que concluiu a venda, assim como a pessoa que comprou o produto é o cliente externo do vendedor. Embora quem processe o pedido talvez nunca encontre diretamente um cliente externo, seu desempenho pode ter um impacto direto no valor geral que a empresa é capaz de oferecer.

O **marketing interno** envolve ações administrativas que possibilitam a todos os membros de uma organização entender, aceitar e preencher suas respectivas funções ao implementarem uma estratégia de marketing. A satisfação de clientes internos ajuda organizações a atrair, selecionar e manter funcionários excelentes que apreciam e valorizam sua função na oferta dos melhores serviços a clientes externos. Pense em como a National City Corp., com sede em Cleveland, enriqueceu a experiência bancária de seus clientes – e de sua equipe. Em um programa, o banco atualizou suas ofertas aos clientes e, ao mesmo tempo, ofereceu um importante programa de treinamento com enfoque em serviços por meio de seu centro de desenvolvimento interno, o *National City Institute*. No primeiro ano, 3 mil funcionários – um décimo da mão-de-obra – se formaram. Os novos contratados agora recebem três semanas de treinamento, em vez de três dias. Maiores salários e importantes investimentos em tecnologia também serviram para aumentar o ânimo e a fidelidade dos funcionários e gerar uma atitude positiva que se traduz em um melhor atendimento ao cliente.[4]

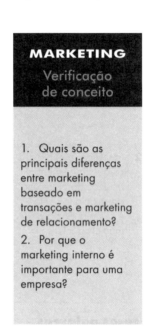

MARKETING
Verificação
de conceito

1. Quais são as principais diferenças entre marketing baseado em transações e marketing de relacionamento?

2. Por que o marketing interno é importante para uma empresa?

O conhecimento e o envolvimento de funcionários são metas importantes do marketing interno. Empresas que se destacam por satisfazer seus clientes normalmente têm como prioridade manter os funcionários informados sobre estratégias, objetivos corporativos e necessidades de clientes. É necessário também que os funcionários tenham as ferramentas necessárias para lidar convenientemente com problemas e solicitações de clientes. Redes de computadores em toda a empresa facilitam o fluxo de comunicação entre departamentos e cargos. Várias empresas – como a Harley-Davidson – também incluem fornecedores fundamentais em suas redes para acelerar e facilitar a comunicação de todos os aspectos dos negócios – do esboço do produto ao controle de estoques.

A **satisfação do funcionário** é outro objetivo crucial do marketing interno. Funcionários raramente, ou nunca, são capazes de satisfazer clientes se não estiverem contentes. Funcionários insatisfeitos muito provavelmente farão comentários negativos a parentes, amigos e conhecidos, o que pode afetar o comportamento de compra. Funcionários satisfeitos compram os produtos de seus empregadores, elogiam o atendimento ao cliente para seus amigos e família e, basicamente, transmitem uma poderosa mensagem aos clientes. Em um setor que enfrentou terríveis retrocessos nos últimos anos, a Southwest Airlines tem mantido uma perspectiva otimista entre seus funcionários, bem como a lucratividade. Após os ataques terroristas de 11 de setembro de 2001, outras companhias aéreas despediram centenas de funcionários e várias foram à falência. Porém, a Southwest não despediu um único funcionário e permaneceu rentável em tempos difíceis. A companhia aérea continua levando 5,5 milhões de passageiros a seu destino todo mês. Como fazem isso? "Ouçam, nosso *esprit de corps* é incrível", explica o CEO Jim Parker. "É como o Corpo de Fuzileiros Navais. O impalpável sempre foi mais importante do que o palpável. Além disso, conduzimos essa empresa para nos prepararmos para momentos ruins, que sempre surgem nos negócios."[5]

CONTINUUM DE MARKETING DE RELACIONAMENTO

Como todos os outros relacionamentos interpessoais, os relacionamentos entre compradores e vendedores agem em vários níveis. À medida que um indivíduo ou empresa avança do nível mais baixo para o nível mais alto do marketing de relacionamento, como mostra a Tabela 10.2, a força do comprometimento entre as partes aumenta.

A probabilidade de um relacionamento contínuo e de longo prazo também aumenta. Sempre que possível, profissionais de marketing desejam mudar a posição de seus clientes nesse *continuum*, fazendo que deixem de ser compradores do Nível 1, que enfocam principalmente os preços, para serem clientes de Nível 3, que recebem serviços especializados e benefícios com valor agregado que podem não estar disponíveis em outra empresa.

3 Identificar cada um dos três níveis do *continuum* de marketing de relacionamento.

PRIMEIRO NÍVEL: ENFOQUE NO PREÇO

As interações no primeiro nível do marketing de relacionamento são, em grande parte, superficiais e é pouco provável que levarão a um relacionamento a longo prazo. Nos exemplos mais comuns do primeiro nível, os esforços do marketing de relacionamento dependem dos preços e de outros incentivos financeiros para motivarem clientes a iniciarem relacionamentos de compra com um vendedor. O MasterCard da General Motors oferece créditos àqueles que têm o cartão a cada dólar gasto em compras de produtos da GM. O McDonald's às vezes oferece dois Big Macs pelo preço de um. A CleanSweep Homewood Suites oferece um fim de semana para "limpeza de sua casa". Hóspedes que ficam em uma suíte por quatro dias recebem cupons do ServiceMaster Clean e MarryMaids para que sua casa esteja impecável quando voltarem.[6]

Figura 10.3
O primeiro nível do marketing de relacionamento.

Tabela 10.2 Três níveis de marketing de relacionamento

CARACTERÍSTICA	NÍVEL 1	NÍVEL 2	NÍVEL 3
Elo principal	Financeiro	Social	Estrutural
Nível de personalização	Baixo	Médio	Médio a alto
Potencial de vantagem competitiva sustentada	Baixo	Médio	Alto
Exemplos	Programa AAdvantage da American Airlines	Harley Owners Group da Harley-Davidson (HOG)	Programa PowerShip da Federal Express

Fonte: Adaptado de informações de BERRY, L. Relationship marketing of services – growing internet, emerging perspectives, *Journal of the Academy of Marketing Science*, outono de 1995, p. 240.

Embora esses programas sejam interessantes para os usuários, talvez não gerem relacionamentos a longo prazo com os clientes. Por não serem personalizados de acordo com as necessidades de cada cliente, esses programas são facilmente copiados por concorrentes. Enquanto o McDonald's oferece dois Big Macs pelo preço de um, o Burger King pode reagir fazendo algo semelhante com seus sanduíches Whopper. Três anos após a American Airlines introduzir seu programa AAdvantage de viajante freqüente, cerca de 23 companhias aéreas aprovaram programas parecidos. Hoje, consumidores das companhias aéreas esperam benefícios para viagens freqüentes e não consideram mais algo especial. Portanto, é necessário mais do que preços baixos ou outros incentivos financeiros para estabelecer relacionamentos a longo prazo entre compradores e vendedores. Veja a propaganda da Toyota na Figura 10.3. Embora o slogan "Tudo isso e ainda tem troco de seus US$ 20.000" seja atraente para clientes que buscam bons preços, a propaganda também destaca outros benefícios que o Camry oferece. Portanto, o preço pode induzir os clientes a fazer um *test drive*, mas o relacionamento será determinado, no fim das contas, por outros fatores.

SEGUNDO NÍVEL: INTERAÇÕES SOCIAIS

Quando compradores e vendedores atingem o segundo nível do marketing de relacionamento, suas interações evoluem em âmbito social – com ligações mais profundas e menos superficiais do que as do primeiro nível, motivado por questões financeiras. Os vendedores começam a entender que os relacionamentos sociais com os clientes podem ser ferramentas de marketing muito eficientes. O atendimento ao cliente e a comunicação são fatores essenciais nesse estágio. O quadro "Resolvendo uma questão ética" explora as vantagens e desvantagens de usar tecnologia de auto-serviço no lugar de interações face a face.

A interação social pode adotar muitas formas. O dono de uma loja de sapatos ou de uma empresa de lavagem a seco pode conversar com seus clientes sobre eventos locais. Uma galeria de arte pode organizar uma recepção para artistas e clientes. O departamento de atendimento ao cliente de uma concessionária de veículos pode telefonar aos clientes após consertos para verificar se estão satisfeitos ou têm alguma dúvida. Uma empresa de investimentos pode enviar cartões comemorativos para todos os seus clientes. A Virgin Radio estabeleceu um clube VIP que envia e-mails específicos para clientes, informando-os de shows e outros eventos musicais da região onde moram. "Queríamos poder oferecer promoções, competições e propagandas às regiões", diz James Cridland da Virgin Radio. "Agora, além de podermos informar que o grupo musical Coldplay está em turnê, podemos na realidade enviar e-mails informando às pessoas quando o grupo vai tocar nos locais mais próximos a elas."[7]

TERCEIRO NÍVEL: PARCERIA INDEPENDENTE

MARKETING
Verificação de conceito

1. Identifique os três níveis do relacionamento de marketing.
2. Qual nível é o mais complicado? Por quê?

No terceiro nível do marketing de relacionamento, relacionamentos são transformados em variações estruturais que asseguram que comprador e vendedor são verdadeiros parceiros de negócios. À medida que comprador e vendedor trabalham mais próximos, criam uma dependência recíproca que continua a crescer ao longo do tempo.

Embora os fabricantes de carro não vendam pela internet, suas estratégias na rede são estruturadas para desenvolver liderança e oferecer assistência a concessionárias. Ao fazer propaganda em sites de pesquisa independentes, como Kelley Blue Book ou Carmax.com, fabricantes como a Saturn atraem visitantes para seus sites. Como compradores na internet não podem ser encurralados por vendedores antes de estarem prontos para comprar, alguns clientes consideram a pesquisa na rede um processo menos estressante do que visitar uma sala de exposição. No site do fabricante de carros, clientes podem configurar exatamente o carro que querem

Resolvendo uma questão ética

AUTO-SERVIÇO E RELACIONAMENTOS COM CLIENTES

O atendimento ao cliente geralmente envolve interações sociais entre compradores e vendedores – ou seus representantes. Mesmo que a interação não aconteça pessoalmente, em geral algum tipo de comunicação pessoal ocorre por telefone ou via internet. Mas agora que empresas, que vão de companhias aéreas a lojas de varejo, como o Wal-Mart, a Home Depot e os supermercados Shaw com sede na Nova Inglaterra, estão instalando filas de auto-serviço permitindo aos clientes efetuarem transações sem contato humano, os relacionamentos com clientes podem ficar abalados, segundo alguns especialistas.

FILAS DE AUTO-SERVIÇO COMPROMETEM RELACIONAMENTOS ENTRE COMPRADORES E VENDEDORES?

SIM

1. Se um consumidor tem problemas em uma fila de auto-serviço – ou deseja fazer uma pergunta antes de confirmar uma compra –, ele talvez não consiga concluir a transação. No fim das contas, o consumidor pode ficar frustrado com a experiência e ir a um concorrente.
2. Filas de auto-serviço não atendem necessariamente todas as necessidades dos clientes de uma empresa. Clientes em farmácias, como a CVS e a Osco, podem examinar suas próprias compras que não sejam remédios, mas as máquinas de auto-serviço não conseguem examinar receitas médicas.

NÃO

1. Muitos consumidores dizem gostar da conveniência oferecida pelo auto-serviço, em especial se significar evitar filas longas.
2. As empresas podem reduzir custos de mão-de-obra ao utilizarem filas de auto-serviço, e os clientes, desfrutarem dessas economias.

RESUMO

Locais de auto-serviço, como caixas automáticos, têm seu valor em certas situações de marketing, e as empresas continuam expandindo essas ofertas. A Starwood Hotels agora possui filas de auto-serviço em alguns de seus hotéis Sheraton que permitem a clientes registrarem-se no hotel, pagarem a conta e deixarem mensagens para outros hóspedes. Contudo, não há um recepcionista sorridente para perguntar se você gostou de sua estada. O McDonald's e o Burger King estão tentando sistemas de auto-serviço também. Porém, defensores da nutrição saudável advertem que, como consumidor, é mais provável que você diga "sim" quando uma máquina lhe pergunta se quer um pacote de fritas maior do que quando um funcionário faz a mesma pergunta no balcão.

Fontes: The top 20 greatest Kiosk projects, *Kiosk Magazine*, **www.kiomag.com**, acessado em 23 mar. 2005; GOLESWORTHY, Terry. At your service, virtually, *Optimize*, dez. 2004, **www.optimizemag.com**; DuLANEY, Walt; WILLIAMS, Jay, Creating Smart self-service", *Optimize*, nov. 2004, **www.optimizemag.com**; KIVIAT, Barbara, May you help you?, *Time*, 6 set. 2004, p. 101.

Figura 10.4
Três etapas para medir a satisfação do cliente

adquirir, detalhe por detalhe. A Saturn oferece calculadores de preço e viabilidade que ajudam compradores a calcular pagamentos mensais. Os compradores da Saturn podem então achar sua concessionária local e nela continuar o processo de venda de acordo com o preço cotado no site. Dessa forma, tanto o fabricante quanto a concessionária se beneficiam com a venda e os clientes adquirem os carros desejados a um preço justo.[8]

AUMENTANDO A SATISFAÇÃO DO CLIENTE

4 Explicar como as empresas podem aprimorar a satisfação do cliente e como elas criam relações entre compradores e vendedores.

Profissionais de marketing monitoram a satisfação do cliente por vários métodos de pesquisa de marketing. Como parte de um relacionamento contínuo com clientes, profissionais de marketing devem medir e melhorar a forma de atenderem às necessidades de clientes. Como mostra a Figura 10.4, há três etapas importantes nesse processo: entender as necessidades do cliente, obter o *feedback* do cliente e instituir um programa contínuo para assegurar a satisfação do cliente.

ENTENDENDO AS NECESSIDADES DO CLIENTE

Saber de que os clientes precisam, o que querem e esperam é uma preocupação central de empresas focadas na construção de relacionamentos a longo prazo. Essas informações são também um passo vital para o estabelecimento de um sistema que avalie a **satisfação do cliente**. Profissionais de marketing devem monitorar de modo cuidadoso as características do produto que realmente interessam aos clientes. Também devem ficar constantemente em alerta quanto aos novos elementos que podem afetar tal satisfação.

A satisfação pode ser medida em termos das lacunas entre o que os clientes esperam e o que percebem que receberam. Tais lacunas podem gerar impressões favoráveis ou desfavoráveis. Mercadorias ou serviços podem ser melhores ou piores do que o esperado. Se forem melhores, profissionais de marketing podem aproveitar a oportunidade para gerar clientes fiéis.

Se as mercadorias ou os serviços são piores do que o esperado, uma empresa pode perder clientes o suficiente para acabar indo à falência. Às vezes, empresas simplesmente não conseguem fornecer os produtos que os clientes querem, como no caso da loja de brinquedos FAO Schwarz, que foi à falência. A loja, que reunia brinquedos sofisticados e difíceis de encontrar, perdeu grande parte de sua participação no mercado para varejistas em massa como o Wal-Mart e a Toys 'R' Us, em parte porque não tinha os artigos populares que os consumidores procuravam.[9] No entanto, se avaliarmos as lacunas entre o que os clientes esperam e o que recebem, perceberemos que empresas como a FAO Schwarz podem com freqüência voltar para o mercado.

Para evitar lacunas desfavoráveis, profissionais de marketing precisam manter-se informados sobre as necessidades de clientes atuais e potenciais. Eles devem ir além de medidas de desempenho tradicionais e explorar os fatores que determinam o comportamento de compra para formular missões, metas e padrões de desempenho com base nos clientes.

OBTENDO *FEEDBACK* DO CLIENTE E GARANTINDO SUA SATISFAÇÃO

A segunda etapa da análise da satisfação do cliente é obter o *feedback* de clientes sobre o desempenho atual. Cada vez mais, profissionais de marketing tentam aumentar o acesso de clientes à sua empresa incluindo números 0800 ou sites de internet em suas propagandas. A maioria das empresas conta com métodos reativos para obter *feedback*. Em vez de perguntar sobre reclamações, elas podem, por exemplo, monitorar a Usinet ou outros grupos de discussão para rastrear comentários e atitudes de clientes com relação ao valor recebido. Suas avaliações imparciais geralmente são realizadas duas vezes por ano ou trimestralmente para monitorar funcionários, diagnosticar áreas problemáticas do atendimento ao cliente e medir o impacto do treinamento de funcionários.

> **MARKETING**
> Verificação de conceito
>
> 1. Como se mede a satisfação do cliente?
> 2. Indique duas maneiras como os profissionais de marketing podem obter o *feedback* de clientes.

A Virgin Radio, com sede no Reino Unido, utiliza seu site para obter *feedback* e usa seu clube VIP para alcançar seus clientes. Os ouvintes podem entrar no site para classificar programas musicais e informar os DJs sobre o que desejam ouvir; também podem votar na lista das "Mais pedidas" para determinar a programação noturna. Esse *feedback* direto oferece à estação uma análise atual do gosto musical de seus ouvintes e ajuda os profissionais de marketing a adaptar a programação às necessidades de seus clientes.[10]

Qualquer método que facilita aos clientes fazer reclamações, na verdade, beneficia as empresas. As reclamações de clientes, muitas vezes, dão às empresas a oportunidade de superar problemas e de comprovar seu comprometimento com os serviços. As pessoas em geral são mais fiéis a uma empresa após um conflito ter sido solucionado do que em casos nos quais nunca houve reclamação alguma.

Muitas organizações também utilizam métodos proativos para avaliar a satisfação do cliente, métodos que incluem visitas, telefonemas ou envio de pesquisas a clientes para descobrir seu nível de satisfação. A Xerox coleta informações enviando aproximadamente 60 mil pesquisas por mês sobre a satisfação dos clientes, e a divisão de cartões de crédito da AT&T Universal telefona para 2.500 clientes todo mês para avaliar a qualidade das nove áreas mais importantes da empresa relacionadas com o desempenho dos serviços. A Pizza Hut telefona para 50 mil clientes toda semana para saber sobre suas experiências nas unidades da cadeia de restaurantes. O chefe de cozinha de um restaurante local pode perguntar aos clientes se estão gostando da refeição. O dono de uma pequena loja de roupas pode perguntar aos clientes o que eles acham da forma como os artigos estão expostos na vitrine.

CONSTRUINDO RELACIONAMENTOS ENTRE COMPRADORES E VENDEDORES

Profissionais de marketing de serviços e bens de consumo descobriram que devem fazer muito mais do que apenas criar produtos e vendê-los. Com uma infinidade de produtos para escolher, muitos clientes estão buscando formas de simplificar tanto seus negócios como sua vida pessoal; os relacionamentos possibilitam isso.

Clientes estabelecem relacionamentos contínuos, entre outros motivos, por desejarem reduzir escolhas. Com relacionamentos, eles podem simplificar a coleta de informações e todo o processo de compras, bem como diminuir o risco de insatisfação. Sentem-se à vontade com marcas que se tornaram familiares por causa de seus relacionamentos contínuos com empresas. Tais relacionamentos podem fazer que clientes tomem decisões de forma mais eficiente e gerar maiores níveis de satisfação.

Um benefício essencial para os clientes em relacionamentos comprador-vendedor a longo prazo é o valor positivo que eles recebem. Relacionamentos agregam valor em razão das maiores oportunidades que os clientes têm de economizar dinheiro com descontos, abatimentos e ofertas semelhantes; em virtude do reconhecimento especial de programas de relacionamento; e por causa da conveniência na hora da compra.

Profissionais de marketing devem entender por que os clientes terminam relacionamentos. As tecnologias computadorizadas e a internet têm tornado os clientes mais informados do que nunca ao permitirem que comparem preços, mercadorias e o atendimento ao cliente, de maneira nunca vista. Se percebem que o produto ou o atendimento ao cliente de um concorrente é melhor, os clientes podem mudar de opção. A loja de produtos musicais Tower Records foi à falência, em parte, porque não tinha condições de competir com as músicas baixadas da internet e, em parte, porque não podia competir com os preços de lojas de desconto como a Best Buy.[11] Muitos clientes não gostam de sentir que estão presos em uma relação com uma única empresa e isso é suficiente para que adquiram um artigo de um concorrente na próxima compra. Alguns simplesmente enjoam de seus fornecedores atuais e decidem experimentar a concorrência.

COMO OS PROFISSIONAIS DE MARKETING MANTÊM CLIENTES

Uma das forças principais que impulsionam a mudança do marketing baseado em transações para o marketing de relacionamento é a percepção de que manter clientes é muito mais rentável do que perdê-los. Os clientes geralmente possibilitam que uma empresa gere mais lucros a cada ano adicional do relacionamento.

Um bom exemplo disso é o programa de recompensas da Marriott, que atualmente possui mais de 17 milhões de membros. Os membros gastam em média de 2,5 vezes mais nos hotéis Marriott do que aqueles que não são membros, e representam 40% das vendas totais da empresa. Eles têm mais de 250 opções de recompensas, ganhando milhas de companhias aéreas ou pontos para receber em estadas em hotéis e mercadorias. Podem economizar 33% do valor no Poupa Pontos Marriott e, em certos períodos de tempo, ganhar recompensas duplas da Marriott ou duplicar pontos de renovação com a Hertz. A Marriott também oferece um cartão de Assinatura Visa Marriott e benefícios para membros importantes.[12]

Programas como o da Marriott são um exemplo do **marketing de freqüência**. Esses programas recompensam clientes importantes com dinheiro, abatimentos, mercadorias e outros prêmios. Compradores que adquirem um artigo com maior freqüência ganham recompensas maiores. O marketing de freqüência enfoca os melhores clientes de uma empresa com o objetivo de aumentar sua motivação para comprar ainda mais do mesmo produto ou outros produtos do vendedor.

Muitos tipos diferentes de empresas utilizam programas de freqüência, de restaurantes *fast food* a lojas de varejo, companhias de telecomunicação e de viagem. Programas famosos incluem aqueles para viajantes freqüentes de companhias aéreas, como o *Mileage Plus* da United Airlines, e programas de varejo, como o Cartão *Gold Crown* da Hallmark.

A internet é um meio fértil para iniciativas do marketing de freqüência. Além dos programas de freqüência, as empresas utilizam o **marketing de afinidade** para a retenção de clientes. Cada um de nós tem estima por certas coisas. Alguns consideram a Eastern Michigan University especial, ao passo que outros admiram o time Green Bay Packers ou o New York Yankees. Esses exemplos, com muitos outros, quase intermináveis, são tópicos de programas de afinidade. Um programa de afinidade é um esforço de marketing patrocinado por uma organização que solicita o envolvimento de indivíduos que possuem atividades e interesses em comum. Com programas de afinidade, as organizações geram um valor extra para membros e encorajam relacionamentos mais sólidos. Algumas empresas, como a On Demand Business Software, oferecem tecnologia a outras firmas para que elas possam criar e monitorar programas de afinidade.[13]

Cartões de crédito de afinidade são uma forma popular dessa técnica de marketing. O nome do patrocinador aparece em destaque em materiais promocionais, no cartão em si e em extratos mensais. Por exemplo, a *National Association for Female Executives* (Associação Nacional de Executivas), uma rede de contato profissional, oferece a membros qualificados um Gold Visa ou MasterCard sem taxa no primeiro ano e com baixas taxas de juros. Uma organização sem fins lucrativos como uma instituição educacional ou de caridade, como o *Smithsonian Institution*, pode patrocinar um cartão se o banco emissor doar ao grupo uma porcentagem das compras de usuários.

Nem todos os programas de afinidade envolvem cartões de crédito. Bancos privados na Europa e na Grã-Bretanha, muitas vezes, organizam eventos especiais, como degustações de vinho ou exposições de arte, para os quais convidam seus clientes mais ricos. Em um evento desse tipo, o Banco Privado Investec de Londres convidou Nelson Mandela para falar ao público.[14]

MARKETING COM BANCO DE DADOS

O uso da tecnologia da informação para analisar dados de clientes e suas transações denomina-se **marketing com banco de dados**. Os resultados formam a base de novas propagandas ou promoções destinadas a grupos de clientes cuidadosamente identificados. O marketing de banco de dados é uma ferramenta particularmente eficaz na construção de relacionamentos, pois permite que vendedores avaliem grandes quantidades de dados provenientes de diversas fontes sobre preferências e hábitos de consumo de milhares ou mesmo de milhões de clientes. Com isso, as empresas são capazes de identificar padrões de consumo, desenvolver perfis de relacionamento com o cliente, adaptar suas ofertas e promoções e até mesmo personalizar o atendimento ao cliente para atender às necessidades de grupos de consumidores definidos. Se usados de modo adequado, os bancos de dados podem ajudar as empresas de várias formas, como para:

– identificar os clientes que dão mais lucro;
– calcular o valor vitalício do negócio de cada cliente;
– criar um diálogo significativo que construa relacionamentos e encoraje genuína fidelidade à marca;
– melhorar a retenção de clientes e os índices de referências;
– reduzir os custos com marketing; e
– aumentar o volume de vendas por cliente ou grupo de clientes definido.

Onde as organizações encontram todos os dados que preenchem esses vastos bancos de dados? Em todos os lugares! Aplicações de cartões de crédito, registro de software e garantias de produtos oferecem estatísticas essenciais sobre clientes individuais. Leitores de caixas registradoras, pesquisas de opinião com clientes e fichas de registro de apostas podem oferecer nomes e endereços, bem como informações sobre marcas preferidas e hábitos de consumo de clientes. Os sites podem ser acessados gratuitamente em troca de dados pessoais, permitindo que empresas acumulem informações de marketing cada vez mais preciosas.

A Central DuPage Health, com sede em Illinois – uma rede independente de organizações e serviços de assistência médica –, precisava centralizar as informações sobre seus pacientes. Portanto, construiu um sistema de rastreamento no banco de dados para sua central de atendimento a fim de fazer que o nome de quem telefonasse fosse automaticamente relacionado a um mesmo nome do sistema. Após começar a oferecer atendimento telefônico contínuo, a satisfação dos clientes aumentou muito. Além disso, os pacientes comentaram com familiares e amigos sobre o atendimento pessoal e imediato que receberam. Após o sistema ter sido completamente avaliado, a Central DuPage Health percebeu que, só com referências de médicos e enfermeiras, o banco de dados tinha economizado US$ 800 mil para a empresa.[15]

Organizações sem fins lucrativos, inclusive agências governamentais, também beneficiam-se do marketing de banco de dados. Tanto o Corpo de Fuzileiros Navais dos Estados Unidos como a Força Aérea utilizam bancos de dados compilados pela Merkle Direct Marketing para identificar recrutas potenciais. Os bancos de dados podem visar a candidatos de acordo com critérios como idade e formação. Por exemplo, a Força Aérea exige que médicos tenham entre 20 e 58 anos e sejam formados em Medicina ou estejam cursando a faculdade de Medicina. Quando um candidato liga para o 0800 ou entra no site da Força Aérea, o software da Merkle rastreia a idade da pessoa, nível de formação, a localidade geográfica, interesses e outros dados.[16]

A **televisão interativa** promete oferecer dados ainda mais valiosos – informações sobre o real comportamento dos consumidores e atitudes com relação a marcas. Conectados à televisão digital, *set-top boxes* sofisticados como TiVo e Replay TV já são capazes de coletar grande quantidade de dados sobre o comportamento dos telespectadores, de forma incrivelmente detalhada. Como a tecnologia chega a mais residências, os profissionais de marketing saberão de imediato que tipo de programação e produtos os clientes visados desejam. Além disso, em vez de usar a televisão para fazer propaganda para as massas, poderão comunicar-se diretamente com os telespectadores mais interessados em seus produtos. Ao apertar um botão, telespectadores serão capazes de pular propagandas, mas poderão também acessar um infomercial (tipo de propaganda) completo de qualquer marca que lhes chame a atenção.[17]

Conforme o marketing de banco de dados se torna mais complexo, vários serviços e ferramentas de software permitem que profissionais de marketing visem aos consumidores de forma cada vez mais restrita e, simultaneamente, enriqueçam sua comunicação com grupos selecionados. Afinal de contas, a coleta de dados só é válida se puder ser transformada em informações úteis aos profissionais de marketing de uma empresa. ***Application service providers*** **(ASPs)** auxiliam os profissionais de marketing oferecendo softwares quando é necessário capturar, manipular e analisar grande quantidade de dados dos consumidores. Um tipo de software coleta dados sobre detalhes e especificações do produto, que os profissionais de marketing podem utilizar para isolar os produtos que melhor atendem às necessidades de um cliente. Isso seria particularmente importante com relação a produtos comerciais caros e que exigem muito envolvimento na hora de decidir uma compra.[18]

As empresas também podem utilizar o marketing de banco de dados para recuperar relacionamentos com clientes que estavam desgastados. Ao reunir informações sobre seus anunciantes, o jornal *Toronto Globe and Mail* descobriu que 2.900 deles tinham anunciado no jornal antigamente, mas, por algum motivo, pararam de colocar anúncios. Como a força de vendas do jornal não queria entrar em contato com esses anunciantes já que não eram mais rentáveis, os profissionais de marketing contrataram uma empresa de telemarketing para restabelecer o contato e saber por que esses clientes tinham deixado de anunciar. Eles obtiveram duas vantagens com a pesquisa: (1) descobriram por que os clientes tinham parado de anunciar e puderam, então, lidar com quaisquer problemas relacionados ao jornal, e (2) geraram mais US$ 2,9 milhões em rendimentos com propaganda apenas fazendo os telefonemas.[19]

MARKETING ONE-TO-ONE

5 Discute como profissionais de marketing utilizam o marketing local e o nível de seus esforços de marketing one-to-one.

Conforme o que foi abordado no Capítulo 1, o **marketing one-to-one** é um programa de marketing personalizado para construir relacionamentos a longo prazo com clientes – um de cada vez. A IBM lançou uma campanha de marketing one-to-one que seu CEO Samuel J. Palmisano chamou de "eBusiness sob encomenda". Com o programa, clientes comerciais podiam adquirir recursos computacionais suficientes para cuidar de um serviço e então aumentar os recursos temporariamente, em momentos de grande demanda. Um profissional que cuida de declarações de impostos pode adquirir um novo recurso antes de 15 de abril; um resort na Flórida pode adquirir um novo recurso em janeiro e fevereiro.[20] A gigante japonesa em eletrônicos NEC oferece assistência de rede para empreendimentos como hotéis que desejam rastrear preferências de clientes específicos.

Profissionais de marketing utilizam várias ferramentas para identificar os melhores clientes de sua empresa, comunicar-se com eles e aumentar sua fidelidade. Programas de freqüência e base de dados são úteis, mas os profissionais de marketing sempre descobrem novas maneiras de empregar o marketing one-to-one. Os profissionais de marketing da Silk Soymilk não desistiram da idéia de atrair o número relativamente pequeno de consumidores que não podem beber leite por não conseguirem digeri-lo. O chefe da empresa, Steve Demos, teve a idéia de usar a própria caixa para transmitir a mensagem diretamente a clientes com intolerância à lactose, mostrando o leite de soja sendo despejado em uma tigela de cereais. Alguns profissionais de marketing disseram a Demos que isso não ia funcionar, mas ele persistiu. Hoje, estima-se que uma em cada doze residências nos Estados Unidos compra produtos Silk em supermercados famosos de todo o país.[21]

A Sony Music oferece a seus clientes a oportunidade de criar CDs sob encomenda para serem vendidos, aos consumidores, em seus próprios estabelecimentos, como nos catálogos e lojas do varejo. Empresas que têm aproveitado as vantagens dessa oferta incluem Old Navy, Pottery Barn, Target, Williams-Sonoma e Banana Republic. Consumidores que vão a uma loja Williams-Sonoma, fazem pedidos por catálogo ou compram na internet podem adquirir um CD sob encomenda com canções de jazz como *April in Paris*, *Blue sky* e *Jersey bounce*. Clientes da Pottery Barn podem escolher um CD de datas especiais com músicas como *Deck the halls*, *My favorite things* e *The nutcracker*.[22]

Com a evolução do marketing one-to-one, profissionais de marketing começaram a explorar oportunidades de marketing local e marketing viral. O **marketing local** envolve a associação direta com clientes existentes e potenciais por meio de canais não-principais. A abordagem local envolve estratégias de marketing não-convencionais, não-tradicionais, não-acadêmicas e extremamente flexíveis. O marketing local às vezes é caracterizado por um orçamento relativamente pequeno e muito trabalho externo, mas sua marca registrada é a capacidade de desenvolver relacionamentos duradouros e individuais com clientes fiéis.[23] Para fazer que consumidores se interessassem pelo beisebol na Alemanha, a ITMS Sports utilizou uma abordagem de marketing local junto a MLB, que estabeleceu o programa *Play Ball!* para mais de um milhão de crianças alemãs.[24] Outra empresa de marketing, a Alliance, desenvolveu a campanha *Hanes Fashion Police*, que levou a *Panty line patrol* (Patrulha da lingerie) em caminhões para distribuir amostras grátis de modeladores corporais da Hanes para mulheres que queriam experimentar o novo produto.[25]

Com o **marketing viral**, as empresas deixam que clientes satisfeitos divulguem produtos para outros consumidores – como um vírus que se espalha. "Gostamos de deixar que nossos clientes façam a propaganda por nós", explica Amber Kozler, diretor de arrecadação de fundos da Mertz & Associates, que possui várias franquias da Krispy Kreme em Pittsburgh.[26] A internet tornou-se o melhor meio para o marketing viral, pois vídeos ou jogos com propagandas podem ser transmitidos rapidamente de usuário para usuário.[27] A Mazda da América do Norte utiliza vídeos on-line e, com eles, espera gerar comentários sobre seus novos modelos. Consumidores podem enviar vídeos a outras pessoas, uma estratégia que os profissionais de marketing da Mazda esperam ser interessante. "Se acertar o ponto certo, tudo se espalha rapidamente", diz David Sanabria, gerente de marketing de relacionamento da Mazda.[28]

MARKETING
Verificação
de conceito

1. O que é um programa de marketing de freqüência?

2. Quais são os benefícios do marketing de banco de dados?

3. Descreva dois exemplos de marketing one-to-one.

GESTÃO DE RELACIONAMENTO COM O CLIENTE

A **gestão de relacionamento com o cliente (CRM)**, que surge a partir do marketing de relacionamento e está intimamente relacionada com ele, é a combinação de estratégias e tecnologias que capacita programas de relacionamento, reorientando toda a organização para que o enfoque seja satisfazer os clientes. Possibilitada por avanços tecnológicos, tal estratégia impulsiona a tecnologia como forma de administrar relacionamentos com o cliente e de integrar todos os acionistas ao processo de design e desenvolvimento de produtos, marketing, vendas e atendimento ao cliente da empresa.

O CRM representa uma transformação de pensamento para todos aqueles envolvidos com uma empresa – do CEO até todos os outros acionistas essenciais, incluindo fornecedores, negociantes e outros parceiros. Todos reconhecem

6 Explica a gestão de relacionamento com o cliente (CRM) e o papel da tecnologia na construção dos relacionamentos com clientes.

que sólidas relações com os clientes são promovidas por relacionamentos igualmente firmes com outros acionistas importantes. O CRM vai bem além das funções de atendimento ao cliente, marketing ou vendas tradicionais e, por isso, requer comprometimento de todas as partes e deve permear todos os aspectos dos negócios de uma companhia. A tecnologia torna isso possível ao permitir que empresas – independentemente de seu tamanho e da extensão de suas operações – administrem atividades nas funções, de um local para outro e entre seus parceiros internos e externos.

BENEFÍCIOS DO CRM

Os sistemas de software de CRM são capazes de dar sentido à grande quantidade de dados de clientes que a tecnologia permite às empresas coletar. Após vários anos tentando unir sua atual tecnologia às funções automatizadas, como atendimento ao consumidor e gestão de *sales leads*, a IBM decidiu encontrar uma solução de CRM. Um aplicativo de software feito sob encomenda foi implantado nos 26 centros de atendimento ao consumidor da companhia e conectado a funcionários do mundo todo. O impacto foi enorme e imediato: a maioria das perguntas dos clientes foi respondida rápida e eficientemente, e o número de ligações abandonadas caiu drasticamente. Como o pessoal de atendimento ao consumidor passou muito menos tempo em cada ligação, a IBM conseguiu administrar o mesmo volume de ligações com 450 funcionários a menos.[29]

Outro benefício importante dos sistemas de gestão de relacionamento com o cliente é que eles são capazes de simplificar processos comerciais complexos e, ao mesmo tempo, enfocar os melhores interesses dos clientes. A empresa de biotecnologia Amgen trabalhou com a Siebel Systems para dar origem ao software de CRM que facilitaria, para os médicos, administrar testes de novos medicamentos. O software é capaz de guardar registros digitais de cada teste, bem como do avanço de cada paciente. A Amgen pode receber resultados mais confiáveis dos testes e, ainda, os médicos são pagos mais rapidamente e estão mais dispostos a desenvolver novos testes. Além disso, a administração dos testes toma apenas um quinto do tempo que a equipe da Amgen empregava anteriormente. Nesse caso, o compromisso em melhorar relacionamentos com os médicos levou à maior eficiência e a verdadeiras economias com custos.[30]

Escolher o software de CRM correto pode ser decisivo para o sucesso de todo o programa de CRM de uma empresa. Uma organização pode escolher comprar um sistema de uma empresa como a Siebel ou a Oracle ou alugar aplicativos de CRM hospedados em sites. A compra de um sistema personalizado pode custar a uma empresa milhões de dólares e levar meses para ser implantado, ao passo que soluções hospedadas – alugadas por site – são mais baratas e mais fáceis de funcionar. Porém, a compra de um sistema permite que uma empresa expanda e se renove, ao passo que sistemas hospedados são mais limitados. Profissionais de marketing experientes também advertem que é fácil entrar em apuros com um sistema complicado para a equipe.

Foi o caso da Cingular Wireless, que gastou US$ 10,5 milhões em um sistema personalizado da Siebel. Mas ninguém da força de vendas entendeu como utilizá-lo. Então, juntas, a Siebel e a Cingular aperfeiçoaram o programa, silenciando as campainhas e os ruídos desnecessários e agora a equipe da Cingular se sente à vontade ao utilizá-lo.[31]

Soluções de software são apenas um dos componentes de uma iniciativa de CRM bem-sucedida. As melhores empresas abordam a gestão de relacionamento com o cliente como uma estratégia de negócios completa, na qual pessoas, processos e tecnologia são organizados para oferecer um valor superior aos clientes. Sistemas de CRM bem-sucedidos possuem as seguintes qualidades:

– São movidos por resultados. A empresa deve determinar benefícios e metas específicos antes de tentar implantar uma estratégia de CRM.
– São implementados do topo para a base. Executivos de alto nível devem encarregar-se de mudar o foco da empresa, o qual deve estar nos clientes.
– Exigem investimentos em treinamento para todo o pessoal da empresa para que todos saibam utilizar as novas ferramentas.

- Permitem uma comunicação eficaz em todas as funções. A gestão de relacionamento com o cliente depende de equipes multidisciplinares trabalhando juntas para resolver problemas de clientes.
- São aperfeiçoados. O enfoque nos clientes permite que empresas eliminem práticas comerciais de desperdício.
- Envolvem usuários finais na criação de soluções de software. A contribuição de funcionários, fornecedores, distribuidores e quaisquer outros parceiros que utilizarão o sistema é essencial. Isso estimula todos a auxiliar na transição para a gestão de relacionamento com o cliente.
- Procuram por melhorias constantemente. Ao rastrear e avaliar resultados, as empresas são capazes de melhorar continuamente seu relacionamento com clientes.[32]

Após a base ter sido estabelecida, soluções de tecnologia dão às empresas maior entendimento de cada cliente e de suas necessidades.

PROBLEMAS COM CRM

O CRM não é uma varinha de condão. A estratégia precisa ser pensada antecipadamente; todos da empresa devem estar comprometidos e entender como utilizá-la. Se ninguém puder fazer o sistema funcionar – como aconteceu com a Cingular Wireless –, não será mais que um erro caro. O sistema de CRM deve fazer o que a empresa necessita que ele faça. Por exemplo, muitos sistemas de CRM oferecem análises históricas, resumindo dados, como antigas preferências do consumidor. Eles podem comunicar aos profissionais de marketing quem foram seus melhores clientes no mês passado ou na semana passada, mas não quem será o melhor no próximo mês. Portanto, é importante que as empresas implementem um aplicativo que possa obter dados históricos e criar modelos que prevejam padrões futuros. Previsões ajudam o profissional de marketing a entender seus clientes, desenvolver ofertas direcionadas, implementar mensagens de marketing em tempo real, adaptar ofertas específicas a indivíduos específicos e monitorar resultados.[33]

Especialistas explicam que falhas com o CRM resultam do fato de que as empresas o vêem como um projeto de software e não como uma estratégia comercial. "O CRM não é uma tecnologia; é um aplicativo importante", afirma Joe Outlaw de Stamford, que trabalha para a empresa de pesquisa de tecnologia Gartner Inc., sediada em Connecticut. "Trata-se de uma estratégia comercial em que a interação com os clientes traz mais benefícios a eles e é mais rentável para você".[34] Outros especialistas advertem que as empresas devem evitar o emprego do CRM para explorar territórios desconhecidos, e sugerem que os profissionais de marketing a empreguem para resolver problemas bem definidos.[35] Os fundadores da Inland Empire Components, empresa fornecedora de produtos eletrônicos da área médica sediada na Califórnia, cometeram duas falhas com sistemas de CRM antes da terceira tentativa – que esperam ser a última. Os dois primeiros serviços não conseguiram oferecer o tipo de sistema que Ron e Dana Jiron precisavam para operar seu negócio. Então, tentaram mais uma vez. "Precisamos de um software melhor para que possamos oferecer serviços a nossos clientes que nos adaptem ao que desejamos fazer", diz Ron Jiron. "Queremos ser como as grandes empresas." Uma estratégia de CRM eficaz deve ser capaz de ajudar pequenas empresas a progredirem, tornando-se grandes empresas.[36]

ADMINISTRANDO RELACIONAMENTOS VIRTUAIS

"Noventa e nove por cento dos meus clientes nunca visitaram meu escritório", diz Damian Bazadona, que dirige sua própria empresa de consultoria em marketing, a Situation Marketing. Embora não funcionem para um consultório dentário, um salão de beleza ou um restaurante, os **relacionamentos virtuais** – relações entre negócios e clientes desenvolvidos sem contato pessoal – estão se tornando cada vez mais comuns. Relacionamentos virtuais existem tanto no mercado negócios-cliente como no mercado business-to-business. Para que esses relacionamentos gerem a fidelidade e a satisfação de clientes a longo prazo, os profissionais de marketing devem ser um pouco criativos.

Damian Bazadona usa a internet para estabelecer e manter suas relações. Ele divulga amostras de seu trabalho na rede para que clientes em potencial avaliem e respondam e-mails rapidamente. "Quando se trata de manter contato com clientes, sou o mais proativo possível", afirma. Neil Fishman da HoldCom, empresa de mensagens telefônicas, possui 6 mil clientes no mundo todo. Na verdade, ele faz de seus relacionamentos virtuais parte de sua apresentação de marketing. "Sempre dizemos que é mais eficiente [receber serviços] por telefone, e-mail e pelo nosso site", explica aos clientes. E mostra a eles como é mais rápido e mais barato desempenhar suas tarefas dessa forma.

Algumas empresas gostam de se afastar da tecnologia de vez em quando ao se comunicarem com clientes. A SecureWorks, uma provedora de produtos de segurança na internet, verifica se seus clientes recebem telefonemas e cartas assinadas, pois "cartas e telefonemas ajudam a tornar o relacionamento algo pessoal", diz Tyler Winkler, vice-presidente sênior de vendas. Sherry Carnahan da Total Office Inc. envia a seus clientes cartões assinados de aniversário e em datas comemorativas.[37]

RECUPERANDO CLIENTES PERDIDOS

Os clientes deixam os serviços e as mercadorias de uma empresa por vários motivos. Podem estar entediados, podem mudar-se da região, não precisar mais do produto ou ter experimentado – e preferido – produtos concorrentes. Um fator cada vez mais importante para uma estratégia de CRM bem-sucedida é a **reconquista de clientes**, o processo de recuperação de relacionamentos perdidos com clientes. A Figura 10.5 ilustra as taxas de abandono de algumas indústrias, incluindo provedores de internet (22%) e catálogos de roupas (25%).[38]

Em muitos casos, um relacionamento abalado pode ser estimulado novamente com a abordagem certa. "Você não precisa dispensar um cliente se puder evitar que isso aconteça", diz Lynn Daniel, presidente da empresa de consultoria The Daniel Group. Em uma estratégia de CRM, profissionais de marketing devem observar o mix de produtos que ofereçem e fazer alterações, se necessário. A Environmental Inks, sediada na Carolina do Norte, realizou uma auditoria de seus vários produtos e percebeu que estava oferecendo muitas opções aos clientes. Então, os profissionais de marketing decidiram reduzir o número de opções. Gary Nance, diretor operacional da empresa, reuniu-se com seus clientes de longo prazo para explicar as mudanças. Alguns optaram por buscar outros fornecedores, mas a maioria permaneceu com a Environmental Inks e agora são mais rentáveis para a empresa.[39]

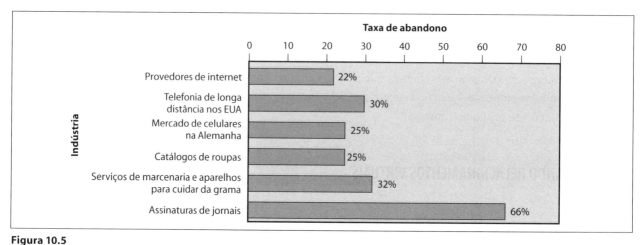

Figura 10.5

Taxas anuais de abandono por clientes.

Fonte: Dados de THOMAS, Jacquelyn S.; BLATTBERG, Robert C.; Fox, Eduard J. Recapturing lost customers, *Journal of Marketing Research*, v. XLI, fev. 2004, p. 31-45.

Outras empresas podem precisar mudar alguns de seus processos para reconquistar clientes ou torná-los mais rentáveis para os vendedores. Ao concentrar sua equipe de vendas nos clientes *menos* lucrativos, Curt Tueffert transformou alguns importantes relacionamentos com clientes quando era presidente de vendas em uma empresa de tecnologia. "Eles sentiam que estavam conseguindo mais serviços por causa dessa nova organização e alguns deles começaram a solicitar mais produtos", lembra Tueffert.[40]

RELACIONAMENTOS COMPRADOR-VENDEDOR EM MERCADOS DE BUSINESS-TO-BUSINESS

MARKETING
Verificação de conceito

1. Defina *gestão de relacionamento com o cliente.*

2. Quais são os dois principais tipos de sistemas CRM?

3. Descreva dois passos que uma empresa pode tomar para renovar um relacionamento perdido.

A gestão de relacionamento com o cliente, o marketing one-to-one e o marketing de relacionamento não se restringem a bens de consumos e serviços. Construir relacionamentos sólidos entre compradores e vendedores também é um componente essencial do marketing business-to-business.

O **marketing business-to-business** envolve a compra de mercadorias e serviços de uma organização para auxiliar nas operações da empresa ou na produção de outros produtos. Os relacionamentos comprador-vendedor entre empresas envolvem trabalhar juntos para oferecer vantagens que beneficiam ambas as partes. Essas vantagens podem incluir preços mais baixos para os produtos, entrega mais rápida do estoque, maior qualidade e confiabilidade, características personalizadas dos produtos e condições financeiras mais favoráveis.

7 Descreve o relacionamento comprador-vendedor em marketing business-to-business, e identificar os quatro diferentes tipos de parcerias corporativas.

Uma **parceria** é a associação de duas ou mais empresas que ajudam umas às outras na conquista de objetivos em comum. Parcerias incluem uma vasta gama de relacionamentos, de contratos colaborativos de aquisição informais a contratos formais de produção e marketing. Nos mercados business-to-business, parcerias compõem a base do marketing de relacionamento.

Vários objetivos comuns motivam as empresas a formar parcerias. Elas podem desejar proteger ou melhorar suas posições nos mercados existentes, obter acesso a novos mercados nacionais ou internacionais ou ingressar rapidamente em novos mercados. A expansão de uma linha de produtos – preencher lacunas, ampliar a linha de produtos ou diferenciar o produto – também é motivo importante para reunir forças. Outros motivos são: compartilhar recursos, reduzir custos, precaver-se contra ameaças de futura competição, aumentar ou criar barreiras à entrada de concorrentes e aprender novas habilidades.

ESCOLHENDO SÓCIOS CORPORATIVOS

Como uma empresa seleciona organizações para formar sociedades? A maior prioridade é localizar empresas que possam agregar valor ao relacionamento – seja com recursos financeiros, contatos, capacidade de fabricação extra, *know-how* técnico ou capacidades de distribuição. Quanto maior o valor agregado, maior o desejo de formar uma sociedade. Em muitos casos, os atributos de um sócio complementam os do outro; cada empresa traz para o relacionamento algo de que a outra parte precisa, mas não pode oferecer sozinha. Outras sociedades unem empresas com habilidades e recursos semelhantes para reduzir custos.

As organizações devem compartilhar os mesmos valores e objetivos para que a sociedade dê certo a longo prazo. A Walt Disney Records fez uma sociedade com a Kellogg Cereals que aumenta as vendas dos CDs da

Disney e, ao mesmo tempo, tira das prateleiras as marcas mais novas de cereais, como Mickey's Magix, Buzz Blasts e Hunny B's. As amostras de CD grátis que vêm no pacote estimulam famílias a adquirir os cereais e cupons de US$ 2 para promoção de CDs completos na Disney. Como ambas as organizações visam ao mesmo grupo de clientes – famílias com crianças –, a campanha contínua consegue gerar o sucesso de dois produtos diferentes mediante uma única promoção.[41]

TIPOS DE SOCIEDADE

As empresas formam quatro tipos de sociedades nos mercados business-to-business: sociedade compradora, sociedade de vendas, parceria interna e sociedade lateral. Esta seção analisa brevemente cada categoria.

Em uma **sociedade compradora**, uma empresa adquire mercadorias e serviços de um ou mais fornecedores. Quando foi solicitado que a Northrop Grumman elaborasse uma proposta de design para o avião não tripulado de nova geração para as Forças Armadas norte-americanas, o engenheiro superior da empresa recorreu à Tacit Knowledge Systems, elaboradora de um aplicativo de software chamado *ActiveNet*, utilizado para localizar pessoas capacitadas a assumir certos cargos. A empresa farmacêutica Aventis recorreu à Tacit porque precisava do software necessário para ajudar a recrutar os melhores voluntários para testes clínicos referentes a um novo medicamento desenvolvido para tratar esclerose múltipla.[42] Quando uma empresa assume a posição de compradora em um relacionamento, ela tem um conjunto exclusivo de necessidades e requisitos que precisam ser atendidos pelos vendedores para que o relacionamento tenha êxito. Embora os compradores desejem que os vendedores ofereçam preços justos, rápida entrega e altos níveis de qualidade, um relacionamento duradouro geralmente requer mais esforços. Para induzir compradores a estabelecerem relacionamentos de longo prazo, fornecedores também devem atender às necessidades exclusivas deles, como a Tacit faz com a Aventis e os tomadores de decisões do Pentágono.

Sociedades de vendas estabelecem permutas, a longo prazo, de mercadorias e serviços em troca de dinheiro ou outra forma de pagamento. Os vendedores também possuem necessidades específicas como sócios de relacionamentos contínuos. A maioria prefere desenvolver relacionamentos a longo prazo com seus sócios e também quer pagamento rápido.

A importância das **parcerias internas** é amplamente reconhecida nos negócios hoje em dia. A definição clássica da palavra *cliente* como comprador de uma mercadoria ou serviço é atualmente usada com maior cuidado em termos de clientes externos. Entretanto, os clientes em uma organização também têm suas próprias necessidades. Parcerias internas são a base de uma organização e sua capacidade de cumprir os compromissos relacionados a entidades externas. Se o departamento de compras seleciona um vendedor de peças que não consegue entregar a mercadoria nas datas exigidas pelo setor de fabricação, a produção será interrompida e os produtos não serão entregues aos consumidores como prometido. Em conseqüência, os clientes externos provavelmente procurarão outros fornecedores, mais confiáveis. Sem construir e preservar parcerias internas, uma organização terá dificuldade em atender às necessidades de suas parcerias externas.

Sociedades laterais incluem alianças estratégicas com outras empresas ou com organizações sem fins lucrativos e alianças de pesquisa entre empresas com fins lucrativos e faculdades e universidades. O relacionamento enfoca entidades externas – por exemplo, clientes da empresa sócia – e não envolve interações diretas entre compradores e vendedores. Alianças estratégicas serão discutidas mais adiante neste capítulo.

Em poucas palavras

Uma das regras de ferro é "Nunca faça negócios com alguém de que não gosta". Se não gosta de alguém, há um motivo. Pode ser que não confie nessa pessoa e provavelmente está certo. Não me importa quem ele seja ou quais garantias você tem – pagamento antecipado ou o que for. Se você fizer negócios com alguém de quem não gosta, cedo ou tarde, vai quebrar a cara.

Harry V. Quadracci (1936-2002)
Empreendedor americano; fundador da Quad/Graphics

CO-BRANDING E CO-MARKETING

Os dois outros tipos de relacionamentos de marketing de negócios incluem *co-branding* e *co-marketing*. **Co-branding** une duas marcas importantes, talvez pertencentes a duas empresas distintas, para vender um produto. O mundo automotivo está cheio de veículos sob *co-branding*. O comprador de um carro pode escolher a Edição Columbia do Jeep Liberty e ainda levar uma nova jaqueta de esquiar na barganha. A Subaru e a L.L. Bean têm um acordo multimilionário mediante o qual o Subaru passa a ser o carro oficial dessa loja gigante, sendo mostrado nas lojas L.L. Bean e em seus catálogos. A L.L. Bean é atualmente a loja oficial de roupas e acessórios para a Subaru, que vende roupas da Bean nas concessionárias Subaru.

Em um esforço de **co-marketing**, duas organizações se reúnem para vender seus produtos por meio de uma campanha de marketing combinada. Um exemplo clássico envolve o cinema. *Bob Esponja, o filme*, conseguiu arrecadar US$ 100 milhões como suporte de marketing a partir dos sócios de marketing da Nickelodeon, incluindo Mattel, Mitsubishi, Burger King, Kellog e a confeitaria Perfetti Van Melle USA, como ilustra a Figura 10.6.

O Bob Esponja agrada a todo mundo – crianças, pais e jovens – e é por isso que tantas empresas aderiram à campanha de marketing. A Perfetti lançou uma edição limitada de doces do Bob Esponja, e as ilhas Caymans foram divulgadas como a "verdadeira" Fenda do Biquíni – o cenário de *Bob Esponja*. "O Bob Esponja realmente atrai gente de dois a oitenta anos e um terço dos produtos é vendidos para adultos", observou um profissional de marketing da Nickelodeon.[43]

MARKETING
Verificação
de conceito

1. Quais são os quatro tipos de parcerias de marketing comercial?
2. Diferencie co-branding de co-marketing.

Figura 10.6
Um esforço de *co-marketing* envolvendo o *Bob Esponja Calça Quadrada*.

MELHORANDO RELACIONAMENTOS COMPRADOR-VENDEDOR EM MERCADOS BUSINESS-TO-BUSINESS

Organizações que sabem encontrar e cultivar relacionamentos de parceria, seja por meio de negociações informais ou contratos, podem melhorar o faturamento e aumentar os lucros. Estabelecer parcerias em geral resulta em menores preços, melhores produtos e melhor distribuição, o que acarreta maior satisfação dos clientes. Os parceiros que conhecem as necessidades e as expectativas um do outro têm maior probabilidade de satisfazê-las e estabelecer relações mais sólidas e de longo prazo. Freqüentemente, as parcerias podem ser solidificadas mediante relacionamentos pessoais, não importando onde estejam localizadas as empresas. Leia a seção "Dicas de etiqueta" para ter orientações sobre como presentear.

Antigamente, os negócios eram conduzidos primeiro ao vivo, por telefone ou por e-mail. Hoje, as empresas estão utilizando a mais recente tecnologia de comunicação, informática e eletrônica para se relacionar, às vezes administrando relacionamentos virtuais, como foi descrito anteriormente. O e-mail, a internet e outros serviços de telecomunicação permitem que as empresas se comuniquem a qualquer hora e em qualquer lugar. O Capítulo 4 discutiu o papel comercial da internet em detalhes. As seções a seguir exploram outras formas como compradores e vendedores cooperam em mercados business-to-business.

8 Descreve como o marketing business-to-business incorpora a venda para o cliente nacional, a troca eletrônica de dados, o estoque gerenciado pelo vendedor (VMI), CPFaR, a administração de supply chains, e a criação de alianças.

VENDA PARA O CLIENTE NACIONAL

Alguns relacionamentos são mais importantes do que outros por causa dos grandes investimentos envolvidos. Grandes fabricantes como a Procter & Gamble dedicam atenção especial às necessidades de importantes estabelecimentos, como o Wal-Mart. Os fabricantes utilizam uma técnica chamada **venda para o cliente nacional** para atender aos clientes maiores, mais rentáveis. A quantidade de escritórios de fornecimento no noroeste de Arkansas – perto da sede do Wal-Mart – sugere como as vendas para clientes nacionais podem ser implementadas.

Sucesso de marketing

Pousada em Little Washington: clientes querem ficar para sempre

Histórico. Vários hotéis, pousadas e estabelecimentos de alimentação estão constantemente competindo pelo dinheiro dos clientes. Construir relacionamentos com clientes é essencial para a sobrevivência e para o sucesso de qualquer pousada ou restaurante, e a Pousada em Little Washington, Virgínia, não é exceção.

O desafio. Há cerca de trinta anos, o *chef* Patrick O'Connell e seu anfitrião Reinhardt Lynch decidiram oferecer a seus clientes a melhor experiência em alimentação e hotéis. Primeiro, precisaram atrair hóspedes; então, tiveram de impressionar a

clientela e fazer que ela se sentisse tão confortável a ponto de não querer sair. E, por fim, precisaram oferecer motivos para que os clientes voltassem.

A estratégia. O'Connell e Reinhardt oferecem um menu com delícias como roulade de salmão com alcaparras, empanada de carne de coelho, salada de pepinos com molho de cebola, pães caseiros e vinhos finos. O serviço é formal, mas acolhedor, cuidadoso, mas não inoportuno. A pousada possui apenas quinze quartos, decorados em estilo do século XIX com tecidos suntuosos, antigüidades adoráveis e coleções excêntricas. "Eu

As vantagens da venda para o cliente nacional são muitas. Ao reunir uma equipe de indivíduos que atende apenas um grupo, fica clara a intensidade do compromisso com os clientes. O relacionamento comprador-vendedor é fortalecido quando ambos colaboram para encontrar soluções vantajosas para as duas partes. Finalmente, os esforços do comprador-vendedor podem gerar enormes melhorias na eficiência e eficácia de ambos. Os resultados dessas melhorias são custos reduzidos e mais lucros.

BANCOS DE DADOS BUSINESS-TO-BUSINESS

Como observado anteriormente, bancos de dados são ferramentas indispensáveis no marketing de relacionamento. Também são essenciais na formação de relacionamentos business-to-business. Ao empregar informações geradas com base em relatórios de vendas, scanners e muitos outros recursos, vendedores podem criar bancos de dados que ajudam a orientar seus próprios esforços e os de compradores que revendem produtos para usuários finais.

TROCA ELETRÔNICA DE DADOS

A tecnologia transformou o modo como as empresas controlam seus estoques e os reabastecem. Já se foi o tempo em que um varejista percebia que o estoque era pequeno, telefonava para o fornecedor, verificava os preços e fazia um novo pedido. Atualmente, as **trocas eletrônica de dados (EDIs – *Electronic Data Interchanges*)** automatizam todo o processo. A EDI envolve trocas de faturas, pedidos e outros documentos comerciais entre computadores. Permite que as empresas reduzam custos e aumentem sua eficiência e competitividade. Estabelecimentos como Wal-Mart, Dillard's e Lowe's exigem que fornecedores utilizem EDIs como ferramenta de **merchandising de resposta rápida**. O merchandising de resposta rápida é uma estratégia just-in-time que reduz o tempo que uma mercadoria é mantida no estoque, resultando em significativas economias. Outra vantagem é que a EDI abre novos canais para reunir informações de marketing úteis para o desenvolvimento de relacionamentos *business-to-business* a longo prazo.

visualizo toda essa experiência e todo o lugar como um cenário cinematográfico", diz O'Connell. "Geralmente, ando com a minha pequena câmera e filmo."

O resultado. A estratégia de luxo alinhada à atenção individual conferiu à pousada críticas animadoras da indústria – 4 estrelas do *The Washington Post*, a premiação 5 estrelas da Mobile e a premiação da *Beard Foundation* de melhor restaurante dos Estados Unidos. Porém, o mais importante é que a pousada continua recebendo muitos elogios de seus clientes. "Acho que é isso que eu quero pelo resto da minha vida", diz

um cliente. A recepcionista relata, sorrindo, que há "um espaço inteiro nos fundos cheio de pessoas que se recusaram a sair".

Fontes: WERLIN, Laura. The Inn at Little Washington, *Sally's Place*, **www.sallys-place.com**, acessado em 4 fev. 2005; RUBIN, Marilyn McDevitt. A place at this Inn is well worth a detour, *Pittsburgh Post-Gazette*, 12 dez. 2004, **www.post-gazette. com**; SIETSEMA, Tom. Inn at Little Washington, *The Washington Post*, 17 out. 2004, **www.washingtonpost.com**; JANE, Wooldridge. Worth a splurge: the Inn at Little Washington, *The Miami Herald*, 11 jul. 2004, **www.miami.com**; The Inn thing, *CBSNews*.com, 23 nov. 2003, **www.cbsnews.com**.

ESTOQUE GERENCIADO PELO FORNECEDOR

A proliferação da troca eletrônica de dados e a constante pressão para que os fornecedores melhorem o tempo de resposta são fatores que levaram compradores e vendedores a fazerem negócios de forma diferente. O **estoque gerenciado pelo vendedor (VMI – *Vendor-Managed Inventory*)** substituiu o estoque gerenciado pelo comprador em muitos casos. Trata-se de um sistema de gerenciamento de estoque em que o vendedor – com base em um acordo existente com o comprador – determina a quantidade de um produto que o comprador precisa e automaticamente envia novos suprimentos para tal comprador.

A Sears colabora com os fornecedores de seus produtos para administrar o estoque de suas novecentas lojas em todos os Estados Unidos. O software de gerenciamento da supply chains coleta dados tanto da rede de fornecedores da Sears como de várias lojas. O aplicativo avisa a Sears sobre possíveis faltas ou estoques em excesso antes que isso gere qualquer tipo de problema. Uma vez que os fornecedores também têm acesso às informações do sistema, eles possuem a chance de resolver possíveis problemas, mantendo, assim, bons relacionamentos com compradores. Embora o sistema atualmente administre apenas relacionamentos de fornecedores de produtos da Sears, a empresa espera que, se estendido para toda a rede de fornecedores, o resultado será economias com estoques no valor de US$ 10 milhões.[44]

Algumas empresas modificaram o VMI, criando uma abordagem chamada **planejamento, previsão e revisão colaborativa (CPFaR – *Collaborative Planning, Forecasting, and Replenishment*)**. Essa abordagem é uma técnica de planejamento e previsão que envolve esforços colaborativos tanto de compradores como de fornecedores. A multinacional Unilever, empresa de vendas de bens de consumo, começou a implementar a CPFaR com alguns de seus varejistas e os benefícios têm aparecido lentamente, mas são constantes. Os varejistas obtiveram benefícios palpáveis primeiro com a redução do estoque. A Unilever teve menos benefícios palpáveis, como o maior entendimento das redes de suprimentos de seus clientes, uma associação mais eficiente das organizações e mais oportunidades de forjar alianças. Porém, a companhia espera que esses benefícios aumentem com o tempo. As empresas que escolhem a abordagem CPFaR precisam estabelecer um plano sólido, começar aos poucos, escolher parceiros adequados e assegurar que os relacionamentos entre as supply chain e os grupos de venda sejam mantidos. Também precisam manter essa abordagem tempo suficiente para aproveitar os benefícios.[45]

GERENCIANDO A SUPPLY CHAIN

Bons relacionamentos entre negócios requerem cuidadosa administração de **supply chain**, às vezes chamada de *cadeia de valor*, que é toda a seqüência de fornecedores que contribui para a criação e a entrega de um produto. Esse processo afeta tanto os relacionamentos iniciais da empresa com seus fornecedores como os relacionamentos finais com os usuários finais do produto. A supply chain será discutida em detalhes no Capítulo 13.

A administração eficiente da supply chain pode oferecer importante vantagem competitiva para profissionais de marketing, resultando em:

– Maior inovação.
– Menores custos;.
– Melhor resolução de conflitos dentro da cadeia;.
– Melhor comunicação e envolvimento entre os membros da cadeia.

Ao coordenar operações com as outras empresas da cadeia, aumentar a qualidade e melhorar seus sistemas operacionais, uma empresa pode ter mais velocidade e eficiência. Uma vez que as organizações gastam recursos consideráveis em mercadorias e serviços de fornecedores externos, relacionamentos colaborativos podem compensar de várias maneiras. A Ariba, cuja mensagem promocional é exibida na Figura 10.7, oferece às empresas várias estratégias para a administração da supply chain.

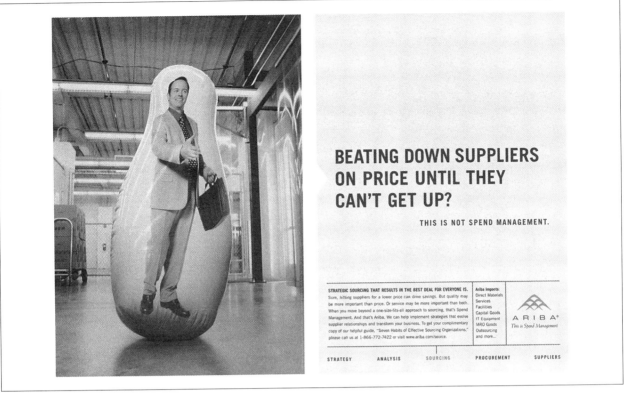

Figura 10.7
A importância da administração da supply chain.

ALIANÇAS BUSINESS-TO-BUSINESS

Alianças estratégicas são a máxima expressão do marketing de relacionamento. Uma **aliança estratégica** é uma parceria formada para criar uma vantagem competitiva. Essas parcerias a longo prazo mais formais melhoram os relacionamentos da supply chains de cada parceiro e aumentam a flexibilidade da operação do complexo mercado atual, em rápida mudança. O tamanho e a localidade dos sócios estratégicos não são importantes. Alianças estratégicas incluem empreendimentos de todos os tamanhos, todos os tipos e em diversos locais; o importante é o que um sócio pode oferecer ao outro.

As companhias podem estruturar alianças estratégicas de duas maneiras. Os sócios podem estabelecer uma nova unidade de negócios onde cada um detém um tanto de ações. Em tal joint venture, um sócio pode ter 40% e o outro, 60%. Por outro lado, os sócios podem decidir formar um relacionamento colaborativo menos formal que não envolva participação acionária – por exemplo, uma equipe para elaborar um produto novo em conjunto. A aliança colaborativa pode funcionar de maneira mais flexível e mudar mais facilmente de acordo com o que o mercado impõe ou outras condições determinam. Em qualquer um dos casos, os sócios estipulam, de antemão, as habilidades e os recursos, como os da Tabela 10.3, que cada um empregará na aliança para atingir seus objetivos mútuos e obter vantagem competitiva.

As organizações fazem muitos tipos de alianças estratégicas. Algumas criam alianças horizontais entre empresas no mesmo nível da supply chains; outras definem associações verticais entre empresas em estágios próximos. As alianças podem envolver a colaboração entre rivais que são líderes no mercado ou entre um líder do mercado e um seguidor.

MARKETING
Verificação
de conceito

1. Cite três tipos de tecnologia que as empresas podem utilizar para melhorar relacionamentos entre compradores e vendedores em mercados B2B.

2. Quais são os benefícios de uma gestão eficiente da supply chains?

dicas de etiqueta

É o pensamento que conta: lidando com presentes e saudações

A MAIORIA de nós quer compartilhar o espírito de festas, seja comemorando o Natal ou o Kwanzaa, o Hanukkah ou o Ramadã. Queremos reconhecer um aniversário significativo, expressar compaixão quando um ente querido morre e dar parabéns por uma promoção ou graduação. Como profissionais de marketing, nosso mundo continua a ficar menor, já que um número cada vez maior de empresas faz negócios fora dos Estados Unidos. Nem todo mundo comemora as mesmas datas festivas – ou outras ocasiões – da mesma maneira. Se você não viaja pelo mundo, como sabe quando dar um presente e o que presentear? A seguir apresentamos algumas dicas de especialistas.

1. Na China, a cor branca simboliza a morte, portanto nunca embrulhe um presente em papel branco, mesmo que seja um presente de casamento ou de criança. Por outro lado, papel de embrulho ou fita vermelha significa desejar boa sorte e felicidades. O Ano Novo Lunar é um dos feriados mais importantes na China – presentes e bons desejos são bem-vindos.
2. Vacas são consideradas sagradas na Índia, por isso um presente feito de couro seria uma ofensa. Frutas e doces são bons presentes para seus clientes ou colegas indianos – e melhor ainda se estiverem embrulhados em cores vivas, que simbolizam sorte.
3. No Japão, as pessoas dão presentes em muitas ocasiões, incluindo quando visitam a casa de alguém. Os pacotes sempre devem ser embrulhados em papel de presente, mas não em papel vermelho, que simboliza sangue. Facas, tesouras ou estiletes são péssimas escolhas, pois representam suicídio. Porém, comidas, doces caros, chá e café de boa qualidade ou pequenos artigos de luxo, como toalhas ou sabonetes, são bons presentes para a casa. Dê seu presente com as duas mãos e, ao fazê-lo, curve o corpo em sinal de reverência. Se um cliente japonês lhe envia um presente, em troca envie outro como agradecimento, que deve ter metade do valor do presente que você recebeu.
4. Os povos do Oriente Médio possuem regras rigorosas sobre o ato de dar presentes; além disso, são generosos. Se você gosta de algo do escritório, da casa ou da loja de seu cliente árabe, provavelmente receberá tal artigo de presente – portanto, cuidado ao apreciar presentes caros! Não ofereça comida, pois seu anfitrião pode considerar isso um insulto. Porém, objetos de vidro, decorações naturais e artigos artesanais são sempre bem-vindos. Como no Japão, os presentes são dados com as duas mãos. Se você receber um presente, não o abra – não se deve abrir presentes na presença de quem os deu.

Está desestimulado ou assustado? Não fique assim. Alguns presentes são apropriados em quase todos os lugares, a qualquer hora. "Nossa canetas escrevem em qualquer língua", disse George S. Parker, fundador da Parker Pen Company. Na realidade, uma caneta de boa qualidade é um ótimo presente, em quase todas as ocasiões e países. Outros artigos como diários ou porta-cartões de negócios também são bons itens. Você se sairá bem se pesquisar sobre os costumes de seus clientes e colegas – e sempre se lembre de agradecer quando for a pessoa que recebe o presente.

Fontes: International Business Etiquette and Manners, **www.cyborlink.com**, acessado em 15 mar. 2005; MUSSLER, Maria. Doing business in the Middle East, *Export America, International Trade Administration, Department of Commerce*, **http://ita.doc.gov/exportamerica/AskTheTIC/qa_mideast_1202.html**, acessado em 8 jul. 2005; GROSSO, Cynthia. Etiquette: a guide for giving, *Charleston School of Protocol and Etiquette*, 9 dez. 2002, **www.charlestonschoolofprotocol.com**.

As alianças estratégicas também podem ser nacionais ou internacionais. A Sky Team é uma rede de companhias aéreas que inclui a Delta Airlines, a Aeromexico, a Atitalia, a Air France, a CSA Czech Airlines e a Korean Air. Recente campanha publicitária chamada *Caring Hands* enfoca o consumidor e destaca o conforto oferecido aos passageiros.[46]

Tabela 10.3 Recursos e habilidades que sócios empregam em alianças estratégicas.

RECURSOS		HABILIDADES
Patentes	Base de clientes	Habilidades de marketing:
Linhas de produtos	Recursos de marketing	– Inovação e desenvolvimento de produtos
Valor de marca	– Infra-estrutura de marketing	– Segmentação e posicionamento
Reputação:	– Dimensão da força de vendas	– Propaganda e promoção de vendas
– Pela qualidade dos produtos	Relacionamento estabelecido com:	Habilidades de fabricação:
– Pelo atendimento ao cliente	– Fornecedores	– Miniaturização
– Por produtos inovadores	– Intermediários de marketing	– Fabricação de baixo custo
Imagem:	– Consumidores finais	– Fabricação flexível
– Em toda a empresa	Recursos de fabricação	Habilidades de implementação e planejamento
– Unidade de negócios	– Localidade:	Habilidades de P&D
– Marca/linha de produtos	– Tamanho, economias de escala, economias de gama, capacidade excessiva, fábrica e equipamentos novos	Conhecimento organizacional, aprendizagem do fabricante e efeitos da experiência
Conhecimento sobre o mercado do produto	Sistemas e tecnologia de informação	

Fonte: Adaptado de Varadarajan, P. Rajan; Cunningham, Margaret H. Strategic alliances: a synthesis of conceptual foundations, *Journal of the Academy of Marketing Science*, outono de 1995, p. 292.

AVALIANDO PROGRAMAS DE RELACIONAMENTO COM O CLIENTE

Uma das medidas mais importantes dos programas de marketing de relacionamento, seja em mercados business-to-business ou com consumidores, é o **valor do cliente ao longo do tempo**, que pode ser definido como os rendimentos e benefícios intangíveis, como indicações e *feedback*, trazidos pelos clientes aos vendedores durante um tempo de vida médio, menos o valor que a empresa deve gastar para conquistar o cliente, comercializar com ele e atendê-lo. Clientes de longo prazo geralmente são bens mais valiosos que novos clientes, pois compram mais, indicam outros clientes, oferecem um valioso *feedback* e custa menos atendê-los. O "tempo de vida médio" do relacionamento com o cliente depende da indústria e das características do produto. O tempo de vida do cliente para um produto como uma pizza pode ser bem curto, ao passo que, para um automóvel ou computador, será mais longo.

Como exemplo simples de cálculo do tempo de vida, suponha que um restaurante de comida chinesa estabeleça que seu cliente médio peça comida duas vezes por mês, sendo US$ 25 a média gasta por pedido durante um período de cinco anos. Esse negócio, em cálculos, representa rendimentos de US$ 600 por ano e de US$ 3 mil em cinco anos. O restaurante pode calcular e subtrair seus custos médios com insumos, mão-de-obra e despesas gerais para obter o lucro por cliente. Esses números servem como base para avaliar estratégias com o objetivo de aumentar o volume de vendas do restaurante, a retenção de clientes ou a taxa de indicações de clientes.

Outra abordagem é calcular a compensação do relacionamento com o cliente ou o período que leva para equilibrar os custos de aquisição de clientes. Suponha que um provedor de internet gaste US$ 75 a cada novo cliente com correspondências diretas e com incentivos para cadastro. Com base em rendimentos médios por assinante, a empresa leva cerca de três meses para recuperar esses US$ 75. Se um cliente médio utiliza o serviço por 32 meses e gera US$ 800 em rendimentos, o índice de retorno é aproximadamente 11 vezes maior do que o investimento inicial. Depois que o cliente passa o período de compensação, o provedor deve lucrar com tal negócio.

Além da análise e da compensação do tempo de vida, as empresas utilizam muitas outras técnicas para avaliar programas de relacionamento, inclusive:

- Rastrear pedidos de reembolso, cupons de resgate, compras com cartão de crédito e cadastros de produtos.
- Monitorar reclamações e mercadorias devolvidas e analisar por que os clientes abandonam o serviço.
- Revisar cartões de respostas, formulários com comentários e pesquisas.
- Monitorar o comportamento de "visitas" a sites da internet para identificar por que os clientes continuam com o serviço ou o abandonam.

MARKETING
Verificação de conceito

1. Defina a expressão *valor do cliente ao longo do tempo*.
2. Por que as reclamações de clientes são importantes para a avaliação de programas de relacionamento com o cliente?

Essas ferramentas fornecem à organização informações sobre as prioridades dos clientes para que os gerentes possam fazer alterações em seus sistemas, se necessário, e estabelecer metas mensuráveis para programas de relacionamento.

Talvez uma rede de hotéis estabeleça uma meta como aumentar o índice de estadas repetidas de 44% para 52%. Talvez uma empresa de encomendas por catálogo queira reduzir de 48 para 24 horas o tempo para processar as encomendas. Se uma pesquisa com clientes revelar que vôos atrasados são a maior reclamação feita por passageiros de uma companhia aérea, tal empresa poderá estipular uma meta como aumentar de 87% para 93% o número de chegadas pontuais.

Empresas grandes e pequenas são capazes de implantar tecnologias para ajudar a medir o valor de clientes e o retorno dos investimentos em despesas para a formação de relacionamentos com clientes. Também são capazes de escolher, a partir de um número crescente de softwares, muitos que sejam elaborados para indústrias específicas ou sejam flexíveis o suficiente para atender a empresas de diferentes portes.

Implicações estratégicas do marketing no século XXI

Enfocar o marketing de relacionamento ajuda as empresas na criação de melhores formas de se comunicar com os clientes e desenvolver relacionamentos a longo prazo. Esse foco desafia os gerentes a desenvolver estratégias que integram intimamente o atendimento ao cliente, a qualidade e as funções de marketing. Ao impulsionar a tecnologia – tanto por meio do marketing com banco de dados como das aplicações de gestão de relacionamento com o cliente –, as empresas podem comparar custos de aquisição e manutenção de relacionamentos com clientes com os lucros recebidos desses clientes. Essas informações permitem que os gerentes avaliem os possíveis

retornos dos investimentos feitos em programas de marketing de relacionamento.

Relacionamentos incluem fazer negócios com clientes e com sócios, como vendedores, fornecedores e outras empresas. Sócios podem estruturar relacionamentos de diversas formas para melhorar o desempenho, e essas escolhas variam por consumidor e mercados de negócios. Em todos os relacionamentos de marketing, é importante que a confiança seja compartilhada. Para o sucesso e a satisfação de clientes a longo prazo, os profissionais precisam fazer – e manter – suas promessas.

• • • REVISÃO

1. Contrastar o marketing baseado em transações com o marketing de relacionamento.

O marketing baseado em transações refere-se a trocas entre compradores e vendedores caracterizadas por comunicações limitadas e pouco ou nenhum relacionamento contínuo entre as partes. O marketing de relacionamento é o desenvolvimento e a manutenção de relacionamentos a longo prazo, rentáveis, com funcionários, fornecedores, clientes individuais e outros sócios para benefício mútuo.

1.1. Descreva os benefícios do marketing de relacionamento.

2. Identificar e explicar os quatro elementos básicos do marketing de relacionamento, bem como a importância do marketing interno.

Os quatro elementos básicos são a tecnologia de banco de dados, o marketing com banco de dados, a monitoria de relacionamentos e a gestão de relacionamento com o cliente (CRM). A tecnologia de banco de dados ajuda a identificar clientes atuais e potenciais. O marketing com banco de dados analisa as informações fornecidas pelo banco de dados. Por meio do marketing de relacionamento, uma empresa monitora cada relacionamento. Com o CRM, a organização orienta todas as partes da organização com o objetivo de construir uma empresa única que possua uma ligação inabalável com os clientes. O marketing interno inclui atividades destinadas a ajudar todos os funcionários a cumprir com suas funções na estratégia de marketing.

2.1. Como a tecnologia de banco de dados ajuda uma empresa a construir relacionamentos com os clientes?

2.2. Que tipos de fatores a empresa pode monitorar em seus relacionamentos?

3. Identificar cada um dos três níveis do *continuum* do marketing de relacionamento.

Os três níveis do *continuum* do marketing de relacionamento são: (1) foco no preço, (2) interação social e (3) parceria independente. No primeiro, profissionais de marketing utilizam incentivos financeiros para atrair clientes. No segundo nível, profissionais de marketing dedicam-se à interação social com compradores. No terceiro, compradores e vendedores tornam-se verdadeiros parceiros comerciais.

3.1. Dê um exemplo de marketing de relacionamento no primeiro nível.

3.2. Descreva um tipo de interação social no segundo nível.

4. Explicar como as empresas podem aumentar a satisfação do cliente e como constroem relacionamentos entre comprador e vendedor.

Profissionais de marketing monitoram a satisfação de clientes utilizando vários métodos de pesquisa de marketing.

Eles procuram entender o que os clientes querem – inclusive o que esperam – de mercadorias ou serviços. Também obtêm o *feedback* de clientes por meio de, por exemplo, ligações gratuitas e sites na internet. Então, usam essas informações para melhorar. As empresas constroem relacionamentos entre compradores e vendedores utilizando programas de marketing de freqüência, marketing de afinidade, marketing com banco de dados e marketing one-to-one.

4.1. O que é um programa de marketing de afinidade?

4.2. O que é um *Application Service Provider* (ASP)? Como funciona?

5. Discutir como os profissionais de marketing aplicam o marketing local e o marketing viral em seus esforços de marketing one-to-one.

O marketing one-to-one é um programa de marketing personalizado para construir relacionamentos a longo prazo com clientes – um de cada vez. O marketing local envolve a ligação direta com clientes atuais e potenciais por canais não-principais, normalmente caracterizados por pouco orçamento e muito trabalho externo. No marketing viral, profissionais de marketing deixam que clientes satisfeitos passem informações diretamente a outros clientes.

5.1. Diferencie marketing local de marketing viral.

5.2. Como o marketing local e o marketing viral ajudam em uma abordagem geral de marketing one-to-one?

6. Explicar o que é gestão de relacionamento com o cliente (CRM) e o papel da tecnologia na construção de relacionamentos com clientes.

A gestão de relacionamento com o cliente é a combinação de estratégias e tecnologias que fortalece os programas de relacionamento, reorientando toda a organização para que seu foco seja satisfazer os clientes. Possibilitada pelos avanços tecnológicos, o CRM impulsiona a tecnologia como meio de administrar relacionamentos com clientes e de integrar todos os acionistas à elaboração e ao desenvolvimento dos produtos de uma empresa, à fabricação, à venda e aos processos de atendimento ao cliente. O CRM permite que as empresas administrem quantidade alta de dados de várias fontes para aumentar a satisfação geral dos clientes. As companhias mais eficientes abordam o CRM como uma estratégia comercial completa em que pessoas, processos e tecnologias são organizados para oferecer valor superior aos clientes. Um resultado recente do CRM são os relacionamentos virtuais, nos quais compradores e vendedores raramente se encontram pessoalmente, se isso acontecer.

6.1. Descreva pelo menos quatro vantagens de um sistema de CRM bem-sucedido.

6.2. Descreva os possíveis problemas com o CRM.

6.3. Explique como profissionais de marketing administram relacionamentos virtuais.

7. Descrever o relacionamento comprador-vendedor no marketing business-to-business e identificar os quatro tipos de parcerias comerciais.

Ao desenvolver relacionamentos entre compradores e vendedores, as empresas trabalham juntas para ter benefício mútuo. As vantagens podem incluir preços menores para suprimentos, entrega mais rápida de estoques, maior qualidade ou confiabilidade, características personalizadas dos produtos ou prazos de financiamento mais favoráveis. Os quatro diferentes tipos de parcerias comerciais são: sociedade compradora, sociedade de vendas, parceria interna e sociedade lateral. Independentemente do tipo de parceria, em geral os sócios compartilham metas e valores semelhantes que ajudam a aliança a durar ao longo do tempo. Dois outros tipos de relacionamento de marketing comercial são o *co-branding* e *co-marketing*.

7.1 Descreva cada um dos quatro tipos de parcerias comerciais.

7.2 Dê um exemplo de *co-branding* e de *co-marketing*.

8. Descrever como o marketing business-to-business incorpora vendas para clientes nacionais, troca eletrônica de dados, estoques gerenciados por vendedores (VMI), revisão colaborativa (CPFaR), administrando a cadeia de alimentos e forjando alianças.

A venda para clientes nacionais ajuda as empresas a estabelecer sólidos compromissos com compradores importantes, o que resulta em melhorias na eficiência e eficácia de ambas as partes. O uso da troca eletrônica de dados permite que as empresas reduzam custos e aumentem sua eficiência e competitividade. Com o sistema de estoques gerenciados por vendedores (VMI), os vendedores

podem fazer o reabastecimento automático dos estoques nos níveis anteriormente solicitados. A abordagem de planejamento, previsão e revisão colaborativa (PPRC) baseia planos e previsões em esforço colaborativo de vendedores-fornecedores. Administrar a supply chains proporciona maior inovação, menores custos, resolução de conflitos e melhor comunicação. Alianças estratégicas podem ajudar ambos os parceiros a obter vantagem competitiva no mercado.

8.1 Qual a diferença entre VMI e PPRC? Quais são as vantagens de cada um?

8.2 Por que é importante, para uma empresa, gerenciar relacionamentos ao longo de sua supply chains?

8.3 Qual o fator mais importante em uma aliança estratégica?

9. Identificar e avaliar as técnicas de avaliação e análise mais comuns em um programa de marketing de relacionamento.

A eficiência de programas de marketing de relacionamento pode ser medida utilizando-se vários métodos. No valor do cliente ao longo do tempo, os rendimentos e benefícios intangíveis que um cliente traz a um vendedor no decorrer de um tempo de vida médio menos a quantidade que uma empresa deve gastar para adquirir, atender um cliente e vender para ele são calculados. Com esse método, uma empresa pode determinar seus custos para atender cada cliente e desenvolver formas de aumentar sua lucratividade. O método de compensação calcula quanto tempo leva para equilibrar os custos de aquisição de clientes. Outras medidas incluem rastrear descontos, cupons e compras por cartão de crédito; monitorar reclamações e devoluções; e revisar cartões de resposta, formulários para comentários e pesquisas. Essas ferramentas fornecem à organização informações sobre as prioridades dos clientes para que os gerentes possam fazer alterações em seus sistemas e estabelecer metas mensuráveis.

9.1 Explique como uma empresa faz para avaliar o valor do tempo de vida de um cliente.

PROJETOS E EXERCÍCIOS EM GRUPO

1. Com um colega de classe, escolha uma das seguintes empresas. Elabore um plano para atrair clientes no primeiro nível do *continuum* de marketing de relacionamento – preço – e leve-os para o nível seguinte com interações sociais. Apresente seu plano para a classe.
   a. parque temático ou de diversões
   b. spa

   c. fabricante de pranchas de surfe ou motos de neve
   d. fabricante de celulares

2. Sozinho ou com um colega de classe, pergunte a um empreendedor local se você(s) pode(m) elaborar uma breve pesquisa para obter o *feedback* de clientes sobre tal empreendimento. Então, entregue a pesquisa no local do empreendimento. Lembre-se de elaborar uma pesqui-

sa curta e direta, para que possa ser completada rápida e facilmente.

3. Com um colega de classe, escolha um empreendimento com o qual vocês estejam familiarizados e elabore um programa de marketing de freqüência para a empresa.

4. Com um colega de classe, elabore uma campanha local ou viral para a empresa que vocês escolheram no projeto 3. Apresente sua campanha para a classe.

5. O banco de dados de uma cadeia de hotéis possui informações sobre clientes que incluem demografia, número de estadas e preferências por quartos. Descreva como a cadeia pode utilizar essas informações para desenvolver vários programas de marketing de relacionamento. Como ela pode utilizar um banco de dados mais geral para identificar possíveis clientes e personalizar sua comunicação com eles?

6. Escolha uma empresa local. Descubra o máximo possível sobre sua base de clientes, suas estratégias de marketing e suas funções internas. Reflita se um enfoque em gestão de relacionamento com o cliente ajudaria na posição competitiva da empresa. Argumente seu posicionamento em sala de aula.

7. Escolha um dos empreendimentos a seguir e crie um plano descrevendo como você administraria relacionamentos virtuais nesse empreendimento. Explique por que você acha que isso teria êxito.

    a. agência de viagens on-line.
    b. serviço de armazenamento de dados
    c. agência de seguros
    d. empresa que entrega lagostas e outros frutos do mar pelo país

8. Suponha que você e um colega de classe foram contratados por uma livraria local independente para ajudar seu dono a reconquistar clientes perdidos para uma grande cadeia de livrarias. Elabore um plano para reconquistar os clientes perdidos da loja e reconstrua esses relacionamentos. Apresente seu plano em sala de aula.

9. Escolha uma empresa que fabrique produtos excelentes – algo de que você realmente goste, seja bolsas de grife, equipamentos eletrônicos, sorvetes mais saborosos ou o melhor jeans. Então, pense em um sócio para tal empresa que você acha que resultaria em uma ótima aliança. Redija um plano para essa aliança, explicando por que fez essa escolha, o que você quer que as duas firmas conquistem e por que você acredita que a aliança terá êxito.

10. Com um colega de classe, entreviste o dono de um empreendimento local para descobrir que métodos ele (ou ela) utiliza para avaliar relacionamentos com clientes. Você poderá descobrir que o empresário utiliza técnicas muito sistemáticas ou talvez apenas converse com os clientes. Em qualquer um dos casos, você aprenderá algo valioso. Discuta suas descobertas em sala de aula.

APLICANDO OS CONCEITOS DO CAPÍTULO

1. Suponha que lhe pediram para você tornar-se o consultor de marketing de um restaurante especializado em um tipo de cozinha regional, como cozinha tailandesa, indiana ou de frutos do mar. O dono está preocupado com a satisfação dos funcionários. Ao visitar o restaurante, que dicas você procuraria para determinar a satisfação dos funcionários? Que pergunta você poderia fazer aos funcionários?

2. Que tipos de interação social podem ser apropriadas – e eficientes – para que um banco local se envolva com seus clientes?

3. Que medidas um dono de loja musical poderia adotar para reconquistar clientes perdidos?

4. Por que é importante que uma empresa calcule o valor do tempo de vida de um cliente?

EXERCÍCIOS DE ÉTICA

Suponha que você trabalhe para uma empresa que vende aparelhos domésticos como geladeiras, microondas, máquinas de lavar roupa e secadoras. Sua empresa tem perdido clientes lentamente, mas ninguém parece saber o porquê. O ânimo dos funcionários também está abalado. Você acredita que a empresa é dirigida por donos honestos e dedicados que querem agradar seus clientes. Um dia você escuta um funcionário discretamente recomendar a um possível cliente que ele compre em outra loja. Você percebe que o maior problema de sua empresa pode ser a falta de satisfação dos funcionários – que está levando à perda de clientes externos.

1. Você conversaria com o funcionário para discutir o problema?

2. Você perguntaria ao funcionário por que ele ou ela está afastando os clientes?

3. Que medidas você acha que seu empregador deveria tomar para reverter essa situação?

EXERCÍCIOS NA INTERNET

1. **Programas de marketing de fidelidade.** Companhias aéreas, redes de hotéis e empresas de aluguel de veículos foram as primeiras a introduzir programas de marketing de fidelidade elaborados para recompensar clientes freqüentes. Tais programas, desde essa ocasião, expandiram-se para várias outras empresas. Visite os sites de várias lojas como a Submarino, **www.submarino.com.br**, as Lojas Americanas, **www.americanas.com.br**, a Camicado, **www.camicado.com.br** ou outras. De que formas essas empresas tentam recompensar clientes freqüentes?

2. **Marketing de relacionamento.** Visite um site de produtos para limpeza como Bombril, **www.bombril.com.br**, e identifique 5 maneiras pelas quais os profissionais de marketing da marca aplicaram os princípios do marketing de relacionamento discutidos no capítulo.

Observação: Os endereços de sites na internet mudam com freqüência. Se você não encontrar os sites mencionados, será necessário acessar a homepage da organização ou da empresa e então realizar sua pesquisa ou utilizar uma ferramenta de busca como o *Google*. • • •

C|A|S|O 10.1   Hilton é OnQ com clientes

Informação é poder. Ela pode ajudar os profissionais de marketing a compreender seus clientes, atender a suas necessidades e até mesmo antecipar necessidades futuras. Pode ajudar as empresas a se comunicar melhor com fornecedores e sócios. E pode auxiliar as organizações a administrar o relacionamento com seus clientes. A tecnologia, como o novo sistema OnQ dos Hotéis Hilton, é elaborada para oferecer aos profissionais de marketing as informações de que eles precisam para ter vantagem sobre a concorrência e formar clientes fiéis.

Os Hotéis Hilton são uma grande empresa que possui várias redes de hotéis conhecidas e renomadas, além da marca Hilton – Hampton Inn, Homewood Suítes da Hilton, Embassy Suites, Hilton Garden Inn e Conrad. Alguns desses hotéis oferecem serviços para quem viaja a negócios; outros, para quem viaja a lazer. Ao todo são 2.100 hotéis, dos quais 1.700 são franquias. A comunicação entre todos esses empreendimentos é a chave para criar uma mensagem de marketing unificada. O sistema OnQ é uma tecnologia que integra várias funções empresarias importantes – administração de imóveis, reservas, gestão de relacionamento com o cliente (CRM) e sistemas administrativos como contabilidade e compras. "Acreditamos que ter tecnologia consistente em todas as marcas e em todos os pontos de contato centrais com os clientes é o ingrediente essencial necessário para estabelecer a satisfação e a fidelidade dos hóspedes em nossa família de marcas de hotéis", explica Tim Harvey, diretor-executivo de informação da Hilton.

O OnQ é tão sofisticado que acaba sendo simples. O sistema cria um banco de dados sobre clientes consistente com toda a organização, que inclui 200 mil funcionários em centrais de atendimento e hotéis. Também dá apoio ao programa de fidelidade HHonors – um programa de marketing de freqüência que possui 16 milhões de clientes como membros. Uma vez que todos os dados estão compilados e otimizados em um único programa, os membros da equipe, como os representantes do atendimento ao cliente ou o pessoal da recepção, podem acessar rapidamente as informações de que precisam para ajudar os clientes imediatamente. O sistema também individualiza a experiência para cada cliente. "Para nós, CRM significa que o cliente importa realmente", diz Harvey. "Queremos pessoas em nossa organização que percebam que o importante é tratar os clientes de forma consistente, um cliente de cada vez, 365 dias por ano, não importa como os atingimos. Queremos permitir que nossos funcionários agradem aos hóspedes." Portanto, um cliente empresarial que esteja viajando com sua família no fim de semana recebe o mesmo tratamento em qualquer circunstância – em qualquer um dos hotéis Hilton.

O OnQ ajuda os profissionais de marketing da Hilton a adaptar mensagens de marketing de acordo com certos segmentos de hóspedes. Contudo, Harvey destaca que o verdadeiro propósito do OnQ é atender aos clientes. "Comercializar e convencer clientes a comprar programas faz parte da situação", ele explica, "mas as empresas tendem a ficar muito encantadas com esse tipo de software e ignoram os conceitos básicos. O importante para nós é que fazemos a diferença no atendimento aos hóspedes e realmente proporcionamos aos clientes o que eles querem".

Finalmente, há a questão das promessas feitas, das promessas mantidas e confiadas. O OnQ ajuda a Hilton a fazer e cumprir suas promessas aos clientes, gerando confiança a longo prazo. "Existe certo nível de confiança entre a Hilton e nossos clientes", diz Harvey. "E esse sistema nos dá a capacidade de oferecer, de forma consistente, o tipo de atendimento que ganha a confiança do cliente."

Questões para discussão

1. Como o OnQ promove o marketing interno em toda a organização Hilton?

2. Identifique três formas como a equipe do Hilton poderia utilizar o OnQ para melhorar o atendimento ao cliente e aumentar a satisfação dos clientes.

Fontes: Hilton Hotels Corp takes lead with OnQ, *Hotels Magazine*, ago. 2003, **www.hotelsmag.com**; SHEIN, Esther. Hilton Hotels CIO talks OnQ, *CIO Update*, 15 jul. 2003, **www.cioupdate.com**; PAUL, Reid A. Hilton is OnQ, *Hospitality Technology Magazine*, jun. 2003, **www.htmagazine.com**; SCHNEIDER, Martin. Eight brands, one customer, *Destination CRM*, 9 maio 2003, **www.destinationcrm.com**.

Parte 4

DECISÕES
DE PRODUTOS

Estratégias de Produtos e Serviços

Capítulo 11

Objetivos

1   Definir o termo *produto* e distingui-lo entre bens e serviços, e mostrar como eles se relacionam com o *continuum* produtos-serviços.

2   Explicar a importância do setor de serviços no mercado de hoje.

3   Listar as classificações de produtos e serviços do consumidor e resumidamente descrever cada categoria.

4   Descrever cada tipo de produtos e serviços empresariais.

5   Explicar como a qualidade é usada por profissionais de marketing como estratégia de produto.

6   Explicar por que empresas desenvolvem linhas de produtos relacionados.

7   Descrever a maneira como profissionais de marketing geralmente medem o mix de produtos e tomam decisões sobre ele.

8   Explicar o conceito do ciclo de vida do produto e identificar seus diferentes estágios.

9   Descrever como uma empresa pode aumentar o ciclo de vida de um produto.

GOLFE DE DISCO:
PEGANDO CARONA EM UMA NOVA ONDA DE POPULARIDADE

O que você tem quando cruza o *Frisbee* cheio de diversão com o esporte educado, mas extremamente competitivo, do golfe? Tem um emocionante esporte híbrido chamado golfe de disco, um jogo parecido com golfe, disputado com discos em formatos de *Frisbees* que exige tanta habilidade e precisão quanto sua contrapartida. O esporte ainda não é aceito universalmente, mas fique ligado: ele está em uma nova onda de popularidade.

O golfe de disco, fácil de aprender e divertido de jogar, pode tornar-se a próxima grande atração. Já tem seu próprio site, seu próprio corpo diretivo, a *Professional Disc Golf Association* (PDGA – Associação Profissional de Golfe de Disco) e uma turnê nacional. Há aproximadamente 1.300 campos de golfe de disco nos Estados Unidos, com mais surgindo a toda hora. Sete empresas fabricam a grande variedade de discos especializados de alta tecnologia usados no jogo, e jogadores dos dois sexos e todas as idades se divertem com o esporte. Os fãs variam de estudantes a aposentados, de médicos a motoristas de caminhão, de advogados a professores. Torneios de todos os tipos estão surgindo, muitos dos quais doam seu faturamento para caridade, e às vezes até centenas de espectadores aparecem, apesar de, como um campeão recente admitiu, ainda ser difícil ficar rico sendo um jogador de disco profissional. "Você basicamente tem de vencer todos os torneios para ganhar a vida", diz Chris Meyer, que jogou em tempo integral por um período.

O golfe de disco é muito semelhante ao tradicional e tem conquistado popularidade aos poucos na última década. Os jogadores, que podem começar correndo, lançam um disco um pouco menor que um *Frisbee* para dentro de uma cesta coberta por uma corrente chamada de *Pole Hole*, que fica a 1,5 metro do chão em um poste de aço galvanizado. Um jogo inteiro consiste de dezoito "buracos", demora algumas horas, e o objetivo, como no golfe, é completar o percurso com o menor número de arremessos possíveis. O golfe de disco pode ser jogado em quase qualquer clima, e o equipamento é barato, leve e fácil de carregar. "Só jogo golfe quando a temperatura está por volta de 21°", disse um jogador amador. "Golfe de disco eu jogo quando a temperatura é de 4° porque posso colocar mais [roupas]." As taxas do torneio geralmente não são mais do que US$ 30 por jogador.

Mesmo para aqueles que jogam para valer, como Clark Putman, que diz que "ficou viciado" após só alguns buracos e está jogando há mais de 20 anos, os custos dos equipamentos são baixos. O preço dos discos começa em torno de US$ 2 cada um, então a maioria dos jogadores consegue ter uma sacola ou mochila com dez a catorze discos especializados – aproximadamente o mesmo número de tacos na sacola típica de um jogador de golfe – para arremessos diferentes. O desenho do disco é de alta tecnologia, e os fabricantes de equipamentos competem pela fidelidade dos jogadores com materiais de última geração, capacidades e características. Os discos podem ser desenhados para voar à direita, voar à esquerda, cair, serpear ou rolar pelo chão. Há "drivers" de plástico duro com cantos afiados e discos de distância média de plástico mais macio com cantos arredondados. Os jogadores até usam tacos que flutuam lenta e diretamente para a cesta. Jogadores com experiência sabem como fazer seus discos executarem manobras múltiplas no ar, como virar 90 graus e deslizar retamente pelo chão – manobra conhecida como panqueca. Eles praticam os arremessos *side-arm* e *backhand*, ou arremessos que levam o disco a traçar um "S" no ar. E conhecem a agonia de jogar em uma área com floresta e o disco bater em uma árvore ou julgar mal a velocidade ou direção e o disco acabar caindo no lago ou no pântano.

Os cursos de golfe de disco não estão mais livres de obstáculos do que um curso de golfe tradicional, e é desse jeito que os jogadores gostam. Um trecho pouco usado de um parque público está destinado a ser o novo lar de uma trilha de caminhada e um campo de golfe de disco em Marshall, Missouri, por exemplo. O campo de golfe de disco se estenderá de uma área com mato para o outro lado do parque para alguns campos de beisebol, e o parque está considerando vender discos no prédio de sua administração. A possibilidade de pessoas usando a trilha de caminhada atrapalhar os jogadores de golfe de disco foi examinada, e oficiais do parque estão confiantes de que não haverá problema. "As pessoas que estão caminhando geralmente param e assistem", disse um membro da administração do parque.

Os fabricantes de discos gostariam de tornar esses observadores em jogadores, assim como gostaria a PDGA, cuja missão é dar a seus membros o que eles querem – mais patrocinadores e mais publicidade para seu esporte.[1]

Visão geral

Discutimos como profissionais de marketing conduzem pesquisas para determinar necessidades não preenchidas em seus mercados, como consumidores se comportam durante o processo de consumo e como empresas expandem seus horizontes no exterior. Agora nossa atenção volta-se para o **mix de marketing** da empresa, a mistura de quatro elementos de uma estratégia de marketing – produto, distribuição,

Em poucas palavras

Sempre foi minha convicção particular que qualquer homem que coloca sua inteligência contra um peixe e perde recebe o que merece.

John Steinbeck (1902-1968)
Escritor americano

assim começa com pesquisa, análise e seleção de um mercado-alvo específico e continua com a criação de um mix de marketing desenhado para satisfazer aquele segmento. Os desenhos de produtos e serviços pretendem satisfazer as vontades e necessidades do consumidor, no entanto seus esforços de marketing podem ser extremamente diferentes.

promoção e preço – para satisfazer o mercado-alvo. Esse capítulo enfoca como firmas selecionam e desenvolvem os produtos e serviços que oferecem. As outras variáveis do mix de marketing – canais de distribuição, planos de comunicação e decisões de preços – têm de acomodar a estratégia de produto escolhida.

Os profissionais de marketing desenvolvem estratégias para promover produtos tangíveis e serviços. Qualquer estratégia

Este capítulo examina tanto as semelhanças quanto as diferenças no marketing dos produtos e serviços. Então, apresenta os conceitos básicos – classificações de produtos, desenvolvimentos de linhas de produtos e o ciclo de vida do produto – que profissionais de marketing aplicam no desenvolvimento de produtos bem-sucedidos. Finalmente, o capítulo discute a anulação de produtos e as decisões de mix de produtos.

O QUE É UM PRODUTO?

No começo, você pode pensar em um produto como um objeto que se pode segurar na mão. Mas isso não leva em consideração a idéia de um serviço como um produto. Nem considera a idéia de para que o produto serve. Então, uma televisão é mais do que uma caixa com uma tela e um controle remoto. Na verdade, é um meio de fornecer entretenimento – seus filmes, noticiários ou *reality shows* favoritos. Os profissionais de marketing reconhecem essa concepção mais ampla de produto; reconhecem que pessoas compram *satisfação de desejos* em vez de produtos. Você pode sentir necessidade de uma televisão para satisfazer a necessidade por entretenimento. Pode não saber muito sobre como a máquina em si funciona, mas entende os resultados. Se você se entretém ao ver TV, então seus desejos são satisfeitos. Se, no entanto, a televisão funciona bem, mas você não gosta da programação oferecida, você pode precisar satisfazer seu desejo por entretenimento mudando seu serviço de TV a cabo ou comprando um serviço de satélite. Cada um desses serviços é um produto.

Os profissionais de marketing pensam em termos de produto como uma compilação de design de embalagem e etiquetas, nome da marca, preço, disponibilidade, garantia, reputação, imagem e serviços de atendimento ao cliente que acrescentam valor para o consumidor. Conseqüentemente, um **produto** é um conjunto de atributos simbólicos, físicos e serviços, desenhados para satisfazer as necessidades e os desejos de um consumidor.

1. Definir o termos *produto* e distinguir entre bens e serviços como eles se relacionam nos *continuum* bens-serviços.

MARKETING
Verificação de conceito

1. Defina o termo produto.
2. Por que a satisfação de desejos é tão importante para profissionais de marketing?

O QUE SÃO SERVIÇOS?

Serviços são produtos não-tangíveis. Uma definição geral identifica serviços como tarefas intangíveis que satisfazem as necessidades dos consumidores e usuários de negócios. Mas você não pode segurar um serviço na mão como pode fazer com produtos, que são produtos tangíveis que os consumidores podem ver, ouvir, cheirar, degustar ou tocar, como a televisão que acabamos de descrever. A maioria dos fornecedores de serviços não pode transportar ou armazenar seus produtos; consumidores simultaneamente compram e consomem esses produtos, como cortes de cabelo, consertos de carros e visita ao dentista. Um modo de distinguir serviços de produtos é o *continuum* **produtos-serviços**, como visto na Figura 11.1.

Esse espectro ajuda profissionais de marketing a visualizar as diferenças e semelhanças entre produtos e serviços.[2] Um carro é um produto puro, mas a concessionária também pode oferecer serviços de reparo e manutenção ou incluir os serviços no preço do financiamento. O carro fica no extremo de puro produto do *continuum* porque o consumidor valoriza menos o serviço de reparo do que o carro em si. Um jantar em um restaurante elegante é um mix de produtos e serviços porque combina os produtos físicos de refeição preparada primorosamente e uma seleção extensa de vinhos com serviços intangíveis de funcionários de atendimento experientes, ambientes elegantes e, muitas vezes, uma visita à mesa por um *chef* bem conhecido que pergunta sobre sua satisfação com a refeição. No outro extremo, um salão de cabeleireiro fornece os puros serviços de corte e tintura de cabelo, manicures e pedicure, massagens, depilação, assim como bronzeamento em spray. Mas também pode vender produtos de alta linha de cuidados pessoais, velas ou produtos de aromaterapia. Os clientes do salão, no entanto, valorizam menos os produtos de qualidade do que a qualidade dos serviços que melhoram sua aparência.

Você pode começar a ver a diversidade dos serviços. Os serviços podem ser distinguidos de produtos de diversas maneiras:

1. *Os serviços são intangíveis.* Os serviços não têm características físicas que os compradores podem ver, ouvir, cheirar, degustar ou tocar antes de comprar. As empresas de serviços essencialmente pedem para seus consumidores comprarem uma promessa.
2. *Os serviços são inseparáveis dos fornecedores de serviços.* As percepções do consumidor de um fornecedor de serviço tornam-se a percepção do serviço em si. Uma casa impecável dará a impressão de que o serviço de limpeza de casas é excelente; uma casa suja dará uma impressão negativa do serviço de limpeza.
3. *Os serviços são perecíveis.* Os fornecedores não podem manter uma lista de estoque de seus serviços. Durante as épocas de demanda máxima, os preços podem subir, e cair muito quando a demanda diminui. Por exemplo, os hotéis, muitas vezes, elevam o preço da diária durante eventos especiais e o reduzem aos níveis normais quando

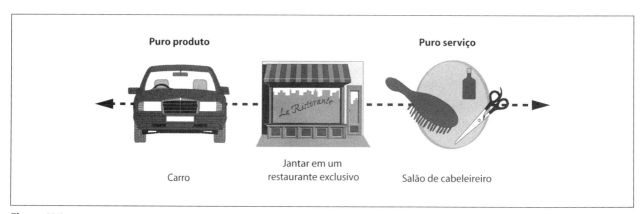

Figura 11.1
O *continuum* produtos-serviços.

o evento acaba. As companhias aéreas fazem o mesmo com seus preços de alta e de baixa temporada e preços normais em vôos internacionais.

4. *As empresas não podem padronizar serviços facilmente.* No entanto, muitas firmas estão tentando mudar isso. Muitas redes de comida *fast food* prometem que você receberá sua refeição dentro de certo número de minutos e que irá ter o sabor que você espera. Com algumas exceções, também oferecem o mesmo menu em todos os seus restaurantes.

5. *Os compradores, muitas vezes, têm papéis importantes na criação e distribuição de serviços.* As transações de serviços freqüentemente exigem interação entre o comprador e o vendedor nas fases de produção e distribuição. Enquanto algumas redes de restaurantes estão tentando padronizar para atingir as expectativas dos consumidores, outras buscam personalizar, envolvendo os consumidores nas decisões de como a refeição é preparada ou apresentada – o que é um serviço por si. De acordo com a *National Restaurant Association* (Associação Nacional de Restaurantes), 70% das pessoas que comem em restaurantes personalizam seus pedidos.[3]

6. *A qualidade de serviços mostra uma grande variação.* O descolado *Le Cirque* da Cidade de Nova York e a Pizza Hut local são, ambos, restaurantes. Seus clientes, no entanto, conhecem culinárias, ambientes físicos, padrões de serviços e preços consideravelmente diferentes.

Lembre-se de que um produto, muitas vezes, obscurece a distinção entre serviços e produtos. A *Avis* é uma empresa que fornece carros de aluguel, que são produtos. A *Lenscrafters* fornece exames de vista – serviços de um oftalmologista – e também vende óculos e lentes de contato (produtos).

MARKETING
Verificação de conceito

1. Quais são as diferenças principais entre produtos e serviços?
2. Dê exemplos de um produto e de um serviço que você usou no último mês.

A IMPORTÂNCIA DO SETOR DE SERVIÇO

Você viveria uma vida muito diferente sem as empresas de serviço para preencherem muitas necessidades. Não poderia fazer uma chamada telefônica, entrar na internet, usar um interruptor para eletricidade ou até fazer um curso universitário se as organizações não fornecessem tais serviços. Durante um dia médio, você provavelmente usa muitos serviços sem pensar muito, mas esses produtos têm um papel integral na sua vida.

2. Explicar a importância do setor nos mercados atuais.

O setor de serviço dá uma contribuição crucial à economia dos Estados Unidos em termos de produtos e empregos. Duas das dez companhias norte-americanas mais admiradas da *Fortune* são empresas puramente de serviços – a Southwest Airlines e a Federal Express. Mas as outras oito empresas – Wal-Mart, Berkshire Hathaway, General Electric, Dell, Microsoft, Johnson & Johnson, Starbucks e IBM – fornecem serviços muito bem vistos em conjunção com os produtos que vendem.[4]

O setor de serviços dos Estados Unidos agora consiste em mais de dois terços da economia; sua taxa de crescimento anual chegou a uma alta de seis anos, comparada com o crescimento muito mais lento dos empregos de não-serviços.[5]

Os serviços também têm um papel importante na competitividade internacional das empresas norte-americanas. Enquanto os Estados Unidos têm um contínuo déficit de comércio em produtos, têm mantido superávit de comércio nos serviços todos os anos desde 1970. No entanto, apesar de alguns economistas acharem que medidas mais precisas de exportações de serviços revelaram um superávit maior ainda, outros se preocupam com o efeito **offshoring** de empregos de serviços como centros telefônicos de atendimento ao consumidor para nações em desenvolvimento como a Índia. Já algumas companhias estão usando os serviços de *offshoring* como parte de sua mensagem de marketing. A E-Loan Inc., uma empresa de empréstimo on-line, deixa os consumidores decidirem se querem ter suas aplicações processadas na Índia ou nos Estados Unidos. Se escolherem os Estados Unidos, a aplicação demora mais. Isso é porque a Wipro, firma indiana que fornece trabalhadores para a E-Loan e outras empresas, tem mais funcionários. A E-Loan acredita que permitir que seus consumidores façam a escolha significa um bom e ético senso de marketing.[6]

Os observadores citam vários motivos para a importância crescente dos serviços, até mesmo o desejo do consumidor por velocidade, conveniência e avanços tecnológicos que permitem que as firmas cumpram essa demanda. Os serviços que envolvem comunicações sem fio, backup de dados e armazenamento e até a preparação de refeições para famílias ocupadas estão em alta. Os consumidores também estão buscando consultores para ajudá-los a planejar um futuro financeiramente seguro e na contratação de seguros para proteger suas casas e famílias.

A maioria das empresas de serviços enfatiza o marketing como uma atividade significativa por dois motivos. Primeiro, o crescimento potencial de transações de serviços representa ampla oportunidade de marketing. Segundo, o ambiente para serviços está mudando. Por exemplo, a maior competição está obrigando indústrias tradicionais de serviços a se diferenciarem dos rivais. Fornecer serviços superiores é uma forma de desenvolver relacionamentos de longo prazo com o consumidor e competir de modo mais eficaz. Como já discutido, o marketing one-to-one e o de relacionamento são apenas duas das maneiras de as empresas de serviços desenvolverem e solidificarem seus relacionamentos com os consumidores.

MARKETING
Verificação
de conceito

1. Identifique dois motivos pelos quais os serviços são importantes para a economia dos Estados Unidos e para o ambiente empresarial.

2. Por que as firmas de serviço enfatizam o marketing?

CLASSIFICANDO PRODUTOS E SERVIÇOS PARA MERCADOS DE CONSUMIDORES E EMPRESARIAIS

As escolhas de uma empresa para o marketing de um produto ou serviço dependem muito da oferta em si e da natureza do mercado-alvo. As estratégias de produtos variam para mercados de consumidores e de negócios. Os **produtos de consumo** (às vezes chamados de *produtos B2C*) são aqueles destinados ao uso do consumidor final, ao passo que produtos de negócios ou **produtos B2B** (também chamados de *produtos industriais* ou *organizacionais*) contribuem direta ou indiretamente para a saída de outros produtos para a revenda. Os profissionais de marketing subdividem mais ainda essas duas categorias principais em categorias mais específicas, como discutido nesta seção.

É importante notar que alguns produtos estão nas duas categorias, por exemplo, os remédios tarjados. Tradicionalmente, os laboratórios farmacêuticos comercializavam remédios tarjados para médicos, que, por sua vez, tomavam a decisão de compra por seus pacientes ao escreverem a receita. Portanto, os medicamentos podem ser classificados como um produto de negócio. No entanto, muitas empresas farmacêuticas agora anunciam seus produtos na mídia voltada ao consumidor, inclusive em revistas e na televisão. Na verdade, a gigante farmacêutica Merck gastou impressionantes US$ 135,5 milhões em propaganda para seu antiinflamatório *Vioxx*, que inclui comerciais na TV com a campeã olímpica de patinação artística Dorothy Hamill.[7] Conforme os pacientes agem mais como consumidores, são mais propensos a tomarem iniciativa em pedir receitas para certos medicamentos que viram anunciados na mídia, como *Nexium*, *Alavert* e *Aricept*. À medida que esses remédios perdem suas patentes e se tornam remédios não tarjados, como aconteceu com a Claritin, eles completam a transição para se tornarem produtos de consumo.[8]

TIPOS DE PRODUTOS DE CONSUMIDORES

O sistema de classificação de produtos mais usado enfoca a percepção do comprador de uma necessidade por determinado produto e em seu comportamento de consumo. No entanto, **produtos não procurados** são comercializados para consumidores que talvez ainda não reconheçam qualquer necessidade deles. Exemplos de produtos não procurados são convênios para cuidados de longo prazo e serviços funerários.

3. Listar as classificações de bens e serviços ao consumidor e descrever resumidamente cada categoria.

Entretanto, relativamente poucos produtos se encaixam na categoria de não procurados. A maioria dos consumidores reconhece suas próprias necessidades por vários tipos de compras de consumo e ativamente as buscam, então, as variações de comportamento de compra do consumidor são a chave para distinguir as diferentes categorias. O esquema de classificação mais comum para produtos procurados divide produtos e serviços em três grupos com base no comportamento de compra dos consumidores: conveniência, compras comparadas e especialidades. A Figura 11.2 ilustra exemplos dessas três categorias, com a classificação de não procurado.

Produtos de Conveniência

Os produtos de conveniência referem-se a produtos ou serviços que os consumidores querem comprar freqüente e imediatamente e com esforço mínimo. Leite, pão e refrigerantes são exemplos desses produtos, assim como chiclete, bala e a maioria dos itens de máquinas automáticas. Os serviços de conveniência incluem lojas 24 horas, salão de cabeleireiro sem hora marcada, lojas de fotocópia, lavagem a seco e revelação de filme em uma hora.

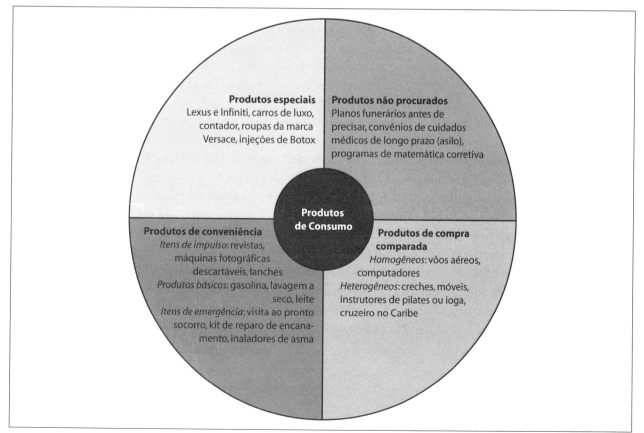

Figura 11.2
Classificação de produtos de consumo.

Os profissionais de marketing subdividem ainda mais a categoria de conveniência em itens de impulso, básicos e de emergência. Os produtos e serviços de impulso são comprados sem planejamento, como uma visita ao lava-rápido ou um chiclete pego no caixa. Alguns profissionais de marketing até descobrem maneiras de tornar atraentes as compras de impulso na internet. Marc Malaga, o fundador de GiftBaskets.com, um site que fornece cestas de presentes e alimentos, flores e outros presentes, decidiu manter um Centro Emergencial de Presentes especial na página inicial de seu site. Os consumidores podem pedir itens como uma Cesta Grande *Gourmet*, uma Cesta de Guloseimas, ou Lindos Lírios até às 13 horas, horário de Nova York, de segunda a sexta, e ter a garantia de que serão entregues no mesmo dia. Esses itens de último minuto não saem barato – variam, em preço, de mais ou menos US$ 40 a US$ 125. Mas preenchem uma necessidade imediata por produtos e serviços.[9] A *Yahoo!* tem um serviço parecido em sua página inicial. Os consumidores podem pedir presentes de última hora para o Dia das Mães, Dia dos Namorados ou qualquer outra ocasião especial. Os consumidores que talvez tivessem acessado outro site ou ido à loja podem convenientemente clicar nas lojas de presentes da *Yahoo!*.

Os **produtos básicos** são produtos e serviços de conveniência que os consumidores sempre repõem para manter um estoque pronto; gasolina, pasta de dente e lavagem a seco são bons exemplos. Os profissionais de marketing despendem muitas horas e dólares criando mensagens para os consumidores sobre esses produtos, em parte porque há muitos rivais.

Os **produtos e serviços de emergência** são comprados em resposta a necessidades não esperadas e urgentes. Uma máquina para tirar a neve comprada durante uma nevasca e uma visita ao pronto socorro para tratar um tornozelo quebrado são exemplos. Dependendo de seu ponto de vista, os produtos oferecidos pelos presentes de última hora da *Yahoo!* e da Giftbaskets também se encaixariam nessa categoria.

Como os consumidores dedicam pouco esforço às decisões de compra de produtos de conveniência, os profissionais de marketing têm de se esforçar para fazer essas trocas o mais simples possível. A localização da loja pode aumentar a visibilidade de um produto de conveniência. Os profissionais de marketing competem vigorosamente por locais importantes, que podem fazer a diferença entre um consumidor escolher um posto de gasolina, máquina de vendas automática, uma lavagem a seco ou outro produto ou serviço.

Além disso, a localização *dentro* da loja pode fazer uma diferença entre o sucesso ou o fracasso de um produto, e esse é o motivo pelo qual os fabricantes lutam tanto pelos lugares certos nas prateleiras dos supermercados. Geralmente, os fabricantes de mantimentos maiores e mais poderosos, como a Sara Lee, a Kellogg e a General Mills, recebem os lugares mais visíveis. A Kraft Foods tem oito ou dez displays especiais em muitos supermercados. As marcas *Miracle Whip*, as bolachas *Ritz*, o *cream cheese Philadelphia*, o *Kool-Aid* e os biscoitos Oreo pertencem à Kraft – e gozam de espaço importante nas prateleiras. Mas a visibilidade para os consumidores tem um preço, muitas vezes mediante uma prática chamada de **bonificação de exposição** ou taxas de exposição, dinheiro pago pelos produtores a varejistas para garantir o display de sua mercadoria. De acordo com os varejistas, o propósito da bonificação de exposição é o de cobrir suas despesas se os produtos não venderem. A bonificação de exposição típica para um produto em um único mercado pode variar de US$ 2.300 a US$ 21.770. O lançamento nacional de um produto pode custar de US$ 1,5 milhão a US$ 2 milhões para o fabricante em bonificações de exposição. A *Federal Trade Comission* (FTC – Comissão Federal de Comércio) estima que, a cada ano, mais de US$ 9 bilhões são pagos em bonificações de exposição para produtos novos. O alto custo dessas taxas de acesso significa que é muito difícil, para empresas pequenas ou locais que fazem produtos como molhos, iogurte e até leite, colocar seus produtos nas prateleiras de grandes supermercados, mesmo que os consumidores os queiram. Apesar de a FTC e de o *General Accounting Office* (Escritório Geral de Contabilidade dos Estados Unidos) terem tentado acabar com essa prática, até agora nenhuma ação significativa foi tomada.[10]

Produtos de compra comparada

Em contraste à compra de itens de conveniência, os consumidores compram **produtos de compra comparada** apenas após comparar ofertas competitivas em características como preço, qualidade, estilo e cor. Os produtos de compras comparadas geralmente custam mais do que compras de conveniência. Essa categoria também inclui itens tangíveis como roupas, móveis e eletrodomésticos, assim como serviços como creche, reforma da casa, consertos da casa e seguros. O comprador de produtos de compras comparadas não tem informações completas antes da viagem para comprar e reúne informações durante o processo de compra.

Muitos aspectos importantes distinguem produtos de compras comparadas: atributos físicos, atributos de serviço como garantias e termos de serviço pós-vendas, preços, estilos e lugar de compra. O nome e a reputação de uma loja têm uma influência considerável no comportamento de compra das pessoas. Os esforços de venda pessoais dos vendedores também fornecem importante apoio promocional.

Os compradores e profissionais de marketing tratam alguns produtos de compra comparada, como geladeiras e máquinas de lavar, como produtos relativamente homogêneos. Para o consumidor, uma marca parece, em geral, ser igual à outra. Os profissionais de marketing podem tentar diferenciar produtos homogêneos de produtos rivais de diversas formas. Podem enfatizar o preço e o valor, ou tentar educar os compradores sobre aspectos menos óbvios que contribuem para a qualidade, o atrativo ou o jeito único do produto.

Outros produtos de compra comparada parecem ser heterogêneos por causa de diferenças básicas entre eles. Exemplos incluem móveis, treinamento físico, viagens e roupas. As diferenças nos aspectos, muitas vezes, separam produtos de compras comparadas heterogêneos rivais na mente dos consumidores. As percepções de estilo, cor e ajuste podem afetar as escolhas do consumidor.

Produtos Especiais

Produtos especiais oferecem características únicas que levam os compradores a valorizar aquelas marcas específicas. Eles geralmente têm preços mais altos, e muitos representam marcas bem conhecidas. Exemplos de produtos especiais incluem lenços Hermès, produtos de couro da Gucci, resorts Ritz-Carlton, jóias Tiffany e automóveis Rolls-Royce. Os serviços especiais incluem aqueles profissionais, como serviços financeiros, legais e médicos.

Os compradores de produtos e serviços especiais sabem exatamente o que querem – e estão dispostos a pagar de acordo. Esses compradores começam as compras com as informações completas e se recusam a aceitar substitutos. Como os consumidores estão dispostos a gastar consideráveis esforços para obter produtos especiais, os produtores podem promovê-los por meio de relativamente poucos locais de varejo. Na verdade, algumas empresas, como a Kabana, designer e fabricante de jóias exclusivas, limitam intencionalmente a gama de varejistas que têm seus produtos para valorizarem sua marca.

Tanto os serviços altamente qualificados por associados de vendas quanto a propaganda de marketing ajudam os profissionais de marketing a promover itens especiais. Como esses produtos estão disponíveis em tão poucas lojas de varejo, as propagandas, muitas vezes, listam seus endereços ou dão um telefone de discagem gratuita que fornece essas informações aos consumidores.

É importante observar que, em anos recentes, alguns fabricantes de produtos especiais, como as bolsas de mão Coach e as roupas Donna Karan, aumentaram seu mercado vendendo alguns de seus produtos em lojas de desconto pertencentes a empresas. Mas tais lojas quase sempre têm itens do estoque do ano anterior. As lojas atraem consumidores que querem seus próprios itens especiais, mas que não podem ou não querem pagar preços elevados.

CLASSIFICAÇÃO DE SERVIÇOS DE CONSUMIDOR

Como os produtos tangíveis, os serviços também são classificados com base nas categorias de conveniência, compras comparadas e produtos especiais. Mas um discernimento a mais pode ser conseguido ao se examinar vários fatores que são únicos na classificação de serviços. As empresas de serviços podem atender a mercados de consumidores, mercados empresariais, ou a ambos. Uma companhia que oferece serviços de arquitetura pode desenhar construções residenciais, comerciais ou ambos. Um serviço de limpeza pode limpar casas, escritórios ou os dois.

Além disso, os serviços podem ser classificados com base em equipamentos ou em pessoas. Um lava-rápido é um serviço baseado em equipamento, ao passo que um escritório jurídico é baseado em pessoas. Os profissionais de marketing podem fazer qualquer uma dessas cinco perguntas a si mesmos para ajudar a classificar certos serviços:

1. Qual é a natureza do serviço?
2. Que tipo de relacionamento a organização de serviço tem com seus consumidores?
3. Quanta flexibilidade há para personalização e julgamento por parte do prestador de serviços?
4. A demanda e a oferta variam para esse serviço?
5. Como o serviço é entregue?[11]

Um profissional de marketing tentando classificar as atividades de um canil de hospedagem responderia essas perguntas de um modo. Um profissional de marketing avaliando um serviço de jardinagem teria outras respostas. Por exemplo, os consumidores levariam seus animais de estimação ao canil para receberem os serviços, ao passo que a equipe de jardinagem iria até a casa dos consumidores para fornecer o serviço. Os funcionários do canil são mais propensos a ter um relacionamento interpessoal mais próximo com os donos de animais – e seus animais de estimação – do que os funcionários de jardinagem, que talvez nem mesmo conheçam os consumidores. Um profissional de marketing, avaliando a demanda dos serviços de um *resort* de esqui ou de uma barraca de comida na praia, provavelmente encontrará variações de acordo com a estação do ano. E um dentista tem flexibilidade em tomar decisões sobre o tratamento de um paciente, ao passo que um serviço de entrega tem de chegar com a encomenda ao destino certo, na hora certa.

APLICANDO O SISTEMA DE CLASSIFICAÇÃO DE PRODUTOS DE CONSUMO

O sistema de classificação de produtos e serviços de conveniência, de compra comparada e especiais ajuda a guiar os profissionais de marketing no desenvolvimento de uma estratégia de marketing de sucesso. Os padrões de comportamento do consumidor variam para os três tipos de compras. Por exemplo, classificar um novo item de comida como produto de conveniência leva a discernimentos sobre as necessidades de marketing em decisões de marca, promoção, preço e distribuição. A Tabela 11.1 resume o impacto de um mix de marketing eficaz.

O sistema de classificação, no entanto, também possui alguns problemas. O maior obstáculo em implementá-lo resulta da sugestão de que todos os produtos e serviços devem encaixar-se em uma das três categorias. Alguns se encaixam bem em uma categoria, mas outros dividem características de mais de uma categoria.

Por exemplo, como você classificaria a compra de um novo automóvel? Antes de classificar o produto caro, que é manuseado por algumas concessionárias exclusivas na região como um produto especial, considere outras características. Os compradores de carros novos pesquisam muito entre os modelos e as concessionárias competidoras antes de escolher o melhor negócio. Pense no processo de categorização em termos de *continuum* representando graus de esforço gasto pelos consumidores. De um lado do *continuum*, casualmente pegam itens de conveniência; do outro, buscam intensamente produtos especiais. Os produtos de compra comparada caem no meio desses extremos. Além disso, as concessionárias de carros podem oferecer serviços, tanto durante quanto depois da venda, que têm um papel grande na decisão de compra. Nesse *continuum*, a compra de um carro novo pode aparecer entre as categorias de produtos de compra comparada e especiais, porém mais próxima dos produtos especiais.

Um segundo problema com o sistema de classificação surge porque os consumidores variam em seus padrões de consumo. Uma pessoa pode fazer uma visita de emergência ao dentista por causa de uma dor de dente, ao passo que outra pode extensivamente comparar preços e horários de funcionamento antes de escolher um dentista. Mas a compra por impulso feita por alguém não torna o serviço dentário um item de conveniência. Os profissionais de marketing classificam produtos e serviços levando em consideração os padrões de compra da maioria dos compradores.

Tabela 11.1 O impacto do marketing no sistema de classificação de produtos de consumo

	PRODUTOS DE CONVENIÊNCIA	PRODUTOS DE COMPRA COMPARADA	PRODUTOS ESPECIAIS
Fatores do consumidor			
Tempo de planejamento envolvido na compra	Muito pouco	Considerável	Extensivo
Freqüência de compra	Freqüente	Menos freqüente	Não freqüente
Importância da localização conveniente	Crucial	Importante	Não importante
Comparação de preço e qualidade	Muito pouco	Considerável	Muito pouco
Fatores de mix de marketing			
Preço	Baixo	Relativamente alto	Alto
Importância da imagem do vendedor	Não importante	Muito importante	Importante
Comprimento do canal de distribuição	Longo	Relativamente curto	Muito curto
Número de lojas de venda	Muitas	Poucas	Bem poucas; muitas vezes, uma por região de mercado
Promoção	Propaganda e promoção pelo produtor	Vendas pessoais e propaganda pelo fabricante e pelos varejistas	Vendas pessoais e propaganda pelo fabricante e pelos varejistas

TIPOS DE PRODUTOS EMPRESARIAIS

Os compradores empresariais são consumidores profissionais. As responsabilidades de seu emprego requerem decisões de compra racionais e de bom custo-benefício. Por exemplo, a General Mills aplica muito da mesma decisão de compra para adquirir farinha que a Pillsbury usa.

4. Descrever cada tipo de bens e serviços corporativos.

O sistema de classificação para produtos empresariais enfatiza os usos dos produtos em vez do comportamento de compra do consumidor. Os produtos B2B geralmente caem em uma de seis categorias de usos de produtos: instalações, equipamentos, acessório, materiais e peças componentes, matérias-primas, suprimentos e serviços empresariais.[12] A Figura 11.3 ilustra os seis tipos de produtos empresariais.

Instalações

Os produtos especiais do mercado empresarial são chamados de **instalações**. Essa classificação inclui grandes investimentos de capital para novas fábricas e maquinaria pesada e para sistemas de telecomunicação. As compras de novos aviões Boeing 787 Dreamliner para a All Nippon Airways e locomotivas para a Burlington Northern são consideradas instalações.

Como as instalações duram por longos períodos de tempo e suas compras exigem grandes somas de dinheiro, representam grandes decisões para as organizações. As negociações, muitas vezes, duram vários meses e envolvem muitas pessoas que tomam decisões. Os vendedores, com freqüência, fornecem a experiência técnica com os produtos tangíveis. Os representantes que vendem equipamento sob medida trabalham bem com os engenheiros funcionários de produção da empresa compradora para desenhar os produtos o mais satisfatoriamente possível.

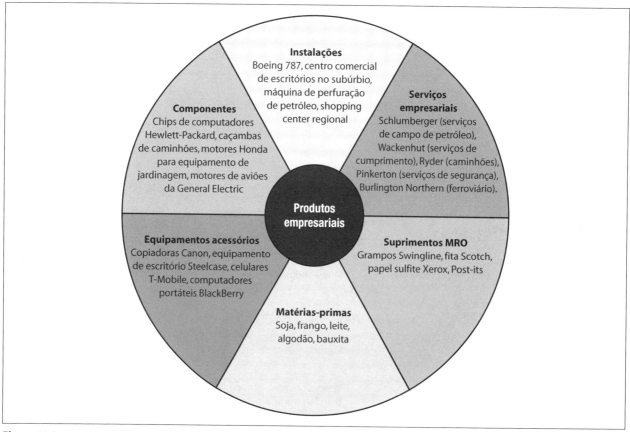

Figura 11.3
Classificação de produtos empresariais.

O preço geralmente não domina as decisões de compra de instalações. Uma firma compradora adquire tal produto por sua eficiência e desempenho durante sua vida útil. Ela também quer minimizar quebras. O tempo parado é caro porque a empresa tem de pagar os funcionários enquanto aguardam os consertos da máquina. As instalações são grandes investimentos, muitas vezes desenhadas especificamente para os compradores, como os equipamentos grandes fornecidos às empresas pela United Technologies.

O treinamento de mão-de-obra do comprador para operar o equipamento corretamente, com significativos serviços pós-vendas, geralmente também é incluso. Como resultado, os profissionais de marketing desses sistemas focam seus esforços promocionais em empregar representantes de vendas altamente treinados, até com experiência técnica. A propaganda, quando usada, enfatiza a reputação da empresa e direciona compradores em perspectiva a entrar em contato com os representantes de vendas locais.

A maioria das instalações é comercializada diretamente dos fabricantes aos usuários. Até uma venda única pode requerer contatos contínuos para serviços regulares dos produtos. Alguns fabricantes preferem alugar instalações muito caras para consumidores em vez de vender os itens de modo direto, e destinar funcionários diretamente para os locais dos locatários para operarem ou manterem o equipamento.

Equipamento Acessório

Apenas algumas pessoas que tomam decisões podem participar na compra de **equipamentos acessórios** – itens capitais que em geral custam menos que instalações. Apesar de a qualidade e o serviço exercerem influências importantes nas compras de equipamentos acessórios, os preços podem afetar significativamente tais decisões. Os equipamentos acessórios incluem produtos como ferramentas elétricas, computadores, PDAs e celulares. Apesar de esses produtos serem considerados investimentos de capital e os compradores depreciarem seus custos com o passar de alguns anos, sua vida útil geralmente é bem mais curta do que a das instalações.

O marketing desses produtos requer representação e negociação contínuas com a dispersão geográfica ampla dos compradores. Para lidar com tais características de mercado, um atacadista – também chamado de distribuidor industrial – pode ser usado para contatar consumidores em perspectiva em sua própria área geográfica. Os consumidores geralmente não requerem assistência técnica, e um fabricante de equipamento acessório pode distribuir seus produtos com eficiência por meio de atacadistas.

A comunicação é um componente importante no mix de marketing para equipamentos acessórios, como ilustrado na Figura 11.4. A Sony promove várias tecnologias de última geração em seu novo notebook PC, inclusive conectividade sem fio, um design fino que acomoda a tecnologia móvel da Centrino da Intel e a capacidade de gravar CDs e editar fotos.

Figura 11.4
Comunicação de equipamento acessório.

Peças e Materiais Componentes

Enquanto compradores empresariais usam instalações e equipamentos acessórios no processo de produção de seu próprio produto final, **peças e materiais componentes** representam produtos empresariais prontos de um fabricante que fazem parte do produto final de outro fabricante. A Johnson Controls, com sede em Milwaukee, fornece assentos de automóveis para fabricantes de carros há anos. Agora se juntou com a Philips Electronics para entregar sistemas de entretenimento de DVD para carros. Os produtos fabricados e vendidos por essas duas empresas fazem parte de automóveis completos vendidos por fabricantes de carros. Alguns materiais fabricados, como farinha, passam por mais processos antes de fazer parte de produtos prontos. Tecidos, polpa de papel e químicas também são exemplos de peças e materiais componentes.

Os compradores de peças e materiais componentes precisam de fornecimento contínuo e normal de produtos de qualidade uniforme. Eles geralmente contratam a compra desses itens por períodos fixos de tempo. É comum os profissionais de marketing enfatizarem vendas diretas, e consumidores satisfeitos, muitas vezes, tornam-se compradores regulares. Os atacadistas às vezes oferecem compras substitutas e manejam vendas para compradores menores.

Matérias-primas

Os produtos de fazendas, como carne bovina, algodão, ovos, leite, frango e soja, e produtos naturais, como carvão, cobre, ferro, minério e madeira, constituem **matérias-primas**. Esses produtos representam peças e materiais componentes pois fazem parte dos produtos finais do comprador.

A maioria das matérias-primas tem notas determinadas de acordo com um critério fixo, garantindo aos compradores o recebimento de produtos padronizados de qualidade uniforme. Assim como com as peças e os materiais componentes, é comum os vendedores comercializarem matérias-primas diretamente com as organizações compradoras, tipicamente de acordo com os termos contratuais. Os atacadistas estão cada vez mais envolvidos em comprar matérias-primas de fornecedores estrangeiros.

O preço raramente é um fator decisivo na compra de matérias-primas, pois os custos, muitas vezes, são fixados por mercados centrais, determinando transações basicamente idênticas entre vendedores rivais. Os compradores compram matérias-primas das empresas que consideram mais capazes de entregar as quantias e a qualidade exigidas.

Suprimentos

Se as instalações representam os produtos especiais do mercado empresarial, os suprimentos de operação são seus produtos de conveniência. Os **suprimentos** constituem os gastos normais que uma empresa tem nas operações diárias. Esses gastos não se tornam parte dos produtos finais do comprador.

Os suprimentos também são chamados de **materiais MRO** porque se encaixam em três categorias: (1) itens de manutenção, como vassouras, filtros e lâmpadas; (2) itens de reparo, como porcas e parafusos usados no conserto de equipamentos; e (3) suprimentos de operação, como papel de fax, *post-its* e lápis.

Um gerente de compra adquire regularmente suprimentos de operação como uma tarefa de emprego. Os atacadistas, muitas vezes, facilitam as vendas de suprimentos por causa do preço baixo por unidade, do tamanho pequeno dos pedidos e do número grande de compradores em perspectiva. Como os suprimentos são relativamente padronizados, a competição de preço com freqüência mantém os custos sob controle. No entanto, um comprador empresarial gasta pouco tempo tomando decisões sobre esses produtos. A troca de produtos requer um simples pedido EDI ou por telefone ou compras regulares de um representante de vendas de um atacadista local.

Serviços Empresariais

A categoria de **serviços empresariais** inclui os produtos intangíveis que as companhias compram para facilitar seus processos de produção e operação. Os exemplos de serviços empresariais são serviços financeiros, serviços de aluguel e financiamento que fornecem equipamentos e veículos de suprimento, seguros, segurança, conselho legal e assessoria. Como já foi mencionado, muitos prestadores de serviços vendem os mesmos produtos para consumidores e compradores corporativos – telefone, gás e eletricidade, por exemplo –, apesar de as empresas de serviços manterem grupos de marketing separados para os dois segmentos de consumidores.

As organizações também compram serviços adjuntos que auxiliam suas operações, mas não são essencialmente parte do produto final. O preço pode influenciar muitas decisões de compra para serviços empresariais. A organização compradora tem de decidir se vai adquirir um serviço inteiramente, e a decisão pode depender da freqüência com que ela precisa do serviço e do conhecimento especializado necessário para fornecê-lo.

Os processos de decisão de compra variam de modo considerável para tipos diferentes de serviços empresariais. Uma firma pode comprar serviços de limpeza de janelas em um processo rotineiro e direto parecido com o de compra de suprimentos de operação. Em contraste, uma decisão de compra para um conselho de engenharia ambiental altamente especializado requer análise complexa e talvez negociações longas parecidas com as de compras de instalações. Essa variabilidade do mix de marketing para serviços empresariais e outros produtos empresariais está esboçada na Tabela 11.2.

A compra e a venda de produtos empresariais envolvem, muitas vezes, alianças entre tipos diferentes de empresas. Como já mencionado, a Johnson Controls

MARKETING
Verificação de conceito

1. Quais são as três classificações principais de produtos de consumo?
2. Identifique três fatores que os profissionais de marketing devem levar em consideração ao classificar serviços de consumo.
3. Quais são as seis classificações principais de produtos empresariais?

Tabela 11.2 O impacto do marketing do sistema de classificação de produtos empresariais

FATOR	INSTALAÇÕES	EQUIPAMENTO ACESSÓRIO	PEÇAS E MATERIAIS COMPONENTES	MATÉRIAS-PRIMAS	SUPRIMENTOS	SERVIÇOS EMPRESARIAIS
Fatores organizacionais						
Tempo de planejamento	Extensivo	Menos extensivo	Menos extensivo	Varia	Muito pouco	Varia
Freqüência de compra	Não freqüente	Mais freqüente	Freqüente	Não freqüente	Freqüente	Varia
Comparação de preço e qualidade	Qualidade muito importante	Qualidade e preços importantes	Qualidade importante	Qualidade importante	Preço importante	Varia
Fatores de mix de marketing						
Preço	Alto	Relativamente alto	Baixo a alto	Baixo a alto	Baixo	Varia
Comprimento do canal de distribuição	Muito curto	Relativamente curto	Curto	Curto	Longo	Varia
Método de promoção	Venda pessoal pelo produtor	Propaganda	Venda pessoal	Venda pessoal	Propaganda pelo produtor	Varia

estabeleceu um relacionamento com a Philips Electronics para entregar sistemas de DVD embutidos em carros. A Akamai Technologies tem relacionamentos com 750 vendedores de hardware e software para fornecer serviços a seus consumidores.

QUALIDADE COMO UMA ESTRATÉGIA DO PRODUTO

Independentemente de como um produto seja classificado, nada é mais frustrante para um consumidor do que ver um item novo quebrar após apenas algum uso ou não estar de acordo com suas expectativas. Um celular que chia a não ser que você fique parado ou uma costura que estoura em sua jaqueta nova não são experiências que mudarão sua vida, mas deixam uma impressão de qualidade ruim que provavelmente levarão você a fazer compras diferentes no futuro. E há também a questão da qualidade do serviço – a loja de departamentos que parece não ter vendedora ou uma linha de ajuda de computação que deixa o cliente na espera por 20 minutos.

5. Explicar como a qualidade é utilizada pelos profissionais de marketing como estratégia de produto.

Qualidade é o componente-chave para o sucesso de uma empresa em um mercado competitivo. Os esforços para criar e comercializar produtos e serviços de alta qualidade foram chamados de **gestão de qualidade total (GQT)**. O GQT espera que todos os funcionários de uma empresa melhorem continuamente processos de produtos e trabalho com a meta de atingir a satisfação dos consumidores e um desempenho de classe mundial. Isso significa que os engenheiros desenham produtos que funcionam, os profissionais de marketing desenvolvem os produtos que as pessoas querem, e os vendedores cumprem suas promessas. Os gerentes são responsáveis por comunicar as metas de gerenciamento total de qualidade a todos os funcionários e encorajar os trabalhadores a melhorarem e terem orgulho de seu trabalho. É claro que atingir a qualidade máxima não é tão fácil quanto parece, e o processo nunca é completo.

PROGRAMAS DE QUALIDADE MUNDIAIS

Em poucas palavras

A rapidez é boa, mas a precisão é tudo.
Wyatt Earp (1849 -1929)
Homem da lei, apostador, participava de duelos armados nos EUA.

Apesar de o movimento ter começado nos Estados Unidos na década de 1920 como tentativa de aprimorar a qualidade do produto com a melhoria do processo de fabricação, foi durante a década de 1980 que a revolução de qualidade ganhou força nas corporações norte-americanas. A campanha para melhorar a qualidade encontrou liderança em grandes fabricantes, como a Ford, a Xerox e a Motorola, que haviam perdido sua porção de mercado para os competidores japoneses. As empresas pequenas que forneciam peças às firmas grandes começaram a reconhecer a qualidade como uma exigência para o sucesso. Atualmente, o compromisso com a qualidade disseminou-se para indústrias de serviços, organizações sem fins lucrativos, agências governamentais e instituições educacionais.

Como parte da campanha nacional de melhoria de qualidade, o Congresso norte-americano estabeleceu o *Malcolm Baldrige National Quality Award* (um prêmio nacional de qualidade) em 1987 para reconhecer a excelência em gerenciamento de qualidade. Nomeado pelo falecido secretário do Comércio Malcolm Baldrige, o prêmio é o mais alto reconhecimento nacional de qualidade que uma empresa nos Estados Unidos pode receber. Ele trabalha para promover a conscientização da qualidade, reconhecer as realizações de qualidade de empresas do país e publicar estratégias de qualidade de sucesso.

O movimento de qualidade também é forte nos países europeus. Os padrões da **ISO 9002** da União Européia (antiga ISO 9000) definem critérios internacionais para gerenciamento de qualidade e garantia de qualidade. Esses padrões foram desenvolvidos originalmente pela Organização Internacional de Padronização na Suíça para garantir qualidade consistente entre produtos fabricados e vendidos nas nações da União Européia (UE). Os padrões agora também incluem critérios para sistemas de gerenciamento. Muitas empresas européias exigem que os fornecedores completem a certificação ISO, um processo rigoroso de catorze meses, como condição para negociar com eles. Um membro nos Estados Unidos da ISO é o *American National Standards Institute* (Instituto Nacional de Padrões Americanos).

BENCHMARKING

As organizações, com freqüência, dependem de uma ferramenta importante chamada **benchmarking** para estabelecer padrões de desempenho. O propósito do benchmarking é atingir desempenho superior que resulta em uma vantagem competitiva no mercado. Um processo típico de benchmarking envolve três atividades principais: identificar processos empresariais ou de fabricação que precisam melhorar, comparar processos internos aos de líderes industriais e implementar mudanças para a melhoria de qualidade.

O benchmarking requer dois tipos de análises: interna e externa. Antes de uma empresa poder comparar-se com outra, primeiro tem de analisar suas próprias atividades para determinar forças e fraquezas. Essa avaliação estabelece uma base para comparação. A análise externa envolve reunir informações sobre o parceiro de benchmarking a fim de descobrir por que ele é visto como o melhor da indústria. Uma comparação dos resultados da análise fornece uma base objetiva para fazer melhorias.

QUALIDADE DE SERVIÇOS

A avaliação de um comprador sobre a qualidade do serviço que adquiriu geralmente é determinada durante o **encontro de serviços** – o ponto em que o consumidor e o fornecedor de serviço interagem. Funcionários como caixas de banco ou de mercado e representantes de atendimento ao consumidor têm um impacto poderoso na decisão

dicas de etiqueta

Boas maneiras ao telefone: Alô, tchau e a conversa

Você provavelmente nunca pensou em como atende o telefone – é apenas uma segunda natureza. Mas, nos negócios, a maneira como alguém fala ao telefone não cria apenas uma impressão para quem ligou, mas pode, na verdade, fazer ou quebrar uma venda, um acordo ou um relacionamento. Então, é importante ficar atento a como os outros vêem sua etiqueta ao telefone. Aqui estão algumas dicas dos especialistas para fazer suas conversas ao telefone ocorrerem tranqüilamente:

1. Ao atender o telefone, diga seu nome e o nome da sua empresa claramente. Pergunte como pode ajudar a pessoa que está ligando. Se você está atendendo à linha de outra pessoa, cite o nome dela, depois se identifique.
2. Se você está ligando para alguém, cite seu nome e o nome da sua firma e peça para falar com a pessoa com quem você quer entrar em contato. Se um assistente se oferece para anotar um recado, educadamente deixe um recado curto indicando o motivo de sua ligação.
3. Seja um ouvinte ativo durante uma conversa ao telefone. A outra pessoa não consegue ver você sorrir nem balançar a cabeça, então, não esqueça de falar ocasionalmente "Entendi" ou "Sim" ou "Deixe ver se posso ajudá-lo". Assim, a outra pessoa tem certeza de que você está ouvindo.
4. Perto do final da conversa, tente recapitular os pontos importantes como "Vejo você na conferência na sexta" ou "Darei um retorno a você na terça pela manhã", ou "Entendo seu problema com esse produto e corrigirei isso para você". Mesmo que a conversa tenha ficado um pouco tensa, tente terminá-la de maneira positiva. Agradeça a pessoa pelo seu tempo, independentemente de quem ligou para quem.
5. Quando estiver conversando com alguém sobre assuntos de negócios, respeite o tempo da outra pessoa – é um dia útil e ela provavelmente tem outras coisas para resolver. Faça sua chamada ser informativa e curta sem ser grosso.

A etiqueta ao telefone tem um papel grande nas atividades de atendimento ao cliente, bem como em outras estratégias envolvidas em levar serviços ao mercado. Uma voz amigável, uma atitude agradável e vontade de ajudar podem ir longe em direção a concretizar o relacionamento de marketing pelas linhas telefônicas.

Fontes: Business telephone etiquette for success, *PageWise*, **http://ny.essortment.com/businesstelephon_rti.htm**, acessado em 15 mar. 2005; LEDGERWOOD, Marilyn. Telephone etiquette, *PageWise*, **http:/mt.essortment.com/telephoneetique_ rbpa.htm**, acessado em 2 abr. 2004; *Telephone manners*, **www.salary.com/advice/layouthtmls/advl_display_nocat_ Ser83_Par176.html**, acessado em 2 abr. 2004.

de seus consumidores de voltarem ou não. Você pode falar para seus amigos sobre os garçons bonzinhos em um restaurante local que serve café da manhã, sobre os caixas lentos de um supermercado local ou sobre as enormes bolas de sorvete que recebeu em uma sorveteria próxima. Aquelas palavras formam mensagens de marketing poderosas sobre os serviços que você recebeu. As dicas sobre como melhorar o encontro de serviço por telefone estão no quadro "Dicas de etiqueta".

A **qualidade de serviço** refere-se à qualidade esperada e notada da oferta de serviços e tem um efeito enorme na competitividade de uma empresa. Recentemente, a companhia aérea econômica Jet Blue alcançou o 1º lugar em qualidade entre empresas dos Estados Unidos, principalmente porque era pontual em 86% do tempo – apesar de os bancos de couro e as TVs por satélite individuais não terem prejudicado em nada. A mesma pesquisa observou que companhias de baixo custo se classificaram acima da média da indústria em qualidade, ao passo que as empresas tradicionais estavam abaixo. "As companhias de tarifas baixas com certeza são sólidas em sua habilidade de atrair passageiros, e isso se mostra na porção de mercado em que estão crescendo", concluiu Dean Headley, professor de marketing da Wichita State University e co-autor da pesquisa.[13]

A qualidade de serviços é determinada por cinco variáveis:

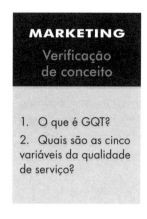

MARKETING
Verificação
de conceito

1. O que é GQT?
2. Quais são as cinco
variáveis da qualidade
de serviço?

1. *Evidência física*. Um escritório arrumado ou um uniforme limpo são exemplos.
2. *Confiabilidade,* ou consistência de desempenho e confiança. A VPS enfatiza sua confiança em suas propagandas.
3. *Receptividade,* ou vontade e prontidão dos funcionários de fornecerem um serviço. Um vendedor que perguntar "Como posso ajudar?" é um exemplo.
4. *Garantias*, ou a confiança comunicada pelo fornecedor de serviços. "Ajudaremos a garantir a segurança de sua família hoje e amanhã", declara a mensagem promocional da American Express Financia Advisors.
5. *Empatia*, ou esforços do fornecedor de serviços para entender as necessidades do consumidor e, então, individualizar o serviço. "Gerenciando a economia que mais importa – a sua", diz a American Express com empatia.

Uma lacuna existente entre o nível de serviço que o consumidor espera e o nível que pensa que recebeu pode ser favorável ou desfavorável. Se você receber um bife maior do que esperava ou seu avião chegar antes do horário, a lacuna é favorável, e é bem provável que você experimente aquele serviço de novo. Mas se seu bife for pequeno e estiver frio e queimado ou se seu trem chegar com duas horas de atraso, a lacuna é desfavorável e você provavelmente encontrará outro restaurante ou meio de transporte da próxima vez. A General Motors tem lutado para preencher as lacunas no seu serviço OnStar, que originalmente foi vendido como uma tecnologia que mudaria as viagens. No lançamento, os profissionais de marketing da OnStar predisseram com muito ânimo que os motoristas poderiam conectar-se a um centro de chamadas, a uma rede sem fios e à internet, onde poderiam entrar no chat com clientes, verificar suas ações e comprar ingressos para o teatro. No entanto, depois a GM descobriu que os motoristas não querem ficar mais distraídos do que já ficam, e mesmo que queiram o serviço, não desejam pagar uma taxa fixa por ele. A OnStar simplesmente não cria o valor para os consumidores que a GM achou que criaria. Então, os profissionais de marketing começam a redefinir o serviço como um dispositivo de segurança em vez de uma conveniência de alta tecnologia, com anúncios mostrando motoristas abandonados comunicando-se com os operadores da OnStar que lhes asseguram que a ajuda já está a caminho. O novo esforço de marketing pode preencher a lacuna, e a OnStar pode tornar-se um serviço valorizado.[14]

O DESENVOLVIMENTO DE LINHAS DE PRODUTOS

6. Explicar por que empresas desenvolvem linhas de produtos relacionados.

Poucas organizações hoje em dia comercializam apenas um produto. Uma empresa típica oferece a seus clientes uma linha de produtos – isto é, todo um mix de linha de produtos, mas uma controvérsia surgiu recentemente sobre quanta omissão existe para monitorar a segurança de novos tipos de medicamento, como o quadro "Resolvendo uma questão ética" mostra. A Although Yum! Brands concentra seus negócios na indústria de alimentação casual e de comida para viagem; a empresa é dividida em cinco restaurantes – ou linhas de produtos – bem conhecidos: Kentucky Fried Chicken (frango), Long John Silver's (frutos do mar), Pizza Hut (pizza), Taco Bell (comida mexicana) e A&W Root Beer (*root beer* e hambúrgueres).

As motivações para as empresas comercializarem linhas de produtos completas em vez de se concentrarem em um único produto incluem o desejo de crescer, de aumentar sua posição no mercado, o uso ideal dos recursos da empresa e a exploraração do ciclo de vida do produto. As próximas subseções examinam cada uma das três primeiras razões. A razão final, explorar os estágios do ciclo de vida do produto, é discutida na seção principal que enfoca as implicações estratégicas no conceito de ciclo de vida do produto.

QUEM DEVE TOMAR AS DECISÕES DE MARKETING SOBRE MEDICAMENTOS?

No final de 2004, a Merck & Co., o fabricante do muito receitado analgésico *Vioxx*, inesperadamente anunciou que foi relatado que o medicamento aumentava o risco de ataque cardíaco e derrame em pacientes que o tomavam. A empresa farmacêutica voluntariamente tirou o medicamento do mercado. A revogação chamou a atenção para dois analgésicos parecidos, *Celebrex* e *Bextra*, ambos fabricados pela Pfizer, Inc., e usados para tratar artrite e outras dores. A *Food and Drug Administration* (FDA – Administração de Alimentos e Medicamentos) convocou um painel de precaução especial para determinar se qualquer um dos três medicamentos devia ser vendido.

Muitos observadores perguntam se a FDA realmente era capaz de determinar a segurança de medicamentos populares. Alguns dizem que as drogas Cox-2 – a classe à qual os analgésicos pertencem – foram apressadas para serem colocadas no mercado com base em estudos de curto prazo pequenos demais para descobrirem quaisquer perigos potenciais. Outros argumentam que o risco aos pacientes era baixo o suficiente para terem menos peso do que a melhora que os medicamentos trazem à qualidade de vida.

O painel de advertência da FDA recomendou o retorno do *Vioxx* ao mercado com "novas restrições" sobre seu uso e a continuação das vendas de *Celebrex* e *Bextra*, "com fortes advertências e limites de propaganda". Apesar de a FDA não ser obrigada a seguir as recomendações de seus painéis, de modo geral ela as segue. A Merck parece estar propensa a ganhar, não só pelo retorno de seu produto ao mercado, mas também em seu aparente não-egoísmo em soar o alarme primeiro. Contudo, além das possíveis falhas destacadas no processo de aprovação de medicamentos pela FDA, o alvoroço também é identificado por sua aparente fraqueza na resposta, quando se tornou público que dez dos 32 membros tinham ligações profissionais com dois fabricantes de medicamentos.

O *Center for Science in the Public Interest* (Centro para a Ciência no Interesse Público) revelou que os dez haviam recebido apoio de pesquisa e/ou cachês por palestras e trabalho de consultoria para a Merck e a Pfizer. A FDA disse que fez triagem dos membros do painel para evitar possíveis conflitos de interesses, mas uma investigação dos votos revelou que os dez membros podem ter assegurado os resultados favoráveis para a Merck e a Pfizer, com todos eles votando a favor da *Celebrex* e da *Bextra*, e nove a favor do *Vioxx*. Sem seus votos, nenhum dos medicamentos teria permanecido no mercado.

AS EMPRESAS DE MEDICAMENTOS DEVEM CONTRATAR CIENTISTAS QUE POSSAM PRECISAR SER TOMADORES DE DECISÕES IMPARCIAIS?

SIM
1. Como as empresas de medicamentos financiam tantos estudos de pesquisa, é difícil achar um cientista respeitável que não tenha ligações com essa indústria.
2. Os cientistas estão focados em testar hipóteses e descobrir conhecimento, então sabem como evitar tais conflitos de interesses e manter a mente aberta.

NÃO
1. Ninguém pode ser verdadeiramente imparcial após ser pago ou recompensado por uma das empresas em questão.
2. Mesmo que os cientistas não fossem influenciados por suas ligações passadas com as empresas, qualquer coisa parecida com conflitos de interesses enfraqueceria a confiança pública na FDA e prejudicaria seu trabalho.

RESUMO

Mas um novo *Drug Safety Oversight Board* (Painel de Vistoria de Segurança de Medicamentos) está sendo formado para monitorar a segurança de medicamentos já no mercado. O novo painel deixará médicos e consumidores atualizados mais rapidamente sobre os últimos riscos e benefícios dos medicamentos, criando honestidade e independência sobre farmacêuticos.

Fontes: Panelists in FDA drug vote tied to makers, *Yahoo! News*, 25 fev. 2002, **http:/news.yahoo.com**; INGEBRETSEN, Mark. Cox-2 drugs, FDA both scathed by recent painkiller controversy, *The Wall Street Journal*, 22 fev. 2005, **http://online.wsj.com**; A start, not a cure, for FDA, *USA Today*, 21 fev. 2005, **www.usatoday.com**; SCHMITT, Julie; MCCOY, Kevin. FDA panel supports return of Vioxx ,*USA Today*, 21 fev. 2005, **www.usatoday.com**; JAPSEN, Bruce; GRAHAM, Judith. Board to track FDA-approved drugs' Safety *The Chicago Tribune*, 16 fev. 2005, Seção 1, p. 1, 22.

DESEJO DE CRESCER

Uma empresa limita seu crescimento potencial quando se concentra em um único produto, mesmo que tenha começado daquela forma, como o varejista L.L. Bean fez com seu estilo único de botas de trabalho chamadas de Maine Hunting Shoes (sapatos de caça Maine). Agora a empresa vende uma linha completa de botas de trabalho para homens, mulheres e crianças, sem mencionar os outros tipos de botas, com vestuário, aparatos de viagem e para uso ao ar livre, mobília para casa e até produtos para animais de estimação. A companhia, que cresceu para ser uma grande empresa de pedidos pelo correio e varejista on-line com uma loja principal em Freeport, Maine, tem quase um século. É pouco provável que tivesse atingido seu tamanho atual se os sucessores de Leon Leonwood Bean tivessem ficado só com fabricar e vender o único estilo de seus originais Maine Hunting Shoes.[15]

MELHORANDO O POSICIONAMENTO DE UMA EMPRESA NO MERCADO

Muitas vezes, uma empresa com uma linha de produtos se torna mais importante para os consumidores e para intermediários de marketing do que outra com apenas um produto. Um comprador que adquire uma barraca, freqüentemente compra itens relacionados. Por exemplo, a L.L. Bean agora oferece um grande número de produtos para que os consumidores possam se equipar completamente para atividades ao ar livre ou em viagens. Eles podem comprar botas para fazer trilhas, sacos de dormir e barracas, equipamento de pesca, bolsas de mão, caiaques e canoas, sapatos para neve e esquis, e também roupas para suas aventuras. Além disso, a empresa oferece seus programas de aventuras ao ar livre, que ensinam aos consumidores o básico para andar de caiaque, pescar com isca e outros esportes diretamente relacionados aos produtos que compram na L.L. Bean. Poucos conheceriam a Bean se a empresa vendesse apenas as botas originais. Os compradores empresariais, muitas vezes, esperam que uma firma que fabrica um produto específico também ofereça produtos relacionados.[16]

MARKETING
Verificação de conceito

1. Liste quatro motivos para desenvolver uma linha de produtos.

2. Cite um exemplo de uma linha de produtos de uma empresa que você conhece.

USO IDEAL DOS RECURSOS DA EMPRESA

Dividindo os custos de suas operações entre uma série de produtos, uma empresa pode reduzir os custos médios de produção e marketing de cada produto. Os hospitais têm aproveitado dependências ociosas para acrescentar uma variedade de serviços de expansão. Muitos agora operam centros de saúde e bem-estar que, além de gerarem lucro por si, também encaminham os consumidores a outros serviços hospitalares. Por exemplo, uma medicação para pressão sanguínea pode resultar na indicação de um médico do quadro de funcionários do hospital.

7. Descrever a forma com que os profissionais de marketing normalmente mensuram os mix de produtos e realizam suas decisões.

O MIX DE PRODUTOS

O **mix de produtos** de uma empresa é a variedade de linhas de produtos e ofertas de produtos individuais que ela vende. A combinação certa de linhas de produtos e produtos individuais permite que uma companhia maximize as oportunidades de vendas dentro das limitações de seus recursos. Os profissionais de marketing geralmente medem os mix de produtos de acordo com sua amplitude, comprimento e profundidade.

AMPLITUDE DO MIX DE PRODUTOS

A *amplitude* de um mix de produtos refere-se ao número de linhas de produtos que uma empresa oferece. Como a Tabela 11.3 mostra, a Johnson & Johnson oferece uma linha ampla de produtos de consumo de varejo no mercado dos Estados Unidos, assim como produtos business-to-business para a comunidade médica. Os consumidores podem comprar medicamentos sem receitas, produtos nutricionais, produtos de cuidados dentários e produtos de primeiros socorros, entre outros. Os profissionais da área da saúde podem obter medicamentos com receitas, aparelhos de diagnósticos, aparelhos médicos e tratamentos de feridas. A Cordis Corporation, que pertence à Johnson & Johnson, apresentou seus PALMAZ-SCHATZ® Stent Expansível por Balão em 1994, revolucionando o tratamento de doenças nas artérias coronárias em hospitais por todos os Estados Unidos. Desde essa época, lançou uma série de stents melhorados e mais flexíveis, até mesmo para veias pequenas, que ajudam a manter artérias entupidas abertas após angioplastia com balão. Esse é apenas um de muitos exemplos de B2B que fornece tanto lucro para a empresa quanto ajuda à comunidade em geral.

EXTENSÃO DO MIX DE PRODUTOS

A *extensão* do mix de produtos refere-se ao número de produtos diferentes que uma companhia vende. A Tabela 11.3 identifica algumas das centenas de produtos para cuidados com a saúde oferecidos pela Johnson & Johnson. Algumas das marcas mais conhecidas da J&J são Band-Aid, Motrin, Tylenol e Neutrogena.

PROFUNDIDADE DO MIX DE PRODUTOS

Profundidade refere-se às variações em cada linha de produto que a empresa comercializa em seu mix. Os curativos da marca *Band-Aid* da Johnson & Johnson vêm em uma variedade de formatos e tamanhos, inclusive *Finger-Care Tough Strips*, *Flexible Fabric* para cotovelos e joelhos e curativos *Advance Healing Blister*.

Tabela 11.3 O mix da Johnson & Johnson de produtos para cuidados com a saúde

ALERGIAS, RESFRIADOS, GRIPE	NUTRICIONAIS	CUIDADOS DENTAIS	APARELHOS E DIAGNÓSTICOS MÉDICOS
Analgésico Motrin	Auxílio digestivo Lactaid	Enxágüe bocal ACT	Imunodiagnósticos químicos VITROS
Analgésico Tylenol	Adoçante artificial Splenda	Fio dental REACH	Produtos de gerenciamento de diabetes
Xarope para tosse Simply Cough	Suplemento de cálcio Viactiv	Tratamento antibiótico ARESTIN	Produtos de substituição ortopédica de articulações
	Sabonetes e xampus Neutrogena	Escovas de dente REACH	Sistema de biopsia dos seios MAMMOTOME®

Fonte: Site da empresa, www.jnj.com/products/categories, acessado em 29 jul. 2005. © 2004 Johnson & Johnson. Todos os diretos reservados.

DECISÕES DE MIX DE PRODUTOS

Estabelecer e gerenciar o mix de produtos tornaram-se tarefas cada vez mais importantes de marketing. Acrescentar profundidade, extensão e amplitude ao mix de produtos requer pensamento e planejamento cuidadosos – ou a empresa pode acabar tendo produtos demais, até mesmo alguns que não venderiam bem. Para avaliar o mix de produtos de uma organização, os profissionais de marketing observam a eficácia de sua profundidade, de sua extensão e de sua amplitude. A empresa ignorou um segmento viável de consumidores? Pode melhorar seu desempenho aumentando a profundidade da linha de produtos para oferecer uma variedade de produtos que atrairia um novo segmento. A firma pode conseguir economias em suas vendas e em seus esforços de distribuição acrescentando linhas de produtos complementares ao mix? Se puder, um mix de produtos mais amplo pode ser apropriado? A empresa obtém contribuições iguais de todos os produtos em seu portfólio? Se não, ela pode decidir ampliar ou diminuir o mix de produtos para aumentar os lucros? O fabricante lendário de armas Smith & Wesson avaliou seu mix de produtos e anunciou uma nova oferta: uma linha de móveis e outros itens de decoração sob uma nova marca chamada *Crossings*. Se isso parece ser uma escolha estranha para um fabricante de armas, a empresa discorda. "Os produtos refletem a herança à qual a Smith & Wesson se associa faz tempo", explica um representante. Os produtos da *Crossings* são desenhados com uma aparência rústica com a intenção de provocar imagens do Velho Oeste americano. Os consumidores podem comprar um abajur genuíno de bota de *cowboy* ou um ferrete no formato de um tatu que pode ser usado para marcar coisas como uma pasta de couro ou bifes na churrasqueira.[17]

Outra maneira de acrescentar ao mix é comprar linhas de produtos de outras empresas. Ou uma firma pode adquirir empresas inteiras mediante fusões ou aquisições. Alguns anos atrás, a Sears, Roebuck & Co. adquiriu a firma de pedidos via correio Lands' End com o objetivo de restabelecer sua presença geral nos pedidos via correio. A Sears originalmente começou como uma empresa de pedidos via correio, mas parou de publicar seu catálogo "Grande Livro". Em vez de começar de novo, resolveu adquirir a Lands' End, que já tinha um mix de produtos de sucesso e seguidores fiéis.

Uma companhia deve avaliar seu atual mix de produtos por outro motivo importante: determinar a praticabilidade de uma extensão de linha. Uma **extensão de linha** acrescenta ofertas que ficam bem relacionadas a uma linha existente. A Coach, muito conhecida por suas bolsas, tradicionais e caras, recentemente resolveu estender sua linha oferecendo relógios, chapéus, sapatos, óculos de sol, blusas e até esteira de praia de palha com a letra "C" do logo da Coach. Além de estender a linha, a empresa resolveu acrescentar mais profundidade com um mix de produtos com estilos, formatos e cores mais badalados em suas bolsas. Os consumidores adoram os novos produtos, inclusive a nova bolsa estilosa Hamptons Weekend, uma cesta de palha e couro que vem nas cores vermelho, branco, preto e azul bebê. "Estas bolsas são arte!", exclama o executivo e CEO da Coach, Lew Frankfort.[18]

O ambiente de marketing também tem um papel na avaliação do mix de produtos de uma empresa. No caso da Coach, o ambiente sociocultural mudou e os consumidores estão buscando estilos mais informais e contemporâneos do que a Coach estava oferecendo. E, apesar de a companhia ter lançado alguns designs para atrair consumidores mais jovens, os consumidores mais velhos também os adoram. A Birkenstock enfrentou um desafio parecido quando resolveu atualizar sua imagem para consumidores mais novos que querem estilos mais na moda. Sem ofender seus consumidores leais – que ainda queriam as ofertas tradicionais da empresa –, a Birkenstock apresentou uma nova linha de sapatos, como descrito no quadro "Sucesso de marketing".

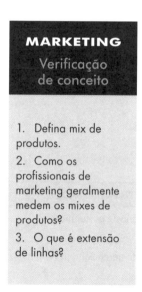

MARKETING
Verificação de conceito

1. Defina mix de produtos.
2. Como os profissionais de marketing geralmente medem os mixes de produtos?
3. O que é extensão de linhas?

A avaliação cuidadosa do mix de produtos atual também pode ajudar os profissionais de marketing a tomar decisões sobre gerenciamento de marcas e apresentações de novo produtos. O Capítulo 12 examinará a importância de branding, gerenciamento de marca e desenvolvimento e apresentação de novos produtos.

O CICLO DE VIDA DE UM PRODUTO

Os produtos, assim como as pessoas, passam por estágios conforme envelhecem. Os produtos de sucesso progridem em quatro estágios básicos: introdução, crescimento, maturidade e declínio. Esse progresso, conhecido como o **ciclo de vida do produto**, é mostrado na Figura 11.5. O conceito de ciclo de vida do produto aplica-se a produtos e categorias de produtos em uma indústria, mas não a marcas individuais. Por

8. Explicar o conceito do ciclo de vida dos produtos e verificar as diferentes etapas.

exemplo, celulares com câmeras passaram rapidamente do estágio de introdução, para o estágio de crescimento. As câmeras digitais agora estão no estágio de crescimento, ao passo que as máquinas de filme tradicionais nos Estados Unidos estão em declínio. Não há um tempo determinado ou período de tempo para um estágio em particular do ciclo de vida. Alguns produtos passam por certos estágios rapidamente, ao passo que outros vão mais devagar. Os DVD players passaram direto pelo estágio de introdução, ao passo que a empresa Segway, especializada em locomoção pessoal, parece estar presa no estágio de introdução.

ESTÁGIO DE INTRODUÇÃO

Durante o **estágio de introdução** do ciclo de vida de um produto, uma empresa trabalha para estimular a demanda para a nova entrada no mercado. Os produtos nesse estágio podem trazer novas tecnologias a uma categoria de produtos. Como o produto ainda é desconhecido do público, as campanhas promocionais enfatizam informações sobre suas características. Promoções adicionais tentam induzir os membros do canal de distribuição a venderem o produto. Nessa fase, o público conhece os méritos do item e começa a aceitá-lo.

Em poucas palavras

A competição traz à tona o melhor nos produtos e o pior nas pessoas.
David Sarnoff (1891-1971)
Fundador e presidente da RCA

Exemplos recentes de novos produtos cujos estágios de introdução foram um sucesso incluem DVD e celulares com câmeras. Ao reduzirem o preço quase imediatamente, os fabricantes de DVD fizeram que os consumidores os

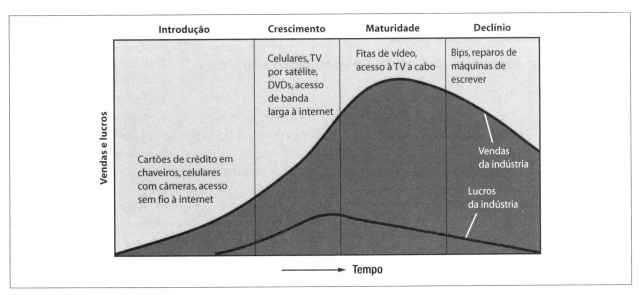

Figura 11.5
Estágios do ciclo de vida de um produto.

experimentassem com pouco ou nenhum risco, então o novo produto basicamente disparou no estágio de introdução e foi direto para o estágio de crescimento. Um ou dois anos depois, celulares com câmeras, que foram introduzidos antes no Japão e depois nos Estados Unidos, pegaram tão rápido que os representantes da Nokia anunciaram que a maioria dos celulares novos subseqüentemente teria câmeras embutidas. A Nokia, que é o maior fabricante de celulares do mundo, apresentou seis novos modelos de celulares em dois meses, todos com câmeras. Apesar de os celulares terem preço inicial de até US$ 399, em um ano a *T-Mobile*, um provedor de serviços sem fio em Bellevue, Washington, anunciou que daria um celular com câmera aos consumidores que assinassem seu serviço.[19]

Os problemas técnicos e as perdas financeiras são comuns durante o estágio de introdução, conforme as empresas aprimoram o design do produto e gastam dinheiro em propaganda. Todos lembram os problemas iniciais da internet – portais sobrecarregados, erros em preencher pedidos, pontocom que entraram em colapso. Mas os DVDs e os celulares com câmera têm experimentado poucos desses atrasos. Apesar de as fotos tiradas com celulares não terem a mesma nitidez obtida com câmeras normais, os novos modelos, com o tempo, alcançarão essa qualidade. E os consumidores não parecem preocupar-se com isso, talvez porque ainda estejam aproveitando a novidade de tirar fotos com seus celulares. Mas outro problema surgiu – a questão da privacidade. Os celulares com câmeras já estão tão difundidos que foram banidos de academias, escolas e lugares parecidos porque as autoridades temem que alguém possa postar fotos do vestuário ou de outros locais particulares na internet.[20]

ESTÁGIO DE CRESCIMENTO

Em poucas palavras:

Os clientes têm uma forma instável de não ficarem satisfeitos por muito tempo.
Karl Albrecht
Autor e consultor comercial americano

O volume de vendas aumenta rapidamente durante o **estágio de crescimento** à medida que novos clientes fazem compras iniciais e os primeiros compradores adquirem novamente os produtos, como aparelhos de DVD e celulares com máquina fotográfica. O estágio de crescimento inicia-se quando uma empresa começa a perceber lucros substanciais resultantes de seu investimento. Difusão boca-a-boca, publicidade em massa e preços

---

Sucesso de marketing

Birkenstocks: não são mais apenas para hippies

Passado. Durante décadas, a Birkenstocks tem sido associada com abraçar árvores, comícios políticos e *flower-power*. As sandálias grandes com solas de cortiça cujo lado de dentro parecia com areia para gato eram consideradas por muitos como sendo tão feias que ficavam bonitinhas. Mas os seguidores fiéis, que juram que são confortáveis, continuaram a usar e usar e usar – com certeza, as Birks não desgastam.

O desafio. Nos últimos anos, a Birkenstock decidiu procurar maneiras de atualizar sua imagem, capitalizar a durabilidade do seu produto, atrair novos consumidores – e incentivar os consumidores existentes a comprarem um ou dois pares.

A estratégia. A Birkenstock se juntou ao arquiteto industrial Yves Behar para bolar uma nova linha de sapatos chamada de *Footprints: The Architect Collection*. Os novos designs são para atrair os consumidores urbanos de alto escalão que estão "buscando algo chamativo e pra frente, novo e diferente", diz o dono da *Footprints*, Lance De St. Croix. A primeira coleção de primavera tem oito estilos para mulheres e seis para homens em novas cores de camurça e couro. Behar tem desenhado linhas "esculpidas e com fluxo" para os sapatos, deixando-os menos pesados do que os sapatos originais. Na verdade, quase nem parecem com Birkenstocks. É por isso que os observadores de mercado acreditam que é importante a Birkenstock comerciali-

reduzidos estimulam consumidores hesitantes a fazer compras para testar produtos como monitores para computador e televisões com LCD de tela plana. Embora essas telas ainda sejam mais caras do que as convencionais, a maior capacidade de fabricação diminuiu o custo de produção em 40% nos últimos anos, tornando-as muito mais acessíveis – e atraentes – aos clientes. Os analistas da indústria esperam que os LCDs de tela plana ultrapassem o número de telas tradicionais em breve. [21]

TVs de tela plana logo serão suplantadas por monitores de laptops e celulares que oferecem imagens tridimensionais realistas e convincentes. A Sanyo Electric pretende comercializar essas telas para serem usadas como *outdoors* ou em escritórios de designers, neurocirurgiões e outros especialistas dispostos a pagar o preço previsto de US$ 20 mil por esses sistemas. Como no caso das telas planas e dos aparelhos de DVD, os preços deverão cair dramaticamente assim que a produção em massa começar. É possível que muito em breve você se pegue conversando com projeções tridimensionais ao dar um telefonema.[22]

Entretanto, o estágio de crescimento também pode trazer novos desafios aos profissionais de marketing. Inevitavelmente, o sucesso atrai concorrentes, que de forma rápida entram no mercado com ofertas semelhantes. Um item que teve uma participação invejável no mercado durante o estágio introdutório pode repentinamente perder vendas para produtos concorrentes. Para competir de forma eficaz, uma empresa pode precisar implementar melhorias e mudanças em um produto durante esse estágio. Gastos adicionais com promoção e distribuição também poderão ser necessários.

ESTÁGIO DE MATURIDADE

As vendas de uma categoria de produtos continuam crescendo durante a fase inicial do **estágio de maturidade**, mas em determinado momento se estabilizam conforme o portfólio de clientes potenciais diminui. Nesse momento, muitos concorrentes já entraram no mercado e os lucros da empresa começam a cair à medida que a concorrência se intensifica.

Nesse estágio do ciclo de vida do produto, as diferenças entre os produtos concorrentes diminuem porque os concorrentes descobrem o produto e as características promocionais mais desejadas pelos clientes. As ofertas disponíveis

zar os sapatos novos separados dos antigos. "A Birkenstock tem uma base de consumidores forte e leal que sempre apoiará a marca", diz o especialista de indústria James Wright. "Contanto que não se afastem demais, eles poderão voltar àquela base."

O resultado. Os apoiadores da nova linha de sapatos disseram que a empresa fez um bom trabalho em criar um design atualizado sem sacrificar a qualidade Birk. E a empresa tem sido meticulosa em separar o velho do novo. "Sabíamos que estávamos lançando uma nova marca e uma nova linha de produtos", diz o diretor de marketing Patrick Hull. A nova linha de sapatos até terá seu próprio site no www.footprints.com. *The Architect*

Collection já começou a chamar a atenção dos consumidores que querem estilos atualizados e não se importam em pagar o preço. As novas Birks não são baratas; os preços ficam em torno de US$ 245. Os designs mais antigos variam de US$ 60 a US$ 100. Mas, se a moda pegar, a nova coleção pode somar até US$ 50 milhões por ano ao rendimento da companhia.

Fontes: Site da empresa, **www.birkenstock.com**, acessado em 23 mar. 2005; catálogo *Footprints*, Spring 2004; O'LOUGHLIN, Sandra. Hip shoes, not just for hippies, *Brandweek*, 3 nov. 2003, p. 18-20; Birkenstock image shakes 1960s-era image with new shoe line, *Knight Ridder/Tribune Business News*, 25 fev. 2003.

AFTER 70 YEARS, WE HIT A GROWTH SPURT.

Figura 11.6
Utilizando a promoção – e extensões de produtos – para ampliar o estágio de maturidade do ciclo de vida útil do produto

excedem a demanda da indústria pela primeira vez. As empresas podem aumentar suas vendas e participação no mercado somente à custa dos concorrentes, portanto a concorrência torna-se cada vez mais importante.

No estágio de maturidade, intensos gastos promocionais enfatizam diferenças que ainda distinguem produtos concorrentes e a competição entre as marcas se intensifica. Algumas empresas tentam diferenciar seus produtos focando atributos como qualidade, confiabilidade e serviço. Outras enfocam novo design ou outras formas de estender o ciclo de vida útil do produto. A Zippo (Figura 11.6) lançou uma campanha promocional enfatizando a qualidade e a confiabilidade de seu produto, que tem setenta anos, *e* um novo design.

Conforme a concorrência aumenta, os concorrentes tendem a reduzir os preços para atrair novos compradores. Embora reduzir os preços possa parecer o método mais fácil de impulsionar as vendas, é também uma das ações mais simples para dobrar a concorrência. Preços reduzidos diminuem os lucros de todas as empresas na indústria, a menos que os preços mais baixos estimulem suficientemente novas compras para compensar a perda de lucros com cada unidade vendida. Curiosamente, a Zippo decidiu não reduzir seus preços. Os consumidores podem comprar isqueiros da Zippo por cerca de US$ 12,95, no caso de modelos convencionais, ou ostentar uma peça de coleção por US$ 3 mil. Os descartáveis da concorrência saem por cerca de US$ 2.[23]

ESTÁGIO DO DECLÍNIO

No **estágio do declínio** da vida de um produto, as inovações ou mudanças nas preferências dos consumidores trazem à tona um declínio absoluto nas vendas da indústria. Os telefones de pulso foram substituídos por telefones de toque, que se desenvolveram em telefones portáteis, que agora estão sendo substituídos por celulares convencionais, que, por sua vez, serão substituídos por celulares com câmeras.

Observe que o estágio do declínio de um produto antigo coincide muitas vezes com o estágio de crescimento de uma nova entrada. Isso é verdade com videocassetes e DVDs. Os DVDs estão substituindo rapidamente os videocassetes, que estão substituindo as fitas VHS. A maioria dos observadores da indústria prediz que a capacidade de gravação será embutida em todos os DVDs no futuro próximo, fazendo os videocassetes se tornarem completamente obsoletos.[24]

Conforme as vendas caem, os lucros para a categoria de produtos declinam, ficando às vezes negativos. As tendências de descida obrigam as empresas a cortarem os preços em uma tentativa de conter o declínio. As empresas aos poucos descontinuam os produtos em declínio de suas linhas de produtos e buscam alternativas. Indicando o final de uma era, a Kodak recentemente anunciou que pararia de vender a maioria de suas máquinas de filme fotográfico. A empresa ainda comercializará seu tradicional filme 35 mm e sua marca de filme Advantix, com as máquinas descartáveis. Também continuará a vender muitas de suas máquinas de filme para mercados na China, Índia, Leste Europeu e América Latina, onde as vendas de máquinas fotográficas e filmes tradicionais continuam fortes. Mas na década, desde a introdução da máquina digital, as vendas nos Estados Unidos de máquinas de filme vêm diminuindo constantemente a ponto de agora as máquinas digitais venderem mais do que as tradicionais. Apesar da mudança, a Kodak não está saindo do negócio de máquinas fotográficas; em vez disso, está enfocando a era digital.[25] A próxima seção discute estratégias potenciais para estender o ciclo de vida de um produto.

O ciclo de vida tradicional de um produto diferencia-se de ciclos de moda passageira. A moda e as ondas passageiras influenciam profundamente as estratégias de marketing. As modas são produtos atualmente populares que tendem a seguir ciclos de vida recorrentes. Por exemplo, as calças boca-de-sino que foram populares nas décadas de 1960 e 1970 voltaram como calças de boca larga. Em contraste, ondas ou modas passageiras são produtos com ciclos de vida reduzidos. A maioria das modas passageiras experimenta popularidade de vida curta e depois rapidamente some, apesar de algumas manterem mercados restantes entre certos segmentos. Anéis de humor e *Pet Rocks* são exemplos de modas passageiras.

MARKETING
Verificação
de conceito

1. Identifique os quatro estágios do ciclo de vida do produto.

2. Durante qual ou quais estágios os produtos são mais propensos a atrair mais consumidores novos?

AUMENTANDO O CICLO DE VIDA DO PRODUTO

Os profissionais de marketing geralmente tentam aumentar cada estágio do ciclo de vida de seus produtos o máximo possível. Os ciclos de vida dos produtos podem ser estendidos indefinidamente como resultado de decisões desenhadas para aumentar a freqüência de uso pelos consumidores atuais, para aumentar o número de usuários do produto, encontrar novos usos, ou mudar o tamanho da embalagem, as etiquetas ou a qualidade do produto.

AUMENTANDO A FREQÜÊNCIA DE USO

Durante o estágio de maturidade, a curva de vendas de uma categoria de produtos chega ao ponto máximo se os competidores exaurirem o número de consumidores potenciais que antes não haviam comprado. No entanto, se os consumidores atuais compram com mais freqüência do que compravam anteriormente, as vendas totais aumentarão apesar de nenhum comprador novo entrar no mercado.

Por exemplo, os consumidores compram alguns produtos em certas épocas do ano. Os profissionais de marketing podem aumentar a freqüência de compra ao persuadirem essas pessoas a tentarem o produto o ano inteiro. Durante décadas, a maioria das pessoas só usava protetor solar na estação quente e ensolarada do ano. Com os crescentes avisos sobre os riscos de dano pelo sol e câncer de pele, no entanto, as empresas agora fazem propaganda dos benefícios de usar protetor solar o ano inteiro. Em outra mudança, a Mars Inc. agora lança uma edição especial de M&Ms para feriados diferentes, inclusive a Páscoa.

AUMENTANDO O NÚMERO DE USUÁRIOS

Uma segunda estratégia para aumentar o ciclo de vida do produto busca aumentar o tamanho geral do mercado atraindo novos consumidores que nunca usaram o produto. Os profissionais de marketing podem descobrir que seus produtos estão em estágios diferentes em países distintos. Essa diferença pode ajudar as empresas a aumentarem o crescimento dos produtos. Os itens que chegaram ao estágio de maturidade nos Estados Unidos podem ainda estar no estágio introdutório em algum outro lugar.

Nos últimos anos, a Walt Disney Company usou tempo e dinheiro para fazer propaganda de seus parques temáticos buscando atrair adultos, além de famílias jovens. Os comerciais na televisão mostram casais com filhos crescidos indo para a Disney World para uma segunda lua-de-mel depois que seus filhos saem de casa. A campanha "Got Milk?" da indústria de laticínios é voltada a todos os tipos de bebedores de leite não-tradicionais – qualquer um exceto crianças ou mulheres grávidas – em uma tentativa de aumentar o número de pessoas que tomam leite.

A indústria do videogame está buscando expandir sua base de consumidores não só atraindo usuários novos, jovens, mas também mantendo usuários de meia-idade que começaram a jogar na adolescência. A Eletronic Arts, o maior fabricante de jogos de videogame nos Estados Unidos, lança novas edições de jogos existentes como "Madden's NFL Football" ano após ano para atrair novos usuários que estão curiosos sobre as atualizações tecnológicas. Também desenvolve linhas de jogos mais complicados – diferentes dos típicos jogos de esportes – porque atraem jogadores com mais de 35 anos. Um observador da indústria da meia-idade e jogador disse: "Quando eu tinha vinte e poucos anos, era socialmente inaceitável jogar videogame. Meus pais acharam que eu era um idiota. Agora a idade socialmente aceitável para jogadores é aproximadamente dos seis aos quarenta anos".[26]

ENCONTRANDO NOVOS USOS

Encontrar novos usos para um produto é uma estratégia excelente para estender o ciclo de vida de um produto. As novas aplicações para produtos maduros incluem aveia como um redutor de colesterol, antiácidos como um suplemento de cálcio e aspirina para melhorar a saúde cardíaca.

A WD-40 sempre foi usada para limpar peças de metal, remover rangidos de molas e dobradiças de portas, e dissolver ferrugem. Mas, no esforço recente de marketing, a empresa da WD-40 realizou uma pesquisa para encontrar os primeiros 2 mil usos de seu produto. Algumas das 300 mil respostas foram práticas, outras, hilárias. Uma pessoa borrifa na sua pá de neve para evitar que a neve grude. Outra usou WD-40 para extrair uma píton presa no escapamento de um ônibus público. Então a WD-40 levou sua pesquisa a todos os estados norte-americanos – todos os cinqüenta. Lançando o Debate do Grande Estado, a empresa pediu que os usuários de cada estado mandassem seus usos favoritos de WD-40. Os profissionais de marketing então premiaram cada estado com o uso Número 1.

O uso que ganhou um prêmio em Nova York é proteger a Estátua da Liberdade de barulhos. O da Pensilvânia é evitar que o Sino da Liberdade fique rangendo. Com esse tipo de lealdade, a WD-40 não vai sumir do mercado por um bom tempo. Isso causaria aperto para muitos consumidores, inclusive os 60 mil membros do Fã-Clube da WD-40.[27]

MARKETING
Verificação de conceito

1. Forneça um exemplo de um produto cujo ciclo de vida foi expandido aumentando sua freqüência de uso ou atraindo novos consumidores.

2. No supermercado, encontre um exemplo de um produto com embalagem para uso em casa ou fora de casa.

MUDANDO TAMANHOS DAS EMBALAGENS, ETIQUETAS OU QUALIDADE DO PRODUTO

Muitas empresas tentam estender os ciclos de vidas de seus produtos introduzindo mudanças físicas em suas ofertas. Alternativamente, novas etiquetas ou mudanças no tamanho do produto podem aumentar o ciclo de vida de um produto. Os profissionais de marketing de alimentos lançaram embalagens pequenas para apelar a lares com apenas uma pessoa e pacotes extragrandes para os consumidores que querem comprar no atacado. Outras empresas oferecem seus produtos em embalagens convenientes para uso fora de casa ou no escritório.

DECISÕES DE EXCLUSÃO DE PRODUTOS

Para evitar o dispêndio de recursos na promoção de produtos sem futuro, os profissionais de marketing às vezes precisam aparar as linhas de produtos e eliminar produtos marginais, como a Kodak tem feito. Os profissionais de marketing geralmente enfrentam essa decisão nos estágios do final da maturidade e começo do declínio de um ciclo de vida de um produto. As revisões periódicas de produtos fracos devem justificar eliminá-los ou retê-los.

Uma empresa pode continuar a comercializar um item sem lucro para fornecer uma linha completa a seus consumidores. Por exemplo, enquanto a maioria dos mercados perde dinheiro com itens em grandes quantias de baixo valor como sal, continua a vendê-los para suprir a demanda do comprador.

A falta de matérias-primas às vezes leva empresas a descontinuarem a produção e o marketing de itens antes proveitosos. A Alcoa descontinuou a produção de seu papel-alumínio por causa de uma situação como essa. Uma empresa pode até deixar de lado um item com lucro que não se encaixa na linha de produto existente. Alguns desses produtos voltam ao mercado com o nome de outras firmas que compram essas "marcas-órfãs" dos fabricantes originais.

MARKETING
Verificação
de conceito

1. Encontre um exemplo de um produto que foi descontinuado e investigue por que foi excluído da linha de produtos da empresa.

Implicações estratégicas do marketing no século XXI

Os profissionais de marketing que querem que seus negócios tenham êxito continuarão a desenvolver novos produtos e serviços com o objetivo de atrair e satisfazer os consumidores. Eles se engajarão na atividade de melhoria contínua, enfocando qualidade e atendimento ao consumidor. E irão continuamente avaliar o mix de produtos da sua empresa.

Os profissionais de marketing em todo lugar estão sempre desenvolvendo produtos novos e melhores que se encaixam na estratégia geral de suas empresas. As inovações de alta tecnologia, como celulares com câmera e DVDs, constituem uma área na qual produtos novos rapidamente substituem os antigos. Os profissionais de marketing às vezes enfrentam o dilema de vendas em declínio de produtos antes populares. Eles têm de descobrir maneiras de aumentar a vida de certos produtos para estender a rentabilidade de suas firmas e, em alguns casos, precisam reconhecer e excluir os que não atendem mais as expectativas.

REVISÃO

1   Definir o termo produto e distinguir bens e serviços, e mostrar como eles se relacionam com o *continuum* **produtos-serviços.**

Os profissionais de marketing definem um produto como um pacote de atributos físicos, de serviço e simbólicos desenhados para satisfazer as vontades e as necessidades do consumidor. São tangíveis, os consumidores podem ver, ouvir, cheirar, degustar ou tocar. Os serviços são tarefas intangíveis que satisfazem as necessidades dos consumidores. Os produtos representam um lado do *continuum* e os serviços representam o outro.

1.1 O que é o *continuum* produtos-serviços?

1.2 Quais são as seis características identificáveis dos serviços?

2   Explicar a importância do setor de serviços no mercado de hoje.

O setor de serviços dá uma contribuição crucial à economia em termos de produtos e empregos. Os serviços cresceram por causa do desejo do consumidor por velocidade, conveniência e avanços tecnológicos.

2.1 Por que as empresas de serviços enfatizam o marketing como uma atividade significativa?

3 Listar as classificações de produtos e serviços do consumidor e resumidamente descrever cada categoria.

Os produtos de consumo – tantos produtos quanto serviços – são classificados como produtos de conveniência (produtos comprados com freqüência), produtos de compra (produtos comprados após comparação) e produtos especiais (aqueles que oferecem características únicas que os consumidores estimam).

3.1 Identifique três tipos de produtos de conveniência e dê um exemplo de cada um.

3.2 Liste três ou quatro características nas quais os consumidores podem basear suas comparações de produtos de compra.

4 Descrever cada tipo de produtos e serviços empresariais.

Os produtos empresariais são classificados como instalações (grandes investimentos de capital), equipamento acessório (itens importantes que custam menos e duram períodos mais curtos de tempo do que as instalações), peças e materiais componentes (produtos empresariais prontos de um fabricante que podem tornar-se parte dos produtos finais de outro produtor), matérias-primas (recursos naturais como madeira, carne bovina ou algodão), suprimentos (os gastos regulares que uma firma tem em suas operações diárias) e serviços empresariais (os produtos intangíveis que uma empresa compra para facilitar seus processos de produção e operação).

4.1 Como as matérias-primas são diferentes de peças e materiais componentes?

4.2 Quais são as três categorias de suprimentos?

5 Explicar como a qualidade é usada por profissionais de marketing como uma estratégia de produto.

Muitas empresas usam gestão de qualidade total (GQT) em um esforço para encorajar todos os funcionários a participarem na produção dos melhores produtos e serviços possíveis. As empresas também podem participar na certificação ISO 9002 ou no benchmarking para avaliar e melhorar a qualidade. Os consumidores, muitas vezes, avaliam qualidade de serviço na base de tangíveis, confiabilidade, receptividade, garantia e empatia; então, os profissionais de marketing de empresas de serviços se esforçam para sobressair em todas essas áreas.

5.1 O que é gestão qualidade total (GQT)?

5.2 Quais são as cinco variáveis usadas para determinar a qualidade de serviços?

6 Explicar por que firmas desenvolvem linhas de produtos relacionados.

As empresas geralmente produzem vários produtos relacionados em vez de produtos individuais para atingirem os objetivos de crescimento, uso ideal dos recursos da empresa e importância aumentada da empresa no mercado e para fazer uso ideal do ciclo de vida do produto.

6.1 Como as linhas de produtos ajudam a aumentar a posição da empresa no mercado?

7 Descrever a maneira como os profissionais de marketing geralmente medem o mix de produtos e tomam decisões sobre ele.

Os profissionais de marketing precisam decidir a amplitude, a extensão e a profundidade corretos das linhas de produtos. A amplitude é o número de linhas de produtos. A extensão é o número de produtos que uma empresa vende. A profundidade refere-se ao número de variações de um produto disponível na sua linha. Os profissionais de marketing avaliam a eficácia dos três elementos do mix de produtos. Eles podem comprar linhas de produtos de uma outra empresa ou aumentar a linha de produtos se necessário. As firmas também podem adquirir empresas inteiras e suas linhas de produtos mediante fusões e aquisições.

7.1 Por que é importante, para os profissionais de marketing, avaliar o mix de produtos?

8 Explicar o conceito do ciclo de vida do produto e identificar os seus diferentes estágios.

O ciclo de vida do produto esboça os estágios por que um produto passa durante sua "vida", incluindo introdução, crescimento, maturidade e declínio.

8.1 Quando um produto chega ao estágio de crescimento?

8.2 O que um profissional de marketing pode fazer uma vez que o produto chega ao estágio de declínio?

9 Descrever como uma empresa pode aumentar o ciclo de vida de um produto.

Os profissionais de marketing podem expandir o ciclo de vida do produto aumentando a freqüência de uso ou o número de usuários, encontrando novos usuários para o produto, ou mudando o tamanho da embalagem, a etiqueta ou a qualidade. Se nada disso tiver êxito, uma empresa pode decidir tirar um produto de linha.

9.1 Cite duas maneiras de aumentar o número de usuários de um produto.

9.2. Identifique duas maneiras de mudar a embalagem.

PROJETOS E EXERCÍCIOS EM GRUPO

1. Encontre uma propaganda que chame sua atenção. Então descreva onde você acredita que o produto se enquadra no *continuum* produtos-serviços e explique o porquê. Crie uma tabela mostrando as características do produto que você acha que se encaixam na categoria de produtos e na categoria de serviços.
2. Faça um diário de consumidor durante uma semana. Liste todos os serviços que você comprar nesse período. Compartilhe seus resultados com a sala. Alguns colegas usam mais serviços do que outros? Se esse for o caso, discuta as razões.
3. Da próxima vez que for fazer compras no mercado, elabore uma lista dos produtos de conveniência que você comprar. Quando chegar em casa, faça uma tabela mostrando quais desses produtos são produtos de impulso, básicos e emergenciais.
4. Escolha um produto especial que você comprou ou possa se interessar em comprar. Visite o site do fabricante para saber mais sobre os processos usados para levar o produto ao mercado. Então liste de quantos produtos empresariais – produtos e serviços – você considera que a empresa depende para levar seu produto ao mercado.
5. Considere uma experiência de atendimento ao consumidor que você teve no último mês, mais ou menos. Foi positiva ou negativa? Descreva-a para a sala e depois discuta como a empresa pode melhorar a qualidade de seu atendimento ao cliente – mesmo que já seja positivo.
6. Com um colega, visite o site de uma empresa de seu interesse – por exemplo, Nike, Sony, Timberland ou Toyota. "Meça" o mix de produtos da empresa de acordo com a amplitude, o comprimento e a profundidade. Se a firma for pequena, você pode listar todas as linhas de produtos e dar alguns exemplos de produtos individuais.
7. Com seu colega, faça um plano para estender mais uma das linhas de produtos da empresa. Descreva a estratégia que você recomendaria para estender a linha, assim como produtos novos que poderiam ser inclusos.
8. Para o produto que você selecionou no Exercício 6, crie um anúncio refletindo sua estratégia para estender o ciclo de vida do produto.
9. Com um colega, escolha um produto que você acredita que chegou ao estágio de maturidade ou declínio – digamos, sandálias ou serviço de internet discado. Juntos, tracem uma possível estratégia para estender o ciclo de vida de seu produto.
10. Encontre uma propaganda que reflita uma mudança de embalagem. Discuta-a com a sala. Você acha que a propaganda é eficiente? Por quê?

APLICANDO OS CONCEITOS DO CAPÍTULO

1. Faça uma linha representando o *continuum* produtos-serviços. Depois coloque cada um dos seguintes itens do *continuum*. Explique brevemente sua decisão.
   a. *Google*
   b. eBay
   c. Café Starbucks
   d. Xampu L'Oréal
2. Pense em um produto de compra que você adquiriu nos últimos seis meses. Descreva seu processo de pensamento durante a compra, incluindo atributos que você usou na comparação de competidores. Você ficou satisfeito com sua compra? Por quê?
3. Por que o encontro de serviço é tão importante para os relacionamentos de uma empresa com seus consumidores? Quando uma lacuna no serviço é favorável? Quando é desfavorável?
4. Por que é importante, até para uma empresa pequena, considerar desenvolver uma linha de produtos em vez de produtos únicos?

EXERCÍCIO DE ÉTICA

Seu comportamento como um profissional de marketing para uma empresa que fornece serviços a consumidores é extremamente importante para o sucesso de sua firma. Sua organização recentemente recebeu uma oportunidade de terceirizar suas operações de serviços ao consumidor no exterior. Essa mudança não só melhorará a eficiência, mas também diminuirá os custos de mão-de-obra, permitindo que a companhia desenvolva novos serviços e, no fim, entre em mercados novos. Em uma reunião de marketing, a discussão esquenta sobre se os consumidores devem ser avisados de que os novos representantes de serviço estão em um outro país.

1. Você acha que o consumidor deve ser informado sobre a mudança? Por quê?

2. Se os executivos da firma resolvessem que, como estratégia de marketing, os consumidores não devem ser avisados sobre a mudança, você apoiaria a estratégia? Por quê?

EXERCÍCIOS NA INTERNET

1. **Bonificação de exposição.** Visite os dois sites a seguir e leia as reportagens publicadas em cada site sobre bonificação de exposição na indústria do supermercado. Responda as seguintes perguntas:
   a. O que são bonificações de exposição?
   b. Quanto custam bonificações de exposição?
   c. Por que são usadas?
   d. As bonificações de exposição são injustas para com fabricantes pequenos?
   e. São anticompetitivas?
   http://www.fmi.org/media/bg/slottingfees2002.pdf
   http://www.ftc.gov/opa/2003/11/slottingallowance.shtm

2. **Classificações de produtos de consumo.** Visite o site de uma empresa de produtos de consumo bem conhecida, como a Gillette (**www.gillette.com**), Procter & Gamble (**www.pg.com**) ou Unilever (**www.unilever.com**). Faça uma lista dos produtos de consumo da empresa. Classifique cada produto como de conveniência, compra ou especial. Escolha dois produtos da sua lista. Em qual fase do ciclo de vida do produto cada um está? Esteja preparado para defender sua resposta.

   Observação: Os endereços de sites na internet mudam com freqüência. Se você não encontrar os sites mencionados, será necessário acessar a homepage da organização ou da empresa e então realizar sua pesquisa ou utilizar uma ferramenta de busca como o *Google*. • • •

C|A|S|O 11.1 — Kevlar: um produto em busca de uma necessidade

Às vezes os produtos são descobertos por acaso. Às vezes, são desenvolvidos como uma solução para um problema específico. Em outras, são inventados para um propósito mas acabam sendo usados para um completamente diferente. Foi isso que aconteceu no caso do *Kevlar*.

Em 1964, os químicos da DuPont, Stephanie Kwolek e Herbert Blades, foram solicitados por seus gerentes para que tentassem inventar a próxima fibra de alto desempenho de ótimas vendas. Essa pode parecer uma tarefa enorme, mas Kwolek e Blades não se assustaram. Em um ano, o laboratório havia desenvolvido uma fibra leve, à prova de fogo, com a intenção de reforçar a recauchutagem de pneus radiais. Na época, já havia um temor de falta global de energia e a DuPont antecipou a necessidade por pneus leves que ajudariam a poupar combustível. No entanto, quando o produto novo foi apresentado, a indústria automotiva não estava interessada. Apesar de um pouco de *Kevlar* ser usado em pneus, a indústria preferiu desenvolver os radiais mais baratos com correias de aço.

A despeito da rejeição ao *Kevlar* quanto a seu uso previsto, o produto fez uma invasão silenciosa em vários mercados. Com o passar dos anos, o *Kevlar* tem sido usado para fabricar tudo, de caiaques e esquis a cordas que seguram os airbags e ao dispositivo de aterrissagem no *Mars Pathfinder* – sem mencionar roupas para motoqueiros, aparato de vela, discos de freio de automóveis e as cordas utilizadas para ancorar as grandes embarcações da Marinha dos Estados Unidos. O *Kevlar* provou sua força e versatilidade, assim com seu valor para a DuPont no mercado empresarial. Mas, de repente, esse produto maduro recebeu nova vida – salvando vidas de outros. Também atraiu muita publicidade.

Durante o conflito no Iraque, mais de 100 mil soldados e jornalistas britânicos e norte-americanos vestiram coletes e capacetes à prova de balas feitos com *Kevlar*. "É uma das peças mais significativas de equipamento militar já inventadas", observa David Nelson, gerente-representante de produtos de vestuário e equipamento para o Exército norte-americano. Além disso, aproximadamente 3 mil policiais em todos os Estados Unidos que usam os coletes e capacetes foram salvos. O *Kevlar* é tão eficaz porque é cinco vezes mais forte do que o aço, com metade da densidade (e peso) da fibra de vidro.

Stephanie Kwolek fica satisfeita que sua invenção esteja salvando vidas, apesar de não receber direitos de patente pelo seu produto porque era uma funcionária em período integral na época de sua descoberta. Ela gosta de conhecer soldados e policiais que tiveram sua vida poupada pelo *Kevlar*. "É uma experiência gratificante ter um impacto tão grande no mundo", ela diz. Mas a DuPont não está parando aqui: pretende estender a vida desse produto-milagre de muitas maneiras diferentes, parcialmente por meio de avanços tecnológicos. A Alexa Dembek, gerente empresarial global da divisão de proteção à vida da DuPont, explica: "Houve muitas inovações desde quando aquela molécula foi descoberta [...] a molécula básica não mudou, mas a tecnologia que permite que aquela molécula realize seu potencial completo continua a melhorar".

Parte da nova estratégia da DuPont para o produto inclui fazer marketing a pessoas que estão construindo casas de um quarto adicional de proteção a tempestades feito de painéis de paredes reforçados com *Kevlar*. Isso apelaria aos donos de casas que moram em regiões do país onde furacões e tornados são comuns. Parece que o *Kevlar* ainda tem uma vida longa pela frente.

Questões para discussão

1. O *Kevlar* chegou ao estágio de maturidade do seu ciclo de vida, e a DuPont já começou a tomar medidas para estender sua vida. Além de encontrar novos usuários para o produto, quais outras estratégias a DuPont pode aplicar?

2. Quanta importância você acha que a qualidade tem como uma estratégia de produto para a DuPont?

Fontes: Site da DuPont, **www.dupont.com/kevlar**, acessado em 3 maio 2004; BACON, James A. Still, going strong, *Greater Richmond Catalyst*, 29 jan. 2004, **www.richmondcatalyst. com**; SWARTZ, Jon; IWATTA, Edward. Invented to save gas, Kevlar now saves lives, *USA Today*, 16 abr. 2003, p. B1-B2.

Gestão de Marca e de Categoria, Identificação do Produto e Desenvolvimento de Novo Produto

Capítulo 12

Objetivos

1. Explicar os benefícios da gestão de marca e de categoria.
2. Identificar os diferentes tipos de marcas.
3. Explicar a importância estratégica do valor de marca.
4. Discutir como as empresas desenvolvem identidades fortes para seus produtos e marcas.
5. Identificar e descrever brevemente cada uma das quatro estratégias para o desenvolvimento de novos produtos.
6. Descrever o processo de adoção dos consumidores.
7. Listar as etapas do processo para desenvolver novos produtos.
8. Explicar a relação entre segurança do produto e responsabilidade pelo produto.

A ESPN AMPLIA A MARCA

Quando a ESPN, rede de TV a cabo esportiva, assinou um contrato exclusivo de licenciamento de quinze anos com a famosa fabricante de videogames Electronic Arts (EA), muitos observadores foram rápidos em analisar o impacto que a negociação teria para a fabricante – e para o restante da indústria de videogames. O contrato concedia às franquias esportivas da EA acesso exclusivo à programação e às personalidades do esporte da rede, bem como à sua reprodução, transmissão e ao seu conteúdo on-line, sendo amplamente visto como excelente estratégia para que a EA continue a liderar a indústria de jogos.

Porém, havia o outro lado da história. Ao assinar o contrato, a ESPN, que está sediada em Bristol, Connecticut, assegurou discretamente a expansão do nome de sua marca em um mercado ainda mais lucrativo. A ESPN autodenomina-se "a líder mundial dos esportes" e é uma empresa multinacional e multimídia composta de mais de quarenta empreendimentos diferentes que oferecem notícias, placares, manchetes e jogos para fãs de tênis, futebol e outros esportes ao redor do mundo. Ela já controla a transmissão de esportes com suas sete redes televisivas norte-americanas: ESPN, ESPN2, ESPN Classic, ESPNEWS, ESPN *Deportes* (uma rede esportiva em espanhol para fãs nos Estados Unidos), ESPN *Now* e ESPN *Today*.

A empresa também oferece a transmissão simultânea, em alta definição, de toda a programação da ESPN via ESPN HD, e opera a Televisão Regional ESPN, a Rádio ESPN e a ESPN International, que inclui 25 redes nacionais e canais associados que alcançam mais de 190 países. A ESPN International também produz versões locais de programas esportivos em espanhol, português, hindi, inglês e mandarim que são vistos por 85 milhões de telespectadores em sessenta países.

Alguns dos novos empreendimentos de transmissão da ESPN incluem a ESPN *Broadband* (banda larga), a ESPN *Wireless* (sem fio), a ESPN *Video-on-Demand* (vídeo por encomenda), a ESPN *Interactive* (interativa) e a ESPN *PPV* (pay per view).

No entanto, a ESPN já foi além da transmissão tradicional e agora também possui canais on-line como ESPN. com, ESPNDeportes.com, ESPNRadio. com, ESPNSoccernet.com, e EXPN.com para notícias sobre esportes radicais. A empresa também oferece o *Sportsticker*, serviço para a retransmissão de esportes, notícias e estatísticas para os meios de comunicação, incluindo sites de internet e serviços e agências de notícias.

A ESPN também opera a ESPN Zones, que administra restaurantes com temas esportivos em várias cidades importantes dos Estados Unidos, como Anaheim, Atlanta, Chicago, Denver, Las Vegas,

Nova York e Washington DC. Ela adquiriu a BASS Inc., que sedia importantes torneios de pesca e publica a *Bassmaster Magazine*. Outras publicações incluem a revista e os livros da ESPN. E há a Equipe ESPN, que une o trabalho voluntário de funcionários com programas corporativos de marketing de causa e de caridade da empresa.

O sucesso desses empreendimentos demonstra o poder de uma marca de sucesso e as muitas maneiras que os profissionais de marketing têm para expandir um nome confiável a novos mercados. Segundo a classificação de uma indústria, a revista da ESPN (*ESPN The Magazine*) é a sétima de uma lista com as "50 Melhores Publicações Corporativas de Marcas Conhecidas", distribuindo mais de 45 milhões de cópias por ano. Parece não haver muitos motivos para duvidar de que os videogames da marca ESPN também terão o mesmo sucesso. "Os videogames tornaram-se uma nova mídia e sentimos que foi crucial para nós termos a maior presença possível", disse o vice-presidente executivo de vendas publicitárias, novos meios de comunicação e bens de consumo. "Nossa missão é estar em um lugar fundamental para nossos fãs, onde quer que estejam assistindo, lendo ou se conectando".[1]

Visão geral

As marcas têm um papel importante em nossa vida. Experimentamos certas marcas por vários motivos: recomendação de amigos, porque queremos nos associar com imagens que certas marcas possuem, ou porque nos lembramos de propagandas coloridas. Tornamo-nos fiéis a certas marcas e linhas de produtos também por variadas razões – qualidade de um produto, preço e hábito são alguns exemplos. Este capítulo examina como as empresas tomam decisões relacionadas ao desenvolvimento e à gestão dos produtos e linhas de produtos que elas esperam que se tornem necessidades de consumo. Desenvolver e comercializar um produto e uma linha de produtos e construir uma imagem de marca são propostas caras. Para proteger seu investimento e maximizar o retorno desse investimento, um profissional de marketing especializado chamado *gerente de categoria*, responsável por toda uma linha de produtos, deve promover tanto os produtos existentes como os novos.

Este capítulo enfoca dois elementos críticos da estratégia e do planejamento de produtos. Em primeiro lugar, aborda como as empresas constroem e mantêm a identidade e a vantagem competitiva de seus produtos por meio do *branding*. Em segundo, enfoca o planejamento de novos produtos e o processo de desenvolvimento. O planejamento eficiente

Em poucas palavras

O homem que usa tacos de golfe Calloway, dirige um Jaguar e veste roupas da Ralph Lauren faz uma declaração sobre sua identidade. Ele é um homem separado e distante do homem que usa um molinete de pesca Penn, dirige um Dodge Durango e veste Levi's.

Laurence Vincent
Autor americano

de novos produtos e o cumprimento da responsabilidade de lucratividade que um gerente de categoria tem por uma linha de produtos exigem preparação cuidadosa. As necessidades e os desejos dos consumidores mudam constantemente e os profissionais de marketing bem-sucedidos conseguem acompanhar tais mudanças ou ficar à frente delas.

GESTÃO DE MARCAS POR VANTAGEM COMPETITIVA

Pense na última vez em que você foi fazer compras. Quando andou pela loja, é possível que, ao reconhecer nomes comerciais, tenha sido influenciado em muitas de suas decisões de compra. Talvez você tenha escolhido a pasta de dente da Colgate, diante das ofertas competitivas, ou colocado o ketchup Heinz em seu carrinho em vez da marca da loja. Ao caminhar pelo corredor de guloseimas, pode ser que você tenha escolhido a pipoca Smartfood ou as batatas fritas Lay sem ter pensado muito.

1. Explicar os benefícios da gestão de marca e de categoria

Profissionais de marketing reconhecem a influência poderosa que os produtos e as linhas de produtos têm no comportamento do consumidor e trabalham para criar identidades fortes para seus produtos e para protegê-los. O *branding* é o processo de criação dessa identidade. Uma **marca** é um nome, termo, sinal, símbolo, design ou alguma combinação que identifica os produtos de uma empresa e, ao mesmo tempo, diferencia esses produtos das ofertas dos concorrentes. A grife Tommy Hilfiger criou, para seu nome, uma marca que pode ser reconhecida imediatamente, como ilustra a Figura 12.1.

À medida que ler o capítulo, preste atenção em quantas marcas você conhece – tanto nas marcas às quais você é fiel quanto nas que você nunca experimentou ou experimentou, mas não usa mais. A Tabela 12.1 mostra algumas marcas, símbolos comerciais e logotipos selecionados. Compradores satisfeitos reagem ao *branding* comprando novamente o mesmo produto, pois identificam o artigo com o nome de seu fabricante. Um comprador pode ficar satisfeito com um picolé da Dove; outro pode ter a mesma satisfação com um picolé da Ben & Jerry's.

FIDELIDADE DE MARCA

As marcas conseguem ampla e diversificada aceitação e familiaridade dos consumidores. Um praticante de *snowboard* pode insistir em ter uma prancha Burton, mas tal consumidor pode ser pouco fiel a marcas específicas de outra categoria de produto, por exemplo, papel higiênico. Os profissionais de marketing avaliam a fidelidade de marca em três etapas: reconhecimento de marca, preferência de marca e insistência de marca.

O **reconhecimento de marca** é o primeiro objetivo de uma empresa com relação a produtos recém introduzidos no mercado. Os profissionais de marketing iniciam a promoção de novos artigos tentando torná-los familiares ao público. A propaganda oferece um modo eficiente para conscientizar melhor o consumidor sobre uma marca. A Glad é uma marca comum nas cozinhas norte-americanas que obteve reconhecimento dos clientes com relação a

Figura 12.1
Tommy Hilfiger: promovendo uma marca conhecida.

suas famosas embalagens para lanches e filmes plásticos ao introduzir recentemente um novo filme plástico para embalar alimentos facilmente.

Outra tática para gerar o reconhecimento de uma marca é oferecer amostras grátis ou cupons de desconto para compras. Depois que os consumidores usam um produto, vêem-no divulgado ou o percebem nas lojas, ele passa da categoria dos desconhecidos para a dos conhecidos, o que aumenta a probabilidade de alguns desses clientes o adquirirem.

Na segunda etapa de fidelidade de marca, chamada **preferência de marca**, os compradores baseiam-se em experiências anteriores e escolhem o produto, se disponível, em vez do produto de concorrentes. Você pode preferir os sapatos da Steve Madden ou os da Sean John em vez de outras marcas e comprar suas novas linhas assim que forem oferecidas. Se acontecer assim, tais produtos estabeleceram a preferência de marca.

Tabela 12.1 Marcas, nomes de marca e logotipos selecionados

Tipo de marca	Refrigerante Dr. Pepper ou Canada Dry
Marca própria	Bebida Sam's Choice (Wal-Mart) ou ferramentas da marca ACE
Marca familiar	Inseticida em aerossol da RAID ou sopas Progresso
Marca individual	Tide ou Clorox
Nome de marca	Life ou Cheese Nips
Logotipo	Colonel Sanders para KFC ou Mr. Peanut para Planters

Resolvendo uma questão ética

CONVENIENTES – MAS PERIGOSOS? – PRODUTOS PARA BEBÊS

Andadores para bebês, assentos com rodinhas que os bebês utilizam para andar pela casa, podem não parecer controversos, mas são. Apesar dos padrões de segurança desenvolvidos pela Comissão de Segurança de Produtos de Consumo e dos fabricantes envolvidos, por ano, cerca de 25 mil bebês americanos são tratados por causa de ferimentos relacionados a andadores, como fraturas no crânio, concussões, ossos quebrados e ferimentos faciais. Em quase todos esses casos, o acidente ocorreu quando a criança caiu de uma escada; em metade dos casos, as escadas já estavam protegidas por portas de segurança. Em quase 70% do tempo, a criança estava sendo supervisionada por um adulto.

A *Juvenile Products Manufacturers Association* (Associação Norte-americana de Fabricantes de Produtos Infantis) deve certificar que os andadores sejam largos o suficiente para não passarem por uma porta de tamanho padrão ou que tenham um tipo de proteção que pare o andador se uma roda se soltar. E os fabricantes apelam para que os pais não deixem os bebês sozinhos e para que sigam outras recomendações básicas.

Porém, os acidentes em escadas continuam e os críticos sustentam que há outros perigos, pois os andadores também permitem que os bebês alcancem fogões e balcões de cozinha ou, ainda, caiam em uma piscina ou banheira e se afoguem. Mesmo pequenos ferimentos nos dedos e pés são preocupantes, já que poderiam ser evitados sem a utilização de andadores. E a maioria dos pediatras concorda que os andadores não ajudam os bebês a aprenderem a andar mais cedo. Na verdade, um andador pode fazer que o comportamento saudável e equilibrado da criança se desenvolva tardiamente; de fato, ele pode ensinar a criança a depender do andador para evitar quedas.

Em resposta à quantidade de ferimentos causados em bebês por andadores, o governo canadense proibiu recentemente suas vendas, propaganda e importação. A *American Academy of Pediatrics* (AAP – Academia Norte-americana de Pediatras) recomendou que pais norte-americanos evitassem o uso de andadores e espera convencer o governo a ordenar uma proibição semelhante à do Canadá. Contudo, muitos pais acham que os andadores são convenientes e a maioria dos 3 milhões de produtos vendidos por ano é utilizada de forma segura.

OS FABRICANTES AMERICANOS DEVEM PARAR VOLUNTARIAMENTE DE VENDER ANDADORES PARA BEBÊS?

SIM

1. Ninguém consegue vigiar um bebê em todos os momentos; portanto, parar de vender produtos perigosos é a única maneira de evitar acidentes.

2. Os andadores são perigosos; então, os perigos são maiores do que quaisquer benefícios que os andadores podem oferecer.

NÃO

1. O consumidor é responsável por utilizar o produto de modo seguro. Nenhuma empresa pode garantir a proteção contra todo tipo de acidente.

2. A *Consumer Product Safety Comission* (Comissão Norte-americana de Segurança de Produtos de Consumo) admite que os andadores para bebês não são mais perigosos do que qualquer outro produto infantil.

RESUMO

"Não há nenhum bom motivo para a utilização de andadores móveis; eles são muito perigosos. Muitos machucados na cabeça são causados por eles [...] e eles não ajudam no desenvolvimento motor", diz um membro do *Committee on Injury, Violence, and Poison Prevence* (Comitê de Ferimentos, Violência e Prevenção contra Venenos) da AAP. A AAP continuará pressionando para haver uma proibição como a do Canadá.

Fontes: Baby walkers: are they safe? *About.com*, **http://pediatrics.about.com**, acessado em 7 fev. 2005; Baby walker safety, site do Hospital Infantil de Yale-New Haven, **www.ynhh.org**, acessado em 7 fev. 2005; Warning: baby walkers are not safe!, site do Hospital Infantil de Riley, **http://rileychildrenshospital.com**, acessado em 7 fev. 2005; DINARDO, Kelly. Don't put baby in a walker", *USA Weekend*, 7-9 jan. 2005, p. 8.

A **insistência de marca**, etapa final da fidelidade de marca, leva os consumidores a recusarem alternativas e a procurarem amplamente pela mercadoria desejada. Um produto nesse estágio alcançou o monopólio diante de seus consumidores. Embora muitas empresas tentem estabelecer a insistência de marca com todos os clientes, poucas conseguem essa meta ousada. As empresas que oferecem serviços e mercadorias de luxo ou exclusivos, como os diamantes da Tiffany ou os automóveis da Lexus, estão mais aptas a alcançar esse objetivo do que aquelas que oferecem serviços e mercadorias consumidos pela massa.

Entretanto, independentemente da fidelidade da marca com o público, os profissionais de marketing precisam considerar a segurança dos produtos que vendem. O quadro "Resolvendo uma questão ética" discute preocupações relacionadas aos andadores para bebês, uma linha de produtos com longa história nos Estados Unidos. Questões sobre a segurança de produtos serão discutidas mais adiante neste capítulo.

TIPOS DE MARCAS

2. Verificar os diferentes tipos de marcas

Empresas que praticam *branding* classificam as marcas de muitas formas: marca própria, marca do fabricante ou nacional, marcas familiares e marcas individuais. Ao tomar decisões sobre *branding*, as organizações avaliam os benefícios e as desvantagens de cada tipo de marca.

Algumas empresas, no entanto, vendem suas mercadorias sem quaisquer esforços de *branding*. Esses artigos são chamados de **produtos genéricos**. São caracterizados por rótulos simples, pouca ou nenhuma propaganda e nenhum nome de marca. Categorias comuns de produtos genéricos incluem alimentos e artigos domésticos. Esses produtos sem nome foram, a princípio, vendidos na Europa a preços 30% mais baixos do que os preços de produtos de marcas conhecidas. Essa estratégia de produto foi introduzida nos Estados Unidos há um quarto de século. As participações no mercado de produtos genéricos aumentam em períodos de retração econômica, mas diminuem quando a economia melhora. Entretanto, muitos consumidores pedem produtos genéricos no lugar de prescrições de marca nas farmácias se houver o genérico correspondente disponível.

Marcas dos Fabricantes *versus* Marcas Próprias

As marcas dos fabricantes, também denominadas *marcas nacionais*, definem a imagem que a maioria das pessoas cria quando pensa em uma marca. A **marca do fabricante** refere-se ao nome de marca de um fabricante ou outro produtor. Marcas de fabricantes famosas incluem Hewlett-Packard, Kodak, Pepsi Cola, Dell e Heinz. Por sua vez, muitos atacadistas e varejistas de grande porte colocam suas marcas nas mercadorias que comercializam. As marcas oferecidas por atacadistas e varejistas geralmente são chamadas de **marcas próprias** (ou rótulos próprios). Embora alguns fabricantes se recusem a produzir mercadorias com marcas próprias, a maioria considera sua produção uma forma de atingir outros segmentos do mercado. O Wal-Mart oferece muitos produtos com rótulos próprios em suas lojas, até mesmo o refrigerante *Sam's Choice* e a ração para cachorro *Old Roy*.

Marcas próprias e produtos genéricos ampliam o número de alternativas disponíveis aos consumidores. O crescimento de marcas próprias se equiparou ao das redes de lojas nos Estados Unidos. Os fabricantes não apenas vendem suas marcas famosas para as lojas, como também colocam o próprio rótulo da loja em produtos semelhantes.

O *branding* de rótulos próprios está ganhando novo espaço na área de computadores pessoais. Após observar as vendas de renomados PCs fracassarem, lojas como a Best Buy e a RadioShack começaram a abastecer suas prateleiras com computadores que contêm suas marcas próprias. A Best Buy começou vendendo uma linha de PCs elaborados para adolescentes que geralmente ficam jogando no computador. Os PCs vêm em cores fluorescentes em vez de preto e prata e as crianças se encantam com eles.

Marcas Fixas

As principais lojas de desconto dos Estados Unidos – como Wal-Mart, Target e Kmart – levaram além a idéia das marcas próprias. As chamadas **marcas fixas** são marcas nacionais vendidas exclusivamente por uma rede de lojas. As marcas fixas tipicamente oferecem melhores margens de lucro que as próprias. Marcas fixas do Kmart incluem tintas, roupas de cama e móveis da Martha Stewart. De maneira semelhante, o Wal-Mart vende pequenos aparelhos da General Electric, embora esses artigos sejam, na verdade, feitos por outros fabricantes que compraram a marca GE para utilizá-la em pequenos aparelhos.

Marcas Familiares e Individuais

Uma **marca familiar** é um nome de marca exclusivo que identifica vários produtos associados a ela. Por exemplo, a KitchenAid comercializa uma linha completa de eletrodomésticos sob o nome KitchenAid, e a Johnson & Johnson oferece uma linha de talcos, loções, fraldas e xampus infantis com seu nome. Todos os produtos da Pepperidge Farm, como pães, biscoitos e bolachas, carregam a marca Pepperidge Farm.

Alternativamente, um fabricante pode escolher comercializar um produto sob uma marca individual, que identifica, de modo exclusivo, o artigo em si em vez de promovê-lo sob o nome da empresa ou sob um nome coletivo que abrange artigos semelhantes. A Lever Brothers, por exemplo, comercializa pastas de dente da Aim, Close-Up e Pepsodent; detergentes para lavar roupa das marcas All e Wisk; margarina Imperial; sabonetes da Caress, Dove, Lifebuoy e Lux; e sabonetes perfumados da Shield e Lever 2000. A fábrica de aveias Quaker da PepsiCo comercializa produtos para café da manhã da Aunt Jemima, Gatorade e Pizza Celeste. Marcas individuais custam mais para comercializar do que marcas familiares, pois a empresa precisa desenvolver uma nova campanha promocional para introduzir cada novo produto em seu mercado-alvo. No entanto, marcas diferenciadas são um auxílio extremamente eficiente para a implementação de estratégias de segmentação de mercado.

> **Em poucas palavras**
>
> A internet tem tudo a ver com branding. Ele é mais importante aqui do que fora da rede. As pessoas precisam lembrar o nome da marca e digitá-lo. Não há Arcos Dourados ou latas de Coca-Cola para lembrá-las.
> **Mark Bier**
> Executivo da Amazon.com

Por outro lado, um gasto promocional de uma marca familiar pode beneficiar todos os artigos da linha. Por exemplo, produtos como motocicletas, cortadores de grama, máquinas para remover neve e todos os quadriciclos, mostrados na Figura 12.2, obtêm reconhecimento imediato como parte da famosa marca familiar Honda. Marcas familiares também ajudam profissionais de marketing a apresentarem novos produtos tanto para clientes como para lojas do varejo. Como os supermercados armazenam milhares de artigos, hesitam em adicionar novos produtos a menos que estejam confiantes de que haverá demanda para tais produtos.

As marcas familiares devem identificar produtos de qualidade semelhante ou os riscos da empresa que prejudicam a imagem geral de seus produtos. Se os profissionais de marketing da Rolls-Royce fossem colocar o nome Rolls em um carro popular ou em uma linha de roupas em promoção, mancharicam seriamente a imagem de sua linha de carros de luxo. Contrariamente, Lexus, Infiniti e Mercedes-Benz colocam seus nomes em utilitários esportivos para explorar sua reputação e aumentar a aceitação de novos modelos em um mercado competitivo. Nomes de marcas individuais, no entanto, diferenciam produtos distintos.

VALOR DE MARCA

Como pessoas, freqüentemente gostamos de dizer que nosso maior bem é a reputação. O mesmo vale para organizações. Uma marca pode demorar a construir a re-

3. Explicar o mérito do valor de marca

Figura 12.2
Produtos comercializados pela Honda que usam uma marca familiar.

putação de uma empresa ou acabar com ela. Uma forte identidade de marca apoiada pela alta qualidade oferece importantes vantagens estratégicas para uma companhia. Em primeiro lugar, aumenta a probabilidade de os clientes reconhecerem o produto ou a linha de produtos da empresa quando tomam decisões de compras. Em segundo, uma forte identidade de marca pode contribuir com as percepções dos compradores com relação à qualidade dos produtos. O *branding* também pode reforçar a fidelidade do cliente e as compras repetidas. Um cliente que experimenta uma marca e gosta dela provavelmente procurará pela mesma marca quando for às lojas em ocasiões futuras. Todos esses benefícios contribuem para um modo valioso de vantagem competitiva chamada *valor de marca*.

> **Em poucas palavras**
>
> O nome certo em si já é uma propaganda.
> Claude C. Hopkins (1866-1932)
> Pioneiro americano da propaganda

O **valor de marca** refere-se ao valor agregado que certo nome de marca confere a um produto no mercado. Marcas com alto valor oferecem vantagens financeiras a uma empresa, pois freqüentemente controlam, de maneira comparativa, grandes fatias do mercado e os consumidores prestam pouca atenção às diferenças de preços. Além disso, estudos também têm associado o valor de marca com altos lucros e dividendos.

Em operações globais, um alto valor de marca em geral facilita a expansão a novos mercados. Atualmente, a Coca-Cola é a marca com maior valor – e a mais reconhecida – do mundo.[2] De modo semelhante, o valor de marca da Disney permite que a empresa comercialize seus produtos e serviços na Europa e no Japão – e agora na China. O que torna uma marca global poderosa? De acordo com a Interbrand Corp. – que mede o valor de marca em dólares –, uma marca forte é aquela que tem poder para aumentar as vendas e os lucros de uma empresa. Uma marca global geralmente é definida como aquela que vende pelo menos 20% fora de seu país de origem, como faz a Coca-Cola. As dez melhores marcas globais, de acordo com a Interbrand, incluem a Microsoft, a Disney, o McDonald's e a IBM.[3]

A agência de publicidade global Young & Rubicam (Y&R) desenvolveu outro sistema de valor de marca chamado *Brand Asset Valuator*. A Y&R entrevistou mais de 90 mil consumidores em trinta países e coletou informações sobre mais de 13 mil marcas para ajudar a criar esse sistema de avaliação. De acordo com a Y&R, uma empresa constrói o valor de marca, em seqüência, em quatro dimensões da personalidade da marca. Essas quatro dimensões são diferenciação, relevância, prestígio e conhecimento:

- *Diferenciação* refere-se à capacidade de uma marca de se diferenciar de suas concorrentes. Marcas como Porsche e Victoria's Secret se destacam para os clientes como símbolos de características exclusivas de produtos.
- *Relevância* refere-se à pertinência real e percebida da marca para um grande segmento de consumidores. Um elevado número de consumidores deve sentir necessidade de ter os benefícios oferecidos pela marca. Marcas de alta relevância incluem a SBC Communications e a Hallmark.
- *Prestígio* é a combinação da qualidade observada e das percepções dos consumidores com relação à popularidade crescente ou decrescente da marca. Quando a qualidade observada ou a opinião pública de uma marca aumentam, o prestígio da marca cresce. Porém, impressões negativas diminuem o prestígio. Marcas de alto prestígio incluem a Starbucks e a Honda.
- *Conhecimento* refere-se à extensão do conhecimento dos clientes sobre a marca e à compreensão do que uma mercadoria ou um serviço representa. O conhecimento indica que os clientes possuem uma relação de intimidade com uma marca. Um exemplo é a marca Band-Aid.[4]

Infelizmente, mesmo marcas com alto valor podem perder seu brilho por várias razões. Isso pode acontecer como decorrência de defeitos reais ou observados em um produto que se tornam conhecidos pelo público, como no caso dos pneus da Bridgestone/Firestone instalados nos utilitários esportivos Explorer da Ford. Ou por causa de uma batalha judicial, como no caso das disputas antitruste da Microsoft. A Starbucks, a marca que cresce mais rapidamente na lista anual das 100 melhores marcas da *Business Week*/Interbrand, teve grande crescimento nos Estados Unidos, mas tem ficado para trás no exterior, onde a concorrência e os custos iniciais são elevados e os consumidores têm menos interesse pela "experiência Starbucks".[5]

O PAPEL DA GESTÃO DE MARCA E CATEGORIA

Por causa do valor tangível e intangível associado com um forte valor de marca, as organizações de marketing investem recursos e esforços consideráveis para desenvolver e manter essas dimensões de personalidade de marca. Tradicionalmente, as empresas atribuíram a tarefa de administrar estratégias de marketing de uma marca a um **gerente de marca**. Recentemente, elas têm avaliado a eficácia da gestão de marca e mudado o sistema de várias formas. A General Motors decidiu eliminar os gerentes de marca para empregar diretores de marketing, principalmente por causa da duplicação de tarefas. A empresa descobriu que estava gastando tempo, dinheiro e esforços em setores separados que acabavam produzindo essencialmente o mesmo carro.[6]

Hoje em dia, as principais empresas de bens de consumo têm adotado uma estratégia chamada **gestão de categoria**, na qual um gerente de categoria administra uma linha de produtos completa. Diferentemente dos tradicionais gerentes de produto, os gerentes de categoria têm responsabilidade pelos lucros de seu grupo de produtos. Esses gerentes são auxiliados por parceiros normalmente chamados de "analistas". Parte dessa mudança foi iniciada por grandes varejistas, que perceberam que poderiam beneficiar-se da força de marketing de grandes fabricantes de produtos domésticos e comestíveis como a Kraft e a Procter & Gamble.

Como resultado, os fabricantes começaram a concentrar sua atenção no merchandising dentro das lojas em vez de no merchandising do marketing de massa. Há alguns anos, a Kraft reorganizou sua força de vendas para que cada representante fosse responsável pelas necessidades de um estabelecimento, em vez de promover uma única marca. A Kraft agora possui um "gerente de cliente" para cada grande rede

MARKETING
Verificação de conceito

1. O que é uma marca?
2. Qual a diferença entre produtos genéricos e produtos de marcas conhecidas?
3. O que é valor de marca?

de supermercados de uma cidade ou região. A tecnologia também tem um papel na estratégia dessa companhia. Um aplicativo de software chamado *Three-Step Category Builder* permite que os gerentes dividam uma categoria de produto, analisem todos os dados relacionados a ela e criem um novo plano de gestão em dois dias. O software apresenta o plano em alguns gráficos de fácil leitura que o gerente pode mostrar para o estabelecimento. "A explicação não deve levar mais do que 15 minutos", diz Christopher Hogan, diretor de tecnologia do departamento de vendas da Kraft. Então, a Kraft recomenda tudo: de quais produtos o estabelecimento deve levar até onde devem ser colocados.[7]

Como muitas funções de marketing, a gestão de categoria freqüentemente pode exigir a colaboração de profissionais dentro e fora do fabricante. Reuniões ainda são o método mais usual para compartilhar idéias de negócios. Veja o quadro "Dicas de etiqueta" para ter idéias de como melhorar suas habilidades em reuniões de negócios.

IDENTIFICAÇÃO DE PRODUTO

As organizações identificam seus produtos no mercado por meio de nomes de marca, símbolos e embalagens diferenciadas. Quase todo produto que pode ser distinguido de outro oferece aos compradores alguma forma de ser identificado. A Sunkist Growers, por exemplo, coloca em suas laranjas o nome *Sunkist*. A Iams coloca uma pata em todas as suas embalagens de ração. Há quase 100 anos, a Companhia de Seguros Prudential utiliza a rocha de Gibraltar como seu símbolo. Escolher como identificar o produto da empresa representa uma decisão estratégica importante para os profissionais de marketing.

NOMES E SÍMBOLOS DE MARCA

4. Discute como as empresas desenvolvem identidades fortes aos seus produtos e marcas

Um nome desempenha um papel importante no estabelecimento da identidade de produtos e marcas. A *American Marketing Association* (Associação Norte-americana de Marketing) define **nome de marca** como a parte da marca composta de palavras ou letras que formam o nome que identifica e diferencia as ofertas da empresa das ofertas das concorrentes. O nome de marca é, portanto, a parte da marca que as pessoas podem pronunciar. As empresas também podem identificar suas marcas com símbolos de marca. Um **símbolo de marca** é um símbolo ou figura ilustrativa que diferencia um produto. Na Figura 12.3, Saturn é o nome da marca e a figura em azul e vermelho é o símbolo de marca que diferencia a Saturn de seus concorrentes.

Nomes de marca eficientes são fáceis de pronunciar, reconhecer e lembrar. Nomes curtos como Nike, Ford e Bounty preenchem esses requisitos. Os profissionais de marketing tentam superar problemas relacionados a nomes de marca que são facilmente pronunciados de forma incorreta ensinando a pronúncia certa aos clientes. Por exemplo, as propagandas iniciais da fabricante de carros coreana Hyundai explicavam que o nome rima com *sunday*.

O nome de marca também deve oferecer aos compradores a conotação correta da imagem do produto. E deve corresponder às exigências legais. A Lei de Lanham de 1946 declara que as marcas registradas não devem conter palavras ou frases de uso geral como *automóvel* ou *loção de bronzear*. Essas palavras genéricas, na verdade, descrevem tipos específicos de produtos, e nenhuma empresa pode reivindicar direitos exclusivos sobre elas.

Os profissionais de marketing sentem-se extremamente pressionados a inventar nomes de marca, já que multidões de concorrentes se apressam em atribuir nomes de marcas a seus próprios produtos.

Na promissora área de transmissão por rádio via satélite, duas novas marcas – a XM e a Sirius – estão lutando para dominar a mente dos consumidores. O quadro "Sucesso de marketing" explora suas possibilidades e seus desafios.

dicas de etiqueta

Como dirigir uma reunião de negócios

Apesar de a comunicação eletrônica prevalecer nos negócios, as reuniões nunca serão extintas. Provavelmente, não há meio mais eficiente de oferecer informações a um grupo ou de conseguir um acordo de tal grupo do que uma reunião bem dirigida; e os profissionais de marketing estão certos de participar com seus clientes e colegas de trabalho. A seguir há algumas dicas para que sua reunião tenha sucesso.

SE VOCÊ ESTIVER DIRIGINDO A REUNIÃO

1. Estabeleça objetivos apropriados. As melhores reuniões são curtas (menos de uma hora); portanto, se você tem muito para abordar, recomenda-se mais de uma reunião para discutir tudo.
2. Elabore uma agenda com horários antes da reunião. Uma agenda permite que você planeje seu tempo – e assegura que aborde todos os pontos necessários – e também informa aos participantes o que eles devem esperar para que se preparem. Siga a agenda e comece e termine na hora estipulada.
3. Mantenha os participantes informados. Além da agenda, eles precisam saber por que sua presença é necessária e como irão beneficiar-se da reunião. Certifique-se de que você os informou para garantir a cooperação de todos eles.

SE VOCÊ ESTÁ PRESENTE NA REUNIÃO

4. Informe à pessoa que organizou a reunião se você participará ou não. Se sua participação for insatisfatória, a reunião deverá ser reprogramada.
5. Chegue cedo e preparado(a). Não se atrase e traga informações que precisará compartilhar, bem como um bloco para anotações.
6. Evite interromper quando os outros estão falando; nesses momentos, não fale e desligue o celular ou pager. Não atenda seus telefonemas para que você possa prestar atenção na reunião.
7. Faça perguntas e comentários breves e diretos. Isso garantirá que as pessoas prestem atenção em você quando falar e ajudará para que a reunião termine na hora certa.
8. Fique calmo(a). Não fique nervoso(a) ou chateado(a) com outros participantes e não se irrite nem perca sua concentração. Isso distrai as outras pessoas, especialmente as que estão falando.
9. Prepare-se para participar de toda a reunião. Sair cedo tumultua e é descortês.
10. Após a reunião, continue participando ao cumprir, com prontidão, quaisquer tarefas que lhe foram atribuídas.

Reuniões são uma parte importante de uma carreira de negócios bem-sucedida. Entender como facilitar uma reunião bem dirigida e entender como participar de forma adequada de uma reunião dirigida por outra pessoa são habilidades importantes. As dicas apresentadas aqui ajudarão você a começar sua carreira entendendo a melhor maneira de lidar com reuniões com sucesso.

Fontes: How to conduct a successful and effective business meeting, *Page Wise*, **www.essortment.com**, acessado em 17 mar. 2005; SANDBERG, Jared. "A survival guide for office meetings: bring your own toys, *The Wall Street Journal*, 19 maio 2004, p. B1; Three easy steps to a well-run meeting, *Strategic Communications*, **www.strategiccomm.com**, acessado em 17 abr. 2004; SMITH, Gary M. Eleven commandments for business meeting etiquette, *Society for Technical Communication*, **www.stc.org**, acessado em 17 abr. 2004; KOTELNIKOV, Vadim. Ten3 East-West, Effective meetings, *The Business e-Coach*, **www.1000ventures.com**, acessado em 17 abr. 2004; ECKBERG, John. Mind your meeting etiquette, *The Cincinnati Enquirer*, **www.enquirer.com**, 23 dez. 2003.

Quando uma classe de produtos se torna conhecida geralmente pelo nome original da marca de uma oferta específica, o nome da marca pode tornar-se um nome genérico descritivo. Se isso ocorrer, o proprietário original perde o direito exclusivo sobre o nome da marca. Os nomes genéricos náilon, aspirina, escada rolante, querosene e zíper começaram como nomes de marcas. Outros nomes genéricos que antes foram nomes de marcas incluem cola, ioiô, linóleo e trigo em pedaços.

Os profissionais de marketing diferenciam os nomes de marcas que se tornaram termos legalmente genéricos dos que parecem genéricos sob os olhos de muitos clientes. Os consumidores freqüentemente adotam nomes de marcas legais como nomes descritivos. Muitas pessoas utilizam o termo Kleenex para se referir a lenços de papéis. A Xerox é uma marca tão conhecida que as pessoas, com freqüência – embora incorretamente –, utilizam-na como um verbo que significa fotocopiar. Para proteger sua valiosa marca registrada, a Xerox Corp. criou propagandas explicando que Xerox é um nome de marca e uma marca registrada que não deve ser utilizado como verbo.

MARCAS REGISTRADAS

Em poucas palavras

A marca é o parque de diversões. O produto é a lembrança.

Nicholas Graham

Fundador e CUO (*chief underpants officer*), superintendente do setor de roupas íntimas da Joe Boxer Inc.

Os negócios investem recursos consideráveis no desenvolvimento e na promoção de marcas e identidades de marcas. O alto valor monetário do valor de marca estimula as empresas a adotar medidas para proteger os recursos que investem em suas marcas.

Uma **marca registrada** é uma marca pela qual o proprietário reivindica proteção legal. Uma marca registrada não deve ser confundida com um nome comercial, que identifica uma empresa. A Coca-Cola Company é um nome comercial, mas Coca é uma marca registrada do produto da empresa. Alguns nomes comerciais são iguais aos nomes de marca das empresas.

Sucesso de marketing

O céu é o limite para o rádio via satélite

Histórico. O rádio por satélite oferece notícias sem comerciais, informações sobre o clima, esportes e música inexistente em estações de rádio tradicionais. Embora transmita programas de centenas de estações especializadas, o rádio via satélite ainda precisa tornar-se lucrativo apesar do rápido crescimento recentemente.

O desafio. Embora os custos de assinatura sejam baixos – menos de US$ 15 por mês –, ouvintes via satélite precisam comprar receptores especiais para ouvir os programas em casa ou on-line ou ter um carro onde o receptor seja instalado. A qualidade do sinal também é um problema para alguns ouvintes. E a rádio AM-FM está se opondo, com uma campanha publicitária de US$ 28 milhões para lembrar aos ouvintes o papel que o rádio tradicionalmente tem desempenhado no desenvolvimento de seus artistas prediletos.

A estratégia. Para financiar suas operações baseadas em assinaturas, as duas grandes concorrentes, a XM Satellite Radio Holdings e a Sirius Satellite Radio, venderam milhões de dólares em ações e outros títulos, gastando muito também com negociações para transmissão de jogos feitas com a *National Football League* (Liga Nacional de Futebol Norte-americano – Sirius) e a *Major League Baseball* (Liga Norte-americana de Beisebol – XM). Para atrair mais ouvintes, a XM assinou um contrato com o antigo âncora de notícias da National Public Radio, Bob Edwards, e a Sirius contratou o controverso apresentador de *talk-show* Howard Stern. Porém, não se sabe claramente quantos de seus 12 milhões de fãs acompanharão Stern em seu novo canal via satélite. Em negociações separadas, General Motors, Honda, Daimler-Chrysler, BMW, Volkswagen e Ford oferecem ou pretendem

Protegendo Marcas Registradas

A proteção de marcas registradas confere o direito legal exclusivo de utilizar um nome de marca, um símbolo de marca e qualquer slogan ou abreviação do nome de um produto. Ela determina a origem ou a fonte de uma mercadoria ou serviço.

Freqüentemente, a proteção de marcas registradas é aplicada a palavras ou frases, como *Bud* para Budweiser. Por exemplo, os tribunais defenderam a marca registrada da Budweiser em um caso, decidindo que o slogan de uma empresa exterminadora de insetos, "This Bug's For You" (Este inseto é para você), infringia os direitos da Budweiser.

As empresas também podem receber proteção de marcas registradas para elementos das embalagens e características dos produtos como forma, design e tipo de letra. A lei norte-americana fortaleceu a proteção de marcas registradas recentemente. A *Federal Trademark Dilution Act* (Lei Federal de Diluição de Marca Registrada) de 1995 oferece ao proprietário de uma marca registrada o direito de mover uma ação judicial por infração de marca registrada, mesmo que outros produtos utilizando sua marca não sejam particularmente semelhantes ou fáceis de serem confundidos pelos consumidores. A empresa infratora nem precisa saber que está enfraquecendo a marca registrada de outra. A lei também oferece ao proprietário de uma marca registrada o direito de mover uma ação se uma outra parte imitar sua marca registrada.

A internet pode ser o próximo campo de batalha para casos de infração de marca registrada. Algumas companhias estão tentando proteger suas marcas registradas movendo ações por infração contra empresas que usam endereços de internet semelhantes.

Identidade Visual

Sinais visuais no *branding* criam uma aparência geral às vezes denominada **identidade visual**. Esses componentes visuais podem estar relacionados a seleções de cores, tamanhos, formatos de rótulos e embalagens e fatores semelhantes. Por exemplo, os arcos dourados do McDonald's, o touro da Merrill Lynch e a concha amarela da Shell fazem

---

oferecer receptores de satélite, padrões ou opcionais, instalados pelas fábricas nos veículos que fabricam, gerando um imenso mercado potencial para o rádio via satélite. Cerca de 60% dos proprietários desses carros já se tornaram assinantes. Enquanto isso, ambas as redes melhoraram suas transmissões via rádio e a Sirius pretende até transmitir dois ou três canais de vídeo no futuro próximo.

O resultado. Uma programação bem definida que concorra com a simplicidade das estações tradicionais – a maioria pertencente a apenas um número reduzido de grandes corporações – e a realização de bons negócios que transformaram alguns de seus parceiros – montadoras de automóveis – em acionistas parecem ter garantido uma boa posição para a XM e a Sirius. Recentemente, a Sirius passou de 300 mil para 1,14

milhão de assinantes, e a XM conseguiu mais do que o dobro: 3,2 milhões de assinantes. Se elas começarem a lucrar e pagar suas próprias dívidas, restará uma única pergunta: qual rede será a número um.

Fontes: BARKER, Robert. Satellite radio: clear growth, far-off profits, *BusinessWeek Online*, 2 fev. 2005, www.businessweek.com; Caitlin Thompson, The satellite radio revolution, *NewsHour Extra*, 14 jan. 2005, **www.pbs.org/newshour**; NORTON, Patrick. Sirius satellite radio, *PCMagazine*, 8 jan. 2005, **www.pcmag.com**; HEIN, Kenneth. Sirius now serious competition for XM, *BrandWeek*, 22 nov. 2004, p. 10; Lowry, Tom; YANG, Catherine. Satellite radio shoots the moon, *BusinessWeek*, 8 nov. 2004, p. 52.

parte da identidade visual desses produtos. A Owens Corning estabeleceu a cor rosa para distinguir seu sistema de isolamento da concorrência. Uma combinação de sinais visuais também pode constituir uma identidade visual. Considere um alimento mexicano que utiliza as cores da bandeira mexicana: verde, branco e vermelho.

Disputas relacionadas à identidade visual levaram a várias batalhas judiciais. Em um caso amplamente divulgado, a Kendall-Jackson Vineyards e a Winery processaram a Ernest & Julio Gallo Winery Inc. alegando que o design da garrafa utilizado para o *Turning Leaf Chardonnay* da Gallo era muito parecido com o da garrafa de *Vintner's Reserve Chardonnay* da Kendall. A Kendall-Jackson perdeu nos tribunais, mas esse caso mostra a importância que as empresas dão à identidade de marca.[8]

DESENVOLVENDO MARCAS REGISTRADAS E NOMES DE MARCAS GLOBAIS

Variações de idiomas e culturas fazem da escolha de nomes de marcas uma atividade difícil para profissionais de marketing internacional; um símbolo ou nome de marca excelente em um país pode ser um desastre em outro. A fabricante de detergente iraniana Paxan Corp., por exemplo, pode ter dificuldade em comercializar seu detergente Barf em países de língua inglesa. (Em iraniano, *barf* significa "neve".)[9] Uma empresa que comercializa um produto para vários países também precisa decidir se utilizará um único nome de marca para promoções globais ou se adaptará nomes para países específicos. A maioria dos idiomas contém os sons de *o* e *k*; portanto, *okay* tornou-se uma palavra internacional. A maioria dos idiomas também possui um *a* curto; portanto, Coca-Cola, Kodak e Texaco são marcas de sucesso internacionalmente.

Marcas registradas que fazem sucesso em seu país de origem podem não se sair tão bem em outros países. Talvez o nome de marca mais controverso no mundo hoje esteja associado a uma linha de roupas lançada por um dos parentes de Osama bin Laden, Yeslam Binladin. Yeslam Binladin solicitou a proteção à marca registrada da etiqueta de roupas Bin Ladin na Suíça vários meses antes dos ataques de 11 de setembro de 2001. Apesar desses eventos, ele decidiu continuar com sua linha. Yeslam vem de uma parte distinta da família (os sobrenomes são pronunciados de forma levemente diferente) e sua família saudita é muito respeitada no Oriente Médio, onde controla um conglomerado de construção de US$ 5 bilhões, o Saudi Binladin Group. Portanto, Yeslam espera compensar as impressões negativas do nome de marca Bin Ladin com uma impressão positiva. A linha de roupas será lançada primeiro no mundo árabe, em seguida, na Europa, e muito depois, nos Estados Unidos. Yeslam quer doar uma parte dos lucros da linha de roupas para uma fundação de caridade da Suíça. Conquistar a aceitação mundial da marca será, sem dúvida, uma batalha árdua. "Não é que os pecados dos pais devam recair nos ombros dos filhos ou que um irmão deva ser culpado pelas ações do outro", explica Mario Boselli, chefe da organização comercial de moda na Itália. "Porém, não consigo imaginar como alguém pode tentar utilizar um nome de má reputação como esse".[10]

EMBALAGENS

A estratégia de produto de uma empresa também deve abordar questões sobre embalagem. Como o nome de sua marca, a embalagem de um produto pode influenciar muito as decisões de compra dos consumidores.

Os profissionais de marketing têm adotado métodos cada vez mais científicos ao tomarem decisões sobre embalagens. Em vez de utilizar desenhos ou modelos físicos, um número cada vez maior de criadores de embalagens trabalha com computação gráfica especial que cria imagens tridimensionais de embalagens em milhares de cores, formatos e tipos de fonte. Outro programa de software ajuda os profissionais de marketing a elaborarem ótimas embalagens, simulando os modelos vistos pelos compradores quando eles caminham nos corredores dos supermercados. As empresas realizam pesquisas de marketing para avaliar as embalagens atuais e para testar modelos de embalagem alternativos. A Kellogg, por exemplo, testou sua embalagem Nutri-Grain – assim como o próprio produto – antes de lançá-lo no mercado.

Uma embalagem atende a três objetivos principais: (1) proteção contra danos, estragos e roubo; (2) assistência na comercialização do produto; e (3) relação custo-benefício. Vamos analisar brevemente cada um deles.

Proteção contra Danos, Estragos e Roubo

O objetivo original das embalagens era oferecer proteção física às mercadorias. Os produtos normalmente passam por várias etapas de manuseio entre o processo de fabricação e as compras pelos clientes, por isso uma embalagem deve proteger o conteúdo contra danos. Além disso, as embalagens de produtos perecíveis devem proteger o conteúdo contra estragos durante sua movimentação e em seu armazenamento até que sejam comprados pelo consumidor. O *American Plastic Council* (Conselho Norte-americano de Plásticos) desenvolveu uma campanha publicitária para promover os benefícios do uso de plásticos no empacotamento de produtos, afirmando que garrafas plásticas, embrulhos e recipientes diminuem a chance de os alimentos serem contaminados, e lacres plásticos de proteção garantem a segurança do produto.

Com medo de que os lacres de produtos fossem violados, muitas empresas decidiram melhorar suas embalagens. Remédios de venda livre são oferecidos em pacotes com lacre de proteção com advertências que informam os consumidores a não comprarem mercadorias se os lacres de proteção não estiverem intactos. Muitos artigos comestíveis e produtos sensíveis à luz também são embalados em recipientes com lacre de proteção. Produtos em potes de vidro, como molho para espaguete e geléias, geralmente vêm fechados a vácuo, com o orifício das tampas cobertos; e essas tampas saltam na primeira vez que são abertas.

Do mesmo modo, muitos pacotes oferecem meios de proteção contra roubo aos varejistas. Furtos em lojas e roubos praticados por funcionários custam aos varejistas bilhões de dólares ao ano. Para diminuir esses roubos, muitos pacotes apresentam reforços de papelão enormes que não cabem na bolsa ou no bolso de um possível ladrão. Ótimas embalagens que protegem contra danos, estragos e roubo são particularmente importantes para profissionais de marketing internacional, que precisam lutar contra condições climáticas variáveis, a diferença no tempo e o estresse envolvido no envio de produtos a outros países.

Assistência na Comercialização do Produto

A proliferação de novos produtos, as mudanças no estilo de vida dos consumidores e em seus hábitos de compra e a ênfase dos profissionais de marketing em visar segmentos menores do mercado, todos esses fatos aumentaram a importância das embalagens como ferramentas promocionais. Muitas empresas estão dando atenção às preocupações dos consumidores relacionadas à proteção do meio ambiente ao elaborar embalagens de materiais recicláveis e biodegradáveis. Para demonstrar sua séria preocupação com a proteção ambiental, Procter & Gamble, Coors, McDonald's, BP Chemical e outras empresas criaram propagandas que descrevem seus esforços para desenvolver embalagens favoráveis ao meio ambiente.

Em um supermercado onde milhares de artigos diferentes competem para ter destaque, um produto precisa chamar a atenção do consumidor. Os profissionais de marketing combinam cores, tamanhos, formatos, ilustrações e tipos de fonte para estabelecer diferentes identidades visuais que distinguem seus produtos dos produtos concorrentes. Embalagens podem ajudar a estabelecer uma identidade comum para um grupo de artigos vendidos com o mesmo nome de marca. Como o nome de marca, uma embalagem deve evocar a imagem do produto e comunicar seu valor.

As embalagens também podem oferecer mais conveniência aos compradores. Frascos com válvula *pump*, por exemplo, facilitam o uso de produtos como mostardas e repelentes. Frascos que podem ser apertados, de mel e ketchup, facilitam a utilização e a armazenagem dos produtos. As embalagens oferecem benefícios importantes para alimentos semiprontos, como refeições e lanches embalados em recipientes que podem ser colocados em microondas, sucos em embalagens assépticas, vegetais e tira-gostos congelados embalados em porções únicas. Como tes-

H. J. Heinz com sua embalagem totalmente remodelada para tornar o uso de seus produtos mais fácil. Consumidores costumam virar os frascos de ketchup de cabeça para baixo para aproveitar o produto até o fim. Assim, um esperto designer de embalagens resolveu o problema.

Algumas empresas aumentam o uso de recipientes feitos para serem reutilizados. Copos de requeijão e de geléia há muito tempo são reutilizados como copos. Os pais podem comprar sabonete em garrafas plásticas em formato de animais apropriadas para brincadeiras na banheira. As embalagens são um componente importante na estratégia geral de marketing da Avon. As garrafas decorativas e reutilizáveis da empresa tornaram-se artigos de coleção.

tes têm demonstrado que as rolhas de garrafas de vinho apresentam índice de falha entre 3 e 15%, resultando em vinhos estragados ou deteriorados, uma tradição antiga da indústria de vinhos está começando a mudar. A vinícola Argyle Winery em Dundee, Oregon, começou a utilizar tampas de rosca – antes consideradas um símbolo revelador de vinhos baratos de menor qualidade – em toda sua produção de *Pinot Noir*. Outros fabricantes de vinho estão utilizando rolhas sintéticas e lacres de aço inoxidável que também são resistentes e, embora a tendência ainda seja controversa, muitos acham que, para vinhos com menos de dez anos, adotar rolhas tradicionais pode tornar-se um ritual do passado.[11]

Embalagens com boa relação custo-benefício

Embora as embalagens devam desempenhar várias funções para os fabricantes, para os profissionais de marketing e para os consumidores, isso deve ocorrer a um custo razoável. Às vezes, alterações nas embalagens podem torná-las mais baratas e melhores para o meio ambiente. Fabricante de discos compactos, por exemplo, certa vez colocaram CDs em dois recipientes, uma caixa plástica do tamanho de um CD dentro de uma caixa de papelão longa que cabia nos compartimentos para CDs das lojas. Os consumidores protestaram contra o desperdício de caixas e a gravadora concordou finalmente em eliminar por completo a embalagem externa de papelão. Agora os CDs vêm apenas nas caixas plásticas e são protegidos por suportes plásticos para evitar roubo.

Rotulagem

Os rótulos já chegaram a ser um elemento à parte que era colocado em uma embalagem; hoje, eles são parte integral de uma embalagem típica. Os rótulos desempenham funções promocionais e informativas. Um **rótulo** porta o símbolo ou nome de marca de um artigo, o nome e o endereço de um fabricante ou distribuidor, informações sobre a composição e o tamanho do produto e suas recomendações de uso. O rótulo certo pode ser importante para atrair a atenção do consumidor e estimular compras.

A confusão e a insatisfação dos consumidores com relação a descrições como tamanho econômico, tamanho grande e tamanho família resultaram na aprovação da *Fair Packaging and Labeling Act* (Lei da Embalagem e Rotulagem Justa) em 1966. A lei exige que um rótulo ofereça informações adequadas sobre o conteúdo da embalagem e que o design de uma embalagem facilite a comparação de preços com produtos concorrentes.

A *Nutrition Labeling and Education Act* (Lei de Educação e Rotulagem Nutricional) de 1990 impõe um formato uniforme em que os fabricantes de alimentos devem fornecer as informações nutricionais de seus produtos. Além disso, a *Food and Drug Administration* (FDA – Administração de Alimentos e Medicamentos) determinou que padrões de design dos rótulos nutricionais apresentem informações claras aos consumidores sobre produtos alimentícios.

A FDA também restringiu as definições de termos utilizados livremente como light, sem gordura, magro e extra-magro, e exige que os rótulos listem a quantidade de gordura, sódio, fibras dietéticas, cálcio, vitaminas e outros componentes em porções normais. A norma mais recente exige que os fabricantes de alimentos incluam nos rótulos nutricionais a quantidade total de gorduras trans – óleos hidrogenados que melhoram a textura e o frescor, mas contribuem para aumentar os níveis de colesterol – em cada produto.[12]

As exigências de rotulagem são diferentes em vários lugares do mundo. No Canadá, os rótulos devem fornecer informações tanto em francês como em inglês. O tipo e a quantidade de informações exigidas nos rótulos também variam entre os países. Profissionais de marketing internacional elaboram rótulos cuidadosamente para cumprir com os regulamentos de cada país onde comercializam seus produtos.

A designação **Código Universal de Produto (UPC –** de *Univesal Product Code*) é outro aspecto importante de um rótulo ou embalagem. Introduzido em 1974 como método para reduzir despesas em supermercados, os UPCs são códigos de barra numéricos impressos nas embalagens. Sistemas ópticos de escaneamento lêem esses códigos e sistemas computacionais reconhecem os artigos e imprimem seu preço nos recibos das caixas registradoras. Embora os scanners de UPC sejam caros, permitem economias consideráveis com mão-de-obra em comparação com o sistema manual de preços, e também melhor controle de estoques. O Código Universal de Produto também é um elemento importante para pesquisas de marketing. Entretanto, muitos consumidores sentem-se frustrados quando há apenas o UPC nas embalagens, sem uma etiqueta de preço adicional, porque nem sempre é possível saber o preço de um artigo se não houver etiquetas de preços nas prateleiras. Com o advento das etiquetas de identificação por radiofreqüência – chips eletrônicos que contêm identificação codificada dos produtos –, os códigos de barra UPC provavelmente farão parte de um passado distante.

EXTENSÕES DE MARCA

Algumas marcas tornam-se tão famosas que os profissionais de marketing decidem utilizá-las em produtos não relacionados a elas com o objetivo de obter o reconhecimento imediato das novas ofertas. A estratégia de relacionar um nome de marca famoso a um novo produto de uma categoria de produtos não relacionados a essa marca famosa é conhecida como **extensão de marca**. Essa prática não deve ser confundida com **extensão de linha**, que se refere a novos tamanhos, estilos ou produtos relacionados. Uma extensão de marca apresenta nada mais do que o nome da marca. Ao estabelecer extensões de marca, os profissionais de marketing esperam ter acesso a novos clientes e mercados, ampliando o valor já estabelecido em suas marcas existentes.

O estilista Giorgio Armani diversificou sua linha original de roupas e passou a produzir perfumes, cosméticos, óculos, relógios, acessórios, chocolates, flores e até móveis. Recentemente, também ampliou a marca Armani com a introdução de restaurantes e cafés em Paris, Londres, Milão, Nova York e São Paulo. Existe até uma casa noturna Armani. Mais recentemente, a empresa Armani formou uma sociedade hoteleira de US$ 1 bilhão com a Emaar Properties de Dubai, na qual o estilista supervisionará o design de dez novos hotéis luxuosos e quatro resorts a serem construídos nos próximos anos.[13]

LICENCIAMENTO DE MARCA

Um crescente número de empresas autoriza outras organizações a utilizar seus nomes de marca. Até mesmo faculdades autorizaram outras empresas a utilizar seus logotipos e marcas registradas. Essa prática, conhecida como **licenciamento de marca**, amplia a exposição de uma marca no mercado, assim como faz a extensão de marca. O proprietário do nome da marca também recebe, dos licenciados, uma fonte extra de renda na forma de royalties, geralmente de 4 a 8% do rendimento com grandes vendas.

Giorgio Armani, mais conhecido pelas roupas, começou a estender sua marca ao abrir cafés ao redor do mundo.

MARKETING
Verificação
de conceito

1. Diferencie nome de marca de marca registrada.
2. Quais são os três objetivos das embalagens?
3. Descreva o que são extensões de marca e licenciamento de marca.

No entanto, os especialistas em marca percebem vários problemas que o licenciamento pode gerar. Os nomes de marca não ficam bem em todos os produtos. Além disso, se um licenciado produz um produto de má qualidade ou um artigo incompatível, em termos éticos, com a marca original, o acordo pode prejudicar a reputação da marca.

Até marcas extremamente famosas podem enfrentar problemas com licenciamento. Uma ação judicial de 13 anos que poderia ter custado à Walt Disney Co. US$ 1 bilhão foi recentemente retirada dos tribunais. A ação foi movida pela Stephen Slesinger Inc., uma empresa familiar que controla alguns direitos de comercialização do Ursinho Pooh que ela concede à gigante do entretenimento. A Slesinger recebeu mais de US$ 80 milhões do licenciamento, mas reclamou que a Disney pagou poucos royalties durante o período. A empresa pretende recorrer da decisão judicial, mas a Disney alega que os artigos apontados na ação – DVDs, fitas e softwares – não fazem parte do contrato de licenciamento.[14]

PLANEJAMENTO DE UM NOVO PRODUTO

5. Identifica e descreve resumidamente cada uma das quatro estratégias para desenvolvimento de novos produtos

À medida que as ofertas entram nos estágios de maturidade e declínio do ciclo de vida dos produtos, uma empresa deve acrescentar novos itens para continuar a ter sucesso. Acréscimos regulares de novos produtos para a linha da empresa ajudam a protegê-la da obsolescência do produto.

Novos produtos são o sangue de qualquer negócio, e sua sobrevivência depende do fluxo estável de novos lançamentos. Alguns novos produtos podem implementar maior avanço tecnológico. Outros novos produtos simplesmente estendem as linhas de produtos atuais. Em outras palavras, um produto novo é aquele que a companhia ou o cliente nunca tiveram em mãos. Apenas 10% da introdução de novos produtos realmente traz novos recursos aos consumidores.

ESTRATÉGIAS DE DESENVOLVIMENTO DE PRODUTOS

A estratégia de uma empresa para o desenvolvimento de novos produtos varia de acordo com o mix de produtos já existente e o equilíbrio entre ofertas atuais e os objetivos totais de marketing. As atuais posições de mercado dos produtos também afetam a estratégia de desenvolvimento do produto. A Figura 12.3 identifica quatro estratégias alternativas de desenvolvimento, como penetração de mercado, desenvolvimento de mercado, desenvolvimento de produto e diversificação de produto.

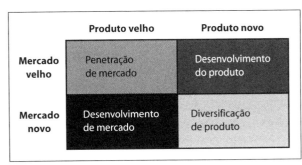

Figura 12.3
Estratégias alternativas de desenvolvimento de produto.

Uma **estratégia de penetração de mercado** busca aumentar as vendas de produtos existentes em mercados existentes. As empresas tentam aumentar sua penetração de mercado de vários modos: podem modificar os produtos, melhorar a qualidade destes, ou promover maneiras novas e diferentes de usar os produtos. Profissionais de marketing de produtos embalados em geral seguem essa estratégia com o objetivo de aumentar a participação de mercado para produtos maduros em mercados maduros. O posicionamento de produto tem, freqüentemente, um papel importante em tal estratégia.

O **posicionamento de produto** refere-se às percepções que o consumidor tem sobre os atributos, usos, qualidades, vantagens e desvantagens dos produtos em relação a marcas concorrentes. Os profissionais de marketing geralmente conduzem estudos de pesquisas de mercado para analisar as preferências do consumidor e elaborar mapas de posicionamento de produto que traçam as posições dos produtos em relação àquelas das ofertas dos concorrentes. A Procter & Gamble, há tempos conhecida por seus bens de consumo com preços premium, tem desenvolvido uma fórmula mais em conta da pasta de dente Crest para o mercado chinês. A empresa também comprou a Clairol, trazendo para seu portfólio os xampus de baixo custo da empresa. Além do mais, a P&G está revisando os preços de seus produtos já existentes para ter certeza de que os mais caros estão de acordo com as demandas dos consumidores locais.[15]

Uma **estratégia de desenvolvimento de mercado** concentra-se em encontrar novos mercados para produtos existentes. A segmentação de mercado, discutida no Capítulo 9, fornece apoio para tal esforço. O Bank of America tem obtido sucesso no desenvolvimento de um novo mercado direcionado aos moradores asiáticos de São Francisco, com comerciais de televisão especiais voltados para consumidores chineses, coreanos e vietnamitas.

A estratégia de **desenvolvimento de produto** refere-se à introdução de novos produtos dentro de mercados identificáveis ou estabelecidos. Há alguns anos, a Nike decidiu entrar no mercado de produtos de golfe, criando uma nova divisão chamada Nike Golf e introduzindo seu primeiro novo produto nesse setor – bolas de golfe. Embora a empresa tenha tropeçado no começo ao se direcionar para jogadores eventuais que se preocupam com dinheiro, seus profissionais de marketing mudaram rapidamente as marchas e foram atrás de jogadores mais habilidosos que estavam dispostos a comprar bolas premium. Atualmente, a participação de mercado da Nike Golf atinge de 8% a 10% de todo o mercado de bolas de golfe, de US$ 800 milhões. Com todo esse sucesso, a empresa decidiu criar seus tacos de golfe, e levou dois anos em seu desenvolvimento. A Nike começou oferecendo drivers e mais tarde introduziu uma completa variedade de tacos.[16]

As empresas também podem optar por introduzir novos produtos nos mercados em que já têm posições bem estabilizadas para tentar aumentar sua participação de mercado. Essas novas ofertas são chamadas de *flanker brands*. A indústria de perfumes utiliza essa estratégia extensivamente ao desenvolver fragrâncias que estão relacionadas a seus produtos mais populares. As fragrâncias *flanker* estão relacionadas tanto ao aroma quanto no nome. A popular linha de colônias Happy, da Clinique, por exemplo, tem uma *sister flanker* chamada Happy Heart. As *flanker brands* na indústria de perfumes têm gerado vendas de varejo na ordem dos US$ 200 milhões.[17]

Por fim, uma **estratégia de diversificação de produto** concentra-se em desenvolver produtos completamente novos para novos mercados. Algumas empresas miram em novos mercados-alvo que complementem seus mercados existentes; outras olham para direções totalmente novas. A Dell, o maior fabricante de computadores, começou a gerenciar sua própria marca de eletrônicos vendendo em seu site aparelhos de televisão com tela plana e tocadores de MP3, e também oferecendo uma loja de música on-line para download. A empresa segue muitas de suas concorrentes no mercado de eletrônicos, não só porque a venda de computadores está diminuindo, mas também porque música, cinema e fotografia estão valendo-se cada vez mais da tecnologia digital. De acordo com o presidente Kevin Rollins, "Quantos produtos novos a Dell pode adicionar a seu portfólio? Onde isso termina? Pensamos que há, de alguma forma, um número ilimitado de produtos e serviços em que podemos atuar".[18]

Ao selecionar uma estratégia de novo produto, os profissionais de marketing devem ter em mente um problema potencial: a **canibalização**. Todas as empresas querem evitar investir recursos na introdução de um novo produto que vai afetar adversamente as vendas dos produtos já existentes. Diz-se que um produto que tira as vendas de outro produto da mesma linha está canibalizando esta linha. A empresa pode aceitar alguma queda nas vendas dos produtos existentes se a nova oferta gerar vendas adicionais suficientes para garantir os investimentos em seu desenvolvimento e na introdução no mercado.

O PROCESSO DE ADOÇÃO PELO CONSUMIDOR

6. Descreve o processo de adoção dos consumidores

No **processo de adoção**, os consumidores passam por uma série de estágios, desde primeiro aprender sobre o novo produto até testá-lo e decidir se devem comprá-lo regularmente ou rejeitá-lo. Esses estágios durante o processo de adoção pelo consumidor podem ser classificados da seguinte forma:

1. *Conhecimento*. Os indivíduos primeiro aprendem sobre o novo produto, mas não têm muita informação sobre ele.
2. *Interesse*. Os possíveis compradores começam a procurar informações sobre o produto.
3. *Avaliação*. Eles consideram os prováveis benefícios do produto.
4. *Experimentação*. Eles fazem compras para determinar a utilidade do produto.
5. *Adoção/Rejeição*. Se o teste do produto obtém resultados satisfatórios, eles decidem usar o produto regularmente.[19]

Os profissionais de marketing devem entender o processo de adoção para conduzir os possíveis compradores a esse estágio. Uma vez que os profissionais de marketing reconhecem o grande número de consumidores no estágio de interesse, podem dar passos para estimular as vendas, conduzindo esses compradores até os estágios de avaliação e experimentação. A Johnson & Johnson aprimorou sua avaliação e experimentação das lentes de contato descartáveis ao oferecer pares de lentes para os consumidores testarem. A Time Warner's America Online envia pelo correio seu software de acesso à internet para pessoas que têm computador, mas que não são membros da AOL, e oferece a elas uma participação grátis durante um mês. De tempos em tempos, você pode receber pelos correios amostras grátis de cereais de café da manhã, lanches, cosméticos ou xampu. Essas empresas estão incentivando as pessoas a testarem seus produtos na esperança de que elas finalmente os adotem.

CATEGORIA DOS ADOTANTES

Os primeiros compradores dos novos produtos, conhecidos por **inovadores de consumo**, são pessoas que compram novos produtos quase ao mesmo tempo que eles são lançados no mercado. Os adotantes tardios esperam por uma informação adicional e se valem das experiências dos primeiros compradores antes de fazerem as compras experimentais. Os inovadores de consumo recebem as novidades de cada área do produto. Alguns usuários de computador, por exemplo, apressam-se para instalar novos softwares assim que novas atualizações são disponibilizadas. Alguns médicos foram os precursores no uso de produtos farmacêuticos para seus pacientes com Aids.

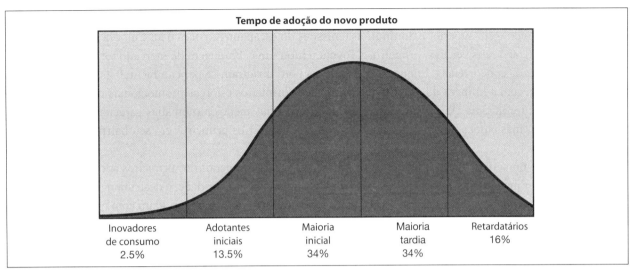

Figura 12.4
Categorias dos adotantes baseadas no tempo relativo à adoção.

Vários estudos sobre a adoção de novos produtos identificaram cinco categorias de compradores com base nos tempos relativos da adoção. Essas categorias, mostradas na Figura 12.4, são: inovadores de consumo, adotantes iniciais, maioria inicial, maioria tardia e retardatários.

Enquanto o processo de adoção está voltado para os indivíduos e para os passos que eles dão até tomarem a decisão final em relação a se devem tornar-se compradores regulares do novo produto ou os rejeitar porque não satisfazem suas necessidades, o **processo de difusão** está focado em todos os membros de uma comunidade ou sistema social. Aqui o foco é a velocidade em que um produto inovador é aceito ou rejeitado por todos os membros da comunidade.

A Figura 12.4 mostra o processo de difusão seguindo uma distribuição normal de um grupo pequeno de compradores iniciais (chamados de *inovadores*) até o grupo final de consumidores (chamados *retardatários*) com o objetivo de fazer compras experimentais do novo produto. Algumas pessoas adotam os produtos imediatamente e depois o número de adotantes aumenta rapidamente quando o valor do produto se torna aparente. A taxa de adoção finalmente diminui à medida que o número de possíveis compradores que não adotaram nem compraram os produtos diminui. Tipicamente, os inovadores constituem os primeiros 2,5% de compradores que adotaram o novo produto; os retardatários são os últimos 16% a fazerem isso. A Figura 12.4 exclui aqueles que nunca adotaram o produto.

IDENTIFICANDO OS ADOTANTES INICIAIS

Não é nenhuma surpresa que identificar consumidores ou organizações que estão mais dispostos a testarem um novo produto pode ser vital para seu sucesso. Ao alcançar esses compradores no início do processo de desenvolvimento ou introdução do produto, os profissionais de marketing podem tratar tais adotantes como um mercado de teste, avaliando o produto e descobrindo sugestões para modificações. Como os compradores iniciais geralmente agem como formadores de opinião para os quais outros indivíduos pedem conselhos, suas atitudes quanto a novos produtos se espalham rapidamente para as pessoas. A aceitação ou a rejeição da inovação por esses compradores pode ajudar a prever seu sucesso esperado. Muitas empresas automotivas, incluindo a Honda e a Ford, têm desenvolvido veículos elétricos movidos a gasolina para o mercado consumidor. Esses veículos híbridos (que utilizam mais de um motor para suas propulsões) usam uma combinação de gasolina e baterias elétricas para atingir uma quilometragem superior e diminuir as emissões do escapamento para o ar. Embora a Honda e a Ford tenham comercializado seus veículos primeiro, a Toyota tentou uma abordagem de mercado totalmente diferente para tentar ganhar da concorrência. Enquanto a Honda e a Ford dirigiram-se para ambientalistas e consumidores que se preocupam com a limpeza do ar, a Toyota mirou seus primeiros esforços promocionais nos inovadores de consumo e adotantes iniciais. As propagandas para seu novo *Prius* mencionaram suas características favoráveis ao meio ambiente, mas enfocaram os consumidores que queriam ser os primeiros em seu bairro a ter um desses carros exclusivos.[20]

Um grande número de estudos tem estabelecido as características gerais dos primeiros adotantes. Esses pioneiros tendem a ser mais jovens, a ter um *status* social mais alto, maior escolaridade, e desfrutam de rendas maiores do que outros consumidores. Eles têm mais mobilidade que os adotantes tardios e mudam com mais freqüência de emprego e endereço. Além disso, contam com mais fontes de informações impessoais do que os adotantes tardios; compradores mais hesitantes dependem principalmente de informações promocionais geradas pelas empresas e comunicações expressadas oralmente.

Determinantes das Taxas de Adoção

Os *frisbees* progrediram de um estágio de introdução de produto para um estágio de maturidade de mercado em um período de seis meses. Em contraste, o Departamento de Agricultura dos Estados Unidos tentou convencer durante treze anos os fazendeiros de milho a usarem sementes de milho híbridas, uma inovação capaz de dobrar os campos de plantação de milho. Cinco características de inovação de produtos influenciam em suas taxas de adoção:

1. *Vantagem relativa.* Uma inovação que aparente ser muito superior a idéias anteriores oferece maior vantagem relativa – refletida em termos de diminuição de preços, melhoramentos físicos, ou facilidade de uso –, aumentando a taxa de adoção do produto.
2. *Compatibilidade.* Uma inovação consistente com os valores e as experiências de possíveis adotantes atrai novos compradores em velocidade relativamente alta.
3. *Complexidade.* A dificuldade relativa em entender a inovação influencia a velocidade da aceitação. Na maioria dos casos, os consumidores são lentos ao adotarem novos produtos que acham difíceis de entender ou de usar. A aceitação cautelosa das sementes híbridas de milho por parte dos fazendeiros ilustra quanto tempo pode demorar uma adoção.
4. *Possibilidade de uso experimental.* Uma experimentação inicial gratuita ou com desconto de um bem ou serviço significa que os adotantes podem reduzir os riscos de perdas financeiras ou sociais quando testam o produto. Um cupom de um item grátis ou uma estada gratuita em um hotel podem acelerar a taxa de adoção.
5. *Observação.* Se os possíveis compradores podem observar uma superioridade de inovação de uma forma tangível, a taxa de adoção aumenta. Demonstrações nas próprias lojas ou até mesmo propagandas que destacam a superioridade de um produto podem fazer que os compradores o adotem.

Os profissionais de marketing que querem acelerar a taxa de adoção podem manipular essas cinco características em algum nível pelo menos. Uma mensagem promocional informativa sobre um novo medicamento contra alergia poderia ajudar os consumidores a superarem suas hesitações em adotar esse produto complexo. Um design eficaz do produto pode enfatizar as vantagens de um item em relação à concorrência. Todo mundo gosta de receber algo de graça, então o fato de dar pequenas amostras de um novo produto permite ao consumidor testá-las por um risco mínimo ou inexistente. Demonstrações ou testes em domicílio para itens como móveis ou tapeçaria podem alcançar resultados parecidos. Os profissionais de marketing também devem fazer tentativas positivas para garantir a compatibilidade da inovação com os sistemas de valores dos adotantes.

ORGANIZANDO-SE PARA O DESENVOLVIMENTO DE UM NOVO PRODUTO

Uma empresa deve ser organizada de maneira que seus funcionários possam estimular e coordenar o desenvolvimento de novos produtos. Algumas contratam organizações independentes de design para desenvolver novos produtos. Muitas atribuem funções de inovação do produto a uma ou mais das seguintes entidades: comitês de novos produtos, departamentos de novos produtos e equipes *venture*.

Comitês de Novos Produtos

A disposição organizacional mais comum para atividades de desenvolvimento de novos produtos é centralizar essas funções em um comitê de novos produtos. Esse grupo tipicamente reúne especialistas das áreas financeira, de marketing, de fabricação, de engenharia, pesquisa e contabilidade. Os membros do comitê gastam menos tempo idealizando e desenvolvendo suas idéias para novos produtos do que revisando e aprovando planos de novos produtos que surgem em outros lugares da empresa. O comitê deve revisar as idéias do pessoal de engenharia e design ou talvez dos profissionais de marketing e vendedores que têm contato constante com os clientes.

Como os membros do comitê de novos produtos têm tarefas importantes nas áreas funcionais da empresa, o apoio deles para qualquer plano de um novo produto provavelmente prenunciará a aprovação mais adiante de um desenvolvimento. Entretanto, o comitê de novos produtos em grandes empresas tende a tomar decisões mais lentamente e manter visões conservadoras. Algumas vezes, os membros podem ceder para que voltem às suas responsabilidades habituais.

Departamento de Novos Produtos

Muitas empresas estabelecem departamentos separados e formalmente organizados para gerar e refinar idéias de novos produtos. A estrutura de departamento supera as limitações do sistema do comitê de novos produtos e incentiva a inovação como uma atividade integral permanente. O departamento de novos produtos é responsável por todas as fases do desenvolvimento do projeto dentro da empresa, incluindo decisões de triagem, desenvolvimento de especificações de produtos e coordenação de testes de produtos. O chefe do departamento exerce autoridade substancial e tipicamente se reporta ao CEO, ao COO ou ao gerente de marketing.

Gerente de Produtos

Gerente de produtos é outro termo para gerente de marcas, função mencionada anteriormente neste capítulo. Esse profissional de marketing apóia as estratégias de marketing de um produto individual ou de uma linha de produtos. A Procter & Gamble, por exemplo, contratou seu primeiro gerente de marcas (ou de produtos) em 1927, quando fez que uma só pessoa se responsabilizasse pelo sabão Camay.

Os gerentes de marca definem preços, desenvolvem programas de promoção publicitária e de vendas e trabalham com representantes de vendas em campo. Em uma empresa em que os profissionais de marketing multiplicam seus produtos, os gerentes de marca desempenham funções essenciais no departamento de marketing. Eles fornecem atenção para cada produto, apoiando e coordenando os esforços da força de vendas da empresa, do departamento de pesquisa de marketing e do departamento de publicidade. Os gerentes de marca geralmente conduzem programas de desenvolvimento de novos produtos, incluindo a criação de idéias de novos produtos e recomendações para aprimorar os produtos já existentes.

Contudo, conforme já mencionado neste capítulo, empresas como a Procter & Gamble e a General Mills tanto têm modificado a estrutura de gerente de produto quanto eliminado essa estrutura totalmente e adotado uma estrutura de gerente de categoria. Gerentes de categoria são responsáveis por lucros e prejuízos, o que não é característico do sistema de gerenciamento de produto. Essa mudança tem ocorrido principalmente por causa da preferência do consumidor, mas também pode beneficiar um fabricante ao evitar a duplicação de alguns trabalhos e a competição entre as próprias marcas das empresas e entre seus gerentes.

Equipe *Venture*

As **equipes *venture*** reúnem um grupo de especialistas de diferentes áreas de uma organização para trabalhar juntos no desenvolvimento de novos produtos. A equipe *venture* deve atender a critérios de retorno sobre investimentos, exclusividade dos produtos, atendimento a uma necessidade bem definida, compatibilidade do produto com a tecnologia já existente e força de proteção à patente. Embora a organização monte a equipe *venture* como uma entidade temporária, sua vida útil flexível pode estender-se por muitos anos. Quando as compras confirmam o potencial comercial de um novo produto, uma divisão existente pode tornar-se responsável por esse produto, ou ele pode servir como núcleo de uma nova unidade de negócios ou de uma empresa totalmente nova.

1. Quem são os inovadores de consumo?
2. Quais características de inovações de produtos podem influenciar na sua taxa de adoção?
3. Qual é o papel da equipe venture no desenvolvimento de um novo produto?

Algumas organizações de marketing diferenciam equipes *venture* de grupos operacionais. Um grupo operacional de novos produtos consiste em um grupo interdisciplinar de trabalho para uma tarefa temporária por meio de seus departamentos funcionais. Suas atividades básicas estão centradas na coordenação e integração do trabalho dos departamentos funcionais das empresas em um projeto específico.

Ao contrário de um comitê de novos produtos, uma equipe *venture* não se separa após cada reunião. Os membros da equipe aceitam as tarefas dos projetos como responsabilidades principais, e a equipe exercita a autoridade de que ela precisa tanto para planejar quanto para implementar um plano de ação. Para estimular a inovação dos produtos, a equipe *venture* se comunica diretamente com a gerência superior, mas funciona como uma entidade separada da organização básica.

O PROCESSO DE DESENVOLVIMENTO DE NOVOS PRODUTOS

7. Liste os estágios do processo de desenvolvimento de novos produtos

Uma vez que as empresas estão organizadas para o desenvolvimento de novos produtos, elas podem estabelecer procedimentos para transpor as idéias de novos produtos para o mercado. Com freqüência, o desenvolvimento de novos produtos, além de levar muito tempo, é arriscado e caro. Em geral, as empresas devem gerar dezenas de idéias de novos produtos para produzir um produto bem-sucedido. Na verdade, as taxas de falha de novos produtos são de 80% em média. Os produtos fracassam por muitas razões, incluindo avaliações de mercado inadequadas, falta de orientação de mercado, triagem e avaliações de projetos ineficientes, defeitos de produtos e esforços de lançamentos insuficientes. E esses erros custam caro: as empresas investem quase a metade de todos os fundos dedicados às inovações de produtos em produtos que se tornam fracassos comerciais.

Novos produtos são mais propensos a se tornarem bem-sucedidos se as empresas seguirem um desenvolvimento baseado em seis passos, como mostrado na Figura 12.5: (1) geração de idéias, (2) triagem, (3) análise de viabilidade, (4) desenvolvimento, (5) teste de marketing e (6) comercialização. É claro que cada passo requer decisões sobre se devem prosseguir com o projeto ou abandoná-lo, e envolve grande investimento financeiro.

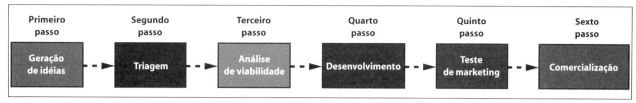

Figura 12.5
Passos para o processo de desenvolvimento de novos produtos.

Tradicionalmente, a maioria das empresas tem desenvolvido novos produtos mediante o desenvolvimento por fases, que segue o processo de seis passos em uma seqüência ordenada. As responsabilidades por cada fase passam primeiro por planejadores dos produtos até designers e engenheiros, depois pelos fabricantes e finalmente chegam aos profissionais de marketing. O método de desenvolvimento por fases funciona bem para empresas que dominam mercados maduros e podem desenvolver variações de produtos já existentes. Mas, com as rápidas mudanças na tecnologia e nos mercados, muitas companhias se sentem pressionadas a acelerar os processos de desenvolvimento.

Essa pressão de tempo tem incentivado muitas empresas a implementar programas acelerados de desenvolvimento de produtos, os quais em geral consistem em equipes de especialistas de design, de fabricação, de marketing e de vendas que executam projetos de desenvolvimento desde a organização de idéias até a comercialização.

Esse método pode reduzir o tempo necessário para o desenvolvimento de novos produtos porque os membros das equipes trabalham com os seis passos ao mesmo tempo, em vez de trabalharem em seqüência. A Wyeth foi capaz de levar seu antidepressivo Effexor ao mercado em apenas dois anos – metade do tempo normal para desenvolver e lançar tal medicamento – usando uma equipe assim.[21]

Se as empresas seguem o desenvolvimento por fases ou desenvolvimento paralelo de produtos, todas as fases podem valer-se de ferramentas de planejamento e métodos de programação como avaliação de programas e técnicas de revisão (PERT – *Program Evaluation and Review Technique*), e o método do caminho crítico (CPM – *Critical Path Method*). Essas técnicas, originalmente criadas pela Marinha norte-americana em conexão com a construção do submarino e míssil Polaris, mapeiam a seqüência de cada passo em um processo e mostram as porções de tempo para cada atividade. Fluxogramas detalhados PERT e CPM ajudam os profissionais de marketing a coordenar todas as atividades envolvidas no desenvolvimento e na introdução de novos produtos.

Ao introduzir os tacos de golfe descritos anteriormente no capítulo, a Nike seguiu sua própria estratégia de negócios patenteada que inclui uma introdução sistemática de produtos, endosso extensivo por profissionais do golfe – incluindo Tiger Woods – e um orçamento de novo produto de mais de US$ 100 milhões, com uma verba de marketing de US$ 35 milhões. Os gastos financeiros ilustram a importância do planejamento.[22]

GERAÇÃO DE IDÉIAS

O desenvolvimento de novos produtos começa com idéias de várias origens: sugestões vindas de consumidores, de equipes de venda, especialistas em pesquisa e desenvolvimento, produtos concorrentes, fornecedores, varejistas e inventores independentes. Alguns executivos de alto escalão estão começando a reconhecer o valor de manter seus olhos, ouvidos e mente abertos para idéias de empregados de todos os níveis das organizações. Segundo Susan Lyne, presidente da ABC Entertainment, "Minha prioridade é fazer que as pessoas mais jovens e criativas da rede se sintam confortáveis para falar [...] Precisamos encontrar as lacunas em nosso cronograma, identificar categorias de telespectadores que estamos perdendo e fazer que todos abordem essas necessidades quando lemos o novo material que chega".[23]

TRIAGEM

A triagem separa idéias com potencial comercial daquelas que não são compatíveis com os objetivos das empresas. Algumas organizações mantêm listas de verificação de padrões de desenvolvimento nas determinações quanto ao abandono ou o seguimento de projetos. Essas listas incluem tipicamente fatores como exclusividade de produtos, disponibilidade de matérias-primas e compatibilidade do produto proposto com ofertas atuais de produtos, facilidades existentes e capacidades presentes. O estágio de triagem também permite discussões abertas de idéias de novos produtos entre partes diferentes das organizações.

ANÁLISE DE VIABILIDADE

Idéias de produtos que sobrevivem à triagem inicial devem passar por uma detalhada análise de negócios. Esse estágio consiste na avaliação de possíveis mercados de novos produtos, taxa de crescimento e prováveis forças concorrentes. Os profissionais de marketing devem avaliar a compatibilidade dos produtos propostos com recursos organizacionais.

O **teste de conceito** submete as idéias de produtos a estudos adicionais antes de seu desenvolvimento real. Esse importante aspecto de análise de negócios de novos produtos representa um projeto de pesquisa de marketing que tenta medir as atitudes e as percepções dos consumidores sobre as idéias de novos produtos. Grupos de discussão e pesquisas em lojas podem contribuir eficazmente para o teste de conceito. Quando a Georgia Pacific Corp. renovou suas toalhas de papel Brawny©, não somente arrecadou US$ 500 milhões para atualizações na produção para melhorar o produto, como também repensou a imagem dos lenhadores em todas as embalagens de Brawny. Estava na hora de abandonar o personagem? Um teste de consumo entre mulheres mostrou uma aprovação sincera do homem Brawny, então ele também passou por uma renovação que começou com as consumidoras usando imagens digitais para criar visões ideais do visual do homem. De acordo com o sócio da empresa de design que ajudou a criar os novos lenhadores, "Pegamos o que [as consumidoras] tinham visto e imaginado em sua cabeça. Elas queriam que ele fosse real, mas nem tanto. Elas não queriam lembrar-se de alguém que já namoraram ou do vizinho".[24]

Os estágios de triagem e análise de negócios geram informações extremamente importantes para o desenvolvimento de novos produtos porque (1) definem o mercado-alvo de produtos propostos e o que os consumidores querem e precisam, e (2) determinam os requerimentos financeiros e técnicos dos produtos. Empresas que estão dispostas a investir dinheiro e tempo durante esses estágios tendem a ser mais bem-sucedidas ao gerar idéias viáveis e criar produtos de sucesso.

DESENVOLVIMENTO

Os gastos financeiros aumentam substancialmente quando as companhias convertem idéias em produtos visíveis. O processo de conversão é de responsabilidade conjunta dos engenheiros de desenvolvimento das empresas, que transformam o conceito original em produtos e dos profissionais de marketing das empresas, que fornecem um *feedback* das reações dos consumidores em relação a design, embalagem, cor e outras características físicas dos produtos. Muitas organizações implementam sistemas de design auxiliados por computador para alinhar o estágio de desenvolvimento, e os protótipos podem passar por muitas mudanças antes que os modelos originais se transformem em produtos.

TESTE DE MARKETING

Como já discutido no Capítulo 8, muitas empresas testam ofertas de novos produtos no mercado para avaliar as reações dos consumidores. Após as empresas terem desenvolvido um protótipo, elas podem decidir testá-lo no mercado para medir as reações dos consumidores sob condições normais de concorrência. O propósito do teste de marketing é verificar se o produto terá um bom desempenho em um ambiente real de negócios. Se o produto for bem, a empresa pode passar à comercialização. Se fracassar, as companhias podem optar por ajustar algumas características e reintroduzir os produtos no mercado ou acabar de vez com os projetos. Setores que usam intensivamente o teste de marketing são o de alimentos, o automobilístico e o cinematográfico. É claro que, mesmo que um produto vá bem no teste e alcance o estágio de comercialização, ainda poderá demorar um tempo para agradar o público em geral.

> **Em poucas palavras**
>
> Os testes de produtos não deveriam ser a base de introdução de novos produtos, porque 90% dos fracassos tiveram testes de produtos bem-sucedidos.
> **Richard H. Buskirk**
> Educador norte-americano

COMERCIALIZAÇÃO

Quando idéias de novos produtos chegam ao estágio de comercialização, estão prontas para o marketing completo. A comercialização de importantes novos produtos pode expor as empresas a gastos substanciais. Elas devem estabelecer estratégias de marketing, fundo de gastos para facilidades de produção e familiarizar as equipes de venda, intermediários de marketing e possíveis consumidores com os novos produtos.

Quando a Nike estava pronta para lançar seus drivers, *wedges* e *irons*, ela os divulgou no PGA Merchandise Show em Orlando, Flórida. Vários profissionais do golfe, incluindo John Cook, Michael Campbell e David Duval usaram os tacos em um torneio de sucesso. E a Nike assinou um acordo multimilionário com a estrela do golfe Tiger Woods.[25] Tudo isso foi parte de um processo de comercialização.

> **MARKETING**
> Verificação de conceito
>
> 1. De onde vêm as idéias de novos produtos?
> 2. O que é teste de conceito?
> 3 O que acontece no estágio de comercialização?

SEGURANÇA E RESPONSABILIDADE DE PRODUTOS

Um produto pode cumprir sua missão de satisfação das necessidades do consumidor se garante operação segura. Fabricantes devem criar seus produtos para proteger os usuários do perigo. Produtos que acarretam lesões, direta ou indiretamente, podem ter conseqüências desastrosas para os mercados. **Responsabilidade de produto** refere-se à responsabilidade dos fabricantes e dos profissionais de marketing por lesões e danos causados pelos produtos. O Capítulo 3 discutiu algumas das mais importantes leis de proteção ao consumidor relacionadas à segurança dos produtos. Essas leis incluem o *Flammable Fabrics Act* de 1953, o *Fair Packaging and Labeling Act* de 1966, o *Poison Prevention Packaging Act* de 1970 e o *Consumer Product Safety Act* de 1972.

As legislações federais e estaduais têm um papel importante na regulamentação da segurança dos produtos. O *Poison Prevention Packaging Act* exige que os fabricantes de medicamentos coloquem os produtos em embalagens seguras para crianças, porém acessíveis a adultos, até mesmo aos que têm dificuldades para abrir recipientes. O *Consumer Product Safety Act* criou uma agência reguladora poderosa – a *Consumer Product Safety Commission* (CPSC). Essa agência assumiu jurisdição sobre todas as categorias de produtos de consumo, menos os alimentícios, automobilísticos e alguns produtos que já são regulados por outras agências. A CPSC tem autoridade para banir produtos sem audiências judiciais, ordenar *recalls* ou a recriação de produtos e fiscalizar facilidades de produção. Ela pode acusar criminalmente gerentes de empresas negligentes. A CPSC está especialmente atenta aos produtos direcionados para bebês ou crianças pequenas.

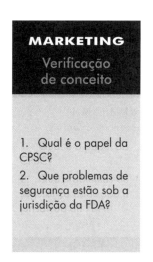

A FDA deve aprovar alimentos, medicações e aparelhos relacionados à saúde, como cadeiras de roda. Pode também tirar os produtos do mercado se surgirem preocupações quanto à segurança deles.

O número de processos de responsabilidades de produtos contra fabricantes tem aumentado vertiginosamente nos últimos anos. Embora muitas dessas queixas cheguem a acordos extrajudiciais, muitas outras são decididas por juízes, algumas vezes terminando em acordos multimilionários. Essa ameaça levou a maioria das empresas a intensificar seus esforços para garantir a segurança dos produtos. Avisos de segurança aparecem de forma destacada em rótulos de produtos potencialmente perigosos, como materiais de limpeza, para informar aos usuários os perigos desses produtos, em especial para crianças. Mudanças no design de produtos têm reduzido os perigos de produtos potencialmente perigosos, como cortadores de grama, podadeiras e brinquedos. Seguros de responsabilidade de produto tornaram-se elementos essenciais para qualquer estratégia de produtos novos ou já existentes. Contudo, os prêmios desses seguros vêm aumentando de maneira preocupante, e as seguradoras abandonaram quase totalmente alguns tipos de cobertura.

Atividades reguladoras e maior número de queixas de responsabilidades têm estimulado as empresas a patrocinar melhorias voluntárias em padrões de segurança. O planejamento de segurança passou a ser um elemento vital de estratégia de produção, e muitas organizações agora divulgam os testes e o planejamento de segurança envolvidos no desenvolvimento dos produtos. A Volvo, por exemplo, é famosa pelos recursos de segurança de seus automóveis, e os consumidores reconhecem esse fato quando decidem comprar um Volvo.

Implicações estratégicas do marketing no século XXI

Os profissionais de marketing que querem ver seus produtos alcançar os mercados com sucesso têm muitas opções para desenvolvê-los, customizá-los e criar uma forte identidade de marca entre consumidores e clientes corporativos. O segredo é integrar todas as opções para que elas sejam compatíveis com todos os negócios globais das empresas, com suas estratégias de marketing e, principalmente, com as missões das companhias. Quando os profissionais de marketing consideram idéias para novos produtos, precisam tomar cuidado para não direcionarem as empresas em sentidos muito diferentes, porque isso poderia diluir as identidades de suas marcas, tor-

nando quase impossível concentrar-se naquilo que as empresas fazem bem.

O gerenciamento de categoria pode ajudar as companhias a desenvolverem um mix de produtos com marcas fortes, ao mesmo tempo que atendem as necessidades dos consumidores. Procurar maneiras de expandir uma marca sem diluí-la nem comprometer seu valor de marca é também uma importante estratégia de marketing. Finalmente, os profissionais de marketing devem continuar a trabalhar com o objetivo de produzir produtos de alta qualidade que sejam também seguros para todos os usuários.

• • • • **REVISÃO**

1 Explicar os benefícios da gestão de marca e de categoria.

O gerenciamento de categoria é benéfico para um negócio porque dá responsabilidade direta à criação de linhas de produtos lucrativas a gerentes de categoria e a seus grupos de produtos. Os consumidores respondem às marcas ao fazerem compras repetitivas de bens e serviços. Portanto, gerenciar bem marcas e categorias de marcas ou linhas de produtos pode resultar em uma resposta direta vinda dos consumidores, aumentando os lucros e o faturamento das empresas e gerando satisfação dos consumidores. Gerentes de marcas e de categoria também podem aprimorar o relacionamento com clientes como varejistas.

1.1 Por quais estágios os consumidores passam até atingir a fidelidade de marca?

2 Identificar os diferentes tipos de marcas.

Um produto genérico é um item caracterizado por um rótulo comum, sem propagandas e sem nome de marca. Uma marca de fabricante é um nome de marca que pertence a um fabricante ou a outro produtor. Marcas privadas são nomes de marcas colocados em produtos comercializados por atacadistas ou varejistas. Uma família é um nome de marca que identifica vários produtos relacionados. Uma marca individual é um nome de marca exclusivo que identifica uma oferta específica dentro de uma linha de produtos de uma empresa com o objetivo de evitar agrupá-la em uma família.

2.1 Identifique e descreva brevemente os diferentes tipos de marcas.

3 Explicar a importância estratégica do valor de marca.

O valor de marca proporciona uma vantagem competitiva para uma empresa porque os consumidores estão mais propensos a comprar um produto que carrega um nome de marca respeitado e reconhecido. O valor de marca também abre caminho para a expansão global.

3.1 Por que o valor de marca é tão importante para as empresas?

4 Discutir como as empresas desenvolvem identidades fortes para seus produtos e marcas.

Marcas eficazes dão ao comprador uma idéia de imagem de produto. Marcas registradas, nomes de marcas, slogans e ícones de marcas criam uma associação que satisfaz as expectativas dos clientes quanto aos benefícios rentáveis do uso e da posse dos produtos.

4.1 Quais as características de um nome de marca eficaz?

4.2. Qual o papel das embalagens ao ajudar na criação de fidelidade de marca e valor de marca?

5 Identificar e descrever brevemente cada uma das quatro estratégias para o desenvolvimento de novos produtos.

O sucesso de novos produtos pode resultar de quatro estratégias de desenvolvimento de produtos: (1) penetração de mercado, na qual as empresas procuram aumentar as vendas de produtos existentes em mercados existentes; (2) desenvolvimento de mercado, o qual se concentra em encontrar novos mercados para produtos existentes; (3) desenvolvimento de produtos, que é a introdução de novos produtos em mercados identificáveis ou estabelecidos; e (4) diversificação de produtos, que está voltada ao desenvolvimento de produtos completamente novos para novos mercados.

5.1 Descreva as diferentes estratégias de desenvolvimento de produtos.

6 Descrever o processo de adoção dos consumidores.

No processo de adoção, os consumidores passam por uma série de estágios, desde aprender sobre novos produtos até testá-los e decidir se os comprarão. Os estágios são chamados de conhecimento, interesse, avaliação, experimentação e adoção/rejeição.

6.1 Quais são os cinco estágios do processo de adoção dos consumidores?

6.2. Descreva um exemplo no qual você passou por esses estágios para chegar a uma conclusão de aceitação ou rejeição de um produto.

7 Listar as etapas do processo para desenvolver novos produtos.

O processo de seis passos inclui: (1) geração de idéias, (2) triagem, (3) análise de viabilidade, (4) desenvolvimento, (5) teste de marketing e (6) comercialização. Esses passos podem ser executados seqüencialmente, ou, em alguns casos, ao mesmo tempo.

7.1 Descreva as maneiras diferentes pelas quais as empresas podem organizar-se para desenvolver novos produtos.

7.2 Liste os seis passos no processo de desenvolvimento de novos produtos.

8 Explicar a relação entre segurança de produto e responsabilidade de produto.

A segurança de produto se refere ao objetivo dos fabricantes na criação de produtos que podem ser operados com segurança e irão proteger os consumidores do perigo. Responsabilidade de produto é a responsabilidade dos profissionais de marketing e dos fabricantes por lesões e danos causados pelos produtos. Há importantes leis de proteção ao consumidor que servem para proteger os consumidores de produtos defeituosos.

8.1 Você acha que leis rigorosas sobre segurança de produtos ajudam ou prejudicam os profissionais de marketing dos produtos? Explique sua resposta.

PROJETOS E EXERCÍCIOS EM GRUPO

1. Localize um anúncio de um produto que ilustre especialmente um nome de marca eficaz, um símbolo de marca, embalagem e todo o design. Explique para a classe por que você acha que esse produto tem uma forte identidade de marca.
2. Com um colega de classe, vá a um mercado comprar um produto que você acha que poderia beneficiar-se do desenvolvimento de uma nova embalagem ou da renovação da embalagem existente. Depois esboce um novo design de embalagem para o produto, identificando e explicando suas mudanças e também as razões de tê-las feito. Leve para a classe a embalagem antiga e o novo design para compartilhar com os colegas.
3. Qual categoria de consumidor adotante que o(a) descreve melhor? Você segue os mesmos padrões de adoção para todos os produtos, ou é um adotante inicial para alguns e retardatário para outros? Elabore um gráfico mostrando seus próprios padrões de adoção para diferentes produtos.
4. Com um colega de classe, escolha uma empresa que o interessa e organize algumas idéias para novos produtos que poderiam ser apropriados para essa empresa. Testem as idéias entre vocês e depois com a classe. Que idéias passaram pelo primeiro estágio? Quais não passaram? Por quê?
5. Considere os passos no processo de desenvolvimento de novos produtos. Você acha que esse processo leva em consideração produtos que passam a existir por acaso ou por acidente? Por quê? Defenda sua resposta.
6. Com um colega de classe, visite alguns supermercados e procure produtos genéricos. Quantos você encontrou e em quais categorias de produtos? Existe algum produto que você acha que poderia ser comercializado com sucesso como genérico e que atualmente não o é? Por que você acha que teria sucesso?

7. Quais embalagens de produtos você lê? Nos próximos dias, mantenha breves anotações das embalagens que você verifica enquanto faz compras. Você lê as informações nutricionais quando compra produtos alimentícios? Checa o cuidado nos rótulos de roupas antes de comprá-las? Você lê as instruções ou os avisos em um produto que nunca usou? Faça anotações sobre o que influenciou sua decisão de ler ou não as embalagens dos produtos. Você sentiu que elas forneceram informações suficientes, poucas informações ou informações demais?
8. Algumas marcas alcançam a fidelidade do consumidor mantendo uma aura de privilégio e exclusividade, embora isso normalmente seja acompanhado de preços elevados. A Louis Vuitton, fabricante de artigos de couro luxuosos, é um exemplo. "Você compra o sonho da Louis Vuitton", diz um consumidor fiel. "Fazemos parte de uma seita e, quanto mais eles aumentam os preços, mais voltamos. Eles nos enganam, mas amamos isso." Que tipo de fidelidade de marca é essa, e como a Louis Vuitton a alcança?
9. Faça uma lista de todas as marcas diferentes de água em garrafa que você possa identificar. Vá a um mercado, observe os anúncios impressos, ou repare nas propagandas de televisão para fazer a lista. Como os produtores de água em garrafa transformam essa *commodity* em um produto de marca? Como cada um diferencia sua marca do demais?
10. Na posição de proprietária de um grande negócio alimentício, a Philip Morris é mais que uma fabricante de cigarros. Ávida por recomeçar depois dos processos judiciais por danos levantados por fumantes, a empresa mudou seu nome para Altria. Que associações você acha que esse nome pretende transmitir? Você acha que isso ajudará a empresa a melhorar sua imagem? Por quê?

APLICANDO OS CONCEITOS DO CAPÍTULO

1. Com proibições de fumo em vigor em muitos lugares, a Zippo Manufacturing, fabricante dos famosos isqueiros, procura caminhos para licenciar o nome da marca para fabricantes de produtos como grelhas, tochas, aquecedores e lareiras. Você acha que é uma boa estratégia para a Zippo? Por quê? Identifique outro produto conhecido que você

acha que lucraria com estratégias de licenciamento. Que tipos de empresas dariam boas parceiras para a companhia que fabrica esse produto? Você acha que a estratégia seria bem-sucedida? Por quê?

2. A General Mills e vários outros grandes produtores alimentícios começaram a produzir alimentos orgânicos. Mas eles têm deliberadamente mantido seus nomes de marca fora das embalagens desses novos produtos, pensando que o tipo de consumidor que compra comida orgânica provavelmente não irá confiar em marcas multinacionais. Porém, outras empresas, como a Heinz, a PepsiCo e a Tyson Foods, estão apostando que seus nomes de marca serão persuasivos no mercado, que movimenta US$ 11 bilhões de alimentos orgânicos. Qual estratégia você acha que provavelmente será mais bem-sucedida? Por quê?

3. Os nomes de marca contribuem fortemente para a percepção de uma marca pelo consumidor. Um escritor apontou que nomes de marca alfanuméricos (que possuem letras e números), como o Toyota RAV4, o Jaguar's X-Type sedan, o videogame Xbox e o GTI da Volkswagen, são traduzidos mais facilmente no exterior do que nomes "reais" como Golf, Jetta, Escalade e Eclipse. Em que outras vantagens e desvantagens você pode pensar para cada tipo de nome de marca? Você acha que um tipo é mais desejável que o outro? Por quê?

EXERCÍCIO DE ÉTICA

Conforme mencionado no capítulo, alguns analistas prevêem que os códigos de barra podem, em breve, ser substituídos por uma tecnologia *wireless* chamada *identificação por radiofreqüência* (RFID). O RFID é um sistema de instalação de etiquetas que contêm chips minúsculos de computador em, por exemplo, itens de supermercado. Esses chips emitem automaticamente por rádio a localização do item para uma rede de computador onde os dados de estoque estão armazenados, permitindo que os gerentes das lojas não somente saibam onde o produto está o tempo todo, como também onde o produto foi fabricado, sua cor e seu tamanho. Os criadores da idéia acreditam que o RFID reduzirá os gastos e simplificará o rastreamento e o pedido de reposição de itens. Isso também pode permitir que os profissionais de marketing respondam rapidamente a mudanças de demanda, evitem que o estoque esteja muito cheio ou muito

vazio e reduzam o desperdício ao removerem automaticamente das prateleiras produtos perecíveis vencidos. Contudo, os defensores da privacidade acreditam que os chips fornecem muita informação de preferência de produto que pode ser identificada com consumidores individuais. Nesse meio tempo, o Wal-Mart anunciou planos para pedir a seus fornecedores principais que comecem a utilizar a nova tecnologia em produtos estocados pelo gigante do varejo.

1. Você acha que os possíveis benefícios da tecnologia para os profissionais de marketing pesam mais que preocupações sobre privacidade potencial? Existem também possíveis benefícios aos consumidores e, se existem, quais são eles?

2. Como os profissionais de marketing podem tranqüilizar os consumidores em relação a questões de privacidade se o RFID passar a ser amplamente utilizado?

EXERCÍCIO NA INTERNET

1. **Alavancando um nome de marca.** Visite o site de uma das luxuosas montadoras de automóveis, como a BMW (**www.bmwusa.com**) ou a Lexus (**www.lexus.com**). Liste as várias maneiras como as montadoras têm tentado alavancar seus nomes de marca. Leve a lista para a aula para que você possa participar de uma discussão sobre o assunto.

Observação: Os endereços de sites na internet mudam com freqüência. Se você não encontrar os sites mencionados, será necessário acessar a homepage da organização ou da empresa e então realizar sua pesquisa ou utilizar uma ferramenta de busca como o *Google*.

C|A|S|O 12.1   O que será da caixa?

Você tomou café da manhã hoje? Se você é como muitos consumidores atuais, provavelmente disse que não. Mesmo que tenha tomado café, é cada vez menos provável que você tenha se sentado à mesa da cozinha e comido sem pressa uma tigela de cereais. Metade dos norte-americanos atualmente pula a primeira refeição do dia ou come com pressa, optando por iogurte, massas, barras de cereal, ou prepara uma refeição pronta ou congelada ou, ainda, um sanduíche que consome durante o caminho para o trabalho ou para a escola.

Os nutricionistas podem desaprovar, mas são os fabricantes de cereais que estão realmente preocupados. O mercado de cereais, que movimenta US$ 6,9 bilhões, está prestes a estagnar, e os esforços para reavivar essa categoria devem superar não somente uma simples preferência por flocos tradicionais e açucarados, mas também uma enorme mudança nos estilos de vida e nos hábitos alimentares que parecem ter deixado para trás essa categoria alimentícia madura.

Os produtores de cereal já tentaram reduzir os preços, fazer promoções e até mesmo guerra de preços. Eles introduziram novos produtos e novos sabores, adicionaram frutas, promoveram os cereais como uma opção para perda de peso e lançaram campanhas publicitárias multimilionárias. Estabeleceram parcerias com lojas como a Target para amarrar marcas conhecidas, como Trix, Cheerios e Lucky Charms, com vestuário infantil e com empresas como a Revlon para fazer promoções ligando o Special K com produtos labiais. Firmaram acordos de licenciamento com a Nickelodeon, Warner Brothers, DreamWorks SKG e Cartoon Network, associando-se com o Grinch, o Homem-Aranha, os Flintstones e os Simpsons. Marcas de cereal para adultos formaram parcerias com empresas de alta tecnologia e agora distribuem CDs, DVDs e pontos em programas de milhagem. Ainda assim, dez das quinze marcas de cereais mais importantes estão perdendo dinheiro, e o crescimento total de vendas está parado há pelo menos cinco anos. Não há dúvidas de que substitutos mais velozes e mais convenientes estão crescendo mais rapidamente que os cereais tradicionais.

Muitos especialistas do setor oferecem idéias para reavivar o interesse em uma tigela de leite com cereais. Eles sugerem que os cereais sejam promovidos como uma refeição saudável ou como lanches para qualquer hora do dia, e não só para o café da manhã (isso pode até mesmo incluir um produto à base de vegetais para ser servido com suco de tomate no lugar de leite). Propõem um acordo de *co-branding* entre cereais e marcas de frutas, como Del Monte ou Chiquita, e a produção de embalagens de cereais com pacotes de frutas dentro. Estimulam que os produtores de cereais reconsiderem campanhas

do tipo "Got Milk?". No entanto, talvez a sugestão mais interessante seja a de simplesmente reinventar todo o conceito de cereal, criando novas embalagens.

As sugestões para idéias, além da caixa de cereais, vão de embalar porções individuais em saquinhos plásticos com fecho zip a utilizar revestimentos metalizados nas embalagens, como os fabricantes de batatas fritas têm feito há muito tempo. Outras opções incluem cereais em embalagens semelhantes às dos biscoitos, uma combinação de leite com cereais de longa validade, cereais embalados a vácuo em recipientes como latas de café, e recipientes transparentes fáceis de usar iguais aos que algumas marcas de sucos utilizam. O que está sendo atualmente testado é uma lata com um tubo tripartido que permite que os consumidores misturem e combinem diferentes opções, como três marcas distintas ou três sabores diferentes ou, ainda, texturas de uma mesma marca.

É claro que as barras de cereais já estão tornando-se cada vez mais populares e, ironicamente, estão entre as muitas opções para o café da manhã, concorrendo com as mais de 150 variedades atuais de produtos de cereal tradicionais. De um ponto de vista realista, diz um dos executivos da Kellogg's, não há "uma solução única para resolver os problemas que estamos enfrentando". Então, o que você vai comer em seu café da manhã?

Questões para discussão

1. Um consultor de um setor afirma que as empresas de cereais deveriam focar as inovações de produtos em vez de criar novas embalagens para produtos antigos. Você concorda? Por quê? Justifique sua resposta utilizando evidências do caso ou da sua leitura do capítulo.
2. Como os fabricantes de cereais podem reposicionar suas marcas diante do estilo de vida agitado de hoje e até mesmo com mudanças nos hábitos alimentares (como a idéia de evitar carboidratos defendida pela dieta de Atkins)? De que você precisaria para perceber que os cereais tradicionais são convenientes e saudáveis? Você acha que empresas como a Kellogg's utilizariam sua resposta de que modo para persuadir o público geral?

Fontes: ROBERTS Jr., William A. A cereal star, *Prepared Foods*, **www.preparedfoods.com**, 25 nov. 2003; The U.S. market for food bars: cereal, snacks, sports, meal replacement, reportagem da *Global Information Inc.*, **www.the-infoshop.com**, set. 2003; REYES, Sonia. What will become of the box?, *Brandweek*, 27 jan. 2003, p.24-28; Cereal bars: major markets outlook to 2006, *Food Info Net*, **www.foodinfonet.com**, 15 jan. 2003.

Parte 5

DECISÕES
DE DISTRIBUIÇÃO

Canais de Marketing
e Gestão de Supply Chain

Capítulo 13

Objetivos do Capítulo

1   Descrever os tipos de canais de marketing e os papéis desempenhados por eles na estratégia de marketing.

2   Esboçar as principais decisões de estratégia de canal.

3   Descrever os conceitos de gestão de canal, conflito e cooperação.

4   Identificar e descrever os diferentes sistemas de marketing vertical.

5   Explicar os papéis da logística e da gestão de supply chain em uma estratégia de distribuição global.

6   Identificar os principais componentes de um sistema de distribuição física.

7   Comparar as principais modalidades de transporte.

8   Discutir como intermediários de transporte e modalidades de transporte combinados podem melhorar a distribuição física.

9   Identificar e descrever, brevemente, os diferentes tipos de armazenamento.

EQUIPES AAA: A SUPPLY CHAIN DA LIGA AMERICANA DE BEISEBOL

Pense nos tipos de matérias-primas que fluem por uma supply chain típica para se tornarem produtos finais para consumidores. Laranjas são colhidas em plantações e enviadas a uma fábrica onde são processadas e se transformam em suco, que depois é enviado ao supermercado. Árvores e metais são transformados em madeira e pregos para a construção e são depois transportados milhares de quilômetros para serem transformados em uma casa. Da mesma forma, os esportes profissionais precisam encontrar jogadores – principal componente de seu produto final, o entretenimento – em algum lugar. A *Major League Baseball* (MLB – Liga Americana de Beisebol) encontra seus novos jogadores potenciais em uma rede de times de ligas menores, cujo nível mais alto são as equipes AAA (pronunciado *triplo A*). Um dos objetivos dessas equipes AAA – cada uma delas afiliada a uma equipe específica da MLB – é treinar e preparar jogadores excepcionais para as grandes ligas.

Normalmente, uma equipe AAA é sediada próximo à central de sua MLB "mãe". Os Brooklyn Cyclones estão localizados a uma curta distância dos New York Mets. Os Dayton Dragons treinam a apenas algumas cidades de distância dos Cincinatti Reds. Essa estratégia tem demonstrado sucesso tanto para as equipes MLB quanto para as equipes menores. A média de vendas de ingressos dos Cyclones por temporada é de 300 mil, mas eles conseguiram 590 mil em um ano recente. "A questão é localização, localização, localização", afirma Patrick O'Conner, COO da organização da *Minor League Baseball* (Segunda Liga de Beisebol). Colocar as equipes próximas umas às outras fortalece o esforço de marketing, permitindo o uso de múltiplos canais de marketing e estratégias de *co-marketing*. "Precisamos que as pessoas venham aos jogos, temos *outdoors* para vender ao redor do campo, e patrocinadores têm de pagar pela *bat night*", afirma O'Conner. "Grandes áreas ao redor do metrô possuem essa base econômica." A estratégia de localização também ajuda a construir relacionamentos – os torcedores podem acompanhar seus jogadores favoritos das equipes AAA até a grande liga – ou o contrário, se necessário.

A interdependência entre os times grandes e pequenos, criando uma supply chain de jogadores, não é acidental. Na verdade, é protegida por um acordo formal entre a MLB e a Segunda Liga de Beisebol – antigamente conhecido como *National Association of Professional Baseball Leagues* (Associação Nacional de Ligas Profissionais de Beisebol). Recentemente, as duas organizações assinaram um acordo de dez anos pelo qual ambas irão trabalhar no desenvolvimento de jogadores. "A Liga Americana de Beisebol tem a satisfação de continuar com seu compromisso com a Segunda Liga de Beisebol e seu sistema de desenvolvimento de jogadores", declarou o representante da MLB, Allan H. "Bud" Selig. "As ligas secundárias estabeleceram uma nova marca de freqüência na temporada passada, e esse acordo irá garantir estabilidade de longo prazo conforme se aprimoram nesses sucessos e nos permitem fortalecer nossa parceria com elas na próxima década."

Para fazer tudo funcionar – entre jogadores, entre jogadores e torcedores e entre as grandes e as pequenas ligas –, os profissionais de marketing da Segunda Liga de Beisebol necessitam de muito jogo de cintura. "Precisamos ser espertos e muito mais corajosos e agressivos do que nas grandes ligas", argumenta Jeff Marks, consultor de marketing esportivo. Esses profissionais de marketing estão fazendo uma coisa certa. Em alguns casos, a equipe AAA tem muito mais torcedores do que sua contraparte na liga principal. Recordes de público são constantemente quebrados pelas ligas menores. Talvez os extras façam a diferença: o saboroso churrasco servido pela afiliada dos Texas Rangers, os Red-Hawks de Oklahoma (City), o estacionamento em seu campo, o The Brick. De qualquer forma, os profissionais de marketing das ligas menores parecem dar tacadas certeiras todos os dias.[1]

Visão geral

A **DISTRIBUIÇÃO** – mover bens e serviços de produtores para consumidores – é a segunda variável do mix de marketing e um importante aspecto do marketing. Embora um design atraente e uma promoção criativa possam motivar os consumidores a comprar um produto, essas práticas são inúteis se eles não puderem comprar o produto quando e onde quiserem. A estratégia de distribuição tem dois componentes críticos: (1) canais de marketing e (2) logística e gestão de supply chain.

Um **canal de marketing** – também chamado de **canal de distribuição** – é um sistema organizado de instituições de marketing e seus inter-relacionamentos que melhora o fluxo físico e a propriedade de bens e serviços de produtor a consumidor ou usuário de negócios. A escolha de canais de marketing deve estar de acordo com a estratégia de marketing global da empresa. Por sua vez, **logística** se refere ao processo de coordenar o fluxo de informação, bens e serviços entre os membros do canal de marketing. **A gestão de supply chain** é o controle de atividades de compra, processamento e entrega por meio das quais matérias-primas são transformadas em produtos e disponibilizadas aos consumidores finais. Sistemas de logística eficazes apóiam o atendimento ao consumidor, melhorando o relacionamento com os clientes – uma meta importante de qualquer estratégia de marketing.

Um aspecto fundamental da logística é a distribuição física, que cobre uma ampla gama de atividades voltadas à movimentação eficiente de produtos acabados do final da linha de

● ● ● ●

Em poucas palavras

Não há uma linha de chegada.
Slogan da Nike Corporation

produção até o consumidor. Embora alguns profissionais de marketing utilizem os termos *transporte* e *distribuição física* indistintamente, esses termos não têm o mesmo significado. A **distribuição física** vai além do transporte, inclui áreas de decisões importantes, como atendimento ao cliente, controle de estoque, tratamento de materiais, embalagens protetoras, processamento de pedidos, transporte, seleção do local de armazenamento e o armazenamento em si.

Canais de marketing bem planejados e eficiência em logística e gestão da supply chain proporcionam aos usuários finais formas convenientes de obter os bens e os serviços que eles desejam. Este capítulo discute as atividades, as decisões e os intermediários de marketing envolvidos no gerenciamento de canais de marketing e logística. O Capítulo 14 trata dos outros componentes do canal de marketing: varejistas, profissionais de marketing direto e atacadistas.

O PAPEL DOS CANAIS DE MARKETING NA ESTRATÉGIA DE MARKETING

Os canais de distribuição de uma empresa desempenham um papel fundamental em sua estratégia de marketing global, já que fornecem os meios pelos quais a empresa disponibiliza os bens e os serviços aos usuários finais. Os canais realizam quatro importantes funções. Primeiro, facilitam o processo de intercâmbio ao reduzir o número de contatos de mercado necessários para se fazer uma venda. Suponha que você queira comprar uma câmera nova e vê um anúncio de uma nova câmera digital Panasonic. O anúncio lhe sugere visitar o site, onde encontrará mais informações sobre a câmera e poderá entrar em contato com o revendedor local. O revendedor faz parte do canal que une você, comprador potencial, e a Panasonic, para que vocês possam completar o processo de intercâmbio. É importante ter em mente que todos os membros do canal têm benefícios ao trabalharem juntos; quando eles começam a discordar, ou, pior ainda, concorrer diretamente uns com os outros, todos saem perdendo.

Os distribuidores ajustam discrepâncias na variedade de bens e serviços de um mercado por meio de um processo conhecido como *classificação*, a segunda função do canal. Um único produtor tende a maximizar a quantidade que ele fabrica de determinada linha de produtos, ao passo que um único comprador precisa de uma quantidade limitada de uma grande variedade de mercadorias. A classificação alivia tais discrepâncias ao canalizar produtos para que eles se ajustem às necessidades tanto do comprador quanto do produtor.

A terceira função dos canais de marketing envolve transações de intercâmbio de padronização, estabelecendo-se expectativas para produtos, e envolve o processo de transferência em si. Os membros do canal tendem a padronizar prazos de pagamento, cronogramas de entrega, preços e lotes de compra, entre outras condições. A padronização ajuda a tornar as transações eficientes e justas. Contudo, às vezes pode criar problemas para determinados membros do canal. Recentemente, o Wal-Mart concordou em suavizar sua rígida postura contra aumentos de preços por fabricantes que alegavam que os aumentos eram justificados para cobrir os custos crescentes de matérias-primas. Contudo, uma porta-voz do Wal-Mart insistiu que o varejista não tinha trocado sua estratégia global em

1 Descrever os tipos de canais de marketing e seus papéis na estratégia de marketing.

relação a preços. "Continuamos comprometidos a vender por menos", afirmou ela. Ao cooperar com seus fornecedores, o Wal-Mart foi capaz de lhes dar uma folga sem sacrificar o valor para os consumidores.[2]

A última função do canal de marketing é facilitar buscas tanto para compradores como para vendedores. Os compradores buscam produtos e serviços específicos para atender a suas necessidades, ao passo que os vendedores tentam descobrir o que os compradores querem. Os canais unem compradores e vendedores para completar o processo de intercâmbio.

Literalmente, centenas de canais de distribuição existem atualmente, e nenhum canal específico atende melhor às necessidades de cada empresa. Em vez de buscar o melhor canal para todos os produtos, um gerente de marketing deve analisar canais alternativos à luz da necessidade do consumidor e determinar o canal ou canais mais apropriados para os bens e os serviços da empresa.

Os profissionais de marketing devem ser sempre flexíveis, já que os canais podem mudar com o tempo. O canal ideal de hoje pode tornar-se inadequado em alguns anos. Ou, então, a forma como a empresa usa aquele canal pode mudar. A Nike, muito conhecida por sua presença em lojas varejistas, recentemente contratou a R/GA, uma pequena agência de publicidade, para melhorar sua presença na internet. A empresa desenvolveu vários esforços de marketing on-line para site separados da Nike, incluindo nike.com (o site global da empresa), nikegoddess.com (para mulheres), nikelab.com (um tour interativo de produtos) e outros. "Para muitas empresas, a idéia de usar a rede é copiar e colar um comercial em seu site", observa Rei Inamoto, da R/GA. "Mas a Nike é inteligente o suficiente para perceber que a rede, como meio, é um canal diferente."[3]

As seções a seguir examinam os diversos tipos de canais disponíveis para profissionais de marketing. Discutem as decisões que os profissionais de marketing devem tomar para desenvolver uma estratégia de distribuição eficiente que apóie os objetivos de marketing da empresa.

MARKETING
Verificação
de conceito

1. Qual a diferença entre um canal de marketing e logística?
2. Quais são as quatro funções realizadas pelos canais de marketing?

TIPOS DE CANAIS DE MARKETING

O primeiro passo na seleção de um canal de marketing é determinar que tipo de canal irá atender melhor os objetivos do vendedor e as necessidades de distribuição de consumidores. A Figura 13.1 mostra os principais canais de bens e serviços de consumo e de negócios disponíveis a profissionais de marketing.

A maioria das opções de canal envolve pelo menos um **intermediário de marketing**. Um intermediário de marketing (ou *middleman*) é uma organização que opera entre produtores e consumidores ou usuários de negócios. Tanto varejistas quanto atacadistas são intermediários de marketing. Uma loja varejista cujo dono e administrador não é o fabricante dos produtos que vende é um tipo de intermediário de marketing. Um **atacadista** é um intermediário que adquire os direitos dos produtos que vende e depois distribui esses produtos para varejistas, outros distribuidores, ou, às vezes, consumidores finais. Embora alguns analistas acreditassem que a internet acabaria tornando muitos intermediários obsoletos, isso não aconteceu. Na verdade, revendedores como a CDW Computer Centers são bastante prósperos. A CDW, lançada pelo empreendedor Michael Krasny há duas décadas, agora é o maior revendedor de equipamentos de informática dos Estados Unidos. Muito do sucesso da empresa se deve ao alto nível de atendimento ao cliente. "Apesar de toda a ameaça dos pontocom alguns anos atrás, o toque pessoal ainda importa", afirma o CEO John Edwardson.[4]

Em poucas palavras

Relacionamentos são coisas frágeis e requerem tanto cuidado quanto as outras coisas frágeis e preciosas.
Anônimo

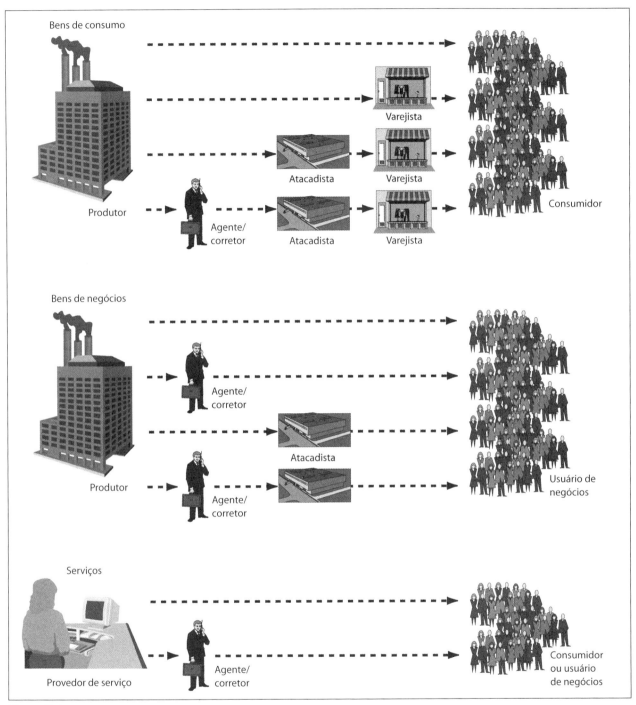

Figura 13.1
Canais alternativos de marketing.

Um canal de marketing curto envolve poucos intermediários. Em contraste, um canal de marketing longo envolve vários intermediários trabalhando em sucessão para transportar bens dos produtores aos consumidores. Produtos de negócios normalmente se movimentam por canais de classificação, já que eles vendem produtos intangíveis e precisam manter relacionamentos pessoais em seus canais. Organizações sem fins lucrativos também tendem a trabalhar com canais curtos, simples e diretos. Quaisquer intermediários de marketing nesses canais geralmente atuam como agentes, como agências de passagens independentes ou especialistas em levantamento de fundos.

VENDA DIRETA

O canal de marketing mais simples e mais curto é o canal direto. Um **canal direto** leva os bens diretamente de um produtor até o comprador comercial ou usuário final. Esse canal faz parte da **venda direta**, uma estratégia de marketing na qual um produtor estabelece um contato direto de vendas com os usuários finais de seu produto. A venda direta é uma importante opção para bens que exigem intensas demonstrações para convencer os consumidores a comprar.

A venda direta desempenha um papel significativo no marketing business-to-business. A maioria das grandes instalações, dos equipamentos e acessórios, e até mesmo das peças e das matérias-primas, é vendida por meio de contatos diretos entre empresas produtoras e compradores finais. Companhias como a Xerox, que comercializam itens para outras empresas, normalmente desenvolvem e mantêm grandes forças de vendas para atrair clientes potenciais. Um anúncio recente da Xerox afirmava que, ao usar seus processos de trabalho ao longo de toda a empresa, a varejista Dillard's economizou US$ 1,6 bilhão. Depois, o anúncio dava um número grátis de telefone para entrar em contato com um representante de vendas da Xerox.

A venda direta também é importante em mercados de bens de consumo. Vendedores diretos como Avon, Pampered Chef e Longaberger Baskets evitam a concorrência dos corredores de lojas desenvolvendo redes de representantes independentes que vendem seus produtos diretamente aos consumidores. Muitas dessas empresas praticam uma estratégia de venda direta chamada *party plan*, originalmente popularizada pela Tupperware. Um vendedor participa de uma reunião na casa de um cliente anfitrião para demonstrar produtos e anotar pedidos.

A internet fornece outro canal de venda direta tanto para compras B2B quanto para B2C. A Dell vende computadores e peças de computadores diretamente para empresas, órgãos governamentais e consumidores individuais. Fabrica computadores segundo as especificações do consumidor, configurados conforme a velocidade do processador, o tamanho do disco rígido e o tipo de monitor. A Dell é capaz de cortar o *overhead* e fazer os clientes economizarem dinheiro ao mesmo tempo. Atualmente, a maior fabricante de PCs dos Estados Unidos vende mais de US$ 31 bilhões em computadores todos os anos por telefone e pela internet.

CANAIS QUE UTILIZAM INTERMEDIÁRIOS DE MARKETING

Embora os canais diretos permitam o marketing simples e direto, não são práticos em todos os casos. Alguns produtos servem a mercados em diferentes áreas dos Estados Unidos ou do mundo ou têm elevados números de usuários finais potenciais. Outras categorias de produtos baseiam-se grandemente em compras repetidas. Os produtores desses bens podem encontrar alternativas aos canais diretos que sejam mais eficientes, menos caras e que exijam menos tempo, utilizando intermediários de marketing. Esta seção considera cinco canais que envolvem intermediários de marketing.

Do Produtor para o Atacadista para o Varejista para o Consumidor

O canal tradicional para bens de consumo segue a trajetória de produtor para atacadista para varejista para usuário. Esse método transporta os bens entre, literalmente, milhares de pequenos produtores com linhas limitadas e varejistas locais. Uma empresa com recursos financeiros limitados contará com os serviços de um atacadista que atue como uma fonte imediata de fundos e, então, comercializará para centenas de varejistas. Por outro lado, um pequeno varejista pode contar com as habilidades especializadas de distribuição de um atacadista. Além disso, vários fabricantes contratam seus próprios representantes de venda em campo para fornecer informações de marketing a contas de varejo. Os atacadistas podem então cuidar das transações de vendas em si.

Produtor para Atacadista para Usuário de Negócios

Características semelhantes no mercado corporativo normalmente atraem intermediários de marketing para operar entre produtores e compradores de negócios. O termo *distribuidor industrial* se refere em geral a intermediários no mercado de negócios que detêm direitos sobre os bens.

Produtor para Agente para Atacadista para Varejista para Consumidor

Em mercados atendidos por várias pequenas empresas, um único intermediário – o agente – realiza a função básica de unir comprador e vendedor. Um agente pode ou não tomar posse dos bens, mas nunca adquire direitos sobre ele. O agente representa meramente um produtor, buscando um mercado para seus produtos, ou um atacadista (que possui direitos sobre os bens), localizando uma fonte de suprimento.

Produtor para Agente para Atacadista para Usuário de Negócios

Assim como os agentes, os corretores são intermediários independentes que podem ou não tomar posse dos bens, mas nunca adquirem direitos sobre esses bens. Agentes e corretores também atendem ao mercado de negócios quando pequenos produtores tentam comercializar suas ofertas por intermédio de grandes atacadistas. Esse intermediário, normalmente chamado de **representante dos fabricantes**, constitui-se em uma força de vendas independente para contatar compradores atacadistas. Um fabricante de equipamentos de cozinha pode ter seus próprios representantes para comercializar seus produtos, por exemplo.

Produtor para Agente para Usuário de Negócios

Para produtos vendidos em pequenas unidades, apenas atacadistas comerciais podem economicamente cobrir os mercados. Um atacadista comercial é um atacadista independente que adquire direitos sobre os bens. Ao manter estoques regionais, esse atacadista consegue economias de transporte, estocando os bens e fazendo pequenas remessas de curta distância. Para um produto com grandes unidades de venda, contudo, e para o qual o transporte represente uma pequena porcentagem do custo total, o canal produtor-agente-usuário de negócios costuma ser adotado. O agente, na verdade, torna-se a força de vendas do produtor, mas as grandes remessas do produto reduzem a função de gestão de estoque do intermediário.

DISTRIBUIÇÃO DUAL

Distribuição dual refere-se à movimentação de produtos por mais de um canal para atingir o mercado-alvo da empresa. A Nordstrom, por exemplo, tem um sistema de distribuição de três braços, vendendo em lojas, por catálogos e pela internet. Os profissionais de marketing geralmente adotam uma estratégia de distribuição dual para maximizar a cobertura de sua empresa no mercado ou para aumentar a relação custo-benefício dos esforços de marketing da empresa. Por exemplo, fabricantes de peças automotivas promovem os produtos tanto por intermédio de forças diretas de venda quanto de vendedores independentes. A meta custo-benefício, por outro lado, pode levar um fabricante a designar sua própria força de vendas para vender em territórios de alto potencial, ao mesmo tempo em que conta com seus representantes (vendedores comissionados, independentes) em áreas de menor volume.

CANAIS REVERSOS

Embora o conceito tradicional de canais de marketing envolva a movimentação de bens e serviços de produtor para consumidor ou usuário de negócios, os profissionais de marketing não devem ignorar os **canais reversos** – canais destinados a devolver mercadorias a seus produtores. Os canais reversos vêm ganhando importância cada vez maior com a elevação dos preços de matérias-primas, com o aumento na disponibilidade de unidades de reciclagem e com a aprovação de leis de preservação e antipoluição. Compre um novo jogo de pneus e você descobrirá uma taxa de reciclagem para descarte dos pneus antigos. A intenção é deter o problema de depósitos ilegais de pneus usados. O governo de Nova Jersey exige que empresas e domicílios separem o lixo para coleta seletiva.

MARKETING
Verificação
de conceito

1. Dê um exemplo de venda direta.
2. Descreva o canal tradicional de produtos de consumo.
3. Por que os profissionais de marketing deveriam utilizar uma estratégia de distribuição dupla?
4. O que é canal reverso?

Alguns canais reversos se movimentam por intermediários de marketing tradicionais. Em estados americanos que exigem depósitos de garrafas, varejistas e engarrafadores locais realizam essa função no setor de refrigerantes. Para outros produtos, os fabricantes podem estabelecer centros de troca, desenvolver sistemas para recanalizar produtos para reciclagem e criar organizações especializadas para cuidar do descarte e da reciclagem.

Outros participantes de canais reversos incluem grupos de comunidade que organizam dias de limpeza e desenvolvem sistemas de descarte de resíduos e reciclagem. A Timberland, de fato, dá a seus funcionários licenças remuneradas para participarem de programas de limpeza de parques, escolas e outros lugares públicos.

Os canais reversos também realizam *recalls* e consertos de produtos. Um fabricante de aparelhos elétricos pode enviar avisos de *recall* aos compradores de uma máquina de lavar roupa. Um fabricante de carros pode enviar avisos aos proprietários de carros para lhes informar sobre um problema potencial e oferecer conserto gratuito nas revendedoras locais.

DECISÕES SOBRE ESTRATÉGIA DE CANAL

2 Explicar sobre as principais decisões estratégicas de canal.

Os profissionais de marketing enfrentam diversas decisões estratégicas para escolher canais e intermediários de marketing para seus produtos. Selecionar um canal específico é o mais básico dessas decisões. Os profissionais de marketing devem também solucionar questões sobre o nível de intensidade de distribuição, avaliar a conveniência dos sistemas de marketing vertical e o desempenho dos atuais intermediários.

SELEÇÃO DE UM CANAL DE MARKETING

Considere as seguintes perguntas: Que características de uma rede de franquias fazem que ela seja a melhor opção de canal para um empresa? Por que os suprimentos de operação geralmente passam por agentes e atacadistas comerciais antes de alcançar seus efetivos usuários? Por que uma empresa comercializaria um único produto por múltiplos canais? Os profissionais de marketing devem responder a várias perguntas como essas ao escolher canais de marketing.

Uma variedade de fatores afeta a seleção de um canal de marketing. Algumas decisões de canal são impostas pelo mercado em que a empresa atua. Em outros casos, o próprio produto pode ser uma variável-chave para selecionar um canal de marketing. Por fim, a organização de marketing pode ter como base para sua seleção de canais seus fatores competitivos e seu tamanho.

Fatores de Mercado

A estrutura do canal reflete os pretendidos mercados de um produto, tanto para consumidores como para empresários. Os compradores de negócios em geral preferem negociar diretamente com os fabricantes (salvo para suprimentos de rotina ou pequenos itens acessórios), mas a maioria dos consumidores faz suas compras em lojas varejistas. Os profissionais de marketing, com freqüência, vendem produtos para atender tanto os empresários como os consumidores por meio de mais de um canal.

Outros fatores de mercado também afetam a escolha de canal, incluindo as necessidades do mercado, sua localização geográfica e seu tamanho médio de pedido. Para atender a um mercado concentrado com um pequeno número de compradores, um canal direto oferece uma alternativa possível. Mas, ao se atender um mercado potencial disperso geograficamente em que os clientes compram pequenas quantidades em transações individuais – as condições que caracterizam o mercado de produtos de consumo –, a distribuição por meio de intermediários de marketing faz sentido.

Fatores de Produto

As características do produto também orientam a escolha ideal de uma estratégia de canal de marketing. Mercadorias perecíveis, como frutas e legumes, leite e suco de laranja, se movimentam por pequenos canais. As modas da estação, como trajes de banho e roupas de esqui, também são exemplos.

As máquinas de venda automática representam outro pequeno canal. Normalmente, você pode comprar um pacote de M&Ms ou de batatas Wise ou uma lata de Coca-Cola em uma dessas máquinas automáticas. Mas e um carro? Na França, você pode comprá-lo – ou quase. Na planta da linha de carros Smart da DaimlerChrysler na França, o cliente pode escolher um veículo, um vendedor aperta um botão e o carro é transferido da unidade local de armazenamento para um estação de visualização. Se o cliente e o vendedor estão satisfeitos com o carro, os acessórios e o valor, a venda é concluída. Sim, há um intermediário – mas todos os outros funcionários tradicionalmente associados com a venda de carro, como recepcionistas e negociador final, são eliminados. "É uma forma simples e eficiente de vender carros", explica Scott Keogh, gerente-geral do Smart EUA, que está desenvolvendo um recurso semelhante nos Estados Unidos.[5]

Produtos complexos, como instalações feitas sob medida e equipamentos de informática, são quase sempre vendidos diretamente aos compradores finais. Em geral, produtos relativamente padronizados e não-perecíveis atravessam canais comparativamente maiores. Produtos com baixos custos por unidade, como a ração Friskies, normalmente passam por longos canais.

Fatores Organizacionais e Competitivos

Empresas com fortes recursos de gestão, de marketing e financeiros têm menos necessidade de ajuda de intermediários. Um fabricante forte financeiramente pode contratar sua própria equipe de vendas, armazenar seus próprios bens e conceder crédito a varejistas e consumidores. Uma empresa mais fraca depende dos intermediários de marketing para esses serviços.

Uma companhia com uma grande linha de produtos geralmente pode comercializá-los diretamente com varejistas ou usuários corporativos, já que sua própria equipe de vendas oferece uma variedade de produtos. Grandes volumes de venda distribuem os preços de venda sobre um grande número de itens, gerando retornos adequados dos vendedores diretos. Empresas de um único produto freqüentemente vêem as vendas diretas como insustentáveis.

O desejo dos fabricantes por controlar o comércio de seus produtos também influencia a seleção de canais. Alguns fabricantes optam por vender seus produtos só nas próprias lojas. Fabricantes de artigos exclusivos e luxuosos, como os cachecóis da Hermès ou os relógios da Rolex, limitam completamente o número de varejistas que podem revender os produtos.

Empresas que exploram novos canais de marketing devem tomar cuidado para evitar o aborrecimento de seus canais intermediários. Na última década, surgiram conflitos freqüentes conforme as empresas foram estabelecendo uma presença na internet além dos tradicionais *outlets*. Hoje em dia, as empresas buscam novas maneiras de lidar com ambos sem prejudicar os relacionamentos. Algumas ainda se sentem forçadas a desenvolver novos canais de marketing para remediar a promoção inadequada de seus produtos por intermediários de marketing independentes.

A Home Depot lançou uma campanha de marketing pela TV de resposta direta (DRTV), publicando anúncios em redes nacionais de televisão a cabo, como a CNN e o Discovery Channel, para seu selo particular das potentes lavadoras Husky e seu kit de ferramentas Ryobi. "A utilização da DRTV por varejistas é algo que está se tornando cada vez mais comum", diz o fundador da *Direct Response Academy*, Greg Sarnow. "A Sears tem feito isso há quase dez anos. É um modelo que está crescendo pelo fato de você realmente adquirir consciência e venda em uma coisa só."[6]

A Tabela 13.1 resume os fatores que afetam a seleção de um canal de marketing e também examina os efeitos de cada fator em toda a extensão do canal.

DETERMINANDO A INTENSIDADE DE DISTRIBUIÇÃO

Outra importante decisão de estratégia de canal é a intensidade de sua distribuição. *Intensidade de distribuição* refere-se ao número de intermediários pelos quais um fabricante distribui seus produtos em um mercado particular. A intensidade de distribuição ótima deve garantir uma cobertura adequada de mercado para um produto. A cobertura adequada de mercado varia dependendo dos objetivos de cada empresa, dos tipos de produtos e dos segmentos dos consumidores nos mercados-alvo. Contudo, em geral, a intensidade de distribuição varia ao longo de uma seqüência contínua com três categorias gerais: distribuição intensiva, distribuição seletiva e distribuição exclusiva.

Tabela 13.1 Fatores que influenciam as estratégias de canal de marketing.

	CARACTERÍSTICAS DE CANAIS CURTOS	CARACTERÍSTICAS DE CANAIS LONGOS
Fatores de mercado	Usuários corporativos	Consumidores
	Geograficamente concentrados	Geograficamente dispersos
	Conhecimento técnico extensivo e assistência técnica regular necessária	Pouco conhecimento técnico e assistência técnica regular não necessária
	Pedidos em grandes quantidades	Pedidos em pequenas quantidades
Fatores de produtos	Perecíveis	Duráveis
	Complexos	Padronizados
	Caros	Baratos
Fatores organizacionais	Os fabricantes têm recursos adequados para executar as funções de canal	Os fabricantes não têm recursos adequados para executar as funções de canal
	Linha de produtos ampla	Linha de produtos limitada
	Controle de canal importante	Controle de canal não importante
Fatores competitivos	Os fabricantes ficam satisfeitos com a atuação dos intermediários de marketing ao promoverem seus produtos	Fabricantes não ficam satisfeitos com a atuação dos intermediários de marketing ao promoverem seus produtos

Distribuição Intensiva

Uma estratégia de **distribuição intensiva** procura distribuir um produto por meio de todos os canais disponíveis em uma área de negócios. Como a Nabisco pratica a distribuição intensiva de muitos de seus produtos, você pode comprar uma caixa de *Wheat Thins* em qualquer lugar, incluindo supermercados, lojas de conveniência e grandes cadeias de drogarias. Geralmente, uma estratégia intensiva de distribuição é adequada para itens com grande apelo entre grupos amplos de consumidores.

Distribuição Seletiva

Em outra estratégia de cobertura de mercado, a **distribuição seletiva** é aquela na qual a empresa escolhe somente um número limitado de varejistas da área para comercializar sua linha de produtos. Os estilistas italianos Dolce & Gabbana promovem a exclusividade de suas criações selecionando os mercados certos para venderem seus produtos. Tal acordo ajuda a controlar a redução de preços, já que relativamente poucos varejistas revendem a linha da empresa. Limitando o número de varejistas, os profissionais de marketing podem reduzir os custos totais de marketing enquanto estabelecem fortes relacionamentos de trabalho dentro do canal. Além disso, os varejistas selecionados geralmente concordam em cumprir todas as rigorosas regras de publicidade, preços e exposição de produtos da companhia. Na **publicidade cooperativa**, o fabricante paga uma porcentagem pelos gastos de publicidade dos varejistas e estes expõem de forma destacada os produtos da empresa, e essa modalidade pode ser usada para benefício mútuo, evitando os varejistas marginais. Nos casos em que a assistência técnica é importante, os fabricantes geralmente fornecem assistência e treinamento para os negociantes escolhidos.

Distribuição Exclusiva

Quando um produtor concede direitos exclusivos a um atacadista ou varejista para vender seus produtos em uma região específica, ele pratica a **distribuição exclusiva**. O setor automobilístico é um bom exemplo disso. Uma cidade com 40 mil habitantes pode ter somente um revendedor da Ford. Acordos de distribuição exclusiva também regem o marketing de algumas marcas importantes de vestuário e eletrodomésticos.

Os profissionais de marketing podem sacrificar algumas coberturas de mercado quando implementam uma política de distribuição extensiva. Entretanto, eles freqüentemente desenvolvem e mantêm uma imagem de qualidade e prestígio dos produtos. Se é mais difícil encontrar uma bolsa Kate Spade, ela se torna mais valiosa. Além disso, a distribuição exclusiva limita os custos de marketing, já que as empresas lidam com um número menor de contas. Na distribuição exclusiva, produtores e varejistas cooperam nas decisões a respeito de publicidade e promoções, estoque de varejistas e preços.

Problemas Legais de Distribuição Exclusiva

A distribuição exclusiva apresenta possíveis problemas legais em três áreas principais: acordos de exclusividade, vendas territoriais fechadas e vendas casadas. Embora nenhuma dessas práticas seja ilegal por si só, todas podem violar as leis se reduzirem a concorrência ou tenderem a criar monopólios, como discutido no item "Resolvendo uma questão ética".

Como parte de uma estratégia de distribuição exclusiva, os profissionais de marketing podem tentar impor **acordos de exclusividade**, que proíbem um intermediário de marketing (atacadista ou, mais comumente, um varejista) de negociar produtos de marcas concorrentes. Produtores de artigos de alto custo, artigos especializados e acessórios em geral exigem tais acordos para garantir total concentração em suas linhas de produtos. Nos Estados Unidos, esses contratos violam a *Clayton Act* (Lei Clayton) se o volume de vendas do produtor ou do revendedor representar uma porcentagem considerável das vendas totais naquela área de mercado. Embora a distribuição exclusiva seja lícita para empresas que estão entrando no mercado, tais acordos violam a *Clayton Act* se usados por empresas com uma participação de mercado considerável que buscam barrar seus concorrentes no mercado.

Produtores podem ainda tentar estabelecer **vendas territoriais fechadas** para restringir seus distribuidores a certas regiões geográficas. Os distribuidores ganhem proteção contra negociantes rivais em seus territórios exclusivos, mas essas vendas sacrificam quaisquer oportunidades em relação a abrir novas instalações ou comercializar os produtos dos fabricantes fora dos territórios determinados. A legalidade de um sistema de vendas territoriais fechadas depende de quanto essa restrição diminui a concorrência. Se a diminuição for grande, comete-se infração à *Federal Trade Comission Act* e às cláusulas das Leis Sherman e Clayton.

A legalidade de vendas territoriais fechadas também depende do fato de o sistema impor ou não restrições horizontais ou verticais. Restrições territoriais horizontais resultam de acordos entre varejistas e atacadistas para evitar a concorrência entre vendedores de produtos de um mesmo produtor. Tais acordos têm sido sistematicamente declarados ilegais. Porém, a Suprema Corte dos Estados Unidos decidiu que as restrições territoriais verticais – entre produtores e atacadistas ou varejistas – podem cumprir critérios legais. A decisão não dá respostas claras e diretas, mas esses acordos provavelmente satisfazem a lei nos casos em que os fabricantes ocupam partes relativamente pequenas de seus mercados. Nesses exemplos, as restrições podem, na verdade, aumentar a competição entre marcas concorrentes; o atacadista ou varejista não enfrenta nenhuma concorrência de outros negociantes que vendem a marca de um mesmo produtor, então eles podem concentrar-se na concorrência efetiva com outras marcas.

A terceira questão legal de distribuição exclusiva envolve as **vendas casadas**, que permitem que os membros do canal se tornem negociantes exclusivos somente se também aceitarem produtos além daqueles que querem vender. Na indústria de vestimentas, por exemplo, um acordo pode exigir que um negociante venda uma linha de roupas comparativamente impopular para conseguir itens desejáveis que vendam rapidamente. As vendas casadas infringem as Leis Sherman e Clayton quando reduzem a concorrência ou criam monopólios que mantêm os concorrentes fora dos mercados principais.

Em poucas palavras

Você pode acabar com um intermediário de marketing, mas não pode acabar com sua função.

Frase de um empresário americano

MARKETING
Verificação de conceito

1. Identifique quatro fatores importantes na seleção de um canal de marketing.

2. Qual é o princípio fundamental de marketing que rege as decisões de canal?

QUEM DEVE EXECUTAR AS FUNÇÕES DE CANAL?

Um princípio fundamental de marketing rege as decisões de canal. Um membro do canal deve desempenhar certas funções centrais de marketing. Porém, as responsabilidades dos diferentes membros podem variar. Embora atacadistas independentes desempenhem muitas funções para produtores, varejistas e outros clientes atacadistas, outros membros do canal poderiam ter esses papéis. Um fabricante poderia evitar os atacadistas estabelecendo depósitos regionais, mantendo equipes de vendas em campo, servindo como fonte de informações para consumidores de varejo ou organizando detalhes de financiamento. Há muitos anos, as montadoras de automóveis vêm mantendo unidades de crédito que oferecem financiamento para carros 0 km; algumas até já criaram seus próprios bancos.

Um intermediário independente obtém um lucro em troca de fornecimento de serviços para fabricantes e varejistas. Entretanto, essa margem de lucro é baixa, variando de 1% para atacadistas de alimentos a 5% para atacadistas de produtos duráveis. Fabricantes e varejistas poderiam reter esses custos ou poderiam comercializar diretamente e reduzir os preços de varejo – mas só se pudessem desempenhar as funções de canal e igualar a eficiência dos intermediários de marketing.

Para aumentar a rentabilidade em um ambiente competitivo, um intermediário deve fornecer melhores serviços a custos mais baixos que os fabricantes e os varejistas fornecem para si mesmos. Nesse caso, as consolidações de funções de canal representam uma oportunidade estratégica para uma empresa.

Resolvendo uma questão ética

PONTE AMBASSADOR: MONOPÓLIO OU EMPREENDIMENTO LIVRE?

Com um volume de comércio de US$ 400 bilhões por ano entre os dois países, o Canadá é o maior parceiro de negócios dos Estados Unidos. Como parte desse comércio, muitas mercadorias percorrem uma fronteira de mais de 8 mil quilômetros, particularmente em um ponto de travessia: a ponte Ambassador. A ponte está localizada entre Detroit e Windsor, Ontário, no Canadá, atravessando o rio Detroit. Caminhões transportam por ano US$ 100 bilhões em mercadorias pela ponte e, embora o nome (que significa "embaixador") sugira diplomacia, ela é cheia de controvérsias.

Isso ocorre porque seu dono não é um estado, município ou órgão governamental; é uma pessoa – Matty Moroun. Por causa de sua importância nos negócios e em controles de segurança, Moroun e os governos dos dois lados da fronteira freqüentemente discutem sobre problemas de engenharia e segurança, posse de postos de inspeção alfandegária e autorização para apreender substâncias ilegais.

MATTY MOROUN DEVERIA SER AUTORIZADO A MANTER SEU MONOPÓLIO SOBRE A PONTE AMBASSADOR?

SIM

1. Moroun fez um bom investimento quando comprou a ponte Ambassador por US$ 30 milhões em 1979 e ainda permanece como dono. Seu valor atualmente estimado é de US$ 500 milhões. "Ele é muito inteligente e muito agressivo", admite o advogado de Detroit, Kenneth M. Davies. "Sua ganância e sua ambição são apenas o capitalismo norte-americano na prática. Não se pode ficar bravo por isso."
2. Moroun é um dono responsável. Ele gasta US$ 50 mil por semana em segurança para a ponte e mais de US$ 10 milhões por ano só em manutenção.

NÃO

1. A ponte Ambassador tem um risco de segurança muito alto e é uma rota comercial muito importante para ser controlada por uma só pessoa. "Uma autoridade portuária deveria comandar essa ponte – um órgão que prestasse contas à população", argumenta uma canadense que tem um pequeno negócio em Windsor, Ontário.
2. Moroun tem resistido contra a interferência de órgãos governamentais, particularmente na área mais cara de segurança. Mas um membro do Parlamento canadense, Brian Masse, não irá voltar atrás. "Depois da emergência nacional que enfrentamos [em 11 de setembro], tem de haver um bem maior do que apenas ganhar dinheiro."

RESUMO

A situação da ponte Ambassador intensificou-se depois do 11 de setembro, quando a segurança tornou-se mais rigorosa e os atrasos na ponte se prolongaram durante horas. Muitos anos depois, esses atrasos ainda continuam, causando frustração e centenas de milhões de dólares em prejuízo a cada mês em negócios dos dois lados da fronteira. No entanto, Moroun e os dois governos ainda continuam na disputa pelo controle. Por exemplo, o Parlamento canadense pensa em considerar a criação de uma "autoridade de fronteira pública", que exigiria que Moroun cumprisse as regulamentações.

Fontes: Bridge risk, *Pennlive.com*, 17 jan. 2005, **www.pennlive.com**; FITCH, Stephanie; MULLER, Joan. The troll under the bridge, *Forbes*, 15 nov. 2004, p. 135-41; Frying Matty's bacon, *Metrotimes*, 3 nov. 2004, **www.metrotimes.com**.

GESTÃO DE CANAIS E LIDERANÇA

3 Descrever os conceitos de gestão de canais, conflitos e cooperação.

A estratégia de distribuição não termina com a escolha de um canal. Os fabricantes também devem focar a gestão de canais, desenvolvendo e mantendo relacionamentos com os intermediários em seus canais de marketing. Relações de canal positivas estimulam os membros do canal a se lembrarem dos produtos de seus parceiros e comercializá-los. Os fabricantes também devem gerenciar cuidadosamente os incentivos oferecidos para induzir os membros do canal a promover seus produtos. Esse esforço inclui pesar as decisões sobre preços, promoções e outros esforços de apoio que os fabricantes desempenham.

Os profissionais de marketing estão, cada vez mais, gerenciando seus canais em parceria com outros membros do canal. A cooperação efetiva permite que todos os membros de canal alcancem objetivos que não conseguiriam alcançar sozinhos. Os segredos para uma gestão bem-sucedida de relacionamentos de canais incluem o desenvolvimento de altos níveis de coordenação, comprometimento e confiança entre os membros.

Contudo, nem todos os membros do canal exercem poderes iguais na rede de distribuição. O membro dominante do canal de marketing é chamado de **capitão do canal**. O poder dessa empresa em controlar um canal pode resultar de seu controle sobre alguns tipos de recompensa ou punição para outros membros do canal, como conceder um território de vendas exclusivo ou acabar com uma revendedora. O poder pode também resultar de acordos contratuais, conhecimento especializado ou acordos entre membros do canal sobre interesses mútuos.

No setor de gêneros alimentícios, os produtores de alimentos já foram considerados capitães do canal. Porém, atualmente o poder foi transferido para os gigantes do varejo. A Kroger, a Albertson's e a Safeway conduzem 6.500 redes nacionais de supermercados nos Estados Unidos. Essas três cadeias também são donas de lojas menores, armazéns de comida, lojas de departamento e até mesmo de joalherias. Os fabricantes que querem ver seus produtos nas prateleiras e adequadamente comercializados devem pagar taxas de exposição, descritas no Capítulo 11. É o varejista quem decide quais produtos vão para as prateleiras, onde e por quanto tempo.[7]

O Wal-Mart também é um famoso capitão de canal. Na verdade, a gigante do varejo responde por 18% a 20% das vendas totais de vários grandes fabricantes, incluindo Dial Corp., Clorox Co., Revlon, Hershey Foods e Procter & Gamble. Curiosamente, o Wal-Mart não cobra taxas de exposição em suas lojas.[8]

Em poucas palavras

Se as coisas são iguais, as pessoas negociam com amigos. Se as coisas são desiguais, as pessoas ainda negociarão com amigos.

Mark McCormack (1930-2003)
Agente esportivo americano e fundador da IMG Sports Management

CONFLITO DE CANAL

Os canais de marketing só funcionam bem quando os membros cooperam com esforços bem organizados para atingir a máxima eficiência operacional. No entanto, os membros do canal geralmente atuam como forças separadas, independentes e até mesmo concorrentes. Dois tipos de conflitos – horizontal e vertical – podem impedir as funções normais do canal de marketing.

CONFLITO HORIZONTAL

O conflito horizontal, algumas vezes, resulta de desentendimentos entre membros do canal no mesmo nível, por exemplo, entre dois ou mais atacadistas ou varejistas, ou também entre intermediários de marketing do mesmo tipo, como duas lojas de descontos que são concorrentes ou entre várias floriculturas varejistas. Mais freqüentemente, os conflitos horizontais causam atritos entre diferentes tipos de intermediários de marketing que lidam com produtos similares. A Netflix, que recentemente começou a anunciar seu serviço de locação de DVD's nas redes de televisão, compete com a Blockbuster e com outras empresas de locação de filmes, assim como os estúdios de Hollywood – alguns dos quais têm uma participação na Netflix. Relativamente recém-chegada no ramo, a Netflix ganhou um terreno competitivo importante.[9]

CONFLITO VERTICAL

As relações verticais podem resultar em conflitos freqüentes e graves. Os membros do canal em diferentes níveis buscam motivos para disputas, como em situações em que os varejistas desenvolvem marcas privadas para competir com as marcas dos produtores ou quando os produtores estabelecem suas próprias lojas de varejo ou criam operações de mala-direta que competem com os varejistas. Os fabricantes podem incomodar os atacadistas e varejistas quando tentam passar por esses intermediários e vender diretamente aos consumidores. Em um caso bem divulgado, a Levi Strauss suspendeu as tentativas de vender por meio de seu site após reclamações de varejistas furiosos. Em outros casos, os varejistas podem irritar os fornecedores pedindo concessões que estes consideram injustas. As taxas de exposição, mencionadas anteriormente, têm gerado controvérsias há muitos anos.

Um grupo norte-americano de fabricantes de móveis recentemente entrou com uma petição para proibir que fabricantes de móveis da China pratiquem o *dumping* de artigos parecidos no mercado dos Estados Unidos por um preço mais baixo que o da fabricação do produto. Mas os varejistas de móveis defenderam a prática porque ela ajuda a manter preços mais baixos para consumidores. O desentendimento causou conflitos entre fabricantes de móveis e varejistas.[10]

O Mercado Cinza

Outro tipo de conflito de canal resulta de atividades no mercado cinza. Fabricantes norte-americanos licenciam suas tecnologias e marcas no exterior e, algumas vezes, concorrem dentro de mercados nos Estados Unidos contra versões de suas próprias marcas produzidas por filiais estrangeiras. Esses *grey goods*, artigos produzidos para mercados estrangeiros, em geral, com preços reduzidos, entram nos canais americanos mediante ações de distribuidores estrangeiros não autorizados. Embora acordos de licenciamento normalmente proíbam estrangeiros licenciados de vender nos Estados Unidos, nenhuma regra impede que seus distribuidores o façam.

Por causa do custo desproporcionalmente alto de medicamentos nos Estados Unidos, muitos consumidores vão para o Canadá para adquirir medicamentos com receitas. Eles podem fazer isso via internet ou viajando para esse país. Mesmo que seja tecnicamente ilegal importar remédios, algumas autoridades têm feito exceções para o "uso pessoal". Em New Hampshire e Illinois, os governadores apóiam abertamente o direito dos consumidores americanos de comprar medicamentos com receita no Canadá. Contudo, empresas farmacêuticas nos Estados Unidos e outros críticos advertem que o controle de qualidade é incerto quando consumidores atravessam a fronteira para adquirir seus medicamentos.[11]

ALCANÇANDO A COOPERAÇÃO DE CANAL

O antídoto básico contra o conflito de canal é a cooperação efetiva entre seus membros. A melhor forma de se alcançar a cooperação é quando todos os membros do canal se tratam como iguais em uma mesma organização. O capitão

Em poucas palavras

Não sou uma pessoa combativa. Minha longa experiência me ensinou a resolver conflitos levantando as questões antes que eu ou outros tenhamos destruído tudo.

Sir Alistair Grant (1937-2000)
Executivo de negócios escocês; chairman da Scottish & Newcastle

MARKETING
Verificação de conceito

1. O que é um capitão de canal?
2. Compare e contraste os dois tipos de conflitos de canal.

4 Identificar e descrever os diferentes sistemas verticais de marketing.

do canal é o principal responsável por fornecer a liderança necessária para alcançar esse tipo de cooperação.

A Samsung Eletronics está comprometida em atingir a cooperação de canal para que seus produtos cheguem ao maior número possível de casas e escritórios norte-americanos. A empresa lança anualmente cerca de duzentos novos produtos, incluindo um novo celular a cada duas semanas. Ela depende das vendas dos varejistas, mas os apóia com pesquisas, dados, indicações de consumidores e ajudas nas vendas para que eles possam tirar proveito das mudanças rápidas no mercado.[12]

SISTEMAS VERTICAIS DE MARKETING

Esforços para reduzir os conflitos de canal e melhorar a eficácia de distribuição têm levado ao desenvolvimento de sistemas verticais de marketing. Um **sistema vertical de marketing (SVM, de Vertical Marketing System)** é um sistema planejado de canal criado para melhorar a eficiência de distribuição e a relação custo-benefício, integrando várias funções por toda a rede de distribuição.

Um SVM pode alcançar seu objetivo tanto por meio de integração progressiva quanto da integração regressiva. Na **integração progressiva**, uma empresa tenta controlar a distribuição *downstream*. Por exemplo, um fabricante monta uma rede de varejo para vender seus produtos; já a **integração regressiva** ocorre quando um fabricante tenta obter um controle maior sobre os insumos durante o processo de produção. Fabricantes podem adquirir um fornecedor de matérias-primas que eles usam na fabricação de seus produtos. A integração regressiva pode também estender o controle de varejistas e atacadistas sobre os produtores que são seus fornecedores.

Um sistema vertical de marketing oferece vários benefícios. Primeiro, melhora as chances de controle e coordenação dos passos durante os processos de distribuição e produção, além de levar ao desenvolvimento de economia de escala que, no final, traz economia. Um sistema vertical de marketing pode fazer que fabricantes se expandam para novos negócios lucrativos, mas também envolve alguns custos. Um fabricante assume um grande risco quando controla toda uma rede de distribuição e pode também descobrir que perde flexibilidade ao responder a mudanças de mercado.

Os profissionais de marketing desenvolveram três categorias de sistema vertical de marketing: sistemas corporativos, sistemas administrados e sistemas contratuais. Essas três categorias serão descritas na próxima seção.

SISTEMAS CORPORATIVOS E ADMINISTRADOS

Quando apenas um dono dirige organizações em cada estágio do canal de marketing, ele realiza um **sistema de marketing corporativo**. Leiloeiros da Phillips operam esse tipo de marketing. Um **sistema de marketing administrado** atinge a coordenação de canal quando um membro dominante do canal exerce seu poder. Embora a Goodyear venda seus pneus por meio de distribuidoras independentes e operadas pela empresa, ela controla o estoque que esses negociantes mantêm. Outros exemplos de capitães de canal comandando canais administrados incluem a McKesson e a Costco.

SISTEMAS CONTRATUAIS

Em vez de propriedades comuns de intermediários em um sistema de marketing vertical ou do exercício de poder em um sistema administrado, um **sistema de marketing contratual** coordena as distribuições mediante acordos formais entre os membros do canal. Na prática, três tipos de acordos estabelecem esses sistemas: cadeias voluntárias patrocinadas por atacadistas, cooperativas de varejo e franquias.

Cadeias Voluntárias Patrocinadas por Atacadistas

Às vezes, um atacadista independente tenta preservar um mercado fortalecendo seus consumidores varejistas por intermédio de uma cadeia voluntária patrocinada por um atacadista. O atacadista adota um acordo formal com seus varejistas para usarem um nome comum e dependências padronizadas e para comprarem os artigos do atacadista. Ele pode ainda desenvolver uma linha de marcas privadas para serem estocadas pelos varejistas. Essa prática geralmente ajuda varejistas menores a concorrer com cadeias rivais – e também fortalece a posição do atacadista.

A IGA (*Independent Grocers Alliance* – Aliança de Negociantes Independentes) *Food Stores* é um bom exemplo de cadeia voluntária. Outras cadeias patrocinadas por atacadistas incluem a *Associated Druggists*, a *Sentry Hardware* e a *Western Auto*. Como um único anúncio promove todos os varejistas na área comercial, um nome comum de loja e estoques similares permitem que os varejistas economizem com os custos de propaganda.

Cooperativas de Varejo

No segundo tipo de sistema vertical de marketing contratual, um grupo de varejistas estabelece uma operação atacadista compartilhada com o objetivo de ajudá-los a concorrer com as cadeias. Isso é conhecido por **cooperativa de varejo**. Os varejistas adquirem ações de propriedade na operação atacadista e concordam em comprar uma porcentagem mínima dos estoques dessa operação. Os membros normalmente adotam um nome comum de loja e desenvolvem marcas privadas comuns. A *Ace Hardware* é um exemplo de cooperativa de varejo.

Franquias

Um terceiro tipo de sistema vertical de marketing contratual é o de **franquia**, no qual um atacadista ou negociante (o franqueado) concorda em cumprir as exigências operacionais de um fabricante ou de outro franqueador. O setor de franchising é grande e crescente. Mais de três mil empresas nos Estados Unidos distribuem bens e serviços por sistemas de revendedores franqueados e várias empresas oferecem franquias em mercados internacionais. A Tabela 13.2 mostra as vinte franquias que crescem mais rapidamente nos Estados Unidos.

Os proprietários das franquias pagam de milhares a até milhões de dólares para comprar e montar franquias. Em geral, também pagam um *royalty* para a empresa franqueadora. Em troca dessas taxas iniciais e contínuas, o dono da franquia recebe o direito de usar o nome de marca da empresa, assim como os serviços, que incluem treinamento, marketing, publicidade e desconto para volumes. As principais redes de franquia justificam o preço excessivo de entrada, já que permitem que novos negociantes vendam marcas vencedoras. Mas as franquias são freqüentemente prejudicadas quando a marca entra em queda ou quando a corporação por trás da franquia toma decisões estratégicas fracas.

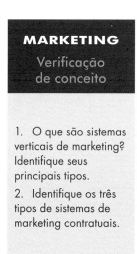

MARKETING
Verificação de conceito

1. O que são sistemas verticais de marketing? Identifique seus principais tipos.

2. Identifique os três tipos de sistemas de marketing contratuais.

Tabela 13.2 As vinte franquias que crescem mais rapidamente nos Estados Unidos

POSIÇÃO	EMPRESA	POSIÇÃO	EMPRESA
1	Subway	11	RE/MAX International Inc.
2	Curves	12	Jackson Hewitt Tax Service
3	7-Eleven	13	Choice Hotels International
4	Kumon Math & Reading Centers	14	WSI Internet (consultora de negócios na internet)
5	Jan-Pro Franchising International (limpeza comercial)	15	Dunkin' Donuts
6	The Quizno's Franchise Co.	16	Action International (*coaching*, consultoria e treinamento empresarial)
7	Jani-King	17	Baskin-Robbins USA Co.
8	Coverall Cleaning Concepts (limpeza comercial)	18	Great Clips
9	Liberty Tax Service	19	Rezcity.com (guias on-line locais e loja de viagens)
10	Jazzercise Inc.	20	The UPS Store

Fontes: Dados de The race goes to the swift, *Entrepreneur*, fev. 2004, p. 80. © 2004 Entrepreneur, Inc. Todos os direitos reservados. Reimpresso sob permissão.

LOGÍSTICA E GESTÃO DA SUPPLY CHAIN

5 Explicar os papéis de logística e gestão da supply chain em uma estratégia de distribuição geral.

A Pier 1 importa seu mix eclético de itens de seiscentos fornecedores em 55 países e mais de 80% vêm de empresas pequenas. Se itens de alta demanda ou produtos sazonais chegam atrasados aos depósitos ou se são transportados em quantidades insuficientes, a empresa perde oportunidades de entregar produtos populares em suas setecentas lojas de varejo e se arrisca a perder espaço para concorrentes como a Pottery Barn e a Crate & Barrel.

A situação que a Pier 1 Imports enfrenta ilustra a importância da logística. A coordenação cuidadosa da rede de fornecedores da Pier 1, os processos de transporte e o controle de estoque são os segredos de seu sucesso contínuo. Mesmo assim, seus rivais têm conseguido vender ou girar seus estoques mais rapidamente. Por isso, a equipe de logística da Pier 1 está implementando um novo sistema eletrônico de monitoramento com o objetivo de melhorar a eficiência da mudança de artigos do lugar.[13] Além do mais, varejistas devem manter relações com pessoas em diferentes países, como a China. O quadro "Dicas de etiqueta para profissionais de marketing" discute as maneiras de se estabelecer relações positivas com parceiros chineses.

Em poucas palavras

Esteja preparado para todos os casos de demanda, quando e onde elas possam ocorrer.
Michael Dell (nasc. 1965)
Fundador da Dell Inc.

Uma logística eficaz exige adequado gerenciamento da supply chain, controle de atividades de compras, processamento e entregas pelos quais matérias-primas são transformadas em produtos e se tornam disponíveis para consumidores finais. A **supply chain**, também conhecida como *cadeia de valores*, é a seqüência completa de fornecedores e atividades que contribuem com a criação e a entrega de bens e serviços. A supply chain começa com a entrada de matérias-primas para o processo de fabricação de um produto e então prossegue para as reais atividades de produção. O último elo nessa cadeia é o movimento dos produtos finais dos canais de marketing até os consumidores. Cada elo beneficia os consumidores conforme as matérias-primas passam da fabricação à distribuição. A cadeia engloba todas as atividades que aumentam o valor dos produtos acabados, incluindo design, qualidade de fabricação, serviço ao consumidor e entrega. A satisfação dos consumidores resulta diretamente do valor percebido de uma compra para seus compradores.

Para gerenciar supply chains, as empresas devem procurar meios de maximizar o valor de consumidor em cada atividade que desempenham. O gerenciamento de supply chains acontece em duas direções: *upstream* e *downstream*, como ilustrado na Figura 13.2. O **gerenciamento *upstream*** envolve o gerenciamento de matérias-primas, logística de suprimentos e dependências de armazenamento e estocagem. O **gerenciamento *downstream*** (cadeia de valor) envolve o gerenciamento de estoques de produtos acabados, logística de distribuição, vendas e marketing e serviço ao consumidor.

As empresas escolhem uma variedade de métodos para gerenciar supply chains. O fundador da Dell, Michael Dell, diz que o segredo do sucesso da sua empresa são as vendas on-line e a automação. "Mais de 90% das transações da nossa supply chain são transações máquina-a-máquina", afirma. Dell admite que "deve-se colocar um pouco de esforço humano lá", mas insiste que os custos da empresa aumentariam de modo vertiginoso se todas as transações fossem feitas por telefone por meio de operadoras.[14] Recentemente a UPS tomou decisões com a intenção de dominar sua supply chain, como descreve o quadro "Sucesso de marketing".

A gestão de logística tem um papel importante em dar aos clientes o que eles precisam e quando precisam e isso é fundamental na supply chain. Outro componente importante dessa cadeia, *o serviço de valor agregado*, acrescenta um serviço melhorado e complementar que os consumidores normalmente não recebem nem esperam. As próximas seções examinam métodos para alinhar e gerenciar a logística e as supply chains como parte de toda a estratégia de distribuição.

---

dicas de etiqueta

Desenvolvendo relacionamentos com contatos chineses de supply chains

Nunca o velho ditado "o mundo é pequeno" foi mais apropriado quanto hoje em dia. Empresas grandes e pequenas crescem para além das fronteiras nacionais, de maneira que profissionais de marketing e outros empresários têm de criar relações com pessoas no mundo todo. Já que, atualmente, muitas supply chains se originam na China, é importante que profissionais de marketing americanos façam o melhor para entender os valores e costumes chineses a fim de garantir bons relacionamentos com vários fornecedores que estão na China. Se isso soa estranho para você, aqui vão algumas dicas de especialistas que o(a) ajudarão a começar:

1. Antes de fazer contato direto inicial com um empresário chinês, tente obter uma apresentação pessoal com alguém. Relacionamentos e conexões pessoais são muito importantes na China.
2. Se você está programando uma viagem para a China, atente aos feriados e às tradições. Os negócios fecham durante o Ano Novo chinês, no 1º de Maio, e no Dia Nacional, entre outros.
3. Esteja sempre pronto para compromissos e reuniões. Atrasar-se é considerado um insulto sério.
4. Na China, trate um colega de negócios pelo título e sobrenome, ou use "Sr.", "Srta.", ou "Sra.". Observe que a maioria das mulheres chinesas casadas mantêm seus sobrenomes de solteira nos negócios. Nunca trate alguém por "camarada".
5. Você pode cumprimentar um chinês com uma leve reverência, saudação com a cabeça ou aperto de mão.
6. Não se chateie se a pessoa com quem você estiver não sorrir nem parecer claramente amigável. É costume dos chineses esconder os sentimentos.
7. De acordo com a tradição, se um empresário chinês lhe oferecer um cartão de visita, aceite-o com as duas mãos.
8. Permita que uma reunião de negócios comece com uma pequena conversa sobre o tempo ou viagens recentes e depois mude para assuntos mais sérios. Seja paciente. Você está ganhando a confiança de colegas chineses.

Fontes: Making contacts and Business meetings, *Business-in-Asia.com*, **www.business-in-china.net**, acessado em 17 mar. 2005; OCBC says doing business in China is still a challenge, *ChannelNewsAsia.com*, 15 abr. 2004, **www.channelnwesasia.com**; CHEN, Peter P. W. Appointment alert!, *Executive Planet*, **www.executiveplanet.com**, 25 maio 2003.

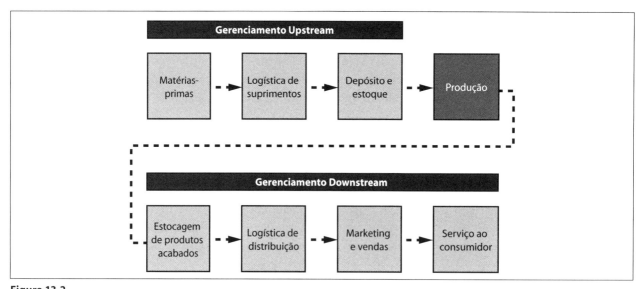

Figura 13.2
A supply chain de uma empresa manufatureira.
Fontes: Adaptado da Figura 2.2, Ralph M. Stair e George W. Reynolds, *Principles of information systems*, 6. ed. Boston: Course Technology, © 2003.

IDENTIFICAÇÃO POR RADIOFREQÜÊNCIA (RFID)

Uma ferramenta que os profissionais de marketing estão usando para ajudar a gerenciar a logística é a **tecnologia de identificação por radiofreqüência (RFID)**. Com a RFID, um chip minúsculo contendo informações de identificação que podem ser lidas por um scanner de radiofreqüência a distância é colocado em um item. Esses chips já são amplamente usados nos identificadores de passagem em pedágios, permitindo que os motoristas passem pelos pedágios sem parar ou sem ter de abrir os vidros. Também integram os cartões de identificação de funcionários usados para abrir as portas dos escritórios sem chave. Mas empresas como a gigante do varejo Wal-Mart, a fabricante Procter & Gamble, empresas de cartão de crédito MasterCard e American Express, junto da varejista alemã Metro AG, estão, avidamente, espalhando a tecnologia; elas afirmam que isso vai aumentar a velocidade de entregas, tor-

Sucesso de marketing

A UPS move-se em direção ao dominio das supply chains

Histórico. Quando você encomenda um livro ou um par de botas de seu varejista favorito, espera que o pedido chegue pontualmente. Quando o varejista encomenda os livros ou as botas do atacadista ou até mesmo diretamente do fabricante, ele espera receber os itens rapidamente. É quando a UPS entra em cena. A *Brown*, como é hoje popularmente conhecida, é a transportadora que está pronta para dominar as supply chains.

O desafio. Transportar 13,8 milhões de embalagens, caixas e cestas de um lugar para o outro todos os dias – sem perder ou danificar nenhum item – é um desafio enorme para a UPS. Ela, com o intuito de dominar o setor satisfazendo seus clientes de negócios, deve encontrar um modo de fazer mais do que só entregar os pedidos pontualmente.

A estratégia. Nos últimos anos, a UPS decidiu investir fortemente na parte de logística da empresa, incluindo tecnologia, caminhões e imóveis. Agora oferece sistemas abrangentes para seus clientes de negócios. E também irá projetar e programar serviços de transporte, facilitar negócios internacionais e ain-

nar obsoletos os códigos de barra dos consumidores e fornecer aos profissionais de marketing informações valiosas sobre as preferências dos consumidores.

A Wal-Mart está pressionando seus maiores fornecedores a prenderem as etiquetas RFID nas paletas e caixas de produtos que vão de Coca-Cola até sabonetes Dove, alegando que a tecnologia melhorará amplamente a capacidade de controlar e manter a quantidade certa de produtos em estoque. Alguns analistas do setor estimam que a tecnologia poderia economizar US$ 8 bilhões nos próximos anos para a rede varejista sediada em Arkansas.[15] Na Alemanha, a Metro AG está utilizando a mesma tecnologia para controle de estoque com aparelhos portáteis.[16]

Depois de preocupações iniciais sobre privacidade de consumidor, assim como os problemas técnicos de quando a Gillete e a Wal-Mart planejaram ter um chip integrado em cada produto – no lugar de caixas ou paletas –, as duas empresas decidiram concentrar-se na gestão do fluxo de estoque em vez de tentar rastrear o comportamento do consumidor.[17]

A MasterCard e a American Express tentaram fazer testes dos seus cartões de crédito "sem contato" utilizando o RFID. Em vez de passar o cartão na abertura, o consumidor deve somente colocá-lo perto de um scanner especial para a venda continuar – e ele ainda recebe um recibo de papel. "Em alguns casos é até mais rápido que dinheiro", diz Betsy Foran-Owens, vice-presidente da MasterCard. "Você elimina os fatores de erros."[18]

PLANEJAMENTO DE RECURSOS EMPRESARIAIS

O software é um aspecto importante para a gestão de logística e a supply chains. Considere o caso da Mott's, a "empresa das maçãs". Seu plano de produção ideal é desenvolvido pelo software de planejamento de recursos empresariais (ERP) comercializado pela SAP, a maior produtora de software alemã. Um **sistema de planejamento de recursos empresariais (ERP)** é um sistema integrado de software que consolida dados dentro das unidades das empresas. Aproximadamente dois terços dos usuários do sistema ERP são fabricantes preocupados com problemas de produção, como ordenação e programação.

Por mais valiosos que sejam, o ERP e os softwares semelhantes não são sempre perfeitos. Por exemplo, falhas no ERP levaram a culpa quando a Hershey's não conseguiu atender a todas as encomendas de doces durante um recente período de *Halloween*, quando uma queda nas vendas ocorreu por uma combinação de atrasos no transporte, incapacidade de atender a pedidos e remessas parciais enquanto os doces se empilhavam nos depósitos. As maiores lojas de varejo dos Estados Unidos foram obrigadas a trocar suas compras para outros fornecedores de doces.

da gerenciar um depósito de cliente. A idéia é gerenciar uma supply chain de um cliente de negócios para que ele possa enfocar o marketing e o desenvolvimento de produtos.

O resultado. Até agora, a UPS fez que o tempo que se leva para os carros da Ford irem da fábrica até seus vendedores fosse reduzido em 40%. "Foi a transformação mais incrível que eu já vi", diz um revendedor da Ford. A UPS fez o mesmo para a Birkenstock, sediada na Alemanha. Uma viagem dos sapatos e sandálias Birkenstock da Alemanha aos Estados Unidos agora demora três semanas em vez de sete. Essas melhoras economizam milhões de dólares a cada ano – e mantêm aqueles caminhões marrons da UPS funcionando.

Fontes: Site da UPS Supply Chain Solutions, **www.ups-scs.com**, acessado em 7 fev. 2005; HP: packaging a dual data warehouse solution for UPS, site da Hewlett-Packard, **www.hp.com**, acessado em 7 fev. 2005; FOUST, Dean. Big brown's new bag, *BussinessWeek*, 9 jul. 2004, p. 54-6.

CONTROLE DE CUSTOS DE LOGÍSTICA

Além de aprimorar produtos fornecendo serviços de valor agregado aos consumidores, muitas empresas se concentram na logística por um outro motivo importante: redução de custos. Funções de distribuição atualmente representam quase a metade dos custos totais de marketing de uma empresa normal. Para reduzir os custos de logística, as companhias estão reexaminando cada elo de suas supply chains com o objetivo de identificar atividades que não agreguem valor para os consumidores. Eliminando, reduzindo ou reorganizando essas atividades, elas em geral podem cortar gastos e aumentar a eficácia. Como acabamos de descrever, novas tecnologias como a RFID podem economizar milhões – até mesmo bilhões – de dólares, como no caso do Wal-Mart.

Por causa do aumento de exigências de segurança nos últimos anos, empresas envolvidas em importação e exportação têm enfrentado um grande aumento nos custos de logística. O *Department of Homeland Security* exigiu que essas empresas apresentassem relatórios de segurança detalhados e depois sugeriu maneiras de melhorar a segurança de navios que chegam e saem, assim como nos portos. Muitas organizações já receberam sobretaxas de segurança, e esses custos provavelmente continuarão a aumentar. Algumas procuram controlar os aumentos unindo-se ao *Customs-Trade Partnership Against Terrorism*, que certifica seus membros como usuários de portos seguros, fazendo que eles se tornem isentos de longas inspeções de cargas, navios e depósitos.[19]

Logística Terceirizada

MARKETING
Verificação
de conceito

1. Liste algumas maneiras pelas quais as empresas estão alinhando suas supply chains.
2. Identifique três métodos de gerenciar a logística.

Algumas companhias tentam cortar custos e oferecer serviços de valor agregado ao consumidor terceirizando algumas ou todas as funções de logística para empresas especializadas. **Empresas de logística terceirizada (contratadas)** se especializam em cuidar de atividades de logística para seus clientes. A TRW Aeronautical Services conseguiu um contrato para fornecer sistemas de gestão de supply chains para a South Africa Airways Technical. A empresa de logística terceirizada gerencia os reparos e as revisões de aviões e peças de controle de motor de uma frota de jatos da Boeing.[20]

Com essas alianças de terceirização, produtores e fornecedores de serviços de logística cooperam para o desenvolvimento de sistemas inovadores e customizados que despacham produtos por canais de fabricação e distribuição cuidadosamente construídos. Embora muitas empresas há bastante tempo terceirizem funções de transporte e depósito, os parceiros das alianças hoje em dia utilizam métodos parecidos para combinar suas operações.

DISTRIBUIÇÃO FÍSICA

6 Identificar os principais componentes de um sistema de distribuição física.

Um sistema de distribuição física de uma empresa é um grupo organizado de componentes ligados de acordo com um plano para alcançar objetivos específicos de distribuição, e contém os seguintes elementos:

1. *Serviço ao consumidor.* Especifica que níveis de serviço ao consumidor as atividades de distribuição devem sustentar.
2. *Transporte.* Especifica como uma empresa deve despachar seus produtos.

3. *Controle de estoque.* Especifica quanto de estoque uma empresa deve manter em cada unidade.
4. *Embalagens protetoras e manuseio de materiais.* Especifica como uma empresa pode embalar e manusear eficientemente produtos nas fábricas, em depósitos e em terminais de transporte.
5. *Processamento de pedido.* Especifica como uma empresa deve lidar com pedidos.
6. *Armazenagem.* Especifica onde o sistema de distribuição irá situar estoques de produtos e o número de depósitos que uma empresa deve ter.

Todos esses componentes funcionam de maneira inter-relacionada. Decisões tomadas em uma área afetam o rendimento de outras. O gerente de distribuição física deve equilibrar cada componente para que o sistema não sobrecarregue um único aspecto em prejuízo do funcionamento global. Uma empresa pode decidir reduzir custos de transporte despachando seus produtos por meios aquáticos, que são mais baratos, porém lentos. No entanto, entregas lentas provavelmente forçariam a empresa a manter níveis mais altos de estoque, aumentando os custos. Essa divergência entre elementos do sistema geralmente leva a um aumento dos custos de produção. Então, o equilíbrio desses componentes é crucial.

Talvez em nenhum lugar a distribuição física seja mais importante do que em operações militares. Uma organização, a *Defense Logistics Agency* (DLA), tem fornecido a maior parte dos alimentos e do combustível para as tropas militares americanas no Iraque. Na verdade, a DLA transporta 4,6 milhões de itens diferentes de um lugar para outro. "Saímos do negócio de armazenar montanhas imensas de estoque, mas ainda gerenciamos pequenos montes de itens essenciais e de alta demanda", diz o chefe de operações e planos de contingência da DLA, Leonard Petrucelli. "Garantimos que os produtos sejam entregues diretamente onde os clientes os querem – tanto em um escritório na Virgínia quanto em um porto no Kuwait ou em um aeroporto no Iraque."[21]

O PROBLEMA DA SUBOTIMIZAÇÃO

Gerentes de logística procuram estabelecer um nível específico de serviço ao consumidor ao mesmo tempo que minimizam os custos de transporte físico e estocagem de produtos. Os profissionais de marketing devem decidir as prioridades de serviços aos consumidores e depois descobrir como cumprir os objetivos de transportar produtos por um custo melhor. Unir todos os elementos de distribuição física é um enorme desafio que nem sempre as empresas conseguem atingir.

A **subotimização** acontece quando os gerentes de funções individuais de distribuição física tentam diminuir custos, mas o impacto de uma tarefa sobre as outras leva a resultados aquém dos ideais. Imagine um time de hóquei composto por jogadores recordistas. Infelizmente, apesar dos talentos individuais de cada jogador, a equipe não consegue ganhar um jogo. Isso é um exemplo de subotimização. O mesmo pode acontecer em uma empresa quando cada atividade de logística é julgada por suas próprias realizações em vez de pela forma como contribuiu para os objetivos globais da companhia. A subotimização ocorre freqüentemente quando uma empresa introduz um novo produto que não se encaixa com facilidade em seu sistema atual de distribuição física.

A gestão eficaz de funções de distribuição física requer certa compensação de custos. Ao aceitar custos relativamente altos em algumas áreas funcionais para cortar gastos em outras, os gerentes podem minimizar os custos totais da distribuição física. É claro que qualquer redução nos custos de logística deve apoiar o progresso na direção do objetivo de manter padrões de serviço ao consumidor.

Em poucas palavras

Serviços na hora certa, assim como presentes na hora certa, têm valor redobrado.
George MacDonald (1824-1905)
Romancista, poeta e sacerdote escocês

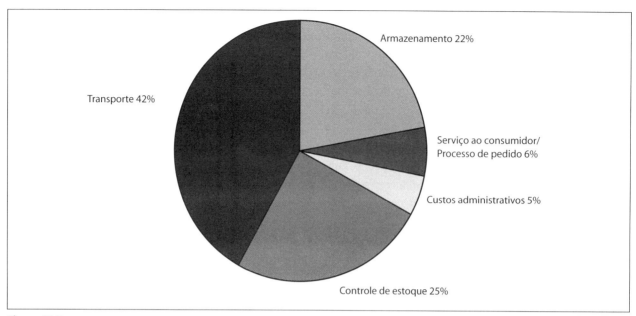

Figura 13.3
Alocação dos gastos de distribuição física.
Fontes: Esses dados foram fornecidos pela dra. Julie Gentry, da Logistics Faculty, University of Arkansas-Fayetteville.

PADRÕES DE SERVIÇO AO CONSUMIDOR

Os **padrões de serviço ao consumidor** determinam objetivos e definem o desempenho aceitável da qualidade do serviço que uma empresa espera entregar a seus consumidores. Muitas lojas de varejo na internet sobrevivem da habilidade de despachar produtos poucas horas depois que os pedidos são feitos. Um restaurante pode estabelecer um padrão que exige que todos os clientes recebam as refeições 10 minutos após terem feito os pedidos. Um supermercado pode estabelecer um padrão em que todos os produtos agrícolas que vende tenham sido colhidos naquela semana.

Aqueles que desenvolvem sistemas de distribuição física começam estabelecendo níveis aceitáveis de serviço ao consumidor. Esses desenvolvedores, então, unem componentes de distribuição física de um modo que possam atingir esse padrão pelo mais baixo custo total possível. Como mostra a Figura 13.3, esse custo total se divide em cinco componentes: (1) transporte, (2) armazenamento, (3) serviço ao consumidor/processo de pedido, (4) custos administrativos e (5) controle de estoque.

TRANSPORTE

O setor de transporte atualmente está bastante desregulamentado. Essa desregulamentação tem sido particularmente importante para rodovias, ferrovias e transporte aéreo. Muitos transportadores agora são livres para desenvolver soluções exclusivas para quem precisa de transportes. Antes da desregulamentação, nenhum transportador de caminhões atendia os 48 estados norte-americanos de modo contínuo. Atualmente, mais de 4 mil transportadores têm essa autoridade. Além do mais, o setor de transporte por caminhões hoje opera com muito mais eficiência do que quando estava sob regulamentação do governo; muitos transportadores reduziram a quilometragem vazia em dois terços.

Acrescentando em geral 10% ao custo de um produto, as despesas de transporte e entrega representam a maior categoria de custos relacionados à logística para a maioria das empresas. E ainda, para muitos itens – em particular os perecíveis, como peixes ou produtos agrícolas –, o transporte contribui grandemente para um serviço satisfatório ao consumidor.

Muitos gerentes de logística descobriram que o segredo para controlar os custos de transporte é a gestão cuidadosa de relacionamentos com empresas de transporte. Transportadores de cargas utilizam-se de duas taxas básicas: tarifa classificada e tarifa de carga. Uma tarifa classificada é uma tarifa padrão para uma *commodity* específica transportada para qualquer destino. Um transportador pode cobrar uma tarifa de carga mais baixa, algumas vezes chamada de tarifa especial, para um transportador favorecido como forma de retribuição pela regularidade ou pelos grandes volumes. Ferrovias e transportadores marítimos nacionais normalmente recompensam os consumidores dessa maneira.

Além disso, setores ferroviários e rodoviários às vezes suplementam essa estrutura de taxas com tarifas negociadas ou por acordos. Em outras palavras, as duas partes chegam a esses termos de taxas, serviços e outras variáveis mediante um contrato.

Tipos de Transportadores

Transportadores de cargas são classificados em comuns, contratados e particulares. **Transportadores comuns**, geralmente considerados a espinha dorsal do setor de transporte, fornecem serviços de transporte de aluguel ao público em geral. O governo ainda regula suas tarifas e seus serviços, e esses transportadores não podem conduzir operações sem a permissão de órgãos reguladores apropriados. Transportadores comuns transportam cargas por meio de todas as formas de transporte.

Transportadores contratados são transportadores de aluguel que não oferecem serviços ao público em geral; ao contrário, estabelecem contratos com clientes individuais e operam com exclusividade para setores particulares, como o de transportes rodoviários. Esses transportadores operam sob leis muito menos rígidas que os transportadores comuns.

Transportadores particulares não oferecem serviços de aluguel. Fornecem serviços de transporte só para cargas originadas internamente. Como resultado, não têm regulamentação de tarifas ou de serviços. A *Interstate Commerce Comission* (ICC – Agência de Comércio Interestadual), um órgão regulamentador do governo, permite que transportadores particulares operem também como transportadores comuns ou contratados. Muitos transportadores particulares tiram vantagem dessa regulamentação operando com caminhões completamente carregados o tempo todo.

Principais Modalidades de Transporte

Gerentes de logística escolhem entre cinco principais alternativas de transporte: ferrovias, rodovias, transporte marítimo, oleodutos e transporte aéreo. Cada modalidade tem suas próprias características. Gerentes de logística selecionam as melhores opções para cada caso relacionando os aspectos específicos do caso às suas necessidades de transporte.

Ferrovias

As ferrovias continuam controlando a maior parte dos negócios de transporte de cargas, conforme medido por toneladas-quilômetro. O termo *toneladas-quilômetro* indica a atividade de transporte exigida para transportar uma tonelada de carga em um quilômetro. Transportadores ferroviários acumulam rapidamente toneladas-quilômetro, já que essa modalidade fornece um meio mais eficiente de transportar mercadorias a granel a longas distâncias. Transportadores ferroviários geralmente transportam imensas quantidades de carvão, produtos químicos, grãos, minerais não-metálicos, produtos de madeira e automóveis. A mensagem promocional da Union Pacific (Figura 13.4) enfatiza a longa história das ferrovias na distribuição de produtos por todas as partes dos Estados Unidos.

As ferrovias têm melhorado seus padrões de serviço com muitos conceitos inovadores, como trens unitários, trens diretos, **operações intermodais** e trens de contêiner duplo. Os trens unitários carregam grandes quantidades de carvão, grãos e outras mercadorias de grandes volumes, indo e voltando de pontos isolados de carregamento (como minas) e destinos isolados (como usinas hidrelétricas) para entregarem um só produto. Para acelerar as entregas, os trens diretos não param em terminais intermediários. O funcionamento dos trens diretos é semelhante ao dos trens unitários, mas os primeiros podem carregar variedade de produtos.

Em uma das operações intermodais, a *piggyback* (transporte combinado via ferrovia e rodovia), caminhões semi-reboque e contêineres são transportados em vagões-plataforma e, desse modo, combinam a capacidade de transporte pesado com a flexibilidade porta-a-porta dos caminhões. Os trens de contêiner duplo puxam vagões especiais equipados com reservatórios em forma de banheira para poderem carregar dois contêineres empilhados. Esse sistema oferece enormes vantagens para os clientes ferroviários ao quase dobrar a capacidade dos trens e reduzir custos.

Rodovias

Cerca de 80% de todos os produtos nos Estados Unidos passam por caminhões em algum momento. O setor de caminhões cresceu consideravelmente nas últimas décadas e espera-se que cresça 25% nos próximos dez anos para acompanhar as demandas.[22] O transporte por caminhões oferece algumas vantagens importantes sobre as outras

Figura 13.4
Ferrovias: entrega eficiente de produtos em todo o território nacional.

modalidades, incluindo transporte relativamente mais rápido e serviço consistente tanto para cargas grandes quanto para pequenas. As rodovias concentram-se no transporte de produtos manufaturados, ao passo que as ferrovias normalmente transportam cargas a granel de matérias-primas. Portanto, as rodovias têm maior faturamento por tonelada transportada, já que o custo do transporte de matérias-primas é mais alto que o de produtos manufaturados.

A tecnologia também tem aumentado a eficiência dos caminhões. Muitas empresas desse setor agora rastreiam suas frotas com sistemas de comunicação via satélite e, ainda, sistemas de computador embarcados permitem que motoristas e despachantes façam mudanças de última hora nos cronogramas e nas entregas. A internet também está acrescentando novas características aos serviços rodoviários.

Algumas frotas particulares funcionam como montadoras rodantes que coletam produtos semi-acabados dos fabricantes, montam-nos em trânsito e os entregam acabados para os consumidores, otimizando todo o serviço e a satisfação do consumidor. A distribuidora Pinacor, sediada no Arizona, por exemplo, associa-se com a Lucent Technologies, sediada em Nova Jersey, para executar testes finais e configuração dos sistemas de telecomunicação da Lucent. A capacidade da Pinacor de assumir esses passos finais de fabricação reduz demasiadamente o *lead time* dos produtos, de uma média de trinta a 45 dias para cerca de dez dias.[23]

Transportadores Marítimos

Há dois tipos básicos de transporte que levam os produtos na água: linhas fluviais e navios oceânicos. As linhas fluviais transportam eficientemente mercadorias a granel de baixo valor, como grãos, cascalho, madeira, areia e aço. Uma linha fluvial típica do baixo rio Mississippi pode ter uma extensão de mais de meio quilômetro. Grandes navios também operam nos Grandes Lagos, carregando materiais como minério de ferro de Minnesota e grãos para o mercado. Essas embarcações lacustres variam em tamanho, podendo ter de 100 a 300 metros de comprimento.

Navios oceânicos transportam um fluxo crescente de cargas conteinerizadas entre portos no mundo todo. Os novos navios superpetroleiros de empresas globais como a Maersk Sealand são do tamanho de três campos de futebol, quase o dobro da capacidade de outros navios. Operando com capacidade máxima, os navios podem reduzir os custos do transporte de cargas ao longo do oceano Pacífico em um quinto. Transportadores que carregam produtos pela água incorrem em custos muito baixos comparados às taxas de outras modalidades. Contêineres de transporte modular padronizados maximizam a economia limitando o número de carregamentos e descarregamentos.

Em geral, navios carregam contêineres grandes e refrigerados chamados de *reefers*, que transportam de produtos agrícolas frescos até materiais médicos. Com suas contrapartes não refrigeradas, esses contêineres melhoram a eficiência de transporte porque podem ser facilmente removidos de um navio e colocados em caminhões ou trens. A Maersk Sealand é uma das maiores empresas de transporte do mundo e controla mais de um milhão de contêineres.[24] Embora o transporte marítimo seja tradicionalmente menos caro que as outras modalidades, como já explicado, seu custo tem aumentado de modo considerável por causa das rigorosas medidas de segurança.

Oleodutos

Embora o setor de oleoduto fique em terceiro lugar depois das ferrovias e rodovias em toneladas-quilômetro transportadas, muitas pessoas mal sabem de sua existência. Mais de 345 mil quilômetros de oleodutos cruzam os Estados Unidos em uma rede extremamente eficiente de transporte de gás natural e produtos petrolíferos. Os oleodutos transportam dois tipos de mercadorias: petróleo cru (não processado) e produtos refinados, como gasolina, combustível para aeronaves e querosene. Além disso, a chamada *pasta de cimento* (*slurry pipeline*) carrega carvão em suspensão depois de ter sido triturado e misturado em água. A Black Mesa Pipeline, pertencente à Union Pacific, transporta carvão por mais de 450 quilômetros, do norte do Arizona até o sul de Nevada.

Ainda que os oleodutos ofereçam baixa manutenção e sejam um método confiável de transporte, várias características limitam suas aplicações. Eles têm menos localizações que os transportadores marítimos e podem comportar apenas um número reduzido de produtos. Por fim, representam um método relativamente lento de transporte; os líquidos são transportados pelos oleodutos a uma velocidade média de apenas 4 a 6 quilômetros por hora.

Transportadores Aéreos

Transportadores marítimos internacionais ainda transportam muitos produtos de baixo valor ou produtos em massa, como automóveis; porém, mais e mais mercadorias são transportadas por via aérea. O crescimento significativo do volume de entregas controladas por transportadores aéreos, como a DHL, provavelmente continuará à medida que os transportadores de cargas procuram satisfazer o aumento da demanda dos consumidores por entregas mais rápidas. Embora 80% das entregas 24 horas no mundo aconteçam nos Estados Unidos, a demanda internacional pelo serviço 24 horas de transporte de carga aéreo cresce 18% a cada ano. Mais de 1,3 milhão de entregas desse tipo já são realizadas diariamente fora dos Estados Unidos.[25]

Comparando as Cinco Modalidades de Transporte

A Tabela 13.3 compara as cinco modalidades de transportes em várias características operacionais. Embora todos os transportadores julguem confiabilidade, velocidade e custo na escolha da modalidade de transporte mais apropriada, eles atribuem importância variável a critérios específicos quando transportam produtos diferentes. Por exemplo, enquanto as rodovias ficam em primeiro lugar em disponibilidade em vários lugares, transportadores de produtos de petróleo freqüentemente optam pelas alternativas de custos mais baixos, os oleodutos.

Exemplos de tipos de produtos em geral manuseados por diferentes modalidades de transporte incluem:

- *Ferrovias*. Madeira, ferro, aço, carvão, automóveis, grãos, produtos químicos.
- *Rodovias*. Roupas, móveis, utensílios, madeira, plástico, alimentos, couro, maquinaria.
- *Transportadores marítimos*. Combustível, óleo, carvão, produtos químicos, minerais, produtos de petróleo.
- *Oleodutos*. Óleo, diesel, combustível de aviação, querosene, gás natural.
- *Transportadores aéreos*. Flores, instrumentos técnicos, maquinaria, produtos especiais de alto custo, produtos comprados pela internet que vão direto para os consumidores.

Tabela 13.3 Comparação das modalidades de transporte

MODALIDADE	VELOCIDADE	CONFIABILIDADE NO CUMPRIMENTO DE PRAZOS	FREQÜÊNCIA DE ENTREGA	DISPONIBILIDADE EM DIFERENTES LOCAIS	FLEXIBILIDADE DE MANUSEIO	CUSTO
Por trens	Média	Média	Baixa	Baixa	Alta	Médio
Por água	Muito baixa	Média	Muito lenta	Limitada	Muito alta	Muito baixo
Por caminhões	Rápida	Alta	Alta	Muito extensa	Média	Alto
Por oleodutos	Baixa	Alta	Alta	Muito limitada	Muito baixa	Baixo
Pelo ar	Muito rápida	Alta	Média	Média	Baixa	Muito alto

Agentes de Carga e Transportadores Complementares

Agentes de carga atuam como transportadores intermediários, consolidando as entregas com o objetivo de adquirir baixas taxas para seus clientes.

As taxas de transporte sobre carga inferior a um caminhão (LTL – *less-than-truckload*) e carga inferior a um vagão (LCL – *less-than-carload*) geralmente dobram as taxas sobre a carga de caminhão (*truckload*, TL) e carga de vagão (*carload*, CL). Os agentes de carga cobram menos que as taxas mais altas, porém acima das taxas mais baixas. Eles lucram consolidando as remessas de múltiplos consumidores até que possam transportar cobrando taxas TL e CL. Os consumidores tiram duas vantagens desses serviços: custos mais baixos em cargas pequenas e serviço de entrega mais rápido que poderiam atingir com suas próprias remessas LTL e LCL.

Além das opções de transportes analisadas até agora, um gerente de logística pode transportar produtos por vários transportadores auxiliares ou complementares especializados em pequenas cargas. Esses transportadores incluem serviços de carga de ônibus, a United Parcel Service, a FedEx, a DHL International e os Correios dos Estados Unidos.

Coordenação Intermodal

Empresas de transporte enfatizam modalidades específicas e atendem a certos tipos de consumidores, mas, algumas vezes, combinam serviços para oferecer aos transportadores os serviços e as vantagens de custo de cada uma. Os serviços *piggyback*, mencionados na seção de ferrovias, são a forma mais amplamente utilizada de coordenação intermodal. Os serviços *birdyback* (transporte combinado via aérea e rodoviária), outro modo de coordenação intermodal, enviam transportadores rodoviários para pegar uma carga em um lugar e entregá-la em destinos locais; um transportador aéreo a pega entre aeroportos perto desses lugares. Os serviços *fishyback* (transporte combinado via marítima e rodoviário) estabelecem um sistema de coordenação intermodal similar entre transportadores rodoviários e marítimos.

Os transportes intermodais em geral oferecem aos transportadores um serviço mais rápido e taxas mais baixas que qualquer modalidade ofereceria individualmente porque cada um transporta cargas do seu modo mais eficiente. Contudo, os acordos intermodais exigem forte coordenação entre todos os fornecedores de transporte.

Reconhecendo essa necessidade, empresas de transportes intermodais foram formadas para oferecer atividades combinadas dentro de operações únicas. Os serviços *piggyback* normalmente unem duas empresas distintas – ferroviária e de caminhões. Uma empresa multimodal fornece serviços intermodais por intermédio de seus próprios recursos internos de transporte. Os transportadores beneficiam-se porque um único serviço assume total responsabilidade da origem até o destino. Essa unificação previne disputas sobre qual transportador atrasou ou danificou alguma carga.

ARMAZENAMENTO

Existem dois tipos de armazenamento de produto: armazéns de depósito e de distribuição. Um armazém de depósito guarda produtos por períodos de moderados a longos na tentativa de equilibrar a oferta e a demanda para produtores e compradores. Por exemplo, armazéns de atmosfera controlada – também chamados de *câmaras frias* – em Yakima e Wenatchee, Washington, atendem a plantações de frutas próximas. Em contrapartida, um armazém de distribuição monta e redistribui produtos, mantendo-os o máximo possível em movimento. Muitos armazéns ou centros de distribuição estocam fisicamente produtos por menos de 24 horas antes de entregá-los aos consumidores.

Os gerentes de logística tentam economizar nos custos de transporte desenvolvendo centros de distribuição central. Um fabricante pode enviar uma carga individual, grande e consolidada para um centro de *break-bulk* – uma unidade de distribuição central que separa cargas grandes, fazendo que se tornem pequenas, e as distribui para consumidores individuais na área. Muitos varejistas on-line utilizam os centros de *break-bulk*.

O Wal-Mart opera uma enorme rede de distribuição de 146 centros em todo o mundo, sendo 103 nos Estados Unidos e 43 no exterior. A empresa pensa em abrir mais centros no exterior. O resultado é que caminhões de entrega devem fazer viagens mais curtas das lojas até os destinos. "Se é possível cortar um dia de *lead time* da supply chain de uma empresa do tamanho do Wal-Mart, a economia é muito grande", explica o ex-vice-presidente de logística do Wal-Mart, Ted Wade.[26]

TECNOLOGIA AUTOMATIZADA DE ARMAZENAMENTO

Gerentes de logística podem reduzir consideravelmente os custos de distribuição e melhorar os serviços aos consumidores automatizando os sistemas de armazenamento. Embora represente um investimento caro, a tecnologia da automação possibilita grande redução de trabalho para distribuidoras de grande escala, como cadeias de gêneros alimentícios. Um sistema computadorizado pode armazenar pedidos, escolher o número correto de caixas e transferir a seqüência desejada até as plataformas de carga. Esse tipo de sistema de armazenamento reduz custos de trabalho, danos aos trabalhadores, roubo de carga, incêndios e quebra.

Locais de Armazenamento

Toda empresa deve tomar uma decisão importante de logística quando determina o número e os locais de instalação de estoques. Duas categorias de custos influenciam essa decisão: (1) custos de armazenamento e manuseio de materiais e (2) custos de entrega dos armazéns até os consumidores. Grandes instalações oferecem economias de escala nas instalações e nos sistemas de manuseio de materiais; os custos por unidade para esses sistemas caem à medida que os volumes aumentam. Por outro lado, os custos de entrega aumentam conforme aumenta a distância entre armazéns e consumidores. Como já mencionado, o Wal-Mart continua trabalhando para aumentar o número de locais de armazenamento com o objetivo de reduzir as distâncias e os custos.

Os locais de armazenamento também afetam os serviços aos consumidores. As empresas devem estabelecer as instalações de estoque e de distribuição em lugares onde possam atender às demandas dos consumidores por disponibilidade de produtos e tempo de entrega. Também devem considerar as tendências da população e de emprego. Por exemplo, o crescimento rápido de áreas metropolitanas no sul e no oeste dos Estados Unidos fez que algumas empresas abrissem mais centros de distribuição nesses locais.

SISTEMAS DE CONTROLE DE ESTOQUE

O controle de estoque recebe grande parte da atenção dos gerentes de logística porque as empresas precisam manter estoque suficiente para atender às demandas dos consumidores sem ter de incorrer em custos desnecessários para carregar excesso de estoque. Algumas organizações tentam manter os níveis de estoque sob controle implementando uma produção just-in-time (JIT); outras estão começando a utilizar a tecnologia RFID, abordada anteriormente neste capítulo.

Empresas como a Costco transferiram a responsabilidade – e os custos – pelo controle de estoque de varejistas aos fabricantes individuais. A Costco dá acesso aos dados de vendas de lojas individuais para a Kimberly-Clark, que utiliza essas informações para rastrear os níveis de estoque de suas fraldas e de outros produtos e reabastecê-los conforme necessário. Sistemas de **estoque gerenciado pelo fornecedor (VMI – *Vendor Management Inventory*)** baseiam-se na hipótese de que os fornecedores estão em melhores condições de identificar a falta ou o excesso de estoque, reduzindo custos ao longo das cadeias de suprimento que podem ser traduzidos em preços mais baixos para o consumidor.

PROCESSAMENTO DE PEDIDOS

Assim como o controle de estoque, o processamento de pedidos afeta diretamente a capacidade de uma empresa em atender aos padrões de serviços aos consumidores. Uma empresa pode ter de compensar pela ineficiência em seu sistema de processamento de pedidos enviando produtos por modalidades de transportes caras ou mantendo grandes estoques em vários armazéns de campo caros.

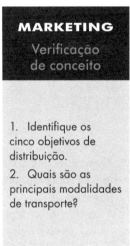

Geralmente, o processamento de pedidos consiste em quatro atividades principais: (1) administrar uma verificação de crédito; (2) manter um registro de vendas, o que envolve tarefas como transferir créditos de comissão a um representante de vendas; (3) fazer lançamentos contábeis apropriados e (4) localizar pedidos, enviá-los e ajustar registros de estoque. Uma *stockout* (falta de estoque) ocorre quando um item não está disponível para entrega. O sistema de processamento de pedidos de uma empresa deve informar a falta de estoque aos consumidores que forem afetados e oferecer uma variedade de ações alternativas.

Como nas outras áreas de distribuição física, inovações tecnológicas melhoram a eficiência no processamento de pedidos. Muitas empresas estão alinhando seus procedimentos de processamento de pedidos utilizando e-mail e internet. A REI, varejista de artigos esportivos, por exemplo, incentiva seus clientes a comprarem pela internet, seu canal de execução menos custoso, por meio de seus catálogos, notas fiscais, assinaturas e correspondências.

EMBALAGENS PROTETORAS E MANUSEIO DE MATERIAIS

Os gerentes de logística organizam e controlam atividades de transferência de produtos dentro de fábricas, armazéns e terminais de transporte, que, juntos, compõem o **sistema de manuseio de materiais**. Dois conceitos importantes influenciam muitas escolhas de manuseio de materiais: unitização e uso de contêiner.

A unitização combina o máximo de embalagens possíveis em cada carga que é transferida para dentro ou para fora de uma instalação. Gerentes de logística preferem manusear materiais em paletas (plataformas em geral feitas de madeira por onde os produtos são transportados). Os sistemas de unitização normalmente unem materiais em tambores de aço ou em embalagens *shrink*, ou termoencolhíveis. As embalagens termoencolhíveis cobrem um conjunto de materiais com uma folha de plástico que se comprime após ser aquecida e mantém os produtos individuais unidos com segurança. A unitização promove eficiência no manuseio de materiais porque cada embalagem exige um mínimo de trabalho para locomoção. Manter os materiais juntos também diminui danos e furtos.

Os gerentes de logística também aplicam o mesmo conceito com o **uso de contêineres** – combinando várias cargas unificadas. Um contêiner com peças de uma perfuratriz petrolífera, por exemplo, pode ser carregado em Tulsa e levado até Kansas, onde instalações ferroviárias colocam a carga em um trem direto de alta velocidade para Nova York, e de lá as peças são levadas até a Arábia Saudita.

Além dos benefícios da unitização, a conteinerização também reduz notoriamente o tempo exigido para carregar e descarregar navios. Os contêineres limitam os danos que acontecem às cargas em trânsito porque as embalagens individuais passam por pouco manuseio no caminho para os compradores.

Implicações estratégicas do marketing no século XXI

Muitos fatores, incluindo o amplo ambiente de comércio eletrônico, estão provocando mudanças no desenvolvimento de canais, na logística e na gestão de cadeias de suprimento. A internet continua revolucionando os meios pelos quais os fabricantes entregam seus produtos aos consumidores finais, e os profissionais de marketing devem encontrar maneiras de promover a cooperação entre vendedores, varejistas e redes de distribuição enquanto aproveitam o poder da internet como um canal alternativo. Esse sistema requer não apenas entrega de produtos e fornecimento de serviços mais rápidos e mais eficientes do que nunca, mas também atendimento superior aos consumidores on-line.

Além disso, a maior proliferação de produtos – os supermercados normalmente estocam quase 50 mil itens diferentes – exige que os sistemas de logística possam gerenciar múltiplas marcas entregues por meio de múltiplos canais. E estes devem estar bem afinados para identificar e retificar rapidamente problemas como defasagens de varejistas ou estoques excessivos, que custam caro. A tendência em direção a um varejo mais "enxuto", no qual o peso do controle de rastreamento de mercadoria e estoque está mudando de varejistas para fabricantes, significa que, para serem eficazes, os sistemas de logística e de supply chains devem resultar na redução de custos.

• • • • • REVISÃO

1. Descrever os tipos de canais de marketing e os papéis desempenhados por eles na estratégia de marketing.

Canais (de distribuição) de marketing são os sistemas de instituição de marketing que aumentam o fluxo físico de produtos e serviços, com títulos de propriedade, de produtores para consumidores ou para clientes corporativos. Em outras palavras, os canais ajudam a reduzir a distância entre produtores ou fabricantes e clientes corporativos ou consumidores. Os tipos de canal incluem vendas diretas, vendas por intermediários, distribuição dupla e canais inversos. Os canais desempenham quatro funções: facilitação do processo de intercâmbio, triagem, padronização do processo de intercâmbio e facilitação da busca por compradores e vendedores.

1.1. Defina *canal de marketing*. Qual é seu nome alternativo?

1.2. Qual é o papel dos intermediários de marketing?

1.3. Dê um exemplo de canal inverso.

2. Esboçar as principais decisões de estratégia de canal.

As decisões incluem a seleção de um canal de marketing e a determinação da intensidade de distribuição. A seleção de um canal de marketing pode ser baseada em fatores de mercado, de produtos, organizacionais ou competitivos. A distribuição pode ser intensiva, seletiva ou exclusiva.

2.1. Quais são os fatores de marketing que afetam a seleção de canais?

2.2. Quais são alguns dos fatores de produtos?

2.3. Descreva alguns dos problemas de distribuição exclusiva.

3. Descrever os conceitos de gestão de canal, conflito e cooperação.

Os fabricantes devem praticar a gestão de canais desenvolvendo e mantendo relações com os intermediários em seus canais de marketing. O membro dominante de um canal é chamado capitão de canal. Os conflitos horizontais e verticais podem surgir quando há desentendimento entre os membros de um canal. A cooperação é melhor alcançada quando todos os membros de um canal se tratam como iguais em uma mesma organização.

3.1. Descreva conflito horizontal e vertical.

3.2. O que é um mercado cinza?

4. Identificar e descrever os diferentes sistemas de marketing vertical.

Um sistema de marketing vertical (VMS) é um sistema planejado de canal desenvolvido para melhorar a eficiência de distribuição e relação custo-benefício integrando várias funções por toda a cadeia de distribuição. Isso pode ser alcançado por meio de integrações progressivas ou regressivas. As opções incluem um sistema de marketing corporativo, conduzido por um único proprietário; um sistema de marketing administrado, dirigido por um membro dominante de canal; e um sistema de marketing contratual, baseado em acordos formais entre os membros de um canal.

4.1. Descreva integração progressiva e regressiva.

4.2. Identifique alguns dos benefícios e desvantagens para as franquias.

5. **Explicar os papéis da logística e da gestão de supply chain em uma estratégia de distribuição global.**

Uma logística eficaz requer um adequado gerenciamento da supply chain. A supply chain começa com matérias-primas, prossegue com produções reais e continua com a movimentação de produtos acabados dos canais de marketing para os consumidores. O gerenciamento da supply chain ocorre em duas direções: *upstream* e *downstream*. As ferramentas que os profissionais de marketing utilizam para alinhar e gerenciar a logística incluem identificação por radiofreqüência (RFID), planejamento de recursos empresariais (ERP) e controle de custos de logística.

5.1. Dê exemplos de gerenciamento *upstream* e *downstream*.

5.2. Qual é a diferença entre gerenciamento de supply chain *upstream* e *downstream*?

5.3. O que é RFID e como é utilizada?

5.4. Por que o controle de custos de logística é importante?

6. **Identificar os principais componentes de um sistema de distribuição física.**

A distribuição física envolve ampla variedade de atividades relacionadas à movimentação eficaz de produtos acabados do final da linha de produção até os consumidores. Sendo um sistema, a distribuição física consiste em seis elementos: (1) serviço ao consumidor, (2) transportes, (3) controle de estoque, (4) embalagens protegidas e manuseio de materiais, (5) processamento de pedidos e (6) armazenamento. Esses elementos estão inter-relacionados e devem estar equilibrados para criar um sistema de distribuição funcional consistente e evitar a subotimização.

6.1. Por que é importante, para um gerente, equilibrar cada um dos principais componentes do sistema de distribuição física?

6.2. O que é subotimização?

7. **Comparar as principais modalidades de transporte.**

As ferrovias ocupam um patamar alto em termos de flexibilidade de manusear produtos, médio em velocidade, de confiabilidade no cumprimento de prazos e nos custos, e baixo em freqüência de entrega. As rodovias têm um custo relativamente alto, mas ocupam um bom lugar em relação à velocidade, confiabilidade, freqüência de entrega e disponibilidade em diferentes locais. Transportadores marítimos equilibram baixas velocidades, baixa freqüência de entrega e disponibilidade limitada com baixos custos. A natureza especial dos oleodutos faz que eles ocupem um lugar relativamente baixo em disponibilidade, flexibilidade e velocidade, mas, por outro lado, têm baixos custos. Transportadores aéreos têm um custo alto, porém oferecem entregas muito rápidas e confiáveis.

7.1. Quais eventos recentes tiveram um efeito significativo sobre os transportadores marítimos?

7.2. Que tipo(s) de transporte uma empresa pode usar para despachar flores?

8. **Discutir como intermediários de transporte e modalidades de transporte combinadas podem melhorar a distribuição física.**

Os intermediários de transporte facilitam a movimentação de produtos de várias maneiras, incluindo os serviços *piggyback*, *birdyback* e *fishyback* – todos meios de coordenação intermodal. Métodos como unitização e conteinerização facilitam as transferências intermodais.

8.1. Como os transportadores são beneficiados com as unificações fornecidas pelos transportes multimodais?

8.2. Identifique as principais formas de transporte intermodal.

9. **Identificar e descrever, brevemente, os diferentes tipos de armazenamento.**

Existem dois tipos de armazenamento: armazéns de depósito e de distribuição. Um armazém de depósito guarda produtos por períodos de tempo de moderados a longos, enquanto um armazém de distribuição monta e redistribui produtos rapidamente. Locais de armazenamento podem afetar os custos de distribuição.

9.1 Identifique as duas categorias de custos associadas à seleção de locais de armazenamento.

PROJETOS E EXERCÍCIOS EM GRUPO

1. Imagine uma máquina de venda automática que cobrasse mais caro por refrigerantes durante o verão. A Coca-Cola tem usado tal artifício. Qual sua opinião em relação a uma máquina sensível à temperatura? Como você acha que serão as reações dos consumidores? Pesquise as conclusões para esse teste.

2. Identifique, descreva e explique um canal inverso que lhe pareça mais familiar.

3. Sozinho ou com um colega, entre no site de uma das seguintes empresas (ou escolha a que você preferir) para aprender mais sobre os produtos e as escolhas de canais de marketing de cada uma delas. Depois determine quais

fatores – de mercado, de produto, organizacional e/ou competitivo – influenciaram na seleção dos canais de distribuição. Discuta o que encontrou em sala de aula.

a. 3M

b. Travelocity

c. Yamaha

d. Old Navy

4. Como o comércio eletrônico pode levar a um conflito de canal? Quais tipos de conflitos de canal podem resultar do comércio eletrônico? Sugira uma resolução para esse conflito. Monte duas equipes e discuta os conflitos de canal na perspectiva de diferentes membros de canal.

5. Escolha uma das franquias listadas na Tabela 13.2 e entre em seu site. Baseando-se no que você pôde descobrir sobre seu sistema de marketing contratual, assim como em outras informações sobre produtos, logística, gerenciamento de cadeias de suprimento e sistema de distribuição física, você se interessaria em comprar uma franquia dessa empresa? Por quê? Apresente suas idéias à classe.

6. Elabore um quadro destacando os objetivos de distribuição física da franquia para a empresa que você escolheu no projeto 5.

7. O Wal-Mart continua a construir centros de distribuição para fazer que os produtos entrem nas lojas mais rapidamente a um custo mais baixo. Visite o site do Wal-Mart e pesquise outros artigos para aprender mais sobre o sistema.

APLICANDO OS CONCEITOS DO CAPÍTULO

1. A Tupperware nos Estados Unidos decidiu romper sua tradição de vender seus produtos somente por intermédio de revendedores pessoa física e passar a vendê-los em lojas de varejo. Os profissionais de marketing acreditaram que os consumidores adorariam ter acesso mais fácil a seus produtos favoritos da Tupperware. O resultado? As vendas despencaram. Por que você acha que a troca de canal de marketing afetou as vendas da Tupperware desse jeito?

2. Uma empresa que começa a vender seus produtos na internet diretamente aos consumidores pode criar um conflito de canal com varejistas com os quais já têm acordos existentes. Descreva uma solução para esse problema.

3. As franquias têm-se tornado um negócio cada vez mais popular para todos os tipos de profissionais de marketing. Por que você acha que isso acontece? Quais são os benefícios e as desvantagens das franquias?

4. Imagine que você é um profissional de marketing da Nike ou da Foot Locker, ambas descritas no início do capítulo. Quais modalidades de transporte você escolheria para seus produtos?

EXERCÍCIO DE ÉTICA

A internet tem criado um canal inteiramente novo para enviar mensagens de marketing e de produtos. Embora tenha aberto portas de novos mercados para empresas grandes e pequenas, também criou oportunidades para empreendedores como Scott Richter, cuja empresa OptinRealBig.com envia milhões de e-mails não desejados todos os dias – os spams, em outras palavras. "Somos uma potência no mundo dos e-mails de marketing", afirma Richter. "Defendo o que faço." Entretanto, Paul Judge, Chief Technology Officer da empresa de segurança de e-mails Cipher-Trust Inc., não acha que o negócio de Richter seja tão admirável. "No ano passado, os spams comerciais custaram US$ 10 bilhões às corporações norte-americanas", afirma.[27]

1 Você acha que empresários como Richter desempenham uma função legítima de marketing? Justifique sua resposta.

2. A legislação federal deveria reduzir ou eliminar os spams? Justifique sua resposta.

EXERCÍCIOS NA INTERNET

1. **Canais de distribuição.** Entre no site da Specialized Biclycle Components (**www.specialized.com**). Quais canais a Specialized utiliza para distribuir seus produtos? Faça uma lista das maneiras pelas quais a empresa evita os conflitos de canal e leve-a para a sala de aula para um debate sobre o tópico.

2. **Estoque gerenciado pelo fornecedor.** Visite a seguinte página para aprender mais sobre estoque gerenciado pelo fornecedor: **www.vendormanagedinventory.com**. Reveja a definição de estoque gerenciado por fornecedor, como esse tipo de programa deve ser estabelecido, seus

benefícios e alguns problemas desse sistema. Prepare um breve relatório oral sobre o assunto para que você possa apresentar em sala de aula.

Observação: Os endereços de sites na internet mudam com freqüência. Se você não encontrar os sites mencionados, será necessário acessar a homepage da organização ou da empresa e então realizar sua pesquisa ou utilizar uma ferramenta de busca como o *Google*.

C|A|S|O 13.1   "BAX to the future": como uma empresa de logística sobreviveu e cresceu

Os ataques terroristas de 11 de setembro de 2001, as guerras no Afeganistão e no Iraque e o surgimento de uma segurança rígida têm causado um impacto imenso nas cadeias de suprimento de muitas empresas. As condições atuais do mercado estão complicadas e voláteis, o que significa que companhias globais devem encontrar novas formas de gerenciar todos os aspectos de seus canais de suprimento, incluindo os sistemas de distribuição física. É aí que entra a BAX Global. Com quarenta centros de logística em vinte países e quinhentos escritórios em cento e vinte e três, ela oferece para seus clientes ampla variedade de serviços de cadeias de suprimento.

A BAX fornece a outras empresas todos os serviços tradicionais associados à gestão de logística, incluindo transporte, estoque, documentação, montagem de pedidos, embalagens e distribuição. Mas vai ainda mais longe: seus profissionais de marketing trabalham com os clientes corporativos para descobrir como a BAX pode ajudar seus consumidores a reduzir custos e tempo, aumentar a eficiência, criar e supervisionar maneiras de medir seu desempenho. Para a distribuição física, a BAX opera uma enorme frota de aviões e caminhões com rastreamento em tempo real para que os clientes possam acessar o *status* dos produtos a qualquer hora.

Tudo isso não é fácil no ambiente do mercado atual, mas a BAX Global descobriu um jeito quando as medidas de segurança dos Estados Unidos criaram mais demandas de empresas de logística para manter os produtos fluindo para que o cumprimento das regulamentações de importação/exportação não encerra-se completamente as operações de produção. "A segurança costumava ser um parágrafo no final de uma [proposta de contrato]", explica Jerry Levy, vice-presidente de marketing da BAX Global. "Agora as empresas, principalmente as de eletrônicos, querem uma exposição completa dos procedimentos e conhecimentos de segurança, com requerimentos de segurança em qualquer país com que negociam. Elas dizem que querem entregas imediatas para manter baixos os níveis de estoque, mas, por outro lado, exigem obediência sem falha dos processos de segurança." Não é fácil. Além disso, à medida

que as empresas crescem cada vez mais em mercados de países em desenvolvimento, procuram companhias como a BAX para fornecer serviços que cubram a falta de infra-estrutura nesses países. "As pessoas querem apoio financeiro, nas compras, no cumprimento de pedidos, no armazenamento e nas vendas", diz Levy.

Então, a BAX dá aos consumidores o que eles querem elaborando procedimentos de segurança ao longo de todo o cronograma operacional. "Dessa maneira, reduzimos custos para os clientes", diz Pete Cheviot, diretor de segurança corporativa da BAX Global. O programa da BAX inclui medidas de segurança tanto para os produtos de seus clientes quanto contra o terrorismo. Com o DIRECTSHIP, os consumidores podem reduzir o tempo das cadeias de suprimento escapando dos centros de distribuição e despachando diretamente para os clientes. A capacidade de documentação eletrônica da BAX fornece pré-inspeção. "Um processo de pré-alerta está integrado na operação", explica Levy. Isso significa que qualquer possível problema pode ser tratado em trânsito e os consumidores têm acesso, a todo momento, às informações sobre seus pedidos por meio de um extranet da empresa, o MyBAX. A BAX considera-se uma parceira estratégica para seus consumidores e se esforça 100% para manter a satisfação deles. Isso contribui para uma estratégia poderosa de supply chain.

Questões para discussão

1. Sendo uma empresa de logística terceirizada, como a BAX Global ajuda seus consumidores a atingirem seus objetivos?
2. A BAX Global estabeleceu seus padrões de serviço ao consumidor em 100%. Descreva os passos adicionais que a empresa pode dar para alcançar isso.

Fontes: BAX Global, *Inbound Logistics*, **www.inboundlogistics.com**, acessado em 17 abr. 2004; BAX forwarder network enhances its wholesale airport-to-airport services with online shipping tools, *PR Newswire*, 9 fev. 2004, **www.prnewswire.com**; Fast forwarding, *Fortune*, 1 set. 2003, p. S2-5.

Marketing Direto e Revendedores de Marketing: Varejistas e Atacadistas

Objetivos

1 Explicar a roda do varejo.

2 Explicar como os varejistas selecionam os mercados-alvo.

3 Mostrar como os elementos do mix de marketing se aplicam à estratégia do varejista.

4 Explicar os conceitos da convergência de varejo e da comercialização misturada.

5 Identificar as funções executadas pelos distribuidores atacadistas intermediários.

6 Descrever os principais tipos de distribuidores atacadistas intermediários independentes e as situações apropriadas para usar cada um deles.

7 Comparar os tipos básicos de marketing direto e de varejo sem loja.

8 Explicar quanto a internet tem alterado os ambientes de atacado, de varejo e de marketing direto.

DICK'S SPORTING GOODS: ALGO PARA TODOS

A Dick's Sporting Goods não está para brincadeiras. O segundo maior varejista de material esportivo nos Estados Unidos – depois da Sports Authority – leva a sério os esportes que seus clientes praticam. Com mais de 15 mil funcionários em todo o país, 220 lojas em 32 estados e a recente aquisição da popular Galyan's Trading Co., a Dick's Sporting Goods está pronta para dominar seu mercado.

A Dick's tem algo para quase todo tipo de atleta e entusiasta de atividades ao ar livre, do jogador de tênis ao corredor, do jogador de golfe ao fisiculturista. Porém, você não precisa ser um especialista em qualquer esporte para comprar na Dick's, que oferece uma variedade ampla de vestuário e equipamentos para preencher as necessidades tanto do atleta iniciante quanto do mais avançado. Se você é um novato no golfe, não precisa filiar-se a um *country club* para ter acesso ao aconselhamento profissional. A Dick's tem instrutores de golfe da PGA (Associação de Golfistas Profissionais) em cada uma de suas lojas para auxiliá-lo(a) na escolha de clubes e para oferecer algumas dicas para seu jogo no *putting green* dentro da loja.

Caso esteja buscando perder alguns gramas e tonificar os músculos, visite o departamento de fitness, no qual instrutores ajudarão você a iniciar com o equipamento correto e indicarão os exercícios mais adequados a seus objetivos.

Digamos que você não esteja certo de que tipo de tênis de corrida se ajusta a sua passada. Na nova Dick's em Bangor, Maine, pode-se colocar um par de tênis e enfrentar uma trilha de corrida indoor para fazer um teste. Pensando em praticar um pouco de tiro ao alvo? Visite a seção de arquearia da loja para atirar algumas flechas. Os clientes, assim como os proprietários de outras lojas no shopping Bangor, amam a Dick's. "Acho que é uma adição fantástica ao centro comercial", observa o gerente do shopping, James Gerety. "A Dick's tem todo produto imaginável de que você precisaria para se divertir ao ar livre." A abertura da loja de Bangor foi anunciada pelas chefes de torcida da Maine University, pelos representantes da *National Wild Turkey Federation* (Federação Nacional do Peru Selvagem) e pelos executivos do *Maine Warden Service* (Serviço de Fiscalização de Maine). Um grupo de escoteiros local ofereceu uma demonstração de bússola e as crianças foram apresentadas a várias atividades esportivas ao ar livre.

A Dick's planeja focar suas ofertas de marca própria durante os próximos anos, incluindo uma linha de clubes de golfe de última geração sob a marca registrada Walter Hagan, que é proprie-dade da empresa. Os profissionais de marketing esperam que a nova linha lucre com o aumento das comparações entre Tiger Woods e o legendário jogador de golfe Walter Hagan, visto que Woods tenta superar a permanência de Hagan como o segundo jogador de golfe que mais conquistou campeonatos – atrás de Jack Nicklaus. Quanto mais próximo Woods chega do recorde de Hagan, os profissionais de marketing ponderam, mais consumidores ouvirão o nome – e, talvez, perambulem por um conjunto dos clubes Hagan.

Adicionar lojas de varejo ao adquirir negócios existentes, por exemplo, a Galyan's, significa penetrar em um mercado que já está lá. Porém, a Galyan's era conhecida por seu vestuário de estilo *casual* – incluindo a marca Tommy Bahama – e móveis de alto padrão para casas. A Dick's é conhecida por suas botas e halteres. "Nosso foco tem sido e continuará a ser, claramente, o atleta principal e o entusiasta de atividades ao ar livre, enquanto o foco da Galyan's tem sido mais de um varejista", explica o porta-voz Jeff Hennion. Os profissionais de marketing da Dick's esperam que os mesmos clientes que passeavam na Galyan's à procura daquelas velas para seus terraços virão à procura de uma nova raquete de tênis ou de um conjunto dos clubes Walter Hagan.[1]

Visão geral ● ● ● ●

Ao explorar o modo como o setor varejista atual opera, este capítulo apresenta muitos exemplos que explicam a combinação de atividades envolvidas na compra de mercadorias para os consumidores finais, como a Dick's Sporting Goods faz em seus esforços para atrair pessoas interessadas em todos os tipos de atividades

Em poucas palavras

Porque é lá.

George H. L. Mallory (1886-1924)

Alpinista inglês (explicando por que queria escalar o monte Everest)

esportivas. Assim, o capítulo discute o papel dos atacadistas e de outros intermediários que entregam mercadorias dos fabricantes nas mãos dos varejistas ou de outros intermediários. Finalmente, o capítulo aborda o varejo sem loja. O marketing direto, um canal que consiste na comunicação direta com os consumidores ou usuários comerciais, é uma forma importante de varejo sem loja. Ele inclui não apenas a mala-direta e o telemarketing, como também a propaganda de resposta direta, infomerciais e marketing pela internet. O capítulo é concluído com a observação de um aspecto menos difundido, porém em crescimento, de comercialização automática de varejo sem loja.

● ● ● ●

VAREJO

Os varejistas são intermediários de marketing que estão em contato direto com os consumidores finais. O **varejo** descreve as atividades envolvidas na venda de mercadorias para esses consumidores. As lojas de varejo *outlet* servem como pontos de contato entre os membros do canal e os consumidores finais. De uma forma bem real, os varejistas representam o canal de distribuição para muitos consumidores, visto que um comprador típico tem pouco contato com os fabricantes e, virtualmente, nenhum contato com os distribuidores atacadistas intermediários. Os varejistas determinam os locais, o horário de funcionamento da loja, o número da equipe de venda, os *layouts* da loja, as seleções de mercadoria e as políticas de devolução – fatores que, com freqüência, influenciam a imagem dos consumidores sobre ofertas mais fortemente do que as imagens dos consumidores sobre os produtos em si. Tanto os grandes quanto os pequenos varejistas realizam as principais atividades do canal: criar tempo, local e unidades de título de propriedade.

Os varejistas atuam tanto como clientes quanto como profissionais de marketing em seus canais. Eles vendem os produtos aos consumidores finais e, ao mesmo tempo, compram de seus atacadistas e de seus fabricantes. Por causa de sua posição importante no canal de marketing, os varejistas freqüentemente desempenham um papel de *feedback* vital. Eles obtêm as informações com os consumidores e as transmitem aos fabricantes e a outros membros do canal.

1 Explicar a rede de varejo.

Em poucas palavras

Quando caminho pelo mercado e vejo todos os produtos que podemos escolher, digo: "Meu Deus! Nenhum rei jamais teve algo como eu tenho no mercado hoje".
Bill Gates (nasc. 1954)
Fundador da Microsoft Corp.

A EVOLUÇÃO DO VAREJO

O desenvolvimento do varejo ilustra o conceito de marketing em operação. O início do varejo na América do Norte pode ser associado com o estabelecimento dos postos de negociação, como a Hudson Bay Company, e com os vendedores ambulantes que carregavam suas mercadorias até os povoados afastados. O primeiro tipo de instituição varejista, o armazém geral, estocava ampla gama de mercadorias que satisfaziam as necessidades de uma comunidade isolada ou de uma área rural. Os supermercados apareceram no início da década de 1930 em resposta ao desejo dos consumidores por preços mais baixos. Nos anos 1950, as lojas de desconto praticavam preços mais baixos em troca de serviços reduzidos. O surgimento das lojas de conveniência, na década de 1960, satisfez a demanda do cliente por serviço rápido, locais convenientes e horário estendido de funcionamento. O desenvolvimento dos varejistas *off-price* nos anos 1980 e 1990 refletiu a demanda do consumidor por mercadorias de marca a preços consideravelmente menores do que os dos varejistas tradicionais. Nos últimos anos, o varejo via internet tem crescido tanto em influência quanto em importância.

Um conceito-chave, conhecido como a teoria da **roda de varejo**, tenta explicar os padrões de mudança no varejo. De acordo com a roda de varejo, um novo tipo de varejista conquista uma posição competitiva segura ao oferecer aos clientes preços mais baixos do que os *outlets* atuais cobram, e mantém os lucros ao reduzir ou eliminar serviços. Uma vez estabelecido, entretanto, o inovador começa a adicionar mais serviços, e seus preços gradualmente

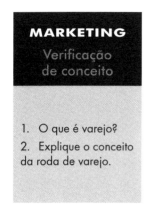

MARKETING

Verificação
de conceito

1. O que é varejo?
2. Explique o conceito
da roda de varejo.

se elevam. Então, ele se torna vulnerável a novos varejistas com preço baixo que entram com serviços mínimos – e assim a roda gira.

O cemitério do varejo está coberto de ex-gigantes como W. T. Grant, Montgomery Ward, o catálogo original da Sears e os varejistas por catálogo, por exemplo, a Service Merchandise.

Muitos desenvolvimentos principais na história do varejo aparecem para adequar o padrão da roda. As primeiras lojas de departamento, cadeia de lojas especializadas, supermercados, lojas de desconto, hipermercados e varejistas por catálogo, todos enfatizavam serviço limitado e preços baixos. Muitos desses varejistas, gradualmente, elevaram os preços à medida que adicionavam serviços.

Entretanto, algumas exceções destoam desse padrão. Centros comerciais suburbanos, lojas de conveniência e máquinas automáticas nunca construíram seus atrativos em torno de preços baixos. Ainda assim, o padrão da roda foi um bom indicador no passado, o suficiente para torná-lo um indicador preciso dos desenvolvimentos futuros do varejo.

ESTRATÉGIA DO VAREJO

Da mesma maneira que os fabricantes e os atacadistas, um varejista desenvolve uma estratégia de marketing baseada nos objetivos e nos planos estratégicos da empresa. A organização monitora as influências ambientais e avalia suas próprias forças e fraquezas ao identificar as oportunidades e as limitações de marketing. Um varejista baseia suas decisões-chave em dois passos fundamentais no processo de estratégia de marketing: (1) selecionar um mercado-alvo e (2) desenvolver um mix de varejo para satisfazer o mercado escolhido. O mix de varejo especifica a estratégia de mercadorias, os padrões de serviço ao consumidor, as diretrizes de preço, a análise do mercado-alvo, os objetivos de promoção, as decisões a respeito de local/distribuição e as escolhas da atmosfera da loja. A combinação desses elementos projeta uma imagem desejada do varejo. A imagem do varejo comunica a identidade da loja aos consumidores. A Kohl's, por exemplo, conta com sua imagem badalada e moderna para atrair os consumidores. Como a Figura 14.1 mostra, os componentes da estratégia de varejo devem trabalhar juntos para criar uma imagem consistente que atraia o mercado-alvo do varejo.

Um varejista que enfatizou uma imagem consistente de varejo com seus produtos de luxo é a Lexus. As concessionárias da Lexus mimam os clientes com amenidades, como banheiros de mármore, sanduíches *gourmet* finos e saladas, salas de espera atapetadas com poltronas, TVs e revistas. Uma concessionária de New Jersey tem até uma área interna para treinar golfe, e, em Las Vegas, você pode fazer as unhas enquanto espera. Todas essas características reforçam a imagem de luxo dos carros da Lexus, fornecendo aos clientes uma mensagem positiva a respeito da marca.[2]

SELECIONANDO UM MERCADO-ALVO

2 Explique como
varejistas selecionam
mercados-alvo.

Um varejista começa a definir sua estratégia ao selecionar um mercado-alvo. Os fatores que influenciam a seleção do varejista são o tamanho e o potencial de lucro do mercado e o nível de competição para seu negócio. Os varejistas estudam cuidadosamente os perfis demográficos, geográficos e psicográficos para segmentar os mercados. No fim, muitos varejistas identificam seus mercados-alvo segundo determinada faixa demográfica.

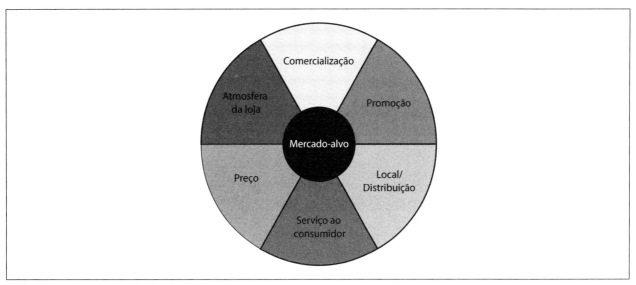

Figura 14.1
Componentes da estratégia de varejo.

A importância da identificação e do direcionamento ao mercado correto é dramaticamente ilustrada pelo desgaste do varejo da loja de departamento. Enquanto lojas âncoras de shoppings, como a Bloomingdale's e a PCPenney, lutam para conservar seus clientes, a loja independente Target – conhecida por suas elegantes, porém baratas, roupas casuais – tem solidificado seu nicho. A loja atrai consumidores que conhecem estilo com linhas modernas sob suas próprias etiquetas padrão, como os cosméticos da Kashuk, o vestuário de Mossimo Giannulli e os utensílios de cozinhas elegantes de Michael Graves. As badaladas – mas acessíveis – linhas afastam da Target os consumidores com gosto conservador que compram nas tradicionais lojas de departamento.[3]

Cadeias com grandes descontos, como a Family Dollar Stores ou a Dollar General, com suas localizações menos fascinantes e mercadorias com baixos preços abarrotadas em corredores estreitos, atingem os caçadores de pechincha com renda mais baixa. Atraídos por produtos básicos com desconto de centavos, como xampus, cereal ou sabão em pó, os clientes normalmente adquirem mercadorias com margem mais alta – brinquedos ou chocolates – em seu caminho ao pagamento no caixa.[4]

Ao ampliar suas linhas de produtos e adicionar serviços que atraem tanto mulheres quanto homens, a cadeia de ferramentas Lowe's espera martelar o arquiinimigo Home Depot. Corredores amplos, apresentação limpa, serviço amigável e uma seleção ampla de mercadorias de última geração, por exemplo, as tintas Laura Ashley, têm aumentado sua popularidade entre as compradoras, que agora são responsáveis por metade dos clientes da loja de melhorias no lar.[5]

Após identificar um mercado-alvo, o varejista deve, então, desenvolver estratégias de marketing para atrair os clientes escolhidos para suas lojas ou site da internet. As seções a seguir discutem táticas para a implementação de diferentes estratégias.

ESTRATÉGIA DE COMERCIALIZAÇÃO

A estratégia de comercialização de um varejista guia as decisões com relação aos itens que serão oferecidos. Um varejista deve decidir a respeito de categorias de mercadorias gerais, linhas de produto, itens específicos dentro das linhas e a penetração e extensão de suas variedades. As lojas da Target oferecem aos consumidores uma variedade ampla de mercadorias, de roupas a produtos para cuidado pessoal, decoração

3 Mostra como os elementos do mix de marketing são aplicados à estratégia do varejo.

de interior e produtos automotivos. Porém, para competir com a alternativa mais sofisticada do Wal-Mart, a Target lançou uma cadeia de combinação de lojas com produtos alimentícios e gerais chamada SuperTarget. Como parte de seu plano de trazer estilo à alimentação, o varejista expandiu suas categorias. Seu *planograma* – um diagrama computadorizado de como exibir as seleções de mercadorias em cada loja – agora inclui massas e molhos de marca *gourmet*, hortifrutis e produtos pré-cozidos.[6]

Para desenvolver um mix de mercadorias bem-sucedido, um varejista deve determinar diversas prioridades. Primeiro, precisa considerar as preferências e as necessidades de seu mercado-alvo previamente definido, lembrando-se de que o ambiente competitivo influencia essas escolhas. O varejista deve considerar também a lucratividade geral de cada linha e categoria de produto.

Gerenciamento de Categoria

Como mencionado no Capítulo 12, uma estratégia de comercialização popular é o *gerenciamento de categoria*, no qual um gerente de categoria administra uma linha completa de produtos tanto para os fornecedores quanto para os varejistas e é responsável pela lucratividade do grupo de produtos. O gerenciamento de categoria procura melhorar o desempenho da categoria de produto do varejista mediante compra, comercialização e preço mais coordenados. Em vez de enfocar o desempenho de marcas individuais, como o xampu Flex ou o lenço de papel Kleenex, o gerenciamento de categoria avalia o desempenho de acordo com cada categoria de produto. Sabão em pó, produtos para o cuidado com a pele e produtos de papel, cada um é visto como centro de lucro individual, e gerentes de categoria diferentes supervisionam cada grupo. Aqueles que têm desempenho mais baixo correm o risco de ser retirados do estoque, independentemente da força de marcas individuais. Para melhorar sua lucratividade, por exemplo, algumas lojas de departamento têm diminuído suas tradicionalmente categorias amplas de produto, para eliminar despesas gerais altas, linhas com baixo lucro como brinquedos, eletrodomésticos e móveis.

A Batalha do Espaço na Prateleira

Como discutido no Capítulo 13, varejistas em grande escala estão cada vez mais assumindo o papel de capitães do canal em muitas redes de distribuição. Alguns têm assumido as funções tradicionais de atacado, ao passo que

---

Sucesso de marketing

Lexus: o serviço ao consumidor vem em primeiro lugar

Passado. Os fabricantes de carros e as concessionárias em todos os Estados Unidos estão, constantemente, competindo pela atenção – e pelos dólares – dos consumidores. Alguns talvez foquem no preço, outros, na qualidade, outros ainda, no desempenho ou na quilometragem por combustível. A construtora de carros de luxo Lexus se concentra nos serviços ao consumidor.

O desafio. A Lexus, uma divisão da Toyota, já tem uma reputação por fabricar veículos de luxo de alta qualidade – com a confiabilidade da Toyota. Porém, a empresa precisava facilitar

o caminho para suas concessionárias oferecerem serviço superior a seus clientes – com o objetivo de vender mais carros e de criar clientes fiéis.

A estratégia. A Lexus torna mais fácil suas concessionárias fazerem seu trabalho. A montadora limita o número de concessionárias em uma área, varia a produção para favorecer as concessionárias e ouve as necessidades delas. Em apenas dois anos, as concessionárias americanas gastaram US$ 750 milhões – de seu próprio dinheiro – para melhorar suas lojas.

outros ditam o design e as especificações dos produtos para os fabricantes. O resultado é uma mudança de poder dos fabricantes de marcas líderes de venda para o varejista que as disponibiliza aos consumidores.

Além da pressão, há o aumento no número de novos produtos e as variações nos já existentes. Para identificar os diversos itens em uma linha de produto, os varejistas se referem a uma oferta de produto específico como uma *stockkeeping unit* (**SKU**). Por exemplo, na categoria de cuidado com a pele, cada creme facial, hidratante para a pele e filtro solar em cada variedade diferente de tamanhos e fórmulas é uma SKU separada. A proliferação de novas SKUs tem resultado em uma batalha feroz pelo espaço nas prateleiras da loja.

Progressivamente, os maiores varejistas, como a JCPenney, fazem pedidos em troca do fornecimento de espaço na prateleira. Eles podem, por exemplo, buscar concessões promocionais e de preço dos fabricantes como condições para vender seus produtos. Os varejistas, rotineiramente, também exigem que os fabricantes participem de sua troca eletrônica de dados (EDI – *Electronic Data Interchange*) e dos sistemas de resposta rápida. Os fabricantes incapazes de cumprir as exigências podem ficar impossibilitados de penetrar no mercado.

Bonificações de exposição, descritas no Capítulo 11, são apenas uma das variedades de taxas não-reembolsáveis que os varejistas de mercado recebem dos fabricantes para assegurar o espaço na prateleira aos novos produtos. Um fabricante pode pagar para um varejista até US$ 21 mil por item apenas para ter seus novos produtos exibidos nas prateleiras da loja.[7]

Outras taxas incluem as taxas de fracasso (impostas se um novo produto não satisfizer as projeções de vendas), taxas de renovação anual (um estímulo "pague para ficar" para os varejistas a fim de que continuem a manter em estoque as marcas), descontos comerciais, descontos em compras de grande volume, taxas de pesquisa para análises feitas pelos varejistas e até mesmo taxas a fim de permitir que vendedores apresentem novos itens.

ESTRATÉGIA DE SERVIÇOS AO CONSUMIDOR

Algumas lojas constroem sua estratégia de varejo em volta dos serviços ao consumidor intensificados para os compradores. Embalagem de presente, alterações, privilégios de devolução, lista de casamento, consultas, serviços de design de interior, entrega e instalação e, talvez, até mesmo compra eletrônica por intermédio de sites de lojas virtuais são exemplos de serviços que adicionam valor à experiência da compra. Uma estratégia de serviços ao consumidor do varejista deve especificar quais serviços a empresa oferecerá e se ela cobrará dos clientes por tais serviços.

Uma concessionária no subúrbio de Indianápolis oferece carro substituto grátis, uma área de espera com televisão e geladeira abastecida, suportes para a bola de golfe como cortesia e um tanque cheio de combustível. A concessionária também lava um carro que tenha passado por manutenção antes de devolvê-lo a um cliente.

O resultado. A estratégia da Lexus – satisfazer suas concessionárias e elas satisfazerem seus clientes – tem compensado. A Lexus é, atualmente, a marca que mais vende carros de luxo e está milhas à frente da concorrência. Em um trimestre recente, as vendas cresceram 21%, comparadas com os 5% da Cadillac e os 2% da BMW. "O fenômeno da Lexus é em grande escala um fenômeno de varejo", diz Joseph Ivers, um sócio da J. D. Power & Associates, que analisa a satisfação dos clientes.

Fontes: Site da empresa, **www.lexus.com**, acessado em 17 mar. 2005; REICHELD, Frederick. Transforming the value proposition – the auto industry, *eCustomerServiceWorld*, **www.ecustomerserviceworld.com**, acessado em 7 fev. 2005; FAHEY, Jonathan, The Lexus nexus", *Forbes*, 21 jun. 2004, p. 68-70.

Essas decisões dependem de várias condições: tamanho, tipo e localização da loja; sortimento de mercadoria; serviços oferecidos pelos concorrentes; expectativas dos clientes; e recursos financeiros. A Netflix, uma bem-sucedida empresa de aluguel de vídeo pela internet, oferece ampla variedade de filmes por e-mail e eliminou as taxas por atraso. A Lexus, marca especial de carros, também fornece serviço superior ao cliente em suas concessionárias, como a coluna "Sucesso de marketing" explica.

> ### Em poucas palavras
>
> Os clientes são estatística.
> Os clientes são pessoas.
> **Stanley Marcus (1905-2002)**
> Comerciante americano

O objetivo básico de todos os serviços ao consumidor é atrair e reter os clientes-alvo, aumentando, dessa forma, as vendas e os lucros. Alguns serviços – como banheiros e salas de espera confortáveis e café como cortesia – aumentam o conforto dos compradores. Outros serviços são concebidos para atrair os clientes ao fazerem da compra algo mais fácil e mais rápido do que se eles não existissem. Alguns varejistas, por exemplo, oferecem serviços de cuidados às crianças para seus clientes. Na Kroger's e em outras cadeias de supermercados, um dispositivo de auto-escaneamento faz que os clientes evitem a fila do caixa – e a espera que isso envolveria – somando e pagando suas próprias compras.

Uma estratégia de serviços ao consumidor também pode suportar esforços ao construir demanda para uma linha de mercadoria. Apesar da tendência voltada para os projetos de renovação, redecoração e para o faça-você-mesmo, a Home Depot estava registrando lentidão em suas vendas até sua decisão de renovar suas próprias lojas, melhorar os serviços ao consumidor e atualizar seus esforços de marketing. A empresa oferece aos clientes assistência para decoração. Agora, a Home Depot está presenciando seu melhor crescimento em anos, assegurando a seus clientes que "Você pode fazer; nós podemos ajudar".[8]

ESTRATÉGIA DE PREÇO

Os preços refletem os objetivos e as políticas de marketing de um varejista. Também desempenham um papel importante nas percepções do consumidor com relação a um varejista. Os consumidores imaginam, por exemplo, que quando entram em uma butique Gucci em Milão, Nova York ou Tóquio, encontrarão produtos tão caros quanto *escarpins* de camurça por US$ 275 e pastas de couro de javali por US$ 1.500. Os clientes da cadeia varejista Everything's $1.00 esperam um tipo totalmente diferente de mercadoria; fiel ao nome, todo produto na loja enquadra-se no mesmo preço baixo.

Markups e Markdowns

O montante que um varejista adiciona ao custo de um produto para determinar seu preço de venda final é conhecido como **markup**. O montante do *markup*, normalmente, resulta de duas decisões de marketing:

1. *Os serviços executados pelo varejista.* Outras coisas sendo iguais, as lojas que oferecem mais serviços atribuem *markups* maiores para cobrir seus custos.
2. *A taxa de giro do estoque.* Outras coisas sendo iguais, as lojas com uma taxa de giro mais alta podem cobrir seus custos e obter lucro enquanto atribuem um *markup* menor.

O *markup* de um varejista exerce uma influência importante em sua imagem entre os clientes potenciais e atuais. Além disso, o *markup* afeta a capacidade do varejista atrair compradores. Um *markup* excessivo pode afastar os clientes; um *markup* inadequado talvez não gere renda suficiente para cobrir os custos e fornecer lucro. Os varejistas, em geral, determinam os *markups* como porcentagens ou dos preços de venda ou dos custos dos produtos.

Os profissionais de marketing determinam os *markups* parcialmente com base em seus julgamentos dos montantes que os clientes pagarão por determinado produto. Quando os compradores se recusam a pagar o valor determinado para um produto, entretanto, ou quando os aperfeiçoamentos em outros itens ou as mudanças de costume reduzem o apelo de uma mercadoria atual, um varejista deve adotar um *markdown*. O montante pelo qual um varejista reduz o preço de venda original – o desconto anunciado para um item de venda – é conhecido como *markdown*. Às vezes, os *markdowns* são usados para avaliar mercadores. Por exemplo, uma loja de departamento pode basear suas avaliações de compradores, em parte, nas porcentagens médias de *markdown* para as linhas de produtos pelas quais eles são responsáveis.

As fórmulas para o cálculo de *markups* e *markdowns* são fornecidas no apêndice "Análise Financeira em Marketing".

ESTRATÉGIA DE LOCAL/DISTRIBUIÇÃO

Freqüentemente, os especialistas varejistas citam o local como um fator determinante potencial no sucesso ou fracasso de um negócio varejista. Um varejista pode optar por localizar-se em um lugar isolado, em uma região comercial central ou em um centro comercial planejado. A decisão do local depende de muitos fatores, incluindo o tipo de mercadoria, os recursos financeiros do varejista, as características do mercado-alvo e a disponibilidade de lugares.

Atualmente, muitos locais estão ficando saturados com lojas. Como conseqüência, alguns varejistas têm reavaliado suas estratégias de local. Uma cadeia pode fechar lojas individuais que não atinjam os objetivos de vendas e de lucro. Outros varejistas têm experimentado estratégias de local não-convencionais. O McDonald's agora coloca em funcionamento lojas em hospitais, bases militares, parques de diversão, estações de trem e postos de gasolina.

> **Em poucas palavras**
>
> O universo é, realmente, grande. Ele é até maior do que o Wal-Mart.
> Richard Belzer (nasc. 1944)
> Comediante americano

Locais em Centros Comerciais Planejados

Nas últimas décadas, o comércio varejista tem se afastado das regiões de varejo centrais e se voltado para os centros comerciais suburbanos. Um **centro comercial planejado** é um grupo de lojas varejistas projetado, coordenado e comercializado para os compradores em uma área comercial geográfica. Em conjunto, as lojas fornecem um local único conveniente para os compradores, assim como estacionamento gratuito. Eles facilitam as compras ao manter horários uniformes de funcionamento, incluindo horários noturnos e nos fins de semana.

Há cinco tipos principais de centros comerciais planejados. O menor, o *centro comercial de bairro*, tende a ser constituído por um grupo de lojas menores, como uma drogaria, uma lavanderia, uma loja de cartão e de presentes e, talvez, um salão de beleza. Esse tipo de centro fornece a compra conveniente para 5 mil a 50 mil compradores que moram perto. Ele contém de cinco a quinze lojas, e o mix de produto geralmente é limitado a itens de conveniência e a algumas mercadorias de compra limitadas.

Um *centro comercial comunitário* serve de 20 mil a 100 mil pessoas em uma área comercial que se estende a alguns quilômetros de seu local. Ele se constitui de dez a trinta lojas varejistas, com uma marca de uma loja de departamentos local ou alguma outra loja grande como o locatário principal. Além das lojas encontradas em um centro de bairro, um centro comunitário provavelmente inclui mais lojas que apresentam bens de compra comparada, alguns escritórios, uma agência bancária e, talvez, um cinema ou um supermercado. Os centros comerciais comunitários, em geral, oferecem estacionamento espaçoso e os locatários, com freqüência, compartilham alguns custos de promoção. Com a chegada de alguns grandes varejistas independentes, tem declinado a popularidade de determinados centros comerciais comunitários. Algumas lojas de departamento também estão mudando da estratégia de local em centros comerciais e optando por lojas auto-suficientes, como a nova Bloomingdale's recém-inaugurada no badalado bairro do SoHo em Nova York. "Fora do shopping center é mais fácil fazer compras e mais próximo de onde você mora", diz um analista do setor. Outras lojas como a JCPenney também estão planejando abrir mais lojas fora dos shopping centers.[9]

Um *centro comercial regional* é uma grande instalação com no mínimo 400 mil metros quadrados de espaço destinado a compras. Seu apelo de marketing geralmente enfatiza as principais lojas de departamento com poder para atrair clientes, complementado por até duzentas lojas menores. Um centro regional bem-sucedido precisa de um local que esteja a 30 minutos de carro de no mínimo 250 mil pessoas. Um centro regional – ou um centro super--regional como o Minnesota's Mall of America – fornece um sortimento amplo de bens de conveniência, de compra comparada e de especialidade, mais instalações de serviço pessoal e profissional.

Um *power center*, geralmente localizado próximo a um shopping center regional ou super-regional, reúne muitas lojas grandes de especialidades, como a Toys "R" Us, a Home Depot ou a Bed, Bath and Beyond, como lojas independentes em uma única área comercial. Tendo seu crescimento de popularidade nos anos 1990, os *power centers* forneciam valor porque eram capazes de oferecer um preço mais baixo do que as lojas de departamento e, ao mesmo tempo, ampla seleção de mercadorias de especialidade. Atualmente, a competição aquecida do cortador de custo Wal-Mart e as invasões das lojas de desconto mais sofisticada como a Target e a Kohl's, estão reduzindo seu poder de atração.

Recentemente, surgiu um quinto tipo de centro planejado, conhecido como um *centro de estilo de vida*. Esse formato de varejo busca oferecer uma combinação de compras, cinemas, palcos para concertos e entretenimento ao vivo, fontes decorativas e bancos de parques em corredores verdes, e restaurantes e bistrôs em um ambiente externo atrativo. Em cerca de 300 mil a 1 milhão de metros quadrados, os centros são grandes, porém buscam oferecer a intimidade e a facilidade de acesso da vizinhança com um toque de classe moderno. A conveniência, a segurança e a atmosfera agradável também fazem parte do apelo. Em geral, não há grandes lojas âncoras, porém, preferivelmente, um mix de apenas locatários mais sofisticados – Williams-Sonoma, Eddie Bauer, Banana Republic, Ann Taylor, Pottery Barn e Restoration Hardware, por exemplo. Cerca de oitenta centros de estilo de vida estão funcionando atualmente ou sendo abertos nos subúrbios por toda a nação e também em cidades como Tacoma e Nova York, e alguns incluem *office parks*, residências e condomínios. Clientes muito endinheirados estão aglomerando-se neles no momento.[10]

Às vezes, a abertura de uma nova loja varejista é marcada por comemorações, como recepções ou festas. Veja o quadro "Dicas de etiqueta para profissionais de marketing" a fim de obter algumas orientações a respeito da criação de convites para eventos que combinem negócios com convivência.

Analistas varejistas acreditam que a "febre dos shopping centers dos Estados Unidos" alcançou o ponto de saturação. Há 20 metros quadrados de espaço varejista *per capita*, o que representa mais de um terço em um período de quinze anos. Como os compradores mais sofisticados migraram para os novos centros de estilo de vida ou para a internet, os shopping centers começaram a se distanciar das lojas de departamento âncoras tradicionais. Alguns estão se voltando para atrações com alto movimento, como a Target ou a Kohl's, mas isso coloca varejistas de especialidade, como a Gap ou a Banana Republic, em um ponto difícil. Afastando sua direção da popularidade dos centros de estilo de vida, outros buscam combinar compras com entretenimento; os shopping centers estão oferecendo carrosséis, paredes para escalada, cinemas e grandes centros de alimentação. Por exemplo, o Minnesota's Mall of America promove seu shopping center como um "destino de compras e diversão" completo com um parque de diversão, um spa, um aquário, discotecas e restaurantes. Outros ainda, como o Market Place Mall em Champaign--Urbana, Illinois, enfatizam o serviço ao consumidor: playgrounds bem acolchoados para os bebês, salas de espera confortáveis para seus pais e banheiros luxuosos equipados com fraldários e berçários com cadeiras de balanço. Alguns shopping centers contratam *concierges* para ajudar os clientes na localização de presentes difíceis de ser encontrados e no pedido de entradas para teatro; outros podem oferecer serviço de *valet*, serviços de embalagem para presente e estacionamento para ônibus de ida e volta.[11]

ESTRATÉGIA PROMOCIONAL

Para estabelecer imagens de loja que atraiam mais compradores, os varejistas usam uma variedade de técnicas promocionais. Com sua estratégia promocional, um varejista busca comunicar aos consumidores as informações sobre suas lojas – localizações, seleções de mercadoria, horário de funcionamento e preços. Se a seleção de mercadoria muda freqüentemente para seguir as tendências da moda, a propaganda é, em geral, usada para promover com eficácia estilos atuais. Além disso, as promoções ajudam os varejistas a atrair compradores e conquistar a lealdade do consumidor.

Promoções inovadoras podem compensar de maneiras inesperadas. A IKEA China usou os interiores dos elevadores em vinte prédios de apartamentos de Pequim para demonstrar aos condôminos como pequenos apartamentos podem ser transformados, de forma econômica, em espaços confortáveis para se morar. Os elevadores foram cobertos com pôsteres do piso ao teto retratando engenhosamente apartamentos moldados e decorados, e os ascensoristas davam catálogos da IKEA aos usuários. "É uma decisão estratégica para ir onde a concorrência não está", disse o gerente mundial de comunicações de marketing da IKEA.[12]

As cadeias de varejo nacionais freqüentemente compram espaço publicitário em jornais, nas rádios e na televisão. Como muitas cadeias varejistas, a Best Buy promove suas lojas por intermédio de folhetos publicitários em jornais dominicais locais e regionais, assim como em propagandas como a mostrada na Figura 14.2. Outros varejistas estão testando a promoção pela internet. Às vezes, a localização bem escolhida para uma loja ajuda na promoção;

dicas de etiqueta

O certo e o errado dos convites comerciais

O entretenimento faz parte dos negócios e do marketing, e algo que deve ser divertido tanto para o convidado quanto para o anfitrião. Quando estiver planejando uma recepção de negócios ou uma festa – talvez para comemorar a abertura de um novo local de varejo de sua empresa –, aqui estão algumas regras simples a respeito de convites que podem ajudar a assegurar o sucesso de seu evento:

1. Sempre envie um convite escrito em papel timbrado da empresa.
2. Inclua a data, o horário, o local e o motivo do evento ou da comemoração. Se houver um convidado de honra, mencione o nome dele.
3. Caso o evento seja fora do horário comercial normal, especifique que tipo de traje será apropriado.
4. Caso os convidados tenham de percorrer qualquer distância ou o local não seja muito conhecido, inclua direções confiáveis, um mapa e uma estimativa do tempo de viagem.
5. Envie seus convites com, no mínimo, duas semanas de antecedência.
6. Peça aos convidados para RSVP (a abreviação para *répondez s'il vous plaît* – "por favor, responda", em francês). Isso é muito importante caso você precise pedir comida ou brindes e o número de convidados deva ser estabelecido com antecedência.
7. Caso você precise saber apenas quem não estará presente, em seu convite deve estar escrito: "Responda apenas em caso de desistência".
8. Em ambos os casos (RSVP ou Responda apenas em caso de desistência), certifique-se de que seu nome, endereço, número de telefone e endereço de e-mail constam no convite.
9. Caso seja permitido aos convidados trazer outros convidados (cônjuge ou namorados), certifique-se de especificar isso no convite.
10. Se os convidados precisarem saber algo sobre os arranjos de estacionamento que foram feitos (serviço de *valet* ou espaços pré-pagos ou reservados, por exemplo), certifique-se de que haja a especificação no convite.

Fontes: CAMBRIA, Phyllis; SACHS, Patty. Executive etiquette: tips for entertaining for business, **www.partyplanplus.com**, acessado em 17 mar. 2005; How to write an invitation, **http://entertaining.about.com**, acessado em 17 abr. 2004; RAMSEY, Lydia. Etiquette: responding to invitations promptly isn't just good etiquette, it's good business, **www.savannahnow.com**, 1º jun. 2003.

Figura 14.2
Best Buy: promovendo eletrônicos que atraem os jovens consumidores.

esse é o motivo de lojas de preço único como a 99¢ Only Stores estabelecidas na Califórnia terem a tendência a situar-se nas principais ruas que conduzem a um grande concorrente, como o Wal-Mart.

Os varejistas tentam também combinar propagandas com técnicas de merchandising em loja que influenciem as decisões no ponto-de-venda. A loja matriz da Victoria's Secret em Nova York está liderando o caminho para todos os *outlets* da cadeia com um novo projeto que situa o departamento de beleza no centro da loja. O objetivo é encorajar os clientes a demorar-se lá enquanto vêem as ofertas de lingerie. "Mudar o departamento de beleza para o centro foi um movimento importante", diz o vice-presidente da cadeia. "Se você quiser comprar algo, terá de passar por lá."[13]

Um vendedor amigável, bem treinado e versado desempenha um papel vital na transmissão da imagem da loja aos clientes e em persuadir os compradores a consumir. Para servir como uma fonte de informações, um vendedor deve possuir conhecimento amplo de políticas de crédito, descontos, vendas especiais, condições de entrega, vendas a prazo e devoluções. Com o objetivo de aumentar as vendas da loja, o vendedor deve persuadir os clientes de que a loja vende exatamente o que eles necessitam. Para esse fim, a equipe de vendas precisa receber treinamento em *selling up* (aumento do nível da venda) e venda por sugestão.

Com o *selling up*, os vendedores tentar persuadir os clientes a comprar itens com preços mais altos do que originalmente pretendiam. Por exemplo, um vendedor de automóvel pode convencer um cliente a comprar um modelo mais caro do que aquele que o comprador tinha inicialmente considerado. É claro que a prática de *selling up* deve sempre respeitar as restrições das necessidades reais de um consumidor. Se um vendedor vende aos clientes algo de que eles realmente não precisam, o potencial para vendas repetidas diminui drasticamente.

Outra técnica, *venda por sugestão*, busca ampliar a compra original de um consumidor ao adicionar itens relacionados, produtos promocionais especiais ou mercadoria sazonal ou de datas comemorativas. Aqui, também, o vendedor tenta ajudar um cliente a identificar as necessidades reais em vez de mercadorias não desejadas.

As consultoras de beleza em lojas de departamento mais sofisticadas são mestras na venda por sugestão.

Do mesmo modo que a equipe de venda versada e prestativa pode tanto aumentar as vendas quanto diferenciar os varejistas dos concorrentes, o serviço pobre influencia as atitudes dos consumidores contra um varejista. O aumento das reclamações dos clientes em relação a vendedores hostis, desatentos e desinformados tem estimulado muitos varejistas a intensificarem seu cuidado ao treinar e motivar a equipe de venda. A Saks Fifth Avenue treinou novamente todos seus associados de vendas após descobrir que eles estavam, com freqüência, julgando de modo precipitado quem era um cliente potencial e por quê. "Os clientes sentiam que seu nível de atendimento era baseado em sua aparência, incluindo sua raça", diz o presidente da empresa que criou o programa de treinamento para a Saks. Agora, é creditado ao treinamento de diversidade e sensibilidade ao menos US$ 1 milhão em aumento de vendas pelo primeiro ano completo em que o programa de treinamento esteve em vigor.[14]

Às vezes, a propaganda tenta ocupar o lugar dos vendedores. A indústria de medicamentos controlados tem completado as visitas de vendas que faz aos médicos com propagandas voltadas aos pacientes.

ATMOSFERA DA LOJA

Embora a localização da loja, a seleção de mercadorias, o serviço ao cliente, preço e atividades promocionais contribuam para a percepção do cliente quanto a uma loja, as lojas também projetam suas personalidades por meio da **atmosfera** – características físicas e comodidades que atraem os clientes e satisfazem suas necessidades de compra. A atmosfera inclui a decoração tanto do interior quanto do exterior da loja.

A aparência exterior de uma loja, incluindo o projeto arquitetônico, as vitrines, os letreiros e as entradas, ajuda a identificar o varejista e a atrair os compradores de seu mercado-alvo. O logotipo escrito da Saks Fifth Avenue em uma vitrine e os arcos dourados do McDonald's são elementos exteriores que identificam esses varejistas de imediato. Outros varejistas projetam elementos exteriores chamativos com o objetivo de prender a atenção dos consumidores. Figuras de desenhos em tamanho natural parecem planar acima da entrada do *outlet* da Warner Brothers no Horton Plaza Shopping Center de San Diego, atraindo o interesse dos clientes.

A decoração interior de uma loja também deve complementar a imagem do varejista, responder aos interesses dos consumidores e, mais importante, induzir os compradores a comprar. Os elementos atmosféricos interiores incluem o *layout* da loja, a apresentação da mercadoria, a iluminação, as cores, os sons, os odores e a limpeza. No Sam's Club ou na Costco, por exemplo, a mercadoria é empilhada alto nos paletes para enfatizar o preço extremamente baixo das cadeias e a abordagem sem supérfluos e para encorajar os consumidores a comprar em grande quantidade. Preços bem baixos e acordos inesperados em mercadoria mais sofisticada selecionada atraem os clientes. A estratégia tem sido tão bem-sucedida que o Sam's Club a está estendendo para atrair os proprietários de pequenos negócios com os itens mais importantes de que eles necessitam, assim como com itens de "caça ao tesouro" para suas necessidades pessoais.[15]

O fabricante de eletrodomésticos Maytag está convencido de que a atmosfera pode desempenhar um papel fundamental em sua intensa competição com os importados da Ásia e os modelos com valores mais baixos vendidos pela Home Depot. A compra de eletrodomésticos pode ser uma experiência intimidadora. Os produtos são, geralmente, mostrados em pacotes em que suas diferenças são difíceis de comparar. E não há meio de testar o item. Porém, nas cem lojas independes da Maytag, a cena é diferente. Lá há as cozinhas da Maytag em funcionamento que contêm pia, bancada, geladeira, microondas, compactador de lixo, dois fogões e um forno embutido duplo aguardando os compradores que são convidados a "testar antes de comprar". Os consumidores de lavadora-secadora podem lavar uma carga de roupa; pessoas interessadas no novo fogão podem assar biscoitos. Também podem ouvir uma máquina de lavar para determinar se realmente é tão silenciosa quanto anunciado. E está funcionando. A porta-voz da Maytag, Ruth Cain, é uma fã ardorosa das remodelações da loja: "O ambiente nos permite exibir o produto. Isso tem funcionado em termos de vendas".[16]

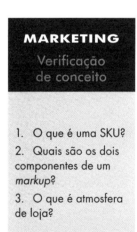

Ao se projetar o interior e o exterior de uma loja, o fato de muitas pessoas comprarem por razões outras que apenas a necessidade por determinados produtos deve ser levado em consideração. Outras razões comuns para comprar incluem escapar da rotina da vida cotidiana, evitar temperaturas extremas, satisfazer fantasias e socializar-se com a família e os amigos. Os varejistas expandem ainda mais o design interior para criar ambientes mais acolhedores e divertidos que atraiam os compradores.

A H&M, uma cadeia barata-elegante da Suécia que está fazendo avanços no mercado norte-americano, toca rap em volume alto na loja de três andares em Nova York e, constantemente, muda sua grande seleção de roupas vivamente coloridas.[17]

ATENÇÃO, COMPRADORES: A KMART E A SEARS SE UNIRAM

Foi como o anúncio do casamento de duas lendas hollywoodianas: a Kmart e a Sears decidiram unir as fortunas – e as lojas. Ambas têm longa tradição como varejistas americanas. A Kmart foi fundada como S. S. Kresge Co. em 1899; a Sears foi fundada em 1886. Porém, recentemente, ambas estavam lutando para se manter com concorrentes como o Wal-Mart e a Target. Sua estratégia? Unir forças.

A FUSÃO SEARS-KMART É BOA PARA OS CONSUMIDORES?

SIM

1. Quarenta e oito por cento dos consumidores norte-americanos que compram na Sears nunca compraram na Kmart, o que significa que a Kmart tem uma chance para comercializar suas marcas mais fortes – como Martha Stewart e Joe Boxer – para todo um novo público. Essa oportunidade dará aos consumidores mais contato com novos produtos – e mais opções.
2. O poder de marketing, a força da marca, os vários locais e as operações racionalizadas de ambos os varejistas devem criar uma visão unificada que oferece valor a seus clientes. "Do ponto de vista do consumidor, você quer fazer este [fusão] um mais um igual a três", explica Michael Niemira, economista-chefe para o *International Council of Shopping Centers* (Conselho Internacional de Shopping Centers).

NÃO

1. Combinar dois varejistas que estão com dificuldades não necessariamente garante sucesso – ou benefícios para os consumidores. "Aqui você tem dois varejistas que estão indo mal neste exato momento e, realmente, não vêem um meio claro para conseguirem sair por si mesmos da espiral decrescente", alerta o professor de marketing da Wharton School, Stephen J. Hoch.
2. Pode levar anos para as duas empresas combinarem suas culturas e fazerem alterações que beneficiarão os consumidores. Inicialmente, os consumidores podem ficar confusos com relação ao que esperar da fusão. Agora eles podem comprar uma geladeira Kenmore na Kmart? Encontrarão as roupas de Jaclyn Smith na Sears?

RESUMO

"Duas empresas que enfrentam dificuldades, unindo-se, potencialmente criam uma empresa maior que enfrenta dificuldades", observa a professora de marketing Barbara Kahn. "Ao mesmo tempo, se a fusão for feita estratégica e sabiamente, fornecerá o padrão" para a nova empresa competir contra seus maiores rivais. "Realmente, é uma questão de ajudar as pessoas que trabalham na empresa a entender a força disto [fusão], qual é a visão, e como elas podem alavancar suas potencialidades para direcionar uma história bem-sucedida para o consumidor", diz Karen Harvey, uma consultora varejista em Nova York.

Fontes: Sears-Kmart merger: is it a tough sell?, *Knowledge*, Wharton School da University of Pennsylvania, 14 jan. 2005, **http://knowledge.wharton.upenn.edu**; BERNER Robert; WEBER, Joseph. Eddie's master stroke, *Business Week*, 29 nov. 2004, p. 35-6; D'INNOCENZIO Anne; McCANN, Herbert G. Sears, Kmart brands marketing to new audiences, *Mobile Register*, 24 nov. 2004, p. 6B, 10B; O'LOUGHLIN, Sandra. Can Sears and Kmart become jewels of the aisle?, *Brandweek*, 22 nov. 2004, p. 5; MERRICK Amy; BERMAN, Dennis K. Kmart to buy Sears for $11.5 billion, *The Wall Street Journal*, 18 nov. 2004, p. A1, A8.

TIPOS DE VAREJISTAS

Visto que novos tipos de varejistas continuam a se desenvolver em resposta a alterações na demanda do consumidor, um sistema de classificação universal para os varejistas ainda está para ser desenvolvido. Entretanto, certas diferenças definem várias categorias de varejistas: (1) classificações de propriedade, (2) esforço de compra/gasto pelos consumidores, (3) serviços fornecidos aos consumidores, (4) linhas de produto e (5) local das transações varejistas.

Como a Figura 14.3 mostra, muitas operações varejistas se encaixam em diferentes categorias. Um *outlet* da 7-Eleven pode ser classificado como uma loja de conveniência (categoria 2) com auto-serviço (categoria 3) e uma relativamente ampla linha de produto (categoria 4).

É tanto um varejista de loja de conveniência (*store-type*) (categoria 5) como um membro de uma cadeia (categoria 1).

CLASSIFICAÇÃO DE VAREJISTAS POR FORMA DE PROPRIEDADE

Talvez o método mais fácil para categorizar varejistas seja por estrutura de propriedade, distinguindo entre cadeias de lojas e varejistas independentes. Além disso, os varejistas independentes podem unir-se a cadeias voluntárias patrocinadas por atacadistas, reunir-se para formar cooperativas varejistas ou ingressar em contratos de franquia com fabricantes, atacadistas ou organizações fornecedoras de serviço. Cada tipo de propriedade tem suas próprias vantagens e estratégias únicas.

Cadeias de Lojas

As *cadeias de lojas* são grupos de *outlets* varejistas que operam sob propriedade e gerenciamento centrais e negociam as mesmas linhas de produtos. As cadeias têm uma vantagem sobre os varejistas independentes em economias de escala. As compras volumosas permitem que as cadeias paguem preços mais baixos do que os rivais independentes

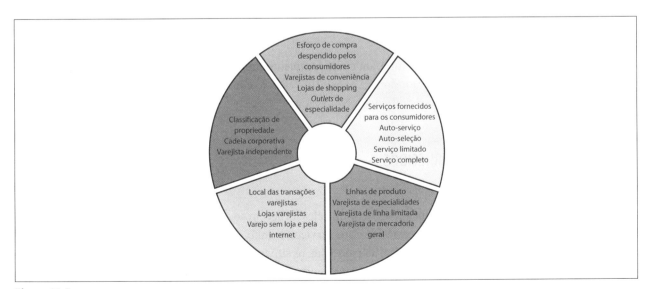

Figura 14.3
Bases para categorizar varejistas.

pagam. Visto que uma cadeia pode ter centenas de lojas varejistas, ela é capaz de arcar com propaganda extensiva, treinamento de vendas e sistemas computadorizados para pedido de mercadoria, gerenciamento de estoque, previsão e contabilidade. Também as vendas em grande volume e o alcance geográfico amplo de uma cadeia podem permitir a propaganda em mídias variadas. O quadro "Resolvendo uma questão ética", na página 496, discute se a fusão de duas grandes cadeias beneficia os consumidores.

Varejistas Independentes

A estrutura de varejo norte-americano suporta um grande número de pequenas lojas, muitas lojas de tamanho médio e um pequeno número de grandes lojas. Embora apenas 12% dos quase 2,7 milhões de estabelecimentos varejistas obtenham vendas anuais de US$ 1 milhão ou mais, esses grandes operadores são responsáveis por quase três quartos de todas as vendas varejistas nos país. Por outro lado, mais da metade de todas as lojas geram, anualmente, vendas abaixo de US$ 500 mil. De acordo com o *U.S. Department of Commerce* (Departamento de Comércio Americano), os varejistas independentes são responsáveis por cerca de 43% de todas as vendas varejistas.

Os varejistas independentes competem com as cadeias de vários modos. A vantagem tradicional das lojas independentes é o serviço amigável e personalizado. As cooperativas oferecem outra estratégia para os independentes. Por exemplo, as cooperativas como a Ace Hardware e a Valu-Rite Pharmacies ajudam os independentes a competir com as cadeias ao fornecerem poder de compra em volume, assim como programas de propaganda e marketing.

CLASSIFICAÇÃO POR ESFORÇO DE COMPRA

Outro sistema de classificação é baseado nas razões de os consumidores comprarem em *outlets* varejistas particulares. Essa abordagem categoriza as lojas como varejistas de conveniência, de shopping ou de especialidades.

Os **varejistas de conveniência** enfocam seus atrativos de marketing em locais acessíveis, horário extenso de funcionamento, serviço de pagamento no caixa rápido e instalações de estacionamento adequadas. As lojas no segmento de alimentação locais, postos de gasolina e lavanderias se encaixam nessa categoria.[18]

As lojas de shopping normalmente incluem lojas de móveis, varejistas de eletrodomésticos, *outlets* de vestuário e lojas de material esportivo. Em geral, os consumidores comparam preços, variedades e níveis de qualidade em *outlets* concorrentes antes de tomar suas decisões de compra. Por isso, os gerentes das lojas de shopping tentam diferenciar seus *outlets* por meio de propaganda, apresentações internas, equipe de venda bem treinada e versada, e variedades de mercadoria apropriadas.

Os **varejistas de especialidades** combinam cuidadosamente linhas de produtos definidas, serviços e reputações na tentativa de convencer os consumidores a expandir o esforço considerável para comprar em suas lojas. Os exemplos incluem Neiman Marcus, Lord & Taylor e Nordstrom.

CLASSIFICAÇÃO POR SERVIÇOS FORNECIDOS

Outra categoria diferencia os varejistas pelos serviços que eles fornecem aos consumidores. Esse sistema de classificação consiste de três tipos de varejo: varejistas de auto-serviço, de auto-seleção ou de serviço completo.

A Target ilustra uma loja de auto-serviço, ao passo que os supermercados Safeway e as A&P Future Stores são exemplos de lojas de auto-seleção. Ambas as categorias vendem produtos de conveniência que as pessoas podem comprar, com freqüência, com pouca ajuda. Na indústria do vestuário, o varejista de catálogo Lands' End é uma loja de auto-seleção, mas com um comprometimento com a satisfação do cliente que está acima de todos, como a mensagem promocional "O Cliente é o Rei" demonstra. Os varejistas de serviço completo, como a Neiman Marcus, focam na mercadoria voltada para a moda, apoiada por um conjunto completo de serviços ao consumidor.

CLASSIFICAÇÃO POR LINHAS DE PRODUTO

As linhas de produto também definem um conjunto de categorias varejistas e as estratégias de marketing apropriadas para empresas inseridas nessas categorias. Agrupar varejistas por linhas de produto produz três categorias principais: lojas de especialidades, varejistas de linha limitada e varejistas de mercadoria geral.

Lojas de Especialidades

Normalmente, uma *loja de especialidades* negocia apenas parte de uma única linha de produto. Entretanto, estoca essa parte em volume ou variedade considerável. As lojas de especialidades incluem ampla gama de *outlets* varejistas: Os exemplos incluem peixarias, supermercados, lojas de sapato masculino e feminino e padarias. Embora algumas lojas de especialidades sejam cadeias de *outlets*, muitas são operações em pequena escala independentes. Talvez elas representem a maior concentração de varejistas independentes que desenvolvem especialização em uma área de produto e fornecem linhas limitadas de produtos para seus mercados locais.

As lojas de especialidades não devem ser confundidas com os produtos de especialidade. As lojas de especialidades geralmente negociam mercadorias comparáveis com outras (*shopping goods*) e de conveniência. O rótulo *especialidade* reflete a prática de lidar com uma linha limitada e específica de mercadoria. Por exemplo, a Lady Foot Locker é uma loja de especialidade que oferece ampla seleção de meias e calçados, equipamentos e acessórios esportivos feitos especificamente para mulheres.

Varejistas de Linha Limitada

Os clientes encontram ampla variedade de produtos em uma linha de produto ou de algumas linhas relacionadas em uma **loja de linha limitada**. Esse tipo de operação varejista normalmente se desenvolve em áreas com uma população grande o bastante para suportá-la. Os exemplos de lojas de linha limitada são a IKEA (móveis para residências e utensílios para casa) e a Wickes (móveis). Esses varejistas satisfazem as necessidades das pessoas que querem escolher entre linhas completas ao comprar produtos específicos.

Um tipo único de varejista de linha limitada é conhecido como um **matador de categoria**. Essas lojas oferecem grandes seleções e preços baixos em linhas de produto únicas. As lojas dessa categoria – por exemplo, Best Buy, Borders Books, Bed, Bath and Beyond e Home Depot – estão entre os varejistas mais bem-sucedidos nos Estados Unidos. Populares nos anos 1990, os matadores de categoria primeiro afastaram os negócios das lojas de desconto de mercadoria geral, que não eram capazes de competir em seleção ou preço. Recentemente, entretanto, a mercadoria expandida e o corte agressivo de custo por parte dos clubes atacadistas e pelo Wal-Mart viraram a mesa. A concorrência das empresas de internet que são capazes de oferecer seleção ilimitada e entrega rápida também afastou os consumidores. Embora ainda sejam uma grande força no varejo, os matadores de categoria não são invulneráveis.[19]

Varejistas de Mercadoria Geral

Os **varejistas de mercadoria geral**, que lidam com ampla variedade de linhas de produto estocadas em alguma quantidade, distinguem-se dos varejistas de linha limitada e de especialidades pelo grande número de linhas de produto que comercializam. A loja geral, descrita anteriormente neste capítulo, é uma forma primitiva de um varejista de mercadoria geral. Essa categoria inclui lojas de variedades, lojas de departamento e varejos de massa, por exemplo: lojas de desconto, varejistas *off-price* e hipermercados.

Lojas de Variedade

Um *outlet* varejista que oferece a gama e sortimento amplos de mercadoria com baixo preço é chamado de *loja de variedade*. Atualmente menos populares do que já foram, muitas dessas lojas têm evoluído ou dado caminho para outros tipos de varejistas, como lojas de descontos ou combinações híbridas de drogarias e lojas de variedade, por exemplo: a Walgreen's e a RiteAid. As lojas de variedade nacionais agora são responsáveis por menos de 1% de todas as vendas varejistas nos Estados Unidos. Contudo, continuam populares em outras partes do mundo. Muitos *outlets* varejistas na Espanha e no México são lojas de variedade pertencentes a famílias.

Lojas de Departamento

Em essência, uma **loja de departamento** é uma série de lojas de linha limitada e de especialidade sob o mesmo teto. Por definição, esse grande varejista gerencia uma variedade de mercadorias, incluindo vestuário masculino, feminino e infantil e acessórios; artigos de cama e mesa e miudezas; decoração; e mobília. Ela serve como um destino completo de compras que contém quase todos os produtos pessoais e domésticos. A Marshall Fields de Chicago é um exemplo clássico.

As lojas de departamento constroem sua reputação ao oferecer ampla variedade de serviços, como contas corrente, entrega, embrulho para presente e privilégios de devolução liberais. Como resultado, incorrem em custos operacionais relativamente altos em uma média de 45% a 60% das vendas.

As lojas de departamento têm enfrentado concorrência intensa nos últimos anos. Os custos operacionais relativamente altos as têm deixado vulneráveis diante das inovações varejistas, como as lojas de desconto, os varejistas da internet e os hipermercados. Além disso, os locais tradicionais das lojas de departamento nas regiões comerciais centrais têm sofrido problemas associados ao estacionamento limitado, ao congestionamento de carros e à migração da população para os subúrbios.

As lojas de departamento vêm lutando de várias formas. Muitas fecharam determinadas seções, como a de eletrônicos, em que os altos custos não as deixam competir com as casas de desconto e os matadores de categoria. Elas têm acrescentado barganhas de *outlets*, instalações expandidas para estacionamento e grandes filiais abertas em shopping centers regionais. Os profissionais de marketing tentam revitalizar o comércio no centro da cidade em muitas cidades com a modernização de suas lojas, a expansão do horário de funcionamento, fazendo esforços especiais para atrair turistas e o comércio convencional, e satisfazendo as necessidades dos moradores urbanos.

Para aumentar os lucros, a Lord & Taylor exibe alguns avisos de liquidação e sua loja matriz de Manhattan ostenta um novo restaurante comandado por um chefe de cozinha bem conhecido. A loja também tem estocado produtos jovens e marcas sofisticadas, como Kate Spade e Rebecca Taylor, reduzindo em seu estoque etiquetas com preço moderado vistas em outras lojas. "Estamos retornando às nossas raízes de loja de especialidades", disse a CEO Jane Elfers.[20]

Varejos de Massa

O merchandising de massa tem feito grandes incursões nas vendas de lojas de departamento ao enfatizar preços mais baixos para produtos de logotipos bem conhecidos, giro alto de produtos e serviços limitados. Um **varejo de massa** freqüentemente estoca uma linha mais ampla de itens do que uma loja de departamento, porém, em geral, sem a mesma intensidade de variedade em cada linha. As casas de desconto, os varejistas *off-price*, os hipermercados e os varejistas de catálogo são todos exemplos de varejos de massa.

Casas de desconto. Uma **casa de desconto** cobra preços baixos e oferece alguns serviços. Inicialmente, e na maioria das vezes, as lojas de desconto vendiam eletrodomésticos. Hoje em dia, oferecem bens de consumo de substituição rápida, medicamentos, alimentos, gasolina e móveis.

Ao eliminar muitos dos serviços "gratuitos" fornecidos pelos varejistas tradicionais, essas operações podem manter seus *markups* de 10% a 25% abaixo dos de seus concorrentes. Algumas das primeiras lojas de desconto têm, desde então, adicionado serviços, estocado logotipos conhecidos e aumentado seus preços. Na verdade, muitas agora se parecem com lojas de departamento.

Um formato de desconto que está ganhando força é o *warehouse club*. A Costco, o BJ's, o Wal-Mart's e o Sam's Club são os maiores *warehouse clubs* nos Estados Unidos. Esses *outlets* sem afetação pague-e-leve oferecem aos consumidores acesso a produtos de marca com preços muito reduzidos. A seleção nos *warehouse clubs* inclui tudo, de uma pipoca *gourmet* a máquinas de fax e manteiga de amendoim, malas e óculos de sol, vendidos em ambientes vastos parecidos com armazéns. Ao atrair os negócios para longe de quase todo segmento varejista, os *warehouse clubs* agora até oferecem comida fresca e gasolina. Os clientes devem ser membros para fazer compras nos *warehouse clubs*.

Varejistas off-price. Outra versão de uma casa de desconto é um *varejista off-price*. Esse tipo de loja estoca apenas roupas de etiquetas padrão ou de marcas conhecidas a preços iguais ou até inferiores aos praticados pelos atacadistas normais e depois repassa essa economia de custo aos compradores. Enquanto muitos dos varejistas *off-price* estão localizados em *outlets* nas áreas centrais ou em prédios auto-suficientes, um número crescente está concentrando-se em shopping centers de *outlet* (*outlet malls*) – shopping centers que abrigam apenas varejistas *off-price*.

O estoque em lojas *off-price* muda freqüentemente conforme os compradores tiram vantagem das ofertas com preços especiais dos fabricantes que vendem mercadoria em excesso. Os varejistas *off-price* como o Loehmann's, o Marshall's, o Stein Mart e o T.J. Maxx mantêm também seus preços abaixo daqueles praticados pelos varejistas tradicionais ao oferecerem bem menos serviços. O varejo *off-price* está sendo bem recebido pelos compradores de hoje.

Hipermercados e **supercenters**. Outra inovação em varejo de desconto é a criação dos *hipermercados* – instalações de compra gigantescas completas que oferecem amplas seleções de produtos de gêneros alimentícios e de mercadoria em geral com descontos. O tamanho da loja determina a principal diferença entre os hipermercados e os *supercenters* (supercentros). Normalmente, os hipermercados têm até 200 mil metros quadrados ou mais de espaço de compra, cerca de um terço a mais do que muitos **supercenters**. Nas lojas Meijer, por exemplo, os consumidores de Michigan, Ohio e Indiana podem comprar alimentos, hardware, bens de consumo de substituição rápida, materiais de construção, materiais automotivos, eletrodomésticos e medicamentos controlados em locais com, em média, 245 mil metros quadrados. Quando os clientes da Meijer acabam suas compras, podem visitar um restaurante, um salão de beleza, uma barbearia, uma agência bancária ou uma padaria dentro do estabelecimento. O Fred Meyer, na Costa Oeste, é outra abordagem de hipermercado. Em contrapartida, o formato de *supercenter* é usado pelo Wal-Mart, pelo Kmart e pela Target.

Varejistas de showroom e de **warehouse**. Esses varejistas enviam mala-direta a seus clientes e vendem os produtos anunciados em showrooms que exibem amostras. Na parte dos fundos dos depósitos, os pedidos são preenchidos para os produtos exibidos. Os preços baixos são importantes para catalogar os clientes da loja. Para manter os preços baixos, esses varejistas oferecem poucos serviços, armazenam a maior parte do estoque em espaço barato de depósito, limitam as perdas de roubos em loja e comercializam produtos com longa duração, como malas, pequenos eletrodomésticos, itens para presente, equipamentos para esporte, brinquedos e jóias.

CLASSIFICAÇÃO DE TRANSAÇÕES DE VAREJO POR LOCALIZAÇÃO

4 Explicar os conceitos da convergência de varejo e comercialização mista.

Embora muitas transações de varejo ocorram em lojas, o varejo sem loja serve como um importante canal de marketing para muitos produtos. Além disso, tanto o consumidor quanto os profissionais de marketing business-to-business confiam no varejo sem loja para gerar pedidos ou solicitações por mais informações que possam resultar em futuros pedidos.

O marketing direto é um conceito amplo que inclui mala-direta, venda direta, varejo de resposta direta, telemarketing, varejo pela internet e comercialização automática. As últimas seções deste capítulo examinarão cada tipo de varejo sem loja.

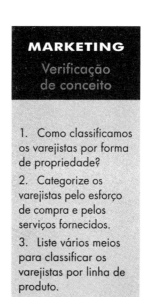

MARKETING
Verificação de conceito

1. Como classificamos os varejistas por forma de propriedade?
2. Categorize os varejistas pelo esforço de compra e pelos serviços fornecidos.
3. Liste vários meios para classificar os varejistas por linha de produto.

CONVERGÊNCIA DE VAREJO E COMERCIALIZAÇÃO MISTA

Muitas diferenças tradicionais não distinguem mais tipos familiares de varejistas, tornando menos útil qualquer conjunto de classificações. A **convergência de varejo**, de acordo com a qual mercadoria semelhante está disponível em vários *outlets* varejistas diferenciados mais pelo preço do que por qualquer outro fator, está derrubando as distinções entre os tipos de varejistas e o composto de mercadoria que eles oferecem. Há alguns anos, um consumidor que estivesse procurando por uma cafeteira moderna talvez fosse diretamente à Williams-Sonoma ou ao Starbucks. Hoje, provavelmente, esse mesmo consumidor conseguiria encontrar uma na Target ou no Wal-Mart, onde pode verificar a nova moda da primavera e se abastecer com artigos de papelaria. A Gap não está apenas competindo com a Eddie Bauer ou a American Eagle Outfitters, mas também com as marcas com etiqueta padrão em lojas de departamento e a Kohl's. Os mercados competem com o Wal-Mart.[21]

A **comercialização mista** – na qual um varejista combina linhas de produto não-semelhantes em uma tentativa de aumentar o volume de vendas – também tem turvado as águas. As farmácias não apenas aviam as receitas, como também oferecem câmeras, cartões, utensílios domésticos, revistas e até mesmo pequenos eletrodomésticos. O varejista de conveniência 7-Eleven recentemente começou a oferecer determinados serviços como pagamento de contas, desconto de cheque-salário, compras com dinheiro eletrônico e com ticket por terminais na loja conectados à internet. Os produtos pedidos por meio do sistema são posteriormente entregues à loja em caminhonete.[22]

ATACADISTAS INTERMEDIÁRIOS

5 Identificar as funções executadas pelos atacadistas intermediários.

No Capítulo 13, vimos que vários canais de distribuição envolvem intermediários de marketing chamados **atacadistas**. Essas empresas adquirem o título de propriedade dos produtos que comercializam e vendem esses produtos principalmente para os varejistas ou para outros atacadistas ou usuários comerciais. Eles vendem para os consumidores finais apenas em quantidades insignificantes, quando muito.

Os **atacadistas intermediários**, uma categoria mais ampla, incluem não apenas os atacadistas, como também agentes e corretores, que desempenham atividades atacadistas sem adquirir o direito de propriedade dos produtos.

FUNÇÕES DOS ATACADISTAS INTERMEDIÁRIOS

Como especialistas em determinadas funções de marketing, em oposição às funções de produção e de fabricação, os atacadistas intermediários podem desempenhar essas funções mais eficientemente do que os produtores ou os consumidores. A importância dessas atividades resulta da utilidade que elas criam, dos serviços que fornecem e das reduções de custo que permitem.

Criando Utilidade

Os atacadistas intermediários criam três tipos de utilidade para os consumidores. Eles aumentam a utilidade tempo ao disponibilizar os produtos para venda quando os consumidores querem comprá-los. Criam a utilidade lugar ao ajudar na entrega de produtos e serviços para a compra em locais convenientes. Criam a utilidade propriedade (ou posse) quando uma troca harmoniosa de título para os produtos dos produtores ou dos intermediários para os compradores finais é realizada. A utilidade posse também pode resultar de transações nas quais o título real não é passado aos compradores, como no caso dos serviços de aluguel de automóvel.

Fornecendo Serviços

A Tabela 14.1 lista vários serviços fornecidos pelos atacadistas intermediários. A lista indica claramente as utilidades de marketing – utilidade de tempo, lugar e posse – que os atacadistas intermediários criam ou aprimoram. Esses serviços também refletem as funções básicas de marketing de compra, venda, armazenamento, transporte, fornecimento de informações mercadológicas, financiamento e assunção de riscos.

É claro que muitos tipos de atacadistas intermediários fornecem serviços variados, e nem todos executam todo serviço listado na tabela. Os fornecedores-produtores confiam nos atacadistas intermediários para a distribuição e seleção das empresas que oferecem as combinações desejadas de serviços. Entretanto, em geral, as funções principais de marketing listadas na tabela compõem a base para qualquer avaliação da eficiência de um intermediário de marketing. A função de assunção de riscos afeta cada serviço do intermediário.

A Synnex Information Technologies de Fremont, Califórnia, comercializa produtos relacionados a computação e periféricos, e também oferece recursos de armazenamento e transporte que ajudam os clientes varejistas a ter despesas gerais mais baixas. O gerenciamento de estoque, a entrega no dia seguinte, o financiamento e o suporte de serviço técnico estão entre o menu de serviços que a empresa oferece.[23]

Reduzindo Custos por meio da Limitação de Contatos

Quando um intermediário representa vários produtores, freqüentemente há o corte de custos de compra e venda. As economias de transação são ilustradas na Figura 14.4, que mostra cinco fabricantes comercializando suas produções com quatro *outlets* de varejo diferentes. Sem um intermediário, esses câmbios geram um total de vinte transações. Adicionar um atacadista intermediário reduz o número de transações para nove.

A United Stationers é um atacadista que vende de tudo, de clipes de papel a máquinas de fax para cadeias de desconto, lojas independentes e revendedores de internet. Enquanto varejistas com grandes estruturas compram em grande quantidade diretamente dos fabricantes, eles são capazes de pedir mercadorias de especialidade em volume baixo, mais rápida e mais eficientemente da United Stationers. Com os pedidos habilitados pela internet, as lojas pequenas de bairro têm acesso a mais de 35 mil itens, entregues na loja ou diretamente aos consumidores noturnos. Ao se posicionar como uma rede completa de armazenamento, logística e distribuição, a empresa recentemente expandiu-se para além de suas raízes de produto para escritório ao estabelecer uma nova unidade de fornecimento de serviço de limpeza.[24]

Tabela 14.1 Serviços de atacadista para consumidores e fornecedores-produtores

SERVIÇO	BENEFICIÁRIOS DO SERVIÇO	
	CONSUMIDORES	**FORNECEDORES-PRODUTORES**
Compra Antecipa os pedidos do cliente e aplica o conhecimento de fontes alternativas de fornecimento; atua como o agente de compra para o cliente.	Sim	Não
Venda Fornece uma força de vendas para visitar clientes, criando um método de custo baixo para servir os pequenos varejistas e os usuários comerciais.	Não	Sim
Armazenamento Mantém instalações de depósito a custos mais baixos do que muitos produtores ou varejistas individuais poderiam praticar. Reduz o risco e o custo de manter estoque para produtores.	Sim	Sim
Transporte Os clientes recebem a entrega imediata em resposta a seus pedidos, reduzindo seus investimentos em estoque. Os atacadistas também quebram a compra em grande quantidade ao adquirir carregamentos suficientes para encher um vagão ou caminhão, depois revendendo em pequenas quantidades, reduzindo, com isso, os custos totais de transporte.	Sim	Sim
Fornecimento de informações de marketing Oferece importante pesquisa de marketing de produto para produtores por intermédio de contatos regulares com compradores de varejo e comerciais. Fornece aos clientes informações a respeito de novos produtos, informações técnicas sobre linhas de produto, relatórios das atividades dos concorrentes e tendências da indústria e informações de consultoria com relação a alterações de preço, alterações legais e assim por diante.	Sim	Sim
Financiamento Outorga créditos que podem estar indisponíveis para os compradores diretamente dos fabricantes. Fornece auxílio de financiamento para produtores ao comprar produtos, antecipadamente, à venda e ao pagar contas prontamente.	Sim	Sim
Assunção de riscos Avalia os riscos de crédito de numerosos clientes de varejo distantes e usuários de pequenos negócios. Estende crédito aos clientes qualificados. Ao transportar e armazenar produtos em estoque, o atacadista assume risco de deterioração, roubo ou obsolescência.	Sim	Sim

TIPOS DE ATACADISTAS INTERMEDIÁRIOS

6 Explicar os principais tipos de atacadistas intermediários independentes e as situações mais apropriadas para cada um.

Vários tipos de atacadistas intermediários funcionam em canais de distribuição diferentes. Alguns fornecem variedades amplas de serviços ou lidam com grandes linhas de produtos, ao passo que outros se especializam em serviços, produtos ou indústrias individuais. A Figura 14.5 classifica os atacadistas intermediários com base em duas características: propriedade e fluxos de direito (caso o título passe do fabricante para o atacadista intermediário). As três estruturas básicas de propriedade são: (1) instalações possuídas por fabricante, (2) atacadistas intermediários independentes, e (3) escritórios de compra e cooperativas possuídas por varejista.

Os dois tipos de atacadistas intermediários independentes são atacadistas comerciais, que adquirem o direito das mercadorias, e agentes e corretores, que não adquirem tais direitos.

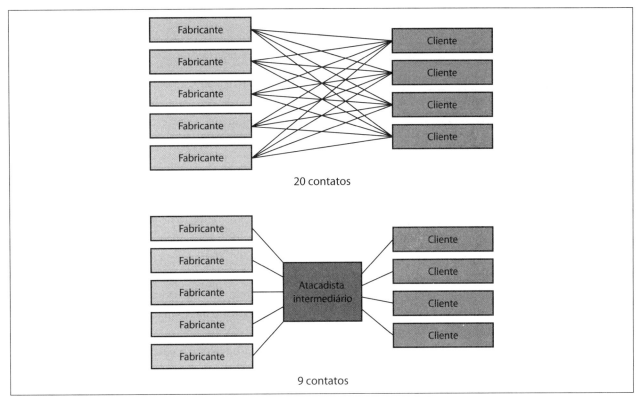

Figura 14.4
Economia de transação por meio de atacadistas intermediários.

Instalações Pertencentes ao Fabricante

Várias razões levam os fabricantes a distribuir seus produtos diretamente por intermédio das instalações pertencentes à empresa. Alguns produtos perecíveis precisam de controle rígido de distribuição para evitar a deterioração; outros exigem instalação ou serviço complexo. Alguns produtos precisam de promoção agressiva. Os produtos com valores unitários altos permitem vendas lucrativas dos fabricantes diretamente aos consumidores finais. As instalações pertencentes ao fabricante incluem filiais de vendas, escritórios de vendas, feiras comerciais e centros de convenções.

Uma *filial de vendas* gerencia o estoque e processa os pedidos do estoque disponível para os clientes. As filiais fornecem uma função de armazenamento parecida com os atacadistas independentes e servem como escritórios para os representantes de vendas em seus territórios. Elas são predominantes em canais de marketing para químicos, maquinário e equipamentos comerciais, veículos motorizados e produtos de petróleo.

Um *escritório de vendas*, ao contrário, não cuida de estoque, porém serve como um escritório regional para a equipe de vendas do fabricante. Os locais próximos aos clientes da empresa ajudam a limitar os custos de venda e a dar apoio ao serviço ativo ao cliente. Por exemplo, vários escritórios de vendas nos subúrbios de Detroit servem à indústria automotiva local.

Uma *feira comercial* (ou exposição comercial) é uma demonstração periódica na qual os fabricantes de uma indústria específica exibem suas mercadorias para os compradores atacadistas ou varejistas visitantes. Por exemplo, a *Internet World Conference* patrocina uma enorme exposição comercial que reúne mais de seiscentas empresas para demonstrar sua mais recente tecnologia para a internet.

Um *centro de convenções* fornece espaço para *showrooms* e exposições permanentes que os fabricantes alugam a fim de comercializar seus produtos. Um dos maiores mercados de mercadorias do mundo é o Merchandise Mart Center de Chicago, um complexo de 7 milhões de metros quadrados que hospeda mais de trinta mercados de compra sazonais por ano.

Atacadistas Intermediários Independentes

Muitos atacadistas intermediários são independentemente reconhecidos. Essas empresas se encaixam em duas categorias principais: atacadistas comerciais e agentes e corretores.

Atacadistas Comerciais

Um **atacadista comercial** adquire o direito de propriedade dos produtos e os gerencia. Os atacadistas comerciais são responsáveis por, aproximadamente, 60% de todas as vendas no atacado. Classificações adicionais dividem esses atacadistas em atacadistas de função completa ou de função limitada, como indicado na Figura 14.5. A Synnex, mencionada na seção anterior, é um atacadista comercial.

Um atacadista comercial de função completa fornece um sortimento completo de serviços para os varejistas e compradores comerciais. Como um atacadista estoca mercadoria em um local conveniente, permite que os consumidores façam compras a curto prazo, minimizando as exigências de estoque. A empresa, em geral, mantém uma força de vendas que visita varejistas, faz entregas e estende crédito a compradores qualificados. Os atacadistas de função completa são comuns em indústrias farmacêutica, de gêneros alimentícios e de ferramentas. No mercado de negociação de mercadorias, os atacadistas comerciais de função completa (freqüentemente chamados *distribuidores industriais*) vendem maquinário, equipamentos auxiliares baratos e suprimentos.

Um **abastecedor** é um atacadista comercial de função completa que comercializa linhas especializadas de mercadorias para os varejistas. Um abastecedor fornece prateleiras, armazena as mercadorias, coloca preço nos produtos e faz visitas regulares para reposição de prateleiras.

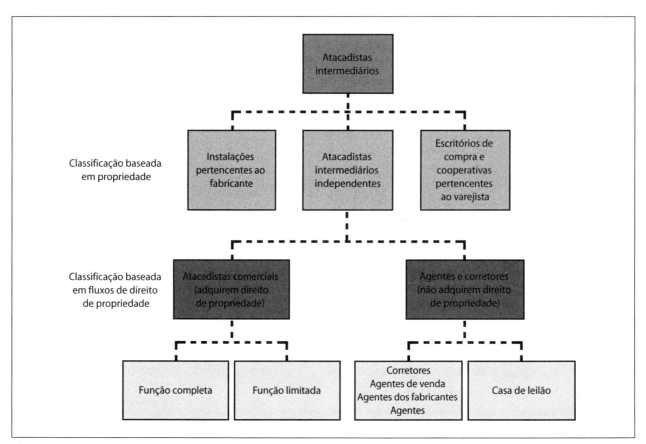

Figura 14.5
Tipos principais de atacadistas intermediários.

Os atacadistas comerciais de função limitada encaixam-se em quatro categorias: atacadistas *cash-and-carry*, atacadista volante, ciclo pedido-pagamento e atacadistas de mala-direta. Os atacadistas de função limitada servem às indústrias de alimentação, carvão mineral, madeireira, jóias, materiais esportivos e mercadoria geral.

Um *atacadista* cash-and-carry desempenha muitas funções de atacado exceto financiamento e entrega. Embora praticável para lojas pequenas, esse tipo de atacado em geral é impossível para mercados em grande escala. Hoje, as operações pague-e-leve normalmente funcionam como departamentos dentro das operações normais de atacado de serviço completo. Os atacadistas *cash-and-carry* são comuns fora dos Estados Unidos, por exemplo, no Reino Unido.

Um **atacadista volante**, ou ***truck jobber***, comercializa itens alimentícios perecíveis, como pão, tabaco, batatas chips, doces e derivados do leite. Os atacadistas volantes fazem entregas regulares para os varejistas, desempenham vendas e funções de cobrança e promovem linhas de produto.

Um **ciclo pedido-pagamento** aceita pedidos de clientes e os encaminha para os produtores, que então enviam os produtos desejados diretamente aos consumidores. Embora os ciclos pedido-pagamento adquiram o direito de propriedade de produtos, eles nunca manipulam fisicamente ou mesmo vêem a mercadoria. Esses intermediários com freqüência trabalham em indústrias que vendem mercadorias em grande volume que os clientes compram em lotes grandes. Carvão mineral e madeira são exemplos.

Um **atacadista de mala-direta** é um atacadista comercial de função limitada que distribui catálogos on-line ou fisicamente, em vez de enviar representantes de vendas para contatar clientes institucionais, comerciais e de varejo. Os clientes então fazem as compras por correio, telefone ou on-line. Como um atacadista, muitas vezes serve clientes relativamente pequenos em áreas afastadas. As operações de mala-direta existem sobretudo nas linhas de *hardware*, cosméticos, jóias, materiais esportivos e, em especial, alimentos, assim como em mercadorias gerais.

A Tabela 14.2 compara os vários tipos de atacadistas comerciais e os serviços que eles fornecem. Os atacadistas comerciais de função completa e os atacadistas volantes se classificam como intermediários de custo relativamente alto por causa do número de serviços que desempenham, ao passo que os atacadistas *cash-and-carry*, os ciclos pedido-pagamento e os atacadistas de mala-direta fornecem menos serviços e determinam preços mais baixos visto que incorrem em custos operacionais menores.

Agentes e Corretores

Um segundo grupo de atacadistas intermediários independentes, agentes e corretores podem ou não adquirir a posse dos produtos que negociam, porém nunca adquirem o direito de propriedade. Em geral, desempenham menos serviços do que os atacadistas comerciais, trabalhando principalmente para reunir compradores e vendedores. Os agentes e os corretores encaixam-se em cinco categorias: agentes, casas de leilão, corretores, agentes de venda e representantes dos fabricantes (reps).

Os **agentes**, que predominam nos mercados para produtos agrícolas, tomam posse quando os produtores enviam produtos, por exemplo, grãos, hortifruti e bens semoventes, para venda nos mercados centrais. Atuam como agentes dos produtores e recebem honorários combinados quando realizam vendas. Uma vez que os clientes inspecionem os produtos e os preços flutuem, os agentes têm liberdade considerável nas decisões de marketing. Os proprietários dos produtos podem especificar preços mínimos, porém os agentes vendem esses produtos nos melhores preços possíveis. Então, deduzem seus honorários do lucro das vendas.

Uma *casa de leilões* reúne compradores e vendedores em um local e permite que compradores potenciais inspecionem a mercadoria antes de fazer ofertas de compras competitivas. As comissões da casa de leilões normalmente refletem porcentagens específicas dos preços de vendas dos itens leiloados. Os leilões são comuns na distribuição de tabaco, carros usados, trabalhos artísticos, bens semoventes, peles de animais e frutas. A internet tem-se voltado para um novo tipo de casa de leilões que conecta os clientes e os vendedores no mundo virtual. Um exemplo bem conhecido é o eBay, que leiloa grande variedade de produtos em todas as faixas de preço.

Os **corretores** trabalham principalmente para reunir compradores e vendedores. Um corretor representa o comprador ou o vendedor – porém não os dois juntos – em determinada transação, e o corretor recebe um honorário

Tabela 14.2 Comparação dos tipos de atacadistas comerciais e seus serviços.

SERVIÇO	ATACADISTA DE FUNÇÃO LIMITADA				
	FUNÇÃO COMPLETA	CASH-AND-CARRY	VOLANTE	CICLO PEDIDO-PAGAMENTO	MALA-DIRETA
Antecipa as necessidades do cliente	Sim	Sim	Sim	Não	Sim
Cuida do estoque	Sim	Sim	Sim	Não	Sim
Entrega	Sim	Não	Sim	Não	Não
Fornece informações mercadológicas	Sim	Raramente	Sim	Sim	Não
Fornece crédito	Sim	Não	Não	Sim	Às vezes
Assume o risco de propriedade ao adquirir o direito de propriedade	Sim	Sim	Sim	Sim	Sim

do cliente quando a transação é finalizada. Os intermediários que se especializam em organizar as transações de compra e venda entre os produtores domésticos e os compradores estrangeiros são chamados *corretores de exportação*. Os corretores trabalham em indústrias caracterizadas por grande quantidade de pequenos fornecedores e compradores, como setor imobiliário, alimentos congelados e maquinário usado. Visto que fornecem serviços ocasionais para vendedores ou para compradores, não podem servir como canais eficazes para os fabricantes que buscam serviço regular e contínuo. Uma empresa que procura desenvolver um canal mais permanente talvez escolha usar um agente de vendas ou um agente de fabricante.

Em geral, um **agente de vendas** exerce autoridade total sobre as decisões de precificação e gastos promocionais, e com freqüência fornece assistência financeira ao fabricante. Os agentes de vendas atuam como departamentos de marketing independentes porque podem assumir a responsabilidade pelos programas completos de marketing das linhas de produto das empresas do cliente. Eles trabalham principalmente nas indústrias de carvão mineral, madeireira e têxtil. Para uma pequena empresa mal financiada voltada à produção, um intermediário determinado talvez demonstre ser o canal ideal de marketing.

Enquanto um fabricante pode lidar com apenas um agente de vendas, uma empresa que contrata **representantes dos fabricantes** freqüentemente delega as tarefas de marketing para muitos desses agentes. Um vendedor determinado pode trabalhar para várias empresas que produzem produtos análogos não-concorrentes. Os representantes dos fabricantes são comissionados, em uma base de, por exemplo, 6%. Ao contrário dos agentes de vendas, que podem ser contratados com exclusividade a fim de comercializar um produto, os agentes dos fabricantes trabalham em territórios específicos. Eles podem desenvolver novos territórios de venda ou representar empresas relativamente pequenas e aquelas com linhas não relacionadas.

Quando a inventora Jane McKittrick lançou o *Earth Bud-Eze*, uma variedade inovadora de ferramentas que facilitaram os esforços de muitas das tarefas de jardinagem, os produtos – vendidos de modo amplo em feiras estaduais – foram modestamente bem-sucedidos. Porém, quando McKittrick foi incluída na lista de qualificação da Marshall Associates, um grupo de representantes dos fabricantes com contatos amplos nos mercados de ferramentas e de jardinagem, as vendas dispararam. A linha de produção inicial foi capaz até de penetrar nos comércios de massa em todo o território norte-americano.[25]

A importância dos agentes de vendas em muitos mercados tem caído porque os fabricantes querem melhor controle de seus programas de marketing do que o possibilitado por esses intermediários. Em contrapartida, o volume de vendas pelos agentes dos fabricantes mais do que dobrou e agora eles são responsáveis por 37% de todas as vendas feitas por agentes e corretores. A Tabela 14.3 compara os principais tipos de agentes e corretores com base nos serviços que eles desempenham.

Tabela 14.3 Serviços fornecidos por agentes e corretores.

SERVIÇO	AGENTE	CASA DE LEILÃO	CORRETOR	AGENTE DOS FABRICANTES	AGENTE DE VENDAS
Antecipa as necessidades do cliente	Sim	Às vezes	Às vezes	Sim	Sim
Gerencia estoque	Sim	Sim	Não	Não	Não
Entrega	Sim	Não	Não	Às vezes	Não
Fornece informações mercadológicas	Sim	Sim	Sim	Sim	Sim
Fornece crédito	Às vezes	Não	Não	Não	Às vezes
Assume risco de propriedade ao adquirir direito de título	Não	Não	Não	Não	Não

COOPERATIVAS PERTENCENTES A VAREJISTAS E ESCRITÓRIOS DE COMPRA

Os varejistas podem assumir numerosas funções de atacado em uma tentativa de reduzir custos ou fornecer serviços especiais. Às vezes, os varejistas independentes se unem para formar grupos de compra que podem alcançar redução de custos com compras em quantidade. Outros grupos de varejistas estabelecem instalações de atacado pertencentes a varejistas ao formarem cadeias de cooperativa. Grandes cadeias de varejistas freqüentemente estabelecem escritórios de compra centralizados, para negociar compras em grande escala diretamente com os fabricantes.

MARKETING DIRETO E OUTRO VAREJO SEM LOJA

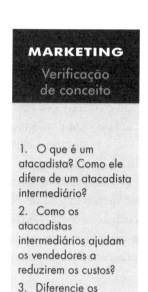

MARKETING
Verificação
de conceito

1. O que é um atacadista? Como ele difere de um atacadista intermediário?

2. Como os atacadistas intermediários ajudam os vendedores a reduzirem os custos?

3. Diferencie os agentes dos corretores.

Embora muitas das transações varejistas ocorram em lojas, o varejo sem loja é um canal de marketing importante para muitos produtos. Tanto os profissionais de marketing de consumidor quanto os de business-to-business contam com o varejo sem loja para gerar tendências ou pedidos por mais informações que possam resultar em pedidos futuros.

    O **marketing direto** é um conceito amplo que inclui mala-direta, venda direta, varejo de resposta direta, telemarketing, varejo na internet e comercialização automática. Os gastos com marketing direto ou interativo quantificam centenas de bilhões de dólares, anualmente, em compras. As últimas seções deste capítulo abordarão cada tipo de varejo sem loja.

7 Comparar os tipos básicos de marketing direto e varejo sem loja.

MALA-DIRETA

A mala-direta é um componente principal de marketing direto. Ela se apresenta de várias formas, variando de cartas, cartões-postais, folhetos, catálogos de vendas e jornais de empresa (periódicos publicados por organizações para abordar questões internas) até vídeo e fitas-cassete. Tanto as organizações sem quanto as com fins lucrativos usam de maneira ampla esse canal de distribuição.

A mala-direta oferece várias vantagens, como a capacidade de selecionar um mercado-alvo restrito, alcançar cobertura intensiva, enviar mensagens rapidamente, escolher entre vários formatos, fornecer informações completas e personalizar cada elemento de correspondência. As taxas de resposta são mensuráveis e maiores do que outros tipos de propaganda.

Além disso, as malas diretas são independentes e não competem por atenção com artigos de revista e programas de televisão. Em contropartida, o custo por leitor da mala-direta é alto, a eficiência depende da qualidade do *mailing list* e alguns consumidores são fortemente contra a mala-direta, considerando-a "lixo postal".

O marketing de mala-direta conta de modo expressivo com a tecnologia de banco de dados para gerenciar listas de nomes e segmentá-las de acordo com os objetivos da campanha. Os destinatários recebem materiais dirigidos, com freqüência personalizados com seu nome junto com o conteúdo da propaganda.

Os catálogos são uma forma popular de mala-direta, com mais de 10 mil catálogos diferentes de pedido por correio de especialidade para clientes – e mais milhares para vendas business-to-business – que encontram seu caminho para quase toda caixa de correio nos Estados Unidos. Em um ano normal, os catálogos de pedido por correio geram quase US$ 40 bilhões em vendas para o consumidor e US$ 24 bilhões em vendas business-to-business. Os catálogos podem ser um método de apenas uma empresa ou de vendas primárias. A Spiegel, a L.L. Bean e a Coldwater Creek são exemplos bem conhecidos. Varejistas convencionais em lojas como a Bloomingdale's e a Macy's também distribuem catálogos. Os varejistas da internet também descobriram que os catálogos estimulam as vendas. Varejista eletrônico de produtos exóticos, a eZiba.com usou um catálogo para expandir sua base de consumidores para além de sua clientela jovem conhecedora da internet para compradores mais velhos. A Amazon, recentemente, enviou um catálogo de produtos para casa e jardim, enquanto o Yahoo! está testando ofertas de mala-direta para sua faixa de serviços pagos Premium.[26]

Novas tecnologias estão mudando o marketing feito por catálogo. Hoje em dia, os catálogos podem ser atualizados rapidamente, fornecendo aos consumidores as últimas informações e preços. Os catálogos em CD-ROM permitem aos profissionais de marketing exibir produtos em três dimensões e podem incluir seqüências de vídeo de demonstração de produtos. Após os sobressaltos terroristas, em que cartas com antraz foram enviadas pelo correio, os profissionais de marketing direto responderam ao combinar marketing por e-mail e mala-direta. Os e-mails alertavam os clientes de que catálogos ou pacotes de mala-direta seriam enviados pelo correio, dissipando a preocupação quanto ao recebimento de cartas de fontes desconhecidas.[27]

VENDA DIRETA

Utilizando a venda direta, os fabricantes evitam completamente os varejistas e os atacadistas. Em vez disso, configuram seus próprios canais para vender seus produtos diretamente aos consumidores. Avon, Pampered Chef, Dell e profissionais de marketing que realizam reuniões como a Tupperware são todos vendedores diretos. Esse canal foi discutido na Capítulo 13.

VAREJO DE RESPOSTA DIRETA

Os consumidores de um varejista de resposta direta podem pedir mercadorias por correio ou por telefone, visitando um balcão de venda pelo correio em uma loja de varejo ou por meio do computador ou fax. O varejista, então, envia a mercadoria para a casa do cliente ou para uma loja de varejo local para que seja retirada.

Muitos varejistas de resposta direta contam com a mala-direta, por exemplo, catálogos, para criar vendas pelo correio ou por telefone e para promover compras em loja de produtos exibidos nos catálogos. Adicionalmente, algumas empresas, como a Lillian Vernon, realizam quase todas as suas vendas por intermédio de pedidos de catálogo. As vendas pelo correio cresceram cerca de 10% nos últimos anos, cerca de duas vezes a taxa das vendas em loja de varejo.

Os varejistas de resposta direta estão progressivamente alcançando os compradores com o uso da internet e de catálogos exclusivos. A Lillian Vernon adiciona a seus catálogos de mercadorias gerais catálogos de especialidades de produtos infantis e de presentes personalizados. O site da Lillian Vernon oferece seis diferentes catálogos on-line nos quais os clientes podem escolher o que comprar. Os catálogos de férias da Jackson and Perkins oferecem uma variedade de plantas como presente. A Nordstrom, há muito conhecida pela seleção de moda em suas lojas de varejo, também oferece aos consumidores milhares de produtos por intermédio de seus catálogos e site.

O varejo de resposta direta inclui também venda a domicílio, que veicula promoções em redes de televisão a cabo para vender mercadorias mediante pedidos por telefone. Uma forma de venda a domicílio existe há anos – *infomerciais* que duram ao menos 30 minutos.

Produtos como os cortadores de vegetais da K-Tel Records e da Veg-O-Matic são apresentados nesses comerciais. Mais recentemente, redes de TV, como a Home Shopping Network, têm focado, com sucesso, exclusivamente no fornecimento de oportunidades de compras, programando variações de comerciais estendidos para programas com a participação de ouvintes para formatos de *game show*. Os compradores ligam em um número 0800 para comprar os produtos exibidos e o varejista envia os pedidos diretamente para a casa deles.

TELEMARKETING

O telemarketing refere-se ao marketing direto conduzido inteiramente por telefone. É a forma de marketing direto usada com mais freqüência. Ele fornece aos profissionais de marketing um alto retorno em seus gastos, uma resposta imediata e a oportunidade de conversas bilaterais. O telemarketing será discutido em mais detalhes no Capítulo 17.

VAREJO PELA INTERNET

Os varejistas baseados na internet vendem diretamente aos consumidores por meio de vitrines virtuais. Em geral, eles mantêm um estoque pequeno ou nenhum estoque, pedindo diretamente dos fornecedores para atender aos pedidos recebidos dos consumidores em seus seus sites. Nos últimos anos, os varejistas convencionais têm ansiosamente assistido ao crescimento – e depois à morte – de muitos varejistas fracamente planejados, administrados financeiramente e comercializados baseados na internet. Na

8 Explicar o quanto a internet alterou os ambientes do atacado, do varejo, e do marketing direto.

época do fracasso das pontocom, 130 varejistas eletrônicos faliram. Mesmo os sucessos iniciais como a Ezshop, um varejista on-line de móveis para casa, com o tempo sucumbiram. Varejistas tradicionais, usando a internet para apoiar seus varejos convencionais em lojas – os então chamados varejistas convencionais em lojas –, têm tido resistência muito maior. Gap, Best Buy e Lands' End, por exemplo, têm conseguido sucesso ao estender sua capacidade para a internet. A Office Depot credita seu sucesso a sua marca sólida, a suas estratégias de compra de baixo custo e, o mais importante, a sua rede de distribuição ampla – os clientes podem retirar as compras que iniciam na internet nos *outlets* locais da Office Depot.[28] O Capítulo 4 discutiu o varejo pela internet e outras formas de e-commerce em mais detalhes.

COMERCIALIZAÇÃO AUTOMÁTICA

As primeiras máquinas de venda do mundo liberavam água benta por 5 centavos de dracma nos templos egípcios, em aproximadamente 215 a.C. Esse método de varejo cresceu rapidamente desde essa época; hoje, cerca de 4,7 milhões de máquinas de venda vendem aproximadamente, US$ 25 bilhões em produtos de conveniência para os americanos.

Enquanto as antigas máquinas de venda norte-americanas se limitavam a salgadinhos, refrigerantes e bilhetes de loteria, os consumidores japoneses usam a comercialização automática para tudo, de sushi fresco a roupas íntimas novas. Recentemente, os profissionais de marketing americanos começaram a perceber o potencial dessa ferramenta de marketing mal aproveitada. Como os progressos tecnológicos e os pagamentos com cartão de crédito facilitam a venda de itens de valor mais alto, as máquinas de venda que oferecem trilhas de filmes a US$ 15 estão fazendo sucesso nos corredores dos cinemas, enquanto a Underwear to Go oferece cuecas samba-canção em latas de alumínio instantâneas.[29]

MARKETING
Verificação de conceito

1. O que é marketing direto?
2. O que é mala-direta?

Implicações estratégicas do marketing no século XXI

Conforme a revolução da internet se torna um meio de vida – tanto para consumidores quanto para os negócios de produtos e serviços de marketing para eles –, a tecnologia continuará a transformar os meios em que varejistas, atacadistas e profissionais de marketing direto se conectam aos clientes.

No setor varejista, o avanço irreversível em direção aos preços cada vez mais baixos tem forçado os varejistas – da Neiman Marcus até as lojas de preço único – a reavaliar tudo, abarcando desde suas redes de logística e de fornecimento até suas margens de lucro. Muitos têm usado o poder da internet para reforçar determinados fatores, como a imagem da loja, o mix de mercadoria, o serviço ao consumidor e o desenvolvimento de relacionamentos a longo prazo com os clientes.

Embora os fabricantes previssem que a tecnologia da internet os capacitaria a evitar determinados intermediários, como

Em poucas palavras

Se você não estiver fazendo negócios pela internet, então está na Baixa Idade Média, e será deixado para trás.
John Chambers (nasc. 1948)
CEO da Cisco Systems

os atacadistas e os agentes, aproximando-os mais dos consumidores, a realidade é bem diferente. Os atacadistas bem-sucedidos têm sido capazes de se estabelecer como ligações essenciais na rede de fornecimento, distribuição e serviço ao consumidor. Ao potencializarem a tecnologia, eles se mostram capazes de esculpir novos papéis, fornecendo determinados serviços especializados, como armazenamento ou execução para vários clientes de varejo.

A internet tem permitido, aos profissionais de marketing direto, facilitar cada vez mais a segmentação sofisticada de banco de dados. Os profissionais de marketing tradicionais de catálogo e de mala-direta vêm integrando sites, propaganda na internet e programas de correio eletrônico a uma estratégia coesa de direcionamento, distribuição e compra repetida.

····· REVISÃO

1 Explicar a roda de varejo.
A roda de varejo é a hipótese em que cada novo tipo de varejista ganha uma posição competitiva segura ao oferecer preços mais baixos do que os fornecedores concorrentes e mantém os lucros ao reduzir ou eliminar serviços. Um exemplo recente é a Sears, que lutou para concorrer com as lojas de departamento mais sofisticadas, de um lado, e a Target, de outro. A Sears teve dificuldade em encontrar um nicho alternativo para suas lojas e foi comprada pela Kmart.

1.1. Encontre alguns exemplos de varejistas que demonstram o conceito da roda de varejo. Explique os estágios pelos quais passaram e em que estão atualmente.

2 Explicar como os varejistas selecionam os mercados-alvo.
Um varejista começa a definir sua estratégia ao selecionar um mercado-alvo. O mercado-alvo dita, entre outras coisas, o mix de produto, a estratégia de preço e a estratégia

de localização. Os varejistas lidam com o comportamento do consumidor no nível mais complicado, e um entendimento claro do mercado-alvo é importante. As estratégias para a seleção dos mercados-alvo incluem estratégias de merchandising, serviços ao consumidor, preço, local/distribuição e promocional.

2.1. Como os varejistas identificam os mercados-alvo?

2.2. Explique as principais estratégias por meio das quais os varejistas alcançam seus mercados-alvo.

3 Mostrar como os elementos do mix de marketing se aplicam à estratégia do varejista.

Um varejista deve primeiro identificar um mercado-alvo e depois desenvolver uma estratégia de produto. Então, deve estabelecer uma estratégia de serviço ao consumidor. A estratégia de preço de varejo envolve decisões a respeito dos *markups* e dos *markdowns*. O local é, freqüentemente, o fator determinante para o sucesso ou o fracasso de um varejista. A estratégia promocional de um varejista e a atmosfera da loja desempenham papéis importantes no estabelecimento da imagem de uma loja.

3.1. Explique a importância da localização de um varejista para sua estratégia.

3.2. Por que a atmosfera da loja é tão importante para os varejistas?

4 Explicar os conceitos de convergência de varejo e de comercialização misturada.

A convergência de varejo é a fusão de compradores, produtos e preços que resulta no obscurecimento das distinções entre os tipos de varejistas e o mix de mercadorias que eles oferecem. Seleções semelhantes estão disponíveis em várias fontes e são diferenciadas, principalmente, pelo preço. A comercialização misturada se refere à prática dos varejistas de manter linhas diferentes de produto em uma tentativa de gerar volume adicional de vendas. A convergência de varejo e a comercialização misturada têm progressivamente dificultado a classificação dos varejistas.

4.1. O que é convergência de varejo?

4.2. Defina *comercialização mista*. Por que essa prática tem-se tornado tão comum no varejo?

5 Identificar as funções executadas pelos distribuidores atacadistas intermediários.

As funções dos atacadistas intermediários incluem a criação de utilidade, o fornecimento de serviços e a redução de custos ao limitar os contatos.

5.1. O que é um atacadista intermediário?

5.2. Descreva as atividades que ele desempenha.

6 Descrever os principais tipos de distribuidores atacadistas intermediários independentes e as situações apropriadas em que cada um deles deve ser usado.

Os distribuidores atacadistas intermediários independentes podem ser divididos em duas categorias: atacadistas comerciais e agentes e corretores. Os dois principais tipos de atacadistas comerciais são os atacadistas comerciais de função completa, por exemplo, os abastecedores, e os atacadistas comerciais de função limitada, incluindo os atacadistas *cash-and-carry*, os atacadistas volantes, os ciclos pedido-pagamento e os atacadistas de mala-direta. Os atacadistas de função completa são comuns nas indústrias farmacêutica, de gêneros alimentícios e de ferramentas. Os atacadistas de função limitada são, às vezes, usados nas indústrias de alimentos, carvão mineral, madeireira, jóias, materiais esportivos e mercadoria geral. Os agentes e os corretores não adquirem o direito de propriedade para os produtos que eles vendem; essa categoria inclui comerciantes comissionados, casas de leilões, corretores, agentes de venda e representantes dos fabricantes. As empresas que buscam desenvolver novos territórios de venda, empresas com linhas não relacionadas e empresas menores usam os representantes dos fabricantes. Os comerciantes comissionados são comuns na comercialização de produtos agrícolas. As casas de leilões são usadas para vender tabaco, carros usados, bens semoventes, peles de animais e frutas. Os corretores são predominantes nas indústrias imobiliária, de alimentos congelados e de maquinário usado.

6.1. Faça a distinção entre os tipos diferentes de atacadistas intermediários pertencentes ao fabricante. Quais condições podem adequar-se a cada um?

6.2. Qual é a função principal de um corretor?

6.3. Qual é o pagamento dos corretores por seu trabalho?

7 Comparar os tipos básicos de marketing direto e de varejo sem loja.

O marketing direto é um canal de distribuição que consiste de comunicação direta com um consumidor ou receptor comercial. Ele gera pedidos e orientações de vendas que podem resultar em futuros pedidos. Visto que o marketing direto responde a mercados e públicos de mídias fragmentados, ao crescimento de produtos personalizados e à redução dos públicos de transmissão em rede, os profissionais de marketing o consideram parte importante de seus esforços de planejamento. Embora muitas das vendas do varejo americano aconteçam em lojas, atividades de varejo sem loja, como, mala-direta, venda direta, varejo de resposta direta, telemarketing, varejo pela internet e comercialização automática, são importantes na comercialização de muitos tipos de mercadorias e serviços.

7.1. Diferencie venda direta e varejo de resposta direta. Cite exemplos de ambos.

7.2. Quais são as vantagens do varejo pela internet?

8 Explicar quanto a internet tem alterado os ambientes de atacado, de varejo e de marketing direto.

A internet tem afetado tudo, do modo como as redes de fornecimento trabalham até a maneira como são estabelecidos os relacionamentos com os consumidores. Os atacadistas bem-sucedidos têm esculpido um nicho como uma fonte de qualificação que oferece distribuição e execução capacitadas pela internet mais rápidas e mais eficientes.

A internet permitiu aos varejistas aumentar seu mix de mercadorias e seu serviço ao consumidor ao dar a eles, entre outras coisas, dar a eles acesso a muitas seleções mais amplas de produtos. Os profissionais de marketing direto fundiram seus tradicionais programas de mala-direta e catálogo com uma interface de internet que permite contato mais rápido, mais eficiente e mais freqüente com os consumidores e com os clientes potenciais.

8.1. De que maneiras a internet mudou o varejo de resposta direta?

8.2. Defina *comercialização automática* e explique seu papel no varejo americano, atualmente e no futuro.

PROJETOS E EXERCÍCIOS EM GRUPO

1. Em pequenos grupos, visite uma loja local do Wal-Mart e observe determinados aspectos, como a disposição dos produtos, disposição das prateleiras, níveis de estoque nas prateleiras, padrões de tráfego, serviço ao consumidor e eficiência de pagamento no caixa. Discuta o que faz do Wal-Mart o varejista mais bem-sucedido do mundo.

2. A Target tornou-se conhecida pelas roupas badaladas e pelas utilidades domésticas com estilo, tudo imediatamente disponível em lojas espaçosas com preços razoáveis. Com sua equipe, visite uma loja local da Target ou o site da empresa e compare sua seleção de produtos com sua loja local de ferramentas e/ou uma loja de departamento. Faça uma lista de cada vantagem e desvantagem da loja, incluindo conveniência, local, seleção, serviço e preços gerais. Algumas de suas linhas de produto têm algo em comum? Como elas se diferenciam uma da outra? Qual delas os membros de sua equipe visitariam com mais freqüência?

3. Em pares, ligue cada indústria com o tipo mais apropriado de atacadista intermediário.

   _____ ferramentas   a. ciclo pagamento-pedido
   _____ alimentos perecíveis   b. atacadista volante
   _____ madeireira   c. casa de leilão
   _____ trigo   d. atacadista comercial
   _____ carros usados   de função completa
                            e. comerciante comissionado

4. Em equipes, desenvolva uma estratégia de varejo para um varejista de internet. Identifique um mercado-alvo e depois dê sugestões de estratégias de mix de mercadorias, promoção, serviço e preço que ajudariam um varejista a alcançar esse mercado pela internet. Que questões devem ser abordadas pelos varejistas de internet que não afetam os varejistas tradicionais de loja?

5. Com um colega de classe, visite duas ou três lojas de varejo que concorram entre si em sua área e compare suas estratégias de serviço ao consumidor. (Você pode querer visitar cada loja mais de uma vez para evitar fazer um julgamento precipitado.) Selecione ao menos dez critérios e use-os para avaliar cada loja. Em sua opinião, como cada loja vê sua estratégia de serviço ao consumidor quando a encaixa em sua estratégia geral de varejo? Apresente suas descobertas, de forma detalhada, para a classe.

6. Visite uma loja de departamento e compare ao menos duas estratégias de preço dos departamentos baseadas no número de *markdowns* que encontrar e no tamanho do desconto. O que, caso haja, você pode concluir a respeito do sucesso da estratégia de varejo de cada departamento?

7. Pense em uma grande compra que você faz em uma base não rotineira, por exemplo, um novo casaco de inverno ou uma roupa cara para uma ocasião especial. Onde você comprará tais itens? Você se desviará muito de seu caminho costumeiro? Você irá ao shopping center mais próximo? Irá procurar na internet? Uma vez que tenha decidido, descreva algumas estratégias usadas pelo varejista que o conduziram a sua decisão. O que faria sua opinião mudar a respeito de onde comprar esse item?

8. Os shopping centers de *outlets* são um segmento crescente no mercado varejista. Visite um shopping center de *outlets* local ou pesquise um na internet. Que tipos de lojas estão localizadas aí? Qual comparação pode ser feita quanto à seleção de produto e ao preço em relação às lojas típicas?

APLICANDO OS CONCEITOS DO CAPÍTULO

1. Muitos grandes varejistas começaram a testar a estratégia de *markdown* extremo que dá apoio a lojas de preço único populares como a Dollar General e a Family Dollar Stores. A Kroger, a A&P e o Wal-Mart estão todos abrindo seções em lojas selecionadas que apresentam itens de salgadinhos a materiais de beleza a US$ 1. Essa experiência é, simplesmente, um teste de estratégia de preço? O que mais motivaria esses varejistas a oferecerem descontos tão grandes?

2. Quando a Tower Records anunciou sua falência, havia apenas um sintoma do declínio geral da loja de música de varejo. Os analistas da indústria responsabilizam todos os programas de download de músicas pela mudança dos gostos dos consumidores. Muitos, entretanto, sentem que as lojas de música irão de alguma forma permanecer viáveis. Quais são algumas mudanças que esses varejistas

poderiam fazer em sua comercialização, seu serviço ao consumidor, preço, local e em outras estratégias para tentar reinventar seu negócio?

3. Desde seu início, a Starbucks colocou grande valor em sua atmosfera única. Com projetos unificados de loja que permitiram a decoração personalizada em locais individuais, a empresa buscou criar uma experiência social diferente que ia além da compra de um mero cafezinho. Visite uma Starbucks onde você mora e observe o que contribui para essa experiência. É realmente "única"? Justifique sua resposta. Se puder, compare a loja visitada com outra cafeteria ou loja de alimentos de varejo (ou mesmo com outra Starbucks). Quais as diferenças? E as semelhanças? O que contribui para a atmosfera em cada local?

EXERCÍCIO DE ÉTICA

Como a maior empresa do planeta, com 1,4 milhão de funcionários pelo mundo e cerca de US$ 257 bilhões em vendas um ano atrás, o Wal-Mart se tornou grande e poderoso o bastante para influenciar a economia norte-americana. Ele é responsável por 10% do total de importações dos Estados Unidos provenientes da China e por cerca de 12% dos ganhos de produtividade norte-americanos desde o final dos anos 1990. Alguns observadores acreditam que o Wal-Mart também é responsável pelas taxas baixas de inflação dos Estados Unidos nos últimos anos. Entretanto, seu poder de compra e sua eficiência invencíveis têm forçado muitas lojas locais a fecharem quando o Wal-Mart abre uma nova loja em sua área, e os descontos de impostos podem significar que não haja aumentos líquidos de empregos ou arrecadação fiscal de novos *outlets* também. Algumas comunidades têm protestado, e até mesmo bloqueado a abertura de novas lojas.

1. Você acha que deveria ser permitido a uma loja tão forte quanto o Wal-Mart abrir novos *outlets* sempre que quisesse? Justifique sua resposta.

2. O Wal-Mart é seletivo a respeito do que vende, recusando, por exemplo, manter jogos de computador ou músicas com classificação adulta, revistas com conteúdo considerado adulto demais ou a popular pílula do dia seguinte. Por causa do seu tamanho absoluto, tais decisões podem influenciar a cultura. Você acha que esse é um efeito positivo ou negativo do crescimento desse varejista? Justifique sua resposta.

3. Alguns economistas temem o que possa acontecer na economia norte-americana caso o Wal-Mart tenha um ano ruim (até agora são 41 anos de crescimento contínuo). Os varejistas deveriam ter tanta influência na economia? Justifique sua resposta.

EXERCÍCIOS NA INTERNET

1. **A conveniência como uma estratégia de varejo.** A Starbucks oferece aos clientes algo que chama de um Cartão Starbucks. É um cartão de débito eletrônico que permite aos clientes fazer compras on-line ou em muitos locais de varejo da Starbucks sem precisar carregar dinheiro ou usar um cartão de crédito. Visite o site da Starbucks (**www.starbucks.com**) e clique em "Card". Analise as características

do Starbucks Card. Escreva um relatório resumindo os benefícios do cartão tanto para os consumidores quanto para a Starbucks, e como o cartão se encaixa na estratégia global de varejo da empresa. Identifique outro varejista que também usa a conveniência como uma estratégia de varejo.

2. **Elementos de uma estratégia de varejo.** A REI é um dos maiores varejistas de equipamentos e roupas usados ao ar

livre dos Estados Unidos. Visite o site da REI (**www.rei.com**) e responda às seguintes perguntas relacionadas à estratégia de varejo da REI:

a. Como a página de aventura da REI atrai o mercado-alvo da empresa?

b. Parte da estratégia de varejo da REI é mostrar para seu mercado-alvo seu comprometimento com o serviço comunitário. Sobre quais tipos de serviços comunitá-

rios você pode encontrar informações no site e como esses projetos de serviços comunitários beneficiam a REI como um varejista?

Observação: Os endereços de sites na internet mudam com freqüência. Se você não encontrar os sites mencionados, será necessário acessar a homepage da organização ou da empresa e então realizar sua pesquisa ou utilizar uma ferramenta de busca como o *Google*. • • • •

C|A|S|O 14.1 — Costco desafia o poderoso Wal-Mart

A Costco Wholesale Corp., o grande *warehouse club* nacional com sede em Issaquah, Washington, é altamente rentável. A empresa é avaliada em cerca de US$ 42 bilhões, que correspondem a apenas 20% do tamanho do Wal-Mart, porém se posiciona como um dos maiores concorrentes da mais maior empresa. O Sam's Club, o braço atacadista do Wal-Mart, foi fundado no mesmo ano da Costco (1983) e tem 532 lojas nos Estados Unidos em comparação com os 312 *outlets* da Costco, porém a média de ganhos da loja Costco é aproximadamente o dobro da receita média do Sam's Club (US$ 112 milhões comparados a US$ 63 milhões).

A Costco tem talhado seu mercado ao atrair não apenas caçadores de pechinchas com orçamentos moderados, mas também compradores urbanos mais sofisticados que procuram por "novos luxos". Eles apreciam barganhas de marcas caras e itens de "caça ao tesouro", mas também não se importam em comprar mercadorias de marca própria mais baratas, como toalhas de papel, detergente e vitaminas em grande quantidade nos paletes empilhados no ambiente sem glamour e cavernoso da loja. Proprietários de pequenos negócios constituem grande parte dos clientes da Costco. "Entendemos que os proprietários de pequenos negócios, como regra geral, são as pessoas mais prósperas em uma comunidade", diz o presidente Jeff Brotman. "Assim, eles não apenas gastariam uma quantia significativa em dinheiro em seus negócios, gastariam muito em si mesmos se você lhes desse qualidade e valor... Você não poderia instigar um cliente atacadista com potes de maionese de 1 quilo; teria de dar asas à imaginação dele com bens de consumo." Os clientes da Costco pagam uma pequena taxa anual por um cartão de sócio que permite que comprem lá; o grau de renovação da taxa anual são impressionantes 86%.

A Costco não oferece opções ilimitadas. Mas, ao estocar menos itens e reduzir o número de tamanhos, marcas e cores que mantém, otimiza seu processo de distribuição e gira o estoque mais rapidamente. Graças a seu grande volume e a sua capacidade em atrair clientes abastados (que voltam à loja em uma média de 11,4 vezes por ano), a Costco é capaz de oferecer

marcas de prestígio como Titleist, Cuisinart e Levi's, marcas que, normalmente, não iriam querer perturbar seus clientes de varejo de preço total ao fechar um acordo com uma loja de descontos.

A companhia se vê como inovadora no varejo. Entre os produtos e serviços, ofereceu, antes do Sam's Club, a venda de carne e produtos frescos e de sua própria marca Premium (Kirkland Signature). Também começou a vender gasolina antes do Sam's Club e é agora um dos maiores varejistas de gasolina independentes no estado da Califórnia. A Costco tem 61 lojas no Canadá e o Sam's, recentemente, abriu quatro lojas lá e outras já estão programadas para serem abertas.

As duas empresas também diferem em suas práticas empregatícias. O Wal-Mart paga uma média de US$ 11,50 por hora; a Costco paga, aproximadamente, US$ 16. O Wal-Mart oferece seu plano de saúde para menos da metade de seus funcionários; a Costco cobre mais de 80% de seus funcionários e paga 92% de seus custos com médicos. A taxa de giro de funcionários do Wal-Mart é de 21% por ano; o da Costco é de 6%, a taxa mais baixa na indústria varejista. Alguns dos observadores de Wall Street querem que a Costco corte os custos com funcionários para aumentar os lucros, porém a companhia possui uma alta produtividade consistente, e seus custos trabalhistas e indiretos estão abaixo de 10% das vendas (os custos do Sam's Club são de 17%). Jim Sinegal, CEO da Costco, diz: "Pagar bem seus funcionários não é apenas a coisa certa a ser feita, mas contribui para os bons negócios também".

Questões para discussão

1. O Sam's Club está adicionando mais mercadorias sofisticadas, incluindo jóias caras. Você acha que ele pode capturar, de maneira bem-sucedida, muitos dos compradores de "novos luxos" no mercado-alvo da Costco? Justifique sua resposta.

2. Partindo do caso ou de sua própria experiência, como você caracterizaria a estratégia de comercialização da Costco? Sua estratégia de serviço ao consumidor? Suas estratégias de preço e de local/distribuição? Sua atmosfera?

Fontes: HOLMES Stanley; ZELLNER, Wendy. The Costco way, *Business-Week*, 12 abr. 2004, p. 76-7; FREY, Christine. Costco's love of labor: employees' well-being key to its success, *Seattle Post-Intelligencer*, 29 maio 2004, **http://seattlepi.nwsource.com**;

HELYAR, John. The only company Wal-Mart fears, *Fortune*, 24 nov. 2003, p. 158-66; BERRY, Kate. No frills fills: discounter Costco gaining larger share of gas market, *Los Angeles Business Journal*, 7 abr. 2003, acessado em **www.findarticles.com**.

Parte 6

DECISÕES
DE COMUNICAÇÃO

Comunicações Integradas de Marketing

Objetivos

1 Explicar como a comunicação integrada de marketing se relaciona com o desenvolvimento de um mix de comunicação mais adequado.

2 Descrever o processo de comunicação e como ele se relaciona com o conceito AIDA.

3 Explicar como o mix de comunicação se relaciona com os objetivos de comunicação.

4 Identificar os elementos diferentes do mix de comunicação e explicar como os profissionais de marketing desenvolvem um mix de comunicação adequado.

5 Descrever o papel dos patrocínios e do marketing direto nas comunicações integradas de marketing.

6 Contrastar as duas principais estratégias de comunicação alternativas.

7 Explicar como os profissionais de marketing orçam e medem a eficácia da comunicação.

8 Discutir o valor das comunicações de marketing.

CICLISTAS PROFISSIONAIS CORREM PARA NOVOS HORIZONTES

Lance Armstrong, sobrevivente de câncer e sete vezes ganhador da lendária *Tour de France*, tem um novo patrocinador para a equipe de 27 ciclistas campeões internacionalmente conhecidos que correm e treinam com ele. Os Correios americanos retiraram o patrocínio de longa data que davam à equipe, e a Discovery Communications, proprietária do Canal Discovery, assumiu o apoio financeiro do que os especialistas em marketing esportivo dizem ser uma das maiores e mais bem financiadas equipes de ciclismo profissional do mundo.

Ironicamente, a equipe de Armstrong irá enfrentar novos desafios competitivos exatamente quando sua parceria com a Discovery se põe a caminho. Em um esforço para ampliar a atração de marketing da corrida ciclística profissional e encontrar novos *outlets* para rendimentos, o órgão que gerencia os esportes mudou as regras, criando um *tour* de eventos ciclísticos.

A *International Cycling Union* (União Ciclística Internacional), conhecida pelas iniciais de seu nome em francês, UCI, enfrentou oposição inicial dos organizadores de algumas das maiores corridas do esporte com relação às reformas propostas. Porém, após longas negociações, tais diferenças têm sido, temporariamente, postas de lado. A UCI anunciou que todas as equipes de corrida que estiverem entre os *top* 20 do mundo competirão em cada um dos 27 circuitos internacionais em vez de se especializarem em um ou dois eventos – como a equipe de Armstrong fez com a Volta da França, por exemplo.

Essas corridas prestigiadas, que são chamadas o ProTour da UCI, incluem tanto as voltas de vários dias como as clássicas de um dia e têm sido selecionadas para manter um bom equilíbrio geográfico entre os eventos.

As equipes concorrentes, todas que tinham sido autorizadas pela UCI a participar, comprometeram-se em seguir as regras estritas que regem suas finanças, seu compromisso em operar os programas de treinamento para jovens corredores, sua adesão às leis trabalhistas devidas e sua confirmação das regras de jogo limpo e de não fazer mau uso de medicamentos. Uma equipe européia, banida do campeonato e aguardando a investigação por infrações passadas quanto ao uso de medicamentos, foi reintegrada. O ProTour, sucessivamente, premia indivíduos, equipe e rankings de país e premia vencedores de corrida por meio de um sistema de pontos projetado para criar uma hierarquia de talento no ciclismo mundial. Esses rankings mostram um campeão absoluto por equipe e individual no fim do campeonato. A pontuação será então zerada para ser iniciada, novamente, no início de cada nova temporada.

A UCI estabeleceu três objetivos para o programa do novo campeonato, que deve vigorar pelo menos por quatro anos:

- Transformar o ciclismo em algo mais atrativo para o púbico, especialmente ao melhorar os níveis de participação nos eventos-chave da temporada.
- Aumentar o interesse de investidores potenciais ao oferecer equipes, organizadores, locutores e garantias de sócios importantes com relação ao lucro que eles terão com seu investimento. Para realizar isso, as grandes corridas devem beneficiar-se de toda cobertura possível da mídia.
- Contribuir para o desenvolvimento do ciclismo em todos os continentes fora da Europa ao fornecer-lhe um ambiente em que possa florescer sem sofrer com a competição das corridas do ProTour da UCI.

O coração da nova estrutura é um objetivo de marketing, para promover o potencial do campeonato a fim de gerar acordos de licenciamento rentáveis com a televisão européia e, talvez, até mesmo um patrocinador global para o próprio ProTour. Em um esporte que não cobra ingresso para seus eventos, os acordos com a mídia e o patrocínio são importantes para manter o apoio financeiro, como Lance Armstrong e sua equipe sabem muito bem. De fato, a Equipe de Ciclismo Profissional do Canal Discovery, como agora é conhecida, competirá em novas corridas no ProTour e começa a atrair a atenção necessária da mídia para outros eventos além da *Tour de France*.

"Ele está tão focado em ganhar a Tour de France", disse o presidente da UCI, Hein Verbruggen, a respeito de Lance Armstrong, "que não dará outras chances a outras corridas [...] Seus planos deverão ser diferentes daqueles que o ProTour aplica a outras equipes". Verbruggen estimou o valor dos direitos televisivos para o ProTour em cerca de US$ 405 milhões, comparados com os cerca de US$ 1,1 bilhão das corridas de Fórmula 1 e os cerca de US$ 1,3 bilhão para a Liga dos Campeões no mundo do futebol. Entretanto, com mais de US$ 400 milhões, o ProTour como um todo é maior do que qualquer corrida individual, e com as equipes *top* do mundo comprometidas em fornecer competição mais excitante durante toda a temporada do início ao fim, encontrar patrocinadores que reconheçam uma barganha quando vêem uma não deverá ser tão difícil. Não tão difícil talvez como ganhar a *Tour de France* seis vezes.[1]

Visão geral

Dois dos quatro componentes do mix de marketing – estratégias de produto e de distribuição – foram discutidos nos capítulos anteriores. Os três capítulos que compõem a Parte 6 analisam a terceira variável de marketing – comunicação. A **comunicação** é a função de informar, persuadir e influenciar a decisão de compra do consumidor.

Este capítulo introduz o conceito de comunicações integradas de marketing, descreve brevemente os elementos do mix de comunicação de uma empresa e explica as características que determinam o sucesso do mix. Depois, são identificados os objetivos da comunicação e descritas a importância do desenvolvimento de orçamentos de comunicação e a medição da eficácia da comunicação. O Capítulo 16 cobre a propaganda, as relações públicas e outros elementos não-pessoais de venda do mix de comunicação, incluindo patrocínios e propaganda de guerrilha. O Capítulo 17 completa esta parte do livro ao enfocar a promoção de vendas e a venda pessoal.

Ao longo do *Marketing Contemporâneo*, é dada ênfase especial em novas informações que mostram como a tecnologia está mudando a maneira de os profissionais de marketing abordarem a *comunicação*, a transmissão de uma mensagem de um remetente a um receptor. Os consumidores recebem as **comunicações de marketing** – mensagens que lidam com os relacionamentos comprador-vendedor – em uma variedade de mídias, incluindo televisão, rádio, revistas, mala-direta e internet. Os profissionais de marketing podem transmitir um anúncio na internet para os mercados de massa ou projetar um atrativo personalizado que tenha como objetivo um segmento de mercado pequeno. Cada mensagem que o consumidor recebe de qualquer fonte representa a marca, a empresa ou a organização. Uma empresa precisa coordenar todas essas mensagens para o

Em poucas palavras

A vida é como andar de bicicleta. Você não cai a menos que pare de pedalar.
Claude D. Pepper (1900-1989)
Senador americano

impacto total máximo e para reduzir a possibilidade de o consumidor se desligar completamente delas.

Para evitar essa perda de atenção, os profissionais de marketing estão voltando-se para as **comunicações integradas de marketing (IMC – *Integrated Marketing Communications*)**, que coordenam todas as atividades de comunicação – propaganda de mídia, mala-direta, venda pessoal, promoção de vendas, relações públicas e patrocínios, como o contrato da Nike com Tiger Woods e a relação da Discovery Communications com a equipe de corrida de Lance Armstrong – para produzir uma mensagem de comunicação unificada focada no consumidor. A IMC é um conceito mais amplo do que as comunicações de marketing e a estratégia de comunicação. Ela usa a tecnologia de banco de dados para refinar a percepção dos profissionais de marketing com relação ao público-alvo, segmentar tal público e selecionar o melhor tipo de mídia para cada segmento.

Este capítulo mostra que a IMC envolve não apenas o profissional de marketing, mas também todas as outras unidades organizacionais que interagem com o consumidor. Os gerentes de marketing estabelecem as metas e os objetivos da estratégia de comunicação da empresa de acordo com os objetivos organizacionais globais e com as metas de marketing. Com base nesses objetivos, os vários elementos da estratégia de comunicação – venda pessoal, propaganda, promoção de vendas, marketing direto, publicidade e relações públicas – são formulados em um plano de comunicações integradas. Esse plano se torna parte central da estratégia de marketing total da empresa para alcançar seus segmentos selecionados de mercado. O mecanismo de *feedback*, incluindo a pesquisa de marketing e os relatórios de campo, completa o sistema ao identificar quaisquer desvios do plano e sugerir melhorias.

COMUNICAÇÃO INTEGRADA DE MARKETING

Pare e pense por um momento a respeito de todas as mensagens de marketing que você recebe em um único dia. Você liga a televisão para ver as notícias da manhã e vê muitos comerciais. Ouve o rádio no carro no caminho para o trabalho ou para a escola e pode cantar com os *jingles*. Recebe catálogos, cupons e folhetos pelo correio. As pessoas até deixam folhetos de comunicação sob o limpador de pára-brisa de seu carro

1 Explicar como a comunicação integrada de marketing se relaciona com um mix de comunicação ótimo.

enquanto ele está em um estacionamento. Quando você acessa seu computador, é imerso em meio a anúncios tipo *banner* e *pop-up* e até e-mail relacionados a marketing. Os profissionais de marketing sabem que você está recebendo muitos tipos de comunicação. Sabem que precisam competir para ter sua atenção. Então, esses profissionais procuram meios de alcançá-lo de uma forma coordenada mediante as comunicações integradas de marketing.

Os profissionais de marketing bem-sucedidos usam o conceito de marketing e o marketing de relacionamento para desenvolver os programas de marketing voltados ao consumidor. O consumidor está no coração das comunicações integradas de marketing. Uma estratégia IMC não começa com os produtos e os serviços da organização, mas com os desejos ou as necessidades do consumidor, e depois trabalha no sentido inverso com o produto, a marca ou a organização. Ela envia mensagens focadas no receptor em vez de mensagens focadas no produto.

> ### Em poucas palavras
>
> Faça com que seja simples.
> Faça com que seja memorável.
> Faça com que seja convidativo
> para olhar. Faça com que seja
> divertido ser lido.
> Leo Burnett (1891-1971)
> Fundador da agência
> de publicidade Leo Burnett

Em lugar de separar as partes do mix de comunicação e visualizá-las como componentes isolados, a IMC olha tais elementos do ponto de vista do consumidor: como informações sobre a marca, a empresa ou a organização. Embora as mensagens venham de fontes diferentes – apresentações de vendas, de boca a boca, TV, rádio, jornais, *outdoors*, mala-direta, cupons, relações públicas e serviços on-line –, os consumidores podem entendê-las como "propaganda" ou como uma "abordagem de vendas". A IMC amplia a comunicação para incluir todos os meios pelos quais um consumidor tenha contato com uma organização, adicionando à mídia tradicional e à mala-direta fontes determinadas, como design de pacote, exposições em loja, literatura de vendas e mídias on-line e interativas. A menos que a organização use uma abordagem integrada para apresentar uma mensagem coerente e unificada, ela pode enviar informações conflitantes que confundem os consumidores.

A Figura 15.1 ilustra como duas organizações – um fabricante de computador e uma montadora – recentemente se uniram para criar uma campanha de marketing unificada para downloads de música.

Atualmente, o ambiente comercial é caracterizado por muitos mercados e mídias diferentes, criando tanto oportunidades quanto desafios. O sucesso de qualquer programa IMC depende da identificação dos membros de um público e do entendimento do que eles querem. Sem informações atuais precisas sobre clientes existentes e potenciais, seus históricos de compra, suas necessidades e seus desejos, os profissionais de marketing podem enviar a mensagem errada. Porém, não podem ser bem-sucedidos simplesmente melhorando a qualidade de suas mensagens ou enviando-as em maior quantidade. Os banco de dados e o marketing interativo são ferramentas de IMC importantes que ajudam os profissionais de marketing a coletar informações dos consumidores e depois segmentar os mercados de acordo com a faixa demográfica e as preferências. Os profissionais de marketing podem então projetar programas de comunicações especializadas para preencher as necessidades de cada segmento.

Freqüentemente, os museus de arte enfrentam uma batalha difícil quando se voltam para atrair mais visitantes. É até mais difícil, às vezes, para as redes de televisão fazer que os telespectadores sentem-se para assistir a uma programação sobre arte. Porém, a A&E Network venceu o desafio ao promover sua série especial "Biography", *The Impressionists*, com uma campanha IMC bem-sucedida. Trabalhando em conjunto com o Civic Entertainment Group em Nova York, a A&E contatou vários museus de arte em todos os Estados Unidos cujos visitantes regulares e base de sócios fossem compatíveis com os perfis demográficos dos telespectadores da A&E. E, posteriormente, forneceu aos museus um kit de comunicação *Fundraiser in a Box* (captador de recursos em uma caixa) completo com uma pré- -estréia da série de 20 minutos de duração, um anúncio para os meios de comunicação e convites personalizados, um manual para a produção de eventos para a obtenção de fundos (com dicas especiais sobre cerimonial e música franceses), um cupom para a compra de queijos e bolachas e dois estojos contendo o vinho Turning Leaf fornecidos pela Gallo Wines. Os museus amaram – e assim estimularam seus visitantes, que, posteriormente, sintonizaram *The Impressionists*. A A&E registrou um público telespectador de 2,7 milhões de lares, 32% mais alto do que sua média de horário nobre para aquele mês.[2]

Apesar dos baixos salários, os imigrantes hispânicos enviam cerca de US$ 10 milhões por ano para suas casas na América Latina. Metade desse total vai para o México. Os dois gigantes bancários americanos Citibank e Bank of

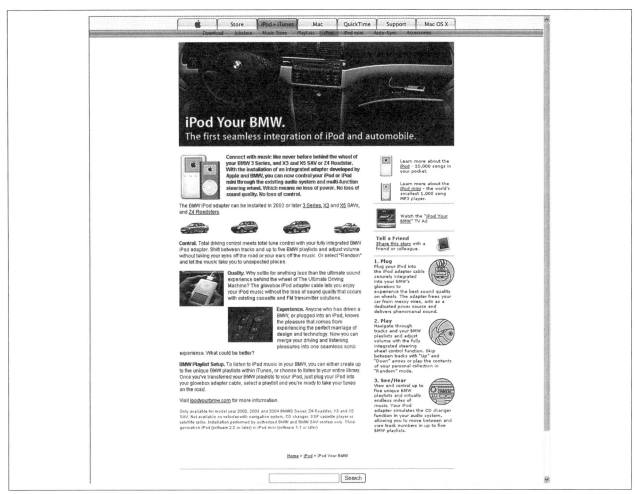

Figura 15.1
Comunicação conjunta de marketing integrado da BMW e da Apple Computer Inc.

America estão, agressivamente, comercializando determinada assistência financeira como serviços de transferência de dinheiro para os 10 milhões de famílias americanas a que eles se referem como "desbancarizados": pessoas sem contas bancárias. O mercado de transferência de dinheiro, atualmente dominado pela Western Union e por outras empresas de transferência de dinheiro, como a MoneyGram, apareceram para refletir uma necessidade de serviços bancários que poderia servir o mercado de imigrantes e resultar em muitos lares hispânicos qualificados para terem contas correntes, cartões de crédito e mesmo empréstimos.

Além das tradicionais mensagens de TV, impressas, de rádio e externas (fora de casa), o Citibank patrocina exibições grátis de filmes mexicanos escolhidos pela comunidade. O Bank of America oferece um cartão SafeSend usado para enviar dinheiro para casa com uma característica especial que permite, a quem recebe no México, carregar fundos em um cartão de débito e gastá-los em qualquer lugar em que o Visa seja aceito.[3]

O aumento das opções de mídia fornece mais meios para transmitir aos consumidores as informações sobre produtos: entretanto, isso também pode gerar uma sobrecarga de informações. Os profissionais de marketing têm usado dólares disponíveis entre os mercados de mídias fragmentados e entre uma variedade mais ampla de atividades de comunicação para alcançar seus objetivos de comunicação.

As mídias de massa como os anúncios de TV, embora ainda sejam úteis, já não são mais os suportes principais das campanhas de marketing. Em 1960, um profissional de marketing poderia alcançar cerca de 90% dos consumidores americanos com a veiculação de propaganda nas três principais redes de TV. Hoje, esses anúncios de rede alcançam menos de 60%. Os públicos também são mais fragmentados. Assim, para atingir os grupos desejados, as

> # Te hablamos en el mismo idioma en el que sueñas.
>
> Citibank Access Account | Servicio en español.
>
> **citibank**
> **Live richly.**

A mensagem do Citibank para seu cartão *Access Account*, de transferência de dinheiro, diz aos consumidores: "Nós falamos com você no idioma de seus sonhos".

organizações estão voltando-se para o marketing de nicho por meio de propaganda em revistas especializadas; da compra de horário em canais de TV a cabo para atingir consumidores com interesses em esportes, família, ciência, história, comédia e assuntos femininos; por intermédio da expansão das telecomunicações como a internet; e patrocinando eventos e atividades. Sem um programa IMC, os profissionais de marketing freqüentemente encontram problemas em suas próprias organizações porque departamentos separados têm autoridade e responsabilidade para planejar e implementar elementos específicos do mix de comunicação.

A coordenação de um programa IMC, muitas vezes, produz uma vantagem competitiva baseada na sinergia e na independência entre os vários elementos do mix de comunicação. Com uma estratégia IMC, os profissionais de marketing podem criar uma personalidade unificada para o produto ou a marca ao escolherem os elementos corretos do mix de comunicação para enviar a mensagem. Ao mesmo tempo, podem desenvolver planos mais estreitamente focados para alcançar segmentos específicos de mercado e escolher a melhor forma de comunicação para enviar uma mensagem específica a um público-alvo específico. A IMC fornece um meio mais eficaz para atingir e servir os mercados-alvo do que estratégias menos coordenadas.

A IMPORTÂNCIA DO TRABALHO EM EQUIPE

A IMC exige uma visão ampla do planejamento de comunicação, uma estratégia total que inclua todas as atividades de marketing, não apenas comunicação. A implementação bem-sucedida da IMC requer que todos se envolvam em cada aspecto da função de comunicação – relações públicas, propaganda, venda pessoal e promoção de vendas – como uma equipe. Eles devem apresentar um esforço de comunicação coerente e coordenado em cada ponto do contato do cliente com a companhia. Dessa forma, economizam tempo, dinheiro e esforço. Evitam os esforços duplicados desnecessários, aumentam a eficácia de marketing e reduzem custos. O trabalho em equipe envolve tantos os recursos internos quanto os de fornecedores externos. Envolve o pessoal de marketing; membros da força de vendas que lidam com os atacadistas, varejistas e compradores corporativos; e os representantes de serviço ao consumidor. Uma empresa não ganha nada de uma propaganda maravilhosa apresentando um ótimo produto, com um site informativo na internet e um número de 0800 se vendedores não-prestativos frustrarem os consumidores quando responderem às chamadas. A organização deve treinar seus representantes para enviar uma única mensagem positiva aos consumidores e também para solicitar informações a seu banco de dados de clientes. Como a Figura 15.2 ilustra, o lançamento bem-sucedido do Chrysler Crossfire usou uma campanha de IMC que combinou propaganda, exibições de concessionária e materiais

Figura 15.2
Chrysler Crossfire: usando um site e um número 0800 em uma campanha IMC.

promocionais, um site especial e um número 0800 para as comunicações *one-to-one* entre compradores potenciais e os profissionais de marketing da Chrysler.

A IMC também desafia o papel tradicional da agência de publicidade. Uma única agência não pode mais preencher todas as exigências de comunicações de um cliente, incluindo a propaganda tradicional e as promoções de vendas, o marketing interativo, o desenvolvimento de banco de dados, o marketing direto e as relações públicas. Para servir melhor às necessidades do cliente, uma agência deve, freqüentemente, montar uma equipe com membros de outras empresas.

O PAPEL DOS BANCOS DE DADOS EM PROGRAMAS IMC EFICAZES

Com o crescimento explosivo da internet nos últimos dez anos, os profissionais de marketing ganharam o poder de reunir mais informações de uma forma mais rápida e organizá-las com mais facilidade do que nunca na história. Ao compartilhar esse conhecimento detalhado, apropriadamente, entre todas as partes relevantes, uma empresa pode arquitetar a base para um programa IMC bem-sucedido.

O movimento do marketing de massa para uma estratégia de marketing específica do cliente – uma característica do marketing on-line – exige não apenas meios de identificação e comunicação com o mercado-alvo da empresa, mas também informações a respeito de características importantes de cada consumidor potencial. Como discutido no Capítulo 10, as organizações podem compilar tipos diferentes de dados em bancos de dados completos com as informações do consumidor, incluindo nomes e endereços, dados demográficos, considerações sobre o

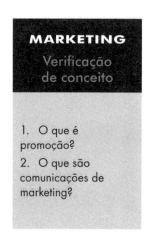

MARKETING
Verificação
de conceito

1. O que é
promoção?
2. O que são
comunicações de
marketing?

estilo de vida, preferências de marca e comportamento de compra. Essas informações fornecem uma orientação importante para se elaborar o projeto de uma estratégia IMC eficaz que alcance os objetivos organizacionais e encontre novas oportunidades para aumentar as vendas e os lucros.

A amostragem direta é outro método freqüentemente usado para obter de maneira mais rápida as opiniões do consumidor sobre produtos e serviços de uma empresa específica. Se você já recebeu uma amostra grátis de sabonete, aspirina ou mesmo jornal pelo correio, foi o receptor de uma amostragem direta. Empresas como a Snyder Communications, com sede em Illinois, usam os bancos de dados para enviar essas promoções feitas a determinados consumidores para seus clientes de marketing. Elas podem atingir um público étnico específico, como os consumidores hispânicos, ou se concentrar em um grupo de uma faixa etária determinada, por exemplo, os *baby boomers*.

O PROCESSO DE COMUNICAÇÃO

2 Descrever o processo de comunicação e como ele se relaciona com o conceito AIDA.

Quando você tem uma conversa com alguém, imagina se a pessoa entendeu sua mensagem? Você se preocupa se talvez não tenha ouvido, corretamente, a pessoa? Os profissionais de marketing têm as mesmas preocupações – quando enviam uma mensagem para um público ou mercado determinado, querem certificar-se de passá-la clara e persuasivamente. É por isso que o processo de comunicação é tão importante para o marketing. A parte de cima da Tabela 15.1 mostra um modelo geral do processo de comunicação e sua aplicação para a estratégia de comunicação. O **remetente** atua como a fonte no sistema de comunicação quando ele ou ela busca transmitir uma **mensagem** (uma comunicação de informação, conselho ou pedido) para um receptor. Uma mensagem eficaz cumpre três tarefas:

1. Ganha a atenção do receptor.
2. Alcança o entendimento tanto do receptor quanto do remetente.
3. Estimula as necessidades do receptor e sugere um método apropriado de satisfazê-las.

A Tabela 15.1 fornece também muitos exemplos de mensagens de comunicação. Embora os tipos de comunicação possam variar de uma apresentação de vendas altamente personalizada a determinadas comunicações não-pessoais como a propaganda na televisão e os cupons de desconto, cada uma passa por todos os estágios no processo de comunicação.

As comunicações escritas podem ser até mais difíceis porque o *feedback* imediato não está disponível. Para obter algumas dicas de como atingir comunicação clara em suas próprias mensagens de marketing escritas, veja o quadro "Dicas de etiqueta".

As três tarefas que acabaram de ser listadas estão relacionadas ao **conceito AIDA** (atenção-interesse-desejo-ação), os passos dados pelos consumidores para alcançar uma decisão de compra. Primeiro, a mensagem de comunicação deve conquistar a atenção do consumidor potencial. Busca-se então despertar o interesse pelo produto ou serviço. No próximo estágio, estimula-se o desejo ao convencer o comprador potencial da capacidade do produto em satisfazer suas necessidades. Finalmente, há as tentativas de apresentação de vendas, propaganda ou técnica de promoção de vendas para produzir ação na forma de uma compra ou de uma atitude mais favorável que possa levar a futuras compras.

Tabela 15.1 Relacionando estratégia de comunicação ao processo de comunicação.

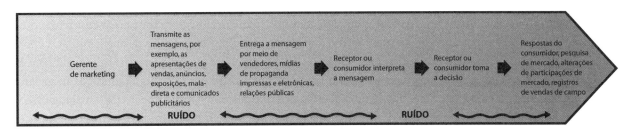

TIPO DE COMUNICAÇÃO	REMETENTE	CODIFICAÇÃO POR PARTE DO REMETENTE	CANAL	DECODIFICAÇÃO POR PARTE DO RECEPTOR	RESPOSTA	*FEEDBACK*
Venda pessoal	Sistema de rede e-solutions da IBM	Apresentação de vendas em novos aplicativos de sistema	Representante de vendas da IBM	Gerente do escritório e funcionários discutem as apresentações de vendas e as dos fornecedores concorrentes	Pedido é colocado para a instalação do sistema e-solutions da IBM	Cliente pergunta a respeito de um segundo sistema para a subsidiária da empresa
Cupom de desconto (promoção de vendas)	Cereal Special K da Kellogg	Cupons preparados pelo departamento de marketing da Kellogg e pela agência de publicidade	Cupom enviado no jornal dominical	Leitor do jornal vê o cupom do cereal Special K e o guarda	Special K é comprado pelo consumidor usando o cupom	Pesquisadores da Kellogg percebem o aumento na participação de mercado
Propaganda na televisão	Styx River Water World	Propaganda desenvolvida pela agência de publicidade Styx River apresentando passeios pelo novo parque	Anúncios de rede de televisão durante programa com altas porcentagens de telespectadores abaixo dos vinte anos	Adolescentes e jovens vêem o anúncio e decidem experimentar o novo parque	Os ingressos para o Water World são comprados	Consumidores compram os pacotes de ingresso da temporada para o Water World

A mensagem deve ser **codificada** ou traduzida para termos inteligíveis e transmitida por um canal de comunicações. A **decodificação** é a interpretação da mensagem pelo receptor. A resposta do receptor, conhecida como *feedback*, completa o sistema. Durante todo o processo, o **ruído** (em determinadas formas como apelos de comunicação ineficazes, mídias inapropriadas de propaganda ou recepção pobre de rádio e televisão) pode interferir na transmissão da mensagem e reduzir sua eficácia.

O profissional de marketing é o remetente da mensagem na Tabela 15.1. Ele codifica a mensagem na forma de apresentações de vendas, propaganda, exposições ou comunicados publicitários. O **canal** para entregar a mensagem pode ser um vendedor, um *outlet* de relações públicas, um site ou uma das numerosas mídias de propaganda. Freqüentemente, a decodificação é o passo mais problemático nas comunicações de marketing porque os consumidores nem sempre interpretam as mensagens de comunicação da mesma maneira que os remetentes. Visto que os receptores, em geral, codificam as mensagens de acordo com seus próprios sistemas de referência ou experiências, um remetente deve codificar cuidadosamente uma mensagem de modo compatível com o sistema de referência do público-alvo. Atualmente, os consumidores são bombardeados, todos os dias por centenas de mensagens de vendas por muitos canais de mídia. Esse tráfego de comunicações pode criar confusão, como aumento de ruído no canal. Já que o comprador normal escolherá apenas algumas mensagens para processar, as mensagens ignoradas desperdiçam os orçamentos de comunicações.

O conceito AIDA também é vital para os profissionais de marketing on-line. Não é o bastante dizer que um site da internet tem conteúdo eficaz ou altas taxas de resposta. Os profissionais de marketing devem saber exatamente quantos "globos oculares" estão atentos ao site, com que freqüência visualizam uma mensagem e o que estão examinando. Mais importante, devem descobrir o que os consumidores fazem além de apenas olhar. O ponto principal é que, se ninguém está respondendo a um site, ele pode, igualmente, nem existir. De acordo com Bill White, vice-presidente de vendas do site para serviços financeiros The Motley Fool, "há alguns anos, os anunciantes queriam apenas entrar na internet. Hoje, tudo é uma questão de retorno sobre o investimento (ROI, em inglês)".[4] Os especialistas aconselham a atrair a atenção dos usuários incluindo pessoas em propagandas e outras comunicações além de novos conteúdo e formatos.

dicas de etiqueta

Como redigir uma carta eficiente

Como as comunicações de marketing, as cartas comerciais são criadas para transmitir informações e gerar uma resposta. Apesar da informalidade crescente do local de trabalho, atualmente algumas regras importantes ainda se aplicam à escrita de cartas comerciais. Visto que elas trilham um longo caminho para assegurar que sua mensagem seja compreendida, uma rápida análise de alguns fundamentos deve recompensá-lo(a) posteriormente.

1. Inclua todas as partes padrão de uma carta comercial. Elas começam com seu endereço completo (incluindo número de telefone, e-mail e endereços na internet) e o endereço completo da pessoa para quem você está escrevendo. Inclua também a data e a linha de assunto ("RE: Seu pedido de 12 de janeiro") se ajudar ao leitor. Inicie com um cumprimento ("Prezada Senhorita Austin:").
2. Distancie da margem novos parágrafos e certifique-se de que usa cada parágrafo para transmitir um único ponto.
3. Escreva clara e concisamente, indo ao ponto e expressando o que você precisa ou espera na forma de uma resposta. ("Por favor, ligue-me para confirmar se estará presente à reunião.")
4. Use o estilo apropriado de uma carta comercial – formalidade cordial – caso esteja escrevendo para questionar, reclamar, agradecer ou informar. Evite jargões e termos técnicos, a menos que esteja seguro de que seu leitor os entenda.
5. Use "eu", "nós" e "você" para fazer que sua escrita fique pessoal, e evite a voz passiva. Diga "Eu lhe enviarei os *storyboards*", em vez de dizer "Os *storyboards* serão enviados para todos os nossos clientes".
6. Se você estiver anexando algo, por exemplo, um programa, uma verificação ou um contrato, mencione isso na carta. ("Anexa está a lista das datas de início da campanha que você pediu.").
7. Evite agradecimento desnecessário (você não precisa dizer "obrigado(a)" em uma carta de reclamação, por exemplo), porém, caso seja apropriado, agradeça ao leitor por seu tempo ou atenção.
8. Encerre a carta apropriadamente com uma simples frase, como "Atenciosamente".
9. Assine nitidamente.
10. Lembre-se de que a aparência conta e revise sua carta com cuidado. Use o recurso de verificação ortográfica em seu processador de texto, mas verifique o conteúdo por si mesmo para certificar-se de que não constam determinados erros tipográficos como "comprar" em vez de "comparar". Tais imprecisões são, em geral, ignoradas pelos verificadores ortográficos. Especificamente, verifique a grafia correta do nome das pessoas e das empresas.

Sempre é uma boa idéia lembrar-se de que escrever uma carta comercial é exatamente como escrever qualquer outra forma de comunicação. Prepare antecipadamente a escrita, saiba sobre o que irá escrever e tenha à mão todas as informações de que precisa. Escreva a carta e depois a coloque de lado por algumas horas ou até um dia. Uma vez que tenha arejado suas idéias com relação a isso, volte e analise a carta. Nesse momento, você será capaz de decidir se transmitiu claramente sua mensagem da melhor forma possível.

Fontes: THIERS, Genevieve. *How to write a business letter*, **http://Pa.essortment.com/howtowriteb_rtxy.htm**, acessado em 22 mar. 2005; *Business letter writing*, **www.business-letter-writing.com**, acessado em 15 dez. 2004; Writing@CSU: writing guide, **http://writing.colostate.edu**, acessado em 15 dez. 2004.

Os profissionais de marketing no iwon.com alternam o tamanho de seus anúncios aos consumidores, assim como balanceiam os tipos de anúncios que aparecem no site. As vendas de anúncios cresceram 37% durante o ano seguinte como resultado da maior resposta a mensagens variadas.[5] Os anúncios também podem comunicar mensagens de relações públicas importantes, como o Wal-Mart recentemente descobriu ao travar um embate com seus críticos (ver o quadro "Acerto de marketing").

O *feedback*, a resposta do receptor à mensagem, fornece um meio para que os profissionais de marketing avaliem a eficácia da mensagem e, conseqüência, adaptem suas respostas. O *feedback* pode tomar a forma de mudanças de atitude, compras ou não-compras. Em alguns casos, as organizações usam a comunicação para criar atitudes favoráveis em relação a seus produtos ou serviços na esperança de compras futuras. Outras comunicações têm o objetivo de estimular, diretamente, as compras do consumidor.

Os profissionais de marketing que usam infomerciais que encorajam os telespectadores a ligar para um 0800 a fim de fazer pedidos de coletâneas musicais, da última mania de fitness ou de outros produtos podem, facilmente, medir seu sucesso ao contar o número de ligações recebidas que resultam em pedidos.

Mesmo as não-compras podem servir como *feedback* para o remetente. A falha ao comprar pode ser resultado da comunicação ineficaz e do que os receptores não acreditam na mensagem ou – ainda pior – nem se lembram dela. Por outro lado, a mensagem pode ter falhado em persuadir o receptor de que os produtos ou serviços da empresa são superiores aos da concorrência. Os profissionais de marketing freqüentemente colhem *feedback* mediante determinadas técnicas como estudos de pesquisa de marketing e registros de campos de vendas.

Em poucas palavras

"Esteja confortável com quem você é", lê-se no cabeçalho do anúncio da Hush Puppies. Eles estão loucos? Se as pessoas estivessem confortáveis com quem são, nunca comprariam outros produtos a não ser aqueles de que precisassem, e, então, onde estaria a indústria publicitária?
Mark Edwards
Jornalista britânico

O ruído representa a interferência em algum estágio no processo de comunicação. Pode ser resultado de interrupções, por exemplo, as transmissões de mensagens de comunicação concorrentes no mesmo canal, má interpretação de uma apresentação de vendas ou de uma mensagem publicitária, recebimento da mensagem de comunicação por meio da pessoa errada, ou de acontecimentos aleatórios, como pessoas conversando ou saindo da sala durante um comercial de televisão. O ruído também pode ser resultado de distrações na própria mensagem publicitária.

O ruído pode ser especialmente problemático nas comunicações internacionais. A interrupção, com freqüência, é resultado de muitas mensagens concorrentes. Os canais italianos de televisão, por exemplo, transmitem todas as propagandas durante um único segmento de meia hora por noite. O ruído pode ter origem em diferenças tecnológicas, como má conexão telefônica, ou traduções ruins para outros idiomas. Sinais não-verbais, como a linguagem corporal e o tom de voz, são partes importantes do processo de comunicação, e as diferenças culturais podem levar ao ruído e aos enganos. Por exemplo, nos Estados Unidos, o sinal feito com o polegar e o indicador significa "Ok". Entretanto, nos países mediterrâneos, isso significa "zero" ou "o pior". Um tunisiano interpreta esse mesmo sinal como "eu te matarei", e para um japonês ele significa "dinheiro".

Talvez a língua mais mal interpretada para os profissionais de marketing americanos seja o inglês. Freqüentemente, diz-se que cada uma das 74 nações que falam inglês é separada por uma língua comum. Os exemplos a seguir ilustram como é fácil, para os profissionais de marketing, cometer enganos em mensagens de comunicação na língua inglesa:

- *Underpants (roupas íntimas):* pants (Grã-Bretanha), *underdaks* (Austrália)
- *Police (polícia):* bobby (Grã-Bretanha), *garda* (Irlanda), Mountie (Canadá), *police wallah* (Sul da Ásia)
- *Porch (varanda):* stoep (África do Sul), *gallery* (Caribe)
- *Bar (bar): pub* (Grã-Bretanha), *hotel* (Austrália), *boozer* (Austrália, Grã-Bretanha, Nova Zelândia)
- *Bathroom (banheiro):* loo (Grã-Bretanha), *dunny* (Austrália), *lav* (Grã-Bretanha, África do Sul)
- *Ghost or monster (fantasma ou monstro):* wendigo (Canadá), *duppy* (Caribe), *taniwha* (Nova Zelândia)

- *Barbecue (churrasco)*: *braai* (África do Sul), *barbie* (Austrália)
- *Pickup truck (picape)*: *bakkie* (África do Sul), *ute* (Austrália), *utility vehicle* (Nova Zelândia)

As comunicações imperfeitas podem ser especialmente perigosas em um âmbito global, em que o som das palavras pode levar a algumas interpretações erradas interessantes. A seguir, três exemplos internacionais recentes:

- *Em um aviso no* lobby *de um hotel em Bucareste*: "O elevador está sendo consertado até amanhã. Durante esse período, lamentamos que você estará insuportável".
- *Em um folheto de informações em japonês sobre o uso do ar condicionado de um hotel*: "Frios e Quentes: Se você quiser que seu quarto fique apenas aquecido, por favor se controle".
- *Em um hotel em Acapulco*: O gerente, pessoalmente, evacuou toda a água servida aqui.

MARKETING
Verificação
de conceito

1. Quais são as três tarefas que uma mensagem eficaz deve cumprir?
2. O que é o conceito AIDA?
3. Brevemente, relacione o processo de comunicação à estratégia de comunicação.

OBJETIVOS DA COMUNICAÇÃO

3 Explicar como o mix de comunicação se relaciona com os objejetivos da promoção.

Quais tarefas específicas a comunicação deveria cumprir? As respostas parecem variar de acordo com a fonte consultada. Entretanto, os profissionais de marketing geralmente identificam os seguintes objetivos da comunicação:

1. Fornecer informações aos consumidores e a outros.
2. Aumentar a demanda.

Sucesso de marketing

O Wal-Mart se defende

Passado. Com US$ 300 bilhões em vendas e 1,6 milhão de funcionários, o Wal-Mart Stores é o maior varejista do mundo – e alvo de críticas por causa de alguns de seus métodos de negócio. Acusado de tudo, desde tolerar discriminação sexual, pagar baixos salários, empregar imigrantes ilegais até ignorar assuntos ambientais, a empresa tem sofrido com a má publicidade. Em razão do ataque violento na imprensa, o Wal-Mart decidiu que precisaria agir para fornecer mais informações ponderadas para o público.

O Desafio. A AFL-CIO espera forçar a mudança ao organizar correspondências, telefonemas e visitas pessoais para milhares de seus membros. Sua mensagem? Que o Wal-Mart contribui com uma queda nos padrões de vida ao pagar baixos salários e prejudicar o meio ambiente com a construção de megastores. O Sierra Club apóia a união, com o *Center for Community and Corporate Ethics*, entidade sem fins lucrativos. Diz o diretor de relações do investidor do Wal-Mart: "Provavelmente, há pessoas que tomaram a decisão de não comprar no Wal-Mart por causa da crítica pública". Apesar dos esforços coordenados de seus detratores, o Wal-Mart espera reparar sua imagem de "bom moço" dos preços baixos.

3. Diferenciar um produto.
4. Acentuar o valor de um produto.
5. Estabilizar as vendas.

FORNECER INFORMAÇÕES

A função tradicional da comunicação era informar o mercado a respeito da disponibilidade de um produto ou serviço específico. De fato, os profissionais de marketing ainda direcionam muito de seus esforços de comunicação atuais para o fornecimento de informações sobre o produto para consumidores potenciais. Uma propaganda para um musical, normalmente, fornece informações a respeito do dançarino, horário e local. Um comercial para um parque temático oferece informações sobre atrações, localização e valor da entrada. As informações também podem ajudar a diferenciar um produto de seus concorrentes ao focar suas características ou seus benefícios.

Além das tradicionais propagandas impressas e anunciadas, os profissionais de marketing freqüentemente distribuem numerosos recursos de alta tecnologia de baixo custo para dar aos consumidores as informações sobre o produto. Um recurso determinado – as informações enviadas em CD ou em fita de videocassete – atualmente é usado para produtos que vão de cosméticos e automóveis a equipamentos para se exercitar. Na verdade, recentemente, uma faculdade enviou vídeos para os ex-alunos em uma tentativa de aumentar a presença na próxima reunião deles. O custo do envio e da duplicação de um vídeo de 10 minutos é de, aproximadamente, US$ 1,50 (não inclusos os custos de produção), comparado com os US$ 8 ou mais de um prospecto colorido.

Os consumidores são mais propensos a considerar o vídeo ou o CD como uma novidade que se destaca de outras comunicações; assim, eles provavelmente pensarão menos nesse tipo de comunicação como lixo postal e não o jogarão fora. E, de fato, nove em cada dez destinatários assistem ao vídeo ou ao CD. Em alguns casos, as taxas de resposta chegam a cerca de 49% e o retorno sobre o investimento ultrapassa os 1.000%. Esses números são traduzidos em lucros substanciais para as empresas envolvidas em comunicações usando fitas de videocassete e CD.

A estratégia. A companhia tem se defendido das acusações, porém, recentemente, elevou seu perfil e lançou uma campanha publicitária em cem jornais para divulgar a mensagem de seu CEO de que o "Wal-Mart está trabalhando para todos" enquanto "alguns de nossos críticos estão trabalhando apenas por si mesmos", e recordando ao público de que, "no último ano, mais de 90% dos norte-americanos [...] escolheram comprar no Wal-Mart [...] É hora de acabar com os mal-entendidos". A empresa também veiculou segmentos na televisão mostrando testemunhos de funcionários.

O resultado. Os resultados das novas campanhas ainda não estão claros, porém a porta-voz do Wal-Mart, Mona Williams, disse: "Nossos críticos fazem uma balbúrdia terrível e precisamos assegurar que o nosso lado seja ouvido também".

Fontes: BERNSTEIN, Aaron. Declaring war on Wal-Mart, *Business Week Online*, 7 fev. 2005, **www.businessweek.com**; Greg Schneider, Wal-Mart's damage control, *The Washington Post*, 24 jan. 2005, **www.washingtonpost.com**; SCOTT, Lee. Wal-Mart is working for everyone, carta aberta publicada no *Arkansas Democrat Gazette*, 13 jan. 2005, p. 7A; GRANT, Lorrie. Wal-Mart CEO to counteract "urban legend", *USA Today*, 12 jan. 2005, **www.usatoday.com**.

Muitas empresas também enviam CDs contendo software que fornece informações sobre ou amostragem de um produto ou serviço. Gravadoras e provedores de serviço de internet, como a AOL, são usuários regulares dessa técnica de comunicação.

AUMENTAR A DEMANDA

Muitas comunicações objetivam aumentar a demanda por um produto. Algumas comunicações são dirigidas para o aumento da **demanda primária**, o desejo por uma categoria geral de produto, como televisões com alta definição ou DVD players. No último ano, US$ 700 milhões foram gastos em propaganda e promoções de vendas de *commodities* agrícolas que variavam de leite e hortifruti a algodão. Financiado por taxas chamadas *checkoffs* de marketing agrícola cobradas na venda desses produtos, o objetivo dessas despesas é aumentar as vendas da categoria total do produto, e não focar em marcas individuais.[6] As comunicações de demanda primária também são comuns para empresas que mantêm patentes exclusivas sobre melhorias significativas de produto e para os profissionais de marketing que decidem atuar internacionalmente, criando novos mercados para seus produtos em outras partes do mundo. Quando a Procter & Gamble apresentou pela primeira vez suas fraldas descartáveis Pampers na Hungria, muitos pais usavam calçõezinhos com papel dentro como fralda para seus bebês. Assim, os primeiros anúncios de Pampers veiculados pela televisão focaram em gerar interesse sobre o novo produto.

Mais comunicações, entretanto, são direcionadas para o aumento da **demanda seletiva**, o desejo por uma marca específica. A PepsiCo, por exemplo, quer que os consumidores escolham sua marca de refrigerante lima-limão, Sierra Mist. Para ajudar a alavancar as vendas, tem associado o Sierra Mist à promoção do popular filme *Shrek 2*, aos usos de anúncios veiculados em rádio contendo citações de velhas comédias de costumes, e fez uma promoção de US$ 10 milhões com o canal a cabo Comedy Central oferecendo grandes prêmios, como TVs de plasma de 42 polegadas e conjuntos de DVDs da Comedy Central. O tema predominante das promoções, de acordo com o vice-presidente de marketing da Pepsi para os refrigerantes aromatizados, é comédia. "Sentimos que a comédia era uma característica apropriada para o Sierra Mist. Ninguém mais está fazendo isto."[7]

DIFERENCIAR O PRODUTO

Um objetivo freqüente dos esforços de comunicação da empresa é a **diferenciação do produto**. A demanda homogênea por muitos produtos ocorre quando os consumidores encaram o produto da empresa como, virtualmente, idêntico aos produtos de seus concorrentes. Nesses casos, a empresa individual quase não tem controle sobre as variáveis de marketing, como preço.

Um planejamento de demanda diferenciada, ao contrário, permite mais flexibilidade na estratégia de marketing, como alterações de preço.

À primeira vista, as janelas de uma empresa podem parecer-se com as de qualquer outra. Porém, a Pella busca diferenciar suas janelas ao demonstrar suas persianas embutidas para janela por controle remoto.

Pesquisas que se concentram na experiência da internet freqüentemente listam anúncios *pop-up* como a experiência on-line mais irritante. Então, os profissionais de marketing da EarthLink com sede em Atlanta vieram com uma idéia: oferecer assinaturas de software para bloqueá-los. Embora os 4,9 milhões de assinantes do terceiro servidor de internet dos Estados Unidos soem como uma pequena alteração em uma indústria dominada pela gigante industrial AOL, a EarthLink baseou sua estratégia recente de crescimento de mercado no oferecimento de uma solução para os estimados 4,8 bilhões de anúncios que pulam nas telas dos computadores em todo o mundo mensalmente.[8]

A *California Avocado Commission* (Comissão do Abacate da Califórnia) gasta mais de US$ 10 milhões por ano para promover a percepção, o interesse e o aumento das compras de uma das mais premiadas iguarias do estado.

ACENTUAR O VALOR DO PRODUTO

A comunicação pode explicar a utilidade maior da propriedade de um produto para os compradores, acentuando, com isso, seu valor e justificando um preço mais alto no mercado. Esse objetivo beneficia tanto o consumidor quanto os produtos comerciais. As mensagens de comunicação de uma empresa devem construir a imagem e o valor da marca e ao mesmo tempo entregar um "chamado à ação". A propaganda geralmente oferece razões para um produto ou serviço se encaixarem no estilo de vida do consumidor. Hoje, os consumidores em todos os lugares valorizam seu tempo; o desafio para os profissionais de marketing é demonstrar como seus produtos melhorarão a vida deles.

A Best Western e a Shell recentemente associaram-se em uma promoção *Sleep and Win*, na qual os hóspedes do hotel Best Western recebiam um cartão raspe e ganhe oferecendo um dos quinze Jaguares e Ford Explorers, diárias grátis ou com desconto ou cupons para combustível que poderiam ser resgatados nos mais de 10 mil postos da Shell. A Ramada reagiu com *Getaway for Life Sweepstakes*, no qual as pessoas que se hospedassem nos Ramada Inns tinham a chance de ganhar férias anuais com duração de uma semana em qualquer Ramada pelo resto da vida.[9]

MARKETING
Verificação
de conceito

1. Como a comunicação ajuda a fornecer informações aos consumidores?

2. Qual efeito a comunicação pode ter sobre a demanda? E sobre as vendas?

3. O que significa diferenciar um produto por meio da comunicação?

ESTABILIZAR AS VENDAS

Para a empresa comum, as vendas não são uniformes durante todo o ano. As flutuações das vendas podem ser o resultado da demanda cíclica, sazonal ou irregular. Estabilizar essas variações é, com freqüência, um objetivo da estratégia de comunicação. As vendas de café, por exemplo, seguem um padrão sazonal, com compras e consumo elevados durante os meses de inverno. Para estimular as vendas de verão da marca de café descafeinado Sanka, a General Foods criou anúncios que incluem uma receita de *iced coffee* instantâneo, comunicando-o como uma bebida de verão sem cafeína e refrescante. Os hotéis e motéis freqüentemente buscam complementar a alta ocupação durante a semana dos viajantes comerciais promovendo pacotes especiais de fim de semana com valores mais baixos. Algumas empresas patrocinam competições de vendas durante os períodos de oscilação oferecendo prêmios para o pessoal de venda que alcançar seus objetivos.

ELEMENTOS DO MIX DE COMUNICAÇÃO

4 Identificar os diferentes elementos do mix de comunicação e explicar como os profissionais de marketing desenvolvem um mix ótimo.

Como acontece com o mix de marketing, o mix de comunicação exige uma combinação cuidadosamente planejada de variáveis para satisfazer as necessidades dos clientes de uma empresa e para alcançar os objetivos organizacionais. O **mix de comunicação** trabalha como um subgrupo do mix de marketing, com seus elementos de produtos, distribuição, promoção e preço. Com o mix de comunicação, os profissionais de marketing tentam criar uma combinação mais adequada de vários elementos para alcançar os objetivos de comunicação. Os componentes do mix de comunicação são venda pessoal e não-pessoal, incluindo propaganda, promoção de vendas, marketing direto, relações públicas e marketing de guerrilha.

A venda pessoal, a propaganda e a promoção de vendas geralmente são responsáveis pela maior parte dos investimentos de comunicação de uma empresa. Entretanto, o marketing direto, o marketing de guerrilha, os patrocínios e as relações públicas também contribuem para as comunicações integradas de marketing. As próximas seções deste capítulo examinam o uso do marketing de guerrilha, dos patrocínios e do marketing direto, e os Capítulos 16 e 17 apresentam discussões detalhadas a respeito de outros elementos. Esta seção define os elementos e analisa suas vantagens e desvantagens.

VENDA PESSOAL

A **venda pessoal** é a forma mais antiga de comunicação, com sua origem no início da negociação e do comércio. Os comerciantes expandiram vastamente tanto o tamanho dos mercados quanto as variedades dos produtos ao conduzirem cavalos e camelos ao longo da Rota de Seda da China para a Europa, aproximadamente entre 300 a.C e 1600 d.C., levando a venda pessoal para os dois extremos. A venda pessoal pode ser definida como uma apresentação de um vendedor conduzida em uma base interpessoal com o comprador. Essa forma direta de comunicação pode ser realizada pessoalmente, pelo telefone, por videoconferência ou por links "interativos entre computador e vendedor". Atualmente, cerca de 14 milhões de pessoas nos Estados Unidos estão empregadas na venda pessoal, e a média de chamada de vendas custa cerca de US$ 300.

VENDA NÃO-PESSOAL

A **venda não-pessoal** inclui propaganda, *product placement*, promoção de vendas, marketing direto, marketing de guerrilha e relações públicas. A propaganda e a promoção de vendas são, em geral, mencionadas como as formas mais importantes de venda não-pessoal. Cerca de um terço dos dólares de marketing investidos nas atividades de venda não-pessoal são alocados para as propagandas nas mídias; os outros dois terços financiam as promoções de vendas ao consumidor e comerciais.

Propaganda

A **propaganda** é qualquer comunicação não-pessoal paga por meio das várias mídias a respeito de uma empresa, organização sem fins lucrativos, um produto ou idéia feita por um patrocinador identificado em uma mensagem que tenha a intenção de informar ou persuadir um público específico. É um componente principal do mix de comunicação para milhares de organizações. O consumo de massa e os mercados geograficamente dispersos fazem propagandas particularmente apropriadas para comercializar produtos e serviços dirigidos a públicos grandes propensos a responder às mesmas mensagens de comunicação.

A propaganda envolve, sobretudo, as mídias de massa, por exemplo, jornais, televisão, rádio, revistas e *outdoors*, porém inclui também formas eletrônicas e computadorizadas de promoção como comerciais na internet, CDs e fitas de videocassete e monitores de vídeo em supermercados. O rico potencial da internet como um canal publicitário para alcançar milhões de pessoas individualmente tem atraído a atenção de grandes e pequenas empresas locais e internacionais.

Product Placement

O ***product placement*** é a forma de venda não-pessoal na qual o profissional de marketing paga uma taxa para um produtor de filme ou para o proprietário de um programa de televisão para exibir um produto proeminente no filme ou no show. A prática chamou a atenção há mais de duas décadas no filme *E.T.: O extraterrestre* quando Elliott, o garoto que se torna amigo do E.T., faz uma trilha de *Reese's Pieces* para o extraterrestre seguir com o objetivo de atrai-lo para fora de seu esconderijo. As vendas dos doces *Reese's Pieces* dispararam. (Curiosamente, essa não foi a primeira opção de doce do produtor; a Mars rejeitou a oportunidade de ter seus *M&Ms* aparecendo no filme.) As taxas cobradas dos profissionais de marketing por tais colocações têm crescido de modo significativo desde essa época, e muitos estúdios empregam especialistas para comercializá-los para fornecedores importantes de produtos.

> **Em poucas palavras**
>
> O bacalhau coloca 10 mil ovos,
> a galinha doméstica coloca um.
> O bacalhau nunca cacareja
> para lhe dizer o que fez.
> E então desprezamos o bacalhau,
> enquanto estimamos a
> miserável galinha.
> O que apenas lhe mostra
> que se paga para anunciar.
> Anônimo

Poucos acordos de *product placement* envolvem o produto tanto quanto a comédia *Johnson family vacation* do sedan *Navigator* da Lincoln. O objetivo de marketing da Ford era mostrar o SUV redesenhado e realçar seu papel duplo como um veículo familiar que também atrai o público jovem. Como destaca o gerente de entretenimento da marca Ford, Miles Romero, "Nós vendemos o *Navigator* para uma variedade de pessoas, muitas estrelas do rap e celebridades, assim como para yuppies e famílias".[10]

Promoção de Vendas

A **promoção de vendas** consiste das outras atividades de marketing que não a venda pessoal, a propaganda, o marketing de guerrilha e as relações públicas que estimulam o consumidor a comprar e a eficácia do comerciante. Essa categoria ampla inclui exibições, convenções, cupons, competições, amostras, prêmios, demonstrações de produto e vários esforços de venda não recorrentes e irregulares. A promoção de vendas fornece um incentivo a curto prazo,

Resolvendo uma questão ética

DANDO NOME A UM ESTÁGIO – QUEM TEM O PODER?

Muitos estudantes, fãs e ex-alunos da University of Missouri estavam transtornados com a nomeação das instalações de um novo *campus*, uma arena de basquete de US$ 75 milhões a ser chamada *Paige Sports Arena*, em homenagem a Elizabeth Paige Laurie, a filha dos herdeiros do Wal-Mart, Bill e Nancy Laurie, então com 23 anos. O anúncio criou um problema de relações públicas para a Universidade sobre os direitos de nomeação que ela transferiu como uma condição de aceitar o presente.

O motivo especial que deixou os fãs e os patronos da Universidade contrariados foi o fato de que a senhorita Laurie nunca freqüentou a University of Missouri. "Foi comprado, não ganho", disse o fundador de uma organização de ex-alunos. "O ego e o orgulho arrogantes que o levam a comprar o maior prédio da Universidade de que é capaz e nomeá-lo em homenagem a sua filha são impressionantes."

Com seu presente, os Lauries, que venderam US$ 25 milhões de suas ações do Wal-Mart para iniciar a construção das instalações, também obtiveram um conjunto de luxo de meia-quadra com 24 lugares com serviço de bufê grátis, ingressos a sua escolha para qualquer evento e o uso de um segundo conjunto para até oito eventos por ano. Eles também podem barrar a publicidade ou os patrocínios de qualquer empresa que compita com os interesses comerciais do Wal-Mart, o maior varejista do mundo, pelo tempo que a Universidade use o prédio como uma arena esportiva, que, provavelmente, será de décadas. O resto do financiamento para a arena veio de recursos públicos e privados.

CERTOS DOADORES DEVERIAM TER MAIS CONTROLE SOBRE OS DIREITOS DE NOMEAÇÃO PARA ESTÁDIOS PÚBLICOS?

SIM

1. Se determinados doadores contribuem de forma significativa com mais dinheiro do que outros, seus desejos deveriam ter mais peso.
2. A organização que aceita o presente tem uma oportunidade de aceitar ou negar os termos sob os quais isso é feito, assim, os acordos são obtidos mediante a negociação.

NÃO

1. Um presente, uma vez dado, pertence a quem o recebe, e é quem deveria ter controle sobre seu uso. Um doador não deveria ser capaz de controlar um projeto inteiro.
2. Tal controle pode, facilmente, levar a situações de suborno e coerção.

RESUMO

A algumas semanas da abertura da arena, e após as histórias da colega de quarto de sua filha na University of Southern California, que vieram à tona na mídia, de que aceitara cerca de US$ 20 mil para fazer o trabalho universitário de Elizabeth durante três anos, os Lauries abriram mão do direito de nomear as instalações. Em uma decisão altamente popular, a Universidade batizou a arena como Mizzou Arena.

Fontes: Mizzou Arena. site da University of Missouri, **www.missouri.edu**, acessado em 4 abr. 2005; Missouri renames arena, *USA Today*, 25 nov. 2004, **www.usatoday.com**; CHARTON, Scott. School up in arms over new arena title, *Marketing News*, 15 abr. 2004, p. 11; CHARTON, Scott. New Missouri arena named for donor's daughter, *KMOV.com*, 10 mar. 2004, **www.kmov.com**.

geralmente em combinação com outras formas de promoção, para enfatizar, assistir, complementar, ou, de outra forma, dar apoio aos objetivos do programa de comunicação. Os restaurantes, incluindo aqueles que servem *fast food*, com freqüência colocam certos itens no menu a um preço mais baixo "por tempo limitado". As propagandas podem conter cupons para itens grátis ou com desconto por um período de tempo específico. Ou as empresas podem realizar apostas para dar prêmios como carros novos ou férias, que podem até mesmo não ter relação alguma com os produtos que estão vendendo.

Os vínculos de comunicação com filme são um exemplo clássico. Entretanto, muitas empresas que costumavam estar envolvidas com promoções de vendas, propaganda e produtos promocionais em filmes estão achando que não conseguem mais o retorno que esperavam. A Taco Bell, que perdeu dinheiro nas promoções casadas com lançamentos recentes nos seis filmes da série *Star wars*, recentemente decidiu abandonar os personagens de filmes e concentrar sua comunicação na apresentação das ofertas de menu ampliado. "Há menos risco do que vincular a um filme que pode ou não ser um sucesso – ou talvez que não ajude seu produto, mesmo se o filme for um sucesso", explica o vice-presidente Amy Sherwood.[11]

A promoção de vendas adequada para os intermediários de marketing é chamada **promoção empresarial**. As empresas gastam, aproximadamente, o mesmo tanto em promoção empresarial quanto em propaganda e promoção de vendas combinadas voltada ao consumidor. As estratégias de promoção empresarial incluem oferta de mercadoria grátis, concessões de recompra e concessões de mercadoria, com patrocínio de disputas de vendas para encorajar os atacadistas e varejistas a vender mais determinados produtos ou linhas de produtos.

MARKETING DIRETO

Outro elemento no mix de comunicação integrado de uma empresa é o **marketing direto**, o uso da comunicação direta para um consumidor ou receptor comercial projetada para gerar uma resposta na forma de um pedido (pedido direto), uma solicitação para obter informações adicionais (geração de orientação) ou uma visita a um local de negócios para comprar produtos ou serviços específicos (geração de tráfego). Embora muitas pessoas igualem o marketing direto à mala-direta, essa categoria de comunicação também inclui o marketing por telefone (telemarketing), a propaganda de resposta direta e os infomerciais em televisão e rádio, propaganda impressa de resposta direta e mídias eletrônicas.

RELAÇÕES PÚBLICAS E PUBLICIDADE

As **relações públicas** referem-se às comunicações e às relações de uma empresa com seus vários públicos. Esses públicos incluem consumidores, fornecedores, acionistas, funcionários, o governo, o público em geral e a sociedade na qual a organização atua. Os programas de relações públicas podem conduzir contatos formais ou informais. O ponto crítico é que toda organização, tendo ou não um programa formalmente organizado, deve cuidar de suas relações públicas.

A **publicidade** é o aspecto direcionado ao marketing das relações públicas. Ela pode ser definida como o estímulo não-pessoal da demanda por um produto, serviço, pessoa, causa ou organização mediante a colocação não-paga de notícias significativas sobre isso em uma mídia editada ou por intermédio de uma apresentação favorável no rádio, na televisão ou no palco. Em comparação com a venda pessoal, a propaganda e até a promoção de vendas, os investimentos com as relações públicas são, em geral, menores em muitas empresas. Visto que as empresas não pagam pela publicidade, têm menos controle sobre a publicação, na imprensa ou nas mídias eletrônicas, de notícias boas ou ruins sobre si próprias. Porém, isso freqüentemente significa que os consumidores acham esse tipo de fonte de notícias mais crível do que se as informações fossem disseminadas diretamente pela companhia. É claro que a má publicidade pode arruinar a reputação de uma empresa e diminuir o valor da marca. Veja o quadro "Resolvendo uma questão ética" para obter um exemplo de como uma organização sem fins lucrativos superou um recente furor de relações públicas.

Às vezes, a má publicidade pode ter conseqüências inesperadas. O furor sobre o "mau funcionamento da roupa" da cantora Janet Jackson durante o show de intervalo da *Super Bowl* fez mais do que apenas estragar a estratégia de impulsionar as vendas de seu recém-lançado álbum. Também incitou tanto audiências no Congresso quanto uma investigação federal sobre indecência e, em resposta às ameaças por parte da *Federal Trade Commission* (FTC – Comissão Comercial Federal) de cobrar altas multas sobre violadores futuros, estimulou o Clear Channel Communications a despedir o altamente polêmico e conhecido Howard Stern.[12]

MARKETING DE GUERRILHA

O **marketing de guerrilha** usa técnicas não-convencionais, inovadoras e de baixo custo para atrair a atenção dos consumidores. É uma abordagem relativamente nova usada pelos profissionais de marketing cujas empresas são carentes de recursos para realizar um programa de marketing completo. Muitas dessas empresas não podem arcar com os altos custos envolvidos nas mídias tradicionais de publicações e de radiodifusão, por isso, precisam encontrar um modo inovador e de baixo custo para alcançar seu mercado. Porém, algumas grandes empresas, como a PepsiCo, também entraram no marketing de guerrilha. Ela lançou o *Code Red*, uma extensão com aroma de cereja da linha Mountain Dew. Após entrevistas em grupo focal terem revelado que consumidores jovens, urbanos e étnicos – especialmente hispânicos – preferiam as bebidas com sabor de cereja e gostaram do nome *Code Red* mais do que de outras alternativas sugeridas, a agência de publicidade da PepsiCo's surgiu com um *jingle* para rádio em forma de rap chamado *Crack the code* (Decifre o código) e colocou anúncios nas revistas de hip-hop *Vibe* e *Source*. Apesar da dificuldade em destacar-se em um já saturado mercado de refrigerantes, os profissionais de marketing da PepsiCo evitaram o marketing de massa e aderiram ao marketing de guerrilha. Logo o *Code Red* tornou-se o quinto refrigerante mais popular vendido nas lojas de conveniência norte-americanas. Charles Taylor-Hines, diretor de marketing urbano e étnico da PepsiCo, explicou o sucesso do *Code Red* do seguinte modo: "Com o público jovem urbano, você realmente precisa ganhar primeiro a credibilidade das ruas, e não pode fazer isso com uma campanha de marketing de massa".[13]

A Toyota Motor Co. voltou-se para o marketing de guerrilha quando decidiu direcionar seu novo *Scion* para os compradores do primeiro carro na faixa etária dos vinte anos. A empresa distribuiu produtos de marcas conhecidas divulgados no endereço scion.com na internet em eventos públicos e, durante as primeiras seis semanas de lançamento do produto, 158 mil pessoas configuraram seu próprio *Scion* on-line. Também incluídos no lançamento nacional estavam as "equipes de rua" que dirigiam *Scion* e distribuíam itens promocionais em pequenos encontros de trezentas a mil pessoas. Os profissionais de marketing da empresa esperavam, dessa forma, desenvolver um relacionamento mais próximo com seus clientes potenciais. A Toyota também patrocinou um passeio por uma "Instalação" artística, o *Scion Hot Import Nights*, em eventos de carros personalizados, e um *Scion DJ Contest* em várias cidades dos Estados Unidos. O objetivo desses esforços era atrair a atenção e criar uma agitação entre os clientes a respeito desse novo carro.[14]

Os profissionais de marketing de guerrilha, com freqüência, usam a internet e outra tecnologia como os telefones celulares para alcançar os consumidores individualmente. Em uma campanha para promover sua marca Above the Rim de sapatos e vestuário para basquete, a Reebok International criou um jogo de mistério on-line chamado *Whodunit?*. Os participantes tinham de descobrir qual dos quatro jogadores profissionais da NBA tinha batido um oponente novato com seus movimentos brilhantes. O site, periodicamente, postava dicas, por exemplo, marca de tênis ou impressão digital, em sua quadra virtual de basquete. As pessoas que solucionassem o mistério eram inscritas em uma disputa para assistir à filmagem de um novo comercial de TV da marca Above the Rim. Os profissionais de marketing da Reebok relataram que o tráfego em seu site dobrou durante a promoção, e 97 mil pessoas participaram do jogo. Melhor ainda, os visitantes on-line gastaram aproximadamente um terço a mais de tempo no site do que os não-participantes – aumentando a visibilidade da marca, que era o objetivo da campanha.[15]

Os resultados do marketing de guerrilha podem ser deploráveis e ridículos – até mesmo ofensivos para algumas pessoas. Mas quase sempre chamam a atenção dos consumidores. Alguns profissionais do marketing de guerrilha gravam o nome de sua empresa e de produtos em qualquer lugar em que o grafite apareça. Os artistas de rua são contratados para cobrir os logotipos da empresa e de produtos em paredes brancas ou *outdoors*. Questões éticas de desordem de espaços públicos à parte, as mensagens parecem atrair interesse.

Como a Tabela 15.2 indica, cada tipo de comunicação tem tanto vantagens quanto desvantagens. Embora a venda pessoal exija um custo relativamente alto por contato, envolve menos perda de esforço do que as formas não-pessoais de comunicação, como a propaganda. A venda pessoal freqüentemente fornece mais flexibilidade da comunicação do que outras formas porque o vendedor pode adaptar a mensagem de vendas para preencher necessidades únicas – ou objeções – de cada consumidor potencial.

As vantagens principais da propaganda vêm de sua capacidade em criar a percepção instantânea de um produto, serviço ou idéia; em construir o valor da marca; e em entregar a mensagem dos profissionais de marketing

Tabela 15.2 Comparação dos seis elementos do mix de comunicação

	VENDA PESSOAL	PROPAGANDA	PROMOÇÃO DE VENDAS	MARKETING DIRETO	RELAÇÕES PÚBLICAS	MARKETING DE GUERRILHA
Vantagens	Permite a medição da eficácia Obtém uma resposta imediata Adapta a mensagem para se adequar ao consumidor	Alcança um amplo grupo de consumidores potenciais por um preço relativamente baixo por exposição Permite o controle completo sobre a mensagem final Pode ser adaptada para os públicos de massa ou segmentos de público específicos	Produz uma resposta imediata do consumidor Atrai a atenção e cria percepção do produto Permite a medição fácil dos resultados Fornece aumentos de vendas em curto prazo	Gera uma resposta imediata Cobre um público amplo com propaganda direcionada Permite mensagem completa, personalizada e pessoal Produz resultados mensuráveis	Cria uma atitude positiva em relação a uma empresa ou a um produto Aumenta a credibilidade de um produto ou de uma empresa	Tem custo baixo Atrai a atenção porque é inovador Tem menos interferência com os concorrentes tentando o mesmo
Desvantagens	Conta quase exclusivamente com a habilidade do vendedor Envolve alto custo por contato	Não permite a medição totalmente precisa dos resultados Geralmente, não pode fechar vendas	É não-pessoal por natureza É difícil se diferenciar dos esforços dos concorrentes	Sofre com problema de imagem Envolve um alto custo por leitor Depende da qualidade e da precisão das *mailing lists* Pode aborrecer os consumidores	Não pode permitir a medição precisa do efeito sobre as vendas Envolve muito esforço direcionado voltado para os objetivos ao marketing não dirigido	Não pode alcançar uma quantidade muito grande de pessoas Se as táticas forem muito chocantes, podem ofender algumas pessoas

MARKETING
Verificação
de conceito

1. O que é o mix de comunicação?

2. Diferencie a venda pessoal da venda não-pessoal.

3. Como a publicidade difere das relações públicas?

4. Por que os profissionais de marketing às vezes usam o marketing de guerrilha?

a públicos de massa por um custo por contato relativamente baixo. As principais desvantagens incluem a dificuldade em medir a eficácia da propaganda e os custos altos das mídias. As promoções de vendas, pelo contrário, podem ser mais precisamente monitoradas e medidas do que as propagandas, produzem respostas imediatas do consumidor e fornecem aumentos de vendas a curto prazo. O marketing direto dá aos consumidores potenciais uma opção de ação direcionada, permite a segmentação de público reduzido, a personalização das comunicações e produz resultados mensuráveis.

Os esforços de relações públicas, por exemplo, a publicidade, com freqüência oferecem credibilidade substancialmente mais elevada do que outras técnicas de comunicação. Os esforços do marketing de guerrilha podem ser inovadores – e altamente eficazes – a um custo baixo para os profissionais de marketing com recursos limitados, contanto que as táticas não sejam muito ultrajantes, mas o marketing de guerrilha é mais difícil para alcançar as pessoas. O profissional de marketing deve determinar a combinação apropriada desses elementos do mix de comunicação para comercializar com eficácia os produtos e os serviços da empresa.

PATROCÍNIO

5 Descrever o papel dos patrocínios e do marketing direto nas comunicações integradas de marketing.

Uma das tendências mais quentes na comunicação durante os últimos dez anos oferece aos profissionais de marketing a capacidade de integrar vários elementos do mix de comunicação. Os patrocínios comerciais de um evento ou de uma atividade aplicam venda pessoal, propaganda, promoção de vendas e relações públicas para alcançar objetivos de comunicação específicos. Esses patrocínios, que ligam eventos com patrocinadores e com mídias que variam de TV e rádio até jornal e internet, vêm-se tornando um negócio mundial de US$ 30 bilhões.

Como ilustrado na abertura do capítulo, o **patrocínio** ocorre quando uma organização fornece dinheiro ou recursos em espécie para um evento ou uma atividade em troca de uma associação direta com esse evento ou essa atividade. O patrocinador compra duas coisas: (1) o acesso ao público da atividade, e (2) a imagem associada à atividade. Em geral, os patrocínios envolvem propaganda que inclui anúncios impressos e transmitidos, mala-direta e promoção de vendas, publicidade na forma de cobertura de mídia do evento e a venda pessoal no próprio evento. Também envolvem o marketing de relacionamento, reunindo o evento, seus participantes, as empresas patrocinadoras e os membros de seu canal e principais consumidores. Os profissionais de marketing comprometem-se com níveis variados de patrocínios dependendo da quantia que suas empresas querem gastar e dos tipos de eventos.

INVESTIMENTO EM PATROCÍNIO

Os profissionais de marketing têm-se reunido para patrocínios como um meio de alcançar um público elevadamente segmentado a fim de alavancar o valor de eventos esportivos, de celebridades e de entretenimento. Além disso, um exército de empresas de e-commerce descobriu o patrocínio como um meio rápido para aumentar – e, em muitos casos, iniciar – a percepção de uma marca. O patrocínio também fornece uma plataforma por meio da qual as propriedades de esportes e entretenimento podem expandir seus programas e atrair novos parceiros. Mesmo empresas de serviços públicos e farmacêuticas que vendem medicação de venda livre e remédios sob prescrição médica estão aumentando suas atividades. O gasto do patrocínio em âmbito nacional – incluindo esportes, festivais, feiras e atrações turísticas – alcançou colossais US$ 11 bilhões no último ano.[16]

Esses patrocínios incluíram não apenas grandes gastadores como a Anheuser-Busch e a PepsiCo em eventos como as Olimpíadas e a Copa do Mundo, mas também patrocinadores como a New Balance Athletic Shoe Inc. e a Domino's Pizza, que gastam mais – modestamente –, em eventos menores. A Domino's, por exemplo, recentemente foi o fornecedor exclusivo de pizzas no *World Ultimate Championships* no Havaí, gerando o dobro do impacto comercial que a empresa esperava e também a exposição consistente da marca. A New Balance patrocina muitas caminhadas e corridas pequenas em todo o país, assim como festivais de esportes amadores no Maine e em Massachusetts.[17]

Em nenhuma parte o patrocínio predomina mais do que em eventos esportivos, e os esportes universitários atraem especial interesse dos patrocinadores. A Coca-Cola Co. recentemente venceu seu arquiinimigo PepsiCo na assinatura de um contrato no valor de US$ 500 milhões por onze anos com a *National Collegiate Athletic Association* (NCAA – Associação Atlética Universitária Nacional) e a CBS para anunciar e promover seus produtos durante os campeonatos da NCAA. A taxa de patrocínio triplicou a quantia que a PepsiCo estava pagando.[18]

CRESCIMENTO DOS PATROCÍNIOS

O patrocínio comercial de eventos esportivos e culturais não é um fenômeno novo. Os aristocratas na Roma antiga patrocinavam competições entre gladiadores e corridas de bigas apresentando equipes que eram, com freqüência, apoiadas financeiramente por negócios concorrentes. Há mais de 2 mil anos, atenienses abastados financiavam o teatro, musicais e festivais esportivos. As guildas na Inglaterra do século XIV patrocinavam peças (às vezes, insistindo para que os dramaturgos inserissem "conexões" com suas linhas de trabalho nas peças). Nos Estados Unidos, durante os anos 1980, equipes locais de beisebol eram, com freqüência, patrocinadas por empresas de bondes.

O patrocínio como uma alternativa de comunicação tem crescido rapidamente nas últimas três décadas. Durante esse período, o gasto de patrocínio corporativo cresceu mais rápido do que os gastos de comunicação com propaganda e promoção de vendas. Muitos fatores têm influenciado o crescimento dos patrocínios comerciais:

- Restrições governamentais com relação à propaganda de cigarro e de bebida alcoólica e a crescente relutância dos editores de jornais e revistas em aceitar anúncios impressos desses produto vêm levando os profissionais de marketing a buscar mídias de comunicação alternativas. Embora a NASCAR tenha terminado sua relação de 31 anos com a RJR Tobacco como patrocinador principal da *Winston Cup Series*, ao selecionar em 2003 o gigante de comunicações sem fio Nextel como principal patrocinador da série *Nextel Cup*, está sendo considerado, seriamente, o fim de sua proibição sobre as empresas de bebidas alcoólicas como patrocinadores de equipes.
- Os custos em ascensão das mídias tradicionais de propaganda criam alternativas de comunicação de patrocínios com boa relação custo-benefício.
- Oportunidades adicionais resultantes de diversas atividades de lazer, assim como a exibição crescente de eventos esportivos apresentados na televisão, em jornais e revistas, permitem aos profissionais de marketing atingir os públicos específicos.
- A maior cobertura de mídia de eventos patrocinados permite aos patrocinadores ganhar exposição melhorada de seu investimento.
- Profissionais de marketing global reconhecem o patrocínio como um meio eficaz para alcançar um público internacional de uma forma que a comunicação seja universalmente compreendida.
- A eficácia comprovada de um patrocínio devidamente planejado e realizado pode gerar contatos produtivos de marketing. Os patrocinadores também representam alternativas para a interferência crescente associada à propaganda e à mala-direta.

É importante notar que os patrocínios de hoje cobrem uma base ampla, incluindo eventos e programas pertencentes à categoria de atividades de responsabilidade social. As empresas e as organizações sem fins lucrativos podem patrocinar programas de leitura, programas de assistência à infância, programas para ajudar a iniciar negócios pequenos ou pertencentes a minorias, assim como programas humanitários como o *Make-a-Wish Foundation*® e eventos culturais, como concertos de música clássica grátis.

COMO O PATROCÍNIO DIFERE DA PROPAGANDA

Embora a gastos com patrocínio e propaganda tradicional representem formas de venda não-pessoal, suas diferenças são maiores do que suas semelhanças. As mais importantes entre essas diferenças são o grau de controle do patrocinador contra aquele da propaganda, a natureza da mensagem, a reação do público e as medições de eficácia.

Os profissionais de marketing têm controle considerável sobre a quantidade e a qualidade da cobertura de mercado quando anunciam. Os patrocinadores, em contrapartida, devem contar com os sinais para apresentar suas mensagens. Eles também têm pouco controle sobre os eventos patrocinados além de combinar os públicos com os perfis de seus próprios mercados-alvo. Além disso, o patrocínio é uma mídia muda, não-verbal, visto que a mensagem é entregue com uma atividade que possui sua própria personalidade aos olhos de seu público. Por outro lado, uma propaganda tradicional permite que o profissional de marketing crie uma mensagem individual contendo introdução, tema e conclusão.

Os públicos reagem de maneira diferente ao patrocínio como um meio de comunicação do que em relação a outras mídias. O investimento do patrocinador fornece um benefício reconhecível para a atividade patrocinada que o público pode apreciar. Como resultado, o patrocínio é, freqüentemente, visto de forma mais positiva do que a propaganda tradicional. Alguns profissionais de marketing tentam tirar vantagem desse fato ao praticar o **marketing de emboscada**, no qual uma empresa que não seja um patrocinador oficial tenta se ligar a um grande evento internacional, por exemplo; as Olimpíadas ou uma turnê de algum grupo musical. Embora seja tentador presumir que empresas menores com orçamentos limitados de marketing provavelmente estariam muito mais engajadas no marketing de emboscada, esse nem sempre é o caso. Em uma recente partida de futebol da Copa do Mundo, as câmeras de televisão filmaram hordas de torcedores usando bonés com o logotipo da Samsung. A Samsung não era o patrocinador oficial da partida; a Philips Electronics, seu concorrente, era.[19] Ainda que distribuir bonés produzidos com logotipo não seja ilegal, algumas práticas de emboscada claramente o são. Se um não-patrocinador usou os anéis olímpicos em uma propaganda, o anúncio poderia ser um uso ilegal de uma marca registrada.

Em poucas palavras

A coisa mais incompreensível a respeito da TV é o avanço constante do patrocinador pela linha que sempre tem separado notícias e comunicação, entretenimento e comercialização. O anunciante assumiu o papel do criador e o artista, gradualmente, tem-se colocado no papel do distribuidor.

E. B. White (1899-1985)
Autor e editor americano

Em poucas palavras

A exposição na TV é tão importante para nosso programa e tão importante para esta universidade que nos programaremos para nos adequar à mídia. Jogarei à meia-noite, se for o que a TV quiser.

Paul W. "Bear" Bryant (1913-1983)
Treinador de futebol americano universitário dos Estados Unidos

AVALIANDO OS RESULTADOS DO PATROCÍNIO

Para avaliar os resultados dos patrocínios, os profissionais de marketing utilizam algumas das mesmas técnicas com as quais medem a eficácia da propaganda. No entanto, as diferenças entre as duas alternativas de comunicação com freqüência necessitam também de algumas técnicas únicas de pesquisa. Alguns patrocinadores corporativos tentam ligar gastos a vendas.

A Kraft General Foods, por exemplo, avalia a eficácia de seu patrocínio à NASCAR ao comparar as vendas da limonada Country Time nos mercados do sudeste dos Estados Unidos, que é o núcleo das corridas, com as vendas em outros mercados. Outros patrocinadores medem a percepção e a imagem melhoradas da marca como indicadores de eficácia; eles conduzem pesquisas tradicionais antes e depois dos eventos para assegurar tais informações. Outros, ainda, medem o impacto de seu marketing de evento em termos de relações públicas. Normalmente, um pesquisador contará os *press clippings* que apresentem o nome ou o logotipo do patrocinador e depois traduzirá esse número em custos de propaganda equivalentes.

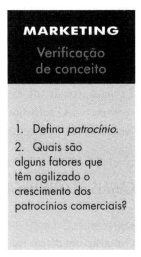

Apesar da visibilidade impressionante de eventos especiais como a Copa do Mundo de futebol e a *Super Bowl* de futebol americano, esses eventos não necessariamente levam diretamente ao aumento das vendas. Os profissionais de marketing querem que suas marcas sejam associadas a características do evento esportivo, por exemplo, velocidade, cuidado, precisão e trabalho em equipe. Eles querem ser incluídos na publicidade que dura a semana inteira, que se aproxima dos US$ 2,5 milhões gastos para cada anúncio de 30 segundos. Em condições ideais, os telespectadores alegarão então que seus anúncios estavam entre os melhores por muitos dias após o evento.

MARKETING DIRETO

Alguns elementos do mix de comunicação estão crescendo tão rapidamente quanto o marketing direto. O gasto geral em mídia com as iniciativas de marketing direto, como mídias eletrônicas interativas, mala-direta, telemarketing, infomerciais e propaganda de resposta direta, totaliza mais de US$ 1,7 trilhão por ano.[20] Tanto os profissionais de marketing business-to-consumer quanto os business-to-business contam com esse elemento do mix de comunicação para gerar pedidos ou orientações de vendas (solicitações por mais informações) que possam resultar em futuros pedidos. O marketing direto também ajuda a aumentar o tráfego da loja – visitas à loja ou ao escritório para avaliar e talvez comprar os produtos ou os serviços anunciados.

O marketing direto abre novos mercados internacionais de dimensões sem precedentes. Os canais de marketing eletrônico têm se tornado o foco dos profissionais de marketing direto, e o marketing na internet é o marketing internacional. Mesmo a mala-direta e o telemarketing crescerão fora dos Estados Unidos à medida que o comércio se tornar algo mais global. Os consumidores na Europa e no Japão estão provando serem receptivos ao marketing direto. Porém, muitos sistemas de marketing global permanecem incipientes, e muitos são quase inativos. O crescimento do marketing direto internacional está sendo estimulado pelas operações de marketing que surgiram nos Estados Unidos.

As comunicações de marketing direto buscam objetivos além da criação da percepção do produto. Os profissionais de marketing querem que o marketing direto convença as pessoas a fazer um pedido, solicitar mais informações, visitar uma loja, ligar para um 0800 ou responder a uma mensagem de e-mail.

Em outras palavras, o marketing direto bem-sucedido deveria incitar os consumidores a agir. Visto que o marketing direto é interativo, os profissionais de marketing podem adaptar respostas individuais para preencher as necessidades dos consumidores. Podem, também, medir a eficácia de seus esforços mais facilmente do que com a propaganda e outras formas de comunicação. O marketing direto é uma ferramenta muito poderosa que ajuda as organizações a conquistar novos consumidores e aumentar os relacionamentos com os já existentes.

O crescimento do marketing direto compara-se ao movimento em direção às comunicações de marketing integrado em muitas formas. Ambos reagem aos mercados e públicos das mídias fragmentadas, ao crescimento dos produtos personalizados, à contração dos públicos de transmissão em rede e ao aumento do uso de bancos de dados para atingir mercados específicos. Os estilos de vida também são importantes, visto que os consumidores ocupados de hoje querem conveniência e opções de compra que economizem seu tempo.

Os bancos de dados são uma parte importante do marketing direto. Usando a mais recente tecnologia para criar bancos de dados sofisticados, uma empresa pode selecionar um segmento de mercado limitado e encontrar grandes possibilidades nesse segmento com base nas características desejadas. Os profissionais de marketing podem cortar custos e melhorar os retornos sobre os dólares gastos ao identificar os consumidores que estejam mais propensos a reagir às mensagens e ao eliminar outros de suas listas que não estejam propensos a ter uma reação. De fato, extrair informações a respeito dos consumidores é uma tendência incentivada pelo crescimento do e--commerce. O software DNA da Smart Technologies com sede em Austin, Texas, pode criar perfis de consumidores, fornecedores e parceiros comerciais mediante a análise de sua movimentação em um site da internet.

CANAIS DE COMUNICAÇÕES DO MARKETING DIRETO

O marketing direto usa muitas formas de mídias diferentes. Cada uma funciona melhor para determinados propósitos, embora os profissionais de marketing freqüentemente combinem duas ou mais mídias em um programa de marketing direto. À medida que cumpre os regulamentos atuais do *Do not Call*, uma empresa pode começar com o telemarketing para classificar consumidores potenciais e depois prosseguir enviando mais material por mala-direta àqueles que estiverem interessados.

MALA-DIRETA

Como a quantidade de informações sobre os estilos de vida do consumidor, os hábitos de compra e os seus desejos continua a crescer, a mala-direta tem-se tornado um canal viável para identificar as melhores oportunidades para uma empresa. Os profissionais de marketing recolhem informações em bancos de dados internos e externos, pesquisas, cupons personalizados e reembolsos que exigem respostas. A **mala-direta** é uma ferramenta importante na criação das campanhas eficazes de marketing direto, e adquire muitas formas, variando de cartas de vendas, postais, folhetos, livretos, catálogos e *publicações de circulação interna* (periódicos enviados por organizações) a CDs, fitas de vídeo e fitas-cassete.

A mala-direta oferece vantagem como a capacidade para selecionar um mercado-alvo limitado, alcançar cobertura intensiva, enviar mensagens rapidamente, escolher entre vários formatos, fornecer informações completas e personalizar cada item da correspondência.

As taxas de resposta são mensuráveis e mais altas do que as de outros tipos de propaganda. Além disso, as malas-diretas são independentes e não competem por atenção com anúncios em revistas e comerciais de TV e rádio. Por outro lado, o custo por leitor da mala-direta é alto, a eficácia depende da qualidade do *mailing list* e alguns consumidores têm forte rejeição ao que consideram "lixo postal".

O medo do anthrax após os ataques terroristas de 11 de setembro causou um rompimento real em muitos esforços de marketing de mala-direta. De acordo com uma pesquisa conduzida pela Direct Marketing Association, um terço de todos os consumidores americanos estavam tratando sua correspondência ao menos com um pouco de suspeita. Algumas empresas, como a criadora de software B2B, Commerce One, decidiram abandonar seus tradicionais programas de mala-direta em detrimento do e-mail e, para seus clientes atuais, o telemarketing. "Normalmente, usaríamos a mala-direta", explicou o vice-presidente Bill Fraine. "Mas não acho que as pessoas estão abrindo sua correspondência." Outras empresas substituíram as correspondências em forma de carta por postais. Embora o medo do antraz que se seguiu aos ataques terroristas de 11 de setembro tenha prejudicado parte da mala-direta da campanha da Nissan Altima IMC pelo fato de a empresa ter enviado pacotes não solicitados a consumidores potenciais, os profissionais de marketing da Foot-Smart transformaram o problema em oportunidade.

Com a ajuda de Caroline Ernst, diretora de e-commerce na empresa de produtos para o cuidado com a saúde, eles contataram os consumidores de antemão para alertá-los de que o novo catálogo da Foot-Smart seria enviado. Como resultado dessa mensagem prévia, a Foot-Smart viu um aumento de 20% nas vendas.[21]

CATÁLOGOS

Os catálogos são uma forma popular de mala-direta nos Estados Unidos desde o século XIX. Mais de 10 mil catálogos diferentes de pedido pelo correio de interesse específico e geral para compradores domésticos – e milhares mais para vendas business-to-business – encontram seu caminho para quase todas as caixas de correio americanas. Em um ano normal, eles geram mais de US$ 57 bilhões em vendas ao consumidor e US$ 36 bilhões em vendas business-to-business. Em qualquer dia, você pode encontrar um catálogo da Patagonia, Crate & Barrel, Office Depot, Title IX ou da Birkenstock em sua caixa de correio. Os catálogos preenchem tantos segmentos que você poderia, provavelmente, pedir quase tudo de que precisa para qualquer faceta de sua vida em um catálogo.

A cadeia de produtos domésticos Home Depot recentemente ingressou no mercado de mala-direta ao enviar seu primeiro catálogo de datas comemorativas. O catálogo apresentava 250 itens para essas datas, variando de ferramentas mecânicas a eletrodomésticos pequenos, e é parte da expansão do varejista em outros canais de marketing. De forma semelhante a suas lojas, que fornecem produtos "faça você mesmo" com departamentos de facilidades domésticas, o catálogo também forneceu dicas e idéias sobre decoração do lar.[22]

Muitas empresas, como a L.L. Bean, a Sears e sua subsidiária Lands' End, construíram seus negócios e criaram uma imagem bem conhecida por intermédio de seus catálogos. Mais recentemente, entretanto, as empresas de catálogo até mesmo abriram lojas de varejo para reforçar a percepção da marca e aumentar as vendas e a participação de mercado. (A Sears parou de editar seu catálogo em favor de suas lojas de varejo, mas continuou a usar catálogos de especialidades e, em seguida, comprou o varejista de catálogo Lands' End com sede em Wisconsin.) As tecnologias eletrônicas sofisticadas estão mudando o marketing de catálogo. Atualmente, os catálogos podem ser atualizados rapidamente, fornecendo aos consumidores as últimas informações e os mais recentes preços. Os catálogos em CD-ROM permitem que os profissionais de marketing exibam produtos em 3-D e incluem seqüências de vídeo de demonstrações de produtos.

Muitos consumidores fizeram ao menos algumas compras por catálogo, porém outros – como os que vivem em áreas rurais com pouco ou nenhum acesso a lojas de varejo, compradores que procuram mais variedade do que podem encontrar nas lojas de varejo locais e profissionais ocupados que não têm tempo para gastar perambulando pelos corredores das lojas – dependem deles para muitas de suas necessidades de compra. Embora muitos consumidores gostem de receber mala-direta, outros rejeitam comunicações não solicitadas. Algumas empresas de catálogo não entendem as necessidades e os desejos de seus consumidores, porém enviam muitos catálogos para milhões de pessoas, quer elas queiram ou não. O consumidor do século XXI é pressionado pelo tempo e sobrecarregado com informações. Para ajudar os consumidores a escaparem do bombardeio de correspondência que enche suas caixas de correio, a Direct Marketing Association estabeleceu seu *Mail Preference Service*. Esse serviço ao consumidor envia formas de remoção do nome para pessoas que não desejam receber propaganda de mala-direta.[23]

TELEMARKETING

Embora seu uso tenha sido limitado por várias restrições de *Do not Call* decretadas pela FTC, o telemarketing permanece a forma de marketing direto mais freqüentemente usada. Ele fornece aos profissionais de marketing retorno alto de seus gastos, resposta imediata e oportunidade de conversas bilaterais personalizadas. Além do marketing direto business-to-consumer, o telemarketing business-to-business é outra forma de contato direto com o cliente. Os profissionais de marketing da Xerox e as empresas de telefonia a longa distância usam o telemarketing para desenvolver orientações de venda. O **telemarketing** refere-se ao marketing direto conduzido inteiramente por telefone, e pode ser classificado como contatos passivos ou ativos. O telemarketing ativo envolve uma força de vendas que usa apenas o telefone para contatar os consumidores, reduzindo o custo das visitas pessoais. O consumidor inicia o telemarketing passivo, em geral, ao ligar para um 0800 que as empresas fornecem para os consumidores usarem de acordo com sua conveniência na obtenção de informações e/ou compras. Como a mala-direta, o telemarketing recorre a bancos de dados para atingir as ligações baseadas nas características do consumidor, como renda familiar, número de filhos e posses domésticas.

Novos dispositivos de discagem preditiva melhoram a eficácia do telemarketing e reduzem custos ao automatizarem o processo de discagem para ignorar sinais de ocupado e secretárias eletrônicas. Quando a discagem reconhece uma voz humana, instantaneamente passa a ligação para um vendedor.

Com freqüência, essa tecnologia é combinada com uma campanha publicitária impressa que apresenta um número 0800 para o telemarketing passivo.

Pelo fato de os receptores das ligações tanto do telemarketing do consumidor quanto do business-to-business acharem-nas irritantes, a FTC promulgou uma *Telemarketing Sales Rule* (Regra de Vendas de Telemarketing) em 1996. A regra cortou as práticas abusivas de telemarketing ao estabelecer horas permitidas para ligações (entre 8 da manhã e 9 da noite) e regular o conteúdo das ligações. As empresas devem, claramente divulgar detalhes de quaisquer políticas de troca, manter listas de pessoas que não queiram receber chamadas e manter registros dos *scripts* de telemarketing, ganhadores de prêmios, consumidores e funcionários por dois anos. Essa regulamentação recentemente foi reforçada pela aprovação de aditamentos, criando o *Do Not Call Registry* nacional (Registro Nacional de *Do not Call*). As novas regras proíbem as chamadas de telemarketing para qualquer pessoa que tenha feito o registro de seu número de telefone, restringem o número e a duração das chamadas de telemarketing gerando o espaço de pausa com o uso de discadores automáticos, são linha dura com fatura não autorizada e exigem que os funcionários de telemarketing transmitam suas informações de identificação de chamador. Os violadores podem ser multados em até US$ 11 mil por ocorrência. Entretanto, estão isentos dessas regras os clientes atuais, instituições beneficentes, pesquisadores de opinião pública e candidatos políticos.

MARKETING DIRETO VIA CANAIS DE TRANSMISSÃO

O marketing direto de transmissão pode ter três formas básicas: anúncios de reposta direta breves em televisão e rádio, canais de venda a domicílio e infomerciais. Normalmente, os *spots* de resposta direta duram 30, 60 ou 90 segundos e incluem descrições de produto e números de 0800 para pedidos. Freqüentemente mostrado em estações independentes e de TV a cabo e "amarrado" a programas de interesse especial, o marketing direto de transmissão em geral encoraja os telespectadores a responder de imediato ao lhes oferecer um preço especial ou um presente caso liguem dentro de alguns minutos após a veiculação de um anúncio. Os anúncios de resposta direta via rádio também fornecem descrições de produto e endereços ou números de telefone para contatar os vendedores. Contudo, o rádio, muitas vezes, revela-se caro se comparado com outras mídias de marketing direto, e os ouvintes talvez não prestem atenção o bastante para anotar o número ou talvez não sejam capazes de escrevê-lo por estarem dirigindo o carro, o que acontece na maior parte do tempo com quem ouve rádio.

Os **canais de venda em domicílio,** como a Quality Value Convenience (QVC), a Home Shopping Network (HSN) e a ShopNBC, representam outro tipo de marketing direto de televisão. Transmitindo todo o dia, esses canais oferecem aos consumidores uma variedade de produtos, incluindo jóias, roupas, produtos para a pele, mobília, computadores, câmeras, eletrodomésticos para a cozinha e brinquedos. Basicamente, os canais de venda a domicílio funcionam como catálogos ao vivo. Os canais também têm sites na internet nos quais os consumidores podem navegar para fazer compras. Em ambos os casos, os consumidores fazem pedidos pelos números de telefone 0800 e pagam as compras com cartão de crédito.

Os **infomerciais** são comerciais de produtos de 30 minutos ou mais que se parecem com os programas normais da televisão. Por causa de sua duração, os infomerciais não se perdem tão facilmente quanto pode acontecer com os comerciais de 30 segundos, e permitem aos profissionais de marketing apresentar seus produtos em mais detalhes. Porém, geralmente são mostrados em horários incomuns, e as pessoas, em geral, assistem apenas a partes deles. Pense em quantas vezes você estava zipando pelos canais passando por um infomercial da Bow-flex, da linha de cuidado com a pele Victoria Principal's ou da rotisserie Ronco's. Os infomerciais fornecem números 0800 para que os telespectadores possam pedir produtos ou solicitar mais informações. Embora os infomerciais incorram em custos mais altos de produção do que os anúncios em horário nobre de 30 segundos em rede de TV nacional, geralmente são veiculados em canais a cabo menos caros e em *slots* tarde da noite nas estações radiodifusoras.

CANAIS DE MARKETING DIRETO ELETRÔNICOS

Qualquer pessoa que alguma vez tenha-se conectado à internet está bastante consciente do número crescente de propagandas comercias que se aglomeram na tela de seu computador. A propaganda na internet é um tema recorrente em todo este livro, correspondendo à sua importância como um componente do mix de comunicação. De fato, o Capítulo 4 discute o papel vital que o e-commerce desempenha atualmente nas práticas de marketing contemporâneas.

Entretanto, a propaganda na internet é apenas um componente do marketing direto eletrônico. Os profissionais de marketing direto por e--mail descobriram que essas práticas tradicionais usadas nas mídias impressas e de radiodifusão são facilmente adaptadas para a transmissão de mensagem eletrônica. Você pode receber avisos periódicos por e-mail de seu computador ou de fabricantes de software a respeito de novos produtos, ofertas especiais, atualizações de software ou correções de segurança que estiverem disponíveis.

Os criadores de programa antivírus fornecem novos downloads com a última proteção pela internet e lhe notifica por e-mail. Os especialistas concordam que as regras básicas para o marketing direto on-line espelham aquelas das práticas tradicionais. Qualquer campanha de marketing direto off-line bem-sucedida pode ser aplicada às comunicações por e-mail.

> **Em poucas palavras**
>
> As chamadas não desejadas de telemarketing são invasivas, incomodam e são todas muito banais. Quando os americanos estão jantando ou um pai ou mãe está lendo para seu filho ou sua filha, a última coisa de que eles precisam é de uma ligação de um estranho com uma abordagem de vendas.
> George W. Bush (nasc. 1946)
> 43º presidente dos Estados Unidos (anunciando a implementação do Registro nacional *Do Not Call*)

As mídias eletrônicas entregam, instantaneamente, dados para os profissionais de marketing direto e os ajudam a trilhar os ciclos de compra do consumidor com rapidez. Como conseqüência, podem estabelecer programas de aquisição on-line para o consumidor por cerca de 50% a 80% menos do que o custo dos programas tradicionais. Nos primórdios da internet, os produtos mais comuns vendidos por profissionais de marketing on-line eram livros, CDs musicais, vinhos e comida *gourmet*. Hoje, entretanto, parece não haver limites para a variedade de produtos e serviços disponíveis para compradores on-line. Na verdade, as vendas consumer-to-consumer por sites de leilão estão rapidamente se tornando a avenida mais popular para as vendas on-line diretas.

OUTROS CANAIS DE MARKETING DIRETO

As mídias impressas, como os jornais e as revistas, não dão suporte ao marketing direto de forma tão eficaz quanto fazem o marketing na internet e o telemarketing. Entretanto, as mídias impressas e outros canais de marketing direto tradicionais ainda são importantes para o sucesso de todos os canais de mídias eletrônicas. Os anúncios

MARKETING
Verificação
de conceito

1. Nomeie ao menos cinco canais de marketing direto.
2. O que é mala-direta?
3. Descreva os canais de marketing direto eletrônicos mais comuns.

em revistas com números telefônicos 0800 realçam as campanhas de telemarketing passivo. As empresas podem colocar anúncios em revistas ou jornais, incluir cartões de resposta para leitores ou colocar inserções especiais direcionadas a determinados segmentos de mercado nas publicações.

Os *quiosques* fornecem outro *outlet* para as vendas eletrônicas. Os clientes da Verizon telecomunicações no Oeste e no Leste dos Estados Unidos podem pagar suas contas de telefone nos quiosques eletrônicos Vcom em suas lojas locais 7-Eleven enquanto pegam um cafezinho ou o jornal diário. O propósito dessas instalações é dar aos clientes que não têm acesso à internet em casa a conveniência e a flexibilidade das transações on-line. Os quiosques oferecem caixas eletrônicos e serviços financeiros em monitores sensíveis ao toque, por exemplo, desconto de cheque e pedido de compra em dinheiro 24 horas por dia, assim como a capacidade de ver e pagar suas contas e ver sua conta de serviço telefônico. E os clientes podem realizar suas transações em inglês ou espanhol.[24]

DESENVOLVENDO UM MIX DE COMUNICAÇÃO MAIS ADEQUADO

Ao mesclar propaganda, venda pessoal, promoção de vendas e relações públicas para alcançar os objetivos de marketing, os profissionais de marketing criam um mix de comunicação. Visto que as medições quantitativas não estão disponíveis para determinar a eficácia de cada componente do mix em um dado segmento de mercado, a escolha de um mix eficaz de elementos de comunicação apresenta uma das tarefas mais difíceis para os profissionais de marketing. Vários fatores influenciam a eficácia de um mix de comunicação: (1) a natureza do mercado, (2) a natureza do produto, (3) o estágio no ciclo de vida do produto, (4) o preço e (5) os recursos disponíveis para a comunicação.

NATUREZA DO MERCADO

O público-alvo do profissional de marketing tem um impacto importante na escolha de um método de comunicação. Quando um mercado inclui um número limitado de compradores, a venda pessoal pode mostrar-se uma técnica altamente eficaz. Entretanto, os mercados caracterizados por grande número de consumidores potenciais que se espraiam por áreas geográficas de tamanho considerável podem tornar exorbitante o custo do contato por intermédio de vendedores pessoais.

Em determinados casos, o uso intenso da propaganda freqüentemente faz sentido. O tipo de consumidor também afeta o mix de comunicação. A venda pessoal funciona melhor em um mercado-alvo formado por compradores industriais ou compradores atacadistas e varejistas do que naquele que consiste de consumidores finais. De modo semelhante, as empresas farmacêuticas usam grandes forças de vendas para vender remédios controlados diretamente a médicos e hospitais, mas também anunciam para fazer a promoção de remédios controlados e sem receita para o mercado consumidor. Assim, a empresa farmacêutica deve trocar sua estratégia de comunicação de venda pessoal para propaganda ao consumidor com base no mercado a que esteja se dirigindo.

A Coca-Cola Co. e a PepsiCo enfrentaram a necessidade de alterar suas ofertas de mercado por causa da mudança dos desejos dos consumidores. As duas empresas ainda são os maiores anunciantes em mídias – o gasto anual da Coca-Cola com propaganda se aproxima de US$ 200 milhões, e a PepsiCo gasta bem mais de US$ 120 milhões.[25] Já que os *baby boomers* e os veteranos não estão bebendo a quantidade de refrigerante que já consumiram, os gigantes dos refrigerantes cola estão focando em mercados-alvo mais jovens. Mas as alterações em seus mixes de comunicação tradicionais eram necessárias para alcançar esses grupos de consumidores. A PepsiCo tem feito uma série altamente bem-sucedida de anúncios chamativos com a estrela pop Beyoncé Knowles e fez combinações de comunicação com a nova loja musical on-line dos novos iTunes da Apple e com a rede de televisão WB em uma uma série de shows musicais de verão.[26] As duas empresas dirigem as demandas dos consumidores por novas bebidas por meio do foco em novos itens: as marcas de garrafa de água Aquafina e Dasani, assim como um estável de bebidas sem gás. A PepsiCo criou uma força de vendas com cem pessoas para vender suas bebidas sem gás, como o Gatorade e os chás gelados Lipton.

NATUREZA DO PRODUTO

Um segundo fator importante na determinação do mix de comunicação eficaz é o próprio produto. Os produtos altamente padronizados com exigências mínimas de serviço em geral dependem menos da venda pessoal do que os personalizados com características tecnicamente complexas ou exigências por manutenção freqüente. Os produtos de consumo tendem a depender de maneira mais expressiva de propaganda do que os bens empresariais. A PepsiCo, por exemplo, quer manter o impulso que reuniu após o lançamento de sua marca de refrigerante Sierra Mist. "Estamos investindo totalmente na marca", diz Cie Nicholson, vice-presidente de sabores da Pepsi-Cola para América do Norte. "Não estamos tirando [nosso] pé do gás." Isso significa aumento de gastos com publicidade em mídias de US$ 35 milhões no ano de lançamento para US$ 51 milhões durante os primeiros nove meses do último ano. O Sierra Mist, que aparece na Figura 15.3, talvez tenha apenas 1% do mercado de refrigerantes gaseificados, porém esse índice não é de se jogar fora. Está exatamente atrás da 7Up na categoria de US$ 6,5 bilhões dos produtos de lima-limão.[27]

Os mixes de comunicação variam dentro de cada categoria de produto. No mercado B2B, por exemplo, as instalações, em geral, dependem mais excessivamente da venda pessoal do que o marketing de fornecimentos operacionais. Em contrapartida, a venda pessoal tem um papel importante na comunicação de produtos de consumo, e tanto a venda pessoal quanto a não-pessoal são importantes na comunicação de itens de especialidade. A ênfase na venda pessoal também tende a se mostrar mais eficaz do que outras alternativas nas comunicações para produtos que envolvam concessões de troca.

ESTÁGIO NO CICLO DE VIDA DO PRODUTO

O mix de comunicação também deve ser adaptado ao estágio do produto em seu ciclo de vida. No estágio introdutório, tanto a venda pessoal quanto a não-pessoal são usadas para familiarizar os intermediários de marketing e os consumidores finais com os méritos do novo produto. A ênfase mais intensa na venda pessoal ajuda a informar o mercado a respeito dos méritos do novo produto ou serviço. Os vendedores contatam os intermediários de marketing para assegurar o interesse e o comprometimento em comercializar o novo item apresentado.

Freqüentemente, as feiras comerciais são usadas para informar e educar discadores prospectivos e consumidores finais a respeito de seus méritos sobre as ofertas concorrentes atuais. A propaganda e a promoção de vendas também são usadas durante esse estágio para criar percepção, responder às perguntas e estimular as compras iniciais.

Conforme o produto ou o serviço se movem para os estágios de crescimento e maturidade, a propaganda ganha importância relativa na persuasão dos consumidores quanto à compra. Os profissionais de marketing continuam a direcionar os esforços de venda pessoal para os intermediários de marketing em uma tentativa de expandir a distribuição. Quando mais concorrentes entram no mercado, a propaganda começa a enfatizar as diferenças do produto para persuadir os consumidores a comprar a marca da empresa. Nos estágios de maturidade e de início

Figura 15.3
A sensação de refrescância do sabor de lima-limão de Sierra Mist: comunicação que focaliza natureza do produto.

do declínio, as empresas, com freqüência, reduzem os gastos com propaganda e com promoção de vendas quando se alcança a saturação do mercado e produtos mais novos com suas próprias forças competitivas começam a entrar no mercado.

Os produtos desenvolvidos, em geral, exigem comunicações criativas para que sejam mantidos na mente do consumidor. Esse é o caso da Coca e da Pepsi, como já descrito. Recentemente, a Pepsi ingressou em uma parceria com a Dell para fazer uma comunicação Black History Month direcionada à tecnologia com exibições de merchandising em cerca de 1.500 lojas no Sul e na Costa Leste. Dez bolsas de estudo para universidade no valor de US$ 10 mil foram oferecidas em uma aposta, e outros prêmios incluíam computadores Dell, software e doze embalagens de Pepsi. Os prêmios de consolação incluíam calendários e pôsteres criados por artistas afro-americanos, e uma seção do site da Pepsi na internet apresentou formulários de inscrição para disputas e informações sobre a história afro-americana. A participação no segundo ano do programa foi o dobro do primeiro ano, com mais de 167 mil entradas na disputa e 15% de crescimento no volume de vendas da Pepsi.[28]

MARKETING
Verificação de conceito

1. Como a natureza do mercado e a natureza dos produto afetam a escolha de um mix de comunicação mais adequado?

2. Qual papel desempenha o ciclo de vida do produto na projeção de um mix de comunicação adequado?

3. Por que produtos com baixo preço dependem expressivamente da propaganda no mix de comunicação?

PREÇO

O preço de um item é o quarto fator que afeta a escolha de um mix de comunicação. A propaganda domina os mixes de comunicação para os produtos de baixo valor unitário por causa dos altos custos por contato na venda pessoal. Esses custos fazem da visita de representação uma ferramenta não-lucrativa na comunicação de muitos produtos e serviços com valores mais baixos. A propaganda, pelo contrário, permite um gasto de comunicação baixo por unidade de vendas porque alcança os públicos de massa. Para produtos de consumo com baixo valor como goma de mascar, refrigerantes e salgadinhos a propaganda é o meio mais viável de comunicação. Mesmo bens de compra podem ser vendidos, ao menos em parte, com base no preço. Por outro lado, os consumidores de itens com alto valor, como carros de luxo, esperam muitas informações bem apresentadas de vendedores qualificados. As comunicações de marketing direto de alta tecnologia, como CDs e fitas de videocassete, CD-ROMs, prospectos detalhados e venda pessoal por vendedores profissionais informados, atraem esses consumidores potenciais.

RECURSOS DISPONÍVEIS PARA A COMUNICAÇÃO

Uma barreira real na implementação de qualquer estratégia de comunicação é o tamanho do orçamento de comunicação. Um único comercial veiculado na televisão com 30 segundos durante o programa de televisão da *Super Bowl* custa a um anunciante US$ 2,5 milhões. Embora milhões de telespectadores possam ver o comercial, tornando relativamente baixo o custo por contato, tal gasto

Tabela 15.3 Fatores que influenciam a escolha do mix de comunicação.

	ÊNFASE	
	VENDA PESSOAL	**PROPAGANDA**
Natureza do mercado		
Número de compradores	Número limitado	Grande número
Concentração geográfica	Concentrada	Dispersa
Tipo de consumidor	Comprador comercial	Consumidor final
Natureza do produto		
Complexidade	Sob medida, complexo	Padronizado
Exigências de serviço	Considerável	Mínima
Tipo de produto e serviço	Negócios	Consumidor
Uso de concessões de troca	Concessões de troca comuns	Concessões de troca pouco comuns
Estágio no ciclo de vida do produto	Freqüentemente, enfatizado em cada estágio; grande ênfase nos estágios introdutório e de início do crescimento na apresentação do novo produto ou serviço aos intermediários de marketing e aos consumidores potenciais	Freqüentemente, enfatizado em cada estágio; grande ênfase na parte mais tardia do estágio de crescimento, assim como nos estágios de maturidade e de declínio inicial, para persuadir os consumidores a selecionar marcas específicas
Preço	Valor unitário alto	Valor unitário baixo

excede os orçamentos de comunicação inteiros de milhares de empresas, um dilema absurdo que ao menos parcialmente explica como o marketing de guerrilha começou. E se uma empresa quer contratar uma celebridade para anunciar seus produtos e serviços, a taxa pode chegar a milhões de dólares por ano. Às vezes, entretanto, nenhuma quantia de dinheiro é o bastante para conseguir a participação de uma celebridade.

Os anunciantes ainda pedem aos membros remanescentes da banda de rock The Doors para permitir o uso de uma de suas canções como música de fundo para um comercial. Porém, permanecendo fiéis aos desejos do vocalista Jim Morrison, o grupo continua a recusar todas as ofertas, mesmo a de US$ 1,5 milhão da Apple Computer para usar *When the music's over.*[29] A Tabela 15.3 resume os fatores que influenciam a determinação de um mix de comunicação adequado.

ESTRATÉGIAS DE COMUNICAÇÃO "PUXAR" E "EMPURRAR"

Os profissionais de marketing podem implementar, essencialmente, duas alternativas de comunicação: uma estratégia "puxar" ou uma estratégia "empurrar". Uma **estratégia "puxar"** é um esforço de comunicação por parte do vendedor para estimular a demanda do usuário final, que então exerce pressão no canal de distribuição. Quando os intermediários de marketing estocam grande número de produtos concorrentes e exibem pouco interesse em qualquer um deles, uma empresa pode precisar implementar uma estratégia "puxar" para motivá-los a negociar seu produto. Em casos determinados, essa estratégia é implementada com o objetivo de construir a demanda do consumidor para que os consumidores peçam o produto nas lojas de varejo. A propaganda e a promoção de vendas freqüentemente contribuem para a estratégia de "puxar" de uma empresa.

6 Contrastar as duas principais alternativas de estratégia promocional.

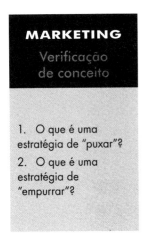

MARKETING

Verificação
de conceito

1. O que é uma
estratégia de "puxar"?
2. O que é uma
estratégia de
"empurrar"?

Em contrapartida, uma **estratégia de "empurrar"** depende mais expressivamente da venda pessoal. Aqui o objetivo é promover o produto para os membros do canal de marketing em vez de para os usuários finais. Para alcançar esse objetivo, os profissionais de marketing empregam concessões publicitárias cooperativas para os membros do canal, descontos comerciais, esforços de venda pessoal por parte dos vendedores e outros lastros para os distribuidores. Tal estratégia é projetada para ganhar o sucesso de marketing para os produtos da empresa ao motivar os representantes dos atacadistas e/ou varejistas a gastar tempo extra e esforço promovendo os produtos para os consumidores. Cerca de metade dos orçamentos de comunicação dos fabricantes é alocada para incentivos em dinheiro usados para estimular os varejistas a estocar seus produtos.

O tempo também afeta a escolha das estratégias de comunicação. A importância relativa da propaganda e da venda muda durante as várias fases do processo de compra. Antes da venda real, a propaganda geralmente é mais importante do que a venda pessoal. Entretanto, uma das principais vantagens de um programa publicitária bem-sucedida é o apoio dado aos vendedores que abordam o comprador potencial no primeiro momento. As atividades de venda são mais importantes do que a propaganda no momento da compra.

A venda pessoal fornece o mecanismo real para fechar muitas vendas. No período pós-compra, a propaganda ganha, novamente, a primazia no esforço de comunicação. Ela confirma a decisão do consumidor ao comprar um produto ou serviço específico e – como mostrado no Capítulo 5 – o faz se lembrar das qualidades favoráveis do produto ao reduzir qualquer dissonância cognitiva que possa ocorrer.

As estratégias de comunicação usadas pelos profissionais de marketing de automóveis ilustram esse fator tempo. Os fabricantes de carros, caminhões e SUV gastam expressivamente em propaganda para o consumidor para criar percepção antes de os consumidores começarem o processo de compra. No momento de suas decisões de compra, no entanto, as habilidades da venda pessoal dos vendedores da concessionária fornecem as ferramentas mais importantes para o fechamento das vendas. Por último, a propaganda é usada, com freqüência, para manter a satisfação de pós-compra ao citar prêmios como o *Motor Trend*'s Car of The Year (carro do ano pela *Motor Trend*) e os resultados das pesquisas de satisfação do consumidor da J.D. Power para afirmar as decisões dos compradores.

FAZENDO O ORÇAMENTO PARA A ESTRATÉGIA DE COMUNICAÇÃO

7 Explicar como os profissionais de marketing fazem orçamentos, e mensurar a eficácia da promoção.

Os orçamentos de comunicação podem diferenciar-se não apenas em quantidade, mas também em composição. Os profissionais de marketing business-to-business investem uma parte maior de seus orçamentos em venda pessoal do que em propaganda, enquanto o oposto em geral é verdadeiro para muitos fabricantes de bens de consumo. A Cannondale Associates, empresa líder de consultoria de marketing e de vendas dos Estados Unidos, conduz uma pesquisa anual de gastos de comunicação comercial em diferentes indústrias.

A evidência sugere que as vendas inicialmente ficam atrás dos gastos de comunicação por razões estruturais – os recursos são gastos para preencher as prateleiras dos varejistas, para aumentar a baixa produção inicial e para fornecer informações aos compradores. Esse fato produz um efeito limite no qual algumas vendas podem resultar dos investimentos iniciais substanciais na comunicação. Uma segunda fase pode produzir vendas proporcionais aos gastos de comunicação – a variação mais previsível. Finalmente, a comunicação alcança a área de diminuição de retornos em que um aumento nos gastos de comunicação falha na produção de um aumento correspondente nas vendas.

Por exemplo, um gasto inicial de US$ 40 mil pode resultar em vendas de 100 mil unidades para um fabricante de bens de consumo. Um gasto adicional de US$ 10 mil durante a segunda fase pode gerar vendas de 30 mil unidades a mais, e outros US$ 10 mil podem produzir vendas de um adicional de 35 mil unidades. O efeito cumulativo dos gastos e das vendas repetidas terá gerado retornos crescentes das despesas de comunicação. Entretanto, como o orçamento de publicidade vai de US$ 60 mil para US$ 70 mil, a produtividade marginal do gasto adicional pode cair para 28 mil unidades. Em algum ponto mais tardio, o retorno pode realmente se tornar zero ou negativo de acordo com a intensificação da concorrência, saturação dos mercados, e emprego, pelos profissionais de marketing, de propaganda menos caras.

O método ideal de alocação de recursos de comunicação aumentaria o orçamento até que o custo de cada incremento adicional se igualasse à receita diferencial adicional recebida. Em outras palavras, o procedimento da alocação mais eficaz aumenta os gastos de comunicação até que cada dólar do gasto de comunicação seja compatível com um dólar do lucro. Esse procedimento – chamado de análise marginal – maximiza a produtividade de entrada. A dificuldade surge na identificação do ponto mais adequado, o que exige um balanço preciso entre os gastos marginais para comunicação e as receitas marginais resultantes. Os métodos tradicionais usados para criar um orçamento de comunicação incluem os métodos de porcentagem das vendas e de valor fixo por unidade, com técnicas de paridade competitiva e alcance dos objetivos de tarefas. Cada método é brevemente examinado na Tabela 15.4.

O **método de porcentagem das vendas** é talvez o modo mais comum de estabelecer os orçamentos de comunicação. A porcentagem pode ser baseada nas vendas de algum período passado (por exemplo, o ano anterior) ou previsto para um período futuro (o ano corrente). Embora esse plano seja seduroramente simples, não sustenta de maneira eficaz o alcance dos objetivos de comunicação básicos.

A alocação arbitrária da porcentagem não pode fornecer a flexibilidade necessária. Além disso, as vendas deveriam depender da alocação de comunicação mais do que o contrário.

O **método de valor fixo por unidade** difere do orçamento baseado na porcentagem das vendas em apenas um aspecto: ele aloca uma quantia predeterminada para cada venda ou unidade de produção. Essa quantia também pode refletir seus números históricos ou previstos. Os fabricantes de bens de consumo duráveis com alto valor, como automóveis, freqüentemente usam tal método de orçamento.

Outra abordagem de orçamento tradicional, a **paridade competitiva**, simplesmente, compara os gastos da concorrência, em quantias absolutas ou relativas em relação às participações de mercado da empresa. Porém, esse método não ajuda uma empresa a ganhar uma vantagem competitiva. Um orçamento que seja apropriado para uma empresa pode não o ser para outra.

Tabela 15.4 Determinação do orçamento de comunicação.

MÉTODO	DESCRIÇÃO	EXEMPLO
Método de porcentagem das vendas	O orçamento de comunicação é estabelecido como uma porcentagem específica de vendas passadas ou previstas.	"No último ano gastamos US$ 10.500 em comunicação e obtivemos US$ 420 mil em vendas. No próximo ano esperamos que as vendas subam para US$ 480 mil e estamos alocando US$ 12 mil para comunicação"
Método de valor fixo por unidade	O orçamento de comunicação é estabelecido como uma quantia em dólar predeterminada para cada unidade vendida ou produzida	"Nossa previsão recomenda vendas de 14 mil unidades, e alocamos a comunicação na taxa de US$ 65 por unidade"
Método de paridade competitiva	Orçamento de comunicação é estabelecido para comparar os gastos de comunicação da concorrência em uma base absoluta ou relativa	"Os gastos de comunicação médios são de 4% de vendas em nossa indústria"
Método de objetivos e tarefas	Uma vez que os profissionais de marketing determinem seus objetivos de comunicação específicos, a quantidade (e o tipo) dos gastos de comunicação necessários para alcançá-los é determinada.	"No final do próximo ano, queremos que 75% dos estudantes do colegial locais saibam a respeito de nosso novo protótipo de *outlet* de *fast food* altamente automatizado. Quantos dólares de comunicação serão necessários e como deveríamos gastá-los?"

MARKETING
Verificação
de conceito

1. Compare o método
de orçamento de
comunicação de
porcentagem de
vendas com o método
de valor fixo por
unidade.

2. Brevemente,
descreva a
configuração de
um orçamento de
comunicação por
meio da paridade
competitiva.

3. O que é o método
de orçamento de
objetivos e tarefas?

O **método de objetivos e tarefas** desenvolve um orçamento de comunicação baseado em uma avaliação coerente dos objetivos de comunicação da empresa. Como resultado, ela direciona sua alocação de recursos para as práticas modernas de marketing. O método segue dois passos:

1. Os profissionais de marketing da empresa devem definir os objetivos de comunicação realísticos que querem que o mix de comunicação alcance. Digamos que uma empresa queira alcançar um aumento de 25% na percepção da marca. Esse passo quantifica os objetivos que a comunicação deveria atingir. Esses objetivos, um por um, tornam-se partes integrantes do plano de comunicação.

2. Depois, os profissionais de marketing da empresa determinam a quantidade e o tipo de atividade de comunicação necessária para cada objetivo estabelecido. Combinadas, essas unidades se tornam o orçamento de comunicação da empresa.

Uma hipótese crucial é a base da abordagem de objetivos e tarefas: Os profissionais de marketing podem medir a produtividade de cada dólar de comunicação. Essa hipótese explica o motivo de os objetivos deverem ser cuidadosamente escolhidos, quantificados e cumpridos por meio dos esforços de comunicação. Em geral, os responsáveis pelo orçamento deveriam evitar objetivos de marketing gerais, por exemplo: "Queremos alcançar 5% de aumento nas vendas". Uma venda é a culminação dos efeitos de todos os elementos do mix de marketing. Um objetivo de comunicação mais adequado pode ser: "Queremos alcançar uma taxa de resposta de 8% em uma propaganda de mala-direta dirigida".

O orçamento de comunicação sempre exige decisões difíceis, apesar de os estudos de pesquisa recentes e o crescimento dos modelos baseados em computador terem tornado isso um problema mais gerenciável do que costumava ser.

MEDINDO A EFICÁCIA DA COMUNICAÇÃO

É indiscutível que parte do esforço de comunicação de uma empresa é ineficaz. John Wanamaker, um varejista líder do século XIX, expressou o problema desta forma: "Metade do dinheiro que gasto em propaganda é perdida; o problema é que eu não sei qual metade".

Avaliar a eficácia de uma comunicação atualmente é um exercício muito distinto na pesquisa de marketing do que era há algumas décadas. Por anos, os profissionais de marketing dependeram das auditorias em loja conduzidas por grandes organizações, como a ACNielsen. Outros grupos de pesquisa conduziam análises de retirada de depósito de remessas para clientes varejistas. Esses estudos foram projetados para determinar se as vendas tinham surgido como um resultado direto de uma campanha de comunicação específica. Durante os anos 1980, a introdução de scanners e pistas de verificação de saída automatizadas mudaram completamente a pesquisa de marketing. Pela primeira vez, os varejistas e os fabricantes tiveram uma ferramenta para obter dados das vendas, rápida e eficientemente. O problema era que os dados coletados eram usados para pouco mais do que determinar a quantidade de que produto tinha sido comprada a que preço e a que horário.

Na década de 1990, a pesquisa de marketing ingressou em outro período de evolução com o advento da internet. Agora, os pesquisadores de marketing podem aprofundar-se no comportamento de compra de cada consumidor, em seu estilo de vida, preferências, opiniões e hábitos de compra. Todas essas informações também podem ser obtidas em questão de segundos. A próxima seção explica o impacto das tecnologias eletrônicas na medição da eficácia de comunicação. Entretanto, os profissionais de marketing atualmente ainda dependem de duas ferramentas de medição básicas: os testes de resultado de vendas diretas e as avaliações indiretas.

Muitos profissionais de marketing preferiam usar um **teste de resultados de vendas diretas** para medir a eficácia da comunicação. Tal abordagem revelaria o impacto específico sobre as receitas de vendas para cada dólar do gasto de comunicação. Contudo, esse tipo de técnica sempre tem enganado os profissionais de marketing por causa de sua falta de habilidade em controlar outras variáveis que operam no mercado. Uma empresa pode receber US$ 20 milhões em pedidos de vendas adicionais após uma nova campanha publicitária de US$ 1,5 milhão, mas o sucesso de mercado pode realmente ter surgido dos produtos que se beneficiam mais da distribuição intensa quando mais lojas decidem negociá-los ou dos aumentos de preço dos produtos concorrentes do que dos gastos com propaganda.

Os profissionais de marketing com freqüência encontram dificuldade para isolar os efeitos da comunicação daqueles de outros elementos de marketing e das variáveis ambientais externas. A **avaliação indireta** ajuda os pesquisadores a se concentrarem em indicadores quantificáveis de eficácia, por exemplo, o *recall* (quantos membros do mercado-alvo se lembram de produtos específicos ou de propagandas) e o público leitor (dimensão e composição do público de uma mensagem). O problema básico com a medição indireta é a dificuldade em relacionar tais variáveis às vendas. O fato de muitas pessoas lerem um anúncio levará diretamente ao aumento das vendas?

Os profissionais de marketing precisam fazer as perguntas corretas e entender o que estão medindo. A comunicação para a construção de produtos com volume de venda mensurável tem como resultado retornos a curto prazo, mas programas de construção de marca e esforços para gerar ou aumentar as percepções de valor de um produto, marca ou organização por parte dos consumidores não podem ser medidos a curto prazo.

MEDINDO AS COMUNICAÇÕES ON-LINE

O mais recente desafio que os profissionais de marketing enfrentam é como medir a eficácia das mídias eletrônicas. As tentativas iniciais para medir a eficácia de comunicação on-line envolveu acertos de contagem (pedidos de usuários de um arquivo) e visitas (páginas carregadas ou lidas em uma sessão). Mas, como o Capítulo 4 analisou, isso significa mais do que contar "olhadelas rápidas" para medir o sucesso da comunicação on-line. O que interessa não é quantas vezes um site é visitado, mas quantas pessoas realmente compram algo. Os números tradicionais que funcionam para outras formas de mídias não necessariamente são indicadores relevantes de eficácia para um site da internet. Por uma razão, a internet combina tanto a propaganda quanto o marketing direto. As páginas da internet, eficientemente, integram propaganda e outro conteúdo, por exemplo, as informações do produto, que podem, com freqüência, mostrar-se como a página principal – e de forma mais eficaz – mostram. Por outro motivo, em geral, os consumidores escolhem as propagandas que querem ver na internet, ao passo que as mídias de transmissão ou impressas tradicionais automaticamente os expõem aos anúncios.

Uma forma de os profissionais de marketing medirem o desempenho é incorporar alguma forma de resposta direta a suas comunicações. Essa técnica também os ajuda a comparar as comunicações diferentes quanto à eficácia e a contar mais com os fatos do que com as opiniões. Os consumidores podem dizer que testarão um produto ao responderem a uma pergunta de pesquisa sem, realmente, ainda terem comprado tal produto. Uma empresa pode enviar três ofertas diferentes de mala-direta na mesma comunicação e comparar as taxas de resposta dos grupos de destinatários que receberam cada alternativa. Uma oferta para enviar uma amostra pode gerar uma taxa de resposta de 75%, cupons podem mostrar uma taxa de desconto de 50% e rebates podem atrair apenas 10% do grupo almejado.

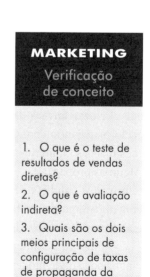

MARKETING
Verificação de conceito

1. O que é o teste de resultados de vendas diretas?

2. O que é avaliação indireta?

3. Quais são os dois meios principais de configuração de taxas de propaganda da internet?

As duas principais técnicas para estabelecer as taxas de propaganda da internet são custo por impressão e custo por resposta (*click-throughs*). O **custo por impressão** é uma técnica de mensuração que relaciona o custo de um anúncio a cada mil pessoas que o visualizam. Em outras palavras, qualquer pessoa que veja a página contendo o *banner* ou outra forma de anúncios cria uma impressão. Essa medição presume que o propósito principal do site é mostrar a mensagem do anúncio. O **custo por resposta (*click-throughs*)** é uma técnica de marketing direto que relaciona o custo de um anúncio ao número de pessoas que clicam nele. A medição baseada em *click-throughs* presume que aqueles que clicam em um anúncio querem mais informações e, portanto, consideran-no valioso. Ambas as técnicas de taxação têm méritos. Os editores de site apontam que os índices de *click-through* são influenciados pela criatividade da mensagem do anúncio. Os anunciantes, em contrapartida, salientam que o anúncio na internet tem valor para aqueles que clicam nele buscando informações adicionais.

O VALOR DAS COMUNICAÇÕES DE MARKETING

8 Discutir o valor das comunicações de marketing.

A natureza das comunicações de marketing está mudando conforme novos formatos transformam a idéia tradicional de uma propaganda ou de uma promoção de vendas. As mensagens de vendas agora são colocadas sutilmente, ou nem tanto, em filmes e shows de televisão, ofuscando as linhas entre a comunicação e o entretenimento e mudando a definição tradicional de propaganda. As mensagens são exibidas na praia na forma de escrita no céu, em banheiros, em portas giratórias de estádio, ônibus e até mesmo em viaturas policiais.

Apesar das novas táticas por parte dos anunciantes, a comunicação tem, com freqüência, sido alvo de críticas. Algumas pessoas reclamam de que ela não oferece nada de valor à sociedade, e apenas gasta recursos. Outros criticam o papel da comunicação em encorajar os consumidores a comprar produtos desnecessários que eles não podem bancar. Muitos anúncios parecem insultar a inteligência das pessoas ou ofender sua sensibilidade, e as pessoas criticam a ética – ou a falta de ética – mostrada por anunciantes e vendedores. Embora 43% dos adolescentes norte-americanos pesquisados relatem que gostam "muito" dos anúncios antitabagismo "Truth" da *American Legacy Foundation* financiados por US$ 1,8 bilhão da indenização de US$ 246 bilhões alcançada em 1998 entre os procuradores gerais de 46 estados e as indústrias de tabaco, muitos consumidores se preocupam de que mesmo as propagandas antitabagistas não são apenas ineficazes, como também antiéticas em até mesmo mencionar o fumo.[30]

Novas formas de comunicação são consideradas até mais insidiosas porque os profissionais de marketing estão planejando comunicações que produzem um pouco de semelhança com propagandas pagas. Muitas dessas reclamações citam questões que constituem problemas reais. Alguns vendedores usam táticas de venda antiéticas. Algumas propagandas de produto escondem sua natureza de comunicação ou visam a grupos de consumidores que têm menos condições de arcar com os produtos ou serviços anunciados. Muitos comerciais de televisão, de fato, contribuem para o problema crescente da poluição cultural. Uma área que tem incitado tanto crítica quanto debate é a comunicação voltada às crianças.

Embora a comunicação possa, certamente, ser criticada em muitas questões, ela também tem um papel crucial na sociedade moderna. Esse ponto é mais bem compreendido ao se examinar a importância social, comercial e econômica da comunicação.

Em poucas palavras

Você pode dizer a respeito dos ideais de uma nação por sua propaganda.
Norman Douglas (1862-1952)
Autor britânico

IMPORTÂNCIA SOCIAL

Vivemos em uma sociedade diversificada caracterizada por segmentos de consumidores com necessidades, desejos e aspirações diferentes. O que um grupo acha insípido pode ser totalmente atraente para outro. Porém, a diversidade é um dos benefícios de viver em nossa sociedade, visto que nos oferece muitas opções e oportunidades.

A estratégia de comunicação enfrenta um problema nivelador que escapa muito de suas críticas. O único padrão geralmente aceito em uma sociedade de mercado é a liberdade de escolha pelo consumidor. As decisões de compra do consumidor, em consequência, determinam as práticas aceitáveis no mercado, que é o motivo pelo qual os consumidores que criticam as propagandas de cigarro também podem concordar que seja aceitável que elas apareçam.

A comunicação também tem-se tornado um fator importante em campanhas cujo objetivo é alcançar metas sociais, como inibir o abuso de drogas ou dar apoio aos parques nacionais. A missão dos onze anos da *National Fatherhood Initiative* (NFI – Iniciativa Nacional da Paternidade) é melhorar o bem-estar das crianças ao aumentar a proporção de crianças que se desenvolvem com pais envolvidos, responsáveis e comprometidos. As agências de publicidade doam sua habilidade em criar **anúncios de serviço público** (**PSAs**, em inglês) que têm como objetivo comunicar determinadas causas importantes como inibir o abuso de drogas ou apoiar os parques nacionais. Um bom exemplo de um PSA é a mensagem mostrada na Figura 15.4, criada para educar e inspirar todas as pessoas, em especial os pais, a respeito de sua importância na vida de uma criança e as consequências negativas da ausência do pai para seus filhos. Como diz a etiqueta da manta, "É preciso um homem para ser um pai".

A comunicação desempenha uma tarefa crucial informativa e educacional para o funcionamento da sociedade moderna. Como tudo mais na vida, o que importa é como a comunicação é usada, mais do que se ela é usada.

IMPORTÂNCIA COMERCIAL

A estratégia de comunicação tem-se tornado muito importante tanto para os empreendimentos pequenos quanto para os grandes. O aumento bem documentado e de longo prazo nos recursos gastos em comunicação certamente confirma a fé da direção na capacidade dos esforços de comunicação para encorajar as mudanças de atitude, lealdade à marca e vendas adicionais. É difícil conceber uma empresa que não tentasse comunicar seu produto ou serviço de alguma maneira. Muitas instituições modernas simplesmente não podem sobreviver a longo prazo sem comunicação. Os negócios devem comunicar-se com seus públicos.

Empresas não-comerciais também reconhecem a importância dos esforços de comunicação. O governo norte-americano gasta cerca de US$ 300 milhões por ano em propaganda e está na posição 36 entre todos os anunciantes norte-americanos. O governo canadense é o anunciante líder no Canadá, divulgando muitos conceitos e programas. As organizações religiosas têm reconhecido a importância dos canais de comunicação para fazer seus pontos de vistas conhecidos pelo público como um todo.

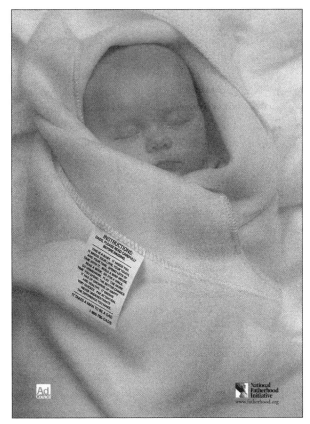

Figura 15.4
Mensagem de comunicação que aborda uma importante preocupação social: a ausência dos pais.

IMPORTÂNCIA ECONÔMICA

Em poucas palavras

Durma cedo, acorde cedo, trabalhe como um escravo e anuncie.
Laurence J. Peter (1919-1990)
Autor americano

A comunicação tem assumido um grau de importância econômica, se não por outra razão, por fornecer emprego a milhões de pessoas. Mais importante, entretanto, é que a comunicação eficaz permite à sociedade extrair benefícios não-disponíveis de outra forma. Por exemplo, a crítica de que a comunicação custa muito isola um item de gasto individual e falha em considerar seus possíveis efeitos benéficos em outras categorias de gastos.

As estratégias de comunicação aumentam o número de unidades vendidas e permitem economias de escala no processo de produção, desse modo reduzindo os custos de produção por unidade de produção. Os custos mais baixos por unidade permitem preços mais baixos para o consumidor, o que, por seu turno, disponibiliza produtos para mais pessoas. De modo semelhante, os pesquisadores descobriram que a propaganda subsidia os conteúdos informativos de jornais e das mídias de radiodifusão. Em resumo, a comunicação paga muitas das oportunidades agradáveis de entretenimento e de educação na vida contemporânea ao reduzir os custos dos produtos.

Implicações estratégicas do marketing no século XXI

Com a incrível proliferação das mensagens de comunicação na mídia, os profissionais de marketing de hoje – que também são consumidores – devem encontrar novos meios para alcançar os consumidores sem sobrecarregá-los com comunicações desnecessárias ou indesejadas. O marketing de guerrilha tem surgido como uma estratégia eficiente para empresas grandes e pequenas, mas o marketing de emboscada tem produzido preocupações éticas. O *product placement* ganha em popularidade, porém, se os filmes e os shows de televisão ficarem entupidos com marcas, os profissionais de marketing terão de descobrir outra via para suas mensagens. Além disso, é difícil exagerar o impacto da internet no mix de comunicação dos profissionais de marketing do século XXI. Empresas pequenas estão na internet, e os grandes negócios também. Mesmo empresários individuais descobriram uma nova base de lançamento para seus empreendimentos. Mas, embora o marketing no espaço virtual tenha sido eficiente nas transações business-to-business e, em extensão menor, para alguns tipos de compras de consumidores, uma fonte importante de receitas de internet é a propaganda. A internet tem anúncios para quase todo produto ou serviço imaginável. Não é surpresa que os rendimentos com propaganda on-line anuais para esses sites tenham passado a marca de US$ 1 bilhão.

As comunicações integradas de marketing em uma estratégia global focada no consumidor que preenche os objetivos comerciais e de comunicação de uma empresa se tornam mais e mais importantes no mercado global movimentado. O Capítulo 16 examinará as formas específicas nas quais os profissionais de marketing podem usar a propaganda e as relações públicas para transmitir suas mensagens; depois o Capítulo 17 discutirá a venda pessoal, o gerenciamento da força de venda e também a promoção de venda.

● ● ● ● ● REVISÃO

1 **Explicar como as comunicações integradas de marketing se relacionam com o desenvolvimento de um mix de comunicação mais adequado.**
As comunicações integradas de marketing (IMC) referem-se à coordenação de todas as atividades de comunicação para produzir uma mensagem de comunicação unificada focada no consumidor. Desenvolver um mix de comunicação mais adequado envolve selecionar as estratégias de venda pessoal e não-pessoal que funcionarão melhor para entregar a mensagem global de marketing como definido pela IMC.

1.1. Defina *comunicações integradas de marketing (IMC)*.

1.2. Discuta a importância do trabalho em equipe para alcançar um esforço bem-sucedido de IMC.

2 Descrever o processo de comunicação e como ele se relaciona com o conceito AIDA.

No processo de comunicação, uma mensagem é codificada e transmitida por um canal de comunicação; então, ela é decodificada, ou interpretada pelo receptor; finalmente, o receptor fornece *feedback*, que completa o sistema. O conceito AIDA (atenção-interesse-desejo-ação) explica os passos pelos quais uma pessoa alcança uma decisão de compra após ser exposta a uma mensagem de comunicação. O profissional de marketing envia a mensagem de comunicação e o consumidor a recebe e a responde pelo processo de comunicação.

2.1. Descreva as três tarefas que uma mensagem de comunicação eficaz cumpre. Como essas tarefas estão relacionadas com o conceito AIDA?

3 Explicar como o mix de comunicação se relaciona com os objetivos de comunicação.

Os objetivos de comunicação são fornecer informações, estimular a demanda, diferenciar um produto, acentuar o valor de um produto e estabilizar as vendas. O mix de comunicação, que é a combinação de numerosas variáveis cujo objetivo é satisfazer o mercado-alvo, deve cumprir os objetivos globais de comunicação.

3.1. Identifique e brevemente descreva os cinco objetivos da comunicação.

4 Identificar os elementos diferentes do mix de comunicação e explicar como os profissionais de marketing desenvolvem um mix de comunicação adequado.

Os diferentes elementos do mix de comunicação são venda pessoal e não-pessoal (propaganda, *product placement*, promoção de vendas, marketing direto e relações públicas). O marketing de guerrilha é freqüentemente usado pelos profissionais de marketing com recursos limitados e empresas tentando atrair a atenção para as ofertas de um novo produto com abordagens de comunicação inovadoras. Os profissionais de marketing desenvolvem o mix mais adequado ao considerar a natureza do mercado, a natureza do produto, o estágio no ciclo de vida do produto, o preço e os recursos disponíveis para a comunicação.

4.1. Especifique se você acha que cada uma das seguintes opções se beneficiaria mais da venda pessoal ou da não-pessoal e explique o porquê. Caso ache que um produto se beneficiaria de ambas, justifique sua resposta.

a. novo suco baseado em bebida esportiva

b. sistema de proteção domiciliar projetado para pequenas casas e apartamentos

c. sistema completo de proteção para a pele

d. equipamento para exercícios físicos

5 Descrever o papel dos patrocínios e do marketing direto nas comunicações integradas de marketing.

O patrocínio, que ocorre quando uma organização fornece dinheiro ou recursos em espécie a um evento ou atividade em troca de uma associação direta com o evento ou a atividade, vem-se tornando uma tendência quente na comunicação. O patrocinador compra o acesso ao público de uma atividade e a imagem associada com a atividade, sendo que ambos contribuem para a mensagem de comunicação global que está sendo comunicada por uma empresa. O marketing direto envolve a comunicação direta entre um vendedor e um B2B ou consumidor final. Isso inclui determinados métodos de comunicação como telemarketing, mala-direta, propaganda de resposta direta e infomerciais em TV e rádio, propaganda impressa de resposta direta e mídias eletrônicas.

5.1. De que maneiras o patrocínio se difere da propaganda?

5.2. Quais são os objetivos do marketing direto?

5.3. Por que, em sua opinião, o marketing direto tem conquistado popularidade entre os profissionais de marketing?

6 Contrastar as duas principais estratégias de comunicação alternativas.

As duas principais estratégias são "puxar" e "empurrar". Em uma estratégia "puxar", os profissionais de marketing tentam estimular a demanda do usuário final, que então exerce pressão no canal de distribuição. Em uma estratégia "empurrar", os profissionais de marketing tentam comunicar o produto aos membros do canal em vez de para os usuários finais. Para fazê-lo, contam decisivamente com a venda pessoal.

6.1. Você acha que os profissionais de marketing podem mesmo usar tanto a estratégia "puxar" quanto a "empurrar" para o mesmo produto? Explique.

7 Explicar como os profissionais de marketing orçam e medem a eficácia da comunicação.

Os profissionais de marketing podem escolher entre vários métodos para determinar os orçamentos de comunicação, incluindo porcentagem de vendas, valor fixo por unidade, paridade competitiva ou objetivos e tarefas, que é considerado o mais flexível e mais eficaz. Hoje, os profissionais de marketing usam testes de resultados de vendas diretas ou avaliação indireta para medir a eficácia. Ambos os métodos têm seus benefícios e suas desvantagens por causa da dificuldade de controlar as variáveis.

7.1. Qual é o método mais eficiente para desenvolver um orçamento de comunicação? Por quê?

7.2. Quais são os seis fatores principais que influenciam a eficácia de um mix de comunicação?

7.3. Identifique e, brevemente, descreva os dois métodos que os profissionais de marketing usam atualmente para medir a eficácia da comunicação. Quais são os benefícios e as desvantagens de cada método?

8   Discutir o valor das comunicações de marketing.

Apesar de muitas críticas válidas, as comunicações de marketing fornecem mensagens socialmente importantes, são relevantes para os negócios e contêm importância econômica. Como ocorre com toda comunicação na sociedade, é substancial considerar como a comunicação é usada em vez de se ela é usada.

8.1 Descreva suas críticas a respeito de algumas comunicações de marketing. Depois discuta as formas nas quais você acha que as comunicações de marketing são valiosas.

PROJETOS E EXERCÍCIOS EM GRUPO

1. Selecione uma propaganda impressa que chame sua atenção e a analise de acordo com o conceito AIDA (atenção--interesse-desejo-ação). Identifique as características do anúncio que chamem sua atenção, despertem seu interesse, o façam desejar o produto e o estimulem a fazer uma compra. Apresente suas descobertas à classe.

2. Com um colega, localize cinco anúncios impressos que ilustrem cada um dos cinco objetivos de comunicação (um anúncio pode cumprir mais de um objetivo). Apresente os anúncios para a classe, identificando os objetivos atingidos em cada um.

3. Com um colega, escolha um produto ou serviço que, em sua opinião, poderia beneficiar-se do marketing de guerrilha. Imagine que vocês têm um orçamento de comunicação limitado e proponha um plano para uma abordagem de guerrilha. Esquematize algumas idéias e explique como vocês planejam gerenciá-las. Apresente seu plano para a classe.

4. Avalie dois ou três exemplares de mala-direta que você tenha recebido recentemente. Que itens chamaram sua atenção e ao menos fizeram você guardar essa correspondência? Que itens fizeram com que você a jogasse fora sem mesmo abrir ou considerar ir além de uma olhadinha? Por quê?

5. Com um colega, escolha um dos produtos listados aqui ou selecione outros que o interessem. Depois, lembre-se de seus objetivos de comunicação, escreva um esboço para um infomercial para o produto. Apresente seu infomercial para a classe.
   a. item de equipamento para exercício físico
   b. linha de cosméticos
   c. a melhor churrasqueira para jardim
   d. serviço de compra pessoal

6. Selecione quaisquer dois estágios do ciclo de vida do produto e crie um anúncio impresso para o mesmo produto em cada um dos dois estágios. Você pode focar em gráficos, cópia do anúncio, ou em ambos, mas seus anúncios deveriam levar em conta o estágio do ciclo de vida do produto em formas identificáveis.

7. Dê uma espiada cuidadosa em um catálogo de mala-direta (um que você regularmente receba ou qualquer outro). Quem é o público para os produtos que estão sendo anunciados e qual a resposta imediata que o profissional de marketing está buscando? Como o catálogo supera o problema de imagem do marketing direto?

8. Identifique um patrocínio corporativo para uma causa ou programa em sua área, ou encontre uma empresa local que patrocine uma instituição beneficente local ou outra organização. O que você acha que o patrocinador está ganhando com suas ações (seja específico)? O que a organização patrocinada recebe? Você acha que esse patrocínio é bom para sua comunidade? Por quê?

9. Por que, em sua opinião, as empresas de remédios controlados agora anunciam diretamente aos consumidores na televisão e em publicações como as revistas *Time* e *People*, em vez de estritamente em jornais do setor médico lidos por médicos, como antes? Que tipo de demanda as empresas estão tentando gerar (primária ou seletiva), e como você caracterizaria sua estratégia ("empurrar" ou "puxar")? Encontre um anúncio desse tipo para apoiar sua resposta.

10. Quais são algumas das vantagens e das desvantagens no uso de uma celebridade como porta-voz para comunicar um produto ou um serviço? Compare duas ou mais campanhas publicitárias que contam com o endosso de estrelas do esporte, como Pelé ou o técnico de vôlei Bernardinho, e liste as semelhanças, as diferenças e os prós e os contras.

APLICANDO OS CONCEITOS DO CAPÍTULO

1. Propagandas que aparecem em cinemas antes da exibição do filme estão se tornando mais comuns e mais elaboradas. Às vezes, são até encaixadas em blocos de "conteúdo" especialmente criado. Considere a colocação de tais anúncios com os filmes específicos (por exemplo, refrigerantes podem ser anunciados antes de filmes dirigidos a públicos adolescentes ou carros esportivos em filmes voltados para homens jovens). De que formas isso é semelhante à colocação de anúncios de produto nas mídias impressas? Quais são algumas das vantagens e desvantagens desses anúncios?

2. A Toyota está comercializando seu novo modelo *Solara* sobretudo para mulheres com mídias especialmente dirigidas e propaganda em *outdoors* e um leilão on-line para um fundo de pesquisa contra o câncer de mama. Desenvolva um plano de comunicação para uma nova linha de roupas de golfe para mulheres, incluindo qualquer equilíbrio de ferramentas de venda não-pessoal que considere mais eficiente. Explique suas escolhas.

3. O *product placement* vem crescendo tremendamente, e alguns críticos podem até dizer que alguns logotipos são tão lugar comum em filmes e shows de TV que os telespectadores nem os notam mais. Imagine que lhe é dada a tarefa de colocar seu produto, um detergente. Faça uma lista dos filmes ou shows de TV atuais e futuros que em sua opinião seriam bons alvos para seus esforços, e esboce um breve plano de mídia pelo qual o produto poderia, de forma realista, aparecer neles.

EXERCÍCIO DE ÉTICA

Anúncios instantâneos, aquelas mensagens não solicitadas que às vezes aparecem na tela de seu computador e bloqueiam o site ou as informações que você está buscando até que você os feche ou os responda, são baratos para produzir e custam quase nada para serem enviados. Porém, são tão irritantes para alguns usuários de computador que dezenas de programas especiais têm sido escritos para bloqueá-los durante o uso da internet.

1. Você acha que, por não serem solicitados, os anúncios instantâneos também são invasivos? Eles são uma invasão de privacidade? Explique seu raciocínio.

2. Você considera que o uso de anúncios instantâneos é antiético? Justifique sua resposta?

EXERCÍCIOS NA INTERNET

1. **Marketing de guerrilha.** Visite o site fornecido a seguir. Analise e resuma o artigo sobre marketing de guerrilha. Leve seu resumo para a classe para que você possa contribuir com uma discussão sobre o tópico.
   www.efuse.com/Grow/guerilla.marketing.html

2. **Mix de comunicação.** Visite três ou quatro varejistas proeminentes de e-commerce, incluindo ao menos um que tenha lojas de varejo físico além de sua loja on-line. Escreva um relatório breve comparando e contrastando o mix de comunicação usado por cada varejista.

3. **AIDA.** Visite os sites de pelo menos dois varejistas on-line – por exemplo, a L.L. Bean (**www.llbean.com**), a Barnes & Noble (**www.bn.com**) ou um de seus favoritos. Escreva um breve relatório explicando como as empresas têm feito para aplicar o conceito AIDA (atenção-interesse-desejo--ação) discutido no capítulo.

Observação: Os endereços de sites na internet mudam com freqüência. Se você não encontrar os sites mencionados, será necessário acessar a homepage da organização ou da empresa e então realizar sua pesquisa ou utilizar uma ferramenta de busca como o *Google*.   • • • • •

C|A|S|O 15.1   Estratégia IMC lança nova nota de US$ 20

Eles dizem que você precisa gastar dinheiro para fazer dinheiro. Aparentemente, você também precisa gastar dinheiro para distribuir dinheiro. O *U.S. Department of the Treasury* (Departamento do Tesouro dos Estados Unidos) recentemente lançou uma campanha de marketing global de US$ 30 milhões para apresentar ao público a nova nota colorida de US$ 20. A campanha integrada incluiu a contratação de uma agência de talentos de Hollywood e uma empresa de relações públicas para trabalharem nas oportunidades de *product placement* na mídia.

Product placement para moeda americana?

A nova nota, com um retrato com novo projeto de Andrew Jackson e a adição das cores pêssego, azul e amarelo ao verde institucional familiar, foi apresentada nos *game shows* da TV *Jeopardy* e *Wheel of Fortune*, em transmissões de futebol americano colegial e como parte dos enredos de vários programas em horário nobre. Outros esforços de comunicação também foram preparados. O Wal-Mart veiculou um anúncio de serviço público a respeito da nova nota em sua rede interna por satélite. Um site da internet informativo especial foi configurado em **www.moneyfactory.com**. A Pepperidge Farm comunicou a nova nota em sua embalagem de bolachas Goldfish e fez um concurso oferecendo uma viagem para Washington, D.C., como grande prêmio.

A propaganda não foi deixada ao acaso. Os anúncios pagos de TV mostravam pessoas celebrando quando caixas entregavam para elas a nova nota. Os anúncios impressos reasseguraram ao público que as novas notas e as notas antigas eram válidas e teriam o mesmo valor "eternamente". Os anúncios também ressaltaram os aspectos e as características do novo projeto que fazem as notas de US$ 20 coloridas mais difíceis de serem falsificadas.

O esforço para fazer o novo design é a primeira de uma série de remodelações monetárias que estão sendo dirigidas pelo Tesouro norte-americano. As novas notas de US$ 50 e US$ 100 estão sendo lançadas também. Porém, desde que a nota de US$ 20 se tornou usada com mais freqüência, especialmente após o advento dos caixas eletrônicos, ela também tem sido a favorita entre os falsificadores, adeptos do uso de tecnologia digital que desafia a detecção geral, menos dos olhos mais astutos. Assim, a de US$ 20 foi a primeira nota a que foram dados

uma nova aparência e um papel de destaque em uma campanha de marketing em grande escala.

Com um total estimado de US$ 43 milhões em notas falsificadas em circulação todo ano, o governo norte-americano estava ansioso para reassegurar ao público a legitimidade da nova nota de US$ 20. Cerca de US$ 19 bilhões em notas de 20 têm sido produzidos, a um custo um pouco maior do que a das antigas: 7,5 centavos por nota. "Estas são as notas mais seguras que o governo americano já produziu", disse Mark Olson, do Sistema do Banco Central. As características de segurança da nova nota incluem uma imagem de marca d'água tingida de escarlate, uma fita de segurança embutida e tinta alternante óptica.

O principal objetivo da campanha do governo, é claro, é a "educação pública, e a construção da consciência e confiança", de acordo com um porta-voz do *Bureau of Engraving and Printing* (Casa da Moeda Americana), que, atualmente, produz as notas. (Uma campanha semelhante anunciou a chegada do euro há alguns anos.) O público irá aceitar? Os falsificadores irão odiar? Qualquer que seja o resultado, a história foi feita. A nova nota de US$ 20 marca a primeira vez que em cerca de cem anos que a moeda norte-americana apresentou uma cor diferente do verde e do preto. E é a primeira vez que o dinheiro foi o tema de uma campanha de marketing.

Questões para discussão

1. Quais características de uma campanha IMC tem o lançamento da moeda do governo? Que características ou elementos foram perdidos?

2. Um crítico da campanha salientou que o governo não tinha necessidade real de "vender" às pessoas a nova nota de US$ 20, visto que os consumidores não podem realmente escolher usá-la ou não. Por que, em sua opinião, a campanha foi empreendida? Qual foi seu propósito real? Explique sua resposta.

Fontes: U.S. currency milestones, **www.exchangegerate.com**, acessado em 28 maio 2004; WALKER, Rob. The money pitch," *Slate*, 27 out. 2003; The color of money, *U.S. News & World Report*, 13 out. 2003, p. 54; ANDERSON, Gordon T. Peach $20s landing, *CNNMoney*, 9 out. 2003; HOWARD, Theresa. As seen on TV: new $20 bill, *USA Today*, 6 out. 2003, p. B2; ATKINSON, Claire. New Hollywood star: the $20 bill, *Advertising Age*, 15 nov. 2003, p. 3.

Propaganda

e Publicidade

Capítulo 16

Objetivos

1 Identificar os três maiores objetivos da propaganda e suas duas categorias básicas.

2 Listar as principais estratégias de propaganda.

3 Descrever o processo de criação de uma propaganda.

4 Identificar os principais tipos de apelos publicitários e discutir seus usos.

5 Listar e comparar as principais mídias de propaganda.

6 Ressaltar a organização da função da propaganda e o papel de uma agência de publicidade.

7 Explicar o papel das promoções cruzadas, da publicidade e da ética na estratégia promocional de uma organização.

8 Explicar como os profissionais de marketing avaliam a eficácia da comunicação.

WASHINGTON NATIONALS SOBE NA BASE DO REBATEDOR

Foi um longo tempo de espera, mas o beisebol, finalmente, retornou à capital americana com a chegada do Washington Nationals, antigos Montreal Expos. O Distrito de Columbia (DC) não tinha uma equipe desde que o Washington Senators arrumou as trouxas e foi para o Texas para se tornar o Rangers nos anos 1970. "Este é um passo estimulante e importante para o retorno do passatempo nacional para a capital do país", disse o presidente do clube, Tony Tavares, ao anunciar os novos nome e cidade natal para a equipe. "O nome da equipe e as cores não apenas representam nossa nova cidade, mas simbolizam a união do passado e do futuro do beisebol de Washington."

Nenhuma dessas mudanças foi tão fácil como o anúncio de Tavares as faz soar. A equipe, que está alugando o RFK Stadium por ora, conseqüentemente, jogará em um novo estádio construído com uma combinação de financiamento público e privado. Porém, o acordo quase não se concretizou quando as negociações para o financiamento foram interrompidas. Na coletiva de imprensa para anunciar a mudança, um manifestante até roubou a cena ao se opor ao plano do prefeito em financiar o novo parque.

Ele foi, rapidamente, retirado do recinto. A escolha do novo nome do time também foi uma luta. A *Baseball Commissioner* Bud Selig tinha uma idéia, os Senators (por causa da associação histórica com a cidade); o prefeito de Washington tinha outra, os Grays (em homenagem a uma antiga equipe afro-americana da região). O nome Washington Nationals foi proposto como uma terceira opção,

e chegou-se a um termo comum. As finanças para as operações de beisebol também eram limitadas: o orçamento restrito da equipe, de US$ 50 milhões, para a contratação de novos jogadores estreitou as opções do treinador em relação aos agentes independentes, e os contratos de negociação para todas as 500 horas importantes de cobertura de rádio ao vivo da abertura da temporada em um mercado de transmissão já saturado foram difíceis. As negociações para as transmissões de televisão se mostraram difíceis também, em virtude da posição resistente de negociação tomada pelo proprietário do vizinho Baltimore Orioles, que impediu a venda de spots de propaganda da nova equipe e a contratação de anunciantes.

Porém, alguns aspectos da mudança transcorreram suavemente depois do início. O marketing para a equipe prosseguiu rapidamente – bonés, camisetas e flâmulas da equipe estavam prontos para serem vendidos no dia em que foram anunciados o novo nome e as cores do time – uma patriótica mistura de vermelho, branco e azul. A comercialização do vestuário da equipe continuou, animadamente, na loja da equipe próxima ao estádio, enquanto ingressos para a primeira temporada eram comprados com rapidez pelos fãs de beisebol. Cerca de 22 mil ingressos para a temporada foram vendidos nas primeiras semanas, mostrando, como o gerente-geral Jim Bowden comentou, que, "no fim das contas, o que todos nós sabemos sobre uma cidade com bom beisebol é que se você ganhar, eles virão". A demanda por ingressos para o dia de abertura excedeu a

oferta, e o otimismo a respeito do futuro da equipe cresceu. "Adquirimos muitos bons jogadores jovens", disse Bowden. "Este é um time que pode ser construído muito rapidamente para vencer."

Assim que os uniformes ficaram prontos, o novo design foi revelado no site oficial da equipe, e os jogadores os mostraram e deram autógrafos para os fãs da nova marca em um evento realizado em um restaurante de Washington. Para gerar credibilidade adicional com o público, o time agendou um jogo de exibição antes do jogo de abertura da temporada, e a renda foi doada para uma instituição beneficente recém-criada, a *Washington Nationals Foundation*. Com o objetivo de chamar a atenção dos jovens fãs, um novo mascote do time foi mostrado em um dia especial para as crianças, após um *show* de música e uma exibição de fogos de artifício na noite anterior. Os planos foram finalizados para que ao menos sete jogos da primeira temporada do time fossem transmitidos em rede nacional pela ESPN e pela Fox, ambas em grandes fins de semana de feriados. A *Major League Baseball* (MLB – Liga Americana de Beisebol) também está perseguindo planos a fim de desenvolver uma nova rede esportiva para transmitir os jogos tanto do Nationals quanto do Orioles. E a recepção dos fãs para todos esses esforços? No primeiro jogo de exibição em seu novo estádio, o Nationals jogou contra o Mets recebendo uma ovação de quase 26 mil fãs, em pé.

Após uma ausência de mais de trinta anos, o beisebol, finalmente, voltou ao lar no Distrito de Columbia.[1]

Visão geral

No último capítulo, foi visto que os elementos não-pessoais de comunicação incluem propaganda e publicidade. Milhares de organizações contam com venda não-pessoal ao desenvolver seus mixes promocionais e estratégias de comunicações integradas de marketing. A propaganda é a forma mais visível de promoção não-pessoal, e os profissionais de marketing, freqüentemente, a usam em conjunto com a promoção de vendas (discutida no próximo capítulo) para criar campanhas promocionais eficazes. A televisão é, provavelmente, a mídia mais óbvia para o investimento em venda não-pessoal. Porém, a propaganda em cinemas é um componente publicitário importante na Europa, e a Regal Entertainment, a grande cadeia de cinemas norte-americana, captou US$ 70 milhões em propaganda nas telas de cinema em um único período de 12 meses.[2]

Os profissionais de marketing que buscam emoção para os lançamentos de novos produtos recentemente pagaram US$ 3 milhões para ter a exibição dos Rolling Stones em um evento único.

Em poucas palavras

As celebridades profissionais, homens e mulheres, são o resultado soberano de um sistema de estrelas em um país que fetichiza a competição. Na América, esse sistema é levado ao ponto em que um homem pode acertar uma pequena bola branca em uma série de buracos feitos no chão com uma eficiência maior do que qualquer pessoa e, por causa disso, conquista acesso social ao presidente dos Estados Unidos.

C. Wright Mills (1916-162)
Sociólogo americano

E a ícone pop Beyoncé Knowles assinou contratos de endosso multimilionários com a L'Oréal para seus produtos de beleza e de cuidado com os cabelos, com a Pepsi, e com a Tommy Hilfiger Toiletries para uma linha de perfume.[3]

Este capítulo se inicia com uma discussão sobre os tipos de propaganda e explica como esta é usada para alcançar os objetivos de uma empresa. Então, considera as estratégias de propaganda alternativas e o processo de criação de uma propaganda. Depois, é fornecida uma visão detalhada sobre vários canais de mídias de propaganda, da televisão e o rádio até a propaganda impressa e as mídias interativas. A seguir, o capítulo focaliza a importância das relações públicas, da publicidade e das promoções cruzadas. Os métodos alternativos de medição da eficácia tanto da venda não-pessoal on-line quanto off-line são examinados. E termina ao explorar as questões éticas atuais relacionadas à venda não-pessoal.

PROPAGANDA

A propaganda do século XXI está intimamente relacionada às comunicações integradas de marketing (IMC – *Integrated Marketing Communications*) em muitos aspectos. Embora a IMC envolva uma mensagem que lida com os relacionamentos comprador-vendedor, a **propaganda** consiste na comunicação não-pessoal paga em várias mídias com o propósito de informar ou persuadir os membros de um público específico. A propaganda é usada pelos profissionais de marketing para alcançar os mercados-alvo com mensagens criadas a fim de atrair as empresas, as organizações sem fins lucrativos ou os consumidores finais.

Embora a capacidade da internet em fazer de cada profissional de marketing um profissional de marketing global tenha se tornado um truísmo, os Estados Unidos permanecem como o lar para a maioria dos anunciantes líderes do mundo. General Motors, Time Warner, Procter & Gamble, Pfizer e Ford Motor Co. são os cinco maiores anunciantes mundiais, cada um gastando mais de US$ 2 bilhões anualmente – uma média de quase US$ 6 milhões por dia – em propaganda nos Estados Unidos.[4]

O gasto com propaganda varia entre as indústrias, assim como entre as empresas. A indústria de cosméticos é conhecida amplamente por tornar dólares em propaganda, como acontece com a indústria de fabricação de automóveis. Entre os novatos dos principais anunciantes norte-americanos estão as empresas de telecomunicações. A Verizon, a

Figura 16.1
Pepsi e morangos: propaganda de produto e institucional.

Em poucas palavras

Como uma profissão, a propaganda é nova; como uma força, é tão velha quanto o mundo. As primeiras três palavras eternamente pronunciadas, "Que haja luz", constituem seu estatuto social. Toda natureza é vibrante com seu impulso.
Bruce Barton (1886-1967)
Autor americano e executivo de propaganda

Sprint e a Cingular Wireless estão todas classificadas no top 10 norte-americano das megamarcas quanto ao gasto com propaganda, com um total combinado de US$ 3,2 bilhões despendidos com propaganda nos Estados Unidos.[5]

Como os capítulos anteriores discutiram, o surgimento do conceito de marketing, com sua ênfase em uma orientação do consumidor para toda a empresa, aumentou a importância das comunicações integradas de marketing. Essa mudança, sucessivamente, expandiu o papel da propaganda. Atualmente, um consumidor típico é exposto a centenas de mensagens publicitárias todo dia.

A propaganda fornece um método eficiente, barato e rápido para alcançar o sempre ilusório e crescente mercado consumidor segmentado. Seu papel atual compete com aqueles da promoção de vendas e da venda pessoal. De fato, a propaganda tem se tornado um ingrediente-chave na implementação eficiente do conceito de marketing.

TIPOS DE PROPAGANDA

As propagandas enquadram-se em duas categorias amplas: propaganda de produto e propaganda institucional. A **propaganda de produto** é a venda não-pessoal de um produto ou serviço específico. Este é o tipo de propaganda em que a pessoa média, geralmente, pensa quando conversa sobre a maioria das atividades promocionais. A propaganda da Pepsi na Figura 16.1 que mostra a celebridade Beyoncé Knowles tem a intenção de encorajar os compradores de refrigerantes a escolher essa marca em vez das outras alternativas disponíveis. A **propaganda institucional**, ao contrário, promove um conceito, uma idéia, uma filosofia ou a imagem de uma indústria, empresa, organização, pessoa, localização geográfica ou agência governamental. Esse termo tem um significado mais amplo do que *publicidade corporativa*, que, normalmente, é limitada à propaganda de um não-produto patrocinada por uma empresa específica que busca lucro.

Com freqüência, a propaganda institucional está intimamente ligada à função de relações públicas da empresa. O segundo anúncio na Figura 16.1 enfatiza a cor brilhante dos morangos e inclui um texto que promove os benefícios à saúde que o consumo do morango traz. Seu objetivo final é persuadir os consumidores a comprarem mais morangos, em vez de promover qualquer marca específica de produtores de morango.

OBJETIVOS DA PROPAGANDA

Os profissionais de marketing usam as mensagens para cumprir três objetivos principais: informar, persuadir e lembrar. Esses objetivos podem ser usados individualmente ou, de forma mais comum, em conjunto. Por exemplo, um anúncio para uma agência sem fins lucrativos pode informar o público da existência da organização e ao mesmo tempo persuadi-lo a fazer uma doação, unir-se à organização ou comparecer a uma atividade.

1. Identificar os três principais objetivos da propaganda e suas duas categorias básicas.

A **propaganda informativa** procura desenvolver a demanda inicial por um produto, serviço, organização, pessoa, lugar, idéia ou causa. A promoção de qualquer entrada em um novo mercado tende a perseguir esse objetivo em razão de o sucesso de marketing nesse estágio quase sempre depender, simplesmente, da disponibilidade em anunciar. Portanto, a propaganda informativa é comum no estágio inicial do ciclo de vida do produto.

A **propaganda persuasiva** tenta aumentar a demanda por um produto, serviço, organização, pessoa, lugar, idéia ou causa já existente. A propaganda persuasiva é um tipo competitivo de promoção adequada ao estágio de crescimento e à parte inicial do estágio de maturidade do ciclo de vida do produto.

Os **anúncios recordatórios** tentam reforçar a atividade promocional anterior ao manter o nome de um produto, serviço, organização, pessoa, lugar, idéia ou causa perante o público. É comum na última parte do estágio de maturidade e durante o estágio de declínio do ciclo de vida do produto.

A Figura 16.2 ilustra a relação entre os objetivos de propaganda e os estágios do ciclo de vida do produto. A propaganda informativa tende a funcionar melhor durante os estágios iniciais, ao passo que os anúncios recordatórios são mais eficazes no final. A propaganda persuasiva, se bem-feita, pode ser eficaz durante todo o ciclo de vida.

Tradicionalmente, os profissionais de marketing determinavam seus objetivos de propaganda como objetivos de vendas diretas. Um padrão mais realista e atual, entretanto, visualiza a propaganda como um meio para atingir os objetivos de comunicações, incluindo informar, persuadir e recordar aos clientes potenciais a respeito do produto. A propaganda tenta condicionar os consumidores a adotar pontos de vista favoráveis com relação a uma mensagem promocional. O objetivo de um anúncio é melhorar a chance de um consumidor comprar um produto ou serviço específico. Nesse sentido, a propaganda ilustra a relação próxima entre as comunicações de marketing e a estratégia promocional.

Para obter o melhor valor para o investimento em propaganda de uma empresa, os profissionais de marketing devem primeiro determinar quais são os objetivos de propaganda dessa empresa. A propaganda eficaz pode aumentar as percepções de qualidade do

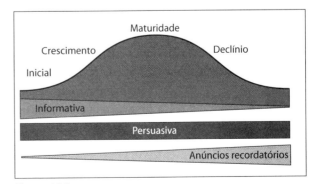

Figura 16.2
Objetivos da propaganda em relação ao estágio no ciclo de vida do produto.

MARKETING
Verificação
de conceito

1. Quais são
os objetivos da
propaganda
institucional?
2. Em qual estágio
no ciclo de vida
do produto as
propagandas
informativas são
usadas? Por quê?
3. O que
são anúncios
recordatórios?

2. Listar as principais
estratégias de
propaganda.

consumidor a respeito de um produto ou serviço, conduzindo à lealdade elevada do consumidor, a compras repetidas e à proteção contra guerras de preço. Além disso, as percepções de superioridade compensam a capacidade da empresa em aumentar os preços sem perder participação de mercado.

ESTRATÉGIAS DE PROPAGANDA

Se a função primária do marketing é unir compradores e vendedores, então a propaganda é o meio para um fim. As estratégias de propaganda eficazes cumprem com ao menos uma das três tarefas: informar, persuadir ou lembrar os consumidores. O segredo para ser bem-sucedido na escolha da melhor estratégia é desenvolver uma mensagem que melhor posicione o produto de uma empresa na mente do público. Entre as estratégias de propaganda disponíveis para o uso por parte dos profissionais de marketing do século XXI estão a propaganda comparativa e a propaganda com celebridade, assim como as decisões a respeito da publicidade interativa e da publicidade global. As decisões dirigidas a canais, por exemplo, a propaganda cooperativa e de varejo também podem ser planejadas.

Freqüentemente, os profissionais de marketing combinam várias dessas estratégias publicitárias, para assegurar que a propaganda cumpra os objetivos estabelecidos. Quando os mercados se tornam mais segmentados, a necessidade de propaganda personalizada aumenta. As próximas seções descrevem estratégias que os profissionais de marketing modernos desenvolvem para alcançar seus mercados-alvo.

PUBLICIDADE COMPARATIVA

As empresas cujos produtos e serviços não são líderes em seus mercados freqüentemente preferem a **publicidade comparativa**, uma estratégia promocional que enfatiza as mensagens publicitárias com comparações diretas ou indiretas em relação a marcas dominantes na indústria.

Por outro lado, os líderes de mercado raramente reconhecem em sua propaganda até mesmo a existência dos produtos concorrentes, e, quando o fazem, em geral não ressaltam quaisquer benefícios da marca concorrente.

As fabricantes de cerveja Miller e Anheuser-Busch recentemente travaram uma guerra em uma rede de televisão. A Miller começou uma série de comerciais *President of Beers* parodiando os debates presidenciais e ressaltando as diferenças nos produtos das empresas, com um Clydesdale no palanque oposto. A Budweiser contra-atacou com propagandas mostrando o burro astuto da Budweiser discutindo a propriedade da sul-africana Miller com um Clydesdale da Budweiser. Essas rixas cresceram a ponto de serem instaurados processos judiciais sobre propaganda enganosa.[6]

Uma geração atrás, a propaganda comparativa não era a regra; na verdade, era vista com desdém. Porém, a *Federal Trade Comission* (FTC – Comissão Federal de Comércio), hoje em dia, incentiva a publicidade comparativa. Os reguladores acreditam que tais propagandas mantêm os profissionais de marketing competitivos e os consumidores mais bem informados a respeito de suas opções. Falando de forma geral, onde há concorrência por meio de propaganda, os preços tendem a cair, porque as pessoas podem comparar preços e produtos. Esse benefício tem se mostrado altamente verdadeiro para os consumidores on-line, que agora usam *bots* de compra para ajudá-los a encontrar os melhores preços de produtos e serviços.

TESTEMUNHOS DE CELEBRIDADES

Uma técnica popular para aumentar o público leitor da propaganda em um ambiente promocional confuso e melhorar a eficácia global de uma mensagem de marketing envolve o uso de celebridade como um porta-voz. Aproximadamente um em cada cinco anúncios americanos, atualmente, inclui celebridades. Esse tipo de propaganda também é popular em outros países. No Japão, 80% de todas as propagandas usam celebridades, tanto estrelas locais quanto internacionais. As celebridades norte-americanas que apareceram nas propagandas japonesas incluem os atores Harrison Ford para a Kirin Beer, Jodie Foster para a Keri Cosmetics e Latte Coffee, e Paul Newman para a loja de relógios Evance. Os consumidores japoneses vêem as estrelas estrangeiras mais como imagens que como pessoas reais, o que ajuda os profissionais de marketing a vender seus produtos. Eles também associam as estrelas norte-americanas com qualidade.

Tanto o número de anúncios com celebridades quanto os valores gastos nesses anúncios têm aumentado nos últimos anos. Os atletas profissionais estão entre os endossantes mais bem pagos de produtos, classificando-se em milhões por ano. Eles aparecem em propagandas para uma variedade ampla de produtos, muitas tendo pouca ou nenhuma ligação com esportes. O grande jogador de basquete aposentado Michael Jordan continua a ganhar mais de US$ 30 milhões por ano como porta-voz para o fabricante de roupas íntimas Hanes e para sua linha de roupas MJ. Praticamente todo mundo já viu o ex-pugilista George Foreman em propagandas para o *grill* da Salton. E o grande jogador de golfe Tiger Woods tem acordos lucrativos com dezenas de produtos, variando de empresas gigantescas de telecomunicações e cartões de crédito aos automóveis Buick, além de seu acordo de US$ 40 milhões com a Nike Golf.

> **Em poucas palavras**
>
> Eu sou o único de quem nunca ouvi falar.
> Barry J. Farber (nasc. 1959)
> Empresário e autor americano

Uma vantagem das associações com as personalidades de peso é a maior identificação do produto em um ambiente promocional repleto com centenas de comerciais de 15 a 30 segundos concorrentes. Os anunciantes usam o termo *clutter* para descrever essa situação. Como o e-commerce continua a crescer, um resultado inevitável tem sido o aumento no *clutter* (interferência) de propagandas conforme as empresas correm para comercializar seus produtos e serviços on-line. Porém, os profissionais de marketing precisam lembrar-se de que um site on-line eficaz deve ter conteúdo significativo e serviço prestativo.

Outra vantagem do uso de celebridades ocorre quando os profissionais de marketing estão tentando alcançar os consumidores de outra cultura. A Blockbuster Video e o McDonald's contratam estrelas hispânicas para atrair os consumidores hispânicos para suas lojas. A atriz Daisy Fuentes aparece em anúncios do McDonald's, ao passo que John Leguizamo e Hector Elizondo anunciam para a Blockbuster. "Nós vemos muitas empresas novas indo para o mercado hispânico, no qual nunca tinham anunciado antes, e um meio é a contratação de celebridades", explica Raul Mateu, um vice-presidente da agência de talentos William Morris. "Parece que o caminho fácil para obter credibilidade instantânea no mercado é o uso da participação [de celebridades]."[7]

O endosso de uma celebridade geralmente é bem-sucedido quando ela é uma fonte crível de informações para o produto que será promovido. As propagandas mais eficazes desse tipo estabelecem ligações relevantes entre as celebridades e os produtos ou serviços anunciados, como as modelos e as atrizes que endossam os cosméticos Revlon. Note que, nos exemplos mencionados, embora muitos dos produtos não sejam relacionados a esportes, criam um vínculo com a celebridade – o amável campeão de boxe George Foreman parece uma pessoa que gosta de comer. Muitos estudos de respostas de consumidores mostram que as celebridades melhoram a credibilidade e o *recall* do produto e a identificação da marca. O endosso das celebridades também cria atitudes positivas, conduzindo à maior participação da marca.

Entretanto, uma celebridade que endossa muitos produtos pode criar uma confusão de mercado. Os consumidores podem lembrar-se da celebridade, mas não do produto ou da marca; pior, podem relacionar a celebridade a uma marca concorrente. Outro problema surge se uma celebridade é atormentada por um escândalo ou problemas legais ou se a própria promoção está rodeada de escândalos, como descrito em "Sucesso de marketing".

Alguns anunciantes tentam evitar tais problemas ao usar personagens de desenhos animados como endossantes. Snoopy, um personagem da popular tira diária *Minduim* e dos programas animados de TV duradouros, apareceu nos anúncios da MetLife durante anos. Alguns anunciantes, realmente, podem preferir personagens de desenhos animados porque os personagens nunca dirão nada negativo sobre o produto; eles fazem exatamente o que os profissionais de marketing querem que façam e não podem envolver-se em escândalos. A única desvantagem são as altas taxas de licenciamento; personagens de desenhos animados populares geralmente custam mais que celebridades em carne e osso. As empresas podem criar seus próprios personagens de desenho animado ou animais "falantes", que, posteriormente, se tornem celebridades por si mesmas como resultado de muitas aparições em propagandas, como é o caso dos elfos da Keebler e da lagartixa da Geico.

Nos últimos anos, os profissionais de marketing começaram a considerar as celebridades parceiras de marketing em vez de rostos bonitos ou famosos que podem vender produtos e serviços. Tiger Woods tem sido ativo no desenvolvimento de equipamentos e vestuário de golfe da Nike. A ex-supermodelo Claudia Schiffer não apenas concordou em endossar uma linha exclusiva da *PalmPilots*, mas também participa no posicionamento de computadores portáteis no mercado de eletrônicos ao selecionar cores da moda e seus próprios softwares favoritos. É claro que George Foreman realmente usa os *grills* que anuncia. "George está sendo muito ativo no marketing de seus *grills* e, genuinamente, acredita neles", diz Jake Fuller, um analista de pesquisa de participação da Credit Suisse First Boston em Nova York. Os *grills* proporcionaram US$ 2 bilhões em vendas para a Salton até esta data.[8]

PROPAGANDA DE VAREJO

Muitos consumidores são confrontados, diariamente, com a **propaganda de varejo**, que inclui toda a propaganda por parte das lojas de varejo que vendem produtos ou serviços diretamente ao público consumidor. Embora essa atividade seja responsável por uma parte considerável do total anual de gastos com propaganda, a propaganda de varejo varia amplamente em relação a sua eficácia. Um estudo mostrou que os consumidores freqüentemente respondem com suspeita às propagandas de preço de varejo. Fonte, mensagem e experiência de compra parecem afetar as atitudes do consumidor com relação a tais propagandas.

Uma vez, um anunciante foi sarcástico ao dizer que as duas palavras mais poderosas para serem usadas em um anúncio são "novo" e "grátis" – e esses termos são aproveitados com freqüência nas propagandas de varejo. Embora "grátis" possa ser apresentado apenas em discussões de serviços ao consumidor, o próximo melhor termo

Sucesso de marketing

As *Desperate Housewives* podem promover o futebol americano?

Passado. O *Monday Night Football* é o programa esportivo há mais tempo no ar na televisão. "Antes de cada partida fazemos algo para que os telespectadores assistam ao jogo", diz um porta-voz do canal ABC. "Tradicionalmente, procuramos ganchos para fazer esses segmentos se há um programa da ABC que esteja indo particularmente bem." Um programa *está* indo particularmente bem. *Desperate Housewives* atrai quase 25 milhões de telespectadores e é o número 1 entre o mercado altamente desejado dos 18 aos 49 anos.

O problema de marketing. Durante uma transmissão recente do *Monday Night Football*, a ABC veiculou um breve segmento usan-

do *Desperate Housewives* como seu gancho. Nicolette Sheridan, uma atriz do elenco da série, visitou o vestiário do Philadelphia Eagles vestindo apenas uma toalha, que deixou cair diante do receptor Terrell Owens. Quando ela pulou em seus braços, Owens disse: "Ah, diabos! O time terá de ganhar esta sem mim."

O resultado. Dirigentes da *National Football League* (NFL – Liga Nacional de Futebol Americano) ficaram furiosos. "A abertura da ABC foi inadequada e imprópria para nosso público do *Monday Night Football*, disse o porta-voz Greg Aiello. "Embora a ABC tenha chamado a atenção para um de seus programas, a NFL e seus fãs perderam." O Eagles pediu que o segmento "não fosse

– "venda" – é, em geral, o destaque das promoções de varejo. E "novo", em geral, descreve novas linhas de produtos sendo oferecidas. Entretanto, muitas lojas de varejo continuam a ver a propaganda como uma atividade secundária, embora isso esteja mudando. Os varejistas locais raramente usam agências de publicidade independentes, talvez em razão do custo associado às agências. Em vez disso, os gerentes de loja podem aceitar a responsabilidade pela propaganda além de seus outros deveres. A direção pode começar a corrigir esse problema ao designar uma pessoa com responsabilidade e autoridade únicas para desenvolver um programa eficaz de propaganda de varejo.

Freqüentemente, um varejista compartilha os custos de propaganda com um fabricante ou atacadista em uma técnica chamada **propaganda cooperativa**. Por exemplo, um profissional de marketing de vestuário pode pagar uma porcentagem do custo de uma propaganda em jornal de uma loja de varejo apresentando suas linhas de produto. As campanhas de propaganda cooperativa surgiram para tirar vantagem da prática das mídias em oferecer taxas mais baixas para os anunciantes locais do que para os nacionais. Posteriormente, a propaganda cooperativa tornou-se parte de programas para melhorar as relações com os comerciantes. O varejista gosta da chance de conseguir publicidade que talvez não fosse capaz de bancar de outra forma. A propaganda cooperativa pode fortalecer ligações verticais no canal de marketing, como na ocasião em que um fabricante e um varejista coordenam seus recursos. Ela também pode envolver empresas no mesmo nível da cadeia de fornecimento. Em um acordo horizontal, um grupo de varejistas – por exemplo, todas as concessionárias da Ford no nordeste dos Estados Unidos – podem unir seus recursos.

PROPAGANDA INTERATIVA

Milhões de mensagens flutuam pelas telas inativas – e ativas – dos computadores em casas e escritórios em todos os Estados Unidos diariamente. Os surfistas da Net brincam com jogos que estão repletos de propagandas dos patrocinadores dos sites. As campanhas oferecem serviço de e-mail gratuito para pessoas que desejam receber propagandas com suas mensagens pessoais. As telas de vídeo nos carrinhos dos mercados exibem propagandas para que os compradores vejam enquanto passeiam pelos corredores.

Desde que os profissionais de marketing perceberam que as comunicações bilaterais fornecem métodos mais eficazes para alcançar os objetivos promocionais, eles se interessaram pelas mídias interativas. A **propaganda interativa** envolve mensagens bilaterais transmitidas pelos canais de comunicação que induzem os receptores das men-

---

ao ar." Entretanto, poucos acreditavam que a controvérsia quebraria a parceria da ABC com a NFL, atribuindo ao rápido pedido público de desculpa da ABC a remediação da violação. Alguns meses depois, a *Federal Communications Commission* (FCC – Comissão Federal de Comunicação) declarou a controversa paródia "não suficientemente explícita ou gráfica para ser considerada indecente", liberando a rede de uma multa.

Lição aprendida. Questões de indecência à parte, o incidente lembra aos profissionais de marketing que os vínculos e as promoções cruzadas devem compartilhar o mesmo público para serem eficazes.

Fontes: SISARIO, Ben. ABC skit not indecent, F.C.C. decides, *The New York Times*, 15 mar. 2005, p. E2; HALONEN, Doug. MNF' next indecency target, *Crain Communications*, 22 nov. 2004, **http://infotrac-college.thomsonlearning.com**; SHERMAN, Ed. NFL blasts ABC for suggestive opening to "Monday Night Football", *Chicago Tribune*, 17 nov., 2004, **http://infotrac-college.thomsonlearning.com**; MARTSKE, Rudy. ABC apologies for intro to "Monday Night Football", *USA Today*, 16 nov. 2004, **www.usatoday.com**.

sagens a participar ativamente no esforço promocional. Alcançar esse envolvimento é a difícil tarefa que se apresenta para os profissionais de marketing contemporâneos. Embora a publicidade interativa tenha se tornado quase idêntica ao e-commerce e à internet, ela inclui também outros formatos, por exemplo, quiosques em shopping centers ou mensagens de texto em celulares. A tecnologia multimídia, a internet e os serviços comerciais on-line estão mudando a natureza da propaganda, de uma técnica de comunicação passiva unilateral para as comunicações de marketing mais eficazes bilaterais. A propaganda interativa cria o diálogo entre os profissionais de marketing e os compradores individuais, fornecendo mais materiais ao pedido do usuário. O desafio do anunciante é ganhar e manter o interesse dos consumidores em um ambiente em que esses indivíduos controlam o que querem ver.

A propaganda interativa muda o equilíbrio entre os profissionais de marketing e os consumidores. Ao contrário do papel tradicional da propaganda – fornecer mensagens breves e divertidas para prender a atenção –, as mídias interativas fornecem informações para ajudar os consumidores durante os processos de compra e de consumo.

MARKETING
Verificação
de conceito

1. O que é propaganda comparativa?
2. O que faz um endosso de celebridade ser bem-sucedido?
3. O que é a propaganda cooperativa?

De certo modo, isso se aproxima mais da venda pessoal quando os consumidores recebem respostas imediatas para perguntas ou solicitações por mais informações a respeito de produtos ou serviços. A publicidade interativa fornece aos consumidores mais informações em menos tempo para ajudá-los a fazer as comparações necessárias entre os produtos disponíveis.

A propaganda interativa bem-sucedida adiciona valor ao oferecer ao telespectador mais que apenas informações relacionadas ao produto. Um anúncio na internet pode fazer mais que promover uma marca; pode criar uma loja da empresa, fornecer serviço ao consumidor e oferecer conteúdo adicional.

Muitas empresas entregam suas mensagens de publicidade interativa por meio de serviços exclusivos on-line e da internet. Na verdade, o gasto com a propaganda on-line provavelmente superará US$ 8 bilhões em 2006. Os anunciantes de bens de consumo normalmente gastam a maioria dos dólares na publicidade on-line, seguidos pelas indústrias de mídia e de computação de alta tecnologia.[9]

CRIANDO UMA PROPAGANDA

3. Descrever o processo de criação de propaganda.

Os profissionais de marketing gastam cerca de US$ 300 bilhões por ano em campanhas publicitárias apenas nos Estados Unidos.[10] Com tanto dinheiro em jogo, devem criar propagandas eficazes e memoráveis que aumentem as vendas e melhorem as imagens das organizações. Eles não podem permitir-se gastar recursos em mensagens medíocres que falham em capturar a atenção dos consumidores, comunicar sua mensagem de vendas eficazmente e conduzir a uma venda, doação ou outra ação positiva para a organização.

A pesquisa ajuda os profissionais de marketing a criar propagandas melhores ao detalhar, exatamente, os objetivos que uma propaganda precisa cumprir, como a educação dos consumidores a respeito das características do produto, o aumento da lealdade à marca ou a melhora da percepção da marca por parte do consumidor. Esses objetivos deveriam guiar o desenvolvimento de uma propaganda. Os profissionais de marketing também podem descobrir o que atrai os consumidores e testar propagandas com compradores potenciais antes de comprometer recursos em uma campanha.

Às vezes, os profissionais de marketing enfrentam desafios específicos quando desenvolvem os objetivos de comunicação para serviços. Eles devem encontrar um meio criativo para preencher as imagens intangíveis de muitos serviços e, de forma bem-sucedida, transmitir os benefícios que os consumidores recebem. A mensagem "Você está em boas mãos" da Allstate Insurance é um exemplo clássico de como a propaganda criativa pode transformar a natureza intangível dos serviços em algo tangível.

TRADUZINDO OBJETIVOS DA PROPAGANDA EM PLANOS DE PROPAGANDA

Após definir seus objetivos para uma campanha publicitária, uma empresa pode desenvolver seu plano de propaganda. A pesquisa de marketing auxilia os gerentes a tomar decisões estratégicas que guiem as escolhas nas áreas técnicas, como orçamento, direitos autorais, programação e seleção de mídias. Os pós-testes, que são discutidos em mais detalhes adiante no capítulo, medem a eficácia da propaganda e formam a base para o *feedback* com relação a possíveis ajustes. Os elementos do planejamento de propaganda são mostrados na Figura 16.3. Os profissionais de marketing experientes sabem a importância de seguir até mesmo os passos mais básicos no processo, por exemplo, a análise de mercado.

Como o Capítulo 9 descreveu, o posicionamento envolve desenvolver uma estratégia de marketing que seja dirigida para alcançar uma posição desejada na mente de um comprador potencial. Os profissionais de marketing usam uma estratégia de posicionamento que distingue seu produto ou serviço dos concorrentes. A propaganda eficaz, então, comunica a posição desejada ao enfatizar determinadas características do produto, como atributos de desempenho, preço/qualidade, desvantagens dos concorrentes, aplicações, necessidades do usuário e classes de produto.

MENSAGENS DA PROPAGANDA

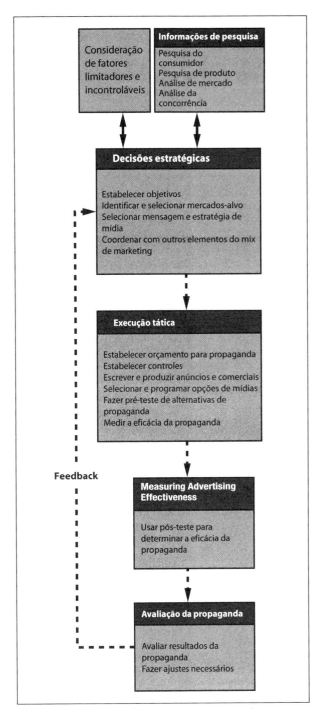

Figura 16.3
Elementos do processo de planejamento de propaganda.

A estratégia para a criação de uma mensagem começa com os benefícios que um produto oferece para os consumidores potenciais e passa depois para a fase do conceito criativo, no qual os profissionais de marketing tentam trazer uma mensagem apropriada para os consumidores usando tanto componentes visuais quanto verbais. Os profissionais de marketing trabalham para criar um anúncio crível com significado e apelos característicos – um que sobressaia no meio da massa e seja mais propenso a escapar do "zapping" do controle remoto da televisão.

Em geral, os anúncios são criados não individualmente, porém como parte de campanhas específicas. Uma **campanha publicitária** é uma série de anúncios diferentes, mas relacionados, que usam um único tema e aparecem em mídias diferentes em um período de tempo específico. A série dos anúncios de Sprint mostrando um homem em um casacão preto ajudando as pessoas a obter transmissões de telefone celular sem interferência e as propagandas do McDonald's "Amo muito tudo isso" representam apenas duas das muitas campanhas publicitárias recentes.

A City of Brotherly Love recentemente lançou uma campanha desenvolvida para atrair os turistas gays para a Filadélfia. As propagandas mostravam casais do mesmo sexo em trajes coloniais veiculados em redes de televisão a cabo, por exemplo, Bravo, MTV, VH1 e Style, que sempre acabavam com o seguinte: "Venha para a Filadélfia. Conheça sua história hétero e sua vida noturna gay".[11]

Ao desenvolver uma estratégia criativa, os anunciantes devem decidir como comunicar sua mensagem de marketing. Devem equilibrar as características da mensagem, por exemplo, o tom do apelo, a extensão da informação fornecida e a conclusão para que ela guie o consumidor, o lado da história que a propaganda conta, e sua ênfase nos elementos primários verbais e não-verbais.

APELOS DE PROPAGANDA

4. Verificar os tipos principais de apelos de propaganda e discutir seus usos.

O tom da propaganda deveria enfocar um apelo prático, como preço ou quilômetros por litro de combustível, ou deveria evocar uma resposta emocional ao apelar para, digamos, medo, humor, sexo, culpa ou fantasia? Essa é outra decisão importante na criação de propagandas memoráveis que possuem as forças necessárias para cumprir os objetivos promocionais.

Apelos do Medo

Nos últimos anos, os profissionais de marketing apoiaram-se muito em apelos ao medo. As propagandas de seguro, automóveis, produtos de cuidado com a saúde e até mesmo de certos alimentos lembram que decisões incorretas de compras são capazes de levar a doença: danos ou outras conseqüências ruins. Mesmo propagandas de serviços comerciais insinuam que, se uma empresa não comprar os serviços anunciados, seus concorrentes a deixarão para trás ou informações valiosas poderão ser perdidas.

As empresas farmacêuticas gastam quase US\$ 2 bilhões por ano em propaganda, grande parte dos quais é direcionada para os medos do consumidor – seja o medo da calvície, das alergias ou de ataques cardíacos. Essas propagandas de remédios prosperaram tanto nas mídias impressa quanto de transmissão após a *Food and Drug Administration* (FDA – Administração de Alimentos e Medicamentos) revogar uma proibição de propaganda de medicamento controlado na televisão. Tais propagandas tornaram-se um componente-chave das estratégias *pull* de canal dos profissionais de marketing. As propagandas comuns encorajam os leitores e telespectadores a perguntarem para seus médicos se determinada medicação deveria ser prescrita para suas necessidades médicas.

Entretanto, os apelos do medo podem sair pela culatra. Os telespectadores tendem a praticar a percepção seletiva e a desligar exposições que entendam como muito fortes ou não críveis. Alguns pesquisadores de consumo acreditam que a reação adversa do telespectador ou do leitor ocorrerá como conseqüência à quantidade de propaganda de medicamento controlado com base em apelos ao medo.

Humor nas Mensagens Publicitárias

Uma propaganda humorística busca criar um estado de ânimo positivo em relação a um produto. O humor pode melhorar a percepção e a lembrança do público e aumentar a imagem favorável da marca junto ao consumidor. Afinal de contas, se o anúncio faz o consumidor se sentir bem, então o produto talvez faça o mesmo. Mas os publicitários diferem em suas opiniões quanto à eficácia das propagandas humorísticas. Alguns acreditam que o humor tira a atenção da marca e das características do produto; os consumidores lembram-se do humor, mas não do produto. As propagandas humorísticas, pelo fato de serem tão memoráveis, podem perder sua eficácia mais rapidamente que as propagandas com outros tipos de apelos. Além disso, o humor pode ser perigoso porque o que um grupo de consumidores acha engraçado pode não ter graça para outro grupo. Às vezes, mulheres e homens têm um senso de humor diferente, como acontece com pessoas de idades diferentes. Essa distinção torna-se até maior em culturas diferentes.

Propagandas Baseadas no Sexo

As propagandas baseadas no apelo sexual têm o que se chama de "poder de parada" porque atraem a atenção do leitor ou do telespectador. Entretanto, pesquisas indicam que o conteúdo sexual em um anúncio aumenta a lembrança do conteúdo do anúncio apenas se o apelo for apropriado ao tipo do produto anunciado.[12] Alguns anunciantes começaram a abrandar seus apelos baseados em sexo. A CBS e a Victoria's Secret cancelaram uma temporada recente do *Victoria's Secret Fashion Show*, que foi veiculado por anos durante as varreduras de novembro, com base, parcialmente, nas pesquisas quanto à indecência na mídia sendo conduzida pela FCC após o show do intervalo do *Super Bowl* em que o seio nu da cantora Janet Jackson apareceu. Empresas de segmentos tão diferentes quanto a Abercrombie & Fitch e a Anheuser-Busch também anunciaram planos para recuar na sexualidade descarada das recentes campanhas publicitárias.[13]

DESENVOLVENDO E PREPARANDO PROPAGANDAS

A etapa final no processo publicitário – o desenvolvimento e a preparação de uma propaganda – deveria fluir logicamente do tema promocional selecionado. Esse processo deveria criar um anúncio que se tornasse parte complementar do mix de marketing, com um papel cuidadosamente determinado na estratégia total de marketing. A preparação de uma propaganda teria de enfatizar características como sua criatividade, continuidade com propagandas passadas e, possivelmente, sua associação com outros produtos da empresa.

Quais tarefas imediatas deveriam ser cumpridas por uma propaganda? Independentemente do alvo escolhido, uma propaganda deveria (1) ganhar a atenção e o interesse, (2) informar e/ou persuadir e, (3) posteriormente, levar à compra ou a outra ação desejada. Ela teria de chamar a atenção de uma forma produtiva; isto é, deveria infundir alguma recordação do produto ou serviço. Caso contrário, ela não conduzirá a uma ação de compra.

Chamar a atenção e gerar interesse – atravessando a massa – podem ser tarefas formidáveis. Estudos recentes revelaram que a ABC tinha o maior *clutter* de toda a rede, transmitindo 7,1 comerciais e promoções de rede por intervalo comercial.[14] Muitas vezes, é difícil estimular a ação de compra porque uma propaganda não pode fechar, realmente, uma venda. No entanto, se um anúncio chama a atenção e informa ou persuade, provavelmente representa um investimento compensador de recursos de marketing. Muitos anunciantes falham ao propor como os membros do público podem comprar seus produtos, caso desejem fazer isso. O modelo criativo deveria eliminar essa desvantagem.

O anúncio da eHarmony.com, na Figura 16.4, mostra os quatro principais elementos dessa propaganda impressa: título, ilustração, corpo do texto e assinatura. Os *títulos* e as *ilustrações* (fotografias, desenhos ou outras ilustrações) precisam trabalhar em conjunto para gerar interesse e atenção. O *corpo do texto* serve para informar,

Em poucas palavras

O título é o elemento mais importante de um anúncio. Ele deve oferecer ao leitor uma promessa de um benefício confiável. E deve ser colocado de uma forma a torná-lo memorável.
Morris Hite (1910-1983)
Pioneiro na publicidade americana

persuadir e estimular a ação de compra. A *assinatura*, que pode incluir o nome da empresa, endereço, número de telefone, endereço na internet, slogan, marca registrada ou, simplesmente, uma foto do produto, nomeia a organização patrocinadora. Uma propaganda também pode ter um ou mais subtítulos – títulos subordinados ao título principal que ligam o título principal ao corpo do texto ou subdivide as seções do corpo de texto.

Após os anunciantes conceberem uma idéia para uma propaganda que chama a atenção, informa e persuade e estimula as compras, seu próximo passo envolve refinar o croqui pensado em um esquema inacabado. Melhorias continuadas ao esquema inacabado, conseqüentemente, produzem a versão final do projeto da propaganda que está pronta para ser executada, impressa ou registrada.

A criação de cada propaganda é uma campanha que exige um processo evolucionário que se inicia com uma idéia e tem como resultado final um anúncio acabado que está pronto para a distribuição nas mídias impressas ou eletrônicas. A idéia em si deve primeiro ser convertida em um croqui, que é um resumo tangível da mensagem pretendida.

Os avanços tecnológicos permitem que os anunciantes criem propagandas modernas e prendam a atenção. Os pacotes de software de computador inovadores agora possibilitam que os artistas fundam várias imagens para criar uma imagem única com uma aparência natural e perfeita. As imagens geradas por computador atraem consumidores mais jovens versados em informática.

CRIANDO PROPAGANDA INTERATIVA

Os surfistas da internet querem unir conteúdo vibrante que traga vantagens dos recursos da mídia e ir além do que encontram em qualquer lugar. Progressivamente, os anúncios da internet estão competindo com os anúncios da

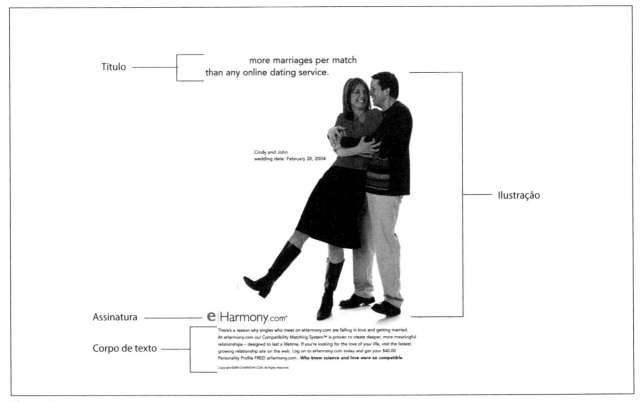

Figura 16.4
Elementos de um anúncio típico.

televisão ao aprimorar seu conteúdo com vídeos e clips musicais. Porém, essa orientação negligencia as principais vantagens da rede: oferecer velocidade, fornecer informações, trocar informações em comunicações bilaterais, oferecer entretenimento autodirecionado e permitir a escolha pessoal.

O número crescente de novos meios para anunciar na internet atesta o ambiente rapidamente em transformação que os profissionais de marketing encontram na rede e no e-commerce em geral. As propagandas da internet têm crescido de homepages baseadas em informações para canais interativos inovadores para a transmissão de mensagens para os ciberpúblicos, incluindo banners, anúncios instantâneos (pop-ups), anúncios por palavra-chave, *advertorials* e intersticiais. Os **banners**, propagandas em uma página da internet que têm ligação com o site de um anunciante, são o tipo mais comum de propaganda na rede. Eles podem ser livres de cobrança ou custar milhares de dólares por mês, dependendo da quantidade de acessos que o site receba. Os anunciantes on-line freqüentemente descrevem seus anúncios na internet em termos de "riqueza", referindo-se ao grau no qual novas tecnologias – por exemplo, *streaming video*, animação em 3-D, JavaScript e recursos interativos – são implementadas nos banners.

Os banners têm se desenvolvido em uma técnica de alvo mais específico para a propaganda na internet com o advento dos *mísseis*: mensagens que aparecem na tela exatamente no momento certo. Quando um consumidor visita o site do concorrente da Empresa A, um míssil pode ser programado para aparecer no monitor do consumidor, o que lhe permitirá clicar em um link direto para o site da Empresa A. Entretanto, muitas pessoas acham que o uso de tais mísseis é prática questionável.

Os *anúncios por palavra-chave* são um aprimoramento dos anúncios banner. Usados em mecanismos de busca, eles aparecem nas páginas de resultados de uma pesquisa e são específicos para o termo que está sendo pesquisado. Os anunciantes pagam aos mecanismos de busca para direcionarem seus anúncios e apenas exibirem os banners quando os usuários pesquisarem por palavras-chave relevantes, permitindo que os profissionais de marketing atinjam públicos específicos. Por exemplo, se um usuário pesquisou o termo "câmera digital", nos anúncios por palavra-chave podem aparecer butiques eletrônicas ou lojas de câmeras que vendam câmeras digitais e filmes.

Os projetos de banner que também se desenvolveram em quadrados maiores de publicidade, os quais se assemelham muito às propagandas nas Páginas Amarelas da lista telefônica, são chamados *advertorials*. Um *advertorial* no site da *Forbes* custa, aproximadamente, US$ 25 mil por mês. Os anunciantes rapidamente aumentaram esses *advertorials* com os *intersticiais* – anúncios que aparecem entre as páginas da internet de conteúdo relacionado. Os intersticiais aparecem em uma janela de navegação separada enquanto seus usuários aguardam por um download de uma página da internet. Depois há os pop-ups, que são pequenas janelas publicitárias que aparecem na frente da janela principal na tela do computador de um usuário, e os *pop-unders*, que aparecem embaixo de uma janela principal. Todos esses anúncios são mais agressivos que os banners, forçando os consumidores a fazer algo para retirá-los de suas telas.[15] Muitos usuários reclamam que os intersticiais, como os pop-ups e os mísseis, são invasivos e indesejáveis.

Os intersticiais tendem a conter mais apresentações gráficas grandes e mais contínuas que os anúncios banner e, portanto, são mais difíceis de ignorar do que os anúncios banner comuns. Porém, apesar das reclamações, alguns estudos mostram que os usuários tendem a clicar mais em intersticiais do que em banners.

Os desenvolvedores de site da internet agora podem adicionar efeitos 3-D aos seus sites, um recurso que fornece novas oportunidades para os anunciantes. Por exemplo, os gráficos podem mostrar os produtos em representações naturais.[16] Os varejistas podem criar lojas 3-D em que os visitantes passeiam em corredores virtuais vendo as mercadorias expostas; os sites não precisam mais fornecer suas informações em formatos que lembram catálogos.

MARKETING
Verificação de conceito

1. O que é uma campanha publicitária?
2. Quais são os três objetivos principais de uma propaganda?
3. Quais são os principais tipos de anúncios interativos?

SELEÇÃO DE MÍDIAS

5. Listar e comparar as principais mídias de propaganda.

Uma das decisões mais importantes no desenvolvimento de uma estratégia publicitária é a seleção da mídia apropriada para transmitir a mensagem de uma empresa a seu público. A mídia selecionada deve ser capaz de cumprir os objetivos de comunicações de informar, persuadir e lembrar aos consumidores potenciais o produto, serviço, pessoa ou idéia a serem anunciados.

A pesquisa identifica o mercado-alvo do anúncio para determinar sua dimensão e suas características. Os anunciantes, então, comparam as características-alvo com as mídias que são mais capazes de alcançar esse público específico. O objetivo da seleção de mídia é alcançar a cobertura de mídia adequada sem anunciar além dos limites identificáveis do mercado potencial. Finalmente, as comparações de custo entre as alternativas devem determinar a melhor compra de mídia possível.

A Tabela 16.1 compara as principais mídias de propaganda ao observar suas cotas de gastos globais em propaganda. Ela também compara as vantagens e desvantagens de cada alternativa de mídia. As *mídias de transmissão* incluem televisão (rede e cabo) e rádio. Jornais, revistas, propaganda em outdoor e mala-direta representam os principais tipos de mídias impressas. As mídias eletrônicas incluem a internet e os quiosques.

TELEVISÃO

A televisão – rede e cabo combinados – é responsável por quase US$ 1 em cada US$ 4 gastos em propaganda nos Estados Unidos. O atrativo da propaganda em televisão é que os profissionais de marketing podem alcançar os mercados local e nacional. Enquanto a maior parte da receita de anúncios em jornais vem dos anunciantes locais, a maior parte da participação da receita de propaganda em televisão vem de organizações que anunciam nacionalmente. A mais nova tendência em publicidade televisiva é o anúncio virtual – logotipos tipo banner e mensagens breves sobrepostas na cobertura televisiva de eventos esportivos para que eles pareçam ser parte da sinalização da quadra ou do campo, porém não podem ser vistos por alguém que esteja participando do jogo. Depois, há títulos contínuos que passam pelas estações de notícias, que são pagos por patrocinadores corporativos cujos nomes e logotipos aparecem no fluxo de notícias. Outra tendência em publicidade televisiva é o *spot* abreviado – um comercial de 15 ou 30 segundos –, que custa menos para ser feito e comprado e é muito rápido para que muitos telespectadores mudem de canal. Veja "Resolvendo uma questão ética" para obter mais informações sobre o zapeamento de propagandas.

Na última década, a cota de gasto e as receitas com anúncio na televisão a cabo têm aumentado tremendamente. A televisão via satélite contribui para a penetração ampliada da televisão a cabo, que quase três quartos dos norte-americanos agora têm em casa. Em resposta ao declínio dos índices de audiência e aos custos altos, as empresas de rede de televisão como NBC, CBS, ABC, Fox e a WB (Warner Brothers) estão focando de outra forma suas estratégias publicitárias, com uma ênfase mais forte no movimento para a Net a fim de capturar os públicos mais jovens.

Conforme os públicos da televisão a cabo crescem, a programação melhora e os índices de audiência aumentam, os anunciantes são compelidos a destinar mais de seus orçamentos com publicidade para essa mídia. Na verdade, a televisão a cabo foi a única mídia publicitária – além da mala-direta – a realmente crescer no período de baixa atividade publicitária que acompanhou a recente recessão.[17] A propaganda por meio da televisão a cabo oferece aos profissionais de marketing o acesso a públicos-alvo mais estreitamente definidos do que outras mídias de transmissão podem fornecer – uma característica conhecida como *narrow-casting*. As cinco maiores redes a cabo, classificadas em termos de receita publicitária, são ESPN, Nickelodeon, MTV, Lifetime e TBS.[18]

A grande variedade de canais especializados voltados para assuntos como culinária, história, casa e jardim, saúde e golfe atrai públicos especializados e permite o marketing de nicho.

A publicidade televisiva oferece as vantagens de cobertura de massa, forte impacto sobre os telespectadores, repetição de mensagens, flexibilidade e prestígio. Suas desvantagens incluem perda de controle da mensagem promocional para o locutor de televisão (que pode influenciar seu impacto), altos custos, altas taxas de mortalidade de comerciais e alguma desconfiança do público. Comparada com outras mídias, a televisão pode sofrer falta de seletividade porque os programas específicos de TV talvez não alcancem os consumidores de um mercado-alvo precisamente definido sem um grau significativo de cobertura não aproveitada. Entretanto, a especialização crescente dos canais de TV a cabo pode ajudar a resolver o problema.

Tabela 16.1 Comparação das alternativas de mídias de propaganda

DISTRIBUIDOR DE MÍDIAS	PORCENTAGEM DO TOTAL*	VANTAGENS	DESVANTAGENS
Transmissão			
Rede de televisão	18	Cobertura de massa; repetição; flexibilidade; prestígio.	Alto custo; mensagem temporária; desconfiança do público; falta de seletividade.
Televisão a cabo	7	As mesmas forças da rede de TV; menos cobertura de mercado, visto que nem todo telespectador é um assinante de TV a cabo.	Mesmas desvantagens da rede de TV, embora as propagandas na TV a cabo sejam consideravelmente mais direcionadas a segmentos específicos de telespectadores .
Rádio	8	Rapidez; baixo custo; flexibilidade; público dirigido; mobilidade.	Duração curta de vida; público altamente fragmentado.
IMPRESSA			
Jornais	19	Adaptado a comunidades individuais; possibilidade de consultar novamente os anúncios.	Duração curta de vida.
Mala-direta	19	Seletividade; cobertura intensa; velocidade; flexibilidade; oportunidade de transmissão de informações completas; personalização.	Alto custo; resistência de consumidor; dependência de *mailing list* eficaz .
Revistas	5	Seletividade; qualidade de reprodução de imagem; vida longa; prestígio.	Falta de flexibilidade.
Outdoor	2	Comunicação visual rápida de idéias simples; ligação com produtos e serviços locais; repetição.	Exposição breve; preocupações ambientais.
ELETRÔNICA			
Internet	2	Comunicações bilaterais; flexibilidade; ligação com entretenimento autodirecionado.	Reprodução pobre de imagem; opções de programação limitadas; dificuldade em medir a eficácia.

*   Estima-se que 21% sejam gastos em uma variedade de mídias gerais, incluindo páginas amarelas, comunicações comerciais, propaganda em trânsito, propaganda em loja, propaganda em cinema e comunicações farmacêuticas regionais.

Fonte: Dados da U.S. Ad Spending Totals by Media, *FactPack 2004 Edition* (suplemento especial no *Advertising Age*), 8 mar. 2004, p. 15. Copyright© 2004 Crain Communications Inc.

Por fim, é importante notar que alguns tipos de produtos estão, atualmente, banidos da publicidade televisiva. Os produtos feitos com tabaco como fumo, charutos e tabaco sem fumaça fazem parte dessa categoria.

RÁDIO

A propaganda no rádio sempre é uma opção popular de mídia para notícias atualizadas e para mensagens publicitárias dirigidas aos públicos locais. Porém, nos últimos anos, o rádio se tornou uma das alternativas de mídia com crescimento mais rápido. Como mais e mais pessoas acham que têm menos e menos tempo, o rádio fornece informações imediatas e entretenimento no trabalho, em jogos, no carro. Além disso, como o e-commerce continua a impulsionar o crescimento nos negócios globais, mais pessoas estão viajando para o exterior em busca de novos mercados.

Para esses viajantes, o rádio, em razão de muitas estações de rádio estarem no ar na internet, é um meio de permanecer em contato com o lar – em qualquer local que estejam. Os profissionais de marketing freqüentemente usam a propaganda no rádio para alcançar os públicos locais. Porém, nos últimos anos, ele tem desenvolvido um papel progressivamente importante como uma escuta favorita nacional – e até mesmo global. Milhares de ouvintes on-line usam a internet para transmitir as estações de rádio de quase toda cidade – sintonizando uma estação de audição fácil em Londres, um locutor de top 40 em Hong Kong ou um talk show de Toronto. Outros ouvintes equipam seus veículos com rádio por satélite para manter contato com estações de sua cidade natal ou do destino para o qual irão durante longas viagens.

As receitas publicitárias no rádio nos Estados Unidos são um pouco maiores que as da televisão a cabo. Os anunciantes gostam da capacidade de alcançar as pessoas enquanto dirigem porque elas são audiência cativa. Com um aumento das pessoas que viajam constantemente a trabalho, esse mercado está crescendo. As estações podem adaptar-se às preferências locais ao alterarem o formato, por exemplo, indo da estação do interior e do Oeste a uma de notícias ou de música e entrevistas. A variedade das estações permite que os anunciantes direcionem facilmente os públicos e adaptem suas mensagens a esses ouvintes. Outros benefícios incluem baixo custo, flexibilidade e mobilidade. As desvantagens incluem fragmentação (alcançar muitas pessoas em um mercado pode exigir anúncios colocados em dez ou mais estações), a natureza temporária das mensagens (diferentemente dos anúncios impressos, as propagandas em rádio e TV são instantâneas e devem ser retransmitidas para alcançar os consumidores uma segunda vez), e a falta de informações de pesquisa se comparada com a televisão.

Embora a maior parte da audição de rádio seja feita em casa, nos carros ou em equipamentos portáteis de fone de ouvido, a tecnologia deu à luz a rádio da Net. A rádio de transmissão pela internet permite aos consumidores ampliar seus horários e escolhas de audição usando seus computadores. O potencial para a venda nesse novo canal é grande.

Um ouvinte pode, simplesmente, fazer o "clique aqui para comprar a música que você está ouvindo". Outros produtos são facilmente adaptados às possibilidades de clique-e-venda.

JORNAIS

A propaganda em jornal continua a dominar os mercados locais, contabilizando US$ 44 bilhões do gasto anual com propaganda. Além disso, os anúncios de locação de imóveis, de classificados, são uma parte importante da receita do jornal.

As vantagens principais dos jornais começam com a flexibilidade, porque a propaganda pode variar de uma localidade para outra. Os jornais também oferecem o prestígio na comunidade, haja visto que os leitores reconhecem que eles têm impactos profundos em sua comunidade. E permitem cobertura intensa para os anúncios. Em um local comum, um único jornal pode alcançar até 90% de todas as casas e apartamentos. Os leitores controlam sua exposição à mensagem publicitária, diferentemente das mensagens publicitárias na televisão e no rádio, e podem remeter aos anúncios em jornal.

Resolvendo uma questão ética

A TIVO E SEUS CONCORRENTES SIGNIFICARÃO A MORTE DOS COMERCIAIS DE TV?

A nova tecnologia talvez livre logo os públicos de televisão, inteiramente, da necessidade de ficar sentado até o fim dos comerciais. A TiVo, a empresa que fez os primeiros gravadores de vídeo digital (DVRs), fornece recursos que permitem aos telespectadores controlar o tempo que eles assistem a um programa, pausar, retroceder e pular comerciais. Com os concorrentes como a Time Warner e a Comcast se mudando para o mercado de DVR, e a TiVo redobrando seus esforços de Pesquisa e Desenvolvimento, espera-se que o número de famílias com o recurso para zapear os comerciais de modo barato e fácil com TV *on-demand* crescerá cinco vezes ou mais, para além de 25 milhões em 2007. Novos DVRs da TiVo que trabalham sem caixas *set top*, para haver mais comodidade, já estão sendo anunciados. Um analista de mídia acredita que os telespectadores serão capazes de ignorar algo em torno de 60% dos comerciais, ou quase US$ 7 bilhões em anúncios.

A TECNOLOGIA DEVERIA SER DISPONIBILIZADA PARA QUE OS TELESPECTADORES CONSEGUISSEM ZAPEAR OS COMERCIAIS?

SIM

1. Seu efeito será mínimo; alguns telespectadores não aprenderão a usar a nova tecnologia e outros não se darão ao trabalho de usá-la muito de qualquer forma.

2. Os anunciantes apenas irão transferir seus esforços para outros tipos de publicidade.

NÃO

1. Se a propaganda de TV não for mais eficiente, todo o modelo comercial de televisão precisará mudar.
2. A indústria publicitária perderá tanta receita que a qualidade geral da programação será negativamente afetada.

RESUMO

As operações via satélite, como EchoStar Communications Corp. e a DirectTV e a empresa a cabo Comcast, estão todas começando a fornecer aos novos assinantes os DVRs de graça ou a um custo muito baixo. Os executivos de ponta nas redes de TV dizem que não há ameaça imediata à publicidade que sustenta suas transmissões, porém ninguém sabe quantos anunciantes começarão a procurar em outro lugar seus públicos consumidores.

Fontes: TiVo developing high-definition, digital cable ready DVR, comunicado à imprensa da TiVo, 6 jan. 2005, **www.tivo.com**; STACEY, E. Craig. Abandon TV at your own risk, *Advertising Age*, 7 jun. 2004, p. 32; STREISAND, Betsy. Tuning out TV, *U.S. News & World Report*, 24 maio 2004, p. 46-8; STONE, Brad. TiVo's big moment, *Newsweek*, 2 fev. 2004, p. 36-7.

A propaganda em jornal tem algumas desvantagens: uma vida curta, leitura rápida (o leitor comum gasta cerca de 40 minutos lendo o jornal), e qualidade de reprodução relativamente pobre, embora isso esteja mudando com os aperfeiçoamentos tecnológicos. A alta qualidade de reprodução dos anúncios no *USA Today* é um exemplo dos progressos recentes na qualidade do anúncio em jornal possibilitada pelas novas tecnologias.

Os jornais também têm começado a lutar para "superar a barulheira" de outros anunciantes. Para manter anunciantes grandes como estilistas badalados e lojas de departamento nacionais, alguns têm lançado suas próprias revistas de moda anuais ou semestrais, tirando vantagem de seus recursos de distribuição primorosamente ajustados.

REVISTAS

Os anunciantes dividem as revistas em duas categorias amplas: as revistas de consumo e as revistas comerciais. Essas categorias também são subdivididas em publicações mensais e semanais. Nos Estados Unidos, as cinco maiores revistas em termos de circulação são: *AARP The Magazine, Reader's Digest, TV Guide, Better Homes & Gardens* e *National Geographic*.[20]

As principais vantagens do anúncio em revista incluem: seletividade no alcance de mercados-alvo, reprodução de qualidade, vida longa, o prestígio associado com algumas revistas, e os serviços extras que as publicações podem oferecer. A principal desvantagem é que as revistas carecem da flexibilidade que os jornais, o rádio e a televisão têm.

Os compradores de mídia estudam os números de circulação e as informações demográficas para várias publicações antes de escolher as oportunidades mais adequadas de colocação e taxas de negociação. As mesmas categorias de propaganda reivindicam o título de grandes consumidores por anos consecutivos. A publicidade automotiva, de locação e de filmes e mídia tem mantido seus respectivos primeiro, segundo e terceiro lugares todo ano e continuam a mostrar fortes porcentagens de crescimento. Os anunciantes que buscam promover seus produtos para os mercados-alvo podem alcançá-los ao anunciar nas revistas adequadas.

MALA-DIRETA

Como discutido no Capítulo 14, a propaganda por meio de mala-direta consiste de cartas de venda, postais, folhetos, folders, brochuras, catálogos e publicações de circulação interna (periódicos publicados por organizações para cobrir questões internas). Suas vantagens vêm da capacidade da mala-direta em segmentar grande número de clientes potenciais em nichos reduzidos de mercado, velocidade, flexibilidade, informações detalhadas e personalização. As desvantagens da mala-direta incluem alto custo por leitor, dependência da qualidade das mailing lists e alguma resistência dos consumidores.

As vantagens da mala-direta explicam seu uso amplo. Os dados estão disponíveis em padrões de compra prévia e métodos preferidos de pagamento, assim como em características familiares, como o número de crianças ou de idosos. A mala-direta é responsável por cerca de 19% do gasto publicitário norte-americano total, ou US$ 46 bilhões anualmente.[21]

O lado negativo da mala-direta é o *clutter*, também conhecido como *junk mail*. Tanto material publicitário é entulhado nas caixas de correio das pessoas diariamente, que a tarefa de prender a atenção dos consumidores e despertar algum interesse está desencorajando os anunciantes de mala-direta. Três em cada cinco pessoas que respondem a uma pesquisa a respeito das "coisas que, provavelmente, mais dão nos nervos dos consumidores" classificaram o *junk mail* em primeiro lugar – acima do telemarketing, das taxas de cartão de crédito e dos detalhes das faturas.

PROPAGANDA EXTERNA

A propaganda externa, talvez o negócio de mídia mais simples e antigo, representa apenas um pouco mais de 2% do gasto total com propaganda. A propaganda externa tradicional tem a forma de *outdoors*, comunicados pintados ou displays (como aqueles que aparecem nas paredes dos prédios) e as superproduções eletrônicas (grandes anúncios e displays iluminados e, às vezes, animados). Mas os anunciantes estão descobrindo novos lugares para colocar suas mensagens externas. É possível encontrar uma mensagem publicitária reproduzida por meio de estêncil estilo guerrilha na base de um semáforo, desenhada com giz colorido nas calçadas ou desenhada na parte de trás de um banco de praça. Em grandes cidades abarrotadas de pedestres, algumas bravas almas concordam – por alguma gratificação – em ter os logotipos da empresa e slogans breves literalmente tatuados em locais visíveis em seus corpos, raspados em seus cabelos ou gravados em sua testa. Uma parte da rodovia pode ter a grama cortada e ser limpa por uma imobiliária local ou em restaurante, com uma sinalização implantada onde os transeuntes possam facilmente vê-la. Tudo isso é resultado da publicidade externa.

Essa forma de propaganda tem as vantagens de comunicação imediata de idéias rápidas e simples, exposição repetida de uma mensagem e forte promoção para produtos localmente disponíveis. A publicidade externa é particularmente eficiente ao longo de ruas metropolitanas e em outras áreas de alto tráfego.

Mas a propaganda externa, como qualquer outro tipo de publicidade, está sujeita ao *clutter*. Ela também sofre da brevidade de exposição a suas mensagens por parte dos motoristas que passam. As preocupações do motorista com a segurança do horário de pico e com o tempo limitado também se associam para limitar o período de exposição às mensagens externas. Como resultado, muitos desses anúncios usam algo que se destaca, ilustrações simples, pontos-de-venda curtos e humor para atrair as pessoas interessadas em produtos como cerveja, férias, entretenimento local e hospedagem.

Um terceiro problema envolve o interesse público em relação à estética. A *Highway Beautification Act* (Lei de Melhorias de Rodovias) de 1965, por exemplo, regulamenta a colocação de publicidade externa próxima a rodovias interestaduais.

Além disso, muitas cidades têm leis locais que estabelecem regulamentos quanto à dimensão e ao local das mensagens de publicidade externa. Os críticos têm até rotulado a publicidade em outdoor como "poluição em uma vara".

As novas tecnologias estão ajudando a renovar a publicidade externa, compensando a imensa queda que surgiu com as limitações dos anúncios dos produtos de tabaco e de álcool. A tecnologia revigora os próprios *outdoors* com animação, grandes esculturas e imagens com laser. Os letreiros de mensagem digitais podem exibir os resultados da loteria ou outras mensagens em tempo hábil, como a previsão do tempo e registros sobre o tráfego. O letreiro digital mais conhecido nos Estados Unidos está na Times Square em Nova York. E, muito brevemente, certos *outdoors* serão capazes de "emitir" mensagens para os telefones celulares dos consumidores enquanto eles passam.

A França gasta a maior quantia em publicidade externa – aproximadamente 12% do total de gasto publicitário comparado com os 6% para a Europa como um todo e apenas cerca de 2% para os Estados Unidos. Porém, mudanças recentes na política publicitária promovidas pela União Européia podem invalidar a proibição da França sobre a propaganda na TV, o que seria capaz de retirar os rendimentos da publicidade externa. Os varejistas na França aguardam com entusiasmo o resultado.[22]

MÍDIAS INTERATIVAS

As mídias interativas – especialmente a internet – estão crescendo. Pesquisa recente conduzida pela *Online Publishers Association* revelou que 57% dos consumidores preferem descobrir novos produtos on-line, 43% relatam que a internet contém publicidade que é rica em informações e 42% sentem que a publicidade on-line os ajuda a decidir quais produtos comprar.[23] Não é surpresa o orçamento da publicidade interativa estar aumentando em um número crescente de empresas.

OUTRAS MÍDIAS DE PROPAGANDA

Quando os consumidores descartam os apelos do tradicional assim como os anúncios na internet, os profissionais de marketing precisam de novos meios para capturar sua atenção. Além das principais mídias, as empresas usam um grande número de outros veículos para comunicar suas mensagens. A propaganda em trânsito inclui anúncios colocados tanto dentro quanto fora de ônibus, trens, estações de metrô e trens urbanos. Algumas empresas colocam anúncios nos tetos dos táxis, nas coberturas e nos bancos dos pontos de ônibus, nas roletas de eventos esportivos e de entretenimento, em banheiros públicos e até em parquímetros. Cerca de metade dos 23 mil cinemas americanos aceitam comerciais.[24] A tendência começou quando os proprietários de cinema perceberam que um intervalo de 20 minutos entre o momento em que os clientes entram no cinema e o instante de o filme realmente ter início não poderia ser preenchido com trailers, e começaram a preencher o tempo com propagandas. A cada ano, 1,6 bilhão de entradas eram vendidas, muitas para a categoria dos adolescentes aos 35 anos, um alvo excelente para muitos anunciantes.

As propagandas também aparecem em camisetas, nas telas de texto dos celulares, incrustadas no assoalho de lojas, em programas impressos de produções teatrais ao vivo e em trailers em DVDs de filmes. A propaganda em seção inclui as familiares páginas amarelas nas listas telefônicas, com milhares de seções comerciais e industriais. Algumas empresas pagam para ter suas mensagens publicitárias colocadas em balões de ar quente, pequenos balões dirigíveis, banners atrás de aviões e em placares em eventos esportivos. Johnson & Johnson, Yahoo! e Dreyers Ice Cream, entre outras, pagam para ter suas marcas e mensagens colocadas em automóveis por intermédio da empresa Rush Hour Media, conhecida por seus motoristas como Autowrapped (www.autowrapped.com). A Rush Hour Media usa pessoas comuns para, literalmente, dirigirem o lar da mensagem do anunciante. Os motoristas são escolhidos com base em seus hábitos de direção, rotas, ocupações e locais de trabalho e de residência e são pagos mensalmente para o uso da parte externa de seus veículos como espaço publicitário.

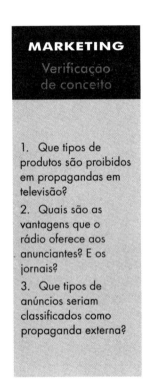

MARKETING
Verificação de conceito

1. Que tipos de produtos são proibidos em propagandas em televisão?

2. Quais são as vantagens que o rádio oferece aos anunciantes? E os jornais?

3. Que tipos de anúncios seriam classificados como propaganda externa?

CRONOGRAMA DE MÍDIA

Uma vez que os anunciantes tenham selecionado a mídia que melhor combine seus objetivos de propaganda e o orçamento de comunicação, a atenção se desloca para o **cronograma de mídia** – o estabelecimento do momento e da seqüência para uma série de propagandas. Uma variedade de fatores influencia essa decisão também. Os padrões de venda, os ciclos de recompra e as atividades dos concorrentes são as variáveis mais importantes.

Os padrões de vendas sazonais são comuns em muitas indústrias. Uma empresa aérea pode reduzir a propaganda durante os períodos de pico de viagem e aumentar seu cronograma de mídia nos meses de baixa temporada. Os ciclos de recompra também podem desempenhar um papel no cronograma de mídia – os produtos com ciclos de recompra mais curtos provavelmente exigirão cronogramas de mídia mais consistentes durante o ano todo. As atividades dos concorrentes são outras influências no cronograma de mídia.

Em poucas palavras

Nos bons momentos, as pessoas querem anunciar; nos maus, elas precisam.
Bruce Barton (1886-1967)
Diretor de agência de publicidade americano

Uma pequena empresa pode evitar anunciar durante os períodos em que seus rivais fazem propaganda pesada.

Os anunciantes usam os conceitos de alcance, freqüência e pontos brutos de audiência para medir a eficiência dos planos de cronograma de mídia. O *alcance* refere-se ao número de diferentes pessoas ou famílias expostas a uma propaganda pelo menos uma vez durante um determinado período de tempo, normalmente, quatro semanas. A *freqüência* está ligada ao número de vezes que um indivíduo é exposto a uma propaganda durante um certo período de tempo. Mediante a multiplicação do alcance pela freqüência, os anunciantes, quantitativamente, descrevem o peso total de um esforço de mídia, o qual é chamado de *ponto bruto de audiência* (GRP – Gross Rating Point).

Recentemente, os profissionais de marketing vêm questionando a eficácia do alcance e da freqüência para medir o sucesso do anúncio on-line. A teoria por trás da freqüência é a de que o telespectador de propaganda médio precisa de um mínimo de três exposições para uma mensagem ser entendida e para que ele a conecte com uma marca específica. Para os surfistas da internet, o "desgaste" é muito mais rápido – portanto, existe uma importância maior de construir os relacionamentos com o consumidor por meio das propagandas.

Em geral, o cronograma de mídia é criado da seguinte forma. Digamos que um fabricante de automóveis queira anunciar um novo modelo projetado, principalmente, para atrair os consumidores profissionais por volta dos trinta anos. O modelo seria lançado em novembro com uma peça de mala-direta oferecendo test drives. Propaganda em outdoor, jornal e revista daria apoio à campanha de mala-direta, mas também prosseguiria todo o inverno até a primavera e o verão. Os anúncios em jornal podem, realmente, cooperar tanto com o fabricante quanto com as concessionárias locais. Os primeiros comerciais de televisão podem ir ao ar durante um especial de férias na televisão no meio de dezembro, e depois um ou mais *spots*, altamente criativos e custosamente produzidos, seriam veiculados primeiro durante o *Super Bowl* no final de janeiro. Outro comercial de televisão – com novos anúncios impressos – pode ser agendado, para as liquidações de outono, quando o fabricante se prepara para apresentar os modelos do próximo ano.

Esse exemplo ilustra como os profissionais de marketing americanos podem planejar seu ano publicitário para apenas um produto.

MARKETING
Verificação de conceito

1. O que é alcance? E freqüência?
2. Como os anunciantes calculam o ponto bruto de audiência?
3. Defina *cronograma de mídia* e identifique os fatores mais importantes que influenciam a decisão do cronograma.

ORGANIZAÇÃO DA FUNÇÃO DA PROPAGANDA

Embora a responsabilidade fundamental para a tomada de decisão da propaganda freqüentemente dependa do gerenciamento principal de marketing, os arranjos organizacionais para a função da propaganda variam entre as empresas. Um fabricante de um produto industrial técnico pode operar com um departamento de uma pessoa na empresa, que trabalha, principalmente, na escrita de cópia para ser enviada a publicações comerciais. Uma empresa de bens de consumo, por outro lado, pode recrutar especialistas em publicidade para montar um grande departamento.

6. Resumir a organização da função da propaganda e o papel de uma agência.

A função da propaganda, geralmente, é organizada como um departamento de equipe que se reporta ao vice-presidente (ou diretor) de marketing. O diretor de propaganda é uma posição executiva com a responsabilidade pela atividade funcional de propaganda. Essa posição exige não apenas um publicitário experiente e habilidoso, mas também uma pessoa que se comunica eficientemente na organização. O sucesso da estratégia promocional de uma empresa depende da disposição e da capacidade do diretor de propaganda para se comunicar tanto vertical quanto horizontalmente. Em geral, as principais tarefas organizadas em publicidade incluem

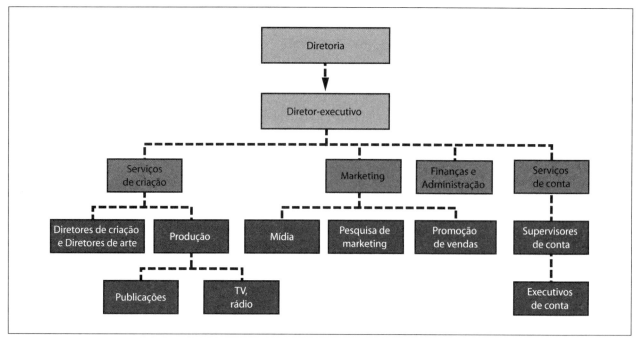

Figura 16.5
Gráfico organizacional de uma agência de publicidade.

pesquisa publicitária, projeto, preparação do material de propaganda, análise de mídia e, em alguns casos, promoção comercial e de vendas.

AGÊNCIAS DE PUBLICIDADE

Muitas grandes organizações em indústrias caracterizadas por gastos consideráveis em publicidade contratarão uma **agência de publicidade** independente, uma empresa cujos especialistas de marketing auxiliem os negócios no planejamento e na preparação de propagandas. A propaganda é uma indústria imensa e global. Classificada pela receita mundial, a Dentsu do Japão é a maior agência mundial de publicidade, seguida pela McCann-Erickson Worldwide com base na cidade de Nova York.[25]

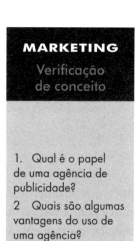

MARKETING
Verificação
de conceito

1. Qual é o papel
de uma agência de
publicidade?

2 Quais são algumas
vantagens do uso de
uma agência?

Muitos grandes anunciantes citam muitas razões para confiar às agências ao menos alguma parte de sua publicidade. Em geral, as agências empregam especialistas altamente qualificados que fornecem um grau de criatividade e objetividade difícil de se sustentar em um departamento corporativo de propaganda. Algumas também conseguem reduzir o custo em publicidade ao permitir que o anunciante evite muitas das despesas fixas associadas à manutenção de um departamento de propaganda interno.

A Figura 16.5 mostra o gráfico da organização hipotética de uma grande agência de publicidade. Embora os títulos dos cargos variem entre as agências, as principais funções podem ser classificadas como, serviços criativos, serviços de conta: serviços de marketing, incluindo serviços de mídia, pesquisa de marketing e promoção de vendas, e finanças e administração.

Qualquer que seja a estrutura da organização selecionada, uma agência, freqüentemente, baseia-se ou encontra-se em seus relacionamentos com seus clientes.

dicas de etiqueta

Etiqueta de correio de voz

Não é segredo que as novas tecnologias de comunicação mudaram a maneira como fazemos negócios. Os novos modos de comunicação exigem novas habilidades caso devam ser usados eficazmente. Como são seus hábitos de correio de voz? Verifique esta lista de dicas e veja o que você talvez precise melhorar.

1. Sempre que possível, atenda você mesmo seu telefone, no mais tardar no segundo ou terceiro toque. Identifique-se pelo nome.
2. Evite recorrer ao correio de voz como um dispositivo *call-screening*. É descortês e é melhor atender as ligações conforme chegam do que deixar mensagens se acumularem.
3. Estabeleça seu correio de voz para tocar tantas vezes quanto possível antes de executar sua mensagem.
4. Faça uma mensagem profissional, porém amigável – e curta. Fale lenta e claramente e evite gírias.
5. Atualize sua mensagem com freqüência, principalmente se você viajar muito. Use a mensagem para fazer com que as pessoas do outro lado da linha saibam quando será seu retorno ou quando você ligará de volta.
6. Forneça instruções para que as pessoas que o(a) chamam consigam outro profissional que possa ajudá-las pessoalmente caso prefiram.
7. Verifique suas mensagens assim que possível e retorne as ligações em um dia útil.
8. Quando você voltar, agradeça a quem ligou por sua mensagem.
9. Se for deixar uma mensagem para alguém, comece com seu nome completo, sua empresa e o dia e a hora em que ligou. Sempre inclua seu próprio número de telefone para facilitar, quando possível, para que a outra pessoa retorne sua ligação.
10. Deixe uma mensagem que seja concisa. Certifique-se de que a pessoa saiba o motivo de sua ligação e quando ela pode encontrar você.

Lembre-se de que o correio de voz não tem o propósito de substituir ninguém. Ele deve ser usado apenas quando você não pode atender o telefone. Como ocorre com muitos aspectos de marketing, o toque pessoal sempre é o melhor.

Fontes: *Voice-mail etiquette*, **www.customerfocusinc.com**, acessado em 24 mar. 2005; *Voice mail etiquette FAQS*, **www.edu.gov.mb.ca**, acessado em 23 abr. 2004; *Telecommunications*: faculty/staff, Rollins College, **www.rollins.edu/telecom/etiquette.html**, acessado em 23 abr. 2004.

O ritmo rápido e a pressão das agências de publicidade são lendários, mas a boa comunicação permanece acima de tudo para manter essa relação. Algumas dicas importantes quanto ao uso do correio de voz – uma ferramenta utilizada no escritório tão comumente quanto o computador – aparecem em "Dicas de etiqueta".

RELAÇÕES PÚBLICAS

No Capítulo 15, definimos relações públicas como as comunicações e relações da empresa com seus vários públicos, incluindo clientes, funcionários, acionistas, fornecedores, agências governamentais e a sociedade na qual ela opera. Os esforços de relações públicas organizacionais datam de 1889, quando George Westinghouse contratou duas pessoas para divulgar as vantagens da eletricidade de corrente alternada e para refutar os argumentos, originalmente defendidos por Thomas Edison, em favor dos sistemas de corrente contínua.

7. Explicar os papéis das promoções cruzadas, relações públicas, publicidade, e ética na estratégia promocional da organização.

As relações públicas são um canal indireto de comunicações eficiente por meio do qual uma empresa pode promover produtos, embora sirvam a objetivos mais amplos que aqueles de outros componentes da estratégia promocional. Seu interesse é o prestígio e a imagem de todas as partes da organização. Atualmente, as relações públicas desempenham um papel maior do que nunca no mix promocional, e podem enfatizar mais as informações voltadas ao marketing.

Além de suas atividades tradicionais, por exemplo, pesquisar as atitudes do público e criar uma boa imagem corporativa, o RP também apóia a publicidade ao promover os produtos e serviços da organização.[26]

Aproximadamente 160 mil pessoas trabalham com relações públicas nos dois setores – voltados para o lucro e sem fins lucrativos. Por volta de 1.800 empresas de relações públicas funcionam, atualmente, nos Estados Unidos. Além disso, milhares de operações desempenhadas por uma única pessoa competem para oferecer esses serviços.

As relações públicas estão em um período de crescimento importante como resultado da pressão pública sobre as indústrias com relação à conduta ética corporativa e às questões ambientais e internacionais. Os gastos internacionais com relações públicas estão crescendo mais rapidamente que aqueles com propaganda e promoção de vendas. Muitos altos executivos estão envolvendo-se mais com as relações públicas também. O público espera que os altos administradores assumam maior responsabilidade pelas ações da empresa do que aceitavam no passado. Aqueles que se recusam a fazer isso são amplamente criticados, censurados e até presos.

As relações públicas podem servir à comunidade tão bem como à empresa. A ADT Security Systems recentemente instalou sistemas de segurança nas casas de mulheres espancadas em cinco cidades, trabalhando em conjunto com o maior abrigo de mulheres em cada área. Os sistemas foram instalados e monitorados sem nenhum custo, evitando agressões e até mesmo salvando vidas. Na coletiva de imprensa, na qual anunciaram as instalações, os executivos da ADT se uniram a prefeitos, chefes de polícia e a diretores dos abrigos. Coincidentemente, a empresa viu aumentos nas vendas de seus sistemas de segurança nessas cidades, variando de 15 a 33%.[27]

O departamento de RP é a ligação entre a empresa e a mídia. Ele fornece comunicados à imprensa e realiza coletivas de imprensa para anunciar novos produtos, a formação de alianças estratégicas, mudanças de gerenciamento, resultados financeiros ou desenvolvimentos semelhantes. O departamento de RP pode emitir suas próprias publicações também, incluindo folhetos informativos, revistas e relatórios. Determinadas inovações, como as dos meios de transporte pessoais da Segway e o Crest's WhiteStrips, receberam aumentos tremendos quando seus gerentes de RP os colocaram em populares shows de TV. O patinete motorizado da Segway foi demonstrado no *Good Morning America*, e os WhiteStrips foram lançados no ex-sindicalizado talk show de Rosie O'Donnell.[28]

O plano de RP começa de forma muito parecida com um plano de propaganda, com a pesquisa para definir o papel e o objetivo das relações públicas gerais da empresa e os desafios atuais. Depois aparecem as decisões estratégicas de curto prazo e os objetivos de longo prazo e os mercados, a análise de características de produto e as escolhas de mensagens e canais de mídia – ou outras estratégias de RP, como compromissos ou debates realísticos – para cada mercado. A execução do plano envolve o desenvolvimento de mensagens realçando os benefícios que a empresa traz a cada mercado. O passo final é a medição de resultados.

A internet realmente tem mudado algum planejamento de PR, pois os representantes de RP têm agora acesso mais direto ao público, suas mensagens não são mais filtradas por jornalistas e pela mídia jornalística. Esse acesso direto proporciona aos representantes de RP maior controle sobre suas mensagens.

RELAÇÕES PÚBLICAS DE MARKETING E SEM MARKETING

As **relações públicas sem marketing** referem-se às mensagens de uma empresa a respeito de questões de gerenciamento gerais. Quando uma empresa toma uma decisão que afeta qualquer um de seus públicos, a entrada dos especialistas de relações públicas pode ajudar a facilitar seus procedimentos com aqueles. Uma companhia que decide fechar uma fábrica precisa de aconselhamento sobre como lidar com a comunidade local. Outros exemplos incluem as tentativas de uma empresa em obter a opinião pública favorável durante uma longa greve ou uma carta aberta ao

Congresso publicada em um jornal durante debates parlamentares sobre um projeto de lei que afetaria uma indústria específica. Embora algumas empresas organizem seus departamentos de relações públicas em separado de suas divisões de marketing, as atividades de RP, invariavelmente, afetam as estratégias promocionais.

Em contrapartida, as **relações públicas de marketing (RPM)** referem-se às atividades de relações públicas estreitamente focadas que, de forma direta, lastreiam os objetivos de marketing. As RPM envolvem as relações de uma organização com os consumidores ou com outros grupos a respeito dos assuntos de marketing e podem ser proativas ou reativas.

Com as RPM proativas, o profissional de marketing toma a iniciativa e busca oportunidades para promover os produtos da empresa, incluindo, freqüentemente, a distribuição de comunicados à imprensa e artigos em destaque. Por exemplo, as empresas enviam comunicados a respeito de novos produtos a jornais, estações de televisão e publicações voltadas ao consumidor, financeiras e comerciais. É uma ferramenta poderosa de marketing, desde que adicione cobertura jornalística que reforce as atividades de promoção direta.

As RPM reativas respondem a uma situação externa cujas conseqüências são potencialmente negativas para a organização. Os exemplos de RPM reativas são as respostas às adulterações de um produto, como as mortes causadas pelo cianeto nas cápsulas de Tylenol (1982) e de Sudafed (1991). A pronta medida corretiva e as fortes campanhas de RP da Johnson & Johnson e da GlaxoSmithKline, respectivamente, evitaram que essas situações se tornassem desastrosas.

Por outro lado, tanto a Ford quanto a Bridgestone/Firestone erraram o alvo em suas tentativas de responsabilizar uma à outra pelos danos e mortes causados pelos pneus defeituosos. Mais recentemente, muitas grandes empresas aéreas têm usado as RPM para tentar atrair mais passageiros após os ataques de 11 de setembro de 2001.

PUBLICIDADE

O aspecto das relações públicas que está mais diretamente relacionado à promoção dos produtos de uma empresa é a **publicidade**: estímulo não-pessoal de demanda por um produto, serviço, local, idéia, pessoa ou organização por meio da colocação não paga de notícias significativas com relação ao produto em uma mídia impressa ou de transmissão. Já foi dito que, se a propaganda é o martelo, a publicidade é o prego. Ela gera credibilidade para a propaganda seguir. As empresas geram a publicidade ao criar eventos especiais, realizar coletivas de imprensa e preparar comunicados à imprensa e kits de mídia. Muitas companhias, por exemplo, a Starbucks e o Sam's Club do Wal-Mart, constroem suas marcas praticamente sem propaganda. Os produtos farmacêuticos, incluindo o Viagra e o Prozac, tornaram-se marcas mundiais com relativamente pouca propaganda, embora a propaganda – incluindo um programa de premiação para o usuário freqüente – agora seja amplamente usada para competir com um grande número de concorrentes recém-apresentados.

Embora a publicidade gere custos mínimos comparados a outras formas de promoção, não entrega suas mensagens inteiramente de graça. Os custos associados à publicidade incluem os custos de emprego de pessoal de marketing que tem a missão de criar e submeter comunicados publicitários, custos de impressão e envio e despesas relacionadas.

Freqüentemente, as empresas buscam a publicidade para promover sua imagem e seus pontos de vista. Outros esforços publicitários envolvem as atividades organizacionais, por exemplo, expansões de fábrica, fusões e aquisições, mudanças de direção e grandes avanços em pesquisa. Quantia significativa de publicidade, entretanto, fornece informações a respeito de produtos e serviços, em especial sobre novos produtos.

Em razão de muitos consumidores considerarem as principais notícias mais convincentes que as propagandas como fontes de informação, os comunicados publi-

MARKETING

Verificação
de conceito

1. Faça a distinção entre relações públicas de marketing e relações públicas sem marketing.
2. O que é publicidade?

citários são, freqüentemente, enviados aos editores de mídia para a possível inclusão nas principais notícias. Os públicos das mídias sentem as notícias como fornecidas pelos meios de comunicação, não pelos patrocinadores. As informações em um comunicado publicitário a respeito de um novo produto ou serviço podem fornecer auxílio valioso para alguém que escreva para televisão, jornal ou revista, levando a uma possível transmissão ou publicação. Os comunicados publicitários às vezes preenchem vazios em publicações, e, em outras ocasiões, tornam-se parte de reportagens de destaque regulares. Em qualquer um dos casos, oferecem às empresas suplementos valiosos para pagar as mensagens de propaganda.

PROMOÇÃO CRUZADA

Nos últimos anos, os profissionais de marketing começaram a combinar seus esforços promocionais para produtos relacionados usando uma técnica chamada **promoção cruzada**, em que os parceiros de marketing dividem o custo de uma campanha promocional que preenche suas necessidades mútuas – um benefício importante em um ambiente de custos crescentes com mídia. As estratégias de marketing de relacionamento como o co-marketing

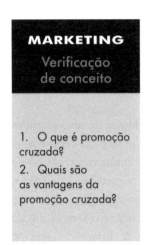

e o co-branding, discutidos no Capítulo 10, são formas de promoção cruzada. Os profissionais de marketing percebem que esses esforços conjuntos entre as marcas estabelecidas fornecem maiores benefícios como retorno para ambas as organizações; investimentos de tempo e dinheiro em tais promoções tornar-se-ão progressivamente importantes para muitas possibilidades de crescimento dos parceiros.

Uma propaganda recente para o rádio-relógio *Liv CD*, da Sony, promoveu não apenas o relógio, mas também sua disponibilidade na Target. Ao assinarem um acordo de distribuição exclusiva com o gigante varejista, os profissionais de marketing da Sony sabiam que assegurariam a cooperação dos gerentes de loja da Target treinando sua equipe de venda para atrair a atenção dos compradores para o novo produto, assegurar locais de exposição eficazes e incluí-lo nas promoções da Target.

Os profissionais de marketing da Target esperavam ganhar com o resultado de sua distribuição exclusiva de um novo e empolgante produto de um dos líderes globais em eletrônicos de consumo.

MEDIÇÃO DA EFICIÊNCIA COMUNICACIONAL

8. Explicar como os profissionais de marketing avaliam a eficácia promocional.

Cada elemento do mix de comunicação representa um gasto maior para uma empresa. Embora os preços promocionais variem de forma ampla, os anunciantes geralmente pagam uma taxa com base no custo para levar a mensagem aos telespectadores, ouvintes ou leitores – o conhecido *custo por milhar* (*CPM*). Os *outdoors* são o meio mais barato para fazer propaganda, com televisão e alguns jornais sendo os mais caros. Assim, embora o preço seja um fator importante na seleção de mídia, ele não é, absolutamente, o único – ou todas as propagandas apareceriam em *outdoors*!

Em razão de a comunicação representar um gasto alto para muitas empresas, elas precisam determinar se suas campanhas cumprem os objetivos. As empresas querem que suas agências de publicidade e sua equipe de marketing interna demonstrem como os programas de comunicação contribuem para o aumento das vendas e dos lucros. Os profissionais de marketing estão bem conscientes do número de mensagens e de promoções de vendas que os consumidores encontram diariamente, e sabem que essas pessoas praticam a percepção seletiva e, simplesmente, ignoram muitas mensagens.

Ao medir a eficácia da comunicação, as organizações podem avaliar as diferentes estratégias, evitar erros antes de investir dinheiro em programas específicos e melhorar seus programas promocionais. Como a discussão anterior sobre planejamento promocional explicou, qualquer programa de avaliação começa com os objetivos e as metas; caso contrário, os profissionais de marketing não têm parâmetro para medir a eficácia. Entretanto, determinar se uma mensagem alcançou seu objetivo pretendido é uma das maiores dificuldades empreendidas em marketing. As promoções de venda e o marketing direto são um pouco mais fáceis para serem avaliados pelo fato de despertarem respostas mensuráveis dos consumidores. Da mesma forma que a propaganda, a publicidade também é difícil de ser avaliada em termos puramente objetivos.

> **Em poucas palavras**
>
> Se você acha que a propaganda não paga – nós concluímos que há 25 montanhas no Colorado mais altas que as de Pikes Peak. Você pode nomear uma?
>
> Anônimo

MEDIÇÃO DA EFICIÊNCIA DE PROPAGANDA

As medições para avaliar a eficiência de propaganda, embora difíceis e custosas, são partes essenciais de qualquer plano de marketing. Sem uma estratégia de avaliação, os profissionais de marketing não saberão se sua propaganda alcança os objetivos do plano de marketing ou se os dólares no orçamento publicitário estão sendo bem gastos. Para responder a essas perguntas, os profissionais de marketing podem conduzir dois tipos de pesquisa. A **pesquisa de mídia** avalia a eficácia da comunicação de uma mensagem do anunciante em uma mídia específica, onde e quando colocar uma propaganda e o tamanho de seu público. Os compradores do tempo de transmissão baseiam suas compras em pontos de audiência de Nielsen, e as redes precisam pagar caso os índices não alcancem os níveis prometidos. Os compradores de espaço publicitário impresso pagam taxas com base na circulação. Os números de circulação são certificados independentemente por empresas de pesquisa especializadas.

A outra categoria principal, a **pesquisa de mensagem**, testa as reações do consumidor a uma mensagem criativa de propaganda. O pré-teste e o pós-teste, os dois métodos para executar a pesquisa de mensagem, serão discutidos nas próximas seções.

Pré-teste

Para avaliar a provável eficácia de uma propaganda antes que esta realmente apareça na mídia escolhida, os profissionais de marketing conduzem o **pré-teste**. A vantagem óbvia dessa técnica é a oportunidade de avaliar as propagandas quando elas estão sendo desenvolvidas.

Os profissionais de marketing podem conduzir vários pré-testes diferentes, começando durante a fase de conceito nos estágios iniciais da campanha, quando há apenas um rascunho do anúncio, e continuando até o layout e o projeto da propaganda estarem quase completos.

O pré-teste emprega uma variedade de métodos de avaliação. Os grupos de discussão podem debater suas reações a modelos de propagandas usando temas, cabeçalhos ou ilustrações diferentes. Para testar propagandas de revistas, a agência de publicidade Batten, Barton, Durstine & Osborn corta anúncios de provas de impresso de revistas e depois insere os anúncios que querem testar. Os entrevistadores, posteriormente, verificam o impacto das propagandas sobre os leitores que recebem cópias grátis das revistas revisadas. Outra agência de publicidade, a McCann-Erickson, usa um *teste de convicção de vendas* para avaliar as propagandas em revistas. Os entrevistadores pedem a usuários freqüentes de um item específico para escolherem uma entre duas alternativas de propagandas que os convenceria a comprar o produto anunciado.

Para classificar propagandas potenciais em rádio e televisão, os profissionais de marketing recrutam consumidores para sentar em um estúdio e indicar suas preferências pressionando dois botões, um para uma reação positiva ao comercial e outro para uma reação negativa. Às vezes, a cópia da propaganda proposta é impressa em um postal que também oferece um produto grátis; o número de retorno de postais representa uma indicação da eficácia da cópia. Os *testes cegos em produtos* também são usados com freqüência. Nesses testes, pede-se que as pessoas selecionem produtos não identificados a partir da cópia disponível de propagandas.

Dispositivos mecânicos fornecem ainda outro método de avaliação da maneira como as pessoas lêem a cópia da propaganda. Um teste mecânico usa uma câmera oculta para fotografar os movimentos dos olhos dos leitores. Os resultados ajudam os anunciantes a determinar a colocação de cabeçalhos e a extensão da cópia. Outra abordagem mecânica mede a resposta elétrica da pele – alterações na resistência elétrica da pele produzidas por reações emocionais.

Pós-teste

O **pós-teste** avalia a cópia da propaganda após sua aparição na mídia apropriada. Geralmente, o pré-teste é um método de medição mais desejável que o pós-teste porque pode economizar o custo da colocação ineficaz de anúncios. Entretanto, o pós-teste pode ajudar no planejamento de propagandas futuras e no ajuste de programas de propaganda atuais.

Em poucas palavras

A palavra mais importante no vocabulário da propaganda é TESTE. Se você fizer um pré-teste de seu produto com consumidores, e fizer um pré-teste de sua propaganda, você se sairá bem no mercado.
David Ogilvy (1911-1999)
Fundador da agência de publicidade Ogilvy & Mather

Um dos pós-testes mais populares, o *Starch Readership Report*, entrevista pessoas que leram revistas selecionadas para determinar se elas observaram as várias propagandas nessas revistas. Uma cópia da revista é usada como uma ferramenta de entrevista, e cada entrevistador inicia em um ponto diferente. Para anúncios maiores, pergunta-se aos entrevistados sobre pontos específicos, por exemplo, cabeçalhos e reprodução. Todos os tais *testes de leitura*, também chamados testes de reconhecimento, presumem que estão relacionadas vendas futuras ao público leitor da propaganda.

Os *testes de recordação sem consulta* são outro método de fazer um pós-teste da eficácia de propagandas. Os entrevistados não vêem cópias da revista após sua leitura inicial, mas se pede para que lembrem os anúncios de memória. A Burke Research Corp. conduz entrevistas por telefone um dia após um comercial ter ido ao ar na televisão para testar o reconhecimento da marca e a eficácia da propaganda. Outro teste de recordação sem consulta é o adWatch, um projeto conjunto da revista *Advertising Age* e da Organização Gallup. Ele mede a percepção do anúncio mediante votação por telefone, que pede para que cada consumidor nomeie a propaganda que primeiro lhe vier à mente entre todas as propagandas que ele ou ela tenha visto, ouvido ou lido nos últimos trinta dias.

Os *testes de perguntas* são outra forma popular de pós-teste. Às vezes, a propaganda oferece presentes – geralmente, amostras de produto – para as pessoas que os responderem. O número de perguntas proporcionais ao custo da propaganda forma uma medição de sua eficácia.

As **corridas simultâneas** permitem aos anunciantes testarem dois ou mais anúncios ao mesmo tempo. Embora os anunciantes, tradicionalmente, coloquem diferentes versões em jornais e revistas, as corridas simultâneas nos sistemas de televisão a cabo testam, com freqüência, a eficácia das propagandas na televisão. Com esse método, os anunciantes dividem o público de TV a cabo ou os assinantes de uma publicação em dois: metade vê a propaganda A e a outra metade vê a propaganda B.

A eficiência relativa das alternativas é então determinada por meio de testes de perguntas ou de recordação sem consulta ou de reconhecimento.

Independentemente do método exato escolhido, os profissionais de marketing devem perceber que o pré-teste e o pós-teste são esforços caros. Em conseqüência, devem planejar o uso dessas técnicas tão eficazmente quanto possível.

MEDIÇÃO DA EFICÁCIA DA PUBLICIDADE

Como ocorre com outras formas de comunicações de marketing, as organizações devem medir os resultados de RP com base em seus objetivos tanto do programa de RP quanto como um todo e para atividades específicas. Neste próximo passo, os profissionais de marketing devem decidir o que querem medir. Tal escolha inclui determinar se a mensagem foi ouvida pelo público-alvo e se teve a influência desejada sobre a opinião pública.

O nível mais simples e menos custoso de avaliação envolve os produtos do programa de RP: se o público-alvo recebeu, prestou atenção, entendeu e reteve as mensagens direcionadas a ele. Para fazer esse julgamento, a equipe deve contar o número de colocações na mídia e estimar a extensão da cobertura de mídia. Ela pode contar os participantes de qualquer coletiva de imprensa, avaliar a qualidade dos folhetos e de outros materiais e realizar atividades semelhantes. As técnicas formais incluem traçar as colocações de publicidade, analisar quão favoravelmente seus conteúdos retrataram a empresa e conduzir pesquisas de opinião pública.

Para analisar a eficiência de RP mais profundamente, uma empresa pode conduzir grupos de discussão, entrevistas com líderes de opinião e pesquisas de opinião mais detalhadas e abrangentes. O nível mais alto de medição de eficácia analisa resultados: o programa de RP mudou as opiniões, as atitudes e o comportamento das pessoas? Os profissionais de RP medem esses resultados com pesquisas de opinião antes e depois (semelhantes ao pré-teste e ao pós-teste) e técnicas mais avançadas, como a análise psicográfica (discutida no Capítulo 5) e as ferramentas de pesquisa de marketing como análise por agrupamento e auditorias informativas.

AVALIANDO A MÍDIA INTERATIVA

Os profissionais de marketing empregam muitos métodos para medir quantos usuários vêem propagandas na internet: *hits* (pedidos de usuário por determinado arquivo), *impressões* (o número de vezes que uma pessoa vê um anúncio) e *custo por resposta (clickthroughs)* (quando o usuário clica no anúncio para obter mais informações). Entretanto, algumas dessas medições podem ser ilusórias. Pelo fato de cada página, gráfico ou arquivo multimídia equivaler a um hit, as interações simples podem facilmente acentuar a contagem de hit, fazendo com que seja menos precisa.

Para aumentar a eficácia, os anunciantes devem proporcionar às pessoas que clicam em seu site algo bom para ser visto. As campanhas bem-sucedidas da internet usam demonstrações, promoções, cupons e recursos interativos.

Os profissionais de marketing de internet avaliam os banners de anúncio com base no custo por milhar (CPM). Os sites que vendem propaganda normalmente garantem certo número de impressões – o número de vezes que um banner de anúncio é baixado e, presumivelmente, visto pelos visitantes. Os profissionais de marketing, então, estabelecem uma porcentagem com base nessa garantia vezes a porcentagem de CPM.

Embora a internet ainda não tenha um sistema de medição padrão, várias empresas, como a I/Pro, a NetCount e a Interse, oferecem diferentes sistemas de rastreamentos e de contagem na rede mundial. Ao menos dois serviços de auditoria,

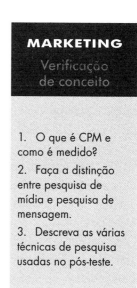

MARKETING
Verificação de conceito

1. O que é CPM e como é medido?

2. Faça a distinção entre pesquisa de mídia e pesquisa de mensagem.

3. Descreva as várias técnicas de pesquisa usadas no pós-teste.

a Audit Bureau of Verification Services e a BPA International, estão disponíveis. A Nielsen NetRatings avalia os sites da internet com base no número de visitantes diferentes que eles recebem.

ÉTICA NA VENDA NÃO-PESSOAL

O Capítulo 3 apresentou o tópico de ética de marketing e observou que a promoção é o elemento no mix de marketing do qual surgem mais questões éticas. As pessoas, ativamente, debatem a questão de se as comunicações de marketing contribuem para melhorar a vida delas. A seção final deste capítulo verifica mais profundamente as questões éticas na propaganda e nas relações públicas.

ÉTICA DA PROPAGANDA

Embora anunciar propagandas de cerveja e para crianças seja legal, esses tipos de promoções continuam a ser debatidos como questões éticas importantes. Uma área de controvérsia é a propaganda voltada às crianças. Quando surge para influenciar as decisões de compra dos pais, nada a supera na influência sobre as crianças. Ao promover mercadorias e serviços diretamente para as crianças, as empresas podem vender não apenas para elas, mas para o restante da família também. Porém, muitos pais e advogados de consumidores questionam a ética da promoção diretamente às crianças. Seu argumento: em um momento em que as crianças precisam aprender como consumir conscientemente, elas estão sendo inundadas por mensagens promocionais que ensinam justamente o contrário. Para cortejar os consumidores mais jovens, em especial os adolescentes e aqueles por volta dos vinte anos, os anunciantes tentam fazer essas mensagens parecerem tão diferentes das propagandas quanto possível; eles projetam anúncios que parecem mais espetáculos.

> **Em poucas palavras**
>
> Crescemos fundamentando nossos sonhos na promessa infinita da publicidade americana. Eu ainda acredito que alguém possa aprender a tocar piano por correio e que a lama lhe proporcionará uma pele perfeita.
>
> **Zelda Fitzgerald (1900-1948)**
> Artista, bailarina e escritora americana

Outra área controversa é a propaganda de bebida alcoólica. Os profissionais de marketing de cerveja anunciam fortemente na televisão e gastam muito mais em propaganda em mídias impressa e externa que os profissionais de marketing de marcas de bebidas destiladas. Alguns membros do Congresso querem regulamento muito mais rígido para todas as formas de tais propagandas na televisão e em outras mídias. Essa mudança restringiria os anúncios em revistas com 15% ou mais de público leitor jovem a texto apenas em preto e branco. Os críticos censuram as propagandas com mensagens que sugerem que beber a cerveja certa melhorará a vida pessoal de alguém ou ajudará a ganhar uma disputa esportiva. Muitas autoridades estaduais e locais estão pensando em propostas mais restritivas tanto para a propaganda de tabaco quando para a de álcool.

Nas propagandas no ciberespaço, freqüentemente torna-se difícil separar a propaganda do conteúdo editorial, uma vez que muitos sites se parecem com anúncios de revista ou jornal ou infomerciais de televisão. Outra questão ética que cerca a propaganda on-line é o uso de **cookies**, pequenos arquivos de texto automaticamente baixados no computador de um usuário sempre que um site é visitado. Sempre que o usuário retorna a esse site, o servidor do site acessa o *cookie* e reúne informações: Qual foi o último site visitado? Quanto tempo o usuário permaneceu? Qual foi o site visitado antes do último? Os profissionais de marketing afirmam que esse dispositivo os ajuda a determinar as preferências do consumidor e argumentam que os *cookies* são armazenados no PC do usuário, não no site da empresa. O problema é que os *cookies* podem coletar – e coletam – informações pessoais sem o conhecimento do usuário.

Publicidade Exagerada e Decepção

A **publicidade exagerada** refere-se às declarações exageradas da superioridade de um produto ou ao uso de afirmações subjetivas ou vagas que possam não ser literalmente verdadeiras. Uma empresa pode anunciar o "sistema mais avançado" ou afirmar que seu produto é o "mais eficiente" na realização de seu propósito.

O exagero nos anúncios não é novidade. Os consumidores parecem aceitar as tendências dos anunciantes em esticar a verdade em seus esforços para distinguir seus produtos e fazer com que os consumidores comprem. Essa inclinação pode fornecer uma razão para a propaganda não encorajar o comportamento de compra de forma tão bem-sucedida quanto as promoções de venda. Contudo, uma tendência para a publicidade exagerada faz surgir algumas questões éticas: onde está a linha entre afirmações que atraiam a atenção e aquelas que fornecem as garantias implícitas? Em qual grau os anunciantes, deliberadamente, fazem declarações equivocadas?

O *Uniform Commercial Code* (Código Comercial Uniforme) padroniza as práticas de vendas e comerciais em todos os Estados Unidos. Ele faz uma distinção entre a publicidade exagerada e qualquer declaração específica ou quantificável a respeito da qualidade ou do desempenho do produto que constitua uma "garantia expressa", o que obriga a empresa a respaldar sua declaração. As ostentações gerais da superioridade do produto e as afirmações vagas são publicidade exagerada, não garantias. São consideradas tão auto-elogiosas ou exageradas que o consumidor médio não confiaria nelas para tomar uma decisão de compra.

Uma declaração quantificável, por outro lado, implica determinado nível de desempenho. Por exemplo, os testes podem estabelecer a validade de uma declaração de que uma marca de lâmpadas incandescentes de vida longa dura três vezes mais que as lâmpadas incandescentes normais.

ÉTICA NA PUBLICIDADE

Muitas questões de relações públicas expõem as organizações à crítica. Várias empresas de RP executam serviços para as empresas de tabaco; campanhas publicitárias defendem produtos inseguros. Os profissionais de marketing também devem pesar a ética antes de responder à publicidade negativa. Por exemplo, as empresas admitem os problemas ou as deficiências do produto ou tentam encobri-los? É necessário observar se os profissionais de RP que violam o *Public Relations Society of America's Code of Professional Standards* (Código de Padrões Profissionais da Sociedade de Relações Públicas dos Estados Unidos) promovem produtos ou causas amplamente conhecidos por serem nocivos a outras pessoas.

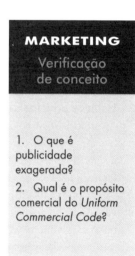

MARKETING
Verificação de conceito

1. O que é publicidade exagerada?
2. Qual é o propósito comercial do *Uniform Commercial Code*?

Implicações estratégicas do marketing no século XXI

A maior parte dos orçamentos para propaganda corporativa migrará para a internet em um futuro próximo. Após experimentar grande crescimento desde seu começo, apenas no último ano o gasto com a propaganda na internet cresceu mais de 12%, e na Ásia (excluindo o Japão) espera-se que o crescimento trabalhe nos três dígitos nos próximos anos.[29] Essa tendência significa que os profissionais de marketing estão progressivamente conscientes dos benefícios e das desvantagens da propaganda na internet. Porém, eles não devem esquecer os benefícios de outros tipos de propaganda também.

Os especialistas da indústria de promoção concordam que o e-commerce amplia as tarefas dos profissionais de marketing, embora muitos objetivos promocionais ainda permaneçam os mesmos. Atualmente, os anunciantes precisam de 75 formas diferentes para negociar seus produtos em 75 países e em inúmeros segmentos de mercado. Nos próximos anos, os anunciantes também concordam que os canais se tornarão mais homogêneos, enquanto os mercados se tornarão mais fragmentados.

• • • • • REVISÃO

1 Identificar os três maiores objetivos da propaganda e suas duas categorias básicas.

Os três maiores objetivos da propaganda são informar, persuadir e fazer lembrar. As duas principais categorias de propaganda são a propaganda do produto e a propaganda institucional. A propaganda do produto envolve a venda não-pessoal de um produto ou serviço. A propaganda institucional é a promoção não-pessoal de um conceito, idéia ou filosofia de uma empresa ou de uma organização.

1.1. Identifique e defina as duas amplas categorias de propaganda. Dê um exemplo de cada uma.

1.2. Quais são os três objetivos principais das mensagens publicitárias?

1.3. Em qual estágio do ciclo de vida do produto está cada tipo de mensagem publicitária mais comumente usada?

2 Listar as principais estratégias de propaganda.

As principais estratégias são a propaganda comparativa, que faz amplo uso de mensagens com comparações entre as marcas concorrentes; celebridade, que usa porta-vozes famosos para incrementar uma mensagem publicitária; de varejo, que inclui todas as propagandas por meio das lojas varejistas que vendam produtos, diretamente, aos consumidores; e a interativa, que encoraja a comunicação bilateral tanto pela internet quanto com os quiosques.

2.1. Descreva cada uma das quatro principais estratégias de propaganda.

3 Descrever o processo de criação de uma propaganda.

Uma propaganda envolve objetivos bem detalhados, por exemplo, educar os consumidores, realçar a lealdade à marca ou melhorar a imagem de um produto. A partir desses objetivos, os profissionais de marketing vão para os próximos estágios: criar um plano, desenvolver uma mensagem, desenvolver e preparar a propaganda e selecionar a mídia apropriada (ou mídias). As propagandas freqüentemente apelam para as emoções dos consumidores com mensagens que focam em medo, humor ou sexo.

3.1. Quais variáveis os profissionais de marketing podem considerar ao criar uma mensagem publicitária para uma empresa que oferece serviços financeiros, incluindo contas de aposentadoria, cartões de crédito e outros investimentos?

4 Identificar os principais tipos de apelos publicitários e discutir seus usos.

Os anunciantes, com freqüência, focam em criar apelos emocionais para o medo, o humor, o sexo, a culpa ou a fantasia do leitor ou telespectador. Embora isso possa ser eficaz, os profissionais de marketing precisam reconhecer que os apelos de medo podem sair pela culatra, o senso de humor das pessoas pode ser diferente de acordo com o sexo, a idade e outros fatores, e o uso do imaginário sexual não deve ultrapassar os limites do bom gosto.

4.1. Quais são os apelos publicitários comuns?

4.2. Quais são as vantagens e as desvantagens desses apelos?

5 Listar e comparar as principais mídias de propaganda.

As principais mídias incluem transmissão (televisão e rádio), jornais e revistas, mala-direta, externa e interativa. Cada mídia tem vantagens e desvantagens. Os jornais são flexíveis e dominam os mercados locais. As revistas podem direcionar-se para nichos de mercados. As mídias interativas encorajam a comunicação bilateral. A propaganda externa em local de grande tráfego alcança muitas pessoas diariamente; a televisão e o rádio alcançam muito mais. A mala-direta permite a cobertura seletiva e intensiva.

5.1. Identifique e descreva as diferentes mídias de propaganda. Dê um exemplo de um tipo de produto que poderia ser mais bem anunciado em cada uma.

5.2. Quais as diferenças entre a propaganda pelas mídias interativas e a propaganda nas mídias tradicionais? Descreva como você acha que uma cadeira de resorts de golfe poderia usar a propaganda interativa eficazmente.

5.3. Quando é mais provável que os porta-vozes celebridades sejam eficientes na propaganda? Dê exemplos recentes de eficácia e ineficácia de porta-vozes nas propagandas.

6 Ressaltar a organização da função da propaganda e o papel de uma agência de publicidade.

Em uma empresa, o departamento de propaganda, geralmente, é um grupo que se reporta a um diretor de marketing. Os departamentos de propaganda incluem pesquisa, arte e design, preparação do material de propaganda e análise de mídias. As agências de publicidade externas auxiliam as empresas que não têm seus próprios departamentos de propaganda e lhes dão apoio. Esses especialistas, em geral, estão organizados por serviços criativos, serviços de conta, serviços de marketing e financeiro.

6.1. Qual é o papel de uma agência de publicidade?

7 Explicar os papéis das promoções cruzadas, publicidade e ética na estratégia promocional de uma organização.

As promoções cruzadas, ilustradas pelos produtos de promoção casada de filmes populares e restaurantes de *fast food*, permitem que os parceiros de marketing dividam o custo de uma campanha promocional que preencha suas necessidades mútuas. As relações públicas consistem das comunicações e dos relacionamentos da empresa com seus vários públicos, incluindo consumidores, funcionários, acionistas, fornecedores, governo e a sociedade na qual opera. A publicidade é a disseminação de informações interessantes a respeito de um produto ou de uma organização. Essa atividade informativa é, freqüentemente, usada nas apresentações de novos produtos. Embora a publicidade seja bem acolhida pelas empresas, a publicidade negativa é facilmente criada quando uma empresa ingressa em uma área ética sombria, com o uso de seus esforços promocionais. Portanto, os profissionais de marketing devem ser cuidadosos e construir de forma ética campanhas promocionais honestas, evitando determinadas práticas como a publicidade exagerada e a mentira.

7.1. Como as empresas podem usar as relações públicas de marketing (RPM) em vantagem própria?

7.2. Você concorda com a afirmação de que a publicidade é propaganda livre?

8 Explicar como os profissionais de marketing avaliam a eficiência da comunicação.

A eficiência da propaganda pode ser medida tanto por meio do pré-teste quanto do pós-teste. O pré-teste é a avaliação da eficiência de uma propaganda antes de ela, realmente, ser usada. Inclui determinados métodos como os testes de convicção de venda e os testes cegos em produto. O pós-teste é a avaliação da eficiência da propaganda após ela ter isso usada. Normalmente, os pós-testes usados incluem testes de leitura, testes de recordação sem consulta, testes de perguntas e corridas simultâneas.

8.1. Descreva as formas como os profissionais de marketing avaliam a eficiência promocional.

8.2. Identifique as principais questões éticas que afetam a propaganda, a promoção de vendas e as relações públicas.

PROJETOS E EXERCÍCIOS EM GRUPO

1. Com um colega, analise várias mensagens em várias mídias e identifique duas mensagens eficazes e duas que você ache ineficazes. Descreva o motivo de você achá-las eficazes ou ineficazes. Traga ao menos dois dos anúncios para a classe a fim de discutir com seus colegas.

2. Escolha uma revista que lhe interesse e analise as propagandas em uma edição. Descreva para quais leitores é a revista ao analisar os anúncios.

3. Com um colega, encontre um exemplo de promoção cruzada. Se possível, traga-a para a classe para discutir sua eficácia. Depois crie seu próprio plano para promover em conjunto dois produtos que você considera que seriam bons candidatos à promoção cruzada.

4. Acesse a internet e surfe por alguns sites que lhe interessem. Quantos anúncios em banner ou pop-ups você vê? Você gosta de ver esses anúncios ou os acha invasivos? Quais são mais atraentes? Quais são menos?

5. Selecione dois anúncios impressos ou de televisão de diferentes anunciantes para a mesma categoria de produto (carros ou refrigerantes, por exemplo) e decida qual emoção cada um desperta. Que anúncio é mais eficaz e por quê?

6. Que tipo de apelo você acha que seria mais eficaz no anúncio de cada um desses produtos a seguir? Por quê?
    a. pasta de dente clareadora
    b. acesso à internet sem fio
    c. jóias com diamantes
    d. campanha antipoluição
    e. pasta de dente anticárie
    f. loja de desconto de sapato

7. As propagandas externas e as propagandas instantâneas (pop-up) têm características em comum? Quais são?

8. Pesquisa sugere que os apelos de propaganda baseados em sexo são bem-sucedidos apenas quando são apropriados ao tipo de produto que está sendo anunciado. Com um colega, discuta se cada um de vocês concorda ou não com essa observação. Prepare-se para apresentar suas razões para a classe.

9. Liste tantas propagandas quanto possa que você lembre que viu, leu ou ouviu na última semana. Encurte sua lista a cinco ou seis anúncios de que você se recorde com mais detalhe e precisão. O que era inesquecível em relação a cada um desses anúncios?

10. Um observador de mídia diz que os públicos jovens de hoje podem usar os anúncios em televisão de forma diferente da maneira como seus pais o faziam. Por exemplo, eles podem copiar o estilo de edição de um anúncio para um vídeo próprio ou fazer o download da música porque gostam dela. Porém, diferentemente da geração anterior, podem não estar totalmente focados na mensagem do anúncio. Você concorda ou não com essa sugestão? Por quê?

APLICANDO OS CONCEITOS DO CAPÍTULO

1. Projete um anúncio impresso, com rascunho e uma imagem (ou uma descrição de uma imagem) para uma loja de eletrônicos que você visita freqüentemente. Certifique-se de incluir os elementos de um anúncio normal e identifique o apelo escolhido.

2. Um escritor diz que as crianças expostas à publicidade exagerada em propagandas viram adolescentes saudavelmente céticos em relação às afirmações de propagandas. Encontre vários anúncios impressos voltados para crianças e identifique o que acha que pode ser publicidade exagerada neles. Selecione um anúncio que você considera que influenciaria as crianças e reescreva-o sem a publicidade exagerada.

3. A propaganda comparativa, na qual os profissionais de marketing comparam diretamente o produto anunciado com um da concorrência, é controverso. A indústria publicitária é auto-regulamentada a respeito dessa questão, e a disputa entre as empresas, com relação a propagandas comparativas incorretas ou equivocadas, provavelmente resulta em ações legais. Em conseqüência, visto que a lei fornece algumas diretrizes específicas, os anunciantes que usam as propagandas comparativas são responsáveis por moni-torar a honestidade e a clareza de suas mensagens. Quais deveriam ser os critérios dos anunciantes quanto à clareza, em seu ponto de vista? Localize dois ou três anúncios comparativos e compare os critérios dos anunciantes com os seus próprios. Que conjunto de diretrizes é mais restritivo? O seu ou o dos anunciantes? Use os anúncios para ilustrar uma apresentação em sua classe.

4. Alguns profissionais de marketing acreditam que o marketing nas escolas – por meio de propagandas em capas de livros, colocação de produto em planos de aula e anúncios em vídeos educativos e em outros programas – é aceitável apenas se os anúncios forem projetados para ajudar as escolas financeiramente ao lhes proporcionar suprimentos com os quais não possam arcar ou ajudá-las a conseguir dinheiro para comprar tais itens. Outros acham que a propaganda, absolutamente, não tem lugar em escolas. Porém, a maioria espera que ela aumente no futuro. Informe-se a respeito da participação de anunciantes nas escolas de sua região. Em sua opinião, é um benefício? Justifique sua resposta. Entreviste alguns estudantes de ensino médio que você conhece e descubra o que eles pensam. Prepare um breve relatório a respeito de suas descobertas.

EXERCÍCIO DE ÉTICA

A MLB cancelou os planos para plantar um logotipo do Homem-Aranha nas primeira, segunda e na terceira bases para promover o filme *Homem-Aranha 2* após os fãs do esporte demonstrarem objeções fortes. Chocados por tal sacrilégio e convencidos de que, se a propaganda saísse das placas publicitárias e passasse para o campo de jogo, os uniformes dos jogadores, dos treinadores e dos juízes seriam cobertos com mais imagens de marca que um carro de corrida da Nascar, os fãs voltados ao tradicional gritaram indignados. Eles escreveram cartas; ligaram para programas de rádio sobre esportes. Suas reclamações pela mídia foram bem-sucedidas e o representante de beisebol Bud Selig anunciou que a "proposta" da marca do Homem-Aranha foi rejeitada. Porém, um diretor de marketing esportivo pre-disse que os "profissionais de marketing sempre irão recusar o envelope e pensarão que alguém tentará algo como isso novamente". O grande arremessador do New York Yankee, Whitey Ford, disse a respeito dos anúncios propostos: "Com os salários que eles estão pagando agora, eles precisam fazer dinheiro. [...] Atualmente, a televisão chama as jogadas".

1. Você acha que o marketing em eventos esportivos e em estádios se tornará mais agressivo se os salários dos principais jogadores continuarem a subir? Se a alternativa for cobrar valores maiores pelo ingresso, o que é preferível em curto prazo? E em longo prazo? Por quê?

2. Alguns fãs e cronistas esportivos ficaram indignados com a proposta para comercializar um filme usando as bases,

mesmo o plano tendo sido rapidamente cancelado. Você acha que os anunciantes deveriam primeiro "testar o terreno" para determinados tipos de anúncios? Justifique sua resposta. Caso sua resposta seja afirmativa, que tipo de mecanismo de *feedback* você sugeriria que os profissionais de marketing usassem?

EXERCÍCIOS NA INTERNET

1. **Propaganda.** Visite o site *Advertising Age* (**www.adage. cury**) para acessar as informações sobre propaganda durante os últimos cem anos. Responda:
    a. Quais são as cinco principais campanhas publicitárias?
    b. Quais são os três principais jingles publicitários?
    c. Quais são os dois principais slogans publicitários?
    d. Quem são os cinco principais anunciantes?
    e. Ainda há qualquer uma dessas principais campanhas, slogans ou jingles em uso hoje?
2. **Relações públicas.** Durante os últimos cinco anos, vários varejistas e fabricantes que terceirizaram sua produção em países estrangeiros encontram-se sob crítica de organizações governamentais, trabalhistas e de direitos humanos por vender roupas produzidas em fábricas em que os trabalhadores são parcamente pagos e, com freqüência, abusados e sujeitos a condições insalubres de trabalho. Em resposta, várias dessas empresas instituíram novos padrões para os fornecedores. Alguns varejistas foram mais além. Visite o site da Gap Stores (**www.gap.com**). Clique em *Company Info* e depois em *Social Responsability*. Leia a respeito da auditoria social anual da empresa e sobre seus esforços em proteger os trabalhadores de empresas de vestuário. Explique como tais esforços são exemplos do uso eficaz das relações públicas e da publicidade como descrito no capítulo.

Observação: Os endereços de sites na internet mudam com freqüência. Se você não encontrar os sites mencionados, será necessário acessar a homepage da organização ou da empresa e então realizar sua pesquisa ou utilizar uma ferramenta de busca como o *Google*.

C|A|S|O 16.1   A Tecnologia irá matar a estrela da propaganda?

Diferentemente das taxas anuais cobradas no Reino Unido para financiar a BBC, muitos dos custos operacionais e de produção das mídias norte-americanas são cobertos pelas taxas cobradas dos anunciantes. Tais taxas ainda pagam por programas inéditos, embora em preços progressivamente altos. As porcentagens de anúncio por telespectador mais que dobraram nos últimos dez anos, da mesma forma que os públicos do horário nobre diminuíram em, aproximadamente, um terço. Porém, os profissionais de marketing podem não estar tão dispostos a pagar a conta elevada no futuro.

Atualmente, eles sabem que a tecnologia digital está colocando os telespectadores no controle pela primeira vez, dando aos consumidores a capacidade de ignorar os comerciais. E embora tenha saltado de um início lento, espera-se que a tecnologia do gravador de vídeo digital (DVR), baseada no computador que dá apoio aos fornecedores como a TiVo, entre nos lares americanos em uma velocidade muito mais rápida nos próximos dois anos, conforme os preços caem e a facilidade de uso aumenta. Os filmes, *sit-coms*, dramas e noticiários nascerão da demanda, ou livres de comerciais ou "zapeáveis". Alguns diretores de programação vêem a tecnologia do "zapeador" como um "ataque brutal sobre as bases de nossos negócios", e outros alardeiam que "isso é um maremoto. Está acontecendo e é profundo. E temos de encontrar um meio de lidar com ele". (Veja "Resolvendo uma questão ética" para obter uma visão mais profunda sobre a questão.) A televisão a cabo e a programação paga, auxiliadas pela TiVo, oferecem muito mais alternativas sem comerciais.

Embora os profissionais de marketing lutem para compensar o possível desaparecimento de públicos para os comerciais, o que acontecerá aos porta-vozes dos produtos? Parece que os consumidores americanos ainda amam as celebridades, não importa onde e como as encontre.

A General Nutrition Centers associou-se a Sylvester Stallone, do famoso *Rocky*, para promover uma nova linha de suplementos nutricionais. A visibilidade crescente de Stallone como porta-voz de produtos em seu novo trabalho como anfitrião de um *reality show*, The Contender, que coloca boxeadores amadores uns contra os outros por um prêmio em dinheiro e uma chance de se tornar profissional. Outros *reality shows* usam um novo tipo de colocação de produto para passar a mensagem. Os apresentadores espertos e sinceros do *Queer Eye for the Straight Guy*, por exemplo, recomendam produtos de cuidado pessoal pelo nome a seus "pacientes" de remodelação de estilo, em acordos engendrados entre, digamos, a Procter & Gamble e a rede, que transformam o *Fab Five* (Quinteto Fantástico) em porta-vozes de produtos para todos os propósitos. Os competidores de *Survivor* acompanham Doritos com Mountain Dew. A Coca-Cola satura os sets de *American Idol*, quando os juízes bebem em copos com o patrocínio da marca. Penélope Cruz e Courtney Cox bebem Coca-Cola em uma nova série de comerciais, como fizeram muitas celebridades antes delas, e Hugh Hefner, criador do império Playboy, promove os hambúrgueres Carl's Jr. Jerry Seinfeld e Tiger Woods carregam os cartões American Express e Sarah Ferguson, duquesa de York, promove os Vigilantes do Peso. Jessica Simpson estrela uma série de comerciais de balas de menta com sua irmã, promovendo a Ice Breakers Liquid Ice.

Quando a prisão de Michael Jackson por acusações de abuso infantil foi mostrada 30 vezes consecutivas no Fox News, parecia confirmar o ponto criado pelo autor e especialista em propaganda Jerry Della Femina: "Nos tornamos o maior fã-clube do mundo". Um pesquisador que estuda o culto à celebridade afirma: "Precisamos das celebridades tanto quanto precisamos de comida, água ou abrigo. Precisamos delas para nos sentirmos conectados".

Porém, uma pergunta que incomoda os profissionais de marketing ainda permanece. Precisamos das celebridades o bastante para querer ver seus comerciais?

Questões para discussão

1. Você acha que os porta-vozes famosos podem ajudar a propaganda em televisão a manter sua eficácia apesar da tecnologia do zapeamento?

2. Um executivo de televisão diz a respeito das colocações de produto e das aparições relâmpago de atores: "Esses pacotes integrados são um fato da vida, porém não irão dominar nossa programação. O telespectador pode captar apenas o necessário". O que você acha que seja um mix apropriado de comerciais claros e colocações sutis de produto acoplados ao show? Como podem os profissionais de marketing determinar o equilíbrio que funcionará melhor?

Fontes: HALL, Sarah. Stallone pumps supplements, *E!Online*, 21 maio 2004; Jessica Simpson to promote Breath Mints, *Associated Press*, 18 maio 2004; HOROVITZ, Bruce. The Good, bad and ugly of America's celeb obsession, *USA Today*, 19 dez. 2003, p. 1B, 2B; WOOLLEY, Scott. ZAP!, *Forbes*, 29 set. 2003, p. 76-84; MCKAY, Betsy; VRANICA, Suzanne. New coke ads with celebrities will start soon, *The Wall Street Journal*, 9 jan. 2003, p. B1, B7.

Venda Pessoal

e Promoção de Vendas

Capítulo 17

Objetivos

1 Traçar as condições de mercado que fazem da venda pessoal um componente primordial do mix de comunicação de uma empresa.

2 Descrever os quatro canais de venda.

3 Descrever as principais tendências da venda pessoal.

4 Identificar e, brevemente, descrever as três tarefas básicas de venda.

5 Delinear os sete passos no processo de vendas.

6 Identificar as sete funções básicas de um gerente de vendas.

7 Explicar o papel do comportamento ético na venda pessoal.

8 Descrever o papel da promoção de vendas no mix de comunicação.

9 Identificar os diferentes tipos de promoções de vendas direcionadas ao consumidor e ao comércio.

VENDER TALENTO DO BEISEBOL: É UM NEGÓCIO PESSOAL

1. Resumir as condições do ponto de venda que fazem da venda pessoal um componente fundamental do mix promocional da empresa.

Os jogadores de beisebol o amam – caso ele seja o agente deles. Os proprietários de times de beisebol talvez o temam ou o odeiem. De qualquer forma, o agente de talentos Scott Boras é a força com a qual se deve lidar. Ele tem sido chamado de o agente mais poderoso do esporte, até mesmo de "o verdadeiro representante do beisebol". Boras, na realidade, costumava jogar beisebol profissional como um rebatedor medíocre da segunda base e jardineiro central em equipes da liga secundária associadas ao St. Louis Cardinals e ao Chicago Cubs. Mas agora alcança acordos salariais de proporções "home run". Seus clientes incluem alguns dos jogadores mais talentosos da *Major League Baseball* (MLB – Liga Principal do Beisebol) e, graças a suas habilidades de negociação, alguns dos mais bem pagos. Barry Bonds do San Francisco Giants, Alex "A-Rod" Rodriguez do New York Yankees e Greg Maddux, que jogou muitas temporadas pelo Atlanta Braves e agora arremessa para o Chicago Cubs, são apenas alguns deles.

Boras negociou mais de US$ 250 milhões por dez anos com o Texas Rangers por Rodriguez, que, no final, foi negociado com o Yankees; US$ 87,5 milhões por sete anos com o Yankees por Bernie Williams; e US$ 90 milhões por cinco anos com o Giants por Barry Bonds.

Esses grandes acordos exigem um toque pessoal – você pode pensar nisso como uma venda pessoal extrema. Porém, é muito mais do que ir de jatinho de uma cidade para outra para jantares luxuosos com proprietários de equipes com talões de cheques gordos. Boras faz sua lição de casa. Exatamente como o jovem que fica grudado nos programas diários de resumo esportivo, nas estatísticas e nos rumores a respeito das equipes e dos jogadores, Boras descobre cada pedacinho de informação que possa achar. Sua agência tem um imenso banco de dados estatístico de jogadores, equipes e salários. Ele também assiste aos jogadores em ação, incessantemente. Sua equipe fornece a ele, diariamente, relatórios sobre o desempenho dos jogadores. Ele recebe dados atualizados sobre os jogadores pelo pager a cada 30 minutos. "Nosso trabalho é entender quais pontos de referência podemos encontrar no jogo, dentro de toda a história, e usar nossos dados para retratar um jogador e fazer com que as equipes saibam, 'Desculpe, você tem uma luz brilhante diante de você'", explica Boras. Ele presenteia uma equipe com um fichário recheado de informações sobre um jogador – e vai à luta provando

que seu cliente é a melhor compra para essa equipe. Ele diz que seu trabalho é "criar o teatro de como o jogador seja", fornecendo às equipes estatísticas e outras informações para apoiar as habilidades de seus clientes. Os gerentes-gerais apreciam o esforço, reconhecendo que o fichário é uma estratégia de venda. "Eu gosto de examinar os livros que Boras nos dá", observa Omar Minaya, gerente-geral do New York Mets. "Mas eu sei que estou recebendo apenas o ponto de vista de Scott Boras."

Tranqüilo, ele trata apenas com uma equipe para fechar um acordo, e Boras é conhecido por sua paciência. Como um bom treinador, ensina seus jogadores a serem pacientes também. Quando os jogadores estão dispostos a se tornar agentes autônomos, Boras lhes empresta um fichário diferente – com informações sobre as equipes – e pede que o estudem. Se eles fizerem isso, aprenderão a respeito dos números da folha de pagamento, estimativas de receita e valor global de cada clube. E serão capazes de determinar quanto uma equipe pode gastar em um contrato com eles. Boras os quer conscientes de seu valor. Então, busca o melhor acordo que possa conseguir. Ele ama seu trabalho, talvez mais do que jogar o próprio beisebol. Quando perguntado se venderia sua agência, ele recusa. "Eu planejo fazer este trabalho por um longo, longo tempo", diz.[1]

Visão geral

O agente esportivo Scott Boras ilustra como é necessário mais do que talento para se tornar bem-sucedido. Como ocorre em outros tipos de marketing, construir relacionamentos – com fãs, proprietários de equipes e juízes no beisebol – é uma parte vital do processo de vendas. Ao explorar as estratégias de venda pessoal, este capítulo dá atenção especial às oportunidades de construção de relacionamento que a situação de venda apresenta.

A **venda pessoal** é o processo de uma apresentação de comunicação interpessoal de um vendedor com um comprador.

O processo de vendas é, essencialmente, interpessoal, e é básico para qualquer empreendimento. Contabilidade, engenharia, gerenciamento de recursos humanos, produção e outras atividades organizacionais não produzem benefícios a menos que um vendedor corresponda às necessidades de um cliente ou consumidor. Os 15 milhões de pessoas empregadas nas funções de vendas nos Estados Unidos testemunham a importância da venda. Embora os gastos médios em propaganda de uma empresa possam representar de 1 a 3% do total das vendas, os gastos com venda pessoal são, provavelmente, iguais a 10 a 15%. Isso faz a venda pessoal o único grande gasto com marketing em muitas empresas.

A venda pessoal é um componente fundamental do mix de comunicação de uma empresa quando um ou mais dos vários fatores bem definidos são apresentados:

1. Os consumidores estão geograficamente concentrados.
2. Os pedidos individuais são responsáveis por grandes quantias de receita.
3. A empresa comercializa produtos e serviços que sejam caros, tecnicamente complexos ou exijam manuseio especial.
4. Estão envolvidas concessões de troca.
5. Os produtos passam por canais curtos.

6. A empresa comercializa com relativamente poucos consumidores potenciais.

A Tabela 17.1 resume os fatores que influenciam a importância da venda pessoal no mix de comunicação geral com base em quatro variáveis: consumidor, produto, preço e canais de marketing.

Este capítulo também explora a *promoção de vendas*, que inclui todas aquelas atividades de marketing além da venda pessoal e propaganda e publicidade que expandem a compra do consumidor e a eficácia do comerciante. Os jogadores da MLB não promovem apenas seu esporte, mas muitos produtos, e comparecem a eventos especiais para ressaltar os produtos vendidos pelas empresas com as quais eles têm contratos de publicidade.

Em poucas palavras

As pessoas se aposentam para fazer o que faço diariamente – jogar golfe com Arnold Palmer e tênis com Monica Seles. Estarei disponível enquanto puder contribuir.
Mark McCormack (1931-2003)
Fundador e presidente do International Management Group

A EVOLUÇÃO DA VENDA PESSOAL

A venda tem sido uma atividade comercial padrão há milhares de anos. Desde 2000 a.C., o Código de Hammurabi protegia os direitos do vendedor babilônico, que era conhecido como "mascate". Durante toda a história norte-americana, a venda tem sido um fator primordial no crescimento econômico. No século XVIII, os vendedores ambulantes americanos levavam suas carroças cheias de produtos de vila em vila e de fazenda em fazenda, ajudando a expandir o comércio entre as colônias. Em 1876, a invenção do telefone forneceu aos vendedores um novo meio para se comunicarem diretamente com seus consumidores. No decorrer das décadas, os estereótipos sobre os vendedores como marqueteiros de fala rápida, contadores de piadas que dão tapinhas nas costas começaram a se cristalizar.

A venda pessoal é muito diferente nos dias de hoje. O vendedor de hoje é altamente treinado. O profissionalismo em vendas é apropriadamente definido como "uma abordagem dirigida ao consumidor que emprega táticas verdadeiras e não manipuladoras para satisfazer as necessidades a longo prazo tanto do consumidor quanto da empresa que está vendendo".[2] Os vendedores profissionais são solucionadores de problemas que focam a satisfação das necessidades dos consumidores antes, durante e depois de as vendas serem consumadas. Armados com conhecimento sobre os produtos e os serviços de sua empresa, daqueles dos concorrentes e das necessidades comerciais de seus clientes, os vendedores buscam um objetivo comum de criação mútua de relações benéficas de longo prazo com os consumidores.

A venda pessoal é um processo vital, vibrante e dinâmico. Conforme a concorrência doméstica e a externa aumentam a ênfase em produtividade, a venda pessoal está assumindo um papel mais proeminente no mix de marketing corporativo. Os vendedores devem comunicar as vantagens sutis dos produtos e serviços de sua empresa em relação aos dos concorrentes. O papel do vendedor mudou do persuasor para o solucionador de problemas e consultor.[3] Além disso, as fusões e aquisições, mais o recebimento de novos produtos e promoções, expandiram a extensão e a complexidade de muitos trabalhos de venda.

O marketing de relacionamento afeta todos os aspectos da função de marketing de uma organização, incluindo a venda pessoal. Isso significa que os profissionais de marketing, tanto nos relacionamentos internos quanto nos

Tabela 17.1 Fatores que afetam a importância da venda pessoal no mix de comunicação

VARIÁVEL	CONDIÇÕES QUE FAVORECEM A VENDA PESSOAL	CONDIÇÕES QUE FAVORECEM A PROPAGANDA
Consumidor	Geograficamente concentrado Números relativamente baixos	Geograficamente disperso Números relativamente altos
Produto	Caro Tecnicamente complexo Sob medida Requisitos de manipulação especiais Transações freqüentemente envolvem concessão de troca	Acessível Simples de ser compreendido Padronizado Ausência de requisitos de manipulação especiais Raramente as transações envolvem concessão de troca
Preço	Relativamente alto	Relativamente baixo
Canais	Relativamente curtos	Relativamente longos

externos, devem desenvolver habilidades de vendas diferentes. Em vez de trabalharem sozinhos, muitos vendedores agora unem suas forças em equipes de vendas. A empresa focada no consumidor quer que seus vendedores estabeleçam relacionamentos de longa duração com os compradores por intermédio do fornecimento de altos níveis de serviço ao consumidor, preferíveis às vendas rápidas. Até o modo como os vendedores desempenham suas funções está constantemente mudando. Números crescentes de empresas têm integrado as comunicações e as tecnologias informáticas na rotina de vendas. Essas tendências serão descritas em mais detalhes no fim do capítulo.

A venda pessoal é uma opção atrativa de carreira para os estudantes universitários e de cursos técnicos de hoje. Cerca de três entre cinco formandos em marketing nos Estados Unidos escolhem uma posição de vendas como seu primeiro emprego em marketing após a graduação, em parte porque vêem salários atrativos e potencial de promoção na carreira. As projeções do *Bureau of Labor Statistics* mostram que os empregos em ocupações de venda e de marketing que exigem um grau de instrução universitário crescerão mais rapidamente que as taxas médias de crescimento para todas as outras ocupações nos próximos dez anos. Os executivos das empresas, geralmente, reconhecem um bom vendedor como um trabalhador árduo que pode solucionar problemas, comunicar-se claramente e ser coerente.[4]

Na verdade, muitas empresas são lideradas por executivos que começaram sua carreira em vendas.

MARKETING
Verificação de conceito

1. O que é venda pessoal?
2. Qual a diferença principal entre venda hoje e há 100 anos?

OS QUATRO CANAIS DE VENDA

2. Descrever os quatro canais de venda.

A venda pessoal ocorre em vários tipos de canais de comunicação: venda de balcão (incluindo a venda on-line), a venda de campo, o telemarketing e a venda interna. Cada um desses canais de venda inclui tanto venda *business-to-business* quanto direta – ao consumidor. Embora o telemarketing e a venda on-line sejam alternativas com custo mais baixo, sua falta de interação pessoal com os possíveis consumidores ou os já existentes freqüentemente as faz menos eficazes que os canais de venda de campo personalizada de um para um ou a venda de balcão. De fato, muitas organizações usam vários canais diferentes. Por exemplo, meios para obter mais informações sobre seu produto: um número 0800, um endereço na internet e recomendações para contatar um consultor financeiro pessoalmente.

VENDA DE BALCÃO

O canal de vendas mais freqüentemente usado, a **venda de balcão**, em geral descreve a venda no varejo e em algumas distribuidoras. Muitas das vendas venda de balcão são diretas – ao consumidor –, embora os clientes comerciais sejam, com freqüência, servidos pelos atacadistas com representantes de vendas venda de balcão. Em geral, os clientes visitam o vendedor por iniciativa própria para comprar os itens desejados. Alguns visitam suas lojas favoritas porque gostam de fazer compras. Outros respondem a muitos tipos de convites, incluindo apelos de mala-direta, cartas pessoais de convite da equipe da loja e propagandas para vendas, eventos especiais e apresentações de novo produto. Do vendedor de produtos eletrônicos de consumo da Target ao fornecedor de diamantes da Tiffany's, esse tipo de venda envolve o fornecimento de informações sobre o produto e o acordo para a finalização das transações de venda.

Embora a Best Buy tenha se distanciado das lojas semelhantes Circuit City, Ultimate Electronics e Good Guys mediante a comercialização e o marketing aprimorados, o verdadeiro segredo do sucesso de mercado da cadeia de varejo é sua cultura única de vendas.

Os vendedores de cada loja – "camisas azuis", como eles mesmos se denominam – são treinados, premiados, motivados, monitorados e mensurados sempre que a loja é aberta. Seu mantra de venda é *CARE Plus* (ATENÇÃO Adicional).

- *C é Contato.* A abordagem inicial é a chave. Os vendedores dizem aos consumidores que não são comissionados para que os clientes não se sintam pressionados a comprar.
- *A é Perguntar.* Perguntas são usadas para determinar o que os consumidores estão buscando e qual o grau de disposição deles em comprar – e para dar ao vendedor uma chance de mostrar seu conhecimento.
- *R é Recomendar.* Muitos consumidores não estão muito certos do que querem e responder a sugestões específicas sobre qual item escolher é o melhor para eles.
- *E é Encorajar.* Elogiar a compra do cliente e mostrar como o aparelho fará bem ao ego de um cliente.

Isso funciona? Vamos olhar os números. Em uma base de metro quadrado, os *outlets* da Best Buy mais 640 vendem quase duas vezes mais dispositivos eletrônicos, serviços, CDs de música e filmes que a Circuit City, algo em torno de US$ 25 bilhões por ano.[5]

Antes do advento das grandes cadeias varejistas e das lojas de desconto, não era incomum, para os varejistas locais, conhecer seus clientes pelo nome ou estar familiarizados com seus gostos e preferências. Isso ainda acontece nas cidades que têm áreas centrais de compra fortes com butiques que oferecem de tudo, de livros a presentes, de roupas a vinhos. Alguns profissionais de marketing espertos que trabalham para empresas maiores estão usando as mesmas táticas. Os principais profissionais de marketing direto, como a Lands' End e a L.L. Bean, usam a tecnologia sofisticada de banco de dados para identificar as pessoas que ligam e quaisquer compras realizadas recentemente. Esse reconhecimento do consumidor ajuda a construir relacionamentos fortes também nas vendas venda de balcão. Na Lands' End, o uso de seu popular *Virtual Model* permite aos clientes "experimentar" as roupas usando um modelo que eles montam no site da empresa.

As vendas voltadas à internet ainda são evasivas para determinados tipos de indústrias. Muitos bancos ainda contam, decisivamente, com a venda de seguros frente a frente. A orientação do cliente, seguida por reuniões individuais entre os representantes de seguro e clientes potenciais, é o método que mais provavelmente resultará em uma venda. Os bancos usam seus sites na internet sobretudo para instruir os clientes a respeito de seguro, não para fechar vendas.[6]

VENDA DE CAMPO

A **venda de campo** envolve fazer ligações de vendas para clientes potenciais e existentes em seus trabalhos ou casas. Algumas situações requerem considerável esforço criativo, como vendas industriais de instalações principais de computador. Freqüentemente, o vendedor deve primeiro convencer os clientes de que eles precisam do produto ou serviço e, depois, de que precisam daquela marca específica que o vendedor representa. As vendas de campo de grandes instalações industriais, como o novo 787 Dreamliner da Boeing, com freqüência também exigem capacidade técnica considerável.[7]

Em grande parte por causa das viagens, a venda de campo é consideravelmente mais cara que outras opções de venda. As chamadas vendas B2B, em razão da natureza técnica ou da sofisticação dos produtos e do nível de conhecimento necessário para se comunicar com os compradores potenciais, encabeçam a lista.

Em situações de venda de campo claramente rotineiras, por exemplo, ligar para clientes determinados em indústrias como a alimentícia, a têxtil ou a atacadista, o vendedor basicamente atua como um cumpridor de ordens que processa os pedidos comuns dos clientes. A venda de campo pode envolver visitas regulares às lojas ou aos negócios locais, ou muitos dias e noites de viagem, de carro ou avião, mensalmente. Os vendedores que viajam muito são rotulados como *guerreiros das estradas*. Um estudo recente demonstrou que há um custo médio de US$ 215 por dia para manter um vendedor na estrada. Entretanto, as tecnologias de comunicações, como e-mail e videoconferência, têm ajudado a reduzir os custos com viagens dos vendedores.

Além disso, mais e mais empresas colocam seus pedidos de rotina on-line. Sunrider, um vendedor de suplementos nutricionais e produtos domésticos com sede na Califórnia, registra que 20% de seus US$ 700 milhões em receita vêm de pedidos on-line feitos por seus representantes de vendas e seus clientes.[8] Questões éticas também podem surgir na venda de campo, em especial quando empresas médicas e farmacêuticas estão envolvidas, como será discutido em "Resolvendo uma questão ética".

Seguindo o exemplo de sucesso de negócios como Avon, Mary Kay Cosmetics e Tupperware, milhares de pequenos negócios agora contam com a venda de campo nas casas dos clientes. Freqüentemente chamado **marketing de rede**, esse tipo de venda pessoal conta com listas de membros da família e amigos do vendedor ou "anfitrião de reunião" que organiza um encontro de clientes potenciais para uma demonstração dos produtos em casa. A Rags Land, que vende roupas infantis, é uma dessas empresas. As clientes da Rags Land adoram sentar na sala de estar de uma amiga e escolher roupas enquanto seus filhos brincam juntos; elas não precisam encontrar lugares para estacionar ou se preocupar com o desaparecimento de um filho em um shopping. Além disso, os custos da venda de campo são mínimos se comparados com aqueles das empresas tradicionais. E, de acordo com a Direct Selling Association, US$ 6,3 bilhões em vendas foram gerados nesses tipos de reuniões no último ano nos Estados Unidos.[9]

Finalmente, os especialistas da indústria observaram um aumento na venda porta-a-porta atribuível ao Registro *Do Not Call* limitando as chamadas de telemarketing, assim como os dispositivos de identificador de chamada e bloqueador de chamada como o TeleZapper. As empresas de televisão a cabo, empresas de telefonia e de utilidade pública estão entre os negócios que estão usando agora as técnicas de venda porta-a-porta. A gigante da TV a cabo Comcast relatou que registrou 40 mil novos clientes durante sua mais recente campanha porta-a-porta.[10]

TELEMARKETING

O **telemarketing**, um canal em que o processo de venda é conduzido por telefone, serve a dois propósitos gerais – vendas e serviço – e a dois mercados gerais – business-to-business e direto-ao-consumidor. Tanto o telemarketing passivo quanto o telemarketing ativo são formas do marketing direto.

O **telemarketing ativo** implica uma força de venda que conta com o telefone para contatar consumidores, reduzindo os custos substancias das visitas pessoais à casa ou ao trabalho dos clientes. As tecnologias, por exemplo, dispositivos de discagem preditiva, discagem automática e discagem aleatória, aumentam as chances de os atendentes de telemarketing encontrarem os clientes em casa. Os dispositivos de *discagem preditiva* eliminam os sinais de ocupado e as secretárias eletrônicas, quase dobrando o número de chamadas feitas por hora. A *discagem automática* permite que os atendentes de telemarketing disquem números continuamente; quando um cliente responde à ligação, a chamada é automaticamente encaminhada para um agente de venda ao vivo. A *discagem aleatória* possibilita das atendentes de telemarketing alcançarem números não listados e bloquearem identificadores de chamada.

Uma desvantagem importante do telemarketing é que a maioria dos consumidores detesta a prática, e 56 milhões de americanos já assinaram o Registro nacional *Do Not Call*. Se um atendente de telemarketing fizer uma ligação para qualquer um desses números, o profissional de marketing está sujeito a uma multa de US$ 11 mil.

Por que, então, o telemarketing ativo é uma técnica de vendas tão popular? As empresas afirmam ainda gostar dela porque possui uma boa relação custo-benefício e funciona. Uma ligação de telemarketing média custa US$ 5, comparada com as centenas de dólares de uma chamada de venda de campo. Anualmente, milhões de americanos continuam a fazer compras resultantes de tais ligações. A indústria emprega cerca de 6 milhões de funcionários, muitos dos quais representam minorias ou grupos com renda mais baixa.

E o registro não proíbe todas as ligações de telemarketing. A seguir há uma lista de quem ainda pode ligar:

- instituições beneficentes, candidatos políticos e pesquisadores de marketing;
- empresas com as quais a pessoa tenha um relacionamento contínuo;
- empresas que tenham vendido algo a alguém, faturado algo para alguém ou feito uma entrega nos últimos dezoito meses;
- empresas que alguém tenha contatado nos últimos três meses;
- empresas que tenham obtido a permissão de alguém para ligar.[11]

O **telemarketing passivo**, em geral, implica um número 0800 que os clientes podem chamar para obter informações, fazer reservas e comprar produtos e serviços. Quando uma pessoa disca um número 0800, ela pode ser identificada e encaminhada para os agentes de vendas com os quais já tenha negociado, criando um toque humano que não era possível anteriormente. Essa forma de venda fornece a conveniência máxima para os clientes que iniciam o processo de venda. Muitos comerciantes grandes de catálogo, como a Williams-Sonoma, a Lillian Vernon e a Pottery Barn, mantêm suas linhas de telemarketing passivo funcionando 24 horas por dia, sete dias por semana.

VENDA INTERNA

O papel de muitos atendentes de telemarketing atualmente é uma combinação de técnicas de venda de campo aplicadas por meio dos canais de telemarketing passivo e de venda externa com forte orientação ao cliente, chamada **telemarketing ativo**. Os representantes de vendas internas desempenham dois trabalhos principais: transformam as oportunidades em vendas reais e dão apoio a técnicos e compradores com soluções atuais. Os representantes de vendas internas fazem mais do que ler um *script* enlatado para clientes potenciais relutantes. Eles desempenham uma função dinâmica de venda que vai além de anotar pedidos; solucionam problemas, fornecem serviço ao consumidor e vendem. A eTapestry.com, um provedor de serviço de pedido, para organizações sem fins lucrativos, com sede em Indianápolis, é uma das muitas empresas que combinam com sucesso as abordagens de venda. A equipe de venda interna da eTapestry faz mais do que dar orientações de pouco valor; ela fecha bons acordos durante a ligação – alguns valem mais de US$ 250 mil. A equipe é constituída de ex-profissionais de venda externos. Com receitas que excedem US$ 3 milhões por ano, a eTapestry acha que seus representantes

Em poucas palavras

Os consumidores querem mais controle sobre seus telefones. Hoje, damos isso a eles.

Michael K. Powell (nasc. 1963)

Ex-presidente da *Federal Communications Comission* (anunciando a implementação do Registro *Do Not Call*)

Resolvendo uma questão ética

FECHANDO A PORTA PARA OS REPRESENTANTES FARMACÊUTICOS

Os representantes de venda das empresas farmacêuticas são quase tão comuns quanto os pacientes nos consultórios médicos. A venda pessoal tem sido importante para os relacionamentos das empresas farmacêuticas com os médicos. Alguns representantes deixam brindes, como calendários e bloco de anotações, com a propaganda do produto; outros pagam almoços para os médicos e sua equipe. Porém, alguns médicos estão fechando a porta para esses representantes a fim de evitar a tentação de prescrever remédios aos pacientes com base em uma relação com a empresa farmacêutica. Outros estão, atualmente, cobrando dos representantes uma taxa comparável a uma consulta pelo privilégio de recebê-los.

LIMITAR O CONTATO DOS MÉDICOS COM OS REPRESENTATES DE VENDA FARMACÊUTICOS BENEFICIA OS PACIENTES?

SIM

1. Limitar as chamadas de vendas com os representantes de remédios faz os custos caírem. De acordo com o University of Wisconsin Hospital and Clinics, que oferece recibos aos pacientes para genéricos de graça em vez de dar amostras de remédios com marca registrada, "cada US$ 1 mil gastos em genéricos economiza para o sistema de saúde – incluindo pacientes, companhias de seguro, funcionários e outros – US 1 milhão por ano".
2. As restrições sobre o marketing de medicamentos reduzem a pressão tanto para os fabricantes quanto para os médicos. "Se uma empresa farmacêutica fizer isso, todas as outras precisarão fazer também", explica John Billi da Faculdade de Medicina da University of Michigan. "Sentimos como se estivéssemos ajudando-os ao suspender a corrida armamentista."

NÃO

1. As amostras permitem aos pacientes – e aos médicos – testar de forma segura os medicamentos com marca registrada sem custo.
2. A relação entre os representantes de vendas e os médicos é importante para o desenvolvimento de novos medicamentos e para melhorar o cuidado com o paciente. "Acreditamos que o acesso às informações relevantes científicas e educacionais leva a um cuidado mais adequado do paciente", argumenta Christine Kirby, uma porta-voz da Aventis.

RESUMO

A *American Medical Association* (AMA – Associação Médica Americana) lançou um programa que permite aos médicos solicitar que suas informações no *AMA Physician Masterfile* (Arquivo Central Médico da AMA) não sejam compartilhadas com representantes de vendas farmacêuticos. Além disso, a AMA agora está dando aos médicos um meio de apontar quaisquer representantes que tenham agido impropriamente, durante uma chamada de venda. O plano Excellus BlueCross BlueShield do estado de Nova York usa consultores farmacêuticos em vez de representantes de vendas para atualizar seus médicos sobre novos medicamentos e tratamentos. Alguns médicos simplesmente limitam o tempo que gastam com os representantes de vendas. Há cinco anos, a chamada de vendas média era de 15 a 20 minutos; hoje, são meros 90 segundos.

Fontes: Physician urges colleagues to avoid pharmaceutical reps, *Michigan State University Newsroom*, 31 jan. 2005, **www. newsroom.msu.edu**; ALBERT, Tanya. Delegates OK denying Rx data to drug reps, *American Medical News*, 27 dez. 2004, **www.ama-assn.org**; SZABO, Liz. Health systems cutting costs by closing door on drug reps, *USA Today*, 25 ago. 2004, p. 12B.

internos têm um custo-benefício melhor e são mais fáceis de ser gerenciados que uma força de vendas externa.[12] Uma força de vendas interna bem-sucedida conta com as relações de trabalho mais próximas com os representantes de campo para solidificar as relações com o cliente.

INTEGRANDO OS VÁRIOS CANAIS DE VENDA

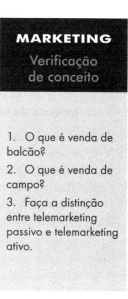

A Figura 17.1 ilustra como as empresas tendem a misturar os canais de venda alternativos – de venda de balcão e venda de campo até telemarketing e venda interna – para criar uma organização de vendas bem-sucedida com relação ao custo-benefício. Os clientes existentes cujos problemas comerciais exigem soluções complexas provavelmente serão mais bem apoiados pela força de vendas de campo tradicional. Outros clientes atuais que precisam de respostas, porém não da mesma atenção que o primeiro grupo, podem ser servidos pelos representantes de vendas internas que os visitam quando necessário. Os representantes de venda de balcão ajudam os clientes existentes fornecendo informações e consultoria e concluindo as transações de venda. Os atendentes de telemarketing podem ser usados para fortalecer a comunicação com os clientes ou para restabelecer o relacionamento interrompido com os clientes por alguns meses.

MARKETING
Verificação de conceito

1. O que é venda de balcão?
2. O que é venda de campo?
3. Faça a distinção entre telemarketing passivo e telemarketing ativo.

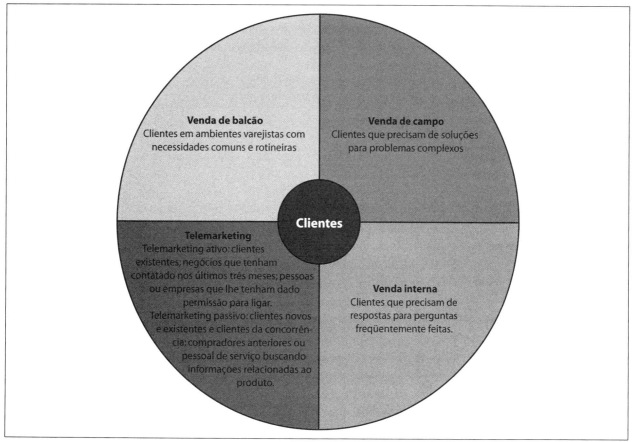

Figura 17.1
Canais de vendas alternativos para servir os clientes.

TENDÊNCIAS NA VENDA PESSOAL

3. Descrever as principais tendências em vendas pessoais.

No ambiente de marketing complexo de hoje, a venda pessoal eficaz exige estratégias diferentes daquelas usadas pelos vendedores antigamente. Como salientado na discussão sobre *centros de compra* no Capítulo 6, mais do que a venda de one-to-one, em cenários de B2B agora é comum vender para equipes de representantes corporativos que constituem as unidades de tomada de decisão da empresa cliente. Em situações de vendas business-to-business que implicam produtos técnicos, os consumidores esperam que os vendedores respondam a perguntas técnicas – ou tragam alguém que o possa fazer. Eles também querem representantes que entendam o jargão técnico e possam comunicar-se usando ferramentas tecnológicas sofisticadas. A paciência também é um requisito porque o ciclo de vendas B2B, do contato inicial até o fechamento, pode levar meses ou até anos.

> **Em poucas palavras**
>
> Não há problemas que não possamos resolver juntos, e muito poucos podem ser resolvidos por nós mesmos.
> Lyndon B. Johnson (1908-1973)
> 36º presidente dos Estados Unidos

Para lidar com todas essas considerações, as empresas contam com quatro abordagens de venda pessoal principais: venda de relacionamento, venda consultiva, venda em equipe e automação da força de vendas. Independentemente da abordagem, entretanto, os especialistas concordam com algumas diretrizes básicas para conduzir a venda pessoal bem-sucedida:

- *Ouvir em vez de falar.* Em lugar de falar muito a respeito do que está oferecendo, gaste tempo ouvindo seu cliente. "[Ouvir] é muito básico, é desconsiderado", diz Nick Elmer, um executivo de conta sênior da FedEx na Cidade de Oklahoma. "Porém, é o primeiro passo para o respeito."
- *Construir verdade e respeito.* Use o tempo para estabelecer um relacionamento, mesmo se levar seis meses ou um ano para fechar o acordo.
- *Encontre soluções para seu cliente.* "Exatamente agora, as pessoas querem soluções", diz Elmer. "Uma vez que você mostre a elas como fazer seus negócios crescerem, você terá uma porta aberta."[13]

VENDA DE RELACIONAMENTO

Muitas empresas enfatizam a **venda de relacionamento**, uma técnica para a construção de parceria mutuamente benéfica com um cliente por meio de contatos regulares durante um período prolongado. Tais vínculos comprador-vendedor tornam-se, progressivamente, importantes quando as companhias cortam o número de fornecedores e buscam por empresas que forneçam altos níveis de serviço ao consumidor e satisfação. Os vendedores também devem encontrar meios para se distinguirem, e a seus produtos, dos concorrentes. Para criar relacionamentos fortes de longa duração com os clientes, os vendedores devem atender às expectativas dos compradores. A Tabela 17.2 resume os resultados de várias pesquisas que indicam o que os compradores esperam dos vendedores profissionais.

O sucesso dos profissionais de marketing de amanhã depende dos relacionamentos que eles constroem hoje tanto nos mercados business-to-business quanto no business-to-consumer. A Merril Lynch recentemente reviu seu foco de mais de 10 mil corretores americanos em uma abordagem de venda de relacionamento. A empresa redirecionou seus corretores para se concentrar apenas em clientes abastados com US$ 1 milhão ou mais para investir. Os investidores com ativos fixos mais modestos agora são gerenciados por *call centers*. A mudança não apenas cortou custos, mas colocou a Merrill Lynch em uma posição de crescimento mais rápido, porque os corretores são capazes de oferecer aconselhamento mais sofisticado a menos – porém mais rentáveis – clientes.

Tabela 17.2 O que os compradores esperam dos vendedores

Os compradores preferem fazer negócios com vendedores que:

- Organizam eventos e empregam quaisquer recursos necessários para satisfazer o cliente
- Fornecem consultoria para o cliente com base em conhecimento profundo sobre o produto, o mercado e as necessidades do cliente
- Solucionam problemas eficientemente para assegurar o serviço satisfatório ao cliente durante períodos prolongados
- Demonstram altos padrões éticos e se comunicam honestamente sempre
- Voluntariamente advogam a causa do cliente na organização vendedora
- Propõem acordos criativos para atender as necessidades dos compradores
- Chegam bem preparados para as chamadas de venda

A venda de relacionamento é igualmente importante nas vendas business-to-business. A ProSlide Technology vende tobogãs para parques de diversão, mas uma espiada mais de perto revela que o sucesso da empresa está centralizado na capacidade de sua força de venda em personalizar o pedido de cada cliente.

Novas atrações, como o CanonBOWL, um tobogã arrebatador que permite que os pais desçam com as crianças, são criadas para responder aos desejos dos clientes e entregar tanto produtos de qualidade quanto serviço especial ao cliente. Mais que assumir que os clientes existentes permanecerão compradores leais, a ProSlide trabalha para modelar e remodelar os relacionamentos a cada novo pedido que recebe – tanto de clientes existentes quanto de novos compradores. Como resultado, administra para manter um impressionante número de compradores leais – que corresponde a 70% dos negócios anuais da ProSlide – e para continuar a atrair clientes novos.[14]

Às vezes, a venda de relacionamento B2B ocorre fora do local de trabalho – em restaurantes ou em cursos de golfe, como descrito em "Dicas de etiqueta". Independentemente do lugar, entretanto, é importante que os vendedores mantenham uma atitude e uma conduta profissionais.

VENDA CONSULTIVA

Os representantes de campo e os representantes de vendas diretas precisam de métodos de venda que satisfaçam os atuais compradores bem informados preocupados com custo. Um desses métodos, da **venda consultiva**, envolve preencher as necessidades do cliente ao ouvi-lo, entendendo – e se interessando por – seus problemas, prestando atenção aos detalhes e fazendo um *follow-up* após a venda. Isso funciona paralelamente à venda de relacionamento na construção da lealdade do cliente. Kathy Williams, uma vendedora espetacular da loja de roupas Chico's com sede na Carolina do Norte, dá as boas-vindas a todo cliente que entra na loja. Ela pergunta pelo que o cliente procura, ouve e determina a roupa ou os acessórios que possam interessar a ele. Visto que a Chico's não coloca espelhos em seus provadores, os clientes estão mais dispostos a acatar o conselho de Williams. "Eu não me vejo como uma balconista. Eu sou uma consultora de moda", diz ela. "Eu tento passar isso para meus clientes."[15] Esse tipo de abordagem consultiva faz com que Williams tenha muitos clientes que a procuram.

Como as rápidas mudanças tecnológicas dirigem o negócio em um ritmo sem precedentes, a venda tem se tornado mais complexa, freqüentemente mudando o papel dos vendedores. Na Zeks Compressed Air Solutions, por exemplo, todo representante de vendas tem uma formação em Engenharia. Com o título de engenheiro de aplicação, eles trazem perícia técnica à situação de venda. A mudança no título tem ajudado a empresa a superar a resistência das chamadas de venda, já que o *know-how* oferecido agrega valor ao relacionamento cliente-vendedor.

As empresas on-line instituíram os modelos de venda consultiva para conquistar clientes em longo prazo. Particularmente, para produtos complicados com alto preço que exigem instalação ou serviço especializado, os ven-

dicas de etiqueta

Pegue o balanço com as boas maneiras do golfe

O golfe continua a ser o esporte escolhido entre muitos gerentes comerciais norte-americanos. O fato é que muitas discussões comerciais começam no curso de golfe e no clube. É por isso que muitos gerentes que têm seus olhos no prêmio, seja um contrato importante ou uma promoção na empresa, tomam aulas de golfe. Além disso, para melhorar seu balanço e seu conhecimento sobre o jogo, os jogadores de golfe devem aprender um código de etiqueta muito claro que pode determinar o resultado do negócio de um percurso do golfe. Aqui estão algumas dicas:

1. Vista-se impecavelmente, com roupas apropriadas, inclusive com sapatos de golfe.
2. Chegue bem antes de seu momento de *tee* (saída) para aquecer-se devidamente.
3. Quando receber seu cartão de pontuação, estude-o para aprender quaisquer regras locais para o curso.
4. Apenas um jogador deve permanecer no *tee*. Os outros devem permanecer com a bola, bem distantes da área de *tee*.
5. Jogue de forma segura. Não pratique os balanços próximo a ou entre outras pessoas.
6. Jogue em uma velocidade razoável para acompanhar o grupo à sua frente. Esteja em sua bola e pronto para fazer a jogada quando for sua vez. Caso seu grupo esteja movendo-se mais rapidamente que aquele à sua frente, seu anfitrião pode pedir ao outro grupo que o deixe "quebrar a seqüência".
7. Repare em quaisquer partes do gramado arrancadas em uma tacada de golfe no *fairway* e nas marcas de bola no *green*.
8. Não ande na linha de tacada no *green* de outro jogador.
9. Quando outro jogador estiver pronto para posicionar (ou bater) a bola, não converse nem ande.
10. Sempre mostre bom espírito esportivo. Tenha uma atitude positiva e agradável. Não fique visivelmente frustrado caso jogue mal nem repreenda os resultados de algo ou de mais alguém. Se você jogar bem, aceite os resultados de maneira moderada.

Seguir essas dicas pode ajudá-lo a causar a melhor impressão possível com clientes e colegas de trabalho. Respeito, cortesia e jogo limpo são os lemas do golfe.

Fontes: Golf etiquette, *PGA.com*, www.pga.com, acessado em 21 mar. 2005; The commandments of golf etiquette, *Legend inc. com*, **www.legendinc.com**, acessado em 22 maio 2004; CORBETT, Jim. The general concepts of good golf etiquette, *Mr. Golf*, **www.mrgolf.com**, acessado em 22 maio 2004.

dedores da internet devem ser capazes de comunicar rapidamente os benefícios e as características de seus produtos. Eles cumprem esse objetivo por meio da venda consultiva.

Semelhante à venda consultiva, a **venda cruzada** – que oferece vários produtos ou serviços ao mesmo cliente – é outra técnica que capitaliza as forças de uma empresa. Para um banco, custa cinco vezes mais a aquisição de um novo cliente do que fazer a venda cruzada para um cliente existente. Além disso, pesquisas mostram que, quanto mais um cliente compra de uma instituição, menor é a probabilidade de essa pessoa trocar tal instituição por outra. Então, um cliente que abre uma conta corrente em um banco local pode prosseguir com uma poupança segura, com algum tipo de plano de aposentadoria e com um empréstimo com garantia hipotecária.

VENDA EM EQUIPE

Um dos mais recentes desenvolvimentos na evolução da venda pessoal é a **venda em equipe**, na qual o vendedor se une a especialistas de outras áreas funcionais da empresa para completar o processo de venda. As equipes podem ser formais e permanentes ou criadas para uma situação de venda específica a curto prazo. Embora alguns vendedores hesitem em abraçar a idéia da venda em equipe, preferindo trabalhar sozinhos, um número crescente acredita que a venda em equipe traz melhores resultados. Os clientes, com freqüência, preferem a abordagem em equipe, que os faz sentir mais bem atendidos. Outra vantagem da venda em equipe é a formação de relacionamentos entre as empresas mais que entre os indivíduos.

Nas situações de venda em que seja necessário conhecimento detalhado de tecnologias novas, complexas e dinâmicas, a venda em equipe oferece uma margem competitiva distinta na satisfação das necessidades dos clientes. Em muitos departamentos de softwares para B2B, um terço da força de vendas é constituído por especialistas que não são da área de marketing, tecnicamente treinados, como engenheiros ou programadores. Um vendedor continua a desempenhar o papel principal na maioria das situações de venda, porém os especialistas técnicos adicionam valor ao processo de venda.

Algumas empresas estabelecem equipes de vendas-e-técnicas permanentes que conduzem todas as apresentações em conjunto; outras têm um grupo de engenheiros ou outros profissionais que são chamados para diferentes visitas a clientes.

A CDW Computer Centers, o maior vendedor direto de Hewlett-Packard, IBM, Microsoft, Toshiba e outras marcas de maior destaque da indústria de computação, conta com a venda em equipe para atender seus 600 mil consumidores e clientes corporativos. Cada cliente é associado a um gerente de conta altamente treinado que serve como o líder da equipe de um grupo de especialistas dedicados a encontrar soluções para as necessidades desse comprador. Em um dia normal, mais de setecentos sistemas são personalizados para os clientes da CDW. Os clientes podem receber suporte técnico contínuo pelo tempo de vida útil do aparelho ao visitar a extranet da CDW ou ao ligar no número 0800 para falar com os técnicos com treinamento de fábrica.[16]

Alguns empreendedores talentosos começaram a construir uma **equipe de vendas virtual** – uma rede de parceiros estratégicos, associações comerciais, fornecedores e outros que estão qualificados e dispostos para recomendar os produtos ou serviços de uma empresa. Clayton Banks, fundador da Ember Media, uma pequena empresa que produz CD-ROMs multimídia, sites e materiais de marketing para as quinhentas empresas, faculdades e organizações sem fins lucrativos da *Fortune*, construiu sua própria equipe de vendas virtual. Por intermédio desses relacionamentos, a Ember Media ganhou contratos de cinco e seis dígitos com PepsiCo, Showtime e VH-1, entre outras organizações.[17]

AUTOMAÇÃO DA FORÇA DE VENDAS

Um componente importante do arsenal de ferramentas do vendedor profissional do século XXI usado para satisfazer as necessidades do comprador é a **automação da força de vendas (SFA – *Sales Force Automation*)**, a aplicação de tecnologias para tornar a função de vendas mais eficiente e competitiva, como descrito em "Sucesso de marketing". Essas tecnologias variam do e-mail e do *voice mail* aos *pagers*, celulares com navegação na internet, laptops, e outros dispositivos.

Com as ferramentas SFA, tanto empresas grandes quanto pequenas aumentam sua eficiência e gastam mais tempo com a aquisição e a retenção de clientes. Os benefícios da SFA incluem melhorias na qualidade e eficácia das chamadas de vendas em razão de acesso melhorado às informações; custos mais baixos de venda, impressão e treinamento; lançamentos aperfeiçoados de produtos; e serviço mais atento ao cliente.

O uso da SFA difere bastante entre a indústria, embora mais e mais profissionais de marketing estejam reconhecendo seu valor. As indústrias alimentícia, de bebidas e farmacêutica já estão usando os sistemas sofisticados de terceira ou quarta geração, ao passo que muitas empresas de vestuário ainda não foram para a SFA. O tamanho da empresa não importa – sua imobiliária local, provavelmente, está usando a SFA. Os softwares para a automação da força de vendas também se encaixam em muitas categorias, dependendo de qual seja a intenção de uso. Muitos vendedores usam programas básicos de produtividade e de propósito geral, como processadores

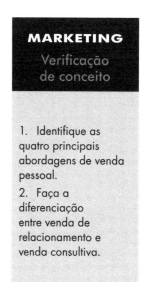

MARKETING
Verificação
de conceito

1. Identifique as quatro principais abordagens de venda pessoal.

2. Faça a diferenciação entre venda de relacionamento e venda consultiva.

de texto, e-mail e planilhas. Alguns programas ajudam a organizar listas de clientes potenciais e lembram os vendedores de fazerem ligações de *follow-up*. Muitos sistemas caros, por exemplo, aqueles projetados pela SAS (*Special Air Service* – Serviço Aéreo Especial) e por empresas semelhantes, podem integrar uma ampla variedade de tipos de informações.

TAREFAS DE VENDAS

4. Identificar e descrever brevemente as três tarefas básicas de vendas.

Atualmente, o vendedor está mais preocupado em estabelecer relacionamentos em longo prazo de comprador-vendedor e ajudar os consumidores a selecionar os produtos corretos para satisfazer suas necessidades do que simplesmente vender qualquer coisa que esteja disponível. Quando as compras repetidas são comuns, o vendedor deve estar certo de que as aquisições do consumidor sejam no melhor interesse deste; caso contrário, nenhum relacionamento futuro será possível. Os interesses do vendedor estão ligados aos do comprador em uma relação simbiótica.

Embora todas as atividades de venda auxiliem o cliente de alguma forma, elas não são todas parecidas. Três tarefas básicas podem ser identificadas: (1) processamento de pedido, (2) venda criativa e (3) vendas missionárias. Muitos dos vendedores de hoje não se limitam a desempenhar tarefas em uma única categoria. Ao contrário, eles freqüentemente desempenham todas as três tarefas em algum grau. Um engenheiro de vendas de uma empresa de computação pode estar fazendo 50% de vendas missionárias, 45% de venda criativa e 5% de processamento de venda. Muitas posições de vendas são classificadas com base na principal tarefa de venda desempenhada.

Depois, há a filosofia de que *todos* na organização, independentemente da descrição de seu trabalho, deveriam estar engajados na venda. Quando Norm Brodsky, um empreendedor altamente bem-sucedido que, atualmente, possui seis negócios diferentes, recebeu a má notícia de que os clientes não estavam tendo o tratamento que

Sucesso de marketing

Salesforce.com aluga software por menos

Passado. A indústria de software tradicionalmente tem ganhado dinheiro ao vender produtos para clientes corporativos a preços que variam de algumas centenas de dólares a muitas centenas de milhares. Quando um produto de software é comprado, o cliente é seu dono. Porém, e se o software pudesse ser alugado por meio da internet em vez de comprado diretamente? E se o próprio software pudesse ajudar os negócios a melhorarem seus próprios esforços de venda pessoal?

O desafio. Marc Benioff estava buscando uma forma melhor para entregar software a clientes corporativos. Sua nova empresa, Salesforce.com, não poderia competir com as maiores empresas – Oracle e Siebel Systems – caso vendesse software do modo tradicional.

A estratégia. Benioff começou a pensar em software de um modo diferente – como um utilitário. Se grandes clientes corporativos pudessem alugar o software acessado por meio da internet, poderiam economizar, literalmente, centenas de milhares de dólares. Assim, em vez de oferecer pacotes de software multimilionários que poderiam levar meses para serem instalados, a Salesforce.com vende software como um serviço por intermédio da internet, por cerca de US$ 65 por funcionário. Os clientes usam o software para melhorar suas próprias conexões de vendas ao compartilharem dados entre os membros de uma equipe de vendas. Além disso, Benioff pratica sua própria versão de venda pessoal e de promoção de vendas ao convidar os clientes, clientes potenciais e as mídias impressa e eletrônica para eventos notórios, como lançamentos de filmes.

deveriam ao ligar para uma de suas empresas, ele e sua esposa (chefe de recursos humanos) contrataram um instrutor para corrigir o problema. As sessões de treinamento não apenas lidavam com a capacitação dos funcionários para responder ligações; elas ensinaram os funcionários a pensar em si mesmos como vendedores – ouvindo os clientes, acolhendo-os positivamente e oferecendo ajuda. Além de fazer a empresa receber cumprimentos a respeito de seu serviço aperfeiçoado, isso também atraiu novos clientes.[18]

PROCESSAMENTO DE PEDIDOS

O **processamento de pedido**, que pode implicar tanto a venda de campo quanto o telemarketing, é com muita freqüência representado pela venda em níveis atacadista e varejista. Por exemplo, um vendedor externo da Pepsi-Cola que executa essa tarefa deve seguir os seguintes passos:

1. *Identificar as necessidades do cliente.* O vendedor externo constata que uma loja tem apenas sete caixas em estoque quando, normalmente, mantém um estoque de quarenta caixas.
2. *Demonstrar a necessidade ao cliente.* O vendedor externo informa ao gerente da loja qual é a situação do estoque.
3. *Completar (atualizar) o pedido.* O gerente da loja reconhece a necessidade de ter maior quantidade do produto. O entregador descarrega 33 caixas, e o gerente assina o cupom de entrega.

O processamento de pedido é parte de muitas posições de venda. Ela se torna a principal tarefa em situações em que as necessidades podem ser rapidamente identificadas e reconhecidas pelo cliente. Mesmo em tais casos, entretanto, os vendedores cuja responsabilidade principal implica o processamento de pedido devotarão algum tempo convencendo seus clientes varejistas ou atacadistas em manter estoques mais completos da mercadoria de suas empresas ou em negociar linhas de produtos adicionais. Eles também, provavelmente, tentarão motivar os compradores a apresentar alguns dos produtos de suas empresas, aumentar a quantidade de espaço na prateleira para tais itens e melhorar a localização do produto em suas lojas.

O resultado. Os especialistas estão olhando a Salesforce. com de perto. Alguns acreditam que a estratégia da empresa mudará a economia da indústria de software como um todo. "Como ocorreu com a Dell na parte de hardware, eles são um modelo de negócio contestador", diz um dono de banco de investimentos globais. Os clientes estão entusiasmados com a nova forma de entrega de software da Salesforce.com. "Não queremos pagar US$ 18 mil [por funcionário] e gastar anos instalando software", explica um cliente. Outro grande grupo de adeptos consiste de investidores que compraram rapidamente ações quando a Salesforce.com, recentemente, abriu o capital e então ofereceu o preço a mais de 50% do que o do primeiro dia de negociação. O próprio Benioff não é modesto quanto às possibilidades de sua empresa. "A Microsoft é o presente, mas nós temos potencial para ser o futuro", ele prediz.

Fontes: Site da empresa, **www.salesforce.com**, acessado em 22 mar. 2005; KRANTZ, Matt. IPO investors feel the Salesforce.com, *USA Today*, 24 jun. 2004, p. B1; SCHONFELD, Erick. The biggest mouth in Silicon Valley, *Business 2.0*, set. 2003, p. 107-12; HAMM, Steve. Who says CEOs can't find inner peace?, *BusinessWeek*, 1º set. 2003, p. 77-80.

Hoje em dia, a automação da força de vendas otimiza as tarefas de processamento de pedido. No passado, os vendedores atualizariam um pedido nas instalações do cliente, mas gastariam muito mais tempo depois, após a visita de vendas, completando o pedido e transmitindo-o à matriz. Atualmente, muitas empresas automatizam o processamento de pedido. Com computadores portáteis e software de última geração, o vendedor pode fazer um pedido de imediato diretamente para a matriz e, assim, liberar tempo e energia valiosos. Os computadores até eliminaram a necessidade de alguns contatos pessoais para se fazer novos pedidos de rotina.

VENDA CRIATIVA

Quando uma parcela considerável de tomada de decisão está envolvida na compra de um produto ou serviço, um vendedor eficaz usa as técnicas de **venda criativa** para solicitar um pedido. Ao contrário da tarefa de processamento de pedido, que lida principalmente com a manutenção de um negócio existente, a venda criativa em geral é usada para desenvolver novos negócios mediante a adição de novos clientes ou por meio da apresentação de novos produtos e serviços. Novos produtos ou atualizações para itens mais caros, em geral, exigem a venda criativa. O vendedor primeiro deve identificar os problemas e as necessidades do cliente e depois propor uma solução na forma em que o produto ou serviço é oferecido. As técnicas de venda criativa são usadas na venda de balcão, venda de campo, venda interna e no telemarketing (ao tentar expandir um relacionamento comercial existente).

Conforme a competição entre as empresas aumenta e o número de compradores de um produto diminui, a venda criativa está tornando-se mais proeminente. Na sala de espera de uma concessionária da Lexus no Texas, os clientes podem assistir a algo na televisão de tela ampla, surfar na internet ou tomar um café com leite. "Tentamos fazer parecer um cantinho de sua casa", explica o concessionário Jordan Case. Ele quer que cada cliente se sinta um convidado.[19] Imagine tentar vender algo que está disponível em qualquer lugar de graça. Steve Gottlieb, CEO da TVT Records, um selo independente, está fazendo exatamente isso. Em um ambiente em que os consumidores podem simplesmente gravar seus próprios CDs de graça, a TVT ainda consegue oferecer valor. "Podem ser faixas bônus, acesso a material on-line ou seqüência especial de um filme em DVD", diz Gottlieb. "Focamos em criar o encanto do artista que é muito mais pessoal, assim o desejo de ter esse toque pessoal e a ligação com o artista domina."[20]

Às vezes, a venda criativa pode rejuvenescer um produto velho. O programa *Phoenix* da Newell Rubbermaid é projetado para treinar jovens vendedores para fazer o que for necessário a fim de vender os produtos da Rubbermaid. Eles podem ser encontrados colocando produtos nas prateleiras, demonstrando novos produtos ou organizando caças a produtos obsoletos na loja. Os trainees do programa *Phoenix* são ativos e entusiasmados – e têm ajudado a recuperar a empresa.[21]

> ### Em poucas palavras
>
> Acreditar 100% em seu produto fará de você um grande vendedor, porque você será verdadeiro. As pessoas podem sentir a falsidade, mesmo se for apenas 1% falso. Você deve ser 100% real ou não será bem-sucedido por muito tempo.
>
> **Donald J. Trump (nasc. em 1946)**
> Dono e presidente da
> The Trump Organization

VENDA MISSIONÁRIA

A **venda missionária** é uma abordagem indireta de vendas. Os vendedores vendem a credibilidade da empresa e fornecem a seus clientes informações e assistência técnica ou operacional. O vendedor de uma empresa de cosméticos pode ligar para os varejistas a fim de verificar promoções especiais e movimento geral de produto, mesmo que um atacadista pegue os pedidos e entregue a mercadoria. As grandes empresas farmacêuticas são as mais agressivas das operações de vendas missionárias.

Por meio de doações extensivas, jantares e degustação de vinhos, seminários gratuítos e outros incentivos, as equipes de representantes de vendas tipicamente convidam os médicos (os consumidores indiretos) na esperança de persuadi-los a prescrever uma marca específica aos pacientes. Também fornecem aos médicos literatura sofisticada sobre o produto. Aqui o médico é, claramente, o tomador de decisão, mesmo que a transação não seja concluída até que o paciente leve o pedido médico a um farmacêutico.

Entretanto, as empresas farmacêuticas não são as únicas que oferecem **incentivos de vendas**. A Banfe Products, uma organização com base em New Jersey que vende grandes carregamentos de soja e palha para comércio, tem um programa de incentivo de viagem extremamente criativo. Todo mês de janeiro, um grupo de clientes fiéis e pessoal de vendas com alto desempenho viaja para os trópicos para vários dias de sol e diversão – à custa da Banfe. Embora pareça extravagante, os clientes devem comprar, literalmente, cargas de reboque de estrume, palha e adubo para se qualificar – e eles fazem isso. O programa beneficia a todos. "Conhecemos muito bem [nossos clientes] e isso é maravilhoso", diz o fundador da empresa, Jerry Banfe. "Os clientes me dizem, 'Eu odeio ter de lidar com vendedores, mas adoro conversar com vocês'."[22]

As vendas missionárias podem implicar tanto a venda de campo quanto o telemarketing. Muitos aspectos da venda em equipe também podem ser vistos como vendas missionárias, como na ocasião em que os vendedores do suporte técnico ajudam a projetar, instalar e manter equipamentos; quando treinam os funcionários dos clientes; e quando fornecem informações ou assistência operacional.

> **MARKETING**
> Verificação de conceito
>
> 1. Quais são as três principais tarefas executadas pelos vendedores?
> 2. Qual(is) o(s) tipo(s) de venda que é(são) associado(s) com o processo de pedido?

O PROCESSO DE VENDAS

Se você trabalhou em uma loja de varejo, ou se vendeu assinaturas de revistas ou doces para conseguir dinheiro para sua escola ou para o time de esporte, identificará muitas das atividades envolvidas na seguinte lista de passos no processo de vendas. A venda pessoal abrange esta seqüência de atividades: (1) prospecção e qualificação, (2) abordagem, (3) apresentação, (4) demonstração, (5) gerenciamento de objeções, (6) fechamento e (7) *follow-up*.

5. Resumir os sete passos no processo de vendas.

Como a Figura 17.2 indica, esses passos seguem o conceito atenção-interesse-desejo-ação (AIDA). Uma vez que um cliente potencial tenha sido qualificado, faz-se uma tentativa para assegurar sua atenção. A apresentação e a demonstração dos passos são projetadas para gerar interesse e desejo. A negociação bem-sucedida das objeções do comprador deve estimular o desejo adicional. A ação ocorre no fechamento da venda.

Os vendedores modificam os passos no processo para que sejam compatíveis com os processos de compra de seus clientes. Um vizinho que, apaixonadamente, aguarda com ansiedade a venda do biscoito Girl Scout todo ano, não precisa de apresentação – exceto para detalhes sobre os novos tipos de ofertas de biscoito. Mas o mesmo vizinho esperaria uma demonstração de uma concessionária de carros ao procurar por um novo carro ou talvez apreciasse que o garçom apresentasse os pratos especiais para o jantar antes de pedir uma refeição em um restaurante.

PROSPECÇÃO E QUALIFICAÇÃO

A **prospecção**, o processo de identificação de clientes potenciais, pode envolver horas, dias ou semanas de esforço, mas é um passo necessário. As orientações sobre as prospecções surgem de muitas fontes: internet, bancos de dados computadorizados, feiras comerciais, clientes antigos, amigos e vizinhos, outros vendedores, funcionários que não sejam da área de vendas na empresa, fornecedores e contatos sociais e profissionais. Embora uma empresa possa enfatizar a venda pessoal como o componente principal de sua estratégia de comunicação global, a mala-direta e as campanhas publicitárias também são eficazes na identificação dos clientes potenciais.

Antes de começar a prospectar esforços, um vendedor deve estar certo sobre o que sua empresa está vendendo. Porém, os pensamentos do vendedor não devem estar limitados a uma definição estreita das ofertas de produtos. "As pessoas não compram produtos ou serviços", explica um instrutor de vendas. "Elas compram os resultados (ou benefícios) que esperam experimentar ao usar seus produtos ou serviços. Portanto, você deve determinar o que seu produto ou serviço realmente faz pelo seu cliente."[23]

A **qualificação** – determinar se uma possibilidade realmente é um cliente potencial – é outra tarefa de venda importante. Nem todos os clientes potenciais estão qualificados para tomar decisões de compra. Uma pessoa com uma renda anual de US$ 25 mil pode querer comprar uma casa de US$ 200 mil, mas sua capacidade para realmente se tornar um cliente é questionável.

A qualificação pode ser um via de mão dupla. O representante de vendas determina que um cliente potencial tem a autoridade e os recursos para tomar uma decisão de compra. Da mesma maneira, os clientes potenciais devem concordar que são candidatos para os produtos e os serviços que estão sendo oferecidos. Se alguma dessas condições não for preenchida, então o contato futuro provavelmente não levará a uma venda e será uma perda de tempo tanto para o vendedor quanto para o cliente potencial.

ABORDAGEM

Uma vez que o vendedor tenha identificado um cliente potencial qualificado, ele reúne todas as informações relevantes disponíveis e planeja uma **abordagem** – o contato inicial do vendedor com o cliente potencial. As informações sobre o cliente potencial podem fornecer ajuda incalculável para facilitar o contato inicial para os representantes de vendas internas e para os vendedores de campo. Caso a empresa já tenha um relacionamento com um cliente ou possua a permissão para contatar a pessoa, o telemarketing pode ser usado como uma abordagem. Os vendedores podem obter informações de fontes secundárias – artigos de revista ou jornal – ou da própria literatura publicada do cliente potencial – relatórios anuais, comunicados à mídia e até mesmo sites na internet. Ao reunir informações, o vendedor deve estar atento à questão da invasão da vida do cliente potencial. Um profissional de vendas não usa táticas antiéticas para obter informações pessoais a respeito de um cliente potencial.

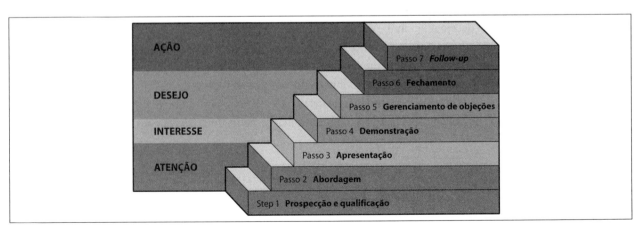

Figura 17.2
O conceito AIDA e o processo de venda pessoal.

As informações obtidas tornam possível o **planejamento de pré-abordagem**. Um vendedor que tenha obtido informações relevantes sobre um cliente potencial – em essência, fez a lição de casa – pode fazer um contato inicial armado com o conhecimento sobre os seus hábitos de compra, suas atitudes, atividades e opiniões, e interesses comuns entre ambos. É necessário também entender a indústria como um todo freqüentando conferências, lendo revistas comerciais e coisas do gênero. Finalmente, um vendedor precisa criar uma forte ligação entre seu produto e as necessidades do cliente.[24] Essa preparação, freqüentemente, fornece a ajuda primordial para fazer a venda.

Os vendedores de varejo em geral não podem conduzir o planejamento de pré-abordagem, mas podem compensar isso ao fazer perguntas direcionadas a fim de aprender mais sobre as preferências de compra dos compradores. Os profissionais de marketing comerciais têm acesso a muito mais dados que os vendedores de varejo, e devem analisá-los antes de programar o primeiro contato de venda. Com freqüência, os estudos de pesquisa de marketing fornecem informações inestimáveis que servem como base de uma abordagem de venda. Responder às seguintes perguntas pode ajudar os vendedores a completar o planejamento de pré-abordagem eficiente:

- Quem são os membros do público e que trabalho eles desempenham diariamente?
- Qual o nível de conhecimento deles? Já estão informados sobre a idéia que você irá apresentar?
- O que eles querem ouvir? Querem informações detalhadas, jargão técnico ou informações gerais?
- O que eles precisam ouvir? Precisam saber mais a respeito de sua empresa ou a respeito do produto que sua empresa fornece? Precisam saber mais sobre a disponibilidade e o custo de seu produto ou sobre como ele realmente funciona?

APRESENTAÇÃO

O vendedor fornece a mensagem de venda a um cliente potencial em uma **apresentação**. Ele descreve as principais características do produto, ressalta suas forças e conclui ao citar sucessos ilustrativos. Uma forma popular de apresentação é uma estrutura "características-benefícios", em que o objetivo do vendedor é falar a respeito do produto ou do serviço em termos que façam sentido para o comprador. O vendedor relata as características do produto para as necessidades do consumidor e explica os benefícios de tais características em lugar de relatar especificações técnicas.

A apresentação deve ser bem organizada, clara e concisa, e enfatizar o lado positivo. Materiais impressos de apoio às vendas (gráficos, literatura sobre o produto, pesquisa de marketing, análises sobre o produto), gráficos projetados em um laptop e recursos audiovisuais como CDs, fitas de vídeo ou *streaming video* aumentam a clareza e a eficácia das apresentações. O nível de preparação depende do tipo de visita. Para uma visita de vendas de rotina, o conhecimento atualizado sobre os produtos e as informações a respeito do cliente potencial podem ser suficientes. Quando o vendedor está concorrendo com muitas outras empresas por uma conta, uma apresentação maior exige preparação mais profunda e ensaios para assegurar que tudo corra perfeitamente. Apresentações flexíveis são quase sempre necessárias para serem compatíveis com as circunstâncias únicas de cada decisão de compra. O planejamento apropriado e a sensibilidade quanto às reações do cliente são parte importante de adaptação de uma apresentação para cada cliente potencial.

De modo progressivo, as apresentações estão tornando-se altamente tecnológicas. Apresentações multimídia baseadas em computadores são consideradas a próxima onda na automação da força de vendas. Com um laptop com recurso multimídia disponível ou um PC maior ou um computador com projeção LCD, os vendedores podem trazer cor, animação, vídeo, áudio e interatividade – assim como as informações mais recentes sobre produtos e preços – para suas apresentações. Anteriormente, os vendedores do CNN Headline News usavam apresentações comuns em

> **Em poucas palavras**
>
> Finja que toda pessoa que você encontra tem uma placa no pescoço que diz: "Me faça sentir importante". Você não apenas será bem-sucedido em vendas, será bem-sucedido na vida.
> Mary Kay Ash (1915-2001)
> Fundadora da Mary Kay Cosmetics

PowerPoint para vender anúncios a operadoras de televisão a cabo. Porém, quando a empresa recentemente decidiu mudar a aparência e a impressão da rede de notícias a cabo 24 horas, baseada em Atlanta, os executivos sabiam que sua força de vendas precisaria de materiais de apresentação multimídia compatíveis com a aparência de vanguarda da rede. As apresentações agora incluem clips de áudio e vídeo e gráficos de alta tecnologia.[25]

DEMONSTRAÇÃO

Uma vantagem importante da venda pessoal sobre a maioria das propagandas é a capacidade dos vendedores para o fornecimento de uma **demonstração** do produto ou serviço para o comprador potencial. Embora você possa, tipicamente, pensar em uma demonstração em termos de um vendedor de software mostrando como um novo programa anti-spam funciona ou ser capaz de fazer um test-drive em um carro, propaganda inteligentemente preparada também pode simular uma demonstração. A intenção do anúncio é mostrar aos leitores os recursos do *off-road* do XTerra, mesmo que eles nunca realmente dirijam o carro montanha coberta de neve acima. Ao contrário, as concessionárias da Nissan esperam que o anúncio seja suficientemente engenhoso para fazer, que os clientes prontamente visitem uma concessionária para testar o carro.

Mais empresas usam as novas tecnologias para fazer com que suas demonstrações sejam mais eficazes. As demonstrações interativas multimídia agora são comuns. Os representantes de vendas de revistas, como a *Forbes* e a *Newsweek*, usam dados armazenados em CD-ROM ou discos laser interativos para demonstrar os padrões de circulação e demográficos de tais publicações. Essas apresentações utilizam vídeo colorido e som, com animação, estatísticas e texto para demonstrar como o anúncio de um cliente potencial aparecerá na revista.

A chave para uma demonstração destacada – uma que chame a atenção do cliente, mantenha seu interesse, seja convincente e permaneça em sua memória – é o planejamento. Porém, o planejamento também deve incluir tempo e espaço para improvisação. Em outras palavras, um vendedor precisa estar preparado para receber perguntas e dar respostas, interagindo com os clientes.[26]

GERENCIAMENTO DE OBJEÇÕES

E se, após todos os esforços do vendedor, um cliente potencial disser não? Lidar com a palavra "não" faz parte do trabalho de venda. As **objeções** são expressões da resistência de venda por parte do cliente potencial, e é razoável esperá-las. Com freqüência, as objeções aparecem na forma de protelação, por exemplo, "Eu preciso pensar sobre isso" ou "Deixa que eu ligo de volta". Elas podem estar fundamentadas nas características ou no preço de um produto, como "Eu não gostei da cor" ou "Eu não queria gastar tanto".

Um vendedor habilidoso sabe como responder a tais objeções sem ser agressivo ou impertinente. Ele ou ela pode usar uma objeção como um sinal para fornecer informações adicionais a respeito do produto.

Se um consumidor disser "Eu só não queria gastar tanto", o vendedor pode reforçar os benefícios do produto, discutir um plano de pagamento, ou até oferecer um modelo mais barato. Os relatos de clientes satisfeitos ou o fornecimento de uma cópia da garantia também ajudam a superar essa objeção.

Se um cliente se opuser ao comparar os produtos do vendedor com aqueles de um concorrente, é possível lidar com isso também. Um bom vendedor evita criticar a concorrência, enfocando, pelo contrário, as características e os benefícios de suas ofertas. Finalmente, o gerenciamento de objeções pode exigir alguma pesquisa rápida de bastidores, porém a automação da força de vendas pode ajudar um representante de vendas a lidar com determinadas objeções ao disponibilizar de imediato as informações necessárias. Por exemplo, em apenas alguns minutos, o vendedor pode confirmar para o cliente se a quantia e o tipo de determinado produto estão no estoque e se ele pode ser rapidamente enviado.

FECHAMENTO

O momento da verdade em vendas é o **fechamento** – o ponto em que o vendedor solicita ao cliente potencial um pedido. Se o representante de vendas tiver feito uma apresentação eficaz baseada na aplicação do produto às necessidades do cliente, o fechamento deve ser a conclusão natural. Entretanto, um número surpreendente do pessoal de vendas encontra dificuldade em realmente solicitar um pedido e, assim, corre o risco de perder a venda.

O fechamento não precisa ser pensando em termos de uma "venda difícil". Ao contrário, um vendedor pode fazer perguntas de baixa pressão como: "Você gostaria de experimentar isto?", "Mais alguma pergunta?", ou "Posso continuar?". Se um cliente potencial ainda parecer inseguro, uma reafirmação como "Eu realmente acho que esta seria uma excelente solução para seu problema" pode fazer maravilhas.[27] Kathy Williams, a vendedora de roupa da Chico's descrita anteriormente, fecha muitas vendas ao reafirmar para os clientes que as roupas e os acessórios caem bem neles.

Para serem eficientes, os vendedores devem aprender quando e como fechar uma venda. Além daqueles descritos anteriormente, outros métodos de fechamento incluem:

1. Abordar a principal preocupação do cliente potencial quanto a uma compra e então oferecer um argumento convincente. ("Se eu puder mostrar a você como o novo sistema de aquecimento reduzirá seus gastos com energia em 25%, você estaria disposto a nos deixar instalá-lo?")
2. Propor opções para o cliente potencial em que ambas as alternativas sejam favoráveis ao vendedor. ("Você levará este suéter ou aquele outro?")
3. Prevenir o cliente potencial de que um acordo de compra deve ser concluído agora porque o produto pode não estar disponível depois ou que uma característica importante, como o preço, logo será alterada.
4. Permanecer em silêncio, desde que a interrupção de uma apresentação de vendas force o cliente potencial a tomar algum tipo de medida (positiva ou negativa).
5. Oferecer um estímulo extra desenvolvido para motivar uma resposta favorável do comprador. Estímulos extras podem incluir a quantidade de descontos, acordos de serviço especial ou opções a prazo.

FOLLOW-UP

A palavra *fechamento* pode ser mal interpretada porque o ponto em que o cliente potencial aceita a oferta do vendedor é onde muito do trabalho real de venda começa. No ambiente progressivamente competitivo de agora, o vendedor bem-sucedido busca assegurar que os clientes atuais serão os compradores do futuro. Não é o bastante fechar a venda e ir embora. A venda de relacionamento precisa que o vendedor reforce a decisão de compra do cliente e certifique-se de que a empresa entregue produtos ou serviços de alta qualidade dentro do programado. Os vendedores também devem assegurar que as necessidades do cliente por um serviço sejam atendidas e que a satisfação resulte de todos os procedimentos de um cliente com a companhia. De outra forma, outra empresa pode conseguir o próximo pedido.

Essas atividades pós-venda, que, com freqüência, determinam se uma pessoa se tornará um consumidor repetido, constituem o *follow-up* das vendas. Sempre que possível, o representante de vendas deve contatar os clientes para descobrir se eles estão satisfeitos com suas compras. Esse passo permite que o vendedor, psicologicamente, reforce a decisão original de compra do cliente. Também dá ao vendedor uma oportunidade para corrigir quaisquer fontes de descontentamento com a compra e assegurar informações de mercado importantes e fazer vendas adicionais também.

MARKETING
Verificação de conceito

1. Identifique os sete passos do processo de vendas.
2. Todos os passos são necessários para todo esforço de venda? Justifique sua resposta.
3. Por que o *follow-up* é importante para o esforço de venda?

O *follow-up* ajuda a reforçar o vínculo que os vendedores tentam construir com os clientes na venda de relacionamento. Concessionárias de automóveis, por exemplo, mantêm registros detalhados de seus clientes anteriores para promover novos modelos a pessoas que já mostraram disposição em comprar delas.[28] Muitos departamentos de serviço automotivo ligarão durante vários dias após a consulta de um cliente para certificar-se que a pessoa está satisfeita com o trabalho e, às vezes, agendar a próxima consulta. A Verizon liga para seus clientes locais dentro de um dia ou dois para determinar se um reparo foi bem-sucedido e se o cliente está satisfeito. Muitos médicos e dentistas ligam para os pacientes após o tratamento para se certificarem de que tudo está bem.

ADMINISTRANDO O ESFORÇO DE VENDAS

A direção geral e o controle do esforço de venda pessoal estão nas mãos dos gerentes de vendas, que são organizados em uma base hierárquica. Em uma estrutura de vendas geográfica normal, um gerente de vendas distrital ou divisional pode reportar-se a um gerente regional ou de zona. Este gerente, por sua vez, reporta-se a um gerente de vendas nacional ou ao vice-presidente de vendas.

A função de gerente de vendas exige uma combinação única de habilidades administrativas e de vendas dependendo do nível específico na hierarquia de vendas. As habilidades de venda são particularmente importantes para os gerentes de vendas de primeiro nível porque eles estão envolvidos dia a dia no processo contínuo de treinamento e lidam diretamente com a força de vendas. Porém, quando as pessoas sobem na hierarquia de gerenciamento de vendas, precisam de mais habilidades administrativas e menos habilidades de vendas para trabalhar bem. Mais de 60% do tempo de um vendedor comum são devotados à prospecção, à venda cara a cara e a viagens.

Como ocorre com outras atividades promocionais, a venda pessoal exige planejamento eficaz e objetivos estratégicos, incluindo determinadas estratégias como venda de produtos existentes para novos consumidores, venda de novos produtos, fazer a manutenção das contas do cliente para aumentar a retenção e a satisfação, e expandir os relacionamentos com os clientes ao vender mais produtos aos clientes existentes.

O gerenciamento da força de vendas é o canal administrativo para o pessoal de vendas; ele liga vendedores individuais à administração geral. O gerente de vendas desempenha sete funções administrativas básicas: (1) recrutamento e seleção, (2) treinamento, (3) organização, (4) supervisão, (5) motivação, (6) compensação e (7) avaliação e controle.

Os gerentes de vendas desempenham essas tarefas em um ambiente complexo e exigente. Eles devem gerenciar uma força de vendas progressivamente diversa que inclui mais mulheres e minorias. As mulheres são responsáveis por quase metade dos vendedores profissionais dos Estados Unidos e seu número está crescendo a uma taxa mais rápida que a de homens. O fato de a taxa de crescimento mais rápido estar entre os vendedores de descendência hispânica e asiática não faz desse desenvolvimento algo surpreendente, dado o rápido crescimento desses dois segmentos da população norte-americana.[29] Entretanto, as mulheres são responsáveis por apenas um em cada quatro vendedores business-to-business. Enquanto a composição da força de venda continua a mudar, uma combinação até mais diversa de pessoas se torna necessária para preencher um número crescente de posições de vendas.

RECRUTAMENTO E SELEÇÃO

6. Identificar as sete funções básicas da administração de vendas.

O recrutamento e a seleção bem-sucedidos dos vendedores estão entre os maiores desafios do gerente de vendas. Afinal de contas, as pessoas que ele ou ela contrata determinarão coletivamente se o gerente de vendas é bem-sucedido. Porém, há muitas fontes de novos vendedores, incluindo faculdades e universidades, escolas de administração e de comércio, pessoal de vendas e não-vendedores em outras empresas, e os funcionários que, atualmente, não trabalham na área de vendas da empresa. Algumas companhias oferecem prêmios ou bônus em dinheiro como incentivos para funcionários existentes que ajudam a descobrir novos vendedores. Uma carreira de vendas de sucesso oferece satisfação em todas as cinco áreas – descritas a seguir – que uma pessoa em geral considera quando decide escolher uma profissão:

1. *Oportunidade de promoção.* Estudos mostram que os representantes de vendas bem-sucedidos são promovidos rapidamente em muitas empresas.
2. *Potencial para ganhos altos.* Os vendedores têm a oportunidade de alcançar um estilo de vida muito confortável.
3. *Satisfação pessoal.* Um vendedor obtém satisfação ao alcançar o sucesso em um ambiente competitivo e ao ajudar os clientes a satisfazerem seus desejos e necessidades.
4. *Segurança no trabalho.* Venda fornece um alto grau de segurança no trabalho porque há sempre necessidade de bons vendedores.
5. *Independência e variedade.* Vendedores, com freqüência, trabalham independentemente, ligando para os clientes em seu território. Eles têm a liberdade de tomar decisões importantes sobre satisfazer as necessidades de seus clientes, e com freqüência relatam que não há rotina em seu trabalho.

A seleção cuidadosa dos vendedores é importante por duas razões. Primeiro, o processo de seleção envolve gastos substanciais de dinheiro e de tempo da administração. Segundo, os erros de seleção são prejudiciais para as relações com os clientes e o desempenho da força de vendas e é muito caro corrigi-los. Muitas empresas maiores usam um processo com sete passos para selecionar o pessoal de vendas: triagem de inscrição, entrevista inicial, entrevista mais detalhada, teste, verificação de referências, exame físico e análise e decisão de contratação. Uma triagem de inscrição normalmente é seguida por uma entrevista inicial. Caso um candidato pareça promissor, uma entrevista mais detalhada é realizada. Durante as entrevistas, um gerente de vendas procura por características pessoais como entusiasmo, boas habilidades organizacionais, ambição, persuasão, capacidade de seguir instruções e sociabilidade.

Depois, a empresa pode usar testes em seu procedimento de seleção, incluindo teste de atitude, interesse e conhecimento. Uma abordagem de teste que ganha em popularidade é o centro de avaliação. Essa técnica, que utiliza exercícios situacionais, discussões em grupo e várias simulações de trabalho, permite que o gerente de vendas meça as habilidades, o conhecimento e a capacidade de um candidato. Os centros de avaliação capacitam os gerentes a ver o que vendedores potenciais podem fazer em vez do que eles dizem que podem fazer. Antes de contratar um candidato, especialistas de departamentos de recursos humanos verificarão as referências, analisarão as políticas da empresa e podem pedir um exame físico para o candidato.

TREINAMENTO

Para moldar os novos recrutas em vendas em uma organização de vendas eficiente, os gerentes devem conduzir um programa de treinamento eficaz. Os principais métodos usados no treinamento de vendas são o treinamento no trabalho, instruções individuais, aulas internas e seminários externos.

As técnicas de treinamento populares incluem vídeos educacionais ou DVDs, palestras, exercícios de interpretação de papéis e programas interativos de computador. As simulações podem ajudar os vendedores a melhorarem suas técnicas de venda. Outra área para treinamento é a automação da força de venda (SFA), descrita anteriormente no capítulo. Muitas empresas complementam seu treinamento ao inscrever os vendedores em programas de desenvolvimento executivo em faculdades e universidades e ao contratar especialistas para ministrar programas de treinamento personalizado. Em outros casos, os representantes de venda participam de cursos e *workshops* desenvolvidos por empresas externas.

Como mencionado anteriormente, a Newell Rubbermaid gasta mais de US$ 100 milhões para recrutar, contratar e treinar uma força de vendas jovem por meio de seu programa *Phoenix*. Os trainees do *Phoenix* geralmente chegam com título ou sem nenhuma experiência em vendas, mas com muita energia e entusiasmo. Eles têm um curso de treinamento, estocagem em prateleiras e *brainstorm* para idéias sobre como ajudar seus clientes. O CEO Joe Galli prefere treinar um grupo sem experiência a tentar retreinar ou motivar novamente vendedores que tenham perdido o ritmo. "Essa é a única coisa mais importante que faremos", ele diz sobre o programa *Phoenix*.[30]

No entanto, treinamento de venda constante também é importante para os vendedores veteranos. Os gerentes de vendas freqüentemente conduzem esse tipo de treinamento de maneira informal, viajando com os representantes de campo e depois oferecendo críticas construtivas ou sugestões. Reuniões de venda, aulas e *workshops* são outros meios para reforçar o treinamento.

A tutoria é uma ferramenta de treinamento chave em muitas organizações. A Sealed Air Corporation, uma empresa de New Jersey, oferece um programa de tutoria de vendas que corta custos de treinamento, reforça a lealdade e ajuda a preparar futuros gerentes. Os realizadores acima da média de vendas gastam três anos treinando vendedores novos ou abaixo da média em seus territórios. Enquanto o trainee estabelece ligações e toma a liderança nas apresentações de venda, o mentor fornece ajuda e encorajamento durante o percurso.[31]

ORGANIZAÇÃO

Os gerentes de vendas são responsáveis pela organização da força de vendas de campo. Os alinhamentos organizacionais gerais, usualmente feitos pela administração de marketing mais alta, podem ser baseados na geografia, nos produtos, nos tipos de consumidores ou em alguma combinação desses fatores. A Figura 17.3 apresenta um gráfico organizacional eficiente que ilustra cada um desses alinhamentos.

Uma organização de vendas de produto provavelmente terá uma força de vendas especializada para cada categoria principal de produtos da empresa. Essa abordagem é comum entre as empresas de produtos industriais que comercializam um grande número de produtos complexos, altamente técnicos, que são vendidos por intermédio de diferentes canais de marketing.

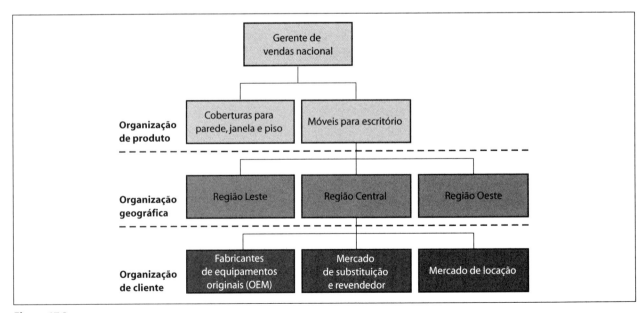

Figura 17.3
Abordagens básicas para organizar a força de vendas

As empresas que comercializam produtos semelhantes em grandes territórios muitas vezes usam a especialização geográfica. As corporações multinacionais podem ter divisões diferentes de vendas em distintos continentes. Uma organização geográfica também pode ser combinada com um dos outros métodos organizacionais. Entretanto, muitas empresas estão evitando o uso de representantes de vendas territoriais conforme adotam forças de vendas focadas no cliente. Por exemplo, um único território que contenha dois clientes principais pode ser redefinido, assim o mesmo representante de vendas cobrirá os dois clientes. As organizações direcionadas ao cliente usam estratégias de força de vendas diferentes para cada tipo principal de cliente servido. Algumas empresas determinam forças de vendas separadas para seus clientes e clientes organizacionais. Outras têm forças de vendas para indústrias específicas, como de serviços financeiros, educacional e automotiva. As forças de vendas também podem ser organizadas pelo tamanho do cliente, com uma força de vendas separada determinada para contas grandes, médias e pequenas.

Uma tendência crescente entre as empresas que adotam uma estrutura organizacional voltada para o cliente é a **organização de contas nacionais**. Essa estrutura, projetada para reforçar a relação de uma empresa com clientes grandes e importantes, determina gerentes de vendas seniores ou equipes de venda para as contas maiores em cada mercado. Organizar por contas nacionais ajuda os representantes de vendas a desenvolver a cooperação entre os departamentos para satisfazer as necessidades especiais dos clientes mais importantes da companhia. O exemplo clássico de uma situação de venda de conta nacional é a relação entre o Wal-Mart e seus maiores fornecedores. Clorox, Colgate, H. J. Heinz, Johnson & Johnson, Kraft, Nestlé e PepsiCo são apenas algumas das quinhentas ou mais empresas que têm estabelecido escritórios de venda próximos à matriz do Wal-Mart em Bentonville, Arkansas, fazendo recursos de venda dedicados a locais isentos dessa conta principal.

Conforme as empresas expandem sua cobertura de mercado pelas fronteiras nacionais, podem usar uma variante das equipes de vendas de conta nacional. Essas equipes de conta global podem ser feitas com representantes de vendas locais nos países em que uma empresa esteja operando. Em outros casos, a companhia seleciona executivos de venda altamente treinados de suas operações domésticas. Em qualquer caso, o treinamento especializado é importante para o sucesso da força de vendas global de uma companhia.

O gerente de vendas individual também tem a tarefa de organizar os territórios de vendas em sua área de responsabilidade. Fatores como potencial de venda, forças e fraquezas de pessoal disponível e cargas de trabalho são considerados em decisões de alocação de território.

SUPERVISÃO

Uma fonte de constante debate entre os gerentes de vendas é a supervisão da força de vendas. É impossível apontar a quantidade exata de supervisão correta em cada situação, visto que as pessoas envolvidas e os ambientes em que elas operam variam. Entretanto, um conceito conhecido como **esfera de controle** ajuda a fornecer algumas diretrizes gerais. A esfera de controle refere-se ao número de representantes de venda que se reportam aos gerentes de vendas do primeiro nível.

A esfera de controle mais adequada é afetada por determinados fatores como complexidade das atividades de trabalho que estão sendo executadas, capacidade individual do gerente de vendas, grau de interdependência entre os vendedores individuais e extensão de treinamento que os vendedores recebem. Uma razão de 6 a 1 é sugerida como a esfera de controle mais adequada para os gerentes de vendas de primeiro nível que supervisionam os vendedores industriais ou técnicos. Em contrapartida, a razão de 10 a 1 é recomendada se os representantes de vendas estiverem visitando contas de varejo e de atacado.

MOTIVAÇÃO

O que motiva os vendedores a fazer o melhor? A responsabilidade do gerente de vendas. Pelo fato de o processo de vendas envolver a solução de problemas, freqüentemente conduz a pressões mentais e a frustrações consideráveis. As vendas geralmente têm algum resultado apenas depois de visitas repetidas a clientes, e podem implicar um longo período de conclusão, em especial com novos clientes e com produtos técnicos complexos. Os esforços para motivar os vendedores têm a forma de inquirições, compartilhamento de informações e encorajamento psicológico e financeiro. Os apelos às necessidades emocionais, como necessidades de ego, reconhecimento e aceitação de colegas são exemplos de encorajamento psicológico. Prêmios em dinheiro e benefícios especiais, como título de um clube e prêmios de férias pagas, são tipos de incentivos financeiros. Os programas de incentivo bem gerenciados que podem motivar os vendedores e melhorar o serviço ao cliente, em geral, incluem passeios ou viagem de lazer, presentes, jantares de reconhecimento, placas, prêmios e dinheiro. Os varejistas, como Lowe's, L .L. Bean e Blockbuster, oferecem prêmios de incentivo que podem ser comprados por outras empresas que procuram maneiras para motivar suas equipes de vendas. A Blockbuster disponibiliza três produtos de incentivo que os gerentes de vendas podem oferecer a seus funcionários: um cartão-presente, um cartão-filme e um cartão-entretenimento.[32] A L .L. Bean oferece certificados-presente sem data de validade por meio de seu departamento de vendas corporativas.[33] E a Lowe's oferece vales-presente de incentivo em quantias que variam de US$ 5 a US$ 5 mil resgatáveis pelo representante de vendas de uma empresa. A Lowe's oferece um desconto sobre volume nos cartões, que podem ser estocados pelos gerentes e distribuídos nos momentos apropriados.[34]

Que tipos de incentivos são os mais eficientes? Algumas empresas fazem todo o possível, equilibrando itens luxuosos como computadores, câmeras digitais ou viagens para a força de vendas como prêmios. "O que, realmente, atrai as pessoas hoje é mais uma experiência que um item específico", diz Rodger Stotz, vice-presidente da Maritz Performance Improvement, uma empresa que desenvolve programas de incentivo para as companhias. Ele sugere que os gerentes, em vez de premiar alguém com um *grill* a gás, ofereçam aulas de cozinha ao ar livre. Stotz explica sua recomendação da seguinte maneira: "Quando eles escolhem esses tipos de prêmios práticos, você aprende o que motiva os participantes do programa e dá apoio a seus interesses particulares". Em outras palavras, os gerentes de vendas podem ganhar percepção valiosa sobre o que motiva sua equipe ao oferecer esses incentivos.[35]

Nem todos os programas de incentivo são eficazes para motivar os funcionários. Um programa que tenha objetivos estabelecidos muito altos, que não seja publicado ou permita que apenas determinadas pessoas da equipe de vendas participem pode, realmente, dar errado. Então, é importante que o gerenciamento de vendas planeje cuidadosamente um programa de incentivo que seja bem-sucedido.

Os gerentes de vendas podem melhorar a produtividade da força de vendas ao entender o que motiva os vendedores individualmente. Eles podem aprender a discernir o que motiva ao estudar as várias teorias de motivação desenvolvidas durante anos. Uma teoria aplicada eficientemente para motivar a força de vendas é a **teoria da expectativa**, que afirma que a motivação depende das expectativas que uma pessoa tem de sua capacidade em desempenhar o trabalho e de como o desempenho está relacionado ao alcance da recompensa desejada.

Os gerentes de vendas podem aplicar a teoria da expectativa de motivação ao seguir um processo de cinco passos:

1. Deixar que cada vendedor saiba em detalhes o que se espera em termos de objetivos de venda, padrões de serviço e outras áreas de desempenho. Em vez de estabelecer objetivos apenas uma vez ao ano, muitas empresas o fazem semestral, trimestral ou até mesmo mensalmente.
2. Valorizar o trabalho ao avaliar as necessidades, os valores e as capacidades de cada vendedor e então determinar as tarefas apropriadas.
3. Tornar o trabalho possível. Como líderes, os gerentes de vendas devem inspirar autoconfiança em seus vendedores e oferecer treinamento e orientação para tranqüilizá-los.
4. Fornecer *feedback* imediato e específico, guiando aqueles que precisam melhorar e dando *feedback* positivo para quem desempenhou bem suas funções.

5. Oferecer prêmios que cada vendedor valorize, seja um incentivo como já descrito, uma oportunidade para aperfeiçoamento ou um bônus.

COMPENSAÇÃO

Pelo fato de prêmios em dinheiro serem um fator importante na motivação dos subordinados, a compensação do pessoal de vendas é uma questão fundamental para os gerentes. A compensação de vendas pode ser um plano de comissão, um plano salarial fixo ou alguma combinação dessas opções. Os bônus baseados em resultados de fim de ano são outra forma popular de compensação. A popularidade crescente da venda em equipe também tem forçado as empresas a estabelecerem programas de premiação para reconhecer o desempenho das unidades e das equipes comerciais. Atualmente, cerca de uma em quatro empresas norte-americanas premia o desempenho de unidades comerciais.

Uma **comissão** é um pagamento vinculado diretamente às vendas ou aos lucros que um vendedor alcança. Um vendedor pode receber uma comissão de 5% sobre todas as vendas até uma cota específica e uma comissão de 7% sobre as vendas que ultrapassem esse ponto. Essa abordagem para a compensação de vendas está tornando-se popular. Porém, embora as comissões reforcem os incentivos de venda, podem fazer com que alguns membros da força de vendas ludibriem com atividades outras que não a venda, por exemplo, completar relatórios de vendas, entregar materiais de promoção de vendas e executar prestação de serviço a conta normal. Os programas de comissão também podem "sair pela culatra". A Sears recentemente modificou seu sistema de compensação após descobrir que os vendedores estavam sendo muito agressivos ou recomendando serviços desnecessários.[36] Outro problema com as comissões é que os vendedores podem focar a venda em produtos mais lucrativos, ignorando aqueles que não resultem em comissões mais altas. Isso aconteceu com a FedEx até que o programa de compensação fosse refeito. "Precisamos criar um programa de pagamento que encorajasse as vendas de todos os produtos sem substituir as vendas de um produto por outros", explica David Chichelli, cuja empresa de consultoria ajudou a FedEx a reprojetar sua estrutura de compensação.[37]

O **salário** é um pagamento fixo feito periodicamente a um funcionário. Uma companhia que baseia a compensação em salários em vez de em comissões pode pagar a um vendedor uma quantia determinada semanalmente, duas vezes ao mês ou uma vez ao mês. Uma empresa deve equilibrar benefícios e desvantagens ao pagar salários predeterminados para compensar gerentes e pessoal de vendas. Um plano salarial fixo dá à administração mais controle sobre como o pessoal de vendas aloca seus esforços, porém reduz o incentivo para a expansão de vendas. Como resultado, muitas empresas desenvolvem programas de compensação que combinam as características tanto do plano de comissão quanto do plano salarial. É comum que novos vendedores recebam um salário-base enquanto estão em treinamento, mesmo se mudarem para a comissão total posteriormente. Um carro, ou uma concessão para um veículo, em geral também está incluído em um pacote de compensação de um vendedor externo porque viajar é parte integrante do trabalho.[38]

Os ganhos dos representantes de vendas variam muito. Um vendedor da Longaberger Baskets pode ganhar US$ 30 mil por ano apenas em comissões, ao passo que um representante em tempo integral com alta qualidade de desempenho de uma empresa farmacêutica grande pode ganhar US$ 150 mil por ano em salário, comissões e bônus. Os pacotes de compensação total variam de acordo com a indústria, com as indústrias financeiras, as seguradoras e as do setor imobiliário vindo nas primeiras posições, seguidas de perto pela indústria de serviços gerais. Os ganhos também variam de acordo com os anos de experiência em vendas.

AVALIAÇÃO E CONTROLE

Talvez as tarefas mais difíceis dos gerentes de vendas sejam a avaliação e o controle. Os gerentes de vendas são responsáveis por estabelecer os padrões e escolher os melhores métodos para medir o desempenho de vendas.

O volume de venda, a lucratividade e as mudanças na participação de mercado são os meios comuns para avaliar a eficácia de venda. Normalmente, eles implicam o uso de **cotas de venda** – objetivos de lucro ou de vendas específicos que a empresa espera que os vendedores atinjam. Pode-se esperar que um representante de venda específico gere vendas de US$ 720 mil em seu território em determinado ano. Em muitos casos, a cota está vinculada ao sistema de compensação. A SFA tem melhorado muito a capacidade de os gerentes de vendas monitorarem a eficácia de suas equipes de vendas. Os bancos de dados permitem que os gerentes de vendas dividam rapidamente receitas por vendedor, por conta e por área geográfica.

Além das cotas de vendas, outras medidas, por exemplo, a satisfação do cliente, a contribuição para o lucro, ação de vendas de produto – categoria e a retenção de clientes – também entram em jogo. As mudanças são resultado de três esforços:

1. Orientação progressiva a longo prazo decorrente do maior uso de esforços para a construção de relacionamento com o cliente.
2. Compreensão de que avaliações baseadas apenas em volume de venda podem levar ao ato de vender mais do que pode ser produzido e a problemas excessivos de inventário que atuam contra a construção de relacionamento com o cliente.
3. Necessidade de encorajar os representantes de vendas a desenvolver novas contas, fornecer serviço ao cliente e enfatizar novos produtos. Uma concentração nas cotas de vendas tende a focar a atenção dos vendedores em venda a curto prazo, das quais eles podem gerar a maioria das vendas hoje.

Independentemente dos elementos-chave no programa de avaliação, os gerentes de vendas devem seguir um sistema formal que inclua uma série de regras decisórias. Esse sistema fornece informações para que o gerente de vendas entre em ação. Essa entrada o ajuda a responder três questões gerais.

Primeiro, onde o desempenho de cada vendedor o classifica com relação aos padrões predeterminados? Essa comparação deve considerar totalmente o efeito de variáveis incontroláveis no desempenho de vendas. Preferivelmente, cada classificação ajustada deve ser declarada como uma porcentagem do padrão. Esse sistema simplifica a avaliação e facilita a conversão de várias classificações em um único indicador composto de desempenho.

A segunda pergunta de avaliação diz respeito aos pontos fortes do vendedor. Um modo de responder essa questão é listar as áreas de desempenho do vendedor em que ele ou ela supera o padrão respectivo. Outro meio é categorizar os pontos fortes de um vendedor em cada uma destas áreas do ambiente de trabalho:

- *Tarefa ou capacidade técnica.* Essa força aparece em conhecimento dos produtos (e usos), dos clientes e da empresa, assim como em habilidades de venda.
- *Processo ou seqüência de fluxo de trabalho.* Essa força pertence às transações de vendas atuais – a aplicação, pelo vendedor, da capacidade técnica e a interação com os clientes. Os gerentes freqüentemente medem o desempenho do processo baseados em observação pessoal. Outras medidas são visitas de venda e relatórios de despesa.
- *Objetivo ou resultados finais (produto) de desempenho de vendas.* Os gerentes de vendas geralmente determinam esse aspecto do ambiente de trabalho do vendedor em termos de volume de venda e lucros.

A terceira questão de avaliação está ligada aos pontos fracos, ou negativos, no desempenho do vendedor. O gerente deve categorizar essas faltas tão cuidadosamente quanto os pontos fortes do vendedor. O gerente de vendas deve explicar, de forma franca, porém amável, as áreas fracas do funcionário. Pela razão de poucas pessoas gostarem de ouvir essa parte de uma avaliação e, em conseqüência, terem a tendência a "ouvir apenas com um ouvido", o gerente precisa certificar-se de que o empregado entendeu quaisquer problemas de desempenho que precise corrigir e os meios que o gerente usará para medir o progresso. O gerente e o funcionário devem então estabelecer objetivos específicos para o aperfeiçoamento e determinar um cronograma para decidir a melhora do funcionário.

Ao completar o resumo da avaliação, o gerente de venda deve seguir um procedimento determinado:

- Cada aspecto do desempenho de vendas para o qual existe um padrão tem de ser medido separadamente. Isso ajuda a evitar o conhecido *efeito halo*, em que a classificação dada para um fator influencia aqueles em outras variáveis de desempenho.
- Cada vendedor deveria ser julgado com base no desempenho de vendas real em vez de na capacidade potencial. Isso enfatiza a importância das classificações na avaliação.
- Os gerentes de vendas devem julgar cada vendedor com base no desempenho de vendas pelo período completo sob consideração, e não por alguns incidentes específicos. Como um avaliador, o gerente de vendas precisa evitar confiar em exemplos isolados de sucesso ou fracasso do vendedor.
- Cada avaliação do vendedor deve ser analisada para se verificar a integralidade e a evidência de possível parcialidade. Em condições ideais, essa análise é feita pelo superior imediato do gerente de vendas.

Embora a avaliação inclua tanto a revisão quanto a correção, o gerente de vendas deve focar sua atenção na correção. Essa prioridade se traduz em uma iniciativa para ajustar o desempenho real a fim de se adequar aos padrões predeterminados. A ação corretiva, com suas conotações obviamente negativas, de modo geral propõe uma mudança substancial para o gerente de vendas.

> **MARKETING**
> Verificação
> de conceito
>
> 1. Quais são as sete funções básicas desempenhadas por um gerente de vendas?
> 2. Defina *esfera de controle*.
> 3. Diferencie uma comissão e um salário.

QUESTÕES ÉTICAS EM VENDAS

As atividades promocionais podem dar origem a questões éticas, e a venda pessoal não é exceção. Uma economia difícil ou um ambiente altamente competitivo são capazes de induzir alguns vendedores – em particular os novatos no ramo – a se comportarem de maneira que pode levá-los a se arrepender depois. Eles podem usar o carro da empresa para propósitos pessoais ou rechear um relatório de despesas. Podem dar ou aceitar presentes inapropriados ou caros ao negociarem um acordo comercial principal. Porém, os vendedores experientes e altamente profissionais de hoje sabem que o sucesso a longo prazo está baseado na construção e na manutenção dos relacionamentos éticos e satisfatórios mútuos com os clientes. Também estão conscientes de que o impacto negativo de qualquer ato eticamente questionável provavelmente afetará a atitude do cliente com relação ao indivíduo, a sua empresa e a quaisquer relacionamentos futuros.

7. Explicar o papel do comportamento ético nas vendas pessoais.

Mais e mais companhias estão incluindo treinamento ético em seus programas de treinamento de vendas globais. Um bom exemplo da indústria de eletrônicos é a Texas Instruments. Todos os novos vendedores recebem treinamento sobre o código de ética da TI, incluindo instrução sobre questões legais, por exemplo, divulgação apropriada de informações e como preparar contratos de venda, com tópicos de recursos humanos como assédio sexual e diversidade. Os instrutores da Texas Instruments usam exercícios de interpretação de papéis, estudos de caso, análise de vídeo e até atores profissionais para transmitir sua mensagem. "Dizemos aos nossos vendedores que, se eles precisarem fazer algo não-ético para conseguir fechar um negócio, não façam", diz Zoe Chapman, diretor de recursos humanos da TI. "Uma reputação como um vendedor ético certamente fará com que os clientes queiram fazer negócio com você."[39]

Alguns críticos acreditam que os problemas éticos são inevitáveis por causa da natureza da função de vendas. E, no rastro dos escândalos corporativos em que altos executivos se beneficiam à custa de clientes, funcionários e acionistas, os gerentes éticos estão trabalhando mais arduamente que nunca para desfazer a noção de que muitos vendedores podem não ser confiáveis. De fato, um número crescente de empresas começou a perceber que seu maior ativo fixo é uma força de vendas honesta e respeitável. Dessa maneira, reforçaram os códigos éticos que talvez já estejam em vigor e fortaleceram o treinamento ético, do mesmo modo que a Texas Instruments fez. Os gerentes de venda experientes de hoje levam o conceito um nível acima, usando a força de vendas como emissários da boa reputação da empresa. De acordo com John Boatright, professor de ética comercial na Loyola University e diretor-executivo da *Society of Business Ethics* em Chicago, um dos melhores usos do código de ética de uma empresa é "conscientizar os clientes de que tal código existe e transmiti-lo por meio de sua força de vendas. Se as empresas estiverem falhando ao fazê-lo, estarão perdendo uma boa oportunidade, porque isso aumenta sua credibilidade"[40].

Os gerentes de vendas e os altos executivos fazem muito para estimular uma cultura corporativa que incentive o comportamento ético. Aqui estão algumas características de tal cultura:

MARKETING
Verificação de conceito

1. Por que é tão importante, para os vendedores, manter um comportamento ético?
2. Quais são as características das empresas que estimulam as culturas corporativas que promovem o comportamento ético?

- *Funcionários compreendem o que se espera deles.* "A abordagem ideal é uma organização ter um código de conduta escrito que todos recebam e leiam", recomenda Jim Eskin, um consultor de relações públicas do Texas.
- *Existe comunicação aberta entre funcionários e gerentes.* Funcionários que se sentem confortáveis ao falar com seus supervisores estão mais aptos a relatar violações éticas.
- *A administração lidera com o exemplo.* Os funcionários, naturalmente, irão imitar o comportamento ético da direção.
- *Os funcionários têm orgulho de sua organização e são leais a ela.* Os funcionários que se sentem bem em relação a sua empresa têm muito mais probabilidade de se comportar eticamente.[41]

PROMOÇÃO DE VENDAS

8. Descrever o papel da promoção de vendas no mix promocional.

A **promoção de vendas** inclui aquelas atividades de marketing além da venda pessoal, da propaganda e da publicidade determinadas para aumentar a compra do consumidor e a eficácia do comerciante. Esse componente do mix de comunicação tem suas origens muito longe, na Antigüidade, como atestam os exemplos encontrados entre as ruínas de Pompéia e de Éfeso. Nos Estados Unidos, Adolphus Busch ajudou a estabelecer sua marca ao distribuir amostras de sua cerveja e uma faca de bolso como um prêmio em 1880. Dez anos depois, os profissionais de marketing da Procter & Gamble construíram seu mercado ao trocar os amuletos com correntes de relógio pelas embalagens do sabão *Ivory*. Hoje, mais de US$ 250 bilhões são gastos anualmente em atividades de promoção de vendas comerciais e voltadas aos consumidores, incluindo cupons, amostras, displays, exposições e exibições, demonstrações ou algo parecido.

As técnicas de promoção de vendas originalmente foram projetadas como incentivos a curto prazo voltados para a produção de respostas de compra imediatas nos consumidores. Tradicionalmente, essas técnicas eram vistas como suplementos a outros elementos do mix de comunicação da empresa. Hoje em dia, entretanto, os profissionais de marketing as reconhecem como partes essenciais de muitos planos de marketing, e o foco da promoção de vendas tem se deslocado dos objetivos a curto prazo para os objetivos a longo prazo de construção da eqüidade da marca e de manutenção das compras continuadas. Um programa de passageiro freqüente permite a uma nova empresa área como a JetBlue ou a Independence Air construir uma base de clientes fiéis. Um programa de estada freqüente possibilita a uma cadeia de hotéis atrair hóspedes regulares.

Tanto os varejistas quanto os fabricantes usam as promoções de vendas para oferecer aos consumidores incentivos extras para comprar. Em lugar de enfatizar as características do produto para fazer os consumidores se sentirem bem a respeito de suas compras, essas promoções provavelmente salientam as vantagens de preço. Os objetivos gerais da promoção de vendas são agilizar o processo de vendas e aumentar o volume de vendas. Com uma promoção de consumo, um profissional de marketing encoraja os consumidores a testar o produto, usá-lo mais e comprá-lo novamente. A empresa também espera reforçar as vendas de itens complementares e aumentar as compras por impulso.

Pelo fato de a promoção de vendas ser tão importante para um esforço de marketing, uma indústria da promoção completa existe para oferecer assistência especializada em seu uso e projetar promoções únicas, exatamente como uma indústria de propaganda oferece serviços semelhantes aos anunciantes. Essas organizações, como as agências de publicidade, fornecem a outras empresas assistência na promoção de seus produtos e serviços.

As promoções de vendas complementam outros tipos de promoção e, freqüentemente, produzem seus melhores resultados quando combinadas com outras atividades de marketing. Os anúncios criam a consciência, ao passo que as promoções de vendas levam ao teste ou à compra. Após a apresentação, um vendedor pode oferecer a um cliente potencial um cupom de desconto para o produto ou serviço. As promoções encorajam a ação imediata porque impõem estruturas limitadas de tempo. Os cupons de desconto e os rebates geralmente têm data de validade. Além disso, as promoções de vendas produzem resultados mensuráveis, facilitando, relativamente, para os profissionais de marketing, a avaliação de sua eficácia. Se um número maior de consumidores comprar a Honda *Pilots* de determinada concessionária durante sua promoção de reembolso, a concessionária sabe que a promoção foi bem-sucedida.

É importante entender o que as promoções de vendas podem e não podem fazer. Elas são capazes de encorajar o interesse dos vendedores e dos consumidores tanto pelos produtos novos quanto pelos existentes, ajudar a apresentar novos produtos, estimular o teste e as compras repetidas, aumentar as taxas de uso, neutralizar a concorrência e reforçar a propaganda e os esforços da venda pessoal. Por outro lado, as promoções de vendas não podem superar imagens fracas de marcas, deficiências de produto ou treinamento fraco de vendedores. Embora as promoções de vendas aumentem o volume em curto prazo, não são capazes de levar ao crescimento de lucros e das vendas em um longo período.

As técnicas de promoção de vendas podem servir a todos os membros de um canal de marketing. Além disso, os fabricantes podem usar os métodos de promoção comercial para promover seus produtos para os revendedores. Uma única estratégia de comunicação pode combinar mais de uma opção, mas, provavelmente nenhuma estratégia de comunicação já usou todas as opções em um único programa. Embora os diferentes tipos não sejam mutuamente exclusivos, as promoções, em geral, são empregadas de forma seletiva. As técnicas de promoção de vendas incluem as seguintes promoções voltadas ao consumidor: amostras, pacotes de bônus, prêmios, cupons, reembolsos, concursos, jogos de azar e propaganda exclusiva. As promoções voltadas para o comércio incluem descontos comerciais, propaganda no ponto-de-venda, exposições, incentivos a comerciantes, concursos e programas de treinamento.

PROMOÇÕES DE VENDA VOLTADAS PARA O CONSUMIDOR

Na indústria de promoção de US$ 85 bilhões, os profissionais de marketing usam todos os tipos de promoções de vendas, incluindo jogos, competições, jogos de azar e cupons para persuadir clientes novos e já existentes a testar seus produtos. As promoções de vendas voltadas para o consumidor estimulam as recompras ao recompensar os usuários usuais, aumentar a venda de produtos complementares e estimular as compras por impulso. Tais promoções também atraem a atenção dos consumidores no meio da massa de propagandas. A Tabela 17.3 lista as técnicas de promoção de consumo mais populares para as empresas que usam esse elemento do mix de comunicação.

9. Identificar os diferentes tipos de promoções de vendas orientadas ao consumidor ou ao comerciante.

É importante, para os profissionais de marketing, usar as promoções de vendas seletivamente, porque, caso sejam usadas em excesso, os consumidores começarão a esperar por descontos em preço que, no final, diminuem a eqüidade da marca. As seções a seguir descrevem de modo sucinto as várias formas de promoções de vendas voltadas para o consumidor.

Cupons e Reembolsos

Os **cupons**, a forma mais amplamente usada de promoção de vendas, oferecem descontos no preço de compra de produtos e serviços. Os consumidores podem resgatar os cupons em *outlets* de varejo, que recebem o valor nominal do cupom mais uma taxa de manuseio do fabricante. A indústria de cupons de US$ 5 bilhões tem sido de certa maneira reduzida nos últimos anos por causa de regras contábeis mais complexas que tornam a técnica de distribuição de cupons menos atraente para alguns profissionais de marketing, assim como a crescente influência dos varejistas. Além disso, os consumidores recebem tantos cupons que não podem resgatar todos. De acordo com uma pesquisa recente patrocinada pela *Promotion Marketing Association*, a família norte-americana média recebeu 3 mil cupons durante um período único de doze meses, mas resgatou apenas quarenta. Os profissionais de marketing gastam quase tanto dinheiro distribuindo os cupons quanto o que os consumidores economizam. Porém, os cupons continuam a ser uma forma popular de promoção de vendas.

Correspondência, revistas, jornais, bulas e, progressivamente, a internet são os métodos padrão de distribuição de cupons. Um método de distribuição muito popular é imprimi-los diretamente nos recibos em supermercados e em outros *outlets* de varejo. Os encartes soltos (FSIs – *Free-Standing Inserts*) em determinadas revistas e nos jornais dominicais são responsáveis por quase 75% de todos os cupons distribuídos.

Os **reembolsos**, ou rebates, oferecem dinheiro de volta para os consumidores que enviam como prova da compra um ou mais produtos. Os reembolsos ajudam as empresas de produtos empacotados a aumentar as taxas de compra, a promover compras múltiplas e a premiar os usuários do produto. Embora bastantes consumidores achem os formulários de reembolso muito chatos de serem completados, muitos ainda gastam tempo e energia fazendo isso.

Amostras, Pacotes de Bônus e Prêmios

Os profissionais de marketing estão cada vez mais adotando a abordagem "experimente, você vai gostar" como um meio eficaz de fazer com que os consumidores testem e depois comprem seus produtos e serviços. A **amostragem** refere-se à distribuição gratuita de um produto em uma tentativa de obter vendas futuras. As amostras podem ser

Tabela 17.3 As sete técnicas de promoção ao consumidor mais freqüentemente usadas

TÉCNICA	PORCENTAGEM DOS PROFISSIONAIS DE MARKETING QUE A USAM
Cupons em anúncios de varejo	90
Cupons em loja	88
Reembolsos	85
Displays eletrônicos em loja	83
Amostras de determinados produtos	78
Prêmios	75
Jogos de azar	70

distribuídas de porta em porta, pelo correio, em demonstrações em lojas ou em eventos, ou ao serem incluídas em pacotes com outros produtos.

A amostragem produz uma taxa de resposta mais alta que as outras promoções. Aproximadamente três quartos dos consumidores que recebem amostras as testam, em especial se tiverem requisitado as amostras, e o total anual gasto nessa técnica de promoção de vendas tem batido US$ 1 bilhão. Uma pesquisa recente mostrou que 92% dos consumidores preferiram receber amostras grátis em lugar de cupons. Com a amostragem, os profissionais de marketing podem direcionar para os consumidores potenciais e estar certos de que o produto os alcançará. A amostragem fornece um meio especialmente útil para promover produtos novos ou incomuns porque oferece ao consumidor uma experiência direta com o produto.

Uma desvantagem principal da amostragem é o alto custo envolvido. O profissional de marketing não apenas deve distribuir pequenas quantidades de um produto que, em geral, poderia ter gerado receita por meio da venda normal, mas o mercado também deve estar, na prática, fechado pelo tempo que os consumidores usarem as amostras. Além disso, o profissional de marketing pode encontrar problemas na distribuição de amostras. Os profissionais de marketing da Hellman's aborreceram os consumidores em vez de agradá-los quando a empresa distribuiu pacotes de amostras dos molhos para salada italiano e francês em edições entregues em casa do jornal *The New York Times*. Muitos dos pacotes estouravam quando os jornais batiam na entrada das garagens.

Um **pacote de bônus** é um item especialmente embalado que dá ao comprador uma quantidade maior pelo preço normal. Por exemplo, o sabão *Camay* recentemente ofereceu três barras de sabão pelo preço de duas, e o Salon Selectives, com freqüência, aumenta o tamanho da embalagem de seus xampus e condicionadores e mantém o preço das normais.

Os **prêmios** são itens gratuitos ou a custo reduzido com a compra de outros produtos. Por exemplo, a Pantene freqüentemente anexa um frasco pequeno de spray para cabelo com seus outros produtos para cabelo. Os prêmios têm comprovado sua eficácia em motivar os consumidores a testar novos produtos ou marcas diferentes. Contudo, devem ter alguma relação com o produto ou a marca ao qual estão anexados. Um centro de melhorias domésticas talvez ofereça porta-ferramentas grátis para seus clientes, por exemplo.

Concursos e Jogos de Azar

As empresas também patrocinam concursos e jogos de azar para apresentar novos produtos e serviços e atrair clientes adicionais. Os **concursos** precisam de participantes para completar uma tarefa, por exemplo, solucionar uma charada ou responder a perguntas em um teste de conhecimento, e também podem pedir provas da compra. Os **jogos de azar**, por outro lado, escolhem ganhadores ao acaso; assim, não é necessária a compra de nenhum produto. Eles são mais populares com os consumidores do que os concursos porque são menos caros para serem feitos e o número de ganhadores é predeterminado. Com alguns concursos, os patrocinadores não podem predizer o número de pessoas que corretamente irão adivinhar a charada ou juntar o número certo de símbolos nas raspadinhas.

Não surpreende que os concursos e os jogos de azar tenham se tornado mais sofisticados e criativos com o surgimento da internet. A Saab recentemente fez um jogo de azar chamado *The Ultimate Drive of a Lifetime* (o passeio de carro definitivo da sua vida), no qual os clientes tinham uma chance para ganhar um novo sedã de luxo *Saab 9-3* ao visitar o site da empresa. Foram usados e-mails e anúncios para direcionar os consumidores ao site.

Outros prêmios incluíam viagens de três dias a São Francisco para testar o carro e participar de uma aventura ao ar livre associada.[42]

Com o recente ataque de regras judiciais e de restrições legais, o uso de concursos exige uma administração cuidadosa. Qualquer empresa que contemple essa técnica de comunicação deve contratar os serviços de especialistas de promoção on-line, por exemplo, a WebStakes ou a NetStakes.

Propaganda Exclusiva

A origem da propaganda exclusiva encontra-se na Idade Média, quando os artesãos davam placas de madeira com seu nome gravado para clientes potenciais, que as colocavam na parede em casa para servir como suportes convenientes para armadura. Nos tempos mais modernos, as empresas começaram a colocar seus nomes em uma variedade de produtos no final dos anos 1980, no momento em que jornais e estamparias exploravam novos métodos para obter receita adicional a partir de suas prensas caras.

A **propaganda exclusiva** é uma técnica de promoção de vendas que coloca o nome, o endereço e a mensagem publicitária do anunciante em artigos úteis que são então distribuídos aos consumidores-alvo. Os profissionais de marketing distribuem mais de US$ 8 bilhões de itens de propaganda exclusiva por ano. Produtos próprios para uso, incluindo camisetas e bonés de beisebol, são os mais populares, e responsáveis por quase um terço das vendas da propaganda exclusiva. Instrumentos para escrita, artigos de vidro e calendários são outras formas populares.

As propagandas exclusivas ajudam a reforçar a propaganda e as mensagens de vendas anteriores e futuras. Os consumidores gostam desses brindes, que geram respostas mais eficazes que a mala-direta, resultando em três vezes mais volume de dólares de vendas na comparação com apenas o envio da mala-direta. As empresas usam essa forma de promoção para realçar a abertura de lojas e novos produtos, motivar os vendedores, aumentar visitas a estandes de feiras comerciais e incrementar o relacionamento com os clientes.

PROMOÇÕES VOLTADAS PARA O COMÉRCIO

As técnicas de promoção de vendas também podem contribuir eficazmente para as campanhas voltadas a varejistas e atacadistas. A **promoção comercial** é a promoção de vendas que atrai os intermediários de marketing em vez dos consumidores finais. Os profissionais de marketing usam as promoções comerciais em estratégias de *push* ao encorajar os revendedores a estocar novos produtos, continuar a comercializar os já existentes e promover ambos de maneira eficaz entre os consumidores. A empresa comum, atualmente, despende metade de seu orçamento de comunicação na promoção comercial – tanto dinheiro quanto gasta na combinação da propaganda e das promoções de vendas voltadas ao consumidor. As promoções comerciais bem-sucedidas oferecem incentivos financeiros, exigem tempo criterioso e atenção aos custos e são de fácil implementação por parte dos varejistas. E devem trazer resultados rápidos e melhorar as vendas varejistas.

Concessões Empresariais

Entre os métodos de promoção comercial mais comuns estão as **concessões empresariais** – incentivos financeiros empresariais oferecidos a atacadistas e varejistas que compram ou promovem produtos específicos. Essas ofertas têm várias formas. Uma concessão de compra dá aos varejistas um desconto em produtos. Ela inclui concessões de desconto na nota por meio da qual os varejistas deduzem quantias específicas de suas faturas ou recebem mercadorias grátis, por exemplo: uma caixa grátis a cada dez pedidos, quando pedem determinadas quantidades. Quando um fabricante oferece uma concessão de comunicação, concorda em pagar ao revendedor certa quantia para cobrir os custos dos displays promocionais especiais ou a propaganda ampla que apresente o produto do fabricante. O objetivo é aumentar as vendas aos consumidores ao encorajar os revendedores a promover seus produtos eficazmente.

Como mencionado nos capítulos anteriores, alguns varejistas exigem que os distribuidores paguem uma bonificação de exposição especial antes de concordarem em adquirir novos produtos. Essas taxas garantem *slots*, ou espaço em prateleiras, para os itens apresentados recentemente nas lojas. A prática é comum em grandes cadeias de supermercados. Os varejistas defendem essas taxas como essenciais para cobrir os custos adicionais de comercialização dos produtos, por exemplo, redefinir o espaço de exposição e as prateleiras, estabelecer e administrar os sistemas de controle, gerenciar estoque e assumir os riscos inerentes ao armazenar novos produtos. As taxas podem ser de tamanho considerável, de muitas centenas de dólares por loja a muitos milhares de dólares por uma cadeia varejista e milhões de dólares por produtos distribuídos nacionalmente.

Propaganda de Ponto-de-venda

Um display ou outra promoção colocado próximo ao local da decisão de compra atual é conhecido como **propaganda de ponto-de-venda (PDV)**. Esse método de promoção de vendas capitaliza pelo fato de os compradores tomarem muitas decisões de compra dentro da loja – isso encoraja os varejistas a melhorarem o merchandising no local. Os fornecedores de produtos auxiliam o varejista ao criarem displays especiais projetados para estimular as vendas do item a ser promovido.

Freqüentemente, as promoções PDC desligadas aparecem no fim dos corredores das lojas. Em um passeio comum no supermercado, você pode ver um display PDC dos vídeos da Disney, dos protetores solares da Coppertone ou da nova bebida com menos calorias da Pepsi. Os varejistas estilo armazém, como a Home Depot e o Sam's Club, com o Staples e o Kmart, todos usam os displays da propaganda PDC freqüentemente. Os quiosques eletrônicos, que permitem aos consumidores colocar pedidos de itens que não estão disponíveis na loja, começaram a transformar a indústria de display PDC, visto que os criadores desses displays buscam meios para envolver os consumidores mais ativamente, assim como entretê-los.

Até recentemente, havia poucas medidas de sucesso de promoções PDC. Entretanto, muitas organizações começaram a desenvolver uma pesquisa projetada para ajudar os profissionais de marketing a avaliar o desempenho das promoções PDC. "As pessoas têm usado muita intuição nesse negócio, mas essa pesquisa nos dá um *benchmark* que confirma muito de nosso instinto", diz Dick Blatt, presidente e CEO do *Point-of-Purchase Advertising International* (POPAI), um dos grupos que conduzem a pesquisa.[43]

Feiras Comerciais

Para influenciar revendedores e outros membros do canal de distribuição, muitos profissionais de marketing participam de **feiras comerciais**. Esses shows com freqüência são organizados pelas associações comerciais da indústria; muitas vezes, são parte dessas reuniões ou convenções anuais de associações. Os fornecedores que servem às indústrias exibem e demonstram seus produtos para os membros.[44] A cada ano, mais de 4.300 feiras diferentes nos Estados Unidos e no Canadá atraem mais de 1,3 milhão de expositores e 85 milhões de visitantes. As indústrias que realizam as feiras comerciais variam de produtos esportivos a eletrônicos, de brinquedos a editoras.

Por causa do gasto envolvido nas feiras comerciais, uma empresa deve avaliar o valor dessas feiras levando em conta vários critérios, como as vendas diretas, qualquer aumento na percepção do produto, a construção da imagem e qualquer contribuição para os seus esforços de comunicações de marketing. As feiras comerciais dão, especialmente, oportunidades eficazes para apresentar novos produtos e gerar listas de clientes potenciais. Alguns tipos alcançam os consumidores finais, assim como os membros do canal. Feiras de materiais para o lar, recreação e automóveis, por exemplo, permitem às empresas exibir e demonstrar melhorias para o lar, recreação e outros produtos de consumo para comunidades inteiras.

Incentivos a Revendedores, Concursos e Programas de Treinamento

Os fabricantes usam programas de incentivos aos revendedores e concursos para premiar os varejistas e seus vendedores que aumentam as vendas e, de modo mais geral, para promover produtos específicos. Esses membros do canal recebem incentivos a fim de desempenhar as tarefas relacionadas à promoção e podem ganhar os concursos ao

MARKETING
Verificação
de conceito

1. Defina promoção de vendas.
2. Identifique ao menos quatro tipos de promoções de vendas voltadas para o consumidor.
3. Identifique ao menos três tipos de promoções de vendas voltadas para o comércio.

alcançarem os objetivos de venda. Os fabricantes podem oferecer prêmios maiores aos revendedores, como viagens a lugares exóticos. O **dinheiro de incentivo** (a que os varejistas normalmente se referem como *spiffs*) é outro incentivo que dá aos vendedores de varejo prêmios em dinheiro para cada unidade de um produto que eles vendem. Esse benefício aumenta a probabilidade de que um vendedor tentará convencer um cliente a comprar o produto e não o produto de uma marca concorrente.

Para produtos mais caros e altamente complexos, os fabricantes freqüentemente oferecem treinamento especializado aos vendedores de varejo. Essa prática ajuda o pessoal de vendas a explicar características, vantagens competitivas e outras informações para os consumidores. O treinamento pode ser fornecido de várias formas: o representante de vendas de um fabricante pode conduzir as sessões de treinamento durante as visitas de vendas normais ou a empresa pode distribuir literatura sobre venda e DVDs.

Implicações estratégicas do marketing no século XXI

Os vendedores de hoje são uma nova geração. Ricamente alimentados em uma tradição de vendas, seus papéis são reforçados ainda mais pela tecnologia. Entretanto, como muitas empresas estão descobrindo, nada pode substituir o poder da venda pessoal para gerar vendas e construir relacionamentos fortes e leais com o cliente.

Os vendedores, atualmente, são uma ligação importante no desenvolvimento dos relacionamentos entre os consumidores e a empresa. Eles comunicam as necessidades e os desejos dos clientes aos colegas de trabalho em várias unidades em uma organização, permitindo um esforço cooperativo que envolve toda a empresa no aperfeiçoamento das ofertas de produtos e na melhoria da satisfação dos indivíduos no mercado-alvo. Para os vendedores, o maior benefício das tecnologias eletrônicas é a capacidade para compartilhar conhecimento quando se faz necessário com aqueles que precisam tê-lo, incluindo os clientes, os fornecedores e os funcionários.

Pelo fato de os compradores serem agora mais sofisticados, demandando transações mais rápidas e de menor custo, os vendedores devem ser rápidos e criativos para achar soluções para os problemas de seus clientes. Os ciclos de vida do produto estão se acelerando, e os clientes que pedem mais são capazes de mudar de um produto para outro. Ao reconhecerem o impacto a longo prazo de manter compradores satisfeitos – aqueles que fazem compras repetidas e cruzadas e fornecem indicações – *versus* compradores insatisfeitos, as organizações estão progressivamente treinando suas forças de vendas para fornecerem serviço superior aos clientes e premiando-os para aumentar os níveis de satisfação.

As habilidades tradicionais de um vendedor incluíam persuasão, capacidade de venda e conhecimento sobre o produto. Porém, o profissional de vendas atual mais provavelmente possui habilidades comunicativas, habilidades para solucionar problemas e conhecimento sobre produtos, clientes, indústrias e aplicativos. As gerações anteriores de vendedores tendiam a ser mais automáticas; hoje, o profissional de vendas possivelmente atua mais como um jogador de uma equipe, assim como um advogado do cliente que ajuda seus compradores na solução de problemas.

O vendedor profissional moderno é bastante auxiliado por promoções de vendas criteriosas voltadas tanto para o consumidor quanto para o comércio. Com freqüência negligenciada nas discussões promocionais de propaganda de notoriedade, a empresa comum aloca mais dólares promocionais em promoção de vendas do que em propaganda. A eficiênte comprovada da promoção de vendas faz dela um componente amplamente usado do mix de comunicação para a maioria dos profissionais de venda de B2C e do B2B.

• • • • REVISÃO

1 Traçar as condições de mercado que fazem da venda pessoal um componente primordial do mix de comunicação de uma empresa.

A venda pessoal é, provavelmente, um componente básico quando (1) os clientes estão concentrados geograficamente; (2) os pedidos individuais são responsáveis por grandes quantidades de receita; (3) a empresa comercializa produtos e serviços caros, complexos ou exigem manuseio especial; (4) concessões de troca estão envolvidas; (5) os produtos se movimentam por canais curtos; e (6) a empresa comercializa para relativamente poucos clientes.

1.1. Usando os critérios citados, dê um exemplo de um produto que exigiria a venda pessoal.

2 Descrever os quatro canais de venda.

A venda de balcão (varejo) envolve o fornecimento de informações sobre o produto e acordo para a conclusão da transação de vendas quando os clientes vêm ao local de varejo. A venda de campo envolve as chamadas de vendas aos clientes na casa ou no trabalho deles com o propósito de fornecer demonstrações ou informações sobre o produto ou o serviço. Embora seu uso tenha sido muito limitado pelas recentes regras *Do not call*, o telemarketing é usado para fornecer informações sobre o produto e responder às perguntas dos clientes que ligam. Ele também reduz substancialmente o custo envolvido na manutenção de uma força de vendas que faz ligações pessoais para a casa dos clientes ou negócios de clientes atuais ou que dêem permissão para tais chamadas. A venda interna conta com o telefone, a correspondência e o e-commerce para fornecer vendas de produtos e serviços para clientes em uma base contínua.

2.1. Qual canal de venda tem a operação mais cara? Por quê?

2.2. Caso o número de telefone alguém esteja registrado na lista nacional *Do not call*, que tipos de organizações têm permissão para mesmo assim telefonar?

3 Descrever as principais tendências da venda pessoal.

Para enfrentar novos desafios, as empresas estão voltando-se para a venda de relacionamento, a venda consultiva, a venda em equipe e a automação da força de vendas. A venda de relacionamento ocorre quando um vendedor constrói uma relação mutuamente benéfica com um cliente, regularmente, durante um período estendido. A venda consultiva envolve a satisfação das necessidades do cliente ao ouvi-lo, entendê-lo e resolver seus problemas, prestar atenção em detalhes e realizar o pós-venda. A venda em equipe ocorre quando o vendedor se une a outros especialistas de outras áreas funcionais da empresa para completar o processo de venda. A automação da força de venda (SFA) é o uso de várias tecnologias para tornar a função de venda mais eficiente e competitiva.

3.1. Descreva as três diretrizes básicas para conduzir a venda pessoal bem-sucedida.

3.2. O que é venda cruzada? Dê um exemplo.

3.3. Como a SFA ajuda a tornar a função de vendas mais eficiente e competitiva?

4 Identificar e, brevemente, descrever as três tarefas básicas de venda.

O processamento de pedido é a manutenção rotineira de um pedido. Caracteriza um cenário de venda em que a necessidade é conhecida para o consumidor e reconhecida por ele. A venda criativa é a persuasão voltada para fazer o cliente potencial ver o valor do produto ou do serviço que está sendo apresentado. A venda missionária é a venda indireta, como fazer chamadas de fidelização e fornecer assistência técnica e operacional.

4.1. Quais são os três passos do processamento de pedido?

4.2. Quando um vendedor pode empregar a venda criativa?

5 Delinear os sete passos no processo de vendas.

Os passos básicos no processo de vendas são prospecção e qualificação, abordagem, apresentação, demonstração, gerenciamento de objeções, fechamento e *follow-up*.

5.1. Descreva a prospecção e a qualificação.

5.2. Como o planejamento de pré-abordagem ajuda a abordagem?

5.3. Como a apresentação e a demonstração estão relacionadas?

5.4. Que passo freqüentemente é o mais difícil de ser completado pelos vendedores?

6 Identificar as sete funções básicas de um gerente de vendas.

Um gerente de vendas une a força de vendas a outros aspectos dos ambientes interno e externo. As funções do gerente são recrutamento e seleção, treinamento, organização, supervisão, motivação, compensação e avaliação e controle.

6.1. Nomeie duas razões para o processo de recrutamento e seleção ser tão importante para a empresa.

6.2. Defina a *teoria da expectativa de motivação* e explique como os gerentes de vendas podem aplicá-la para sua força de vendas.

7 Explicar o papel do comportamento ético na venda pessoal.

O comportamento ético é vital para a construção de bons relacionamentos a longo prazo com os clientes. Mais e mais empresas estão incluindo o treinamento ético em seus programas globais de treinamento de vendas. Os gerentes de vendas experientes de hoje reconhecem que uma força de vendas ética pode ser um emissário forte da boa reputação de sua empresa.

7.1. Dê dois exemplos de características de uma cultura corporativa que estimule o comportamento ético entre seus funcionários.

8 Descrever o papel da promoção de vendas no mix de comunicação.

Os métodos de promoção de vendas eram tradicionalmente definidos como incentivos a curto prazo voltados para a produção de resultados imediatos; entretanto, os profissionais de marketing modernos os reconhecem como partes integrantes de seus planos de marketing. A promoção de vendas pode agora ser parte de um objetivo de longo prazo para a construção da eqüidade da marca e a manutenção de compras contínuas.

8.1. Como uma promoção de vendas pode ser usada em conjunto com a venda pessoal?

9 Identificar os diferentes tipos de promoções de vendas direcionadas ao consumidor e ao comércio.

As promoções de vendas voltadas ao consumidor incluem cupons, reembolsos, amostras, pacotes de bônus, prêmios, concursos, jogos de azar e propaganda exclusiva. As promoções voltadas para o comércio incluem concessões empresariais, propaganda no Ponto-de-Venda (PDV), feiras comerciais e incentivos a comerciantes, concursos e programas de treinamento.

9.1. Qual é o tipo mais popular de promoção de vendas voltada para o consumidor entre os profissionais de marketing? Que tipo os consumidores preferem?

9.2. Quem é o público-alvo de uma promoção comercial?

PROJETOS E EXERCÍCIOS EM GRUPO

1. Em duplas, ou em pequenos grupos, explique e ofereça exemplos sobre como os seguintes fatores afetam a decisão em enfatizar a venda pessoal ou a propaganda não--pessoal e/ou a promoção de vendas.
   a. concentração geográfica de mercado
   b. extensão dos canais de marketing
   c. grau de complexidade técnica do produto
   d. preço
   e. número de clientes
   f. predomínio de concessão de troca
2. Quais tarefas de vendas estão envolvidas na venda dos seguintes produtos? Cada equipe deve preparar um resumo de uma ou mais situações.
   a. impressoras a laser Lexmark
   b. *American Heart Association* (Associação Norte-americana de Cardiologia) (para um grupo de funcionários)
   c. Honda Accord usado
   d. materiais de limpeza para o uso na manutenção de fábrica
3. Descreva o trabalho de cada um dos seguintes vendedores. Em um grupo, discuta as diferenças e semelhanças.
   a. balconista em uma loja Blockbuster Video
   b. corretor da Coldwell Banker

   c. motorista da Keebler, fábrica de lanches (venda e entrega em varejistas da área de alimentação locais)
   d. engenheiro de vendas da Dell
4. Como representante da vendas de uma empresa de papel sua equipe é convidada para fazer uma apresentação de vendas em uma companhia de navegação e armazém nacional. Liste as cinco mensagens mais importantes que você desejaria relatar e depois represente a apresentação de vendas.
5. Suponha que você é o gerente de vendas das páginas amarelas de uma empresa telefônica e contrata seus representantes que ligam para empresas locais para solicitar vendas de espaço publicitário. Que tipo de sistema de compensação você usaria? Quais tipos de automação de força de vendas seriam eficientes na apresentação dos benefícios da propaganda nas páginas amarelas? Como você iria sugerir que seu pessoal de vendas fosse avaliado?
6. A venda cruzada pode ser uma forma eficaz para uma empresa se expandir. Sozinho ou com um colega de classe, localize uma propaganda de venda cruzada para uma empresa que você acredite que poderia ser benéfica. Liste modos como isso poderia oferecer vários produtos ou serviços ao mesmo consumidor. Depois crie um novo anúncio ilustrando as várias ofertas.

7. Com um colega, escolha um das seguintes situações de venda. Depois proponham maneiras criativas para fechar o acordo – um será o cliente e o outro, o vendedor. Apresente seus cenários de fechamento para a classe.

    a. Você é uma concessionária Toyota, e um cliente potencial acabou de fazer o *test-drive* do *Prius* híbrido. Você tratou de todas as objeções do cliente e estabeleceu um valor. Você não quer que o cliente saia sem fechar a venda do carro.

    b. Você gerencia um negócio de cuidado com gramados e visitou vários proprietários de residências para falar sobre um novo aperfeiçoamento na área. Três deles já concordaram em testar seu serviço. Você está encontrando o quarto e quer fechar a venda também.

8. Projete um cupom para uma das seguintes opções ou escolha outra opção que desejar:

    a. resort de esqui na neve
    b. cereal matinal da Kellogg's
    c. restaurante com refeição simples
    d. loja de música Wherehouse

9. Escolha um produto ou uma empresa que você acha que se beneficiaria de um concurso e escreva uma proposta breve apresentando sua idéia para o concurso.

10. Pesquise na internet uma empresa como a Kraft, a General Mills, a Ford ou o Burger King para descobrir que tipos de promoções voltadas aos consumidores a empresa está conduzindo para suas várias marcas ou produtos individuais. Que promoções parecem as mais atraentes para você como consumidor? Por quê? Apresente suas descobertas para a classe.

APLICANDO OS CONCEITOS DO CAPÍTULO

1. Desde a implementação do Registro *Do not call*, os americanos têm testemunhado um aumento na venda de porta-a-porta. Como um profissional de marketing, você acha que esse tipo de venda é eficaz? Justifique sua resposta.

2. A HomeBanc Mortgage Corp. de Atlanta freqüentemente se associa a empresas de construção que fazem desenvolvimentos de casa e escritórios. Como parte de um acordo, a HomeBanc se torna a financiadora preferida de uma construtora, permitindo que ela coloque materiais de marketing em casas já fabricadas oferecidas para a venda pela construtora, assim como nos escritórios da construtora. Os compradores potenciais não são apenas expostos à qualidade das ofertas de produto da construtora, mas também recebem materiais impressos em uma fonte recomendada de financiamento – caso comprem com essa construtora ou outra empresa. A construtora também concorda em recomendar a HomeBanc para as pessoas que realmente fizerem a compra de uma casa. Como a automação da força de vendas (SFA) auxilia os representantes de vendas da HomeBanc em seu trabalho? Qual a importância da venda de relacionamento em uma situação como essa e por quê?

3. Imagine que você queira vender a seus pais a idéia de você fazer uma viagem, comprar um carro ou entrar em uma faculdade – algo que seja importante para você. Delineie sua abordagem e a apresentação como um vendedor faria.

4. Por que o estágio de recrutamento e seleção do processo de contratação é um dos grandes desafios de um gerente de vendas?

5. Descreva um produto que você acha que se beneficiaria do uso de amostragem.

EXERCÍCIO DE ÉTICA

Há muitos anos, a empresa de telecomunicações WorldCom decretou falência após admitir uma fraude contábil de muitos milhões de dólares. Depois de mudar seu nome para um menos controverso MCI, a WorldCom agora está tentando se reerguer e reconstruir sua reputação. Como parte de seu treinamento, pede-se a todos os vendedores da MCI que leiam e assinem a nova política ética da empresa e adiram a ela, ou corram o risco de ser demitidos. Os vendedores também são treinados para falar aos clientes a respeito do novo programa ético, do departamento de ética independente da empresa, da nova estrutura da diretoria e de outros passos que a gigante de telecomunicações tem trilhado para assegurar a contabilidade honesta e precisa. "Dizemos às pessoas exatamente o que estamos fazendo", afirma Jonathan Crane, presidente de vendas, marketing e serviços norte-americano.[45]

1. Na sua opinião, a força de vendas da MCI pode realmente fazer a diferença na reconstrução da reputação da empresa? Justifique sua resposta.

2. Como a abordagem de um gerente de vendas para recrutar, selecionar e contratar um vendedor pode ser diferente da maneira como essas tarefas eram feitas antigamente na WorldCom?

EXERCÍCIOS NA INTERNET

1. **Oportunidade de emprego em vendas.** Vá aos maiores sites de emprego da internet, como o Monster (**www.monster.com**), e procure oportunidades de trabalho em vendas. Imprima a descrição do trabalho para uma posição em vendas no local, e em uma empresa, que lhe chamaria a atenção caso estivesse no mercado. Depois, vá ao site da Bureau of Labor Statistics (**www.bls.gov**) e clique em *Occupational Outlook Handbook*. Lá você descobrirá dados detalhados sobre empregos pela ocupação, assim como tendências e projeções de emprego. Quantas pessoas estão atualmente empregadas nas posições de vendas? Qual é o crescimento projetado para vendas nos próximos anos?

Observação: Os endereços de sites na internet mudam com freqüência. Se você não encontrar os sites mencionados, será necessário acessar a homepage da organização ou da empresa e então realizar sua pesquisa ou utilizar uma ferramenta de busca como o *Google*.   • • • •

C|A|S|O 17.1   A força de vendas independente

O representante de vendas costumava ser um homem da empresa. Ele vivia, respirava e se aposentava como um funcionário leal. Depois veio a mulher da empresa. Hoje, há um novo tipo completo de força de vendas tomando forma: contratados independentes. Esses vendedores são representantes profissionais que vendem produtos e serviços para uma variedade de empresas que são clientes, em vez de trabalhar para apenas uma empresa como um funcionário.

Algumas empresas contratam vendedores independentes há décadas. A Avon, a Tupperware e a Mary Kay são apenas três das muitas empresas que sempre contaram com contratados independentes que vendem seus produtos diretamente aos consumidores. Recrutar contratados independentes, que desenvolvam relacionamentos pessoais com os clientes, tem sido uma estratégia bem-sucedida para todas essas empresas. Porém, esse tipo de venda direta está começando a se expandir para novas direções também. Grandes empresas são atraídas pelo sucesso desse estilo de venda – a venda direta atinge quase US$ 30 bilhões por ano nos Estados Unidos – e estão buscando novas maneiras para usá-la em vantagem própria. A Unilever tem revelado planos para iniciar um marketing dos cosméticos da empresa de vendas diretas na África do Sul. A unidade Hallmark's Binney and Smith está lançando uma empresa de vendas diretas chamada Big Yellow Box para Crayola.

Algumas empresas pequenas estão experimentando agora o uso de contratados independentes para vendas. Sven Harms, co-proprietário da Pioneer Research, uma pequena empresa que projeta e comercializa binóculos e câmeras subaquáticas, precisaria contratar cerca de trinta vendedores em tempo integral a um custo anual de US$ 160 mil cada (incluindo salários e benefícios) para atender seus clientes. No momento, contudo, ele quer que todos os seus 45 funcionários atuais foquem o desenvolvimento e a comercialização da Pioneer. Sua empresa não tem dinheiro o bastante para contratar uma força de vendas em tempo integral. Assim, Harms contrata cerca de vinte empresas independentes de vendas que fornecem aproximadamente sessenta vendedores para auxiliar o alcance da meta de US$ 15 milhões de vendas anuais da companhia. A contratação de vendedores independentes "foi a única coisa que poderíamos fazer", explica Harms. "A receita era pequena. Os fluxos de caixa eram pequenos. As linhas de crédito eram pequenas. Não poderíamos contratar outras pessoas."

Há algumas desvantagens na contratação de uma força de vendas independente. O gerenciamento da força de vendas se torna um aspecto remoto. As empresas têm menos controle sobre as impressões criadas pelos vendedores quando eles contatam novos clientes pela primeira vez. Porém, os representantes profissionais freqüentemente trabalham seus territórios e indústrias durante anos e podem fornecer acesso aos clientes com base em relacionamentos que já foram construídos por eles. Em uma época em que relacionamentos de marketing são cruciais, a força de vendas independente está descobrindo novos meios para gerar valor para as empresas e seus clientes. Neil Offen, presidente da *Direct Selling Association* (DSA), prevê que "o setor [de venda direta] amadureceu."

Questões para discussão

1. Discuta como contratados independentes para vendas podem construir relacionamentos com as empresas que representam, assim como com os clientes para quem vendem produtos.

2. Que ações o proprietário de uma empresa que fornece representantes de vendas para outras companhias pode tomar para motivar sua força de vendas?

Fontes: Corporate America's new sales force, *Fortune*, 11 ago. 2003, p. S2-S20; WEISUL, Kimberly. Do you dare outsource sales?, *BusinessWeek* Online, 18 jun. 2001, **www.businessweek.com**.

Parte 7

DECISÕES DE DETERMINAÇÃO DE PREÇO

Conceitos e
Abordagens de Preço

Capítulo 18

Objetivos

1 Delinear as restrições legais com relação à determinação de preço.

2 Identificar as principais categorias dos objetivos de determinação de preço.

3 Explicar a elasticidade de preço e suas determinantes.

4 Listar os problemas práticos envolvidos na aplicação dos conceitos da teoria de preço às decisões de determinação de preço real.

5 Explicar as principais abordagens acima do custo para a definição de preço.

6 Listar as principais vantagens e desvantagens do uso da análise do ponto de equilíbrio nas decisões de determinação de preço.

7 Explicar a superioridade da análise modificada do ponto de equilíbrio em relação ao modelo básico do ponto de equilíbrio e o papel do gerenciamento de lucro nas decisões de determinação de preço.

8 Identificar os principais desafios de determinação de preço que os profissionais de marketing on-line e internacional enfrentam.

O ALTO CUSTO DA TRANSMISSÃO DE PARTIDAS DE FUTEBOL AMERICANO PELA TV

Não é segredo que os esportes profissionais são um negócio e tanto – equipar times, pagar jogadores e equipe, construir e colocar em operação estádios e promover eventos futuros custam bilhões de dólares por ano. Porém, enquanto um telespectador comum se ajeitava em sua poltrona e ligava a televisão para uma tarde de relaxamento assistindo futebol americano, a *National Football League* – NFL vendia seus pacotes de transmissão para duas redes por um total de US$ 8 bilhões.

A Fox renovou seus direitos sobre os jogos de domingo à tarde da *National Football Conference* por seis anos a US$ 4,3 bilhões, ao passo que a CBS renovou seu pacote dominical do *American Football Conference* – AFC por US$ 3,7 bilhões. Esses contratos não incluíam os jogos do horário nobre, pelos quais a ABC e a ESPN – ambas pertencentes à Disney Co. – têm repetidamente brigado. Mas a ABC declarou que perdeu cerca de US$ 150 milhões por ano na transação de seu *Monday Night Football*, pelo qual pagou cerca de US$ 550 milhões anualmente. A ABC queria um valor na faixa de US$ 400 milhões da NFL, que estava irredutível. "Meses atrás eu disse que a ESPN era a única rede que poderia bancar o *Monday Night Football*", comentou o consultor de televisão Neal Pilson.

Contudo, embora a ESPN possa ter os bolsos mais cheios, a rede a cabo não possui a mesma audiência que a ABC –

89,1 milhões *versus* 109,6 milhões de lares. "O motivo disso [do prolongamento] é que a ABC persiste como um veículo transportador preferido pela NFL com base em seu relacionamento de longo prazo (35 anos) com a liga", explica Pilson, ex-presidente da CBS Sports. No fim, a ABC perdeu os direitos do *Monday Night Football* para a ESPN, que iniciou a transmissão em 2006 por relatados US$ 1,1 bilhão durante oito anos. A ESPN está expandindo sua cobertura tanto na noite do jogo quanto no domingo anterior ao evento. Imitando o âncora da ESPN Chris Berman, um executivo da ESPN comentou: "Faremos um espetáculo itinerante. Estaremos lá na noite anterior fazendo o Sports-Center. A Rádio ESPN estará lá 24 horas. Será como nos dias de glória do *Monday Night Football*". E, em uma troca dos *spots*, a NBC obterá o antigo pacote de futebol americano de domingo à noite da ESPN – mais a *Super Bowl* em 2009 e 2012 – por US$ 600 milhões durante seis anos. O que deixa a ABC como a única grande rede sem o futebol americano da NFL. Os executivos da NFL estavam claramente fazendo um jogo estratégico ao distribuir e determinar o valor de seu produto – a diversão por meio do futebol.

Entretanto, a rede Fox, que conseguiu fechar o acordo para a programação da *Super Bowl*, decidiu tirar o máximo proveito disso, ampliando sua cobertura o mais próximo possível do campo. Ao anunciar doze horas de programação começando

às 10 da manhã no dia do jogo, a Fox ocupou a zona final e fez um *touchdown*. "A *Super Bowl* cresce mais a cada ano", disse o presidente da Fox Sports, David Hill. "É dia de descanso nos Estados Unidos. Por que não dar às pessoas algo a que assistirem durante todo o dia?". O show oficial do jogo preliminar começou quatro horas antes do pontapé inicial. "Vale a pena se você puder vender e manter o público ligado o dia todo", observou Terry Bradshaw, ex-jogador da NFL e agora comentarista. O show do jogo preliminar também apresentou uma disputa especial de golfe *hole-in-one* entre os jogadores da NASCAR, a *Major League Baseball* (MLB – Liga Principal de Beisebol) e a NFL no famoso buraco número 17 em Sawgrass, Flórida. O lucro foi para caridade. "Com o *hole-in one*, estamos promovendo os esportes da Fox – NASCAR, futebol americano e beisebol", explicou Hill. "Se você conseguiu, exiba." A estratégia foi além de dar aos fãs de esportes apenas muita programação para assistir – a Fox sabia que levaria quase US$ 200 milhões em vendas de propaganda em um único dia.

As negociações são ininterruptas nos esportes profissionais, incluindo a transmissão. É por isso que as equipes vão de uma cidade para outra e as ligas vão de uma rede para outra. "Nada é para sempre", ironiza o transmissor de programas esportivos da ABC, Al Michaels. "Sou velho o bastante agora para que algo me surpreenda."[1]

Visão geral

Os jogos de futebol não aparecem nas telas de TV de graça. Eles custam milhões de dólares às redes, e, algumas vezes, até bilhões. Uma das primeiras perguntas que os compradores fazem é: "Quanto custa?". Os profissionais de marketing entendem o papel crucial que o preço desempenha no processo de tomada de decisão do consumidor. De batom e perfume a automóveis e gasolina a donuts e café, os profissionais de marketing devem

desenvolver estratégias que determinem preço para os produtos a fim de alcançar os objetivos de suas empresas.

Como um ponto de partida para examinar as estratégias de preço, considere o significado do termo *preço*. Um **preço** é o valor de troca de um produto ou serviço – em outras palavras, ele representa tudo por que esse produto pode ser trocado no mercado. O preço não denota necessariamente dinheiro. Antigamente, o preço de um acre de terra talvez fosse 20 alqueires de trigo, três cabeças de gado ou um barco. Embora o processo de troca de mercadoria continue a ser usado em algumas transações, no século XXI o preço normalmente se refere à quantia de recursos necessários para comprar um produto.

Os preços são difíceis de ser estabelecidos e são dinâmicos; sofrem alteração em resposta a um número de variáveis. Um preço superior à média pode transmitir uma imagem de prestígio, ao passo que um preço abaixo da média pode significar bom valor. Contudo, em outras circunstâncias, um preço que seja muito menor que a

● ● ● ● ●

Em poucas palavras

O melhor meio para se alegrar
é tentar alegrar a mais alguém.
Mark Twain (1835-1910)
Escritor e humorista americano

---

média pode ser interpretado como um indicador de qualidade inferior. E, certamente, o preço afeta a rentabilidade global de uma empresa e sua participação de mercado.

Este capítulo discute o processo de determinação de um preço lucrativo, porém justificável (justo). O foco está no gerenciamento da função de preço, incluindo estratégias de preço, relações preço-qualidade e determinação de preço em vários setores da economia.

O capítulo também analisa os efeitos das condições ambientais na determinação de preço, incluindo restrições legais, pressões competitivas e mudanças nos mercados global e on-line.

DETERMINAÇÃO DE PREÇO E A LEI

As decisões de preço são influenciadas por uma variedade de restrições legais impostas pelos governos federal, estadual e local. A próxima vez que você parar em um posto de gasolina, considere cada centavo que sai do seu bolso. Quase 50% do preço que você paga vai para as taxas federais, estaduais, municipais e para o imposto sobre circulação de mercadoria.*

1. Resumir as restrições legais sobre precificação.

No mercado global, são embutidos diretamente nos preços tipos especiais de taxas chamadas *tarifas*. Essas taxas – cobradas sobre a venda de produtos e serviços importados – com freqüência possibilitam às empresas protegerem seus mercados locais e ainda estabelecerem preços sobre produtos fabricados internamente bem acima dos níveis de mercado mundial. Em outros casos, as tarifas são cobradas para evitar que os fabricantes estrangeiros empreguem uma prática descrita no Capítulo 7: *dumping*, produtos fabricados no exterior em mercados internacionais a preços menores que aqueles estabelecidos no mercado doméstico. As indústrias estrangeiras que foram recentemente acusadas de praticar preços de vendas abaixo do mercado para ganhar participações do mercado norte-americano e ameaçadas com tarifas retaliativas incluem indústrias tão diversas quanto os fabricantes de móveis chineses e fornecedores de camarão.[2]

Os Estados Unidos não são o único país a usar as tarifas para a proteção dos fornecedores domésticos e para a produção de um campo de jogo com nível mais competitivo. Para defender sua indústria açucareira, o governo do México tem cobrado uma taxa de 20% sobre refrigerantes feitos com xarope de milho com alto teor de frutose importado dos Estados Unidos. A taxa tem sido bem-sucedida ao deter as importações de xarope de milho e tem ajudado a apoiar a indústria de açúcar mexicana, que emprega 3 milhões de trabalhadores. Os dois países estão, atualmente, buscando um acordo que permitiria a entrada de algum xarope de milho no México e de excedente de açúcar do México nos Estados Unidos, a preços altos garantidos.[3] As tarifas sobre produção causam um efeito semelhante sobre o preço, resultando, por exemplo, em preços mais altos para bananas na Europa do que os praticados nos Estados Unidos.

Entretanto, nem todo aumento de preço "regulatório" é uma taxa. A porcentagem aumenta para cobrir regulamentos governamentais custosos, impostos sobre a indústria de telecomunicações disponíveis na internet e faturas de telefone celular como "impostos regulatórios de recuperação dos custos", ou custos com denominações semelhantes.

Porém, esses encargos não são taxas, visto que as empresas mantêm toda a renda dos impostos e aplicam apenas alguma parte destes para cumprir com os regulamentos. Basicamente, tais "impostos" são uma fonte de receita

---

* Refere-se à realidade americana. (NE)

adicional em uma indústria tão sensível ao preço que qualquer aumento de preço anunciado provavelmente enviará alguns clientes para os concorrentes.[4]

Quase todas as pessoas que procuram uma entrada para um evento esportivo ou um show com muita procura encontram uma forma cara – e, freqüentemente, ilegal – de preço chamada *ticket scalping* (venda de ingressos com ágio exagerado). Os cambistas acampam nas filas para compra de ingresso (ou contratam mais alguém para ficar na fila) para comprar ingressos que esperam revender a um valor mais alto. Embora algumas cidades tenham decretado leis proibindo a prática, ela continua a ocorrer em quase todo lugar.

Mas o mercado de revenda de ingresso é tão altamente fragmentado quanto suscetível à fraude e ao preço distorcido. Em contrapartida, os compradores e os vendedores estão descobrindo que a internet está ajudando a criar um mercado em que tanto os vendedores quanto os compradores podem comparar preços e locais de assento. Uma empresa na internet chamada StubHub.com atua como uma central para esse mercado secundário e tem assinado acordos com muitas equipes esportivas profissionais que permitem que os titulares de ingresso da temporada vendam ingressos não desejados e os compradores os adquiram com uma garantia. A Ticketmaster, rapidamente, assinou vinte acordos semelhantes. Além disso, o maior vendedor de ingresso dos Estados Unidos mudou para captar alguns dos preços mais altos anteriormente recebidos por cambistas ao vender lugares muito desejados para um licitante mais alto. A empresa justifica a prática ao observar que tais vendas não são revendas e, portanto, não estão sujeitas às proibições legais contra a venda com ágio exagerado.[5]

A determinação de preço também é regulada pelas restrições gerais da legislação antitruste americana, como abordado no Capítulo 3. As seções seguintes analisam algumas das mais importantes leis de determinação de preço para os profissionais de marketing modernos.

LEI DE ROBINSON-PATMAN

A **Lei de Robinson-Patman** (1936) representa a legislação da época da Depressão. Conhecida como a Lei Anti A&P, foi inspirada pela competição de preço despertada pelo aumento das cadeias de supermercado – na verdade, o esboço original foi preparado pela *Wholesale Grocers Association* (Associação dos Atacadistas de Secos e Molhados) dos Estados Unidos. Promulgada no meio da Grande Depressão, a lei tinha a intenção de manter empregos.

A Lei de Robinson-Patman, tecnicamente, foi um aditamento à Lei de Clayton, promulgada 22 anos antes, que era aplicada apenas para a discriminação de preço entre áreas geográficas, o que prejudicou vendedores locais. Mais ampla com relação ao alcance, a Robinson-Patman proíbe a discriminação de preço sobre as vendas para atacadistas, varejistas e outros fabricantes. Ela regulamenta que as diferenças de preço devem refletir os diferenciais de custo e proíbe a venda a preços excessivamente baixos para expulsar os concorrentes do negócio. Os defensores justificavam o aditamento argumentando que a rápida expansão da cadeia de lojas daquela época talvez fosse capaz de atrair descontos substanciais por parte dos fornecedores ansiosos por assegurar seus negócios, enquanto lojas pequenas e independentes continuariam a pagar os preços normais.

A *discriminação de preço*, em que alguns clientes pagam menos do que outros pelo mesmo produto, remonta ao início da negociação e do comércio. Hoje, entretanto, adicionou-se a tecnologia à freqüência e à complexidade da discriminação de preço, assim como as estratégias que os profissionais de marketing adotam para burlar tal discriminação. Por exemplo, os profissionais de marketing podem estimular negócio repetido ao convidar compradores a se tornarem "clientes preferenciais", dando-lhes o direito a descontos médios de 10%. Uma vez que as empresas possam demonstrar que seus descontos de preço e concessões promocionais não restringem a concorrência, elas evitam multas sob a Lei de Robinson-Patman. Os profissionais de marketing de mala-direta com freqüência enviam catálogos de produtos idênticos, mas com preços diferenciados para catálogos diferentes. As áreas dos CEPs que tradicionalmente consistem de altos gastadores recebem os catálogos com os maiores preços, ao passo que consumidores de CEPs sensíveis ao preço recebem um catálogo mais barato com menores preços. A Victoria's Secret, a Staples e a Simon & Schuster estão entre as centenas de empresas que empregam as estratégias legais de discriminação de preço.

As empresas acusadas de discriminação de preço, com freqüência, argumentam que estabelecem diferenciais de preço para serem compatíveis com os preços dos concorrentes e que as diferenças de custo justificam as variações nos preços. Quando uma empresa declara que mantém os diferenciais de preço como métodos bem intencionados de concorrência com os rivais, uma questão lógica surge: o que constitui o comportamento bem intencionado de determinação de preço? A resposta depende de uma situação específica.

Uma defesa baseada nos diferenciais de custo funciona apenas se as diferenças de preço não excedem as diferenças de custo resultantes da venda para classes variadas de compradores. Os profissionais de marketing devem então estar preparados para justificar as diferenças de custo. Muitas autoridades consideram essa disposição uma das áreas mais confusas na Lei de Robinson-Patman. As cortes tratam a maioria das denúncias surgidas sob a lei como casos individuais.

Portanto, os profissionais de marketing locais devem avaliar continuamente suas ações de determinação de preço para evitar as possíveis violações da lei de Robinson-Patman.

LEIS DE *UNFAIR TRADE*

Mais de vinte estados americanos complementam a legislação federal com suas próprias **leis de *unfair trade***, que exigem que os vendedores mantenham preços mínimos para mercadorias semelhantes. Promulgada nos anos 1930, essas leis têm a intenção de proteger pequenas lojas de especialidades, por exemplo, as lojas que vendem laticínios, das conhecidas táticas de determinação de preço de *produto-isca*, em que a cadeia de lojas pode vender determinados produtos abaixo do custo para atrair os consumidores. As leis estaduais normais estabelecem pisos de preço de varejo ao custo com algum *markup* modesto.

Embora muitas leis de *unfair trade* tenham permanecido nos livros pelos últimos setenta anos, os profissionais de marketing quase as esqueceram até recentemente. Então, em 1993, o Wal-Mart, o maior varejista dos Estados Unidos, foi considerado culpado de violação da lei de *unfair trade* do Arkansas por vender medicamentos e produtos de saúde e beleza abaixo do custo. A ação judicial, movida formalmente por três proprietários de drogaria, acusava o comerciante de massa de tentar excluí-los do negócio mediante práticas predatórias de preço. O Wal-Mart apelou e a decisão foi a seu favor, mas ações judiciais semelhantes foram apresentadas em muitos outros estados.

LEIS DE *FAIR TRADE*

O conceito de comércio justo tem afetado as decisões de determinação de preço por décadas. As **leis de *fair trade*** permitem aos fabricantes estipularem preços mínimos de varejo para seus produtos e exigirem que os comerciantes assinem contratos concordando em manter esses valores.

As leis de *fair trade* declaram que a imagem de um produto, determinada em parte por seu preço, é um direito de propriedade do fabricante. Portanto, o fabricante deveria ter a autoridade para proteger seu ativo fixo ao exigir dos varejistas a manutenção de um preço mínimo. A exclusividade é um método que os fabricantes usam para alcançar esse objetivo. Ao restringirem rigorosamente o número de lojas de varejo *outlet* que comercializam sua roupa elegante, os designers podem exercer mais controle sobre seus preços e evitar descontos, que podem, ao contrário, afetar sua imagem.

Da mesma maneira que a Lei de Robinson-Patman, a legislação de *fair trade* tem suas raízes na época da Depressão. Em 1931, a Califórnia tornou-se o primeiro estado a promulgar a legislação de *fair trade*. Muitos outros estados logo seguiram o exemplo; apenas o Missouri, o Distrito de Colúmbia, Vermont e o Texas não tiveram êxito na adoção de tais legislação.

Uma decisão da Corte Suprema dos Estados Unidos invalidou os contratos de *fair trade* sobre o comércio interestadual e o Congresso respondeu aprovando a *Miller Tyding Resale Maintenance* (Lei de Manutenção de Revenda de Miller Tydings), de 1937. Essa lei isentava os contratos de *fair trade* interestaduais do cumprimento das exigências antitruste, liberando, assim, os estados de manterem tais leis em seus registros, caso desejassem.

Com o passar dos anos, as leis de *fair trade* perderam a importância quando as lojas de desconto surgiram e a concorrência por preço ganhou força como um componente da estratégia de marketing. E elas se tornaram inválidas com a aprovação da *Consumer Goods Pricing Act* (Lei de Preços de Bens de Consumo) em 1975, que deteve todo o cumprimento interestadual das disposições de manutenção do preço de revenda, um objetivo buscado havia muito pelos grupos de consumo.

Em um novo uso do termo *fair trade*, alguns varejistas estão cobrando preços mais altos que os de mercado por *commodities* como café, banana e chocolate como parte de uma campanha internacional para ajudar os fazendeiros a ganharem um salário digno nos países pobres em que tais produtos são produzidos. Embora milhares de fazendeiros já tenham sido beneficiados com os fundos, que custeiam educação, saúde e projetos de treinamento, resta comprovar se a experiência com a prática nas lojas norte-americanas será semelhante àquela praticada na Europa, em que alguns varejistas, simplesmente, usam *markups* mais altos para que possam beneficiar-se também. Com freqüência, é difícil para os consumidores saber quanto do preço adicionado irá ajudar aqueles que precisam.

Um executivo de uma federação com sede na Alemanha de grupos de *fair trade* disse a respeito da situação na Europa: "Os supermercados estão tirando vantagem do rótulo para fazer mais lucro porque sabem que os consumidores estão dispostos a pagar um pouco mais por ser *fair trade*".[6]

MARKETING
Verificação de conceito

1. Qual é o propósito da Lei Robinson-Patman?
2. Que leis exigem que os vendedores mantenham preços mínimos para mercadorias equivalentes?
3 Que leis permitem que os fabricantes estabeleçam preços de varejo mínimos para seus produtos?

OBJETIVOS DE DETERMINAÇÃO DE PREÇO E O MIX DE MARKETING

2. Identificar as principais categorias dos objetivos de precificação.

O grau no qual algum ou todos os fatores de produção – recursos naturais, capital, recursos humanos e empreendedorismo – são empregados depende dos preços que esses fatores comandam. Os preços de uma empresa e as compras resultantes por parte de seus consumidores determinam a receita da empresa, influenciando os lucros obtidos. Os objetivos globais organizacionais e os objetivos de marketing mais específicos guiam o desenvolvimento dos objetivos de determinação de preço, que, sucessivamente, levam ao desenvolvimento e à implementação de políticas e procedimentos de determinação de preço mais específicos.

Uma empresa pode, por exemplo, estabelecer um objetivo global principal de se tornar o fabricante dominante em seu mercado doméstico. Ela pode então desenvolver um objetivo de marketing para alcançar a penetração máxima de vendas em cada região, seguida por um objetivo relacionado à determinação de preço a fim de estabelecer preços em níveis que maximizem as vendas. Esses objetivos podem conduzir à adoção de uma política de preço baixo implementada oferecendo descontos substanciais de preço aos membros do canal.

O preço influencia, e é influenciado, por outros elementos do mix de marketing. As decisões de produto, os planos promocionais e as opções de distribuição causam impacto no preço de um produto ou serviço. Por exemplo, os produtos distribuídos por meio de canais complexos envolvendo muitos intermediários devem ter preços altos o bastante para cobrir os *markups* necessários para compensar os serviços fornecidos por atacadistas e varejistas. As marcas básicas, também conhecidas como "marcas de briga" (*fighting brand*), são destinadas a capturar participação

Tabela 18.1 Objetivos da determinação de preço

OBJETIVO	PROPÓSITO	EXEMPLO
Objetivos de rentabilidade	Maximização dos lucros Retorno-alvo	Taxas de juros iniciais baixas sobre cartões de crédito com taxas de padrões mais altas após seis meses
Objetivos de volume	Maximização de vendas Participação de mercado	PCs com preços baixos da Dell aumentam a participação de mercado e as vendas de serviços
Objetivos de paridade competitiva	Preço de valor	Taxa por música para fazer downloads de músicas
Objetivos de prestígio	Estilo de vida Imagem	Automóveis de luxo com preços altos, por exemplo, BMW, e relógios da Piaget
Objetivos sem fins lucrativos	Maximização de lucros Retorno de custos Incentivos de mercado Supressão de mercado	Preços altos para tabaco e álcool para reduzir o consumo

de mercado dos concorrentes cheios de opções com preços mais altos ao oferecerem preços relativamente baixos para seduzir os clientes a desistirem de algumas opções em troca da economia feita em dinheiro.

Os objetivos de determinação de preço variam de empresa para empresa e podem ser classificados em quatro grupos principais: (1) objetivos de rentabilidade, (2) objetivos de volume, (3) objetivos de paridade competitiva e (4) objetivos de prestígio. As organizações sem fins lucrativos, assim como as empresas que visam ao lucro, devem considerar os objetivos de um tipo ou outro ao desenvolver estratégias de determinação de preço. A Tabela 18.1 descreve os objetivos de determinação de preço com os quais os profissionais de marketing contam para atender seus objetivos globais.

OBJETIVOS DE RENTABILIDADE

Os profissionais de marketing em empresas que visam ao lucro estabelecem preços com o lucro em mente. Mesmo as organizações sem fins lucrativos compreendem a importância da determinação de preços altos o bastante para cobrir as despesas e fornecer uma proteção financeira para cobrir necessidades e despesas não previstas. Como diz o provérbio russo, "Há dois bobos em todo mercado: um pergunta muito pouco, o outro pergunta muito". Para os consumidores pagarem os preços que estão acima ou abaixo do que consideram ser a taxa em vigor, eles devem estar convencidos de que estão recebendo o valor justo por seu dinheiro.

A teoria econômica é baseada em duas premissas principais. Ela assume, primeiro, que as empresas se comportarão racionalmente, e, segundo, que esse comportamento racional resultará em um esforço para maximizar os ganhos e minimizar as perdas. Alguns profissionais de marketing estimam os lucros ao pesquisar os dados históricos das vendas; outros usam cálculos elaborados baseados nas vendas futuras prognosticadas. Diz-se que a determinação de preços é uma arte, não uma ciência. O talento reside na capacidade de um profissional de marketing em alcançar um equilíbrio entre os lucros desejados e a percepção do consumidor do valor de um produto.

Os profissionais de marketing devem avaliar e ajustar os preços continuamente para acomodar-se às mudanças no ambiente. O ambiente tecnológico, por exemplo, força os profissionais de marketing da internet a responderem rapidamente às estratégias de determinação de preço dos concorrentes. Novas capacidades de pesquisa executadas por *bots* de compra (descritos no Capítulo 4) permitem que os consumidores comparem preços local, nacional e globalmente em uma questão de segundos.

A concorrência intensa de preço – conduzida, às vezes, mesmo quando significa abrir mão dos lucros sobre o todo – freqüentemente tem resultado quando fabricantes concorrentes lutam por posições de liderança em categorias de novos produtos. Recentemente, a Microsoft – que ainda precisa fazer com que seu sistema de videogame

Xbox se reverta em lucro – planejou reduzir os preços para restabelecer as vendas debilitadas. A Sony roubou a cena ao anunciar que o preço de varejo de seu PlayStation 2 cairia um terço, uma jogada que a Microsoft decidiu igualar. Entretanto, a Nintendo anunciou que enfraqueceria os dois produtos ao colocar o valor de seu Game Cube US$ 50 mais barato do que as tecnologias dos dois concorrentes.[7]

Os lucros são uma função de receita e despesas:

Lucros = Receita – Despesas

A receita é determinada pelo preço de venda do produto e o número de unidades vendidas:

Receita total = Preço x Quantidade vendida

Portanto, um preço de maximização de lucro se eleva no ponto em que as vendas adicionais causam as diminuições desiguais no número de unidades vendidas. Um aumento de preço de 10% que resulte em um corte de apenas 8% no volume elevará a receita da empresa. Entretanto, uma alta de 10% no preço que resulte em um declínio de 11% nas vendas irá reduzir a receita.

Os economistas referem-se a essa abordagem como **análise marginal**. Eles identificam a **maximização dos lucros** como o ponto em que a adição à receita total está precisamente equilibrada pelo aumento no custo total. Os profissionais de marketing devem resolver um problema básico com relação a como alcançar esse equilíbrio delicado ao estabelecerem os preços. Hoje, relativamente poucas empresas alcançam esse objetivo elusivo. Um número significativamente maior prefere direcionar seus esforços para objetivos mais realistas.

Em conseqüência, os profissionais de marketing, em geral, estabelecem **objetivos de retorno-alvo** – objetivos a longo ou curto prazo geralmente determinados como porcentagens de vendas ou de investimento. A prática tornou-se popular em especial entre as grandes empresas nas quais outras pressões interferem com os objetivos de maximização dos lucros. Os objetivos de retorno-alvo oferecem muitos benefícios aos profissionais de marketing, além de solucionarem as questões de determinação de preço. Por exemplo, esses objetivos servem como ferramentas para avaliar o desempenho. Eles também satisfazem desejos relativos à geração de lucros "justos" como julgado pela administração, pelos acionistas e pelo público.

OBJETIVOS DE VOLUME

Alguns economistas e executivos argumentam que o comportamento de determinação de preço realmente busca maximizar as vendas dentro de uma determinada restrição de lucros. Em outras palavras, eles estabelecem um nível mínimo aceitável de lucros e depois buscam maximizar as vendas (sujeito a essa restrição de lucros) na crença de que as vendas elevadas são mais importantes em um cenário competitivo a longo prazo do que os altos lucros imediatos. Como resultado, as empresas devem continuar a expandir as vendas, contanto que seus lucros totais não caiam abaixo do retorno mínimo aceitável para o gerenciamento.

A maximização das vendas também pode ser resultado de fatores sem preço, como serviço e qualidade. Os profissionais de marketing foram bem-sucedidos em aumentar as vendas do enchimento do novo calçado da Dr. Scholl's, o *Dynastep*, ao fazer uma campanha de propaganda forte em revistas. Os anúncios explicavam como o enchimento *Dynastep* ajudaria a aliviar a dor nas pernas e nas costas. Cobraram-se cerca de US$ 14 por dois enchimentos – duas vezes mais que as ofertas equivalentes – *Dynastep*, que atropelou seus concorrentes para se tornar o número um em sua categoria.

Outro objetivo de determinação de preço relacionado ao volume é o **objetivo de participação de mercado** – o objetivo de controle de uma fatia de mercado específica mínima para o produto ou serviço de uma empresa. O Dr. Scholl's aumentou sua participação de mercado para 29% ao focar nos benefícios do *Dynastep*. O objetivo específico de uma empresa pode ser determinar sua fatia atual de um mercado específico ou aumentar sua participação, por exemplo, de 10 para 20%. Os objetivos relacionados ao volume, como a maximização das vendas e a participação de mercado, desempenham um papel importante nas decisões de determinação de preço da maioria das empresas.

Os Estudos do PIMS

Os objetivos de participação de mercado podem mostrar-se importantes para a realização de outros objetivos organizacionais. As vendas altas, por exemplo, freqüentemente significam mais lucros. O **projeto** *Profit Impact of Market Strategies* (**PIMS**), um estudo extensivo conduzido pelo *Marketing Science Institute*, analisou mais de 2 mil empresas e revelou que dois dos fatores mais importantes que influenciaram a rentabilidade foram a qualidade do produto e a participação de mercado. As campanhas de marketing com promoções, como a mostrada na Figura 18.1, ajudam

Figura 18.1
Southwest Airlines: enfocando a qualidade do produto e a participação de mercado.

a aumentar a rentabilidade da Southwest Airlines. Ao não restringir o número de assentos disponíveis para sua viagem prêmio nos vôos, o programa Rapid Rewards da Southwest foca na satisfação do cliente na indústria aérea altamente competitiva. Numerosos estudos confirmam a ligação entre a participação de mercado e a rentabilidade.

A relação entre a participação de mercado e a rentabilidade é evidente nos dados do PIMS que revelam um retorno sobre investimento (ROI, em inglês) médio de 32% para as empresas com participações de mercado acima de 40%. Em contrapartida, o ROI médio cai para 24% para empresas cujas participações de mercado estejam entre 20 e 40%. As empresas com uma participação de mercado menor (menos de 10%) geram retornos de investimento brutos médios de, aproximadamente, 13%.[8]

A relação também se aplica a marcas individuais de uma empresa. Os pesquisadores do PIMS compararam as quatro maiores marcas em cada segmento de mercado estudado. Seus dados revelaram que a marca líder em geral gera o ROI após os impostos de 18%, consideravelmente maior que a segunda marca na classificação. As marcas mais fracas, em média, não foram bem-sucedidas na obtenção dos retornos adequados.

Os profissionais de marketing desenvolveram uma explicação fundamental do relacionamento positivo entre a rentabilidade e a participação de mercado. As empresas com fatias grandes acumulam maior experiência operacional e menores custos globais em relação aos concorrentes com menores participações de mercado. Conseqüentemente, as estratégias de segmentação eficazes podem enfocar a obtenção de fatias maiores em mercados menores e evitar participações menores em mercados maiores. Uma empresa pode alcançar maiores retornos financeiros ao se tornar um concorrente principal em muitos segmentos em um mercado menor do que se permanecer como um jogador relativamente menor em um mercado mais amplo.

Objetivos de Paridade Competitiva

Um terceiro conjunto de objetivos de determinação de preço busca simplesmente corresponder aos preços dos concorrentes. Em muitas linhas de negócio, as empresas estabelecem seus próprios preços para ser compatíveis com aqueles líderes de preço estabelecidos da indústria.

O preço é um fator essencial na concorrência contínua entre as concessionárias de serviços de telefonia de longa distância e sem fio. Quando as empresas de celulares começaram a oferecer pacotes amplos de minutos para "uso a qualquer momento" com serviço de longa distância grátis, a MCI lançou seu programa *Select 200* – oferecendo aos clientes 200 minutos de tempo de chamada de longa distância, sem taxas mensais, impostos ou sobretaxa inclusos. Em seus esforços para deter as deserções de consumidores para os serviços sem fio, a SBC, recentemente, ofereceu chamada de longa distância ilimitada a uma taxa fixa de US$ 19,95 por mês – mas, apenas entre lares servidos pela SBC. Visto que, da perspectiva do cliente, as empresas de longa distância e as empresas de celulares oferecem um serviço que é em muitos aspectos intercambiável, essas classes de concessionárias não poderiam continuar as operações a menos que estivessem prestes a se equiparar uma à outra quanto aos preços.[9]

Em poucas palavras

Preço é o que você paga. Valor é o que você ganha.
Warren Buffett (nasc. em 1930)
Investidor americano

Os objetivos de determinação de preço ligados diretamente ao alcance dos preços cobrados pelos principais concorrentes diminuem a ênfase do elemento preço do mix de marketing e focam mais fortemente nas variáveis sem preço. A determinação de preço é um componente altamente visível do mix de marketing de uma empresa e uma ferramenta fácil e eficaz para a aquisição de uma vantagem diferencial em relação aos concorrentes. Entretanto, é uma ferramenta que outras empresas podem facilmente duplicar por meio de suas próprias reduções de preço. A concorrência de preço das empresas aéreas nos últimos anos exemplifica as ações e as reações dos concorrentes nesse mercado.[10] Em vez de enfatizar as tarifas de passagem mais baixas de qualquer empresa, muitas companhias aéreas optam por competir oferecendo horários de chegada e partida convenientes, maior conforto ao passageiro com mais espaço entre cada fileira, um programa atrativo para passageiros freqüentes e convênios com locadora de automóveis, hotelaria e outros parcerias focadas no cliente.[11] Algumas empresas aéreas até voltaram a fornecer refeições aos passageiros em vôos longos, uma prática que está sendo descontinuada em um esforço de cortar custos. Mesmo quando são necessários aumentos de preço para manter a rentabilidade, um aumento anunciado de preço por parte de uma empresa aérea será implementado apenas se seus principais concorrentes igualarem o novo preço. Pelo fato de as alterações de preço afetarem diretamente a rentabilidade global em uma indústria, muitas organizações tentam promover preços fixos ao alcançarem os preços dos concorrentes e competir pela participação de mercado focando em estratégias de produto, decisões promocionais e distribuição – os elementos sem preço do mix de marketing.

Preço de Valor

Quando os descontos se tornam elementos normais de um mercado competitivo, outros elementos do mix de marketing ganham importância nas decisões de compra. Em tais casos, o valor global do produto, não apenas o preço, determina a escolha pelo produto. Nos últimos anos, uma nova estratégia – **preço de valor** – tem surgido para enfatizar os benefícios que um produto oferece em comparação com os níveis de preço e qualidade das ofertas concorrentes. Em geral, essa estratégia funciona melhor para produtos e serviços com preços relativamente baixos.

Os sabões em pó são um bom exemplo de preço de valor. O rótulo no sabão *Dash* declara "Preço de Valor", ao passo que o rótulo do *Arm & Hammer's* assegura aos consumidores que ele "Limpa Muito Bem – Preço de Valor, Também!" O detergente *Yes* anuncia "Ótimo Valor!", ao passo que o *Ultra Rinso* declara "Super Valor", e o rótulo da parte de trás do *Ultra Trend* alardeia que ele oferece "Desempenho Diligente a um Preço Razoável". O rótulo de outro sabão, o *All*, aconselha aos consumidores para que "Comparem e Economizem".

Os produtos com valor de preço em geral custam menos que as marcas especiais, porém os profissionais de marketing observam que o valor não necessariamente significa *barato*. O desafio para aqueles que competem com valor é convencer os consumidores de que as marcas com preços baixos oferecem qualidade comparável àquela de um produto com o preço mais alto. Um número crescente de produtos alternativos e marcas próprias tem resultado em um mercado mais competitivo nos últimos anos. O Trader Joe's, uma rede de supermercados em rápido crescimento que começou na área de Los Angeles e depois se expandiu por todos os estados do Oeste, do Meio-Oeste e do

Meio-Atlântico, se destaca de outros supermercados de especialidades com seus muros com tábuas de cedro, decoração náutica e um capitão (o gerente da loja), um primeiro marinheiro (o gerente assistente) e os outros funcionários (conhecidos como membros da tripulação), todos vestidos com camisas havaianas coloridas. A rede usa o preço de valor em mais de 2 mil produtos alimentícios mais sofisticados que desenvolve ou importa e os quais geram vendas anuais em torno de US$ 2,1 bilhões com a venda de vinhos, queijos, carnes, peixe e outros itens *gourmet* exclusivos a preços de ponta de estoque, geralmente com seus produtos de marca própria. Se a alta qualidade não convencer os consumidores em suas 210 lojas, eles podem consolar-se com o fato de o atum do Trader Joe's ser capturado com redes que não oferecem perigo ambiental, de seus damascos secos não conterem agentes conservantes com enxofre e de sua manteiga de amendoim ser orgânica.[12]

O preço de valor talvez seja mais bem entendido na indústria do computador pessoal. Nos últimos anos, os preços de PC entraram em colapso, reduzindo a eficácia das estratégias tradicionais de determinação de preço criadas para corresponder à concorrência.

Na verdade, os PCs que custam menos de US$ 600 agora são o segmento de mercado com o crescimento mais rápido. Essa categoria é responsável atualmente por quase 20% dos PCs vendidos em lojas. Os líderes da indústria, como a Dell, a Hewlett-Packard e a Gateway, não podem continuar a cortar preços, assim estão adicionando características, por exemplo, memória ampliada e placas aceleradoras gráficas em 3D que aumentam a velocidade. A Dell até lançou um plano de instalação doméstica para compensar os preços em queda no mercado de PC.[13]

OBJETIVOS DE PRESTÍGIO

A última categoria dos objetivos de determinação de preço, não relacionada à rentabilidade ou ao volume de vendas, são os objetivos de prestígio. A determinação de preço por meio do prestígio estabelece um preço relativamente alto para desenvolver e manter uma imagem de qualidade e exclusividade que apela para os consumidores que têm consciência do *status*. Tais objetivos refletem o reconhecimento dos profissionais de marketing do papel do preço na criação de uma imagem global da empresa e de suas ofertas de produto.

Os objetivos de prestígio influenciam as etiquetas de preço de certos produtos como o cristal da Waterford, os carros esportes da Alfa Romeo, os relógios Omega e as jóias da Tiffany. Quando um profissional de marketing da área de perfume estabelece um preço de US$ 135 ou mais por onça (28,4 gramas aproximadamente), a escolha reflete uma ênfase na imagem muito mais que no custo dos ingredientes. Análises têm mostrado que os ingredientes são responsáveis por menos de 5% do custo de um perfume. Assim, as propagandas da Joy que promovem a fragrância como o "perfume mais caro do mundo" usam o preço para promover o prestígio do produto.

No mundo dos negócios, a posse de um jato privado transmite uma imagem de expressão de prestígio, poder e de alto preço – muito alto para a maioria dos viajantes comerciais pensarem na possibilidade de possuir um jato. Admitindo que esse custo seja o fator fundamental que faz a posse de um jato algo proibitivo, empresas como a Flight Options e a NetJets criaram uma alternativa – a posse fracionada. As empresas têm como objetivo as companhias cujos executivos viajam periódica – em vez de continuamente – no ano. Em lugar de comprar um avião usado, elas unem executivos de outras empresas para a compra de ações em um novo jato. As empresas de posse fracionária respondem por quase metade dos pedidos em carteira nos cinco maiores fabricantes norte-americanos de jatos comerciais.[14]

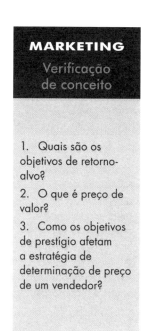

MARKETING
Verificação de conceito

1. Quais são os objetivos de retorno-alvo?

2. O que é preço de valor?

3. Como os objetivos de prestígio afetam a estratégia de determinação de preço de um vendedor?

O preço é um fator essencial na capacidade de a World Vision auxiliar milhões de crianças e famílias afetadas pela crise de HIV/Aids no mundo. Os recursos assegurados pelas pessoas, pelas organizações filantrópicas, pelas corporações e pelas agências governamentais para a *HIV/AIDS Hope Initiative* da World Vision são usados para ajudar as famílias infectadas com alimentos, água tratada, cuidados médicos, educação e prevenção na luta contra a Aids.

MARKETING

Verificação de conceito

1. Quais os objetivos que a estratégia de determinação de preço ajuda uma organização sem fins lucrativos a alcançar?

2. Como se aplica a maximização de lucros em uma organização ou empresa sem fins lucrativos?

OBJETIVOS DE DETERMINAÇÃO DE PREÇO DAS ORGANIZAÇÕES SEM FINS LUCRATIVOS

A determinação de preço também é um elemento-chave do mix de marketing para as organizações sem fins lucrativos. A estratégia de determinação de preço pode ajudar esses grupos a alcançarem uma variedade de objetivos organizacionais:

1. *Maximização de lucros.* Embora as organizações sem fins lucrativos por definição não mencionem lucro como um objetivo principal, há numerosos exemplos em que elas tentam maximizar seus retornos em eventos únicos ou em uma série de eventos. Uma placa de US$ 1 mil de um arrecadador de recursos políticos é um exemplo clássico.
2. *Recuperação de custos.* Algumas organizações sem fins lucrativos tentam recuperar apenas os custos reais de funcionamento da unidade. Trânsito em massa, pedágios e pontes e a maioria das faculdades e universidades privadas são exemplos comuns. A quantia dos custos recuperados freqüentemente é ditada por tradição, competição ou opinião pública.
3. *Incentivos de mercado.* Outros grupos sem fins lucrativos seguem uma política de determinação de preço mais baixo que a média ou oferecem um serviço gratuito para incentivar o uso elevado do produto ou serviço. O sistema de ônibus de Seattle oferece serviço gratuito na área do centro da cidade em uma tentativa de reduzir o congestionamento do tráfego, incentivar as vendas do varejo e minimizar o esforço necessário para se ter acesso aos serviços públicos do centro da cidade.
4. *Supressão de mercado.* O preço também pode desencorajar o consumo. Preços altos ajudam a cumprir objetivos sociais independentemente dos custos de fornecimento de produtos e serviços. Os exemplos incluem os impostos sobre tabaco e álcool (conhecidos como "impostos do pecado"), multas por estacionamento, pedágios e impostos de consumo de gasolina.

MÉTODOS PARA A DETERMINAÇÃO DE PREÇOS

Os profissionais de marketing determinam os preços de duas formas básicas – ao aplicarem os conceitos teóricos de fornecimento e demanda e ao completarem as análises direcionadas aos custos. Na primeira metade do século XX, muitas discussões quanto à determinação de preço enfatizaram os conceitos clássicos de fornecimento e demanda. Na última metade do século, entretanto, a ênfase começou a se deslocar para uma abordagem direcionada aos custos. A visão retrospectiva revela determinadas falhas em ambos os conceitos.

Os tratamentos dessa questão freqüentemente negligenciam outro conceito da determinação de preço – aquele baseado no impacto do costume e da tradição. Os **preços normais** são preços de varejo que os consumidores esperam pagar como resultado da tradição e do hábito social. Os fabricantes de doces tentam manter os níveis tradicionais de preço ao reduzirem bastante o tamanho total do produto. Algumas práticas semelhantes prevalecem no marketing de refrigerantes quando os engarrafadores tentam equilibrar as expectativas dos consumidores por preços normais com as realidades de custos crescentes.

Wm. Wrigley Jr. Co., fabricante dos padrões de goma de mascar Juicy Fruit, Doublemint e Big Red, tirou vantagem da fraqueza na estratégia de determinação de preço normal da indústria ao introduzir um pacote com quantidade menor a um preço mais baixo. Enquanto os concorrentes continuavam a oferecer apenas os pacotes com sete unidades por US$ 0,35, a Wrigley colocou no mercado pacotes com cinco unidades a US$ 0,25. Para estimular a compra por impulso, a empresa, de forma destacada, mostrava o preço no pacote. A estratégia foi tão bem-sucedida que, dois anos depois de seu início, a Wrigley parou de vender os pacotes de chiclete com sete unidades.

Em poucas palavras

Uma coisa tem valor seja qual for o preço que o comprador pagará por ela.
Publilius Syrus (século I a.C.)
Escritor de pantomimas latino

O preço alto da gasolina nos Estados Unidos apresenta outro exemplo de fornecimento e demanda. Quando os preços médios para um galão de gasolina subiram acima da marca de US$ 2 e o preço do petróleo cru aumentou, temporariamente, para US$ 50 por barril, motoristas frustrados começaram a exigir saber quem, se havia alguém, estava lucrando com o aumento da gasolina. Os democratas culpavam a Big Oil e a administração Bush. A indústria petrolífera e seus financiadores culpavam a Organização dos Países Exportadores de Petróleo (Opec) e muitos consumidores culpavam os proprietários de postos de gasolina locais. Embora os Estados Unidos sejam o maior refinador de petróleo do mundo, a demanda forte tem conduzido a um aumento nas importações de petróleo. Durante o pico da estação de viagem no verão, as importações alcançam níveis de 1 milhão de barris por dia, mais que duas vezes a média de importações de vinte anos atrás.

Embora os lucros nas refinarias dos Estados Unidos estejam em níveis próximos ao recorde, elas continuam a lutar para produzir gasolina o bastante para satisfazer a demanda. Com o problema de fornecimento está o fato de mais da metade das refinarias nacionais ter encerrado as atividades desde 1981, nenhuma nova refinaria ter sido construída e não haver planos de construção de outras. Bill Greehey, presidente e CEO da refinaria Valero Energy, explica o problema de capacidade desta forma: "As refinarias estão gastando todo seu dinheiro apenas para satisfazer a todos os novos regulamentos [ambientais]. Elas não têm dinheiro para investir em projetos estratégicos para adicionar às suas capacidades". O maior fator único nos preços recordes da gasolina, atualmente, é o alto custo do petróleo, que é responsável por, cerca de, US$ 1 em cada US$ 2 que os motoristas gastam na bomba.[15]

Os preços mais altos da gasolina também têm efeito sobre outros custos de consumo. Com a gasolina em altas recordes, a demanda pelos carros híbridos como o Toyota *Prius* está maior que antes. Algumas concessionárias têm listas de espera de meses e estão começando a pedir preços acima das etiquetas pelos veículos, adicionando até US$ 5 mil ao preço do carro.[16]

Em algum ponto, alguém precisa estabelecer preços iniciais para os produtos. Além disso, os movimentos concorrentes e as alterações de custo necessitam de análises periódicas das estruturas de preço. As seções restantes aprofundam-se na questão da determinação de preço. Elas também consideram como os profissionais de marketing podem integrar mais eficazmente os conceitos para desenvolver os sistemas realistas de determinação de preço.

MARKETING
Verificação de conceito

1. Quais são os dois modos básicos pelos quais os profissionais de marketing determinam os preços?

2. O que são preços normais?

dicas de etiqueta

Aprendendo as regras sobre a gorjeta

As gorjetas fazem parte do preço do jantar fora de casa ou do uso dos serviços de recepcionistas, taxistas, mensageiros, porteiros, manobristas, maîtres e outros com os quais os empresários tenham contato. Porém, muitas pessoas ficam confusas no momento da gorjeta. Quanto é apropriado? Quem recebe uma gorjeta e quem não a recebe? O que fazer caso o serviço não mereça uma gorjeta? Aqui vão algumas orientações para recordar a respeito de gorjeta.

1. Caso o serviço seja ruim, dê ao prestador de serviço o benefício da dúvida e deixe a gorjeta padrão de 15%. Porém, fale com o gerente a respeito da melhora no serviço.
2. A gorjeta para cabeleireiros é de 10 a 20% do preço total do serviço. Se a adição de uma gorjeta está aquém de seu orçamento, considere a possibilidade de diminuir a freqüência com que vai ao salão ou encontre um local mais barato. Não compense um preço elevado cortando a gorjeta.
3. Dê aos carregadores de bagagem nos aeroportos e nos hotéis US$ 1 por mala; ofereça mais caso as malas estejam pesadas.
4. Dê a seu motorista de táxi, de limusine ou de van 15% do total da tarifa, porém nunca menos de US$ 1, e dê mais caso o motorista o ajude com as bagagens.
5. Você não precisa dar gorjeta ao manobrista ou ao garagista por estacionar seu carro, porém sempre dê de US$ 2 a US$ 5 por trazer seu carro.
6. Dê uma gorjeta a um porteiro ou carregador de US$ 1 a US$ 2 por mala por trazer sua bagagem até seu quarto e a mesma quantia para levar suas malas até seu táxi.
7. Dê gorjeta à camareira diariamente, porque camareiras diferentes estão em serviço a cada dia. Deixe de US$ 1 a US$ 3 em seu travesseiro por vez, e lembre-se de dar a gorjeta no dia em que deixar o hotel.
8. Dê ao *concierge* de US$ 5 a US$ 10 ao final de sua estada, caso ele ou ela tenha sido útil com reservas em restaurante ou teatros, particularmente aquelas difíceis de serem conseguidas.
9. Dê gorjeta para o serviço de quarto como se você estivesse em um restaurante – de 15 a 20% do total dos gastos.
10. Caso o *maître* apenas o tenha levado até sua mesa, não se exige gorjeta. Caso ele lhe consiga uma mesa especial ou lhe conceda uma mesa mesmo sem reserva quando o restaurante está cheio, dê uma gorjeta de US$ 5 a US$ 10 ou mais, dependendo do preço médio de uma refeição.

Fontes: LEWIS, James G. Tipping etiquette, **www.findalink.net**, acessado em 29 mar. 2005; HATCHER, Thurston. Here's a tip: get a grip on gratuities, **http://archieves.cnn.com**, acessado em 8 ago. 2005. SULLIVAN, Kristen. Proper tipping etiquette, **http://msms.essortment.com**, acessado em 4 out. 2004.

Um preço que freqüentemente é difícil de ser estabelecido pelos executivos é o valor de uma gorjeta. No quadro "Dicas de etiqueta" são oferecidas algumas diretrizes para reconhecer os serviços de garçons, mensageiros, taxistas e outros.

DETERMINAÇÃO DE PREÇO COM BASE NA TEORIA ECONÔMICA

A microeconomia sugere um meio de determinar preços que supõe um objetivo de maximização dos lucros. Essa técnica tenta produzir preços de equilíbrio corretos no mercado ao comparar o fornecimento e a demanda. Ela também necessita de uma análise mais completa do que aquelas que as empresas hoje normalmente conduzem.

A **demanda** refere-se a uma programação das quantidades do produto de uma empresa que os consumidores comprarão a preços diferentes durante um período específico de tempo. O **fornecimento** refere-se a uma programação das quantidades de um produto ou serviço que serão oferecidas para venda a preços diferentes durante um período específico de tempo. Essas programações podem variar de acordo com tipos diferentes de estruturas de mercado. Os negócios operam e estabelecem preços em quatro tipos de estruturas de mercado: concorrência pura, concorrência monopolística, oligopólio e monopólio.

A **concorrência pura** é uma estrutura de mercado com tantos compradores e vendedores que nenhum participante sozinho pode, significativamente, influenciar o preço. A concorrência pura pressupõe outras condições de mercado também: produtos homogêneos e de fácil entrada para os vendedores em razão dos custos de inicialização baixos. O setor agrícola mostra muitas características de um mercado puramente competitivo, fazendo dele o exemplo mais próximo ao real.

A **concorrência monopolística** denota a maioria dos varejos e retrata grande número de compradores e vendedores. Essas partes diversas trocam produtos heterogêneos, relativamente bem diferenciados, dando aos profissionais de marketing algum controle sobre os preços. No quadro "Resolvendo uma questão ética" mostra-se o impacto potencial sobre o preço – e a concorrência – das amostras grátis fornecidas por fabricantes de medicamentos.

Relativamente poucos vendedores competem em um **oligopólio**. As decisões de preço por parte de cada vendedor provavelmente afetarão o mercado, porém nenhum vendedor sozinho o controla. Os altos custos de inicialização traçam barreiras significativas para a entrada de novos concorrentes. A curva de demanda de cada empresa em um mercado oligopolista exibe uma única volta no preço de mercado atual. Por causa do impacto de um único concorrente no total de vendas da indústria, os concorrentes em geral igualam, com rapidez, qualquer tentativa por parte de uma empresa em gerar vendas adicionais pela redução de preços. O corte de preço em tais estruturas de indústria tende a reduzir a receita total da indústria. Os oligopólios operam nas indústrias de refinamento de petróleo, automobilística e de tabaco.

A disponibilidade de transporte aéreo alternativo na forma de empresas de desconto, como a Southwest Airlines, a JetBlue, a Ted e a Frontier Airlines, força as empresas aéreas de renome a manterem preços competitivos de passagem – ou correrem o risco de perder negócios para as novatas. Por exemplo, antes de a JetBlue e a Southwest lançarem seus primeiros vôos de costa a costa de Washington a Los Angeles, os vôos transcontinentais eram domínio das empresas aéreas maiores e com preços mais altos de passagem. Se as alternativas de empresas de desconto desaparecerem, os preços provavelmente subirão.[17]

Um **monopólio** é uma estrutura de mercado em que existe apenas um vendedor de um produto e para o qual não há substitutos próximos. A legislação antitruste quase eliminou todos os monopólios, menos os temporários, como aqueles criados pela proteção de patente. As indústrias regulamentadas, como as empresas de serviços públicos, constituem outra forma de monopólio. O governo norte-americano permite monopólios regulamentados em mercados em que a concorrência levaria a uma duplicação dispendiosa de serviços. Em troca de uma licença semelhante, o governo se reserva o direito de regulamentar a taxa de retorno de monopólio.

Os quatro tipos de estruturas de mercado são comparados na Tabela 18.2 nas seguintes bases: número de concorrentes, facilidade de entrada por parte de novas empresas na indústria, semelhança de produtos concorrentes, grau de controle sobre o preço por parte de empresas individuais e elasticidade ou falta de elasticidade da curva de demanda que está diante da empresa individual. A elasticidade – o grau de resposta do consumidor para as alterações no preço – será discutida em mais detalhes na última seção.

CURVAS DE RECEITA E CUSTOS

Os profissionais de marketing devem estabelecer um preço para um produto que gere receita suficiente para cobrir os custos de produção e comercialização. O custo total de um produto é composto dos custos variáveis totais e dos custos fixos totais. Os **custos variáveis** mudam de acordo com o nível de produção (exemplo, as matérias-primas e

Resolvendo uma questão ética

GRÁTIS É BARATO O BASTANTE?

Deveria ser fornecido para todas as pessoas medicamento gratuitamente? Se a resposta for sim, quem receberia – e quanto? Os fabricantes de medicamentos, geralmente, dão amostras grátis e cupons de desconto para tudo, de medicamentos para alergia a redutores de colesterol, como parte de seu esforço de marketing. A prática é especialmente comum para categorias de medicamentos em que as empresas competem intensamente pela lealdade de médicos e de seus pacientes, que devem usar os medicamentos para alergia, colesterol alto, asma, depressão e assim por diante, por meses ou até mesmo anos. Até a MedVantx Inc., um fabricante de medicamentos genéricos – sem marca conhecida –, recentemente lançou um programa no qual fornecerá amostras durante 30 dias para centros de saúde locais. Mas a prática de distribuir amostras grátis realmente é boa para os consumidores?

A PRÁTICA DE DISTRIBUIÇÃO DE AMOSTRAS GRÁTIS É BENÉFICA PARA OS CONSUMIDORES?

SIM

1. Uma amostra grátis pode fazer com que um paciente doente na estrada se recupere sem precisar de uma viagem extra à farmácia.
2. Amostras podem significar a diferença entre se um paciente receberá um medicamento necessário ou não, particularmente se o paciente não possuir seguro-saúde.

NÃO

1. Os consumidores tendem a desenvolver a lealdade aos medicamentos que recebem de graça, não necessariamente aos medicamentos que sejam melhores para sua saúde. "Estou realmente preocupado de os pacientes serem seduzidos e fisgados por amostras grátis", argumenta o Dr. Edward Langston, um membro da *American Medical Association Board of Trustees*. "Às vezes, pode haver um incentivo econômico, mas talvez não seja o incentivo médico correto."
2. Os custos associados aos brindes podem, no final, ser traduzidos em preços mais altos quando os consumidores precisarem realmente comprar seus medicamentos prescritos após as amostras acabarem.

RESUMO

Amostras grátis podem beneficiar determinados consumidores em algumas situações, porém devem ser controladas cuidadosamente. Os médicos precisam manter registros criteriosos de quais tipos de medicamentos são distribuídos para cada paciente. Os consultórios médicos deveriam, rotineiramente, fazer uma verificação para se certificar de que as amostras não estão vencidas. Eles deveriam estar cientes de que nada é verdadeiramente grátis e de que os fabricantes devem suprir o que falta de seus custos em algum lugar. A publicidade de novos medicamentos é muito cara, especialmente nos primeiros anos dos medicamentos. Quanto mais prescrições para aqueles medicamentos posteriormente, mais os custos podem ser recuperados e os lucros, criados. "Há muitos produtos gratuitos e esse é um desafio", diz Michael Fleming, um porta-voz da GlaxoSmithKline, que comercializa em conjunto com a Schering-Plough o Levitra nos Estados Unidos. "Acreditamos que, progressivamente, essa estratégia será traduzida em vendas."

Fontes: MCKENZIE, Sarah. Medica provides free generic drug samples, *The Business Journal*, 7 fev. 2005, **www.bizjournals. com**; JAPSEN, Bruce. So, guys, you don't need help in the bedroom?, *Chicago Tribune*, 23 jan. 2005, **www.chicagotribune.com**; ROWLAND, Christopher. Drug firms seek profit in giveaways, *The Boston Globe*, 17 jan. 2005, **www.boston. com**; LOWES, Robert. Is your sample cabinet a dnager zone?, *Medical Economics*, 7 maio 2004, *www.memag.com*.

Tabela 18.2 Distinguindo as características das quatro estruturas de mercado

CARACTERÍSTICAS	TIPOS DE ESTRUTURA DE MERCADO			
	CONCORRÊNCIA PURA	CONCORRÊNCIA MONOPOLÍSTICA	OLIGOPÓLIO	MONOPÓLIO
Número de concorrentes	Muitos	Alguns a muitos	Poucos	Ausência de concorrentes diretos
Facilidade de entrada de novas empresas na indústria	Fácil	Alguma dificuldade	Difícil	Regulamentado pelo governo
Semelhança de produtos ou serviços oferecidos por empresas concorrentes	Semelhante	Diferente	Pode ser semelhante ou diferente	Ausência de concorrência direta de produtos ou serviços
Controle sobre preços por parte de empresas individuais	Nenhum	Algum	Algum	Considerável
Curvas de demanda voltada para empresas individuais	Totalmente elástica	Pode ser elástica ou inelástica	Encurvado; inelástico abaixo da dobra; mais elástico acima	Pode ser elástico ou inelástico
Exemplos	Fazenda de 2 mil acres	Lojas da Banana Republic	BP	Commonwealth Edison

os custos trabalhistas), e os **custos fixos** permanecem estáveis em qualquer nível de produção em uma determinada faixa (como pagamentos de locação ou custos de seguro). Os **custos médios totais** são calculados pela divisão da soma dos custos variáveis e dos custos fixos pelo número de unidades produzidas. Finalmente, o **custo marginal** é a mudança no custo total que resulta da fabricação de unidades adicionais de produção.

O lado da demanda da equação de determinação de preço enfoca as curvas de receita. A receita média é calculada pela divisão da receita total pela quantidade associada a essas receitas. A receita média é, realmente, a curva de demanda voltada para a empresa. A receita marginal é a mudança na receita total resultante da venda de unidades adicionais de produção. A Figura 18.2 mostra as relações de diversas medidas de custo e de receita; a empresa maximiza seus lucros quando os custos marginais se igualam à receita marginal.

A Tabela 18.3 ilustra o motivo de a intersecção das curvas do custo marginal e da receita marginal ser o ponto lógico no qual maximizar a receita para a organização. Embora a empresa possa obter um lucro em vários preços diferentes, o preço no qual ela obtém lucros máximos é US$ 22. A um preço de US$ 24, obtém-se um lucro de US$ 66 – US$ 4 a menos do que o lucro de US$ 70 ao preço de US$ 22. Se um preço de US$ 20 for estabelecido para atrair vendas adicionais, os custos marginais das vendas extras (US$ 7) são maiores que a receita marginal recebida (US$ 6) e os lucros totais caem.

O CONCEITO DE ELASTICIDADE NA ESTRATÉGIA DE DETERMINAÇÃO DE PREÇO

Embora a intersecção das curvas do custo marginal e da receita marginal determine o nível de produção, o impacto no preço sobre as vendas varia imensamente. Para entender o motivo dessa flutuação, é necessário compreender o conceito de elasticidade.

A **elasticidade** é a medida da responsividade de compradores e fornecedores para as mudanças de preço. A elasticidade de preço de demanda (ou elasticidade da demanda) é a mudança de porcentagem

3. Explicar a elasticidade do preço e seus determinantes.

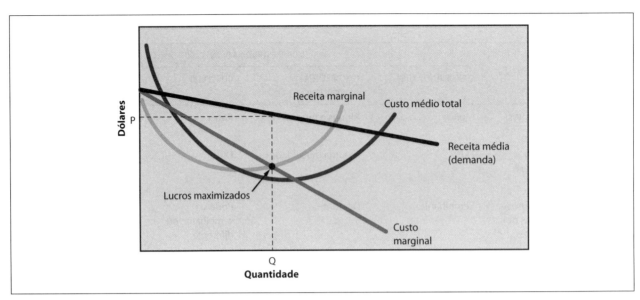

Figura 18.2
Determinar preço ao relacionar a receita marginal ao custo marginal.

na quantidade de um produto ou serviço pedido dividida pela mudança de porcentagem em seu preço. Um aumento de 10% no preço do xampu que resulta em um aumento de 25% na quantidade fornecida produz uma elasticidade de preço do fornecimento para o xampu de 2,5.

Considere um caso em que uma mudança de 1% no preço cause mais que uma mudança de 1% na quantidade fornecida ou pedida. Numericamente, isso significa uma medição de elasticidade maior que 1,0. Quando a elasticidade da demanda ou de fornecimento é maior que 1,0, diz-se que essa demanda ou esse fornecimento é elástico. Se uma mudança de 1% no preço resultar em menos que uma mudança de 1% na quantidade, a elasticidade da demanda ou de fornecimento de um produto será menor que 1,0. Nesse caso, a demanda ou o fornecimento é chamado inelástico.

Tabela 18.3 Determinação de preço usando a análise marginal.

PREÇO	NÚMERO VENDIDO	RECEITA TOTAL	RECEITA MARGINAL	CUSTOS TOTAIS	CUSTOS MARGINAIS	LUCROS (RECEITA TOTAL MENOS CUSTOS TOTAIS)
—	—	—	—	—	—	(US$ 50)
US$ 34	1	US$ 34	US$ 34	57	US$ 7	(23)
32	2	64	30	62	5	2
30	3	90	26	66	4	24
28	4	112	22	69	3	43
26	5	130	18	73	4	57
24	6	144	14	78	5	66
22	7	154	10	84	6	70
20	8	160	6	91	7	69
18	9	162	2	100	9	62
16	10	160	(2)	110	11	50

Por exemplo, a demanda por cigarros é, relativamente, inelástica; estudos de pesquisa têm mostrado que um aumento de 10% nos preços do cigarro resulta em apenas uma redução de 4% nas vendas.

Em países como a Argentina ou o Brasil, em que a taxa de inflação anual realmente chegava a 100% há algumas décadas, os preços sobre quase todos os produtos crescia na mesma proporção. Esses preços mais altos conduziam à demanda elástica para alguns itens, por exemplo, casas e carros; muitos dos carros nas estradas argentinas tinham mais de dez anos, e o mercado imobiliário nacional estava fortemente depreciado. Para outros produtos, a demanda era inelástica; as famílias continuavam a comprar comida porque, afinal de contas, precisavam comer. Entretanto, mesmo se não afetassem a demanda, os preços inflacionários alteravam alguns padrões de compra do consumidor. Os brasileiros com renda mais baixa, recordando-se dos dias em que os preços dos alimentos aumentavam, dramaticamente, mês a mês, ainda compram muitos itens alimentícios de que precisarão pelas próximas semanas logo que recebem o pagamento.

Determinantes de Elasticidade

Por que a elasticidade de fornecimento ou de demanda é alta para alguns produtos e baixa para outros? O que determina a elasticidade da demanda? Um fator importante que influencia a elasticidade da demanda é a disponibilidade de substitutos ou de complementos. Se os consumidores podem encontrar facilmente substitutos próximos de um produto ou serviço, a demanda do produto tende a ser elástica. O papel de um produto como um complemento para o uso de outro produto também afeta seu grau de elasticidade de preço. Por exemplo, a demanda relativamente inelástica por óleo de motor reflete seu papel como um complemento para um produto mais importante, a gasolina.

Conforme um número crescente de compradores e vendedores completa suas transações comerciais on-line, a elasticidade da demanda de um produto é drasticamente afetada. Veja as principais lojas de desconto e outras lojas com sortimento limitado e mais barato que competem com preços, por exemplo. Pequenos comércios e pessoas físicas do "faça você mesmo" vão à Home Depot para comprar ferramentas, por exemplo, carrinhos de mão; pais procuram presentes de aniversário na Toys "R" Us; e donas de casa vão à Circuit City para comprar novas geladeiras e fogões. Entretanto, atualmente, a internet faz com que os consumidores estejam em contato com os fabricantes de produtos e fornecedores de serviço diretamente, dando-lhes, com freqüência, opções de melhores escolhas e preços por seus esforços. Os carrinhos de mão, antigamente, eram vendidos a preços quase idênticos em um número relativamente pequeno de *outlets* de varejo (demanda inelástica). Os compradores de hoje podem encontrar um carrinho de mão em dezenas de locais diferentes – lojas tradicionais de ferramentas, viveiro de plantas, centros de melhorias domésticas, lojas de desconto e até mesmo em algumas lojas de departamento. Um mesmo carrinho de mão já não serve a todos os consumidores – o produto vem em tamanhos, cores e materiais diferentes para preencher as necessidades específicas de diferentes usuários. A disponibilidade de modelos diferentes e os diversos preços para cada um se combinam para criar um mercado caracterizado pela elasticidade da demanda.

A elasticidade da demanda também depende de se um produto é notado como uma necessidade ou como luxo. A cadeia de hotéis e resorts de luxo Four Seasons goza de uma reputação tão sólida com relação a serviço, conforto e exclusividade, que se tornou uma das cadeias de hotéis favoritas entre os viajantes e os profissionais da área comercial abastados. A combinação de serviço personalizado e exclusividade atrai um grupo seleto de viajantes sofisticados que consideram as reservas nos hotéis Four Seasons componentes essenciais de suas viagens a Atlanta ou a Tóquio. Em razão de suas acomodações serem vistas como uma necessidade, e não como algo supérfluo, as vendas permanecem fortes apesar das diárias cada vez mais altas.

Muitas pessoas consideram roupas de alta costura, por exemplo, um termo Armani de US$ 2 mil, como luxo. Caso os preços das roupas de grife subam dramaticamente, as pessoas podem responder comprando substitutos com preços mais baixos. Em contrapartida, cuidados médicos e odontológicos são necessidades básicas, assim as alterações de preço têm efeito mínimo sobre a freqüência das visitas ao médico ou ao dentista.

Entretanto, sob a influência contínua de preços mais altos, alguns produtos, antes considerados necessários, podem ser descartados como supérfluos, levando à diminuição de demanda. As antes prósperas vendas de computador pessoal têm demonstrado pouco ou nenhum crescimento nos últimos anos.

A elasticidade também depende da parcela do orçamento pessoal que alguém gasta com um produto ou serviço. As pessoas, realmente, já não precisam de fósforos. Elas podem encontrar facilmente bons substitutos. Não obstante, a demanda por fósforos permanece muito inelástica pelo fato de as pessoas gastarem tão pouco com eles que dificilmente notam uma mudança no preço. Em contrapartida, a demanda por habitação ou transporte não é totalmente inelástica, embora sejam necessidades básicas, visto que ambos consomem grande parte do orçamento de um consumidor. No quadro "Falha de marketing" discute-se como taxas ocultas podem ser adicionadas ao preço de alguns serviços comuns como serviços bancários, retorno de produtos não desejados e serviços de auxílio em um jogo de futebol.

A elasticidade da demanda também responde pelas perspectivas de tempo dos consumidores. Freqüentemente, a demanda mostra menos elasticidade a curto prazo do que a longo prazo. Considere a demanda por condicionadores de ar domésticos. A curto prazo, as pessoas pagam preços crescentes pela energia porque acham complicado diminuir seu consumo de energia. Acostumadas a viver com ajustes específicos de temperatura e de se vestir de uma determinada maneira, elas preferem pagar mais durante alguns meses do ano do que explorar outras possibilidades. Contudo, ao longo do tempo, com o aquecimento global se tornando um perigo real e presente, elas podem descobrir meios para economizar. Podem fazer um melhor isolamento de sua casa, experimentar sistemas de resfriamento alternativos ou plantar árvores que proporcionem mais sombra.

Às vezes, contudo, os padrões comuns não são válidos. O álcool e o tabaco, que não são necessidades básicas, porém consomem grandes partes de alguns orçamentos pessoais, também estão sujeitos à demanda inelástica.

Elasticidade e Receita

A elasticidade da demanda exerce uma influência importante sobre as variações na receita total como resultado das mudanças no preço de um produto ou serviço. Suponha, por exemplo, que os executivos da Bay Area Rapid Transit (BART) de São Francisco estejam considerando métodos alternativos para conseguir mais dinheiro para seu orçamento. Um método possível para aumentar a receita seria mudar o preço da passagem de trem para os consumidores. Mas a BART deveria aumentar ou baixar o preço de uma passagem? A resposta correta depende da elasticidade da demanda para os percursos de metrô.

Fracasso de marketing

Ah, essas taxas e esses encargos ocultos

Passado. As empresas sabem que os consumidores são resistentes a aumentos de preços, porém ainda esperam aumentar seus lucros finais. Assim, muitas delas, de bancos a hotéis e equipes esportivas a lojas de varejo, estão cobrando taxas ocultas que têm o mesmo efeito do aumento de preço. As corretagens podem cobrar US$ 2 para enviar a você uma cópia de sua declaração, mensalmente. Um hotel na Flórida cobra US$ 2,50 por dia para limpar seu quarto. A Best Buy é um dos varejistas que cobra uma taxa de reposição de estoque de 15% sobre os itens devolvidos, e a New York Jets exige US$ 50 para colocar seu nome em sua lista de espera para a compra do ingresso da temporada. Até mesmo os governos locais estão aumentando as multas por violação de trânsito e as

custas processuais, e habitantes do Alasca, ao comprar novos pneus, pagam para o Estado US$ 2,50 por pneu, como uma taxa de reciclagem.

O problema de marketing. Esses encargos extras podem adicionar milhões aos cofres de uma empresa. A AT&T conseguiu em torno de US$ 475 milhões com sua "taxa de avaliação regulatória" de US$ 0,99 por cliente a longa distância. Os bancos e as empresas de cartão de crédito, coletivamente, fizeram bilhões com determinadas "taxas". "É muito mais fácil aumentar um preço por meio de taxas e sobretaxas obscuras do que elevar um preço de vendas", diz um diretor da *Consumer Federation of America*. Porém, os consumidores estão ficando

Uma diminuição de 10% no preço das passagens deveria atrair mais usuários, porém, a menos que isso estimule mais que um aumento de 10% no número de usuários, a receita total cairá. Um aumento de 10% nas passagens trará mais dinheiro por usuário, contudo, se mais de 10% dos usuários pararem de usar o metrô, a receita total será menor. Um corte de preço aumentará a receita apenas para um produto com a demanda elástica, e um aumento de preço elevará a receita apenas para um produto com a demanda inelástica. Os executivos da BART parecem acreditar que a demanda pelo trânsito sobre trilhos rápido seja inelástica; eles aumentam o preço das passagens quando precisam de mais dinheiro.

PROBLEMAS PRÁTICOS DA TEORIA DE PREÇO

Os profissionais de marketing podem entender perfeitamente os conceitos da teoria de preço, porém ainda encontram dificuldade para aplicá-los na prática. Quais limitações práticas interferem com a determinação de preços?

Primeiro, muitas empresas não tentam maximizar os lucros. A análise econômica está sujeita às mesmas limitações que as premissas nas quais tal análise é baseada – por exemplo, a afirmação de que todas as empresas tentam maximizar os lucros. Segundo, é difícil estimar as curvas de demanda. Os procedimentos contábeis modernos fornecem aos gerentes um entendimento claro das estruturas de custo, assim, os gerentes podem compreender, de imediato, o lado do fornecimento da equação de determinação de preço. No entanto, eles acham difícil estimar a demanda em níveis de preço variados. As curvas de demanda devem ser baseadas em avaliações de pesquisa de marketing que podem ser menos exatas que os números do custo. Embora o elemento da demanda possa ser identificado, com freqüência é difícil medi-lo em cenários do mundo real.

MARKETING
Verificação de conceito

1. Quais são os determinantes da elasticidade?
2. Qual é a relação usual entre a elasticidade e a receita?

4. Listar os problemas práticos envolvidos na aplicação dos conceitos da teoria de preço às decisões reais de precificação!

---

mais conscientes a respeito de tais custos ocultos e estão começando a se rebelar.

O resultado. Os consumidores talvez logo estejam espertos o bastante para evitar algumas taxas ao contatar a empresa para reclamar com um supervisor ou ao trocar de empresa caso as taxas não sejam suspensas. E se um grande número de consumidores reclamar, grupos de consumidores ou até mesmo a procuradoria do estado talvez prestem atenção ao fato.

Lições aprendidas. As empresas precisarão observar cuidadosamente quaisquer taxas adicionadas. Com a internet facili-

tando mais do que nunca a busca por informações e o encontro de alternativas, e com os concorrentes prontos e esperando para conseguir consumidores decepcionados, os profissionais de marketing precisam identificar as taxas "ocultas" máximas que podem ser cobradas.

Fontes: Financial services: don't get taken by hidden fees, *ConsumersUnion.org*, **www.consumerunion.org**, acessado em 29 mar. 2005; THORNTON, Emily. Readers cry foul over the fee frenzy, *BusinessWeek*, 20 out. 2003, p. 14; THORNTON, Emily. Fees!Fees!Fees!, *BusinessWeek*, 29 set. 2003; p. 99-104.

DETERMINAÇÃO DE PREÇO NA PRÁTICA

5. Explicar as principais abordagens da determinação do preço acima do custo.

As limitações práticas inerentes na teoria de preço têm forçado os adeptos a se voltar para outras técnicas. A **determinação de preço acima do custo**, o método mais popular, usa um número de custo base por unidade e adiciona um *markup* para cobrir custos não previstos e gerar lucro. A única diferença real entre a grande quantidade de técnicas acima do custo é a relativa sofisticação dos procedimentos de determinação de custo empregados. Por exemplo, uma loja local de roupas pode estabelecer preços ao adicionar um *markup* de 45% ao preço da fatura cobrada pelo fornecedor. Espera-se que o *markup* cubra todas as outras despesas e permita que o proprietário obtenha um retorno razoável sobre a venda de roupas.

Em contrapartida a esse mecanismo mais simples de determinação de preço, um grande fabricante pode empregar uma fórmula de determinação de preço complexa que exija cálculos de computador. Entretanto, esse método só faz adicionar um procedimento mais complicado ao método tradicional mais simples para o cálculo de custos. No fim, alguém ainda deve tomar a decisão a respeito do *markup*. A loja de roupas e o grande fabricante podem calcular os custos de maneira diferente, porém são muito semelhantes ao completar o lado do *markup* da equação.

Freqüentemente, a determinação de preço funciona bem para um negócio que mantenha seus custos baixos, permitindo que sejam estabelecidos seus preços mais baixos que os dos concorrentes e, ainda, que seja obtido lucro. O Wal-Mart mantém os custos baixos ao comprar grande parte de seu estoque diretamente dos fabricantes, usando uma rede de fornecimento que reduz os custos de estoque ao reabastecer rapidamente o estoque conforme os itens são vendidos, e contando com atacadistas e outros intermediários apenas em circunstâncias especiais, por exemplo, para itens localizados.

Essa estratégia tem desempenhado um papel importante na loja de desconto que está se tornando o maior varejista do mundo.

PROCEDIMENTOS ALTERNATIVOS DE DETERMINAÇÃO DE PREÇO

Os dois procedimentos mais comuns de determinação de preço são o método de preço cheio e o método de custo acrescido. A **determinação de preço cheio** usa todos os custos variáveis relevantes no estabelecimento do preço de um produto. Além disso, aloca aqueles custos fixos que não podem ser diretamente atribuídos à produção do item específico que está sendo avaliado. No método de preço cheio, se a ordem de produção 515 em uma fábrica de impressoras equivale a 0,000127% da produção total da fábrica, então 0,000127% das despesas gerais da empresa é atribuído a essa ordem de produção. Essa abordagem permite que os profissionais de marketing recuperem todos os custos mais a quantia adicionada como margem de lucro.

A abordagem de preço cheio tem duas deficiências básicas. Primeiro, não se considera a concorrência ou a demanda para o item. Talvez ninguém queira pagar o preço que a empresa calculou. Segundo, qualquer método para alocar despesas gerais (despesas fixas) é arbitrário e pode não ser realista. Na produção, as alocações de despesas gerais com freqüência estão vinculadas às horas de trabalho diretas. No varejo, o metro quadrado de cada centro de lucro é, às vezes, o fator usado nos cálculos. Independentemente da técnica empregada, é difícil mostrar a relação de causa-efeito entre o custo alocado e a maioria dos produtos.

Uma forma para superar a alocação arbitrária de despesas fixas é com a **determinação de preço de custo acrescido**, que tenta usar apenas aqueles custos diretamente atribuíveis a uma produção específica na fixação de preços. Considere um fabricante em pequena escala com a seguinte demonstração de resultados:

Vendas (10.000 unidades a US$ 10)		US$ 100.000
Despesas:		
Variável	US$ 50.000	
Fixa	40.000	90.000
Lucro líquido		US$ 10.000

Suponha que se ofereça à empresa um contrato de 5 mil unidades adicionais. Visto que a temporada de pico acabou, esses itens podem ser produzidos ao mesmo custo variável médio. Suponha que a força de trabalho, fora isso, estaria trabalhando em projetos de manutenção. Qual o preço mínimo que a empresa deveria cobrar de seu produto para conseguir o contrato?

Na abordagem de preço cheio, o preço mais baixo seria de US$ 9 por unidade. O número é obtido pela divisão de US$ 90 mil em despesas por uma produção de 10 mil unidades. A abordagem de custo acrescido, por outro lado, poderia permitir qualquer preço acima de US$ 5, o que, significativamente, aumentaria a possibilidade de assegurar o contrato adicional. Este preço seria composto de US$ 5 de custo variável associado a cada unidade de produção mais a contribuição de US$ 10 por unidade para fixar gastos e despesas. Com um preço proposto de US$ 5,10, agora, a demonstração de resultados se pareceria com o seguinte:

Vendas (10.000 a US$ 10; 5.000 a US$ 5,10)		US$ 125.500
Despesas:		
Variável	US$ 75.000	
Fixa	40.000	115.000
Lucro líquido		US$ 10.500

Assim, os lucros aumentam na abordagem de custo acrescido.

Reconhecidamente, o exemplo é baseado em duas premissas: (1) a capacidade para isolar os mercados de tal forma que a venda ao preço mais baixo não afetasse o preço recebido em outros mercados, e (2) a ausência de restrições legais na empresa. Entretanto, o exemplo não esclarece se os lucros, às vezes, podem ser aumentados com o uso da abordagem de custo acrescido.

ANÁLISE DO PONTO DE EQUILÍBRIO

A **análise do ponto de equilíbrio** é um meio de determinação do número de produtos ou serviços que devem ser vendidos a um determinado preço para gerar receita suficiente para cobrir os custos totais. A Figura 18.3 ilustra graficamente esse processo.

A curva de custo total inclui tanto os segmentos fixos quanto os variáveis, e o custo fixo total é representado por uma linha horizontal. Supõe-se que o custo variável médio seja constante por unidade da mesma maneira que ocorreu no exemplo de determinação de preço de custo acrescido.

O ponto de equilíbrio é o ponto em que a receita total se iguala ao custo total. No exemplo na Figura 18.3, um preço de venda de US$ 10 e um custo variável médio de US$ 5 resultam em uma contribuição por unidade ao preço fixo de US$ 5. O ponto de equilíbrio em termos de unidades é descoberto com o uso da seguinte fórmula, em que a contribuição por unidade se iguala ao preço do produto menos o custo variável por unidade:

$$\text{Ponto de Equilíbrio (em unidades)} = \frac{\text{Custo Fixo Total}}{\text{Contribuição por Unidade ao Custo Fixo}}$$

$$\text{Ponto de Equilíbrio (em unidades)} = \frac{\text{US\$ } 40.00}{\text{US\$ } 5} = 8.000 \text{ unidades}$$

O ponto de equilíbrio em dólares é encontrado com a seguinte fórmula:

$$\text{Ponto de Equilíbrio (em dólares)} = \frac{\text{Custo Fixo Total}}{1 - \text{Custo Variável por Preço de Unidade}}$$

$$\text{Ponto de Equilíbrio (em dólares)} = \frac{\text{US\$ } 40.000}{1 - \left(\text{US\$ } 5/\text{US\$ } 10\right)} = \frac{\text{US\$}40.000}{0,5} = \text{US\$ } 80.000$$

Ocasionalmente, o ponlto de equilíbrio é alcançado mediante a redução de custos. A Isuzu Motors Ltd. planeja fazer com que seu negócio de veículo utilitário esportivo não-lucrativo volte ao ponto de equilíbrio cancelando a produção de dois de seus veículos, o *Rodeo* e o *Axiom*, deixando apenas o *Ascender* no mercado norte-americano. A empresa faz planos para importar um utilitário fabricado na Tailândia que desenvolveu com a GM e pode ou não unir-se à GM para criar a próxima geração de veículos utilitários esportivos redesenhados. O presidente da empresa disse, "Decidiremos o que fazer com os utilitários após trazê-los a um ponto de equilíbrio".[18]

Uma vez que o ponto de equilíbrio tenha sido alcançado, a receita suficiente terá sido obtida com as vendas para cobrir todos os custos fixos. Quaisquer vendas adicionais gerarão lucros por unidade equivalentes à diferença entre o preço de venda do produto e o custo variável de cada unidade. Como revela a Figura 18.3, as vendas de 8.001 unidades (1 unidade acima do ponto de equilíbrio) produzirão o lucro líquido de U$S 5 (preço de venda de US\$ 10 menos o custo variável por unidade de US\$ 5). Após todos os custos fixos terem sido cobertos, a contribuição por unidade se tornará o lucro por unidade.

Preço de Retorno-Alvo

Embora a análise do ponto de equilíbrio indique o nível de vendas no qual a empresa não incorrerá nem em lucros nem em perdas, muitos gerentes de empresas incluem um lucro dirigido em suas análises. Em alguns casos, a direção

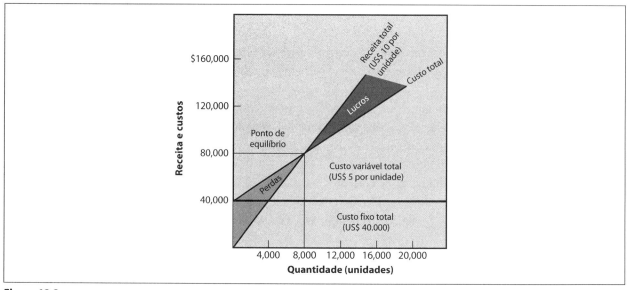

Figura 18.3
Gráfico do ponto de equilíbrio.

estabelece um retorno em dólar desejado ao considerar um novo produto proposto ou outra ação de marketing. Um varejista pode estabelecer um lucro desejado de US$ 250 mil ao considerar a expansão para um segundo local. Em outras circunstâncias, o retorno-alvo pode ser expresso em porcentagens, por exemplo, um retorno de 15% sobre as vendas. Esses retornos-alvo podem ser calculados como segue:

$$\text{Ponto de Equilíbrio (incluindo retorno-alvo específico em dólar)} = \frac{\text{Custo Total Fixo} + \text{Objetivo de Lucro}}{\text{Contribuição por Unidade}}$$

$$\text{Ponto de Equilíbrio (em unidades)} = \frac{\text{US\$ 40.000} + \text{US\$ 15.000}}{\text{US\$ 5}} = 11.000 \text{ unidades}$$

Caso o preço de retorno-alvo seja expresso como uma porcentagem de vendas, ele pode ser incluído na fórmula do ponto de equilíbrio como um custo variável. Suponha que o profissional de marketing no exemplo anterior busque um retorno de 10% sobre as vendas. O retorno desejado é de US$ 1 para cada produto vendido (o preço de venda por unidade de US$ 10 multiplicado pelo retorno de 10% sobre as vendas). Nesse caso, a fórmula básica do ponto de equilíbrio permanecerá inalterada, embora o custo variável por unidade seja elevado para refletir o retorno-alvo, e a contribuição por unidade para o custo fixo seja reduzida a US$ 4. Como resultado, o ponto de equilíbrio aumentará de 8 mil para 10 mil unidades:

$$\text{Ponto de Equilíbrio (em unidades)} = \frac{\text{US\$ 40.000}}{\text{US\$ 4}} = 10.000 \text{ unidades}$$

Avaliação da Análise do Ponto de Equilíbrio

A análise do ponto de equilíbrio é uma ferramenta eficaz para os profissionais de marketing na avaliação das vendas necessárias para cobrir os custos e alcançar os níveis de rentabilidade específicos. Ela é facilmente compreendida tanto por executivos de marketing quanto pelos que não o são e pode ajudá-los a decidir se os níveis de vendas necessários para um determinado preço são de fato objetivos realistas. Entretanto, possui suas desvantagens.

Primeiro, o modelo presume que os custos podem ser divididos em categorias fixas e variáveis. Alguns custos, como os gastos com salários e publicidade, podem ser fixos ou variáveis dependendo da situação específica. Além disso, o modelo pressupõe que os custos variáveis por unidade não se modificam em níveis diferentes de operação. Entretanto, esses custos podem variar em razão dos descontos sobre quantidade, utilização mais eficiente da força de trabalho ou outras economias que surgem dos níveis elevados de produção e de vendas. Finalmente, o modelo do ponto de equilíbrio básico não considera a demanda. É um modelo baseado em custo e não está diretamente voltado para a questão crucial de se os consumidores comprarão o produto ao preço especificado e nas quantidades necessárias para não ter prejuízo ou para gerar lucros. O desafio do profissional de marketing é modificar a análise do ponto de equilíbrio e as outras abordagens direcionadas ao custo para incorporar a análise da demanda. A determinação de preço deve ser examinada da perspectiva do comprador. Tais decisões não devem ser tomadas considerando-se apenas os fatores de custo.

6. Listar as principais vantagens e falhas da análise do ponto de equilíbrio nas decisões de preços.

MARKETING
Verificação de conceito

1. O que é determinação de preço cheio?

2. Dê a fórmula para encontrar o ponto de equilíbrio, em unidades e em dólares.

3. Que ajustes ao cálculo básico do ponto de equilíbrio devem ser feitos para incluir os retornos-alvo?

EM DIREÇÃO À DETERMINAÇÃO DE PREÇO REALISTA

7. Explicar a superioridade da análise do ponto de equilíbrio modificada sobre modelo básico, e o papel da gestão dos lucros nas decisões de precificação.

A teoria econômica tradicional considera tanto os custos quanto a demanda na determinação de um preço equilibrado. Os elementos duplos de fornecimento e demanda são balanceados no ponto de equilíbrio. Entretanto, na prática real, a maioria das abordagens de determinação de preço está amplamente voltada para o custo. Visto que abordagens para a determinação de preço puramente voltadas ao custo violam o conceito de marketing, são necessárias as modificações que serão adicionadas à análise da demanda para a decisão de determinação de preço.

A pesquisa de consumo sobre determinadas questões – como o grau de elasticidade de preço, as expectativas de preço do consumidor, a existência e a dimensão dos segmentos específicos de mercado e as percepções do comprador dos pontos fortes e fracos dos produtos substitutos – é necessária para se desenvolver as estimativas de vendas a diferentes preços. Pelo fato de uma grande parte dos dados resultantes envolver percepções, atitudes e expectativas futuras de clientes potenciais e presentes, tais estimativas tendem a ser menos precisas que as estimativas de custo.

O CONCEITO DO PONTO DE EQUILÍBRIO MODIFICADO

O método de análise do ponto de equilíbrio exemplificado na Figura 18.3 presume um preço de varejo constante de US$ 10 independentemente da quantidade. Porém, o que ocorre a preços de varejo diferentes? Como mostra a Figura 18.4, uma abordagem mais sofisticada chamada **análise do ponto de equilíbrio modificado** combina o modelo tradicional da análise do ponto de equilíbrio com uma avaliação da demanda de consumo.

A Tabela 18.4 resume tanto os aspectos de custo quanto de receita de um número de preços de varejo alternativos. O custo variável por unidade de US$ 5 e o custo fixo total de US$ 40 mil são baseados nos custos utilizados no modelo básico do ponto de equilíbrio.

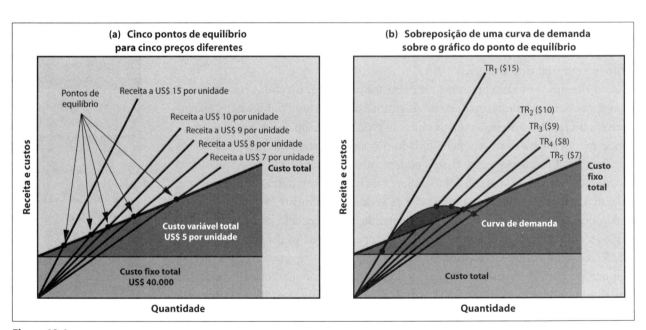

Figura 18.4
Gráfico do ponto de equilíbrio modificado: partes A e B.

Tabela 18.4 Dados de receita e custo para a análise do ponto de equilíbrio modificado

PREÇO	RECEITA			CUSTOS				LUCRO (OU PERDA) TOTAL
	QUANTIDADE PEDIDA	RECEITA TOTAL	CUSTO FIXO TOTAL	CUSTO VARIÁVEL TOTAL	CUSTO TOTAL	PONTO DE EQUILÍBRIO (NÚMERO DE VENDAS NECESSÁRIAS PARA O EQUILÍBRIO)		
US$ 15	2.500	US$ 37.500	US$ 40.000	US$ 12.500	US$ 52.500	4.000		US$ (15.000)
10	10.000	100.000	40.000	50.000	90.000	8.000		10.000
9	13.000	117.000	40.000	65.000	105.000	10.000		12.000
8	14.000	112.000	40.000	70.000	110.000	13.334		2.000
7	15.000	105.000	40.000	75.000	115.000	20.000		(10.000)

As vendas de unidade esperadas para cada preço de varejo específico são obtidas da pesquisa de marketing. A tabela contém as informações necessárias para se calcular o ponto de equilíbrio para cada uma das cinco alternativas de preço de varejo. Esses pontos são mostrados na Figura 18.4(a).

Os dados mostrados na primeira das duas colunas da Tabela 18.4 representam uma programação de demanda que indica o número de unidades que se espera que os consumidores comprem em cada uma das séries de preços de varejo. Como mostra a Figura 18.4(b), esses dados podem ser sobrepostos em um gráfico de ponto de equilíbrio para identificar a variação de preços praticáveis que o profissional de marketing pode cobrar.

A Figura 18.4 revela que a variação de preços lucrativos existe de um preço baixo de cerca de US$ 8 (TR_4) até a um preço alto de US$ 10 (TR_2), com um preço de US$ 9 (TR_3) gerando os maiores lucros projetados. Modificar o preço de varejo produzirá um novo ponto de equilíbrio. A um preço de varejo relativamente alto de US$ 15 (TR_1), o ponto de equilíbrio é de 4 mil unidades; a um preço de varejo de US$ 10, é de 8 mil unidades; e ao preço mais baixo considerado, US$ 7 (TR_5), é de 20 mil unidades.

A contribuição da análise do ponto de equilíbrio modificada é que ela força o profissional de marketing a considerar se há a probabilidade de o consumidor comprar o número de unidades necessárias para se alcançar o ponto de equilíbrio a um determinado preço.

Ela demonstra que um grande número de unidades vendidas não necessariamente produz lucros adicionais, visto que, no mais, não havendo diferenças, são necessários preços mais baixos para estimular as vendas adicionais. Em conseqüência, ela é importante para se considerar tanto os custos quanto a demanda do consumidor na determinação do preço mais apropriado.

GERENCIAMENTO DE LUCRO

Quando a maioria dos custos de uma empresa é fixada sobre uma ampla gama de produções, a determinante principal de rentabilidade será a quantia de receita gerada pelas vendas. As estratégias de **gerenciamento de lucro** permitem aos profissionais de marketing variarem os preços com base em determinados fatores como demanda, mesmo se o custo de fornecimento desses produtos ou serviços permanecer o mesmo. Por exemplo, as equipes esportivas como o San Francisco Giants cobram mais pelos jogos nos fins de semana, e o Colorado Rockies elevam os preços do ingresso com base no poder de agradar o público dos times visitantes. No setor público, a Autoridade Portuária de Nova York e de New Jersey recentemente tentou experimentar preço variável, cobrando mais para o cruzamento da ponte George Washington durante os horários de pico.[19]

Estratégias de lucro semelhantes caracterizam o marketing de determinados produtos e serviços como mostrado a seguir:

* *Ingressos de teatro* – preços mais baixos às tardes para compensar a baixa demanda e preços mais altos no período noturno quando a demanda aumenta.
* *Hospedagem* – preços mais baixos fora da temporada e preços mais altos nos períodos de alta temporada; diárias com preços baixos para fins de semana (exceto em locais como Las Vegas, New Orleans e Charleston, na Carolina do Sul, com número alto de visitas de turistas nos fins de semana).
* *Aluguel de carro* – preços mais baixos nos fins de semana, quando a demanda comercial é baixa e preços mais altos durante a semana, quando a demanda comercial é maior.
* *Preço de passagens* – preços mais baixos em passagens não-reembolsáveis com restrições de viagem, por exemplo, compra antecipada e exigências de permanência sábado à noite e multas para alterações de vôo, e preços mais altos em passagens reembolsáveis que podem ser alteradas sem a cobrança de multa.

O exemplo a seguir do setor aeronáutico demonstra como o gerenciamento de lucro maximiza a receita em situações em que os custos são fixos.[20]

As empresas aéreas monitoram constantemente as reservas em todo vôo. Iniciando em torno de 330 dias antes do vôo, o espaço é alocado entre passagens com preço cheio, passagens com desconto e passagens gratuitas para os passageiros freqüentes que estão habilitados para obter passagens complementares. Essa alocação é monitorada e adequada em intervalos regulares até a partida dos vôos.

Pressuponha, por exemplo, que a Northwest Airlines tenha programado um avião com 180 assentos como o Vôo 1480 com um horário de partida às 8 da manhã de Memphis para Mineápolis em 23 de outubro. Quando o Vôo 1480 deixar seu portão, todos os custos associados com o vôo (combustível, tripulação e outras despesas operacionais) são fixos. A determinação de preço que maximiza a receita nesse vôo também maximizará os lucros. Uma análise de vendas passadas indica que a Northwest poderia vender de quarenta a sessenta passagens de ida e volta com valor cheio a US$ 600 por passageiro e de 100 a 150 passagens de ida e volta com preço restrito a US$ 200 por passageiro. A demanda por espaço para passageiro freqüente deveria ser de ao menos dez lugares.

Se a Northwest reservar sessenta assentos para passageiros que pagam o preço cheio e aceitar reservas para 110 passagens com valor restrito, mas vender apenas quarenta passagens com valor cheio (deixando vinte assentos vagos), a receita total será:

Receita = (40 X US$ 600) + (110 X US$ 200) = US$ 46.000

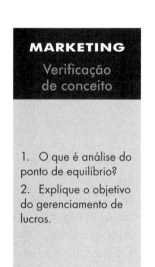

MARKETING
Verificação de conceito

1. O que é análise do ponto de equilíbrio?
2. Explique o objetivo do gerenciamento de lucros.

Por outro lado, se os tomadores de decisão de determinação de preço da Northwest quiserem reduzir os espaços vagos, podem decidir reduzir o número de passagens com valor cheio para vinte e aumentar as passagens com valor restrito para 150. Caso o avião deixe o portão com a capacidade total, o vôo irá gerar a seguinte receita total:

Receita = (20 X US$ 600) + (150 X US$ 200) = US$ 42.000

Em vez de manter rigidamente as alocações determinadas cerca de um ano antes do vôo, a Northwest usará o gerenciamento de lucros para maximizar a receita por vôo. Nesse exemplo, a empresa aérea, no início, mantém sessenta assentos para passagens com valor cheio e aceita reservas para até 110 assentos de passagens restritas. Trinta dias antes da partida de 23 de outubro, as projeções atualizadas do computador indicam que quarenta assentos de passagens com valor cheio provavelmente serão vendidos. A alocação agora será corrigida para quarenta passagens com valor cheio e 130 passagens restritas. Um vôo cheio partirá do portão e a receita será:

Receita = (40 X US$ 600) + (130 X US$ 200) = US$ 50.000

A aplicação do gerenciamento de lucros para o vôo Memphis-Mineápolis aumenta a receita em ao menos US$ 4 mil sobre a abordagem inflexível em se fazer alocações prévias e não ser capaz de adaptá-las com base nas reservas dos passageiros e em outros dados.

QUESTÕES GLOBAIS SOBRE A DETERMINAÇÃO DE PREÇO

É igualmente importante para uma empresa se engajar no marketing global para usar uma estratégia de determinação de preço que reflita sua estratégia global de marketing. Os preços devem sustentar os objetivos mais amplos da empresa, incluindo o desenvolvimento de produto, a publicidade e as vendas, a assistência ao cliente, os planos competitivos e os objetivos financeiros.

8. Identificar os principais desafios da determinação de preço diante dos profissionais de marketing internacionais e que atuam on-line.

Em geral, há cinco objetivos de determinação de preço que as companhias podem usar para estabelecer preços no marketing global. Quatro deles são os mesmos objetivos da determinação de preço discutidos anteriormente no capítulo: rentabilidade, volume, paridade competitiva e prestígio. Além disso, os profissionais de marketing internacional trabalham para alcançar um quinto objetivo: a estabilidade de preço.

Na arena global, os profissionais de marketing podem escolher os objetivos de rentabilidade caso sua empresa seja uma líder em preço que tenha a tendência a estabelecer preços internacionais. Os objetivos de rentabilidade também fazem sentido caso uma empresa seja um fornecedor de baixo custo que pode obter um bom lucro sobre as vendas.

Os objetivos de volume tornam-se especialmente importantes em situações em que os países reduzem suas barreiras comerciais para expor os mercados domésticos à concorrência estrangeira – quando a União Européia reduziu suas barreiras econômicas entre os países, a concorrência pelos consumidores decolou. Uma tendência recente tem sido as fusões de empresas européias para a formação de empresas maiores que podem alcançar objetivos de volume. Por exemplo, o Carrefour, a maior loja de desconto da França, recentemente adquiriu um antigo concorrente europeu para se tornar o segundo maior varejista do mundo, atrás apenas do Wal-Mart.

A concorrência elevada na Europa também estimulou as empresas a trabalhar voltadas para o terceiro objetivo de determinação de preço, paridade competitiva com os preços dos concorrentes. A corporação holandesa Philips Electronics oferece cupons parecidos com aqueles norte-americanos que dão aos compradores de 10 a 15% de descontos em eletrodomésticos para cozinha. A Aldi e a Lidl, dois varejistas de alimentos alemães, abriram *outlets* de desconto na França, forçando as lojas francesas, como o Carrefour, a reduzir os preços. Antigamente, o fabricante de carro Fiat ostentava uma participação de 54% no mercado automotivo italiano; daí em diante, sua participação de mercado caiu significativamente por causa das invasões dos preços competitivos da Ford da Europa. A Fiat lutou oferecendo US$1.600 de bônus e nada de juros para o financiamento de determinados modelos.

O prestígio é um objetivo de determinação de preço válido em marketing internacional quando os produtos estão associados com benefícios intangíveis, como alta qualidade, exclusividade ou design atrativo. Quanto mais os benefícios de um produto são notados, mais alto pode ser seu preço. Os profissionais de marketing devem estar cientes, entretanto, de que as percepções culturais de qualidade podem diferir de um país para outro. Às vezes, itens que comandam preços de prestígio nos Estados Unidos são considerados comuns em outras nações; às vezes, produtos que são qualquer coisa menos prestigiosos nos Estados Unidos podem parecer exóticos para os consumidores estrangeiros. Para os padrões norte-americanos, os restaurantes do McDonald's são locais para comer *fast food* com preço acessível, porém, na China, são vistos como locais badalados e relativamente caros.

O quinto objetivo de determinação de preço, a estabilidade de preço, é desejável nos mercados internacionais, embora seja difícil de ser alcançada. Guerras, terrorismo, períodos de baixa econômica, mudanças de governos e de partidos políticos e mudança nas políticas comerciais podem alterar os preços. Um exemplo é o setor de informática. Há alguns anos, os fabricantes de computador norte-americanos vendiam seus produtos na Europa com preços de 30 a 50% acima dos preços praticados nos Estados Unidos. Hoje, a maior concorrência na União Européia tem reduzido os preços de computadores até custarem uma média de apenas 10% mais que os preços norte-americanos, dificilmente sendo o bastante para cobrir os custos dos fabricantes com a revisão para atualização das máquinas para o mercado local. A queda dos preços tem reduzido os lucros dos fabricantes tanto norte-americanos quanto europeus, incluindo a IBM, a Hewlett-Packard e a Olivetti.

A estabilidade de preço pode ser em especial importante para os fabricantes de *commodities* – produtos e serviços com substitutos facilmente acessíveis que outras nações podem fornecer rapidamente. Os países que exportam *commodities* internacionais, como madeira, produtos químicos e safras agrícolas, sofrem economicamente quando seus preços flutuam. Um país como a Nicarágua, que exporta cana-de-açúcar, pode descobrir que sua balança de pagamentos muda drasticamente quando o preço internacional do açúcar sofre alteração. Isso o torna vulnerável à forte concorrência de preço de outros produtores de cana-de-açúcar.

Em contrapartida, os países que exportam produtos voltados ao valor, em vez de *commodities*, tendem a aproveitar mais os preços estáveis. Os preços de equipamentos eletrônicos e de automóveis flutuam muito menos que os preços de safras como a de cana-de-açúcar e de banana.

Implicações estratégicas do marketing no século XXI

Este capítulo teve como foco os conceitos e métodos tradicionais de determinação de preço – princípios que são fundamentais para todas as estratégias de marketing, especialmente em e-commerce. Os consumidores agora podem comparar os preços rapidamente, aumentando a competitividade já intensa no ambiente de determinação de preço. A internet permite que os preços sejam negociados de imediato, e tudo pode ser leiloado. De passagens aéreas até automóveis, a internet possibilita que os consumidores dêem seu preço.

Embora a compra pela internet não tenha resultado no corte massivo de preço, ela tem aumentado as opções disponíveis para os consumidores. Os mecanismos de comparação de preço on-line, conhecidos como *bots* de compra, prometem ajudar os consumidores a encontrar o menor preço para qualquer produto ou serviço. Os leilões inversos oferecidos por sites como o priceline. com, que permite aos consumidores sugerir os maiores preços que estão dispostos a pagar por passagens aéreas, poderiam, de modo concebível, estender-se a outros tipos de produtos e já estão ganhando popularidade em compras business-to-business.[21]

A entrega eletrônica de música, livros e outros produtos e serviços apenas conduzirá a mais reduções de preço. O e-commerce tem afastado o atrito de tempo,

que mantinha a determinação de preço relativamente estática. O co-fundador da Microsoft, Bill Gates, recentemente deu uma visão futurista do que ele vê como "uma economia livre de atrito". A obsessão atual com o tempo e a capacidade em medi-lo mudarão as percepções e a determinação de preço de produtos tangíveis. Um número crescente de produtos não são feitos até que sejam pedidos, e, progressivamente, seus preços podem subir e descer em resposta às condições mutáveis de mercado.

Embora – ao menos a curto prazo – os consumidores estejam aproveitando os benefícios da determinação de preço competitivo on-line, os varejistas se preocupam quando vêem suas margens de lucro encolherem. O atacadista gigante de desconto Costco, por exemplo, oferece em seu site utilidades domésticas, móveis e até mesmo suprimentos de escritório entregues na porta do consumidor. Enquanto isso, a Buy.com está um passo adiante. Recentemente, a superloja on-line anunciou planos para colocar preços de atacado nos produtos – retirando qualquer margem de lucro e dependendo inteiramente da propaganda *in loco* para obter lucro. A empresa oferece uma garantia de menor preço.[22] Embora não haja esquema óbvio para o sucesso, as estratégias de determinação de preço da Costco e da Buy.com resultam de um modo semelhante de pensar: gaste generosamente para ganhar novos clientes, ofereça os menores preços possíveis e, então, ofereça serviços superiores aos clientes para manter sua lealdade.

REVISÃO

1 Delinear as restrições legais com relação à determinação de preço.

Uma variedade de leis influencia as decisões de determinação de preço. A legislação antitruste fornece um conjunto geral de restrições. A Lei Robinson-Patman aditou a Lei de Clayton para proibir a discriminação de preço em vendas para outros produtores, atacadistas ou varejistas que não esteja baseada em um diferencial de custo. Essa lei não cobre os mercados exportadores ou as vendas para o consumidor final. Em âmbito estadual, as leis de *unfair trade* exigem que os vendedores mantenham preços mínimos para mercadorias equivalentes. Essas leis se tornaram menos freqüentemente aplicadas nos últimos anos. As leis de *fair trade* representavam uma barreira legal para a concorrência que foi removida em razão do crescimento da concorrência de preço. Estas leis permitiam que os fabricantes estabelecessem preços de varejo mínimos para os produtos e exigissem que seus revendedores assinassem contratos concordando em obedecer a tais preços. A *Consumer Goods Pricing Act* (Lei de Preços de Bens de Consumo) baniu o uso interestadual das leis de *fair trade*.

1.1. Faça a distinção entre as leis de *unfair trade* e de *fair trade*.

1.2. Como consumidor, você apoiaria as leis de *fair trade* ou de *unfair trade*?

1.3. Como proprietário de uma pequena loja de varejo, você apoiaria tais leis?

2 Identificar as principais categorias dos objetivos de determinação de preço.

Os objetivos de determinação de preço deveriam ser a conseqüência natural dos objetivos organizacionais globais e dos objetivos de marketing mais específicos. Eles podem ser classificados em quatro grupos principais: (1) objetivos de rentabilidade, incluindo a maximização de lucros e os retornos-alvo; (2) objetivos de volume, incluindo a maximização de vendas e a participação de mercado; (3) objetivos de paridade competitiva; e (4) objetivos de prestígio.

2.1. Dê um exemplo de cada uma das principais categorias dos objetivos de determinação de preço.

2.2. Quais são as principais implicações de preço dos estudos do *Profit Impact of Market Strategies* (PIMS)?

2.3. Sugira as possíveis explicações para as relações que os estudos do PIMS revelam.

3 Explicar a elasticidade de preço e suas determinantes.

A elasticidade é um elemento importante na determinação de preço. O grau de responsividade do consumidor às alterações de preço é afetado por determinados fatores como (1) a disponibilidade de produtos substitutos ou complementares, (2) a classificação de um produto ou serviço como um luxo ou uma necessidade, (3) a parcela do orçamento de uma pessoa que é gasta em um item, e (4) a perspectiva de tempo.

3.1. Explique o conceito de elasticidade.

3.2. Identifique cada fator que influencia a elasticidade e dê um exemplo específico de como ele afeta o grau de elasticidade de um produto ou serviço.

4 Listar os problemas práticos envolvidos na aplicação dos conceitos da teoria de preço às decisões de determinação de preço real.

Três problemas estão presentes no uso da teoria de preço na prática real. Primeiro, muitas empresas não tentam maximizar os lucros, uma premissa básica da teoria de preço. Segundo, é difícil estimar, precisamente, as curvas de demanda. Por fim, o treinamento inadequado de gerentes e a comunicação falha entre economistas e gerentes dificultam a aplicação da teoria de preço no mundo real.

4.1. Quais são os problemas práticos da aplicação dos conceitos da teoria de preço nas decisões reais de determinação de preço?

5 Explicar as principais abordagens acima do custo para a definição de preço.

A determinação de preço acima do custo usa um número de custo de base por unidade e adiciona um *markup* para cobrir custos não projetados e para fornecer lucro. Normalmente, é o método mais usado de estabelecimento de preços hoje em dia. Há dois procedimentos principais de determinação de preço voltados ao custo. A determinação de preço cheio usa todos os custos variáveis relevantes no estabelecimento do preço de um produto e aloca aqueles custos fixos que não podem ser diretamente atribuídos à produção do item específico ao qual está sendo atribuído o preço. A determinação do preço de custo acrescido tenta usar apenas aqueles custos diretamente atribuíveis a uma produção específica no estabelecimento de preços para superar a alocação arbitrária de despesas fixas. A limitação básica da determinação de preço voltada ao custo é que ela não é adequadamente responsável pela demanda de produto.

5.1. Explique as vantagens do uso do preço de custo acrescido em vez da determinação de preço cheio.

5.2. Quais são as desvantagens potenciais para a determinação de preço de custo acrescido?

5.3. Por que muitas empresas escolhem diminuir a ênfase da determinação de preço como uma ferramenta de marketing em favor de outras variáveis do mix de marketing?

6 Listar as principais vantagens e desvantagens do uso da análise do ponto de equilíbrio nas decisões de determinação de preço.

A análise do ponto de equilíbrio é um meio para determinar o número de produtos ou serviços que deve ser vendido a um determinado preço para gerar receita suficiente a fim de cobrir os custos totais. Ela é facilmente compreendida por gerentes e pode ajudá-los a decidir se os níveis de vendas necessários por um determinado preço são objetivos realistas. Suas desvantagens são: primeiro, o modelo presume que o custo pode ser dividido em categorias fixas e variáveis e ignora os problemas de arbitrariamente fazer algumas alocações. Segundo, pressupõe que os custos variáveis por unidade não se modificam em níveis diferentes de operação, ignorando a possibilidade de descontos sobre quantidade, de utilização mais eficiente da força de trabalho e de outras economias possíveis. Terceiro, o modelo básico do ponto de equilíbrio não considera a demanda. É um modelo baseado em custo e falha ao direcionar de fato a questão fundamental de se os consumidores de fato comprarão o produto ao preço especificado e nas quantidades necessárias para nem se ganhar e nem se perder ou para gerar lucro.

6.1. Como pode estar localizado o ponto de equilíbrio para auxiliar na determinação de preço?

6.2. Quais são os principais perigos ao se contar apenas com a análise do ponto de equilíbrio nas decisões de determinação de preço?

6.3. Qual é o ponto de equilíbrio para um produto com um preço de venda de US$ 40, custos variáveis médios de US$ 24 e custos fixos relacionados de US$ 37.500? Qual

impacto haveria no ponto de equilíbrio uma exigência de lucro de US$ 4 por unidade?

7 Explicar a superioridade da análise modificada do ponto de equilíbrio em relação ao modelo básico do ponto de equilíbrio e o papel do gerenciamento de lucro nas decisões de determinação de preço.

A análise do ponto de equilíbrio é um meio para determinar o número de produtos que devem ser vendidos a um determinado preço para gerar receita suficiente a fim de cobrir os custos totais. O conceito de ponto de equilíbrio modificado combina a análise do ponto de equilíbrio tradicional com uma avaliação da demanda dos consumidores. Ela direciona diretamente a questão-chave de se os consumidores de fato irão comprar o produto a preços diferentes e em que quantidades. As estratégias de preço para gerenciamento de lucros são criadas para maximizar a receita em situações em que os custos são fixos, como passagens aéreas, aluguéis de automóveis e ingressos para teatro.

7.1. Explique a vantagem da análise do ponto de equilíbrio modificada sobre a fórmula do ponto de equilíbrio básica.

7.2. Explique como o uso do gerenciamento de lucro pode resultar em lucros maiores que o de outras estratégias de determinação de preço.

8 Identificar os principais desafios de determinação de preço que os profissionais de marketing on-line e internacional enfrentam.

Em geral, as empresas podem optar entre cinco objetivos de determinação de preço para estabelecer os preços no marketing global. Quatro desses objetivos são os mesmos da determinação de preço discutidos anteriormente: rentabilidade, volume, paridade competitiva e prestígio. O quinto objetivo é a estabilidade de preço, que é difícil de ser alcançado, visto que guerras, conflitos fronteiriços, terrorismo, tendências econômicas, mudanças de governos e de partidos políticos e substituição de políticas comerciais podem alterar os preços. Os mesmos tipos de mudanças podem alterar o preço no mercado on-line.

8.1. Identifique os fatores que podem afetar os preços no marketing internacional e on-line.

PROJETOS E EXERCÍCIOS EM GRUPO

1. Em pequenos grupos, classifique as opções a seguir como um tipo específico de objetivo de determinação de preço. Sugira uma empresa ou produto que provavelmente utilizaria cada objetivo de determinação de preço. Compare suas descobertas.

a. aumento de 5% nos lucros sobre o ano anterior

b. preços no máximo 6% mais altos do os determinados por comerciantes independentes

c. aumento de 5% na participação de mercado

d. retorno de 25% em investimento (antes das taxas)

e. seguir o preço estabelecido pelo concorrente mais importante em cada segmento de mercado

f. estabelecer os preços mais altos na categoria do produto para manter a imagem favorável da marca

2. Em pares, discuta as situações de mercado que existem para os seguintes produtos. Defendam suas respostas e as apresente para a classe.

a. serviço de reparo em computadores

b. DVD players

c clubes de golfe

d. platina

e. soja

f. alarmes de carro por controle remoto

g. lâminas de barbear

h. embarcações pessoais

3. Como os preços a seguir são determinados e o que têm em comum?

a. entrada para um museu local

b. seu ensino superior

c. taxas de imposto sobre vendas locais

d. impressão de cartões de visita

4. A WebTech Development de Nashville, Tennessee, está considerando a possível apresentação de um novo produto proposto por sua equipe de pesquisa e desenvolvimento. O diretor de marketing da empresa estima que o produto possa ser comercializado ao preço de US$ 70. O custo total fixo é de US$ 278 mil e o custo variável médio é calculado em US$ 48.

a. Qual é o ponto de equilíbrio em unidades para o produto proposto?

b. O presidente da empresa sugeriu um retorno de lucro alvo de US$ 214 mil para o produto proposto. Quantas unidades devem ser vendidas tanto para se atingir o equilíbrio quanto para alcançar esse retorno-alvo?

5. A equipe de pesquisa de marketing da Cyber Novelties com sede em Cleveland desenvolveu as seguintes estimativas de vendas para um novo item proposto que a empresa planeja comercializar por meio das vendas por mala-direta:

Preço de venda proposto	Estimativas de vendas (unidades)
US$ 8	55.000
10	22.000
15	14.000
20	5.000
24	2.800

O novo produto tem um custo fixo total de US$ 60 mil e um custo variável de US$ 7 por unidade.

a. Quais dos preços de venda propostos geraria lucro para a Cyber Novelties?

b. O diretor de marketing da Cyber Novelties estima também que uma alocação adicional de US$ 0,50 por unidade para a promoção extra produzirá os seguintes aumentos nas estimativas de vendas: 60 mil unidades a um preço de venda por unidade de US$ 8,28 mil unidades a US$ 10,17 mil unidades a US$ 15,6 mil unidades a US$ 20 e 3.500 unidades a US$ 24. Indique a provável variação de preços caso essa proposta seja implementada e os resultados nos aumentos de vendas previstos.

c. Indique o preço ou os preços previsto(s) caso a proposta de promoção adicional de US$ 0,50 por unidade não seja implementada, mas a gerência insista em um retorno-alvo de US$ 25 mil.

6. Pesquise a programação de preço em um complexo de salas de cinema local. Que estratégia de preço é responsável por algum diferencial de preço que você descubra? Por que os preços da matinê não constituem a discriminação de preço em relação àqueles que não são determinados para os descontos?

7. Por que é mais caro comprar cerveja e um cachorro-quente em um jogo de futebol da série A do que comprá-los nas lojas de varejo locais?

8. Os recursos públicos dos parques nacionais têm diminuído há muitos anos. O que você espera que aconteça à entrada e ao uso das taxas nesse caso? Pesquise as taxas nos parques de seu estado ou de sua região para verificar sua resposta e relate à classe.

9. Como as empresas de telefonia celular ganham dinheiro ao cobrar uma taxa fixa por mês por um determinado número de minutos, por exemplo, US$ 35 por 300 minutos? Você consegue pensar em outro plano mais rentável? Como seu plano atrairia os consumidores?

10. Alguns executivos do setor aeronáutico acreditam que as passagens mais baratas e mais simples para as principais empresas ganharão credibilidade entre os consumidores e enviarão uma mensagem clara de marketing de que elas estão prontas para competir com os concorrentes de custo baixo. Porém, algumas grandes empresas áreas estão adotando um novo sistema de determinação de preço, freqüentemente optando por lançar novas empresas aéreas de desconto sem luxo para competir com a AirTran, a Jet-Blue, a Southwest e com as outras empresas de baixo custo. Em sua opinião, por que existe essa hesitação das grandes empresas?

APLICANDO OS CONCEITOS DO CAPÍTULO

1. Espera-se que os preços nos parques de diversão subam pelo fato de os donos de parques como a Disney e a Universal Studios estarem adicionando novos passeios e arcando com o custo do combustível; elas também estão copiando os preços uma da outra.[23] Liste o que conseguir imaginar que parques como esses oferecem a seus clientes em troca do dinheiro deles. Em sua opinião, quais coisas oferecidas pelos parques refletem-se diretamente no preço da entrada?

2. Os músicos ganham apenas cerca de 9% de *royalties* por CD, usando uma base de *royalties* de preço de varejo menos 25% pelos custos de empacotamento. O restante vai para o produtor e para cobrir os custos de gravação, de promoção, das cópias dadas a estações de rádio e redatores de revistas e outros custos, como vídeos. O que você acha que acontece com os *royalties* do artista quando um CD é comercializado mais barato para vender mais rapidamente? Considere dois casos: (1) o CD comercializado mais barato vende mais cópias, e (2) vende o mesmo número de cópias de antes.

3. Um autor aconselha os consumidores a não se preocuparem com os preços crescentes da gasolina, cujo custo pode ser facilmente coberto pela abdicação da parte destinada a uma refeição feita fora de casa por mês, mas, sim, com a alta dos preços da energia que afetarão o restante da economia. Por exemplo, cada aumento de preço de US$ 1 por barril é equivalente a uma "taxa" de US$ 20 milhões por dia na economia. Explique o que isso significa.

4. A Ford Motor Co. anunciou recentemente que contará menos com estratégias de alto volume, como descontos e créditos, para melhorar sua rentabilidade. Outra estratégia que será empregada é vender menos carros para frotas de aluguel, que, eventualmente, devolvem os carros para a Ford para venda a preços baixos de leilão. Como esses tipos de vendas afetam a rentabilidade da Ford?

EXERCÍCIO DE ÉTICA

Geralmente, os agentes imobiliários cobram uma comissão de 6% a 7% para listar e vender uma casa, o que se reverte em um honorário de mais de US$ 10 mil para eles pela venda de uma casa de preço médio. Porém, com casas na maior parte dos Estados Unidos sendo vendidas a porcentagens e a preços recordes, os vendedores estão negando terminantemente esses honorários. "As pessoas estão cansadas de pagar comissões cada vez mais altas só porque o valor das casas está cada vez mais elevado", diz um corretor. As alternativas que estão surgindo incluem listar as casas na internet, reduzir os honorários dos agentes para a taxa de 4% e concordar com taxas fixas para cada tarefa separada no processo, por exemplo, estabelecer o preço da casa, manter uma casa aberta ou redigir um contrato de venda com o comprador.

1. Visto que agora estão disponíveis alternativas para as comissões caras cobradas pelos vendedores de imóveis, os corretores ainda devem estabelecer os preços por seus serviços da maneira tradicional na forma de uma porcentagem determinada sobre o preço de venda? Em sua opinião, por que muitos deles ainda fazem desse modo?

2. Você acha que a negociação de uma taxa fixa ou de uma comissão mais baixa ajuda ou afeta negativamente a relação de confiança que deve ser estabelecida entre o vendedor e o agente imobiliário? Por quê?

EXERCÍCIOS NA INTERNET

1. **Análise de ponto de equilíbrio.** Visite o site abaixo para aprender mais a respeito da análise do ponto de equilíbrio e sobre como esta pode ajudar nas decisões de determinação de preço. Leia o material e prepare um resumo que você possa levar para a classe para participar de uma discussão sobre o assunto.
http://www.businessknowhow.com/startup/break-even.htm

2. **Discriminação de preço.** Como você sabe, muitos medicamentos prescritos custam menos no Canadá do que nos Estados Unidos. Embora não viole a Lei Robinson-Patman, muitos compradores listariam isso como um exemplo de discriminação de preço – um vendedor cobrando preços diferentes para compradores diferentes. Use um grande mecanismo de pesquisa, como o *Google* (**http://www.google.com**), para obter artigos atuais sobre a determinação de

preço de medicamentos prescritos. Por que os fabricantes de medicamentos cobram menos dos consumidores canadenses? Há alguma justificativa, em sua opinião, para essas práticas de determinação de preço?

3. **Gerenciamento de lucro.** O gerenciamento de lucro é um componente importante na determinação de preço de viagem aérea. Visite o site da Southwest Airlines (**http://www.southwest.com**) e escolha uma viagem de ida e volta (digamos, de Chicago a Phoenix e de volta para Chicago). Ana-

lise os diferentes preços de passagem para sua viagem de ida e volta. Por que alguns preços são maiores que outros? Relacione sua explicação com a discussão sobre o gerenciamento de lucro que se encontra no capítulo.

Observação: Os endereços de sites na internet mudam com freqüência. Se você não encontrar os sites mencionados, será necessário acessar a homepage da organização ou da empresa e então realizar sua pesquisa ou utilizar uma ferramenta de busca como o *Google*.

C|A|S|0 18.1   A Universal reduz os preços dos CDs em 30%

A Universal Music Group, com determinados selos como Island Def Jam, Interscope e A&M, recentemente encontrou o que parecia ser um método infalível para aumentar as vendas e amenizar o impacto da pirataria. Ela baixou o preço de seus CDs em até 30%.

Os atacadistas receberam a quebra de preço em troca da cessão à Universal de 25% de seu espaço em prateleira, e lhes foi sugerido um preço de varejo correspondentemente mais baixo a ser cobrado de seus clientes. Ao mesmo tempo, para certificar-se de que os consumidores sabiam sobre os novos preços mais baixos, a Universal trocou o marketing local e dentro das lojas por uma campanha nacional de anúncios impressos e na TV, que incluía redes de transmissão e revistas como *Rolling Stone*, *People* e *Entertainment Weekly*.

O executivo de um selo da gravadora disse que o movimento foi um passo na direção certa. "Se você identifica que a concorrência inclui downloads ilegais e CDs virgens", a indústria precisa de "uma solução mais criativa do que processar universitários". E a própria Universal, que detém a maior participação do mercado musical norte-americano, estava otimista. "Os fãs da música se beneficiarão das reduções de preço que estamos anunciando hoje", disse o presidente da empresa. "Nosso novo modelo de determinação de preço permitirá que os varejistas norte-americanos ofereçam música a um ponto de preço muito mais atraente em comparação a outros produtos de entretenimento. Estamos confiantes de que essa abordagem de determinação de preço fará com que os fãs da música voltem às lojas de varejo".

Porém, o corte de preço, chamado *jump start*, foi um erro, em parte porque os compradores de CDs de música nunca viram a tal economia. Mesmo que os concorrentes fossem lentos para copiar a estratégia, os preços de varejo dos CDs da Universal caíram realmente apenas 5% durante os seis primeiros meses após o anúncio do corte de preço. Algumas lojas nunca adotaram os preços de varejo mais baixos, cobrando os

preços antigos mais altos enquanto ficavam com a economia do preço de atacado mais baixo para si mesmas, e outras foram lentas para colocar os novos preços em vigor, vendendo mais barato primeiro o estoque antigo pelo qual tinham pagado preços de atacado mais altos. Muitos varejistas de música de especialidade relutaram em cortar o preço de venda dos CDs porque pensavam que não poderiam arcar com as despesas dos CDs com desconto naquela quantidade. Diferentemente dos grandes concorrentes de cadeia de lojas como o Wal-Mart, as lojas de música não contavam com outras mercadorias com as quais compensar a diferença de preço. "Eles [a Universal] estavam tentando forçar uma nova estratégia de determinação de preço sobre nós", disse o consultor de uma loja de disco. Outros varejistas não gostaram da pressão que a Universal fez sobre eles para tomar uma decisão rápida quanto a concordar com o programa. E muitos estavam preocupados com a possibilidade de que a empresa cortasse seus pagamentos de incentivo e o auxílio cooperativo para propaganda.

O objetivo do *jump start* era alcançar um aumento de vendas de 21% para compensar o preço de atacado mais baixo, porém, o aumento real ficou em torno de 8 a 13% na maior parte das semanas durante a quebra de preço. Uma versão modificada do programa logo foi apresentada para substituir essa primeira tentativa, com os preços de atacado um pouco mais altos e um objetivo de aumento de volume de 17%. Dentro de algumas semanas de funcionamento do novo plano, a Universal obteve um aumento um pouco mais alto que 16%. E seus concorrentes estão começando a seguir a sua direção, com alguns diminuindo seus preços a quantias moderadas. Mas ninguém diminuiu os incentivos cooperativos de propaganda para seus parceiros de varejo como a Universal fez.

Questões para discussão

1. Por que os varejistas de música são importantes para o sucesso do plano de corte de preço da Universal? Como a em-

presa poderia ter evitado problemas com a primeira versão do *jump start*?

2. Você acha que reduzir os preços de varejo de CDs é uma boa forma de combater a pirataria (músicas baixadas da internet)? Justifique sua resposta.

Fontes: CLARK, Don. New rivals lurk in music-recording industry, *The Wall Street Journal*, 30 jun. 2004, p. B1-B2; SMITH, Ethan. Why a plan to cut CD prices went off the track, *Associated Press*, 4 jun. 2004, acessado em **http://www.mlive.com**; SMITH, Ethan "Universal's CD price cuts will squeeze music retailers, *The Wall Street Journal*, 18 set. 2003, p. B1; Jon Fine, Universal move upends music biz, *Advertising Age*, 8 set. 2003, p. 3, 91.

Estratégias
de Preço

Capítulo 19

Objetivos

1. Comparar as estratégias de preço alternativas e explicar quando cada estratégia é mais apropriada.
2. Descrever como os preços são cotados.
3. Identificar as várias decisões de política de preço que os profissionais de marketing devem tomar.
4. Relacionar preço às percepções de qualidade do consumidor.
5. Contrastar concorrência de licitação e preços negociados.
6. Explicar a importância do preço de transferência.
7. Comparar as três estratégias globais de preço.
8. Relacionar os conceitos de canibalização, preço de pacote de produto e *bots* para estratégias de preço on-line.

SE VOCÊ COLOCAR O PREÇO CERTO, ELES VÊM

Após aumentos constantes durante a década de 1990, os preços da entrada em muitos esportes estão baixando. As reduções não são universais, e, às vezes, são cautelosas ou têm restrições. Determinar o preço para um produto tem um pouco de arte e um pouco de ciência. Porém, muitas equipes estão reconhecendo que, como um cronista esportivo disse, "os fãs precisam apenas de uma razão para voltar".

A *Team Marketing Report* calculou o preço médio de um ingresso para a *National Basketball Association* (NBA – Associação Nacional de Basquetebol) em, aproximadamente, US$ 45, um ingresso para a *National Hockey League* (NHL – Liga Nacional de Hóquei) em cerca de US$ 44, e uma entrada para a *National Football League* (NFL – Liga Nacional de Futebol Norte-americano) por cerca de US$ 53. O valor gasto para levar toda a família, dados os preços de estacionamento, alimentação, bebidas e souvenires, coloca muitos eventos esportivos profissionais além do alcance da média dos fãs. Jerry Colangelo, presidente do Phoenix Suns da NBA, observa: "É um microcosmo dos Estados Unidos a disparidade entre os que têm e os que não têm. [...] Ponto principal: Você deveria ter preços para todos os bolsos".

Entre as equipes que prestam atenção nesse conselho está o próprio Phoenix Suns, que aumentou os preços dos ingressos prêmio, mas diminuiu a conta em cerca de um terço para os assentos em seu America West Arena.

A nova estratégia de preço abate US$ 15 do custo de alguns assentos do nível inferior e acrescenta US$ 10 a 500 assentos (por uma autorização prévia da NBA). Embora o resultado líquido seja um pequeno aumento no preço médio, os titulares de assento prêmio pagam a maior parte da diferença.

Outras equipes que reduziram os preços incluem o San Antonio Spurs da NBA, o Pittsburgh Pirates da *Major League Baseball*, o Seattle Seahawks da NFL e a equipe de futebol americano da Arizona State University (ASU). "Em vez de procurar fazer mais dinheiro, estamos tentando preencher todos os nossos assentos a um custo menor", disse o diretor esportivo sênior associado da ASU. "Se levarmos todos para lá e nosso time atuar bem, eles comprarão uma Coca, uma camiseta, um programa e voltarão". Os cortes de preço da ASU recentemente aumentaram a presença de público em 27%, apesar de um fraco registro de ganho-perda. O Florida Marlins de beisebol dobrou sua base de ingresso para a temporada para 10 mil após resistir aos aumentos de preço depois de uma vitória do World Series. Um número colossal de 95% de titulares da temporada passada renovaram ao custo da temporada anterior.

Porém, embora um corte de preço extensível a todos possa aumentar as vendas de ingresso e retribuir a lealdade dos fãs, pode não ajudar no resultado financeiro. Mesmo a concessão mais alta e a receita com estacionamento percebidas por causa do aumento de público nos jogos talvez não compensem a perda total de receita das taxas reduzidas da entrada. Os custos das equipes estão aumentando. E muitas equipes temem que os orçamentos reduzidos levem a ofertas de salários menores – e, conseqüentemente, a jogadores mais fracos na folha de pagamento. Após reduzir os preços e a folha de pagamento, o Toronto Blue Jays caiu para a quarta posição na *American League East* de beisebol. Os fãs se preocupam também. "Se significar assistir a um produto que seja inferior por eles não estarem pagando os salários, então, para começar, você não está fazendo qualquer favor para ninguém", disse um fã de beisebol do Arizona.

E, de fato, nem todos estão cortando os preços. O Cincinnati Reds estão elevando os preços pela primeira vez em muitas temporadas para cobrir os aumentos na folha de pagamento. "Como nossos custos continuam a subir", diz o diretor chefe de operação do clube, John Allen, "temos de fazer alguns ajustes". Os ingressos para mais da metade dos assentos no Red's Great American Ball Park irão subir mais de US$ 3, porém as maiores altas, de US$ 50 para US$ 60 e de US$ 30 para US$ 36, são reservadas para os assentos que já pertencem aos titulares de ingresso com o preço mais alto da temporada. Cerca de um terço das cadeiras no estádio ainda custarão US$ 12 ou menos, e outras permanecerão a US$ 5. "Estamos conscientes de como muitos de nossos fãs são sensíveis a preço e de como isso é importante para eles", diz Allen. "No geral, achamos que fizemos tão bem quanto poderíamos".

Soluções para os dilemas de preço existem em abundância. O Washington Redskins' TailGate Club da NFL oferece um passe da temporada por US$ 490 para assentos de nível inferior para todos os jogos em casa e acesso a uma área exclusiva para sócios com comida, música e televisão de tela plana. O clube é planejado para fãs que podem pagar a taxa única de US$ 1.295 para subir para o topo da lista de espera de ingressos para a temporada. O semelhante Touchdown Club cobra uma taxa de US$ 7.500 para o acesso aos assentos principais.

Qualquer que seja a estratégia de preço, poucas equipes discordariam do vice-presidente sênior de marketing da NBA: "Quanto mais ampla for a base de fãs, melhor será o nosso negócio". Se você reduz os preços em certos níveis e faz com que fiquem mais acessíveis para todos os fãs, está se ajudando na frente de batalha da receita".[1]

Visão geral

Estabelecer preços não é uma decisão ocasional, nem uma rotina padrão. Em vez disso, é uma função dinâmica do mix de marketing. Embora quase metade de todas as empresas norte-americanas mude os preços uma vez por ano ou menos freqüentemente, uma em dez faz isso todo mês. As empresas on-line, que enfrentam enormes pressões de preço, com freqüência ajustam seus preços diariamente. Algumas até negociam preços no mesmo instante. Como descrito na vinheta sobre preço de ingresso, as equipes esportivas podem alterar os preços de uma temporada para outra – ou instituir um novo programa de preço de meio de temporada como parte do esforço promocional.

As empresas traduzem os objetivos de preço para decisões de preço em dois passos principais. Primeiro, alguém toma para si a responsabilidade pelas decisões de preço e pela administração da estrutura de preço resultante. Segundo, alguém estabelece a estrutura geral de preço – isto é, os preços básicos e os descontos apropriados para os membros do canal, as compras em quantidade e as considerações geográficas e promocionais.

A decisão de fazer ajustes de preço está diretamente relacionada à demanda. Muitos negócios mudam vagarosamente a quantia que cobram dos consumidores, mesmo quando claramente reconhecem a demanda forte. Em lugar de aumentar os preços, eles podem optar por reduzir serviço ao cliente ou adicionar taxas para cobrir custos adicionais. Também podem esperar para aumentar os preços até verem o que seus concorrentes farão.

As alterações significativas de preço nos setores aeronáutico e de varejo de gasolina ocorrem na forma de uma *saída*, na qual uma empresa aumentará os preços e então aguardará para ver se as outras seguirão o exemplo. Caso os concorrentes não respondam como o esperado, aumentando seus preços também, a empresa que fez a saída geralmente reduz os preços ao nível original.

Alguns negócios querem distinguir-se por serem os primeiros a cobrar preços mais altos. Visto que muitas empresas baseiam seus preços nos custos de fabricação e não na demanda de consumo, elas podem esperar para fazer aumentos em seus próprios custos antes de responder com alterações de preço. Em geral, esses aumentos surgem de maneira mais lenta que as alterações na demanda de consumo. Finalmente, como muitos executivos financeiros acreditam que preços fixos ajudam a preservar os relacionamentos a longo prazo com os consumidores, relutam em aumentar os preços mesmo quando a forte demanda provavelmente justifique a alteração.

O Capítulo 18 apresentou o conceito de preço e seu papel no sistema econômico e na estratégia de marketing. Este capítulo examina várias estratégias e estruturas de preço, como reduções nos preços de tabela e considerações geográficas. Veja o quadro "Sucesso de marketing" para uma análise sobre o preço nas lojas de 1,99. Depois, veja as principais políticas de preço, incluindo preço psicológico, flexibilidade de preço, preço de linha-produto e preço promocional, assim como as relações de preço-qualidade. Os preços competitivos e negociados são discutidos, e uma seção foca inteiramente o preço de transferência. O capítulo termina descrevendo fatores importantes sobre o preço de produtos e serviços para os mercados on-line e global.

Em poucas palavras

Você gostaria de um trabalho no qual, se cometesse um erro, uma grande luz vermelha se acenderia e 18 mil pessoas o vaiariam?

Jacques Plante (1929-1986)
Goleiro da National Hockey League

ESTRATÉGIAS DE PREÇO

As estratégias específicas que as empresas adotam para determinar preço para produtos e serviços são provenientes das estratégias de marketing que elas formulam para cumprir os objetivos organizacionais globais. Os profissionais de marketing de uma empresa podem determinar preço para seus produtos a fim de atrair os consumidores por meio de ampla gama; outro grupo de profissionais de marketing pode

1. Comparar as estratégias alternativas de preço e explicar quando cada estratégia é mais apropriada.

estabelecer os preços para chamar a atenção de um pequeno segmento de um mercado maior; há ainda outro grupo que, simplesmente, tenta se adaptar ao preço de etiqueta dos concorrentes. Em geral, as companhias podem optar por três estratégias de preço: desnatação, penetração e preço competitivo. As seções a seguir analisam essas opções mais detalhadamente.

ESTRATÉGIA DE PREÇO DE DESNATAÇÃO

Derivadas da expressão "extrair a melhor parte de", as **estratégias de preço de desnatação** também são conhecidas como **determinação de preço acima do mercado**. Elas envolvem o estabelecimento intencional de um preço relativamente alto comparado com os preços de produtos concorrentes. Embora algumas empresas continuem a utilizar uma estratégia de desnatação durante a maior parte dos estágios do ciclo de vida do produto, em geral ela é mais usada como um preço de entrada no mercado para produtos ou serviços especiais com pouca ou nenhuma concorrência inicial. Quando o fornecimento começa a exceder a demanda, ou quando a concorrência se aproxima, o preço inicial é reduzido.

Foi esse o caso das TVs de tela plana de alta definição, cujo preço médio era de US$ 19 mil – incluindo a instalação –, quando apareceram, em 1999. O choque do preço resultante manteve-as longe do alcance da maioria dos orçamentos domésticos. Porém, uma pesquisa recente da *Consumer Electronics Association* revelou que 40 a 50% dos compradores de TV estão "interessados" em comprar um aparelho de plasma ou LCD. Quando o fornecimento começou a se aproximar da demanda e os preços de uma TV de plasma de 42 polegadas caíram para cerca de US$ 1 mil em 2005, aproximadamente 6 milhões de unidades foram compradas de empresas de eletrônicos, como Sony, Sharp, Panasonic, Pioneer e Samsung. Embora as TVs de tela plana provavelmente continuem mais caras que as tradicionais, os preços devem continuar a cair no decorrer da década conforme a tecnologia se desenvolve.[2]

Uma empresa pode praticar uma estratégia de desnatação estabelecendo um preço de entrada no mercado ao apresentar um produto ou serviço diferenciado com pouca ou nenhuma concorrência. A Canon lançou sua nova impressora a jato de tinta por US$ 600 com uma campanha publicitária inteligente *Out of the Blue*, enfocando uma característica inovadora do produto – cartuchos de tinta individuais que permitem aos usuários fazerem a recarga de uma única cor sem precisar descartar um cartucho inteiro.

Sucesso de marketing

Lojas de 1,99 batem o Wal-Mart em seu próprio jogo

Passado. "Independentemente de seu nível de renda, as pessoas preferem não pagar ou gastar demais", diz um porta-voz da Dollar Tree Stores. Como outro observador da indústria afirmou, "O comprador de luxo é o comprador de barganha. Eles são frugais e estão procurando o melhor valor". As lojas de 1,99 estão refinando sua resposta para essa necessidade.

O desafio. As lojas de 1,99, tradicionalmente, eram associadas a produtos genéricos de baixa qualidade e à idéia de que "você leva o que você paga". Porém, um imenso mercado de caçadores aspirantes de barganha buscava pechinchas de marcas para produtos de cuidado pessoal e domésticos da mesma maneira que ficavam contentes em pagar o preço integral por prazeres visíveis, como cafés e eletrônicos de consumo. Como os profissionais de marketing poderiam fazer das lojas de 1,99 algo rentável?

A estratégia. As lojas de 1,99 contam com alto volume de compra de cargas de caminhão, não em cargas paletizadas, de itens de marca especialmente embalados e comprados diretamente dos fabricantes cooperativos, como a Procter & Gamble, para suprir milhares de lojas sem luxo em subúrbios com alta densidade populacional. "O Wal-Mart compete em preço e variedade", diz o CEO da Dollar General. "Nós competimos em preço e

Apenas a característica econômica permitiu à Canon determinar o preço para a impressora no topo do mercado.[3]

As estratégias de desnatação são freqüentemente usadas por profissionais de marketing de produtos e serviços sofisticados, como as TVs de tela plana, já descritas. A mensagem promocional na Figura 19.1 para a Cinnamon Beach, uma comunidade particular de golfe ao longo da costa nordeste da Flórida entre St. Augustine e Daytona Beach, não menciona preço. Os profissionais de marketing do clube enfatizam o luxo, o estilo de vida e as 2,5 milhas de praia atlântica próximas à comunidade, e a associação de Cinnamon Beach com o Ocean Hammock Golf Course, que cuida do nome do lendário jogador de golfe Jack Nicklaus. Eles presumem que os consumidores que estão interessados podem bancar o preço relativamente alto em uma nova casa ou condomínio em Cinnamon Beach e estão dispostos a pagar por isso.

Em alguns casos, uma empresa pode manter uma estratégia de desnatação durante a maior parte dos estágios do ciclo de vida de um produto. A categoria joalheria é um bom exemplo. Embora os preços relativamente fixos de barra de ouro permitam que as lojas de desconto, como a Costco, ofereçam peças mais pesadas por apenas algumas centenas de dólares, empresas como a Tiffany ou a Cartier são capazes de exigir preços dez vezes maiores apenas pelo nome da marca. A exclusividade justifica o preço – e o preço, uma vez estabelecido, raramente cai.

Manter um preço alto durante o ciclo de vida do produto pode funcionar ou não. Consideremos a indústria do entretenimento. Da Disney World à Six Flags e do Cirque du Soleil aos cinemas, os preços dos ingressos para o entretenimento popular aumentaram nos últimos anos. O custo para os ingressos para concertos e eventos esportivos também subiu. Os musicais da Broadway chegam a US$ 100 um assento, e até um passeio em família a um museu próximo pode custar US$ 20 ou mais por pessoa – não incluindo estacionamento ou lanches. Na verdade, os preços têm aumentado tanto que muitas pessoas decidem ficar em casa. Mesmo uma cadeia de restaurante familiar simples pode sofrer com a resistência aos aumentos de preços. Na cadeia de restaurantes de frutos do mar Red Lobster, os aumentos de preço contínuos saíram pela culatra. "Muitos anos de aumentos agressivos de preço do menu e de apresentações de cardápio com preço mais alto... fizeram com que a cadeia andasse em um compasso diferente de seus clientes de classe média", observou o especialista do setor de restaurante David Palmer.[4]

Porém, os visitantes de parques de diversão, ansiosos por evitar filas longas, têm demonstrado disposição em pagar preços superiores para tratamento de primeira classe. Nos dois últimos anos, a Universal Studios Hollywood e a Legoland California em Carlsbad começaram a vender passes diários que incluem privilégios personalizados por cerca de duas vezes mais o preço da entrada normal. Hesitantes quanto às reações negativas dos detentores de

conveniência". As lojas, que fazem propaganda mínima e mantêm as despesas gerais baixas, também oferecem aos fabricantes e aos distribuidores uma alternativa às políticas de corte de custo severas do Wal-Mart. Para expandir seus produtos para outro *outlet*, a Procter & Gamble tem uma equipe de funcionários que trabalham na sede da Dollar General, justamente como uma equipe faz próximo à sede do Wal-Mart.

O resultado. Muitos varejistas de lojas de 1,99 têm crescido dois dígitos nos últimos anos no que agora representa uma indústria de US$ 20 bilhões. Eles são os varejistas com o crescimento mais rápido nos Estados Unidos. Muitos, como o Dollar General, estão agressivamente aumentando seu número de lojas e se ramificando para o negócio de gêneros alimentícios, ao passo que varejistas de desconto concorrentes, como o Wal-Mart e a Target, exploram o conceito de loja de 1,99 em suas próprias lojas.

Fontes: ZARAGOZA, Sandra. Dollar General to expand grocery concept, *Dallas Business Journal*, 24 jan. 2005, **http://dallas.biz journals.com**; MERCER, Tenisha. Dollar stores give more bang for the bucks, *The Detroit News*, 14 jan. 2005, **www.det-news.com**; BERNER Robert; GROW, Brian. Out-discounting the discounter, *BusinessWeek*, 10 maio 2004, p.78-79; TUCKER, Randy. The dollar draw, *The Cincinnati Enquirer*, 31 mar. 2004, **www.enquirer.com**.

Figura 19.1
Estratégia de preço de desnatação para residências de luxo: produtos para os quais o preço pode não ser um fator fundamental.

ingressos comuns, alguns grandes parques permitem que os visitantes façam "indicações" para atrações populares, e o Six Flags distribui *pagers* que avisam aos visitantes quando as atrações populares estão com menos filas.[5]

Apesar do risco de reação adversa, uma estratégia de desnatação oferece benefícios. Ela permite que um fabricante recupere rapidamente seus custos de pesquisa e desenvolvimento (P&D). As empresas farmacêuticas, que protegem ferozmente suas patentes de novos medicamentos, justificam os preços altos pelos custos astronômicos de P&D – uma média de US$ 0,16 por dólar vendido, comparados com os US$ 0,80 dos fabricantes de computadores e os US$ 0,40 na indústria aeroespacial. Para proteger suas marcas da concorrência dos genéricos com o custo mais baixo, os fabricantes de medicamentos freqüentemente fazem pequenas alterações em seus produtos – por exemplo, combinam o produto original com um medicamento prescrito complementar que trata aspectos diferentes da doença. Com freqüência, a nova combinação permite que eles estendam suas patentes. Um pouco antes da programação para que o medicamento para alergia Claritin fosse considerado um remédio de venda livre, a Schering-Plough apresentou o Clarinex controlado – um medicamente semelhante com alterações mínimas.

Uma estratégia de desnatação permite também que os profissionais de marketing controlem a demanda nos estágios iniciais do ciclo de vida de um produto e depois ajustem a capacidade produtiva para ser compatível com a mudança de demanda. Um preço inicial baixo para um novo produto poderia conduzir a problemas de desempenho e perda de credibilidade entre os compradores, caso a demanda superasse a capacidade de produção da companhia. O resultado, é bem provável, seriam as reclamações de consumidores e de varejistas e, possivelmente, o dano permanente à imagem do produto. Ocasionalmente, o excesso de demanda conduz a questões de qualidade, como no momento em que a empresa se esforça para satisfazer os desejos quanto ao produto com instalações inadequadas de produção.

Durante os últimos estágios de crescimento e os primeiros de maturidade de seu ciclo de vida, o preço de um produto normalmente cai por duas razões: (1) a pressão da concorrência e (2) o desejo de expansão de seu mercado. A Figura 19.2 mostra que 10% do mercado pode comprar o Produto X a US$ 10, e outros 20% poderiam ser adicionados a sua base de consumidor a um preço de US$ 8,75. As reduções sucessivas de preço podem expandir o tamanho do mercado da empresa e satisfazer os desafios impostos por novos concorrentes.

Uma estratégia de desnatação tem uma desvantagem inerente importante: ela atrai a concorrência. Os concorrentes potenciais vêem empresas inovadoras obtendo grandes retornos financeiros e decidem ingressar no mercado. Essa nova oferta pode forçar o preço do produto original até para mais baixo do que seu nível final em um procedimento seqüencial de desnatação. Entretanto, caso a proteção à patente ou algum outro poder único de propriedade permita

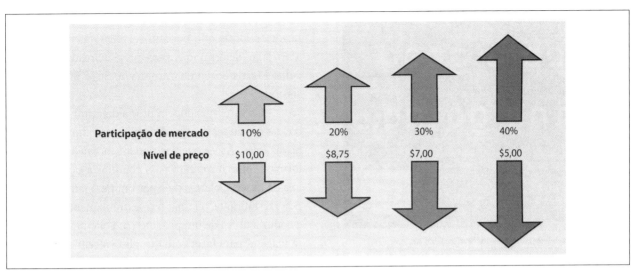

Figura 19.2
Reduções de preço para aumentar a participação de mercado.

que uma empresa exclua os concorrentes de seu mercado, ela pode estender uma estratégia de desnatação da mesma forma que a Schering-Plough fez com o Clarinex.

ESTRATÉGIA DE DETERMINAÇÃO DE PREÇOS DE PENETRAÇÃO

Uma **estratégia de determinação de preços de penetração** estabelece um preço baixo como uma arma principal de marketing. Com freqüência, os profissionais de marketing determinam preços notadamente mais baixos para os produtos que as ofertas dos concorrentes, quando eles entram em novas indústrias caracterizadas por dúzias de marcas concorrentes. Uma vez que o produto alcance algum reconhecimento no mercado através das compras feitas pelos consumidores para testá-lo, estimulados por seu baixo preço, os profissionais de marketing podem aumentar o preço ao nível dos produtos concorrentes. Os profissionais de marketing de produtos de consumo, como detergentes, com freqüência usam essa estratégia. Uma estratégia de determinação de preços de penetração também pode se estender por vários estágios do ciclo de vida do produto, caso a empresa busque manter reputação como um concorrente com baixo preço.

Uma estratégia de determinação de preços de penetração às vezes é conhecida como *determinação de preço menor que o do mercado (market-minus pricing)*, quando se implementa a premissa de que um preço menor que o de mercado atrairá os compradores e fará com que a marca de um recém-chegado desconhecido passe ao menos para o estágio de reconhecimento de marca ou mesmo para o estágio de preferência de marca. Visto que muitas empresas começam a determinação de preços de penetração com a intenção de aumentar os preços no futuro, o sucesso depende da geração de muitas compras de teste. Em sua mensagem promocional na Figura 19.3, o Citibank declara abertamente que aumentará sua taxa de juros – seu preço – após uma data específica. Porém, o banco espera atrair novos clientes com sua taxa de juros de 0% por um período determinado.

Se os concorrentes virem o novo produto como uma ameaça, os profissionais de marketing que tentam usar uma estratégia de penetração descobrirão que os concorrentes irão simplesmente equiparar seus preços. As empresas aéreas de desconto, como a AirTran, a America West, a JetBlue e a Southwest, continuamente enfrentam o problema de ter seus preços equiparados pelos concorrentes maiores. Como resultado, elas, muitas vezes, competem com as principais empresas aéreas oferecendo não apenas preços baixos, mas uma combinação de tarifas aéreas atrativas, níveis altos de serviço ao consumidor e rotas que não são freqüentemente disponibilizadas pelas principais empresas. Aju-

Figura 19.3
Ofertas de cartão de crédito: determinação de preços de penetração.

dada pelas garantias de compra de passagem pelos negócios locais que buscam serviços aéreos melhores, a AirTran determinou rotas para mercados menores, como Myrtle Beach na Carolina do Sul e Biloxi no Mississippi.[6]

Os varejistas podem usar a determinação de preços de penetração a fim de atrair os compradores para novas lojas. As estratégias podem tomar determinadas formas, como juros zero para compras a prazo em uma loja de móveis, ofertas dois por um para jantares em um novo restaurante, ou um preço extremamente baixo para a compra única de um produto para clientes de "primeira viagem" para fazer com que eles entrem e comprem.

A determinação de preços de penetração funciona melhor para produtos ou serviços que se caracterizam por uma demanda altamente elástica. Um grande número de consumidores bastante sensíveis ao preço presta muita atenção a esse tipo de apelo. A estratégia também se ajusta a situações em que operações em grande escala e ciclos longos de produção resultam em custos baixos de produção e de marketing. Finalmente, a determinação de preços de penetração pode ser apropriada em situações de mercado em que a apresentação de um novo produto provavelmente atrairá concorrentes fortes. Essa estratégia pode permitir que um novo produto alcance o mercado de massa rapidamente e conquiste uma grande participação de mercado antes da entrada dos concorrentes. Pesquisas mostram que cerca de 25% das empresas usam as estratégias de determinação de preços de penetração regularmente.

Talvez, surpreendentemente, alguns fabricantes de automóveis estejam usando a determinação de preços de penetração para alguns modelos novos para atrair os consumidores que, de outra forma, poderiam não considerar a compra de um veículo durante um determinado ano ou que talvez estivessem olhando para um concorrente mais caro. A Ford descontou quase US$ 13 de sua minivan Freestar assim que ela saiu da linha de montagem para competir com os Toyota Sienna e Nissam Quest mais caros. A Chrysler imediatamente descontou 16% em seu novo *crossover* Pacifica.[7]

Preço Baixo Todos os Dias

Estreitamente relacionado com o preço de penetração está o **preço baixo todos os dias (EDLP –** *Every Day Low Pricing***)**, uma estratégia devotada aos preços baixos contínuos em oposição às táticas de corte de preço em curto prazo, como os cupons de desconto, créditos e vendas especiais. O EDLP pode ter duas formas. Na primeira, os varejistas – por exemplo, o Wal-Mart e o Lowe's – competem ao oferecer aos consumidores preços sistematicamente baixos em uma ampla gama de itens. Com sua política de EDLP, a Lowe's não apenas cobre qualquer preço que o consumidor veja em outro lugar, mas também dá um desconto adicional de 10%.

A segunda forma da estratégia de determinação de preço EDLP envolve seu uso pelo fabricante para negociar com os membros do canal. Os fabricantes podem procurar estabelecer preços fixos de atacado que reduzem as ofertas que os concorrentes fazem aos varejistas, ofertas que, normalmente, sobem e descem com os últimos acordos comerciais de promoção. Muitos profissionais de marketing reduzem os preços de tabela a um número de produtos enquanto, simultaneamente, reduzem as concessões promocionais para os varejistas. Embora as reduções das concessões signifiquem que os varejistas não possam financiar determinadas promoções em loja, como mercadorias em prateleira e displays no final dos corredores, os fabricantes esperam que os baixos preços fixos estimulem as vendas.

Alguns varejistas se opõem às estratégias EDLP. Os mercados, por exemplo, operam com estratégias "alto-baixo" que estabelecem preços lucrativos regulares para compensar as perdas de preços reduzidos e das promoções. Outros varejistas crêem que o EDLP, em última análise, beneficia tanto os vendedores quanto os compradores. Os seguidores do EDLP no setor alimentício observam que ele já é bem-sucedido em dois dos maiores concorrentes, no Wal-Mart e em clubes atacadistas como o Costco.

Um mito da determinação de preço popular é que um preço baixo seja uma venda certa. Os preços baixos são um meio fácil de distinguir as ofertas de um comerciante de outros vendedores, porém é fácil para os concorrentes reagirem a tais ações. A menos que a demanda global seja elástica quanto ao preço, os cortes gerais de preço significarão menos receita para todas as empresas no setor. Além disso, preços baixos podem gerar uma imagem de qualidade questionável. Como o crítico de arte do século XIX John Ruskin afirmou, "Dificilmente há algo no mundo que alguns homens não possam fazer um pouco pior e vender um pouco mais barato, e as pessoas que levam em conta apenas o preço são presas legais deste homem". O profissional de marketing astuto deve avaliar tanto os benefícios derivados de estratégias de preço baixo quanto os custos envolvidos, antes de lançar uma estratégia EDLP.

ESTRATÉGIA DE PREÇOS COMPETITIVOS

Embora algumas organizações contem expressivamente com preço como uma arma competitiva, muitas até implementam as **estratégias de preços competitivos**. Essas organizações tentam reduzir a ênfase na concorrência por preço ao igualar seus preços aos das outras empresas e concentrar seus próprios esforços de marketing no produto, na distribuição e nos elementos promocionais do mix de marketing.

Como observado anteriormente, embora ofereça meios dramáticos para se alcançar a vantagem competitiva, o preço também é a variável de marketing mais fácil para que os concorrentes se igualem. Na verdade, em indústrias com produtos relativamente homogêneos, os concorrentes devem equiparar-se às reduções de preço dos outros para manterem a participação de mercado e permanecerem competitivos.

Varejistas como o Home Depot e o Lowe's usam as estratégias de comparação de preço, assegurando aos consumidores que eles igualarão – e baterão – os preços dos concorrentes. As cadeias de mercados, como a Safeway e a Winn-Dixie, freqüentemente competem com itens sazonais: refrigerantes e cachorros quentes no verão; chocolate quente e perus no inverno. Assim que uma loja reduz o preço de um item, as outras adotam o mesmo procedimento.

> **Em poucas palavras**
>
> Cortar preços geralmente é insano se a concorrência pode ir tão baixo quanto você.
>
> Michael E. Porter (nasc. 1947)
> Educador americano

Quando as empresas equiparam, de forma contínua, os preços umas das outras, os preços podem realmente cair. A Dell e a Hewlett-Packard são duas fabricantes de computadores que têm lutado na área de laptop. Ambas dizem que os laptops são grandes fazedores de dinheiro, mesmo se as reduções de preço interferirem nos lucros. Recentemente, ofereceram um laptop de nível de lançamento com Windows XP e DVD *player* por cerca de US$ 700 – algumas centenas de dólares abaixo do preço médio de US$ 1.300. Os compradores que querem acordos até melhores podem tentar os varejistas de desconto, como a Best Buy, que tem vendido seu laptop Toshiba (com Windows XP e DVD) por US$ 499.[8]

Os preços competitivos podem ser ardilosos; uma redução de preço afeta não apenas a primeira empresa, mas também toda a indústria, quando outras companhias igualam a redução. A menos que os preços mais baixos possam atrair novos clientes e expandir o mercado global o bastante para compensar a perda de receita por unidade, o corte de preço deixará todos os concorrentes com menos receita. Pesquisas mostram que aproximadamente dois terços de todas as empresas determinam os preços usando o preço competitivo como sua estratégia principal de preço. Algumas companhias que são empurradas para a margem por estratégias de preços competitivos ocasionalmente decidem declarar o Capítulo 11 – falência* para compensar suas perdas e se tornarem mais competitivas em seus mercados (veja "Resolvendo uma questão ética" na página 696).

O que acontece quando uma loja de desconto reduz mais seus preços que outra? Embora muitos varejistas temam a concorrência do Wal-Mart, um tipo de loja parece bem posicionado contra a poderosa cadeia: a chamada loja de 1,99. A Dollar General, a Family Dollar e a Dollar Tree são três exemplos desse setor, que abriu mais de 4 mil novas lojas em todos os Estados Unidos nos últimos anos – aumento maior que um terço. O equivalente de hoje das lojas de 1,99 do século XX, vendem itens baratos que variam de suprimentos de limpeza, pratos de papel, pasta de dente, cartões comemorativos a outros produtos para casa – e competem com preço e conveniência, em especial com estacionamento e fácil acesso aos produtos. Embora essas lojas ainda não tenham ameaçado a posição do Wal-Mart – o total de suas vendas anuais combinadas ultrapassa os US$ 20 bilhões, enquanto o total de vendas do Wal-Mart excedeu US$ 265 bilhões em 2004 – o gigante varejista está de olho. Conforme essas cadeias de loja de 1,99 expandem, adicionando mais produtos de marca e atraindo mais consumidores conscientes do preço, o Wal-Mart tende a tomar medidas competitivas. "[As lojas de 1,99] são uma grande ameaça, tanto que o Wal-Mart, no futuro, precisará comprar uma dessas cadeias ou iniciar uma", prediz o professor da Harvard University John Stilgoe.[9]

Uma vez que os concorrentes estejam rotineiramente igualando os preços uns dos outros, os profissionais de marketing devem afastar-se do preço como uma estratégia de marketing, enfatizando outras variáveis para desenvolver áreas de competência distinta e atrair consumidores. As empresas aéreas, famosas pela concorrência baseada em preço, constantemente devem buscar outras formas de conquistar pessoas para viajar com elas.

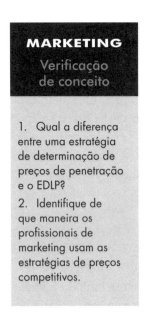

MARKETING
Verificação de conceito

1. Qual a diferença entre uma estratégia de determinação de preços de penetração e o EDLP?
2. Identifique de que maneira os profissionais de marketing usam as estratégias de preços competitivos.

COTAÇÕES DE PREÇO

2. Descrever como os preços são cotados.

A escolha do melhor método para a cotação de preços depende de muitas condições da indústria, incluindo tendências competitivas, estruturas de custo e práticas tradicionais, juntamente com as políticas de cada empresa. Esta seção examina o raciocínio e a metodologia por trás das práticas de cotação de preço.

Muitas estruturas de preço são elaboradas em torno dos **preços de tabela** – os valores normalmente cotados para compradores potenciais. Em geral, os profissionais de marketing determinam os preços de tabela por meio de um ou de uma combinação de métodos discutidos no Capítulo 18. O preço de etiqueta de um automóvel novo é um bom exemplo: a etiqueta mostra o preço de tabela para o modelo básico e depois são adicionados os preços dos opcionais. As informações no preço de janela de um *Crossfire* da Chrysler novo especificam que o preço de tabela para o carro é de US$ 34.960. Porém, quando os opcionais incluídos no veículo são adicionados, o valor de tabela pode aumentar para US$ 39 mil ou mais – e não estão incluídas as taxas que serão adicionadas ao preço no momento da compra.

O preço do petróleo é igualmente importante para os consumidores – de modo específico, para aqueles que dirigem carros –, porque afeta diretamente o preço de tabela da gasolina. A Figura 19.4 mostra para onde vai o dinheiro de um galão de gasolina de US$ 1,99 em sua jornada do campo de petróleo até seu tanque de combustível. Apesar dos altos preços, uma forte demanda por gasolina se mantém em todos os Estados Unidos.[10]

---

* Capítulo 11 é uma seção do Código de Falência dos Estados Unidos que permite reorganização de uma empresa sob a lei de falência americana. (N.E.)

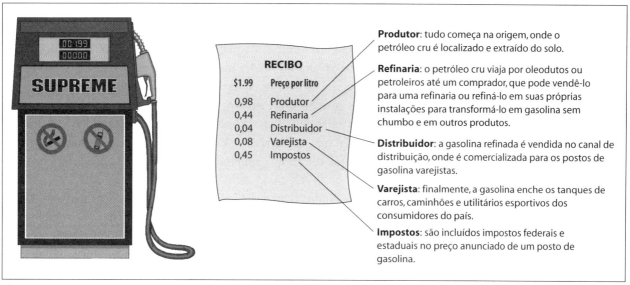

Figura 19.4
Preços da gasolina: para onde vai o dinheiro.
Fonte: Dados de Lisa Sanders, Look who gets rich on $40-a-barrel oil, *CBS Marketwatch*, 21 maio 2004, **www.cbsmarketwatch.com**. © 2004
         MarketWatch, Inc.

REDUÇÕES NO PREÇO DE TABELA

A quantia que um consumidor paga por um produto – seu **preço de mercado** – pode ou não ser igual ao preço de tabela. Os descontos e as concessões, às vezes, reduzem os preços de tabela. Freqüentemente, um preço de tabela define um ponto de partida do qual os descontos determinam um preço de mercado mais baixo. Os profissionais de marketing oferecem descontos em várias classificações: descontos em dinheiro, comerciais e por quantidade.

Descontos em Dinheiro

Os consumidores, compradores industriais ou membros do canal às vezes recebem reduções sobre o preço em troca do pagamento imediato de faturas; esses cortes de preço são conhecidos como **descontos em dinheiro**. Em geral, os termos do desconto especificam períodos de tempo exatos, por exemplo, 2/10, líquido 30. Essa notação significa que o consumidor deve pagar dentro de trinta dias, porém o pagamento dentro de dez dias confere a ele a redução de 2% sobre a quantia devida. Os consumidores podem receber um desconto em dinheiro pelo pagamento imediato – digamos, pagamento em dinheiro em vez de um cartão de crédito na bomba de gasolina ou pagamento antecipado em dinheiro da quantia total por serviços de saúde opcionais, como pontes para os dentes. Os descontos em dinheiro representam uma prática de determinação de preço tradicional em muitas indústrias. Eles preenchem as exigências legais, uma vez que todos os consumidores podem obter as mesmas reduções nos mesmos termos.

Nos últimos anos, os vendedores têm, progressivamente, tentado melhorar suas próprias posições de liquidez, reduzir suas perdas por dívidas incobráveis e cortar despesas de cobrança ao mudar para uma forma de *desconto em dinheiro negativo*. Comparado com compradores que podem adiar tanto quanto possível o pagamento de suas contas, um novo aviso começou a aparecer nas faturas do consumidor:

Recebimento Devido. um encargo financeiro de 1,5% por mês (18% V.P.A.) é computado em e adicionado ao saldo não pago quando da data da fatura.

As contas vencidas podem ser entregues em empresas de cobrança.

Descontos Comerciais

Os pagamentos aos membros do canal pela execução das funções de marketing são conhecidos como **descontos comerciais**, ou descontos funcionais. Os serviços executados por vários membros do canal e os custos relacionados foram discutidos nos Capítulos 13 e 14. O preço de tabela de um fabricante deve incorporar os custos incorridos pelos membros do canal ao executar as funções necessárias de marketing e as margens esperadas de lucro para cada membro.

Inicialmente, os descontos comerciais refletiam as despesas operacionais de cada categoria, porém eles têm se tornado práticas mais ou menos comuns em algumas indústrias. A Lei Robinson-Patman permite descontos comerciais desde que todos os compradores na mesma categoria, como todos os atacadistas ou todos os varejistas, recebam os mesmos privilégios de desconto.

A Figura 19.5 mostra como uma cadeia de descontos comerciais funciona. No primeiro exemplo, o desconto comercial é de "40%, 10% de desconto sobre o preço de tabela" para os atacadistas. Em outras palavras, o desconto de 40% sobre o produto de US$ 40 é o desconto comercial que o varejista recebe para cobrir despesas operacionais e obter um lucro. O atacadista recebe 10% do preço de US$ 24 para os varejistas a fim de cobrir despesas e obter um lucro. O fabricante recebe US$ 21,60 do atacadista por pedido.

No segundo exemplo, o fabricante e o varejista decidem evitar o atacadista. O produtor oferece um desconto comercial de 45% para o varejista. Neste caso, o varejista recebe US$ 18 por produto vendido a seu preço de tabela, e o fabricante recebe os US$ 22 restantes. O varejista ou o fabricante devem assumir a responsabilidade pelos serviços previamente executados pelo atacadista ou podem dividir esses custos entre eles.

Descontos por Quantidade

As reduções de preço concedidas para compras em grande volume são conhecidas como **descontos por quantidade**. Os vendedores os justificam com o pretexto de que pedidos grandes reduzem as despesas de venda e podem deslocar alguns custos com armazenamento, transporte e financiamento para os compradores. A lei permite descontos por quantidade desde que eles sejam aplicados nas mesmas condições a todos os clientes.

Os descontos por quantidade podem especificar termos cumulativos ou não-cumulativos. Os **descontos por quantidade cumulativa** reduzem os preços em quantidades determinadas pelas compras durante períodos determinados. As compras anuais de ao menos US$ 25 mil podem conferir a um comprador um crédito de 3%, e compras

DESCONTO COMERCIAL DE "40%, 10% DE DESCONTO"

Preço de tabela	−	Desconto − comercial de varejo	−	Desconto = comercial de atacado	=	Lucro do fabricante
$40	−	$16 ($40 x 40%)	−	$2.40 ($24 x 10%)	=	$21.60 ($40 − $16 − $2.40)

DESCONTO COMERCIAL DE "45%"

Preço de tabela	−	Desconto = comercial de varejo	=	Lucro do fabricante
$40	−	$18 ($40 x 45%)	=	$22 ($40 − $18)

Figura 19.5
Cadeia de descontos comerciais.

que excedam US$ 50 mil aumentariam o reembolso para 5%. Essas reduções são, realmente, descontos de clientela, porque tendem a vincular os clientes a uma única fonte fornecedora.

Os **descontos por quantidade não-cumulativa** fornecem reduções únicas sobre o preço de tabela. Por exemplo, uma empresa pode oferecer a seguinte programação de desconto para um produto avaliado em US$ 1 mil por unidade:

1 unidade	Tabela: US$ 1.000
2-5 unidades	10% menos que o preço de tabela
6-10 unidades	20% menos que o preço de tabela
Acima de 10 unidades	25% menos que o preço de tabela

Muitos negócios esperam obter descontos por quantidade dos fornecedores. Ignorar essas expectativas pode criar problema competitivo para uma empresa. Quando a United Parcel Service (UPS) negou-se a fornecer descontos por quantidade para grandes clientes como a DuPont, criou-se uma oportunidade para os concorrentes. Um rival, a Roadway Package System, atraiu muitos clientes da UPS ao oferecer descontos para ampla gama de clientes organizacionais.

Normalmente, os profissionais de marketing preferem as combinações de descontos em dinheiro, comerciais e por quantidade. Por exemplo, empresas de catálogos, como a Oriental Trading Co., especializada em brinquedos e decoração, e a Current Inc., especializada em suprimentos de materiais de papelaria, oferecem aos clientes descontos de acordo com a quantidade que eles compram. Em geral, elas estipulam períodos sobre quando tais descontos são aplicados a cada catálogo. Além disso, a Current sazonalmente inclui amostras grátis de cartões comemorativos para clientes em suas malas-diretas.

Concessões

As **concessões** assemelhan-se aos descontos por especificarem deduções ao preço de tabela. As principais categorias de concessões são as promocionais e de troca. As **concessões por troca** freqüentemente são usadas em vendas de produtos duráveis, como automóveis. O preço de tabela básico do novo produto permanece inalterado, mas o vendedor aceita menos dinheiro de seu cliente com um produto usado – em geral, o mesmo tipo de produto que o cliente comprar.

As **concessões promocionais** reduzem os preços como parte dos esforços em integrar as estratégias promocionais nos canais de distribuição. Freqüentemente, os fabricantes devolvem parte dos preços que os compradores pagam na forma de concessões de propaganda e de apoio de venda para os membros do canal. Os fabricantes de automóveis oferecem concessões para as concessionárias a fim de induzi-las a reduzir preços e estimular as vendas. Em um esforço para alertar os consumidores quanto à diferença entre o preço de etiqueta de um carro e o preço que a concessionária realmente paga para o fabricante, a *Consumer Reports* recentemente começou a vender aos compradores de carros e caminhões uma decomposição dos custos de atacado das concessionárias. As informações revelam os lucros não divulgados de concessionárias, como os "pagamentos retidos para preencher certas condições" dos fabricantes – quantias de até 3% do preço total de etiqueta, ou US$ 750 sobre um carro de US$ 25 mil – que são devolvidos às concessionárias após as vendas serem efetivadas. A decomposição revela também as concessões para publicidade e para outros custos promocionais das concessionárias. Uma vez que estejam conscientes do custo real da concessionária, os compradores de carro são capazes de negociar melhor um preço de compra justo. As concessionárias desaprovam a ação de revelar seus *markups*, argumentando que nenhum outro setor varejista é forçado a dar detalhes para os consumidores de suas concessões promocionais.[11] Em seguida, a *Consumer Reports* levou adiante uma lista de sete outras formas usadas pelas concessionárias para obter lucro sobre as vendas de automóveis, algumas relacionadas às concessões de troca e a outras concessões promocionais:

1. combinar as negociações para o preço de venda do automóvel e a concessão de troca aos compradores que negociam seus automóveis antigos;

2. financiamento de 0% por um período de tempo específico, após o qual se espera que todos os pagamentos atrasados sejam feitos;
3. locação;
4 financiamento;
5. opcionais adicionais;
6. oferta de serviços, por exemplo, impermeabilização contra ferrugem, proteção para tecido ou tinta impermeabilizante;
7. oferta de caras garantias estendidas.[12]

Durante anos, o preço de CDs de música tem sido artificialmente alto, em parte, como resultado das concessões promocionais. As principais gravadoras pagavam taxas às lojas que concordassem em não divulgar seus CDs abaixo dos preços estabelecidos. Conhecida como **preço mínimo anunciado (MAP –** *Minimum Advertised Pricing***)**, a política em vigor aumentava o preço por CD em US$ 1 a US$ 2, eliminando a maioria da concorrência pelo critério de preço. Sob pressão da *Federal Trade Commission*, as principais empresas, como a Bertelsmann, a Sony e a EMI, recentemente concordaram em descontinuar as concessões de MAP.[13] Entretanto, quando a Universal Music Group tentou cortar seus preços de atacado e de varejo sugeridos para os CDs em um esforço para aumentar o negócio e satisfazer os consumidores, o tiro saiu pela culatra. Os varejistas pensaram que estavam sendo forçados a fazer cortes com os quais não poderiam arcar, e os consumidores não achavam que o preço de US$ 12,98 por um CD fosse uma barganha.[14]

Créditos

Como mais uma forma de reduzir o preço pago pelos consumidores, os profissionais de marketing podem oferecer um **crédito** – o reembolso de uma parte do preço de compra. Os créditos aparecem em qualquer lugar – em pacotes de cosméticos, eletrodomésticos, medicamentos controlados e em promoções de automóveis – pelas mãos de fabricantes ávidos em conseguir consumidores para testar seus produtos ou trocar produtos durante períodos de vendas baixas.

O fabricante de colchões Sealy tem usado de forma bem-sucedida os créditos para fazer com que os consumidores comprem modelos mais caros em sua linha de produto, oferecendo os maiores créditos por seus colchões com valores maiores.

A Upromise.com oferece créditos na forma de um sistema de pontuação relacionado à quantidade de dólares das compras que pode ser centralizada em planos poupança para o pagamento de ensino universitário futuro. Ao comprar produtos em varejistas participantes – incluindo 15 mil mercados em todo os Estados Unidos, assim como as principais empresas, como a ExxonMobil –, os consumidores podem ganhar de 3 a 5% em créditos para despesas com estudos universitários adquirindo qualquer um dos milhares de itens que fazem parte da promoção, de Coca-Cola a Pop Tarts. Caso façam compras pelo site da Upromise dos varejistas participantes, como Old Navy ou L.L. Bean – usando seu Upromise MasterCard –, recebem pontos adicionais de crédito. Finalmente, sempre que usarem seu Upromise MasterCard para qualquer compra, os consumidores receberão pontos de crédito.[15]

Com exceção dos programas de crédito como o do Upromise, em que os consumidores tomam uma decisão consciente quanto à adesão, os créditos podem ter seus problemas. Um problema fundamental é que os consumidores alcancem suas expectativas quanto aos créditos. Os créditos gigantescos, de muitos milhares de dólares ou mais por veículo, geram um corte significativo nos lucros da indústria automotiva – porém, os consumidores agora esperam receber um crédito considerável ao comprarem um novo veículo. Assim, os fabricantes de automóveis acreditam que precisam fazer essa concessão. "Se não partirmos para um início rápido, se tornará difícil alcançar nossos objetivos [de vendas]", explica o CEO da GM, Rick Wagoner.[16] Outro problema é que os consumidores tendem a ficar cheios de créditos e começam a deixar de lado produtos que exijam o preenchimento de um formulário, seu envio e depois a espera de semanas por um cheque, em favor de coisas que talvez seja mais simples comprar.[17]

CONSIDERAÇÕES GEOGRÁFICAS

Nos setores dominados por profissionais de marketing de catálogos e on-line, as considerações geográficas têm um peso grande na capacidade da empresa em entregar os pedidos de uma forma compensadora, em termos de custos, no momento e no local exatos. Em outros casos, os fatores geográficos afetam a capacidade do profissional de marketing de receber estoque adicional rapidamente em resposta às flutuações de demanda. E, embora as considerações geográficas influenciem fortemente os preços quando os custos incluem o embarque de produtos pesados, em grande volume e com valor por unidade baixo, também podem afetar produtos leves de custo mais baixo.

Os compradores e os vendedores podem gerenciar as despesas de transporte de várias maneiras: (1) O comprador paga todos os encargos de transporte, (2) o vendedor paga todos os encargos de transporte, ou (3) o comprador e o vendedor dividem os encargos. Essa decisão tem efeitos fundamentais nos esforços de uma empresa em expandir sua cobertura geográfica para mercados distantes. Como os profissionais de marketing podem competir com os fornecedores locais em mercados distantes, fornecedores que são capazes de evitar os custos de embarque consideráveis que as empresas que vêm de fora devem pagar? Os vendedores podem implementar várias alternativas para gerenciar os custos de transporte em suas políticas de determinação de preço.

Preço FOB

Os preços **FOB sem frete incluso – FOB (*Free on Board*) Plant ou FOB Origin –** não incluem os encargos de embarque. O comprador deve pagar todos os encargos de frete para transportar o produto da plataforma de carga do fabricante. O vendedor paga apenas o carregamento das mercadorias para dentro do veículo transportador escolhido pelo comprador. A posse legal e a responsabilidade passam ao comprador após os empregados do vendedor carregarem a compra e obterem um recibo do representante da empresa transportadora comum.

Muitos intermediários de marketing vendem apenas em termos de preço FOB para membros do canal que estejam abaixo deles. Tais distribuidores acreditam que seus clientes têm mais influência que eles para fazer negociação com as empresas de transporte, preferem determinar os custos de transporte para os membros do canal nas melhores posições para assegurar termos de transporte mais compensadores.

Os vendedores também podem cotar preços como **frete absorvido (*FOB Origin-Freight Allowed* ou *Freight Absorbed*)**. Esses termos permitem aos compradores subtrair as despesas com transporte de suas faturas. A quantia que um determinado vendedor recebe por seu produto varia com o transporte cobrado em suas contas. Essa alternativa é popular entre empresas com altos custos fixos, visto que ajuda a expandir consideravelmente os mercados ao cotar os mesmos preços independentemente das despesas com transporte.

Preço de Entrega Uniforme

Quando uma empresa cota o mesmo preço – incluindo as despesas de transporte – para todos os compradores, adota uma política de **preço de entrega uniforme**. Esse método de gerenciamento de despesas de transporte é exatamente o oposto do preço FOB sem frete incluso. O sistema de entrega uniforme se parece com a estrutura de determinação de preço para o serviço de correio, por isso às vezes é chamado **taxa postal**. A cotação de preço inclui um encargo de transporte calculado pela média de todos os clientes da empresa, significando que os clientes distantes realmente pagam uma parcela menor dos custos de transporte, ao passo que os clientes mais próximos pagam o que é conhecido como *frete fantasma* (a quantia pela qual o encargo médio de transporte excede o custo real de transporte).

Resolvendo uma questão ética

O CAPÍTULO 11 – FALÊNCIA CONFERE UMA VANTAGEM COMPETITIVA INJUSTA?

A falência é uma solução desesperada para fugir dos problemas financeiros causados por dívida gigantesca e outras obrigações. Se uma empresa acredita que ainda pode ser viável, em vez de liquidar, ela se registra no Capítulo 11 – Falência e recebe proteção judicial enquanto faz divulgações financeiras detalhadas e renegocia suas obrigações. Após esse processo longo, a empresa reorganiza as operações e continua o negócio, às vezes com dívidas reduzidas ou perdoadas – excluindo os impostos – e contratos de trabalho renegociados. Freqüentemente, a falência também resulta em uma avaliação de crédito arruinada para a empresa e perdas para os acionistas.

Alguns casos recentes têm levantado a questão de que, ao se permitir que as empresas se registrem para proteção, também se acabe permitindo que obtenham vantagens competitivas injustas na forma de obrigações trabalhistas reduzidas. A United Airlines está trabalhando sua saída do Capítulo 11. Metade de seus US$ 5 bilhões em cortes de gastos vem da mão-de-obra, e ela busca US$ 725 milhões adicionais em concessões do sindicato e um final para seu plano de pensão. A US Airways se registrou no Capítulo 11 duas vezes e em ambos os momentos forçou os sindicatos a fazerem concessões de bilhões de dólares.

As fabricantes de automóveis de Detroit têm lutado para obter lucros há anos, por causa de compromissos trabalhistas, custos crescentes e redução da participação de mercado. O Capítulo 11 permitiria a qualquer uma das Big Three enxugar suas operações e negociar ou cancelar seus contratos com os sindicatos, um privilégio que seus concorrentes não compartilhariam. Porém, o presidente do *Center for Automotive Research* (Centro para Pesquisa Automotiva) diz, "se uma das Big Three entrarem no Capítulo 11, muitas outras serão forçadas a isso de um ponto de vista competitivo".

DEVE-SE PERMITIR ÀS EMPRESAS FALIDAS USAREM A APRESENTAÇÃO DO CAPÍTULO 11 – FALÊNCIA PARA GANHAR VANTAGEM COMPETITIVA?

SIM

1. Para começar, apenas sem essas obrigações opressivas, que as levam às dificuldades financeiras, as empresas podem tornar-se viáveis novamente e beneficiar seus acionistas.

2. Por mais importantes que sejam esses benefícios, é improvável que sejam usados de forma abusiva para a obtenção de possível vantagem competitiva pela maioria das empresas, que abrem mão de um ótimo acordo de controle de gerenciamento durante os procedimentos de falência.

NÃO

1. Pela falência, as empresas podem realmente tirar proveito de seus próprios erros e de sua má gestão e entrar novamente no mercado mais fortes que antes.

2. As possíveis perdas dos credores e das partes nos contratos cancelados excedem os benefícios da empresa. Se a empresa retomar as operações, essas obrigações deverão ser honradas com os lucros.

RESUMO

As empresas que podem sobreviver e até prosperar em indústrias altamente competitivas – como a Southwest Airlines no setor aéreo – podem olhar desfavoravelmente para as operadoras com custo mais alto com as quais estão lutando, argumentando que elas deveriam sair do negócio se não podem ser lucrativas. Aqueles que estão no outro lado do debate sustentam que o Capítulo 11 permite que eles tenham tempo para se reorganizar, dando aos consumidores mais opções e mantendo o emprego dos funcionários, alguns dos quais com muitos anos investidos em uma organização. Se uma empresa não puder emergir do Capítulo 11 – Falência, então deve registrar-se nele. Essa opção é um último recurso terrível para os negócios, visto que seus ativos fixos são liquidados e a empresa é dissolvida.

Fontes: Advantages and disadvantages of Chapter 11, *ABC4 Close to Home*, **www.4utah.com**, acessado em 14 fev. 2005; Out of court business reorganization, *CMA Bankruptcy Alternatives*, **www.bankruptcyalternatives.com**, acessado em 14 fev. 2005; Bankruptcy, *FindLaw*, **http://sv.biz.findlaw.com**, acessado em 14 fev. 2005; HOWES, Daniel. GM boss debunks bankruptcy doomsday scenario, *The Detroit News*, 11 jan. 2005, **www.detnews.com**; CARPENTER, Dave. United's unions face new hit to pay, pensions, *The Detroit News*, 6 nov. 2004, **www.detnews.com**; NEIDENBERG, Milt, Workers have to fight companies and courts, *Workers World*, 14 out. 2004, **www.workers.org**.

Preço por Localização

O **preço por localização** modifica um sistema de preço de entrega uniforme ao dividir o mercado geral em diferentes zonas e estabelecer um único preço em cada zona. Essa estrutura de preço incorpora os custos médios de transporte para os transportes em cada zona como parte do preço dado aos produtos vendidos ali; encurtar as distâncias traz reduções incríveis, mas não elimina completamente o frete fantasma. A vantagem principal do preço por localização são os métodos de administração fáceis que ajudam um vendedor a competir em marcados distantes. As taxas por pacote do Correio norte-americano dependem do preço por localização.

O preço por localização ajuda a explicar o motivo de a gasolina poder custar mais em um subúrbio que em uma região a apenas doias ou três quilômetros de localização. Uma forma que os profissionais de marketing usam para aumentar seus lucros é o mapeamento das áreas com base em fórmulas que incluem fatores como localização, afluência ou, simplesmente, pelo que o mercado local irá se sustentar. Por isso são cobrados preços de atacado diferentes dos comerciantes, que se refletem nos preços pagos na bomba pelos consumidores. Alguns comerciantes argumentam que o preço por localização deveria ser proibido. Quando os motoristas compram combustível mais barato em outras zonas, os postos em zonas com preços altos são incapazes de competir. Ironicamente, é do comerciante local, não apenas da grande empresa petrolífera, que muitos consumidores suspeitam burlar os preços.

Preço pela Cidade-base

No **preço pela cidade-base**, o preço de um produto inclui o preço de tabela da fábrica mais os encargos de transporte da cidade-base mais perto do comprador. A cidade-base especifica uma localização a partir da qual os encargos de transporte são calculados – não necessariamente o ponto em que os produtos são de fato embarcados. Em outro caso, o ponto de embarque real não afeta a cotação de preço. Tal sistema busca equalizar a concorrência entre os profissionais de marketing distantes, desde que todos os concorrentes cotem taxas de transporte idênticas. Entretanto, poucos compradores aceitariam um sistema de preço pela cidade-base atualmente.

Durante muitos anos, o melhor sistema de preço pela cidade-base conhecido foi a estrutura de preço adicional de Pittsburgh, comum na indústria de aço. Os compradores de aço pagavam os encargos de transporte a partir de Pittsburgh, independentemente de onde o aço tivesse sido produzido. Com a indústria desenvolvida, centros produtores emergiram em Chicago, em Gary, Indiana, em Cleveland e em Birmingham. Ainda sim, Pittsburgh permaneceu como a cidade-base para o preço do aço, forçando um comprador em Atlanta que comprava aço de uma fábrica em Birmingham a pagar o frete fantasma de Pittsburgh.

MARKETING Verificação de conceito

1. Quais são os três maiores tipos de descontos?
2. Identifique os dois problemas com os créditos.
3. Quais são as três formas pelos quais os compradores e os vendedores podem gerenciar as despesas com transporte?

POLÍTICAS DE PREÇO

As políticas de preço contribuem com informações importantes para os compradores quando eles avaliam a imagem total da empresa. Uma política coerente fornece um sistema global e uma consistência que direcionam as decisões diárias de preço. Formalmente, uma **política de preço** é uma diretriz geral que reflete os objetivos de marketing e influencia decisões de preço específicas.

3. Identificar as várias políticas de decisão de preço que os profissionais de marketing devem cumprir.

As decisões que dizem respeito à estrutura de preço geralmente tendem a focar questões técnicas detalhadas, mas as decisões com relação às políticas de preço cobrem questões mais amplas. As decisões de estrutura de preço tomam a política de preço da empresa como determinada, a partir do que são especificados os descontos aplicáveis. As políticas de preço têm efeitos estratégicos importantes, em particular na direção de esforços competitivos. Elas formam a base para decisões de estrutura de preço mais práticas.

As empresas implementam variações dos quatro tipos básicos de políticas de preço: preço psicológico, flexibilidade de preço, preço para linha de produto e preço promocional. As políticas específicas tratam eficientemente de várias situações competitivas; a escolha final depende do ambiente em que os profissionais de marketing devem tomar suas decisões de preço.

PREÇO PSICOLÓGICO

O **preço psicológico** aplica a crença de que determinados preços ou variações de preço tornam os produtos mais atraentes que outros para os compradores. Entretanto, não há pesquisas que ofereçam um fundamento consistente para tal pensamento e, com freqüência, estudos registram descobertas confusas. Mas os profissionais de marketing praticam várias formas de preço psicológico. O preço de prestígio, discutido no Capítulo 18, estabelece um preço relativamente alto para transmitir uma imagem de qualidade e exclusividade. As duas técnicas de preço mais psicológicas incluem o preço ímpar e o preço unitário.

No **preço ímpar**, os profissionais de marketing estabelecem preços com números ímpares exatamente sob números arredondados. Muitas pessoas assumem que um preço de US$ 4,95 atrai mais fortemente os consumidores do que um de US$ 5, supostamente porque os compradores o interpretam como US$ 4 mais imposto. O preço ímpar surgiu como uma forma de forçar os caixas a dar troco, servindo, assim, como um dispositivo de controle de caixa, e permanece uma característica contemporânea comum de cotações de preço. Talvez o exemplo mais freqüentemente visto esteja na bomba de combustível local, em que os postos de gasolina quase sempre determinam preço para seus combustíveis em décimos de centavo, acreditando que um preço publicado de US$ 1,999 será visto como consideravelmente mais baixo que um galão a US$ 2. Na verdade, um estudo recente publicado na *Harvard Business Review* concluiu que é mais provável os consumidores realizarem uma compra se um preço terminar em 9.[18]

Entretanto, alguns produtores e varejistas praticam o preço ímpar mas evitam preços terminados em 5, 9 ou 0. Esses profissionais de marketing acreditam que os consumidores vêem as etiquetas de preço de US$ 5,95, US$ 5,99 ou US$ 6 como preços de varejo normais, porém pensam em um valor como US$ 5,97 como um preço com desconto. Outros, como o Wal-Mart, evitam usar 9 como preço final para seus itens.

O **preço unitário** determina os preços em termos de alguma unidade de medida reconhecida (por exemplo, gramas e litros) ou uma contagem numérica padrão. O preço unitário começou a ser amplamente usado no final dos anos 1960 para fazer comparações de preço mais convenientes após as reclamações de advogados dos consumidores a respeito da dificuldade de comparação dos preços verdadeiros dos produtos embalados em diferentes tamanhos. Esses advogados pensavam que a colocação de preços em termos de unidades padrão ajudaria os compradores a realizar melhores compras informadas. Entretanto, o preço unitário não melhorou os hábitos de compra dos consumidores tanto quanto os defensores originalmente previam. Em vez disso, pesquisas mostram que as cotações de preço padrão, com muita freqüência, afetam as compras apenas de consumidores relativamente bem educados com ganhos altos.

FLEXIBILIDADE DE PREÇO

Os executivos de marketing também devem estabelecer as políticas da empresa que determinam se ela permitirá a **flexibilidade de preço** – isto é, a decisão de se estabelecer um preço que se aplique a todo comprador ou permitir preços variados para consumidores diferentes. Em geral, as políticas de um único preço se ajustam a programas de marketing de venda em massa, ao passo que a variação de preço se aplica mais a programas de marketing baseados em negociação individual. Em uma grande loja de departamento, os clientes não esperam pechinchar os preços com os vendedores de varejo. Em lugar disso, esperam pagar os valores mostrados nas etiquetas. Os consumidores pagam menos apenas quando o varejista substitui os preços normais por preços de promoção ou oferece descontos em mercadorias com algum defeito. A variação de preço geralmente se aplica a compras maiores, como automóveis, imóveis e diárias de hotel. As taxas relacionadas à posse fracionária da compra de um Bombardier Flexjet poderiam estar abertas à variação de preço.

Embora a variação de preço adicione alguma flexibilidade às situações de venda, ela pode entrar em conflito com as disposições da Lei Robinson-Patman. Também pode levar à determinação de preço retaliativo por parte dos concorrentes, e incitar reclamações entre consumidores que considerem que pagaram preços mais altos que o necessário.

Em um esforço para atingir os consumidores malaios – com uma iniciativa apoiada pelo governo malaio para a posse de PC –, a Microsoft, recentemente, vendeu PCs novos carregados com software da companhia por cerca de US$ 300 em algumas cidades da Malásia – enquanto os consumidores norte-americanos estavam pagando, por baixo, duas ou três vezes mais desse valor mesmo em varejistas de desconto como a OfficeMax e a Best Buy. A nova política foi um desvio radical da prática de determinação de preço global anterior da empresa ou da cobrança do mesmo valor para a maioria de seus produtos em todo o mundo. Parte da decisão de preço malaio da Microsoft era direcionada para a luta contra seu principal software concorrente lá, o Linux, que fornece software livre pela internet. Os críticos declaram que o programa forçará uma redução de preços mundial para os produtos da Microsoft, porém os defensores argumentam que a mudança era inevitável caso a Microsoft planeje fazer avanços em países em desenvolvimento.[19]

PREÇO PARA LINHA DE PRODUTO

Visto que muitas empresas comercializam várias linhas de produto, uma estratégia eficiente de preço deve considerar as relações entre todos esses itens em vez de visualizar cada um. O **preço para linha de produto** é a prática de estabelecimento de um número limitado de preços para uma seleção de mercadorias. Por exemplo, um comerciante de roupa pode oferecer três linhas de ternos masculinos – um com o valor de US$ 475, um segundo a US$ 625 e o mais caro a US$ 795. Esses pontos de preço ajudam o varejista a definir características importantes para o produto que diferenciam as três linhas de produto e ajudam o consumidor a decidir o que comprar.

Os varejistas praticam o preço amplo para linha de produto. No início, as lojas de 1,99 exemplificavam essa técnica. Entretanto, ela permanece popular porque oferece vantagens tanto para os varejistas quanto para os consumidores. Os compradores podem optar por faixas de preço desejáveis e depois concentrar em outras variáveis do produto, como cores, estilos e materiais. Os varejistas podem comprar e oferecer linhas específicas em categorias de preço limitadas em vez de sortimentos mais gerais com dúzias de preços diferentes.

Muitas empresas aéreas dividem suas áreas de assentos em vôos internacionais de acordo com o preço para linha de produto. Esses vôos oferecem assentos com determinada porcentagem de desconto, assentos na classe executiva, na primeira classe e na classe econômica com passagem de valor inteiro em cada vôo. Em vôos internacionais, por exemplo, a indústria calcula uma média de 18% para assentos de classe executiva. Uma passagem de classe executiva ida e volta de Houston a Paris na Continental Airlines custa quase duas vezes a tarifa da classe econômica normal e, muitas vezes, mais que a tarifa com desconto.

Um problema potencial com o preço para linha de produto é que, uma vez que os profissionais de marketing decidam um número limitado de preços para usar como suas linhas de preço, eles podem ter dificuldade em fazer alterações de preço em itens individuais. Os custos crescentes, então, forçam os vendedores a mudar a estrutura inteira para o preço de linha, o que resulta em confusão ou cortar os custos mediante ajustes na produção.

A segunda opção abre precedente para que os consumidores reclamem de que os produtos da empresa não são o que costumavam ser.

PREÇO PROMOCIONAL

No **preço promocional**, um preço mais baixo que o normal é usado como um ingrediente temporário na estratégia de marketing de uma companhia. Alguns arranjos de preço promocional fazem parte das iniciativas de marketing recorrentes, por exemplo, a venda anual de uma loja de sapato "compre um par e teve o segundo par por um centavo". Outro exemplo seria "7 CDs por 1 centavo". Esse preço artificialmente baixo atrai os consumidores que devem então concordar em comprar um determinado número de CDs a preços normais em um limite específico de tempo. Outra empresa pode apresentar um modelo ou marca promocional com um preço especial para começar a concorrer em um novo mercado.

Gerenciar esforços de preço promocional exige habilidade de marketing. Como descrito anteriormente, os consumidores podem ser fisgados em liquidações e outros eventos de preço promocional. Se eles sabem que sua loja de departamento favorita tem um dia de liquidação todo mês, provavelmente esperarão para fazer suas compras nesse dia. Estão sendo oferecidos tantos incentivos de preço aos compradores de carro, que se torna cada vez mais difícil, para os fabricantes e para as concessionárias, livrar-se de tais incentivos.[20] A varejista de roupa feminina Talbot's costumava ter apenas duas promoções por ano; agora tem quatro.

Embora seja bem conhecida por ser capaz de vender mais itens ao preço cheio do que outros varejistas de confecção, a Talbot's não está imune aos problemas com o preço promocional. No último setembro, as vendas normais foram tão bem que a empresa decidiu adiar sua promoção de meio de ano em duas semanas. Porém, até que os *markdowns* fossem adotados, os consumidores não estavam interessados em camisetas e shorts da coleção anterior – já estavam buscando roupas de inverno. A empresa ficou, assim, com estoque indesejado.[21]

Produtos "Isca" e Preços Líderes

Os varejistas contam muito intensamente com o preço promocional. Em um tipo de técnica, as lojas oferecem **produtos "isca"** – produtos com preço abaixo do custo para atrair os consumidores que, o varejista espera, também comprarão outros produtos com os preços normais. Os produtos "isca" podem fazer parte de um programa de marketing eficaz, mas, como observado no capítulo anterior, estados norte-americanos com leis de *unfair trade* proíbem a prática.

Freqüentemente, os varejistas usam uma variante de preço dos produtos "isca" chamada **preços líderes**. Para evitar a violação dos regulamentos de *markup* mínimo e para obter algum retorno sobre as vendas promocionais, oferecem produtos conhecidos como líderes a preços levemente acima do custo. Entre os praticantes mais freqüentes dessa estratégia de combinação de preço/promoção estão os supermercados e os comerciantes de massa, como Wal-Mart, Target e Kmart. Às vezes, os varejistas tratam produtos de marcas próprias (como as colas Sam's Choice nas lojas do Wal-Mart) como produtos líderes, visto que os preços das marcas de loja custam em média de 5 a 60% menos que aqueles das marcas nacionais equivalentes. Embora os itens da marca de loja gerem menos receita por unidade que a que as marcas nacionais produziriam, o volume mais alto de venda provavelmente compensará alguma diferença, como com as vendas relacionadas de produtos com alta margem, como cosméticos e itens de toucador.

O setor de computador pessoal fornece um exemplo excelente dessa tendência de preço. Há pouco mais de uma década, os PCs custavam até US$ 5 mil. Então, os preços caíram em razão da demanda acelerada e das economias de produção associadas com os grandes ciclos de produção que fizeram os custos baixarem. Porém, a indústria foi envolvida em uma guerra de preço brutal que viu a Dell não apenas reduzir os preços de PCs para menos de US$ 400, mas também incluir como bônus impressoras grátis, acesso gratuito à internet e entrega gratuita. Trabalhando com margens de lucro mínimas, os concorrentes lutaram para igualar os preços baixos da Dell. A Apple focou na imagem do produto e roubou a atenção dos compradores com o design atraente do iMac. Tanto a Apple quanto a IBM realinharam suas operações para fornecer serviços que poderiam embutir com as ofertas do PC básico. A Compaq e a Hewlett-Packard (HP) se uniram para competir. Uma baixa econômica, combinada com um mercado americano saturado e com as expectativas dos consumidores por preços baixos, determinava o cenário para problemas a longo prazo. Hoje, um iMac da Apple com um monitor de 17 polegadas é cotado a cerca de US$ 1.799 no site da Apple, ao passo que a Dell continua a oferecer preços mais baixos. Alguém que visite o site da Dell pode encontrar frete grátis por um tempo limitado, com um crédito instantâneo de 10%; assim os preços dos computadores variam entre US$ 800 e US$ 1.100.[22] A ex-CEO da Hewlett-Packard, Carly Fiorina, descreveu sua empresa como "alta tecnologia, baixo custo" em comparação com seus concorrentes. "Eu descreveria a IBM como 'alta tecnologia, alto custo', ela diz, enquanto batiza a Dell como "baixa tecnologia, baixo custo".[23]

Os profissionais de marketing devem antecipar duas armadilhas potenciais ao tomar uma decisão de preço promocional:

1. Alguns compradores não se sentem atraídos por preço promocional.
2. Ao manterem um preço artificialmente baixo por um período, os profissionais de marketing podem levar os consumidores a esperar por isso como uma característica costumeira do produto. No setor aéreo, por exemplo, o desconto difundido em passagens ensinou os consumidores a esperar pagar preços abaixo da tarifa cheia. Um dos motivos que levaram muitas empresas aéreas a perder dinheiro é que muitos passageiros voam apenas quando podem obter tarifas com desconto.

RELAÇÕES PREÇO-QUALIDADE

Um dos aspectos de preço mais cuidadosamente pesquisados é sua relação com as percepções do consumidor quanto à qualidade do produto. Na ausência de outras dicas, o preço serve como um indicador importante da qualidade de um produto para compradores potenciais. Muitos compradores interpretam altos preços como sinais de produtos com alta qualidade. O prestígio com freqüência também está associado a preços altos. Os observadores de tendência de moda relatam que, em cada temporada, uma bolsa de mão cara e popular surge como "a bolsa de mão". A bolsa sempre aparece nos braços de celebridades e é tão cara que os consumidores médios não podem bancá-la. Um tipo de carteira Louis Vuitton é vendida a US$ 3.550 – e é carregada por Sarah Jessica Parker e pela rapper Eve. Além do prestígio, há uma lista de espera de um mês, o que significa que até a bolsa chegar, a próxima "bolsa de mão" estará perto de aparecer.[24]

4. Relacionar os preços às percepções de qualidade dos consumidores.

A relação entre preço e qualidade visível fornece uma ferramenta amplamente usada pelos profissionais de marketing modernos. A Figura 19.6 mostra um Rolex Cellini Cellissima de ouro branco 18 quilates enfeitado com mais de cem diamantes e com uma pulseira de pele de crocodilo que custava, aproximadamente, US$ 15 mil. Porém, a Rolex, conhecida como um dos principais fabricantes de relógio no mundo, está no negócio por cerca de um século. Seus criadores de vanguarda ganharam as manchetes internacionais em 1926 com o famoso relógio Oyster, o primeiro à prova d'água. Chuck Yeager usava um Rolex quando quebrou a barreira do som em 1947, e Sir Edmund Hillary usava um quando escalou o Monte Everest.

É provável que a melhor demonstração da relação preço-qualidade seja a idéia de limites de preço. Os consumidores definem determinados limites em que suas percepções de produto-qualidade variam diretamente com

Em poucas palavras

Descobri em vinte anos de andanças pelos estádios de beisebol que o conhecimento do jogo é inversamente proporcional ao preço dos assentos.
Bill Veeck (1914-1986)
Proprietário americano de time de beisebol

Figura 19.6
Relógio Rolex Cellini Cellissima: exemplo da relação preço-qualidade.

MARKETING
Verificação
de conceito

1. Defina *política de preço*.
2. Faça a distinção entre flexibilidade de preço e preço para linha de produto.
3. O que são produtos "isca"?

5. Contrastar licitações competitivas e preços negociados.

o preço. Um comprador potencial observa um preço abaixo do limite inferior como muito barato, e um preço acima do limite superior como muito caro. Essa percepção é válida tanto para marcas nacionais quanto para produtos de marcas próprias.

Em alguns países da América do Sul e da Ásia, a hiperinflação durante a década de 1980 deixou nos consumidores pouco indício da relação entre preço e qualidade. No Brasil, em meados dos anos 1990, por exemplo, um consumidor poderia comprar um sundae requintado ou dois liqüidificadores por Cz$ 950 (US$ 15). Além disso, os preços para um único produto também variavam tremendamente de uma loja para outra. Como resultado, um consumidor poderia acabar pagando em qualquer lugar entre 2 cruzados (US$ 0,03) a 22 cruzados (US$ 0,33) por uma borracha.

CONCORRÊNCIA DE LICITAÇÃO E PREÇOS NEGOCIADOS

Muitos departamentos de aquisição organizacionais e governamentais não pagam os preços estabelecidos por suas compras, em particular por compras grandes, como os pedidos de MREs (refeições prontas) feitos pelo Departamento de Defesa dos Estados Unidos para repor aquelas usadas pelas tropas designadas para o Afeganistão, Iraque e outros posicionamentos estratégicos no exterior. Em vez disso, eles determinam os preços mais baixos disponíveis para os itens que satisfazem as especificações por meio da **concorrência de licitação**. Esse processo consiste no convite a fornecedores potenciais para cotação de preços contratos ou compras propostas. As especificações detalhadas descrevem o produto ou serviço que o órgão governamental ou organização comercial deseja adquirir. Uma das tarefas mais importantes da aquisição é desenvolver descrições precisas dos produtos que a organização procura comprar. Esse processo, geralmente, exige o auxílio de pessoal técnico da empresa, como engenheiros, designers e químicos.

A Ford, em particular, tem tido sucesso em fornecer aos órgãos federais e estaduais modelos de automóveis que satisfazem suas especificações de preço e desempenho. No momento, 85 em cada 100 carros de polícia americanos são Crown Victorias. Muitas unidades policiais também usam Ford Explorers, e alguns até dirigem o Lincoln Navigators.

Em alguns casos, os compradores comerciais e governamentais negociam contratos com fornecedores favorecidos em lugar de convidar ofertas competitivas de todas as partes interessadas. Os termos de um contrato determinado surgem mediante ofertas e contra-ofertas entre o comprador e o vendedor. A negociação bem-sucedida é uma habilidade que requer alguma prática, como descrito em "Dicas de etiqueta".

dicas de etiqueta

Como pedir uma grande redução de preço

Todos estamos lá como consumidores – querendo comprar algo, mas o preço é muito alto para nosso orçamento. Ou pretendemos comprar muitos itens semelhantes e achamos que um desconto por todo o lote seria apropriado. Como um profissional de marketing, você pode ter oportunidades para negociar os preços como parte de seu trabalho; pode barganhar publicidade, um local de evento, pedir por melhores diárias em um hotel ou negociar taxas para espaço em prateleira em um supermercado. A maneira como você aborda a situação pode determinar se será bem-sucedido ou não. Aqui estão algumas dicas dos especialistas em negociação de preços:

1. Seja educado e cooperativo, não confortador. Você não está tentando conquistar o vendedor; você está tentando trabalhar com ele.
2. Não questione o valor do produto que está considerando, apenas o preço. Você pode dizer, "Desculpe, mas está além de nosso orçamento no momento". Ou pedir, "Você pode melhorar um pouco mais o preço?".
3. Mostre interesse respeitoso pelo produto. Faça o vendedor acreditar que você estará mais apto para comprar o produto se o preço for reduzido.
4. Não se constranja com a pechincha. Projete uma atitude positiva a respeito da troca – você realmente quer fazer o negócio e precisa apenas de um preço mais baixo.
5. Embora, freqüentemente, seja compensador pesquisar preços para determinados produtos antecipadamente, não tente usar sua própria fórmula para descobrir quanto de lucro o vendedor está obtendo na venda. Em vez disso, foque em quanto vale o produto para você e para sua empresa.
6. Deixe o vendedor saber que você gostaria de desenvolver um relacionamento a longo prazo entre os dois negócios, dando incentivo para o vendedor negociar um preço mais favorável.

Fontes: LUSTIG, Lawrence. Bargaining tips do travellers, *Go Travel Tips*, **www.gotraveltips.com**, acessado em 29 mar. 2005; BINKLEY, Christina. Hotels raise prices as travel picks ups, *The Wall Street Journal*, 6 jul. 2004, p. D1, D8; Hotels: tips on how to get a hotel discount, *Savvy*, **www.savvy-discounts.com**, acessado em 5 jun. 2004; CRAWFORD, Willie. Ask for a better price, *Small Business News*, 25 jul. 2003, **www.smallbusinessnewz.com**; DAVEY, Kit. Bargaining 101, *Palo Alto Weekly Online*, 9 maio 2003, **www.paloaltoonline.com**.

Quando apenas um fornecedor oferece um produto desejado ou quando os projetos exigem pesquisa e desenvolvimento extensivos, os compradores e os vendedores com freqüência estabelecem termos de compra em contratos negociados. Além disso, alguns governos estaduais e locais permitem que seus órgãos ignorem o processo formal de licitação e negociem as compras sob determinados limites de dólares – digamos, de US$ 500 ou US$ 1 mil.

Essa política procura eliminar o gasto econômico que resultaria da obtenção e do processamento de licitações para compras relativamente menores.

NEGOCIAÇÃO DE PREÇOS ON-LINE

Muitas pessoas vêem a internet como um grande local de leilão. Seja de brinquedos, arte ou automóveis, parece haver um site de leilão on-line para servir às necessidades de cada pessoa – comprador e vendedor da mesma forma. Os leilões são a maneira mais pura de negociação de preços. Como a Figura 19.7 mostra, os compradores e os vendedores, eletronicamente, pedem e oferecem preços até que um preço mutuamente acordado seja determinado.

As vendas de entradas são o leilão on-line favorito. Seja para um show na Broadway, uma corrida do NASCAR *Nextel Cup*, um passeio ao zoológico ou um concerto do OzzFest, você pode encontrar entradas on-line. A Tickets. com cataloga as datas, os horários e os locais de tudo, de shows de música a mostras em museus. Recentemente,

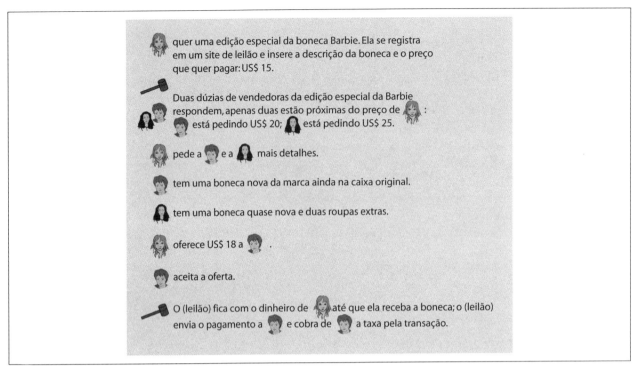

Figura 19.7
Leilões on-line: a forma mais pura de preço negociado.

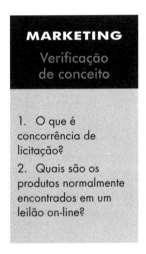

MARKETING
Verificação de conceito

1. O que é concorrência de licitação?
2. Quais são os produtos normalmente encontrados em um leilão on-line?

ela se associou com o sistema de compra de bilhetes Advantix para abrir um site de vendas para eventos esportivos. Além disso, a Tickets.com também funciona como um revendedor em seus próprios leilões on-line.

Entretanto, alguns negócios estão começando a se afastar dos leilões. "Se você tem itens raros e colecionáveis, os leilões parecem ser a melhor opção", diz Brian Schell, presidente e proprietário da Replay Media, que emprega apenas três pessoas para vender livros de segunda mão e gravações de música. "Porém, para coisas que vendemos que não são raras, mas podem não estar disponíveis localmente, os preços fixos parecem ser o caminho a seguir".[25] Outros vendedores concordam. Embora o eBay tenha conseguido distinguir-se como um site de leilão on-line, hoje 40% das suas transações ocorrem a preços fixos. Os compradores podem usar a opção do site *Buy It Now* para comprar um item a determinado preço sem licitação, ou visitar a subsidiária de preço fixo da empresa, Half.com.[26]

O DILEMA DO PREÇO DE TRANSFERÊNCIA

6. Explicar a importância do preço de transferência.

Um problema peculiar de determinação de preço para empresas de grande porte é a determinação de um **preço de transferência** interno – o preço para movimentação de produtos entre os **centros de lucros**, que estão em qualquer parte da organização para os quais a receita e os custos controláveis podem ser determinados, por exemplo, um departamento. À medida que as empresas se expandem, tendem a descentralizar o gerenciamento e estabelecer centros de lucros como um dispositivo de controle na operação recentemente descentralizada.

Em uma grande empresa, os centros de lucros podem assegurar muitos recursos necessários aos vendedores dentro de sua própria organização. Assim, o problema de preço propõe muitas perguntas: qual taxa o centro de lucro A (departamento de manutenção) deveria cobrar do centro de lucro B (departamento de produção) pelo composto de limpeza usado nos pisos de B? O preço deve ser o mesmo caso A fizesse o trabalho para uma parte externa? B deveria receber um desconto? As respostas a essas perguntas dependem da filosofia da empresa envolvida.

O preço de transferência pode ser complicado, em especial para organizações multinacionais. O governo monitora de perto as práticas de preço de transferência porque essas trocas oferecem formas fáceis para as empresas evitarem o pagamento de impostos sobre os lucros. Investigações do Congresso sobre a tendência de empresas americanas se constituírem nas Bermudas têm focado na possibilidade de economia de impostos nos Estados Unidos por meio de taxas de preço de transferência usadas entre a localização da produção da empresa (Estados Unidos) e seu país natal (Bermudas), mesmo se nenhuma produção for realizada nas Bermudas.

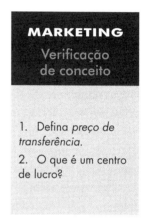

A Figura 19.8 mostra como esse tipo de manipulação de preço pode funcionar. Suponhamos um fabricante sul-coreano de DVD *players* que venda suas máquinas para sua subsidiária americana para distribuição aos comerciantes. Embora cada unidade custe US$ 25 para ser feita, o fabricante cobra do distribuidor US$ 75.

Sucessivamente, o distribuidor vende os DVD *players* para varejistas por US$ 125 cada um. Esse acordo dá ao fabricante sul-coreano um lucro de US$ 50 em cada máquina, sobre o qual ele paga impostos apenas na Coréia do Sul. Ao mesmo tempo, o distribuidor norte-americano amortiza US$ 50 em custos de publicidade e transporte, ficando sem lucros – e sem responsabilidade de pagamento de impostos.

MARKETING
Verificação de conceito

1. Defina *preço de transferência.*
2. O que é um centro de lucro?

CONSIDERAÇÕES GLOBAIS E PREÇO ON-LINE

Durante este curso, temos visto o impacto da internet em cada componente do mix de marketing. O atual capítulo tem tocado nas margens externas da influência da internet sobre as práticas de preço. Lembre-se de que todo profissional

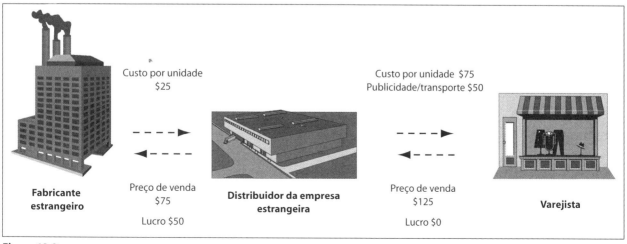

Figura 19.8
Preço de transferência para escapar dos impostos.

de marketing on-line é, basicamente, um profissional de marketing global que deve entender a ampla variedade das condições internas e externas que afetam as estratégias de preço globais. As influências internas incluem os objetivos e as estratégias de marketing da empresa; os custos de desenvolvimento, a produção e a comercialização de sua produção; a natureza dos produtos; e as forças competitivas da companhia. As influências externas incluem as condições gerais nos mercados internacionais, em especial aquelas nos mercados-alvo da empresa, as limitações regulatórias, as restrições comerciais, as ações dos concorrentes, os acontecimentos econômicos e a condição global da indústria.

ESTRATÉGIAS GLOBAIS DE PREÇO TRADICIONAIS

7. Comparar as três alternativas de estratégias globais.

Em geral, uma empresa pode implementar uma das três estratégias de preço de exportação: um preço mundial padrão, preço duplo ou preço de mercado diferenciado. Os exportadores com freqüência estabelecem preços mundiais padrão, independentemente de seus mercados-alvo. Essa estratégia pode ser bem-sucedida caso os custos de comercialização estrangeiros permaneçam baixos o bastante para que não afetem os custos gerais ou caso seus preços reflitam os custos médios por unidade. Entretanto, uma empresa que implementa um programa de preço padrão deve monitorar o mercado internacional cuidadosamente para certificar-se de que os concorrentes domésticos não reduzam seus preços.

A estratégia de preço duplo distingue os preços para as vendas domésticas e para as exportações. Alguns exportadores praticam o preço acima do custo para estabelecer os preços duplos que alocam totalmente seus custos domésticos e estrangeiros para as vendas do produto nesses mercados. Esses preços asseguram que o exportador obtenha lucro em qualquer produto que venda, mas os preços finais podem exceder aqueles dos concorrentes. Outras empresas optam por esquemas de preço acima do custo flexíveis que permitem aos profissionais de marketing conceder descontos ou trocar os preços de acordo com as mudanças no ambiente competitivo ou com as flutuações na taxa de câmbio internacional.

A terceira estratégia, preço de mercado diferenciado, cria acordos mais flexíveis para o estabelecimento de preços de acordo com as condições do mercado local. Normalmente, o mercado global dinâmico exige alterações freqüentes de preço por parte dos exportadores que optam por essa abordagem. O preço de mercado diferenciado eficaz depende do acesso às informações rápidas e precisas de mercado.

Os profissionais de marketing do setor farmacêutico praticam o preço de mercado diferenciado em suas estratégias de marketing globais. Embora não possam admitir abertamente que estejam cobrando uma sobretaxa no medicamento nos Estados Unidos, os profissionais de marketing podem estabelecer um preço alto sobre o tratamento para pacientes mais abastados nesse país enquanto cobram alguns centavos pelo mesmo medicamento em áreas necessitadas da África.[27] Contudo, é mais difícil entender o motivo de alguns medicamentos terem um preço até 60% menor na Europa ou no Canadá do que nos Estados Unidos. Um fornecimento mensal de *Claritin*, por exemplo, custa US$ 17 no Canadá e US$ 13 na Austrália, em que ele está disponível sem receita. Os consumidores americanos – que até recentemente precisavam de uma prescrição para comprá-lo – em geral pagam US$ 62.[28]

CARACTERÍSTICAS DO PREÇO ON-LINE

Para tratar das influências da internet nas políticas e nas práticas de preço, os profissionais de marketing estão aplicando velhas estratégias em novos formatos e as empresas estão atualizando as operações para competir com as novas tecnologias eletrônicas. Algumas empresas oferecem preços reduzidos on-line que não aparecem em suas lojas ou em seus catálogos de pedido por mala-direta. Tais preços reduzidos podem ter a forma de descontos por tempo limitado, ofertas de frete gratuito ou cupons que valem apenas para compras on-line.

O Dilema da Canibalização

Ao determinar preço de forma diferente para os mesmos produtos on-line, as empresas correm o risco da **canibalização**. O novo contorno para uma tática antiga é que as empresas estão se auto-infligindo cortes de preços ao criar a concorrência entre seus próprios produtos. Construindo novos negócios eletrônicos determinados para competir direto com a matriz, os profissionais de marketing esperam sobreviver à transição do negócio tradicional para vitrines virtuais na internet. A empresa de comercialização de valores mobiliários on-line e.Schwab canibalizou sua matriz Charles Schwab ao oferecer para os investidores on-line uma taxa fixa de transação de US$ 29,95. Os tradicionais clientes, que ainda pagavam US$ 65 por negociação, pediram e receberam a mesma taxa fixa.[29]

8. Relacionar os conceitos de canibalização, preço de pacote de produto, e os *bots* para estratégias de preços on-line.

A Books-A-Million, a terceira maior cadeia de livrarias dos Estados Unidos, vende seus *top 20 bestsellers* 40% abaixo do preço de tabela. Mas clique no site da empresa e você poderá comprar os mesmos livros com descontos de 46% ou mais. Por que vender livros on-line a um preço menor que o cobrado em loja? O chefe de marketing on-line da Books-A-Million oferece duas razões:

- É fornecido um canal adicional para alcançar os compradores de livros que não são clientes regulares das lojas locais da Books-A-Million, assim como aqueles compradores que vivem em áreas em que não há lojas de varejo da BAM.
- Também representa um movimento defensivo, visto que a empresa teria um negócio — mesmo com margens extremamente baixas — em vez de perdê-lo para a Amazon.com.

Uso dos *Bots* de Compra

Uma segunda característica de preço on-line é o uso de programas de busca chamados **bots** ou **shopbots** – derivados da palavra *robots* (robôs) – que atuam como agentes de comparação de compra. Os *bots* buscam na internet um produto específico e imprimem uma lista de sites que oferecem os melhores preços. Na venda on-line, os *bots* forçam os profissionais de marketing a manter os preços baixos. Entretanto, os pesquisadores de marketing relatam que quase quatro em cinco compradores on-line verificarão em muitos sites antes de comprar, e o preço não é a única variável que eles consideram quando tomam uma decisão de compra. A qualidade do serviço e as informações de apoio são motivadores poderosos no processo de decisão. Embora o preço também seja um fator importante com produtos como livros e CDs, não é tão importante com produtos complexos ou altamente diferenciados, como imóveis ou investimentos bancários. A imagem da marca e o serviço ao cliente podem exceder o preço nessas decisões de compra.

PREÇO DE PACOTE DE PRODUTO

Conforme os profissionais de marketing vêem o e-commerce enfraquecer seu controle de preços, eles têm modificado seu uso da variável preço no mix de marketing. Sempre que possível, mudam para uma abordagem chamada **preço de pacote de produto**, em que os consumidores adquirem grande número de produtos e serviços além dos produtos tangíveis que compram.

Aficionados por concertos que foram à recente tour de Prince receberam mais diversão do que supunham ao comprarem um ingresso: uma cópia gratuita de *Musicology* de Prince, um CD *top* 10 com vendas totais nos Estados Unidos que excederam 2 milhões de cópias. Sempre mais independente do que a maioria dos artistas, que freqüentemente dependem, de forma intensa, das gravadoras para fornecer produtores, compositores, marketing e dinheiro, Prince tachou o modelo típico da indústria como "pré-histórico e antiquado". Como ele mencionou, "Tudo que eu disse foi,

'Deixe-me comandar'". E comandou, fornecendo os serviços comuns de uma gravadora independente, mesmo possuindo a gravação original – e, com a assistência de seu sócio comercial, estabelecendo a popular turnê com o moderno preço de pacote de produto. Um contrato separado foi assinado com a Columbia para gerenciar a distribuição nos Estados Unidos e a licença para vendas no exterior – mas a gravadora não aceitou o corte das transações separadas, incluindo a distribuição em excursão. A Columbia, com um nome de mercado comprovado e sem garantias iniciais, foi feliz com a sociedade. Como L. Londell McMillan – o advogado e sócio comercial de Prince – observa, "A Columbia lucrou desde o primeiro disco vendido porque não precisava reaver as somas não vendidas. Nós fizemos um acordo inteligente".[30]

Outro exemplo típico de preço de pacote de produto é a seleção de estações de televisão que alguém obtém em seu serviço de TV a cabo ou por satélite. No nível mais baixo de preço, a pessoa pode receber as principais redes, *Headline News*, sua estação de transmissão local pública, um canal de compras em casa e um ou dois canais voltados para a programação religiosa. Quando muda para o próximo degrau na escada de preço, pode ter muitos canais de esporte, canais de compra, casa e jardim, notícias e canais do gênero. Quando a pessoa sobre mais um pouco, mais canais são adicionados ao pacote – MTV, Nickelodeon, Disney, HBO e *pay per view*. Porém, não importa o pacote escolhido, ela termina com mais canais do que precisa.

"A família média assiste não mais do que uma dúzia dos dezessete canais", observa Gene Kimmelman, diretor do Consumers Union, em um relatório compilado pela FCC. E visto que as taxas da TV a cabo têm subido mais rapidamente que a inflação, os críticos da prática do preço de pacote de produto estão exigindo uma reforma. Os assinantes de TV a cabo "estão sendo forçados a obter canais e atrações que eles não querem", argumenta o senador americano do Oregon Ron Wyden. Wyden e outros senadores no Congresso estão exigindo agora uma estrutura de preço *a la carte*, que permita aos consumidores escolherem os canais que quiserem, pagando apenas por esses canais.[31]

MARKETING
Verificação
de conceito

1. Identifique algumas das influências internas sobre os preços globais on-line.
2. Identifique algumas das influências externas sobre os preços globais on-line.

Implicações estratégicas de marketing no século XXI

Historicamente, o preço tem sido a variável de marketing provavelmente menos usada como fonte de vantagem competitiva. Entretanto, usar o preço como parte de um programa de marketing determinado para satisfazer os objetivos organizacionais gerais de uma empresa pode ser uma estratégia eficiente.

A tecnologia sempre muda o mercado, o que afeta a função de preço. Os limites geográficos tradicionais que permitiam a alguns negócios operar têm sido quebrados pela internet, assim como pelos varejos de massa, que oferecem uma seleção maior e preços mais baixos. Um consumidor no Wyoming pode querer comprar uma bengala do Quênia pintada e gravada individualmente, ou um leque orna-

mental de Kioto. Não há problema – a internet conecta compradores e vendedores em todo o globo. De modo semelhante, o custo para o transporte de um pacote de Nova York para a Califórnia em uma entrega 24 horas da FedEx não é maior que transportá-lo para uma cidade próxima.

Não apenas é possível escapar dos limites de tempo e espaço na internet, mas o preço não é mais uma constante no processo de marketing. Com a elevação do número de sites de leilão e das tecnologias de pesquisa como os *bots*, os consumidores agora têm mais poder para controlar os preços de produtos e serviços. Eles podem encontrar os menores preços do mercado e também negociar os preços para muitos produtos que compram.

Em poucas palavras

O que é um cínico? Um homem que sabe o preço de tudo e o valor de nada.
Oscar Wilde (1854-1900)
Poeta, dramaturgo
e romancista irlandês

Para ser bem-sucedido, o profissional de marketing deve continuar a oferecer valor – preços justos para serviços e produtos de qualidade – e serviço superior ao cliente. Esses são os fatores fundamentais de sucesso no marketing do novo milênio.

• • • • • REVISÃO

1. Comparar as estratégias de preço alternativas e explicar quando cada estratégia é mais apropriada.

As estratégias de preço alternativas são a estratégia de preço de desnatação, estratégia de preço de penetração e estratégia de preço competitivo. O preço de desnatação normalmente é usado como um preço de entrada no mercado para produtos distintos com pouca ou nenhuma concorrência. O preço de penetração é usado quando há um amplo grupo de marcas concorrentes. O preço baixo todos os dias (EDLP), uma variante do preço de penetração, é usado pelas lojas de desconto que tentam manter a linha nos preços sem precisar contar intensamente com cupons, créditos e outras concessões de preço a curto prazo. O preço competitivo é empregado quando os profissionais de marketing desejam concentrar seus esforços competitivos em outras variáveis de marketing que não o preço.

1.1. Faça a distinção entre uma estratégia de preço de desnatação e o preço de penetração.

1.2. Por que o EDLP incita o debate entre os profissionais de marketing e os varejistas?

2. Descrever como os preços são cotados.

Os métodos de cotação de preços dependem de determinados fatores, como as estruturas de custo, as práticas tradicionais em determinada indústria e as políticas individuais de cada empresa. As cotações de preço podem envolver preços de tabela, preços de mercado, descontos à vista, descontos por quantidade e concessões, como trocas, concessões promocionais e créditos. Os custos com transporte freqüentemente contam muito no preço dos produtos. Há várias alternativas para gerenciar esses custos: o preço FOB, em que o preço não inclui encargos com transporte; o preço absorvido, que permite ao comprador deduzir as despesas com transporte da fatura; o preço de entrega uniforme, em que o mesmo preço, incluindo as despesas com transporte, é cobrado de todos os compradores; e o preço por localização, em que um determinado preço existe em cada região.

2.1. Qual a diferença entre o preço de tabela e o preço de mercado?

2.2. Descreva os três tipos diferentes de concessões.

2.3. Como um sistema de preço pela cidade-base incorpora os custos de transporte?

3. Identificar as várias decisões de política de preço que os profissionais de marketing devem tomar.

Uma política de preço é uma diretriz geral baseada nos objetivos de preço e é criada para ser usada em decisões de determinação de preço específicas. As políticas de preço incluem preço psicológico, flexibilidade de preço, preço para linha de produto e preço promocional.

3.1. Descreva os dois tipos diferentes de preço psicológico.

3.2. Quais são os benefícios e as potenciais armadilhas da flexibilidade de preço?

3.3. Quando um preço se torna um preço promocional? Quais são os benefícios e as desvantagens do preço promocional?

4. Relacionar preço às percepções de qualidade do consumidor.

A relação entre o preço e as percepções do consumidor de qualidade tem sido matéria de pesquisa considerável. Na ausência de outras pistas, o preço é uma influência importante na forma como o consumidor percebe a qualidade do produto. Um conceito conhecido e aceito é o de limites de preço – limites nos quais a percepção de qualidade do produto varia diretamente com o preço. O conceito de limites de preço sugere que preços extremamente baixos podem ser considerados muito baratos, indicando, assim, qualidade inferior.

4.1. Como o preço está relacionado com as percepções do consumidor sobre qualidade?

4.2. Dê exemplos de sua percepção de uma variação de preço aceitável para um corte de cabelo, um sanduíche *gourmet* e uma pasta de dente.

5. Contrastar concorrência de licitação e preços negociados.

A concorrência de licitação e os preços negociados são técnicas de determinação de preço usadas principalmente no setor B2B e em mercados corporativos e governamentais. Às vezes, os preços são negociados por meio de concorrência de licitação, em que muitos compradores cotam preços para o mesmo serviço ou produto. As especificações do comprador descrevem o item que o governo ou a empresa B2B deseja adquirir. Os contratos negociados são outra possibilidade em muitas situações de aquisição. Os termos do contrato são estabelecidos mediante negociações entre o comprador e o vendedor.

5.1. Qual é a diferença entre a concorrência de licitação e o preço negociado?

5.2. Como a internet tem afetado as negociações de preço?

6. Explicar a importância do preço de transferência.

Um fenômeno em grandes corporações é o preço de transferência, em que uma empresa determina os preços para a transferência de produtos ou serviços de um centro de lucro da empresa para outro. O termo *centro de lucro* se refere a qualquer parte da organização em que a receita e os custos controláveis podem ser determinados. Em grandes empresas cujos centros de lucros adquirem recursos de outras partes da empresa, os preços cobrados por um centro de lucro para outro têm um impacto direto tanto no custo quanto na rentabilidade da produção de ambos os centros de lucros.

6.1. De quais maneiras o preço de transferência se torna complicado para uma grande organização?

7. Comparar as três estratégias globais de preço.

As empresas podem optar entre três estratégias de preço de exportação: um preço mundial padrão, o preço duplo, ou o preço de mercado diferenciado. Um preço mundial padrão é possível se os custos de marketing estrangeiros forem tão baixos que não afetem os custos gerais ou se o preço for baseado em um custo médio por unidade. A abordagem de preço duplo estabelece estratégias de preço de exportação e domésticos separadas. Alguns exportadores usam os métodos de preço acima do custo para determinar os preços duplos que alocam totalmente seus custos estrangeiros e domésticos para seu produto; outros optam pelo preço acima do custo flexível. O preço de mercado diferenciado é a estratégia de preço de exportação mais flexível, pois permite que as empresas determinem o preço para seus produtos de acordo com as condições do mercado.

7.1. Quais são os benefícios e as desvantagens do preço mundial padrão?

7.2. Qual tipo de estratégia de preço os profissionais de marketing farmacêutico tendem a empregar? Por quê?

8. Relacionar os conceitos de canibalização, preço de pacote de produto e *bots* para estratégias de preço on-line.

Para lidar com as influências da internet nas políticas e práticas de preço, os profissionais de marketing estão aplicando antigas estratégias em novos formatos, e as empresas estão atualizando as operações para competir com as novas tecnologias eletrônicas. A canibalização assegura vendas adicionais mediante preços mais baixos, que tiram as vendas de outros produtos do profissional de marketing. Os *bots*, também conhecidos como *shopbots*, atuam como agentes de compra de comparação. O preço de pacote de produto oferece dois ou mais produtos complementares e os vende por um único preço.

8.1. Dê um exemplo de preço de pacote de produto.

PROJETOS E EXERCÍCIOS EM GRUPO

1. Preço de desnatação, preço de penetração e preço competitivo são as três estratégias alternativas de preço. Divida sua classe em três equipes. Depois determine para cada equipe uma das três estratégias e peça que elas preparem um breve argumento discutindo os méritos de sua estratégia de preço designada para os seguintes cinco produtos. Peça que partilhem suas descobertas com o restante da classe. Uma vez que as três apresentações tenham acabado, peça à classe para votar na estratégia mais apropriada para os produtos.
   a. videogame
   b. TV digital
   c. aditivo para combustível que aumenta a quilometragem por litro do automóvel
   d. alarme monitorado contra roubo, fumaça e incêndio
   e. nova marca de perfume feminino ou de colônia masculina

2. Sozinho ou com um colega, calcule quanto custarão a compra e a posse de um dos seguintes carros (ou opte por outro modelo):
   a. Toyota *Prius*
   b. Hummer
   c. Honda *Accord*
   d. Chrysler *Crossfire*
   e. Ford *Explorer*

3. Os programas para viajante freqüente são ofertas de desconto determinadas pelas empresas aéreas para assegurar e premiar a lealdade do cliente. Em qual categoria de planos de desconto você enquadraria esses programas? Por quê? Que perigos potenciais podem limitar a eficácia de tais programas?

4. Como os vendedores cotam os preços para cada um dos seguintes produtos? Em quatro equipes, selecione um item

por equipe. Pesquise as práticas de preço do setor e proponha um esboço de cotação de preço.

a. passagem para Buenos Aires da American Airlines

b. a remoção de uma árvore morta com, aproximadamente, 9 metros de altura

c. snowboard de um comerciante local ou de um comerciante on-line

d. um barco a motor Malibu de 7 metros (ou algum semelhante)

5. Suponha que um produto é vendido por US$ 100 por tonelada e Pittsburgh é a cidade-base para o cálculo dos encargos com transporte. Embarcar de Pittsburgh para um cliente potencial em Cincinnati custa US$ 10 por tonelada. Os custos reais de transporte dos fornecedores em três outras cidades são US$ 8 por tonelada para o Fornecedor A, US$ 11 por tonelada para o Fornecedor B e US$ 10 por tonelada para o Fornecedor C. Usando essas informações, responda às seguintes perguntas:

a. Qual preço de entrega um vendedor do Fornecedor A cotaria para o cliente em Cincinnati?

b. Qual preço de entrega um vendedor do Fornecedor B cotaria para o cliente em Cincinnati?

c. Qual preço de entrega um vendedor do Fornecedor C cotaria para o cliente em Cincinnati?

d. Quanto cada fornecedor lucraria (após subtrair os custos reais com transporte) por tonelada na venda?

6. Sozinho ou com um colega, visite um supermercado próximo. Escolha um dos seguintes tipos de produtos e registre o preço unitário para várias marcas diferentes. Inclua em seu gráfico o preço unitário para vários tamanhos (se aplicável) também.

a. cereal em farelo (ou flocos de milho)

b. sabão em pó

c. sabão líquido para lavadora de louça

d. tempero para salada

e. sorvete

7. Uma vez que você tenha os dados para o projeto descrito na Questão 6, visite um ou dois outros supermercados e registre o preço unitário para o mesmo produto. Que supermercado é mais caro? Qual é o mais barato?

8. Como um experimento na relação entre preço e qualidade, crie uma pesquisa iniciando com os seguintes produtos e adicionando mais quatro produtos por sua conta. Entreviste vários consumidores – membros de sua família, moradores de seu prédio ou outros colegas de classe e amigos. Pergunte a eles qual o valor máximo que pagariam por um item de qualidade. Depois pergunte qual o menor preço que pagariam diante do qual sua própria percepção de qualidade do produto cairia. Compartilhe suas descobertas com a classe.

a. DVD *player*

b. laptop

c. telefone celular

d. jaqueta de couro

e. calça jeans

f. concerto musical

9. Vá ao eBay e navegue por vários leilões. Nos leilões pelos quais você navega, qual a porcentagem de itens que também estão listados como *Buy It Now*? Você nota uma tendência para preços mais fixos em determinadas categorias de produto? Discuta suas descobertas com a classe.

APLICANDO OS CONCEITOS DO CAPÍTULO

1. Como um consumidor, você preferiria comprar em uma loja que fizesse uma promoção mensal ou em uma loja que praticasse o preço baixo todo dia (EDLP)? Por quê?

2. Os varejistas de itens como grandes eletrodomésticos e móveis, assim como os fornecedores de serviço, como as empresas de cartão de crédito, têm oferecido financiamento com 0% para atrair novos clientes. Essa é uma boa transação para os clientes? Justifique sua resposta. Você acha que a prática construirá relacionamentos com o cliente a longo prazo? Justifique sua resposta.

3. Vá à internet e pesquise alguns itens que ofereçam créditos. Quais tipos de produtos você encontrou? Você acha que os créditos são uma atração eficiente para a compra? Justifique sua resposta.

4. Dê uma espiada em seu jornal local e note os preços para diferentes tipos de produtos. Quais empresas parecem usar o preço psicológico? Empresas concorrentes parecem usar as mesmas políticas de preço?

5. Você é um caçador de pechinchas ou normalmente paga o preço cheio ao fazer compras? Faça uma lista dos itens para os quais o preço é uma consideração fundamental em sua decisão de compra. Depois faça uma segunda lista dos produtos para os quais o preço é secundário ou dificilmente considerado.

EXERCÍCIO DE ÉTICA

Recentemente, membros da comissão da União Européia votaram favoravelmente à multa de US$ 618 milhões para a Microsoft por fazer negócios de uma forma que bloqueava a concorrência de outras empresas de software para PC na Europa – em outras palavras, criava quase um monopólio. A Microsoft usa o preço de pacote de produto para vender pacotes de software que vêm com os novos PCs vendidos na Europa – uma prática que também utiliza amplamente por todos os Estados Unidos, onde tem sido permitida. Porém, o Comissário de Concorrência Européia, Mario Monti, está buscando restringir o preço de pacote de produto e quer que a empresa libe-

re informações técnicas que facilitarão, para os concorrentes, projetar software de servidor que trabalhe com os PCs com Windows sem os produtos da Microsoft. A Microsoft planeja apelar do julgamento, dizendo que a multa é "improcedente e inapropriada", visto que ela leva em conta as vendas mundiais da empresa, não apenas suas vendas européias.[32]

1. Você concorda com a posição da União Européia ou da Microsoft? Por quê?
2. Quando o preço de pacote de produto pode ser benéfico para os consumidores? Quando ele falha em criar valor?

EXERCÍCIOS NA INTERNET

1. **Estratégias de preço.** Visite vários varejistas que vendam equipamentos de áudio e vídeo domésticos on-line. Exemplos incluem o Best Buy (www.bestbuy.com), o Circuit City (www.circuitcity.com) e o Crutchfield (www.crutchfield. com). Verifique vários produtos diferentes e marcas, como Bose e Sony. Os preços desses produtos e dessas marcas variam de um varejista para outro? Algumas marcas custam o mesmo independentemente de onde forem compradas? Por que os preços variam para algumas categorias de produto ou marcas, mas não para outras?

2. **Markups de preço.** Presuma que você esteja no mercado para encontrar um novo carro ou caminhão. Visite a Edmunds.com (www.edmunds.com). Pegue dois ou três marcas e modelos que lhe interessem. Pesquise a relação entre o preço de nota e o preço de varejo sugerido para cada veículo. A Edmunds também inclui algo chamado preço TVM® para cada veículo. O preço TVM é mais próximo ao

preço de nota ou ao preço de varejo sugerido? Resuma suas descobertas e traga seu relatório para a classe para que você possa participar de uma discussão sobre preço.

3. **Leilões on-line.** O eBay é o maior e mais bem-sucedido de todos os sites de leilão on-line. Visite o site da empresa (www.ebay.com) e leia a respeito de como os leilões são conduzidos, como as ofertas são inseridas e como os vendedores são pagos. Suponha que você tem vários itens que gostaria de vender no eBay. Como deveria fazer com o preço de seu item para melhorar as chances de ele ser vendido por um preço bom e justo? Prepare um breve relato sobre o que você aprendeu.

Observação: Os endereços de sites na internet mudam com freqüência. Se você não encontrar os sites mencionados, será necessário acessar a homepage da organização ou da empresa e então realizar sua pesquisa ou utilizar uma ferramenta de busca como o *Google*.

C|A|S|O 19.1   Solucionando o quebra-cabeça do preço

É difícil entender por que o preço de alguns produtos decola enquanto o de outros cai. A demanda, a economia e as estratégias de preço têm todas um papel importante na determinação de como as empresas gerenciam seus preços, mas, às vezes, os compradores ficam nos corredores do supermercado ou navegam em seus sites favoritos e dizem: "Hã?". Em geral, os preços para muitos bens duráveis, como automóveis, televi-

sões, brinquedos, produtos esportivos e móveis têm baixado, ao passo que os preços para serviços como seguro, plano de saúde e educação universitária têm disparado. Além disso, algumas empresas vêm adotando a estratégia de cobrar o mesmo preço por menos produtos. E alguns produtos são baratos para comprar, mas caros para manter. Todos esses fatores dificultam o entendimento dos consumidores sobre qual a melhor negociação com relação aos produtos que eles querem comprar.

Que tal aquele carro novo ou o computador que você tem adiado comprar? Os preços de muitos modelos têm caído. Uma *minivan* Dodge custa US$ 5 mil a menos do que custava há muitos anos. Os preços de computadores caíram cerca de 17%. Mas, aqui está o truque: o seguro do carro é de até 9%, ao passo que os preços do combustível vêm alcançando uma média de US$ 2 por galão.[33] E, dependendo do tipo de serviço de internet que você decida comprar para seu novo computador, sua conta mensal poderia ser de US$ 10 a US$ 50. Embora os fabricantes e os fornecedores de serviço tenham de cobrir custos trabalhistas crescentes, os fabricantes experimentam ganhos recordes em produtividade, compensando os aumentos trabalhistas – enquanto os fornecedores de serviços, não. Sendo assim, provavelmente o preço dos serviços continuará a se elevar.

Se você é um fã dos iogurtes Danone, não é sua imaginação: os potes de iogurte estão menores. Os recipientes padrão de 226 gramas estão sendo substituídos por outros de 169 gramas. Embora o preço do recipiente menor seja mais baixo – US$ 0,72 em comparação com os US$ 0,88 anteriores – o preço por grama está mais alto. Os potes de meio litro de sorvete também estão desaparecendo. O Edy's Grand tem substituído seu recipiente antigos de meio litro por um de 1,75 quarto, cobrando o mesmo preço pelo novo. E se você pegar um recipiente do sabão em pó líquido Wisk, notará que ele está mais leve. O recipiente antigo tinha 2.830 gramas, enquanto o novo tem 2.264 gramas. Como o iogurte, o novo tamanho do Wisk custa menos – porém, custa mais por litro.

Os fabricantes insistem que esses ajustes são necessários para acompanhar os aumentos no custo dos insumos. "Não é apenas menos iogurte", diz a porta-voz da Danone, Anna Moses. "Há outras coisas que fazem parte do custo de um produto". E a Danone afirma que seus clientes gostam da nova embalagem menor. Porém, em uma pesquisa com 2 mil consumidores conduzida pela Supermarket Guru, 69% disseram que preferiam ter um aumento de preço em vez de receber menos produto. "Em todas as pesquisas de consumidor que fazemos, as pessoas dizem 'Elevem o preço e sejam honestos conosco'", observa Phil Lempert, presidente da Supermarket Guru.

Às vezes, os consumidores simplesmente dizem não aos aumentos de preço ou às reduções de volume. Eles não precisam dizer uma palavra para um proprietário de loja nem escrever uma letra para um fabricante. Apenas escolhem itens com preço mais baixo ou não compram o produto de forma alguma. Durante muitos anos, os consumidores têm se negado a pagar US$ 4 ou US$ 5 por uma caixa de cereal de marca, optando, ao contrário, por marcas de rótulo próprio pela metade do preço. Há um ano, três dos quatro principais fabricantes de alimento – a General Mills, a Kraft Foods e a Quaker Oats – experimentaram uma redução nas vendas de seus cereais. No final, as empresas devem gerenciar seus preços para que os consumidores continuem a sentir que estão ganhando o melhor valor por seus dólares – uma vez que entendam o preço.

Questões para discussão

1. Como consumidor, como você responderia à questão de redução do tamanho da embalagem de um produto, mas com a manutenção do preço?

2. Você acha que o preço promocional ajuda os profissionais de marketing a ganhar consumidores no caso de bens duráveis, como automóveis, computadores, móveis e outros produtos semelhantes? Justifique sua resposta. Por que é importante, para os consumidores, incluir como fatores o custo de manutenção a esses produtos?

Fontes: MADIGAN, Kathleen. It sure doesn't feel like low inflation, *BusinessWeek*, 19 maio 2003, p. 39; HILSENRATH, John E. America's pricing paradox, *The Wall Street Journal*, 16 maio 2003, p. B1; THOMPSON, Stephanie. Retailers thwart food-price hikes, *Advertising Age*, 5 maio 2003, p. 3, 35; HOWARD, Theresa. Pay the same, get less as package volume falls, *USA Today*, 17 março 2003, p. 3B.

ANÁLISE FINANCEIRA EM MARKETING

Muitos conceitos básicos de contabilidade e finanças oferecem valiosas ferramentas para profissionais de marketing. Entender as contribuições oferecidas por essas ferramentas analíticas pode melhorar a qualidade das decisões de marketing. Além disso, os profissionais de marketing geralmente são chamados para explicar e defender suas decisões em termos financeiros. Essas ferramentas de contabilidade e finanças podem ser utilizadas para se obter dados quantitativos com o objetivo de justificar as decisões tomadas por gerentes de marketing. Neste apêndice, descrevemos os principais conceitos de contabilidade e finanças que possuem implicações de marketing e explicamos como eles ajudam a tomar decisões inteligentes.

> **Em poucas palavras**
>
> Sem um parâmetro, não existem medidas. E, sem medidas, não existe controle.
> Pravin M. Shah (nasc. 1932)
> Consultor empresarial indiano

DEMONSTRAÇÕES FINANCEIRAS

Todas as empresas preparam um conjunto de demonstrações financeiras regularmente, sendo duas mais importantes: as demonstrações de resultado e balanços patrimoniais. A analogia de um filme é freqüentemente utilizada para descrever uma *demonstração de resultados*, já que representa um registro financeiro de faturamentos, gastos e lucros de uma empresa sobre um certo período de tempo, como um mês, um trimestre ou um ano. Em contraste, o *balanço patrimonial* é uma fotografia do que a empresa possui – os *ativos* – e o que ela deve – chamados *passivos* – em um determinado momento, como o final do mês, trimestre ou ano. A diferença entre ativos e passivos costuma ser chamada de *patrimônio líquido de proprietários, sócios e acionistas* – a quantia de fundos que os proprietários das empresas investem para a formação da empresa e operações contínuas. Das duas demonstrações financeiras, a de resultado contém mais informações relacionadas ao marketing.

Um exemplo de demonstração financeira da Composite Technology aparece na Figura 1. Situada no subúrbio de Boston, a Composite Technology é uma produtora e empresa de marketing B2B. Ela projeta e fabrica uma variedade de componentes de composites (padrões de desenho de softwares) para fabricantes de produtos para consumidores, indústrias e governo. O faturamento das vendas totais de 2006 atingiu US$ 675 milhões. As despesas totais do ano, incluindo impostos, foram de US$ 583,1 milhões. O ano de 2006 demonstrou ser lucrativo para a Composite Technology – a empresa divulgou um lucro, chamado de rendimento líquido – de US$ 91,9 milhões. Embora o faturamento total seja um número bastante direto, vários gastos apresentados na demonstração de resultado requerem explicações adicionais.

Para qualquer empresa que faça seus próprios produtos (fabricante) ou que simplesmente comercialize um ou mais produtos fabricados por outras empresas (um importador, varejista ou atacadista), a única grande despesa é normalmente uma categoria chamada de *custos de mercadorias vendidas*. Para a empresa, isso reflete o custo de produtos que ela vende para os consumidores. No caso da Composite Technology, o custo de produtos vendidos representa o custo de componentes e matérias-primas e o custo do design e fabricação dos painéis de composite que a firma produz e vende para seus clientes corporativos.

Figura 1
Demonstração de resultado para a Composite Technology,
Inc. em 2006

A demonstração de resultado ilustra como o custo de produtos vendidos é calculado. O cálculo começa com o valor do inventário da empresa no início de 2006. Inventário é o valor de matérias-primas, produtos parcialmente acabados e produtos acabados possuído pela empresa até o final de um período específico de tempo, digamos, o fim do ano. O custo de materiais adquiridos por compradores da Composite Technology durante o ano e o custo direto de fabricação de produtos acabados são então somados aos números iniciais do inventário. O resultado é o custo de produtos disponível que a empresa tem para venda durante o ano. Uma vez que os contadores da empresa subtraiam o valor do inventário possuído por ela no final do ano de 2006, eles sabem o custo dos produtos vendidos.

Simplesmente subtraindo o custo de produtos vendidos do faturamento total de vendas gerado durante o ano, eles determinam que, em 2006, a Composite atingiu um lucro bruto de US$ 270 milhões.

As *despesas operacionais* são outro custo significativo para a maioria das empresas. Essa ampla categoria inclui tanto despesas de marketing como compensação de vendas e gastos, anúncios e outras promoções, e outros gastos incorridos na implementação de planos de marketing. Os contadores normalmente associam essas despesas financeiras a uma única categoria com o rótulo *Gastos Gerais, de Vendas e Administrativos*. Outros itens de gastos incluídos nas despesas operacionais das demonstrações de resultado são salários, serviços públicos e seguros.

Outro gasto significativo para a Composite Technology é o de pesquisa e desenvolvimento (P&D), que inclui tanto o custo de desenvolvimento de novos produtos quanto a modificação dos já existentes. Empresas farmacêuticas, de biotecnologia e de computadores gastam quantias consideráveis de dinheiro todos os anos em P&D. Subtraindo as despesas gerais, de vendas e administrativas e os custos de pesquisa e desenvolvimento do lucro bruto, temos o resultado operacional da empresa. Em 2006, a Composite teve um resultado operacional de US$ 162,5 milhões.

A *depreciação* representa uma redução sistemática ao longo do tempo no valor de certos ativos da empresa, como maquinário de produção, móveis dos escritórios ou os laptops fornecidos para seus representantes de venda. A depreciação é um gasto incomum que não envolve de fato despesa de capital. Entretanto, ela reflete a realidade de que os equipamentos possuídos por uma empresa se desgastam fisicamente com o passar do tempo em razão do uso e/ou da obsolescência tecnológica. Também, cobrar por uma parcela do custo total desses itens de longa vida para cada ano em que foram usados resulta em uma determinação mais precisa dos custos totais envolvidos no funcionamento das empresas a cada ano.

Despesa de juro líquido é a diferença entre o que uma empresa pagou em juros em vários empréstimos e o que ela coletou em juros de qualquer investimento realizado durante o período de tempo envolvido. Subtrair a depreciação e a despesa de juro líquido do lucro operacional da empresa revela os *lucros antes dos impostos*. A Composite teve uma depreciação de US$ 18,6 milhões e uma despesa de juro líquido de US$ 2,5 milhões em 2006, portanto o lucro tributável da empresa nesse ano foi de US$ 141,4 milhões.

Empresas com fins lucrativos pagam impostos calculados como uma porcentagem dos seus lucros tributáveis ao governo federal, assim como os impostos de renda estaduais na maioria dos estados e – em alguns exemplos – impostos de renda municipais. A Composite pagou US$ 49,5 milhões em impostos em 2006. Subtraindo os impostos do lucro tributável temos o *rendimento líquido* da empresa, que foi de US$ 91,9 milhões.

ÍNDICES DE DESEMPENHO

Para avaliar o desempenho das empresas, os gerentes normalmente calculam uma variedade de índices financeiros, usando dados encontrados tanto nas demonstrações de resultado como nos balanços patrimoniais, que então são comparados com os padrões do setor e com dados de anos anteriores. Vários índices são de particular interesse para profissionais de marketing.

Muitos índices financeiros comumente usados focam em *medidas de rentabilidade*. Elas são usadas para avaliar a capacidade da empresa de gerar faturamentos acima das despesas e ganhar uma taxa de retorno adequada. Medidas de rentabilidade incluem a margem de lucro bruto, a margem de lucro líquido e o retorno sobre os ativos.

Margem de Lucro Bruto

A margem de lucro bruto é igual ao lucro bruto de uma empresa dividido pelo faturamento em vendas. Em 2006, a Composite teve uma margem de lucro bruto de:

$$\frac{\text{Lucro bruto}}{\text{Vendas}} = \frac{\$270 \text{ milhões}}{\$375 \text{ milhões}} = 40\%$$

A margem de lucro bruto é a porcentagem de cada dólar em vendas que pode ser usada para pagar outras despesas e cumprir com os objetivos de lucro da empresa. Idealmente, as empresas gostariam de ver margens de lucro bruto iguais ou superiores às de outras empresas do mesmo setor. Uma declinação de margem de lucro bruto pode indicar que a empresa está sofrendo uma certa pressão de preços por parte dos concorrentes ou que seus preços não foram bem ajustados para calcular o aumento dos custos de matérias-primas ou de outros produtos.

Margem de Lucro Líquido

A margem de lucro líquido é igual ao rendimento líquido dividido pelas vendas. Em 2006, a Composite teve uma margem de lucro líquido de:

$$\frac{\text{Lucro líquido}}{\text{Vendas}} = \frac{\$91,9 \text{ milhões}}{\$375 \text{ milhões}} = 13,6\%$$

A margem de lucro líquido é a porcentagem de cada dólar em vendas que a empresa ganha em lucro ou retém depois de pagar todas as despesas. Empresas – e seus acionistas – geralmente querem ver margens de lucro líquido crescentes ou pelo menos estáveis.

Em poucas palavras

Fatos, tudo o que queremos são os fatos.
Jack Webb (1920-1982)
Ator americano

Retorno Sobre Ativo (ROA)

Um terceiro índice de rentabilidade, retorno sobre ativo, mede a eficiência de uma empresa em gerar vendas e lucros a partir da quantia total nela investida. Em 2006, o ROA da Composite foi calculado desta maneira:

$$\frac{\text{Lucro líquido}}{\text{Média de ativos}} = \frac{\text{Vendas}}{\text{Média de ativos}} \times \frac{\text{Lucro líquido}}{\text{Vendas}}$$

$$\frac{\$675 \text{ milhões}}{\$595 \text{ milhões}} \times \frac{\$91,9 \text{ milhões}}{\$675 \text{ milhões}} = 1,13 \times 13,6\% = 15,4\%$$

O índice ROA, na verdade, consiste em dois componentes. O primeiro, chamado de *giro do capital investido*, é a quantia de vendas geradas para cada dólar investido. O segundo componente são as chamadas *margens de lucro líquido*. Dados de todos os ativos de uma empresa são encontrados nos balanços patrimoniais.

Suponha que a Composite começou o ano de 2006 com US$ 560 milhões em ativos e terminou com US$ 630 milhões. A média dos bens para o ano seria de US$ 595 milhões. Como no caso dos outros índices de rentabilidade, o ROA da Composite deveria ser comparado àqueles de outras empresas do setor e com seu próprio desempenho anterior para ser significativo.

Rotatividade de Estoque

A rotatividade de estoque é geralmente categorizada como um *índice de atividade* porque avalia a eficiência do uso de recursos de uma empresa. Ele mede especificamente o número de vezes que a empresa "gira" seu estoque a cada ano. O índice pode ajudar a responder a questão sobre se uma empresa tem o nível adequado de estoque. A rotatividade de estoque é igual ao número de vendas dividido pela média de estoque. A partir da demonstração de resultado, podemos ver que a Composite Technology começou 2006 com US$ 158 milhões em estoque e o terminou com US$ 180 milhões. Portanto, a média de estoque da empresa foi de US$ 169 milhões. A taxa de rotatividade de estoque da empresa é igual a:

$$\frac{\text{Vendas}}{\text{Média de estoque}} = \frac{\$675 \text{ milhões}}{\$169 \text{ milhões}} = 3,99$$

Em 2006, a Composite Technology girou seu estoque quase quatro vezes. Embora uma rotação de estoque normalmente seja um sinal de ótima eficiência, a taxa de rotatividade de estoque deve ser comparada aos dados históricos e às médias apropriadas de empresas do mesmo setor para que sejam significativas. Diferentes organizações podem ter taxas de rotatividade de estoque muito distintas dependendo dos tipos de produtos que vendem. Por exemplo, um supermercado como o Safeway pode girar seu estoque a cada duas semanas para uma taxa anual de 26 vezes por ano. Em contraste, uma grande varejista de móveis provavelmente ficará com uma média de apenas duas vezes por ano. Novamente, a determinação de uma rotatividade de estoque "boa" ou "inadequada" depende de taxas típicas do setor e do desempenho da empresa em anos anteriores.

Rotatividade de Contas a Receber

Outro índice de atividade que pode ser de interesse dos profissionais de marketing é o de rotatividade de contas a receber. Esse índice mede o número de vezes por ano que uma empresa "gira" suas contas a receber. Dividindo a quantia de contas a receber por 365 temos a idade média das contas a receber de uma empresa.

Empresas vendem através de regimes à vista ou a prazo. Vendas a prazo permitem que os compradores obtenham um produto na hora da compra e paguem por ele em uma data posterior especificada. Em essência, o vendedor fornece crédito ao comprador. As vendas a prazo são comuns em transações B2B. Devemos observar que as vendas aos compradores que utilizam cartões de crédito como MasterCard e Visa estão incluídas como vendas à vista, já que o emissor do cartão de crédito, e não o vendedor, está fornecendo crédito ao comprador. Conseqüentemente, a maioria das vendas B2C é à vista.

Contas a receber são vendas a prazo que ainda não foram cobradas. Medir a rotatividade das contas a receber e a idade média dessas contas é importante para empresas em que as vendas a prazo constituem uma alta proporção das vendas totais. A rotatividade de contas a receber é definida como:

$$\text{Rotatividade de contas a receber} = \frac{\text{Vendas a prazo}}{\text{Média de contas a receber}}$$

Suponha que todas as vendas da Composite Technology são a prazo e ainda que a empresa tenha começado 2006 com US\$ 50 milhões em contas a receber e o tenha terminado com US\$ 60 milhões (os dois números podem ser encontrados no balanço patrimonial). Portanto, ela teve uma média de 55 milhões em contas a receber. A rotatividade de contas a receber de uma empresa e sua idade média é igual a:

$$\frac{\$675 \text{ milhões}}{\$55 \text{ milhões}} = 12,3 \text{ vezes}$$

$$\frac{365}{12,3} = 29,7 \text{ dias}$$

A Composite girou suas contas a receber mais de 12 vezes no ano. A idade média de suas contas a receber foi de menos de 30 dias. Já que a Composite espera que seus consumidores paguem as notas fiscais pendentes dentro de 30 dias, esses números parecem apropriados. Entretanto, como outras taxas, a rotatividade de contas a receber e sua idade média devem ser comparadas com empresas de mesmo setor e dados históricos.

MARKUPS E MARKDOWNS

Nos Capítulos 14, 18 e 19, discutimos a importância das decisões sobre atribuição de preços para empresas. Esta seção amplia a discussão anterior do Capítulo 14 introduzindo dois novos conceitos de atribuições de preço: os *markups* (remarcação de preço para mais) e *markdowns* (remarcação de preço para menos). Eles podem ajudar a estabelecer preços de venda e avaliar várias estratégias de atribuição de preço, além de estarem intimamente ligados às demonstrações de resultado de uma empresa.

Markups

A quantia que um profissional de marketing adiciona ao custo dos produtos para estabelecer um preço final de venda é chamada de *markup*. A quantia de *markup* normalmente resulta de duas decisões de marketing:

1. Os serviços desempenhados pelo profissional de marketing. Em condições normais, varejistas que oferecem mais serviços cobram maiores *markups* para cobrir seus gastos.

2. A taxa de rotatividade de estoque. Em condições normais, varejistas com taxas de rotatividade mais altas podem cobrir seus gastos e lucrar cobrando *markups* mais baixos.

O *markup* incluído como parte do preço total de um produto exerce uma influência importante na sua imagem entre os possíveis ou atuais consumidores. Além do mais, isso afeta a capacidade dos varejistas em atrair compradores. Um *markup* excessivo pode afastar clientes e, quando inadequado, pode falhar em gerar um faturamento suficiente para que os varejistas cubram as despesas e lucrem.

Os *markups* são normalmente determinados como porcentagens tanto do preço de vendas quanto do custo de produtos. As fórmulas para se calcular os *markups* são as seguintes:

$$\text{Porcentagem de } markup \text{ sobre o preço de venda} = \frac{\text{Quantia agregada ao custo } (markup)}{\text{Preço de venda}}$$

$$\text{Porcentagem de } markup \text{ sobre o custo} = \frac{\text{Quantia agregada ao custo } (markup)}{\text{Custo}}$$

Considere um produto com uma fatura de US$ 0,60 e preço de venda de um US$ 1. O *markup* total (preço de venda menos custo) é de US$ 0,40. As duas porcentagens de *markup* são calculadas da seguinte forma:

$$\text{Porcentagem de } markup \text{ sobre o preço de vendas} = \frac{\$0,40}{\$1,00} = 40\%$$

$$\text{Porcentagem de } markup \text{ sobre o custo} = \frac{\$0,40}{\$0,60} = 66,7\%$$

Para determinar o preço de venda sabendo somente o custo e a porcentagem de *markup* sobre o preço de venda, um profissional de marketing aplica a seguinte fórmula:

$$\text{Preço} = \frac{\text{Custo em dólares}}{\left(100\% - \text{Porcentagem de } markup \text{ sobre o preço de venda}\right)}$$

No exemplo anterior, para determinar o preço de venda correto de US$ 1, o profissional de marketing faria o seguinte cálculo:

$$\text{Preço} = \frac{\$0,60}{\left(100\% - 40\%\right)} = \$1,00$$

Da mesma forma, você pode converter a porcentagem de *markup* de um item específico baseando-se no preço de venda para uma porcentagem de *markup* baseada no custo, e o inverso, usando as seguintes fórmulas:

$$\text{Porcentagem de } markup \text{ sobre o preço de venda} = \frac{\text{Porcentagem de } markup \text{ sobre o custo}}{\left(100\% + \text{Porcentagem de } markup \text{ sobre o custo}\right)}$$

$$\text{Porcentagem de } \textit{markup} \text{ sobre o custo} = \frac{\text{Porcentagem de } \textit{markup} \text{ sobre o preço de venda}}{\left(100\% - \text{Porcentagem de } \textit{markup} \text{ sobre o preço de venda}\right)}$$

Novamente, os dados do exemplo anterior fornecem as seguintes conversões:

$$\text{Porcentagem de } \textit{markup} \text{ sobre o preço de venda} = \frac{66,7\%}{\left(100\% + 66,7\%\right)} = 40\%$$

$$\text{Porcentagem de } \textit{markup} \text{ sobre o custo} = \frac{40\%}{\left(100\% - 40\%\right)} = 66,7\%$$

Os profissionais de marketing decidem sobre o que consideram ser *markups* apropriados baseando-se em vários fatores:

- *Markups* típicos sobre produtos parecidos oferecidos por concorrentes.
- Imagem da marca de seus produtos – que é influenciada pelo preço e outras variáveis.
- Número de intermediários de marketing no canal e os serviços realizados por cada um.
- Julgamentos subjetivos das quantias que consumidores pagarão por um produto.

Porém, quando compradores se negam a pagar por um preço de produto já estabelecido, ou quando melhorias em outros produtos ou mudanças na moda diminuem o apelo da mercadoria atual, um produtor ou varejista deve fazer um *markdown*.

Markdowns

Markdown é uma redução de preço feita por uma empresa sobre o preço de um item. As razões para que aconteçam *markdowns* incluem promoções de vendas envolvendo reduções de preços ou uma decisão de que o preço inicial estava muito alto. Ao contrário de um *markup*, um *markdown* não pode ser determinado com demonstrações de resultado, já que a redução de preços acontece antes que as vendas ocorram. A porcentagem de *markdown* é igual a um *markdown* de dólar dividido pelas vendas. Um varejista, por exemplo, pode decidir reduzir o preço de um item em US$ 10, de US$ 50 para US$ 40, e vender mil unidades. A porcentagem de *markdown* é igual a:

$$\frac{\left(1.000 \times \$10\right)}{\left(1.000 \times \$40\right)} = \frac{\$10.000}{\$40.000} = 25\%$$

TAREFAS

1. Suponha que um produto tenha um preço de fatura de US$ 45 e um preço de venda de US$ 60. Calcule a porcentagem de *markup* em preço de venda e custo.
2. Um produto tem um preço de fatura de US$ 92,50. O vendedor quer incluir um *markup* de 25% no preço de venda. Calcule o preço de venda.

3. Suponha que um varejista decida reduzir o preço de um item em US$ 5, de US$ 15 para 10 US$, e venda 5 mil unidades. Calcule a porcentagem de *markdown*.

4. Obtenha uma recente demonstração de resultado e balanço patrimonial de uma empresa da sua escolha cujas ações sejam cotadas em bolsa (uma boa fonte de demonstrações de resultados recentes é o site do MSN Investor, www.investor.msn.com.). Utilize dados relevantes incluídos na demonstração de resultado para calcular cada uma das seguintes taxas:

   a. margem de lucro bruto
   b. margem de lucro líquido
   c. rotatividade de estoque
   d. retorno do ativo
   e. *markup* (remarcação de preço para mais)

5. Este apêndice descreveu como o setor no qual uma empresa opera afeta seus índices financeiros. Resolva esse exercício para pensamento crítico ligando o seguinte quadro de índices financeiros a cada uma destas empresas: 3M, Gap, Pfizer e Wal-Mart. Considere o setor em que cada empresa opera e a maneira com que ele pode afetar as taxas de rentabilidade, retorno sobre ativo e rotatividade de estoque. Por exemplo, qual das quatro você esperaria ter uma margem de lucro mais baixa e qual deve ter uma margem de lucro mais alta?

ÍNDICE FINANCEIRO	EMPRESA A	EMPRESA B	EMPRESA C	EMPRESA D
Margem de lucro líquido	28,4%	3.5%	13.9%	6.5%
Retorno sobre ativo	20.6%	8.6%	14.6%	10.0%
Rotatividade de estoque	2.1	7.6	3.4	4.9

Prólogo

1. "Professional Golf Management", Florida State University, http://www.cob.fsu.edu/dsh/pgm, acessado em 30 out. 2004; "Bachelor of Science with a Major in Sport Management", Georgia Southern University, http://chhs.georgiasouthern.edu, acessado em 30 out. 2004; "Penn State University Professional Golf Management", Penn State University, http://www.hrrm.psu.edu/pgm/, acessado em 30 out. 2004.

2. Sue Kirchoff. "Better Educated Find Jobs Faster", USA Today, 16 jun. 2003, http://www.usatoday.com.

3. Barbara Hagenbaugh. "Grads See Brighter Job Prospects", USA Today, 14 abr. 2004, p. 3B; Hilary Cassidy, "How's This for a Head Hunter?", Brandweek, 8 mar. 2004, p. 20-23.

4. Jill Rachlin Marbaix. "Job Search 2.OH!", U.S. News & World Report, 8 mar. 2004, p. 60.

5. Joanne Gordon. "Battle of the Boards", Forbes, 12 ago. 2002, p. 50.

6. Peter Coy. "The Future of Work", BusinessWeek, 22 mar. 2004, p. 50-52.

7. Hagenbaugh. "Grads See Brighter Job Prospects"; Diya Gullapalli. "Who Says Interns No Longer Get Any Perks?", The Wall Street Journal, 30 jul. 2002, p. Bl, B8.

8. Matthew D. Shank. Sports Marketing: A Strategic Perspective. 3. ed. Upper Saddle River: Prentice Hall, 2005.

9. John Kador; Brian Caulfield. "A Resume That Shows Them the Super-You", Business 2.0, abr. 2004, p. 134; Michelle Conlin. "The Resume Doctor Is In", BusinessWeek, 14 jul. 2003, p. 115-117; Joann S. Lublin. "College Students Make Job-Hunting Tougher with Weak Resumes", The Wall Street Journal, 29 abr. 2003, p. Bl.

10. Dale Dauten. "Cover Letters from Hell", The Birmingham News, 7 dez. 2003, p. Gl.

11. "Job Tips for College Grads". In: Steve Giegerich. "Some College Grads Opt to Delay Entry into Crowded Job Market", Mobile Register, 16 maio 2003, p. A10.

12. Louis E. Boone. Quotable Business. 2. ed. Nova York: Random House, 1999, p. 103.

Capítulo 1

1. Site da empresa, http://www.underarmour.com, acessado em 27 jan. 2005; Barbara De Lollis, "No Sweat: Idea for Athletic Gear Takes Him to the Top", USA Today, 13 dez. 2004, p. Bl, B2; "Under Armour Set to Protect ESPYs", Brandweek.com, 15 jul. 2004, http://www.brandweek.com; Barry Janoff, "ESPN, Under Armour Sign Deal", Brandweek.com, 13 maio 2004, http://www.brandweek.com; "Under Armour, Maryland Announce Partnership", Maryland, 10 jan. 2004, http://uniterps.collegesports.com; Mark Hyman, "How I Did It", Inc. Magazine, dez. 2003, http://www.inc.com.

2. Steve Hamm. "Why High Tech Has to Stay Humble", BusinessWeek, 19 jan. 2004, p. 76-77.

3. Larry Selden; Geoffrey Colvin. "What Customers Want", Fortune, 7 jul. 2003, p. 122-128.

4. Shirley Leung. "Fast-Food Firms' Big Budgets Don't Buy Customer Loyalty", The Wall Street Journal, 24 jul. 2003, p. B4.

5. David M. Szymanski; David H. Henard. "Customer Satisfaction: A Meta-Analysis of the Empirical Evidence", Journal of the Academy of Marketing Science, v. 29, n. 1, p. 16-35, inverno de 2001.

6. Barry Janoff. "Sirius Serious about NFL Ties; Phillies Share Joy of New Park", Brandweek, 12 abr. 2004, p. 10; Robert Barker. "Satellite Radio: Clear Growth, Far-Off Profits", BusinessWeek, 2 fev. 2004, p. 91.

7. Joseph P. Guiltinan; Gordon W. Paul. Marketing Management. 6. ed. Nova York: McGraw-Hill, 1996, p. 3-4.

8. Arlene Weintraub. "A High-Tech Race to Corral Mad Cow", BusinessWeek, 1 mar. 2004, p. 107-108; Chris Woodward. "Beef Industry Looks to Reopen Markets", USA Today, 29 dez. 2003, p. 4B.

9. Rebecca Buckman. "Computer Giant in China Sets Sights on U.S.", The Wall Street Journal, 19 jun. 2003, p. Bl, B4.

10. Stephen Baker; Manjeet Kripalani. "Software: Will Outsourcing Hurt America's Supremacy?", BusinessWeek, 1 mar. 2004, p. 84-94.

11. Laura Hillenbrand. Seabiscuit: An American Legend. Nova York: Random House, 2001, p. 3-6.

12. Steven Rosenbush. "Armstrong's Last Stand", BusinessWeek, 25 fev. 2001, p. 88-96.

13. David Court; Tom French; Gary Singer, "How the CEO Sees Marketing", Advertising Age, 3 mar. 2003, p. 2B.

14. Elizabeth Goodgold. "Talking Shop", Entrepreneur, set. 2003, p. 62-67.

15. Goodgold, "Talking Shop".

16. John Bissell. "Opening the Doors to Cause Branding", Brandweek, 27 out. 2003, p. 30.

17. Bill Hoffmann. "A-Rod Stock A-Ri$ing", New York Post, 23 fev. 2004, http://story.news.yahoo.com; Theresa Howard. "To Market, To Market: Advertisers Ponder A-Rod's Potential", USA Today, 19 fev. 2004, http://story.news.yahoo.com.

18. Terry Lefton. "Made in New York", Brandweek, 8 dez. 2003, p. 29-32.

19. "Cause Marketing: After Two Decades of Growth, the $1 Billion Spending Mark Is in Sight", Halo Awards: Cause Marketing Forum, 29 jul. 2003, p. 4.

20. Sean Marcinek. "Uncle Sam Makes an Appeal to Mom", The Wall Street Journal, 26 jun. 2003, p. B6.

21. April Pennington. "Food for Thought", Entrepreneur, jul. 2003, p. 160.

22. Arundhati Parmar. "Marines, Air Force Scour Databases for Recruits", Marketing News, 21 jul. 2003, p. 17.

23. Christopher Helman. "Now Hear This", Forbes, 15 set. 2003, p. 122-124.

24. Catherine Arnold. "Technology Reels 'Em In", *Marketing News*, 14 out. 2002, p. 13.

25. Stephen H. Wildstrom. "Net Phoning Is Starting to Make Sense", *BusinessWeek*, 24 maio 2004, p. 28; Stephen H. Wildstrom. "At Last, You Can Ditch the Phone Company", *BusinessWeek*, 17 maio 2004, p. 26; Xeni Jardin. "Why Your Next Phone Call May Be Online", *Wired*, jan. 2004, p. 32.

26. Charles Haddad. "Delta's Flight to Self-Service", *BusinessWeek*, 7 jul. 2003, p. 92-93.

27. Benjamin Fulford. "Korea's Weird Wired World", *Forbes*, 21 jul. 2003, p. 92-94.

28. Steve Jarvis. "A Whirlwind of Technologies May Sweep Up Marketers", *Outlook 2002*, 7 jan. 2002, p. 8.

29. Mike Beirne. "The Mother of Incentives", *Brandweek*, 26 jan. 2004, p. 4.

30. Monte Burke. "Pop Music", *Forbes*, 12 jan. 2004, p. 192-194.

31. Allison Fass. "Spot On", *Forbes*, 23 jun. 2003, p. 140.

32. Lisa Takeuchi Cullen. "Have It Your Way", *Time*, 23 dez. 2002, p. 40-42.

33. Goodgold, "Talking Shop", p. 62-67.

34. Tahl Raz. "A Recipe for Perfection", *Inc.*, jul. 2003, p. 36-38.

35. Goodgold, "Talking Shop".

36. Site da empresa, http://www.timberland.com, acessado em 13 fev. 2004.

37. Del Jones. "Hasbro, Pfizer Get Award for Charity Efforts", *USA Today*, 23 fev. 2004, p. B9.

Capítulo 2

1. Site de The First Tee, http://www.thefirsttee.org, acessado em 28 jan. 2005; "Stadler Cruises to First Tee Title", *Fox Sports*, 28 jan. 2005, http://golfserv.foxsports.com; "First Tee Extends Sponsorship Deal with Wal-Mart", *Jacksonville Business Journal*, 19 jan. 2005, http://jacksonville.bizjournals.com; Jaime Diaz. "Measuring Up? The First Tee Is Banking on Juniors for the Long Haul", *Golf Digest*, jan. 2004, acessado em http://www.findartides.com.

2. NBC News, 5 abr. 2004.

3. Nichole L. Torres. "Cloud Star Corp.". In: Amanda Kooser et al. "Beyond Their Years", *Entrepreneur*, nov. 2003, p. 74-85.

4. Sarah Ellison. "In Lean Times, Big Companies Make a Grab for Market Share", *The Wall Street Journal*, 5 set. 2003, p. Al.

5. John Batelle. "The Net of Influence", *Business 2.0*, mar. 2004, p. 70.

6. Diane Brady. "Will Jeff Immelt's New Push Pay Off for GE?", *BusinessWeek*, 13 out. 2003, p. 94-98.

7. Bass Pro Shops promotional brochure, Bass Pro Shops, Springfield, MO.

8. Duff McDonald. "Roll Out the Blue Carpet", *Business 2.0*, maio 2004, p. 53-54.

9. Site da NCAA, http://www.ncaa.org, acessado em 5 abr. 2004.

10. Site da Kelloggs, http://www.kelloggs.com, acessado em 5 abr. 2004.

11. Dave Carpenter, "McDonald's to Dump Supersize Portions", *Associated Press*, 3 mar. 2004, http://story.news.yahoo.com.

12. Roger Parloff. "The New Drug War", *Fortune*, 15 mar. 2004, p. 144-156.

13. Susan Horsburgh; Ron Arias; Steve Helling. "eBay's eBoss", *People*, 4 ago. 2003, p. 97-98.

14. Nick Wingfield. "Amazon Goes for Gold with Discount Jewelry", *The Wall Street Journal*, 22 abr. 2004, p. Bl, B2.

15. Site da empresa: http://www.maldenmills.com, acessado em 5 abr. 2004.

16. Derek F. Abell. "Strategic Window", *Journal of Marketing*, jul. 1978, p. 21-26; John K. Ryans; William L. Shankin. *Strategic Planning*: Concepts and Implementation. Nova York: Random House, 1985, p. 11.

17. April Y. Pennington. In: Kooser et al. "Beyond Their Years", p. 77.

18. Kerry A. Dolan. "It's Nice to Be Big", *Forbes*, 1 set. 2003, p. 84.

19. Sandra O'Loughlin, "Brand Builders", *Brandweek*, 31 mar. 2003, p. 16-17.

20. "Women on Their Way", site dos Wyndham Hotels, http://www.wyndham.com, acessado em 3 jan. 2003; Katherine Conrad, "Hoteliers Cashing in with Women Business Travelers", *East Bay Business Times*, 8 mar. 2002, http://eastbay.bi2j0urnals.com.

21. Horsburgh; Arias; Helling. "eBay's eBoss".

22. Matthew Boyle. "Wal-Mart Keeps the Change", *Fortune*, 10 nov. 2003, p. 46.

23. Amy Cortese. "An Ancient Drink, Newly Exalted", *BusinessWeek*, 1 mar. 2004, p. 122-123.

24. Keith Naughton. "Kicking Hyundai into High Gear", *Newsweek*, 30 dez. 2002, p. 73.

25. Shawn Young, "Night Rates to Start Two Hours Earlier on AT&T Cell Plan", *The Wall Street Journal*, 9 mar. 2004, p. Dl, D4.

26. "All Fired Up over Clean Coal", *BusinessWeek*, 16 fev. 2004, p. 76.

27. Andrew Gillies. "General Mills". In: "Forbes Magnetic 40", *Forbes*, 21 maio 2003, p. 86.

28. Conforme mencionado: Jagdish Sheth; Rajendra Sisodia. *Surviving and Thriving in Competitive Markets*. Nova York: Free Press, 2002.

29. Wendy Zellner. "Is JetBlue's Flight Plan Flawed?", *BusinessWeek*, 16 fev. 2004, p. 72-75.

30. Leigh Buchanan. "Death to Cool", *Inc.*, jul. 2003, p. 82-87.

31. Peter Burrows. "Show Time!", *BusinessWeek*, 2 fev. 2004, p. 58-64.

32. Burrows, "Show Time!".

Apêndice

1. Site da NCAA, "NCAA Strategic Planning Process", http://www.ncaa.org, acessado em 5 abr. 2004.

2. Keith Naughton. "Out of the Box", *Newsweek*, 12 maio 2003, p. 40-41.

3. April Y. Pennington. "Jenzabar Inc.". In: "Beyond Their Years", *Entrepreneur*, nov. 2003, p. 80-81.

4. Amanda C. Kooser. "Handango". In: "Beyond Their Years", *Entrepreneur*, nov. 2003, p. 82.

5. Naughton, "Out of the Box".

6. Nichole L. Torres. "Raising Cane". In: "Beyond Their Years", *Entrepreneur*, nov. 2003, p. 83.

7. Mike Steere. "A Timeless Recipe for Success", *Business2.0*, set. 2003, p. 47-49.

8. Steere, "A Timeless Recipe for Success".

9. Susan Adams. "You, the Record Mogul", *Forbes*, 27 out. 2003, p. 257.

10. Karen E. Spaeder. "Under Armour Performance Apparel". In: "Beyond Their Years", *Entrepreneur*, nov. 2003, p. 76.

11. Andy Reinhardt. "Nokia's Big Leap", *BusinessWeek*, 13 out. 2003, p. 50-52.
12. Pui-Wing Tam. "Sony Puts Its Hand-Helds on Hold", *The Wall Street Journal*, 2 jun. 2004, p. B8.
13. "Levi Strauss Explores Sale of Dockers Brand", *USA Today*, 11 maio 2004, http://www.usa today.com.

Capítulo 3

1. Ira Podell. "Game Off! NHL Season Canceled", *Yahoo! Sports*, 16 fev. 2005, http://sports.yahoo.com; Dan Wetzel, "And So It Ends", *Yahoo! Sports*, 16 fev. 2005, http://sports.yahoo.com; Jeff Zillgitt, "Hockey Losing Its Place in U.S. Sports Landscape", *USA Today*, 31 jan. 2005, www.usatoday.com; "Hockey Talks Unproductive", *Buffalo News*, 28 jan. 2005, www.buffalonews.com; Ira Podell, "NHL Labor Talks Break Down Again", *Yahoo! Sports*, 28 jan. 2005, http://sports.yahoo.com; Sandy Shore, "NHL Lockout Hurts Retail Stores, Other Businesses", *Yahoo! Sports*, 25 jan. 2005, http://sports.yahoo.com; Michael K. Ozanian, "Ice Capades", *Forbes*, 29 nov. 2004, p. 124-129.
2. Sue Kirchoff. "Natural Beef Industry Might See Boost from Mad Cow Fears", *USA Today*, 12 jan. 2004, p. Bl; Mark Sherman, "Organic Beef Growers Determined to Cash In on the Mad Cow Case", *Mobile Register*, 12 jan. 2003, p. A3.
3. Vanessa O'Connell. "Why Philip Morris Decided to Make Friends with FDA", *The Wall Street Journal*, 25 nov. 2003, p. 11.
4. Tim Weiner. "Low-Wage Costa Ricans Make Baseballs for Millionaires", *The New York Times*, 25 jan. 2004, http://www.nytimes.com.
5. Carrie Kirby. "RealNetworks Sues Microsoft on Antitrust", *San Francisco Chronicle*, 19 dez. 2003, http://www.slgate.com.
6. Barbara Kiviat. "Buy Just the Broadband", *Time*, 8 mar. 2004, p. 84.
7. David Pringle. "Motorola Hopes Early Push in 3G Market Yields Gains", *The Wall Street Journal*, 28 mar. 2002, p. B4; Jennifer Tanaka. "Design: The Coolest Cell Phone Wins", *Newsweek*, 25 fev. 2002, p. 9; Maureen Tkacik. "Hey Dude, This Sure Isn't The Gap – Pink Fur Pants, Tongue Rings Draw 'Alternative' Teens to Hot Topic's Mall Stores", *The Wall Street Journal*, 12 fev. 2002, p. Bl.
8. Jim Carlton. "People Favor Solar Power – But Not in Their Neighborhood", *The Wall Street Journal*, 25 fev. 2004, p. Bl, B4.
9. Yuki Noguchi. "Working WiFi", *Mobile Register*, 29 fev. 2004, p. F3; Michelle Kessler. "Wi-Fi Changes Virtually Everything", *USA Today*, 19 fev. 2004, p. Bl, B2; Karen Lowry Miller. "Is Wi-Fi Just a Bubble?", *Newsweek*, 29 set. 2003, p. E22-E24.
10. Gardiner Harris. "Back to the Lab", *The Wall Street Journal*, 29 jan. 2002, p. Al.
11. Dan Richman. "A Cingular Victory: AT&T Sale a Boon for Shareholdrs", Seattle Post-Intelligencer, 18 fev. 2004, http://seattlepi.nwsource.com.
12. Leigh Gallegher. "Pix Populi", *Forbes*, 15 mar. 2004, pp. 156-157.
13. Betsy Shiftman. "Still Want to Teach the World to Sing?" *Forbes*, 16 jan. 2003.
14. "Boom or Gloom?" *The Economist*, 20 nov. 2003, http://www.economist.com.
15. David Welch. "Gentlemen, Start Your Hybrids", *BusinessWeek*, 26 abr. 2004, p. 45-46. Richard J. Newman. "Red-Hot and Green", *U.S. News & World Report*, 23 fev./1 mar. 2004, p. D6.
16. Ira Sager, ed. "The Price of Safety", *BusinessWeek*, 15 set. 2003, p. 12.
17. Kerry A. Dolan; Quentin Hardy. "The Challenge from China", *Forbes*, 13 maio 2002, p. 73-76.
18. Fred Guterl. "Bright Light, Big Industry", *Newsweek*, 23 set. 2002, p. 49.
19. Brian Grow. "Hispanic Nation", *BusinessWeek*, 15 mar. 2004, p. 58-70; Deborah L. Vence. "You Talkin to Me?", *Marketing News*, 1 mar. 2004, p. 1, 9-11; "Dieste Multicultural Shop of Year", *Advertising Age*, 14 jan. 2002, p. S-8.
20. Jonathan D. Salant. "FCC OKs Home-to-Cell Phone Number Rule", *Yahoo! News*, 12 nov. 2003, http://news.yahoo.com/.
21. "Corporate Crime: The Reckoning", *BusinessWeek*, 15 mar. 2004, p. 128.
22. Andrew Kramer. "Jury Finds Wal-Mart Owes Unpaid Overtime", *Associated Press*, 18 fev. 2004, http://story.news.yahoo.com.
23. William Spain. "Court Throws Out Tobacco Lawsuit", *CBS MarketWatch.com*, 31 dez. 2003; Barry Meier. "Huge Award for Smokers Is Voided by Appeals Court", *The New York Times*, 22 maio 2003, http://www.nytimes.com.
24. "DoubleClick Settles Online-Privacy Suits, Plans to Ensure Protections, Pay Legal Fees", *The Wall Street Journal*, 1 abr. 2002, p. B8.
25. Cathy Booth-Thomas. "The See-It-All Chip", *Time*, out. 2003, p. A8-A16.
26. Nanci Hellmich. "School Vending Rated as Junk", *USA Today*, 12 maio 2004, p. D12; Monica Roman. "Super Size Downsized", *BusinessWeek*, 15 mar. 2004, p. 44; "In Anti-Obesity Effort, Texas Schools Deep-Six Deep Fry", *AP Wire Story*, 4 mar. 2004; "McDonalds Phasing Out Super-Size Fries, Drinks", *USA Today*, 4 mar. 2004, p. Bl; Mercedes M. Cardona. "Marketers Bite Back As Fat Fight Flares Up", *Advertising Age*, 1 mar. 2004, p. 3, 35.
27. "Old Growth Campaign: Boise Victory!", *Rainforest Action Network*, http://www.ran.org, acessado em 19 fev. 2004; Jim Carlton. "Boise Cascade Turns Green", *The Wall Street Journal*, 3 set. 2002, p. B6. 41.
28. Gregory Zuckerman. "Biovail Tactics on Marketing Focus of Probe", *The Wall Street Journal*, 25 ago. 2003, p. Cl.
29. Cindy Starr. "Pharmaceutical Advertising Barrage Lures Consumers, Worries Doctors", *Scripps Howard News Service*, 2 fev. 2002; Devika Sennik. "Influence of Direct to Consumer Pharmaceutical Advertising and Patients' Requests on Prescribing Decision", *British Medical Journal*, 2 fev. 2002.
30. "Schering-Plough Corp.: U.S. Attorney Begins Issuing Subpoenas in Pricing Prove", *The Wall Street Journal*, 1 abr. 2002, p. C5.
31. Jerry W. Jackson. "Naples Motel Is Latest Charged with Price Gouging after Last Year's Hurricanes", *The Orlando Sentinel*, 29 jan. 2005, http://www.orlandosentinel.com; "Florida Days Inn to Pay $70,000 for Price Gouging", *ConsumerAffairs.com*, 5 out. 2004, http://www.consumerarFairs.com; "Florida Probes Storm Price Fixing", *BBC News*, 14 ago. 2004, http://news.bbc.co.uk.
32. Marc Gunther, "Tree Huggers, Soy Lovers, and Profits", *Fortune*, 23 jun. 2003, p. 89-104.
33. "Dell Recycling", site da Dell, http://www.us.dell.com, acessado em 19 fev. 2004; Jonathan Skillings, "Dell Partners for PC Recycling", *CNet News.com*, 17 maio 2002, http://news.com.

34. Michelle Kessler, "PC Makers Soon May Be Forced to Recycle", *USA Today*, 26 fev. 2002, p. Bl.

35. Bob Garfield, "Inspiration and Urge-to-Serve Mark the Best of Ad Council", *Advertising Age*, 29 abr. 2002, p. C2.

36. Christopher Tkaczyk, "Recycling", *Fortune*, 1 abr. 2002, p. 36.

37. Arlene Weintraub e Laura Cohn, "A Thousand-Year Plan for Nuclear Waste", *BusinessWeek*, 6 maio 2002, p. 94-96.

38. Nichole L. Torres, "Natural Instinct", *Entrepreneur*, ago. 2003, p. 90-91.

Capítulo 4

1. "Sports Broadcasts from Around the World", *Broadcast Live*, http://www.broadcast-live.com, acessado em 1 fev. 2005; Joy Leiker, "Home Hoops Delivery Comes via Internet for Randolph County Sports Fans", *The Star Press*, 29 jan. 2005, http://www.thestarpress.com; "Turning a Love of Sports into a Successful Online Business", Yahoo! Small Business, http://smallbusiness.yahoo.com, acessado em 7 jan. 2005; Janis Mara, "MSN, Fox Sports Create Co-Branded Site", *ClickZ Network*, 7 maio 2004, http://www.clickz.com; Keith Regan, "Can Online Sports Hit a Home Run?", *E-commerce Times*, 23 out. 2003, http://www.ecommercetimes.com; Robyn Greenspan, "Sports Content Revenue Soars, Scores", *ClickZ Network*, 21 abr. 2003, http://www.clickz.com.

2. Arundhati Parmar, "Student e-Union: Colleges Write Textbook on Internet Marketing", *Marketing News*, 1 abr. 2004, p. 13-14.

3. "Wireless Gets More Professional", http://www.apple.com/bluetooth/, acessado em 3 jan. 2005.

4. Betsy Streisand, "Make New Sales", *U.S. News & World Report*, 16 fev. 2004, p. 41.

5. Ron Insana, "Dell Knows His Niche and Hell´s Stcik with it", *USA Today*, 5 abr. 2004, p. B3.

6. Robert Hof, "Don´t Cut Back Now", *Business Week*, http://www.businessweek, 24 fev. 2004.

7. "Active Internet Users by Country", ClickZ Network, http://www.clickz.com/stats, acessado em 27 dez. 2004.

8. Mark Dolliver, "Takes", *Adweek*, 2 fev. 2004, p. 30.

9. !iTunes Hits 50 Milion Milestone", *BBC News*, http://newsvote.bbc.co.uk, acessado em 5 abr. 2004.

10. Edward C. Baig, "It´s here, It´s There, and Soon Everywhere", *USA Today*, 29 mar. 2004, p. B4; Scott Thurm, David Pringle e Evan Ramstad, "Chill hits Wi-Fi 'Hot Spots'", *The wall Street Journal*, 8 mar. 2004, p. B1-B2.

11. Laura Rush, "E-CommerceGrowth Spurred by Maturation", ClickZ Network, http://www.clickz.com, acessado em 1 mar. 2004.

12. "About", University of Phoenix, http://degrees.uofphx.info, acessado 3 jan. 2005.

13. Debora Vence, "Boston Orchestra Tunes Up Net Campaign", *Marketing News*, http://clickz.com, acessado em 1 mar. 2004.

14. Robyn Greenspan, "Internet High on Travel Destinations", *ClickZ Network*, http://www.clickz.com, acessado em 1 mar. 2004.

15. Mullaney, "The E Biz Surprise".

16. "Royal Mail Drive Major Cost Savings through FreeMarkets", press release, *FreeMarkets*, http://www.freemarkets.com, acessado em 5 mar. 2004.

17. Erick Schonfeld, "Corporate America´s New Outlet Mall, *Business 2.0*, abr. 2004, p. 43-45.

18. B2B E-Commerce Headed for the Trillions", *ClickZ Network*, http://clickz.com, acessado em 4 mar. 2004.

19. IBM, perfil da empresa. *MSN Investor*, http://moneycentral.msn.com, acessado em 4 jan. 2005.

20. Robert Hof, "Reprogramming Amazon", Business Week, http://www.businessweek.com acessado em 4 mar. 2004.

21. Steve Levy, "All Eyes on Google", *Newsweek*, 9 mar. 2004, pp. 49-59; Anick Jesdanun, "Google: The Trusted Name in Web Trolling", *Mobile Register*, 28 mar. 2004, p. F3.

22. "General Information" e "Benefits", State of North California E-Procurement Program, http://www.ncgov.com/eprocurement/asp/section/ep_index.asp acessado em 5 jan. 2005.

23. Greenspan, "E-Tailers Will See Green".

24. Chris Woodyard e Barbara De Lollis, "Small-Car-Rental Firms Take Jab as Big Guys", *USA Today*, 5 abr. 2004, p. Bl.

25. *Historybuff.com*, http://www.historybuff.com, acessado em 5 jan. 2005.

26. Robyn Greenspan, "Merchants Need Some Timely Imporvements", *ClickZ Network*, http://www.clickz.com, acessado em 15 mar. 2004.

27. Amy Tsao, "Where Retailets Shop for Savings", *BusinessWeek*, http://www.businessweek.com, acessado em 8 mar. 2004.

28. *AutoNetwork.com*, http://www.autonetwork.com, acessado em 8 dez. 2004.

29. "Active Internet Users by Country", *ClickZ Network*, http://www.dickz.com, acessado em 6 mar. 2004.

30. Pamela Parker. "Blame It on Surprises", *ClickZ Network*, http://www.clickz.com, acessado em 8 mar. 2004.

31. Brian Krebs. "Senators Try to Smoke Out Spyware", *The Washington Post*, http://www.washingtdnpost.com, acessado em 8 mar. 2004.

32. Amazon.com Privacy Notice, http://www.amazon.com, acessado em 7 jan. 2005.

33. "FTC Announces Settlement with Bankrupt Website, Toysmart.com, Regarding Alleged Privacy Policy Violations", press release, Federal Trade Commission, http://www.ftc.gov, acessado em 8 mar. 2004.

34. Krebs, "Senators Try to Smoke Out Spyware".

35. *America's Online Pursuits*, Pew Internet and American Life Project, http://www.pewint.ernet.org, acessado em 8 mar. 2004.

36. Laura Rush. "Women, Comparison Shopping Help Boost Holiday Revenues", *ClickZ Network*, http://www.clickz.com, acessado em 10 mar. 2004.

37. "Irrelevance through Constant Consumer Analysis", *Jupiter Media Metrix*, http://www.jmm.com, acessado em 6 mar. 2004.

38. Nicole Maestri. "Target Phasing Out 'Smart' Visa Cards", *Yahoo! News*, http://news.yahoo.com, acessado em 5 mar. 2004.

39. Jena McGregor. "Its a Blog World After All", *Fast Company*, abr. 2004, p. 84-85; Catherine Arnold, "Vox Venditori: Marketers Discover Weblogs' Power to Sell – Minus the Pitch", *Marketing News*, 15 mar. 2004, p. 1, 11-12.

40. Robyn Greenspan. "Online Ads, E-Marketing on Upswing", *ClickZ Network*, http://www.clickz.com, acessado em 10 mar. 2004.

41. "Learning How Shoppers Shop, Sharper Image Considers Site Modification", *Internet Retailer*, http://internetretailer.com, acessado em 10 mar. 2004.

Capítulo 5

1. "Sports Violence and Fan Behavior", Indiana University, http://newsinfo.iu.edu, acessado em 19 jan. 2005; Richard Lustberg; Charles Deitch. "On the Couch: An Analysis of Current Topics and Issues in Sport", *The Psychology of Sports*, 2 jan. 2005, http://www.psychologyofsports.com; Mark Sappenfield. "Sports Violence Fed by Both Fans, Athletes", *The Christian Science Monitor*, 24 nov. 2004, http://www.csmonitor.com; "Fans vs. Athletes: 10 Ugly Incidents", *CBS Sports Online*, 24 nov. 2004, http://www.cbc.ca; Mike Celizic, "MLB Teams Encourage Idiotic Fan Behavior", *MSNBC.com*, 18 set. 2004, http://www.msnbc.com; Michelle Kessler e Erik Brady, "Fan Involvement Nothing New", *USA Today*, 15 set. 2004, http://www.usatoday.com.
2. Lynn Cook. "How Sweet It Is", *Forbes*, 1 mar. 2004, p. 90-92; Laurel Wentz, "Nissan Boosts Hispanic Efforts", *Advertising Age*, 1 dez. 2003, p. 26.
3. Tobi Elkin. "Sony Marketing Aims at Lifestyle Segments", *Advertising Age*, 18 mar. 2002, p. 72.
4. Haya El Nasser. "Census Projects Growing Diversity", *USA Today*, 18 mar. 2004, p. Al.
5. El Nasser. "Census Projects Growing Diversity".
6. Haya El Nasser, "39 Million Make Hispanics Largest Minority Group", *USA Today*, 19 jun. 2003, p. 1A.
7. El Nasser, "39 Million Make Hispanics Largest Minority Group".
8. Brian Grow. "Hispanic Nation", *BusinessWeek*, 15 mar. 2004, p. 58-70.
9. Charles Schwab & Co., http://www.schwab.com, acessado em 8 mar. 2004.
10. Patricia Sellers. "The Business of Being Oprah", *Fortune*, 1 abr. 2002, p. 52-53.
11. "Asians Are an Unseen Minority", *MMR*, 16 jun. 2003, p. 117.
12. "NBA Uses Chinese Talent in Asian Marketing", *PR Week*, 3 nov. 2003, p. 3.
13. U.S. Census Bureau, http://www.census.gov, acessado em 9 mar. 2004.
14. Stephanie Thompson. "Hip-Hop Bounces into Toddler Fashions", *Advertising Age*, 15 mar. 2004, p. 3, 81; Barbara Lippert. "Her Favorite Things", *Adweek*, 8 mar. 2004, p. 30.
15. Melanie Wells. "Kid Nabbing", *Forbes*, 2 fev., 2004, p. 84-88.
16. David Welch. "A Bummer for the Hummer", *BusinessWeek*, 23 fev. 2004, p. 49.
17. Essas categorias foram originalmente sugeridas em John A. Howard, *Marketing Management:* Analysis and Planning. Homewood: Richard D. Irwin, 1963.

Capítulo 6

1. Site da empresa, http://www.majesticathletic.com, acessado em 1 fev. 2005; Jennifer Barrett Ozols. "Majestic Hits a Homer", *Newsweek*, 4 out. 2004, p. E32; Curtis Rist. "The Sultan of Stitch", *Business 2.0*, 1 set. 2004, http://www.business2.com; Michael Rubinkam. "Little Company Suits Big Leagues", *Arizona Daily Star*, 4 maio 2004, http://www.dailystar.com.
2. Robert A. Hamilton. "Budget Plan Has Billions for the State", *The New York Times*, 10 fev. 2002, p. 4.
3. "B2B E-Commerce Headed for Trillions", *ClickZ Network*, 6 mar. 2002, http://www.clickz.com.
4. Site da empresa: http://www.kellyservices.com, acessado em 19 fev. 2004.
5. Riza Cruz. "Things I Can't Live Without", *Inc.*, jan. 2004, p. 58.
6. Haya El Nasser. "Governments Use eBay to Sell High", *USA Today*, 8 dez. 2003, p. Al.
7. http://www.firstgov.gov, acessado em 12 fev. 2004.
8. "Where B2B Exchanges Went Wrong", *CnetNews.com*, 14 dez. 2002, http://www.cnetnews.com.
9. Rene Pastor. "Online Cotton Exchange Eyes China and Brazil", *Reuters*, 7 jan. 2004, http://www.reuters.com.
10. Pastor, "Online Cotton Exchange Eyes China and Brazil".
11. Materiais de marketing fornecidos por Tetra Tech FW, Inc., fev. 2004.
12. Mike Troy. "PL Push and Power Users Put Profit Back in the Picture", *DSNRetailing Today*, 8 set. 2003, http://www.findarticles.com.
13. "Ford Announces More Jobs and Another New Mercury Vehicle for Chicago Operations", press release da empresa, *PRNewswire*, 4 fev. 2004; Jim Mateja. "Ford Suppliers Coming to First-of-Kind Campus", *Chicago Tribune*, 16 maio 2002, S3, p. 1.
14. Materiais de marketing fornecidos por Tetra Tech FW, Inc., fev. 2004.
15. Sean Callahan. "China Calling", *BtoBonline*, 11 mar. 2002, http://www.btobonline.com.
16. Jon E. Hilsenrath. "Globalization Persists in Precarious New Age", *The Wall Street Journal*, 31 dez. 2001, p. Al.
17. Tom Krazit. "Intel's 90-Nanometer Prescott Chips Unveiled in Four Speeds", *ComputerWorld*, 2 fev. 2004, http://www.computerworld.com; Tom Smith. "Chipmakers' Circuits Are Humming", *BusinessWeek*, 16 jan. 2004, http://www.businessweek.com; Cliff Edwards. "Intel: Powered Up for Another Hot Year", *BusinessWeek*, 15 jan. 2004, http://www.businessweek.com.
18. Jack Neff. "Wai-Marketing: How to Benefit in Bentonville", *Advertising Age*, 6 out. 2003, p. 1, 24-28.
19. Stephanie Moore. "IT Trends 2004: Offshore Outsourcing", *Gtga Research*, 17 dez. 2003, http://www.gigaweb.com.
20. Robyn Greenspan. "Companies Look Outside Themselves", *ClickZ Network*, 3 maio 2002, http://www.clickz.com.
21. Site da empresa, http://www.paychcx.com, acessado em 5 fev. 2004.
22. Stephen Baker; Manjeet Kripalani. "Software: Will Outsourcing Hurt America's Supremacy?", *BusinessWeek*, 1 mar. 2004, p. 84-95; Stephanie Moore. "IT Trends 2004: High-Tech Battle Heats Up", *International Herald Tribune*, 20 nov. 2003, http://www.iht.com.
23. Andy Reinhardt. "Forget India, Lets Go to Bulgaria", *BusinessWeek*, 1 mar. 2004, p. 93.
24. Baker; Kripalani. "Software: Will Outsourcing Hurt America's Supremacy?".
25. Leslie Haggin Geary. "Offshoring Backlash Rising", *CNN/Money*, 12 jan. 2004, http://money.cnn.com.
26. Desiree De Myer. "Combat the Downside of Outsourcing Sprint", *ZiffDavis Smart Business*, 1 maio 2002, p. 47.
27. Bob Frances. "Gold Winner: Color My World Boise", *Brandweek*, 18 mar. 2002, p. Rl7.
28. Michelle Leder. "Taking a Niche Player Big-Time", *Inc.*, jan. 2004, p. 34, 37.
29. Leder, "Taking a Niche Player Big-Time".
30. Leder, "Taking a Niche Player Big-Time".
31. Betsy McKay. "Pepsi Is Set to Become the Cola of Choice for United Airlines", *The Wall 5mm: Journal*, 25 mar. 2002, p. A3.

32. Leder, "Taking a Niche Player Big-Time".
33. Ian Mount. "Be Fast, Be Frugal, Be Right", *Inc.*, jan. 2004, p. 64-70.
34. "Setting New Standards for Innovation", *DSN Retailing Today*, 20 maio 2002, http://www.findarticles. com.
35. Mount, "Be Fast, Be Frugal, Be Right".
36. Site da Fibre Containers, http://www.fibrecontainers.com, acessado em 12 mar. 2004: Don Green, "Count on Strong Relationships", *Paperboard Packaging* nov. 2001, p. 8.
37. Spencer S. Hsu. "Federal Spending in Region Surged", *The Washington Post*, 21 abr. 2001, p. El.
38. Allan V. Burman. "Buying Better All the Time", *Government Executive*, dez. 2001, p. 72.
39. Shane Harris. "The Only Game in Town", *Government Executive*, dez. 2001, p. 16-26.
40. Site da empresa, http://www.baxter.com, acessado em 28 fev. 2004.

Capítulo 7

1. Lynn Zinser, "For Olympics in New York, Lights Out, Charms Comes On", *The New York Times*, 24 fev. 2005, p. Dl; Joyce Purnick. "Where Hosts Are Voted Off Olympic Island", *The New York Times*, 24 fev. 2005, p. Bl; George Vecsey. "New York: Skyscrapers, Olympics, Everything", *The New York Times*, 23 fev. 2005, p. Dl, D5; Corey Kilgannon. "Olympic Visit Is Devoid of Diversity", *The New York Times*, 23 fev. 2005, p. D5; Scott Kronick; Dalton Dome. "Going for an Olympic Marketing Gold", *The China Business Review*, jan./fev. 2005, http://www.chinabusinessreview.com; Laz Benitez. "NYC2012 Launches 'Let the Dreams Begin' Advertising and Marketing Campaign", *United States Olympic Committee*, 9 jul. 2004, http://www.usoc.org.
2. Steven B. Kamin. "U.S. International Transactions in 2002", *Federal Reserve*, 3 maio 2003, http://www.federalreserve.gov.
3. Nuchhi R. Currier. "World Investment Report 2002: Transnational Corporations and Export Competitiveness", *United Nations Chronicle Online Edition*, mar. 2003, http://www.un.org.
4. Jeffrey E. Garten. "Wal-Mart Gives Globalism a Bad Name", *BusinessWeek*, 8 mar. 2003, p. 24; Ann Zimmerman; Martin Fackler. "Wal-Mart's Foray into Japan Spurs a Retail Upheaval", *The Wall Street Journal*, 19 set. 2003, p. Al, A6.
5. "About New York Metro Weddings", site da empresa, http://www.newyorkmeweddings.com, acessado em 18 fev. 2004.
6. Propaganda, Hilton HHonors Worldwide, copyright 2002, Hilton HHonors Worldwide.
7. Notícia, "U.S. International Trade in Goods and Services", Bureau of Economic Analysis, 13 fev. 2004, http://www.bea. gov.; Mitchell Pacelle. "Citigroup Looks Ahead for Its Future Growth", *The Wall Street Journal*, 15 mar. 2004, p. Cl, C3.
8. "Finance Site the Stickiest Online", *ClickZ Network*, http://www.cHckz.com, 28 fev. 2002; Michael Pastore. "Branches Still Rule Banking in Europe", *ClickZ Network*, http://www.clickz.com, 19 nov. 2002.
9. Ira Sager. ed. "Over There: Starbucks – An American in Paris", *BusinessWeek*, 8 dez. 2003, p. 11; Ellen Hale. "Krispy Kreme's Sweet on Britain", *USA Today*, 12 ago. 2003, p. 1; Martin Fackler. "Will Ratatouille Bring Japanese to McDonald's?", *The Wall Street Journal*, 14 ago. 2003, p. Bl; Leslie Chang. "Amway in China: Once Barred, Now Booming", *The Wall Street Journal*, 12 mar. 2003, p. Bl, B5.
10. Geoffrey A. Fowler. "Chinas Cultural Fabric Is a Challenge to Marketers", *The Wall Street Journal*, 21 jan. 2004, p. B7A.
11. "World Population Profile: 1998 Highlights", U.S. Census Bureau, http://www.census.gov, acessado em 18 fev. 2004.
12. Chad Terhune; Gabriel Kahn. "Coke Lures Japanese Customers with Cellphone Come-Ons", *The Wall Street Journal*, 8 set. 2003, p. Bl.
13. Betsy McKay. "Pepsi and Coke Roll Out Flavors to Boost Sales", *The Wall Street Journal*, 7 maio 2002, p. Bl, B4; "The Coca-Cola Co.", Hoover's Online – resumo da empresa, http://www.hoovers.com, acessado em 19 fev. 2004.
14. Shusaku Hattori. "Blockbuster Shuts Down in Hong Kong", *CBS Market Watch*, 30 jan. 2004, http://cbs.marketwatch.com.
15. Bruce Einhorn. "The Net's Second Superpower", *BusinessWeek*, 15 mar. 2004, p. 54-56; Jeffrey D. Sachs, "Welcome to the Asian Century", *Fortune*, 12 jan. 2004, p. 53-54.
16. Evan Ramstad; Ken Brown. "China Expands Phone Service Via Internet", *The Wall Street Journal*, 22 abr. 2004, p. B4; *Reuters Limited*, "Nokia Looks to Dominate Sales in China", *Cnet Asia*, 26 fev. 2002, http://www.asia.cnet.com.
17. Colleen Barry. "Euro Currency Begins in Europe", *Mobile Register*, 1 jan. 2002, p. All.
18. "Doing Business Abroad", http://www.getcustoms.com, acessado em 19 fev. 2004.
19. Anton Piech. "Speaking in Tongues", *Inc.*, jun. 2003, p. 50.
20. James Cox. "U.S. Challenges Europe's Biotech Crop Ban in Court", *USA Today*, 14 maio 2003, p. 3B; "Europe to Demand Strict Molecular Characterization for GMOs?", press release do Institute of Science in Society, 21 maio 2002, http://www.i-sis.org.uk/biotech-info-net.
21. Dexter Roberts et al. "Days of Rage", *BusinessWeek*, 8 abr. 2002, p. 50-51.
22. Antoaneta Bezlova. "McDonald's Arches Oudawed in Beijing", *USA Today*, 5 mar. 2002, p. 7B.
23. "U.S. Reaches Free Trade Deal with Four Central American Countries", *USA Today*, 17 dez. 2003, http://usatoday.com
24. Michael Erman. "Steelmakers Displeased in End to Tariffs", *Reuters Limited*, 4. dez. 2003; James Cox. "Bush Scraps Tariffs on Steel", *USA Today*, 5. dez. 2003.
25. Office of Foreign Assets Control, "Cuba: What You Need to Know about the U.S. Embargo", U.S. Department of the Treasury, 24 mar. 2003, http://www.ustreas.gov.
26. Andy Mukherjee, "First, Brassieres. Now, Shrimp. Who Gains?", *Bloomberg News*, 7 jan. 2004, http://www.bloomberg.com.
27. Eric Wahlgren. "The Outsourcing Dilemma", *Inc.*, abr. 2004, p. 41-42; Bruce Nussbaum. "Where Are the Jobs?", *BusinessWeek*, 22 mar. 2004, p. 36-48; Stephanie Armour. "Companies Crow about Keeping Jobs in the USA", *USA Today*, 12 mar. 2004, p. Bl; Jesse Drucker. "Global Talk Gets Cheaper", *The Wall Street Journal*, 11 mar. 2004, p. B1-B2; Scott Thurm. "Lesson in India: Not Every Job Translates Overseas", *The Wall Street Journal*, 3 mar. 2004, p. Al, A10; Peronet Despeignes. "Poll: Enthusiasm for Free Trade Fades", *USA Today*, 24 fev. 2004, p. Bl.
28. Jay Greene; Andy Reinhardt. "Microsoft: First Europe, Then... ?", *BusinessWeek*, 22 mar. 2004, p. 86-87; Paul Geitner. "World Trade Organization Hands Major Loss to U.S.", *Mobile Register*, 15 jan. 2002, p. B5.
29. Kris Axtman. "NAFTA's Shop-Floor Impact", *Christian Science Monitor*, 4 nov. 2003, http://www.csmonitor.com.

30. Robert A. Pastor. "Wanted: A Real NAFTA Partnership", *Worth*, mar. 2004, p. 34.

31. Geri Smith; Cristina Lindblad. "Mexico: Was NAFTA Worth It?", *BusinessWeek*, 22 dez. 2003, p. 66-72; Geri Smith. "Wasting Away", *BusinessWeek*, 3 jun. 2003, p. 42-44; Jim Rogers. "Running on Empty", *Worth*, jan./fev. 2002, p. 55-56.

32. Noelle Knox. "EU Expansion Brings USA Opportunities", *USA Today*, 27 abr. 2004, p. Bl, B2; Joshua Kurlantzick. "New World Order", *Entrepreneur*, abr. 2004, p. 19-20.

33. Brian Caulfield; Ting Shi. "An American Icon in China", *Business 2.0*, mar. 2004, p. 58; Russell Flannery. "China Is a Big Prize", *Forbes*, 10 maio 2004, p. 163-166.

34. "Foreign Direct Investment Is on the Rise around the World", *The New Economy Index*, http://www.neweconomyindex.org, acessado em 26 abr. 2004.

35. Normandy Madden; Jack Neff. "P&G Adapts Attitude Toward Local Markets", *Advertising Age*, 23 fev. 2004, p. 28-29.

36. Lisa Bannon; Carlta Vitzthum. "One-Toy-Fits-All: How Industry Learned to Love the Global Kid", *The Wall Street Journal*, 29 abr. 2003, p. Al.

37. Site da Coca-Cola Co., http://www.coca-cola.com, acessado em 20 fev. 2004.

38. "The Worlds 10 Most Valuable Brands", *BusinessWeek*, 4 ago. 2003, http://www.businessweek.com.

39. Robert J. Samuelson. "The Cartel We Love to Hate", *Newsweek*, 23 fev. 2004, p. 47.

40. Site da Venture Safenet, http://www.venturesafenet.com, acessado em 20 fev. 2004.

41. "Table 1: Foreign Direct Investment in the United States", International Accounts, Bureau of Economic Analysis, http://www.bea.gov, acessado em 20 fev. 2004; "Who Owns What", *Columbia Journalism Review*, http://www.cjr.org, acessado em 20 fev. 2004; "L'Oreal", http://www.hoovers.com, acessado em 21 fev. 2004; site da L'Oreal, http://www.loreal.com, acessado em 20 fev. 2004; "Grand Metropolitan", *Business.com*, http://www.business.com, acessado em 20 fev. 2004.

Capítulo 8

1. Site da Gander Mountain, http://www.gandermountain.com, acessado em 1 fev. 2005; Karen M. Kroll. "Gander Mountain Back on its Feet and Growing", *International Council of Shopping Centers*, http://www.icsc.org, acessado em 19 jan. 2005; Carrie Rengers. "Wichita Reels in Gander Mountain, Bringing the Outdoors Downtown", *The Wichita Eagle*, 10 set. 2004, http://www.kansas.com; Mike Troy. "Psyching Out the Adrenaline Seeker: Gander Mountain, Allen Dittrich, EVP", *DSN Retailing Today*, 6 set. 2004, acessado em http://www.findarticles.com.

2. Daniel Kruger. "You Want Data with That?", *Forbes*, 29 mar. 2004, p. 58-60.

3. Kevin Kelleher. "66,207,896 Bottles of Beer on the Wall", *Business 2.0*, jan./fev. 2004, p. 47-49.

4. Stephanie Thompson. "Wal-Mart Tops List for New Food Lines", *Advertising Age*, 29 abr. 2002, p. 4, 61.

5. Jerry W. Thomas. "Skipping MR a Major Error", *Marketing News*, 4 mar. 2002, p. 50.

6. http://www.census.gov/mp/www/rom/geoprod.html, acessado em 29 mar. 2004.

7. Matt Michell. "The Internet as a Market Research Tool", *Public Relations Tactics*, mar. 2002, p. 6; Theano Nikitas. "Your

Customers Are Talking. Are You Listening?", *Ztjf Davis Smart Business*, fev. 2002, p. 50.

8. Deborah Szynal. "Big Bytes", *Marketing News*, 18 mar. 2002, p. 3.

9. Steve Jarvis. "Sum of the Parts", *Marketing News*, 21 jan. 2002, p. 1.

10. Claire Atkinson. "Nielsen Local Ratings Under Gov't Scrutiny", *Advertising Age*, 17 maio 2004, p. 6; Linda Moss. "A Constant Companion", *Broadcasting & Cable*, 11 fev. 2002.

11. Suzanne Vranka; Charles Goldsmith. "Nielsen Adapts Its Methods as TV Evolves", *The Wall Street Journal*, 29 set. 2003, p. Bl, B10; Lee Hall. "People Meters Push Right Button", *Advertising Age*, 12 maio 2003, p. S-22.

12. Nick Wingfield; Jennifer Saranow. "TiVo Tunes in to Its Users' Viewing Habits", *The Wall Street Journal*, 9 fev. 2004, p. Bl, B4.

13. Lev Grossman. "The Quest for Cool", *Time*, 8 set. 2003, p. 48-54.

14. Steve Jarvis. "CMOR Finds Survey Refusal Rate Still Rising", *Marketing News*, 4 fev. 2002, p. 4.

15. Ken Peterson. "Despite New Law, Phone Surveys Still Effective", *Marketing News*, 15 set. 2003, p. 22-23.

16. Kenneth Wade. "Focus Groups' Research Role Is Shifting", *Marketing News*, 4 mar. 2002, p. 47.

17. Henry Gomez. "Wyse Remakes Focus Groups with Laptop Program", *Cram's Cleveland Business*, 17 nov. 2003, p. 9.

18. Sylvia Marino. "Survey Says!", *Econtent*, abr. 2002, p. 32-36.

19. Nina M. Ray; Sharon W. Tabor. "Several Issues Affect E-Research Validity", *Marketing News*, 15 set. 2003, p. 50-51; Dana James. "This Bulletin Just In", *Marketing News*, 4 mar. 2002, p. 45.

20. Kris Oser. "Speedway Effort Decodes Nascar Fans", *Advertising Age*, 17 maio 2004, p. 150; Anni Layne Rodgers. "More Than a Game", *Fast Company*, maio 2002, p. 46.

21. Jim Kirk. "Wait Nearly Over for U.S. Rollout of Low-Carb Beer", *Chicago Tribune*, 2 maio 2002, S3, p. 3.

22. Carlos Demon. "Time Differentiates Latino Focus Groups", *Marketing News*, 15 mar. 2004, p. 52.

23. Jagdish N. Sheth; Banwari Mitral. *Customer Behavior: A Managerial Perspective*. 2. ed. Mason, OH: South-Western, 2004, p. 240.

24. Linda Tischler. "Every Move You Make", *Fast Company*, abr. 2004, p. 73-75.

25. Todd Wasserman. "Sharpening the Focus", *Brandweek*, 3 nov. 2003, p. 28-32.

26. Tischler. "Every Move You Make".

27. Wesley Sprinkle. "In Sync with Customers", *Bests Review*, abr. 2002.

28. Julia King. "One Version of the Truth", *Computerworld*, 22 dez. 2003, p. 38.

29. Gary H. Anthes. "The Search Is On", *Computerworld*, 15 abr. 2002, p. 54-56.

30. Ron Miller. "Get Smart with Business Intelligence Software", *Econtent*, nov. 2003, p. 24.

31. Stefanie Olsen. "IBM Sets Out to Make Sense of the Web", *CNETnews.com*, 5 fev. 2004.

32. Thomas. "Skipping MR a Major Error".

Capítulo 9

1. Site da AMF Company, http://www.iass.com, acessado em 4 fev. 2005; Marcy B. Davis. "What's Hot in Antarctica?",

Bowlers Journal.com, jan. 2005, http://www.bowlersjournal. com; Dennis Bergendorf. "A Glimpse Inside the Pro Shop of the Stars", *Bowlersjournal.com*, nov. 2004, http://www. bowlersjournal.com; Bob Johnson. "At Last, Bowlings High School Missing Link Is Found", *Bowlersjournal.com*, ago. 2004, http://www.bowlersjournal.com; "A Phoenix Rises in Texas", *Bowlersjournal.com*, maio 2004, http://www.bowlers journal.com; Dennis Bergendorf. "Bowling Prepares for its NCAA Debut", *Bowlers Journal.com*, mar. 2004, http://www. bowlersiournal.com.

2. Edith M. Lederer. "U.N. Predicts 9 Billion People by 2300", *Associated Press*, http://storynews.yahoo.com.

3. May Wong. "Consumer Electronics Companies Woo Women", *Associated Press*, 15 jan. 2004, http://news.yahoo.com.

4. Site da empresa, http://www.lowes.com, acessado em 31 mar. 2004; Bruce Upbin. "Merchant Princes", *Forbes*, 20 jan. 2003, p. 52-56; "Robert Tillman", *BusinessWeek*, 13 jan. 2003, p. 63.

5. Wong, "Consumer Electronics Companies Woo Women"; Samar Farah. "What Women Want", *Metro*, 14 fev. 2002, p. 11 [originalmente publicado em *Christian Science Monitor*].

6. Wong, "Consumer Electronics Companies Woo Women".

7. Wong, "Consumer Electronics Companies Woo Women".

8. "The Twenty Most Populous Countries", *United Nations Population Division*, http://.un.org/esa/population, acessado em 10 mar. 2004.

9. Joan Voigt. "Don't Box Me In", *Brandweek*, 1 set. 2003, p. 14-16.

10. Laurel Scheffel. "Co-Masters of Their Domain", *Brandweek*, 8 set. 2003, p. 20.

11. "Do Gender Specific Razors Differ?", *Fortune*, 12 nov. 2001, p. 48.

12. Steve Cooper. "It Figures", *Entrepreneur*, p. 36.

13. Susan Linn; Diane E. Levin. "Stop Marketing Yummy Food to Children", *Christian Science Monitor*, 20 jun. 2002, http:// www.csmonitor.com.

14. Diane Scharper. "Study Shows Young Generation's Brand-Name Playgrounds", *USA Today*, 21 abr. 2003, p. B6; Becky Ebenkamp. "Youth Shall Be Served", *Brandweek*, 24 jun. 2002, p. 21.

15. Ebenkamp, "Youth Shall Be Served".

16. Ebenkamp, "Youth Shall Be Served".

17. Matthew Maier. "What Works: Hooking Up with Gen Y", *Business 2.0*, out. 2003, p. 49-52.

18. Dean Faust; Brian Grow. "Coke: Wooing the TiVo Generation", *BusinessWeek*, 1 mar. 2004, p. 77, 80.

19. Overseas Adventure Travel catalog, 2003-2004.

20. Roger Simon; Angie Cannon. "An Amazing Journey", *U.S. News & World Report*, 6 ago. 2001, p. 13.

21. Simon; Cannon. "An Amazing Journey".

22. "Longer Life for 50-Plus Americans", *AARP Bulletin*, nov. 2001, p. 4.

23. Voigt, "Don't Box Me In".

24. Kelly Greene. "Marketing Surprise: Older Consumers Buy Stuff, Too", *The Watt Street Journal*, 4 abr. 2004, p. Al, A12.

25. Haya El Nasser. "Census Projects Growing Diversity", *USA Today*, 18 mar. 2004, p. Al.

26. Brian Grow. "Hispanic Nation", *BusinessWeek*, 15 mar. 2004, p. 60; Haya el Nasser. "39 Million Make Hispanics Largest U.S. Minority Group", *USA Today*, 18 jun. 2003, http://www. usatoday.com.

27. El Nasser, "39 Million Make Hispanics Largest U.S. Minority Group"; Simon e Cannon, "An Amazing Journey".

28. Grow, "Hispanic Nation"; Jeffery D. Zbar, "Networks Give New Voice to Hispanic Households", *Advertising Age*, 21 maio 2004, p. S10; Sandy Brown. "A New Portrait of Hispanic Consumers", *Adweek*, 10 maio 2004, p. 10; Mercedes M. Cardona. "Home Chains Focus on Hispanic Market", *Advertising Age*, 22 mar. 2004, p. 6.

29. Catherine Arnold. "Change-up Pitch", *Marketing News*, 13 out. 2003, p. 5, 12.

30. Jeffrey D. Zbar. "Latinos Make Mark on U.S. Sports", *Advertising Age*, 27 out. 2003, p. S-10.

31. Anne D'Innocenzio. "Retailers Try to Woo Hispanic Consumers", *Mobile Register*, 11 maio 2003, p. B7.

32. Jane Weaver. "A Hot Hispanicized Consumer Market", *MSNBC*, 12 maio 2003, http://www.msnbc.com.

33. "Marketing Fact Book", *Marketing News*, 7 jul. 2003, p. 24; *Hispanic Business Magazine*, Hispanic Business Inc., Santa Barbara; Competitive Media Reporting, NY.

34. Voigt, "Don't Box Me In".

35. "Hispanics, Asians Continuing Explosive Population Growth", http://www.usatoday.com, 14 jun. 2004; Wilfred Masumara, "Money Income", U.S. Census Bureau, http://www.census. gov/population/www/pop-profile/minc.html, 9 mar. 2000.

36. Terrance Reeves; Claudette Bennett. "The Asian and Pacific Islander Population in the United States: March 2002", *U.S. Census Bureau Current Population Reports*, mar. 2003, http:// www.census.gov.

37. Stella U. Ogunwole. "The American Indian and Alaska Native Population: 2000", *U.S. Census Bureau Current Population Reports*, fev. 2002, http://www.census.gov.

38. Catherine Arnold. "Native American Segment Is Ripe for New Research", *Marketing News*, 21 jul. 2003, p. 4.

39. Matt Krantz. "Indian Tribe Bets on Diversification for Longevity", *USA Today*, 30 jan. 2004, p. 5B; Arnold, "Native American Segment Is Ripe for New Research".

40. Krantz, "Indian Tribe Bets on Diversification for Longevity".

41. Daniel Yee. "U.S. Women Waiting until 25 to Have Kids", *Associated Press*, 17 dez. 2003, http://story.news.yahoo.com.

42. Eileen Daspin. "The End of Nesting", *The Wall Street Journal*, 16 maio 2003, p. Wl, W9.

43. Michelle Conlin. "Unmarried America", *BusinessWeek*, 20 out. 2003, p. 106-116.

44. Genaro C. Armas. "More Older Couples Choose to Live Together", *The Morning News*, 30 jul. 2002, p. 3D.

45. Conlin, "Unmarried America".

46. Sue Shellenbarger. "Amid Gay Marriage Debate, Companies Offer More Benefits to Same-Sex Couples", *The Wall Street Journal*, 18 mar. 2004, p. Dl.

47. Christine Dugas. "Middle Class Barely Treads Water", *USA Today*, 15 set. 2003, p. IB, 2B.

48. Tony Case. "No Stopping Shopping", *Brandweek*, 8 set. 2003, p. 22-26.

49. Pamela Paul. "Sell It to the Psyche", *Time Inside Business*, out. 2003.

50. Roper ASW, http://www.roperasw.com, acessado em 7 maio 2002.

51. Paul, "Sell It to the Psyche".

52. Michelle Andrews. "If It Feels Good, Buy It", *US News & World Report*, 23 fev./1 mar. 2004, p. D2-D4.

53. "FedEx Completes Acquisition of Kinko's", press release da empresa, 12 fev. 2004, http://www.kinkos.com; Alison Overholt, "New Leaders, New Agenda", *Fast Company*, maio 2002, p. 52.

54. Kimberly L. Allers. "Retails Rebel Yell", *Fortune*, 10 nov. 2003, p. 137-141.

55. David Kiley; James R. Heaiey. "GM Plans to Boldly Go after Niche Markets", *USA Today*, 19 fev. 2004, p. B3.

56. Jennifer Barrett. "Travel/Flying High", *Newsweek*, 12 jan. 2004, p. 59.

57. Paul Frumkin. "Bertuccis Turns the Corner as Repositioning Drives Sales", *Nations Restaurant News*, 2 jun. 2003, http://www.findarticles.com.

58. Shelly Branch; Nick Wingfield. "Chic at a Click: eBay Fashions a Deal with Designers", *The Wall Street Journal*, 15 set. 2003, p. Bl, BIO.

Capítulo 10

1. Site da Minor League Baseball, http://www.minorleaguebaseball.com, acessado em 4 fev. 2005; Andrew D. Appleby. "Stadium Benefits: Minor League Teams Prove a Success; Multiuse Stadium Benefits Suburb", *The Detroit News*, 19 dez. 2004, http://www.detnews.com; Reid Cherner. "Let's Go Lugnuts", *USA Today*, 22 jun. 2004, p. Cl, C2; Reid Cherner. "Minor League Nicknames Give Teams Local Identity", *USA Today*, 21 jun. 2004, http://www.usatoday.com; David Carter; Darren Rovell. "It's a Homerun: Customer Service Greatness in the Minor Leagues", *informIT*, 27 jun. 2003, http://www.informit.com.

2. Christine Dugas. "MBNA Adds AmEx to Visa, MasterCard Lineup", *USA Today*, 30 jan. 2004, p. Bl.

3. Lawrence A. Crosby; Sheree L. Johnston. "CRM and Management", *Marketing Management*, jan./fev. 2002, p. 10.

4. Veronica Agosta. "Nat City Takes Customer Focus to the Airwaves", *American Banker*, 19 mar. 2002, p. 1.

5. Andy Serwer. "The Hottest Thing in the Sky", *Fortune*, 8 mar. 2004, p. 86-88, 101-102.

6. "Deals and Discounts", *The New York Times*, 17 mar. 2002, p. 3.

7. Sean Hargrave. "Making Waves", *New Media Age*, 15 jan. 2004, http://infotrac-college.thomsonlearning.com.

8. Bernard Stamler. "The Web Doesn't Sell Cars, but Lets Buyers Build Their Own", *The New York Times*, 26 set. 2001, p. H10.

9. Jane M. Von Bergen, "FAO Schwarz, Zany Brainy's Parent Company Files for Bankruptcy", *Knight Ridder Tribune Business News*, 14 jan. 2003.

10. Hargrave, "Making Waves".

11. Andy Serwer. "Music Retailers Are Starting to Sing the Blues", *Fortune*, 8 mar. 2004, p. 73.

12. Site da Marriott, http://www.marriott.com, acessado em 21 mar. 2004.

13. "On Demand Business Software", *Association Management*, nov. 2003, http://0-web3.infotrac.galegroup.com.lrc.cod.edu:80.

14. "Affinity Marketing Efforts Gain Momentum", *Bank Marketing International*, 30 nov. 2003, http://0-web3.infotrac.galegroup.com.lrc.cod.edu:80.

15. "Tip of the Iceberg", *Health Management Technology*, 2003, http://www.nelsonpublishincompany.com.

16. Arundhati Parmar. "Marines, Air Force Scour Databases for Recruits", *Marketing News*, 21 jul. 2003, p. 17.

17. Jeff Howe. "Ready for Prime Time", *Adweek*, 10 set. 2001, p. Q10.

18. Ian McKenna. "Touching Database", *Money Marketing*, 2003, http://www.monemarketing.co.uk,

19. "Deliver a Punch to Your Gut Market", *OnWall Street*, 1 fev. 2004, http://www.thomsonmedia.com.

20. William M. Bulkeley. "IBM Highlights Service on Demand", *The Wall Street Journal*, 21 abr. 2003, p. B8.

21. Susan Greco. "l+l+1=The New Mass Market", *Inc.*, jan. 2003, p. 32.

22. "Custom CDs", *Sony Music Marketing Group*, site da empresa, http://www.sonycustommarketing.com.

23. "Grassroots Marketing Defined", *Onpoint Marketing and Promotions*, site da empresa, http://www.onpoint-marketing.com, acessado em 4 fev. 2004.

24. "Grassroots Marketing", *ITMS Sports*, site da empresa, http://www.itmssports.com, acessado em 4 fev. 2004.

25. "Hanes Body Enhancers", *Alliance*, site da empresa, http://www.alianco.com, acessado em 4 fev. 2004.

26. Theresa Lindeman. "More Firms Use Unique Guerilla Marketing Techniques to Garner Attention", *Pittsburgh Post Gazette*, 18 jan. 2004, http://www.post-gazette.com.

27. "The Good Ad and the Ugly", *Internet Magazine*, 15 jan. 2004, http://infotrac-college.thomsonlearning.com.

28. Jean Halliday. "Mazda Goes Viral to Tout New Cars", *Automotive News*, 24 nov. 2003, http://infotrac-coUege.thomsonlearning.com.

29. Carleen Hawn. "The Man Who Sees Around Corners", *Forbes*, 21 jan. 2002, p. 72.

30. Hawn, "The Man Who Sees Around Corners"; Michael Krauss. "Siebel Leverages Hosted CRM Apps' Value", *Marketing News*, 1 abr. 2004, p. 6, 7.

31. Daniel Tynan. "CRM: Buy or Rent?", *Sales & Marketing Management*, mar. 2004, p. 41-45.

32. Kathleen Cholewka. "CRM: The Failures Are Your Fault", *Emanager*, jan. 2002, p. 23-24.

33. Colin Shearer. "Make Predictions to Improve CRM Results", *Marketing News*, 21 jul. 2003, p. 19.

34. Amanda C. Kooser. "Crowd Control", *Entrepreneur*, ago. 2003, p. 33-41.

35. Geoff Abies. "Getting (Re)Started with Relationship Marketing", *CRM Today*, http://www.cnn2day.com/relationshipmarketing, acessado em 13 jan. 2004.

36. Kooser, "Crowd Control".

37. Ellen Neubome. "The Virtual Relationship", *Sates & Marketing Management*, http://www.salesandmarketing.com, acessado em 18 dez. 2003.

38. Jacquelyn S. Thomas; Robert C. Blattberg; Edward J. Fox. "Recapturing Lost Customers", *Journal of Marketing Research*, fev. 2004, p. 31-45.

39. Ellen Neubome. "Customer Rehab", *Sales & Marketing Management*, ago. 2003, p. 18.

40. Neubome, "Customer Rehab".

41. David Finnegan. "The Biz", *Brandweek*, 8 abr. 2002.

42. Paul Kaihla. "The Matchmaker in the Machine", *Business 2.0*, jan./fev. 2004, p. 52-55.

43. Becky Ebenkamp. "BK, Kellogg Dish Out *SpongeBob* Support", *Brandweek*, 9 fev. 2004, p. 4.

44. Heather Harreld. "Supply Chain Collaboration", *InfoWorld*, 24 dez. 2001, p. 22-25.

45. Mary Aichlmayr. "Is CPFR Worth the Effort?", *Transportation & Distribution*, 2003.

46. "Sky Team Gets on Board with $18 M Effort", *Brandweek*, 11 abr. 2002.

Capítulo 11

1. Site da Professional Disc Golf Association, http://www.pdga. com, acessado em 4 fev. 2005; Chris Post. "Fore! Park Moves Forward with Disc Golf Course, Walking Trails", *The Marshall Democrat-News*, 4 fev. 2005, http://www.marshallnews. com; "2004 PDGA National Tour Information", site da PDGA National Tour, http://www.pdgatour.com, acessado em 4 fev. 2005; Laura B. Withers. "9th Ice Bowl Lures Frisbee Golf Fanatics", *The Winchester Star*, 31 jan. 2005, http://www.winchesterstar.com; Thomas Jackson. "Spin Cup", *ForbesFYI*, verão de 2004, p. 41-43.

2. Conceito originalmente introduzido por G. Lynn Shostack. "Breaking Free from Product Marketing", *Journal of Marketing*, abr. 1977, p. 77; John M. Rathmell, "What Is Meant by Services?", *Journal of Marketing*, out. 1980, p. 32-36.

3. Bruce Horovitz. "You Want It Your Way", *USA Today*, 5-7 mar. 2004, p. 1-2.

4. Ann Harrington. "America's Most Admired Companies", *Fortune*, 8 mar. 2004, p. 80-81.

5. Sue Kirchoff. "Service Sector Outpaces Predictions, Hits Six-Year High", *USA Today*, 6 ago. 2003, p. B2.

6. Bureau of Labor Statistics, http://www.firstgov.gov, acessado em 3 maio 2004.

7. Catharine P. Taylor. "The Buck Stops Here; Doctors and Their Rx Pads at the Forefront of DTC", *Advertising Age Special Report on Direct-to-Consumer Marketing*, 27 maio 2002, p. S-2, S-8.

8. John Simons. "Merck's Man in the Hot Seat", *Fortune*, 23 fev. 2004, p. 111-114.

9. Site da empresa, http://www.giftbaskets.com, acessado em 4 maio 2004.

10. Delroy Alexander. "High-Stakes Shelf Games", *Chicago Tribune*, 14 dez. 2003, p. 5-1, 5-7.

11. Conceito introduzido por Christopher H. Lovelock. "Classifying Services to Gain Strategic Marketing Insights", *Journal of Marketing*, verão de 1983, p. 10.

12. Michael D. Hutt; Thomas W. Speh. *Business Marketing Management*. 8. ed. Mason, OH: South-Western, 2004.

13. "JetBlue Ranked No. 1 Airline, Report Says", *USA Today*, 5 abr. 2004, http://www.usatoday.com.

14. Alex Taylor III. "OnStar Is a Nonstarter for GM", *Fortune*, 21 jul. 2003, p. 28.

15. L.L. Bean catalog, verão de 2004.

16. L.L. Bean catalog, verão de 2004, p. 66-67.

17. Anand Natarajan. "Interiors by Smith & Wesson", *BusinessWeek*, 10 nov. 2003, p. 16.

18. Diane Brady. "Teaching an Old Bag New Tricks", *BusinessWeek*, 9 jun. 2003, p. 78-80.

19. Jefferson Graham. "Camera Phones Rival DVD Players as Fastest Growing", *USA Today*, 18 nov. 2003, p. Bl.

20. Graham, "Camera Phones Rival DVD Players as Fastest Growing".

21. "Flat Is Beautiful", *Business2.0*, abr. 2004, p. 36.

22. Benjamin Fulford. "Adventures in the Third Dimension", *Forbes*, 24 maio 2004, p. 166-170.

23. Site da Zippo, http://www.zippo.com, acessado em 28 maio 2004; Cara Beardi. "Zippo's Eternal Flame", *Advertising Age*, 13 ago. 2001, p. 4.

24. Stephen Manes. "Time to Trash Your VCR?", *Forbes*, 19 abr. 2004, p. 90-92.

25. James Bandler. "Ending Era, Kodak Will Stop Selling Most Cameras", *The Wall Street Journal*, 14 jan. 2004, p. Bl, B4; James Bandler. "Kodak Shifts Focus from Film, Betting Future on Digital Lines'", *The Wall Street Journal*, 25 set. 2003, p. Al, A12.

26. David Colker. "Video Games Are Going Gray to Keep Growing", *Los Angeles Times*, 10 maio 2004, acessado em http://story.news.yahoo.com.

27. Site da WD-40 Company, http://www.wd40.com, acessado em 10 maio 2004; Gary Dymski. "WD-40 More Than Slick Packaging", *The Morning News*, 11 dez. 2001, p. El, E2.

Capítulo 12

1. "ESPN", http://www.ncta.com/guidebook, acessado em 7 fev. 2005; Beth Winegarner e Curt Feldman, "Spot On: Analysts React to EA-ESPN Deal", *GameSpot News*, 20 jan. 2005, http://www.gamespot.com; Cliff Edwards. "A Hat Trick for Electronic Arts", *BusinessWeek Online*, 18 jan. 2005, http://www.busmessweek.com; Darren Rovell, "Deal Allows EA Access to ESPN Personalities", *ESPN.com*, 17 jan. 2005, http://sports.espn.go.com.

2. Mercedes M. Cardona. "Penney's Markets Way to Turnaround", *Advertising Age*, 26 abr. 2004, p. 26, 95.

3. Interbrand, "Best Global Brands of 2003", *Biz-Community*, http://www.biz-comn.com, 28 jul. 2003.

4. Gerry Khermouch; Diane Brady et al. "Brands in an Age of Anti-Americanism", *BusinessWeek*, 4 ago. 2003, p. 69-78.

5. Khermouch, "Brands in an Age of Anti-Americanism".

6. Jean Halliday. "GM Puts Final Nail in Coffin of Brand-Management Effort", *Advertising Age*, 5 abr. 2004, p. 8; David Welch. "GM Brand Managers Get the Boot", *BusinessWeek*, 22 abr. 2002, p. 14.

7. Brandon Copple. "Shelf-Determination", *Forbes*, 15 abr. 2002, p. 131-142.

8. O conceito de identidade visual é examinado em Michael Harvey, James T. Rothe; Laurie A. Lucas. "The 'Trade Dress' Controversy: A Base of Strategic Cross-Brand Cannibalization", *Journal of Marketing Theory and Practice*, 6, primavera de 1998, p. 1-15. O caso *Kendall-Jackson v. Gallo* é discutido em "Jury Clears E&J Gallo-Winery in Lawsuit over Bottle Design", *The Wall Street Journal*, 7 abr. 1997.

9. Site da Paxan Company, http://www.iran-xport.com/exporter/company/PAXAN, acessado em 4 maio 2004.

10. Deborah Ball. "Osama Relative Fashions Apparel Bin Ladin Line", *The Wall Street Journal*, 17 jun. 2002, p. Bl.

11. Dana Tims; "More Vintners Are Kicking the Cork", *Mobile Register*, 31 dez. 2003, p. 4D.

12. Deborah L. Vence; "The Lowdown on Trans Fats", *Marketing News*, 15 mar. 2004, p. 13.

13. "Brand Extension, with Jacuzzi, Luxury-Goods Companies, and Hotels", *The Economist*, 28 fev. 2004, acessado em http://infotrac-college.thomsonlearning.com.

14. Michael McCarthy; "Judge Pooh-Poohs Lawsuit over Disney Licensing Fees", *USA Today*, 30 mar. 2004, p. Bl; Bruce Orwall. "Disney Wins Bear-Knuckled, 13-Year Fight over Royalties", *The Wall Street Journal*, 30 mar. 2004, p. Bl.

15. Robert Berner. "P&G: New and Improved", *BusinessWeek*, 7 jul. 2003, p. 52-63.

16. Chuck Stogel. "It's Easier Being Green", *Brandweek*, 28 jan. 2002, p. 16, 18, 20.

17. Julie Naughton; Kristin Finn. "Flanker Scents Spark Controversy", *Women's Wear Daily*, abr. 2004, acessado em http://infotrac-college.thomsonlearning.com.

18. Kevin Maney. "Dell to Dive into Consumer Electronics Market", *USA Today*, 22 nov. 2003, p. Bl.
19. Everett M. Rogers; F. Floyd Shoemaker. *Communication of Innovation*. Nova York: Free Press, 1971, p. 135-157. Posteriormente Rogers nominou seu modelo como um processo de inovação-decisão. Ele chamou os cinco passos de conhecimento, persuasão, decisão, implementação e informação. Ver Everett M. Rogers. *Diffusion of Innovations*. 3. ed. Nova York: Free Press, 1983, p. 164-165.
20. Darren Fonda. "Make *Vroom* for the Hybrids", *Time*, 25 maio 2004, p. 52-54.
21. Site da Wyeth, http://www.wyeth.com, acessado em 4 maio 2004; Rob Wherry. "No Worries", *Forbes*, 23 jul. 2001, p. 168.
22. Chuck Stogel. "It's Easier Being Green".
23. Anne Fisher. "How to Encourage Bright Ideas", *Fortune*, 3 maio 2004, p. 70; Lyne citado por Allison Overholt, "New Leaders, New Agenda", *Fast Company*, maio 2002, p. 54.
24. Theresa Howard. "Brawny Man, and His Towels, Get Makeovers", *USA Today*, 23 out. 2003, http://www.usatoday.com.
25. E. Michael Johnson. "The Swoosh Swoops In", *Golf Digest*, 25 jan. 2002, http://www.golfdigest.com.

Capítulo 13

1. "MLB, National Association Agree to 10-Year Pact", *MLB.com*, 13 jan. 2005, http://www.mlb.com; Ron DeKett, "New Minor League Baseball Team Will Need Hustle", *Tribune-Times*, 11 jan. 2005, http://tribunetimes.com; Joe Mock, "2004 Top Ten Ballparks", *Minor League News*, http://www.minorleaguenews.com, acessado em 11 fev. 2005.
2. Jack Neft. "Wal-Mart Softens Stance on Price Increases", *Advertising Age*, 12 abr. 2004, p. 12.
3. Rich Thomaselli. "Nike Makes Web a Destination", *Advertising Age*, 23 fev. 2004, p. 38.
4. Scott McMurray. "Return of the Middleman", *Business 2.0*, mar. 2003, p. 53-54.
5. Warren Brown. "Savvy Buyers Might Appreciate the Smart Approach", *The Washington Post*, 2 maio 2004, p. 6E.
6. Alice Z. Cuneo; Elizabeth Boston. "Home Depot Tries Direct Response TV", *Advertising Age*, 19 maio 2003, p. 3, 143.
7. Joe Cappo. "How Retailer Power Changes Marketing", *Advertising Age*, 21 jul. 2003, p. 16.
8. Jack Neff. "Wal-Mart Weans Suppliers", *Advertising Age*, 1 dez. 2003, p. 1.
9. Christopher Null. "How Netflix Is Fixing Hollywood", *Business 2.0*, jul. 2003, p. 41-43.
10. Paul Nowell. "Furniture Makers, Sellers Spar over Trade", *Mobile Register*, 2 maio 2004, p. IF, 5F.
11. Julie Appleby. "U.S. Drug Needs Would Overwhelm Canada", *USA Today*, 17 maio 2004, p. Bl; Megan Barnett. "The New Pill Pushers", *U.S. News & World Report*, 26 abr. 2004, p. 40-41.
12. Andy Cohen. "Winds of Change", *Saks & Marketing Management*, maio 2004, p. 44-51.
13. Victoria Murphy. "The Logistics of a Dinner Plate", *Forbes*, 21 jan. 2002, p. 96-97.
14. Jeffrey A. Krames. *What the Best CEOs Know*. Nova York: McGraw-Hill, 2003.
15. Wendy Zellner. "Wal-Mart", *BusinessWeek*, 24 nov. 2003, p. 104.

16. David McHugh. "German Chain Has High-Tech Vision for Shoppers", *The Morning News*, 30 abr. 2003, p. 3D.
17. James Covert. "Down, but Far from Out", *The Wall Street Journal*, 12 jan. 2004, p. R5.
18. Brian Bergstein. "Radio Cards Could Mean No Swipes", *The Morning News*, 14 dez. 2003, p. 5D.
19. Rod Kurtz. "Safer Harbors, Higher Fees", *Inc.*, jan. 2004, p. 27.
20. John Gorsuch. "Examining the Links", *Overhaul and Maintenance*, 20 abr. 2002, p. 38.
21. Susan Declercq Brown; Phyllis Rhodes. "The Defense Logistics Agency Contributes to Operation Iraqi Freedom", *Navy Supply Corps Newsletter*, jul./ago. 2003, acessado em http://www.findarticles.com.
22. "The Lifelong Lure of the Open Road", *U.S. News & World Report*, 18 fev. 2002, p. 48.
23. Warren S. Hersch. "Midrange Distributors' Role Broadens in E-Commerce World", *Computer Reseller News*, acessado no site da CRN, http://www.crn.com, 4 ago. 2002.
24. Imran Vittachi. "Container Squeeze Tightens Prices", *Chicago Tribune Online*, 9 jan. 2004, http://www.chicagotribune.com.
25. Andrew Tanzer. "Warehouses That Fly", *Forbes*, http://www.forbes.com, acessado em 4 ago. 2002.
26. Mike Troy. "Logistics Still Cornerstone of Competitive Advantage", *DSN Retailing Today*, 9 jun. 2003, acessado em http://www.findarticles.com.
27. Richard Jerome; Vickie Bane. "Spam I Am", *People*, 3 maio 2004, p. 125-126.

Capítulo 14

1. Site da empresa, http://www.dickssportinggoods.com, acessado em 7 fev. 2005; Janet Forgrieve. "Galyans Gears up for '05 Name Change", *Rocky Mountain News*, 23 dez. 2004; http://www.rockymountainnews.com; Julia Hall. "Dick's Sporting Goods Plans Grand Opening for Saturday", *Bangor Daily News*, 24 ago. 2004, http://www.bangornews.com; "Dick's Closes Galyan's Deal", *Pittsburgh Business Times*, 30 jul. 2004, http://pittsburgh.bizjournals.com; Carolyn Shapiro. "Dick's Plans to Shake up Sporting Goods Market", *The Virginian-Pilot*, 23 jun. 2004, http://hamptonroads.com; Mike Troy. "Sports Authority and Dick's Each Hold Winning Game Plan", *DSN Retailing Today*, 5 abr. 2004, http://www.findarticles.com.
2. Jonathan Fahey. "The Lexus Nexus", *Forbes*, 21 jun. 2004, p. 68-70.
3. Anne D'Innocenzio. "Designer Names Helping Target Offer Cheap Chic", *Mobile Register*, 16 mar. 2002, p. B7; Teri Agins. "Todd Does Target", *The Wall Street Journal*, 11 abr. 2002, p. Bl.
4. Site da Family Dollar, http://www.familydollar.com, acessado em 2 jul. 2004; "Family Dollar Reports Record Third Quarter and First Three Quarters Sales and Earnings and Announces Plans to Open 575 New Stores in Fiscal 2003", Family Dollar Stores press release, *PR Newswire*, 25 jun. 2002.
5. Site da Lowes, http://www.lowes.com, acessado em 2 jul. 2004; Aixa M. Pascual. "Lowe's Is Sprucing Up Its House", *BusinessWeek*, 3 jun. 2002, p. 56-58.
6. Site da SuperTarget, http://www.target.com, acessado em 2 jul. 2004; Calmetta Y. Coleman. "Target's Aim: 'Bring Fashion to Food' on a National Scale", *The Wall Street Journal*, 1 mar. 2001, p. 4.
7. Delroy Alexander. "High-Stakes Shelf Games", *Chicago Tribune*, 14 dez. 2003, p. 5-1, 5-7.

8. Mercedes M. Cardona. "Home Depot Revamps Results", *Advertising Age*, 24 nov. 2003, p. 1, 23.

9. Lorrie Grant; Teresa Howard. "Shopping Shifts to 'Off-Mall' Stores", *USA Today*, 26 abr. 2004, p. B4; Kortney Stringer. "Abandoning the Mall", *The Wall Street Journal*, 24 mar. 2004, p. Bl.

10. "General Growth to Open Lifestyle Center in Ohio", *Chain Store Age*, 24 mar. 2004, p. 124; "National Tenants Bite Big Apple: Lifestyle Shopping Center under Development in Queens, N.Y.", *Chain Store Age*, fev. 2004, p. 127; C. R. Roberts. "Plans for Retail 'Lifestyle Center' Move Forward in Tacoma, Wash.", *The News Tribune*, 13 nov. 2003; Henry Gomez. "Legacy Village: More Main Street Than Mall", *Crain's Cleveland Business*, 20 out. 2003, p. 1; Allison Kaplan. "That's Not a Mall, It's a Lifestyle Center!", *Knight Ridder Tribune News Service*, 23 set. 2003, http://infotrac-college.thomsonlearning.com.

11. Alice Z. Cuneo. "What's in Store?", *Advertising Age*, 25 fev. 2002, p. 30-31.

12. Emma Hall; Normandy Madden. "IKEA Courts Buyers with Offbeat Ideas", *Advertising Age*, 12 abr. 2002, p. 10.

13. Monica Khemsurov. "Sexing Up Victoria's Secret", *Business 2.0*, abr. 2004, p. 54-55.

14. Joanne Cleaver. "Diversity Training Ups Saks' Sales", *Marketing News*, 1 nov. 2003, p. 24-25.

15. Mike Troy. "Sams Rewrites Business Plan", *DSN Retailing Today*, 9 jun. 2003, http://infotrac-college.thomsonlearning.com.

16. Lorrie Grant. "Maytag Stores Let Shoppers Try Before They Buy", *USA Today*, 7 jun. 2004, p. B7.

17. Erin White; Kimberly Palmer. "U.S. Retailing, 101", *The Wall Street Journal*, 12 ago. 2003, p. Bl, B9.

18. Erin White; Susanna Ray. "Bare-Bones Shopping", *The Watt Street Journal*, 10 maio 2004, p. R6.

19. Mike Troy. "A Force Even Category Killers Can't Catch", *DSN Retailing Today*, 9 jun. 2005, p. 77.

20. Anne D'Innocenzo. "Back in Fashion", *Mobile Register*, 2 maio 2004, p. Fl.

21. Cuneo, "What's in Store?".

22. "Products & Services", site do 7-Eleven, http://www.7-Eleven.com/products, acessado em 15 maio 2004.

23. Russell Flannery. "Happy in the Middle", *Forbes*, 1 abr. 2002, p. 62.

24. Site da United Stationers, http://www.unitedstationers.com, acessado em 15 maio 2004; "United Stationers Opens New State-of-the-Art Distribution Center in Denver", United Stationers' press release, 25 jun. 2001.

25. Don Debelak. "Farmers' Market", *Entrepreneur*, fev. 2002, p. 104.

26. Site da Yahoo, http://www.yahoo.com, acessado em 2 jul. 2004; Tobi Elkin, "Yahoos Increases Direct Marketing", *Advertising Age*, 22 abr. 2002, p. 20; Ellen Neuborne. "Coaxing with Catalogs", *BusinessWeek e.biz*, 6 ago. 2001, p. EB6.

27. Deborah Szynal. "Anthrax and You", *Marketing News*, 29 abr. 2002, p. 1, 4.

28. Site da Office Depot, http://www.ofricedepot.com, acessado em 15 maio 2004; Jon Swartz. "E-Tailers Turn Net Profits", *USA Today*, 13 dez. 2000, p. 1B-2B.

29. Japan Scan Food Industry Bulletin, http://www.japanscan.com, acessado em 2 jul. 2004; JapanScan Market Report, "Automatic Vending Machines in Japan", jan. 2002, http://www.foodindustryjapan.com/automatic_Vending.htm; Tim Sanford, "Vending and Beyond", *Vending Times*, 25 mar./24 abr. 2001, http://www.vendingtimes.com.

Capítulo 15

1. Site da International Cycling Union, http://www.uci.ch, acessado em 8 fev. 2005; Annys Shin. "With Armstrong, Discovery Puts Marketing on Wheels", *The Washington Post*, 27 jan. 2005, http://www.washingtonpost.com; "New World Order", *Eurosport*, 7 jan. 2005, http://www.eurosport.com; "Marketing Behind New Cycling Tour", *The Indianapolis Star*, 26 dez. 2004, p. C2; Janna Trevisanut, "Cycling News Roundup 1 December 2004", *Daily Peloton*, 1 dez. 2004, http://www.dailypeloton.com.

2. Dale Buss. "An of Gaining Impressions", *Brandweek*, 18 mar. 2002, p. R14 ("Reggie Awards").

3. Laurel Wentaz. "Banks Tailor Efforts to Homesick Hispanics", *Advertising Age*, 5 abr. 2004, p. 30.

4. Betsy Cummings. "Making It Click", *Sales & Marketing Management*, abr. 2002, p. 21.

5. Cummings, "Making It Click", p. 22.

6. Jim Edwards. "Got Milk? (Got Mess)", *Adweek*, 19 abr. 2004, p. 36-43.

7. Kenneth Hein. "Pepsi Pops New Formula", *Brandweek*, 22 mar. 2004, p. 4; Becky Ebenkamp; Todd Wasserman. "Have You Heard the Latest about Pepsi's Sierra Mist?", *Brandweek*, 22 mar. 2004, p. 10.

8. Jon Swartz. "EarthLink Joins Movement to Kill Pop-up Ads", *USA Today*, 20 ago. 2002, p. Bl; "EarthLink Will Offer Subscribers Software to Block Pop-up Ads", *The Wall Street Journal*, 20 ago. 2002, p. B6.

9. Mike Beirne. "Hoteliers Take Different Roads to Travelers", *Brandweek*, 10 jun. 2002, p. 4.

10. Lisa Sanders. "Ford SUV Gets Starring Role in Film", *Advertising Age*, 19 abr. 2004, p. 8.

11. Ronald Grover; Gerry Khermouch, "The Trouble with Tie-ins", *BusinessWeek*, 3 jun. 2002, p. 63.

12. Katy Kelly; Kim Clark; Linda Kulman. "Trash TV", *U.S. News & World Report*, 16 fev. 2004, p. 48-52.

13. Kenneth Hein. "Cracking the Code for Pepsi", *Brandweek*, 14 out. 2002, p. M13-M16.

14. Jean Halliday. "Toyota Goes Guerilla to Roll Scion", *Advertising Age*, 11 ago. 2003, p. 4, 41; Amy Moerke, "It's a Jungle Out There", *Sales of Marketing Management*, maio 2004, p. 12.

15. Donna Fuscaldo. "Create a Buzz for Your Product", *The Wall Street Journal*, 15 set. 2003, p. R8.

16. Sheri Quakers. "Advertisers Seek More Bang for Sports – Marketing Bucks", *Boston Business Journal*, 9 jun. 2003, http://www.bizjournals.corn/boston.

17. Bartley Morrisroe. "Second-Tier Sponsorships Get Personal", *Marketing News*, 23 jun. 2003, p. 4.

18. David Dukcevich. "Whither College Hoops?", *Forbes*, 31 mar. 2003, http://www.forbes.com; Betsy McKay. "Coke Beats Pepsi for NCAA Rights in a Deal That Tops $500 Million", *The Wall Street Journal*, 12 jun. 2002, acessado em http://www.sportsbusinessdaily.com.

19. Gabriel Kahn. "Soccer's FIFA Cries Foul as Ambushers Crash World Cup", *The Wall Street Journal*, 21 jun. 2002, p. Bl.

20. Direct Marketing Association, http://www.the-dma.org, acessado em 22 dez. 2004.

21. Laird Harrison. Seção especial da "You've Got Ads!", Bonus Section *Time* – Inside Business, jan. 2002, p. Y7.

22. "Home Depot Announces First-Ever Holiday Catalog", *DSN Retailing Today*, 11 nov. 2003, http://www.dsnretailingtoday.com.

23. Direct Marketing Association, http://www.the-dma.org, acessado em 2 jan. 2005.

24. "Pay Your Verizon Phone Bill When You Get a Cup of Coffee at 7-Eleven", *PR Newswire*, 8 abr. 2003, http://infotrac-college.thomsonlearning.com.

25. Kenneth Hein. "Memo from the Front", *Brandweek*, 11 fev. 2002, p. 38.

26. Gregory Solman. "Marketers, Music Sires Find It Takes Two to Tango", *Adweek*, 5 abr. 2004, p. 9.

27. Kenneth Hein. "Got a Thrilla in the Mist", *Brandweek*, 10 jan. 2004, p. 16-17.

28. Bob Francis. "Pepsi Celebrates History and Bridges Digital Divide", *Brandweek*, 22 mar. 2004, p. R9.

29. John Densmore. "Should The Doors Sell Out?", *Rolling Stone*, dez. 2002/jan. 2003, p. 44-45.

30. Theresa Howard. "Teens Actually Like Being Told Why Smoking's Dumb", *USA Today*, 3 maio 2004, p. B7.

Capítulo 16

1. Lee Jenkins. "Mets Help Nationals Make Debut in Washington", *The New York Times*, 4 abr. 2005, http://www.nytimes.com; Jim Williams. "Nationals Radio Rights Up for Grabs but WJFK Out Front", *The Examiner*, 10 fev. 2005, http://www.dcexaminer.com; Eric Fisher. "District Closer to Funding Target", *The Washington Times*, 3 fev. 2005, http://www.washingtontimes.com; "Nationals Players Model Jerseys, Greet Fans", *ABC 7 News*, 2 fev. 2005, http://www.wjla.com; Ken Wright. "Nats to Play RFK Exhibition", *The Washington Times*, 21 jan. 2005, http://www.washingtontimes.com; Eric Fisher. "Nationals' Broadcasts Up in the Air", *The Washington Times*, 9 dez. 2004, http://www.washingtontimes.com; Joseph White. "Expos to Become Washington Nationals", *USA Today*, 22 nov. 2004, http://www.usatoday.com.

2. Dorothy Pomerants. "Coming Distractions", *Forbes*, 10 jun. 2002, p. 50.

3. "Beyoncé Knowles Headed for Superstardom", *ABS CBN Interactive*, 15 fev. 2004, http://www.abs-cbnnews.com.

4. "Top 25 U.S. Advertisers", *FactPack 2004 Edition* (suplemento especial do *Advertising Age*), 8 mar. 2004, p. 12.

5. "Top 25 U.S. Megabrands", *FactPack 2004 Edition* (suplemento especial do *Advertising Age*), 8 mar. 2004, p. 13.

6. James B. Amdorfer. "Miller Brewing Sues Anheuser-Busch over Ads", *Advertising Age*, 27 maio 2004, http://www.adage.com; James. B. Amdorfer. "Budweiser Launches Major Ad Offensive against Miller", *Advertising Age*, 20 maio 2004, http://www.adage.com.

7. Laurel Wentz. "Marketers Turn to Celebrities to Lure Hispanic Consumers", *Advertising Age*, 13 maio 2002, p. 20.

8. Bruce Horovitz. "Foreman Puts Up His Dukes for Big, Tall", *USA Today*, 4 mar. 2004, p. B3.

9. Robyn Greenspan. "U.S. Online Ad Growth Under Way", *ClickZ Network*, 15 jul. 2003, http://www.clickz.com; Michael Krauss. "Google Changes the Context of Advertising", *Marketing News*, 1 jun. 2004, p. 6.

10. Theresa Howard. "Ad Sales Increase Shows Slump May Be Past", *USA Today*, 4 jun. 2004, p. Bl.

11. "Philadelphia to Air Ads to Attract Gays", *The Morning News*, 3 jun. 2004, p. B5.

12. Terence A. Shimp. *Advertising, Promotion, and Supplemental Aspects of Integrated Marketing Communications*. 6. ed. Mason; South-Western, 2003, p. 306-309.

13. Betsy McKay; Chad Terhune. "Coke Pulls TV Ad after Some Call It the Pits", *The Wall Street Journal*, 8 jun. 2004, p. Bl, B8; Bruce Horovitz. "Risqué May Be Too Risky for Ads", *USA Today*, 16 abr. 2004, p. Bl; Christine Bittar. "Victorias Secret Special Shelved Amid FCC Probes", *Brandweek*, 12 abr. 2004, p. 5.

14. Claire Atkinson. "Which Nets Are Kings of Clutter?", *Advertising Age*, 7 jun. 2004, p. 53.

15. Jon Swartz. "EarthLink Joins Movement to Kill Pop-Up Ads", *USA Today*, 20 ago. 2002, p. B1; Tobi Elkin. "'Intrusive' Pop-Ups Get Closer Scrutiny after iVillage Block", *Advertising Age*, 5 ago. 2002, p. 6.

16. Karl Greenberg. "Sea-Doo Sees Alternative Ways to Craft 3D Strategy", *Brandweek*, 2 jun. 2004, p. 3.

17. Robert J. Coen. "Advertising Boom in U.S. Ended in '01", *Advertising Age*, 13 maio 2002, p. 24.

18. "Top 25 Cable Networks", *Advertising Age*, 31 maio 2004, p. S-17.

19. Chuck Bartels. "Newspaper Ads No Longer Best Fit for Dillard's", *Marketing News*, 15 nov. 2003, p. 5.

20. "Top 25 Magazines by Circulation", *FactPack 2004 Edition* (suplemento especial do *Advertising Age*), 8 mar. 2004, p. 36.

21. "U.S. Ad Spending Totals by Media", *FactPack 2004* (suplemento especial do *Advertising Age*), 8 mar. 2004, p. 15.

22. Erin White. "Outdoor Ads May Get Indoor Rival", *The Wall Street Journal*, 17 jul. 2002, p. B10.

23. Kris Oser. "Internet Advertising Reaches $2.3 Bil High", *Advertising Age*, 3 maio 2004, p. 3, 65; Scott Hays. "Has Online Advertising Finally Grown Up?", *Advertising Age*, 1 abr. 2002, p. Cl.

24. Russ Britt. "Theaters Reap More Revenues from Ads", http://www.CBS.MarketWatch.com, 14 jun. 2004.

25. "World's Top 10 Core Agencies", *FactPack 2004 Edition* (suplemento especial do *Advertising Age*), 8 mar. 2004, p. 51.

26. Jordana Mishory. "Loud and Clear", *Saks & Marketing Management*, jun. 2004, p. 14.

27. Janine Gordon. "When PR Makes More Sense Than Ads", *Brandweek*, 21 abr. 2003, p. 26.

28. Jack Neff. "Ries' Thesis: Ads Don't Build Brands, PR Does", *Advertising Age*, 15 jul. 2002, p. 14-15.

29. Oser, "Internet Advertising Reaches $2.3 Bil High"; Normandy Madden. "Levi's Enjoys 'Rebirth' on the Web in Asia", *Advertising Age*, 19 abr. 2004, p. N-8.

Capítulo 17

1. "Rolling the Dice", *ESPN*, http://espn.go.com, acessado em 10 fev. 2005; Phil Rogers. "Ordoñez Deal Shows Boras at Top of His Game", *ChicagoSports.com*, 7 fev. 2005, http://chicagosports.chicagotribune.com; Jack Curry. "Baseball: A Salesman, Pitching the Brightest Stars as Diamonds", *International Herald Tribune*, 14 dez. 2004, http://www.iht.com; Matthew Benjamin. "Go-To Guy", *U.S. News & World Report*, 10 maio 2004, p. EE2-EE6.

2. "Corporate America's New Sales Force", *Fortune*, 11 ago. 2003, p. S2-S20.

3. Stephanie B. Goldberg. "Sales: What Works Now", *Inc.*, jun. 2004, p. 65-80.

4. Barry Farber. "Natural-Born Sellers?", *Entrepreneur*, maio 2004, p. 89-90; Kimberly McCall. "Leading the Pack", *Entrepreneur*, maio 2004, p. 90.

5. Michael V. Copeland. "Best Buy's Selling Machine", *Business 2.0*, jul. 2004, p. 93-103.
6. Trevor Thomas. "FIIA Study Finds Banks Favor One-on-One Selling for Insurance", *National Underwriter*, 6 maio 2002, p. 41.
7. Matthew Maier. "Boeing's Dreamliner: 52 Sold, 3,448 to Go", *Business 2.0*, jul. 2004, p. 27-28.
8. "Automating the Sales Force", *Fortune*, 11 ago. 2003, p. S10.
9. Becki Connally. "Marketing Comes to the Home", *Mobile Register*, 11 mar. 2004, p. S-l.
10. Jane Spencer. "Ignore That Knocking: Door-to-Door Sales Make a Comeback", *The Wall Street Journal*, 30 abr. 2004, p. Dl.
11. Lorraine Woellart. "The Do Not Call Law Won't Stop the Calls", *BusinessWeek*, 29 set. 2003, p. 89.
12. Kimberly L. McCall. "The Ins and Outs", *Sales & Marketing Management*, mar. 2002, p. 87.
13. Chris Penttila. "The Art of the Sale", *Entrepreneur*, ago. 2003, p. 58-61.
14. Tim O'Brien. "Kahuna Lagoon Makes a Splash at Camelbeach", *Amusement Business*, 20 maio 2002, p. 6.
15. Penttila, "The Art of the Sale".
16. L. Biff. "Customers Still Want Expert Advice", *Bank Marketing*, maio 2002, p. 41.
17. Joseph C. Panetteri, "Birth of a Salesman", *Priority*, jul./ago. 2003, p. 20-23.
18. Norm Brodsky, "Street Smarts", *Inc.*, jun. 2004, p. 53-54.
19. Jean Halliday, "Car Dealers Court Existing Buyers", *Advertising Age*, 1 mar. 2004, p. 6.
20. Steve Gottlieb. "How to Sell a Product Everyone Is Getting for Free", *Business 2.0*, abr. 2004, p. 48.
21. Matthew Boyle. "Joe Galli's Army", *Fortune*, 30 dez. 2002, p. 135-138.
22. Jess McCuan. "The Ultimate Sales Incentive", *Inc.*, maio 2004, p. 32.
23. Brian Tracy. "Top Secrets", *Entrepreneur*, ago. 2003, p. 62-63.
24. Brian Caulfield. "How to Land the Deal", *Business 2.0*, abr. 2004, p. 85.
25. "Multimedia Information Services", http://viswiz.gmd.de/MultimediaInfo/, acessado em 18 jan. 2005.
26. Michael Schrage. "The Dynamic Duo", *Sales & Marketing Management*, maio 2004, p. 26.
27. Tracy, "Top Secrets".
28. "Post-Sale Selling", *Saks & Marketing Management*, jun. 2004, p. 12.
29. Deborah L. Vence. "Top Niche", *Marketing News*, 1 jun. 2004, p. 11-13; "Hispanics Wanted", *Brandweek*, 12 abr. 2004, p. 22, 24.
30. Boyle, "Joe Galli's Army".
31. Michele Marchettl. "The Case for Mentors", *Sales & Marketing Management*, jun. 2004, p. 16.
32. David Lieberman. "Blockbuster Jabs Back at Its Rivals", *USA Today*, 22 jun. 2004, p. B1-B2; "Blockbuster: The Ticket to Performance", seção especial de publicidade para *Saks & Marketing Management*, 9 ago. 2002, p. S-4.
33. *Saks & Marketing Management*, maio 2004, p. 43.
34. "Lowes Gift Cards", seção especial de publicidade para *Saks & Marketing Management*, 9 ago. 2002, p. S-6.
35. David Kaufman. "Perking up the Workforce", seção especial de publicidade para *Fortune*, 29 set. 2003, p. S1-S8.
36. Sandra Jones. "How Sears Came Down with Seasonal Disorder", *Business 2.0*, jul. 2004, p. 66-67.
37. Andy Cohen. "A Push for Product Diversity", *Sales & Marketing Management*, maio 2004, p. 38-39.
38. Jennifer Gilbert. "Building in Loyalty", *Sales & Marketing Management*, maio 2004, p. 40-41.
39. Julia Chang. "Codes of Conduct", *Saks & Marketing Management*, nov. 2003, p. 22.
40. Jennifer Gilbert. "A Matter of Trust", *Saks & Marketing Management*, mar. 2003, p. 30-35.
41. Gilbert, "A Matter of Trust".
42. Jean Halliday. "Saab's Sweepstakes", *Advertising Age*, 9 set. 2002, p. 24.
43. "POP Sharpens Its Focus", *Brandweek*, 16 jun. 2003, p. 31-36.
44. Bob Donath. "Maximize Trade Show Power to Support Your Field Sales Reps", *Marketing News*, 1 jun. 2004, p. 7.
45. Gilbert, "A Matter of Trust".

Capítulo 18

1. Dave Goldberg. "'Monday Night Football' Moving to ESPN", *ABC News*, 18 abr. 2005, http://abcnews.go.cora; Barry Wilner, "Tagliabue Eyes Sports TV Network for NFL", *ABC News*, 4 fev. 2005, http://abcnews.go.com; Rudy Martzke, "NFL, Disney Officials Continue to Dicker over ABC, ESPN Deals", *USA Today*, 2 fev. 2004, http://www.usatoday.com; Ed Sherman, "ABC Crosses Fingers in Effort to Keep 'Monday Night Football'", *Chicago Tribune*, http://infotrac-college.thomsonlearning.com.
2. Chuck Salter. "When Couches Fly", *Fast Company*, jul. 2004, p. 80-81; Pete England. "Dumping; China Strikes Back", *BusinessWeek*, 5 jul. 2004, p. 58; David Lynch. "Chinese Shrimp Farmers Feel Pain of U.S. Trade War", *USA Today*, 30 jun. 2004, p. B1-B2; Dan Morse. "In North Carolina, Furniture Makers Try to Stay Alive", *The Wall Street Journal*, 20 fev. 2004, p. Al, A6.
3. Elisabeth Malkin. "In Mexico, Sugar vs. U.S. Corn Syrup", *The New York Times*, 9 jun. 2004, http://nytimes.com.
4. Jesse Drucker; Almar Latour. "The Spread of Hidden Fees", *The Wall Street Journal*, 13 abr. 2004, p. Dl, D5.
5. William Grimes. "That Invisible Hand Guides the Game of Ticket Hunting", *The New York Times*, 18 jun. 2004, p. El, E6.
6. Steve Stecklow; Erin White. "At Some Retailers, 'Fair Trade' Carries a Very High Cost", *The Wall Street Journal*, 8 jun. 2004, p. Al, A10.
7. Byron Acohido. "Will Microsoft's Xbox Hit the Spot?", *USA Today*, 4 jun. 2004, p. Bl, B2.
8. Robert D. Buzzell; Frederick D. Wiersema. "Successful Share Building Strategies", *Harvard Business Review*, jan./fev. 1981, p. 135-144.
9. David Lieberman. "Comcast Forecasts Digital TV, PC, Phone Convergence", *USA Today*, 1 jul. 2004, p. Bl; Almar LaTour. "After 20 Years, Baby Bells Face Some Grown-Up Competition", *The Wall Street Journal*, 28 maio 2004, p. Al, A5; Heather Green. "No Wires No Rules", *BusinessWeek*, 26 abr. 2004, p. 95-102.
10. Marilyn Adams. "Price War Erupts as Start-Up Begins Selling Tickets", *USA Today*, 20 maio 2004, p. Al.
11. Melanie Trottman, "Airlines Cut Fares, Add Routes to Fight with Low-Cost Carriers", *The Wall Street Journal*, 6 fev. 2004, p. Al.
12. "The Story of Trader Joe's". http://www.traderjoes.com/about/index.asp, acessado em 25 out. 2004; Larry Armstrong. "Trader Joe's: The Trendy American Cousin", *BusinessWeek*, 25 abr. 2004, p. 62.

13. Site da Dell, http://dell.com, acessado em 4 jan. 2005.
14. Joe Sharkey. "Life Can Be Pretty Good Five Miles Up", *The New York Times*, 14 maio 2002, p. C7.
15. Brad Foss. "America Relies More Heavily on Imported Gasoline", *Mobile Register*, 22 maio 2004, p. B7.
16. Keith Naughton. "Fed Up with Filling Up", *Newsweek*, 28 jun. 2004, p. 38-39; Karl Greenberg. "Pumping Up the Volume", *Adweek*, 14 jun. 2004, p. 6; Sholan Freeman. "Forget Rebates: The Hybrid-Car Markup", *The Wall Street Journal*, 10 jun. 2004, p. Dl, D6.
17. Barbara De Lollis; Chris Woodyard; Marilyn Adams. "Savvy Travelers Fly for Less", *USA Today*, 21 abr. 2002.
18. Yuzo Yamaguchi. "Isuzu: Fewer U.S. Models Will Help Bottom Line", *Automotive News*, 24 maio 2004, p. 49.
19. David Leonhardt. "Tiptoeing toward Variable Pricing", *The New York Times*, 12 maio 2002, p. C7.
20. James L. McKenney. *Stouffer Yield Management System*, Harvard Business School Case 9-190-193. Boston: Harvard Business School, 1994; Anirudh Dhebar; Adam Brandenburger, *American Airlines, Inc.: Revenue Management*, Harvard Business School Case 9-190-029. Boston: Harvard Business School, 1992.
21. Michael Sasso. "Tampa, Fla.-Based Company Rides Wave of Internet Auctions", *Tampa Tribune*, 19 fev. 2004; Valerie L. Merahn. "Priced to Go: A Quick Search for Soda", *Brandweek*, 2 fev. 2004, p. 22, 23.
22. Site da Buy.com, http://buy.com, acessado em 13 jun. 2004; David P. Hamilton. "E-Commerce: The Price Isn't Right", *The Wall Street Journal*, 12 fev. 2001, p. Bl.
23. Eleena de Lisser. "A New Twist in Theme-Park Pricing", *The Wall Street Journal*, 24 jun. 2004, p. D1, D4.

Capítulo 19

1. "The Art of Ticket Pricing", *The Sports Economist*, 10 fev. 2005, http://www.thesportseconomist.com; Greg Boeck, "Teams Woo Fans with Cheaper Seats", *USA Today*, 31 ago. 2004, p. 3C; Marc Lancaster. "Reds' Payroll, Prices Going Up", edição on-line de *The Cincinnati Post*, 11 nov. 2004, http://www.cincypost.com; Matthew Milk: "If You Build a Cheaper Mousetrap, They Will Come", *Forbes*, 21 jun. 2004, p. 60; Jeff Marx. "New White Sox Ad Campaign: Ingenious or Embarrassing?", *The Chicago Sports Review*, 21 jun. 2004, http://www.chicagosportsreview.com.
2. Heidi Brown; Justin Doebele. "Samsung's Next Act", *Forbes*, 26 jul. 2004, p. 102-107; Michelle Kessler. "Prices of Flat-Panel TVs, Monitors Could Drop More", *USA Today*, 30 jun. 2004, p. Bl; Beth Snyder Bulik. "Consumers Flock to Flat-Screen TVs as Prices Fall", *Advertising Age*, 28 jun. 2004, p. S-8; Peter Kafka. "Is the Price Right?", *Forbes*, 1 mar. 2004, p. 80.
3. "Canon News", http://www.canon.com, acessado em 22 jan. 2003.
4. Richard Gibson. "Red Lobster Hopes to Lure Diners Back", *The Morning News*, 21 dez. 2003, p. 10D.
5. Ramin Setoodeh. "Step Right Up!", *The Wall Street Journal*, 13 jul. 2004, p. Bl, B6.
6. Chris Woodyard. "JetBlue Jumps on Board for Fall Fare Wars", *USA Today*, 14 jul. 2004, p.Bl; Chris Woodyard. "Pitting Southwest vs. JetBlue", *USA Today*, 6 jul. 2004, p. B5.
7. Richard J. Newman. "The Lowdown on List Prices", *U.S. News & World Report*, jan. 2004, p. D12-D14.
8. Michelle Kessler. "Competition Helps Drop Laptop Prices", *USA Today*, 8 dez. 2005, p. Bl.
9. Robert Berner; Brian Grow. "Out-Discounting the Discounter", *BusinessWeek*, 10 maio 2004, p. 78.
10. Brad Foss. "America Relies More Heavily on Imported Gasoline", *Mobile Register*, 21 maio 2004, p. B7.
11. "Dealer Holdbacks: What Are They and What Do They Do?", http://www.carbuytip.condealer-holdbacks.html, acessado em 23 jan. 2003.
12. "7 Ways Dealers Make You Pay Extra", *Consumer Reports*, New Car Preview 2004, p. 12-15.
13. "The Music Industry and the New Digital Economics", http://nfo.net/usa/digecon.html, acessado em 24 jan. 2003.
14. Ethan Smith. "Why a Grand Plan to Cut CD Prices Went off the Track", *The Wall Street Journal*, 4 jun. 2004, p. Al, A3.
15. Site da Upromise, http://www.upromise.com, acessado em 21 out. 2004.
16. Earle Eldridge. "Car Sales Go Down, Rebates Go Up", *USA Today*, 8 jul. 2004, p. Bl; Wagoner citado por David Kiley. "GM Tries to Cut Cord on Costly Rebates", *USA Today*, 23 jan. 2004, p. Bl, B2.
17. Daniel McGinn. "Let's Make a (Tough) Deal", *Newsweek*, 23 jun. 2003, p. 48-49.
18. Barbara Kiviat. "Sneaky Pricing", *Time*, 29 set. 2003.
19. Rebecca Buckman. "Microsoft's Malaysia Policy", *The Wall Street Journal*, 20 maio 2004, p. Bl.
20. Sharon Silke Carry. "Auto Makers Offer More Incentives", *The Wall Street Journal*, 8 jul. 2004, p. D5; John Porretto. "GM, Ford Heat Up Incentives Battle", *Mobile Register*, 8 jul. 2004, p. B6; David Welch. "Those Price Breaks Are Habit Forming", *BusinessWeek*, 16 fev. 2004, p. 39.
21. Shelly Branch. "Long Used to Getting Full Price, a Retailer Faces New Pressures", *The Wall Street Journal*, 4 fev. 2004, p. Al, A9.
22. Sites das empresas, http://store.apple.com e http://www.dell.com, acessados em 22 out. 2004.
23. David Kirkpatrick. "Inside Sams $100 Billion Growth Machine", *Fortune*, 14 jun. 2004, p. 80-98.
24. Kate Bonamici. "Tag! You're the It Bag", *Fortune*, 14 jun. 2004, p. 50.
25. Mark Henricks. "Get Your Fix", *Entrepreneur*, abr. 2003, p. 75-76.
26. Henricks, "Get Your Fix".
27. Kerry Capell. "Vaccinating the World's Poor", *BusinessWeek*, 26 abr. 2004, p. 65-69.
28. Kwame Kuadey. "The Politics of AIDS Drugs in Africa". *AIDS in Africa*, http://www.aidsandafrica.com/, acessado em 1 set. 2004.
29. "Product Preannouncement, Market Cannibalization, and Price Competition", http://netec.mcc.ac.uk/BibEc/data/Papers/fthecsucp98-136.html, acessado em 25 jan. 2003.
30. Edna Gundersen. "Prince Reaches Out 2U with Marketing That's All His", *USA Today*, 24 jun. 2004, p. Dl; Edna Gundersen. "For Prince, It's Good to Be King", *USA Today*, 24 jun. 2004, p. D3.
31. Anne Marie Squeo; Joe Flint. "Should Cable Be à la Carte, Not Flat Rate?", *The Wall Street Journal*, 26 mar. 2004, p. Bl, B4.
32. Noelle Knox; Byron Acohido. "Microsoft Faces Fine of $618 M in EU Case", *USA Today*, 23 mar. 2004, p. Bl.
33. Jeffrey Ball. "For Many Low-Income Workers, High Gasoline Prices Take a Toll", *The Wall Street Journal*, 12 jul. 2004, p. Al, A8.

abastecedor Atacadista multifuncional que comercializa linhas especializadas de mercadoria para as lojas varejistas.

abordagem Contato inicial do vendedor com um cliente potencial.

acordo de exclusividade Acordo entre um fabricante e um intermediário que proíbe o intermediário de lidar com linha de produtos concorrentes.

Acordo de Livre Comércio da América do Norte (Nafta) Acordo que remove barreiras comerciais entre Canadá, México e Estados Unidos.

Acordo Geral de Tarifas e Comércio (GATT) Acordo internacional do comércio que ajudou a reduzir tarifas mundiais.

aculturação Processo de absorção de uma nova cultura.

agência de publicidade Empresa cujos especialistas em comunicação prestam assistência aos anunciantes para planejar e preparar as propagandas.

agente Agente intermediário de distribuição que possui direitos sobre os produtos transportados para um mercado central para venda, age como agente produtor e coleta uma taxa combinada na hora da venda.

agente de vendas Agente intermediário de distribuição, responsável pelo programa de marketing completo de uma linha de produto da empresa.

aliança estratégica Parceria na qual duas ou mais companhias combinam recursos e capital para criar vantagens competitivas em um novo mercado.

ambiente competitivo Processo interativo que ocorre no mercado entre profissionais de marketing de produtos concorrentes diretos, profissionais de marketing de produtos que podem ser substituídos por outros e profissionais de marketing competindo pelo poder de compra dos consumidores.

ambiente econômico Fatores que influenciam o poder de compra dos consumidores e estratégias de marketing, incluindo estágio de ciclo comercial, inflação, desemprego, renda e disponibilidade de recursos.

ambiente político-legal Componente do ambiente de marketing que consiste em leis e atuações da lei que exigem que as empresas operem sob condições competitivas leais e protejam os direitos do consumidor.

ambiente sociocultural Componente do ambiente de marketing que consiste na relação entre o profissional de marketing e a sociedade e sua cultura.

ambiente tecnológico Aplicação ao marketing de conhecimento baseado em descobertas em ciência, invenções e inovações.

amostra aleatória simples Tipo básico de amostra probabilística em que todo elemento de uma população relevante tem uma oportunidade igual de ser selecionado.

amostra de conveniência Amostra não-probabilística selecionada entre os membros mais acessíveis de uma determinada população.

amostra de oferta on-line Oferta de produto destinada a encorajar o uso experimental que poderá desencadear futuras compras que poderão ser feitas diretamente para as empresas on-line ou indiretamente por site, como Freesite.com e All-free-samples.com.

amostra estratificada Amostra probabilística formada para representar subamostras selecionadas randomicamente de diferentes grupos dentro da população total; cada subgrupo é relativamente homogêneo para certas características.

amostra Na pesquisa de marketing, significa o processo de selecionar entrevistados ou participantes de pesquisa; em promoção de vendas, significa a distribuição gratuita de um produto em uma tentativa de obter vendas futuras.

amostra não-probabilística Amostra que envolve julgamento pessoal em alguma parte do processo amostral.

amostra por cota Amostra selecionada dividida para manter a proporção de certas características entre segmentos diferentes ou grupos como a população inteira.

amostra probabilística Tipo de amostra em que todos os membros da população têm a mesma chance de serem selecionados.

amostragem por agrupamento Amostra probabilística em que os pesquisadores selecionam uma amostra com o desenho das pessoas que irão responder; cada grupo reflete a diversidade da população inteira que será amostrada.

análise crítica Processo para determinar a autenticidade, a precisão e o valor da informação, do conhecimento, de afirmações e argumentos.

análise de margem Método de análise da relação entre custos, preço de venda e aumento de volume de vendas.

análise de ponto de equilíbrio modificado Técnica de estabelecimento de preço usada para avaliar a demanda do consumidor e que compara o número de produtos que devem ser vendidos a uma variedade de preços para cobrir custo total com a estimativa das vendas esperadas em diversos preços.

análise de portfólio Avaliação dos produtos e divisões da companhia para determinar quais são os mais fortes e quais os mais fracos.

análise de tendências Método de previsão de vendas quantitativas que estima futuras vendas por análises estatísticas do histórico de vendas passadas.

análise de valor Estudo sistemático dos componentes de uma compra para determinar uma abordagem mais custo-efetiva.

análise de vendas Avaliação detalhada das vendas reais de uma empresa.

análise do ponto de equilíbrio Técnica para tabulação de preço usada para determinar o número de produtos que devem ser vendidos a preço específico para gerar faturamento suficiente para cobrir os custos totais.

análise do representante Avaliação de desempenho de fornecedores em áreas como preço, retorno de pedidos, tempo de entrega e atenção para pedidos especiais.

análise SWOT Análise que ajuda os administradores a conhecerem as forças e fraquezas internas da organização e as oportunidades e ameaças externas.

anúncio pop-up Mensagens promocionais que aparecem sem ser solicitadas em uma nova janela na tela do computador, em ambiente web.

anúncios de serviço público (PSAs) Propagandas com propósito de alcançar os objetivos voltados para o social, focando em causas e organizações de caridade e incluídas na mídia impressa e eletrônica sem custo.

application service providers **(ASPs)** Companhias externas que se especializam em oferecer tanto computadores quanto suporte do aplicativo para gerenciar sistemas de informação dos clientes empresariais.

aprendizagem Habilidade de deter conhecimento como resultado de uma experiência.

apresentação de vendas Função de venda pessoal que descreve as principais características de um produto e suas relações com os problemas ou necessidades do cliente.

área de censo (AEMC) Área urbana que inclui duas ou mais AEMPs.

Área de Livre Comércio das Américas (Alca) Uma proposta de área de livre comércio e seus benefícios entre todas as nações das Américas do Norte, Central e do Sul.

área de livre comércio Região em que as nações participantes concordam com o livre comércio de produtos entre elas, abolindo tarifas e restrições comerciais.

área estatística metropolitana (AEM) Área urbana livre com uma população de pelo menos 50.000 no centro urbano e de 100.000 ou mais da população total da AEM.

área estatística metropolitana primária (AEMP) Município urbanizado ou conjunto de cidades com nível social e econômico associado para perto de uma AEMC.

área estatística micropolitana Área que inclui pelo menos cidades de 10.000 a 49.999 habitantes com baixa proporcionalidade de seus residentes viajando diariamente para fora da área.

área estatística principal (AEP) Termo coletivo para áreas estatísticas metropolitana e micropolitana.

as cinco forças de Porter Modelo de estratégia desenvolvido por Michael Porter, que identifica cinco forças competitivas que influenciam o planejamento de estratégias: a ameaça de novos concorrentes, a ameaça de produtos substitutos, rivalidade entre concorrentes, o poder de barganha dos compradores e o poder de barganha dos fornecedores.

assinatura eletrônica Aprovação eletrônica que tem o mesmo estado legal de uma assinatura escrita.

atacadista Canal intermediário responsável pelos produtos e que possui direito sobre eles para então distribuí-los aos varejistas, para outros distribuidores ou para clientes B2B.

atacadista comercial Intermediário de distribuição independente que possui direito sobre os produtos por ele manuseados; também conhecido como um distribuidor, no mercado de produtos de consumo.

atacadista de mala-direta Mercado de distribuição de serviço limitado que distribui catálogos em vez de enviar representante de venda para contatar o cliente.

atacadista volante Distribuidor mercante de serviço limitado que comercializa alimentos ou artigos perecíveis; também chamado de *truck jobber.*

atitudes Resistências pessoais às avaliações favoráveis ou não, ou também emoções ou tendências de ações sobre algum objeto ou idéia.

atmosfera Combinação de características físicas e ambientais e comodidades que contribuem para a imagem da loja.

atribuição Comportamento que os membros de um grupo esperam de indivíduos que ocupam cargos específicos dentro daquele grupo.

autoconceito Conceito de uma pessoa sobre si própria.

automação da força de vendas (AFV) Uso de computador e implementação de outras tecnologias para tornar o serviço de vendas mais eficiente e competitivo.

avaliação de risco político Unidades dentro de uma empresa que avaliam os riscos políticos dos mercados onde a empresa opera, bem como propõem operações em novos mercados.

avaliação indireta Método para medir a efetividade promocional por indicadores quantificáveis concentrados, como o *recall.*

baby boomers Pessoas nascidas entre os anos de 1946 e 1965.

banner ads Mensagens promocionais em uma página da web que liga-se ao site do anunciante.

banner Propagandas na página da web que liga-se ao site do anunciante.

bem Produto tangível que o consumidor pode ver, ouvir, cheirar, saborear ou tocar.

benchmarking Método para medir qualidade por comparação de desempenho com os líderes da indústria.

bens de compra comparada Produto que os consumidores compram depois de comparar as ofertas concorrentes.

bens e serviços de impulso Produtos comprados sem reflexão.

bens empresariais Produtos e serviços comprados para uso tanto direto como indiretamente na produção de outras mercadorias e serviços para revenda.

bens não-procurados Produtos comercializados para consumidores que ainda não reconhecem uma necessidade para eles.

blog Página da web que é um diário pessoal servindo como publicidade acessível para outras pessoas e, em mais e mais casos, para profissionais de marketing.

bonificação de exposição Dinheiro pago por vendedores aos varejistas para garantir a exposição do produto.

bot Programa de busca que verifica em centenas de sites informações reunidas e agrupadas e as devolve ao remetente.

bots **(shopbots)** Programa de busca on-line que atua como agentes de compra.

campanha publicitária Série de anúncios diferentes, porém relacionados, que usam um tema único e aparecem em diferentes mídias em um período de tempo específico.

canal (de distribuição) de marketing Instituições do sistema de marketing que aumentam o fluxo físico de produtos e serviços, possuindo direitos sobre eles, do fabricante ao consumidor ou ao usuário.

canal de vendas em domicílio Marketing direto pela televisão em que uma variedade de produtos é oferecida e os clientes podem pedir diretamente pelo telefone ou pela internet.

canal direto Canal de marketing que transporta produtos diretamente de um produtor para o comprador comercial ou último consumidor.

canal Meio pelo qual uma mensagem é enviada.

canal reverso Canal projetado para devolver produtos e/ou subprodutos a seus fabricantes.

canibalização Perda de resultados de um produto existente por causa da competição de um novo produto da mesma empresa.

capitão da categoria Vendedor responsável para lidar com todos os fornecedores sobre um projeto e, depois, apresentar o pacote completo para o comprador.

capitão do canal Membro dominante e controlador de um canal de marketing.

cartão inteligente Cartão multiuso com chip de computador embutido que armazena informações, como dados de cartão de crédito, registro de saúde e número da carteira de habilitação.

categoria Unidade de negócio chave de empresas diversificadas; também chamada de *unidade estratégica de negócios (UEN)*.

centro comercial planejado Grupo de lojas de varejo planejadas, coordenadas e com marketing como uma unidade.

centro de compras Participantes em uma ação de compra empresarial.

centro de lucro Qualquer parte de uma organização em que a receita e os custos controláveis podem ser determinados.

ciberlojas Grupo de lojas virtuais planejadas, coordenadas e operadas como uma unidade para pessoas que compram on-line pela internet.

ciclo de negócios Padrão de diferentes estágios do nivel de atividade econômica de uma nação ou região. Embora o ciclo tradicional inclua os quatro estágios prosperidade, recessão, depressão e recuperação, cada vez mais economistas acreditam que as depressões futuras podem ser prevenidas por uma política econômica efetiva.

ciclo de vida da família Processo de formação ou desagregação de famílias, que são nichos de mercado com padrão de comportamento de compra baseado na faixa etária e no estado civil.

ciclo de vida do produto Progressão de um produto pelas fases de introdução, crescimento, maturidade e declinio.

ciclo pedido-pagamento Mercado de distribuição de serviço limitado que aceita pedidos de clientes e os encaminha para os fabricantes, que então transportam diretamente para os clientes que fizeram os pedidos.

click-throughs *Veja* custo por resposta.

cliente externo Pessoas ou organizações que compram ou usam produtos e serviços de outra empresa.

cliente interno Funcionário ou departamento dentro de uma organização que depende do trabalho de outro funcionário ou departamento para realizar as tarefas.

co-branding Acordo cooperativo pelo qual duas ou mais equipes de negócios relacionam estreitamente seus nomes em um único produto.

Código Universal do Produto (CUP) Sistema de código de barra numérico usado para registrar produto e informação de preço.

co-marketing Acordo cooperativo pelo qual duas empresas unem esforços de marketing para beneficiarem seus próprios produtos.

comercialização misturada Prática de venda a varejo de combinar linhas de produto dissimilares para impulsionar volume de vendas.

comércio eletrônico (e-commerce) Identifica clientes-alvo pela coleta e análise de informação de negócio, conduz as transações com os clientes e mantém um relacionamento on-line por meio da rede de computadores.

comissão Incentivo de compensação diretamente relacionado às vendas ou lucros alcançados por um vendedor.

competências centrais Atividades que uma companhia desempenha bem, valorizadas pelos clientes e que os concorrentes encontram dificuldade para imitar.

competição baseada no tempo Estratégia de desenvolver e distribuir produtos e serviços mais rapidamente que os concorrentes.

comportamento de resposta rotineira Solução rápida para um problema do consumidor em que uma nova informação não é considerada; o consumidor já estabeleceu critério de avaliação e opções disponíveis identificadas.

comportamento do cliente Atividades mentais e físicas que ocorrem durante a seleção e compra de um produto.

comportamento do consumidor Atividades mental e física de pessoas que atualmente utilizam os produtos e serviços adquiridos.

composição de opiniões da força de vendas Método de previsão de vendas qualitativo baseado nas estimativas de vendas combinadas dos representantes da empresa.

comprador Pessoa que tem a autoridade formal para selecionar um fornecedor e implementar procedimento para obter um produto ou serviço.

comunicação integrada de marketing Coordenação de todas as ferramentas promocionais para produzir uma mensagem publicitária unificada e focada no cliente.

conceito AIDA Passos pelos quais uma pessoa chega à decisão de compra: atenção, interesse, desejo e ação.

conceitos de marketing Orientação de toda a companhia voltada ao consumidor com o objetivo de alcançar o sucesso contínuo.

concessão de troca Desconto dado na compra de um produto novo para um cliente em troca do seu usado.

concessão empresarial Incentivo financeiro especial oferecido aos distribuidores e varejistas para que comprem ou promovam produtos específicos.

concessão promocional Incentivo promocional em que o fabricante concorda em recompensar o revendedor com uma certa quantia para cobrir os custos de exibição de uma promoção especial ou propaganda extensa.

concorrência de licitação Solicitação de fornecedores potenciais para cotar preços na proposta de compras ou nos contratos.

concorrência monopolista Estrutura de mercado que envolve um produto heterogêneo e diferenciado entre fornecedores concorrentes, permitindo ao profissional de marketing algum grau de controle sobre os preços.

concorrência pura Estrutura de mercado caracterizado por produtos homogêneos, onde há muitos compradores e representantes e ninguém tem influência significativa sobre o preço.

concurso Técnica promocional de vendas que requer participantes para completar uma atividade como resolver um quebra-cabeça ou responder a questões de um quiz com chance de ganhar um prêmio.

conjunto de considerações Conjunto de alternativas que um consumidor atualmente considera ao tomar uma decisão de compra.

controle de intercâmbio Método usado para regulamentar o privilégio de comércio internacional entre organizações importadoras pelo custo controlado por moedas estrangeiras.

convergência de varejo Uma situação em que uma mercadoria similar está disponível em várias lojas de varejo *outlet*, resultando em desfocar as diferenças entre o tipo de varejo e a mercadoria oferecida por acrescentar valor nas experiências e não nos recursos.

cookies Técnica controversa de coleta de informações sobre os visitantes on-line de sites pela qual pequenos arquivos de texto são automaticamente baixados para o computador do usuário, reunindo tanto os dados como a duração de visita e a próxima página visitada, entre outras informações.

cooperativa de varejo Grupo de varejistas que estabelecem uma operação de distribuição compartilhada que ajuda a competir com outras cadeias.

corporação multinacional Empresa com operações significativas e atividades de marketing fora de seu país de origem.

corretor Agente intermediário de distribuição que não é responsável nem possui direito sobre as mercadorias ao exercer sua função primária, que é conciliar compradores e vendedores.

corrida simultânea Métodos de testar anúncios alternados dividindo em dois a audiência de TV a cabo ou os assinantes de uma publicação, usando dois anúncios diferentes e depois avaliando a efetividade relativa de cada um.

cota de vendas Meta de vendas esperada para um território, produto, cliente ou representante que é comparada aos resultados atuais.

countertrade Forma de exportar com troca de produtos e serviços em vez de venda por dinheiro à vista.

criatividade Atividade humana que produz idéias originais ou conhecimentos, freqüentemente, por testar combinações de idéias ou dados para produzir resultados únicos.

critérios de avaliação Fatores que um consumidor considera na escolha entre as alternativas.

cultura Valores, crença, preferências e experiências passadas de uma geração para outra em uma sociedade.

cupom Técnica promocional de vendas que oferece desconto sobre o preço de compra de produtos e serviços.

cupons virtuais Descontos oferecidos, como promoção de vendas, que são baixados através do pedido em um computador residencial ou por e-mail.

custo marginal Mudança no custo total que resulta da fabricação de unidades adicionais da produção.

custo por impressão Técnica de medida que relata o custo de uma propaganda para cada mil pessoas que a viram.

custo por resposta (também chamado *click-throughs*) Técnica de marketing direta que relata o custo de um anúncio para um número de pessoas que clicaram sobre ele.

custos fixos Custos que permanecem estáveis em uma produção de qualquer nível, até o limite da capacidade instalada, com um certo intervalo (como pagamento de aluguel ou custos de seguros).

custos médios totais Custos calculados pela divisão da soma de custos fixos e variáveis pelo número de unidades produzidas.

custos variáveis Custos que mudam com o nível de produção (como recursos humanos e custos de matérias-primas).

dados primários Dados especificamente coletados e disponibilizados para um projeto de pesquisa.

dados secundários Dados coletados, analisados e já publicados.

data mining Processo de busca por intermédio de banco de dados de clientes para detectar tendências que guiam as decisões de marketing.

decisão de compra com alto envolvimento Decisão de compra com potencial alto nível de conseqüências sociais e econômicas.

decisão de compra de baixo envolvimento Rotina de compra que constitui baixo risco para o consumidor, tanto social quanto economicamente.

decisor A pessoa que escolhe um produto ou serviço, embora outra pessoa possa ter uma autoridade formal para fazê-lo.

decodificação Interpretação de uma mensagem pelo destinatário.

decodificador Traduz uma mensagem em termos entendíveis.

demanda comum Demanda de um produto que depende da demanda de outro produto usado em combinação com ele.

demanda derivada Demanda de um recurso que resulta de demanda de produtos e serviços que são produzidos por aquele recurso.

demanda Estimativa da quantidade de um produto da empresa que os clientes irão comprar em diferentes preços durante um período de tempo específico.

demanda inelástica Demanda de uma empresa que não mudará significantemente em razão da alteração de preço.

demanda primária Demanda geral por uma categoria de produto.

demanda seletiva Desejo de uma marca específica dentro de uma categoria de produto.

demarketing Processo de redução da demanda por um produto ou serviço ao nível que a empresa pode suprir.

demonstração Estágio no processo de venda pessoal em que o cliente tem a oportunidade de experimentar um produto ou serviço ou verificar como funcionam antes de comprá-los.

desconto comercial Pagamento para um membro de canal de distribuição ou comprador desde que executem os serviços de marketing; também conhecido como *desconto funcional*.

desconto Dedução específica da lista de preço, incluindo as concessões ou o desconto promocional.

desconto Devolução de parte do dinheiro do preço de compra, normalmente concedido pelo fabricante do produto.

desconto em dinheiro Redução no preço ante pagamento imediato de uma conta oferecido para um consumidor, empresário ou intermediário.

desconto por quantidade cumulativa Desconto sobre o preço determinado pela quantidade de compras durante períodos de tempo determinados.

desconto por quantidade não-cumulativo Redução de preço concedida em uma base não-cumulativa.

desconto por quantidade Redução de preço concedida para um grande volume de compra.

desemprego Situação econômica em que uma proporção de pessoas busca trabalho ativamente mas não há vagas para absorvê-las.

desenho da pesquisa Planejamento de um projeto para conduzir pesquisas de marketing.

desenvolvimento de produto Introdução de novos produtos em mercados identificáveis.

desenvolvimento Processo de aplicar uma série de recompensas e reforços para permitir comportamento mais complexo para aumentar o envolvimento com o passar do tempo.

determinação de preço acima do custo Prática de adicionar uma porcentagem sobre um montante de dinheiro específico – ou *markup* – para que o preço mínimo de um produto cubra custos não previstos e proporcione lucro.

determinação de preço acima do mercado Formação intencional de preço relativamente alto comparado com os preços dos produtos concorrentes; também conhecido como estratégia de desnatação.

determinação de preço cheio Método para estipular preço no qual se usam todas as variáveis relevantes de custos para estimar o preço dos produtos e também aloca aqueles custos fixos que não podem ser diretamente atribuídos na produção do artigo que terá a determinação de preço.

dica Qualquer objeto em um ambiente que determina a natureza da resposta do consumidor para uma direção.

diferenciação do produto Quando os consumidores consideram diferentes os produtos de uma empresa, sob algum aspecto, comparados com seus concorrentes.

dinheiro de incentivo Comissão para os representantes varejistas por cada unidade de um produto vendido.

direção Qualquer forte estímulo que motiva uma pessoa a agir.

direitos do consumidor Em sua forma mais básica, incluem o direito da pessoa de escolher produtos e serviços livremente, ser informada sobre esses produtos e serviços, ser ouvida e estar segura. Esses quatro direitos básicos formam um modelo conceitual para a mais minuciosas e legislativas explicações de direitos do consumidor que se tem desenvolvido e adaptado desde 1962, quando o presidente Kennedy esboçou os direitos do consumidor. No Brasil, a legislação específica é a de número 8.078.

dissonância cognitiva Desequilíbrio entre convicções e atitudes que ocorre após uma ação ou tomada de decisão, como uma compra.

distribuição dupla Rede que transporta produtos para o mercado-alvo da empresa através de mais de um canal de marketing.

distribuição exclusiva Distribuição de um produto por um único distribuidor ou varejista em uma região geográfica específica.

distribuição física Extensa gama de atividades que objetivam o transporte eficiente de produtos acabados do final da linha de produção até o consumidor.

distribuição intensiva Distribuição de um produto por intermédio de todos os canais disponíveis.

distribuição seletiva Distribuição de um produto por intermédio de um número limitado de canais.

distribuição Transporte de produtos e serviços para os consumidores.

distribuidor atacadista intermediário Termo compreensivo que descreve os atacadistas bem como os agentes e os corretores.

dumping Prática controversa de vendas de um produto em um mercado estrangeiro com preço mais baixo do que o produto de um fabricante doméstico.

duração de produtos e serviços Tempo percorrido de produtos e serviços de acordo com seus atributos, desde produto puro a serviço puro.

efeito *cohort* Tendência das pessoas de uma geração de serem influenciadas e impostas por eventos que ocorrem durante seus anos de formação – aproximadamente de 17 a 22 anos de idade.

elasticidade Mede a responsividade de compradores e fornecedores a uma mudança de preço.

embargo Proibição completa de importação de produtos específicos.

empresa de logística terceirizada (contratada) Companhia que se especializa em controlar atividades de logística para outras empresas.

encontro de serviço Ambiente em que o cliente e o fornecedor de serviço interagem.

entrevista de interceptação em shopping Abordagem para pesquisa de marketing conduzida em shopping centers.

equipamento acessório Artigos importantes, como computadores de mesa e impressoras, que tipicamente custam menos e duram por períodos de tempo mais curtos que as instalações.

equipe de novos projetos Diferentes áreas associadas de uma organização que trabalham em conjunto no desenvolvimento de novos produtos.

equipe de vendas virtual Rede de parceiros estratégicos, associações de comércio, fornecedores e outros que recomendam os produtos ou serviços de uma empresa.

esfera de controle O número de representantes que se reportam ao gerente de vendas de primeiro nível.

estágio de crescimento Segundo estágio do ciclo de vida do produto que se inicia quando uma empresa começa a ganhar lucros substanciais de seu investimento no produto.

estágio de declínio Estágio final do ciclo de vida do produto, em que ocorre um declínio nas vendas totais do segmento.

estágio de introdução Primeiro estágio do ciclo de vida do produto em que uma empresa trabalha para estimular a entrada no novo mercado.

estágio de maturidade Terceiro estágio do ciclo de vida do produto, em que a venda industrial está abaixo do nível.

estoque gerenciado pelo fornecedor Sistema que fornece informação de estoque com base na suposição de que os fornecedores estão na melhor posição para notar baixas de estoque ou excessos.

estratégia "entrar primeiro" Teoria segundo a qual a companhia que for a primeira a oferecer um produto no local de mercado ganhará o mercado no longo prazo.

estratégia competitiva Método pelo qual uma empresa negocia em seu ambiente competitivo.

estratégia de desenvolvimento de mercado Estratégia concentrada em encontrar novos mercados para produtos existentes.

estratégia de desnatação de preço Estratégia de preço que envolve o uso de um preço alto em relação às ofertas concorrentes; também conhecido com *skimiming de preço*.

estratégia de distribuição Planejamento que assegura que os consumidores encontrem seus produtos em quantidades apropriadas no tempo e lugar adequados.

estratégia de diversificação de produto Desenvolver novos produtos para novos mercados.

estratégia de empurrar Esforço promocional do vendedor para os membros do canal de marketing em vez de para os usuários finais.

estratégia de marketing global Mix de marketing padronizado com modificações mínimas que uma empresa usa em todos os seus mercados nacionais e estrangeiros.

estratégia de marketing internacional Aplicação de segmentação de mercado em mercados estrangeiros e definição do mix de marketing da empresa para encontrar mercados-alvo específicos em cada nação.

estratégia de marketing Programa completo no ambiente da companhia para selecionar um mercado-alvo particular e, então, satisfazer os consumidores desse mercado por meio do mix de marketing.

estratégia de penetração de mercado Estratégia que procura aumentar as vendas de produtos existentes em mercados já abordados.

estratégia de preço competitivo Estratégia de preço planejado para diminuir o preço como variável competitiva, colocando o preço do produto ou serviço em um nível geral comparável ao mercado.

estratégia de preço Métodos de se estabelecer preços lucrativos e justificáveis.

estratégia de preços de penetração Estratégia que envolve a entrada no mercado com preço relativamente mais baixo comparado às ofertas dos concorrentes, com base na teoria de que esse preço inicial ajudará a assegurar a aceitação no mercado.

estratégia de produto Decisões sobre quais produtos ou serviços uma empresa oferecerá aos seus clientes; também inclui decisões sobre atendimento ao cliente, embalagem e marca, entre outras.

estratégia de puxar Esforço promocional do vendedor para estimular demanda do usuário final, que então exerce pressão no canal de distribuição.

estratégia de seguidor Teoria que defende a observação da inovação dos concorrentes que entram primeiro para, então, introduzir seus produtos novos, com melhor oferta que o original para ganhar vantagem no mercado.

ética de marketing Padrões de conduta e valores morais usados por profissionais de marketing.

ética Padrão moral de comportamento esperado por uma sociedade.

exclusividade territorial Região geográfica de venda exclusiva de um distribuidor.

experiência controlada Investigação científica em que o pesquisador manipula um grupo-teste (ou grupos) e compara os resultados com o grupo-controle, que não recebeu controles experimentais ou manipulações.

exportação Marketing de produtos e serviços produzidos nacionalmente para países estrangeiros.

extensão de linha Desenvolvimento de ofertas individuais para atrair diferentes segmentos de mercado, enquanto permanece estreitamente relacionado à linha do produto existente.

extensão de marca Estratégia de atribuir uma marca já existente a um produto novo, em uma categoria relacionada ou não ao produto que originalmente a leva.

extranet Contato seguro acessível por meio de uma site por clientes externos ou organizações para comércio eletrônico. For-nece uma informação mais específica para o cliente do que um site público.

fechamento Estágio do processo pessoal de venda em que o vendedor solicita ao cliente a decisão de compra.

feedback Resposta do destinatário a uma mensagem.

feira comercial Exposição de produtos organizada por associações de indústria e comércio para exibir produtos e serviços.

fenômeno Asch Impacto dos grupos e normas dos grupos sobre o comportamento individual como S. E. Asch descreveu. As pessoas freqüentemente se conformam com a maioria das regras mesmo quando essas são contrárias às suas convicções.

ferramentas digitais Tecnologia eletrônica utilizada em e-commerce, incluindo fax, assistente digital pessoal (PDAs) como Bluetooth, *smart phones* e DVDs.

filtro perceptivo Filtro mental ou bloqueio do consumidor através do qual todas as mensagens passam.

flexibilidade de preço Política de preço que permite a variabilidade de preços para produtos e serviços.

follow-up Atividades pós-venda que determina freqüentemente se uma pessoa que fez uma compra recente tornará a repetir o consumo.

fonte global Compra de produtos e serviços de fornecedores de todo o mundo.

fontes múltiplas Compra de diversos fornecedores.

fornecedor exclusivo Compra de todo estoque de um artigo da empresa de um só vendedor.

franquia Sistema vertical de marketing em que o distribuidor ou representante concorda em adotar os requisitos operacionais de um fabricante ou outro franqueador.

freqüência de marketing Programas de marketing para comprador ou usuário final que freqüentemente recompensam clientes com dinheiro à vista, reembolsos, mercadorias ou outros prêmios.

geração 11/09 Pessoas que tiveram seus anos de formação no período dos ataques terroristas de 11 de setembro.

gerenciamento da supply chain Controle das atividades de compra, processamento e entrega por meio das quais matérias-primas são transformadas em produtos que estarão disponíveis para os consumidores finais.

gerenciamento da cadeia de valor Parte controladora da supply chain que envolve o armazenamento de produtos acabados, logística externa, marketing e vendas e serviço ao consumidor.

gerenciamento de ambiente Objetivos da organização alcançados por prever e influenciar os ambientes competitivo, político-legal, econômico, tecnológico e sociocultural.

gerenciamento de categoria Sistema de gerenciamento de produto em que o gerente de categoria – com responsabilidade para lucro e quantidade – supervisiona uma linha de produto.

gerenciamento de lucro Estratégia de preço que permite que os profissionais de marketing variem preços com base em fatores como demanda, mesmo que o custo para prover esses produtos ou serviços continue o mesmo; planejado para maximizar lucros em situações como preços de passagem aérea, hospedagem, aluguéis de carro e ingresso para o teatro, em que os custos são fixos.

gerenciamento *upstream* Controle da parte da supply chains que envolve matérias-primas, logísticas internas e armazém e instalações de armazenamento.

gerente de marca Profissional de marketing responsável por uma única marca em uma organização.

gerente de produto Em uma organização, profissional de marketing responsável por um produto individual ou linha de produto; também chamado de gerente de marca.

gestão de qualidade total (GQT) Esforço contínuo para melhorar produtos e processo de trabalho com a meta de alcançar satisfação de cliente e desempenho de primeira classe.

gestão de relacionamento com o cliente (CRM) Estratégias e ferramentas que direcionam os programas de relacionamento reorientando toda a organização para um foco concentrado na satisfação do cliente.

grau de resolução de problema Situação que envolve pesquisas externas cuidadosas e e deliberações longas; ocorre quando bens/marcas são difíceis de classificar ou avaliar.

grey goods Produtos fabricados no exterior sob licença de uma empresa nacional e então vendidos para o mercado nacional em concorrência com as próprias produções de outras empresas nacionais.

grupo de discussão Entrevista pessoal simultânea de um pequeno grupo de pessoas que confiam em uma discussão de grupo sobre um certo assunto.

grupos de referência Pessoas ou instituições cujas opiniões são avaliadas e e junto às quais uma pessoa procura orientação para seu próprio comportamento, seus valores e conduta, como a família, amigos ou celebridades.

guardião do portão Pessoa quem controla a informação, para o desenvolvimento de um novo produto, que todos os membros do centro de compra irão revisar.

hipótese Tentativa de explicar algum evento específico.

identidade visual Componentes visuais que contribuem para o visual completo de uma marca.

identificação por freqüência de rádio (RFID) Tecnologia que utiliza um chip minúsculo com identificação da informação que pode ser lida a distância por um escâner usando ondas de rádio.

importação Compra de produtos, serviços e matéria-prima estrangeiros.

imposto de importação Impostos destinados a aumentar o preço de varejo de um produto importado para igualá-lo ao similar nacional ou fazer que o exceda.

imposto sobre lucro Impostos designados para levantar fundos para as importações governamentais.

incentivos de vendas Programas que recompensam os vendedores pelo desempenho superior.

indústrias de comércio Varejistas ou distribuidores que compram produtos para revender para outros.

inflação Aumentos de preços causados pela combinação de excesso da demanda de consumo e aumento nos custos de um ou mais fatores de produção.

influenciador Pessoa ou equipe tipicamente técnica, como de engenheiros, que influencia na decisão de compra fornecendo informação para direcionar a avaliação de alternativas ou para estipular especificações de compra.

infomercial Comercial de produto por 30 minutos que equivale a um programa de televisão regular.

infra-estrutura Sistema básico de um país de redes de transporte, sistemas de comunicação e facilidades de energia.

inovadores de consumo Pessoas que compram novos produtos quase tão logo eles chegam ao mercado.

insistência de marca Recusa do consumidor de fazer busca extensiva de alternativas para uma determinada mercadoria.

instalações Estruturas empresariais como fábricas, linhas de montagem e maquinários pesados que são os principais capitais de investimento.

instituto de pesquisa de marketing de linhas especializadas Instituto de pesquisa de marketing que se especializa em números limitados de atividades de pesquisa, como conduzir entrevistas de campo ou realizar processamento de dados.

instituto de pesquisa integral Instituto de pesquisa de marketing que oferece todos os aspectos do processo de pesquisa de marketing.

integração de sistema Centralização da função de compra em uma divisão interna ou como um serviço de um fornecedor externo.

integração progressiva Processo pelo qual uma empresa tenta controlar a distribuição.

integração regressiva Processo mediante o qual os fabricantes se esforçam para ganhar maior controle sobre o início de seu processo produtivo, bem como de matéria-prima.

intercâmbio eletrônico Mercado on-line que concilia compradores e representantes.

intermediário de marketing (middleman) Distribuidor ou varejista que opera entre os produtores e consumidores ou comerciantes.

internet (ou Net) Rede mundial de computadores interconectados que permite a qualquer pessoa com acesso a um computador pessoal enviar e receber imagens e dados de qualquer lugar.

intranet Rede corporativa interna que permite aos funcionários de uma organização comunicarem-se e ganharem acesso às informações corporativas.

ISO 9002 Padrões de qualidade internacional desenvolvidos pela Organização Internacional de Padronização (ISO) na Suíça para assegurarem a qualidade consistente entre os produtos fabricados e vendidos por toda Europa ou União Européia.

janela estratégica Períodos limitados durante os quais as oportunidades de um mercado e os pontos fortes da empresa estão na melhor combinação.

jogos de azar Técnica promocional de vendas em que os premiados são selecionados por acaso.

just-in-time (JIT)/just-in-time II (JIT II) Procedimento para o estoque que procura aumentar eficiência de lucros, cortando produtos estocados ao nível mínimo absoluto. Com JIT II, os representantes dos fornecedores trabalham no cliente.

lei de Robinson-Patman Legislação norte-americana que proíbe a determinação de preço abaixo do custo; também proíbe a venda a um preço baixo não-coerente para eliminar a concorrência.

leis de Engel Três regras gerais baseadas nos estudos de Engel do impacto da renda familiar sobre o comportamento de gasto do consumidor: quando a renda familiar aumenta, uma pequena porcentagem das despesas vai para alimentação, a porcentagem gasta na casa e nas operações domésticas e no vestuário permanece constante e a porcentagem gasta em outros itens (como lazer e educação) aumenta.

leis de *fair trade* Estatutos cumpridos em muitos estados norte-americanos que permite ao fabricante estipular o preço mínimo de varejo para seus produtos.

leis de *unfair trade* Leis estaduais que exigem que os representantes mantenham preços mínimos para mercadoria comparável.

levantamento das intenções dos compradores Método de previsão de vendas qualitativa em que as opiniões da amostra, entre grupos de clientes atuais e potenciais, são relacionadas com suas intenções de compra.

liberação de controle governamental Abertura de mercados previamente sujeitos ao controle governamental.

licença estrangeira Acordo em que o profissional de marketing estrangeiro ganha o direito de distribuir uma mercadoria da empresa ou usar sua marca comercial, patente ou seu processo em uma área geográfica.

licenciamento de marca Autorização da empresa para outras companhias utilizarem seu nome da marca ou logotipo.

líderes de opinião Formadores de opinião que compram produtos novos antes de outros membros de um grupo para depois influenciá-los em suas compras.

linha de produto Série de produtos relacionados oferecidos por uma companhia.

logística Processo de coordenação do fluxo de informação, produtos e serviços entre os membros do canal de distribuição.

loja de conveniência Loja que atrai os consumidores por localização acessível, estar aberta por períodos prolongados, ter rapidez de atendimento e estacionamento adequado.

loja de departamento Extensa loja que lida com uma variedade de mercadorias, incluindo vestuário, utensílio doméstico, eletrodomésticos e móveis.

loja de desconto Loja que cobra preços baixos mas pode não oferecer serviços como os de crédito.

loja de especialidades Loja que combina cuidadosamente linhas de produto definidos, serviços e reputação para convencer os compradores a despenderem um esforço de compra considerável lá.

loja de linha limitada Loja que oferece uma grande variedade dentro de uma única linha de produto ou dentro de poucas linhas de produtos relacionados.

mala-direta Comunicação na forma de cartas comerciais, cartões postais, folhetos, catálogos para assim transmitir as mensagens convenientes de um profissional de marketing para o consumidor.

mapa de posicionamento Uma ferramenta valiosa que ajuda os profissionais de marketing a colocarem produtos no mercado, ilustrando graficamente as percepções dos consumidores de produtos concorrentes dentro de um setor industrial.

mapeamento de ambiente Processo de coleta de informação sobre o ambiente de marketing externo para identificar e interpretar tendências potenciais.

marca Nome, termo, sinal, símbolo, desenho ou alguma combinação desses que identifica os produtos de uma empresa para diferenciá-los dos produtos da concorrência.

marca de família Marca que identifica muitos produtos relacionados.

marca do fabricante Marca do próprio fabricante ou outro produtor.

marca fixa Marcas nacionais que são vendidas exclusivamente por uma cadeia varejista.

marca individual Marca única que identifica um produto.

marca própria Marca oferecida por atacadista ou varejista.

marca registrada Marca da qual o proprietário reivindica a proteção legal exclusiva.

markdown Remarcação de preço pelo varejista que reduz o preço original de venda de um produto.

marketing business-to-business (B2B) Venda empresarial e compra de produtos e serviços que fornecem suporte na produção de outros produtos, ou para as operações diárias da companhia ou para revenda.

marketing concentrado Esforços de marketing focados na satisfação de um único segmento ou nicho de mercado.

marketing de afinidade Esforço de marketing patrocinado por uma organização que solicita respostas das pessoas que dividem interesses e atividades em comum.

marketing de banco de dados Uso de software para analisar informações de marketing, identificar e propagar mensagens em direção aos grupos específicos de clientes potenciais.

marketing de busca Técnica on-line empregada por profissionais de marketing que pagam taxas para os portais de busca para ter seus sites ou janelas *pop-up* divulgados depois que um usuário de computador digitar palavras-chave no portal de busca, ou assegurar que sua empresa apareça na lista próximo ao topo dos resultados de busca.

marketing de causa Identificação e uso de marketing para uma questão social, causa, um conceito ou idéia para um público-alvo.

marketing de emboscada Tentativa de uma empresa que não é patrocinadora oficial de um evento ou atividade de tirar proveito nesse evento ou atividade.

marketing de eventos Marketing de atividades esportivas, culturais e beneficentes para selecionar mercados-alvo.

marketing de guerrilha Técnicas de marketing não-convencionais, inovadoras e de baixo custo destinadas a conseguir a atenção do consumidor.

marketing de nicho Estratégia de marketing que está focada em satisfazer a lucratividade em uma parte de um segmento de mercado; também chamado de *marketing concentrado*.

marketing de organização Marketing de organizações de benefício mútuo, organizações de serviço e governamentais que pretendem influenciar outras a aceitarem seus objetivos, receberem seus serviços ou contribuírem com elas de algum modo.

marketing de rede Venda direta que conta com empresas familiares e afiliados do representante/fabricante que organiza uma reunião com clientes potenciais para uma demonstração de produtos.

marketing de relacionamento Desenvolvimento e manutenção de um relacionamento a longo prazo e custo-efetivo com clientes individuais, fornecedores, funcionários e outros parceiros para benefício mútuo.

marketing diferenciado Estratégia de marketing que foca na produtividade de vários produtos e em seus preços, sua promoção e distribuição com mixes de marketing diferentes designados a satisfazer um segmento muito pequeno.

marketing direto Comunicações diretas entre compradores e representantes, exceto contatos por vendas pessoais, destinadas a gerar vendas, pedidos de informação, ou visitas à loja ou ao site.

marketing eletrônico (e-marketing) Processo estratégico de criação, distribuição, promoção e preço de produtos e serviços para um mercado-alvo pela internet ou por meio de ferramentas digitais.

marketing indiferenciado Estratégia de mercado focada na produção de um único produto e estratégia de marketing única para todos os clientes; também chamado de *marketing de massa*.

marketing interativo Comunicação entre comprador-vendedor na qual o cliente controla a quantidade e o tipo de informação recebida do departamento de marketing por meio de canais como internet, CD-ROM, 0-800, e outros.

marketing interno Ações gerenciais que ajudam todos os funcionários de uma organização a entender e aceitar seus respectivos papéis na implementação de uma estratégia de marketing.

marketing local Esforços de marketing para atrair as pessoas e organizações em uma área geográfica particular.

marketing local Esforços em marketing que associam diretamente os clientes existentes e potenciais por intermédio de canais não-principais.

marketing one-to-one Programa que é customizado para construir relações de longo prazo com clientes, um de cada vez.

marketing orientado para transação Intercâmbio entre compradores e vendedor caracterizado pelas comunicações limitadas e por pouco ou nenhum vínculo entre as partes.

marketing pessoal Esforços de marketing projetados para cultivar a atenção, o interesse e a preferência de um mercado-alvo para uma pessoa em vez de um produto (tipicamente para candidatos políticos ou celebridades).

marketing Processo de planejamento e execução de conceitos, preços e distribuição de idéias, produtos, serviços, organizações e eventos para criar e manter relacionamentos que irão satisfazer os objetivos individuais e corporativos.

marketing verde Produção, promoção e reparo de produtos ambientalmente corretos.

marketing viral Esforços de marketing que dispõem de clientes satisfeitos para espalhar informações sobre os produtos para outros consumidores.

markup Montante adicionado ao custo de um produto para determinar seu preço de venda.

matador de categoria Estabelecimento que oferece extensa variedade em uma única linha de produtos a preços muito baixos.

materiais e componentes Negócio de produtos acabados de um fabricante que se torna parte de um produto final de outro fabricante.

materiais MRO Fornecedores empresariais que incluem artigos de manutenção, artigos de reparo e os fornecedores operacionais.

matérias-primas Recursos naturais como produtos agrícolas, carvão, cobre ou madeira que se tornam parte de um produto final.

maximização de lucro Ponto no qual o lucro adicional ganho pelo aumento do preço de um produto se iguala ao aumento de custos totais.

mecanismo de busca Ferramenta de busca para ajudar os usuários on-line a encontrar sites e páginas específicas.

mensagem Comunicação da informação, do conselho ou de uma solicitação pelo remetente para o destinatário.

mensagem instantânea Serviço de e-mail que permite a troca imediata de mensagens curtas entre usuários on-line.

mercado comercial Pessoas e empresas que adquirem produtos para suporte na produção de outros produtos e serviços, direta ou indiretamente.

mercado comum Extensão de uma união tributária que procura conciliar todas as regulamentações governamentais que afetam o comércio.

mercado do comprador Mercado em que existem mais produtos e serviços do que pessoas dispostas a adquiri-los.

mercado do vendedor Mercado em que existem mais compradores do que produtos e serviços.

mercado Grupo de pessoas com suficiente poder de compra, autoridade e disposição para compra.

mercado-alvo Grupo de pessoas para quem uma empresa decide dirigir seus esforços de marketing e, no final, os seus produtos e serviços.

mercadores Compradores responsáveis por obter produtos comerciais necessários no melhor preço possível.

merchandising de resposta rápida Estratégia just-in-time que reduz o tempo que um varejista deve manter a mercadoria em estoque, resultando em significativas economias.

método da porcentagem das vendas Método de orçamento promocional em que os gastos em promoção estão baseados em uma porcentagem de vendas realizada ou projetada.

método de objetivos e tarefas Desenvolvimento de um orçamento de comunicação baseado na avaliação dos objetivos de comunicação da empresa.

método de paridade competitiva Método de orçamento promocional que simplesmente equipara aos gastos do concorrente.

método do valor fixo por unidade Método de orçamento promocional em que uma verba predeterminada é alocada para cada venda ou unidade de produção.

micromarketing Identificação de clientes potenciais em níveis muito estreitos, como por CEP, ocupação específica, ou estilo de vida.

middleman *Veja* intermediário de marketing.

miopia de marketing Falha no gerenciamento para reconhecer a área dos seus negócios.

missão Propósito essencial que diferencia uma companhia de outras.

mix de comunicação de marketing Conjunto de ferramentas que trabalha com relacionamento comprador-vendedor.

mix de marketing Conjunto dos quatro elementos estratégicos – produto, distribuição, comunicação e preço – para ajustar as necessidades e preferências do mercado-alvo específico.

mix de produto Variedade de linhas de produto e produto individual oferecidos por uma companhia.

mix promocional Subconjunto do mix de marketing em que o profissional de marketing tenta alcançar a composição ótima dos elementos de venda pessoal e não-pessoal para atingir os objetivos de comunicação.

monopólio Estrutura de mercado em que um único vendedor domina o comércio sobre um produto ou serviço, de maneira que os compradores não encontrem nenhum substituto.

motivação Estado interno que dirige uma pessoa para a satisfação de uma necessidade.

necessidade Desequilíbrio entre estados reais e desejados de um consumidor.

nome de marca Parte da marca que consiste em palavras ou letras que formam um nome que identifica e distingue ofertas de uma empresa daquelas do concorrente.

nova compra Situação de compra pela primeira vez ou única que requer esforço considerável por quem toma decisão.

objeção Expressão de resistência a vendas pelo público-alvo.

objetivo da participação de mercado Objetivo de colocar preço relacionado ao volume e cuja meta é alcançar o controle de uma fatia de mercado para os produtos e serviços de uma empresa.

objetivos Metas que guiam o desenvolvimento da estratégia de marketing para cumprir a missão de uma empresa.

obsolescência programada Plano intencional de produtos com durabilidade limitada.

oferta Quantidade de um produto ou serviço que a empresa irá oferecer para venda a diferentes preços, durante um período de tempo especificado.

offshoring Movimento de cargas e processos de alto custo de um país para outro local de baixo custo no exterior.

oligopólio Estrutura de mercado, como a de indústrias de aço e telecomunicações, em que relativamente poucos representantes competem e altos custos iniciais formam barreiras que mantêm novos concorrentes do lado de fora.

operações intermodais Combinações dos meios de transporte como trens e caminhões (*piggyback*), aviões e caminhões (*birdyback*) e navios e aviões (*fishyback*) para melhorar o serviço ao cliente e alcançar vantagens sobre o custo.

opinião de especialistas Método de previsão de venda qualitativo que avalia as expectativas de vendas de vários especialistas de mercado.

organização de contas nacionais Estrutura organizacional que define a equipe de vendas para as maiores contas da empresa.

Organização Mundial do Comércio (OMC) Organização que substitui o GATT, supervisionando acordos do GATT, tomando decisões atadas na mediação de disputas. e reduzindo barreiras comerciais.

orientação de vendas Suposição comercial de que os consumidores resistirão a comprar produtos e serviços dispensáveis, com a atitude de marketing de que somente a propaganda criativa e a venda pessoal podem superar a resistência do consumidor e convencê-lo a comprar.

orientação para a produção Filosofia empresarial que foca a eficiência em produzir um produto de qualidade, com a atitude voltada ao marketing de que "um bom produto se venderá".

orientação voltada ao cliente Filosofia da empresa incorporando o conceito de marketing que enfatiza primeiro a determinação das necessidades não satisfeitas do consumidor e então planeja um sistema para a satisfação deles.

pacote-bônus Artigo especialmente embalado que fornece ao comprador uma grande quantidade a preço regular.

padrões de serviço ao consumidor Pronunciamento de metas e desempenho aceitáveis para a qualidade do serviço que a empresa espera destinar aos seus clientes.

parceria Afiliação de duas ou mais companhias que se ajudam para realizarem objetivos comuns.

parceria interna Relacionamento envolvendo clientes dentro de uma organização.

participação de mercado/matriz de crescimento Modelo que localiza UENs em um gráfico que plota a participação de mercado contra o potencial de crescimento de mercado.

patrocínio Relação em que uma organização proporciona fundos ou recursos para um evento ou atividade em troca de uma associação direta da sua marca àquele evento ou atividade.

percepção Significado que uma pessoa atribui a estímulos recebidos utilizando os cinco sentidos.

percepção subliminar Recebimento subconsciente de uma informação entrante.

pesquisa de marketing Processo de coleta, processamento, análise, disseminação e uso de informação para tomada de decisão de marketing.

pesquisa de mensagem Pesquisa de anúncio que testa as reações dos consumidores a uma mensagem de uma propaganda criativa.

pesquisa de mídia Pesquisa que avalia quão bem uma mídia em particular transmite a mensagem do anunciante, onde e quando colocar a propaganda e o tamanho do público.

pesquisa exploratória Processo de discussão para resolução de um problema de marketing com informação de fontes tanto dentro quanto fora da empresa e exame de informação de fontes secundárias.

pesquisa interpretativa Método de pesquisa de observação desenvolvido por antropologistas sociais em que os clientes são observados em seus ambientes naturais e têm o comportamento interpretado com base em um entendimento de características sociais e culturais; também conhecido como *etnografia* ou "observação participante".

planejamento de marketing Processo de definição de objetivos e elaboração de estratégias e ações de marketing para alcançá-los.

planejamento de pré-abordagem Uso de informação coletada durante os estágios de prospecção e qualificação dos processos de vendas e durante contatos prévios com os clientes potenciais com o objetivo de emendar a aproximação e a apresentação de uma venda para combinar com as necessidades dos clientes.

planejamento estratégico Processo para determinar os objetivos primários de uma organização e adotar cursos de ação para alcançá-los.

planejamento Processo de antecipar eventos e condições futuras e de determinar o melhor modo para alcançar as metas organizacionais.

planejamento tático Planejamento que guia a implementação de atividades específicas do plano estratégico.

planejamento, previsão e revisão colaborativa (PPRC) Técnica de gerenciamento de estoque envolvendo esforços colaborativos tanto por compradores quanto por representantes.

política de preço Diretriz geral que reflete os objetivos de marketing e influencia decisões de preço específicas.

população Universo que os pesquisadores desejam estudar.

posicionamento Colocar um produto em um certo ponto ou local dentro do mercado e nas mentes de potenciais compradores.

posicionamento de produto Percepção do consumidor dos atributos do produto e seus usos, da sua qualidade e das suas vantagens e desvantagens na comparação com as marcas concorrentes.

pós-teste Pesquisa que avalia a efetividade da propaganda após divulgada.

prática e política de proteção ao consumidor Força social dentro de um ambiente planejado para assistir e proteger o consumidor exercendo pressão legal, moral e econômica sobre empresas e governo.

preço baixo todos os dias (EDLP) Estratégia de baixo preço oferecida continuamente em vez de se confiar em redução de preços a curto prazo como cupom de desconto, reembolsos e liquidações.

preço de custo acrescido Método de fixação de preço que tenta usar somente aqueles custos diretamente atribuíveis para uma produção específica ou por aumento de unidades para ajustar os preços.

preço de entrega uniforme Sistema de preço que lida com os custos de transporte no qual são cotados os mesmos preços para todos os compradores, incluindo despesas de frete. Algumas vezes, é conhecido como *taxa postal*.

preço de mercado Preço que o consumidor ou o intermediário de mercado paga atualmente para um produto após a subtração de algum desconto, rebates ou reembolsos da lista preços.

preço de pacote de produto Oferta de dois ou mais produtos complementares e sua venda por um preço único.

preço de retorno alvo Objetivos de preço de curto e longo prazo para alcançar um retorno específico tanto em vendas quanto em investimento.

preço de tabela Preço estabelecido, normalmente cotado para compradores potenciais.

preço de transferência Preço estimado de um produto quando é alocado de um centro de lucro de uma empresa para outra.

preço de valor Estratégia de preço que enfatiza benefícios derivados de um produto em comparação ao preço e aos níveis de qualidade das ofertas concorrentes.

preço ímpar Estabelecer política de preço com base na convicção de que o preço final com um número ímpar um pouco abaixo de um número redondo é mais atraente – por exemplo, US$ 9,97 em lugar de US$ 10.

preço mínimo anunciado (PMA) Taxas pagas para varejistas que concordam em não anunciar produtos com preços abaixo do fixado.

preço para linha de produto Prática de determinar uma graduação de preços para uma seleção de produtos e um marketing diferenciado para as linhas de produto em cada nível de preço.

preço pela cidade-base Sistema usado em algumas indústrias no início do século XX em que os compradores pagavam o preço de fábrica mais a tarifa do frete da cidade-base mais próxima do comprador.

preço por localização Sistema de preço que controla os custos de frete do mercado que está dividido em regiões geográficas e em que um preço diferente é estabelecido para cada região.

preço promocional Política de preço em que um preço abaixo do normal é usado como um ingrediente temporário na estratégia de marketing de uma empresa.

preço psicológico Política de preço baseada na convicção de que determinados preços ou faixas de preço fazem um produto ou serviço mais atraente que outros para os compradores.

preço sem frete incluso Cotação de preço que não inclui frete.

preço unitário Política de preço em que os preços são atestados em termos de unidade de medida reconhecida ou unidade de medida-padrão.

preço Valor monetário de troca de um produto ou serviço.

preços líderes É uma versão de produto de preço "isca" pela qual os profissionais de marketing oferecem preços um pouco acima do custo para evitar a violação das regras de *markup* mínimo e ganhar retorno mínimo na venda promocional.

preços normais Preços tradicionais que o consumidor espera pagar por certos produtos e serviços.

preferência de marca Confiança do consumidor no produto pela experiência anterior para escolhê-lo novamente.

prêmio Artigo gratuito ou com desconto na compra de outros produtos.

pré-teste Pesquisa que avalia um anúncio ou produto durante sua fase de desenvolvimento.

previsão de vendas Estimativa de vendas (lucro) da companhia para um período futuro especificado.

previsão qualitativa Uso de técnicas não-quantitativas para prever vendas, como opinião dos especialistas, técnica Delphi, composição de opiniões da força de vendas e pesquisas das intenções dos compradores.

previsão quantitativa Uso de técnicas estatísticas para previsão de vendas, como análise de tendência e tendência exponencial.

princípio 80/20 Regra geralmente aceita de que 80% dos rendimentos de um produto vêm de 20% do total de consumidores.

processamento do pedido Venda, principalmente em níveis de atacado e varejo, que envolve a identificação da necessidade do cliente, apontando-lhe essas necessidades e finalizando os pedidos.

processo de adoção Estágio em que o consumidor irá, com o conhecimento sobre um novo produto, testá-lo e decidir se fará a compra outra vez.

processo de difusão Processo pelo qual novos produtos ou serviços são aceitos pela praça.

processo de intercâmbio Atividade em que duas ou mais partes fornecem algo de valor umas às outras para satisfazer necessidades percebidas.

product placement Forma de promoção pela qual um profissional de marketing paga uma taxa para um produtor de filme ou para o proprietário de um programa de televisão para exibir um produto proeminente no filme ou show.

produto "isca" Produto oferecido aos clientes a preço abaixo do seu custo para atraí-los para as lojas, na esperança de que comprem outras mercadorias com preço regular.

produto básico Bens e serviços de conveniência que os consumidores constantemente repõem para manter um estoque pronto.

produto business-to-business (B2B) Produto que contribui direta ou indiretamente para a produção de outros produtos para revenda; também chamado de produto industrializado ou acabado.

produto Pacote de atributos físicos, de serviços e simbólicos destinados a satisfazer um desejo ou necessidade do cliente.

produtos B2C *Veja* produtos de consumo.

produtos de consumo Produtos comprados por consumidores finais para uso pessoal.

produtos de conveniência Produtos e serviços que os clientes desejam comprar freqüentemente, imediatamente e com o mínimo de esforço.

produtos de especialidade Produtos que oferecem características únicas que fazem os compradores valorizarem essas marcas particulares.

produtos e serviços de emergência Produtos comprados em resposta a uma necessidade inesperada e urgente.

produtos genéricos Produtos caracterizados por rótulos lisos, sem propaganda nem nome fantasia.

produtos industriais *Veja* produto business-to-business (B2B).

Profit Impact of Market Strategies (PIMS) Pesquisa que descobriu uma relação positiva forte entre a participação de mercado da empresa e o seu retorno sobre o investimento.

promoção Comunicação entre os compradores e representantes. Tem como função informar, persuadir e influenciar a decisão de compra de um consumidor.

promoção cruzada Técnica promocional na qual os parceiros de marketing dividem os custos de uma campanha promocional que vai ao encontro de suas necessidades mútuas.

promoção de vendas Atividades de marketing exceto venda pessoal, propaganda, marketing de guerrilha e publicidade, que estimulam a compra pelo consumidor e a efetividade do negociante.

promoção empresarial Promoção de venda direcionada a intermediários de marketing em vez de consumidores.

propaganda comparativa Estratégia de propaganda que enfatiza mensagens com comparações promocionais diretas ou indiretas entre as marcas concorrentes.

propaganda cooperativa Acordo pelo qual o fabricante paga uma porcentagem das despesas de propaganda do varejista em troca da exibição dos seus produtos de forma proeminente.

propaganda de lembrança Propaganda que reforça atividade de promoção prévia mantendo o nome de um produto, serviço, uma organização, pessoa, lugar, idéia, ou causa perante o público.

propaganda de ponto-de-venda (PDV) Display ou outra promoção colocada perto do local da atual decisão de compra.

propaganda de varejo Anúncio feito pelas lojas que vendem produtos ou serviços diretamente ao público consumidor final.

propaganda do produto Venda não-pessoal de um produto ou serviço particular.

propaganda exclusiva Técnica promocional de vendas que coloca o nome do anunciante, endereço e mensagem de propaganda em artigos de utilidades para depois serem distribuídos para os consumidores-alvo.

propaganda informativa Promoção que procura desenvolver demanda inicial para um produto, serviço, organização, pessoa, lugar, idéia ou causa.

propaganda institucional Promoção de um conceito, idéia, filosofia ou fidelidade de indústria, organização, pessoal, localização geográfica ou agência governamental.

propaganda interativa Mensagem promocional transmitida por duas vias por canais de comunicação que induzem o destinatário da mensagem a participar ativamente no esforço promocional.

propaganda persuasiva Promoção que tenta aumentar a demanda para um produto, serviço, organização, pessoa, lugar, idéia ou causa existente.

propaganda Qualquer comunicação impessoal paga e veiculada em várias mídias sobre uma empresa, organização sem fins lucrativos, produtos ou idéia de um patrocinador identificado em uma mensagem que está tentando informar ou persuadir membros de um público particular.

prospecção Função de venda pessoal de identificar os clientes potenciais.

provedor de acesso à internet (ISP) Organização que fornece acesso para internet via telefone, serviços de TV por satélite ou por rede de TV a cabo.

publicidade Estimulação não-pessoal da demanda para um produto, serviço, lugar, uma idéia, pessoa ou organização, por veiculação de notícias não pagas relativas ao produto por meio impresso ou por transmissão.

publicidade exagerada Chamadas exageradas da superioridade de um produto ou o uso de declarações subjetivas ou vagas que podem não ser literalmente verdadeiras.

quadro de boletim eletrônico Serviço on-line especializado que fornece informação em um tópico específico ou da área de interesse.

qualidade dos serviços Qualidade esperada e percebida de um serviço oferecido.

qualificação Determinação de que um futuro cliente tem necessidades, renda e a autoridade de compra necessária para ser um cliente potencial.

cotas de importação Barreira comercial que limita o número de unidades de certos produtos que podem entrar em um país para revenda ou processamento.

reciprocidade Política para estender preferência de compra para os fornecedores que também são clientes.

recompra direta Decisão de compra reincidente em que um cliente readquire um produto ou serviço que teve desempenho satisfatório no passado.

recompra modificada Situação na qual um comprador está disposto a reavaliar opções disponíveis para readquirir um produto ou serviço.

reconhecimento da marca Conhecimento do consumidor e identificação de uma marca.

reconquista de clientes Processo de reatamento de relações perdidas com o cliente.

reembolso Devolução em dinheiro aos consumidores que enviam comprovante de compra de um ou mais produtos.

reforço Redução dos impulsos que resulta de uma resposta apropriada.

região central Região onde a maioria das marcas atinge 40% a 80% de suas vendas.

regra de três Três companhias mais fortes, mais eficazes de um segmento, dominarão 70% a 90% do mercado.

regras Valores, atitudes e comportamentos que um grupo julga apropriados para seus membros.

relacionamentos virtuais Ligações entre empresários e clientes que são desenvolvidas on-line, sem contato pessoal.

relações públicas Comunicações e relacionamentos da empresa com seus diversos públicos.

relações públicas de marketing (RPM) Atividades de relações públicas estreitamente focadas, que fornecem suporte diretamente às metas do marketing.

relações públicas sem marketing Mensagens institucionais sobre assuntos de gerenciamento geral.

remanufatura Produção para restaurar produtos gastos para a condição de como novos.

remetente Emissor da mensagem comunicada ao receptor.

renda independente Pessoas com dinheiro disponível para gastar após compras de bens essenciais, como alimento, vestuário e casa.

reposicionamento Mudança da posição de um produto nas mentes dos compradores potenciais quanto às posições de produtos concorrentes.

representantes dos fabricantes Agente intermediário distribuidor que representa um número de fabricantes de produtos relacionados, porém não concorrentes, e que recebe uma comissão por cada venda.

resolução de problemas limitada Situação em que consumidor investe uma quantidade pequena de seu tempo e energia para a aquisição de um produto ou serviço, por não conhecer previamente um produto, buscando e avaliando alternativas.

responsabilidade do produto Responsabilidade de fabricantes e profissional de marketing para com as lesões e os danos causados por seus produtos.

responsabilidade social Filosofias, políticas, procedimentos e ações de marketing cujo objetivo primário é o aprimoramento da sociedade.

resposta Reação individual para um grupo de sinais e direções.

resultado Jargão comercial que se refere à lucratividade em geral de uma empresa.

revendedor Intermediários de marketing que operam no setor comercial.

revendedor sem comutador próprio Intermediário comercial em telecomunicações que não possuem linhas ou equipamento de telecomunicação e que compra o tempo de conversação em grandes quantidades dos principais operadores de longa distância e o revende por minuto com algum desconto para seus clientes.

roda de varejo Hipótese de que o novo varejo pode ganhar uma posição competitiva oferecendo preços mais baixos que o dos varejistas atuais, reduzindo ou eliminando serviços.

rótulo Componente do produto que leva o nome da marca ou logotipo, o nome e o endereço do fabricante ou distribuidor, informação sobre o produto e recomendação de uso, entre outras informações.

ruído Qualquer estímulo que conturba o recebimento de uma mensagem pelo destinatário.

salário Pagamento de compensação fixa feito periodicamente para um funcionário.

satisfação do cliente Medidas para os clientes ficarem satisfeitos com suas compras.

satisfação do funcionário Nível de satisfação dos funcionários de uma companhia e quanto sua fidelidade ou sua falta é comunicada aos clientes externos.

segmentação aplicada no usuário final Segmentação baseada em como compradores industriais utilizarão o produto.

segmentação baseada no consumidor Divisão de um mercado business-to-business em subgrupos homogêneos com base nas especificações de produto do consumidor.

segmentação de mercado Divisão do total do mercado em pequenos grupos relativamente homogêneos.

segmentação demográfica Divisão de todo mercado em um grupo homogêneo baseado em variáveis como sexo, idade, renda, ocupação, educação, orientação sexual, tamanho da família e estágio no ciclo de vida familiar; também chamado de *segmentação socioeconômica*.

segmentação geográfica Divisão de todo o mercado em grupos homogêneos com base em suas localizações.

segmentação psicográfica Divisão da população em grupos que têm características psicológicas, valores e estilos de vida semelhantes internamente.

segmentação relacionada ao produto Divisão de uma população em grupos homogêneos com base em suas relações para com o produto.

serviço Atividade intangível que visa satisfazer as necessidades dos consumidores e dos profissionais.

serviço de distribuição física Transporte e distribuição de produtos e serviços.

serviço de intercâmbio Serviços de marketing de compra e venda.

serviço sindicalizado Organização que fornece dados padronizados em uma base periódica aos seus assinantes.

serviços empresariais Produtos intangíveis que a empresas adquire para facilitar sua produção e seus processos operacionais.

serviços facilitadores Serviços que auxiliam o profissional de marketing desempenhando o intercâmbio e serviços de distribuição física.

símbolo de marca Símbolo ou desenho pictorial que distingue um produto.

sistema de apoio a decisões de marketing (MDSS) Componente do sistema de informação de marketing que coordena bancos de dados relevantes e ferramentas de análise para a tomada de decisão.

Sistema de Classificação Industrial da América do Norte (Naics) Classificação usada por países da Nafta para determinar as categorias do mercado comercial em segmentos de mercado detalhados.

sistema de controle de materiais Conjunto de atividades que movem o início da produção e outros bens nas fábricas, armazéns e nos terminais de transporte.

Sistema de cotação de preço que permite ao comprador deduzir o frete do valor da compra.

sistema de informação de marketing (SIM) Sistema computadorizado e planejado destinado às necessidades de informação do gerente, fornecendo um fluxo contínuo de informação relevante para tomada de decisões específicas e para áreas de sua responsabilidade.

sistema de informação geográfica (SIGs) Sistema computadorizado que reúne, armazena, manipula e mostra a informação por sua localização.

sistema de marketing administrado Sistema de marketing vertical em que um membro dominante de um canal exercita o seu poder executando a coordenação do canal.

sistema ERP Sistema em software que consolida dados entre várias unidades de negócio da empresa.

sistema vertical de marketing (SVM) Sistema de canal planejado e designado para melhorar a eficiência de distribuição e custo-efetividade, integrando vários serviços ao longo da cadeia de distribuição.

sistema vertical de marketing contratual SVM que coordena atividades de canal por meio de um contrato formal entre participantes.

sistema vertical de marketing corporativo SVM em que um único empresário opera o canal de marketing completo.

sites de marketing Sites cujo objetivo primário é aumentar compras pelos visitantes on-line.

sites institucionais Site que procura construir fidelidade dos clientes e complementa outros canais de venda em vez de vender os produtos e serviços.

sociedade compradora Relacionamento no qual uma empresa compra produtos ou serviços de um ou mais fornecedores.

sociedade de vendas Relação que envolve intercâmbio de produtos ou serviços a longo prazo em troca de dinheiro ou outro benefício valioso.

sociedade lateral Relacionamentos estratégicos empresariais que se estendem às entidades externas mas não envolvem interações diretas de comprador-vendedor.

status Posição relativa de qualquer indivíduo em um grupo.

stockkeeping unit (SKU) Oferta em uma linha de produto, como um tamanho específico de um detergente líquido.

subcontrato Acordos contratuais que determinam a fabricação dos produtos ou serviços por empresas locais ou pequenas.

subcultura Grupos menores dentro de uma sociedade, que têm suas próprias características distintas e modos comportamentais, definidos por etnicidade, raça, região, idade, religião, gênero, classe social ou profissão.

subotimização Condição que resulta quando operações individuais alcançam seus objetivos mas interferem negativamente nas metas organizacionais de longo prazo.

subsídio Suporte financeiro governamental para uma empresa privada.

supercenter Loja grande, menor que um hipermercado, que combina mantimentos e mercadoria da loja com desconto.

supply chain Seqüência completa de fornecedores e atividades que contribuem para a produção e entrega de mercadoria.

suprimentos Despesas regulares que uma empresa contabiliza em suas operações diárias.

tarifa Imposto cobrado de produtos importados.

taxa de câmbio Preço de uma moeda de um país de acordo com a moeda de outro país.

taxa de conversão de vendas on-line Média de compra on-line pelo número de visitantes em um site.

taxa de resposta de um anúncio on-line A porcentagem de pessoas que clicaram em um banner de uma página da web.

taxa postal Sistema de controle de custos de transporte sob os quais são cotados o mesmo preço para todos os compradores, inclusive frete; também conhecido como *preço de entrega uniforme*.

técnica Delphi Método de projeção de vendas qualitativas que reúne e redistribui várias rodadas de previsões de vendas por especialistas anônimos até que os participantes cheguem a um consenso.

tecnologia Aplicação empresarial de conhecimento baseado em descobertas científicas, invenções e inovações.

tecnologia banda larga Conexão de internet contínua de velocidade extremamente alta.

tecnologia wireless Tecnologia que permite a conexão da comunicação sem fios.

telemarketing Apresentação promocional envolvendo o uso do telefone em uma base externa por vendedores ou em uma base interna por clientes que realizam chamadas iniciais para obter informações e fazer pedidos.

telemarketing passivo Método de venda por telefone para clientes potenciais em um número gratuito para obter informação, fazer reserva e compra de produtos e serviços.

televisão interativa (iTV) Pacote de serviço de televisão que abrange uma via de retorno para os telespectadores interagirem com programas ou comerciais pelo clique de seus controles remotos.

tendência exponencial Técnica quantitativa para prever vendas que combina dados de vendas passadas e recentes, atribuindo peso para esses dados colocando maior peso para as vendas mais recentes.

teoria da expectativa Teoria que indica que a motivação depende, em uma expectativa individual, de habilidades do funcionário para realizar um trabalho e como esse desempenho está relacionado ao alcance da recompensa desejada.

terceirização Uso de representantes externos à empresa para produzir produtos e serviços que eram feitos antigamente pela própria empresa.

teste de conceito Método que submete o conceito de um produto a estudo adicional antes de continuar seu desenvolvimento, envolvendo os consumidores-alvo mediante grupo de foco, pesquisas, entrevista de interceptação e gostos pessoais.

teste de marketing Pesquisa de marketing que envolve a introdução de um novo produto em um local específico e então mede o grau de sucesso.

teste de mercado Método de previsão de vendas quantitativa que introduz um produto novo, preço, campanha promocional ou outra variável de marketing em um local de teste de mercado para avaliar as reações de consumidor.

teste de resultados de venda direta Método para medir efetividade promocional baseado no impacto específico no rendimento de vendas para cada dólar gasto em promoção.

timing da mídia Estabelecimento do momento e da seqüência para uma série de propagandas.

transportadores comuns Encarregados da expedição que fornecem serviços de transporte de pontos determinados para o público geral.

transportadores contratados Transportador contratado que não oferece seus serviços para o público geral.

transportadores particulares Transportadores que fornecem serviço somente para frete gerado internamente.

tratado de amizade, comércio e navegação Acordo internacional que lida com muitos aspectos sobre relações comerciais entre os países.

troca eletrônica de dados (EDI) Troca de faturas, pedidos e outras informações comerciais de um computador para outro computador.

União Européia (UE) União tributária movida em direção a uma união econômica adotando uma moeda comum, removendo restrições comerciais e permitindo fluxo livre de produtos e trabalhadores para todas as nações envolvidas.

união tributária Estabelecimento de uma área de livre comércio mais a tarifa uniforme para comércio com pessoas não-membros do acordo.

unidade estratégica de negócio (UEN) *Veja* categoria.

unidades estratégicas de negócio (UENs) Unidades de negócio chave.

uso de contêiner Processo de agrupamento de várias cargas unitárias para dentro de único contêiner, bem protegido para o transporte.

usuário Pessoa ou grupo que utiliza um produto ou serviço comercial.

utilidade Poder de um produto ou serviço de querer satisfazer o cliente.

valor da marca Valor adicionado que uma marca respeitada e bem conhecida agrega ao produto no mercado.

valor do cliente ao longo do tempo Rendimento e benefícios intangíveis que um cliente traz para uma organização acima de um tempo de vida médio, menos o investimento que a empresa fez para o cliente.

VALS Sistema de segmentação que divide os consumidores em oito categorias psicográficas: atualizados, satisfeitos, crédulos, executores, esforçados, experimentadores, empreendedores e lutadores.

vantagem competitiva sustentável Posição de mercado superior que uma empresa possui e que pode manter por um longo período de tempo.

varejista de mercadoria geral Lojas que têm uma variedade grande de linhas de produtos, estocando todos os artigos na mesma proporção.

varejo de massa Loja que estoca uma grande linha de produtos como uma loja de departamento, geralmente sem a mesma variedade profunda de produtos dentro de cada linha.

variáveis AIO Componentes de uma pesquisa sobre estilo de vida que descreve várias atividades, interesses e opiniões dos pesquisados.

venda a varejo Atividades envolvidas na venda de mercadoria para os consumidores finais.

venda consultiva Venda por encontro das necessidades de clientes ouvindo-os, entendendo seus problemas, prestando atenção nos detalhes e acompanhando o pós-venda.

venda criativa Venda pessoal que envolve situações em que um grau considerável da decisão analítica feita por parte do comprador resulta na necessidade de propostas hábeis para soluções das necessidades do cliente.

venda cruzada Venda complementar, freqüentemente de produtos e serviços não relacionados, para um mesmo cliente com base no conhecimento das necessidades dele.

venda de relacionamento Contatos regulares entre representantes de vendas e clientes para estabelecer uma relação contínua.

venda direta Estratégia designada para estabelecer contato de vendas diretas entre o produtor e o consumidor final.

venda em equipe Situação de venda na qual vários vendedores associados ou outros membros da organização são recrutados para ajudar o representante de vendas líder a alcançar todos aqueles que influenciam a decisão de compra.

venda externa por telemarketing Método no qual os representantes de vendas telefonam para os clientes potenciais e tentam concluir uma venda por telefone.

venda interna Vendas por telefone, cartas e comércio eletrônico.

venda missionária Tipo indireto de venda no qual vendedores especializados promovem a fidelidade da empresa entre clientes indiretos, freqüentemente ajudando os clientes que utilizam os produtos.

venda não-pessoal Promoção que inclui propaganda, promoção de vendas, marketing direto, guerrilha de marketing e relações públicas – tudo administrado sem a venda pessoal com o comprador.

venda de balcão Venda pessoal administrada no varejo e em algumas distribuidoras em que os clientes vão para o local do negociante.

venda para o cliente nacional Esforço promocional em que uma equipe de vendas dedicada é determinada para fornecer vendas e serviços necessários aos principais clientes da empresa.

venda pessoal Processo de venda conduzido em uma base de pessoa para pessoa, envolvendo a apresentação de uma promoção por um vendedor para o comprador.

venda subordinada Acordo que requer um intermediário de marketing para transportar artigos em vez de querer vendê-los.

vendas de campo Apresentação de vendas feita em locais de clientes potenciais com base no contato pessoal.

vitrine eletrônica Loja virtual onde os clientes podem ver e pedir mercadorias como na vitrine de estabelecimento varejista tradicional.

webquiosque Terminal com computador de acesso gratuito e freqüentemente localizado em uma loja, e que fornece aos consumidores conexões com a internet para uma página de uma empresa e seus produtos e serviços.

Wi-Fi Acesso à internet sem fio.

Índice Onomástico e de Empresas

Doubletree, 232
Dr. Pepper/Seven Up, 149
Dr. Scholl's, 650
Drucker, Beth, 231
Drucker, Lou, 231
Drucker, Peter, 46
Drug Safety Oversight Board, 393
Emaar Properties de Dubai, 425
Duet, 55
DuPont, 109, 215, 406-407

E

Eames, Charles, 195
Eames, Ray, 195
Earth Bud-Eze, 504
EarthLink, 530
eBay, 122, 132-133, 334, 503
Edwardson, John, 446
Elaine's Tea Shoppe, 55
Electronic Arts, 410
Elfers, Jane, 496
Elmer, Nick, 608
Enron, 34, 101
Environmental Inks, 356
Equal, 49
Ernest & Julio Gallo Winery, 422
Ernst, Caroline, 543
ESPN, 4, 410, 644
Estrin, John, 181
E.T., 533
eTapestry.com, 605
E*Trade, 39
Evans, Pamela, 226
Expedia.com, 121
ExxonMobil, 25
eZiba.com, 506

F

Feddis, Nessa, 178
Federal Communications Commission (FCC), 16, 569
Federal Trade Commission (FTC), 92, 104, 536, 692
FedEx, 131, 197, 329
Fernandez, Kirk, 53
Fiat, 671
Fibre Containers, 217
Filadélfia, 572
Fiorina, Carly, 699
Fischer, Susan, 152
Fisher, Anne, 181
Fishman, Neil, 356
Fleming, Michael, 658
FlexJet, 697
Florida Marlins, 680
Focus World International, 290
Food and Drug Administration (FDA), 86, 393, 424, 572
Foot Locker, 495
Foot-Smart, 543
Foran-Owens, Betsy, 463

Ford, Henry, 11, 289, 308
Ford Motor Company, 17, 27, 97, 117, 199-200, 211
Foreman, George, 567, 568
Four Seasons, 661
Fox, 16, 120-121, 644
Foxwoods, 318
Frankfort, Lew, 396
Freeman, Laura, 138
FreeMarkets, 132
French's, 171
Frontier Airlines, 291
Fujitsu, 132
Fuller, Jake, 568
Fundação Mundial de Golfe, 42
Fundo Monetário Internacional, 242

G

Gale Publishing, 280
Galyan's, 480
Galli, Joe, 622
Gallup Organization, 590
Gander Mountain, 270-271
Garcia, Luis, 317
Gates, Ken, 120
Gates, Pat, 120
General Electric, 12, 45, 200
General Foods, 532, 541
General Mills, 57
General Motors, 118, 179, 317, 331, 392, 417
General Nutrition Centers, 597
General Services Administration (GSA), 220
Georgia-Pacific, 434
Gerety, James, 480
Gerry Cosby & Co., 84
Gerstein, Richard, 31
GiftBaskets.com, 382
Gillette, 314
Giorgio Armani, 425-426
Gist, Roosevelt, 139
Givens, Holly, 112
GlaxoSmithKline, 587, 658
GM, 144
Go Daddy, 16
Goodwin, Jim, 306
Goodyear, 202, 458
Gottlieb, Steve, 614
Grand Metropolitan, 261
Graves, Todd, 72
Greehey, Bill, 655
Greiner, Helen, 60
GroupSpark, 287
Grupo Vips, 65

H

Hall, John, 178
Hallmark, 317
Hanaro, 26
Handango, 71

Índice Remissivo

sistema de marketing corporativo, 458
sistemas verticais de marketing (VMS), 458-460
sistema de planejamento de recursos empresariais (ERP), 463
sistema TIGER (Sistema de Referência e Codificação Geográfica Integrada Topograficamente), 280
sistemas de apoio a decisões de marketing (MDSSs), 272, **293**
sistemas de identificação de chamadas, 285
sistema Padrão de Classificação Industrial (SIC), 197-198
sistemas de informação de marketing (SIMs), 292
sistemas de informação geográfica (SIGs), 313
sites corporativos, 146
sites de compras, 134-135
sites de marketing, 146
sites, eficiência dos, 149-152. *veja também* internet (net)
smart cards, 149
smart phones, 122, 130
sociedades compradoras, 358
    marketing B2B e, 201-202, 357-359
    marketing de relacionamento para, 347, 349-353
sociedades de vendas, 358
Sociedade Européia de Pesquisa de Mercado e Opinião, 252
sociedades laterais, 358
spiffs, 634
spyware, 141
Starch Readership Report, 590
status, 168
marketing subliminar, 149
stockkeeping unit (SKUs), 485
subcontratação, 255
subculturas, 165-168
subotimização, 465
subsídios, 246
Super Bowl, 16
supercenters, 497
supermercados, 175
suprimentos, 388, 389

T

tarifas, 244-245, 645
tatuagens, 325
taxa de câmbio, 238
taxa de conversão, 144
taxa postal, 693
taxação, preço de transferência e, 702-703
taxas de exposição. *veja também* índices de exposição, 278, 456
Team Marketing Report, 680
"tecidos inteligentes", 4
avaliação de programas e técnicas de revisão (PERT), 433
técnica Delphi, 296-297
tecnologia, 5, 24-28
tecnologia de banda larga, 26, 130, 140
telemarketing, 507, 543-544, 604-605
telemarketing passivo, 605
televisão
    equipamento, 682
    publicidade, 576-578, 579
    televisão interativa (iTV), 27, 352
televisão interativa (iTV), 27, 352
tendência exponencial, 296, 298-299
teoria da expectativa, 624

teoria da hierarquia das necessidades, 172-174
teoria econômica, preços e, 656-663
terceirização, 206, **207-209**, 247
terceirização global, 203
terrorismo
    efeito sobre malas diretas, 542-543
    efeito sobre o marketing de relacionamento, 344
    empresas de logística terceirizadas (contratadas), 464
    geração 11/9 e, 315
    logística de marketing e, 477
    método do marketing de teste, 289-290, 429
    preocupações relacionadas a importação e exportação, 464
teste de convicção de vendas, 589
teste de resultados de vendas diretas, 553
testes cegos em produtos, 590
testes de conceito, 434
testes de perguntas, 590
testes de recordação sem consulta, 590
teto salarial, 84
The First Tee, 42
títulos, em anúncios, 573-574
toneladas-quilômetro, 467
Tour de France, 518
trabalho em equipe, 522-523
transmissão de futebol, 644
transportadores aéreos, 470
transportadores marítimos, 469
transportadores comuns, 467
transportadores contratados, 467
transportadores particulares, 467
transporte, 33, 466-471, 500, 693
tratados de amizade, comércio e navegação (FCN), 241
treinamento, de forças de vendas, 621-622
triagem, 434
trocas eletrônicas, 131-132
trocas eletrônicas de dados (EDIs), 361
truck jobber, 503
tsunami, 236-237

U

união alfandegária, 247
unidades estratégicas de negócios (UENs), 60
unitização, 473
universo, 282
uso de contêineres, 473
usuários, 216
utilidade, 6-7, 499
utilidade de forma, 7

V

valor de marca, 415-417, 420
valor do cliente ao longo do tempo, 28, 365
valores centrais, 164
VALS2 (valores e estilos de vida), 323, 324
vantagem competitiva sustentável, 48
varejistas de conveniência, 494
varejistas de especialidades, 494
varejistas de mercadoria geral, 495-497

Capítulo 13

P.468   Union Pacific Railroad. Todos os direitos reservados.

Capítulo 14

P.490   Cortesia de Best Buy. © 2002-2004 Best Buy.

Capítulo 15

P.521   www.apple.com/ipod

P.522   Cortesia Citibank. Citibank é uma marca registrada de Citicorp. Todos os direitos reservados.

P.523   Cortesia Daimlerchrysler. Todos os direitos reservados.

P.531   Cortesia California Avocado Commission / www.avocado.org

P.548   www.sierramist.com

P.555   © 1994-2004 National Fatherhood Initiative™. Reproduzido com permissão.

Capítulo 16

P.564 (esq.)   Pepsi-Cola North América.

P.564 (dir.)   California Strawberry Commision.

P.574   Donat / Wald Company.

Capítulo 18

P.651   Cortesia de Southwest Airlines.

P.654   Reproduzido com permissão de World Vision, Inc.

Capítulo 19

P.684   www.cinnamonbeach.com

P.686   Cortesia Citibank. Citibank é uma marca registrada de Citicorp. Todos os direitos reservados.

P.700   Cortesia Rolex Watch USA, Inc. Todos os direitos reservados.

CRÉDITOS

Prólogo
P.xxxvi (alto)   Principal Financial Group
P.xxxvi (baixo)   © 2004 ESPN®, Inc. Todos os direitos
                  reservados.

                  Imagem de Abertura das partes – Cortesia de
                  Wireimages.com

Capítulo 1
P.7 (alto)   Cortesia de DHL.
P.7 (baixo)   Cortesia de R&dR Partners Inc.
P.9   Cortesia de Singapore Airlines.
P.21 (esq.)   Reproduzido com permissão da Busch Gardens
               Williamsburg.
P.21 (dir.)   Reproduzido com permissão da National
               Crime Prevention Council.
P.22   Cortesia da American Red Cross.
P.32   Cortesia da Share Our Strength.
P.35   Reproduzido com permissão da Anheuser-
               Busch, Inc.

Capítulo 2
P.55   © 2004 Quaker® – Uma unidade da Pepsico
              Bebidas e Alimentos. Reproduzido com
              permissão da Pepsico Brasil.
P.56   Lowe WordWilde, Inc.
P.57   © 2004 Timex Corporation. Todos os direitos
              reservados.

Capítulo 3
P.98   Reproduzido com permissão de Jacqueline
              Bohnert Photography.
P.112   Anúncio Criado por Marstellar Inc. para The
              AD Council.

Capítulo 4
P.129   Donat / Wald Company
P.135   © Land's End, Inc.
P.141   Cortesia da Visa.
P.148   Getty Images. Reproduzido com permissão.

Capítulo 5
P.167   © 2004 Adidas – www.adidas.com / Foto:
              Vicent Peters for Art Partner.
P.171 (alto)   French's® Fried Onions é uma marca
              registrada da Reckitt Benckiser PLC. ©2004
              Reckitt Benckiser. Todos os direitos reservados.
              Foto: San An @ BLP.
P.171 (baixo) Kellogg's Frosted Flakes® é uma marca
              registrada da Kellogg Company. Todos os
              direitos reservados. Usado com permissão.

Capítulo 6
P.197   ©1995-2004, Federal Express Corporation.
              Todos os direitos reservados.
P.200   Cortesia de Ford Motor Company.
P.204 (baixo) Cortesia de Cattlemen's Beef Board.

Capítulo 7
P.232   Cortesia de Hilton Hospitality, Inc.
P.246   Reproduzido com permissão de OnAsia
              Images. Foto: Doan Bao Chau.
P.257   Cortesia de Procter & Glamble.

Capítulo 8
P.286   ©2004 Harris Interactive Inc. Todos os direitos
              reservados. Reproduzido com permissão.
P.291   Reproduzido com permissão de Focus World
              International./ www.focusworldint.com. Todos
              os direitos reservados.

Capítulo 9
P.311   Cortesia de Mastercard.
P.315   Cortesia de Princess Cruises.
P.317   Cortesia de Wal-Mart.
P.321   Cortesia de Centex Destination Properties.

Capítulo 10
P.345   © 2003 Toyota Motors Sales USA, Inc.
P.359   Sunshine® Cheez-it, Kellogg® Cereal Bob
              Esponja Calça Quadrada e Pop-Trats® são
              marcas registradas da empresa Kellogg. Todos
              os direitos reservados. Uso sob permissão.
              ©2003 Viacom International Inc. Todos os
              direitos reservados. Nickelodeon, Bob Esponja
              Calça Quadrada e todos os títulos relacionados,
              logos e personagens são marcas registradas da
              Viacom International Inc. Criado por Stephen
              Hillenburg.
P.363   © 2003 Ariba. Todos os direitos reservados.

Capítulo 11
P.387   Sony Electronics. Inc.
P.400   Zippoclick.com ©2004 Zippo Manufacturing
              Company. Todos os direitos reservados. Zippo
              MPL® é uma marca registrada da Zippo
              Manufacturing CO.

Capítulo 12
P.412   ©2004 Tommy Hilfiger Licensing, Inc./ www.
              tommy.com
P.416   Anúncio cortesia da American Honda Motor
              CO, Inc.
P.424   © Photopia.
P.426   www.giorgioarmani.com